The Reception of Georg Kaiser (1915–45)

Canadian Studies in German Language and Literature

Kanadische Studien zur deutschen Sprache
und Literatur
Etudes canadiennes de langue et littérature
allemandes

Edited by
Armin Arnold · Michael S. Batts · Hans Eichner

Vol. 32

Sponsored by the Canadian Association of University Teachers of German

PETER LANG
New York · Berne · Frankfort on the Main · Nancy

Peter K. Tyson

The Reception of Georg Kaiser
(1915–45)

Texts and Analysis

Volume 1

PETER LANG
New York · Berne · Frankfort on the Main · Nancy

CIP-Kurztitelaufnahme der Deutschen Bibliothek

The **reception of Georg Kaiser (1915 – [nineteen hundred and fifteen to] 45**): texts and analysis / Peter K. Tyson. – New York; Berne; Frankfort on the Main; Nancy: Lang
  (Canadian Studies in German Language and Literature; Vol. 32)
  ISBN 0-8204-0145-5

NE: Tyson, Peter K. [Hrsg.]; Kanadische Studien zur deutschen Literatur
Vol. 1 (1984).

Library of Congress Catalog Card Number: 84-47844
ISBN 0-8204-0145-5
ISSN 0171-6859

© Peter Lang Publishing Inc., New York 1984

All rights reserved.
Reprint or reproduction, even partially, in all forms such as microfilm, xerography, microfiche, microcard, offset prohibited.

Printed by Lang Druck Inc., Liebefeld/Berne (Switzerland)

For my parents and Latha Tampi.

Acknowledgments

I wish to thank the following institutions for providing the reviews reprinted in the documentation volume: the "Georg Kaiser Collection", Special Collections, University of Alberta (Edmonton), the Dumont-Lindemann-Archiv (Düsseldorf), the Oldenburg Stadtarchiv, the Hamburg Staatsarchiv, the Zürich Schauspielhaus, the Basle Staatsarchiv and the Österreichische Nationalbibliothek (Vienna).

I would like to take this opportunity to express my gratitude towards J. B. W. Keighley (Hutton Grammar School, Preston) and Dr. J. J. White (King's College, London University; formerly of Westfield College) for stimulating my interest in modern German literature. Lastly, I would like to thank Dr. E. Reinhold, Dr. H. Pausch, Dr. H. Kreisel, Dr. A. Scott-Prelorentzos (University of Alberta) and Dr. Klaus Petersen (University of British Columbia) for their advice.

Table of Contents

PART I — DOCUMENTATION

A. Reviews of Georg Kaiser's Major Expressionist Dramas:
   1915–33..1
B. The Discovery of Kaiser's Early Dramas after his
   Breakthrough as an Expressionist: 1917–21........138
C. The Post-Expressionist Period: 1922–33...............289
D. Premieres in Exile: 1933–45..........................566

PART II — COMMENTARY

A. Introduction...603
B. The Major Expressionist Dramas: 1915–33. Georg Kaiser's
   Breakthrough as an Expressionist.................618
C. The Discovery of Kaiser's Early Dramas after his
   Breakthrough as an Expressionist: 1917–21........704
D. The Post-Expressionist Period: 1922–33...............806
E. Premieres in Exile: 1933–45..........................955
F. Conclusion...974
BIBLIOGRAPHY...980
APPENDIX..1037

Abbreviations

D-L-A: Dumont-Lindemann-Archiv, Düsseldorf.

dir.: director.

n.d.: no date.

n.s.: no source.

GKC: "Georg Kaiser Collection", University of Alberta, Edmonton.

In the documentation section, I provide the following information for each production (if available): the date, place and level of the production (Uraufführung, Erstaufführung, etc.) and the names of the director, the set designer and of the actors in the leading roles.

In the bibliography of reviews, the plays are listed in the same order as they appear in the documentation section. All reviews in the GKC are listed here. A number in square brackets after a review indicates that this review is included in the documentation volume.

I. DOCUMENTATION

A. Reviews of Georg Kaiser's Major Expressionist Dramas: 1915-33

Der Fall des Schülers Vehgesack

11.2.1915, Uraufführung, Neue Bühne, Vienna. Dir.: Emil Geyer; Richard Grossmann (Verleger); Götz (Rektor); Jensen (Hornemann).

1. Alfred Polgar, *Die Schaubühne*, 11 (1915), 181-82.

   An der Neuen Wiener Bühne: *Der Schüler Vehgesack* von Georg Kaiser. 'Szenen einer kleinen deutschen Komödie'. Das schmeckt nach Bitte um Entschuldigung. Warum dann nicht eindringlicher gebeten? Etwa: 'Bescheidener Rohentwurf einer losen Reihe von unausgeführten Szenen eines ohne jede Prätention als übermütig gedachten Spiels nach verschiedenen Mustern.' Die Komödie kann schon einen tüchtigen Posten von Verklausulierungen und Milderungsgründen vertragen. Sie sollte wohl eine Art zügellos lustigen Fastnachtsspiels werden, ist auch manchmal komisch, aber zu zäh, um geniessbar zu sein. Schlüpfrig auf deutsche Art; na, guten Appetit. Eine Schulkomödie. Überflüssig zu erwähnen, dass die Lehrer ein Rudel burlesker Trottel, der Pedell ein langsamer Denker und die Schüler eine fröhlich renitente Bande. Hierzu gesellt sich diesmal noch ein Kranz von Lehrersgattinnen. Sie sind abgeschmackt, zudringlich, geil. Nicht Damen, nicht Frauen, sondern Weiber. [...] Die Figuren des scherzhaften, mit dem Besen gemalten Sittenbildes sind aus Komödien ähnlicher Art wohlbekannt. Im Dialog springt manchmal ein origineller Funke zwischen ihnen. Das Ganze ist unerfreulich, weil es roh, schwerfällig und von dröhnender Witzigkeit ist. Herr Götz, der den Rektor spielt, hat die merkwürdige Gabe einer schöpferischen Milde. Unter seinen Fingern wandelt sich der närrische Schulmeister zur Märchenfigur. In bester Erinnerung wird der betrogene Professor des Herrn Jensen bleiben. Die Figur hatte grotesken Stil. Haltung, Maske, Gebärde, Sprache, Temperament, alles war wie aus einem Konvexspiegel projiziert, fratzenhaft und oft unbändig komisch. Die Regie des Direktors Geyer machte sich bemerkbar. Warum die Primaner, also achtzehnjährige Jünglinge, in kurzen Hosen herumlaufen, wie Nestroys schlimme Buben, weiss ich nicht. Das kurze Kleidchen von Fräulein Hilde Coste ist schon eher verständlich.

Die Bürger von Calais

29.1.1917, Uraufführung, Neues Theater, Frankfurt/M. Dir.: Arthur Hellmer; Klöpfer (Eustache); Wendt (Jean de Vienne); Ehrle (Duguesclins).

2. Heinrich Simon, *Frankfurter Zeitung*, 30.1.1917, in G. Rühle, *Theater für die Republik 1917-33* (Frankfurt/M.: Fischer, 1967), pp. 55-56.

[...] Georg Kaiser verzichtete auf die dramatische Ausgestaltung des Vorganges. Ihm kam alles auf die Idee, den Sinn der Opfertat an. Er nahm die Tat sozusagen als das Gegebene und liess die Empfindungen ihrer Träger und des zuschauenden Volkes um sie kreisen. [...] Man spürt das Sinnbildliche dieses Stadtschicksals, es stellen sich unbeabsichtigte, aber unabweisbare Beziehungen ein zu dem Sturme, der heute Europa umbraust. Man erwartet den Kampf zweier Welttendenzen auf dem Boden dieser kleinen mittelalterlichen Stadt. Doch diese Erwartung erweist sich als Irrtum [...]. Es war dem Dichter gar nicht um diesen Kampf zu tun. Er wollte die neue reine Tat nicht aus dem Chaos des Geschehens herauswachsen lassen, wie den Baum einer neuen Erkenntnis, sondern er brachte die neue Tat gleich fertig mit und ... wollte sie nur predigen, nur immer reiner und schlackenloser verkünden. Das Drama ist also im Augenblick, wo sich die Führer des Volkes freiwillig melden, eigentlich vollendet, und was in zwei anderen Akten folgt, ist nur der Prozess der Läuterung [...] Was folgt, die Gnadenbotschaft des Königs von England, wirkt wie eine überflüssige Konzession an die Historie und – an das alte Drama. Denn die tragische Ironie, mit der im Sinne des bisherigen Dramenstiles der Tod des Eustache umwittert wird, wirkt in bezug auf die nun endlich zum Opfer Geläuterten auf den Zuschauer wie ein für sie fast blamabler Zwischenfall. [...]
 Es interessiert [...] nicht, ob jeder Einzelne den Opfertod so geläutert geht, wie es der tiefste Sinn desselben verlangt. Wir wünschen vielmehr zu wissen, wie stösst diese Wahrheit der neuen Tat mit der so anders orientierten Welt zusammen?
 Und der von Georg Kaiser geschaute tiefste Sinn – bringt er eine *neue* Wahrheit – oder bescheidener – vielleicht eine alte in neuen Bildern und Symbolen? [...] Für die eigene Person darf bekannt werden: es waren keine neuen Wahrheiten zu vernehmen. Alte Wahrheiten, von einem feinen Geist wieder gedacht und in echtem Glauben an sie wieder gefühlt [...]. Neue Tafeln? Die kommen wohl erst, wenn die alten einmal gründlich zerschlagen worden sind. Und

das ist meistens eine sehr dramatische Angelegenheit und
kein Bühnenweihespiel.
[...] Zwar ward die Aufführung zu sehr auf zwei
verschiedene Tonarten gestellt. Der erste Akt wurde noch wie
ein richtiges Theaterstück gespielt, wie Schiller mit neu
unterlegtem Text. Herr Wendt war voll pathetischen Schmerzes
um seine geliebte Stadt, Herr Ehrle aus Darmstadt sprach
wohllautend und heldisch den zur Verteidigung anfeuernden
Hauptmann, Herr Wallburg gab stolz und reserviert den die
königliche Botschaft kündenden Engländer. — Herr Grüning
erzählte dramatisch die Niederlage der französischen Armee,
Herr Klöpfer als Eustache warnte eindringlich vor
unbesonnenem Handeln und verkündete erfolgreich die Lehre
vom Werke der stillen Tat. Unter dankenswerter und
hingebender Mitwirkung der Frankfurter Studentenschaft ein
bewegtes, nach berühmten Mustern durch Treppenaufbau
gegliedertes Bild. Aber trotz (oder wegen?) dieser
'stillosen' Auffassung wirkte dieser erste Akt durch die
Klarheit der Zeichnung und durch die Grösse und Wucht des
Gegenstandes stark und nachhaltig. Der zweite Akt, in dem
zunächst jeder der sieben, einer nach dem anderen,
deklamatorischen Abschied von seinen Angehörigen nahm [...]
wirkte teils durch den Kontrast zum ersten Akt, teils durch
die schematisch und recht verbraucht wirkende Gruppierung
der Verwandtschaftsgrade [...] eintönig bei guten
Schauspielleistungen [...] Die anschliessende Beratung der
sieben und das vergebliche Würfelspiel hatten einen gewissen
Stimmungsreiz durch das hübsche Bühnenbild und die feierlich
eindringlichen Worte Eustaches. Hie und da verfiel die
Redeweise des Herrn Klöpfer etwas ins professionell
Predigerhafte, wozu die wenig originelle und künstlerisch
wenig geschmackvolle Symbolik des gemeinsamen Mahles
allerdings verführen konnte. Der dritte Akt hatte neben
guten Massenwirkungen (Herr Grossmann war ein guter Sprecher
der Zweifler) einen oratorischen Höhepunkt in einer
visionären Rede des blinden Vaters (Herr Graetz) des
Eustache an dessen Bahre. Der Dichter war anwesend und auf
Wunsch eines der Dichtung teils beifällig, teils respektvoll
folgenden Publikums mehrmals sichtbar.

3. Kasimir Edschmid, *Neue Zürcher Zeitung*, 4.2.1917, in
Rühle, pp. 54—55.

Die ersten Schritte der neuen Kunst geschehen abseits
von Berlin. Aus der Provinz hebt sich immer deutlicher die
Kraft und setzt sich, was viel erstaunlicher ist, in der
Provinz selbst durch. Man hat Schickele, man hat Hasenclever
nicht in Berlin zur Uraufführung gebracht. Frankfurt bringt
nun die stärkste dramatische Begabung der jüngeren
Generation im Neuen Theater. Georg Kaiser nimmt den Vorwurf
der Historie einfach hin. Er legt keine Psychologie hinein,
er seziert nicht den Einzelfall, er hat keinen historischen

Rahmen. Das alles will er nicht. Ihm geht es um mehr. [...]
Dieser legendäre Stoff ist einer der typischsten Ausdrücke
der impressionistischen Kunst geworden [...] Rodin hat in
jede dieser Figuren den Einzelfall des ergriffensten
Schmerzes geballt. [...] Bei dem Drama Kaisers wächst alles
fast tendenziös aus dem Einzelfall in den allgemeinen. Er
konstruiert den Gegensatz zwischen der Tat, die ewigen Wert
hat, und der zeitlich gebundenen Verwirrung des Gefühls.
[...] Das innere Wollen dieses Stücks ist von bedeutender
Grösse. Im einzelnen biegt Kaiser den legendären Vorwurf
etwas um. Es melden sich nicht freiwillig sechs, sondern
sieben Bürger. Während das Volk den siebten sehen will, den
das Los zum Lebenbleiben bestimmt, damit ihm sicher die
sechs anderen bleiben, die es erlösen, währenddem gibt
Eustache de St. Pierre ihnen die Lose. Aber er gibt allen
sieben die Todeslose, damit ihre Seele, die schon
abgeschlossen hat, als sie sich erboten, durch die neue
Hoffnung sich nicht wieder verwirre. So bringt er sie zu
tieferer Durchdringung ihrer Seele. Dann sagt er dem die
Freiheit zu, der andern Tags zuletzt den Markt betrete, und
ist selbst der letzte. Er kommt nicht. Als das Volk und die
andern an ihm zweifeln, geleitet sein uralter Vater die
Bahre auf den Platz; Eustache wartete bis zuletzt und leerte
den Giftbecher: um durch solche Standhaftigkeit, durch
solches Vertrauen auf das Werk ihnen lächelnd Sicherheit zu
geben und auf den ewigen Wert des Geistes gegen Tod und
Willkür dieses Daseins hinzuweisen. Dies ist der neue
Mensch, der die Tat heiligt.
 Dem inneren Gespanntsein des Stücks entspricht die
äussere: gerafftteste Szenen. Sätze, gestrafft wie
Bogensehnen. Alles auf letzten Ausdruck gebracht. Eine
Sprache voll edelsten Stils und glänzender Härte. Der grosse
starre Rahmen des Stücks bringt aber die Gefahr mit, dass
die Linie des Stils verwischt wird, zurückgebildet förmlich
in die Darstellung äusserer Effekte und grosser
schauspielerischer Gebärden. Statt Rede, Satz, Gedanken und
Vorgang in einem zusammenklirren zu lassen, liegt die
billigere Darstellung des Ritterstücks nahe, der durch die
Schuld des Schauspielers Wendt einige Partien des Anfangs
unterlagen. Sonst war die Regie Direktor Hellmers sehr
bemüht, die mächtigen Energieströme des Geistes, die das
Stück tragen, auch in jenem geistigen Sinne darzustellen,
den sie verlangten. Der Schauspieler Klöpfer als Eustache
war ausgezeichnet.

4. Richard Dohse, *Die schöne Literatur*, 18, No. 4
(17.2.1917), 56-57.

 Ein ausserordentlich interessantes Werk brachte das
Frankfurter Neue Theater mit dem dreiaktigen Bühnenspiel *Die
Bürger von Calais* heraus [...]. Der Dichter Georg Kaiser
will hier mit besonderem Massstab gemessen sein, und es ist

schon gut, wenn man nicht unvorbereitet an seine Arbeit herantritt. Er sucht und strebt nach einem neuen Stil des Dramas, und wenn ihm hier auch noch keine restlose Einheitlichkeit gelungen ist, so ist doch soviel Eigenartiges und Neuartiges vorhanden, dass man zum mindesten aufhorcht und auf die weitere Entwicklung des Dichters, dessen sich, wie man hört, künftig auch Reinhardt annehmen will, mit Recht gespannt sein darf. Der Stoff selbst ist in seiner äusseren Form höchst einfach; in seinem psychologischen und ethischen Gehalt jedoch bietet er ausserordentlich vielseitige und ausgiebige Möglichkeiten der Gestaltung. Und gerade hierauf kam es dem Dichter offenbar ausschliesslich an, denn er hat die äusseren Vorgänge, wie er sie in der alten französischen Chronik von Froissard fand, ganz und gar ins Psychologisch-Ethische und Allgemein-Menschliche abgewandelt. [...] Die dramatische Aufzeigung all dieser Gedanken im einzelnen, von der Gegenüberstellung Eustaches und des Hauptmanns Duguesclins an, der Calais bis zum letzten Augenblick verteidigen will, über die schon erwähnte Hauptszene des zweiten Aktes hinweg, wo bei einem letzten Mahl die Kugeln über den auszuscheidenden Siebenten gezogen werden und alle auf den Tod zielen, bis hin zu dem Vorschlag Eustaches, dass derjenige, der zuletzt auf dem Markt anlangte, frei sein sollte, ist bis ins kleinste und feinste vom Dichter ausgeführt, ja mitunter fast zu subtil und zu oft in wechselnden Wendungen wiederholt. Immer aber muss man trotzdem vor dem ernsten Wollen und dem ungewöhnlichen Können des Dichters, vor der Tiefe der Begründungen und der werbenden Glut der Rede Achtung haben. Ohne Zweifel haben wir in Kaiser einen Dichter von einer seltenen Kraft und Wucht der Sprache, einer tiefschürfenden Gewalt, seelische Vorgänge auf der Bühne zu behandeln. Freilich, der Gefahr, dabei allzu wortreich zu werden und das Reinmenschliche des Problems zuweilen mit einer dunklen und nicht leicht verständlichen Symbolik zu belasten, ist Kaiser nicht ganz entgangen. Das schadet dem Werk zwar weniger bei der Lektüre, aber auf der Bühne, wo doch nun einmal das Dramatische das Entscheidende ist und bleiben muss, wirkt es häufig lähmend und störend. Die Aufführung eines so aussergewöhnlichen Werkes bietet naturgemäss ganz besondere Schwierigkeiten, denen aber das 'Neue Theater', das sich aus Mitgliedern des Schauspielhauses und der Darmstädter Bühne ergänzt hatte, durchaus gewachsen war. Der Stil des Stückes wurde dank der umsichtigen Regie des Direktors Hellmer richtig und sicher erfasst, und in der Hauptrolle des Eustache bot Herr Klöpfer eine überlegene, reife und ausgeglichene Leistung. Auch Herr Wendt schuf als Bürger Jean de Vienne eine ernste und würdige Figur, während sich die zahlreichen übrigen Darsteller ebenfalls gut dem Ganzen einfügten. Die äussere Aufmachung war trotz der Schwierigkeiten, die die verhältnismässig kleinen Raumverhältnisse der Bühne boten, nur zu loben, ja manche Szenen des zweiten und dritten Aktes waren von einem

gewissen bildhaften Reiz, der im Gedächtnis haften blieb.
Die Hörer folgten den Gedankengängen des Stückes mit
sichtlicher Anteilnahme und riefen durch ihren lebhaften
Beifall den anwesenden Dichter mehrmals vor den Vorhang.

*14.10.1917, Neue Bühne, Vienna, Dir.: John Gottowt;
Stahl-Nachbaur (Eustache).*

5. Alfred Polgar, *Vossische Zeitung* (Berlin), 15.10.1917, in
Rühle, pp. 56-57.

Die Figuren — besser: die Erscheinungen — dieses aller
theatralischen Gewöhnlichkeit entrückten Dramas sind
überlebensgross, durchaus monumental gesehen und gestaltet
oder zu gestalten versucht. Sie sind wandelnde Statuen ihrer
selbst, flächenbreit und schattentief. Ihre Sprache ist von
steinerner Strenge, von feierlich-ernstem, für
gottesdienstliche Übungen taugendem Prunk. Es ist eine
sozusagen halbsteife Prosa, die schon das Metrum im Leibe
hat. Die Sätze hallen glockenschwer und füllen die Luft mit
einem dumpfen Brausen, aus Bedeutsamkeit, Musik, seherischer
Deklamation und Echo seltsam gemischt. Die Poesie dieses
Bühnenspiels ist eine über Grenzen hinauslangende und zu
solchem Zweck krampfhaft hochgereckte Poesie; die ganze
Atmosphäre des Dramas von seltsam harter und reiner Kälte.
Dem Menschen friert der Hauch vorm Munde, und ihre Rede
kristallisiert zu bizarren Formen. Gedanklich reicht das
Werk in Höhen der Abstraktion, in denen das Atmen schon
erheblich Schwierigkeiten macht. Die einfache und in ihrer
Einfachheit bezwingende historische Anekdote scheint von
Tiefsinn unterkellert und von Philosophie überwölbt. Dennoch
wirkt die vom Dichter hinzuerfundene Variante von dem
überzähligen Siebenten wie ein geringes Ornament, kunstvoll
in eine ragende Säule eingeschnitten, eingekratzt. Die aus
dieser literarischen Zugabe herausgespulten
Schraubenwindungen entbehren nicht der Mühseligkeit. Etwas
spitz Spintisierendes steckt in der ganzen dichterischen
Arbeit; das gedankliche Pathos ist bis zur Fistelstimme
hinaufgetrieben.
Im Buch entfaltet sich der Reiz einer grossen, bildhaft
sehr starken Vision, deren Inhalt auszuschöpfen für den
Leser nicht leicht ist. Das stilisierte Liniengeflecht des
Werkes hat manchen Knoten, bei dessen Entwirrung man die
höhere Literatur beseufzen lernt. Dass die Bühne da gar
nicht helfen, nur erschweren kann, ist klar. Herr Gottowt,
der Regisseur des Abends, hatte erstaunliche Arbeit an den
Bürgern von Calais geleistet, mit Licht und Farbe, Weihe und
Stimmung, mit besseren Raffinements und feierlichen
Primitivitäten der Szene nicht geknausert. Auch stand ihm
für die Hauptrolle ein Schauspieler von Wert und Wucht des
Herrn Stahl-Nachbaur zur Verfügung, dem man das Wichtigste

glaubt: die geistige Potenz. Trotz allem dem, trotz Rhythmus und edler Massengeste und sicherer Chordressur, war das ganze eine Marter. Der erste Akt, in dem es noch sozusagen Ereignisse, Wechselreden und mancherlei dramatisches Hin und Wider gibt, wirkte mächtig. (Freilich waren die meisten schwierigen Textstellen einfach weggeschnitten.) Die Zelebrierung des zweiten und dritten Aktes aber ermüdete den Hörer aufs äusserste, machte ihn während des Spiels verlegen und im Zwischenakt verlogen. Das Hören war dem Begreifen immer um ein paar Meter Texte voraus, zum Ende resignierten beide und liessen sich von den Wogen der dunklen Diktion widerstandslos überspülen. Gerettet blieb das hochgestimmte Empfinden, einem Werk von Bedeutung auf Gnade und Ungnade ausgeliefert zu sein. Man empfahl sich durch Zeichen des Erschüttertseins der Gnade.

[1918], *Erstaufführung, Hoftheater, Weimar*.

6. Herwig, *Hochland*, 15, No. 2 (July 1918), 446-48.

[...] Indessen bleibt noch viel zu sagen, besonders über *Die Bürger von Calais*, das als die beste Arbeit des unermüdlich hervorbringenden Kaiser gilt. Um von vornherein einen festen Punkt zu gewinnen, sei betont, dass das Bühnenspiel einen tieferen, auch nur vierundzwanzig Stunden nachhaltenden Eindruck nicht machte, weder auf mich, noch auf eine nennenswerte Zahl von Zuschauern: es konnte diesen Eindruck nicht machen, weil es ein durchaus künstliches Gebilde ist, entstanden aus hundert äusserlichen Anregungen und Eindrücken und einem überaus anspruchsvollen Willen. Von dem Preziösentum Kaisers gibt der Vorspruch schon einen kleinen Begriff: 'Nicht sind die Namen der sechs Bürger von Calais auf unsere Zeit gekommen; nur vier sind verzeichnet. Ich habe für diese Dichtung der erfundenen Benennungen entraten, um nicht mit falscher Grabplatte die fruchtbaren Gräber zu verschliessen. — Ad aeternam memoriam.' — Er nimmt sich sehr wichtig und will sehr wichtig genommen sein, schade nur, dass kein genialer Funke aus dem Spiel in unser Herz schlägt, damit wir ihn gleichfalls sehr wichtig nehmen. Vom ersten Akt an [...] bis zum dritten [...]: durch alle drei Akte reden die Bürger erregt mit tausend Worten in Frageform aufeinander ein, beginnen immer wieder von neuem, um sich und die andern klar zu machen, und alles ist in den Wind gesprochen: kein Pfeil trifft das Schwarze, und die Quälerei so vieler Unfähiger oder eigentlich eines Unfähigen, deutlich zu sein und das rechte Wort endlich zu finden, das den Zauberberg öffnen muss — legt dem Zuhörer sich kalt aufs Herz und erweckt peinliche Gedanken über einen Stummen, der nur gurgeln kann, aber nicht sprechen. *Die Bürger von Calais* ist eine unheilbar moderne Dichtung, verseucht vom Intellektualismus; ohne Wärme, voll eiskalter

Glut, ohne Menschen, voll Konstruktionen: ein Marionettenspiel, um so mehr, als die peinlich genauen Regievorschriften jene plötzlichen, abgehackten Bewegungen verlangen, die aus der Überlegung: das muss wirken – entspringen. Jedes Bühnenbild ist auf herausfordernden Parallelismus der Bewegungsmotive gestellt, jede Szene eine krasse Aufeinanderfolge von ff und pp: Erinnerungen an dasjenige, was in zeitgenössischer Malerei und Musik als gross bezeichnet wird – und natürlich fehlt auch die Spielerei mit dem Heiligen nicht: neben Abendmahl und Kreuzigung müssen kleine irdische Ereignisse sich dreist drängen; denn man weiss, wie bei Reinhardtschen Inszenierungen derartige Mätzchen wirken.

Das sind Äusserlichkeiten. Versuchen wir den Kern zu fassen, was sehr schwer ist; denn er hat sieben Schalen, und ich bin nicht sicher, ob überhaupt ein Kern übrig bleibt, wenn man die sieben Schalen zerbricht. Jedem mag ohne weiteres klar sein: der stellvertretene Opfertod muss der Kern einer Dichtung von den Bürgern von Calais sein. Wäre dieser Kern auch im Drama Kaisers, und hätte ein tiefer und kühner Mensch diesen Kern zum vielfältigen Leben erweckt – nun ja; aber das wäre zu einfach und zu menschlich; klügele man also ein wenig daran und kompliziere man so viel als möglich; man sei geistreich. So muss Eustache de St. Pierre, der [...] sechs Bürger zum Opfertod aufruft, diese einfache und grosse Sache verkünsteln, indem er für das 'Kulturwerk', den Hafen von Calais, sterben lassen will. Nicht um das Leben von Tausenden zu retten, sondern den Hafen zu retten, sollen und wollen sechs sich opfern und Georg Kaiser meint, wunders wie hoch er seine Helden damit stellt. Denn, so sagt Eustache de St. Pierre: Was geht uns Frankreich an? Wir haben nicht an das Vaterland gedacht, als wir den Hafen bauten. Was erreicht Duguesclins mit seiner Tat? Nutzloses Opfer, denn der Kampf ist aussichtslos. Heldentod? Leeres Wort sozusagen. Wir aber sterben für die 'Kultur', die ist überzeitlich, überstaatlich, wir sterben nicht für die Ehre eines Volkes, sondern für den Fortschritt der Menschheit. – Dieses ungefähr ist der Kern seiner schwerverständlichen Reden, und wenn das Drama nicht schon 1914 erschienen wäre, könnte man von der Infizierung mit jenem üblen Internationalismus sprechen, der diesen Krieg einen verbrecherischen Wahnwitz schilt. So gross die Worte Eustaches sind, was bleibt übrig, wenn wir seine Gedanken verfolgen? Heute unterwirft man sich dem König von England, um das 'Kulturwerk' zu retten, morgen dem König von Spanien, übermorgen dem Sultan, das 'Kulturwerk' mag gerettet sein, die Männer aber werden Heloten sein, Sklaven ohne Ehre. Möge ein jeder in Gedanken Deutschland an Stelle von Calais setzen und er wird hübsche Anklänge an die Sophistik der Einkreisungsstaaten entdecken, der mancher unklare Kopf bei uns schon zum Opfer gefallen ist.

Eustache de St. Pierre gibt sich selbst den Tod, weil zu dem Opfer sich sieben gemeldet haben, anstatt sechs. Die eigentlichen Beweggründe bleiben im Spiel gänzlich unklar.

Es wird zwar 45 Minuten lang davon geredet, aber der Dichter glaubt selber nicht, dass er Klarheit zu schaffen vermochte. Denn er lässt Eustache hinterher vor das Volk treten mit den Worten: 'Wir wollen es ihnen deutlich sagen.' Ehe er es aber sagen kann, fällt der Vorgang.

Fassen wir zusammen, so sehen wir ein Werk, dass ein überhitzter Wunsch zur Grösse geboren hat. Der Verfasser ist der Famulus, der ein künstlich Gebilde zustande bringt, ohne Herz und Blut. Bedenkt man, dass Kaiser reichlich ein Dutzend Dramen in wenig Jahren schrieb, immer wieder von neuem sich mühend, so erhält dieser immerwährende Versuch mit untauglichen Mitteln etwas Tragisches.

29.3.1919, Erstaufführung, Altes Theater, Leipzig. Dir.: Dr. Kronacher.

7. Hellmuth Unger, *Die schöne Literatur*, 20, No. 8 (12.4.1919), 92.

Am 29. März d. J. gelangte [...] Georg Kaisers 1914 erschienenes Bühnenspiel in drei Akten *Die Bürger von Calais* [...] zu wirkungsvoller Erstaufführung. Keins seiner vielen Bühnenwerke vermag so nachdrücklich Kaisers Dichtertum zu dokumentieren wie gerade dieses, keins seine dramatische Eigenwilligkeit so zu beleuchten wie die mit modernster Problematik ausgeweitete Historie der Bürger von Calais. Die Inszenierung Dr. Kronachers war restlos glücklich. Die Hauptrollen lagen in den besten Händen, die Massenszenen lösten grösste Wirkungen aus. Durch starken Beifall nach den Aktenschlüssen niedergehaltenes Zischen musste schliesslich verstummen.

27.9.1919, Volksbühne, Berlin. Dir.: Paul Legband; sets: Karl Jakob Hirsch; Ernst Stahl-Nachbaur (Eustache); Eduard Rothauser (Der Vater Eustache de Saint-Pierres); Helene Fehdmer (Mutter).

8. Siegfried Jacobsohn, *Das Jahr der Bühne*, vol. 9 (1919-20), 16-19.

Theaterpraktikers Binsenmerkspruch, der leider selten beachtet wird: Nicht jedes Drama taugt jedem Publikum jeder Bühne. Georg Kaiser, jahrelang Unternehmer und Beute wurzellos 'literarischer' Experimente, hatte den ersten Erfolg, als *Gas* in der Volksbühne vor eine Zuhörerschaft gelangte, die es erwärmen konnte und musste. Ihr eigner und ihrer Epoche Kampf mit der Materie und der Maschine, der Kampf ihrer Kraft mit dem Stoff und ihre selbstgewählte

Niederlage: hier griff sie das alles förmlich, so sinnfällig wars trotz dem Hang des Dichters zu expressionistischen oder sonstwie benamsten Modeverschnörkelungen. Der Inhalt der *Bürger von Calais* ist nicht übler geschaffen für die Kleinbürger und Arbeiter von Berlin — der Inhalt! Dieses Bühnenspiel, vor dem Kriege entstanden, mag sie in den November 1918 versetzen. Die Frage ist: Nationale Erhebung vor sicherm Untergang des Gemeinwesens — oder ruhmlose Ergebung, aber Erhaltung des Werks (des Hafens) und der werktätigen Bevölkerung? Ludendorff oder Eisner? Prestige über Massengräbern oder phrasenlos selbstverständlicher Wieder- und Weiteraufbau? Die Kriegsschreier in der pompösen, nutzlos glitzernden Rüstung beschimpfen die friedensbedürftige Heimat, dass sie dem Heer den Dolch in den Rücken stosse. Aber der Prediger zur weisen Bescheidung und wider den Amoklauf einer Mörder- und Selbstmörder-Gilde, zur höhern Sittlichkeit eines gewaltverleugnenden Schöpfertums und wider den leeren soldatischen Ehrbegriff — Eustache de Saint-Pierre bleibt Sieger im Rat, nicht allein dank der zündenden Bekundung einer sinn- und zweckbewussten Lebensauffassung, sondern vor allem dank seinem beispielgebenden Opfermut. Er stellt in seiner siebzigjährigen Person den ersten der Einwohner, deren Auslieferung England als Preis für die Schonung von Stadt und Hafen fordert. Fünf fehlen. Es melden sich sechs. England würde wohl sieben nehmen; aber keine französische Mutter wird ohne Not ihren Jungen lassen. So entscheide das Los.

Bis hierher herrscht Klarheit. Logische Klarheit, frei von dem Nachteil artistischer Kargheit. Der erste Akt ist ein Wurf. Zwei Weltanschauungen 'prallen in voller Wucht' auf einander; und dieser mein tönender Ausdruck ohne persönliche Färbung entspricht genau der Absicht des Autors, in mächtigen Linien weithin sichtbar und allgemein fasslich seinen Konflikt aufzurollen. Man würde an Hodler denken, wenn nicht in diesen Männern eine Ekstase schwänge, die der Ruhe seiner eingerammten Gestalten fremd ist. Nur leider verfeinert sich in Eustache de Saint-Pierre die Ekstase, die Leidenschaft der Idee zu einer Geistigkeit, die nach und nach einen rabulistischen Charakter annimmt. Ihm ist darum zu tun, den Rausch der Genossen in eine heroische Bereitschaft zu verwandeln. Sie sollen zum Feinde hinüber nicht taumeln, sondern schreiten. Ihre geprüfte, gehärtete, tiefdurchdrungene Entschlossenheit sei für immer dem Volke ein Vorbild. Um das zu erreichen, treibt er ein Spiel, dessen Bedeutung kaum einem Zuschauer und gewiss nicht jedem Leser aufgehen wird. Er verhindert, dass eine Entscheidung fällt: bei der Auslosung greifen Alle die blaue Todeskugel, da eine andersfarbige gar nicht dabei ist. Eine zweite Probe ist nötig. Wer am nächsten Morgen zuletzt auf dem Markt erscheint, scheidet aus. Wozu der Präzeptor so verzwickte Künste ersinnt? Um die Opfer möglichst lange in Ungewissheit zu halten und ihnen eben dadurch die rechte Opferweihe zu geben. Das erfahren wir hinterher. Während der

Feierlichkeiten sitzen wir ziemlich ratlos davor. Die dramaturgische Grundregel ist verletzt, dass nicht die Partnerschaft, aber das Publikum stets im Komplott sein oder doch noch rechtzeitig ins Komplott gezogen werden muss. Kaisers Aufgabe wäre, eine grosse Erzieher- und Führerseele im Widerstreit mit ihren Objekten zusehends leuchtender zu enthüllen. Hier lastet Dunkel. Da das zu wenig und überhaupt für ein Drama kein genügend dramatischer Zustand ist, so nehmen, pour passer le temps, die sechs Objekte Abschied von ihren Angehörigen, und die Umständlichkeit und Einförmigkeit, die dabei waltet, versehrt auch die theatralische Wirksamkeit.

Dritter Akt. Markt um die Kirche, die ein stimmendes Dekorationsstück für den Karfreitagszauber des Tatbestandes ist, dass Eustache de Saint-Pierre, um seiner Pädagogik die Grauheit der Theorie zu nehmen, sich freudig vergiftet hat und nun auf der Bahre unter die misstrauisch murrende Menge getragen wird. Die Schleier sinken, soweit sie nicht kurz und klein geredet werden, und das Häuflein will sich in Marsch setzen: da belohnt der Monarch von England seine eigne Fähigkeit, Vater zu werden, mit dem Verzicht auf die Erfüllung seiner Bedingung. Als Märchen endet, was durchweg Märchen, symbolschweres Märchen hätte sein können, wenn nicht primitive Figurinen von Maeterlinck talmudistisch-spitzfindige Köppchen auf die gotisch-eckigen Schultern und Lohensteins Redeweise auf die Lippen bekommen hätten. Zum Schluss wird Eustache de Saint-Pierre gewissermassen heiliggesprochen: der wahre Überwinder siegreicher Könige; der Verkörperer des Menschheitsrechts, das vor Macht geht; der Apostel eines neuen Ethos, der nicht zögert, die schimmerlose Frucht sauern Schweisses mit seinem Leibe vor den töricht blinkenden Zerstörungsinstrumenten der Ritter zu schützen. Für diese Verkündung einer Zukunftsgesinnung schon vor Anbruch der Schreckensepoche soll man Kaiser unter allen Umständen danken. Aber weil sie nicht aus den künstlich verwirrten Vorgängen mozartisch herausmelodeit, sondern sich lisztisch mühsam hindurchquält, darum gehört dieses Bühnenspiel in die Hand eines souveränen Regisseurs, der für den Dichter denkt, wo ihm was Menschliches begegnet, der nicht inszeniert, was ausgeführt, sondern was geplant ist. Die Volksbühne erwies Herrn Stahl-Nachbaur die Ehren eines Gasts aus der Reichshauptstadt und half sich im übrigen mit einer Reinhardt-Kopie, die ein Übermass von Rhabarber verbrauchte. Hoffentlich belehrt sie der unvermeidliche Durchfall darüber, welche Dramatik auf das Verständnis dieser Vereinsmitglieder zu zählen hat.

9. Herbert Ihering, *Berliner Börsen-Courier*, 28.9.1919, in *Die Kritik* (1919), No. 6, pp. 135-36.

Die Widersprüche Georg Kaisers setzen sich fort bei seinen Erfolgen. Der spirituellste, hurtigste, spitzeste deutsche Dramatiker wird vom nervösen Publikum der Geschmackstheater abgelehnt und vom schweren, harten Publikum der Volksbühne bejubelt. Auch was Kaiser im äusseren Leben begegnet, wird zur Antithese, zur Pointe. Selbst dann, wenn das Drama sich von der Pointe entfernt.

Die Bürger von Calais wollen ihren Verfasser verleugnen und weisen um so eindringlicher auf ihn hin. Kaiser, der Zyniker, der Zauberer, erlebt hier sein Weihespiel, sein Bayreuth. Es ist das Drama der Heiligung des Täters zur Tat. [...]

Die Bürger von Calais streben nach dem Letzten, was das Drama gestalten kann: nach der Tilgung des eigenen Lebens durch freien, kühlen, klaren Willen. Der Opfertod Christi wird sechsfach wiederholt. Schemen kriegerischer Begehr, leidenschaftlichen Trotzes versinken, das Werk besteht über dem Kampf der Nationen und dem Hass der Menschen. Die Backe wird zum Streich geboten, nicht aus Unterwerfung, sondern aus dienender Kraft. Eustache de Saint-Pierre, der durch seinen Tod den Hafen von Calais als Werk gerettet, ist der Überwinder des Königs von England, der ihn als Einfallstor erobert hat.

Dieses Thema verlangte Intensität der Simplizität. Es verlangte Hingabe, Religion. Kaiser hat für das Thema die Intellektualität des Gespräches und die Monumentalität der Gebärde. Aber beide wollen sich nicht verbinden. Die Aufgabe wird zur Diskussion gestellt und die Disputation gerinnt zu Bildhaftigkeit. Kaiser schreibt, wie Hodler gemalt hätte, wenn er abstrakte Dialektik hätte in Ekstasen der Geste übersetzen müssen. Oder wie Wagner komponiert hätte, wenn er Kant hätte in Musik setzen müssen. Ein innerlich dramatisches Thema wird in ein überspitztes Für und Wider aufgelöst. Und die Auflösung durch Bildhaftigkeit szenisch gebunden. Kaiser hat weder die seelische noch die geistige Intensität, dem Vorwurf alles Zufällige auszubrennen. Er gibt bürgerliche Abschiedsszenen, Familiensentimentalitäten, die nicht Kontrast, sondern Selbstzweck werden. Dieser scharfe, schnelle Geist hat sich zur Ruhe und Stille gebändigt. Aber die Ruhe klingt nicht, und die Stille ist stumm. Hätte Kaiser den Sturmwind eingeschaltet, der seine farbigen, bunten, rauschenden Gegenwartsphantasien, seine grotesken, jagenden, frechen Komödien in die Windhose der Idee hineinwirbelt, er wäre wenigstens technisch mit seinem Thema fertig geworden. Aber er unterlag der Verpflichtung zum Ernst. Und der Ernst gibt ihm das Tempo nicht her, von dem allein er künstlerisch lebt. Er verlor sich an Maeterlinck — und ist in allem sein Widerpart. Er schloss sich an das Abendmahl Leonardo da Vincis an — und ist nicht gläubig.

Die Aufführung ist vor die Aufgabe gestellt, das Wort durch das Bild und das Bild durch das Wort zu überwinden, ohne dass beide sich aufheben. Sie kann der Sprechoper nicht ausweichen, und darf ihr doch nicht unterliegen. Es ist nicht zu leugnen, dass Paul Legband, der Regisseur, mit dem Problem gerungen hat. Er versuchte Plastik des Geistigen und Bildhaften. Aber er zerstörte seine rhythmischen Absichten durch unakzentuiertes Volksgemurmel und szenenzerreissendes Geflüster. Wenn dies Gezische nicht festzulegen war, musste es gestrichen werden. Die Andacht ging sowohl vor der Regiearbeit wie vor der Dichtung zu weit. Auch hier waren (je nach der Talentstärke der einzelnen Darsteller) brutale Striche zu verlangen. Es war eine Qual, Herrn Rothauser viertelstundenlang wackliges Alter und greisenhafte Hinfälligkeit mimen zu sehen, wo es die Aufgabe gewesen wäre, auf einer höheren seelischen Ebene die Opferkraft des Eustache de Saint-Pierre zu wiederholen. Auch Herr Edgar Klitsch ist kein Ekstatiker und kein geistig Entrückter. Er ist ein verlässlicher Schauspieler des gemässigt Bürgerlichen. Für Kaiser musste er zu Ersatztönen greifen und mengte Kayssle Wegener und Hartau zu immer wieder überraschenden Mischungen. Helene Fehdmer (als Mutter eines auserwählten Bürgers) vergriff den Stil des Stückes, indem sie ihm dienen wollte. Sie sprach Komponiertes. Sie sang Arien und hielt Pausen, als ob sie von Orchesterbegleitung ausgefüllt würden.

Den Eustache de Saint-Pierre gab Ernst Stahl-Nachbaur. Er hatte Ruhe und Klarheit, Gliederung und Steigerung. Aber wie immer fehlte ihm die letzte Intensität, die nur aus dem Zwange des Körpers kommt. Herr Stahl-Nachbaur stand sicher im Stil des Werkes. Aber man hatte das Gefühl, er wäre unsicher gewesen, wenn das Arrangement auf Treppen, hinter Tisch und auf Stufen die Körperhaltung nicht unterstützt und verdeckt hätte.

10. Norbert Falk, *B. Z. am Mittag* (Berlin), 29.9.1919, in *Die Kritik* (1919), No. 7, p. 162.

Die Volksbühne am Bülowplatz erweist dem Dramatiker Kaiser Ehren, als wäre er schon tot; sie führt sein schwerst aufführbares, weil durchaus kontradramatisches, viel Geschrei und viel Wolle erforderndes Stück auf. Eine Riesenatrappe aus Goldpapier und farbige Pappe, schnöcklich bemalt mit Millionen Worten. Die Volksbühne hat allerdings eine andere Bestimmung, als in unvolkstümlichen Experimenten, die Geld und Kraft fressen, ihr haushälterisch zu verwaltendes Gut zu verschwenden. Sie hat einer willigen und stets bereiten Hörerschaft geistige Kräftigung, Erhebung, seelische Anregung und Erfreuung zu bieten; Zermürbung und Ermüdung sind die Auswirkung von Georg Kaisers Wortmaschine, deren symbolische Zier bronziert und vernickelt in allerlei rätselgrimassierender Heraldik aus mystischem Theaterdunkel blinkert.

Der sehr theaterblütige, gewandte Kaiser trug, als er dieses 'tiefe' oder gar 'fromme' Stück baute, noch nicht die literarische Maske des Expressionisten, die ihm allerdings

besser steht. Im übertriebensten Gegensatz zur zusammenpressenden, huschenden Stenographie seiner jetzigen Zeitdramatik lud er in epischer Rederei, in symbolgetränkter Rhetorik weit aus, machte in Gotik, mit geheimnisvollen Farbfenstern, Fialen, Türmen und dunklen Hallen. [...]
    Dass Eustache dann wieder bestimmt, wer am nächsten Morgen zum letzten Gang zu spät komme, sei frei — ist schon ein sehr seniles Einfällchen, wonach dem der Lebenspreis zufiele, der die lahmsten Beine hat, oder den irgendein Zufall, ein plötzliches Bedürfnis oder sonstwas zurückhielte. Aber auch das hat, wie sich bald herausstellt, seine tiefere Zweckhaftigkeit; der alte, weise silberhaarige Eustache ist selbst derjenige, der da zu spät kommt. Nämlich weil er tot ist. [...]
    In spitzfindige Spielerei zerlöst ist das Problem; die Tragödie des mählich als Hauptgestalt vorgeschobenen Eustache vollzieht sich gleichsam hinter einer spanischen Wand. Eustache, der in sublimster Greisenweisheit alles zu dem eben geklärten Ende hinführt, überrascht durch eine heimlich geplante, hinterrücks ausgeführte Handlung, mit einem aufgesparten Effekt, der wie jede Mache frostkühl lässt. Kaiser, der in sich viel Theater hat, markiert ausgezeichnet alle entscheidenden Punkte eines wirklichen Dramas; rammt auch da und dort einen Pfosten ein, baut einen Pfeiler; Bogen schlagen, bauen, Körper, Fülle geben, kann er nicht. Eine breite See von Worten überströmt den gelegten Grund, in einer Flut entfesselter Methaphorik wird jeder Ansatz ersäuft. 'Ihr schweigt aneinander vorbei', heisst es einmal. Ein gutes Wort, ein Bild. Nur ein Irrtum, sie reden alle einander um. Mit Ansprachen, mit Berichten, mit Fehdeansagen, mit Rabulisterei. Jeder dramatischen Entwicklung vorzüglicher Ansätze arbeitet der auf 'Tiefe' festgelegte Verfasser geradezu raffiniert entgegen. Wiederholungen, Umkehrungen einer und derselben Lamentation sind Füllsel weiter Strecken. Dies Werk kennt nur Ebenen. Der ganze zweite Akt — die Nacht der Lose und der Abschiede — ist eine einzige tiefe Senkung, ein richtiger Erdrutsch, aus dem nichts mehr empor kann.
    Die Volksbühne hat sich in grosse Unkosten gestürzt, um das gestaltenreiche Drama so farbig herauszubringen, dass es auch als Schaustück wirken soll. Herr Dr. Legband hat bei Reinhardt gelernt, wie man Massen gliedert, Stimmen murren, flüstern, drohend anschwellen macht und wie man mit einem Massenschrei ein Loch in die Luft reisst. Es ist auch manches brav gelungen, manches grotesk geworden. Die Schauspieler haben keine darstellerischen, sondern rhetorische Aufgaben. Stahl-Nachbaur als Eustache de Saint-Pierre spricht die vielen Bogen seines Parts klar, ohne nüchtern zu werden, edeltönig, bewegt, aber ohne innerste Hingegebenheit. Am schlimmsten knistert das Papier überflüssigen Geredes, das für je einen Gedanken ein Dutzend Sätze braucht in Herrn Rothausers schon bedrohlich komischem Solo. Den auf 'Herzzerreissen' eingestellten Abschied einer Mutter tragiert Frau Fehdmer mit rührender Unzulänglichkeit

in Wort, Gebärden und Gesichtsausdruck.

11. W. H., *Berliner Lokal-Anzeiger*, 28.9.1919, in *Die Kritik* (1919), No. 6, p. 136.

Es ist ein frühes Stück des reizend produktiven Dichters; damals war er noch nicht Expressionist. Ist er jetzt an Knappheit und drängender Wucht des Ausdrucks ein unbestritten Erster und über jedes Vorbild hinaus, so übertrifft in diesem Werke sein Überreichtum an schweren, schwellenden, sinnbeladenen, endlosen, endlosen Worten alles, was uns die Symbolisten zwischen Maeterlinck und Claudel an priesterlich dunkler, feierlich weitschweifiger Beredsamkeit zugemutet haben. Es ist, als hätte er in dieses eine Stück alle Last und Kunst dieser gezierten und hohlfaltigen Sprache abgeladen, um sich fortan um so freier dem fliegenden Rhythmus des neuen Stiles hingeben zu können.
[...] In dem Schwall und Hall tiefgründiger Schönrednerei verlischt jede Klarheit, erstickt jedes echte Gefühl. Was in Erinnerung bleibt, ist eine mühselige Symbolik, die sich in Worten ertränkt und eine überkluge Theatralik, die sich mit ihren Vorbereitungen zugrunde richtet. Das Ganze eine umständliche Stilübung, die zum Glück von den anderen, besseren Gaben dieses Dichters bald als völlig fruchtlos überwunden worden ist.
Die Aufführung unter Legband müht sich um Farbe und Rhythmus, stellt schöne und schönbelichtete Bilder, gerät aber zu oft in eine mühevolle Dehnung und Beschwerung, die gerade das zerstört, was sie schaffen soll: Stimmung. [...] Die Zuhörer – die gläubigsten und willigsten, die es heute in ganz Berlin gibt, hielten den kaum erträglichen Andrang gezierter, widerholter, ungebührlich gedehnter Reden mit Mühe stand und konnten an den gefährlichsten Stellen ihre Ungeduld kaum verhalten. Zuletzt waren sie doch zu Beifall bereit und riefen den Dichter einige Male.

12. Karl Strecker, *Tägliche Rundschau* (Berlin), 29.9.1919, in *Die Kritik* (1919), No. 6, p. 136.

[...] Damit schliesst der erste Akt, der beste, den Kaiser je geschrieben hat, ein Meisterstück dramatischer Exposition, die selber schon Drama ist. Als Dichter dieses Frühwerkes steckt Kaiser noch nicht im 'Dress', in der Farbenjacke eines Ismus. Er ist noch frei und hat so einen Akt geschaffen, der, obwohl er von Leben und Bewegung strotzt, doch nicht durch abgerissenen Telegrammstil, Zusammenpressung, Verkürzung, Verhärtung, kinomässige Flimmerkunst und Formelsucht verwirrt, der nicht auf Menschendarstellung, auf natürliches Gegenspiel verzichtet. Und doch verdirbt der Spintisierer, der in Kaiser steckt, ihm auch hier schon das Werk. Nach dem ersten Akt hat er den inneren Anteil an diesen Vorgängen verloren und beginnt zu grübeln, zu lehren, zu erörtern. Sein Eustache de Saint-Pierre verhindert die Auslosung, denn er bemerkt, dass die Hoffnung auf Befreiung in jedem der sechs schon die Reinheit des Opfergedankens trübt. Ein feiner, edler Gedanke, der nur dadurch verwässert und ausgelaugt, also entwertet wird, dass Kaiser eine unendliche Wortbrühe darübergiesst. Zu Beginn des zweiten Aktes zeigt er umständlich, wie die Todgeweihten Abschied nehmen vom Liebsten, das sie auf Erden haben. Hier überrascht Kaiser durch die eisige Kälte seiner Natur selbst die, die den späteren Macher, den Chef der dramatischen Konstruktionsabteilung in unserer Literatur, kennen. Es hätte nahegelegen, wenigstens beim Abschied des Sohnes von seiner Mutter, der Jünglinge von ihren Geliebten, eine dichterische Herzensregung, ein tieferes Gefühl aufklingen zu lassen – nein, Worte, Worte, Worte umflattern uns wie Motten (um Kaisers eigenes Bild zu gebrauchen); Worte weben und spinnen, Worte leiern, Worte ermüden, Worte veröden das Schaugerüst. Der Verfasser spricht in seinem Stück von einem neuen Geist, einer neuen Tat; aber er erstickt den Geist durch Vokabeln, die Tat durch Vorbereitungen... Eustache de Saint-Pierre lässt alle Sechs das Todeslos ziehen, und am Morgen, in dessen erstem Grau die Opfer vor den König hintreten sollten, trifft er selber als letzter ein – auf der Totenbahre. [...] Auch dies wird mit einem ungeheuren Aufwand von Worten und mit vielen spitz gegeneinander gestellten Szenentricks, endlich auch mit langweiligen Wiederholungen und Umständlichkeiten entstellt, aufgebläht.

Kaiser verpufft seine reiche Begabung, weil ihm das seelische Schwergewicht, die Sicherheit einer grossen Natur – wohl zu unterscheiden von einem grossen Intellekt – fehlt. In dem Dutzend Dramen, die jetzt etwa von ihm bekannt sind, bekundet er immer einen ungewöhnlichen Verstand, aber auch immer einen ungewöhnlichen Mangel an Gefühl, an Herz. So sucht er zu verblüffen, zu blenden, und meint, eine Höhe zu finden, wenn er sich – versteigt. Sein unermüdliches Suchen nach überraschenden Wirkungen lässt sich sogar am Wandel seiner Sprache, an dem hastigen Aufraffen und Verwerfen verschiedener Stile erkennen. In den *Bürgern von Calais* schwingt unverkennbar das Pathos des Nietzscheschen Zarathustra, in Kaisers letzten Komödien ist er beim Kauderwelsch des Herrn Sternheim angelangt.

13. Max Hochdorf, *Vorwärts* (Berlin), 28.9.1919, in *Die Kritik* (1919), No. 6, p. 136.

[...] Die Wirksamkeit seiner [Kaisers] Szene ist gross. Die Menschen sind mit viel Problematik belastet, manchmal auch überlastet. Sie schleppen viel Spitzfindigkeit mit sich herum, aber sie tragen doch Seelen. Der Dichter redet in

vielen Bildern, und seine Einbildungskraft ist so fruchtbar,
dass alles dem Ende entgegenrollt, angefüllt mit spannender
Buntheit und Pracht.
   Die Aufführung blieb dem Stück mancherlei schuldig. Sie
hielt sich zu sehr im Rahmen des Hergebrachten. Die
Massenauftritte gerieten nicht in Bewegung. Die Massen waren
dressiert, sie lebten kaum. Herr Stahl-Nachbaur spielte den
Herrn Eustache. Er ist ein guter Sprecher und hat eine
schöne Gestalt. Aber gerade diese Eigenschaften verführten
ihn zu allzu arger Schönrednerei. Er verschleppte die
lebendigen Dinge, er verleitete die Mitspielenden, dass sie
sich alle einer allzu breiten Betonung des Rhetorischen
hingaben und nicht in Leidenschaft gerieten. So nahm man den
Eindruck mit, dass hier eine heftig aufgeführte Dramatik
hingezogen und gedämpft wurde. Man kennt Auguste Rodins
gewaltige Bildhauergruppe von den Bürgern von Calais. [...]
Kaiser hat an dieses Bildwerk gedacht, als er seine Tragödie
aufbaute. Etwas Ehernes, das doch gewaltig zuckt, das war
sein Plan. Die Aufführung brachte eher etwas Steifes an den
Tag, das nur in Krämpfen auftobt und manchmal toll wird.

14. anon., *Vossische Zeitung* (Berlin), 28.9.1919, in *Die
Kritik* (1919), No. 6, p. 136.

   Die Volksbühne vergriff sich gestern. Kayssler wagte
sich an Georg Kaisers Drama *Die Bürger von Calais* und
spielte es zu Tode. [...] Kaiser sucht einen neuen Inhalt
und einen neuen Gefühlsausdruck für das Heroische. Die
Volksbühne lebte jedoch geistig über ihre Mittel, als sie
ihm bei diesem Suchen folgte. Stil wurde zur Dressur, das
Gespräch wurde von Grabeston und Pausen erdrückt, die spröde
Sprache vollends verwaschen. Vom Wagnis des Dramas sei noch
die Rede. Es hätte als Pfadweiser zu neuen Zielen wirken
können und blieb eine Geduldsprobe in drei Akten. Das
Musterpublikum der Volksbühne bestand sie mit Anstand.

15. Monty Jacobs, *Vossische Zeitung*, 29.9.1919, in *Die
Kritik* (1919), No. 6, pp. 136-37.

   Georg Kaisers Tragödie, in der Volksbühne begraben,
muss in die Zukunft einmal bei Max Reinhardt auferstehen.
Schon beim Lesen spürt man im Crescendo und Unisono der
Volksszenen eine Sprache, die sich offen zum Tonfall seiner
Arena bekennt. Ein Murmeln läuft über eine Versammlung hin,
eine Massenstimmung entlädt sich im Schrei eines Namens —
solche Wirkungen versagen sich Reinhardts Regiekunst
niemals.
   Ihrem Nacheifer [sic] mit unzulänglichen Mitteln, Paul
Legband, sind sie auf der Volksbühne nicht geglückt. Er zog
zudem die Bremse so heftig an, dass der ganze Karren zu

knirschen und zu quietschen anhub. Bleierne Lasten
beschwerten alle Worte, und die Darsteller suchten einander
in der Wucht ihrer Sprechpausen zu beschämen. Kein Wunder,
dass uns zuletzt auf jeden Nerv ein Bürger von Calais fiel.
   Die Kritik erfüllte ihre schönste Pflicht, wenn sie
freilegt, was die Bühne verschüttet hat. In Georg Kaiser
hilft sie zudem bei diesem Beginnen einem Dichter, dem die
Unrast der Zeit durch das Blut kreist und der noch im Frost
seiner Sophistik ein Künstler bleibt.
   [...] Das Heroische mit überlegenem Lächeln zu
entgöttern, ist jetzt so billig wie beliebt. Georg Kaiser
wagt hingegen den Versuch, es von Grund auf zu erneuern. Neu
an Kern, Stil und Wort soll sein Lied vom Helden klingen. An
innerem Gehalt neu: sein Eustache hebt warnend die Hand, als
in der belagerten Stadt der Feldhauptmann sinnlosen
Widerstand um der Glorie willen predigt. Über die schöne
Geste des Soldaten stellt der Bürger sein Werk, das eben
vollendete Tagewerk seiner Hände, in Qual und Mühe dem
Elemente abgerungen, den Hafen von Calais. [...]
   Die Tat indessen bedeutet für Eustache nichts, der
Täter alles. 'Flamme ohne Rauch', so soll das Opfer brennen.
Wie der Führer seine Kameraden über ihre eigene Natur hinaus
schwingt, wie er sie lenkt, beschämt, und wie er zuletzt mit
seinem Tode alle Schlacken ihrer Menschlichkeit fortbrennt,
- das ist ein neuer Heroismus, wert, von der Bühne belichtet
zu werden, auch in manchem Winkel, der durch des Dichters
Schuld dunkel geblieben ist.
   Zum neuen Inhalt sucht Kaiser einen neuen Stil.
Reliefkunst, mit dem Hammer aus dem Metall geschlagen, so
nehmen die Bürger von Calais im Drama den Wetteifer mit
Rodins Gestalten auf. Sie sind nur die Folie für die rund
modellierte Mittelfigur, für Eustache. Nach dem Takte seines
Herzschlages lässt er ihnen allen den Puls pochen. 'Flamme
ohne Rauch', so brennt ihm die Seele. Denn sein Wille strömt
über eine ganze Stadt, und jeden der drei Akte trägt er im
Leben wie im Sterben mit einer überraschenden Bewegung. Am
stärksten wirkt er im zweiten Akt, als der einzige Feste in
jener Stunde des Schwankens, da das Los unter den sieben
Todgeweihten entscheiden soll. Eine seltsame Ungewissheit
liegt über ihnen allen, lähmend und elektrisierend zugleich,
und diese Szenen durchschwirrt ein Zittern, ein Vibrieren
von wunderlichem Reiz, das noch von einer Bühne aufzufangen
bleibt.
   Die Geburt des neuen Menschen kündet ein uralter
Prophet an, in jener Nacht, da die Opfermütigen in Calais
ihrer eigenen Tat würdig werden. Der neue Mensch muss
natürlich eine neue Sprache sprechen, und so heftig Georg
Kaiser sie sonst zusammenpresst, bis zur Kargheit, so lässt
er sie hier strömen und quellen. Dieser Reichtum des Worts
verdunkelt und verwehrt eine Klarheit, wie sie gerade das
Publikum einer Volksbühne fordern darf. Erst ein Versuch auf
einem anderen Theater muss lehren, wie weit die Sprechkunst
der Kaysslerschen Darsteller sich an der allgemeinen
Ungeduld versündigte.

Der Eifer ist dankenswert, mit dem sich Paul Legbands Regie gerade an die Aufgaben Georg Kaisers, des Problematischen, wagt. Aber wie ihm der Versuch mit *Gas* rühmlich glückte, so misslang ihm das Problem der *Bürger von Calais*. Am verschleppten Tempo war längst alles Interesse erlahmt, als an Eustaches Bahre ein Hundertjähriger die wichtigsten Worte des Dramas in seinen Bart murmelte. Solange Eustache lebte, übten Stahl-Nachbaurs Blick und Ton ihre Wirkung aus. Aber Eustache ist die Tat selbst, ein männlicher Geist, und seine reife Weisheit darf nicht hemmungslos in den Mollton der Müdigkeit, der Kontemplation übertragen werden.

Als wäre es ihr Amt, die Schwächen des Dramas zu betonen, so badete sich die Regie förmlich in Wiederholungen. Sechs Märtyrer beim Abschied von ihren Lieben, das gab mit Helene Fehdmer als Gast sechs abendfüllende Volksstücke, und im Schlussakt drängte sich wiederum breit in den Vordergrund der sechsfache Kostümwechsel vom Festgewand zum Armensünderhemd. In die Ecke damit, in die finsterste! Vor allem aber bleiben noch die Volksszenen zu erobern. Auf Kayßlers Bühne gewann nur der Anfang sein Eigenleben. Vielleicht, weil nichts uns vertrauter sein mag als das Gefühl des Feldhauptmanns im schwarzen Harnisch, der sein Schwert losgürtet. Doch im Geschrei der allzu wohldressierten Massenszenen blieb ein wichtiger Mitspieler des Kaiserschen Dramas stumm. Ich meine den Pöbel von Calais, von den Patriziern durch alle Künste der Bühne zu trennen, brutal in der Angst seines Egoismus, feige, gierig und undankbar gegen die Helden des eigenen Bluts, Rauch ohne Flamme.

[*June 1920*], *Erstaufführung, Stadttheater, Halle. Dir.: Dr. Edgar Gross; Josef Krahé (Eustache); Eugen Teuscher (Duguesclins); Willi Schur (Jean de Vienne).*

16. Erich Sellheim, *Hallesche Zeitung*, 12.6.1920, in *Die Kritik* (1920), No. 27, pp. 552–53.

Dem Expressionismus im deutschen Drama galt die gestrige Zyklusaufführung im Stadttheater. Georg Kaiser, der als unser bedeutendster, zum mindesten als unser erfolgreichster und furchtbarster [sic] expressionistischer Dichter der Gegenwart angesprochen werden muss, hatte das Wort. Er stellte sich dem Halleschen Theaterpublikum vor mit seinem dreiaktigen Bühnenspiel *Die Bürger von Calais*. [...] Ob es indessen gerade als ein typisches Lehrbeispiel für das expressionistische Drama zu bezeichnen ist, mag dahingestellt bleiben. Unseres Erachtens entspricht es jedenfalls nicht restlos der Forderung dieser Dichtungsart, die ja wohl vor allem darin bestehen soll, nur Seele zu geben. Im übrigen sind *Die Bürger von Calais* eine echt

Kaisersche Dichtung mit allen den ihr eigenen Schwächen und
Vorzügen. Es gelingt Kaiser nie völlig, wirkliche Charaktere
zu schaffen, sondern nur Typen, er schematisiert. Auf der
anderen Seite frappiert aber immer wieder die Sicherheit und
Prägnanz im Formen der technischen Aufgabe, sowie einer
wirkungsvollen Theatralik. Und dies will in unseren Tagen
schon viel bedeuten. Es ist überhaupt etwas Eigenes um Georg
Kaiser. Seine Dramen üben auf Leser und Hörer einen
unbedingten Einfluss aus, aber sie ziehen ihn nie gänzlich
in ihren Bann. Es bleibt stets eine gewisse Distanz: die
Impotenz des vom Gefühl gelösten Intellekts. So auch
gestern. Das bange Schicksal der Stadt Calais, deren
bedingungslose Übergabe der vor den Toren stehende
hartherzige König von England fordert, liess im ersten
Aufzug die Herzen – hoffentlich aller – Besucher höher
schlagen, drängte ihnen unwillkürlich den Vergleich mit dem
von rach- und habgierigen Feinden bedrängten und
gedemütigten Deutschland auf. Aber die Bürger von Calais
wagen nicht, wozu sie ursprünglich willens waren, den
letzten Verzweiflungskampf für die Ehre der Stadt, sondern
lassen sich dazu bereit finden – wie es auch Deutschland tat
–, die schmählichen Bedingungen des Engländers anzunehmen
und im Büssergewand, den Strick um den Hals, die Schlüssel
der Stadt dem Sieger auszuliefern. Wohl zeugt der
freiwillige Opfertod des edlen Eustache von menschlicher
Grösse und von Heldentum, das Ganze wirkt schliesslich auch
versöhnend, aber nie läuternd und befreiend – eine
Forderung, die freilich einst ein Aristoteles aufgestellt
hat.
    Dies alles soll und kann indessen den literarischen
Wert der Kaiserschen Dramen, insbesondere der *Bürger von
Calais*, nicht beeinträchtigen. Der Dichter hat zweifelsohne
eine glückliche Hand im Herausgreifen zeitgemässer Probleme,
er besitzt die seltene Gabe einer eindrucksvollen
dialektischen Formulierung, er versteht es, die Zuschauer in
atemloser Spannung zu halten – man denke nur an das
retardierende Moment im 2. Akte, da jeder der Todgeweihten
noch die Hoffnung hegt, das Los der Befreiung zu ziehen! Und
so fesseln auch *Die Bürger von Calais* schon rein stofflich
und szenisch, ergreifen aber auch unter dem Stimmungszauber
einer subtilen Sprachkunst. Trotz allen Vorurteils und
Misstrauens vor dem Theatraliker Georg Kaiser muss man in
ihm letzten Endes doch den Dichter erkennen und anerkennen.
[...]

17. Adolf Meyer, *Hallische Allgemeine Zeitung*, 13.6.1920, in
Die Kritik (1920), No. 27, p. 553.

    [...] Ein Spiel um Tod und Leben eines einzelnen –
denkt man auf den ersten Blick. Das alte Menschheitslied vom
Siege des Lebens über den Tod, von der Überwindung des Bösen
durch die reine Tat. Doch sobald das geistige Auge sich an

den Wust und den Wulst schweisstriefender Pathetik gewöhnt
hat, mit dem wirr oft und kraus der Kern der dichterischen
Absicht in diesem Bühnspiel umkleidet ist, sowie man
schärfer hinsieht, gewahrt man hinter diesem, das Stück
scheinbar leitende Motiv, ein zweites, tieferes. Nicht
dieser individualistische Konflikt, inmitten dessen die alte
Idee von der Tragik des Opfers gestellt ist, gibt den
Grundton dieser — sagen wir einmal: Dichtung, sondern eine
ihr wohl verwandte sozial-ethische Tendenz, 'Gemeinsinn'
nämlich, das ist bei Georg Kaiser etwas, das seiner
Weltansicht nach im Gegensatz steht zu Begriffen wie Ehre,
Heldenmut, Vaterlandsstolz, Treue zu König und Kriegsherr.
Zwei Zeitanschauungen, nein, zwei Menschheitsanschauungen —
sie sind gewiss zu allen Zeiten dagewesen — disputieren in
der Sitzung des Bürgerrates miteinander. Als der Gesandte
des Britenkönigs aus der Kasematte vor die Männer von Calais
tritt und ihnen die schmähliche Zumutung des Siegers zu
hören gibt, da steht im Stahl des Panzers der Vertreter des
'alten Systems' vom Sitze auf, der französische
Stadthauptmann, und spricht von nationaler Verteidigung, von
Widerstand bis zum Letzten, von Ruhm und Stolz. [...] Und
dann tritt der Mann mit dem nachnovemberlichen Geiste, der
Vertreter des Geistes dieser unserer heutigen Zeit, der
weisshaarige Eustache de Saint-Pierre, hin und ruft dem
gepanzerten und geschienten Geiste vom August 1914 ins
Angesicht: 'Wir suchen den Ruhm Frankreichs nicht. Wir
suchen das Werk unserer Hände!' Und die Bürger von Calais,
die an der Frucht der Erkenntnis des November 1918 genippt
haben, heben die Arme und rufen Hallelujah dem Künder der
neuen politischen Sittlichkeit, dem Fürredner der
Völkerverbrüderung und des Pazifismus. Was Ehre und
Manneszucht! — wir suchen das Werk unserer Hände! Dieses
Werk ihrer Hände zu erhalten, den Stolz friedlicher
Zivilisationsarbeit, die Molen von Calais, den kunstvollen
Hafen, der dem bindenden Verkehr der Völker zu dienen den
Elementen abgerungen worden ist, scheint ihnen nun jede
tiefste Demütigung, jede Schmach in Sack und Asche recht.
[...] Und wenn die Verwirklichung dieses neuen
Gemeinschafts-, dieses kommunistischen Geistes den Preis der
tiefsten Demütigung heischt, wenn sechs Leben darum im Sande
vor Calais ausbluten müssen, so ist das Pfand nicht zu hoch;
die Idee, die Idee des Kommunismus ist gerettet.... [...]

Die Revolution war in der Kunst, ehe sie im Staate war.
Die neue Literatur entlieh ihre Tendenzen dem Marxismus, ehe
noch die neue Politik seinen Schlagworten nachlief. Den
Kampf gegen Gestz und Macht, gegen Form und Ordnung, die
Revolution des Stils, leitete die Literatur längst ein. Auch
dieses Bühnenspiel, das den Maximen des Kommunismus geweiht
ist, war geschrieben, ehe der Gedanke Tat werden wollte. Ehe
noch 'die neue politische Sittlichkeit' sich über das
geistige Land Schillers und Goethes ergoss. Werke, wie
dieses eines ist, lockerten mit Pflugscharen des Geistes,
ihres Geistes, das Land, ehe die roten Fahnen, ehe die
politische Revolution wüstend und johlend darüber hinzog.

Das Werk Kaisers an sich soll hier weder angeklagt noch
verurteilt werden. Es soll nicht gesagt werden, dass diese
Dichtung anational, antinational selbstredend, wie sie und
ihre 'ganze Richtung' sich gebärdet, nicht aus reinen
Absichten heraus geschrieben sei. Aber nicht danach allein
soll man Schrifttum und Kunst fragen: woher sie kommt; auch
danach, was sie zeitigt, und wohin sie die Geister weist!
'Auch sollen wir höhere Maximen nur aussprechen – hat Goethe
geurteilt – insofern sie der Welt zugute kommen; andere aber
sollen wir bei uns behalten....' Wenn sie schon höhere
Ideale als Ehre und Nation zu predigen glaubt, soll die neue
Kunst sich doch auch im höchsten Sinne vor diesem Gebot zur
Verantwortung ziehen.

Georg Kaisers Stück, das man gestern im Stadttheater an
sich vorüberziehen liess, hat wärmere Verehrer gefunden als
das gestrige hallesche Premierenpublikum. Gustav Landauer,
des Exempels halber, wollte sich umbringen vor Verzückung
über jene 'neue politische Sittlichkeit', die aus dem Werke
redet: seine Begeisterung über die *Bürger von Calais* hat ihn
leider nicht abgehalten, wider die Bürger von München die
individuell bösesten Instinkte aller Zeiten, Mord und alle
Taten des Aufruhrs aufzurühren. [...]

Den Bürgern von Halle wollte der neue
Menschheitsgedanke gestern nicht so recht in den Kopf und
ins Herz dringen. Der Beifall der Kunstgemeinde ging kaum
über die Anerkennung der in der Tat ganz ausgezeichneten
Darstellung hinaus. Die Pathetik des Kaiserlichen Ethos, die
sich immer mit derselben Gebärde, mit demselben Ton und der
gleichen Eintönigkeit gibt, will streckenweise in Musse
gelesen und im Buche studiert sein, diese Kopf- und
Gehirn-Kunst oder -Athletik ist in den entscheidenden Phasen
mehr Gedanke als Gedicht. Der wahrhaft vortrefflichen
Darstellung (Spielleitung Dr. Edgar Gross), die man die
tiefbegründete Ablehnung des Schaustückes nicht fühlen
lassen soll und auch nicht fühlen liess, ist zum Ruhme zu
sagen, dass sie es war, die den Abend trotz allem zu einem
Eindruck machte. Die Szene war im Sinne des Werkes
stilisiert und mit schlichten Mitteln eindrucksvoll
hergerichtet. [...]

*15.12.1928, Schauspielhaus, Düsseldorf. Dir.: Gustav
Lindemann; sets: Eduard Sturm; Franz Everth (Eustache);
Hermann Greid (Jean de Vienne); Louise Dumont (Mutter);
Peter Esser (Der Vater Eustache de Saint-Pierres).*

18. anon., *Freiheit* (Düsseldorf), 21.12.1928.

Georg Kaiser ist 50 Jahre geworden und die Direktion
des Schauspielhauses fühlt sich verpflichtet, den Dichter,
der dem Schauspielhaus in den letzten Jahren zu so manchem
Kassenstück verhalf, durch eine Jubiläums-Aufführung zu

ehren. Allerdings wurde der Abend als solcher nicht hervorgehoben, dazu sind *Die Bürger von Calais* schon so alt, dass sie für Düsseldorf als Neuaufführung kaum etwas Besonderes für die Theaterwelt bedeuten. Allerdings sind *Die Bürger von Calais* sprachlich und künstlerisch, wenn bei Kaiser überhaupt von 'künstlerisch' geredet werden kann, das beste Stück seines Schaffens. Aber auch mit diesem Prädikat sind sie stellenweise recht langweilig, da die langen deklamatorischen Ergüsse der Hauptpersonen über die fehlende Spannung kaum hinweghelfen.

Die Bürger von Calais sollen bereits im Jahre 1914 fertiggestellt gewesen sein. Jedenfalls blieben sie dann aus politischen Erwägungen heraus bis zum Jahre 1919 liegen. Denn die Stimmung während dieser Zeit stand ja unter dem Diktum 'Gott strafe England', und ein englischer König, selbst wenn er schon lange der Geschichte angehört, durfte während des Weltkrieges nicht so menschlich sein, sechs französische Bürger von Calais vom Henkerbeil zum Leben zu begnadigen.

Aber eines anderen politischen Vergleiches konnten wir uns nicht erwehren und mit unterdrücktem Lächeln sahen wir die Angehörigen der kapitalistischen Klasse begeistert klatschen. Die sechs Bürger von Calais, nach der Chronik Froissards, waren freiwillig bereit, ihr Leben und alles hinzugeben, um ihre Vaterstadt Calais und ihren Hafen vor dem Untergang zu retten, wie ihn der englische Sieger androhte. Die deutsche Kapitalistenklasse, die im Weltkrieg gegen ihre Konkurrenz unterlag, halftert die Kriegskosten auf die arbeitende Klasse ab und die ungeheuren Milliarden der Reparationen werden durch verschärfte Rationalisierung der Betriebe und elende Löhne für die Arbeiter, aufgebracht. Die deutschen Bürger opfern weder ihr Leben noch ihr Vermögen, sondern machen mit dem Sieger Halbpart, die Arbeiterklasse im verschärften Masse auszubeuten.

[...] Es ist also eine von Aufopferung und Edelmut strotzende Geschichte, die aber auf unsere heutige Zeit wie die Faust aufs Auge passt. Gustav Lindemann hatte sich bemüht, die Aufführung in eine klassische Form zu bringen und Louise Dumont selbst erschien nach langem wieder einmal persönlich auf der Bühne. Uns scheint jedoch, als ob die schon etwas bedenklich geschraubte Sprache Georg Kaisers über die Wirkung hinaus gesteigert wurde und während der Massenszenen glaubte man leise das Knacken der Scharniere zu hören. Das Abschiedsmahl der Sieben erinnerte an das bekannte Abendmahlbild Leonardo da Vincis.

Auf die Einzelleistungen der mitwirkenden Künstler einzugehen, wollen wir uns aus den bekannten Gründen ersparen, da ja im Schauspielhaus der einzelne nicht bedeutet und die Regie alles. Am Schlusse des Stückes wurde minutenlang geklatscht und wir hörten beim Drängen um die Garderobe eine stilvoll gekleidete Dame begeistert seufzen: 'Ja, das war mal wieder wenigstens etwas und nach solchen Abend vergisst man gern die vielen Lustspiele'. Mit dem *Bürger von Calais* hat sich das Schauspielhaus seiner

Verpflichtung Führerin der Kunst zu sein erledigt. Und dazu musste man ausgerechnet einen Georg Kaiser wählen. Für die Direktion und die Besucher des Schauspielhauses kennzeichnend.

19. Heinz Stolz, *Rheinisch-Westfälische Zeitung* (Essen), 18.12.1928.

Wäre Georg Kaiser der Dichter, für den ihn das Schauspielhaus hält: es wäre ein Abend des grössten Triumphes geworden. Denn es ist nicht übertrieben, zu sagen, reiner und würdiger lasse sein Werk, das seine Freunde sein bestes nennen, sich nicht mehr gestalten als es an diesem Abend geschah. Hier war wirklich jener Gemeinschafts-Gedanke, den Georg Kaiser durch den Mund des Eustache de Saint-Pierre mit so beredter Leidenschaft vortrag [sic] lässt, aus der Sphäre des Ideals in die Wirklichkeit getragen. Denn was Gustav Lindemanns Spielleitung, Eduard Sturms Architektur, die Kunst der Darsteller schufen, war in der Vielfalt der Kräfte doch ein Gebilde von so völliger Einheit, dass es nur als Ganzes gewürdigt, nicht in Teile zerbrochen sein will. Äusserlich schon, im Bühnenbild durch den gewaltigen Ring, aus dessen Kreis in erhabener Feierlichkeit Säulen, Gebälk und Mauerwerk wuchsen, mächtig gebunden, schien auch die Aufführung, unsichtbar und innerlich, wie durch Ringe zusammengehalten: durch die Dynamik des Wortes, die Gesetzmässigkeit des szenischen Rhythmus, die Ballung und Plastik der Masse, die wie in Stein gehauen, zu Gruppen gesellt in jedem Gesicht, in jeder Gebärde anders und einzeln geprägt war. Eines nur fehlte: der grosse Gegenstand, würdig des Ausdrucks. Gross aber ist Georg Kaisers Drama bestenfalls in der Gesinnung, möglichenfalls noch in der Hebbelschen Geistigkeit, Probleme zum Austrag zu bringen, keinesfalls in der Fragwürdigkeit seiner Mittel, die Überraschung und Spannung mit den fatalen Künsten des Taschenspielers erzwingen.

20. Mai, *Düsseldorfer Nachrichten*, 17.12.1928.

[...] Der historische Hintergrund ist bei Georg Kaiser nirgends wesentlich, er ist es auch nicht bei den Bürgern von Calais, die er, wie man sah, ganz zu Trägern heutiger Ideen gestaltet hat, deren geschichtlichen Namen bloss Zufälligkeiten sind. Jedenfalls verzichtete Gustav Lindemann als Regisseur darauf, und das nicht ohne Berechtigung, sie in einen gotischen Rahmen zu spannen. Sie völlig von ihrer symbolischen Seite her erfassend, öffnete er die Weite und Tiefe ihres Ethos, gab er dem Worte Macht und dem Theater, was des Theaters ist, mit glänzend abgewogenen, zum Teil

unerhört wuchtigen Steigerungen und Ballungen von Ton und
Stimmung in den Massenszenen zumal. Wie erzgehämmert wuchs
der erste Akt aus dem Sturm der Glocken hervor, fein wie
farbige Holzplastiken reihten sich im zweiten Akt die
Abschiedsszenen aneinander, darin bürgerliche Existenzen
sichtbar werden und die lauernde Schicksalsungewissheit
seltsam aufguckt, imposant entlud sich im letzten Akt die
Erwartung des Volkes, sein Zorn und seine Ergriffenheit.

Das Kostüm ging wohl von der leise an die Einsetzung
des Abendmahls erinnernden Speisung der Todgeweihten aus und
klang in seiner Stilisierung mehr an die Bibel als an die
Gotik an. Eduard Sturms Bühnenbilder spiegelten
gewissermassen die konstruktive Art des Kaiserschen Dramas
wider, die in späteren Stücken freilich greifbarer wird als
hier. Zum Kern hatten sie eine schiefgestellte kreisrunde
Laufbahn, deren Symbolik allerlei Deutungen zugänglich war,
die zweifellos aber, so abstrakt sie als Dekoration sein
mochte, für die Auftritte und die Gliederung der Gruppen,
wie für die Bildhaftigkeit der Szenen die vielfältigsten
praktischen Möglichkeiten bot. Musik, ausgeführt durch das
Köhler-Hedler-Quartett, erhöhte die Feierlichkeit des Ganzen
(Adagio von Mozart, Adagio ma non troppo für Streichquartett
op. 74 von Beethoven).

Von Georg Kaisers Dramen ist dieses das edelste,
harmonischste und dabei in seiner ganzen dichterischen
Haltung am wenigsten Georg Kaiser. Klassisch ist beinahe der
Glanz seiner Sprache, steil, unter äusserster Aussparung der
Mittel baut es sich auf, restlos ist die Kongruenz von
Inhalt und Form. Und gleichwohl: etwas bleibt es einem
schuldig, der erste Akt türmt sich zu dramatisch, als dass
die beiden folgenden Akte nicht eine beträchtliche
Abspannung zeitigen müssten. Das passive Heldentum wirkt
sich aus, heldisch ist die Tat der Sieben, ist die Tat des
Eustache de Saint-Pierre vor allem, aber sie erschöpft sich
nun einmal im Leiden. Das wendet keinerlei darstellerische
Persönlichkeit, das vermochte am Samstag auch Franz Everth
nicht wenden, dessen Eustache de Saint-Pierre wahrhafte
Grösse atmete: in seiner milden Güte, seiner
Unerschütterlichkeit, der Verklärtheit seiner
Todesfreudigkeit. In charakteristischer Stufung gesellten
sich zu ihm als gewählte Bürger Friedrich Rosenthal, August
Weber [...]. Mit heissem Blut stattete Hermann Greid den
Jean de Vienne aus, wie das eherne Gesetz des Siegers selbst
stand Luis Rainers englischer Offizier da, wie ein mystisch
umwitterter Seher aus Urzeiten Peter Esser als Vater des
Eustache de Saint-Pierre. [...] In den Abschiedsszenen des
zweiten Aktes spielte Louise Dumont ergreifend des einen
Bürgers Mutter, beseelt in ihrer Verhaltenheit waren
Cornelie Gebühr als Bürgersfrau und Louise Rainer und Fita
Benkhoff als Tochter Jean d'Aires.

Stürmischer Beifall dankte für die Aufführung.

Von morgens bis mitternachts

28.4.1917, Uraufführung, Kammerspiele, Munich. Dir.: Otto
Falckenberg; sets: Leo Pasetti; Erwin Kalser (Kassierer).

21. Richard Elchinger, *Münchner Neueste Nachrichten*,
30.4.1917, in Rühle, pp. 58-60.

[...] Kaiser hat zahlreiche Stücke geschrieben, für
deren Aktualität sicherer als für ihren Kunstwert das
allgemeine Zensurverbot, das sie betroffen, einen Massstab
abgeben kann.
   Das Drama *Von morgens bis mitternachts* stellt sich als
eine bunte Episodenreihe dar, deren Aufführung sich
mancherlei szenische Schwierigkeiten in den Weg stellen.
[...]
   Der Kassierer geht nach Hause und nimmt Abschied von
den Seinen. Mutter, Frau, Töchter: kärgliches Milieu,
Klaviergeklimper, alles eingestellt auf die Person des
Vaters, der, heimkehrend mit der eisigen Abgekehrtheit eines
Entschlusses, dem stummen Jammer der Familie als ein
Wahnsinniger erscheint. Dieses Bild wirkt fast erschütternd,
und die strenge Sachlichkeit, mit der es gezeichnet, gehört
zu dem Stärksten, was man seit langem auf der Bühne gesehen.
   Nur der Aktschluss ist fatal. Die Frau muss noch die
Kinder beschimpfen und den Aktschluss dreifach
unterstreichen. Der geprellte Kellner im Ballhaus sucht im
übernächsten Aktschluss die gleiche Wirkung zu erzielen. Wie
denn überhaupt durch Häufung von Lärm und äusserem Tumult
der absteigenden Handlung der grosse Rhythmus gegeben werden
soll.
   Aber oft ist das nur überheizter Grabbe.
   [...] So gewinnt der Kassierer den Weg zur inneren
Freiheit, die er vom Podium aus verkündet. Und der Autor
besitzt dramaturgische Geschicklichkeit genug, ihm dort ein
paar Pauken bereit zu stellen.
   Das ist ein kühner Einfall, des Kassierers Epilog vom
Selbstmörder in eigener Person mit schauerlichen
Paukenwirbeln begleiten zu lassen. [...]
   Was diese sieben Bilder in ihrem Werte einschränkt, ist
das Überwiegen der Technik über die ursprüngliche
dichterische Kraft, mit der die Idee ersonnen ist.
   Ein Kenner hat die Auswahl getroffen, aber aus einer
Komposition, die von Grabbe bis zu Wedekind und Sternheim
orientiert ist, keine *neue* stilistische Einheit geschaffen.
Es ist ein Literaturdrama geworden, dessen Rezeptur sich bis
in den wechselnden Gebrauch der Substantiva und Adjektiva
nachweisen lässt. Und was genial erschiene, wenn Georg
Kaiser, was er leider nicht mehr ist, ein siebzehnjähriger

Stürmer wäre, erweist sich so als die geschickte Synthese eines Kundigen.

Für die Kammerspiele bleibt es eine mutige Tat, dass sie sich an das szenische Problem dieses Stücks gewagt haben. Otto Falckenbergs Regie, immer glücklich im phantastischen Drama, überwand, unterstützt von der nachdenklichen Stilisierung der Pasettischen Raumkunst, die grossen Schwierigkeiten der Buchvorschriften und gelangte zu einer dramaturgischen Synthese, die den sieben Bildern die Plastik der Wahrscheinlichkeit sicherte.

[...] Als Ganzes muss trotz allem der Abend unter den positiven gebucht werden. Denn der Erfinder dieses Kassiererschicksales [...] schafft Nachdenklichkeiten mit seiner romantisierenden Tragikomödie des Geldes, und die vorübergehende Erscheinung seines Kassierers wird uns im Gedächtnis bleiben als eine schwermütige Randfigur zu Goethes Versen: Ihr führt ins Leben uns hinein, ihr lasst den Armen schuldig werden: dann überlasst ihr ihn der Pein...

22. Richard Braungart, *Münchener Zeitung*, 30.4.1917, in Rühle, pp. 60-61.

Unter den Wenigen, die für die Entwicklung des deutschen Dramas ernsthaft in Frage kommen, wird der in Weimar lebende Magdeburger Georg Kaiser heute zumeist an erster Stelle genannt. Es ist noch gar nicht lange her, da kannte kaum irgend jemand den Namen [...] Kaisers, der ein König im Reiche der jüngsten Literatur zu werden beginnt [...] es scheint, dass auch für diesen Pfadsucher (oder sollen wir sagen: Pfad*finder*?) allmählich die Zeit reif wird. [...] Wer nach dem Lärm, der solche literarische Ereignisse zu begleiten pflegt, den Wert eines Werkes einzuschätzen gewohnt ist, der muss zu der Überzeugung gekommen sein, der Geburt eines der grössten modernen Dramen beigewohnt zu haben. Hysterischen Beifallsausbrüchen ein Teil des Premierenpublikums, dem jeder Anlass zum Radau willkommen ist, brutal entgegenzuwirken. Droben aber, mitten im Kreuzfeuer des Für und Wider, stand der leidenschaftlich gerufene Dichter, umgeben von seinen treuesten Helfern, und seine ernste Miene schien alles eher als ein Beglücktsein über *diese* Wirkung seines Werkes zu verraten.

[...] Kaiser ringt noch immer mit den Elementen, aus denen die literarische 'Moderne' zusammengesetzt ist. Aber es kann auch nicht einen Augenblick zweifelhaft sein, dass nur wenige unserer jüngsten 'Ringer', vielleicht sogar keiner ausser Kaiser, soviel begründete Aussicht haben, von der analytischen Beschäftigung mit den Problemen der Gegenwart in absehbarer Zeit zur Synthese neuer, in die Zukunft weisender Werte zu gelangen. Denn überall, im Dialog wie in der Handlungsgestaltung, in der Problemstellung und -lösung und in der Durchdringung der dramatischen Form mit

philosophischem Geist, zeigt sich die Klaue des Löwen. Und
nicht zuletzt sind auch Dinge, mit denen er uns ärgert und
quält, Beweise für die ungewöhnliche Potenz dieses Dichters
von Profil und Richtung. [...]
   Otto Falckenberg ist auch diesmal wieder als Sieger aus
dem Kampf mit der widerstrebenden Materie hervorgegangen. Es
war eine Leistung hohen Ranges, ebenbürtig dem Besten, was
ihm bis jetzt gelungen. Auch Herr Kalser hat sich als
Kassierer einige Superlative ehrlich verdient. Glänzend in
der Maske und Auffassung, führte er die sehr anstrengende
Rolle, die in einem Tageslauf ein ganzes Menschenleben
widerspiegelt, mit bewundernswerter Ausdauer bis zur
grossartigen Schlusssteigerung. Alle übrigen Gestalten um
ihn, soviele es auch waren, sind nur Staffagen, wenn auch
sehr farbige, bildgestaltende, gewesen. [...] Die
Dekorationen von Leo Pasetti passten sich dem Charakter des
Werkes, das halb Mysterium und halb Tragikomödie ist, mit
gewohnter Schmiegsamkeit an. Alles in allem: es war ein
Ehrenabend der Kammerspiele, auf dessen Glanz nur die
traurige Haltung eines Teiles des Publikums einen hässlichen
Schatten warf.

23. L. G. Oberlaender, *Die schöne Literatur*, 18, No. 11
(26.5.1917), 168—69.

   Kaiser wird von mancher Seite sehr gepriesen. [...] In
Von morgens bis mitternachts vermag ich jedoch die
Eigenschaften nicht zu erkennen, die von K[aiser] das 'neue
Drama' erhoffen lassen. Vom letzten Strindberg stammt die
Form, von Wedekind die Leidenschaftlichkeit ohne Blutwärme,
von Sternheim der Hohn auf den Philister. [...] Alles ist
nicht erlebt, sondern wird doktrinär vorgetragen, mutet kalt
und herb an und lässt unser Gefühl nicht mitschwingen. [...]
Die an Strindberg geschulten Darsteller taten alles für das
lebhaft umstrittene Stück. [...]

24. Edgar Steiger, *Das literarische Echo*, 19 (1916—17),
1064—65.

   [...] Der ingrimmige Hohn dieser letzten Szene, aus der
der Menschheit ganzer Jammer lacht und pfeift, ist eine der
stärksten Offenbarungen, die uns das Theater der letzten
Jahre brachte. Gewiss wäre Georg Kaiser ohne Wedekind und
Sternheim nicht zu denken. Den tragischen Purzelbaum, in dem
sich der sterbende Mensch, das Oben und das Unten
verwechselnd, lachend überkugelt, hat er ohne Zweifel den
beiden Schöpfern des tragischen Tingeltangels abgeguckt.
Auch die ästhetische Umwertung aller Werte, das huschende
Schattenspiel des Lebens und die Vorliebe für das
Selbstgespräch stammen aus dieser Quelle. Ausdrücklich soll

jedes Wort eine fast ängstliche Verwahrung gegen alles sein, was an den dreimal verpönten Naturalismus und die gemeine Wirklichkeit der Dinge erinnern könnte. Lieber lässt man sein Drama mit jenen alten Holzschnitten vergleichen, auf denen den Menschen ein langer Zettel aus dem Munde hängt, der uns beschreibt, was sie eigentlich wollen. Das soll weder Tadel noch Lob sein; denn schliesslich kommt alles darauf an, was auf diesem Zettel geschrieben steht. Georg Kaiser aber hat dafür eine Sprache gefunden, die uns das fieberhafte Tempo unserer Zeit und die Zerrissenheit und Haltlosigkeit unserer vielgepriesenen Kultur meisterhaft wiederspiegelt. Ist so der Geist der Dichtung Wedekind verwandt, so erinnern die einzelnen Bilder, in denen sich dieser hin- und herflackernde Zwitter von Alltagsmensch und Übermensch austobt, in ihrem architektonischen Aufbau ganz an Strindbergs Kreuzgang *Nach Damaskus*. Hier wie dort die Zweiteilung in Aufstieg und Abstieg, hier wie dort ein bunter Wechsel kinematographischer Augenblicksbilder und gedankentiefer Monologe, hier wie dort der unvermittelte Zusammenprall brutaler Wirklichkeit und gespenstischer Mystik. Also doch wieder ein fremdes Vorbild? Man fragt sich darum immer wieder: Genialer Neuschöpfer oder kluger Eklektiker? —

27.12.1917, Volksbühne, Vienna. Max Pallenberg (Kassierer).

25. Richard Specht, *Berliner Börsen-Courier*, 28.12.1917, in Rühle, pp. 62—63.

Ein Werk, seltsam stark auch in seinen Verstiegenheiten; kühn in den verwegenen Abkürzungen der realen Vorgänge ebenso wie in der Abkürzung des zusammengeballten, fast stenographisch lakonischen, nur selten zum Satzgeschmeide gefügten Worts. Ein Monolog in Interjektionen; äusserlich undramatisch, weil hier nicht ein Mensch gegen andere steht, keine Schicksale verknüpft, keine Widerstreite entschieden werden. Und doch innerlich dramatisch in der ungeheuren seelischen Entwicklung dieses einen Menschen von Morgen bis Mitternacht; in einem dem Nichts und dem Ignorabimus Entgegenreifen des durch alle Phasen des Lebens jagenden, suchenden Geists. Der Zuschauer hat es nicht leicht, muss immerfort zwischen Verzerrtem und Tiefssinigem [sic] sondern, den Sinn dieser Sternheimschen Sprachkomprimierungen ergänzen, durch die rücksichtslose, alle Äusserlichkeit geringachtende, aller Willkür bunter und schrecklicher Gedankensprünge des Moments folgende Form dieses dramatischen Expressionismus hindurch die starke, gedankenschwere, sinnbildreiche, empfindungsvolle Dichterkraft und Verdichterkraft aufspüren, die hier in jedem Wort und jeder Szene, oft abstossend, oft frappierend, oft hinreissend explodiert. Das haben die wenigsten

Zuschauer gern. [...] Es gab denn auch ein regelrechtes
Konzert auf Hausschlüsseln. [...]
All dies trotz einer mustergiltigen [sic], durchaus
vereinfachten, auf Reliefwirkung gestellten und ganz
aussergewöhnlich bildhaft und eindringlich wirksamen
Inszenesetzung, trotz höchst anständiger Episodenleistungen
und trotz Pallenberg, der den Kassier mit einer
Verbissenheit, einem traurigen Hohn, einem Grimm spielte,
die oft etwas Grauenerweckendes, oft etwas unendlich
Erbarmungswürdiges hatten. Der Extrakt eines Menschen. Ein
Plakat der Gestalt; nicht sie selbst. Was vielleicht nur an
einer monotonen, unschattierten Forcierung des Organs lag.
Man denkt sich hier doch manches traumhaft, versonnen, nach
innen gekehrt, leise. Pallenberg dröhnt. Von Anfang bis zum
Ende. Seine stechende, grelle, provokant unverschämte Stimme
wirkt in diesem unablässigen, modulationslosen Fortissimo
grandios, wo sich die Ironie in Schmerz, die Angst in Ironie
überschlägt; aber gar nicht in den Momenten, wo ein Mensch
seine Seele sucht, die irgendwo versteckt in einem dunklen,
schmutzigen Winkel sitzt und friert. Man spürt in jedem
Augenblick den genialen Schauspieler, in der Brutalität des
Griffs, in der geschmiedeten Einheit der Gestalt und sogar
in dieser schrill bellenden, proletarisch befehlenden
Stimme, die alle Schamhaftigkeiten des Gemüts niederschreit.
Aber man hat doch das Gefühl: bei Reinhardt hätte er die
Rolle nicht so spielen dürfen.

26. Felix Salten, n.d., n.s., GKC.

Es dauerte eine Weile, bis das Publikum der Volksbühne
heute abend begriff, dass Georg Kaisers Drama *Von morgens
bis mitternachts* keine moralisierende Verbrechergeschichte
ist, sondern dass der Dichter das Schicksal des diebischen
Bankkassiers nur deshalb aufrollt, um an einem in seiner
blossen Wirklichkeit trivialen Einzelfall vorbei und über
ihn hinaus zu einer grossen sozialphilosophischen,
tiefsinnigen und in ihren letzten Ergebnissen poetisch
hinreissenden Auseinandersetzung mit der problematischen
Macht des Geldes zu gelangen. Georg Kaisers grelle
Phantastik, seine Art, naturalistische Vorgänge in
rücksichtsloser Nacktheit zu bringen und sie unvermittelt
ins Symbolische zu wenden, schien den Leuten einigemale
knapp ans Lächerliche zu streifen, und seine abgerissene
Sprache, in der einzelne Gedanken und Worte plötzlich
aufschreien wie Inschriften auf Plakaten, wirkte
befremdlich. Dennoch war der dichterische Gehalt des Werkes
stark genug, den grösseren Teil der Zuhörer zu gewinnen oder
sich doch mindestens die jeder geistigen Arbeit gebührende
Achtung zu erzwingen. So wurden die paar Unzufriedenen, die
zischen, lärmen und pfeifen wollten, vom lauten Beifall
übertönt. Den Kassierer gab Pallenberg, oder richtiger, er
schrie und zetterte ihn, und dieses beständige Schreien

wirkte auf die Dauer ebenso monoton, als ermüdend: aber
seine Maske und sein stummes Spiel am Anfang — das war eine
Meisterleistung allerersten Ranges.

*18.3.1918, Erstaufführung, Neues Theater, Frankfurt/M. Dir.:
Arthur Hellmer; Eugen Klöpfer (Kassierer).*

27. Richard Dohse, *Das Deutsche Drama*, 1, No. 3 (1.7.1918),
255.

[...] Nicht immer freilich ist dem allzu fruchtbar
schaffenden Georg Kaiser der gleiche Erfolg beschieden
gewesen, wie bei der *Koralle* [...] mit der jetzt das 'Neue
Theater' auf mehreren Gastspielreisen reiche und verdiente
Anerkennung erntet. Schon der *Zentaur* [...] weckte durch
seine allzu groteske Art bei den Hörern mancherlei
Widerspruch, und auch bei dem neuesten Stück [*Von morgens
bis mitternachts*] war deutlich erkennbar, wie sich das
Publikum zunächst noch abwartend verhielt und dann
schliesslich zwischen Zustimmung und Ablehnung schwankte,
was uns nicht verwunderlich erscheint, da das Werk, wenn
auch die dichterischen Werte zweifellos klar zutage treten,
infolge seiner kinoartigen Bilderreihe eine innere
dramatische Spannung kaum auszulösen vermag. Auch die ganz
hervorragende Aufführung, die unter der sorgsamen Leitung
Direktor Hellmers von Eugen Klöpfers überragenden [sic]
Leistung in der grossen und äusserst schwierigen Rolle des
Kassierers getragen wurde, konnte darüber nicht
hinweghelfen.

*31.1.1919, Erstaufführung, Deutsches Theater, Berlin. Dir.:
Felix Hollaender; Max Pallenberg (Kassierer).*

28. Emil Faktor, n.d., n.s., GKC, incomplete.

Georg Kaiser hat auf Berliner Boden wenig Glück. Erst
vor wenig Wochen ist sein *Brand im Opernhaus* nicht so sehr
wegen des überspitzten Motivs, als wegen der ungünstigen
Nebenumstände der Aufführung ungnädig aufgenommen worden,
und auch gestern hatten Widerspruch und Hausschlüssel die
Übermacht. Das Premierenpublikum Reinhardts will vom
Stellvertretersystem dieses Hauses namentlich bei solchen
Gelegenheiten nichts wissen, die eine phantasiestarke und
doch lebensnahe Erfüllung dichterischer Imagination
herausfordern. Und so musste es der interessante, von
Schauplatz zu Schauplatz hastende Erlebnisroman büssen, der
die Geschichte eines Defraudanten reizvoll spiritualisiert.
Es ist Kaisers lebhafteste Studie, dramatisch gekonnt, voll

Nervenspannung, geistvoll in der Bindung von Realismus und
Phantasie, draufgängerisch, romantisch überdacht, überlegen
nach jenen Punkten zielend, wo sich Sinn und Aberwitz nach
dem Gesetze der Extreme berühren. Diese durch ihr
abenteuerliches Thema zwar begrenzte, aber künstlerisch
beherrschte, von Stimmung, Witz und Leidenschaft erfüllte
Dichterleistung wurde ausgepfiffen. Nicht von allen
Zuschauern. Die anderen waren vielfach durch die Darstellung
irregeführt.
[...] Wie in allen Werken Kaisers ist auch in dieser
scharf trabenden, bizarr blitzenden Szenenfolge der Einfluss
von Vorbildern. Manches erinnert an Sturm und Drang, vieles
schmeckt nach Wedekind. Eigene Phantasie hat aber den
Vorrang. Die Dichtung strebt mit Glück aus ihrer stofflichen
Enge und wird beziehungsreich zur Welt und jenen sie
umschwebenden Geistern, die über das wirre Geschehen auf der
Erdkugel Hohn lachen. Es bleibt bedauerlich, dass die
Mehrzahl der Zuschauer nur das Grelle sah und nicht
wahrnehmen wollte wieviel Eingebung und Doppelsinn zwischen
den lärmend bunten Vorgängen hervorknisterte.
Nicht bloss Schuld der Zuschauer. Hollaender war den
Bedürfnissen dieser kecken Phantastik auf realistische
Grundlage nicht gewachsen. [...]
Interessant liess sich die Szenerie des
Sechs-Tage-Rennens an. Doch über einen reichlich genutzten
Einfall, die Kampfrichter über die Treppe atemlos rennen zu
lassen, kam es nicht heraus. Das Heilsarmeetheater weckte
Erwartungen, die durch schwache Stimmenführung und
uncharakteristischen Tumult recht herabgestimmt wurden. Es
war kein Rhythmus da und es fehlte das, was Reinhardt von
Hollaender unterscheidet.

29. Fritz Engel, *Berliner Tageblatt*, Jan., GKC.

Das für Berlin neue Stück Georg Kaisers fand ein
unruhiges, immer stürmischer bewegtes Publikum. Man
klatschte, zischte und pfiff auf Hausschlüsseln Katzenmusik.
Man schrie, ballte die Fäuste und sagte sich Grobheiten. Das
ganze nennt man Kunstgenuss. [...]
Das Drama ist voll von heftigen Erregungen, so erklärt
sich die Überreiztheit im Publikum. Um eine Dichtung wurde
hier nicht gekämpft, nur um ein allerdings grandioses
Bühnenwerk neuesten Stils. [...]
Georg Kaiser, der erstaunlichste Virtuose des
europäischen Dramas, das stärkste Orchester, das je von der
Bühne herunter geigte, posaunte und trommelte, zwingt, was
von morgens bis mitternachts geschieht, in ein paar Stunden
zusammen, so dass wir den ganzen Tag atemlos miterleben. Er,
der das Sechstagerennen im Sportpalast mit hingehauenen,
keuchenden Sätzen in einem Höllenbilde zeichnet, hat selbst
das Tempo des Endspurts. Er strichelt Figuren hin, lässt sie
verschwinden, lässt neue kommen, schmeisst uns eine ganze

Welt von Menschen vors Gesicht jede Gestalt so, dass sie
sofort auf den Beinen steht: fast die Verschwendung des
Wahnsinns, wenn nicht so viel sparsame Ökonomie dabei wäre.
Alle Mittel der Bühne knetet er nach seinem Willen, die
irrealen, wie die realen. Der knochendürre Tod klappert als
prophezeiendes Gespenst durch ein Stück, das auch von Fetzen
ganz wirklicher Zustandsbilder erfüllt ist. Eine
schrankenlose Phantasie wühlt in allen Ekstasen; die
Balldame zeigt ihr hölzernes Bein, die gottgefällige
Gemeinde der Heilsarmee balgt sich gleich einer Räuberbande
um flatternde Geldscheine. Die Sprache spitzt sich zu
gedrängtesten Wortformeln. Dieses Stück ist nicht
geschrieben, es ist telegraphiert. Nur der Kassierer spricht
wie Georg Kaiser selbst, also etwa auch wie Carl Sternheim.
Höchst gebildet, höchst geistreich, nicht ohne kokette
Satzverrenkungen. Nur so zwischendurch besinnt er sich auf
seine Halbbildung und belustigt durch einen Schnitzer.
Effekt ist alles.
Alles ist Effekt. Alles ist Bild. Alles ist glänzende
Gefühlsvortäuschung. [...]
Die Regie läuft dem Wirbelwind des Stückes mit gleichem
Atem nach. Neben der Lichtnot auch Materialnot? Man trieb
äusserste Sparsamkeit, sonst hätten wir den Raum der
kleinstädtischen Bank und gar das eng gedachte
Spiessbürgerzimmer der Kassiererfamilie wohl nicht zwischen
so falschen Wänden gesehen. Oder sollte der berechtigte
Grundzug, der das ganze in ein Phantasiekleid hüllen wollte,
auch hier sich äussern? Dann mussten wir womöglich auch die
unsagbaren Kriegervereinszylinder auf den Köpfen höchst
moderner Rennschieber mit in den Kauf nehmen.
Man sah vortreffliche Einzelleistungen, jede Rolle nur
ein Tupfen Farbe. [...]
In der Mitte Max Pallenberg. Wir wissen, was das für
ein Gestalter ist, und gerade darum merkten wir, dass dieser
Kassierer fast nur eine rhetorische Rolle ist. Ihre
Einförmigkeit ist auch nicht durch die Dringlichkeit zu
beseitigen, mit der Pallenberg sich auf jedes Wort, auf
jeden Gedanken wirft. Nur der Anfang, als der geduckte
Arbeitsmensch sich in den berauschten Tatmenschen wandelt,
nur dieser Übergang verlangt und fand einen Meister.

30. anon., n.d., n.s., GKC.

Einen Theaterskandal gab es in Berlin anlässlich der
Erstaufführung des Dramas *Von morgens bis mitternachts* [...]
Die krassen Effekte wurden vom Publikum mit Pfeifen und
Johlen beantwortet, man geriet in lebhafte persönliche
Auseinandersetzungen, bot sich Ohrfeigen an und beteiligte
sich am Spiel. Der Regisseur Hollaender erschien am Schluss
und erklärte, er werde dem Dichter von der 'lebendigen
Aufnahme' seines Stückes Bericht erstatten.

31. J. A. B., n.d., n.s., GKC.

Das Drama Georg Kaisers [...] war auf der Bühne nur
schwer wiederzuerkennen. Der Kassierer muss immer im
Brennpunkt stehen. Alles andere soll kein objektives Leben
haben, nur vorhanden sein, so weit es für ihn da ist. Das
gelang dem Regisseur nur in manchen Momenten. So im Heim des
Kassierers, das nur nicht spiessig genug wirkte, zum Teil
beim Sechstagerennen, dessen technische Schwierigkeiten
geschmackvoll überwunden wurden. Ganz und gar nicht in der
Bank und im Hotel. Es gab ein verwirrendes und ablenkendes
Spielgemisch. Darunter litt die sehr geschlossene,
innerliche und durchaus spielsichere Leistung Pallenbergs.
Das Fiebrig-Gespenstische seiner Erlebnisse wurde zu
gegenständlich. Seine Visionen überwuchsen und überlärmten
ihn, zumal in der sonst ausserordentlich lebendigen, aber zu
lebendigen Heilsarmeeversammlung, die er nicht übertönen
konnte. Mehr noch als die Mischung der Regieabsichten störte
die Mischung des Publikums, die Krieg und Kriegsgewinn
leider so brutal besorgt haben. Die Sachkundigen im Parterre
und in den Logen waren mit dem Schieber und Defraudanten auf
der Bühne nicht zufrieden. Am allerwenigsten mit der
ethischen Wertung, die er vorzunehmen gezwungen ist. Auch
haben sie kein Gefühl dafür, dass dieses komische Genie, das
sie auf Märchen festgelegt haben, ein ebenbürtiger Tragiker
ist, und sie wieherten in seine Erschütterungen hinein. Man
müsste dieses Premierenpublikum erst einmal säubern, ehe man
ihm Dichter hinwirft. Wie wäre es mit einer Herabsetzung der
Premierenpreise? Die Formen, die der Kampf zwischen Applaus
und Schlüssellochzischen annimmt, sind widerlich. Selbst,
als der arme geprellte Kellner von den rohen Gästen
niedergeboxt wird, lachte eine zarte weibliche Seele. Ein
völliger Missgriff war die anatomische Materialisierung der
auch schon beim Dichter nicht unbedenklichen Erscheinung des
Totengerippes. [...]

32. Max Herrmann-Neisse, *Die neue Schaubühne*, 1, No. 3
(1.3.1919), 89-90.

[...] Kommt hinzu, dass die Aufführung in den
Kammerspielen nicht gut war. Ein Stück, das Blitztempo,
unerhörtes Moment-Manövrieren, Absurren verlangt, wurde in
retardierendem Langziehen verschleppt. Der Spuk des Irrealen
wurde vergröbert zu greifbarem Requisit, der Fata morgana
entkleidet, dass ein nur scheinbares Totengeripp eindeutig
plastisch wie Wolfsschluchthokuspokus dahing. Am besten
waren die Rennfahrerszene, die wirklich den übertriebenen
Klamauk solchen Spektakels herunterflitzte, und die
Heilsarmeeversammlung, bei der das Kleinhöckrige ganz
richtig getroffen war, das Zweifelhafte ihres Publikums und
die in Gewohnheit routinierte Theaterei des

Bekehrungsrummels. Pallenberg hatte typisch Aussehen eines
hinter Kleinstadtschaltern verkäfigten Mittelmässigen und
auch die in Reaktion auf soviel Versagtes geschärfte
glückhungrige Rabiatheit. Aber er löste Text und Gestaltung
seiner Rolle in lauter tüchtige Charakterepisoden auf, statt
sie mit einheitlichem Schmiss zur fabelhaften
Augenblicksvision zu ballen. [...]

33. S. Jacobsohn, *Das Jahr der Bühne*, vol. 8 (1918-19),
189-92.

[...] Jede Dichtung ist ein Bekenntnis aus ihrer Zeit,
wenn sie ihr nicht geflissentlich entflieht; und auch dann
eben dadurch. Hier aber wird förmlich das Verhängnis der
Zeit eingefangen: die sich aus blinder Gier nach Besitz um
ihr Heil bringt; die in der bangen Wahl zwischen
Seelenfrieden und Sinnenglück das schwarze Los zieht; die
nicht länger gradaus schreiten will und hochfahrend
jämmerlich abstürzt; die mit zerbrochenen Gliedern
enttäuscht und ächzend am Boden liegt und der Strafe nur
dadurch entgeht, dass sie Selbstmord verübt. Immer, seit sie
die schiefe Bahn betreten, hat ihr Vernichtung gedroht; und
niemals hat sie innegehalten, weil sie ein rettendes Wunder
erwartete. So hohlköpfig war sie wie dieser Kassierer. Der
denkt: Ein Augenblick gelebt im Paradiese wird nicht zu
teuer mit dem Tod gebüsst. Aber das Paradies ist teuflischer
Trug, und unentrinnbare Wirklichkeit ist einzig der Tod. Man
kann sich für sechzigtausend Mark, gestohlene oder
erworbene, nichts kaufen, was man nicht bereits hätte; und
wer glaubt, dass ein Bergwerk, ein Hafen, ein Landstrich,
eine gewaltsame Verrückung willkürlich bestimmter Grenzen
das dampfende Blut von Millionen Menschen wert ist — nun,
der ersäuft darin.
    Georg Kaisers künstlerisches Verdienst ist, dass er ein
Sinnbild gibt, ohne unter das Bild in dürren Worten den Sinn
zu setzen. Es sieht aus, als sei es sich selber Zweck.
Schliesslich ists ja ein Schicksal, obzwar nicht schon an
und für sich ein interessierendes [...]. Aber dieses ganze
Erlebnis wäre auch nicht das Papier wert, auf dem es
festgehalten, wenn es tatsächlich nur sich selber
bedeutete. Einzelfälle erwecken in der tragischen Kunst
keinen Anteil; und gar der Fall eines geistig so
unerheblichen Subjekts wie dieses Kassierers, der in der
Hitze und Hetze nicht dazu kommt, unterscheidende Wesenszüge
anzunehmen. Sie sind entbehrlich. Es geht hier nicht um den
einen Amokläufer: es geht um das Amokläufertum einer
Periode, die sich von Gott entfernt hat, der Hölle zujagt
und Gott erst wieder ahnt und an seinem Kreuze niedersinkt,
da sie nichts mehr davor bewahrt, in Hässlichkeit zu
verrecken.
    Mancher Dichter würde dies grosse Thema eines
kulturgeschichtlichen Lawinenrutsches unter Donner und Blitz

pathetisch bewältigen. Kaiser ist Phantasmagoriker. Er hat nicht das Tempo, bei dem dramatische Vorgänge Fett ansetzen können, und nicht den starren Ernst, sie nach ihrer epochalen Würdigkeit zu betrachten. Er lässt sie vorübergeistern und lacht auf grabbisch, aber spitzer, dazu. Verständlich, dass seine Absichten nicht verstanden werden: dass das Publikum johlt, wo es weinen müsste. Um es weinen zu machen, dürfte ein Autor nicht an Schwulst und Schmalz und Schwere sparen. Kaiser, der seine Deutschen nicht kennt oder so hochmütig ist, sie nicht kennen zu wollen, trägt mit japanischer Leichtigkeit auf. Nichts lastet. Sein Lieblingswort: Ballungen. Das ist bei uns nun ja nicht gefragt. Die Leute begehren: Walzungen; und dass Kaiser überhaupt auf die Bühne gelangt, verdankt er wahrscheinlich den Zeiträumen der Ermattung, wo ihm die Ballung nicht gelingt. Aber wenn auch für jede einzelne Szene nicht: für die Gesamtheit der sieben Szenen ist sie gelungen. Von Morgens bis Mitternachts durchrast eine Existenz, die man sich beliebig umfassend vorstellen mag, ihren bezeichnendsten Abschnitt, und in diese Spanne sind alle Erregungen gepresst, die durch das Labyrinth der Brust (einer unpersönlichen), einer Riesenstadt, einer Verfallsaera erst bei Tageslicht und dann unter giftig-grellen Bogenlampen — nicht etwa wandeln, sondern stürmen.

Davon war im Deutschen Theater nichts zu merken. Selbst jetzt noch wird ja bei Reinhardt aus Versehen manchmal ein wertvolles Stück angenommen und, wenn alle Stränge reissen, das heisst: alle Schmarren durchgefallen sind, notgedrungen sogar gegeben. Nur ist es dann zuverlässig nicht zu erkennen. Über diesen Kaiser urteile Keiner, der sich um die Lektüre gedrückt hat. Was man sah, war ein Schatten-Kaiser, ein Kaiser in Amerongen. Das Stück weiss, weswegen es seinen Titel trägt. Hier nun wurde nicht Von Morgens bis Mitternachts, sondern von Ostern bis Pfingsten gespielt. Da ist denn begreiflich, dass die Premieren-Meute kläffte. Am dritten Abend benahm sich die Hörerschaft, teils mit, teils ohne Schuld, ebenso ahnungslos, aber manierlich. Wer schlafen wollte, den störte das Temperament des Ensembles nicht darin. Höchstens Pallenberg — der seit dem Zavadil an keine Rolle so viel gesammelte Kraft gesetzt und eine ernst gemeinte Gestalt nie so schnörkellos klar und knapp umrissen und so bis zum Grund aller menschlichen Bitterkeit ausgeschöpft hat.

34. Alfred Kerr, *Die Welt im Drama*, ed. G. F. Hering (Berlin: Kiepenheuer and Witsch, 1964²), pp. 256-58.

Morgens noch am Schalter sitzend, mitternachts das Hirn verspritzend... So das Los des Helden; eines Bankbeamten; der, es aufzubessern, eine private Sozialisierung des Kassenbestandes vornimmt. Er greift 60 000 Mark; *crumpit,*

evadit.
Bessert er sein Los? Enttäuschung über Enttäuschung! Das alte Wort: 'Geld allein macht nicht glücklich – man muss es auch haben!' leugnet Herr Kaiser. Der Mann in der Mitte hat es ... und doch Enttäuschung über Enttäuschung. Sehr zutreffend. Sehr erzieherisch. Da lässt sich gar nichts gegen einwenden. [...]
　Alles das erweckt mir die Vorstellung von Tricks, die nach Tieferem klingen, ohne tiefer zu sein. Anspruchsvoller Film.
Immer noch wird bei Kaiser ein Werk nicht mit Gedanken oder Blut hergestellt, sondern mit Technik. Immer sieht man statt des Poeten einen Gerüstmacher. Immer murmelt man: 'Herr Kaiser schrieb das Stück: wer dichtet es?' Man könnte sagen: Der Verfasser ist reich an Einfällen, aber seine Einfälle sind häufig sinnschwach.
Gebärden! Er bleibt ein Mann des 'Als ob...'
Es kommt also nicht auf den Inhalt so genau, sondern auf den Umriss vornehmlich an. Umriss; Tempo. Was umrissen wird, was beschleunigt wird, steht in zweiter Linie.
　Die Menschen sind alle schlecht aus Genussgier, fühlt der Beamte. Und Sie, Herr Held? wer hat seine zwei Töchter, wer seine Frau unglücklich gemacht, wer seine Mutter den Tod bereitet? hä?
Kennzeichnend für die ins Ungefähr schludernde Geistigkeit dieses Dramatikers ist seine beste Dramenepisode: wenn die Gemeinheit etlicher Menschen, die noch wider einen armen schofeln Kellner schmierig sind, bei dem Maskenbumms ernstere Gestalt und Gewalt bekommt. Hier fühlt man einen Augenblick mit der Kreatur – gegen die niederen Rohlinge. Aber diese grösste Gemeinheit in den Begebnissen (wie eben die paar Zavaliere gegen den alten Bedienerich handeln), diese Hauptgemeinheit lässt Kaiser zwar vor den Augen des Parketts – aber nicht vor den Augen des zu enttäuschenden Helden geschehen... Der stärkste Punkt spielt sich hinter seinem Rücken ab.
　Morgens noch am Schalter sitzend,
mitternachts das Hirn verspritzend,
– und der Dichter selten blitzend,
meistens nur im Tempo schwitzend;
und egalweg skizzend, skizzend.
Das Ganze wirkt gleich einem auffallenden Rahmen mit sehr mässigem Bild. Oder wie eine toll aussehende Wurstpelle mit keiner Wurst.

[April 1920], Erstaufführung, Neues Schauspielhaus, Königsberg i. Pr. Dir.: Richard Rosenheim; sets: Georg Münch; Josef Gielen (Kassierer).

35. Hans Wyneken, *Königsberger Allgemeine Zeitung*, 26.4.1920, in *Die Kritik* (1920), No. 20, pp. 420–21.

[...] So sei vor allem vermerkt, dass die Bühnenprobe, aller gedanklichen Wunderlichkeit und befremdenden Symbolik zum Trotz, starke, stellenweise mächtig packende Wirkung ergab. Kaiser gewinnt sie aus einer eigenartigen Mischung von expressionistischen und naturalistischen Elementen. [...] Und so wimmelt es in diesem realistischen Mysterium, das im Grotesken (der Tod der Grossmutter aus lächerlichem Anlass!) auch ein wenig an Wedekind erinnert, von Widersprüchen und Unvereinbarkeiten. Indessen schlägt Kaisers vollblütiges Dramatikertemperament alle Bedenken siegreich aus dem Felde. [...] Am kräftigsten schlägt der dramatische Puls des Werks in der prachtvoll gesehenen Radrennszene und im Heilsarmeeakt. [...]
Diese beiden Auftritte bildeten denn auch, jeder in seiner Art, den Gipfel der Aufführung, für die Richard Rosenheim, der Zwitternatur des Stücks entsprechend, sich einen zwischen Realismus und Expressionismus schwankenden, aber wohl mehr der ersteren Richtung zuneigenden Kompromissstil ersonnen hatte. Nun sind Kompromisse freilich in der Kunst stets vom Übel, weil sich da mit ihnen nie das Letzte herausholen lässt. Das war Rosenheim denn auch diesmal nicht gelungen: man musste manche Stilwidrigkeit und Unmöglichkeit mit in Kauf nehmen (wie die gemalten Fenster und Gardinen in der sonst fast pedantisch milieugetreu ausgestatteten Wohnung der Kassiererfamilie oder die stark nach Weihnachtsmärchen schmeckende, läppige Schneelandschaft mit dem schwer erkennbaren Totengerippe), musste manches szenische Problem ungelöst in der Ecke stehen sehen. Indessen verriet anderes wieder soviel Arbeit und Intelligenz und im ganzen Wurf war der Presto-Rhythmus einer brennenden Leidenschaft so packend eingefangen, dass man über das (grösstenteils wohl unverschuldet) weniger Gelungene hinwegsehen und dem Regisseur wie dem Direktor Rosenheim für die mühevolle Vermittlung der interessanten Bekanntschaft unverkürzten Dank sagen darf.
[...] Das Publikum, zunächst sichtlich befremdet, taute bei der wirksamen Sportszene und gar bei den farbig-beweglichen Ballhausvorgängen (mit Foxtrott-Musik) auf, harrte geduldig 'von morgens bis mitternachts' aus — zumal neben dem beflügelten Tempo auch die Tätigkeit des Rotstiftes zeitkürzend wirkte — und schwang sich zuletzt sogar zu warmem Beifall auf [...]

36. Ludwig Goldstein, *Königsberger Hartungsche Zeitung*, 26.4.1920, in *Die Kritik* (1920), No. 20, p. 421.

[...] Vielleicht ist ethisch hier nicht allzuviel gewonnen. Denn die Niederungen, in denen sich der arme Teufel von morgens bis mitternachts herumdreht, sind nur in der Selbsttäuschung eines recht subalternen Geistes 'das Leben' und geben nur eine schwache Parallele zu Faustens Irrfahrt her. Selbst von dem Unwert des Geldes an sich, wie ihn der Kassierer am Ende seiner Bummelreise proklamiert, wird sich so einfach nicht jeder überzeugen lassen (mancher hätte sicher auch die 60 000 Mark nutzbringender angelegt). Auch rein dichterisch hinterlässt das Drama keinen sonderlich tiefen Eindruck. Wohl aber einen ausserordentlichen Respekt vor den technischen Fertigkeiten Georg Kaisers, der hier wie sonst mit keckem Wagemut neue Perspektiven dramatischen Schaffens aufreisst. Die Wirksamkeit des Stückes steht bei zureichender Wiedergabe ganz ausser Frage und erhebt sich zu Effekten von starker und geradezu betäubender Kraft. Ein Bühnentod, der wie dieser so eindringlich für Ohr und Auge vorbereitet wird, ist denn doch kaum dagewesen. Und gerade der Kenner wird in dieser Beherrschtheit des Formalen eine ganz eigene Reife erblicken, eine (mit Kaiser selbst zu sprechen) 'klare Flamme ohne Rauch, kalt in ihrer Hitze, wild in ihrem Brennen'. Wenn irgendwo von Expressionismus als der Kunst unmittelbarsten Ausdrucks die Rede sein kann, so ist es hier. Denn in diesem Stück besteht wirklich ein geheimer und doch unverkennbarer Zusammenhang, eine feste Beziehung zwischen Form und Gehalt, auf die die dramatische Bewegung unserer Tage einen so entscheidenden Wert legt. In den Zeitraum von vierzehn Stunden ist hier Summe und Ergebnis eines ganzen Lebens mit seinen Sehnsüchten und Erfüllungsmöglichkeiten zusammengepresst. Und dieser Hetze der Vorgänge entspricht ihre Darstellung. Die Jagd nach dem Glück, die der Kassierer durchrast, spiegelt sich wider in der Überhastung seiner Taten und Worte, in den abgerissenen aufeuchtenden [sic] Blitzbildern des Dramas wie in seiner sich kataraktartig überstürzenden Sprache. Das Fieber des Sechstagerennens wirkt wie Symbol und Mittelpunkt des Ganzen; von ihm scheint es seinen Herzschlag, sein Tempo und Temperament zu empfangen....

Für das kriegs- und revolutionsentartete Berliner Premierenpublikum ist es bezeichnend, dass es die Neuheit seinerzeit teils mit Beifall, teils aber auch mit tobender Katzenmusik aufnahm. Auch die Londoner wurden dem Dichter nicht gerecht, als sie ihn jüngst als den ersten unserer Dramatiker wieder begrüssten und fanden, dass Kaiser ein 'ominous name' und nichts für die Vettern jenseits des Kanals 'so charakteristisch' sei, wie der vor dem Kronprinzen verübte Kotau in der Rennbahn. — Bei uns 'in der Provinz' wurde insofern ein reineres Spiegelbild erzielt, als wir mit Anstand und Würde die Vorzüge der Novität anerkannten, ohne darum wohl für ihre Schwächen blind zu sein. Der Eindruck der sieben Bilder in Richard Rosenheims Inszenierungskunst war ungleich, was zum Teil an Äusserlichkeiten, zum Teil an den Bildern selbst liegen mag. Einzelnes enttäuschte, wie vor allem 'das verschneite Feld' [...]. Aber einen tiefen, ja ergreifenden Eindruck machte schon das Familienheim des Bankkassierers. [...] Glänzend war bei den beschränkten Mitteln des Hauses die Illusion des Riesenbetriebes im Sportpalast, und nicht minder packte die Stimmung des Heilsarmeesaales mit seinen schlicht und ergreifend vorgetragenen Beichten. [...] Das Ende mit Kurzschluss, Pauke und Posaune, lässt sich ohne Zweifel noch wirkungsvoller ausgestalten, aber auch so war unser Bedarf an Nervenerregung gedeckt, und es wehte von der Bühne ein Schauer hernieder, der bei den Hörern noch lange nachwirken wird. [...]

37. Alfred Karrasch, *Ostpreussische Zeitung*, 30.4.1920, in *Die Kritik* (1920), No. 20, pp. 421-22.

[...] Und nicht stilecht, Naturalismus mit Expressionismus durcheinander würfeln. [...]
Ingeniöse Einfälle sind nur spärlich. Dass sie da sind, muss Gerechtigkeit feststellen. Wenn die Grossmutter stirbt, als der Schwiegersohn zum erstenmal vor dem Essen ausser Haus geht: also Schreck über solchen Angriff gegen des Hauskalenders unduldsame Majestät. Wenn der Heilsarmeengel über aller Heiligkeit nicht vergisst, dass man auch durch ehrliche Gemeinheit Geld machen kann. Das ist Leben. Nacktes Leben. Solche Einfälle sind ingeniös.
[...] Der Kassierer will die Macht der defraudierten Summe — wie alt ist das Stück! Sechzigtausend sollen dämonisches Agens sein. Eine Bagatelle in der Zeit der Millionenschwindel!! — [...]
Rosenheim [...] ist ein glänzender Kammerspielregisseur. Gedämpfte Töne, gedämpfte Farben. Seine Hauptdomäne Ibsen. Da, wo rasendes Tempo vehemente Schwungkraft zu geben hat, versagt er. Muss er versagen. [...]
Der Rhythmus der Sprache — — ja warum liess man nicht staccato sprechen? Der Takt der Rede muss doch irgendwie auch im Schauspieler zum Ausdruck kommen. Expressionismus in Sprache und Sprachklang ist nicht nur fürs Buch geschrieben. Ich weiss nicht, wie Herr Kaiser dazu steht, aber das weiss ich, ich würde mich bedanken, wollte einer mir eine dramatische Staccato-Sprache in schön-gebräuchliches Legato übertragen. Denn der tiefere Sinn ist doch der: von Satz zu Satz, abgerissen, springt doch das ganze Drama weiter.
Die Gesten — gilt gleiches wie oben. Ausdruck in jeder Handbewegung. Forciert. Ein Kaiser ist doch kein Ibsen. [...]
Die entzückende Stilmischung der Kassiererwohnung: Hausmannsnaturalismus mit unmöglichem Expressionismus. Die hilflose Schneelandschaft (ohne Schnee!!).
[...] Das Knallplakatige der Szenenbilder war nicht gewagt. Der Kammerspielregisseur, gedämpfte Farben, gedämpfte Töne, konnte das nicht wagen. Was zu verstehen ist.
Automaten wurde doch ein weniges Menschlichkeit konzessioniert. Die Tonfälle durften sich nicht überschneiden, mussten harmonieren.

Ibsen half an der Regie. [...]

*14.4.1921, Lessing-Theater, Berlin. Dir.: Viktor Barnowsky;
sets: César Klein; Alexander Granach (Kassierer).*

38. Hans Knudsen, *Die schöne Literatur*, 22, No. 10
(7.5.1921), 126.

   G. Kaisers *Von morgens bis mitternachts* wurde im
Lessing-Theater leider mit einem Pausen-Einschnitt mit gutem
Tempo und ohne Theaterskandal gegeben, zu dem das
grössenwahnsinnige Auftreten des Verf[assers] vor Gericht
Anlass hätte geben können. Alex. Granach aus München bewies
als Kassierer Begabung.

39. H. Ihering, *Berliner Börsen-Courier*, 16.4.1921, in *Von
Reinhardt bis Brecht*, ed. R. Badenhausen (Reinbek: Rowohlt,
1967), pp. 89–91.

   [...] Das als wesentlich herauszuarbeiten, was die
dramatische Bewegung und Steigerung trägt, ist die Grundlage
neuer Theaterkunst. [...] Darum kam Barnowsky einer
organischen Regie beinahe nahe mit seiner Inszenierung von
Georg Kaisers *Von morgens bis mitternachts*: die hastige
Punktierung des Moments war seltener geworden zugunsten der
szenischen Totalität. Man wurde für diesen Eindruck um so
empfänglicher, als zuerst forcierte Schauspieler die
Auftritte zerknallten und Hitze statt Intensität gaben. Dann
aber war durch Abstimmung der Darsteller aufeinander eine
Einheitlichkeit des Tones und der Gebärde erreicht, die man
im Lessing-Theater nur selten kennt. War es eine
Inszenierung, die auch durch die letzten Steigerungen
bestätigt wurde? Nein. Aber es war eine Inszenierung, die
die bekannte und erlernbare Mathematik des
Vorläufer-Expressionismus so diskret beherrschte, dass sie
weder ablenkte noch erstarrte. Erst wenn man an die letzten
Forderungen dieses besten Stückes von Georg Kaiser denkt: an
sein fieberndes Tempo, an die eisige Glut seiner
gehirnlichen Leidenschaft, an die brennende Virtuosität
seiner Technik, die hier so verzehrend ist, dass sie sogar
über den Kitsch der Todesvision, der Ecce-homo-Verlegenheit
und über die seelische Leere hinwegrast – erst wenn man an
diese kalte Leuchtkraft des betäubenden Stückes denkt, fühlt
man, dass Barnowsky sich das auch hier nicht abringen
konnte, was er innen nicht hat: Besessenheit und Phantasie.
Aber man muss trotzdem gestehen, welchen Fortschritt die
Entwicklung des Theaterausdruckes gemacht hat: von der
verfehlten Inszenierung dieses Dramas im Deutschen Theater,
die im Dekorativen und Schauspielerischen flachster

Naturalismus war, bis zu dieser, die César Klein in Dunkel
hüllte und kostümlich durchgestaltete, in der die
Schauspieler auf Sachlichkeit ausgingen.
    Auch Herr Alexander Granach, der als Neuling in Berlin
den Kassierer spielte. Herr Granach schien zuerst nur Hitze,
zuletzt nur Deklamation zu haben. Zwischen Anfang und
Schluss aber gab sich ein Schauspieler aus, der an letzter
Eindringlichkeit nur durch seine Stimme gehindert wurde, die
zu weit im Rachen sitzt. Herr Granach ist eine starke
Begabung. Er hat Bühnenblut. Er hat Dichtigkeit der
Gestaltung (und trotzdem Variationsmöglichkeiten). Er
belichtet die Szene (vielleicht zu sehr). Aber er hat erst
dann eine Entwicklung, wenn es ihm gelingt, die Intensität
fruchtbar für die letzte Steigerung zu machen, also aus der
Schärfe auf die Gipfelmomente zu gelangen. Hier liess die
Eindringlichkeit gerade da nach, wo sie am notwendigsten
war: im Sechstagerennen und im Heilsarmeebild. Sie liess
nach, um der angestrengten Pathetik Platz zu machen. Herr
Granach ist ein Beispiel sowohl für die Gefahren des starren
Expressionismus (er wird oft heftig statt glühend) wie für
die Möglichkeiten des produktiven Expressionismus (er
gestaltet den inneren Vorgang).
    Beispiele nur für die Gefahren waren in dieser
Vorstellung: Maria Fein (als Dame), Ernst Kohlhauer (als
Sohn), Rudolf Klein-Rogge (als Bankdirektor) und Julius E.
Herrmann (in verschiedenen Rollen).
    Der Expressionismus stirbt? Der Expressionismus, der
nie lebendig war, bleibt tot. Der Expressionismus aber, der
das grosse, seelisch gelöste und rhythmisch gebändigte
Theater will, beginnt erst zu entstehen — auch wenn man den
Namen auf ihn nicht mehr anwendet.

40. S. Jacobsohn, *Die Weltbühne* 17 (1921), No. 18, 503—04.
This review is the same as the 1919 review (33) apart from
the final paragraph:

    Das war seinerzeit bei Hollaender nicht zu merken. Der
Kassierer brach Ostern auf und kam Pfingsten an. Dass er im
Lessing-Theater von Morgens bis Mitternachts fertig wurde,
verhinderten die gemächlichen Kulissenschieber, trotzdem
César Klein ihnen garnicht Kulissen zu schieben, sondern nur
vor 'expressionistische' Vorhänge 'impressionistische' Möbel
zu stellen gegeben hatte. Innerhalb einer jeden der sieben
Szenen erreichte der Regisseur Barnowsky Schattenfülle,
gemessene Atemlosigkeit und eindringliche Verhaltenheit. Er
muss nicht so inszenieren, wie Kaiser gedichtet hat: aber er
kann. Kann in einem feucht-dumpfen Berliner Zimmer kleine
graue Spiesser lähmend und wie gelähmt wirken lassen. Kann
zur Jagd durch Champagnerfalle, Sechstagerennbahn und
Heilsarmeequartier mit dem festen Griff eines sichern
Handgelenks ankurbeln. Kann seine Chargenspieler sich
gefügig, dem Autor dienlich und einander, je nach Bedarf,

verwandtschaftsähnlich oder, zu dramatischem Kontrast
wesensfeindlich machen. [...] Der junge Herr Alexander
Granach hat die Zukunft der zeitgemässen und doch zeitlosen,
förmlich auf den Brettern und jedenfalls für sie geborenen
Feuerfresser und Gaukler, deren Furor uns und ihnen über die
Kargheit ihrer Mittel hinweghelft. Nötig wäre nur noch, dass
sein Mund so sprechen lernte, wie seine langen, magern,
fliegenden Hände schon können, und dass er Rollen bekäme,
angetan, seine Menschlichkeit, die er hoffentlich hat, nicht
zu skelettieren, sondern zu mästen und zu steigern.

*Erstaufführung, Dortmund. Dir.: Dr. Himmighoffen; Paul
Warschawsky (Kassierer).*

41. Dr. Karl Irmler, n.d., n.s., GKC.

Angesichts der 7 Verzweiflungsstadien, die das
aufgewühlte Hirn des betrügerischen Kassierers in Georg
Kaisers *Von morgens bis mitternachts* durchhetzt, erscheint
das unbescheidene Wort des Verfassers von dem 'nationalen
Unglück' seiner eigenen Verurteilung als masslose Hyperbel.
Der völlige Verzicht auf jedes künstlerische Ethos, auf jede
dichterische Erwärmung und Plausibilität der Ereignisse ist
eher geeignet, zersetzend auf die Kulturbestrebungen der
Bühne einzuwirken, als das künstlerische Gewissen einer
verworrenen Zeit aufzurütteln. Ein Mensch wie dieser
Defraudant mag seine unglaubwürdigen Gedankengänge noch so
sehr mit bunten Sophistereien umschnörkeln, seine in ganzer
Blösse offenbarte Psyche erfährt dadurch ebensowenig eine
Vertiefung wie das platt kriminalistische Geschehen des
Stückes eine Bereicherung. Trotz der mit grosser Routine
bewerkstelligten Überrumpelung der Zuschauernerven bleibt
eines klar: das 'ecce homo' mit dem der Defraudant aus
Lustbegier am Kreuze der Heilsarmee sein leichtfertig
vergeudetes Leben aufgibt, ist keine Rechtfertigung, weder
für ihn noch für den Dichter. Bei solch billiger Ausrede
muss jedes Pflicht- und Verantwortungsgefühl im Menschen und
zugleich jedes tragische Mitleid beim Zuschauer von
vornherein aufgehoben werden. Wenn die Zuhörerschaft die
Erstaufführung bei einmütiger Geschlossenheit in ablehnender
Kühle zur Kenntnis nahm und nur am Schluss dem
schauspielerischen Bemühen einigen Beifall spendete, so
bekundet sie damit, dass sie nicht gewillt ist, sich mit
flüchtigen Effekten ungesunder Künstelei zu begnügen. [...]

*[1924], Schauspielhaus, Leipzig. Sets: Franz Nitsche; Franz
Stein (Kassierer).*

42. Fritz Mack, *Leipziger Neueste Nachrichten*, 6.10.1924.

Dieser frühe, schon 1916 entstandene Kaiser, kommt um sieben Jahre zu spät nach Leipzig. Mit seiner expressionistisch aufgelösten Bilderdramatik wirkt er heute, da wir die bequeme Schlagwort-Technik junger Neutöner mehr oder weniger überwunden haben, schon beinahe historisch. [...]
In dieser tragisch-phantastischen Kriminalgroteske herrscht bei starker Mischung der Stilelemente vor allem noch expressionistischer Formwille: Der Dichter, nicht der Gegenstand gibt dem künstlerischen Ausdruck das Gesetz. Wirklichkeit soll nicht getroffen werden.
Man darf die Geschichte von dem Bankkassierer, der beim Anblick einer schönen Frau von toller Lebensgier gepackt, in einen Strudel von Verbrechen, Wahnsinn und Verzweiflung gezogen wird und schliesslich an diesen Erlebnissen zerbricht, nicht auf ihre psychologischen Voraussetzungen untersuchen. Man muss es einfach hinnehmen, dass ein biederer Beamter [...] urplötzlich durch das Parfüm einer Dame von Welt aus der Bahn geworfen wird [...].
Dieses Frühwerk Kaisers ist treffliches Anschauungsmaterial für die Unzulänglichkeit der expressionistischen Technik. Nach den ganz mit deren Mitteln gestalteten letzten Bildern des ersten Teils, in denen der Dichter die Vorgänge in der Seele seines Helden versinnlichen will, flüchtet er im zweiten Teil zu einem gemässigten Naturalismus. Diese drei letzten Bilder, in ihrer Wirkung sich steigernd, sind dichterisch am stärksten; sie entscheiden das Schicksal des Abends.
In den wirklichkeitsfernen, aber stark suggestiven Szenenbildern Franz Nitsches liess Hans Peter Schmiedel die Geschehnisse in einem wirbeligen Tempo sich folgen. (Völlig kann das nur die Drehbühne treffen.) Auch der szenische Vorgang ordnete sich gelegentlich dem Formwillen des Expressionisten Kaiser unter und beschränkte sich auf charakteristische Andeutung. Schlechthin meisterlich kam das von grausamen Humoren durchblitzte, in seelischen Ekstasen gipfelnde und schliesslich in einer dämonischen Grimasse voll Welt- und Menschenverachtung endende Bild 'Lokal der Heilsarmee' heraus. Diese Leistung Schmiedels war der positive Gewinn des Abends. Schon dieses einen Bildes wegen muss man die Aufführung des Schauspielhauses gesehen haben.
[...] Auf das Publikum übte das letzte Bild die stärkste Wirkung. Es gab viele Hervorrufe.

[1925], *Schillertheater, Berlin. Dir.: Albrecht Joseph; Alexander Granach (Kassierer); Edgar Klitsch (Bankdirektor).*

43. S. Jacobsohn, *Die Weltbühne*, 21 (1925), No. 6, 207-08. This review is the same as the 1919 review (33) apart from the last paragraph:

Warum bekommt keine Aufführung heraus, dass es richtig stürmt? Weil in der Phantasmagorie doch zu viele Wirklichkeitselemente sind, die kein Regisseur und erst recht kein Schauspieler sich nehmen lässt auf die gute alte Naturalistenweis' auszutuschen, besonders jetzt, wo sie sich grade der Fessel des Expressionismus entrafft haben; und weil der Kassierer Monologe hat, deren Worte gebracht sein wollen. Der neue Regisseur Albrecht Joseph erwies sich als ziemlich geschickter Eklektiker. Er stiess zwischen die Extreme hindurch, aber nicht ins Herz der zuschauenden Kleinbürger, die zu anständig sind, um zu defraudieren, und zu unromantisch, um mit der Heilsarmee was im Sinne zu haben, deshalb keine Beziehung zu ihrer Existenz spürten und am Schlusse heftiger zischten, als man von ihrer traditionellen Dankbarkeit für die blosse Tatsache, dass ein Vorhang hochgeht und verkleidete Menschen Jokus treiben, gewöhnt ist. Bedauernswürdig die Spieler, die hier sämtliche Stücke einer Geige in der Hand haben ausser dem unentbehrlichen Resonanzboden. Erstaunlich, was sie ohne ihn fertigkriegen; als ob für sie genügte, einander einer zu sein. Oder hat Alexander Granachs urwüchsig ostgalizisches Komödiantentum denjenigen Schlamm und Saft, der ringsum Alles befeuchtet und befruchtet? Er konnte sich wieder einmal loslassen. Und wenn er das kann, so bedeutet es, dass er uns von Anfang bis zu Ende festhält.

44. anon. (1), n.d., n.s., GKC.

[...] Dass die Wahl dieses Stückes für eine Volksbühne nicht sehr glücklich war, bewies das Missfallen, dem diesmal sogar ein Teil des sonst so geduldigen Schillertheaterpublikums zischenden Ausdruck verlieh. Das äusserlich blendende, innerlich hohle Defraudantendrama konnte an dieser Stelle umso weniger befriedigen, als die mit dem Hauptdarsteller Alexander Granach nicht Schritt haltende, uneinheitliche Regie Albrecht Josephs den inneren Zwiespalt des Stückes besonders peinlich hervortreten liess.

45. anon. (2), n.d., n.s., GKC.

Die Mischung von Philosophen und Filmregisseur, die noch vor wenigen Jahren überraschte [...], erscheint jetzt schon recht abgestanden, wie Georg Kaiser es mit seinem neueinstudierten *Von morgens bis mitternachts* (Schillertheater) erneut nachdrücklich bewies.
Der kleine Kassierer [...] ist hier doch zu sehr nur interessanter psychologischer Versuch, der freilich etwas billig zu Ende gedacht ist: mit dem Selbstmord als 'Lösung', und die schnell vorüberhuschenden Bilder mit ihrem verblüffend wirksamen Umweltschilderungen geben dem Ganzen

wiederum ein zu lebhaftes Tempo, als dass man den konstruktiven Verstand gar zu störend empfinde. Doch Hirn und Formbegabung allein tut's nicht [...] er hat keine Zeit zur Liebe — man merkt es seinen Gestalten immer wieder an.

Die Entlarvung des Geldes, die Blossstellung der Armee Christi, der Heilsarmee, alles das ist doch nicht tief genug, leidenschaftlich genug durchlebt, um ihm das Recht zum Bannfluch darüber zuzuerkennen — — trotz allen geschickten Bühnenmitteln: Der Posaunenstösse des Selbstmörders zu seinem eigenen Jüngsten Gericht, oder die schmerzliche Klärung des letzten Irrtums: 'Mädchen und Mann'.

Man hat zu sehr Abstand von alledem, man sitzt da, einmal, als wäre man in einer klugen Vorlesung im Psychologischen Seminar — mit hübscher rhetorischer Leistung nebenbei [...] — und dann wieder glaubt man sich in ein Kino versetzt vor einem gut gedrehten Film; und denkt bedauernd: '... der hat keine Zeit zur Liebe.'

Alexander Granach war als Kassierer die geeignete Schauspieler-Persönlichkeit, denn er verfügt über die gleichen künstlerischen Mittel als Schauspieler wie Kaiser als dramatischer Schriftsteller: volle Beherrschung der Form und scharfe Durchdachtheit der Rolle, doch dabei: Mangel an Herz trotz allem künstlich gesteigerten 'inneren' Tempo.

46. K. A., *Die Zeit* (Berlin), 5.2.1925.

[...] Herr Joseph gestaltete das Bühnenbild ganz realistisch, und auch seine kleineren Regieeinfälle waren rein realistisch gedacht. Wie etwa der, dass der Bankdiener die Wasserflasche im Warteraum wieder in bürokratische Richtung bringen muss, oder Martha Hartmann aus der Frau des Kassierers eine realistische Studie geistigen Schwachsinns zu machen hat und dergleichen mehr. Um so unglücklicher hebt sich die innere, so komisch stilisierte Art dieses 'Denkspiels' davon ab. Es lohnt sich nicht einmal mehr, dieses heute schon mausetote Neudeutsch zu karikieren. Wahrlich, dies Stück hat ein ungewöhnlich kurzes Leben gehabt. Man kann es einfach nicht mehr ansehen, und die einzige 'Ballung', die uns zuweilen noch zuteil wird, ist ab und zu der Ansatz zu einem leichten Gähnkrampf. Auch Alexander Granach, dem die Rolle des Kassierers ja besonders gut liegt, konnte das nicht ändern. Er spielt das ganze Kaiser-Repertoire schon so aus dem Handgelenk, so virtuos, in allen Nüancen so festgelegt, ohne den geringsten neuen Einfall, dass die Marionette, einmal aufgezogen, ihr Pensum präzis und ohne jedes Knarren absolviert. Selbst bei diesem Publikum, dem dankbarsten, willigsten und unkritischsten Berlins, gab es sogar eine Opposition, das Bemerkenswerteste an diesem Abend.

47. Hugo Kubsch, *Deutsche Tageszeitung* (Berlin), 4.2.1925.

Eine Aufführung von starkem äusseren Tempo. Filmtechnik, die Georg Kaiser verlangt.
[...] Granach tritt in den ersten Szenen wie ein behutsamer Schleicher auf, der durch seine scharfen Brillengläser hinter die Kulissen des Lebens schaut. Die fixe Idee, mit Geld den Sinn des Daseins zu erkaufen, scheint diesem schäbigen Kassierer nicht plötzlich gekommen zu sein. Tat und Folgen laufen so ineinander, dass die Brücke zum früheren Leben gar nicht abgebrochen ist: so ist er im Rausch, in der Sucht, sich mit Wut in die grosse Leidenschaft zu stürzen, viel zu sehr gehemmt, um ein ganz fanatischer Verrannter zu sein. Und er wird damit zum Kritiker Georg Kaisers.

Granach beweist durch seine Auffassung des Kassierers, dass Kaisers Stück nur Ideenspiel ist, groteskes Spiel eines scharfen Denkers, der von einer bestimmten Prämisse aus eine Reihe von Bildern aneinandergefügt [sic]; es sind Bilder, in denen das Menschliche nur als Abstraktion erscheint. Lebensfülle haben nur einige Nebenfiguren; der 'tragische Held' selber ist die stärkste Abstraktion: erschreckende Hilflosigkeit und seltsam scharfe Dialektik wohnen zu eng beieinander und ergeben eine brüchige Psychologie. Gerade sie wird von Granach — sicher unbewusst! — stark unterstrichen. Granach zeigt keine Entwicklung, sondern nur Ansätze, und ist in der ersten Szene stärker, suggestiver als in der letzten. Wenn dieser nach Genuss und Erkenntnis fiebernde Kleinbürger im Sechstagerennen und im Separé Steigerung des Daseins bis zum Gipfel sucht, wenn er seine Seele ganz in den Rausch stülpen will, dann flackert wohl für wenige Augenblicke das Licht des Erkenntnishungrigen auf, aber es flackert nur, es flammt und leuchtet nicht. Granach kann sich von Kaiser nicht beschwingen lassen, weil er unter der kalten Dialektik zusammenbricht und weil Kaisers Denkspiel am Menschlichen scheitert.

Sonst gibt diese von Albrecht Joseph geleitete Aufführung nur im Kinotempo vorbeigehetzte Zustandsschilderung, die sich in der Heilsarmeeszene verlangsamt und überflüssigerweise dehnt.

Der Gegensatz der Bilder ist gut herausgebracht [...].

Das Publikum ist nicht ganz befriedigt: neben den Beifallsfrohen melden sich die Zischer; Georg Kaiser ist also noch 'umstritten'. Das wird ihn trösten.

Die Koralle

27.10.1917, Uraufführung, Neues Theater, Frankfurt/M. Dir.: Arthur Hellmer; Eugen Klöpfer (Milliardär); Grüning (Sekretär); Wallburg (Sohn); Frl. Sagan (Tochter).

48. Bernhard Diebold, *Frankfurter Zeitung*, 29.10.1917 in Rühle, pp. 79-82.

[...] Statt im Schmutz der sozialen Masse verliert er [Kaiser] sich in die reinliche Typik des Magiers — und verliert sich... Symbole weisen geheimnisvoll tiefgründige Zeichen, eine Geistersprache redet. [...] Ovale Räumlichkeit in geschwungenem Rund ihrer Linien beherbergt Güte, wo allen Bedürftigen ein holder Strom aus mildtätigem Reichtum quillt. Eckig aber, im Quadrat, sind starr gefügt die Zwinger der Fabriktyrannen, der Richter, der Armesünderhof des Henkers. Farbenallegorien künden ahnungsvolle Verheissung und Drohung. Der Herr in Grau, der Mann in Blau. Es gibt hier keine Namen, die das Individuum abgrenzen als ein von eigenartigem Geschick gezeichnetes Geschöpf. Es gibt nur 'Sohn' und 'Tochter', und der ihr Vater ist, heisst 'Milliardär'. Namenlose, unermesslich weite Menschheit waltet hier, zum Typus wird Geschöpf und Gegenstand, belebt mit weisem Hintersinn des Dichters. Märchen und Wahnbilder spinnen seine Netze um unsere Kindgläubigkeit an wilde Begebenheiten, Milliardenreichtum, Meerfahrt, Revolverschuss und Kriminalverfahren, Doppelgängertum und Amulett. Ein wirres Kino fliegender Phantasien und doch gebannt in strenge Zeichen, poetische Einflüsterungen zartester und schönster Sprache lullt unsere Sinne, wir träumen und leben in dieser Welt der absoluten Bildhaftigkeit, wir schlafwachen im Zauber und werden beinahe überwältigt von einer listigen Prophetie, zurückzufliehen in schuldlose Unbewusstheit heiterer Kindlichkeit — wie die *Koralle* pflanzlich dämmert an der Oberfläche des Wassers [...]. Die Koralle, ein Sinnbild fester Verbundenheit mit dem All der Natur, des Paradieses innerer Kindlichkeit. Und wer sie trägt, bekennt sich freudig zu seiner Vergangenheit, zu einer *Jugend*, die Anfang, Grund und Hort des ganzen Lebens, die das Beste ist, was Menschen frommt.
    [...] Ein Doppelsinn — der Verständlichkeit des Dramas nicht dienlich und in der symbolischen Gestaltung künstlerisch unsicher — umspielt den Sekretär: bald ist er nur die äussere Notmaske, die vor der rauhen Welt der Milliardär dem angstverzerrten Flüchtlingsantlitz bergend vorhält; bald ist er geistiger Träger innerlichsten Glückes derer, die werden können wie die Kinder.

Bis dahin blieb es klar, das Menschheitsdrama. Jetzt folgt der Drehpunkt, jene Haupt- und Kleinszenen, die, obgleich am Schluss des dritten Aktes, aus Freude am Bild, aus Lust zum Fabulieren zuallererst als dichterische Vision entstanden sein mag: die scène à faire, von der aus sich vor- und rückwärts erst das Drama bildete: Ein Doppelgänger erschiesst den andern, um ihm ein Korallen-Amulett zu rauben, und damit eine glücklichere Seele einzutauschen. Morgendländische Fabelluft! Nun aber ausgebaut zu abendländischer Problematik. Märchenwunder und wirkliche Menschennot durchdringen sich von hier ab: die Klarheit löst sich, der soziale Gedanke zerrinnt vor individuellem Geschick.

Die ersten Akte bauten sich mit meisterhaft sicherer Notwendigkeit aufeinander. In jenem oval gerundeten Raum, genannt 'das heisse Herz der Erde' werden die Dame in Taffet, die ihren Leib verkauft, der vom 'System' ruinierte Arbeiter, der sozialistische Doktrinär in Grau empfangen, alle die Aufschreienden aus der Tiefe: die soziale Frage ist ganz allgemein gestellt. Sie wird zur persönlichen Angelegenheit des Milliardärs im zweiten Akt, in dem der Sohn vom schwarzen Kohlenschlepper, wo er als Heizer die Leiden der Mühseligen teilte, auf die helle Milliardärs-Jacht tritt und das Manifest der unterdrückten Menschheit zum 'Shocking' der weissgewandeten Gesellschaft verkündet. Der dritte Akt bringt im quadratisch strengen Arbeitsraum, umwölkt von lavaspeienden Höllenschloten (immerwährende Warner vor dem schluckenden Abgrund) die katastrophale Loslösung von den Kindern: den tragischen Fall, das Erliegen auf der Flucht. Hier hätten die Sozialdramatiker des Naturalismus ihr Finis tragoediae gesetzt. Tod oder soziale Bekehrung!

Nun aber folgt diese märchenhafte Flucht des Milliardärs aus sich selber, durch Mord und Korallenraub in den Doppelgänger; und damit zur heroischen Überwindung seiner selbst: denn als Träger der Koralle übergibt er sich als Mörder des Milliardärs der Guillotine. Aber wir harren auf grössere Deutung, sonst bleibt der fabelhafte Vorgang romantische Poesie. Es hub sozial an, Menschheitsfragen wogten zwischen Typen namenloser Geltung, aber nur ein *Einzelschicksal* wird erfüllt [...]. Gewiss: Selbstüberwindung und Einkehr; doch alles nur *für sich allein*, weitab von der Tragik derer, die seine schlimme Jugend miterlebten, miterlitten.

[...] Dieser ewige Flüchtling findet nicht in der Wirklichkeit sein Asyl, sondern im sich selber vorgespielten Märchen. Die Symbolik der Verwandlung ist nicht mehr rein gestaltet: der Held ruht aus im Hafen der Romantik. Und er hat kein inneres Recht, dem Priester, der ihm am Schluss den Trost zum Tode bietet, das Kreuz zurückzuweisen: denn es *betäube* nur den Schmerz — die Koralle aber *befreie* vom Leid! Nein, nur den, der sie von allem Anfang an besitze, der begnadet ist mit der gläubig starken Kindlichkeit, der sie erwirkt im Opfer für die menschliche Allheit, nicht wer sie

raubt, sich mit dem Raub betrügt, trotz aller
Selbstbesiegung. Denn so wirkt die allegorische *Handlung*,
mag ihr Tiefsinn vom Dichter noch so innerlich empfunden
sein. Wohl kann der Sekretär auch einen verkörperten Teil
der Milliardärsseele bedeuten: einen inneren Doppelgänger
wie der Sohn, ein besseres Wunsch-Ich. Doch die Symbolik
schwankt, ist künstlerisch-dramatisch nicht voll bewältigt;
es herrscht hier eine Dämmerung, die nur im Märchen
unerhellt bleiben darf, dem Aufwerfer der sozialen Frage
jedoch nicht zugebilligt werden kann.

Man war überrascht, den Dramatiker der reinen Tat von
Calais zum kosmischen Quietisten verwandelt zu sehen; aber
sein verkündender Ruf zum Paradies der Kindlichkeit zurück,
vom Ende zum Anfang, betäubt mit ernsten Worten edelster
Formung den kritischen Geist, durch Schönheit des Spiels.
Die Sühne des Opfers ist gross und befreit, doch seine Ethik
darf der lebendigen Welt nicht gelten. Der Held triumphiert
innerlich über den werktätigen Sohn; aber die Menschheit
verdammt ihn, weil er sie bis in den Tod geflohen. Das
Publikum stand unter der mächtigen poetischen Gewalt der
Dichtung, den Gehalt unsicher als bedeutend ahnend, dem
Problem gläubig hingegeben, von vornherein willig dem
Dichter zugetan [...]. Der Beifall steigerte sich von Akt zu
Akt und auch nach dem letzten, der theatralisch abschwillt,
rief man begeistert nach dem Dichter, dessen (trotz des von
einem solchen Techniker vermeidbaren zweiten Aktes) formal
so starkem Werk wir nicht mit so genauer Kritik begegneten,
hätten wir seiner Begabung nicht höchste Ansprüche zu
stellen. Die Spielleitung bemühte sich mit nicht in allem
genügenden Kräften und oft etwas unsicher gehandhabten
Stilmitteln um die Wiedergabe, und immerhin gelang Direktor
Hellmer eine einprägsame Vorstellung, deren Hauptwirkung auf
Herrn Klöpfers Milliardär beruht. [...] Herr Klöpfer
bestätigt das traditionelle Vätertalent der Deutschen. Die
Ausdruckskraft und mimische Beweglichkeit des Künstlers, die
Beseelung seines Tons zeigen eine Begabung, die nur der
formalen Festigung noch bedarf. Sein Milliardär erschütterte
ohne jedes sentimentale Mittel. [...]

49. Kasimir Edschmid, *Vossische Zeitung*, 30.10.1917 and *Neue
Zürcher Zeitung*, 6.11.1917, in Rühle, pp. 82-83.

[...] ein nachhaltiger Eindruck [...] zwischen
buntgestaltigem Dichterischem steht, wie flüchtig
hingeworfen, ein kühnes Bekenntnis. Es bedeutet nichts
weniger als den völligen Bruch der 'neuen Leistung' mit der
künstlerischen Vergangenheit, den Georg Kaiser hier zum
erstenmal so ganz unumwunden ausspricht [...]. Ein Werk von
leuchtender Schönheit ist diese jüngste Dichtung [...]. Wie
Kaiser die Farben mischt, wie er Wirkliches, Symbolisches,
Märchenhaftes durcheinanderfliessen lässt, ist bei allem
Dunkel, das sich damit zuweilen über die Dichtung breitet,

doch immer von eigenartigem Reiz und seltsam bewegend. Eine
Gedankenwelt von Tiefe und dichterischer Kraft tut sich auf,
sprachlich von wuchtig getriebener Schärfe [...].

Der letzte Akt ist gross, in ihm fliesst alles zusammen
und beweist wieder, dass dieser Dichter, wo er nicht sich
auf Milieu, auf Gegebenes, auf Tendenziöses wirft, sondern
nur die Macht einer geistigen Ausstrahlung formen will, zu
grossen kristallisch gewachsenen dramatischen Zielen kommt.
Hier ist der Atem der *Bürger von Calais* [...]. Hier zieht
sich aus allen Akten die Idee zur Grösse und geballten Wucht
zusammen. Das Publikum nahm das Stück begeistert auf [...].
Den Milliardär spielte ausgezeichnet in den letzten Akten
Herr Klöpfer, der anfangs schwankte, zuletzt stark ergriff.

50. Richard Dohse, *Die schöne Literatur*, 18, No. 24
(24.11.1917), 349-50.

Georg Kaisers *Die Koralle* ist ein besseres Stück als
Der Zentaur. Es ist ein symbolisches Ideendrama wie *Die
Bürger von Calais*. [...] Ob die neue Richtung, die sich
damit ankündigt, freilich die rechte und wünschenswerte ist,
bleibt fraglich, zumal bei der gedanklichen Belastung die
Klarheit mitunter leidet. Das dichterische Können Kaisers
steht jedoch ausser Zweifel; die Gestaltung der Vorgänge ist
vortrefflich gelungen, und die Sprache ist dichterisch reich
beseelt. Die Darstellung hatte keine leichte Aufgabe, denn
alles muss aufs Seherische, Phantastische und Märchenhafte
gestellt sein, da das Stück im Grunde nichts anderes ist als
ein symbolisches Märchen. Die Spielleitung Direktor Hellmers
hatte daher den Rahmen der einzelnen Bilder in ganz und gar
sinnbildlich wirkender Einfachheit und Schlichtheit
gestellt, und auch die Darsteller, vor allem Eugen Klöpfer,
befleissigten sich sichtlich, den rechten Ton zu treffen.
Der Dichter konnte mehrmals erscheinen und einen schönen und
erfreulichen Erfolg heimtragen, der um so höher zu werten
ist, als es sich hier um ein schwer sich erschliessendes
Neuland dramatischer Dichtung handelt.

51. anon., n.d., n.s., GKC.

Georg Kaisers neues Schauspiel *Die Koralle*, über dessen
erfolgreiche Uraufführung im Frankfurter Neuen Theater wir
bereits berichtet haben, veranlasst unseren Frankfurter
Korrespondenten zu folgenden Ausführungen: Einer hätte bei
der Uraufführung dieses Stückes mit tiefster innerer
Bestätigung gesessen, Arthur Schopenhauer. Denn dies Werk
ist im Grunde nichts anderes als eine tief spielende
Gestaltung seines Begriffs vom Tragischen. Vorzuwerfen wäre
Kaiser, dass die persönliche Durchlebung manchmal bei ihm
etwas oberflächlich ist. So spielt das soziale Element in

die *Koralle* mehr formal hinein, ohne in seiner unmittelbaren
Problematik ergründet und auch rein dichterisch gestaltet zu
werden. Je mehr aber das soziale Element an Bedeutung
zurücktritt, desto höher wächst das Stück. Der erste Akt
wirkt durch die ausserordentlich geistreich gegebene
Spannung der Exposition, der vierte und fünfte aber führen
bei starker dramatischer Steigerung in Tiefen, die der
lyrische Ausklang am Schluss in wundervoller Sprache
heraufbranden liess. Im Mittelpunkt jeder Aufführung wird
der an Bedeutung und Umfang gewaltige Part des Milliardärs
stehen. Eugen Klöpfer verkörperte ihn, in der Grundanlage
bezwingend, in den lyrischen Momenten oft von metaphysischer
Rührung. Die Regie Direktor Hellmers zeugte von dem
künstlerischen Ernst dieses auch im Literarischen
achtungswert strebsamen Bühnenleiters. Der vierte Akt war
darstellerisch und kompositionell der Höhepunkt des Abends.
[...]

52. A. Büsching, *B. Z. am Mittag*, 29.10.1917.

    Georg Kaiser, der persönlich für den starken und
aufrichtigen Beifall, den sein neuestes fünfaktiges
Schauspiel bei der Uraufführung im Neuen Theater zu
Frankfurt a. M. danken konnte, hat uns etwas zu sagen und zu
bedeuten. In dem Milliardär [...] erfüllt sich das Schicksal
des Menschen mit der Gier nach Reichtum und tyrannischer
Macht, die (nach Kaiser) Verbrechen ist. Dieser Milliardär
ist der Typus unserer heutigen Zeit, geboren aus sozialer
Ungerechtigkeit und gestürzt durch natürliche Kräfte, die
krankhafte und künstliche Gebilde zu zerstören berufen sind.
In mächtiger Steigerung erhebt sich ein Menschheitsdrama,
klar und wuchtig, wie die Blöcke zum Bau der titanenhaften
Rauchschlote und Werkgebäude des Milliardärs. Und dann
verlöscht es, wird zum Symbol und Traum.
    [...] So ganz vom Theater abgewendet, das ihm diesmal
nur Mittel zum Zweck ist, schrieb sich Georg Kaiser in unser
Gewissen und in unsere Brust ein. Ein inneres Erleben,
wohlvorbereitet durch den ersten Akt, war es, das uns dieser
Dichter, dem die Zukunft treu bleiben möge, schenkte. Und so
fasste Direktor Hellmer als Spielleiter seine Aufgabe auf,
die glänzend gelöst wurde. Szenisch war nichts, was
ablenkend wirken konnte, alles eingestellt mehr auf das
Gedankliche. In der Gestaltung Eugen Klöpfers kam die halb
dramatische, halb symbolische Figur des Milliardärs zu
voller Geltung. [...]

*27.10.1917, Uraufführung, Kammerspiele, Munich. Dir.: Otto
Falckenberg; sets: L. Pasetti; Gerhard (Milliardär); Erwin
Kaiser (Sekretär).*

53. Edgar Steiger, *Das literarische Echo*, 20, No. 5 (1.12.1917), 279-81.

[...] Der Milliardärmörder [...] ist die Ausgeburt eines Fiebertraums. Etwas von dem göttlichen Wahnsinn, den die alten Griechen ihren Dichtern nachrühmten, ist bei Georg Kaiser am Werk, wenn er seine Bühnengesichte hat. Wer hier Psychologie sucht und nach dem Warum fragt, fühlt bald, dass er der Gefoppte ist. Denn hier wird alles als unmittelbare Anschauung hingeschleudert, und die Zahnräder von Ursache und Wirkung greifen bei dem, was diese Wahngeburten des Gehirns tun oder lassen, entweder gar nicht ineinander, oder sie knarren nur zum Schein, um den Streifen der Erinnerungsbilder an der elektrischen Lampe des Gehirns vorüberzuführen — ruckweise vorwärts oder rückwärts, gerade wie es der Dichterhand, die die Kurbel dreht, gefällt. Aber es ist eben doch keine romantische Willkür, die hier mit den Dingen spielt, sondern die Hand, die an der Kurbel ist, wird von einer unsichtbaren Macht nach deren eigenen Gesetzen gelenkt. Und scheint auch alles Wahnsinn, Symbol und Hyperbel, so ist dieser wirre Schein eben doch eine tiefere Spiegelung des Lebens, als die getreueste Momentaufnahme durch die Dunkelkammer der Naturalisten.
Denn in diesem modernen Märchen vom Milliardär wird die soziale Frage, mit der wir uns alle herumquälen, bis in ihre innersten Tiefen durchleuchtet: Individualismus und Sozialismus, in Vater und Sohn verkörpert, miteinander im Todeskampf — im Hintergrund beider: das Grauen des Elends und der Not. [...]

54. Richard Elchinger, n.d., n.s., GKC.

[...] Warum der Furchtbare [der Milliardär] plötzlich zu beichten beginnt von den Katastrophen einer freudlosen Jugend und von der Herkunft aus den düstern Niederungen der Arbeit, bleibt ebenso unmotiviert wie Kaisers Personen auch späterhin, wo es dem Autor in die Handlung passt, mit solchen Enthüllungen herausrücken. So etwa, wie im zweiten Akt, der auf der Milliardärsjacht spielt, der Sohn dem Vater plötzlich das Geständnis macht, er sei erwacht und halte sich verpflichtet, um die soziale Schmach des Reichtums auszugleichen, nun Heizerdienste anzunehmen. Mit einem Mangel an Scham, der ebenso gross ist wie die Unbekümmertheit, drastische Kinomittel zur Abrundung der äusseren Handlung zu verwenden, werden die Dinge aneinander gesetzt. Und der Autor erreicht mit der zwangsweisen Vorführung der Geschehnisse schliesslich doch immer wieder, dass man seinem Helden nahe bleibt, der ein grausamer Monomane ist.
[...] Die Aufführung, die von Otto Falckenberg mit Einfühlung geleitet wurde, gab den äusseren Umriss genügend

wieder, was keineswegs leicht erscheint, wenn man die
Szenerie bedenkt und Regievorschriften, wie etwa jene im
dritten Akt (Arbeitszimmer), die verlangt: 'Draussen
Schornsteine dicht und steil wie erstarrte Lavasäulen,
Rauchwolkengebirge stützend'. Pasettis Raumkunst löste die
Probleme mit geringen Mitteln. [...]
    Die Aufnahme, die das Werk beim Publikum fand,
rechtfertigte vor allem die Tat der Aufführung. Man spendete
Beifall, und nur einige wenige, deren Geduld vielleicht auch
durch die langen Pausen in Anspruch genommen worden,
brachten gelindes Missfallen zum Ausdruck, wodurch sich
indes der Schlussapplaus zu einer Stärke erhob, die es dem
Regisseur erlaubte, im Namen des abwesenden Autors zu
danken.
    Trotz aller Willkür und Gesprächigkeit der Dialoge
gelangte man eben doch zu einer Schaubarkeit der ganz
starken dichterischen Impressionen, die sich Kaiser
abzuringen sucht, und die seine Fruchtbarkeit für etwas
Höheres zu nehmen heissen, denn die virtuose Geste eines
modischen Schnellmalers.

*17.1.1918, Erstaufführung, Kammerspiele des Deutschen
Theaters, Berlin. Dir.: Felix Hollaender; sets: Knina; Paul
Wegener (Milliardär); Bernhard Goetzke (Sekretär); Else
Eckersberg (Tochter); Ernst Deutsch (Sohn); Werner Krauss
(Der Herr in Grau).*

55. S. Jacobsohn, *Das Jahr der Bühne*, vol. 7 (1917-18),
94-98.

[...] Man rechnet mit einem Doppelgänger-Drama. Da hebt
bereits das Soziale Drama an, zu dem Milliarden wohl oder
übel verpflichten. [...] Das Familien-Drama setzt ein: des
Sohnes Herz schlägt wild mit der Armut und zwingt der
Schwester Herz in den gleichen Takt. [...] Auf welche Art
nämlich glaubt der Krösus, wenn er an seiner Gegenwart
krankt, durch die Vergangenheit eines Beamten zu gesunden,
den er dazu erst abschiessen muss? Seine Zukunft ist ja auf
alle Fälle der Tod. Auf alle Fälle? Kaiser zweifelt. Bei der
geltenden Weltordnung würde nur der Sekretär hingerichtet
werden, der Milliardär aber frei ausgehen. Dessen Bekenntnis
zu sich würde ihm also das Leben retten. Um dieses Leben und
dieses Bekenntnis beginnt nun ein psychologisch und
überhaupt verwickeltes Kriminal-Drama, welches damit endet,
dass der Milliardär als sein Sekretär, gewärmt und verklärt
von dem Gefühl seiner strahlenden Jugend, aufrecht zum
Henkerblock schreitet.
    Eines steht fest: mit der Logik ist dieser Geschichte
nicht beizukommen. Dabei bin ich in meiner Wiedergabe über
eine Unzahl grösserer und kleinerer 'Widersprüche'
hinweggesprungen, um zunächst einmal einen Zusammenhang

herzustellen, der halbwegs trägt. Von Allgemeingültigkeit
völlig abgesehen: auch für ein Monstrum von Milliardär ist
die äussere und innere Glaubhaftigkeit dieser Begebenheiten
höchst strittig. Deshalb wird man gut tun, von vorn herein
einen andern als den Massstab der Wirklichkeit anzulegen.
Märchen noch so wunderbar: Dichterkünste machens wahr. Sind
hier diese Dichterkünste in Kraft? Sie brauchen ja nicht
unbedingt von den blutwarmen, aus den geheimsten Quellen der
Seele gespeisten zu sein. Es gibt wie sinnliche, so geistige
Dichter. [...] Die vier Teildramen, deren eines immer vom
nächsten verschluckt, und deren keines verdaut worden ist,
werden unerheblich durch das fünfte, das Symbolische Drama.
Endlich erfahren wir, was die Koralle bedeutet. [...]
     Ists nun nötig, dass diese Vision einer
marternentstammten Sehnsucht zur verbindlichen Lehre für das
Geschlecht der millionenfach verschiedenen Menschen taugt? A
jeder Mensch hat halt 'ne andre Sehnsucht. Dem frommt der
Kampf, dem der Friede; dem der Tag, dem der Traum; dem die
Eroberung, dem die Entsagung. Soll allen Bäumen Eine Rinde
wachsen? Derlei zu fordern, liegt Georg Kaiser fern, der ein
Dramatiker, kein Sonntagnachmittagsprediger ist, aber
gleichwohl am Ende sein Dichtertum ethisch beglaubigt. Für
dieses ist einzig wichtig, ob die Schwermut des reichen
Mannes, der die Schuld nicht bloss seiner Kaste, sondern der
ganzen Welt trägt, der fanatisch nach einem Mittel fahndet,
sie abzutragen, und der nicht ruht, als bis er sich selber
dargebracht — ob diese Schwermut von ihm auf mich
überströmt. Das geschieht, ungeachtet der Knifflichkeit des
Mittels, im fünften Akt. Seit der Totenrede Michael Kramers
haben nicht wehevollere Worte von der Bühne geklungen,
wenigstens nicht in mein Ohr. Und wer mir einwendet, dass es
nur Worte, nur klingende Worte sind, dem ist zu erwidern,
dass auch Michael Kramer sich unumwunden und gradezu
ausspricht, dass eins von den Elementen der dramatischen
Wirkung das Wort ist, und dass es allein darauf ankommt, die
elementaren Worte zu bilden und zusammenzufügen, die das
Einzelne zur allgemeinen Weihe erheben. Das ist Hauptmann
gelungen; und das gelingt Kaiser beim Abschied seines
Milliardärs von der Erde. [...] Und wenn man über den
unverstandenen Korallenträger, den Bruder des unverstandenen
Kreuzträgers Quint, bittere Tränen weint, so — so weint man
doch gleichzeitig darüber, dass dieser opferbereite
Vorbildmensch, bevor er zu einer Stimmung von mystischer
Fröhlichkeit auf dem Grund eines tiefen Ernstes und
selbstquälerischer Zerrissenheit gelangt, durch ein dickes
Gewirr von toter Materie geschleift wird, weil vorläufig dem
Ekstatiker Kaiser durch wagehalsige Tricks und bizarre
Marotten der Weg zu sich selbst verstellt ist.
     Keine Kleinigkeit, ein so undurchsichtiges,
stilzwiespältiges Drama zu spielen. Ein Kunststück wärs
sogar noch für einen Reinhardt, der die geeignetsten Leute
seiner Truppe zusammengestellt und selber geleitet hätte.
Hollaender ist ein Regisseur wie ein Dichter. Was in der
Literatur der Zeitungsroman, das sind im Theater seine

Inszenierungen. Die Besetzung entlastet nicht, sondern belastet ihn. Für die Milliardärstochter, die von des Bruders glühender Liebe zur Menschheit entzündet wird, schien Eine Dame am allerungeeignetsten: diese wählte mit sicherm Griff die glückliche Hand dieses Regisseurs — Fräulein Eckersberg, deren Rangen vom Kurfürstendamm daran scheitern, dass der Kurfürstendamm nicht im hohen Norden Berlins liegt. Man dachte: das ist der Gipfel. Aber Mutter Natur ist unerschöpflich und erreicht mühelos immer neue Steigerungen: nach Fräulein Eckersberg kam Fräulein Christians. Der Bruder war Ernst Deutsch, der Alma Heinicke niemals zur Schwester gehabt hätte. Unjunger Verstandesmensch und deshalb mit allen bedingungslos schwärmenden Jünglingen überbürdet; vom Stamme der Triesch ein kleiner männlicher Zweig. Wegener wieder war weder zu diesem Sohn noch zu seinem Töchterlein ein plausibler Vater, was wirklich nicht seine Schuld ist, und für die Entrücktheit seiner Himmelfahrt teils zu knochig, teils doch wohl zu kühl. Da obendrein sein wolkenloser Doppelgänger ihm zwar nicht irreführend glich, aber sehr viel bewölkter war als er, und da die Gäste auf seiner Yacht die gesellschaftliche Gewandtheit von Eskimos hatten, so wäre man ganz auf Kninas Dekorationen angewiesen gewesen, deren bunte Steifheit immerhin Kaisers einer Hälfte gerecht wurde, wenn nicht ausser den eindringlichen, nur zu geräuschvollen Herrn in Grau von Krauss und einem stilgerecht phantastisch huschenden Richter von Kühne ein neuer Herr Konrad Veidt gewesen wäre, der einen neuen Ton und ein neues Gesicht und für sein Teil als Priester vollkommen den Zauber der letzten Szene auf die Bühne der Kammerspiele gebracht hätte.

56. Emil Faktor, *Berliner Börsen-Courier*, 18.1.1918, in Rühle, pp. 83—84.

[...] In seinem [Kaisers] Schauspiel *Die Koralle* ist nichts so schwer zu entdecken, als der durchgreifende Wesenszug, der ihn von anderen unterscheidet. In seinem geistigen Format wirkt es wie ein Querschnitt durch fast alle Neuformungsbestrebungen letzter Jahrzehnte.
Das stofflich interessante, auf ersonnenen Schauplätzen angesiedelte Werk birgt Strukturen von allem Möglichen. Die Naturalistenzeit [...] Ibsen, [...] Sternheim, [...] und — was am stärksten auffällt — man begegnet auch jenem rebellischen Sohn, der hassen muss, was er lieben möchte [...]. Doch unterschätzt Kaiser, wer ihn durchsichtiger Spekulationen verdächtigen und von Nachmacherkunst reden wollte. Dazu ist der Fall zu kompliziert. Eher schon spürt man einen Wirbel des Wollens, in welchen allerlei Anflug hingerät. Der leidenschaftliche Antrieb ist da und zeugt Bewegung. Sie dreht sich nur zu oft im Kreise, anstatt ins Unerforschte zu stürmen. [...]

Dieser Weltpessimismus, dem phantastischen Lebenslauf eines modernen Nabob abgeschöpft, gestattet den Einwand, dass wir zu selten Milliardäre werden, um die innere Wahrheit nachzuprüfen. Unsereins traut selbst dem beklagenswerten Zustand unermesslichen Reichtums gewisse Glücksmöglichkeiten zu, während Kaiser dem allerdings geistvoll drapierten Leitsatz zustrebt: 'Am besten wäre es, überhaupt nicht geboren zu werden und im Schutze des dämmernden Korallenbaumes zu bleiben.' Die Idee des Doppelgängertums hat spannende Erfindungsreize, aber in ihrer theatertechnischen Ausbeutung bleibt sie nach den ersten Überraschungen ein barocker Einfall. [...] Georg Kaiser kam ja auch in Märchennähe — doch seine Geisterwelt wird durch gesuchte Wirklichkeit abgeschwächt. Die Sphären vermischen sich nicht und bleiben getrennt wie Öl und Wasser. Viel stärkerer Zauber weht in den Szenen des grauen Mannes. Hier wird das Werk reicher — an Stimmungen und geistiger Neuprägung.

Auch die satirischen Porträts der Untersuchungsrichter sind nicht Dutzendbilder. Wie es überhaupt bei Kaiser im einzelnen rieselt und rauscht. Doch das tragische Hauptproblem wälzt sich ins Leere. [...]

Im Vordergrunde der Aufführung stand der Nabobspieler Wegener. Er bot eine spannende Leistung: gemessener Amerikanismus mit verstörter Psyche; Züge vulgärer Abstammung von Besitzdünkel ausgeglichen; barsches Herrentum aus Zeitmangel; Menschenfreundlichkeit mit beleidigend kalter Selbstverständlichkeit; auch bei Zugeständnissen ein Abweisender: ein längst Erfrorener: dann aber ein Träumer in Sträflingskleidern; Milliardär noch auf dem Armensünderbänkchen. Alles zusammen: ein künstlerischer Eindruck von hoher Wahrhaftigkeit. Nun die Klippe des Doppelgängertums. Es fand sich Herr Goetzke, der so gross wie Wegener war und ihm auch halbwegs ähnelte. Die Stimme freilich! Man musste sich entschliessen, sich's einreden zu lassen. Und selbst wenn der Zufall auch darin geholfen hätte: während des Gespräches zwischen Sohn und Vater im Schlussbild, kicherte es im Zuschauer: Wie kann man Wegener und Goetzke verwechseln!

Ernst Deutsch hat bereits viel Übung im Darstellen unglücklicher Söhne. Es ist sein viertes Exemplar, rühmenswert als Jünglingserscheinung von ungequält bitterem Charakter. Aber ich wünsche nicht bloss den Darstellern, auch dem deutschen Drama, dass Sprösslinge mit Mordgedanken gegen die Aszendenz nicht ein Spezialfach werden. Den Vorgang vom frivolen Sportsgirl zur Samariterin vollzog Frau Eckersberg — in echten Gefühlsformen. Die erwartete Überraschung bot Werner Krauss: flammig, ein Würger des Widerspruches als proletarischer Weltverbesserer, Chamissos grauer Mann als schadenfreudiger, bizarr höhnischer Besucher auf dem Gefängnishof. [...]

Das Dekorative entwarf Herr Knina. Auf gemalte Phantastik und Meereszauber soll er sich nicht einlassen. Ihm liegt nur das realistische Bühnenbild.

57. Alfred Kerr, *Der Tag* (Berlin), 19.1.1918, in Rühle, pp. 84–86.

[...] Doch ich glaube nicht wie Kaiser, dass man korallenhaft hindämmern soll. Was tut hier der Held? Andre auszubeuten gewohnt, begeht er den merkwürdigen Schritt, seinen Sekretär (das ist durch einen äusseren Zufall sein vollkommenes Ebenbild, er wird mit ihm verwechselt) zu töten. Warum?
Um sich dessen helle, glückliche Jugenderinnerung anzueignen. Denn der Milliardär ist aus dem Elend aufgestiegen.
Es wird mir jedoch durchaus nicht klar, wieso er sich diese helle Jugend aneignet, indem er den Sekretär tötet. Er kann doch höchstens dann für ein Geschöpf mit glücklicher Jugend gelten. Nur gelten. Was hat er davon? Zumal er dann sogar als ein Mörder gilt...
Einen Augenblick. Er will also den Ruf eines Ausbeuters loswerden, indem er —. Indem er den Ruf eines Mörders erwirbt.
Weiter. Mag er schon fünfmal als ein Mörder mit hellen Jugenderinnerungen gelten (ohne dass er sie wirklich auch nur hätte) — was fang' ich damit an?
Heisst das: 'Die Vergangenheit lässt sich nicht auslöschen' —? wozu dann die Umstände? wozu die Zweideutigkeiten, die Unklarheiten, die Mühseligkeiten? wozu dann schwierige Rebusse,... die überdies nicht klappen?
[...]
Heisst alles das: niemand kann in das Leben eines Andren hineinschlüpfen — auch für Geld nicht; auch durch Mord nicht? (Das hab' ich gewusst!)
Ist es die alte Verwechslungskomödie; der Doppelgängerschwank auf Vertiefung gedeichselt? So dass man etwa von ferne murmelt: 'Aha — Peter Schlemihl'? Oder: Komödie der Irrungen mit Zimt? oder das Bildnis des Dorian Gray —? Kaiser und ich wissen es nicht.
Wollte sagen: der Mörder gibt sich zuletzt fälschlich für den Sekretär aus.
Aber wieso scheint ihm das Leben des Sekretärs heller als das eigne? Der Sekretär ist zwar nicht Ausbeuter, — doch eines Ausbeuters Helfershelfer. Also nicht einmal Ausbeuter; nur subaltern und höchst mitschuldig. Was hat's, zum Teufel, in dieser üblen Knechtsstellung zu sagen, das [sic] er auf eine muntere Jugend zurückschauen darf?
Was ist alles das für ein Zeug? Es wird Kaisern und mir nicht klar. Wie kommt Kuhdreck auf den Dachbalken?
Hierbei, welche gewundenen Künstlichkeiten! Sohn und Tochter sollen den Sekretär, auch nach langem Gespräch, vom Vater nicht unterscheiden können? Nun, es ist ein Märchen. Aber warum so faule Märchen?
[...]
Ein Märchen ist's. Wie wird (o Dramatiker, Dramatiker) vieles an den Haaren herbeigezogen, um einen recht

schlichten Gedanken wirr, grossspurig, abendfüllend, breit, undeckend, schlackenschmutzig, ja widersinnig zu verbrettern. Wieviel Lärm um ein Eierspeislein?
[...]
   Alles das bleibt jedoch ein mechanisches, recht äusserliches Arbeiten mit Tricks. Tricks, die wie tiefere Anspielungen klingen, ohne Sinn zu haben.
Nicht mit Gedanken oder Blut hergestellt, sondern mit Technik. Statt des Poeten sieht man (in diesem nicht zweckhaften, sondern eher dürren Spiel) einen Gerüstmacher. Und sein Gerüst ist schief. Ob es schon Fernblicke — nein etwas Fernblicken Ähnliches — darbeut.
Herr Kaiser schrieb das Stück. Wer dichtet es?
   [...] Jedenfalls wurde das Korallenwerk mit dem ohngefähren Vertiefungskniff und antikapitalistischer Lehre vor den Dreissigmarkinhabern der Kammerspielsitze vollzogen. Wie vollzogen?
Da der Verfasser den Bizarrathustra mimt, so fragt man sich: was soll der Grundton (oder: Stil) der Aufführung sein? Groteske? Herr Kaiser sagt: Schauspiel. Also ein Schauspiel mit Linien.
Sie waren in der Leinwand. Minder in der Sprechform.
[...]
   Ernst Deutsch war der Sohn. Die Erinnerung des Abends. Oft ist dieser Künstler, möcht' man sprechen, zu beweint. Hängebirke.
Dennoch, wenn er hernach in seinen tiefen Ernst gerät (welcher wohl den Grundton bildet), ein Besitz; eine Kraft. Er war hier eine Kraft im Unkräftigsein. Im Abebben. In dem Wunsch nach Weltbesserung.
Wegener machte den Milliardär. Gutes Gemisch von Alltag und Wahnsinn. Er war jedoch eher der Mann, der Fabriken gegründet; als der Mann, der Irrtümer abtrug.
Er umriss die Gestalt — und ging nirgends (was er ja hätte tun können) fortreissend ans Herz. Herzlich ans Herz.
Das Ganze — war es grotesk und voll perspektivischen Ungefährs?
Das alles war es. In der Leinwand.

58. Friedrich Düsel, *Westermanns Monatshefte*, Jg. 62, pp. 91-94.

   [...] An all diesen Stücken [von Kaiser], auch an den *Bürgern von Calais*, die doch in der Hochspannung der ersten Kriegsjahre besonders hätte reizen können, gingen die Berliner Bühnen vorüber. Zur Aufführung gelangte allein (im Lessing-Theater) ein an der äusseren Kreislinie des Kaiserschen Schaffens liegendes Unterhaltungsstück, *Die Sorina*, und auch das wohl nur, weil es unsre satirische Freude an der grotesken Verzerrung russischer Provinzkultur oder besser -unkultur kirrte. Jetzt endlich haben sich, auch erst nachdem ihnen die Münchner Kammerspiele und das

Frankfurter Schauspielhaus vorangegangen, die Kammerspiele des Deutschen Theaters an ein Zentralstück der Kaiserschen Dramatik herangewagt.

Die Koralle ist Kaisers jüngstes und anspruchsvollstes Stück. [...]

Ein schönes Sterben vielleicht — aber mit dem Priester begleitet ihn auf diesem letzten Gange ein ganzer Schwarm von kritischen Zweifeln und Bedenken. Gibt es wirklich eine so vollkommen täuschende Ähnlichkeit zweier Menschen, wie dieser beiden auf nächste Nachbarschaft angewiesenen Doppelgänger Milliardär und Sekretär? Und wenn es sie gibt, müsste nicht die Rolle, zu der der Sekretär verurteilt ist, sein Seelenleben beeinflussen, ihn dem Fluch der Entichung ausliefern, wie Geibel das lustspielartig im *Meister Andrea* zu gestalten versucht hat? Weiter: werden sich, wenn schon Polizei und Richter, auch die eignen Kinder von der Sekretärmaske des Vaters täuschen lassen? Sodann: woher nimmt dieser Mörder die Überzeugung, dass er wohl als mordbeladener Sekretär, nicht aber als mordbeladener Milliardär, der ersehnten Strafe der Gesetze verfallen werde? Und endlich, nicht zuletzt: wie vermag er sich einzubilden, mit einem Mord auf dem Gewissen in die Haut eines Glücklichen schlüpfen zu können, ohne sich Gift und Galle aus jeder Minute zu saugen? Doch ich weiss, was Kaiser mir antworten wird: mit dürrer Wahrscheinlichkeitsrechnung und kalter Logik soll man sich keiner freien Dichtung nähern; das Reich der Phantasie hat seine eignen Lebensbedingungen und Gesetze. Gut; so müssen sie aber auch die Kraft haben, ihre eigne Welt, ihr eignes Leben, ihre eigne Sittlichkeit aufzurichten. Wo aber sind die? Ich sehe nur Formeln, Begriffe, Sinnbilder, Schemen, Gaukelwerke in Umtrieb gesetzt. Diese 'Menschen' sind wie mathematische Grössen hingestellt, die nur der Verstand, nie das Gefühl verbindet, die kalt und starr immer wieder in ihre Einsamkeit zurückfallen. Hebbel spricht einmal in ähnlichem Zusammenhang von einer gesuchten Erhabenheit, die den Blutumlauf aufhebt, so dass die Menschen erfroren umfallen wie auf hohen Alpen. So geht es Kaisers Figuren, und was er dafür aus der Retorte der Phantastik und Symbolik zu geben hat, z.B. seinen halb unheimlichen, halb närrischen 'Herrn in Grau', dem Werner Krauss einen eignen Exzentrik-Stil gab, kann den Verlust an Lebenswärme und Menschennähe nicht aufwiegen. Wo Paul Wegeners Seelenkraft uns erschütterte, spielte er an den Absichten des Dichters eher vorbei als in sie hinein.

59. Karl Strecker, n.d., n.s., GKC.

Wir haben hier das reifste Werk Kaisers; und wer noch daran zweifelt, dass dieser vierzigjährige Kaufmannssohn aus Magdeburg der Kraftvollste, Besonnenste und technisch Verblüffendste in dem Geschlecht der dramatischen Neutöner,

der v. Unruh, Hasenclever, Wildgans und dergleichen ist, der mag sich durch die Aufführung in den Kammerspielen, die auch darstellerisch sehenswert ist, davon überzeugen. [...]
Ein Milliardär steht im Mittelpunkt dieser fünf Akte, vermutlich wollte der Verfasser damit nicht nur auf das Lebensfremde, Phantastische seines Werkes hinweisen, sondern auch den Amerikanismus seines Schaffens leise andeuten. [...]
Dieser Anhäufung krasser Unmöglichkeiten und schreiender Verstiegenheiten will der Verfasser wahrscheinlich dadurch Bedeutung gegeben wissen, dass er sie sinnbildlich gemeint habe, der Milliardär soll ihm das Symbol des Kapitalismus, der Sohn das des Sozialismus sein, usw. Aber selbst wenn wir ihm das zugestehen wollten — was wäre damit gewonnen? Was sagen uns diese Sinnbilder denn? Wo ist eine führende Idee, wo ein mitreissendes Gefühl, wo ein menschlicher oder gar sittlicher Ernst, der uns nach Symbolen ausschauen, nach ihrer Deutung aufhorchen liesse? Unverkennbar verhält es sich mit Kaisers Schaffensprozess umgekehrt: ihn überschüttet eine Menge blendender Einfälle aus der Welt des flimmernden Kinoscheins, er verdichtet und verknüpft diese Einfälle zu der äusseren Form eines Dramas und — da er lebendige Menschen nicht schaffen kann, oder doch nicht schaffen will — hat er nun nichts Angelegentlicheres zu tun, als jedem dieser Phantasiebilder eine Bedeutung anzumalen, sie durch rein begriffliche Fäden und Gedankenspiele miteinander zu verbinden. Das besorgt Kaiser mit äusserster Kraftanstrengung. Seine Sprache ist ein Muster der Stenologie, dabei auftrumpfend, spielerisch übersteigert. Er gibt eine Formel statt einer Dichtung, er verblüfft mit Unmöglichkeiten und benutzt die höchsten Probleme der Menschheit zu flüchtigen Jonglierkünsten. Wo wir handelnde Menschen sehen möchten, surren Triebriemen und schwingen Räder, höchstens, dass gespenstische Schatten mit vertrackten Gebärden gepeitscht vorüberjagen. Statt einer lebendigen Gesprächsführung erleben wir knappe Stichworte, im Telegrammstil, vom Verfasser monologisch herausgestossen und nur scheinbar auf die einzelnen Personen verteilt. Wenn ein Drama durch Verkürzungen, durch Formeln, durch eine Häufung von Undenkbarkeiten, Verblüffungen, Roheiten, Überspannungen entstehen könnte, so hätten wir hier sein Musterbeispiel.
Es besteht ein enger Zusammenhang zwischen den Zeiterscheinungen der Detektivromane, der kurzen Zeitungsskizzen, in denen ein Verbrecher oder doch ein Hochstapler die Hauptrolle spielt; hierher gehören: die nahverwandte Bühnenskizze (man kennt sie unter dem englisch-amerikanischen Namen 'sketch'), endlich jene Schauerfilms, die ihre roh hingestrichenen Plakatbilder mit Mord und Raub und Diebstahl in jeder Nebenstrasse zur Schau stellen. Georg Kaiser ist mit Haut und Haaren auf diese Kunstübungen eingeschworen. In seinem kürzlich in Wien aufgeführten Drama *Von morgens bis mitternachts* dreht sich die Handlung oder vielmehr die Rotationsmaschine seines

Filmapparats um einen Kassierer, der 60 000 M. veruntreut hat. Hier ist es schon ein Milliardär, auf den sein eigener Sohn den Revolver richtet und der mit eben diesem Schiessgewehr seinen treuesten Diener hinterrücks erschiesst.

Ist diese schreiende Revolverdramatik wirklich der Höhepunkt unserer deutschen Kultur und Zeitdichtung? Es scheint so [...] Mir scheint, alle diese Schriftsteller arbeiten aus Angst, auf der Flucht, um ein Wortbild Georg Kaisers in diesem Drama zu gebrauchen. [...] Diese Autoren scheinen ähnliche Empfindungen gegenüber dem allmächtigen Kinotheater zu haben, sie sind fortwährend auf der Flucht vor den haschenden Flimmerbildern des Films, die sie des Nachts nicht schlafen und bei Tage nicht träumen lassen, die sie fortwährend hetzen und antreiben, das Schauerlichste noch zu überbieten, in Grimassen, in Bluttaten, in phantastischen Begriffen, in Exzentrikschlagern und dämonischen Klownereien das äusserste zu suchen, um die Sinne des stumpfen 'Publikums' aufzupeitschen. Wohin soll das führen? Ist es nicht höchste Zeit, diesem sinnlosen, herzlosen, wahnsinnigen Spekulieren, das so undeutsch wie nur möglich ist, endlich ein Halt zu gebieten?

Mit dem liebevollen Verständnis des Sachkenners hatte Felix Hollaender dem Spiel Gestalt und Rahmen gegeben. Aber nur Paul Wegeners Kraft, den Homunkulus von Milliardär als wirklichen Menschen aus der Kaiserschen Retorte herausspazieren zu lassen, kam dem Verlangen des Zuschauers nach einem Tropfen warmen Blutes in der kaltherzigen Mache entgegen. Vielleicht war das gar nicht die Absicht des Dichters, vielleicht verwirrte ihm ein Mensch sein Rechenexempel? Sicherlich war Werner Krauss, dem das Gespenstische und unheimlich Phantastische des 'Herrn in Grau' Gelegenheit zu einer seiner mimischen Meisterstücke gab, besser im Gefüge der Maschinerie. Else Eckersberg und Ernst Deutsch als die Kinder des Milliardärs bemühen sich mit Erfolg, das Zipfelchen von Lebensmöglichkeit, das ihren Figuren gelassen war, keinen Augenblick fahren zu lassen. Auch die übrigen Darsteller [...] liefen ohne Reibung als hurtige Räderchen in dem grossen Getriebe, so dass aus dem betroffenen Schweigen der Zuschauer sich am Schluss ein unbestrittener Beifall entwickelte. Die Ähnlichkeit der beiden Doppelgänger freilich liess zu wünschen übrig, wodurch das Unmögliche des Ganzen noch gesteigert wurde. Freilich ist es ja wohl nicht leicht, zu Paul Wegeners ausgeprägtem Rassekopf ein täuschendes Ebenbild zu finden.

60. Hermann Kienzl, n.d., n.s., GKC.

Berlin hat gesprochen. Ob nach Frankfurt die höhere Instanz? Jedenfalls, der Zeit nach, die zweite. Hat es gesprochen? Es hat geschwiegen: in den Kammerspielen, bei der Aufführung von Georg Kaisers fünfaktigem Schauspiel *Die*

Koralle. Ein Geübter unterscheidet auch stumme Kundgebungen. Dieses Schweigen war nicht Ergriffenheit, war Befremdung, Ermüdung. Nach dem Ende klatschten, ohne Eifer, etwa 20 Hände. Zaghaft hob sich zweimal der Vorhang, der rasch vortretende Dichter wurde weder begrüsst, noch angeblasen. Das Stück liess kalt. Es ist unsinnlich und unwirklich in ungewöhnlichem Masse — sehr im Gegensatz zu anderen Dichtungen Kaisers reine Kopfarbeit, ist Phantastik ohne romantischen Duft. Zukunftsmusik ist die dramaturgische Technik Kaisers. Der Realismus gilt für überwunden, die neue Romantik für erschöpft; so versucht man es denn, auf Wedekinds Wegen weiterschreitend, mit einer realistischen Symbolik. Auch vom Gegenstande des Schauspiels lässt sich sagen: aus Altem wurde Neues destilliert. In den modernen Dramen, doch nicht in der Welt ist der Gegensatz von Reich und Arm, Herren und Knechten abgespielt. Trotzdem! Von ihm kommt kein Zeitgenosse los. Was tun, um ein abgetragenes Kleidungsstück neu zu machen? Man wendet den Rock! Man entdeckt die geheimen Leiden, die Sehnsucht, die Tragik des Milliardärs! [...] Aber Georg Kaisers energische Fehlschlüsse haben eine gewisse Macht, und im letzten Wahn hebt sich sein Milliardär zu einem seltsamen Heroismus. Da wurde Paul Wegeners Gestaltung eindrucksvoll. Aber drei Akte lang litt auch seine Plastik unter dem unglücklichen Stilgesetz Felix Hollaenders, des Spielleiters. Der tauchte das Stück in eine graue Tunke und dämpfte die Rede zu einem in seiner Hartnäckigkeit ermüdenden Piano. Wieder einmal gingen allzu gute Absichten in der Absichtlichkeit unter. Der Darstellung hauptsächlich mag der Dichter es zuschreiben, dass *Die Koralle* in Berlin versagte.

61. Julius Knopf, n.d., n.s., GKC.

 Zumeist mit steifem Befremden, kalt und unempfänglich, nur hie und da im Verlauf der beiden letzten Akte mit ansteigendem Interesse wurde Georg Kaisers seltsames Drama angehört, dessen Symbolik unklar und verquollen ist, das aber immerhin interessiert und in seiner gepflegten Sprache Achtung einflösst. Aus dem Wulst der Allegorie tauchen in den Schlussakten dichterisch empfundene Szenen auf, die den Beifall einiger Freunde begreiflich machen.
 [...] Wie das Sinnbild der Koralle zu deuten ist, geht trotz der schönen Worte und poetischen Bildlichkeiten nicht klar hervor. [...]
 Den schweren Charakter des Milliardärs, der ein Gemisch ist von Phantast und Gewaltsmensch, fasste Paul Wegener anfänglich zu erdschwer an. Erst nach der vollbrachten Tat, als Totschläger, kam die phantastische Symbolik zu ihrem Recht. Den eifernden Sohn gab Ernst Deutsch mit düsterem Fanatismus, die belanglose Tochter Else Eckersberg ebenso flüchtig, wie sie gezeichnet ist. Als Sekretär war es Bernhard Goetzke nicht möglich, eine Gesichtsähnlichkeit mit

Wegener herzustellen, sein Spiel aber machte Eindruck. Einen
grotesken Sozialisten, der sich zum Kapitalisten bekehrt,
Der 'Herr in Grau' genannt, spielte Werner Krauss mit
schneidender Schärfe und eindrucksreicher Grillenhaftigkeit.
Felix Hollaender hatte mit glücklichem Feingefühl den
annehmbaren Stil für das wunderliche Werk gefunden.

62. Fritz Engel, n.d., n.s., GKC.

[...] Georg Kaiser gibt uns den wunderlichsten aller
der Milliardäre, die heute von der Bühne her auf das
Publikum nicht weniger grossartig wirken als ehedem der
Prinz aus dem Märchen. Sein Held ist durch Dichters Gunst
seelisch und geistig so vertieft und das Empfindungsleben
dieses Mannes so reich, dass uns Zweifel kommen werden, ob
er auch der Mann der eisigen Energie gewesen sein kann, die
ihn zum Milliardär und zum tyrannischen Herrn vieler
Tausender von Arbeitern gemacht hat. [...]
   Die Koralle ist in hohem Masse vergeistigtes Theater.
[...]
   Das Schauspiel ist in der Schwebe zwischen Realität und
Illusion. Das ist sein Reiz, macht aber die Aufführung nicht
leicht. Vielleicht wäre das Phantastische gestern noch
stärker herauszuarbeiten gewesen; ich kann mir denken, dass
man das Ganze wie ein Schattenspiel gibt. So blieb in erster
Linie das sehr berechtigte Bestreben wahrnehmbar, die Sache
im Geistigen zu halten und nicht zum Spektakelstück werden
zu lassen. [...] Werner Krauss gibt [...] den Mann mit den
idealen Weltbeglückungsplänen, der dann in den Weg zum
'Erfolge' umschwenkt. Hier war jene Phantastik; eine kühle
Zeichnung in E. Th. A. Hoffmann-Art. Else Eckersberg ist die
Tochter. Sie ist sehr nett, solange sie spielerisch sein
konnte, später versagt sie. Der Sohn ist Ernst Deutsch. Er
hat wieder einmal die Jugend zu spielen, die sich gegen das
Vätertum auflehnt. Asketisch blass, mit hochrotem
Fanatismus, bezwingt er uns sehr. Aber wenn dem klugen Georg
Kaiser bei dem Thema 'Väter und Söhne' ein paar Banalitäten
mit unterlaufen, sollten sie vom Darsteller durch
gesteigertes Pathos nicht noch betont werden. In den
Nebenrollen fiel als Geistlicher Herr Konrad Veidt auf. Er
fiel auf, weil glatte Nachahmung hier einen Gipfel
erreichte. Man glaubte, Moissi aus dem Grammophon zu hören.

63. Willi Handl, n.d., n.s., GKC.

   Die Arbeit eines sehr Modernen, eines witzreichen
Kopfes und vielgewandten Könners erschien gestern und
erkämpfte sich Erfolg. In einer sonderbaren Spannung, die
mehrmals zwischen williger Aufmerksamkeit und nervöser
Abwehr wechselte, nahm das Haus die ungewohnte Art des

Werkes hin und entschloss sich am Ende, trotz mancher Lust
zu Widerspruch, ihm herzlich zuzustimmen.
[...] Wäre diese Handlung nicht symbolisch, sie wäre
unsinnig; und wären die Symbole nicht schreiend deutlich,
sie wären unverständlich. Notwendige Folge: die harte
Anstrengung, in jeden Einfall Sinn zu stopfen, und die
gedankliche Linie straff zu erhalten. Diese Anstrengung, die
sich in den künstlich hochgereckten Ideen, in der
interessanten Nichtigkeit der Figuren, in der ernsthaften
Gaukelei der Vorgänge ebenso ausdrückt, wie in der
gespannten, kräftig klingenden Sprache, ist der wesentliche
Reiz des Werkes. Es hat, aus berechnender Absicht,
akrobatische Gebärden und die flimmrig-flächige Tiefe des
Films: Einbruch von Varieté und Kino, nicht nur in die
Technik, sondern in die ganze Gedankenwelt des Dramas. Die
Grenzen gelten nicht mehr. Was bisher gefühllose Schau war,
sucht und versucht jetzt Erschütterung. Helfe, was helfen
mag! Die Zeit hat ihr Herz verloren, und die starke Bewegung
mit der sie nach ihm (ins Leere?) greift; das ist das letzte
und eigentliche Motiv in jedem dieser modernsten Dramen. Sie
alle zusammen erst enthalten — in dem tieferen Sinne, der
ihnen nicht völlig bewusst zu sein scheint — das wahre
innere Trauerspiel dieser Gegenwart; seine grosse Melodie
erhebt sich, der späteren Erkenntnis wohl deutlicher
vernehmbar, erst aus der Gesamtheit ihrer Seufzer und
Schreie, ihres Lachens und Lallens....
Hier aber ist vorläufig nur ein überkluges Lächeln und
ein scharfsinniges Grimassieren. Seinen rechten Ausdruck für
die lebendigen und die anderen Kräfte der Bühne zu finden
mag nicht leicht sein. Die Inszenierung Felix Hollaenders
gibt einen sehr passenden, in allerlei starken Linien
übersichtlichen Rahmen [...] und lässt nun die Schauspieler
darin wirken. Den Milliardär gibt Wegener. Er füllt den
leeren Begriff, den der Verfasser so kühn dramatisiert hat,
mit den Säften seiner heftigen Persönlichkeit und gestaltet
so einen Menschen, dessen Wirklichkeit den Begriff deckt und
überdeckt. Ob das dem Sinn des Stückes gut tut, ist freilich
noch die Frage. Der Kunst des Theaters ist es jedenfalls zum
Vorteil; denn die will unbedingt lebendiges Blut, und davon
pulst und bebt auch diese grosse Schöpfung Wegeners. Ernst
Deutsch ist der Sohn: sehnsüchtig, schwärmerisch, versonnen,
aber im ganzen doch nicht kräftig genug. Sehr fein und in
einer liebenswürdigen Art durchgeistigt Else Eckersberg als
Tochter. Die seltsamste und unwirklichste der phantastischen
Nebenrollen bewältigt Werner Krauss mit seiner erstaunlich
reichen Gabe für alles Unheimliche und Groteske. Er schafft
ein lärmendes Gespenst, das wie aus dem Witzblatt gerissen
aussieht. Er und Wegener waren es hauptsächlich, die die
Stimmung im Saal meisterten und die Hörerschaft zum Beifall
zwangen.

1918, Volksbühne, Vienna. Fritz Kortner (Milliardär).

64. Alfred Polgar, *Die Schaubühne*, 14 (1918), 312-13.

[...] Deshalb schiesst er [der Milliardär] den glatten, guten Sekretär [...] tot und hängt sich selbst die Koralle an die Uhrkette. In des Wortes Sinn: er nimmt ihm das Leben. Wieso er dieses genommene Leben sich selbst einverleibt (oder besser: seinem eigenen Leib einverseelt), ist allerdings unklar. Nur in einem ganz äusserlichen Sinn kann er doch von nun ab ein 'Andrer' sein. Zu innerst bleibt er doch, der er war. Aber das sind schliesslich impressionistische Detailfragen. Genug an dem, der Milliardär nahm gewissermassen sich das Leben, indem er dem Sekretär das Leben nahm. Es ist verwickelt, freilich, aber das Dasein ist ja überhaupt kompliziert; und die Literatur hat nicht die Aufgabe, ihm platte Einfachheit anzufälschen. [...] Dem Geistlichen, der ihm vor seiner Hinrichtung mit dem Kruzifix kommt, kommt er mit der Koralle. 'Ausgetriebene sind wir alle – [...]. Losgebrochene Stücke vom Korallenbaum...' Ganz stichhaltig ist der Vergleich nicht. Das Leben der Koralle ist so gut ein Leben wie das des Säugetiers. Und was als Schmuckstück an Uhrketten hängt, ist ein Stück verarbeitetes totes Kalkskelett. Es ist droben, auf der Erde, das, was, drunten im Wasser, etwa eine Zigarrenspitze aus Menschenknochen wäre. Aber immerhin: das Heimweh des Milliardärs nach dem friedevollen Dunkel, wo wir waren, bevor wir waren, hat seinen Stimmungs- und Aktschluss-Wert. Und gegen die Erkenntnis: Nicht geboren werden ist das Beste ... lässt sich logisch wie gefühlsmässig wenig einwenden.
Die Koralle ist, heisst es, ein expressionistisches Drama. Aber hierzu ist sie nicht langweilig, zäh und humorlos genug. Im Gegenteil. Sie ist ein streckenweis kräftiges und unterhaltsames Theaterstück. Ein Sketch mit spirituellem Hautausschlag, der manchmal bedeutsam konfluiert. Die Figuren: Groteskspieler mit geistig verdickten Gelenken. Geballt ist die Komödie wie ein Kaktus: stachlig, voll launiger Absonderlichkeiten, wunderlich zerschlitzt, gequetscht, verkürzt und hie und da eine kleine mystische Blüte tragend. (Was für einen herrlichen Schwank könnte dieser Dichter schreiben, wenn er den Mut seiner Kritiker hätte und sich komisch nähme!) Unangenehm, in der *Koralle* wie in andern Stücken von Kaiser, ist das kalte, spielerische Herumfingern an Problemen (wie hier das soziale), die dem Autor merkbar Wurscht sind, für die er höchstens eine Art Material-Liebe aufbringt. Er hat da, diese Gleichgültigkeit und artistische Kälte zu verdecken, ein Pathos, das wie ein starkes Kokottenparfüm in die Nase kratzt.
Die wiener Volksbühne tat so, als ob sie sich in dem symbolisch quadrillierten Durcheinander des Schauspiels vortrefflich auskenne. Herr Kortner gab dem Milliardär einen tüchtigen Posten komprimierter Leidenschaft. Ihre gelegentlichen Ausbrüche gerieten wirksam, am schönsten das

sanfte Verströmen der Spannungen in den Schlussszenen. Vortrefflich Herr Marlitz als Herr in Grau. Da war, was eigentlich alle Spieler hätten haben müssen: Charakterfarbe des Unwirklichen. [...]
Das Publikum liess sich von der *Koralle* nicht einschüchtern. Es nahm die sonderbare dramatische Erscheinung — Astralleib mit Möbelpackermuskulatur — gemütlich auf.

Neues Schauspielhaus, Königsberg i. Pr. Dir.: Georg Kaiser; Hans Raabe (Milliardär); Franz Weber (Sekretär).

65. anon., n.d., n.s., GKC.

Im Königsberger Neuen Schauspielhaus stellte sich kürzlich Georg Kaiser als sein eigener Regisseur vor. Er hatte seine tragische Groteske *Die Koralle* selbst inszeniert und das Neue Schauspielhaus war ihm mit expressionistischen Dekorationen, die, dem gedrungenen Stil des Dialogs entsprechend, die Raumplastik nur stilisierend andeuteten, aufs wirksamste zu Hilfe gekommen. In der Darstellung konnte die für den Effekt notwendige Stileinheit unberufener Nebenregie der Grippe, die in zwölfter Stunde mehrere Rollen umbesetzt hatte, nicht ganz erzielt werden. Die meisten Darsteller dieses phantastisch-grotesken Spiels wirkten zu wesenhaft, zu wirklichkeitsnah. [...] Der Beifall war anfangs konventionell, später ehrlicher und rief wiederholt den Dichter-Regisseur an die Rampe. [...]

Gas I

28.11.1918, Uraufführung, Neues Theater, Frankfurt/M. Dir.: Arthur Hellmer; sets: Robert Reppach; Franz Ebert (Milliardärsohn); Otto Wallburg (Offizier); Hermann Kner (Schreiber); F. W. Schröder (Ingenieur); Klara Wassermann (Tochter).

66. Bernhard Diebold, Das literarische Echo, 21, No. 8 (15.1.1919), 480-81.

    Sollte es möglich sein, dass uns einer kalten Gemütes die ergreifendste Geschichte erzählte? dass er selber einen Stein im Busen trüge und doch unser Herz wie Wachs zerschmölze? Dies fragt man bei Georg Kaiser immer wieder. Man wird von ihm gewiss nicht in lodernde Feuer gerissen, es bleibt immer eine letzte Distanz. Aber der Spürsinn für die uns bedrängenden Probleme, die unerhörte Eindringlichkeit der dialektischen Formulierung, die blendende Antithetik gesprochenen Geistes, die Spannung im Nacheinander drängender Situationen, dann jene im deutschen Drama nie dagewesene Verwertung optischer Allegorik (mit Herren in schwarz, in weiss, dann mit ovalen oder eckigen Räumen), und endlich die fast theoretisch zu nennende Konzentration des dichterischen Hauptgedankens in ein symbolisches Zeichen ('Gas' oder 'Koralle'), das an sinnlicher Prägnanz die ibsensche Beziehungswelt etwa einer *Wildente* weit hinter sich lässt — dies alles hält in Bann, interessiert schon rein stofflich, fesselt schon rein szenisch und ergreift auch schliesslich unter dem Stimmungszauber einer subtilen Sprachkunst. Man wittert unablässig, dass der Techniker uns mit höchster Artistik, mit fein berechnenden Planen einkreist und zu fangen sucht, und doch wird unser Misstrauen stets uns selbst wieder zum Vorwurf, wenn wir doch da und dort unzweifelhaft einen Dichter spüren. Dies gilt von fast allen der bedeutenderen Dramen Kaisers, die bisher auf der Bühne erschienen; es gilt auch von *Gas*. Die unbefriedigende Lösung des Problems seiner *Koralle* wollte hier Kaiser voraussichtlich wieder gutmachen. Dort entzog sich der Milliardär der sozialen Frage des Massenelends durch die Flucht in einen romantisch-einsiedlerischen Quietismus. Hier erbaut der Milliardärsohn als tüchtiger Aktivist den neuen Industriestaat, in dem jeder Arbeiter am Gewinn beteiligt ist. [...] Der Milliardärsohn aber predigt Änderung der Gesinnung und sucht das Volk in die Gefilde idyllisch-bäuerlicher Siedlungen zu locken. Aber es ist mit seinem Jahrhundert noch nicht reif für den ewigen Frieden. Der Ingenieur mit der ludendorffschen Prägung führt die heroischen Tat- und Machtinstinkte zum Siege, während dem

Philanthropen nichts weiter übrig bleibt als die Hoffnung
auf — seinen Enkel, in welchem ihm die Tochter den neuen
Menschen gebären will. Das ist als Ausgang beinahe so
schwach und matt und ewig aussichtslos wie die *Koralle*. Alle
Stimmungskunst täuscht nicht darüber hinweg, dass die
persönliche Gesinnungskraft des Dichters, dass sein
geistpolitischer Wille als innerstes Interesse für die
Menschheit nicht ausreichte: entweder eine wahrhaft
erschütternde Tragik des Milliardärsohnes zu gestalten, oder
die mögliche Aussicht auf ein neues Geschlecht in einem
greifbar lebendigen Jugendtypus vor uns hinzustellen. Aber
zu beidem fehlt ihm hier die Vitalität, die aus den Typen
ergreifend wahre Individuen, wirkliche und nicht bloss
'erdichtete' Menschen schüfe. Hier steckt der elementare
Phantasie-Versager Kaisers überhaupt. Fast scheint es, als
dürfe er unserer dramatischen Zeitgenossenschaft weniger als
poetisches Licht voranleuchten denn als das zu bewundernde
Vorbild präziser Komponistenkunst und einer so fein
gearbeiteten Theatralik, dass aus ihr die szenenschwachen
Expressionen leichtsinniger Bühnenautoren zu ihrem Heil Saft
und Kraft gewinnen könnten. Und das ist nicht wenig!

67. Bernhard Diebold, *Frankfurter Zeitung*, 29.11.1918, in
Rühle, pp. 125-27.

   Zum zweiten Male spielt Georg Kaisers Kunst, mit dem
Problem der notleidenden Massen. In seiner *Koralle* stellte
er die soziale Frage. In *Gas* versucht er die soziale
Antwort. Damals stockte mitten im Drama sein dramatischer
Wille zur Erlösung einer geknechteten Menschheit: der
berufene Löser, der Milliardär, entfloh dem Chaos der Qualen
in das Asyl romantischer Seeleneinsiedelei, die im Symbol
der Koralle lockte. Man erwartete Opfertat, und es gab nur
Philosophie. Man erhoffte Karl Marx, aber es wurde
Schopenhauer. Man trieb drei Akte im Drama und versank zum
Schluss im Lyrismus einer subtilen Poesie aus Weisheit und
Klang. Die sozialen Frager im Publikum wurden betäubt mit
dem Haschisch einlullender Wortmusik — Vogel-Strauss-Poesie.
   Erwachte Georg Kaisers Gewissen? Wurde er des falschen
Zaubers sich bewusst? Erinnerte er sich nun der grossen
offenen Frage? Jedenfalls: *Gas* wurde der *Koralle* zweiter
Teil. [...]
   Wer ist hier tragischer Held? Der Milliardärsohn
erleidet zwar die katastrophale Enttäuschung, aber tragisch
ist eigentlich nur das Volk der Arbeitenden. Wie alle
Kaiserschen Figuren ist er mehr Typus als Individuum, mehr
Ideenprediger als heldischer Täter, mehr weiser Beschauer
und Künder der Dinge als ihr leidenschaftlicher Verfechter.
So ist auch der Ingenieur, sein Gegensprecher, mehr
Allegorie und Gespenst des Materialismus als ein lebender
Materialist. Doch zwischen den beiden Gegnern — zwischen den
Polen der Koralle und des Gases —, fluktuiert, zittert und

schreit das Volk durch Mutter, Frau, Sohn und Kind in Reden voller Kunst und Künstlichkeit – und doch ergreifend. Es ist ein Zauber um die Wortkraft dieses Georg Kaiser. Man wittert den technischen Verstand des Konstrukteurs, man sieht die theatralische Geschicklichkeit im Fügen der Akte und Szenen, die diesmal wieder blendende Symmetrie ergab; man durchschaut die Schematik all der Schachfiguren im strategischen Spiel der dramatischen Konflikte. Und doch erweckt sein Pathos unsere Leidenschaft, sein Wortklang stimmungshaftes Gefühl, seine Geistigkeit Sehnsucht der Herzen. Und so ergreift auch dieses unrealistische, dieses redende Volk: das tragisch wird in seiner Unreife, in seiner Ablehnung des inneren Friedens; und das dem 'weissen Entsetzen' zum Trotz mit eigener Hand die Knechtschaftsgeissel gegen sich selber wieder schwingt.

'Aber die tiefste Wahrheit – die findet immer nur ein einzelner. Dann ist sie so ungeheuer, dass sie ohnmächtig zu jeder Wirkung ist.' Dies Motto des Buches [...], das der *Koralle* entnommen ist, entwertet von vornherein den sozialen Optimismus in *Gas*. Denn mit der Zukunftshoffnung auf ein neues Zeitalter allein ist es im 'sozialen' Drama nicht getan. Es fehlen ideelle Garantien. Kaiser bleibt uns der *Koralle* dritten Teil schuldig: wir wollen den neuen Menschen erleben – *sehen*. Eine lebendige Hoffnung wie Shakespeares Fortinbras, wie den jüngsten Sohn in Unruhs *Geschlecht*; einen Bannerträger neuer Gesinnungen, Eroberer neuer Welten. Ein Held aber mit einer vitalen Schöpferkraft, die zwischen den Industriekasernen der Arbeitshetze und dem Schlaraffenland seelischer Quietisten das dritte Reich der Harmonie von Tat und Werk und Geist errichtete – ein solcher Genius erwächst nicht in Kaisers sozialem Versuchs-Laboratorium. Die Symbolik – der 'weisse Herr', die 'Herren in Schwarz', 'quadratische' oder 'ovale Räume' – hebt das gegenwärtige Problem des Dramas aus der heissen Unmittelbarkeit in eine weise Ewigkeit, wo namenlose Spieler die Typik ihrer Unpersönlichkeit mit kalter Poesie umhüllen. Aber auch kalte Poesie kann Kunst sein.

Die Aufführung unter Direktor Hellmers Leitung bemühte sich mit Sorgfalt und Geschick um die symbolische Gespenstigkeit der Kaiserschen Theaterkunst, glücklich unterstützt durch die mit primitiven Mitteln wirkenden Szenenbilder des Malers Reppach. Ausserordentliche schauspielerische Leistungen sind nicht zu buchen. Der Stimmungswert beruhte durchaus auf gutem Zusammenspiel und wohlerwogener Besetzung, namentlich der kleineren Rollen [...]. Dem Milliardärsohn des Herrn Franz Ebert, der vom Nassauischen Landestheater in Wiesbaden als Gast erschien, mangelte die Intensität eines Märtyrers; er verharrte in matter Philantropie und wurde leicht überwunden von der überzeugenden Energie Herrn Schröders als Ingenieur. [...]

Reiseschwierigkeiten hinderten den Dichter am Erscheinen, wie von der Rampe aus mitgeteilt wurde. Der starke Beifall hätte ihn zweifellos immer wieder gerufen. Denn alle witterten die ungeheure Zeitgemässheit der

Probleme. [...]

68. Richard Dohse, *Die schöne Literatur*, 19, No. 26 (21.12.1918), 269-70.

[...] Dieser Gedanke eines sozusagen idealen Sozialismus aber scheitert am Volk selbst, das noch nicht reif ist für ihn [den Milliardärsohn] und im Grunde nach wie vor selber kapitalistisch gesonnen, d.h. auf Beruf und Gewinn als Zweck, nicht nur als Mittel zu Seelenadel und Menschentum bedacht ist. [...] Wieder also steht hier die Tragik des Opfers im Mittelpunkt, wie wir sie ausser in der *Koralle* auch in den *Bürgern von Calais* finden. Ein Einsamer zerschellt an seinem sozialen Menschenwerk, zu dem die Menschheit noch nicht reif ist. Mensch zu sein, bedeutet ihm alles und ist zugleich auch das Evangelium seiner jüngsten Dichtung. Nicht Wohlstand, nicht Beruf und grösstmögliche Leistung ist ihm das Höchste. Gewiss ein hoher ethischer Grundgedanke, zugleich freilich auch, wie mir scheinen will, eine Utopie, die dem Werk die reale Grundlage nimmt und es mehr zu einer Predigt, denn zu einem Drama mit greifbaren Wahrheiten stempelt. Man möchte so gern an der dichterischen Berufung Georg Kaisers seinen Glauben behalten, und es findet sich auch hier vieles, was diesen Glauben bestärkt und festigt, aber dann wieder macht sich doch durch allerhand Äusserliches, Konstruiertes und gesucht Erscheinendes eine gewisse Manieriertheit bemerkbar. Mit der Aufführung unter der Leitung Direktor Hellmers konnte man in jeder Beziehung zufrieden sein. Das Publikum folgte sichtlich interessiert den zeitgemässen Vorgängen und Gedanken und spendete lebhaften Beifall.

69. M. G., *Kleine Presse* (Frankfurt/M.), 29.11.1918.

In den Rhythmus dieser Dichtung klingt viel von dem hinein, was uns jetzt bewegt, obwohl sie weit über die sozialistischen Ideen hinauszielt, die uns erfüllen und die sich zum revolutionären Sieg durchrangen. Der tragische Held ist Träger einer sozialen Menschheitsidee. Der Schlachtruf lautet: Hie Technik – hie Siedlung. Er dröhnt und schreit durch die starke Dichtung – aber er klingt am wirklichen Leben vorbei. Die Bühne bleibt eine Wahlstatt, auf der Ideen kämpfen und fallen und ein Volkshaufe dem folgt, der am lautesten schreit und den grössten Gewinn verheisst. Der Verkünder des sozialen Gedankens wird niedergebrüllt, obwohl alle Redner aus der Volksmenge auf ihre Weise, ohne es zu wissen, ihrer und ihrer Volksgenossen Sehnsucht nach Verwirklichung dieses Gedankens offenbaren. Kaiser ist hier von einer beissenden Ironie. Er konnte die aristokratische Weltanschauung kaum schneidender und demonstrativer zur

Auswirkung bringen, als durch die Gegenüberstellung des triebhaft und dumpf fühlenden Volkshaufens und des Verfechters einer grossen Menschheitsidee.

Warum aber wollte diese Idee auch beim Zuhörer nicht so recht zünden? An Pathetik fehlt es Kaiser gewiss nicht, auch nicht an dramatischem Impuls. Es lag wohl daran, dass die Siedlungsidee zu schwach bedacht worden ist, dass sie nicht klar genug in die Erscheinung trat, dass sie mehr als vage, poetische Idee und nicht als sozialistischer Gedanke demonstriert wurde, dass keine Verbindungen von ihr zum werktätigen Leben laufen: Der sozialistische Gedanke ist: Arbeit und Siedlung, nicht Siedlung allein.

Aber daraus kann man Kaiser keinen Vorwurf machen, dass er nicht darauf ausging, praktisch wirken und lehren zu wollen. Das hat er mit sich auszumachen, der bleibende Vorwurf ist der, dass der Träger seiner Idee nicht stark genug ist, dass ihm das Menschenglück, das er bereiten will, nicht glühendere Ströme des Mitgefühls verleiht, die unmittelbar wärmen und zünden. Gedankliche Kälte verhindert das. Mangelt es an dieser Wärme aber nicht doch aus dem Grunde, weil die Verbindung mit dem Leben fehlt, weil der Gedanke zu sehr in den kühlen Regionen der Ideenwelt bleibt? Jetzt, in der Zeit der Revolution, sind wir alle auf der Suche nach Menschen mit Ideen, die praktische Wege weisen. Das Thema: Arbeit und Siedelung ist brennend aktuell und wenn wir Kaiser darum nicht so recht auf den Kampfplatz seiner konstruktiven Gedankenwelt folgen können, so sind wir doch eins mit ihm in der Hoffnung, die die Schlussworte der Tochter verkündet: 'Ich will den neuen Menschen gebären!' Überhaupt: Kritik ist ja zunächst etwas Negatives, und sie muss das Negative in den Vordergrund stellen, wenn es ihr bedeutsam erscheint – aber sie wird darum nicht die Grösse und Stärke der künstlerischen Leistung verkennen. Man konnte hin und wieder (zumal bei den letzten drei Einaktern [*Claudius*, *Friedrich und Anna*, *Juana*]) an Kaisers Berufung irre werden – diese Dichtung lässt von neuem erkennen, was wir an diesem produktiven Poeten haben und wie viel wir an ihm haben.

[...] An den neuen Bühnenbildern, von denen die Halle besonders einprägsam war, merkte man die kundige und künstlerische Hand Robert Reppachs.

70. dt., *Frankfurter Nachrichten*, 29.11.1918.

Als Fortsetzung der *Koralle* wurde *Gas* eine Enttäuschung. Kaiser ist nicht das Genie, das reiche Produktion in unverminderter oder gesteigerter Kraft durchhalten konnte. Schon erwartet Misstrauen jede seiner neuen Arbeiten. Schon ist der anfänglich starke Reiz verblasst, seine Symbolik zu durchwühlen. Die starke Theatralik seiner Werke wird anerkannt, aber als Bluff empfunden. Es ist nicht des Dichters Aufgabe, einfache

Formeln in einem Chaos von Bildern und Gesprächen zu erklären, sondern umgekehrt das Chaos des Lebens auf einfache Formeln zu bringen. Wir wollen (auch gezwungen durch Mangel an Raum) darauf verzichten, dem gestrigen Wust von Worten einen weiteren Taumel von Worten hinzuzufügen, der des weiteren begründen soll, warum wir dieses Werk ablehnen. Das Evangelium: Mensch zu sein, erschütterte in dieser Form nicht; ein Evangelium ist einfach zwingend und trifft ins Herz. Hier aber ist grober [sic] Kino. Man nehme den Situationen des ersten Aktes das Wort, und sie bleiben gleich spannend wie ein Film.
   [...] Es ist unverkennbar: ethische Gedanken, besonders soziale, werden formuliert. Aber: auf dem Weg von den *Bürgern von Calais* über *Von morgens bis mitternachts* und *Koralle* wurde bei Kaiser der ethische Gedanke Mache, Konstruktion, Berechnung. Er klingt nun hohl und lässt kalt. Seelenlose, intellektuelle Werke. Was in den *Bürgern von Calais* (sein Stärkstes und Bestes!) rein klang, schreit nun auf Jahrmärkten.
   Der reiche Beifall galt nur der ausgezeichneten Darstellung unter Direktor Hellmer. Das tapfere Neue Theater kämpfte für seinen Georg Kaiser einen guten, aber aussichtslosen Kampf. Die Bühne, von Robert Reppach bemerkenswert mit schönen Bildern bis aufs Letzte ausgenützt, gab einen wundervollen Rahmen. Die Hallenszene war von tiefster äusserlicher Wirkung. Franz Ebert [...] gab sich in der Rolle des Milliardärs redliche Mühe, eine gewisse innerliche Eintönigkeit liess das Letzte vermissen. [...]

28.11.1918, joint Uraufführung, Schauspielhaus, Düsseldorf. Dir.: Gustav Lindemann; sets: Knut Ström; Peter Esser (Milliardärsohn); Erik Baldermann (Ingenieur); Louise Dumont (Mutter).

71. Mai, *Düsseldorfer Generalanzeiger*, 29.11.1918.

[...] Man kann nicht gerade sagen, dass das Schauspiel, so stilisiert, so überstilisiert es auf die Extraktion des Wesentlichen ist, klare, konzentrisch aufs Ziel führende Konturen besässe. Es fusst auf recht komplizierten Voraussetzungen und strebt ziemlich zerklüftet empor und wirkt denn auch trotz heftigster Entladungen nicht eigentlich dramatisch. Als echter Georg Kaiser wieder reine Hirnarbeit, allerdings getragen von blühendster Sprachkultur, vermag es nicht einmal richtig warm zu machen.
   Wenn das Stück gestern abend gleichwohl Erfolg hatte, so dankt es das in erheblichem Masse der Aufführung, die unter der gemeinschaftlichen Leitung von Gustav Lindemann und Knut Ström das Unwirkliche der Handlung in fabelhaft starken visionären Bildern einfing. Die Mittel waren dabei,

was zunächst den szenischen Rahmen angeht, verschieden.
Realistisch geschaut war das flammen- und russerfüllte
Fabrikinferno im ersten Akt, ebenso die Betonhalle im
vierten Akt, wo die Menschen, die Ansprachen hielten, auf
Gitterträger kletterten. Imposant, ein technisches
Meisterstück, vollzog sich die grosse Explosionskatastrophe.
Höchst originell wurde andererseits der Eindruck der vierten
Dimension im dritten und im letzten Akte mit Hilfe einer Art
spanischer Wände erzielt. Übrigens entwickelte sich die
Arbeiterversammlung nach dem gleichen Prinzip, das schon in
den Massenszenen des Traumspiels von Strindberg angewandt
worden ist, nämlich unter musikalischer Abstimmung des
Tones, wodurch die Wucht erhöht wurde, ohne dass die
Natürlichkeit gestört worden wäre. Die darstellerische
Hauptlast lag auf den Schultern Peter Essers, der den
Milliardärsohn gab. Es gilt hier, keine Gestalt von Fleisch
und Blut zu schaffen, die Idee ist alles, und sie kam durch
den Künstler eindringlich zur Geltung. Erik Baldermann
konnte als Ingenieur in der Versammlung seinen Sieg nicht
völlig glaubhaft erringen. Der weisse Herr zu Beginn [...]
erhielt von Walter Kosel gespenstische Züge. [...]
  Der schliessliche Beifall war stark genug, dass
Direktor Lindemann für den abwesenden Dichter Dank sagen
konnte.

72. Dr. Heinz Stolz, *Rheinisch-Westfälische Zeitung*,
2.12.1918.

   Auf die Gefahr, ein drittes Mal rückständig und
unverständig gescholten zu werden, versagen wir Georg Kaiser
und Gustav Lindemann, der ihm so treu das Banner trägt, zum
dritten Mal die Gefolgschaft. Wir können an diesen klugen
Mann nicht glauben. Wir meinen immer noch, nur das
Schlichte, das Natürliche sei gross und nahe. Bei Georg
Kaiser ist nichts natürlich. Man achte nur auf die erste
Äusserlichkeit: die Sprache. Bis zum geringsten
Fabrikarbeiter hat jeder Mensch in diesem Stück eine
förmliche Angst, alltäglich zu reden. Jeder spricht ein
Zeitschriftendeutsch, das dem Herausgeber der *Neuen
Rundschau* oder der *Weissen Blätter* vielleicht sehr
wohlgefällig, dem Durchschnittsmenschen aber peinlich ist.
Schillers Pathos ist dem Leben näher als der geistreichelnde
Telegrammstil Georg Kaisers. An sich ist das Problem des
Stücks, der Zusammenstoss der Technik mit der Seele, die
Zermürbung des Menschen von der Maschine, gewiss sehr
zeitgemäss. Georg Kaiser hat es nicht als erster aufgespürt:
sein Vorgänger auf den Schauspielhausbrettern, Hans W.
Fischer, hat es ja noch vor kurzem im *Motor* vor demselben
Publikum erörtert. Zieht man zwischen beiden den Vergleich,
so hält Georg Kaiser auch hier nicht stand. Wohl hat er
allenfalls den schnellem [sic] Rhythmus, aber hinter dem
Rhythmus ahnt man die Peitsche. Dagegen hat Kaiser auch

nicht die leiseste Kraft der Menschengestaltung. Das sind keine Menschen: das sind Personen in einem Dialog, die man am besten mit A, B und C bezeichnet, Figuren ohne ein Gesicht. Wie Landauer in Erinnerung an dieses Stück, an diese sprechenden Puppen Kaiser als Plastiker zu rühmen vermag, bleibt das Geheimnis seines Entzückens. Oder sieht er in der Handlung, die ein Stilgewirr von Kinoszene, expressionistischer Gebärde und zugespitzter Dialektik ist, irgendwie eine plastische Form. Der Milliardärsohn und der Ingenieur sind beide Schemen, die eine gegensätzliche Lebensauffassung verkünden: Seelenadel kontra Arbeitstum, Mensch kontra Maschine. Es siegt der Ingenieur, es siegt die Maschine über den Mensch. Doch am Horizont taucht die Hoffnung auf den neuen Menschen auf. In der Idee gewiss sehr schön! Aber wie ist das alles konstruiert! Fühlt Kaiser nicht, wie ihn selbst die Maschine ergreift? Wird es nicht offenbar, dass sein kaltes, kühles, kluges Stück nur eine Theatermaschine ohne Seele ist?

Aus der Not Georg Kaisers macht Lindemann eine Tugend. Er verzichtet von vornherein auf die Menschengestaltung. Seinen Schauspielern setzt er statt dessen das Ziel, die Dialektik des Stücks so scharf, so schneidend wie möglich zu machen. Ähnlich wie Reinhardt in den Vorstellungen des 'jungen Deutschland' passt er die Schauspielkunst dem expressionistischen Stil, der auf alle Stimmungsmomente verzichtet und Gesichte statt Gesichter gibt, recht glücklich an. Besonders Esser löst diese Aufgabe glänzend. Er deutet den Menschen nur an, entkleidet ihn aller Attribute der Umwelt und spricht die Weltanschauung des neuen Erlösers mit meisterhafter Verteilung der Haupt- und Nebenazene [sic]. Auch Walter Kosel (als weisser Herr), Carl Ernst (als Schreiber) und Willi Buschhoff (als Regierungsvertreter) beherrschen den Darstellungsstil. Schwerer wird es den Damen, die sich aus dem Bezirk der Gefühle in den des Intellekts gedrängt sehen, Boden zu fassen. Frau Dumont spricht die Worte der Mutter eindringlich genug, aber Fräulein Gebühr, die als Frau aus dem Volke zum Volke sprechen soll, ist in Wahrheit eine vornehme Dame, die sich mühsam verstellt. Mit besonderem Fleiss sind die Volksszenen gestaltet. Sie sind und bleiben der Stolz der Regisseure: aber ist nicht der Aufruhr aller Regisseure von Meiningen bis Düsseldorf nur ein Kinderspiel gegen den Aufruhr [sic] der Zeit? Im Publikum war die Bewunderung trotzdem recht gross. Man spendete reichlichen Beifall.

73. Joseph Stritzko, *Freie Presse*, 29.11.1918.

[...] Nur seine Tochter kehrt als Witwe, vom Leben bitterlich enttäuscht, zu ihm zurück und endet das Stück mit der Antwort auf seine Verzweiflung an der Menschheit, an der Möglichkeit, einen Menschen zu finden, der selbst Mensch

sein will, die da lautet, einfach, herrlich, gross: 'Ich
werde ihn dir gebären!' Das Stück, von dem Gustav Landauer
zutreffend sagt: 'Der Zusammenstoss der Technik mit der
Seele und dem Gewissen, der ewige Streit zwischen äusserer
Macht und innerer Schönheit wird uns dramatisch vorgeführt,
und es stehen auf der Seite der äusseren Macht unter den
Gebildeten die Vielen und unter den Menschen die Wenigen,
die Privilegierten; und auf der Seite des Seelenadels der
einzelne gegenüber der Masse, und doch dieser einzelne
gerade als Vorkämpfer wie als Opfer der unterdrückten, der
auch innerlich gedrückten und gesunkenen Menschheit' – wird
selbstverständlich durch verschiedene Episoden erläutert,
deren Einwirkung auf den Gang der Handlung um so
einschneidender ist, als sie ebenso viele Beweise sind für
die Unerschrockenheit, die Ungerechtigkeit, die
Unmenschlichkeit des noch immer gang und gäbe sozialen
Systems. Da ist z. B. der 'Offizier', dessen Hochzeit mit
der Tochter des 'Milliardärs' gerade am Tage der
Werksexplosion stattfindet. Ihm hat der Vater das
mütterliche reiche Erbteil seiner Tochter ausgefolgt; der
Schwiegersohn hat es verspielt, hat drüber hinaus noch
Spielschulden kontrahiert, die ihn zum Ausziehen des bunten
Rockes oder zum Selbstmord treiben; diesen lezteren begeht
er – ein Anhänger des alten Systems von der eingebildeten
Offiziersehre. Ein anderes Exempel des verrotteten Systems
liefert der 'Ingenieur', dem die Arbeiter als den
Verschulder der Katastrophe vom Welt entfernen wollen, der
aber das Vertrauen der Masse wieder gewinnt, weil er gegen
den Werksbesitzer wütet, der Menschen aus seinen Arbeitern
machen will, und diese wieder zur Arbeitshetze zurücktreibt.
Es würde zu weit führen, noch mehr Einzelheiten aus dem
Gespinnst der Handlung dieses mit dichterischer Grösse
veranlagten Schauspiels an dieser Stelle wiederzugeben; dazu
wäre eine volle Seite dieser Zeitung erforderlich, also ein
Raum, der in dieser Sturmzeit für eine rein kulturelle
Betrachtung nicht eingeräumt werden kann.
    Das Schwergewicht des Stückes liegt in und auf der
Rolle des 'Milliardärsohnes', den Peter Esser seelisch in
der ganzen Bedeutung seines edlen Übermenschentums auffasst,
aber diese geistig gewaltige Leistung durch ein Übermass von
Rhetorik abschwächt, das dann doch zu sehr einer Art von
Predigerton ähnelt. Dieser Menschenfreund ist ja kein
Missionär, sondern eine Art von Erlöser, und ein solcher
kann auch ohne Pathos wirken. Sonsten aber war Peter Essers
Leistung aus einem Guss: Sie imponierte. [...] Louise Dumont
hielt als 'Mutter' eine Ansprache in solch ergreifender
Weise, dass ich mich noch davon ergriffen fühle, derweilen
ich diese Zeilen drei Stunden nach ihrer Rede
niederschreibe.
    Gustav Lindemanns Spielleitung war genial; ich muss
mein Gedächtnis gar sehr anstrengen, um mich an
Gleichwertiges zu erinnern, was er mit dem Arrangement der
Arbeiterversammlung im dritten [sic] Akt erreicht hat. Die
künstlerische Ausstattung Knut Ströms war ein Kabinettstück,

die technische Einrichtung und die Beleuchtungseffekte waren klipp-klapp, der Erfolg durchschlagend. Es war ein Ehrenabend für die Musterbühne, die unser Schauspielhaus ist.

74. G. L., *Düsseldorfer Zeitung*, 29.11.1918.

    Dieses Stück ist verwandt mit Fischers *Motor*, der vor einigen Wochen gleichfalls vom Schauspielhaus herausgebracht wurde. Verwandt sowohl hinsichtlich des Stoffes, wie der Form. Beide Verfasser stehen dem sich vollendenden Mechanisierungsprozess der Welt, dem Triumph der toten Materie über den lebendigen Geist, mit steigendem Grauen gegenüber, in das sich bei Fischer noch ein Rest von Bewunderung vor der Präzisionsarbeit der alles in ihren Bann ziehenden gewaltigen Maschine des Industrialismus und der Sozialisierung mischt. Fischer steht noch unter dem Bann des Napoleons der organisierten Materie, den er, bezaubert von dem künstlerischen Einschlag seiner zur höchsten Ökonomie und damit zur höchsten Kraftleistung gesteigerten Energie, als vom Menschheitsganzen losgelöstes Ding an sich bewundert, bei Georg Kaiser aber liegt der Schwerpunkt in der Krisis, die der Napoleon der maschinellen und sozialen Technik nach der mit folgerichtiger Notwendigkeit eingetretenen Katastrophe durchmacht. Wo Fischer einen Aufriss gibt, zeichnet Kaiser ein Zukunftsbild, einen Hoffnungstraum, eine Utopie, die im wesentlichen auf eine ethische Forderung hinausläuft, deren Programm 'Rückkehr zum Menschen' heisst. [...]
    Das Stück rollt sich ab wie ein Präzisionswerk. Die Zahnräder greifen überdeutlich ineinander. Kaiser arbeitet durchaus mit Verstandeskräften; an Stelle der Gemütswärme setzt er die leidenschaftliche Rhetorik. Alles ist auf Formel gestellt wie die Geschehnisse der Handlung. Insofern bleibt er also im Stil der Idee. Aber hinter der Formel wogen keine Gewalten ohne Kontrolle, sondern die Kontrolle ist allgegenwärtig. Überall liegen die Fäden, an denen die als Personifikation auftretenden Figuren gezogen werden, deutlich zutage. Die Formel seines Dialogs ist im wesentlichen komprimierter Telegrammstil, der durch seine Redseligkeit wieder in sein Gegenteil umschlägt. Der Parallelismus der Rhetorik des vierten Aktes ist gar zu sehr auf den formalen Effekt eingestellt; manchmal ist es, als ob in der Eisenkonstruktion unsichtbar zwischen den beiden Weltanschauungsgegensätzen der Räsoneur der alten Intrigenkomödie kichere. Einige Figuren, z.B. die des weissen Herrn als Schicksalspersonifikation und des leichtsinnigen Offiziers, sind in die Handlung hineingeklügelt. Aber die Sprachgewalt ist immer schneidend und eindringlich. Der Verstand des Zuschauers hat sozusagen alle Hände voll zu tun, die lebendige Seele aber bleibt im Grund unbewegt.

Die Aufführung unter Leitung von Direktor Lindemann, der zum Schluss im Namen des abwesenden Verfassers für die beifällige Aufnahme des Stückes danken konnte, ist ein Meisterwerk schlechthin. Unter dem künstlerischen Beirat Knut Ströms ist auch diesmal wieder ein szenischer Rahmen entstanden, der in seinem Gemisch von Symbolik und Realistik überaus suggestiv wirkt. Insbesondere die Explosionskatastrophe ist ein szenisches Meisterstück. Auch die Verwischung der Grenzlinien zwischen Phantastik und Wirklichkeit in der Darstellung trägt wesentlich dazu bei, den Grundgedanken eindringlich herauszuheben. Peter Esser gibt den Milliardär mit bemerkenswerter Konzentration aller gedanklichen Wesenheiten der Rolle, die in der geistvollen Franz-Liszt-Maske auch äusserlich gut zum Ausdruck kommen. [...]

25.2.1919, Volksbühne, Berlin. Dir.: Dr. Paul Legband; Ernst Stahl-Nachbaur (Milliardärsohn); Rudolf Lettinger (Ingenieur).

75. S. Jacobsohn, *Das Jahr der Bühne*, vol. 8 (1918—19), 192—95.

[...] Jetzt fordern sie [die Arbeiter] ebenso stürmisch, dass er [der Ingenieur] sie statt des Milliardärsohns zusammenhalte, und diesem bleibt in seiner Enttäuschung nichts übrig, als von seiner Tochter den neuen Menschen gebären zu lassen. Vater des neuen Menschen? Ein Offizier, ein Werkzeug der überlebten Gewalt, der erfolglos hasadiert und sich, eine seltene Ausnahme, weggeräumt hat.
    Dieser Kaisermensch einer schönern Zeit ist Notbehelf des Dramatikers, der einen Schluss, eine Abrundung, eine Pointe brauchte; nicht Ausgeburt mystischer Gläubigkeit. Georg Kaiser ist hier selber zu sehr Maschinenarbeiter, als dass er einen Weg aus dem fressenden Chaos fände. Er spricht von dem Turm des Irrtums, an dem tausend Hände rütteln müssen, weil er von Einer Kraft gestossen nicht wankt. Er hat zwei von den tausend Händen, aber auch hunderttausend Hände nützen nicht, sondern nur eben die Eine Kraft. Solange die junge Dichtkunst diese nicht hat, wird sie Experimente geben und keine Erlösung. Kaiser ist früher zweimal der Erlösung nahe gewesen, und seine Experimente sind die erregendsten von allen. Diese fünf Akte haben nicht Fleisch und Blut, aber Geist und Atem; und wie vielen Dichtern der Gegenwart ist auch nur Das nachzusagen! Sie erwärmen nicht, aber sie erhitzen; und vor dem Hauptteil der neuen Dramatik verharrt man entweder kalt oder lau. Sie befassen sich mit der Gegenwart, welche um uns und in uns ist; und die Konkurrenz flieht auf Zauberinseln. Gewiss versuche Niemand, den Tatsachenablauf und die Wirtschaftstheorie dieses Dramas an wirklichen Vorgängen und an der Bibel des Marxismus zu

messen. Woran man sich halten soll, ist des Autors ganz persönliche Auffassung von dem Wesen ethisch-sozialer Kämpfe. Diese Auffassung ist durch Hysterie verzerrt. Georg Kaiser ist immer im Krampf. 'Verlangt mehr! Verlangt mehr!' schreit sein Milliardärsohn die Arbeiter an, die er liebt und hinaufpeitschen will. Genau so schreit Kaiser offenbar sich an. Seine jagende Grossstadtproduktion verdächtigt die eigne Lehre von dem alleinseligmachenden Frieden des Landlebens. Aber sie widerlegt sie nicht. Denn möglicherweise würde ihm, dem jetzt Ein Jahr drei sterbliche Dramen trägt, die gottgefällige Existenz, die er der Menschheit wünscht, in drei Jahren Ein weniger sterbliches Drama tragen. Charity begins at home. Auch die Weltverbesserung beginne jeder in seinem Weltchen.

Eines steht jedenfalls fest: Georg Kaiser hat in Berlin zum ersten Mal einen richtigen Theatererfolg gehabt. Dazu musste einmal ein Drama bestimmten Inhalts vor ein bestimmtes Publikum kommen. Wahrscheinlich nicht mehr als irgendeines der frühern Stücke von Kaiser hätte *Gas* die Bourgeoisie entzündet: in der Volks-Bühne gabs keinen Widerstand. Ein Misserfolg ist ja undenkbar vor diesen Hörern, die schon der Aufenthalt im Theater beseligt. Aber die Tonstärke des Applauses ist doch verschieden, je nach dem, ob das abonnierte Kunstprodukt an die Nieren oder nur auf die Netzhaut geht. Nun, hier wird des Arbeiters eigne Sache verhandelt, und so entstand ein ungewöhnlich straffer Kontakt zwischen Bühne und Zuschauerraum. Da erfüllte der Regisseur, der um eine strenge Stilisierung der Darstellung und des Szenenbildes bemüht war, eine doppelte Aufgabe: er warnte gewissermassen davor, die schwärmenden Auseinandersetzungen über den Gegenwarts- und den Zukunftsstaat wörtlich zu nehmen, und er schützte die Dichtung als solche vor einer naturalistischen Betrachtung. Nur reichten die Kräfte weder des Dekorationsmalers noch des Regisseurs noch der Schauspieler völlig aus. Für die Spannweite der Verstandesphantasie dieses Georg Kaiser waren vielfach die Dimensionen, namentlich einer Versammlungshalle, zu eng. Allmählich, wider die Absicht der Regie, weichte auf und verschwamm die Starrheit der Stilisierung, zu deren Durchführung allerdings die Sprechkunst eines Ensembles dieser ballenden, scharfen, harten Diktion gewachsen sein muss. Aus dem Durchschnitt hervor stach einzig, zum Glück in der wichtigsten Rolle, Herr Ernst Stahl-Nachbaur, den seinem Direktor Kayssler Schmucklosigkeit irgendwie ähnlich, Weichheit des Wesens wiederum unähnlich macht. Ans Herz zu greifen, gelang ihm so wenig wie Kaiser.

76. H. Ihering, *Berliner Börsen-Courier*, 26.2.1919, in *Von Reinhardt bis Brecht*, pp. 39-41.

[...] Der Milliardärsohn scheitert an seiner Absicht. Die Arbeiter wenden sich gegen ihn. Sie wollen nicht nach seinem Plane Siedler und Menschen auf freier, eigener Erde werden. Sie erzwingen den Aufbau der Fabrik, sie erzwingen ihr Sklaventum. Hat Georg Kaiser dieses Thema erlebt? Sind die Ideen so mächtig in ihm geworden, so intensiv, dass sie nach der Expression verlangten? Das Problem Georg Kaisers liegt in seiner Aufnahme- und in seiner Ausdrucksfähigkeit, aber nicht in der Notwendigkeit ihrer Verbindung. Seine nervöse Empfänglichkeit bemächtigt sich aller in der Zeit liegender Gedanken. Was ihn packt, ist nicht ihre Wahrheit, nicht ihre Richtung, ihr Wille, sondern ihre Farbe, ihr Glanz, ihre Sensation. Er sieht die Idee als Überschrift, als Formel, als Plakat. Die Konzentrierung ist keine Gestaltung, keine Übersetzung, keine Umschaltung, sie ist für ihn der Anfang. Er spürt die Zeit und ihre Tendenzen nur als szenische Pointe, als farbigen Punkt, als technischen Akzent. Nur aus diesem 'ersten Blick' erklärt sich die Rapidität seiner Produktion. Die Ideen brauchen in ihm nicht zu wachsen, die Gestalten sich nicht zu bilden, um expressiv zu werden. Kaiser ist ein Ausdruckskünstler, der der bebenden, stemmenden, losreissenden Kraft des Erlebnisses nicht bedarf. Seine Dramen sind Dramen der fertigen Voraussetzungen. Im *Gas* setzt er alle Probleme der Gegenwart voraus — sie gehen durch ihn nicht als durch eine Persönlichkeit hindurch, sie bleiben unverändert, sozusagen stofflich, nur dass ein — vorher schon feststehender — Ausdruck sie gliedert, teilt und wieder zusammensetzt. Kaisers Kunst ist die der geometrischen Zirkelung, der mathematischen Auflösung, der schematisierenden Berechnung. Nun wird alles leicht, frei, geistig. Nun erhält alles Farbe, Linie, Schwung, Tempo. Aber die Eleganz seiner Zeichnung kann — besonders im *Gas* — nicht darüber hinwegbringen, dass die Voraussetzungen für ihn dichten und dass seine Handlung und seine Menschen zusammenfallen, wenn das Fundament dieser Voraussetzungen nicht ausreicht. So verliert sich Kaiser im letzten Akt von *Gas* fast an eine aktuelle Wirklichkeit — es werden neue Voraussetzungen herangebracht, die Figuren können nicht zu ihrer letzten Konsequenz geführt werden, und eine peinliche Erlösergeste, die sich leicht als bequem-optimistischer Ausweg einstellt, muss ein Ende vortäuschen, das keins ist. Dass die Tochter des Milliardärsohnes den Menschen zu gebären verspricht, an dessen Nichtdasein der Vater zugrunde geht, ist eine jener Verlegenheiten, mit denen uns Kaiser oft entlässt, weil er nicht unter dem Zwange seiner Gestalten steht. Kaiser hat einmal ein Stück zu Ende geschrieben und sich den Titel Expressionist verdient, weil er das Thema intensiviert hat: *Von morgens bis mitternachts* — aber da blieb er beim Nihilismus ohne optimistische Ausblicke. Im *Gas* weicht er aus und fürchtet sich vor seinen eigenen Folgerungen.

Die Aufführung der Volksbühne machte zum ersten Mal in Berlin den Versuch, Georg Kaiser aus seinen Bedingungen heraus zu spielen. Sie überragte deshalb in der Absicht alle

Darstellungen dieses Dichters an anderer Stelle. Aber der
expressionistische Stil ist eine entlarvende Probe. Der
unintensive Schauspieler enthüllt sich wie der technisch
gehemmte. Mit dem Gelingen sah es deshalb in manchen
Einzelleistungen böse aus. Die Verwahrlosung der Sprache,
die Zuchtlosigkeit und Unentschiedenheit der Gebärden rächte
sich. Herr Stahl-Nachbaur [...] hob sich von seiner Umgebung
ab. Er versuchte eine gedrängte, gesammelte Charakteristik
des Milliardärsohnes. Er wäre vortrefflich gewesen, wenn er
die Rolle auf eine Szene hätte konzentrieren können. Bei der
Verteilung auf fünf Akte verlor er die Spannkraft und –
innerhalb der Geschlossenheit – die Variation. Er
wiederholte seine Tonfälle, rezitierte zu oft und war
merkwürdig unintensiv, wenn es galt, auf den Partner
einzuwirken. Seine Sätze waren zu fertig, sie entwickelten
sich nicht aus der Situation und ermangelten der
psychologischen Wahrheit, die bei aller notwendigen
Konzentrierung und Beherrschung nicht verlorengehen durfte.
[...] Herr Fehling hatte in seinem Körper etwas von der
eruptiven Ekstase des Expressionismus. Aber er blieb – vor
allem sprachlich – zu sehr an der Grenze der Karikatur.

77. Alfred Kerr, *Der Tag*, 27.2.1919, in Rühle, pp. 129–31.

    Georg Kaiser (das Dramenkaninchen, dessen Würfe häufig
Blüffungen sind; manchmal Versuche, mehrstens Trickversuche)
macht hier einen energisch-flinken Vorstoss, im Geheg der
Aussenflächlichkeit.
Es ergibt sich etwa: der *Volksfeind* für den Zirkus.
Die 'grossen schlichten Linien' oder (wie es auch gefasst
werden kann) eine sehr veredelte Rummeldramatik.
Der haftend starke Gebärdenumriss oder (wie es auch gefasst
werden kann) die Vereinfältigung.
So die Vorgänge. [...]
    Sie sind ausgedrückt in Tupfen, wie das die
expressionistische Lyrik macht.
Die Sprache des Schauspiels ist ein entschlossener Versuch,
die neulyrischen Mittel zu verpflanzen. Darin liegt Kaisers
Vorstoss.
So reich ist seine Sprache nicht wie bei dem Kreis um
Johannes R. Becher – doch sie betreibt abermals das
Herausheben des Wichtigen.
Kaisers ernstliches Verdienst besteht somit in der
Verpflanzung expressionistischer Lyrik auf die Rampe.
Was aber damit nichts zu tun hat, ist sein grossmassiger
Aufwand für ein gewisses Wenig an Gedanken. Er gibt keine
Gliederung in der Debatte; nur Gipfel. Inhaltsarmut, hierbei
jedoch Apparat. Kurz: Vereinfältigung.
Die Massenseele wird gezeigt? Keine Spur. Nichts gegliedert.
Man ist noch nicht stark, wenn man unzerlegt ist. Man ist
noch nicht mächtig, wenn man wuchtend-leer ist.
Das Ganze soll ein Sinnbild sein? Nu ja, ja, nu nee, nee. Es

gibt auch gegliederte Sinnbilder, reiche Sinnbilder, gestufte Sinnbilder, inhaltsvolle Sinnbilder.

Ich will ein Beispiel geben, wie Kaiser arbeitet. In dem Volksversammlungsakt, dem rummligsten, gibt es nur drei Gedanken; fast unzerlegt. Erstens: Fabrikarbeit bringt Leiden. Zweitens: es ist besser, Bauer zu werden. Drittens: es ist besser, Fabrikarbeiter zu bleiben.
Das wird, statt gegliedert zu werden, immerfort wiederholt. Die einen sagen immerfort: 'Fabrikarbeit bringt Leiden. Fabrikarbeit bringt Leiden. Fabrikarbeit bringt Leiden. Fabr...'
Die zweite Stimme sagt: 'Werdet Bauern. Werdet Bauern. Werdet Bauern. Werdet B...!'
Der dritte Begriff gellt immerfort: 'Nein, bleibt Fabrikarbeiter! Bleibt Fabrikarbeiter! Bleibt Fabr...!'
Kurzum: symphonisch. Oder die Vereinfältigung. Oder: der tapfere Vorstoss zum Arenenkitsch. (Ich schrieb einmal: 'Es ist recht schön, primitiv zu sein. Es ist aber noch viel schöner, sehr differenziert zu sein.' Und viel schwerer!)
Kaiser lässt kalt bis ans Herz hinan. Er gibt Nervenwirkungen. Nicht mal technisch überraschende Geistigkeit. Sondern Gebumms: eine Explosion, zwei Revolver, aufgefahrenes Maschinengewehr. Chorwirkungen ohne viel Inhalt. Und (am Schicksal des einzelnen, zum Schluss) die Pose. Ja, der Verfasser ist reich an Einfällen, doch seine Einfälle sind nicht reich.
Was an Plus bleibt, ist jener Vorstoss. Das Dichterische des Vorstosses darf ein andrer liefern.

Der Spielordner Legband war für diesen Anfang eines äusserlichen Pioniers ein Pionier und ein Anfang. Zu geben sind, alles in allem, nicht Menschen, sondern wilder Buchschmuck zu einem linienmenschlichen Vorgang. Das Kataleptische der Gebärden kam am besten heraus.
Die Betonhalle des vierten Aktes war nicht rund; ohne das Riesen-Dimensionale, das Kaisers Amerikanismus, aber natürlich, fordert; es war ein kleineres Versammlungslokal. Hier musste jedoch eine Andeutung sein von den Begriffen: Mammut und leere Breite.
Stahl-Nachbaur, der Milliardär, sah bald Herrn Wilson, bald Herrn Björnson ähnlich. Ein Prediger, Fabrikant geworden. Die Tragik, die bei Kaiser fehlt, schuf er nicht.
[...]

78. Hans Knudsen, *Die schöne Literatur*, 20, No. 8 (12.4.1919), 91.

Zu den stärksten Eindrücken ist die Aufführung von Georg Kaisers *Gas* in der Volksbühne zu rechnen. Man sieht langsam ein, mit welch feinhörigem Ohr und Instinkt Kaiser grosse Zeitprobleme erfasst. Wie er hier in sicherer Führung zeigt, dass der Arbeiter längst noch nicht reif ist für reines Menschentum [...], das wurde in einer fein

durchgearbeiteten, im vierten Akt, in der Halle, ungemein
zugespitzten Aufführung ganz hervorragend deutlich gemacht
und liess an Wirkung jedenfalls die letzten beiden Berliner
Kaiser-Aufführungen weit hinter sich.

79. Friedrich Düsel, *Westermanns Monatshefte*, Jg. 63, pp.
188-90.

    Das Zeitstück, nach dem Berlin seit dem 9. November
fiebert, jetzt ist es da. Aber es sieht doch wohl anders
aus, als die sich vorgestellt haben, die am lautesten und
ungeduldigsten danach riefen. Denn es ist kein Partei-,
nicht einmal ein politisches Stück, sondern eins, das seinen
aus dem sozialen Lebenskreise der brennenden Gegenwart
genommenen Konflikt ins Allgemeinmenschliche, ja darüber
hinaus ins Uranfängliche aller Kulturbetätigung zu steigern
weiss. Was ihm aber vollends jeden unmittelbar [sic] und zu
bestimmtem Zweck aufreizenden Stachel nimmt, das ist die
Tonart, aus der es geht, der schöpferische Hauch, der es ins
Leben gerufen hat. Revolutionsdramen — man denke an
Beaumarchais' *Figaro*, Büchners *Danton* und Hauptmanns *Weber* —
wollen leidenschaftliche Anteilnahme des Blutes, feurige
Mitarbeit desjenigen Organs, das es hämmernd durch die Adern
treibt — hier aber, in dem fünfaktigen Schauspiel, das Georg
Kaiser *Gas* nennt, ist nicht das Herz die Zentrale, sondern
das Gehirn, bedient nicht das mitglühende Temperament,
sondern der kühle Verstand die Schalttafel, wird der
Konflikt nicht mit Kräften der Seele, sondern mit Waffen des
Geistes ausgefochten.
    [...] Hier erreicht das Stück, in seinem vierten Akt,
den steilen Höhepunkt seiner dramatischen Kräftespannung.
Ein Meister der dramatischen Technik, aber auch ein
sicherer, überlegener Beherrscher innerer Stimmen und
Gewalten des Menschenlebens hat diese Szenen in der
nächtlichen Betonhalle getürmt. Da schreien und speien die
Arbeiter zunächst all ihre aufgesammelte Wut gegen den
selbstsüchtigen Tyrannen Arbeit heraus [...]. Eine ungeheure
revolutionäre Wucht befreit sich in diesen Anklagen; seit
langem hat sich auf unsrer Bühne die Elektrizität einer
ganzen Gesellschaftsklasse und Wirtschaftsepoche nicht so
mächtig entladen wie hier. [...]
    Es ist nicht leicht, dieser Dichtung auf der Bühne den
richtigen Ausdrucksstil zu finden. Was wir sonst unter
'dramatisch' verstehen, die blutvolle Verkörperung einander
widerstreitender Gedanken, Gefühle und Leidenschaften in
möglichst greifbare, eigentümlich voneinander unterschiedene
Gestalten, die ihr eignes warmes Leben behaupten, fehlt hier
ganz oder ordnet sich doch den Ideen so sehr unter, dass es
kaum noch eine Rolle spielt. Die Personen alle, vom
Milliardärsohn bis zum letzten Arbeiter, sind nur insoweit
da, als sie ihre jeweilige Aufgabe in dem dramatischen
Getriebe zu erfüllen haben: ein Vorher und Nachher gibt es

kaum für sie. Damit sind sie dem kühlsten Zweck- und
Sachstil dienstbar gemacht, der sich mit dem Begriff der
Dichtung noch verträgt. Wir wollen dem Spielleiter Dr. Paul
Legband dankbar sein, dass er diesen Kaiser-Stil
gedankenhafter Geistigkeit nicht gleich bis zur äussersten
Schroffheit trieb, sondern Übergänge zwischen gestern und
morgen suchte. Der abstrakte Schliff der Sprache, der all
diesen Figuren eigen ist, ihr expressionistisches
Bewusstsein als Träger weitausladender Konflikte und
Gedanken, als Boten einer allgemeinen Menschheitssache liess
sich dadurch zwar nicht verwischen, aber die Kälte, von der
sie im Buche [...] umgeben sind, lindert sich doch etwas,
und zumal im vierten Aufzug bei den grossen Arbeiterszenen
findet die Erregung des Augenblicks unmittelbaren Zustrom zu
unserm Inneren.
    Georg Kaiser heisst jetzt der Zeitdichter, wie er in
den neunziger Jahren Gerhart Hauptmann, noch vor kurzem
August Strindberg hiess. Die Bühnen der Reichshauptstadt —
noch haben wir ja eine — reissen sich um seine Stücke, alte
und neue, gleichviel. Nur mit Widerstreben hat das Deutsche
Theater der Volksbühne das Arbeiterstück abgetreten.

[*Sept. 1919*], *Städtische Schauspiele, Baden-Baden.* O.
Provence *(Milliardärsohn)*; E. Grunauer *(Ingenieur)*.

80. anon., *Badeblatt Baden-Baden*, 27.9.1919, in *Die Kritik*
(1919), No. 7, p. 154.

    Es weht durch das ganze Stück wieder jene eigene kalte
Glut, die Kaisers Schöpfungen charakterisiert. Kein
lyrisches Verweilen, kein kontemplatives Schauen, nur eine
starke Dynamik und in zielsicherer Gradation fortreissende
Rhythmik; für den Spielleiter eine schwere, aber dankbare
Aufgabe. Sie ist vorgestern fast restlos gelöst worden. In
schneller, an den Klippen stark aufbrandender Strömung floss
das Drama dahin im hastenden Tempo des Zeitalters der
Maschine, einheitlich im Stil, hinsichtlich der
Handlungsträger und der Dekoration. Der Saal mit dem
Ausblick aufs Werk nüchtern, die verkörperte
Zweckmässigkeit, der Sitzungssaal grau und farblos wie die
engumrissene Gedankenwelt der Industrieherren. Aus dem
Hallenbau ragen starre, rote Säulen wie die gen Himmel
lodernden Leidenschaften der grausamen Masse; das
halbzerstörte Fabriktor ganz neutral ohne jede schmückende
Staffage. So konzentriert sich das ganze Interesse auf die
Träger der Handlung, die Träger der Gedanken und Probleme.
Im Mittelpunkt des Ganzen stand der Milliardärsohn, den Otto
Provence gab, eine reife, abgeklärte Leistung, die
verkörperte Idee! [...] Der letzte Akt zeigte die Soldaten
und ihren Hauptmann in dem vertrauten Feldgrau. Vielleicht
wäre besser eine Phantasieuniform wie beim Offizier

beibehalten worden. Feldgrau auf der Bühne und dazu noch
eine widersinnig gezogene Plempe schmerzen.
    Das Publikum nahm das Stück — die zahlreich hier
anwesenden Mitglieder des Gastages gingen wohl z.T. mit
falschen Voraussetzungen in die Aufführung — unverdient kühl
auf. Nur am Schlusse wurde der Beifall lebhafter und wärmer.

[1919], Stadttheater, Barmen. Dir.: Hanns Lotz; E.
Bornträger (Milliardärsohn); W. Neumann (Ingenieur).

81. Hanns Walther Schneider, *Barmer Zeitung*, 4.10.1919, in
Die Kritik (1919), No. 7, p. 154.

    Die Aufführung eines solchen Werkes ist ein Massstab
für die Leistungsfähigkeit einer Bühne. Bei einer
Durchschnittsprovinzbühne, die nicht auch die Nebenrollen
würdig besetzen kann, liegt die Gefahr unfreiwilliger Komik
vor. Es liegt ein Urteil für das Können der Wuppertaler
Bühne überhaupt in der Feststellung, dass die gestrige
Aufführung überaus eindrucksvoll war. Der äussere Stil, der
der Darstellung eines solchen Werkes eigen sein muss, war im
szenischen Rahmen gleicherweise wie im Ausdruck und Tempo
des Spieles gut getroffen. Zuerst ein schwarzes Zimmer mit
weissen Fenstergittern, dahinter das Bild des
Industriewerkes in schwarzer Silhouette, von rotem Himmel
bestrahlt. Dann ein Zimmer ganz in weiss, auf dessen
Hintergrund die schwarzen Herren sich in steifer Eckigkeit
abhoben. Das dritte Bild gab nicht ganz den Eindruck des
Hallenmässigen, das letzte war nicht einheitlich und schon
zu bunt. Nur durch einen von oben fallenden Lichtkegel
beleuchtete die Regie die Spieler, die sie bei Höhepunkten
nach ruckartigen Bewegungen mitunter zu lebenden Bildern von
starker Kraft des Ausdruckes erstarren liess. [...]

[1919], Halberstadt. Dir.: Dr. Kerb; Moser (Milliardärsohn);
Dr. Hellmer (Ingenieur).

82. Dr. K., *Halberstädter Tageblatt*, 4.10.1919, in *Die
Kritik* (1919), No. 8, p. 193.

    Diese Aufführung war ein Ereignis für Halberstadt. Zum
ersten Mal wurde ein expressionistisches, modernes Drama
gegeben, ein Drama mit weitem und unerhörtem Atem, der die
Szenenfolgen packt wie mit saugenden Armen. Wir haben in
Herrn Dr. Kerb einen Spielleiter, der den Rhythmus des
Modernen zu fassen weiss, der das Stück emporreisst aus
innerem Zentrum, der es mitlebt und mitfühlt und der seinen
Ton hineinjagt in die Aufführung. Schon szenisch war das

Ganze gut. Das Sitzungszimmer in seiner gähnenden Leere war packend, besonders gelungen, zum Teil gewaltig war die Versammlungsszene. Das war strebende, spürsame Kraft, die dem Dramenstil nachging und ihn auch meisterte. Die Massenszenen der Arbeiter gehörten zu dem Heissesten des Abends.
Dieses Stück wirft unsere grossen sozialistischen Probleme auf die Bühne. Es ist der Versuch, den Sozialismus in einer reinsten Form zu packen und ihn von allen Seiten zu beleuchten. [...] Uns ist der Sozialismus die Überwindung der Knechtung des Menschen, das Erwachen der Menschlichkeit, das Auflodern der Seele, die der Kapitalismus und seine Zeit getötet hatte. Der Kampf der Arbeiterklasse ist der Kampf um die Menschheit, dieses Wort Lassalles, das über all unserm Denken steht, das in tausend Variationen wiederkehrt in unsern theoretischen Schriften — dieses Wort ergreift der Dichter. Er schafft eine Fabrik, die sozialisiert ist, ein Unternehmen, in dem der Leiter, der Milliardärsohn auf seine Milliarden verzichtet zugunsten des Werkes, zugunsten der Arbeiter. Es ist eine gleichberechtigte Arbeitsgemeinschaft geschaffen, die entwachsen ist der kapitalistischen Organisation. Aber das, was erhofft war, ist nicht eingetreten, die Arbeiter sind nicht erlöst von der Hast der Arbeit, im Gegenteil, das kapitalistische System hat sie selbst ergriffen und die Sucht nach Erwerb, nach Gewinn, nach Geld peitscht sie vorwärts zu rasender Arbeit. [...]
Der Beifall des Hauses war gross und anhaltend. [...]

[Oct. 1919], Karlsruhe. Dir.: Kienscherf; Baumbach (Milliardärsohn).

83. W. G., *Badische Landeszeitung* (Karlsruhe), 15.10.1919, in *Die Kritik*, (1919), No. 9, p. 226.

[...] Aber obgleich die Probleme, die der Dichter hier abwandelt, nicht neu und überraschend sind, so schien es doch dem grösseren Teil des Publikums gestern abend schwer zu fallen, ein rechtes Verhältnis zu der eigenartigen Bühnendichtung Georg Kaisers zu finden. Man war sich nicht recht klar über den Dichter und seine Absichten. [...] Bei seinem dramatischen Werke kommt es Kaiser einzig und allein auf die Herausarbeitung der Idee an, die er mit aller Intensität zum Ausdruck bringen will. Alles wird in den Dienst dieser Aufgabe gestellt, auch die Gestalten des Stückes, die darum auch nicht anmuten wie Menschen von warmem Blut, sondern die aus einem Zwischenreich zu stammen scheinen, halb fremd, halb seltsam anziehend. Das ist es wohl, was den nichtvorbereiteten Zuschauer ganz unbewusst am seltsamsten berührt, dass er zu diesen Gestalten, die lediglich Träger einer Idee sind, kein inneres Verhältnis finden, dass er nicht mit ihnen hoffen und bangen kann. In

der allzu stark konstruierenden und abstrahierenden Art
liegt ohne Zweifel eine Schwäche der Kaiserschen
Bühnenwerke, über die auch die glänzende Technik des
geborenen Dramatikers nicht hinweghelfen kann. Er bietet uns
eine Gehirnarbeit; die Seele wird kaum fühlbar.
    Der Spielleiter des Abends, Herr Kienscherf, hatte sich
mit sicherem Erfolg bemüht, den abstrakten und aufs Typische
eingestellten Charakter des Stückes scharf herauszuarbeiten.
Das Symbolische wurde durchweg deutlich; nirgends störte ein
Seitensprung ins Realistische, zu dem die Handlung leicht
verleiten konnte. Das ganze Drama war durchpulst von dem
Schrei nach dem allmächtigen Gas. [...] Den Höhepunkt der
Vorstellung bildete die grosse Streikversammlung, die,
äusserlich sehr geschickt angeordnet, voll stärkster
dramatischer Steigerung war. [...] Das sehr gut besuchte
Haus fand sich, wie schon angedeutet, nicht recht in den
Geist der Dichtung hinein. Erst am Schluss dankte
lebhafterer Beifall für die ausgezeichnete Aufführung.

*9.11.1919, Erstaufführung, Schauspielhaus, Munich. Dir.:
Rudolf Hoch; sets: Cäsar Kunz; Wilhelm Dieterle
(Milliardärsohn); Lothar Müthel and Alexander Granach
(Arbeiter); Scharwenka (Ingenieur). In four acts.*

84. A. M.-K., *Bayerische Staatszeitung* (Munich), 11.11.1919,
in *Die Kritik* (1919), No. 13, p. 349.

    Gas? Kann's zurzeit einen verlockenderen Titel geben?
Gas, uns fast so notwendig wie Brot und Kohle und bald
ebenso schwer zu erreichen. Drei Buchstaben nur, aber eine
Unsumme von Möglichkeiten! Leider ist das Gas Kaisers [...]
keines, an dem man sich erwärmen, oder mit dem man gar
kochen oder heizen könnte; Kaiser zeigt uns nur, wie es
gemacht oder vielmehr nicht gemacht wird, denn es ist ein
Streikdrama, also gewiss 'höchst aktuell' und sehr passend
für den Vorabend einer Revolutionsfeier. [...] Und es wird
sehr viel und schön geredet, nicht etwa so nüchtern und
ruhig, wie es die höchst prosaische Sache fordern könnte,
sondern in exaltierten kurzen Ausrufen und Schreien,
begleitet von stilisierten eckigen Bewegungen, wie auch die
von Cäsar Kunz sehr hübsch entworfenen Bühnenbilder nur
stilisierte Andeutungen von Bureauräumen und Fabrikhallen
zeigen. Der letzte Akt ist eine grosse Rede- oder
Schreischlacht; man erblickt nur eine hohe eiserne Treppe in
der Kuppel einer Halle, und von dort herunter schreien vier
Arbeiter und drei Weiber nacheinander ihre Klagen und
Bandreden hinunter an ihre unsichtbaren Genossen. [...]
    Die Aufführung hatte alles für diesen symbolischen
Kampf zwischen dem harten Realismus unserer Industrie und
der idealen Forderung anspruchslos-friedlichen Menschentums
getan. Unter der Regie Rudolf Hochs wurde alle verfügbare

Lungenkraft aufgeboten; ich glaube, es wurde da noch nie,
seitdem das Schauspielhaus besteht, so viel geschrien wie an
diesem Jahrestag der Münchener Revolution bei Kaisers *Gas*.
[...] Das gut besetzte Haus verhielt sich dem ersten Akt
gegenüber noch etwas abwartend, zeichnete aber den
oratorischen letzten Akt durch besonders lebhaften Beifall
aus.

85. Wolf, *München-Augsburger Abendzeitung*, 10.11.1919, in
Die Kritik (1919), No. 13, p. 349.

    Der Erfolg, der Georg Kaisers Drama bei den
vorausgegangenen Aufführungen an anderen deutschen Bühnen
beschieden war, blieb ihm am Münchner Schauspielhaus treu.
[...]
    Die Aufführung [...] wurde den Absichten des Autors
durchaus gerecht; sie verdeutlichte und unterstrich, hüllte
indessen auch im gegebenen Augenblick geschickt ein, wenn es
im Interesse des Dichters lag. Bisher ist im Münchner
Schauspielhaus unter Frau Körners Ägide kaum je einmal so
stilvoll gespielt worden. Es war eine im besten Sinne
gepflegte, nicht auf herausplatzende Einzelleistungen,
sondern auf diszipliniertes Ensemblewirkung gestellte
Vorstellung. Dem expressionistischen Darstellungstil
ordneten sich auch die Träger der kleinsten Rollen, deren
jede vollwertig besetzt war, verständnisvoll ein; nirgends
wurden impressionistisch-naturalistische Milieuscherzchen
gewagt: daran erkannte man die zielbewusste Spielleitung.
Die Darsteller haben sich durchgehends das Lob verdient,
ihre Persönlichkeit der Idee untergeordnet zu haben [...]

86. anon., *Bayerischer Kurier* (Munich), 10.11.1919, in *Die
Kritik* (1919), No. 14, p. 371.

    [...] Georg Kaiser reisst alle möglichen Fragen des
modernen Wirtschaftslebens an, die Gewinnbeteiligung der
Arbeiter, die Unmöglichkeit einer Rückkehr des
Industriearbeiters zum Bauernstand, die Unentbehrlichkeit
der geistigen Berufe für die Industrie. Aber bei der
Schnelligkeit, mit der im heutigen Wirtschaftsleben Fragen
gelöst und Fragenstellungen gewechselt werden, erscheint
manches schon nicht mehr ganz aktuell in diesem aktuellen,
gerade am Jahrestag der Münchener Revolution (!) in München
erstaufgeführten Schauspiel und zudem wirkt — wie der
Feldgraue während des Krieges — der Industriearbeiter heute
auf der Bühne mattfarbig, denn das Licht des Tages blendet
zu grell von draussen in den Bühnenraum hinein. — Der erste
Akt mit dem umherschleichenden weissen Grauen [...], dem
ahnenden Schreiber [...], der Fabrikexplosion und dem
sterbenden Arbeiter [...] ist beste expressionistische

Arbeit von unfehlbarer dramatischer Wirkung, auch der zweite
Akt [...] ist noch sehr stark. Dann ein merkliches
Nachlassen im dritten Akt, aber die Sitzung der Schwarzen
Herren gab ein prächtiges expressionistisches Bühnenbild
[...]. Der letzte, jetzt mit dem fünften zusammengezogene
Akt enttäuschte mich: Eine Art Rednerbühne einer von (bei
der Münchener Aufführung nicht sichtbaren) Arbeitermassen
erfüllten Fabrikhalle. Nacheinander stürzen acht Personen
von links auf das Podium, reden zu den unsichtbaren, nur
durch die Akklamationen zu ahnenden Arbeitern, d.h. meist
zum Publikum. Dann eilen sie die Stufen rechts hinab. Die
öftere Wiederholung des Vorganges erinnert fatal an die
Berg- und Talbahn und schlimmer noch: es muss trotz grossen
Aufwandes an Worten, Stimme und Gebärden bei der Deklamation
und fern der dramatischen Wirkung bleiben, weil der
Gegenspieler fehlt; das Publikum empfindet sich nicht als
solchen, sondern sieht lediglich einen Redner vor sich.
Versöhnend und echt dichterisch wieder wirkt der
symbolisch-visionäre Schluss, in dem die Witwe [...] des
Offiziers ihrem Vater den Menschen der Zukunft verheisst. —
Ich kann mich nicht erinnern, im Hause der Frau Körner
bisher eine so geschlossene wirkliche Ensembleaufführung
gesehen zu haben. Jedermann auf seinem Platze und in seiner
Linie, alle im Sinne des Dichters starke Symbole. Die neuen
Bühnenbilder von Cäsar Kunz verdienen besonderes Lob. Der
Versuch, im vierten Akte die Eisenkuppel der Fabrikhalle
lediglich durch Projektion auf dem Hintergrund
vorzutäuschen, gelang mit guter Wirkung. — Das Publikum ging
gespannt mit und spendete nach den ersten starken Akten
schwachen, nach den letzten schwachen Akten sehr stark [sic]
Beifall. Der Dichter dankte.

87. Hermann Kasack, *Die neue Schaubühne*, 2, No. 2 (Feb.
1920), 45—46.

Die Aufführung von Georg Kaisers *Gas*, das hier zu vier
Akten bearbeitet war, machte den Eindruck, als sei man in
den Proben nicht recht fertig geworden. War der III. Akt
gut, so versagte Hochs Regie vor dem IV. vollkommen: man
kann nicht durch Donnermaschinen Volksgemurmel ersetzen, und
die Redner von der Tribüne durften sich nicht sogleich und
ausschliesslich ans Parkett-Publikum wenden, sondern hätten
dieses allmählich und andeutungsweise mit in den Bühnen- und
Rede-Kreis hineinzuziehen versuchen sollen. Auch, statt
diese Ansprachen zu einer geschlossenen grossen Steigerung
zusammenzubinden, liess man Einzelleistungen zu, die
ermüdeten, weil jede die Wiederholung der vorangegangenen
Kurve bedeutete, und die Schattierung nur der
Verschiedenheit der Begabung unterlassen blieb. [...]

88. L. G. Oberlaender, *Allgemeine Rundschau*, No. 46,

15.11.1919, pp. 705-06.

[...] Die Schauspieler gaben — sicherlich nach
Regieweisung des Dichters — sich etwas Marionettenhaftes,
und in der Bewegung traten oft jene gewollten Eckigkeiten
hervor, wie man sie auf den Bildern der neuen Sezession
sieht. Ich verkenne die Absicht nicht, es soll uns fühlbar
werden, dass uns nicht irgendeine naturalistisch festgelegte
Umwelt aufgebaut werden soll, sondern alles Typische wird
zusammengetragen und gewissermassen auf eine Formel
reduziert. Die Gestalten haben keinen Namen, sie tragen nur
die Bezeichnung ihres Standes; die Mechanisierung der Arbeit
hat ihr Vollmenschentum verkümmern lassen. [...] Das Drama
fand sehr starken Beifall. [...] Wie auch bereits
angedeutet, steckt in dem marionettenhaften symbolische
Absicht, dennoch könnte oder müsste in diesen Figuren ein
stärkerer Herzschlag fühlbar werden. In fast allen Dramen
Gg. Kaisers [...] sind die Gestalten willig, ihr ganzes Sein
für die Allgemeinheit hinzugeben und dennoch klingt aus
ihren kargen Worten so wenig der Puls eines starken Gefühls.
Hier liegen fraglos die Grenzen dieser Kunst. Hochs Regie
und Cäsar Kunz's expressionistische Bühnenbilder trafen wohl
völlig mit den Absichten des Dichters überein. Die
typisierenden Rollen machen dem Schauspieler eine
individuelle Färbung unmöglich. Nur im Worte, um nicht zu
sagen in der Deklamation geben sie Möglichkeiten der
Charakterisierung, die besonders von Dieterle, Gerhard und
Scharwenka genützt werden konnten. In dieser Stilisierung
liegt immerhin Verarmung der darstellerischen Mittel.

[Dec. 1919], *Deutsches Nationaltheater, Weimar. Dir.: Ernst
Hardt; Karl Schreiner (Milliardärsohn). In four acts.*

89. B. S., *Thüringer Tageszeitung*, 22.12.1919, in *Die Kritik*
(1919), No. 1, pp. 18-19.

[...] Die schemenhaften Figuren wurden durch
vorzügliches Spiel der einzelnen Schauspieler ein gut Teil
lebenswärmer. Aber trotzdem blieb doch der Gesamteindruck
ein kühler, unpersönlicher. Der Offizier ist eine so echte
Kinofigur, dass sie durch kein Schauspielertalent aus dieser
Sphäre hinausgehoben werden kann.
[...] Der V. Akt war bis auf die letzte Szene
gestrichen. [...] Der Milliardärsohn erscheint gleich zu
Anfang des Aktes verwundet! [...] Lieber wäre es uns
gewesen, wenn der Dichter sich veranlasst gesehen hätte, am
Schluss die Tochter nicht mehr auftreten zu lassen. Es
würden dadurch manche Unnatürlichkeiten wegfallen: ihr
unmotiviertes Auftreten, die Unmöglichkeit, dass der
Milliardärsohn nichts mehr vom Tode seines Schwiegersohnes

weiss, dass die Tochter ihm erklären muss: Mein Mann lebt
nicht mehr, und die unglaubwürdige Verheissung: Ich werde
den 'Menschen' gebären! [...]
    Der weisse Herr des Herrn Max Brock war nicht
einheitlich. Es ging von ihm keine suggestive Wirkung aus.
Man wusste nicht recht, ob man es mit einem Gespenst oder
einem Menschen zu tun hatte. Das Tänzelnde passt nicht zu
dem sonst schleppenden Tempo in der Darstellung. Wir
empfanden es auch störend, dass der weisse Schrecken so
elegant im grauen Zylinder, mit Stock und Glacéhandschuhen
erscheint, die er übertrieben sorgfältig auf den Tisch legt.
Die ganze Figur ist nicht glücklich. [...]

90. Leonhard Schrickel, *Weimarsche Landeszeitung
Deutschland*, 22.12.1919, in *Die Kritik* (1919), No. 1, p. 19.

   [...] Die Spielleitung von Ernst Hardt hatte
gleichfalls ihre Verdienste. Dass die Explosion ob der
Unzulänglichkeit der technischen Mittel verpuffte und über
einen massigen Theaterdonner nicht hinauskam, bei dem vor
Schreck die zwei oder drei Fabrikschlote militärisch stramm
umfielen und einige Kulissen gewissenhaft wackelten, während
das unmittelbar im Explosionsbereich liegende Schreibzimmer
in friedlicher, jeden mit den Gewohnheiten von Gas- und
Minenexplosionen vertrauten Feldgrauen heftig erstaunender
Beschaulichkeit dem Spektakel beiwohnte, ist bedauerlich,
aber in Hinsicht des Stückes und seines Stils unerheblich.
Dagegen wirkte es allzu gemacht und ein bisschen kitschig,
dass alle Darsteller, die in den beiden ersten Akten die
Aufgabe hatten, umzufallen, die Schreibtische dazu benutzten
und die Rückenlage bevorzugten. [...]

[Dec. 1919], Schauspielhaus, Graz. Dir.: Grevenberg;
Hofbauer (Milliardärsohn); Orell (Ingenieur).

91. Dr. Bruno Ertler, *Neues Grazer Abendblatt*, 29.12.1919,
in *Die Kritik* (1919), No. 3, pp. 52-53.

   Wo beginnen?
   Die Zuschauer sassen ein bisschen ratlos da. Beleidigte
Comtess-Guckerl-Gefühle und eine dumpfe Ahnung, dass
Schnitzlers *Liebelei* doch noch nicht den Gipfelpunkt des
'Literarischen' darstelle, legten sich hemmend auf die zum
Beifalle bereiten Hände. Man suchte krampfhaft nach der
Formel, in der man allen Fragen gegenüber mit dem Schein des
Verstehens gewappnet wäre, und sagte schliesslich mit
hochgezogenen Brauen und leichter Seitenneigung des
Denkerhauptes: 'Es ist sehr interessant − −'

Und dann kamen die verschiedenen 'Aber —'
Meist hiess es 'Unklar'. Und das stimmt am wenigsten. Selten ist ein Stück so klar und eindringlich, wie dieses. Nur die Formen dieser Klarheit sind hierzulande ungewohnt. Und weil man gleich von Anfang kühne Verkürzungen, ein Zusammenballen ganzer Begriffskomplexe in einzige Worte und Sätze, eines ungeheuren Geschehens in kurze Szenen und typische Figuren sah, sagte man dann 'Expressionistisch' — und hielt sich mit dieser klugen Äusserung für alle Gedankenlangsamkeit entschuldigt, mit der man sonst den Bühnenentwicklungen entgegenkommender Dichter zu folgen gewohnt ist. Was würde man dann sagen, wenn wir hier einmal die wirklichen 'Programm-Expressionisten', die Herrn Barlach, Kokoschka usw., zu sehen kriegten (was ich mir übrigens durchaus nicht wünsche)?

Der Dichter der *Bürger von Calais* zeigt sich auch hier vor allem als ausgesprochenes Theatertalent, neigt sogar da und dort stark zu Kinowirkungen und schlägt in der Sprache (übrigens recht selten) die Töne der Modernsten an, wobei er sich wohl bewusst bleibt, dass man auf dem Theater nicht die wilden Worttänze der Lyrik aufführen kann, was viele nie einsehen lernen. Und dieses unbedingt Bühnenmässige hebt den Dramatiker Kaiser so vorteilhaft von den benebelten Schwarmgeistern ab, die alles andere, nur kein Theaterblut haben.

Aber damit wäre es noch nicht getan, hätte Georg Kaiser nicht auch etwas zu sagen. Und viel zu sagen. Ja, er möchte am liebsten alles sagen, was die Menschheit unserer Tage bewegt [...]. Und die Tragik, dass die Menschheit, wie die Arbeiter dieses Stückes, immer wieder vom neuen nach der alten Formel ins Verderben rennt, lässt den Erlöser am Ende an allem Gegenwärtigen verzweifeln und nur in seinem Glauben an den Menschen der kommenden Generation noch Kraft zum Weiterleben finden. —

Freilich: So was hört sich nicht behaglich an, denn schliesslich steckt in jedem — auch wenn er selbst gar nichts dazu beigetragen hat — etwas vom Philisterstolz des braven Famulus Wagner: '— — und wie wir's dann so herrlich weit gebracht!' Auch dass der glänzende Gardeoffizier als Vertreter einer erledigten Kaste erscheint und verschwindet, gefällt so manchem nicht — —. Und deshalb sagt man: 'Interessant — — aber — —' Und sollte fortsetzen: '— — unbehaglich, wie rücksichtslose Wahrheit eben meistens ist.'

Die 'Aber' sind jedoch damit noch nicht erledigt. Man sah Arbeitermassen auf der Bühne, sah drohend erhobene Fäuste und hörte den Schrei der Empörung. Und deshalb aberte man: das Stück ist aufreizend! Freilich. Aber wozu reizt es? Selten ist schärfer die unselige Gedankenlosigkeit der Masse ins grellste Licht gerückt worden wie in diesem vierten Akt. [...]

Deshalb also: Wem die drängenden Fragen unserer Zeit wirklich am Herzen liegen, wem sie mehr sind als eine leere Phrase, der müsste in dieses Stück gehen und hier vom eindringlichsten Forum der Bühne die flammende Absage an die

alte Formel der Massendummheit, die immer wieder ins
Verderben reisst, mit allen Sinnen aufnehmen. Mag die Form
dieses Stückes vergänglich sein, mögen Einzelheiten nicht
bestehen: der Geist der Sache lebt und lebte immer, solange
Menschen irrten und suchten. Und was wir hier sehen, ist ein
Gleichnis, wie alles Vergängliche. [...]

[Feb. 1920], *Erstaufführung, Schauspielhaus, Dresden. Dir.:
Berthold Viertel; sets: C. von Mitschke-Collande and Adolf
Linnebach; E. Ponto (Schreiber); Mehnert (Milliardärsohn);
Friedrich Lindner (Ingenieur). In four acts.*

92. Friedrich Kummer, *Dresdner Anzeiger*, 27.2.1920, in *Die Kritik* (1920), No. 11, p. 241.

[...] Eine Aufführung voll hoher Intelligenz stützte
das Werk. Nur war alles zu gedehnt; die Worte waren förmlich
gewalzt, in den Mörser geworfen, zerstampft, zerrieben und
zerspalten. Eine Darstellung, die hinter jeder Silbe etwas
Verborgenes suchte. Ein expressionistischer Ibsenstil alter
Art. Es zeigte sich freilich, dass hinter den Worten nicht
allzu viel lag. Das Ohr, der Geist lief hurtiger als das
Wort. Man kannte schon den Sinn, indes der Darsteller noch
mit Silben rang. Das war der einzige, aber beträchtliche
Fehler, den die Aufführung unter Berthold Viertel hatte.
[...]

93. Dr. Felix Zimmermann, *Dresdner Nachrichten*, 28.2.1920,
in *Die Kritik* (1920), No. 11, pp. 241-42.

[...] So ist die Lösung wieder einmal auf die Zukunft
verschoben. Auch der kühnste Poet wagt keine wirkliche
Antwort auf die dringlichste Frage, wie die Menschheit aus
der Sackgasse der Gottentfremdung durch Kultur herauskommen
soll. [...] Ein Dichter dürfte und müsste einmal wagen, das
Damaskus der Massen, den Gesinnungswechsel aller als
vollziehbar oder vollzogen hinzustellen. Das wäre das wahre
Vorrecht der Phantasie. Die Wirklichkeit kann ja dann in
tausend Jahren nachkommen. Kaiser wird dazu vielleicht noch
drei Dramen brauchen. Jetzt hat er wenigstens die Stufe
erreicht, dass der Milliardärsohn das Glück, das sein Vater
für sich allein wollte, für die Gesamtheit erstrebt. Aber es
ist wieder der Traum vom rückwärtigen Paradies, nun in Form
der ländlichen Siedelung. Der Phantast ist zu bescheiden.
Die Menschheit braucht als stachelnden Traum das künftige
Paradies. Aber diese tiefste Wahrheit müssen alle für sich
finden; sie ist gar nicht so ungeheuer, dass sie ohnmächtig
zu jeder Wirkung wäre. [...]

[...] dunsterfüllt die riesenhohe Halle mit dem erregt wogenden Arbeiterschwarm [...]. Diese Massenbewältigung ist etwas Neues auf unserer Bühne. Alles Optische und Akustische gelang ausgezeichnet. Aber das Tempo fehlte durchaus. Der verlangsamte Film wird zur Zeitlupe, die zu tief in den dürren Skelettbau des Dramas schauen lässt. Die kalte Mache Kaisers musste künstlich erhitzt werden zum Fieberrausch. Das geschah nicht. [...]

94. Julius Ferdinand Wolff, *Dresdner Neueste Nachrichten*, 28.2.1920, in *Die Kritik* (1920), No. 11, p. 242.

[...] Nichts liegt dem Dichter ferner als Naturalismus, Flimmerbild des Wirklichkeitsgeschehens. In Dresden hat man den ganzen fünften Akt, in dem die Regierungsvertreter Sprache des Alltages und impressionistisch sprechen, mit Fug und Nutzen weggelassen. Der steht in diesem Werk als Fremdkörper [...] Die dramatische Rhythmik Kaisers, die zwangsläufige Bewegung seiner Gestalten, seines Geschehens hat viel vom Kinoreiz, nichts von falschen Perspektiven und vorgetäuschten Realitäten. Doch ihr Wesentliches liegt in der organischen Verwachsung mit dem Stofflichen und Zeitlichen des Geschehens. Lebensgier und ihr Tätigkeitsdrang, Antrieb des Dämons und Widerstand und Hörigkeit der Gepeitschten, dies alles rennt, rollt, rast, atemlos, zermürbend, zermahlend, Beweger und Selbstbewegung in einem. Mag sein, dass in ruhigeren Zeiten geruhsame Untersuchung dies alles als zeitlich allzu gebunden erkennt, wie uns selbst. Dass einer auf Jahre rückblickend den Zauber zu entzaubern vermag — der Rhythmus Kaisers ist der unsre, sein Dämon zeigt die uns allen furchtbar bekannten Züge.
[...] Kaiser geht hier einen Ausweg. Er fühlte offenbar die Unmöglichkeit des Paradieses, den ewigen, tiefen Schmerz der Unvereinlichkeit von Ideal und Wirklichkeit, der Unentrinnbarkeit der Zivilisationsschäden, die nur abzutöten wären, zugleich mit Zivilisation und Kultur. Kaiser geht einen Hoffnungs-Ausweg. Der von allen verlassene Milliardär setzt alles auf 'den neuen Menschen', den seine Tochter gebären wird, die Witwe eines Offiziers, der, befangen im Urteil und Vorurteil seiner Zeit, wegen einer Spielschuld sich getötet hat. Es bleibt dieser geheiligte Embryo ein deus ex machina. Ein bequemes Verfahren. Ein Ausweg... Dennoch packend, spannend, dramatisch aufs Höchste gesteigert, was von unsrer Zeit, dem Leiden unsrer Welt in diesem Werk sich äussert. Mit dem besonderen Rhythmus Kaisers. Mit seiner eigenartigen, zuweilen etwas eklektizistischen, mit sternheimlichen und wedekindlichen Dissonanzen, klingenden Musik. Immer mit seinem Dämon. (In dem wir den Dämon unsrer Zeit wiedererkennen.) [...]

[*March 1920*], *Erstaufführung, Stadttheater, Augsburg. Dir.:*

Hermann Merz (also played the Milliardärsohn); Friedrich Geffers (Ingenieur).

95. J. V., *Augsburger Postzeitung*, 16.3.1920, in *Die Kritik* (1920), No. 14, p. 274.

[...] Wer an Kaisers Schauspiel mit Forderungen herantritt, wie man sie gewöhnlich an ein Bühnenwerk stellt, der wird schwerlich befriedigt sein. Der Dichter wollte auch keineswegs Herkömmliches schreiben, nichts was in den Bahnen altüberlieferter Tradition läuft. Er schuf keine Menschen, sondern Schemen, Allegorien, Abstraktionen [...] Eigentümlich ist es auch mit der Szenerie bestellt. Eine solche finden wir eigentlich nur im ersten, zweiten und fünften Akt. Im vierten empfinden wir nur andeutungsweise eine Halle, hören Menschen schreien, die wir nur in dunklen Umrissen wahrnehmen, weil die Bühne, wie auch häufig in den anderen Akten, in tiefes Dunkel gehüllt ist, aus dem einzig eine sprechende oder sich bewegende Gestalt aufleuchtet. Der Mensch oder, besser gesagt, die Idee sprechen aus dem leeren Raum zu uns, ohne jegliches Hilfsmittel, und sollen auf diese Weise in reinster Unmittelbarkeit wirken. [...]
Das Stück wurde besonders anfangs sehr vorsichtig aufgenommen.

96. A. W., *Neue Augsburger Zeitung*, 15.3.1920, in *Die Kritik* (1920), No. 14, p. 274.

[...] Georg Kaiser steht unter den expressionistischen Dramatikern an hervorragender Stelle, sein Schaffen bewegt sich auf der mittleren Linie im Gegensatz zu einer ganz radikalen Strömung der neuen Richtung. Wenn Kaiser aber auch zu den Gemässigten rechnet, so ist er, wie aus dem Schauspiel *Gas* ohne weiteres ersichtlich ist, nichts weniger als zielbewusst, und Inhalt wie Form tragen den vollgültigen Stempel der neuen Richtung. [...]
Dass dieser neue Stil auch neue Anforderungen an den Schauspieler stellt, liegt auf der Hand. Man spielte bisher impressionistisch, zerteilt, ausgestrichelt, differenziert, suchte bis in das letzte Äderchen der Rolle vorzudringen. Der Expressionismus verlangt das Gegenteil, er will nicht Umschreibung, sondern Heraushebung des Wesentlichen, nicht das Detail, sondern das Ganze.
So mühte man sich denn auch am Samstag abend furchtbar ab, der neuen Forderung gerecht zu werden. Es ging ausserordentlich geräuschvoll zu auf der Bühne in dem Bestreben, die innere Kraft der Rollen hervorzukehren. An die Spannkraft des einzelnen war die höchste Forderung gestellt. [...]

Besondere Anerkennung verdient die Inszenierung des
Stückes, die Herr Merz mit tiefem Verständnis für das Wesen
der Dichtung durchführte. Auch hier war auf jedes Detail
verzichtet und nur die allernötigsten Requisiten wurden
verwendet. Der neue Stil fand konsequente Durchführung — bis
zu den futuristischen Fensterscherben nach der Explosion.
Die so geschaffenen Bühnenbilder waren ausnahmslos sehr
wirkungsvoll.
  Das Publikum stand dem Stücke ziemlich ratlos
gegenüber. Es wusste nach den ersten Akten nicht, ob
schweigen oder klatschen. Erst am Ende des Stückes wagte
sich stärkerer Beifall hervor, der aber wohl nur den
Darstellern galt.

[1920], *Deutsches Volkstheater*, *Vienna*. *Dir.*: *Alfred Bernau*;
Klitsch *(Milliardärsohn)*; *Evert* *(Ingenieur)*.

97. Alfred Polgar, *Die Weltbühne*, 16, No. 52 (23.12.1920),
736—37.

  [...] Die paradiesische Welt, wie sie der Dichter
träumt, sieht ein wenig bilderbuchschön aus.
Jericho-Trompete bläst er besser als Schalmei. [...]
  Es ist ein grosser Ausklang: kalt und dekorativ gleich
mancher andern Hoch-Geste, die dem Pathos des Spiels
aufgesetzt ist. Das Motiv 'Mensch, sei Mensch' hat ja seinen
musikalischen Wert, aber es ist, seien wir ehrlich, doch
eine recht kitschige Melodie, der reine C-dur-Dreiklang. Wir
sind der erhabenen Anrufe (wie der grossen Abstrakta)
furchtbar müde. Sie riechen nach Chloroform, und es wird uns
übel, wenn man uns mit ihnen übers Hirn wischt. Sonderbar,
wie Vieles in der (bekanntlich: geballten) Diktion Kaisers
nur kristallisierte Phrase, wie oft die Knappheit blanke
Protzerei eines Redseligen, und wie Vieles wiederum ganz
künstlich gedehnt scheint. Der dritte Akt (die Sitzung)
liesse sich zur Gänze streichen, ohne dass im geistigen oder
mechanischen Gefüge des Dramas der kleinste Riss klaffte.
Dessenungeachtet ist *Gas* das Werk eines Dichters, der von
der Verstrickung der Erdgeborenen ins Menschliche und
Sachliche seine Vision hat, Welten, wenn auch nicht
umzureissen, so doch zu umreissen versteht, und das Stück
Garn aus dem Knäuel von Menschen und Dingen, das ihm
zwischen die Finger kommt, kunstvoll zu verweben weiss.
  Der Aufführung im wiener Deutschen Volkstheater (Regie:
Direktor Bernau) glückte Eindruck des Überdimensionierten.
Menschen und Kulisse gerieten so wirklich-unwirklich, wie es
der Stil des Werkes erfordert. Herr Klitsch spielt den
Milliardärsohn. Er ist schön intensiv, aber nur und immer
intensiv. Im Buch hat die Figur nicht nur diesen einen Ton,
sondern mancherlei Zwischen- und Übertöne, sogar ein Tönchen
von Humor. Mit der Posaune ganz alleine macht man solche

Sachen nicht.

7.9.1928, Schillertheater, Berlin. Dir.: Leopold Jessner; sets: Emil Pirchan; Walter Franck (Milliardärsohn); Lothar Müthel (Ingenieur); Alexander Granach (Schreiber); Elsa Wagner (Mutter); Hans Leibelt (Regierungsvertreter); Albert Florath (Der weisse Herr); Veit Harlan (Arbeiter mit Gasmaske).

98. H. Ihering, *Von Reinhardt bis Brecht*, pp. 274-76.

Georg Kaiser wird fünfzig Jahre alt. Die Anregungen, die die verschwenderische Zahl seiner Theaterstücke in die Zeit getragen hat, scheinen einer noch umfassenderen Spanne anzugehören. Es gibt kaum ein Thema, das er nicht angerührt, kaum eine Schauspielform, die er nicht ausprobiert, kaum einen Stil, den er nicht versucht hätte. In einer Epoche, als das deutsche Theater stofflich verarmte und formal verwilderte, hat Georg Kaiser die Bühne an neue geistige Auseinandersetzungen und neue stilistische Probleme gewöhnt.

Georg Kaiser hat Themen und Stilarten so früh und so schnell vorausgenommen, dass sie — in seinen ersten Stücken — schon veraltet erscheinen, bevor sie sich in der langsamen Entwicklung des Lebens, in der zähen Gewohnheit der Literatur auswirken und durchsetzen konnten. Georg Kaiser überholte die Wirklichkeit durch den Stil. Die Sekundenschnelligkeit seines Blicks, die Überempfindlichkeit seines Gehörs (für kommende Probleme) liessen ihn den Ausdruck und die Form fast schneller als den Inhalt haben. Wenn man heute, zehn Jahre nach der Uraufführung, das Schauspiel *Gas* wiedersieht, so erkennt man, dass der Stil rissig geworden ist, obwohl das Theater sich die inhaltliche Problematik des Stückes erst langsam zu erobern bemüht.

Georg Kaiser ist den umgekehrten Weg gegangen, den heute Drama und Bühne zu gehen sich anschicken. Wenn heute das Theater sich nicht mehr den Vorgängen verschliesst, die unsere Zeit in der Politik, in der Justiz, in der Wirtschaft bestimmen, so sind das Anfänge, Versuche auf lange Sicht. Georg Kaiser ist der *Dramatiker auf kürzeste Sicht*. Ihm verflüchtigte sich ein Thema endgültig zum Stil, bevor es in der sozialen und geistigen Welt durchgekämpft war. Er bereitete nicht vor, er machte keine Stellungen sturmreif. Er machte Minutenrevolten, Sekundenoffensiven, Augenblicksangriffe.

In *Gas* dichtet Georg Kaiser den Kampf zwischen Mensch und Maschine, zwischen Natur und Technik. Aber er eilt über alle Widerstände hinweg sofort bis ans Ende. Er läuft so schnell, dass er künstliche Widerstände einschalten muss, um nicht zu schnell das Ziel zu erreichen. Er übertreibt. Technik, Industrie, Maschine, chemische Erfindungen genügen ihm nicht. Er gibt nicht das gigantische Wunder der *wirklichen* technischen und chemischen Möglichkeiten. Er überdichtet die Ingenieure und Chemiker und kommt so, er, der knappe, trainierte, schlanke Geist, in die Nähe des *Metropolis*-Films. Er überspringt das geistige Problem und gibt Fabrik und Siedlung, Arbeiter und Bauer in einer Antithese, die weder der sozialen noch der geistigen Wirklichkeit standhält. Ein erstaunlicher Widerspruch: Kaisers Tempo wirkt ebenso wagnerisch sakral wie Fritz Langs pathetische Feierlichkeit.

Leopold Jessner hat dem Stück Schärfe, Rückhalt und Akzente bewahrt. Die erste Szene bereitet meisterhaft die Explosion vor. Die Arbeiterversammlung ist genau und einprägsam gegliedert. Die Schauspieler sind richtig eingesetzt. [...]

99. Fechter, *Deutsche Allgemeine Zeitung* (Berlin), 8.9.1928.

[...] Das Stück ist merkwürdig lebendig geblieben — in einer spezifisch Kaiserschen Lebendigkeit. Wer die Art dieses Autors kennen lernen will, sehe sich dies Drama an, das immer noch eines seiner besten ist, weil es am reinsten aus seiner Welt wächst. Kein Versuch zur Menschengestaltung, der bei Kaisers Substanzlosigkeit immer negativ ausgehen muss, kein ehrgeiziges Entgleisen in dichterische Regionen, in denen er nichts zu suchen hat: dafür aber eine reinliche sauber exakte Diskussion von Lebensproblemen — abstrakt gefasst, abstrakt erledigt. Eine menschliche Zeitsituation wird auf ihre knappste Formel gebracht, aus der Formel wird der knappste Ansatz zu einer mathematisch dramatischen Entwicklung abgeleitet — dann folgt alles weitere notwendig, klar, eindeutig aus dieser Entwicklung. Es gibt keine Menschen, es gibt keine Schicksale: Eine Idee wird an Figuranten ihrer Betrachtungsmöglichkeiten abgewandelt. Man behält nichts in den Händen als eben diese formelhafte Abwandlung: da diese sauber und reinlich vollzogen wird, sagt man am Ende unbeteiligt und kühl bis ans Herz hinan: Wieso nicht? Man wäre froh, wenn die andern Autoren heute nur den zehnten Teil von der leidenschaftlichen Intelligenz und dem Handwerksehrgeiz Kaisers hätten.

[...] Das Ziel ist diesmal der Mensch — insofern erweist sich das Drama als Produkt der Jahre um 1918. [...]

Ein isolierter Mensch schrieb dies Drama, eine, der eine witternde Erkenntnis der Gegenwart hat, aber eigentlich ausserhalb ihrer lebendigen Bezirke steht. Kaiser hat den alten biblischen Fluch gegen die Arbeit erkannt — er kann ihn nicht gestalten, aber sehr konzentriert diskutieren. Seine Töne werden falsch, sobald er ans gelebte Leben zu rühren sucht — sobald er nur Betrachtungsweisen gibt, interessiert er und man geht mit. Er weiss keinen Weg und keine Antwort. Die Fragen aber, die er formuliert, sind so aktuell, dass man sich für zwei Stunden dieses Theater der Intelligenz gern gefallen lässt. Es gibt dem Hörer

ironischerweise gerade menschlich nichts: es interessiert
intellektuell und bringt Probleme zum Bewusstsein, was man
auch nicht verachten soll.
　　Die Aufführung unter Herrn Jessners Regie war erheblich
naturalistischer als damals die des Doktor Legband am
Bülowplatz. Der kam mit Expressionismus und Stil; Herr
Jessner hält sich mehr an die neue Sachlichkeit. Manchmal
ein bisschen zu viel: der erste Akt mit dem phantastischen
'weissen Herrn' wirkte in der expressionistischen
Unwirklichkeit der Volksbühne weit stärker als hier mit dem
behaglich diesseitigen alten graubärtigen Arbeiter, in den
sich das Gespenst verwandelt hatte. Dies Stück ist
unwirklich, fast geistig — da verträgt es schon ein bisschen
mehr Unwirklichkeit, als Herr Florath zu geben hat.
　　[...] Die Arbeiterchöre des vierten Aktes waren
vortrefflich gedrillt und gesteigert: Der letzte Akt
verblasste und versank, wie seinerzeit bei der
Erstaufführung.
　　Der Erfolg stieg langsam an; am Schluss wurden Jessner
und die Schauspieler immer wieder gerufen.

100. R. Nbg., *12 Uhr Blatt* (Berlin), 8.9.1928, incomplete.

　　Im Gegensatz zu andern Werken Georg Kaisers hat *Gas*
[...] nicht mehr die sprengende Wirkung der damaligen Zeit.
Die Form des Dramas stimmt heute noch, die Sprache ist nicht
unaktuell geworden, aber die Problemstellung überholt und
schon beinahe nicht mehr zutreffend. Dieser Milliardärsohn
[...], der sich vom Gas abwendet und den Siedelungen zu, hat
nicht mehr die Existenzberechtigung der ersten
Nachkriegsjahre, weil der Tageskampf schon über diese Fragen
hinweggegangen und andere stellt. Das grosse Gaswerk, das
den Gewinn unter die Arbeiter verteilt, die Explosion, der
Streik der Arbeiter, die Siedlungspläne, die Ansprache des
Ingenieurs, der Neuaufbau der Gaswerke, all das geht nicht
zueinander, verflattert etwas, weil die einzelnen Vorgänge —
man erkennt das heute klar — den Gesamtkomplex
auseinanderdrängen, aber nicht umfassen.
　　[...] Es ist eine ausserordentlich knappe, klare, kalte
Inszenierung, die wirklich in jeder Szene rettet, was hier
noch zu retten ist. Ohne Überschwang, ohne Pathos werden die
fünf Akte heruntergerast in einem Tempo, das sie allein noch
erträglich macht. Die grosse Arbeiterszene ist kühl und
nüchtern gehalten und gerade deshalb sind die Ausbrüche um
so stärker, haftender. [...] In den Streikszenen ganz
ausgezeichnet Elsa Wagner, Maria Koppenhöfer und gleich zu
Beginn, als der Arbeiter mit der Gasmaske Veit Harlan mit
einem Schrei, der nicht zu Ende ging, der sich qualvoll
steigerte und einhämmerte in das Bewusstsein der Zuhörer,
ein Schrei des Menschen, der im Todeskampf noch taktmässig
dahinmarschiere [sic], ein Schrei gegen alle Gaskriege.

101. Ernst Degner, *Vorwärts* (Berlin), 8.9.1928.

Zwei Berliner Bühnen führen jetzt Georg Kaiser auf. Jessner verfolgt bei seiner Inszenierung im Schillertheater ein anderes System als die Kammerspiele. Dort lässt Forster-Larrinaga nur die Wortgewalt wirken. Da Kaiser die Bühne sicher beherrscht, entsteht dadurch die grosse Theaterspannung. Jessner unterstützt das Wort durch grandiose Bühnenbilder, durch Aufmarsch und Aufschrei von Massen. Der Aufwand ist erheblich, die Wirkung spärlich. Grosse Ursachen, kleine Wirkung. In *Gas* schwelen Gedankengänge und Probleme des Sozialismus. [...] Die Leidenschaften, die gegeneinander spielen, illustriert schon allein die Wucht der Kaiserschen Sprache. Worte und zerhackte Sätze prallen mit Wucht aufeinander und reissen die Handlung gewaltsam vorwärts.
    Das will Jessner mit imposanten Bühnenmitteln unterstreichen. Aber die Effekte schlagen das Wort tot. Sensationen fürs Auge und fürs Ohr knallen von der Bühne ins Parkett. Lichtsignale blitzen auf, Sirenen heulen, wirklichkeitstreu kracht die Explosion, so wirklichkeitstreu, dass der Pulverdunst noch bei Schluss der Vorstellung den Raum erfüllt — Gas im Schillertheater. Jessner hat sich scheinbar für das Bühnenwerk die kindlichen Inszenierungsphantasien des Filmregisseurs Fritz Lang zum Muster genommen, die allenfalls ein Kinopublikum beglücken. Alles bleibt am Äusserlichen haften, die Vehemenz des Schauspiels kommt nicht zum Ausdruck, bei Jessner fehlt der Schwung, das Tempo, das Leben. Dies Schauspiel schreit nach Piscator.
    [...] Die Zuschauer, benommen von den pompösen Zurichtungen, rufen Jessner und jubeln ihm zu.

102. A. Ltg., *Berliner Nachtausgabe*, 8.9.1928.

Der Intendant Leopold Jessner setzt seinem Theaterpublikum im Schillertheater nun auch Georg Kaisers *Gas* in fünf Akten, auf knapp eineinhalb Stunden zusammengedrängt, vor. Und es zeigt sich: Ähnlich wie beim Film fallen die literarischen Modeerzeugnisse von vor 10 Jahren dem Lächeln anheim. *Gas*: bekanntlich die Geschichte des Milliardärssohn, der [...] sich auf sein Menschentum besinnt und die uralten Pläne von der Parzellierung grosser Landflächen und Ansiedlung von Arbeitern wieder aktuell werden lässt. [...]
    Solche Gedanken dachte man vor fünfzehn Jahren in einem Kaffeehaus und spülte sie mit einem herzhaften Kognak herunter. Solchen Gedanken gab man 1919 — in der Atmosphäre abklingender Revolution — Bühnenraum und borgte sich beispielsweise bei der Premiere in Frankfurt am Main vom roten Marinerat zur Aufführung echte Maschinengewehre. 1928

hat man zu diesen Gedanken keine Beziehung mehr und
betrachtet das Schauspiel lediglich mit dem fragenden
Interesse: Was macht der Regisseur daraus?
   Und Jessner gibt ein flackerndes Bühnenbild mit
technischen Details und ingeniöser Phantasie, das andere
Spezialisten für Bühnenbilder, die an Ausstellungsräume auf
einer technischen Musterschau erinnern, vor Neid erblassen
machen könnten. Man erlebt eine recht herzhafte Explosion,
sitzt dafür aber auch eine Stunde in einem verdunsteten und
verqualmten Raume, man erlebt eine Massenszene, die von
Neuköllner Kommunisten auch nicht viel besser vorgeführt
werden kann. Und man sieht auch ein Maschinengewehr, das
merkwürdigerweise nicht zu tönendem Mitspiel kommt. [...]

103. Franz Leppmann, *B. Z. am Mittag*, 8.9.1928.

   [...] Sind die Zeiten, die ihm damals eine besonders
bedeutungsvolle Resonanz verliehen, immerhin eine
Kleinigkeit glatter und ruhiger geworden, im Tiefsten
handelt es sich heute um dasselbe wie damals, das Stück hat
die ewige Jugend seines Problems, nein, viel spitzer und
brennender noch als damals und je ist heute der Zwiespalt
zwischen dem durch die Werkfron verstümmelten, verbogenen,
verarmten, betrogenen Berufsarbeiter und dem 'Menschen'
schlechthin, dem harmonischen, allseitigen, in seiner
Ganzheit heiteren Herren der Schöpfung [...]. Unendlich ist
die Not und mit ihr die Sehnsucht seitdem gewachsen. So ist
Kaisers Werk womöglich noch beträchtlicher geworden, sehr
gross sind seine denkerischen Dimensionen, und sein Herz
brennt in einer reinen, von keinen Sentimentalitäten
verunreinigten Flamme.
   Jessners Regie führt vieles zu eindringlicher Wirkung.
Der erste Akt im technischen Arbeitszimmer des
Milliardärsohnes, mit wunderlichen Apparaten und Lichtern
und Tabellen, bei einfallender Tanzmusik, ist glänzend
gesteigert bis zur Explosionskatastrophe, schöpft alles
naturalistisch zu Bewältigende rein aus, verzichtet aber
leider auf das Jenseitige: den allerersten Anfang, den
geräuschlosen Besuch jenes unheimlichen weissen Herrn auf
Gummisohlen, aus dem Albert Florath eine bedeutungslose
Nebenfigur machte oder machen musste.
   [...] Bekanntlich schliesst Kaiser sein Stück [...] mit
dem Ausblick auf den neuen, noch ungeborenen Menschen.
Dieser Schlussakzent verwischte sich bei Jessner, der noch
ein stummes Defilee von Arbeitern zugibt. [...]

104. Franz Servaes, *Berliner Lokal-Anzeiger*, 8.9.1928,
incomplete.

Pausenlose Aufführung. Fünf Akte in weniger als zwei
Stunden heruntergespielt. Hohes Lob dafür. [...]
   Dieses nun ein Jahrzehnt alte Stück Georg Kaisers wirkt
heute schon ein wenig abgeblasst. Das konstruktive Gerippe
wird gar zu sichtbar. [...]
   Wie jede Bühnendichtung von Kaiser, ist auch dieses
Stück mehr ein Gleichnis als lebendige Zeitgestaltung.
Jedenfalls, wer irgendwelche aktive Tendenz, nur gar eine
sozialistische, dahinter sucht, befindet sich auf dem
Holzwege. Eher könnte man von einer Tragikomödie des
Individualismus reden. [...]
   Überhaupt hat Jessner die Dichtung Kaisers für mein
Gefühl zu realistisch, manchmal direkt trivialisierend,
angepackt. Was ist aus der Anfangsfigur des 'weissen Herrn',
diesem spukhaften Symbol des 'weissen Entsetzens', geworden?
Ein biederer, weissbärtiger Arbeiter, der einigen Kohl
dahinschwatzt (Albert Florath). Ebenso sind die fünf
'schwarzen Herren', die etwas Uniformiertes,
Marionettenhaftes haben müssten, beliebige
behaglich-schneidige Fabrikdirektoren, in beliebiger
Kleidung, geworden − unter denen der Milliardärsohn, statt
sich prägnant von ihnen abzuheben, wie einer ihresgleichen
sitzt. [...]

105. Fritz Engel, *Berliner Tageblatt*, 8.9.1928.

   [...] Auch das Problem, obschon geknüpft an Gegenwart
oder denkbare Zukunft utopisch: soll der Arbeiter wiederum
ländlich werden [...]? Oder soll er [...] sich nun auch
allen Gefahren der Industrie aussetzen [...]? [...] Das ist
es ja stets bei Georg Kaiser: ihn reizt das Problem nur
insoweit, als es sich theatermässig wirkungsvoll erörtern
lässt. Viele Blätter hat er schon beschrieben, aber als
ethisch-sozialer Denker, Durchdenker, Zuendedenker, als
geistiger Reformer oder gar als Revolutionär ist er selber
ein unbeschriebenes Blatt.
   Im Herzen ist es ohnehin leer, in seinem Gehirn sind
nur die Bühnenzellen entwickelt. Aber das ist denn
grossartig: wie er baut. Der vierte Akt [...] das reisst
fort. Shakespeares Coriolan ist in die Luft der heutigen
Arbeiterwelt versetzt. Nur dass dieser Shakespeare mit dem
Gedanken nicht nur spielt, um der grossen Szene willen; dass
er, ein ganz entschlossener Aristokrat und Feind der Masse,
den in seinen Tagen allerdings nicht sehr grossen Mut hat,
sie furchtbar zu verspotten.
   Der Schluss ist dann schlechtes Theater oder vielmehr
schmalzige und wohlfeile Lyrik. Die Tochter des
Menschenfreundes sprüht von einer besseren Zukunft. [...]
Alles wird gut sein, zumindest wird *Gas, II. Teil*
geschrieben werden können. Entsetzlich banal. Ich möchte
vorschlagen, den fünften Akt zu streichen.

Leopold Jessners Regiearbeit in hohen und höchsten Ehren! [...] Jessner [...] hält die grosse Gefahr des falschen Pathos fern. Zwischen den realen Vorgängen und dem Übersinn schafft er das Zwischenreich, in dem wir an Lebensspiegelung in einer erhöhten Form glauben dürfen. Er gestaltet Diskussion. Er lässt keine tote Stelle aufkommen, er und wir mit ihm sind in steter, in jeder Hinsicht pausenloser Bewegung. Den vierten Akt [...] schafft er dem theaterkundigen Verfasser in der reichsten Fülle nach. Zorn der einzelnen, die sturmbewegte Unruhe der Menge finden sich zu einem grossen Oratorium zusammen. Auch im fünften Akt, obschon er sich missen liesse, ist der Aufmarsch der Arbeiter in seiner Stummheit erschütternd; zurück in die Fabrik mit heissem Lebenswillen, mit dumpfem Todeswillen. [...]

Hölle Weg Erde

5.12.1919, Uraufführung, Neues Theater, Frankfurt/M. Dir.: Arthur Hellmer; sets: F. K. Delavilla; Karl Zistig (Spazierer); F. W. Schröder (Strafhausdirektor); L. Sagan (Lili); Hermann Kner (Anwalt).

106. Bernhard Diebold, *Frankfurter Zeitung*, 6.12.1919, in Rühle, pp. 184–87.

    Dreimal stellte Georg Kaiser schon die soziale Frage: *Die Koralle* – *Gas* – und nun: *Hölle Weg Erde*. Du musst es dreimal fragen! Eine Trilogie – denn war *Gas* der *Koralle* zweiter Teil, so bildet das neueste Spielwerk wohl den dritten. [...]
    In *Gas* [...] verkündete [die Tochter] zum Aktschluss fromm: dass sie den neuen Menschen gebären werde... Und seitdem erwarten wir mit Spannung die Frucht dieser Schwangerschaft.
    Sie ist nun geboren. Nicht nur als der *eine* Sohn, der als 'Spazierer' aus der Hölle den Weg zur neuen Erde findet, sondern als eine ganze, neue, bekehrbare Menschheit – bekehrbar durch des *Einen* 'tiefste Wahrheit', die nimmermehr 'so ungeheuer ist, dass sie ohnmächtig zu jeder Wirkung wäre'. Ja – entgegen jenem doch wohl etwas voreiligen Motto – ist die Bekehrungs-Wirkung verblüffend, ungeheuer: *unglaubhaft* in Stoff und Kunst. Dies ist die Hauptschwäche von *Hölle Weg Erde*.
    Wie es der Titel ahnen lässt, ist dieser dritte Teil der Trilogie wieder Trilogie. Hölle ist die Welt des Kapitalismus – nicht geahnt als Hölle von den Kapitalisten. [...]
    Das war die 'Hölle', und damit das beste. Schlagende Dialektik der Gewalten. Überzeugender Idee-Sieg des Spazierers. Columbus-Entdeckung der kapitalen Zeitsünde. Der Spazierer stellt sich – unwissentlich – dumm vor Anwalt und Hafthausleutnant. Er fragt die im Zwange der Welt Befangenen wie ein Kind und fordert wie ein Narr: das Unpraktische, das Unerhörte, das – Unkapitalistische. Sokratische Frag-Methode – Hebammenkunst zur Herauslockung der Wahrheit. Dann folgt Tat. Spannung auf Kommendes, auf den 'Weg', der nun bereitet ist.
    Der 'Weg' aber enttäuscht. Denn der eigentliche Weg liegt in der Theater-Pause *zwischen* Hölle und Weg, während Spazierer seine Strafzeit im Hafthaus büsst. Nicht in den Szenen des Weges, die weniger die Bekehrung, als eigentlich schon die mit wunderbarer Schnelle Halb-Bekehrten und auf kurzen Anruf des Spazierers Voll-Bekehrten vorstellen. Da wissen sich plötzlich alle schuldig [...]. Und nun rasch

Revolution!
[...] In steiniger Ebene, im Graulicht noch, finden sie sich zusammen. [...] Alles kommt zur Einung: 'denn ihr seid die Erde!' Die Sonne bindet im Hochglanz weisser Strahlung alle Einzelwesen zur Totalität. Himmel auf der Erde.

Das ist auf grosses Format hin erdacht, auf mächtiges Dichter-Format. Der Teil 'Erde' forderte Hymnen. Hier müsste Lyrik singen, brausen, dröhnen. Musik aller Orchester der Sprache. Hier, Georg Kaiser, hier Expression mit tausend Zungen! Hier Trilogie der Leidenschaften in Raserei und Ekstase. Sonst bleibt alles Projekt, Programm, Erdachtes, Erspieltes, Gewolltes, Gekonntes. Aber Kaiser fand den Hymnus nicht, seine Kehle blieb trocken. Sie gab die stockenden, gläsernen, unheimlich verschweigenden Wortreihen für die Spannung des Anfangs; sie gab formulierte geballte Sätze; skelettierte die Dialoge zum Eisengerüst der äussersten Gedanken-Tragkraft. Kannte man schon bei Sternheim diesen Stil des Telegramms – Kaiser übertrug ihn vom Einzelsatz, von der Periode auf die Szenen. Das ganze Drama wird in dieser erstaunlichen Ingenieur-Technik zur Präzisionsmaschine symmetrischer Entwicklungen, zum Experimentierapparat für Zeittendenzen, Menschheitsströmungen, Philosophie, Soziologie usw. Ausser von Sternheim ist von keinem wie von Kaiser (wenn auch diesmal die Steigerung versagte) Zucht, Klarheit, Architektur und Theatersymbolik abzulernen. – Sinnfälligkeit der Allegorie. Aber die Seele, die Glut, die den blossen Stimmungsklang überschwebende Poesie – die tönt hier nicht. Auch 'Der dramatische Wille' – so heisst die Dramensammlung, der das Stück als Buch angehört –, der Muss-Wille der echten Dramatiker-Persönlichkeit ist lahm, und sein Mangel lähmt das Leben im Werke. Der Schrei erlischt und die Stille donnert nicht.

Für die kleine Bühne des Neuen Theaters war die Aufgabe gross. Sprech-Chöre der Gefangenen mussten bewältigt werden, Beleuchtungskünste hatten eine geheimnisvolle Atmosphäre zu zaubern, eine reiche Rollenzahl harrte der Erfüllung. Direktor Hellmer suchte als Spielleiter all diesen Anforderungen gerecht zu werden, und er verdient für das, was er mit wenig Mitteln erreichte, durchaus Anerkennung. Mit malerischen Mitteln wurde die Grundstimmung wesentlich getroffen. Entsprechend Kaisers kristallischer, unsinnlicher Härte waren Hintergrund und Einzelrequisit von einem kubistischen Rahmen-Bogen umspannt, der dreimal – je nach Hölle, Weg oder Erde – in seinen Form- und Farbmotiven wechselte. Prinzipiell wird aber der Kubist gegen die dekorativ-schmückende Verwertung der kubistischen Raumgestaltung protestieren müssen: man kann nimmermehr kubistisch einfach 'rahmen' und das 'Bild' real geben, ohne Geist- und Stil-Widersprüche hervorzurufen. Sie wurden im Schlussbild ausgeglichen, für dessen Farbkraft dem Maler Delavilla gedankt sei. [...] Der Beifall blieb nicht ganz ungetrübt.

Die Theatralik Georg Kaisers wird im allgemeinen mehr mit Regie als mit gewohnter Schauspielkunst bewältigt werden müssen. Die Menschen seiner Stücke spenden wenig Lebenssaft für die Adern der Rolle. Es müssen ungewöhnlich begabte Spieler oder völlig hingerissene, gläubige, besessene – Dilettanten sein, um hier stark wirken zu können. Das tönt wohl Vielen kurios. Aber nur Ausbruch und Ekstase – stärkstes Talent oder selbstvergessenes (wenn auch dilettantisches) Durchleben – machen diese Typen seelisch, und damit für den Zuschauer wirklich miterlebbar. Hier harrt die Aufgabe einer expressionistischen Schauspielkunst, die den Georg Kaiser an ihm selbst überwände.

107. Bernhard Diebold, *Das literarische Echo*, 22 (1919–20), 475–76.

[...] Dieser gewiegte Theatraliker [Kaiser] leistet es sich, die übliche Sentimentalität krass zu verschmähen. [...] Alle Wärme, Weichheit, alles Gefühl, alle Seele muss er dem Schauspieler überlassen. Doch schafft er ihm das Gerüst, die Form, das Skelett, zu dem der Darsteller Fleisch und Blut und Nerv zu fügen hat. *Hölle Weg Erde* ist wieder meisterhaft gebaut – konstruiert. Kaiser nimmt eine Zeittendenz, gibt ihren Bejahern und Widersachern die politische Dialektik, wandelt sie nach allen Flexionen ab. [...] Die Schuldbekenner aller Stände machen sich auf den Weg. Aber die Bekehrung ist nicht glaubhaft. Sie bleibt Hypothese, wird Behauptung. Wir sehen keine seelische Entwicklung dieser Menschen. Urplötzlich sind Sträfling, Leutnant, Anwalt, Juwelier und Modedame mit unsichtbarem Büsserhemd umkleidet. Erst das Wie der Bekehrung zeigte uns den 'Weg' – aber die schlechthin behauptete Tatsache, dass alle Menschen Brüder werden, wo des Spazierers trauter Flügel weile, wirkt utopisch, programmatisch. Ergäbe doch die Zusammenfindung aller Bekehrten auf der 'Erde', – hier alle einig in einem Geist der Liebe – ergäbe doch diese Weltenbrüderschaft einen Hymnus, einen Choral der höchsten Worte: dann rechtfertigte eine Dichtertat die Vision glücklicherer Zukunft. Aber die mangelnde Lyrik an dringlichster Stelle ist hier Beweis, dass die 'Vision' eben nur Programm war. Nichts Seherisches, sondern Erfundenes. Wo ist die Sprachkunst der *Bürger von Calais*, wo die des *Korallen*-Schlusses geblieben? [...] Denn dieses ist Können – nicht eigentlich Kunst.

108. Richard Dohse, *Die schöne Literatur*, 20, No. 26 (20.12.1919), 295–96.

Eine begeisterte Anhängerschaft Georg Kaisers und seiner Kunst klatschte Beifall, ein paar Zischer gaben ihrem

Unwillen Ausdruck, die Mehrzahl der Hörer aber schwieg und
schüttelte den Kopf, als man des Dichters neuestes Stück in
drei Teilen *Hölle Weg Erde* aus der Taufe hob. Welche von den
drei Gruppen das Richtige getroffen hat, ist schwer zu
sagen, denn Kaiser geheimnisst, obwohl der Vorwurf, eine
Erlösung der Menschheit von innen heraus anzubahnen,
durchaus zeitgemäss ist und sich zugleich auch folgerichtig
seinen übrigen Werken angliedert, in die Ausführung soviel
Absonderliches, soviel dunkel Symbolisches, soviel
Unverständliches und sprachlich Eigenwilliges hinein, dass
man nur schwer diesem modernen Heilsucher mit dem
bezeichnenden Namen 'Spazierer' auf seinem Erlösungsweg von
der Hölle der Menschheit, in der sie durch den Kapitalismus,
durch Egoismus, Strebertum und mangelnde Nächstenliebe
befangen ist, bis zur neuen, von allen Schlacken einer
falschen Moral gereinigten Erde folgen kann. In zwölf
kaleidoskopartig aneinander gereihte Bilder, die in ihrer
steten Gleichmässigkeit und Eintönigkeit ermüdend wirken,
zerflattert die an sich gute ethische Idee;
marionettenartig, mit stereotypen, eckigen Bewegungen sehen
wir die Handelnden auf der Bühne, abgerissene Fragen und
Antworten wechseln mit ekstatischen Gefühlsausbrüchen, neben
alltäglichen, zu vielen Malen wiederholten Wendungen stehen
Satz- und Wortverdrehungen, die an die Auswüchse des
Expressionismus erinnern. Es ist vielleicht Sache des
Temperaments oder des Gefühls oder besser der Stellung, die
man überhaupt zu der Kunst Kaisers einnimmt, so oder so zu
urteilen. Die Ehrlichkeit aber gebietet es, gegen eine
derartige bühnenmässige Ausführung einer gewiss tiefen und
der gärenden und nach Verinnerlichung des Menschen ringenden
Zeit zweifellos entsprechenden Idee Front zu machen. Auf
diese geheimnisvoll-orakelnde Art, auf diese Weise, aus
einem absonderlichen Einzelfall, dem Selbstmord eines
Unglücklichen, die Schuld 'Aller', der gesamten Menschheit,
zu konstruieren und dann, darauf aufbauend, wirklich
gangbare Wege zu einer neuen Menschheitsgemeinschaft
aufzuzeigen, schient mir kaum möglich zu sein. Auch wird der
Sache des Expressionismus und dem guten und berechtigten
Kern, den er in sich birgt, mit einer derart unruhigen und
mit allen bisher bestehenden Bühnengesetzen in radikalster
Schroffheit brechenden Kunstübung keineswegs gedient. Die
Aufführung, die vom Direktor Hellmer mit aller Umsicht
geleitet wurde, hatte sich der Wesensart des Stückes restlos
angepasst. Kubismus und Futurismus feierten wahre Triumphe
in den Bühnenbildern von F. K. Delavilla, man arbeitete
teils mit Halbdunkel, teils mit magischen und das
Symbolische der Vorgänge andeutenden Lichtwirkungen, kurz,
es war alles getan, um den Eindruck einer revolutionierenden
Bühnenkunst voll zu machen. Auch die Darsteller [...]
blieben dem Dichter und seinen Absichten nichts schuldig.
[...] Und doch und trotz allem: die Kunst Georg Kaisers
lässt diesmal kalt bis ins Herz hinein. Immer wieder spürt
man kühle Berechnung und eine raffinierte und bis zur
Virtuosität gesteigerte Technik, wo man Wärme und Tiefe der

Empfindung ersehnte, immer wieder wird man durch gesuchte äussere Effekte abgestossen, immer wieder bleibt man letzten Endes im Innern leer und unbefriedigt.

109. Josef Meier, *Berliner Börsen-Courier*, No. 575, p. 5.

Unheimlich lastende Stille im Zuschauerraum. Ist es Andacht, Ergriffenheit? Dann sind mir alle Schauer vor dem Erhabenen abhanden gekommen. Ich fühle nur die Schwingungen einer verwirrenden Melodie, Worte sausen umher wie Eisensplitter, Ursprung und Ziel ganz in rätselvolle Verborgenheit gehüllt. Und nur das eine tritt klar ins Bewusstsein: Georg Kaiser führt auf diesem Weg – *Hölle Weg Erde* – den Expressionismus in eine Sackgasse. Rhythmus und Klang allein, ohne die geringste Spur von Ideenklarheit – von dramatischer Gestaltungsmöglichkeit ganz abgesehen – können kein lebendiges Gebilde ergeben, und was im Anfang, in den *Bürgern von Calais*, als verheissende Kraft und Eigenart sich offenbaren wollte, muss heute, nach dieser neusten, in ihrem geistigen Gehalt schier unergründlichen Dichtung als unerträgliche Manier, mag sie bewusst oder unbewusst sein, abgelehnt werden: vom Standpunkt jeder ehrlichen Bekennerschaft für eine Kunst, die Werte statt sinnloses Wortgeklüngel schaffen will. Denn was Kaiser sich im geheimnisvollen Telegrammstil seiner Satzgefüge diesmal leistet, ist einfach undurchdringbar.

Was will es heissen, dass sich tropfenweise eine gewisse Basis für die Absichten des Dichters herauskrystallisieren lässt? Dass man sogar auf der einfachsten Linie den grossen revolutionären Antrieb der Dichtung demonstrieren kann? Kampf gegen die Selbstsucht des Kapitalismus und Aufruf zur neuen Menschheit, zur Wanderung über die Brücke nach der neuen, reinen Erde. So wohl muss es nach den wenigen Augenblicken scheinen, in denen ein Licht in die Finsternis leuchtet, und die Marionetten auf der Bühne menschliche Gesten gewinnen. [...]

Es könnte seelische Wirkung ausgehen von diesem Sammelruf der schuldlos Schuldigen, wenn es ein Ruf wäre von klarer Gedankenprägung; von diesem Emporschreiten des feierlichen Menschenzuges, wenn es eben wirklich [sic] Menschen und nicht leblose Automaten, die der Dichter auf die Bühne stellte. Die endlosen Wiederholungen von Wort- und Satzgebilden machen deren Inhalt nicht klarer. Es ist rein eine gewisse Sicherheit des Gefühls mit einiger Kombinationsgabe, die den Faden zwischen den einzelnen Bildern spinnen lässt. Dazwischen immer wieder Momente, die den Hang und Drang Kaisers zur Groteske unabweisbar verraten und durch das Dunkel hindurchschimmernde Stimmungsgewebe zerreissen.

Für Regie und Darsteller eine bitter schwere Aufgabe! Direktor Hellmer löste sie in dem künstlerisch-einwandfreien Bestreben, die Grundmelodie der Dichtung aufzufangen, aus

Geheimnissen mit magischen Effekten Stimmungen zu schürfen.
Der Bühnenrahmen in einem kubistischen Phantasieentwurf
Delavillas. [...] Ehrlichkeit erfordert, zu konstatieren,
dass zum Schluss ein Teil des Publikums Beifallsbezeugungen
spendete, in die gemässigte Proteste hineintönen.

110. Max Geisenheyner, *Das Mittagsblatt* (Frankfurt/M.),
6.12.1919, in *Die Kritik* (1919), No. 17, p. 441.

Es wird Schindluder getrieben: mit Nerven,
Theaterkulissen und Menschheitsproblemen. Georg Kaiser heizt
alle Vierteljahre seine dramatische Höllenmaschine,
kalkuliert ihre Uhr blitzgenau aus, und lässt sie in
abgezirkelter Kurve über die Bretter rollen, bis
schliesslich die dünne Wandung platzt und ein wahrer
Schwefelregen von Menschheitsbeglückung zischend und
knallend hernieder fällt. Wenn dabei doch einmal sein
grosses Tintenfass mit in Stücke ginge. Seine Freunde sagen:
Sehr fleissig, talentiert, brillanter Techniker. Gewiss.
Möchte er doch lieber schlechtere Akte bauen — jede
kleinere, aber reinere Quelle künstlerischen Könnens ist
wertvoller, als diese geistreich regulierte Fontäne, die in
allen Regenbogenfarben schillert —. Ach — und es ist
entsetzlich, vom Geist erwürgt zu werden? Von dem
literarischen Geist, dessen dünne Waden auf zu vieles Sitzen
schliessen lassen, der der Anmassung voll, weil er die Scham
des Blutes nicht hat, der wie ein habgieriger Nimmersatt
über alles herfällt, was die Welt bewegt. Aus Dingen, um die
Ehrfürchtige ihr Leben lang ringen, baut er seine
dramatische [sic] Häuslein mit kubistischem Fachwerk. Davor
sitzt die Aktualität und hält offne Tafel. (Jedes Gericht,
ob sozial, ethisch oder metaphysisch, kann sofort
aufgetragen werden.)

Gewiss: Aus der Gegenwart können dem Dichter die
heissesten Gesichte kommen, an der sogenannten Aktualität
kann sich sein Innerstes entzünden, aber wehe ihm, wenn er
nicht die Demut des Ringenden hat, wenn er den Kampf mit der
Materie nicht kennt, damit sie ihm Blut gebe für sein Werk,
wenn er die Flamme einer grossen Idee emporschiessen lässt,
nur um seine Theaterwelt bengalisch zu erleuchten. So einer
aber ist Kaiser. Woher der instinktive Widerwille so vieler
kultivierter Menschen gegen diesen Erdenbeglücker? Es fehlt
ihnen der Glaube an seine innerste Berufung und diesen
Glauben, die Dämmerung eines solchen Glaubens hat auch in
Hölle Weg Erde trotz aller Dynamik, trotz aller Schreie,
Pausen, Verkehrungen und Bekehrungen nicht erweckt werden
können. Eine Fülle von Bildern ersteht. In der Mechanik des
äusseren Geschehens spielt Marionettenhaftes, ein romantisch
ethisches Wachsfigurenkabinett wird in Bewegung gesetzt und
die puppenhafte Hast und Einförmigkeit inneren und äusseren
Lebens legt sich lähmend aufs Gehirn. [...]

In dem Schrei des Trägers der Idee: 'Ein Mensch ist tot
— ein anderer schaukelt Perlenvorhänge in den Ohren' bot das
Drama seine Wurzel, aber es wächst kein Lebensbaum mit
reifen Früchten der Erkenntnis daraus empor, sondern ein
künstlicher, grell bunter Theaterbaum, der um so
unerfeulicher [sic] wird, je höher er sich reckt und um so
mehr er beschatten will.
    Bliebe das Handwerksmässige anzuerkennen. Es ist so gut
und so gekonnt, dass es ein Jammer ist. Alles wächst und
strebt symmetrisch zur Höhe, kein Pfeiler zuviel, kein Bogen
zu hoch gespannt, gothisch in der Anlage und doch fern aller
Gothik. [...]
    Die Aufführung unter Direktor Hellmers Leitung war aufs
trefflichste vorbereitet. Heisses Bemühen war daran gewandt.
[...] Alle [Schauspieler] waren trefflich eingestellt und
zeugten von der eminenten künstlerischen Arbeit, die hier
von Regie und Ensemble geleistet worden ist.
    Das Publikum verhielt sich im grossen und ganzen
ablehnend. Am Schluss gab es einen mässigen Beifall. [...]

111. Fred Hildenbrandt, *Frankfurter Nachrichten*, 6.12.1919,
in *Die Kritik* (1919), No. 17, p. 441.

    [...] Von Gehirn zu Gehirn laufen Fäden. Störungslos.
Von Gefühl zu Gefühl keine. Wo erfasst einer der Vielen, die
über den Verfasser reden und schreiben, sein Innerstes, sein
Gefühl? Rings um ihn nur begeisterte Essays von Dramaturgen,
Regisseuren, Kritikern über die wundervolle Technik seiner
Dramen, die Prägnanz seiner Szenen, den Aufbau von Glied zu
Glied. [...]
    Arbeit des Intellekts.
    So bei Georg Kaiser. Immer erschlägt der Artist den
Dichter. Hinter der Rampe bleibt alles stehen und lebt dort
sein blendendes, aber kaltes Dasein. Helle Freude für den
Theoretiker des Theaters. Helle Freude für den Regisseur,
der wühlen kann in Möglichkeiten. Helle Freude für den
Schauspieler, der Pathos und Gesten in seltenem Ausmasse
findet.
    Vielen aber (unsereinem) nur unbeschränkte Anerkennung
des Verstandes für soviel Thaterkönnertum [sic] wachruft.
Mehr nicht. Es scheint jedoch sehr, dass wir nach dem
Maschinenleben dieser letzten Jahre nunmehr anderes nötig
hätten, als aus Geistesmaschinen gelieferte Serien von
Thaterware [sic].
    Wie etwa dieses Stück: *Hölle Weg Erde*.
    Dem Ganzen gab der Maler F. K. Delavilla Bilder von
starken lebendigen Farben und kühnen Linien, die kleine
Bühne wuchs unter seiner Hand ins Phantastische.
    [...] Die Aufnahme des Stückes war sehr kalt und
ablehnend. [...]

112. H. H. B., *Frankfurter Volkszeitung*, 8.12.1919, in *Die Kritik* (1919), No. 17, pp. 441-42.

[...] So wird das Strafhaus ihm [Spazierer] Sinnbild einer neuen Freiheit. Als er entlassen wird, wird er zum Propheten dieser Erkenntnis. Die Welt hat jetzt Ohren zu hören, denn sie hat inzwischen die Rufe des Egoismus überwunden. (Dass diese zwischen dem ersten und zweiten Teil liegende Gesinnungsänderung der Menschen nicht klarer hervorgehoben und begründet wird, ist mit der stärkste Fehler des Stückes.) [...]
Also auch dieses Drama ist Prophetie. Eine Verkündigung des ethischen Sozialismus. Ein Aufzeigen des Idealbildes jener Zeit, die so ferne noch dämmert, da die Wandlung der Seelen vollzogen ist und damit die Wandlung der Menschheit Wahrheit wird. Der Ruf des Stückes kann unserer Zeit, die noch immer nicht erkannt hat, dass alle Besserung der Welt beim Einzelnen beginnen muss, viel sagen. Aber in wieviel Seelen brennt diese Erkenntnis tief ein? Georg Kaisers Bühnentechnik drängt sich oft viel zu sehr in den Vordergrund mit grossen und kleinen Nichtigkeiten, die in ihrer sinnfälligen [sic] Aufmachung die grosse Idee zu ersticken drohen. Er bringt auch in diesem Stücke wieder soviel Bizarres, Ablenkendes, dass der grosse Klang oft übertönt wird. Und schliesslich: Georg Kaisers Sprache fängt nachgerade an in unschöner Manier zu erstarren. Manchmal reden seine Personen ein noch ekelhafteres Deutsch als bei Sternheim. Das neue Werk zeigt so in vielen Einzelheiten grosse Schwächen. Wäre Kaiser nicht so sattelfest in seiner Bühnentechnik, er hätte leicht straucheln können. So balanziert er mit all seiner Routine immerhin noch genügend sicher auf dem steilen Grad zwischen dem Erhabenen und Lächerlichen. Und da die Entgleisungen ins Lächerliche nur in Nebensächlichkeiten sich zeigten, blieb der Erfolg nicht aus.
[...] Das Publikum zollte zum Schluss starken Beifall, eine kleine Schar zischte, drang aber nicht durch, so dass Direktor Hellmer für den nicht erschienenen Dichter danken konnte.

113. F. R., *General-Anzeiger* (Frankfurt/M.), 6.12.1919, in *Die Kritik* (1919), No. 17, pp. 442-43.

[...] Die kurze Inhaltsangabe lässt erkennen, welch gewaltigen Stoff Georg Kaiser zum Vorwurf seines jüngsten Bühnenspiels machte. Es hätte in seiner einbohrenden Anklage des Kapitalismus, in der Umwälzung aller Begriffe vor [sic] Ursache und Schuld, das gegebene Revolutionsdrama werden können, das unserer Zeit den Spiegel ihrer tiefen sittlichen Verfehlung vorhält. Aber es glüht in der Brust des Verfassers nicht die heilige Flamme der Überzeugung, die

sich an seelischer Not entzündet; es bleibt immer ein
Erzeugnis des Geistes, das jedoch geadelt ist von der
Reinheit des Wollens und getragen von der Kraft ethischen
Bewusstseins. So strebt auch die Hauptfigur der Handlung
nicht aus der bürgerlichen Enge heraus und sie ist
ungeachtet ihrer Bedeutung für den Aufbau des Stückes von
einer Farblosigkeit, die ein reines Rätselraten über ihre
symbolische Bedeutung hervorgerufen hat. Wir aber sehen in
ihr das Weltgewissen, dessen Erweckung kommen sollte. Ein
feiner Zug Kaisers ist es wieder in der Anlage seines
Stückes, die Anklage gegen den Kapitalismus mit der Frage
nach der Schuld aller zu verbinden. Hier wird das Drama zu
einem zeitgeschichtlichen Dokument, das keine
Verständnislosigkeit hinweglaugnen kann. Denn es muss
zugegeben werden, dass die Unklarheiten in Einzelheiten der
Handlung eine ausserordentliche Hingabe seitens des
Zuschauers verlangen. Und nur wer gesonnen ist, der
gedanklichen Belastung zu folgen, wird zu einem höheren
Genuss eingehen. Dann aber tauchen eine Reihe von
Schönheiten auf, die uns das rein Konstruktive mit all
seinem Zwang und seinen Unmöglichkeiten vergessen lassen.
Eine psychologische Feinarbeit ist es, wie die innere
Läuterung in den Genussmenschen, den trockenen Beamten und
den Geschäftemachern vor sich geht, um endlich alle zusammen
unter der Sonne eines neuen Tages zu vereinen. Und wie
rundet sich das Ganze nach Handlung, Sprache und Bühnenbild
zu einem expressionistischen Kunstwerke von nie dagewesener
Einheit! In diesem Zusammenhang erweist sich Kaiser als ein
moderner Schriftsteller von ungewöhnlicher Phantasie und
Gestaltungskraft. Wessen Augen und Sinne neuzeitlichem Sehen
angepasst sind, wird nicht ohne tiefe Ergriffenheit die
einzelnen Bilder in sich aufgenommen haben. Dass auch
sprachliche Vergewaltigungen unterlaufen und konkrete
Hauptwörter in der Einzahl ohne Artikel angewendet werden,
bedauern wir sehr, kann aber unser Urteil über die
geistvolle Eigenart dieses symbolischen Ideendramas nicht
ändern.
    Die Darstellung wurde von Direktor Hellmer mit eisernem
Willen und klarem Verständnis für das Symbolische der
Dichtung der gewollten Stileinheit entgegengeführt. [...]
Endlich sind noch die abstrakten Bühnenbilder von F. K.
Delavilla hervorzuheben, die wie breite Untertöne in
ungestörtem Flusse den Gang der Handlung begleiten. Sie
gaben den sicheren Rahmen zu der Gesamtstimmung ab, die dank
der vortrefflichen Spielleitung, einen expressionistischen
Charakter von seltener Einmütigkeit trug.

*20.1.1920, Erstaufführung, Lessing-Theater, Berlin. Dir.:
Viktor Barnowsky; sets: César Klein; Theodor Loos
(Spazierer); Kurt Goetz (Anwalt); Eugen Klöpfer (Juwelier);
Tilla Durieux (Lili); Emil Lind (Gefängnisdirektor).*

114. H. Ihering, *Der Tag*, 22.1.1920, in Rühle, pp. 187–88.

[...] Ein Drama des seelischen Kommunismus? Ein Drama der Weltanschauung? Ein Drama der Vokabeln. Kaisers Gehirn entreisst der Zeit ihre Schlagwörter, und diese Schlagwörter beginnen zu rotieren. Die Gestaltung ist Tempo. Die Geschwindigkeit der Szenendrehung schleudert Banalitäten wie Flammenzeichen hoch. Der Rhythmus der Wiederholung spritzt Tendenzen wie Farben ab. Der Takt der Zäsuren hämmert Zerrinnendes zu metallenen Blöcken. Stoffliches bleibt nicht zurück. Kaisers sausende Gehirnmaschinerie arbeitet restlos. Formel und Antithese bewältigen das Leben. Seelisches wird technisiert. Und Fanatismus schwebt auf als spiritueller Luftzug.

Ist dieser Expressionismus an sich noch Expressionismus? Wenn Kaiser in den Bildern der Hölle die Monotonie des Geschäftsmässigen stanzt, wenn er den Automaten der Gewohnheit das Gefühl, den Motor des Gewinns den Geist zermalmen lässt, so entstehen technische Meisterstücke. Der Mechanismus einer Zeit hat den mechanischen Ausdruck gefunden.

Aber den Weg aus dem Materialismus findet Kaiser nicht. Der Expressionismus, der nicht nur Technik, sondern Weltgefühl ist, bleibt Fragment. Die Sehnsucht schleudert sich nicht heraus. Der Wille zur Überwindung steigt nicht hoch. Kaisers Expressionismus ist Funktion. Stoff und Realität werden überwunden, aber ebenso die Energie, die Intensität der Realität, die als treibende Kräfte zurückbleiben müssen. Gefühl soll als Schwere nur deshalb getilgt sein, um als Bewegung und Flamme befreit zu werden. Kaiser entfernt sich so weit vom Anlass, dass die Ströme zwischen diesem und dem Ausdruck reissen. Dass nur noch Satzfetzen, Wortflecke, Bildspritzer rotieren. Dass logische Ketten rasen, Visionen taumeln. Und am Ende Phantasie und Verstand wie zwei Windhosen, die sich begegnen, ineinanderrennen und heulend über ein Trümmerfeld stürzen.

Am Schluss von *Hölle Weg Erde* steht das Nichts. Das Nichts, weil ein Drama, das über das Mechanisch-Erstarrte das Weltgericht spricht, selbst mit erstarrtem Mechanismus arbeitet. Das Nichts, weil eine Weltanschauung, deren Sätze ohne Glauben, nur als logische Formeln ineinandergreifen, zerfällt. Das Nichts, weil die Idee der schrankenlosen Gemeinschaft keine Weltüberwindung, sondern Weltflucht ist. Kaisers Ethos ist unproduktiv, denn es bleibt stark nur da, wo es negiert.

Die Aufführung des Lessing-Theaters gab nicht das Stück, aber meisterhafte Illustrationen zu dem Stück. César Kleins Bühnenbilder waren Textbilder; sie stellten nicht den Schauspieler heraus, aber den Bildklang der Szene. Man hörte nicht, aber man las mit ihnen das Drama. Klein hatte für ein Hotelzimmer den Mut zur grellen Farbe und für einen Brückenbogen den Mut zum Dunkel. Diese Dekoration war ausserordentlich. Ausserordentlich deshalb, weil eine

plastische Brücke, die immer auf dem Theater kompakt und real wirkte, durch Wolkenvorhänge ins Grenzenlose, Ungegenständliche aufgelöst war.
 Diese Dekorationen gaben für Barnowskys Regie den Ton an. Sie suchte und fand im Anfang das Automatenhafte, die Monotonie, den starren Rhythmus. Aber sie gewann aus dieser Starrheit nicht die Konzentration zum Schrei. Wenn im Hafthaus Gefangene unisono ihre Unschuld riefen, so war das wehleidig statt revolutionär. Wenn der Schluss hymnenhaft anstieg, so wurde das behaglich deklamatorisch. Auch Barnowsky beschränkte sich auf die Technik des Expressionismus, die man lernen kann. Aber er hatte nicht die Intensität des Expressionismus, die man haben muss.
 Diese Intensität hatten auch nicht die Darsteller, obwohl sie gut waren. Herr Loos brachte für den Spazierer nicht die Steigerung, aber die innere Anteilnahme auf. Er war menschlich und suchte realistische Zwischentöne, Bassermannsche Ansätze und Unterbrechungen, denen er sonst oft verfällt, mit Glück zu vermeiden. Herr Goetz als Anwalt vermied diese Zwischenlaute nicht. Er spielte mit stechendem, wippendem Riesenschnurrbart eine ausgezeichnete Charge. Und es war spasshaft, wie seine auf Realismus eingestellte Stimme eine überrealistische Melodie zu fassen suchte und für diese Melodie immer Stützen in naturalistischen Krächzern finden musste. Auch Herr Klöpfer gab den Juwelier jenseits des Stils. Er unterbrach sich, setzte ab und begann von neuem. Herr Klöpfer spielte Fragmente der Rolle. Diese Fragmente aber meistens wirksam, drohend und elementar.
 Tilla Durieux hatte für die Dame, die die tausend Mark lieber für Perlen als für die Menschheit ausgibt, den Ansatz zum Stil. Aber alles blieb leer, ohne Schärfe, Kraft und Entwicklung. Das Publikum war – wie immer jetzt – aufgelegt zum Mitspielen. Es erwiderte die psalmodierenden Gegenrufe des Dramas: Schuldig – Unschuldig mit dem Gegengeräusch von Pfeifen und Beifall, von Hohn und Anerkennung. Und ein Herr in meiner Nähe rief immerfort im Tonfall Kaisers und mit sanfter Stimme, die einen Heiligenschein hatte: Ruhe – Pöbel, Ruhe – Pöbel.

115. Willi Handl, *Berliner Lokal-Anzeiger*, 21.1.1920, in Rühle, pp. 188-89.

 Ohne grösseren Radau scheint es wirklich nicht mehr zu gehen. Sie haben gestern, vom zweiten Akt an, wiederum getrommelt und gepfiffen, gegendemonstriert und zur Ruhe gebrüllt, aus Wut geklatscht und aus Lust gezischt, aufgeregt beschwichtigt und kalt gepöbelt. [...] hat diese Predigt in Aphorismen, dieses glitzrig verwirrende Weltanschauungs-Spiel die Aufregung überhaupt gelohnt?
 Das ist eine Dichtung aus aufgewühlter Leidenschaft und ein Theaterstück aus kalter Berechnung; eine idealistische

Schwärmerei und ein niederträchtiger Reisser; ein Ruf nach
Güte, Bekenntnis, Gegenseitigkeit und eine Gewalttat ohne
Herz. Es ist das vollendetste Beispiel expressionistischer
Dramatik [...] und zugleich die höchste, klarste Entfaltung
der erstaunlichen Kräfte und der betrüblichen Mängel, die in
dem zwiespältigen Talent dieses Dichters einander
problematisch entgegenstehen. Das betäubende Spiel mit
grossen Begriffen, die entflammte Verkündigung des neuen
Menschen — bei völliger Blindheit für alles wahrhaft
Menschliche — geben hier ihr Äusserstes und Letztes. Wäre
Kaiser nicht so unheimlich vielseitig, man müsste meinen, er
käme nicht mehr weiter. Aber er hat ja gezeigt, dass er
immer noch anders kann.
   [...] Menschheit und Freiheit, Recht und Unrecht, Tat,
Hölle, Weg, Erde: das hat uns in diesen Jahren so oft und so
gellend von den Bühnen her in die Ohren geklungen, dass wir
fast verlernt haben, besonders darauf zu achten.
Expressionistisches Urchristentum, gewaltsame Verkündigung
des gewaltlosen Menschen: wir kennen das nun. Wir wissen,
dass sich ein Zustand auf Erden denken lässt, der schöner,
höher, lauterer ist als der unsrige; aber wir haben
nachgerade Mitleid mit den Dichtern, die sich am Bau solcher
Zukunft herzhaft abzumühen meinen und doch nur Begriffe
statt der Bausteine türmen, kalte Allegorien statt warmer
Lebendigkeit schreiend aus sich herausreissen.
Verkündigungen allein tun es nicht, im Drama ganz gewiss
nicht. Personen rasen gegeneinander, Massen schreiten
einher, Fernen leuchten auf — und am Ende war das alles nur
ein Spiel erfundener Gebärden, rhythmische Bewegung einer
Kraft, die auch anders könnte. Hinreissend ist diese
Bewegung, übermächtig ihr jagender, blitzender, auf knappste
Knappheit gedrängter Ausdruck. Aber empörend verlogen ist,
wie dabei manchmal die Sprache absichtlich gequält,
verrenkt, wichtiger Glieder beraubt, auf falschen Ton
gestellt, in ihrer zartesten Schönheit geschändet wird; da
schaut der kühle Betrug unverschämt aus der erkünstelten
Hitze. Auch diese Unverschämtheit, das lässt sich nicht
leugnen, hat etwas Grosses und Lockendes. Unter denen, die
grausam an der deutschen Sprache herumquetschen, um ihr die
Kräfte der Beseelung zu erpressen, die sie selber nicht
haben, ist schon Georg Kaiser der weitaus Geschickteste; und
unter seinen Dramen, die riesige Worte und Bilder bewegen,
weil sie nicht imstande sind, Menschen menschlich
aufzurühren, ist wohl dieses das stärkste und erregendste.
   Sein besonderer Stil, die rhythmische Pressung der
Worte, die zwingende Vereinfachung der Gebärden, kommt auf
der Bühne, unter der Leitung von Barnowsky, ausserordentlich
stark und einheitlich heraus. Bisher war in Berlin kaum eine
Aufführung dieser Art, die so ganz geschlossen, so fest im
Takt, so sicher im Zeitmass gewesen wäre. Für die knappen,
schnellen Auftritte baut César Klein sehr gute Bilder, die
in kräftigen Farben und grossen, einfachen Linien nur das
Nötigste andeuten. Ausserordentlich ist Theodor Loos in der
Gestalt des Mahners und Befreiers: rührend und aufreizend,

wortgewaltig und tief beseelt, dabei so wunderbar einfach,
dass manchmal gar nicht seine Kunst, sondern seine
Unscheinbarkeit am meisten zu ergreifen scheint. Tilla
Durieux, die Dame, hat gerade für den Stil, der hier
verlangt wird, in Haltung, Ton und Sprache die glänzendsten
Gaben. [...] Kurt Goetz, als Anwalt, schwankt ein wenig in
die Karikatur hinüber. — Im ganzen ist die Leistung des
Theaters so musterhaft, wie die Aufführung der Unbändigen im
Saale ekelhaft war. [...]

116. Willi Handl, *Freie Deutsche Bühne*, 1, No. 23
(1.2.1920), 538–41.

    Der Pöbel wütet weiter. [...] Da hilft keine Mahnung
und keine Entrüstung; und Schweigen, das verachtet, hilft
erst recht nicht. Das muss zu Ende toben, bis es aus der
Mode ist. Diese Spielzeit, schätze ich, wird es noch dauern.
Dann werden sich die Affen vielleicht einen anderen Spass
gefunden haben; denn sie vergessen schnell und sie lernen
schnell (was eben schnell zu lernen ist). Vielleicht halten
sie's dann gar, wie schon früher einmal, mit der lautlosen
Andacht. Das wäre wunderschön! Man hätte ihre
undurchdringlich dicke Dummheit wenigstens nicht immer in
den Ohren...
    Deutlicher als sonst war das Eingeständnis geistiger
Ohnmacht in dem sinnlosen Unfug bei jener ersten Aufführung
von Georg Kaisers *Hölle Weg Erde*. Das brach nämlich genau in
dem Augenblick los, da der Weg aus der Erdenhölle aufwärts
biegt, da die Handlung beginnt, sich in Geistiges
aufzulösen. Vorher: ein Fall, seltsam zwar, doch
übersichtlich; Spiel und Gegenspiel, Absicht und Widerstand
[...]. Dann aber: nichts Einzelnes mehr, kein sichtbares
Gegenüber, keine Spannung; sondern nur Lösung,
Zusammenklang, gemeinsamer Aufbruch; zwei Akte lang
Nachgeben und Einverständnis; was fängt man nun mit dem
angebrochenen Abend an? So war ohne Zweifel die Stimmung
jener munteren Brüder. Ihr Ärger war, dass sie nichts mehr
verstanden. Wäre ihnen nur eine Ahnung vom Sinn der Sache
aufgedämmert, sie hätten sich von der Zumutung — die sie nie
und nimmer angenommen hätten — doch sehr geschmeichelt
gefühlt. Aber sie drangen nicht durch; da schämte sich ihr
armer Verstand auf seine Art und machte etwas Lärm um sein
Elend herum. Das mag, der reinlichen Unterscheidung halber,
festgestellt werden. Denn die anderen Feststellungen, die
Art und Wert des Stückes betreffen, haben damit nichts mehr
zu schaffen. Pöbel hat sich, bei der ersten Begegnung, an
dem Werk versündigt; aber das ist noch kein Grund, es heilig
zu sprechen. [...]

117. S. Jacobsohn, *Das Jahr der Bühne*, vol. 9 (1919–20),
79–82.

Und der Himmel? Der — der fehlt nicht allein im Titel. Aber dort könnte er fehlen: er müsste sich nur hoch über dem Weg aus der Hölle zur Erde und über dieser wölben. Georg Kaiser erträumt ihn doch. Er möchte den Menschen das Paradies bereiten, darin Alle alle Schuld aus Aller Schuld an Alle beglichen hätten. Hm. Hm, hm. Möchte er wirklich? Träumt seine innerste Sehnsucht? Er wird von Krämpfen geschüttelt und spricht aus dem Schlafe Sätze, die misstrauisch machen. Was bliebe, wenn Welt und Menschheit vollkommen geworden wären, für ihn, den gelernten Maler der Unvollkommenheit? Seine Hölle wabert; ohne dass er mit dem Blasebalg nachzuhelfen brauchte. Hier versteht man, was Expressionismus bedeutet — im Gegensatz zu einem Impressionismus, der die Empfindungslosigkeit der Genusssucht, den Automatismus der Gesetzesauslegung, des Henkerdienstes gleichgestellte Uhr, die Verführung zu Mord vor Empörung über die Trägheit des menschlichen Herzens in gemächlicher Breite aus Einzelzügen herausarbeiten würde. Hier gibts kein 'Detail'. Hier werden die paar entscheidenden Worte mit einer Prägnanz ohnegleichen aus so erregter Brust hervorgestossen, dass mit dem Redner der Hörer atemlos wird. Der Höllenkaiser — hier ist er Hebbels Dramatiker von Geblüt, bei dem man den Eindruck haben soll, als ob man mit blossen Füssen über glühendes Eisen liefe.
[...] Und das ist der Grund, weshalb dieser 'Weg' leider zu nichts führt. Kaiser hätte — gar nicht etwa umständlich, sondern grade mit der erprobten Geschwindigkeitstechnik der 'Hölle' — darzustellen gehabt, wie der gefangene Spazierer Einsicht in die Verstrickung von Schuld und Unschuld innerhalb jedes Zeitgenossen und in den Zusammenhang zwischen Aller Schuld und Aller Unschuld zu gewinnen vergebens sich abquält, und wie sich seiner der Zwang bemächtigt, den Dingen doch irgendwie auf die Spur zu kommen und die Mitwelt zu bessern und zu bekehren. Aber diese Entwicklung fällt in die Pause. Spazierer tritt fertig aus dem Strafhaus — erfüllt von der Kraft, die sich ihm bis dahin verweigert haben, hinter sich her zu locken, und ohne die Kraft, uns zu überzeugen, wieso sie sich plötzlich locken lassen. Die Flammen der 'Hölle' haben uns heiss gemacht. Die Kieselsteine des 'Weges' machen uns müde. Da wird die Berührung mit der 'Erde'...
Nichts wird. Das gesamte Personal des Stückes zieht jetzt tatsächlich hinter Spazierer her und dekliniert: Ich bin schuldig — du bist unschuldig — er ist schuldig — wir sind unschuldig. Mit dieser Litanei wird der geistige Prozess der Wandlung bestritten. Was dialektisch entfaltet werden müsste, wird apodiktisch unterstellt. Und der künstlerische Prozess? 'Im Spiegel weisser Türme donnert die Sonne', und 'Herrlichkeit rinnt um die Firste gebuckelter Dächer'. Aber es donnert nicht, und es rinnt nicht, sondern ein hoffnungslos skeptischer Gegenwartsmensch rennt sich in Schweiss, uns seine Zukunftsfreudigkeit zu beweisen. Ein Exponent des Verfalls, der Mechanisierung, des Antilyrismus will mit geballten Fäusten Schwärmerei, Ekstase, diesen Kuss

der ganzen Welt aus sich heraus hämmern. Dabei würde uns echter Hass sogar ethisch höher fördern als eine derart forcierte Liebe. *Die letzten Tage der Menschheit* schaffen den Boden für einen neuen ersten Tag, indem sie Tod und Verderben speien allem, was heute besteht und wert ist, dass es zugrunde geht. Neben diesem Karl Kraus würde, in geziemendem Abstand, Kaiser sich allenfalls behaupten, wenn er den umgekehrten Weg nähme — nicht aus der Hölle auf die Erde, sondern von der Erde hinab in die Hölle, die unsre Epoche verdient. Die Gerechtigkeit, die ihr damit widerführe, würde tragisch reinigende Wirkung haben, während die abgehackte Deklamation von modischen Schlagwörtern ganz und gar nicht verpflichtet und lästig zu werden anfängt, sobald sie, von keinem Gefühl mehr getrieben, um der Bewegung und des Geräusches willen weiter und immer weiter tackt.

Das Lessing-Theater setzte genau so verheissungsvoll ein wie der Autor. Die 'Hölle' lebte von roter Farbe und rotem Licht. Lebte, flackerte und erstarrte. Wie ein Vampyr hockte beim Anwalt hinter der Glastür der Kassierer, schweigendes, glotzendes Symbol einer mammonistischen Ära. Maschinenhaft exakt entschleuderte sich, spulte ab und surrte der blankgeputzte knochige Text aus Schauspielern, die einmal keine zu sein hatten. Tempo als Selbstzweck war alles, nicht Fleisch und Blut, und wer daran Überfluss hat, der störte eher, als dass er nützte. Der Regisseur Barnowsky zeigte, dass er, zumal in Arbeitsgemeinschaft mit dem einfallsreichen, buntheitsfrohen, ebenso wirklichkeitsstarken wie phantasievollen Maler César Klein, seine Mitglieder zwingen kann, zugunsten eines artistischen Experiments ihre Persönlichkeit aufzugeben. Nicht zwingen kann er allerdings sie und sich, die eigne Persönlichkeit zu steigern. Wo es aus Kaiser hohl klingt, wo deshalb die Aufgabe wäre, seinen Ton zu vertiefen, zu runden, zu beschwingen und zu befeuern: da griff die Ohnmacht des Librettos mit einem Erfolg auf die Bühne über, dass deren deckende Wiedergabe des ersten Drittels nachträglich doch ein bisschen im Preise sank. Die gewollte Kargheit war der notgedrungenen entgegengekommen; und das musste eben offenbar werden, als der lahme Barnowsky sich ausserstande erwies, dem blinden Kaiser Stütze zu sein. Kein Himmel erleuchtete Weg und Erde, und unerlöst werden wir fortfahren, in der Hölle dieser Tage zu schmoren.

118. Bie, *Berliner Börsen-Courier*, 21.1.1920, in *Die Kritik* (1920), No. 6, p. 122, partly illegible.

[...] Seine [Kaisers] Ideen sind immer glücklicher Einfall und Griff. Sogar diesmal, obwohl das Stück träger sich dreht. Recht und Unrecht — Thema des grössten Dichters! Es wird in Szenen gesteckt, die zuerst schnell und straff in Maschinentempo laufen, Höllenmaschine, die knackend Rad auf

Rad setzt – und dann langsam in der üblichen bedeutenden
Symbolik schleimiger verrinnen. Zuerst Plastiken, dann
Silhouetten. Zuerst Profile, dann Träger, dann Stimmen. Die
Veroperung beginnt früh, nach dem Juwelierfall. In demselben
Augenblick wird das Publikum unruhig. Als die 'Erde' so
wenig Erde ist, wie sie nur sein kann, sondern Dekoration
bleibt und Geste und Chorgerufe, beginnt die Zwischenmusik
des Klatschens, Zischens, Pfeifens, Ruheschreiens in oft
bewährter Gradation. Beinahe ist das Stück in Gefahr. Es
wird schliesslich gerettet, weil es zu Ende ist. Erfolg und
Misserfolg verteilen sich nach Belieben. Jeder nehme davon,
was ihm zukommt.

Aber die Aufführung ist gut. Barnowsky setzt den Stil
durch [...], dann mit allen Ismen, die man verlangt. Kaisers
Sprache ist Konzentration. Es wird nicht bürgerlich
dialogisiert, sondern Essenzen stossen aus und über, virtuos
verdichtet. Telegramm und Telephon bestimmen sein inneres
Tempo und sein äusseres. Das ergab knallende Wirklichkeiten.
Die erste Anwaltszene sprang vom Mechanismus juristischer
Zahnradtechnik, die hier sich abschnellt. Zehn
Lebensschicksale übernehme ich, Vorschuss, Kasse. Der Anwalt
sitzt vorn als Statue der Praxis, der Kassierer hinten als
Tod, der Allesfresser. Später herrscht der Regiestil des
Symbolischen. Zögernde Szenen sind gestrichen, banale
Senkungen sind nicht immer zu vermeiden, aber die Linie
herrscht, wo vorher die Figur geherrscht hat, eine
suggestive Leistung.

Unterstützt wird sie durch die Dekorationen von César
Klein, grossgezogene Stilwirkungen, der Anwalt im Bau
dachhoher Bücherregale, schwimmender Fluss des
Juwelierfensters, dämonische Brücke, kontrapunktisches
Zellengefängnis, Schattenheide mit Aufgang der
Sonnenstrahlen. Licht wird Helfershelfer. Fabelhafter
Schatten des Anwalts über die Regale, wenn er aufsteht.
Alles Schattenhafte, auf der Brücke, auf der Heide, schön zu
geniessen. Es hilft dem Stück. Der Anwalt sucht nach
Helfershelfern, der Dichter ebenso, es gibt eine
Gesamtkünstelei in der Dialektik der Ethos hier, wie in der
Veroperung seiner Aufmachung. [...]

Klöpfer tritt heraus als Juwelier, seine Sprache nach
der Erleuchtung ist von einer unvergesslichen süssen
Bitternis, krampfige Kinnbacken, herrische Resignation,
bohrendes Auge. [...] Vielleicht ist Klein-Rogge als
Hafthausleutnant, Emil Lind als Strafhausdirektor zu nennen
– weil sie Stil hielten. Stil hielten alle. Es war kein
falscher Ton. Die Regie siegte. Was ein Urteil ist für
jedermann.

119. Fritz Engel, *Berliner Tageblatt*, 21.1.1920, in *Die
Kritik* (1920), No. 6, pp. 122–23.

[...] Auch *Hölle Weg Erde* ist nicht ohne magnetische Kraft. Auch hier wenn nicht dramatisches Leben, so doch starkes und grosses Bild. Die Sprache ist zwar künstliches Gespinst. Wir haben nach dem Schwulst der redefrohen Jambenseligkeit den Schwulst der 'Einfachheit'. Nur manchmal decken diese Worte, kurz und hart wie die Auspuffgeräusche eines Motors, die Lage vollkommen. [...]
    Ein schiefgewachsener Maler, der Spazierer heisst [...] braucht tausend Mark. Nicht für sich, sondern für seinen Freund, nein, nur für einen Bekannten. Der muss, wenn er sich nicht das Leben nehmen will, sofort tausend Mark haben. Das ist der winzige, gar nicht erst glaubhaft gemachte Anlass zur Umwälzung der Menschheit; der bekannte Funke in dem bekannten Pulverfass, das Bröselchen Schnee, das zur Lawine schwillt. [...]
    Die Strafe ist abgebüsst. Spazierer ist frei und will befreien. [...] 'Mensch, sei gut!' Die Wandlung geschieht rasch; im Handumdrehen. Ritzeratze sind die Menschen gut. Schon hat Spazierer eine bussfertige Gemeinde. Ein Riesenschlagwerk des Gewissens beginnt zu hämmern. [...]
    Dieses Schauspiel zu bejubeln, ist wenig Grund; noch weniger, es auszulachen. Vielleicht zerbarst es an dem Darstellungsstil, für den Kaiser dichtet, und den Barnowsky getreulich aufgreift. Er macht das mit der Begeisterung, mit der ein neues Dogma verkündet wird; die jungen Priester sind stets die fanatischsten. Bildlich gelingt die Sache ausgezeichnet, Phantasie im ganzen und einzelnen. Die Brücke durch die Wolken, der Juwelierladen, die Zuchthausfront, besonders die wogenden Schatten der glücksuchenden Menschen: schöne Traumbilder, stumme Musiken. Hier verfällt die Regiekunst auch nicht völlig dem Dogma. Die besten dieser Bilder wären auch früher möglich gewesen. Aber die Menschenregie ist ganz auf das neue Gesetz vereidigt. Die Darsteller, besonders die kleinen, werden Drillrekruten, Privatbewegungen der besonderen körperlichen oder seelischen Anlage sind bei drei Tagen Dunkelarrest verboten. Es ist ein anderer Militarismus, es ist ein eckiger Paradeplatz. Man hörte den Regisseur kommandieren: 'Stillgestanden!' 'Arme streckt!' 'Augen schmeisst!'
    Wiederum verwundert man sich einen Akt lang und studiert diese Dinge abseits vom Dichterwort. Dann wird die Sache langweilig und ärgerlich. Man fühlt die Erdrosselung der schauspielerischen Persönlichkeit und den Mangel an Nuance. Man vermisst die Vielfältigkeit menschengestaltender Kunst. Schafft das Dogma ab, dazu sind Dogmen immer gut! Begebt euch nicht in eine 'Richtung'! Tastet gerade ein Drama wie das Georg Kaisers daraufhin ab, ob es nicht hinter Stilsucht und dunkler Allegorie menschliche Werte habe. Die seien dann ans Licht gehoben, sagen wir, mit Brahmschen Mitteln.
    Wer aber vier Wochen oder vier Monate lang sich durch Moderücksichten verpflichtet fühlt, das neue anzubeten, der kann sagen, dass er gestern darstellerisch erquickt wurde. [...] Kurt Goetz, als Rechtsanwalt mit amüsantem Robbenkopf

und Quitschstimme, behagt sich sehr in der Absonderlichkeit
des Stils. Ihm liegt der leichengrün angestrahlte Spuk.
Eugen Klöpfer nicht ganz so. Er entwich als Juwelier bei
aller Bändigung dem Kasernenhof, und ein leidender Mensch
wird lebendig.

120. Norbert Falk, *B. Z. am Mittag*, 21.1.1920, in *Die Kritik*
(1920), No. 6, p. 123.

Ein Stück auszulachen, ist nicht verbietbar, das hat's
schon immer gegeben und kann kein Reichstheaterrat ändern;
jetzt ist es nur ein böser Ersatz für rationierte oder
schwer erschleichbare Tagesfreuden geworden. Dem Gepfeif und
Gelächter, unter dem Kaisers dreiteilige Heilsbotschaft
begraben wurde, war das Behagen am Radau, das Vergnügen am
Grölen, die zweckhafte Lust am Skandal anzuspüren. Kaisers
affektiertes Telegraphierdeutsch, diese ohne Artikel
herausgestossene [sic] Substantiva, die Originalitätsmeierei
mit Unterstellungen der Verba, die stichworthaften
Infinitive — bei Kaisers Vorbild Sternheim schon als
'persönlicher' Stil widerwärtig wie eine Sprachkrätze —,
dieses skelettierte Deutsch hat den auf Gelegenheiten
wartenden Radaubrüdern im Theater billigste Anlässe gegeben.
Schade um Barnowskys originelle, ungewöhnlich
sinnfällige Inszenierung, die gerade dort, wo sie ganz eigen
wird, in den gespenstisch schattenhaften Menschenzügen über
die Brücke, in der hauchhaften Gestaltung der Erscheinungen
in der steinigen Ebene, durch das Lachgewieher am
grausamsten zerrissen wurde. [...] Kaiser [...] ist sich im
Innern wohl bewusst, dass ihm zur angestrebten Prophetie die
Dichterseele fehlt. Der Könner, der sich im besonderen
Augenblick mit Hilfe grosser Sinnbilder und ihrer
Kontrastierung bis in die Nähe der Dichtung schwingt, sucht
diese in sprachlichen Besonderheiten, irgendwie mit einem
neuen Pathos rhetorisch vorzutäuschen. Das führt an den Rand
der Parodie.
[...] Also: wie immer bei Kaiser: das Beste die
Voraussetzung, der Grundakkord, der erste Akt. Der Anhieb
scharf, das Motiv stark, aber es knospt nicht, es erblüht
nicht, und eine routinierte Hand behängt das Gestänge mit
leuchtenden Papierblumen. Wiederholungen banalisieren
schliesslich das Thema, die erstaunliche Artistik Kaisers
erschöpft sich nach dem ersten grossen Saltomortale in
kurzen asthmatischen Sprüngen. Barnowsky hat sich des
Werkes, das schliesslich ganz in Allegorie zerfliesst, um
seines Ethos willen mit ausserordentlicher Hingabe
angenommen und ist in der Auffassung der Hauptgestalten und
der Bewegung der Massen zu einer strengen, aber
ausserordentlich bildhaften Stilisierung, zu künstlerischen
Ergebnissen von hohem Wert gelangt. [...] der Anwalt Kurt
Goetz' mit seinem ungeheuerlich langen rostigen Schnauzbart
und einem roten Haarbüschel auf dem Kopf, der wie ein

Miniaturzylinderchen auf der Glatze eines Clowns sitzt, ist
eine Groteskkarrikatur [sic] von schärfstem Strich. Klöpfer,
der Juwelier, erscheint mit goldbeflecktem Gesicht wie ein
grünbleicher Troll, der die Funkelschätze der Welt bewahrt.
[...]

121. Monty Jacobs, *Vossische Zeitung*, 21.1.1920, in *Die Kritik* (1920), No. 6, p. 124.

Entwickelt sich der Berliner Premierenterror weiter, so wird man die Novitäten nur noch in Dramen scheiden, die von oben und in Dramen, die von unten angepfiffen werden. Georg Kaiser ist der Jugend auf der Galerie sicher. Gegen ihn randaliert das Parkett. [...]
Kein Wunder, dass Kaisers Schöpfungen gerade den Saturierten auf die Nerven fallen. Denn er sucht, in nervöser Ungeduld, das Neue, und er wird ferner, wie in der *Koralle*, wie im *Gas*, unbequem, indem er als Sozialethiker an den Schlaf der Welt rührt.
Hölle Weg Erde will beides auf die letzte Formel bringen: die Bühnenreform und die Weltbekehrung zugleich. Mit Kleinigkeiten gibt sich Kaiser nun einmal nicht ab, und wenn er, wie diesmal, scheitert, so bleibt es interessanter, ihm zuzusehen, als manchem Gelingen.
[...] Dass die Bürger der erloschenen Stadt ihre Läden schliessen und ins Freie ziehen, ist ihre Schuldigkeit. Denn so steht's in ihrer Rolle. Wäre Kaisers Werk geglückt, so hätte es eine andere Probe zu bestehen: das gesamte Publikum müsste aufstehen und sich dem Zuge der Büssenden anschliessen. Zum mindesten hätte unser Blut zu rebellieren, im Impulse einer neu erkannten sozialen Verantwortung.
Es rebellierte nicht. Trotzdem der Juwelier den Buchtext durch einen neuen Satz über den Irrwahn der kapitalistischen Weltordnung verdeutlichte.
Dieser merkwürdige, niemals langweilige Künstler Kaiser kennt nämlich keine Wärme. Nur Schwüle oder Frost. Im neuen Drama bleibt er kalt. So kühlt sich auch sein Zuhörer immer mehr ab. In dieser Temperatur verliert Kaiser, was einst der Spazierer gewinnt: Macht über Menschen. Wie sophistisch, so fängt der Hörer zu grübeln an, ist diese Dialektik! [...]
Wie gefährlich wirkt, so fährt er unbezwungen fort, diese Kaisersche Technik, sobald sie aufs äusserste zugespitzt wird. Refrain, Leitmotiv, Wiederkehr desgleichen – das waren *Von morgens bis mitternachts* wundervolle Stimmungsmittel. Hier scheint alles kahl, durchsichtig, absichtlich, wenn das Karussell der Szenen sich rückwärts dreht. Was früher als wohlgegliederte Baukunst delektierte, ernüchtert jetzt als papierner Grundriss. Ballung, so hiess damals das Lieblingswort. Jetzt ballt die Faust ihren Inhalt so heftig zusammen, bis sie alles zerpulvert. Was das Drama von der Menschenschuld mit seinem Oratorienausklang will, ist deutlich. Es zielt auf das Typische. Aber es gewinnt nur

das Schematische. Falsche Töne, das steht fest, gibt es nicht darin. Aber schliesslich klingen überhaupt keine Töne mehr, und man sehnt sich nach ein klein wenig Musik.
Gleichgültig kann indessen niemand bleiben, solange dieser flackernde Geist, mit aller Ungeduld der Zeit geladen, das Wort führt. Wie unbeirrbar, gleich dem Millionär im *Gas*, gleich allen Kaiserschen Helden, schleudert sich Spazierer aus eigener Kraft durch alle Szenen. Avanti, avanti, ohne Atempause. Er ist freilich fertig und abgeschlossen, wenn er zum erstenmal den Mund öffnet, und das Fieber seiner Ekstase kann durch nichts mehr gesteigert werden. [...]
Freien Spielraum lässt dieses Drama nur dem Regisseur, und Viktor Barnowsky hat eine gereifte Inszenierungskunst an der Aufgabe bewährt. In der zweiten Hälfte noch etwas mehr von Kaisers Tempo, von einem gehetzten und gepeitschten Tempo, und die Aufführung mag sich fürs Theatermuseum filmen lassen. Hätte das Drama seine Stimmungen nur so suggestiv und ohne Kahlheit auf die Formel bringen können, wie der Maler César Klein seine Bühnenbilder. Das Puppenspiel, von dem der neue Bühnenstil nun einmal nicht loskommt, ist hier wenigstens zur Vollendung gebracht, wenn Eugen Klöpfers Juwelier, aus Hoffmanns Erzählungen entsprungen, durch die Strasse gespenstert, wenn Kurt Goetz, als Automat der Rechtspflege, seine Augen verschwimmen lässt, wenn sich Tilla Durieux im Duett mit Grete Felsing von der Weltkunst bekehren lässt.
Weil alle schuldig sind, ist keiner schuldig. Ein schönes Motiv! Fehlt nur noch das Drama voll sinnlicher Wärme, voll überzeugender Kraft zu diesem abendfüllenden Schlagwort, das gestern im Lessing-Theater aufgeführt wurde. [...]

122. Hermann Kienzl, n.d., n.s., GKC.

Es war ein diesmal von der Politik unbefleckter, sachlich-kritischer Theaterskandal im Lessing-Theater [...]. Um Georg Kaiser kann es einem leid tun, nicht um das neue Stück. Um den Dichter, weil er dieses Stück berechnet und hingesudelt hat. Das zum grössten Teil gesiebte Publikum des Lessing-Theaters liess sich nicht dupieren. [...] Eine religiöse Idee wurde von Georg Kaiser mit kalter Spekulation ausgebeutet und zu gliederverrenkenden stilistischen Akrobatenkünsten missbraucht. Die wahren Religionen und Theodizeen kommen aus dem Herzen, o smarter Georg Kaiser! Die Idee ist tief und schön, aber mindestens so alt wie das Christentum: Richtet nicht, auf dass ihr nicht gerichtet werdet! Auch Schuldige sind unschuldig, auch Unschuldige schuldig! Wir sind arme Schächer allzusammen! – Auf das Fleisch und Bein kam es nun an. Aber da ist weder Fleisch noch Bein, nur alberner Spuk, nur futuristisches Liniengewoge. [...] Soll man sagen: die alte Idee wurde zu

Tode gehetzt? Nein, denn in diesem anmassenden Gaukelspiel, dessen Bauch von unverdaulichen grossen Worten gebläht ist wie Fausts Pudel, hat sie nie gelebt! Die Zuschauer wollte Herr Georg Kaiser, heimlich schmunzelnd, ins Irrenhaus schicken. Sie wehrten sich! Sie nahmen die Redeblüten à la Sternheim (Fluch dem Artikel!), den ungeheuren Phrasenschwall, die Attentate auf Körper und Geist der deutschen Sprache mit ungemischter Heiterkeit hin. Schade um César Kleins schöne Bühnenbilder, um die vergeudeten Mühen des Regisseur [sic] [...], der allerdings als Direktor für den bösen Abend verantwortlich war, und um die Künstler des Lessing-Theaters!

Gas II

*29.10.1920, Uraufführung, Vereinigte deutsche Theater,
Brünn. Dir.: Dr. Beer; Ludwig Andersen (Milliardärarbeiter);
Robert Hartberg (Grossingenieur).*

123. El. S., *Tagesbote*, 2.11.1920, in *Die Kritik* (1920), No. 47, p. 822.

[...] Aber leider ist es Kaiser nicht gelungen, aus der Wucht seines granitnen Gedankenblockes das Werk zu formen, das mit Klarheit wirkte. Durch die wuchernde Wildnis der Worte wird der naive Zuhörer schwerlich bis zum Sinn vordringen; und es ist um so bedauerlicher, dass Kaisers Streben und Ziel nicht mit Überzeugungskraft uns entgegengetreten, denn er hat das Zeug dazu, ein Rufer in der Wüste, ein Prophet zu sein. Die Uraufführung fand in Dr. Beer einen liebevollen Anwalt, der in dem nach trefflichen Entwürfen des Bühneninspektors Reinhardt gestellten Bühnenraum, angepasst den kleineren Raumverhältnissen, alles an Wirkung herauszuholen suchte. So wie in *Gas I* wurde auch hier das Symbolische betont, wodurch der Eindruck jedenfalls noch verstärkt wird. [...] Mit kluger Hand waren die Massenszenen gelenkt und so konnte der interessanten Neuheit der Erfolg nicht ausbleiben; das dicht besetzte Haus rief die Darsteller wiederholt nach den Aktschlüssen und spendete Dr. Beer als dem Leiter der Vorstellung verdienten Beifall; nach dem zweiten Akte dankte Dr. Beer für den Dichter.

124. Dr. G. G., *Volksfreund*, 2.11.1920, in *Die Kritik* (1920), No. 47, p. 822.

[...] Kaiser kommt hier expressionistisch, doch nicht allzusehr. Die Entwirklichung der Bühne — tatsächlich eine Forderung neuen Kunstgeistes — äussert sich in Aufhebung des Raum- und Zeitbegriffs und seiner Empfindung auf seiten des Zuschauers, es gibt keine Entfernung räumlicher oder zeitlicher Art, alles ist stürzendes Ineinander, Aufeinmal, plötzliches Zugleich. Bewegung und Erscheinung der Gestalten muss streng stilisiert sein, angepasst der geometrisch gezirkelten Eckigkeit und winckeligen scharfen Linienführung im Raum. Lichtregie, von Georg Kaiser auch symbolisch mehrfach gefordert, löst die Frage bühnentechnisch. Sprachlich äussert sich Expressionismus in knappster Form gleichlaufender Frage und Antwort, gleichgemessener Rede und Gegenrede, die alle überflüssigen mussigen Flick- und Schaltworte merzt, dann wieder im Parallelismus längerer

Reden, die feine Lyrik sind und kühnste, nicht leicht
eingängliche Bilder ballen. Bemerkenswert ist primitiv
anlautender Gleichklang (Alliteration), der wieder leicht
verführt wie der Endreim. All dies wiederum Neue sei gerne
geschätzt, wenn auch nicht überschätzt. So macht Kaisers *Gas
II* mehr den Eindruck gewollt zuschneidender Gedanklichkeit
als strömender Dichtung. Vieler Anerkennung wert ist, was
Dr. Beer im Bühnenbild leistete: da war bei der Beschränkung
der Mittel Erstaunliches erreicht. Stilisierung des Raums,
Stilisierung der Masken ins leicht Mongolische hin, wie es
expressionistische Bilder weisen. Auch im einzelnen und in
der Masse fühlte man zumal anfänglich seinen energischen
Antrieb. Kleine Störungen der ersten Darbietung seien gern
unterdrückt. Die Leistung des Abends heisst Dr. Beer. Die
einzelnen liessen ihn sanft im Stich, haben noch nicht den
gewollten Stil überwunden, um ihn genugsam zu beherrschen.
[...] Denn alles muss wie aus geschleuderten Ventilen
drängen, heiss und unbedacht sprengen. [...] die Chormassen
wirkten anfangs gut. Dann versagten sie.
Schicksalsergriffenheit, Lebensverbittertheit sank beinahe
aus Erhabenheit zu Volksschuldeklamationen. Da müssen
Wiederholungen stetig peitschendere Steigerungen sein. — Im
ganzen war es ein interessanter, vielfach gelungener
Versuch. Das sehr gut besuchte Haus liess sich weniger
befremden als anregen und zollte so vielfachen Beifall, dass
Dr. Beer sich zunächst als Regisseur dankend neigen, dann
für den Dichter danken konnte.

*13.11.1920, Reichsdeutsche Uraufführung, Neues Theater,
Frankfurt/M. Dir.: Arthur Hellmer; sets: Reinhold Schön;
Ernst Karchow (Milliardärarbeiter); Karl Zistig
(Grossingenieur).*

125. Richard Dohse, *Die schöne Literatur*, 21, No. 25
(4.12.1920), 283—84.

Die reichsdeutsche Uraufführung von Georg Kaisers
neuestem Schauspiel *Gas II* im Neuen Theater, das die grösste
Mehrzahl von Kaisers Werken aus der Taufe gehoben hat,
brachte weder eine Sensation noch ein Theaterereignis von
Bedeutung. Der Dichter bewegt sich wiederum in Inhalt,
Sprache und Stil auf denselben Bahnen wie bisher. Auch hier
wieder das soziale Problem der Gegenwart, um das sich schon
so viele vergeblich gemüht haben. [...] So ungefähr Problem
und Inhalt eines Stückes, das wohl wieder die Befähigung
Kaisers zu straffer äusserer Bühnengestaltung und zu fast
mathematisch erklügeltem Aufbau zeigt, das aber zugleich
auch in ermüdender Gleichförmigkeit der mechanisierten
Gebärdensprache, in allmählich zu Starrheit und Eintönigkeit
werdender Manier und einem unendlichen Wortschwall sich wie
ein Film abrollt. Innerlich weiss uns Kaiser trotz all der

Volk und Menschheit beglückenden Reden nicht zu bereichern.
Man bleibt kalt und sieht nur den geschickten Konstrukteur.
Auch die willkürliche Vergewaltigung der Sprache in
extrem-expressionistischen Satz- und Wortbildungen wirkt
allmählich abgeschmackt, gesucht und erklügelt. Ebenso ist
in dem Stück viel Unklares und Verworrenes, viel äusserlich
Gemachtes. Der Erfolg blieb denn auch, trotz der von
Direktor Hellmer geleiteten ausgezeichneten Aufführung, in
der sich besonders Ernst Karchow als Milliardärarbeiter und
Karl Zistig als Grossingenieur auszeichneten, und trotz den
zweckentsprechenden Bühnenbildern von Reinhold Schön, aus.
Der erste Akt wurde schweigend begraben, und auch nach dem
zweiten und dritten herrschte eine lähmende Stille, die nur
durch einige Zischer und ein paar begeistert klatschende
Fanatiker unterbrochen wurde. Der Fall Kaiser bleibt nach
wie vor ein Problem.

126. Theodor Haubach, *Die neue Schaubühne*, 3, No. 1 (Jan. 1921), 14-17.

Im Neuen Theater [...] sah ich als erste wichtigere
Uraufführung Kaisers *Gas II*.
Die Situation vor Hochgehen des Vorhanges war gespannt.
In Berlin hatte eine Kaiserpremiere Krawall abgesetzt. Auch
hier schienen Freunde des Radau Flegeleien zu preparieren.
Trotzdem! Es gab keinen Skandal! Im Gegenteil: die
Atmosphäre dieser Uraufführung war dauernd trocken. Nichts
Erwartetes geschah. Alles, was sonst Premieren zum Ereignis
macht — stürmischer Einbruch des Neuen in freundlich oder
feindlich Aufmerksame — blieb aus. Man vergass auch, dass
der Dichter Kaiser ein Malheur gehabt hat, in das sich die
Polizei mischte. Das war gut so. Denn es ist heute durchaus
nicht selbstverständlich, dass einer ein grosser Anarchist
sein kann, aber ein schlechter Dichter, und dass umgekehrt
die staatsbürgerlichste Gesinnung nicht davor bewahrt, ein
Inferieur zu sein. Kurz, das Publikum scheint ohne Hass und
Liebe zu dieser Aufführung gekommen zu sein — vielmehr mit
jener taktvoll neutralen Erwartung, die immerhin die beste
Vorbedingung für eine gerechte Aufnahme ist. Und wenn dann
diese Aufnahme doch von Verwirrung zeugte, aber noch nicht
einmal einen handfesten Hass aufbrachte, so lässt dies
zumindest an der Eignung des Werkes als Bühnenstück einigen
Zweifel zu. Doch mir scheint nicht nur die Bühneneignung
bezweifelbar. Soweit nach einer Aufführung, die grossen
Teils schlecht und unverständlich gesprochen wird, etwas
über Sprache und Struktur des Stückes gesagt werden kann,
ist wenig Freundliches festzustellen. Die Sprache läuft im
Stakkato und unerhört rapid ab. Sie ist klar, knapp und
sicher gefügt. Das ist sehr viel und darf bei der ewigen
Neigung deutscher Schreiber zu qualligen Sprachkolossen
nicht unangemerkt vorbeigelassen werden. Aber es ergibt sich
bei Kaiser ein Missverhältnis zwischen Stärke und Menge, und

das Fehlen jedes bildhaften Ballastes macht die höchst
überhetzte Intensität zur Farce. Weniger abstrakt
ausgedrückt: das ist alles dünn und blutlos, trotz seiner
Heftigkeit. Die Konstruktion hält das Stück in seinen ersten
beiden Akten aufrecht. Der dritte ist schlecht angefügt und
schliesst das Stück undeutlich ab. Als der Vorhang gefallen
war, traute niemand dem Ende und blieb sitzen. Von den
Schauspielern verdienen Karchow und Zistig genannt zu
werden. Sichere, gute Könner. Der Spielleiter war nicht
glücklich. Das Bühnenbild des letzten Aktes war schön.

Trotz aller Einwände: Stück und Aufführung stehen dem
Herzen des Aktuellen näher und sind momentan wichtiger, aber
auch vorübergehender als Werke, die schärferes Mass
erfordern.

127. Bernhard Diebold, *Das literarische Echo*, 23 (1920-21),
393-94.

[...] Im Vergleich zu dieser dramatischen Weisheit
[Kurt Heynickes *Der Kreis*] anerkennt man doppelt die
Intelligenz und kompositorische Kraft Georg Kaisers, dessen
Kopf und Szenenkunst ein riesiges Material – Weltkrieg,
soziale Frage, Ethik, Pazifismus – mit synthetischem Willen
bewältigt. In *Gas II* wird das Weltgas für den Weltkrieg
verwertet. Man erkennt in den 'Blaufiguren' die
unterliegenden, in den 'Gelbfiguren' die siegenden Nationen.
[...]
Kaiser hat es in seiner Dramenfolge nun mit allen
Rezepten versucht. Er diskreditiert sich durch sein
Experimentieren. Seine Sozialdramen wirken wie Versuche; wie
Rechenexempel: geht es, oder geht es nicht? Gewöhnlich geht
es nicht; und das ist dann tragisch. Wie er aber rechnet,
wie er von aller Wortstimmung absieht, seine Begriffe in
Gleichungen einsetzt und ein X, das grosse Unbekannte, an
die interessantesten Stellen plaziert; wie er nach den
Gleichungen Szenen baut und diese Szenen in ein dreiaktiges
Gerüst von genauester Symmetrie einschachtelt – das bleibt
zu bestaunen, obwohl es mit wirklicher Dichtung nichts zu
tun hat. Kaiser abstrahiert – wie teils schon früher – von
aller Melodie der Rede; die Sprache scheint ihm hier beinahe
schon Verundeutlichung der Begriffe; er gibt die
Telegrammworte gewissermassen nur als Zeichen für etwas, das
man nicht mehr als Klang hören, sondern nur noch denken
soll. Die Fabel ist wie ein Skelett blossgelegt, auf dessen
Knochen die kurze Wortinschrift ihrer Funktion
aufgeschrieben ist. Die anonymen Figuren spielen nicht
'Mensch', sondern 'Begriff' im mathematischen
Beziehungsbereich. Wie das Szenengefüge sich schon
geometrisch ansieht, so müssten konsequent die Menschen als
Dreiecke oder Kuben in ihre unsinnliche Erscheinung treten.
Georg Kaiser gibt nur mehr die Formel einer Architektur:
ihre Raumgesetzlichkeit. Er ist wahrhaftig der Kubist des

Dramas.

128. Bernhard Diebold, *Frankfurter Zeitung*, 15.11.1920, in *Die Kritik* (1920), No. 49, p. 856.

Gas II ist das magerste Drama der Weltliteratur: ein Skelett. Gleichwie die konsequenten Kubisten unter den Malern alles was kreucht und fleucht und wächst ins Dreieck oder ins Rechteck hineinschematisiert haben, so hat die Tendenz des Telegrammstils und der völligen Entindividualisierung des Menschlichen uns hier zur Schwindsucht des Dramas geführt. Die Aufhebung individueller Unterschiede zwischen Mensch und Mensch, Rede und Rede, Bewegung und Bewegung ergibt nun nicht nur eine anonyme Gleichförmigkeit innerhalb des einzelnen Stückes, sondern hebt beinahe auch schon die formale Verschiedenheit mehrerer Dramen auf — wie kubistische Gemälde sich zum Verwechseln ähnlich sehen. *Gas I*, *Hölle Weg Erde* und *Gas II* sind sich als dramatische Formeln schon derart angeglichen, dass fast nur noch der Fabelinhalt, der Denkstoff und der Gehalt an Zeitsensationen die wesentlichen Merkmale zur Unterscheidung dieser Stücke angeben. Der künstlerische Charakter ist Uniform geworden, der 'Stil' gehorcht der Mathematik. Das Gesetz der Symmetrie frisst alles Leben auf.
Für den Dichter ist diese Art von Kunstübung nicht einfach die verlegene Geste einer verarmten Phantasie. Denn im *geretteten Alkibiades* leistete er noch jüngst ein auf dialektische Methode gestelltes Denkspiel, zeigte Geist und elegante Philosophie in spannender Bewegung. Hier, wo er den Mechanismus der entmenschten Zeit schildert, macht er willentlich reine Kunst selber zur Mechanik. Alles ist Maschine, die signalisiert, läutet, pfeift und durch die Zungen ihrer Sklaven immerhin auch noch spricht: Meldungen, Agitationsreden, Prophetien, Volksgerufe — alles aneinander vorbei, aufgeklebt auf den Transmissionsriemen, der mit Explosion endlich eintritt und Welt und Publikum erlöst. Kein Fetzen Fleisch mehr hängt an den chemisch gereinigten Gerippen, kein dichterischer Hauch weht aus der Gasluft. Erstaunlich bleibt nur die Kaisersche Umsetzung des Lebens in die knappste Formel, die virtuose Placierung der ungeheuren Stoffmasse von tausend Leitartikeln in ein dreiaktiges Eisenbetongerüst, das zwar nur anderthalb Stunden zu halten braucht und dann mit Krach zusammenstürzen darf: Symbol der Nichtigkeit von Leben, Dichtung, Drama und was es sonst noch geben mag in Kaisers Geistbereich. Und auch inhaltlich bestätigt das Drama die Skepsis an allem Ja der Erde. Ein gelber Soldat deklamiert auf den Trümmern der miserablen Gegenwartskultur das Jüngste Gericht: Dies irae [...] da stockt ihm das Kirchenlatein in der Gurgel... Gasvergiftung... Aus!
Friedlich rollt der Vorhang hernieder und verdreht die Folgen von Militarismus und Pazifismus mit nihilistischer

Gebärde.
   Dieser zweite Teil von *Gas* entsprang wohl weniger einer dichterischen Notwendigkeit Kaisers zur Lösung der Menschheitsfrage, als dem Zwange zur Einhaltung eines Versprechens der Milliardärstochter (*Gas I*): sie wolle den Neuen Menschen gebären. Nach zweijähriger Schwangerschaft erblickte der Angekündigte nun das Licht der Welt [...].
   [...] Wir befinden uns nämlich, wenn wir der Kaiserschen Symbolik auf den untiefen Grund blicken, in einem der im Weltkrieg besiegten Länder. Im ersten Akt werden Ludendorffisch dem Moloch 'Blaufiguren' hingeworfen; im zweiten Akt kommen die feindlichen 'Gelbfiguren' und zwingen die unterlegenen Blauen zur Zwangsfabrikation von Gas für weiteren Militarismus. [...]
   Man stellt durch Kaisers Brille hindurch mit Erschütterung fest, dass seit *Gas I* die Welt nicht weiter geworden ist. Und um sich vor weiterer Wiederholung in einem womöglichen *Gas III*, *Gas IV* u. ff. zu bewahren, lässt der Dichter den Giftball durch des Milliardärarbeiters schwielige Hand mitten unter den Blauen zerplatzen, statt ihn in neuer Kriegswut zu den Gelben hinüberzuschiessen. Die kubistische Bühne stürzt zusammen, Trümmer ragen auf – und jener Gelbe stellt, wie gesagt, den Dies irae fest. Statt der Posaunenstösse des Gerichts klatschte eine Gruppe von Menschen vom hohen Balkon herab in Eintracht mit einigen Gleichgestimmten im Parterre. Einige Andersdenkende übten sich darauf in der Aussprache eines scharfen S-Lauts. Die Meisten aber gingen kopfschüttelnd zu ihren Garderobenfrauen, hüllten sich frierend in ihre Mäntel und Spazierstöcke ... und hatten Hunger. Denn *Gas II* ist das magerste Drama der Weltliteratur.
   Und doch: einmal wirkte etwas. Ein Menschliches sprach aus dem Skelett – das war die Stimme der Schauspielerin Helene Weigel, die eine wenig bedeutende Greisin sprach: die letzte Rolle, die der Theaterzettel nach einundzwanzig Blau- und Gelb- und anderen Figuren gerade noch verzeichnen mochte. Da erlebte man denn, dass eine Rolle nicht klein und wesenlos genug sein kann, um ein wahres Talent verbergen zu können; das mit einem Dutzend Worten schon erschüttert, und in das Kaisersche Gefüge einen Menschen stellt. Während andere mit langen Reden nur bleiben, was sie von des Dichters Gnade sind: Blaufigur.. Gelbfigur... Schauspielerische Leistungen im Sinne der Menschengestaltung sind allerdings hier ohne eigenschöpferische Gefühlskraft gar nicht denkbar. Für die meisten Spieler konnte es sich nur um mehr oder weniger temperamentvolle Deklamation handeln. Viele taten mit Eifer in kleinen Rollen ihr möglichstes. Und Dr. Hellmer als Regisseur war mit Sorgfalt darauf bedacht, die Kaisersche Maschine soweit zu ölen und zu schmieren, dass sie wenigstens nicht ratterte oder mitten im Akt Gas liess und stoppte. Der Maler Reinhold Schön lieferte zur Stimmung ein nach kubistischen Prinzipien konstruiertes Werkgebäude von unheimlicher Symmetrie und toter Kälte. [...] Ernst Karchow fügte sich mit harten

Gebärden sicher in den Stil und sprach sein Evangelium mit einem rhetorischen Fanatismus, dem aber die verzehrende Hitze fehlte, um das Eis seiner Rolle zu schmelzen. Karl Zistig bemühte sich, der Kaiserschen Bühnenanweisung zu entsprechen: 'gealtert ins Petrefakt fanatischer Werkenergie...', was ihm gelang. Und so bestätigte denn die getreue Interpretation des Kaiserschen Schauspiels deutlich seine Magerkeit in Idee und Gestalt.

129. Rudolf Frank, *Frankfurter Nachrichten*, 15.11.1920, in *Die Kritik* (1920), No. 49, pp. 855-56.

Es ist nicht ratsam, in einer mitteldeutschen Volksversammlung kirgisisch Platt zu reden. Es ist nicht angebracht, ein Schauspiel eminent politischer Tendenz der Redeweise eines preziösen Telegraphenkodes auszuliefern. Erstens, weil dann die Wirkung von Bühne auf Zuschauerschaft herabsinkt wie die Gaserzeugung; zweitens, weil unter solchen Umständen die Echtheit der Gesinnung, die Aufrichtigkeit im Ethos der Dichtung zweifelhaft wird, um so mehr, wenn die Sprache, die sich zwischen uns und den Sinn der Dichtung stellt, gar nicht G. Kasiers Eigentum, sondern Carl Sternheims gewendeter Stil ist.

Zieht man (wozu wir entschlossen sind) das aus Allegorie und Geheimsprache gewobene Laken von den Vorgängen und Zuständen dieses Bühnenwerkes herunter, so blickt man in ein Theaterstück, welches den Titel tragen müsste: 'Das Verbrechen Versailles oder: Die blutige Niederlage des internationalen Pazifismus.'

[...] Dritter Akt: 'Nicht für uns!' stöhnt es durch's Land, durch's arbeitende Volk. Nicht für uns Arbeit, Qual und Schaffen. Sklaverei lässt den Arbeitsertrag tiefer und tiefer sinken. Wir blicken in den ratlosen Jammer der Gegenwart, blicken in drohend nahe Zukunft. Ein Riss geht durch's ganze Volk, durch alle Parteien. Befreiung wollen alle von unerträglicher Fron. [...]

Nur unvollkommen war Kaisers gestaltende Kraft dem gigantischen Vorwurf gewachsen. Wenn Expressionismus Herauspressen des wesentlichen, des seelischen Kerns bedeutet, dann ist Kaisers Kunst das Gegenteil von Expression, nämlich Bandage, Maske, Klausur. Dies betonte die Aufführung, Regie: Hellmer, die sich noch einen Meridian weiter vom Mittelpunkt der Dinge fernhielt als die Kaisersche Form und dem ungeheuren Getöse des letzten Kampfes und Zusammenbruches auswich. Hellmer baute auf's gedichtete Wort, aber das Wort war brüchig. Die Darstellung ging aus auf statuarischen Stil. Nicht ihre Schuld, dass sie im automatischen anlangte.

Jener Antagonismus in Meinung, Taktik und Gesinnung, den sehr kluge Auguren vor kurzem als den Gegensatz von 'pazimondäner Cassirerei und blutrünstigstem Klubsessel' formulierten, kam im Gegenspiel von Karl Zistig und Ernst

Karchow überzeugend zum Ausdruck. Mächtig schwangen die Stimmen, und das Herz pochte. Fried und Trutz, die Gegensätze blau und gelb, die nie sich zum sonnigen Grün der Wiesen, der Wälder, der reinen unschuldigen Natur vereinen wollen, zeigten in verbissener Härte menschlichen und schauspielerischen Fond. [...]
  Die Haltung des Frankfurter Publikums war — man kann das angesichts des Berliner Kaiserdramas wohl sagen — mustergültig und würdig des Hauses, in dem dieser Dichter mit vielen und den besten seiner Werke eine Heimstatt gefunden hat.

130. B., n.d., n.s., GKC.

  [...] *Gas II* ist keine Entwicklung nach oben mehr. [...] Wir hatten gehofft, aus allem menschlichen Leiden durch den Erlösungsgedanken, den hier Kaiser durch den Milliardärsohn predigt, irgend einen Fingerzeig zum Besseren, zum Gesundungsprozess zu finden, wurden aber grausam enttäuscht. [...] Das Äusserliche: Die bisher schon kaum noch erträglich gewesene Sprache ist ins fast Widersinnige verzerrt worden, die Menschen sind nur noch Automaten, die Szene ein Bild nüchterner Hässlichkeit und Hoffnungslosigkeit.
  So kam es, musste es kommen, dass das Premierenpublikum des Neuen Theaters nach allen drei Akten eisiges Schweigen zeigte, nur unterbrochen von einigem Beifall der Kaiserianer, die aber durch Zischen schnell verstummten. Direktor Hellmer hatte sich als Spielleiter viel Mühe gegeben, leider aber die abgehackte Depeschensprache, die nur noch der Funkspruch übertrumpfen könnte, geradezu ungeniessbar gemacht. Einzig die Herren Karchow und Zistig versuchten eine Klärung, weil ihre Rollen — vielleicht bewusst — aus dem Rahmen fielen. Auch der Massenchor der Materialisierten war streckenweise eindrucksvoll, was aber weniger auf den Dichter als auf den Regisseur zurückzuführen ist.

[1920], *Erstaufführung, Stadttheater, Magdeburg. Dir.: Vogeler; Paul Rudolf Schulze (Grossingenieur).*

131. A. A., *Magdeburger Tageszeitung*, 16.11.1920, in *Die Kritik* (1920), No. 49, pp. 859-60.

  [...] Es wurde bereits gesagt, dass die Handlung bis zum Schluss des zweiten Aktes ein symbolisches Gleichnis gibt für Deutschlands Fall von Macht und Grösse zu Umsturz und Knechtschaft. Die zeitliche Folge der Hauptphasen — Krieg, Revolution, Unterdrückung — entspricht den

tatsächlichen Vorgängen. Auch bei der kausalen Entwicklung der Übergänge wird versucht, den Dingen eine gewisse Allgemeinverbindlichkeit anzuhängen und die aus psychologisch-neutraler Wertung entspringenden Gründe in ihrer Geltung auf das Vorbild auszudehnen. Welchen Zweck hätte sonst die Beziehung auf eine Reihe charakteristischer Ausnahmserscheinungen, die zum ersten und einzigen Male der Druck einer furchtbaren Wirklichkeit erstehen liess? [...]
So ist vermutlich auch der dritte Akt, der die Weiterentwicklung der Situation bringt, als symbolisches Zukunftsbild gedacht. Möglich, dass der problematische Gehalt des Werkes sich darin noch nicht erschöpft — es ist auch gleichgültig vor der nun selbstverständlichen Frage, was Kaiser einem Volk in seiner tiefsten Erniedrigung zu sagen hat über das, was kommen wird.
[...] Im szenischen Aufbau, in der Behandlung der Personen und der Sprache folgt das Werk dem expressionistischen Stil bis in letzte Konsequenzen. Alles ist auf die denkbar primitivste Formel gebracht. Formeln sind die Grundelemente seiner Technik, aber Formeln, die nicht stimmen. Die kindliche Symmetrie im räumlichen Neben- und zeitlichen Nacheinander der Anlage ermüdet und verpufft in ihrer Wirkung; und Wiederholungen, die bis ins Endlose gehen, sind Abstieg nicht Verstärkung. Die Formel für Mensch heisst hier nicht einmal Typ, sondern Abstraktion. Der Darsteller aber ist als einziger Künstler vorläufig immer noch Meissel und Marmor, Bildner und Material in einer Person; und das Material, mit dem er schafft, ist letzten Endes immer noch der Mensch. Das übliche militärisch-stramme Ruck-Zuck in Gestenspiel und Sprache allein tut's nicht. Solange nicht eine besondere expressionistische Schauspielkunst erfunden ist, muss selbst der beste Darsteller vor den Phantomen Georg Kaisers wieder ins Menschliche umkehren. Hinzu kommt noch, dass seine Sprachform gesprochene Stenographie ist, die sich selbst verschlingt, auch schon bei mässigem Tempo der Aufführung.
Die Bühne soll zwischen dem Stil des Dichters und dem Empfinden der Gegenwart vermitteln, und so muss oft eins von beiden notgedrungen zu Konzessionen gezwungen werden. Hier war der Stil der Leidtragende, wie er es in solchen Fällen — bis zur Erfindung der expressionistischen Darstellungsart — stets sein wird. Zumal da es eine Stileigenart expressionistischer Dramendichter ist, die Anspruchslosigkeit der eigenen Zutaten doppelt und dreifach durch raffinierte Regievorschriften wettzumachen, die zur Hälfte unerfüllbar sind. Es lohnt sich, *Gas II* darauf nachzuprüfen, vor allem den dritten Akt.
Kein Wunder also, dass die Aufführung kalt liess bis in die Fingerspitzen und höchstens als Experiment ein gewisses Interesse fand. Das soll aber nicht davon abhalten, einige offenbare Mängel, die zu umgehen waren, einer schleunigen Abstellung zu empfehlen. Zunächst die Besetzung! Wenn am selben Abend im Wilhelm-Theater *Glaube und Heimat* mit ersten Kräften gegeben wird, kann für die Uraufführung von *Gas II*

natürlich nur eine Episodenbesetzung übrig bleiben. Sie
wurde zum Teil in zwei, ja selbst drei Rollen beschäftigt
und gab dem Publikum zu den Kaiserschen noch ein paar
Vogelersche Nüsse zu knacken. So sah man fünf von den sieben
Blaufiguren als Gelbfiguren wieder und hielt schliesslich
das Eindringen des Feindes für einen harmlosen
Verkleidungsscherz. Dazu eine regietechnisch gänzlich
verfehlte Anordnung der Tische. Die Blau- und Gelbfiguren
sprachen wie Parade-Nippsachen auf der Kommode ihre
Meldungen ins Publikum, statt zur Oberfigur, die weit hinter
ihnen thronte. Milliardärarbeiter: 'Wer ist der Chef?' Erste
Blaufigur (sieht ihn fest an): 'Vor mir — der Chef!' Herr
Liedtke stand aber seitlich hinter Herrn Friedrich, und
dieser sah sehr fest ins Publikum. Der zweite Akt war im
Tempo völig [sic] verschleppt; rührend, wie Arbeiter und
Arbeiterinnen um die Wette deklamierten und vor allem der
gute Heinz sich in Schweiss und Pathos badete; ein Glück,
dass man sie nicht alle sehen konnte auf ihrem nur handbreit
erhöhten Podium. Im dritten Akt lautete die Vorschrift, dass
der Milliardärarbeiter die Giftgaskugel über sich wirft;
Walter Liedtke warf sie weg, seitwärts in die Kulissen
hinein, so etwa wie: Rührmichnichtan. So kann auch eine
kleine Ursache einer grossen Pointe den Hals brechen. Das
dann einsetzende Trommelfeuer der Gelbfiguren kam über ein
mittelmässiges Theatergewitter nicht heraus. Auf der
halbhell bleibenden Bühne sah man die Arbeitergestalten in
aller Gemächlichkeit nach rechts und links abziehen; dafür
blieb nach dem Einsturz der Halle die erste
vorwärtsstürmende Gelbfigur um so unsichtbarer — — — weil
Intendant Vogeler nicht in Gelbuniform und Stahlhelm für
etwaige Hervorrufe danken wollte. Der theatertechnisch
glänzend ausgeknobelte Schlusseffekt der an sich
wirkungsvoll gesprochenen Worte fiel damit gänzlich ins
Wasser. [...] Die Zuhörer zischten und klatschten, aber die
Klügeren gaben bald nach, so dass die Hauptdarsteller und
Intendant Vogeler sich dreimal zeigen konnten.

Joint performance of Gas I *and* II. [1924], *Raimund-Theater, Vienna. Dir.: Dr. Beer.*

132. Alfred Polgar, *Die Weltbühne*, 20, No. 26 (26.6.1924), 894-97.

'Gas' ist ein herrlich knappes Wort, nach Gewicht und
Umfang ein ideales Geschoss für die Schleuder der Lippen.
Man begreift, dass Georg Kaiser, Vater der Prägnanzen, sich
in die Schnellkraft dieser Einsilbe 'Gas' verlieben musste.
Auch als Wort hat 'Gas' die Eignung, leicht zu brennen und
zu explodieren.
    [...] Im zweiten Teil ist er geboren, der
Milliardärs-Enkel. Krieg tobt, Gas gegen Gas. Die Gasisten

auf unsrer Seite sind des Kampfes überdrüssig, sie weigern die Produktion von Gas. In einer wirklich grossen Szene – der poetische Gipfel des Werkes – steigt ihr Brudergefühl, ihr: Seid umschlungen, Millionen! strahlend hoch, donnernd wie Verheissung rollt die Kuppel auf, und durch die Halle, über der sie lastete, jauchzt der Licht-Jubel der lieben Sonne. In Prosa aus lyrisch glänzendem Edelmetall ergiessen Jüngling, Mann, Greis (und deren feminine Ergänzung) ihre Zuversicht, dass ihnen nun ein neuer, ein wahrer Morgen, Mittag, Abend beschieden sei, und dreimal, in immer gesteigerter Inbrunst, tönt der Liebe Schrei hinüber zum Feinde. Doch dreimal: 'Ausbleibt Antwort!' ruft der Rufer hinter der Szene. Er könnte auch, ohne dass ihm daraus ein Vorwurf zu machen wäre, sagen: 'Keine Antwort!', das kostete genau so viel wie sein Telegramm, auch nur zwei Worte. Doch grollt in dem Verbum 'ausbleibt' immerhin eine dramatische Bewegung, hat es eine Stosskraft, die das schlichte 'Keine' nicht hat. Die Voransetzung des Prädikats aber vor das Subjekt scheint hier ganz in Ordnung, denn an jeder Antwort ist das Wichtige, dass sie ausbleibt. Es ist der Schwerpunkt des Satzes und hat als solcher die Tendenz, Tiefstlage einzunehmen. (Eine Erwägung, die den Beurteilern von Kaisers Diktion überhaupt empfohlen sei.) Der Feind also gibt keine Antwort. Nicht nur das: er dringt ins Werk, nützt die gegnerische Friedenssehnsucht, wie wir die russische Revolution genützt haben zur Verfolgung der eignen Krieg- und Siegzwecke. [...] Die Menschheit ist nicht zu retten [...] das jüngste Gedicht ist über uns hereingebrochen.

Und zwar in Form eines kubistischen Schauspiels, aus breiten, scharfkantig abgesetzten Flächen ineinandergefügt. Die Arbeit eines exakten Schwärmers, der auch zur Hitze auf kaltem Wege kommt. Seine Phantasie fliegt vernunftbeladen: so fehlt es ihr, will sie höher, nicht an auszuwerfendem Ballast. *Gas* ist das Werk eines Dichters, der von der Verstrickung der Erdgeborenen ins Allzuirdische seine Vision hat, die Welt, wie er sie sieht, wenn auch nicht umzureissen, so doch zu umreissen und das Stückchen Garn aus dem grossen Knäuel, das ihm zwischen die Finger gerät, zum starken Gewebe zu verspinnen weiss. Er hat die Gnade des Gesichts und die Kraft zur Gestaltung. Als Vorbeter einer neuen heiligen Menschenbrüderschaft fehlt es ihm wohl an der rechten, herzgeborenen Inbrunst. Seine Verzückung scheint ein Willensakt, und wenn er die Arme öffnet, um Brüder an die Brust zu ziehen, liegt in dieser Geste etwas Turnerisches. Auch riecht die Menschenliebe, die in das Werk hineingetan, ein wenig nach der literarischen Küche. Jedenfalls ist sie ein ausgezeichnetes Ferment, erwirkend dramatische Gärung. In der Diktion, deren formale Kürzung auch gedankliche Verdichtung ist, verleugnet sich der Preusse nicht. Hier wird gemeines Deutsch im Stechschritt überrannt, und jeder Griff ins volle Worte-Leben klappt wie Gewehrgriff. Das Rhapsodische der Sprache übt seinen Reiz. Wenn der Dichter von der Hand am Hebel spricht, folgt dem unweigerlich das gleiche Bild in einer Bearbeitung für den tiefsinniger Geistigkeit und hoher Poesie.

148. Richard Dohse, *Die schöne Literatur*, 18 (1917), 334-35.

Man könnte über das groteske Lustspiel *Der Zentaur* von Georg Kaiser wieder eine Groteske schreiben, ja es liegt das Wort nahe 'difficile est satiram non scribere'. Aber damit wäre weder dem Dichter noch dem Publikum gedient, die beide eine ernsthafte Würdigung verlangen können. Was will K[aiser] mit diesem Stück, das im Ernst wie im Scherz stark ins Extrem fällt? Mich dünkt, er will uns vor Augen führen: nichts ist ernsthafter als das Lachen, es gibt kein Ding auf Erden, keine noch so gewagte Situation, keine noch so tiefe Tragik, die nicht auch ein Lachen auslösen und durch das Lachen bis zu einem gewissen Grade ins allgemein Menschliche, Selbstverständliche und Naturgemässe gerückt werden kann. Und so schreckt der Dichter denn vor keiner Konsequenz zurück. Er zieht die Liebe, die Ehe, die Pietät, die Moral ins Lächerliche, ja er macht selbst vor dem Tod keinen Halt. Der 'Zentaur' ist der Erzphilister, der sich aus Pflichtgefühl moralisch vergeht und, man denke, seine unerprobte Männlichkeit mit Erfolg an einer Dienstmagd betätigt. Und das alles trotzdem, oder besser, weil er Bräutigam ist und die Klausel, die eine verstorbene reiche Verwandte der Braut in ihrem Testament festgesetzt hat, besagen soll, dass ihr Vermögen nur dann genossen werden dürfe, wenn sich prompt nach einem Jahr der Ehe ein Erbe einstellen würde. Die plötzlich ins Moralische umschwenkende Familie aber sieht nur den ehr- und zuchtvergessenen künftigen Schwiegersohn und wendet sich entrüstet von ihm ab, bis sich schliesslich am neunzehnten Geburtstag der Tochter herausstellt, dass die Erblasserin für die Braut gerade einen Mann haben will, 'der einer grossen Torheit fähig ist'. Als dann auch noch die alte Haushälterin des Bräutigams die Magd unter eine legitime Haube bringt und damit auch das hinderliche Kind nicht mehr im Wege ist, herrscht wieder helles Gelächter auf der ganzen Linie: der vermeintliche 'Zentaur' wird wieder das Philisterlamm, das er in Wirklichkeit immer war und ist als solches den sauberen Schwiegereltern und der leichfertigen [sic] und leichtbeschwingten Tochter aufs neue willkommen. Was aber nun an Einzelheiten alles in diese 'Handlung' hineingepfropft ist, lässt sich unmöglich in schlicht-sachlichem Tone wiedergeben. Da muss man schon K[aiser] selbst hören, der mit glänzender Beredtsamkeit zwischen Pathos und Groteske schwankt, der in verwegenster Art an die heikelsten Dinge rührt, der von einer geradezu eindeutigen Stärke im Zweideutigen ist. Vieles streift dabei leider stark die Grenzen des guten Geschmacks, so die Erklärung des Bräutigams über den fürchterlichen Tod seines Vaters, der als Margarinefabrikant in das Getriebe der Maschinen geraten und so selber ein schauerliches Ende

B. The Discovery of Kaiser's Early Dramas after his
   Breakthrough as an Expressionist: 1917—21

Die Sorina

*6.3.1917, Uraufführung, Lessing-Theater, Berlin. Dir.:
Viktor Barnowsky; Ilka Grüning (Mastridia); Carl Forest
(Barssukoff); Kurt Götz (Barin); Traute Carlsen (Sorina).*

133. S. Jacobsohn, *Das Jahr der Bühne*, vol. 6 (1916—17),
123—26.

   Georg Kaiser hat Glück. Wären zuerst 'seine' Dramen
aufgeführt worden, so hätte sich nach dem Erfolg der
Vollständigkeitstrieb unsrer Theater, der eine Ausrede für
Bequemlichkeit und Gedankenarmut ist, auch seiner sämtlichen
Nebenwerke bemächtigt und ihn uns langsamer oder schneller
verleidet — ihn ganz und gar, nicht bloss seine Schalheit,
sondern seinen Reichtum dazu. Manche ausgepresste
Dichterzitrone weiss ein Klagelied von diesem System und
unsrer Erbarmungslosigkeit zu singen. Der glückliche Kaiser
dringt zu den Berlinern mit seiner schwächsten Arbeit, die
schliesslich doch nicht schwach genug ist, um das Interesse
für seine Bühnenzukunft zu mindern. Er wird in der Schätzung
von unten nach oben steigen und später noch einmal dem
Zensor danken, der ihn während des Krieges durch Verbote
erbittert, und an dem er sich mit der *Sorina*... Er erklärt
selbst: Dies Stück ist die mögliche Rache, die ich am Zensor
nehme! Es ist eher eine unmögliche Rache, nämlich als Rache
unmöglich. Welcher deutsche Zensor könnte wohl sich, welchen
könnte die deutsche Öffentlichkeit in diesem Russen
getroffen glauben, der ein Lump der unappetitlichsten Sorte
ist! Faul und feil, dumm und geil, roh und erpresserisch,
machtgeschwollen und unbedenklich bereit, den *Kindermord*,
den er dem Dichter Barin verboten hat, weil eine Rolle für
die Sorina darin ist und niemand ihr nahekommen soll, unter
seinem eigenen Namen spielen zu lassen, um drei Wochen lang
mit dem schönen Mädchen proben zu dürfen. Dazu muss der
Verfasser, der ja nicht tot ist, totgesagt werden; und das
unternimmt des Zensors Frau Potiphar, um drei Wochen lang
mit dem schönen Jüngling... Also an Fäden mangelt es nicht.
Wie der Knoten durchhauen werden wird, ist von Anfang an
offenkundig: Jugend findet zu Jugend und prellt das lüsterne

Alter. Eine Lösung, so selbstverständlich und dagewesen, dass dem Autor nicht einmal eine Pointe, ein Unterschriftsschnörkel von unverwechselbarer Besonderheit eingefallen ist; nachdem er schon bei dem Versuch zur Entwirrung der Fäden sich grade nicht überanstrengt hatte. Man hätte ihm raten mögen, statt der Klassiker der Komödie, die er von Kleist über Gogol bis Shaw am Schnürchen hat, nichts weiter als den *Raub der Sabinerinnen* und den immer wieder zu studieren. Da ist zu lernen — wenn es zu lernen ist! —, wie man Motive nicht nur entdeckt und herumhetzt, sondern kuppelt und gattet, bis sie fortzeugend neue gebären, wie man noch Enkeln und Urenkeln keine Ruhe gibt, bis die Gefahr der Inzucht durch den Schlusspunkt des Schwanks beseitigt wird. Kaiser wird ungefähr in der Mitte matt. Bis dahin hat er beschwingt geatmet — jetzt keucht und japst er. Unser Gelächter ist, in Erinnerung an den vergnügten Anfang, früher da als ein Anlass. Wir spüren, wie uns die Lachfalten um den Mund allmählich zur Grimasse erstarren. Liegts wirklich an Kaisers versiechender Witterung für die Schlagkraft der einzelnen Situation, für die Ergiebigkeit einer Figur, für die Lustigkeitsdichte des Dialogs? Zum Teil gewiss. Aber entscheidend ist doch wohl der andre Teil. Es gibt Satiren, die daran scheitern, dass uns der Gegenstand der Satire allzu sympathisch wird. Diese scheitert daran, dass der Zensor zu spasslos widerlich ist. Ein bisschen verliebt muss man selbst in Komödiengestalten sein, die gebührend abgestraft werden. [...] Mit Barssukoff will man nicht zu tun haben, wenn man Kaisers Komödie liest. Dass es auf der Bühne so blieb, war die Schwäche der Aufführung. Eine unnötige Schwäche. Denn auch auf den Umgang mit Barssukoffs Frau von einigen vierzig Jahren verzichtet der Leser. Aber dann sieht er Ilka Grüning. Wie sie im Morgenrock zum Bade schreitet, mit Eimer und Pinsel bewehrt, weil dem Badezimmer die Wanne fehlt; wie sie im Bademantel das Amtszimmer wieder betritt und den Dichter erblickt; wie sie vom coup de foudre getroffen wird, die Verpflichtung fühlt, sich ihres Aufzugs zu schämen, und langsam losschreit; wie sie ihn, ihren 'wilden Liebling', mittags um Zwölf erwartet, mit Geträller herumstolzierend, ein krachseibelnes, dunkelrot karriertes Festtagsgewand um die schwellenden Glieder und ein verwegen grünes Bändchen im falschen Wilhelm; wie sie den armen Kurt Götz — einen Dichter, dem man ein Kunstwerk zutrauen könnte — in die Sofa-Ecke schmeisst und sich auf ihn; wie sie ihn unter Küssen begräbt, bis zwar nicht ihr, aber ihm und uns kreischenden Zeugen die Puste ausgeht: in alledem wird eine jäh entzündete alte Schraube auf die erstaunlichste Weise um ihre Ekligkeit gebracht und fast doch noch des Liebeswettbewerbs fähig gemacht. Nur Eines begriff ich nicht: dass Mastridia und ihre Umgebung das Deutsch des Generals Kantschukoff von Suppé radebrechte. Warum hat man dann neulich bei Shaw nicht halb Englisch gespuckt?

beliebige, besonders verrückte Stelle im Buch nach, dann
kann man sich davon überzeugen, dass alles genau so dasteht
und dass doch Kaiser der Alleinschuldige oder wenigstens der
Hauptsünder ist. Sein gewaltsam stilisierter,
grimassierender Humor, der in dieser Form nicht einmal sein
Eigentum ist, lässt sich bei gesunden Sinnen unmöglich
länger als allerbestenfalls drei Akte hindurch ohne
stärkeren Widerspruch ertragen. Man sieht bis dahin sogar
noch einiges Positive, wozu vor allem die
Charakterbeobachtung und der Sinn Kaisers für die kleinen
und grossen Lächerlichkeiten des Lebens gehören. Dann
allerdings empfindet man diesen in ein System gebrachten
Idiotismus rasch unerträglich, und man möchte am liebsten
auf und davonlaufen. [...] Zugegeben also, dass es sich hier
um eine Stilkomödie handelt; aber eine Figur wie dieser
unglaublich einfältige Lehrer Strobel, der sich seine Braut
nicht zu heiraten getraut, weil er nicht weiss, ob er Vater
werden kann, und der infolge seiner blödsinnig übertriebenen
Gewissenhaftigkeit schuldlos in die schlimmsten Lagen kommt,
aber zum Schluss von einer Millionärin geheiratet wird, ist
denn doch, auch von der Sternheimperspektive aus gesehen und
gewertet, eine beträchtliche Zumutung. Oder sollte dieser
Strobel von Anfang an etwa für Pallenberg bestimmt gewesen
sein und diesem Umstand auch gewisse sonst kaum erklärbare
Züge danken? Möglich wäre das schon. Herr Hoch, ein guter
Schauspieler, hat selbstverständlich aus dem Strobel eine in
ihrer Kläglichkeit überaus komische Figur gemacht. Aber es
ist immer ein bisschen zu viel Absicht in dem, was Herr Hoch
macht, und zu viel 'Pointieren' im Sinne einer älteren
Theaterschule. Ausgezeichnet, wie von Gulbransson entworfen,
ist der Schulmeister Vierkant des Herrn G. A. Koch gewesen
[...] Das Publikum hat sicher die Verdienste der Aufführung
gewürdigt, ist aber dann kopfschüttelnd und auf Beifall und
Widerspruch fast ganz vergessend, nach Hause gegangen.

151. Dr. J. Fr., *Neue Badische Landeszeitung*, 2.8.1919, in
Die Kritik (1919), No. 1, pp. 17-18.

Sich mit Georg Kaiser zu beschäftigen, bleibt immer
voll Reiz. Auch wo Widerstand, Ablehnung, Verwirrung
auftauchen. Ich trat, trotz Vorbehalten, mit Leidenschaft
für ihn ein, als er in München zum ersten Mal der
literarischen Welt sich so zeigte, wie er schien: in seinem
Drama *Von morgens bis mitternachts*. Da war er der Nachfahre
von Lenz, Büchner, Wedekind. Würdig dieses Geschlechts.
Schon damals aber kokettierte seine Sprache mit Sternheim.
Manches andere drang seit diesem ersten ernsthaften Erfolg
in stürmischer Folge in die Öffentlichkeit. Die Problematik
seines Wesens: die Vielgestaltigkeit, die aus gar zu vielen
Blutkreuzungen lebt, wurde deutlicher, die Gehirnakrobatik,
die er trieb, sichtbarer, die Dialektik schien und scheint
immer mehr über das rein Dichterische zu siegen. Aber ich

bin sicher: mit diesem Georg Kaiser, von dem man manchmal nicht weiss, ob er wirklich nur ein kalter und nicht einmal immer geschickter Macher ist, oder aber doch ein Trunkener und Erfüller des Geistes (wenn auch nie des Herzens) — mit ihm und an ihm dürften wir noch mancherlei Überraschungen erleben. Nun ist es, unter den vielen Werken, wiederum ein Lustspiel, an dem er seine Kraft erprobt. Es [...] heisst bei der Erstaufführung im Münchner Schauspielhaus: *Konstantin Strobel*. Ein grosser Anlauf zweifellos. Ganz anders als in seiner *Sorina*. Die Problemstellung voll erkannt im ursprünglichen Wesen der Komik; das Objekt des bitteren und grotesken Leides ganz klein, die darum gebauten Mittel, Gefühle und Gewalten in unverhältnismässiger Grösse. [...] Ein ungeheures Problem bedrückt ihn [Strobel]: ein Kind? Darf er die Verantwortung zweien Familien gegenüber auf sich nehmen? Weiss er? Hat er sich jemals erprobt? Er muss sein Gewissen, sein Verantwortunggefühl beschwichtigen. Ein aus dem Hause Strobel wegen 'Unzucht' entlassenes Mädchen dient ihm als Objekt. Die er neu in 'Schande' bringt, bringt Schande über sein Haupt. Hilflos stürzt er in sich zusammen: Entlobung, öffentlicher Skandal, Amtsentlassung. Verzweifelt will er sich rächen, dringt in das Haus der Verlobten. Die hat, um für ihre Eltern sich zu opfern, schnell in der Not den erprobten Vater von 9 Kindern und derzeitigen Witwer Farbe erwählt. Wut, Toben ist Strobels Antwort. Er wird herausgeschmissen, wegen Körperverletzung angeklagt, kommt, da er nicht zahlen kann, ins Gefängnis und wird von irgend einem Unbekannten durch Erlegung der Busse befreit. Der Unbekannte ist eine Millionärin. Sie bietet ihm ihre millionenschwere Hand an, mit der Bedingung, dass der erprobte 'Don Juan' ihr für ihr, an Schulmartern verstorbenes Kind Ersatz schafft.....

Diese, mit Absicht ausführlich wiedergegebene Handlung hat alle grotesken Momente. Aber sie hat einen Geburtsfehler: sie jagt um eine gar zu selbstverständliche Sache, um eine schnell sich klärende Unwahrscheinlichkeit fünf lange Akte herum. Die Voraussetzung ist zu schwankend und auch zu schwankhaft, um eine echte Menschenkomödie lange zu tragen. Und doch gibt es fabelhafte Szenen, glänzende Momente in diesem Spiel. Darin liegen seine Erfolgsmöglichkeiten. Aber warum, frage ich mich, fühlt sich Kaiser nicht selbständig und original genug, um seines in der Komödie weit grösseren Bruders im Geiste und in der Weltbetrachtung, Carl Sternheims, zu entbehren? Ganze Stellen spricht er, nicht Kaiser. — Die Aufführung war wirklich nicht übel. Das Schauspielhaus hat zwei komische Talente, Rudolf Hoch und G. A. Koch. Hoch hat Tiefen, Koch Breite. [...] Otto Nebelthau, der Mitdirektor, führte die Regie und zeigte Sinn für groteske Stillinie.

Konstantin Strobel, "Lustspiel in vier Aufzügen" ("Neueinstudierung"), 9.1.1920, Schauspielhaus, Munich. Dir.: Otto Nebelthau; Rudolf Hoch (Strobel); Elsa Tiedemann

der ihm — ausser dem gerade auf dem Spielplan befindlichen —
alle Stücke verbietet. Aus Gründen der Eifersucht. [...]
   [...] der Polizeimann hat eine Frau und diese Frau, die
der Gatte vernachlässigt, verliebt sich in den Dichter und
heckt ein Plänchen aus, um seinem Stück zur Aufführung zu
verhelfen. Sie spekuliert auf die Gewissensbisse des
Inspektors, indem sie ihm einredet, dass der junge Mann sich
aus Verzweiflung über das Verbot das Leben genommen. Doch
die Unternehmung missglückt, denn nun gibt, in plötzlicher
Erleuchtung, das Polizeioberhaupt das Stück des
vermeintlichen Selbstmörders für das seine aus und lässt es
auch aufführen. Eine prachtvolle Wendung, die amüsant
auszunutzen, Kaiser leider so gar nicht imstande war. Denn
was folgt, die Lösung, der Triumph des Dichters und der Diva
und die Überlistung des Inspektors und seiner, von
Potiphargelüsten durchglühten Gattin, ist immer dünner
werdendes Gerede.
   Direktor Barnowsky hat sich mit dem Stück ersichtliche
Mühe gegeben. Das gute Zimmer des Polizeimeisters mit der
grellblau karrierten Tapete, den kreischend gelben
Fenstervorhängen und den farbigen Schneeballen an der
Gaskrone war eine Posse für sich. Da hineingesetzt die
Inspektorsgattin der Grüning im knallbunten Kleid, mit
gezierter Trippelbewegung, schämigem Lächeln und verliebtem
Augenaufschlag — eine Groteske, die stärker wirkte als alle
dazu gehörigen Worte. Als der junge Dichter, der die Rolle
des keutschen Josephs spielt, entwickelte Kurt Götz einen
glücklichen, leicht parodistischen Übermut. Für den
genasführten Polizeiinspektor hatte sich Carl Forest ein
blöd-brutales Gesicht mit schwarzem Assyrerbart zurecht
gemacht. Heisere Säuferstimme und selbstgefälliges Tänzeln
ergänzten das komische Bild. [...]

138. Hans Knudsen, *Die schöne Literatur*, 18 (1917), 101—02.

   Dass Barnowsky sich in letzter Zeit junger Dramatiker
angenommen, neben Kyser und Wildgans nun auch Kaiser seine
Bühne geöffnet hat, sei dankbar betont. Dann nimmt man gern
etwas Klingsbergerei in Kauf, die seiner Theaterkasse gut
getan haben wird. Das aber müssen wir, denk ich, auch
fordern dürfen, dass die Theater, grossstädtische wie die
der Provinz, mehr noch den Mut zeigen, das Werk
emporstrebender Dramatiker auf seine Lebensfähigkeit zu
erproben, dem verständnisvollen Publikum Stellungnahme zu
neuen Strömungen zu ermöglichen, gegebenenfalls das
Brauchbare einzuhämmern und jedenfalls dem Schaffenden den
Stimulus eines, wenn auch irgendwie begrenzten, Erfolges zu
bieten. Unter den noch wenigen Dramen Kaisers scheinen mir
die *Bürger von Calais* bisher das beste und wertvollste zu
sein in einer auffallenden Vereinigung lyrischer und
dramatischer Begabung, ohne dass das Theater zu kurz käme.
Das hat auch die Uraufführung in Frankfurt a. M. bestätigt

[...]. Eine Aufführung des Stückes *Von morgens bis mitternachts*, das jenem nicht gleichwertig ist, wurde in Düsseldorf geplant und verboten. So könnte man meinen, mit seiner neuen Komödie, deren ursprünglicher Titel *Der Kindermord* von Zensur wegen abgeändert werden musste, wollte sich K[aiser] so etwas wie Verstimmung über geringes Interesse der Bühnen für ihn vom Herzen schreiben. [...] Dies Geschehen ist in drei Akten geschickt untergebracht. Es stimmt nicht immer alles so recht; etwa der Ausweg, wie Barin sein Recht auf das Stück nach der Aufführung geltend macht, wie Barssukoff es dann in seiner Stadt verbieten muss, mutet doch allzu gemacht an. Aber wenn ich vorhin von der Möglichkeit sprach, K[aiser] habe hier vom eigenen Leid des Verboten- oder Nichtaufgeführtwerdens etwas sagen wollen, so wird man die Tatsache hervorheben müssen, dass diese Komödie zwar jetzt erst erschienen ist, nach ihrer Entstehungszeit aber mit der 1911 veröffentlichten *Jüdischen Witwe* zusammengehört, dem Frühesten, was K[aiser] geschrieben hat, wo er mit verblüffender Kühnheit den Judith-Stoff ins Komische abbiegt. Ich gebe der *Sorina* den Vorzug. Sie verrät eine starke Kraft zu charakterisieren, für das Geschehen bis zum Ende Interesse und Erwartung wachzuhalten, dem Dialog Frische und Witz zu geben. Allerdings hat Barnowsky eine bemerkenswert gut durchgearbeitete Aufführung herausgebracht, für die vor allem Ilka Grüning als Barssukoffs Frau ihre ganze Charakterisierungskunst ins Feld führte, durch Forests Polizei-Inspektor und den Dichter des Kurt Götz bedeutsam unterstützt. An der Sorina war nichts zu verderben. Die Bühnen werden auf Georg Kaiser ihre Aufmerksamkeit zu richten haben.

[1918], Volkstheater, Munich. Dir.: Feuchtwanger.

139. L. G. Oberlaender, *Allgemeine Rundschau*, No. 37, 14.9.1918, p. 528.

Gg. Kaiser ist ein Dramatiker, der heute masslos überschätzt wird. Wenn so ein Mann einmal eine Posse zu schreiben sich herablässt, so ist es in den Augen seiner Bewunderer natürlich keine Posse, sondern etwas 'literarisches'. Der Schriftsteller Feuchtwanger, der sich bei Keyserling und Hauptmann als ein sehr guter Spielleiter erwiesen hatte, glaubte auch diesen 'literarischen' Charakter der 'Komödie' besonders betonen zu müssen, indem er statt das Tempo zu beschwingen, alles dehnte, hinter jedem Scherz standen gleichsam drei Ausrufezeichen und so erfror alle Lustigkeit. Kaiser hat einmal gesagt, er habe die *Sorina* geschrieben, um sich an der Zensur zu rächen, aber in diesem aus eifersüchtiger Liebe zu einer Schauspielerin alle Stücke verbietenden Polizeigewaltigen

den Tod getrieben. Das hat ihm die Mutter nun gar nicht übel
genommen; er soll ihr jetzt Ersatz für den verlorenen Sohn
geben. Man kann über diese Art der Lösung denken wie man
will; ja man kann sie aus Gefühlsmotiven stark ablehnen. Der
Schluss hatte wohl ursprünglich auch eine andere Fassung.
Nach Besprechungen bei der Frankfurter Uraufführung im
Oktober vorigen Jahres [sic] hat Judith ihrem Konstantin die
Probezeugung gar nicht übel genommen und ihn trotzdem vom
Fleck weg geheiratet. Sie haben sich also, wie es sonst im
Lustspiel üblich ist, 'gekriegt'... Das erschien wohl Kaiser
zu spiessbürgerlich und er hat die neue Lösung gewählt. Sie
erscheint wohl originell, ob sie glücklicher ist, darüber
lässt sich streiten. — Für die Aufführung in Nürnberg hat
man sich Herrn Rudolf Hoch vom Nationaltheater in München
verschrieben. Er gab den Konstantin Strobel mit der ganzen
überlegenen Virtuosität und der feinen Komik seines Könnens.
[...]

155. Gustav Rudi, *Bayerische Volkszeitung*, 23.1.1920, in *Die Kritik* (1920), No. 6, p. 138.

Unsere Zeit ist nicht reich an guten Bühnendichtern.
Sie wurde plötzlich in eine ganz neue Ära geschleudert.
Stücke aus der Vorkriegszeit muten vielfach fast
vorsintflutlich an. Ihr Milieu ist uns oft rasch fremd
geworden und ihre Personen noch mehr. Ihre Denkungsweise,
ihre Begriffe finden häufig kein Echo mehr auf unserem
Resonanzboden. Der Krieg liegt zwischen ihnen und uns. Auch
etwas Kriegsbühnenliteratur, gottlob nur wenig und rasch
abgetan. Die Revolutionsliteratur hat sich noch nicht
gefangen. Die Literatur von 1919 tastete, experimentierte.
Wir, die sie suchen, krampfen uns an die 'Neueren'. Einer
davon Georg Kaiser. [...] Am Mittwochabend erfuhr Kaisers
Konstantin Strobel hier seine Erstaufführung. Nach der
darstellerisch und literarisch trostlosen Niete der
Wedekindschen *Marquis von Keith*-Aufführung, an der nur der
Schieber-Marquis zeitgenössisch anmutete, wirkte der Zentaur
förmlich erfrischend.
[...] Sie [die Komödie] sprüht von Humor. Der Strobel
ist ein 'Urviech'. Er könnte, wenn nicht ein so trefflicher
Humorist wie Rudolf Hoch vom Münchner Schauspielhaus, der
als Gast auftrat, ihn spielen würde, als schlimme Karikatur
wirken. Trotzdem der Kerl voll geistreichen Witzes ist. Die
sichtlich übertriebene Karikatur wirkt aber durch
Unterstützung der unglaublich ulkigen Mimik. [...] Die Damen
Parenna, Frey, Schack und Schmid, sowie die Herren Meyer und
Baum passten sich einwandfrei in das von Albert Martens gut
geleitete Stück, dessen Satire und Kernpunkt nicht
aufdringlich wirken, wenn man sie auch nicht gerade mit der
Stallaterne suchen muss.

Margarine, "Lustspiel in vier Akten", 4.9.1925, Uraufführung, Komödienhaus, Berlin. Dir.: Ralph Arthur Roberts (also played Strobel); sets: Hermann Krehan; Julius E. Herrmann (Vierkant); Claire Waldoff (Frau Vierkant); Käthe Haack (Judith).

156. Emil Faktor, n.d., n.s., GKC.

Der Kernpunkt der Satire, mit welcher Georg Kaiser in diesem älteren Werke seines reichen Komödienbestandes vier Akte bestreitet, liesse sich ohne wesentliche Verluste in eine Anekdote zusammenziehen. Etwa so: Lieber Simplizissimus! [...]
Diesem, in aller Spasshaftigkeit kargen Tatbestand wird vielfach sternheimisch aufgeholfen, vor allem durch gnadenloses Gespöttel über äussere und innere Merkmale des Kleinbürgertums. Die Schwiegereltern bestehen aus grossen Bäuchen und kleinen Hirnen, die Braut ist als Erscheinung quantité negleable [sic], der Heiratskandidat dürr, semmelblond, schreckhaft keusch, hat eingekrümmte Füsse, eine zu kurze Weste und versorgt den grösseren Teil der Unterhaltung mit verlegenem Hüsteln. Die alte Mutter Strobels ist ebenso dumm wie fürsorglich. Aber die sehr wirksame Szene, wie Konstantin plötzlich aufbegehrt, von der erschrockenen Greisin die Entlassung der langjährigen Magd und die Einstellung eines liederlichen Ersatzes verlangt, ist schon an der Grenze zwischen Sternheim und Georg Kaiser. Kaiserisch gewiss das Tempo. Kaiserisch auch die Trauergeschichte vom tötlichen Unfall des Vater Strobel, der als Agent einer Margarinefabrik eines Tages im Maschinenraum von Rädern gepackt wurde und nur mehr im streichbaren.... Es lässt sich nicht weiter erzählen, ohne sich an den Geschmacksnerven des Lesers zu versündigen. Kaisers Humor und szenische Virtuosität versündigen sich nicht. Bei ihm muss man selbst über das Schauderhafte lachen.
Es kündigt sich auch schon in dieser älteren, szenisch überknappen, im Tone abhängigen, nur die Hauptrolle ausstattenden Komödie der Dichter der *Kolportage* an. Seitdem man diese dichteste Erfüllung seiner dramatischen Eigenart kennt, versteht man auch besser die Vorläufer. Georg Kaiser musste oft ausholen, um sich und sein eigentliches Naturell einmal voll einsetzen zu können. Er überwand, was in seinem Schaffen sprunghafter Journalismus ist. Er sollte und müsste künftig auch weiter überwinden. Er ist eine wesentlich stärkere Hoffnung geworden.
Über die Simplizissimusanekdote hinaus geht eine Schlussszene, in welcher Konstantin Strobel als abgesetzter Lehrer auf einem Bürodrehstuhl hockt, um die Margarineagentur seines Vaters fortzusetzen. Statt der Kundschaft meldet sich eine liebesbedürftige, wohlhabende Witwe. Sie hat ihrem Antrag einen neuen Zylinderhut und einen kostbaren Pelz vorausgeschickt. Der überraschte

Die Versuchung (originally called *Die Muttergottes*)

31.5.1917, Uraufführung, Thalia-Theater, Hamburg. Frl. Bré (Karla).

142. L. G. Oberlaender, *Allgemeine Rundschau*, No. 24, 16.6.1917, p. 412.

    Unklare verworrene Gedanken einer Sturm- und Drangzeit herrschen in Georg Kaisers *Versuchung*, einer 'Tragödie unter jungen Leuten', die in Hamburg uraufgeführt wurde. Das Stück hiess anfänglich irreführend und geschmacklos *Die Mutter Gottes*. Es handelt von einer Frau, die die Ehe bricht, weil sie einen Edelmenschen gebären möchte. Als sie aus ihrer Schwärmerei erwacht, gibt sie sich den Tod.

143. J. K., *Hamburger Fremdenblatt*, 1.6.1917.

    Von Georg Kaiser als einer neuen Hoffnung der dramatischen Literatur ist letzthin viel die Rede gewesen. Von seiner 'Tragödie unter jungen Leuten', die gestern zur Uraufführung kam, kann man kaum behaupten, dass sie diese Hoffnung bestätigt habe. Kaiser hat die moderne Dramenliteratur um ein fragwürdiges Stück ihrer unermüdlichen Behandlung erotischer Probleme vermehrt — das ist ungefähr alles, was man von der 'Tragödie' sagen kann.
    Es scheint, als wolle der Verfasser in der *Versuchung* die Folgen der Überspanntheit einer erregten und sensiblen jungen Frau schildern, der — in einer Durchschnittsehe — der Wert der Liebe ohne Hintergedanken nie aufgegangen ist und die in dieser Ehe auch zu der Konzentration der Neigung — Treue genannt — nicht gelangen konnte. Ihr blondumlocktes Köpfchen steckt voll verstiegener und verworrener Ideen. Wenn Nietzsche sagte, dass er die Frau nicht gefunden habe, von der er Kinder möchte, so spricht sie ihm diesen Satz nach: sie hat den Mann nicht gefunden, von dem sie Nachkommenschaft wünscht. Der Gerichtsassessor Albert Axthelm ist zwar ein guter Kerl, aber — er raucht, der Unbedachte!.... er trinkt zuweilen nicht ungern ein Glas Wein, der Verruchte! ... er äussert sogar lebhafte Sehnsucht nach dem Stammtisch der Junggesellenzeit, der Verworfene!... Für die Gemütlichkeit in der Ehe hat er Sinn, aber nicht für ihre höhere und höchste Bedeutung. Und die kleine blonde Eiferin kann ihm seine Schwächen nicht abgewöhnen, obwohl sie — nach den reformerischen Zeitschriften, die Frau Karla neben Nietzsche und anderen Heilspropheten zu lesen scheint — die Ehe gründlich entweihen. Die Ehe soll doch

ausschliesslich den Zwecken der menschlichen Gattung dienen, nicht wahr? Sie ist doch der Wille zu Zweien, ein Höheres über sich hinaus zu schaffen?! O, sie hätte das Band der Ehe nicht schliessen sollen, bevor ihr der Mythus vom Genius der Gattung aufgegangen war, der über die werdende Generation seine Fittiche breitet! Mit mystischer Schwärmerei grübelt sie der neuen sinnlich-übersinnlichen Form der Liebe und Ehe nach, von der das Buch eines Jugendfreundes kündet, der sich ihr in dieser verhängnisvollen Stimmung nähert und in dem sie — zu spät! — den Gatten erkennt, der ihrem Wesen und Willen gemäss gewesen wäre. Trotzdem lässt die Schwärmerin sich mit ihm ein. Aber nun macht sie die Erfahrung, dass die Liebe auch brutalisiert und dass es unmöglich ist, Lust und Liebe und Treue ins Gleichgewicht zu bringen. Sie, die selber unaufhörlich übertriebene und unmögliche moralische Ansprüche gestellt hat, fühlt sich des Mutterberufs nicht mehr wert. Sie treibt der inneren Vernichtung zu, findet keine Brücke zur Wirklichkeit mehr und geht in den Tod...

Diese kurzen Randbemerkungen zum Inhalt des Stücks dürften erkennen lassen, voll welcher Phantasterei es steckt und wie wenig es seelischen Wirklichkeiten entspricht. Es ist doch nicht unmöglich, eine unhaltbar gewordene Ehe zu lösen und einen harmonischeren Bund einzugehen! Vielleicht wollte der Verfasser kritisch gegen die weibliche Überspanntheit und die männliche Schwarmgeisterei der Zeit vor dem Kriege vorgehen? Aber diese Absicht kommt nicht klar und entschieden genug zum Ausdruck. Dafür wurzelt das Stück selbst zu sehr in dem Dunstkreis jener Effemination, die sich in der Zeit vor dem Krieg auch bei uns geltend zu machen drohte. Das ergibt sich auch aus der Tatsache, dass nicht nur die weibliche Hauptperson, sondern auch die männlichen Figuren des Stückes voll schwankenden und unentschiedenen Charakters sind. Sie entstammen der Entartung. Diese Tatsache macht auch die Darstellung ungemein schwierig. Wohl wandte Frl. Bré ihre ganze feine Kunst auf, den Zuschauern ihre Karla näherzubringen und sie wusste auch verschiedentlich lebhafte Teilnahme für ihre Gestalt zu erwecken, aber beim besten Willen konnte sie ihr trotzdem nicht die ungeteilte und dauernde Sympathie der Zuschauer sichern. Ebenso bot Herr Leudesdorff als Naturgenie und Heilsprophet eine recht interessante Leistung, die aber doch keinen rechten Widerhall bei den Zuschauern zu finden vermochte. Herr Bozenhard zeichnete in seinem Gerichtsassessor einen gutmütigen Durchschnittsmenschen, in dem das Geschick des Künstlers alles, die Figur nichts bedeutete. [...] Den einzigen geraden und ungebrochenen Menschen des Stücks, eine junge und gesunde Frau, zeichnete hübsch und sympathisch Frl. Gast.

Stück und Spiel wussten bis zum vierten Akt die Teilnahme, wenn auch nicht ohne Mühe, wachzuhalten; dann aber flaute sie gegenüber der Unbestimmtheit der Charakterzeichnung und Handlung wesentlich ab, und der am Schluss gespendete Beifall klang dünn und enttäuscht.

einem leitmotivischen Hustenlaut, einem Dialektgemisch aus Sächsisch und Berlinisch und vielen Pausen. Er machte ein [sic] richtige Schwankfigur aus der Gestalt, und das war das Beste. Neben ihm Frau Claire Waldoff als künftige Schwiegermutter. Ganz berlinische Derbheit — oft mit herrlichen Naturlauten; aber man dachte immer wieder: Warum singt sie nicht? [...] Ausgezeichnet und einer der Hauptfaktoren des Abends war der Souffleur; ohne diesen braven Mann oder diese brave Frau hätte es Katastrophen gegeben.
  Die ersten beiden Akte wurden dank Herrn Roberts sehr vergnügt aufgenommen. Die beiden letzten fielen ab.

158. Norbert Falk, n.d., n.s., GKC, incomplete.

  Positiver Gewinn dieses ersten Abends der zweiten Barnowsky-Bühne: Ralph Arthur Roberts.
  Dieser gelbblonde, fahlgesichtige, bekneiferte Schulmeister im Gehrock mit langen schwarzen Hosen, die über mit Schnallen schliessbaren glanzgewichsten Stiefeln sich bürgerlich ehrbarst falten, ist eine der komischsten Gestaltungen vieler Spielzeiten. Schulheft-korrigierender älterer Jungmann, mit einer in Liebesdingen unerfahrenen Mannheit, aufgewachsen in keuscher Korrektheit, pathetisch in aller Sachlichkeit, ein Heiratskandidat von erschütternder Einfalt, selbstsicher im Bewusstsein unantastbaren Schulbeamtentums. Tragisch, komisch, sinnbildhaft in groteske Karikatur gehoben. Roberts erzeugt mit einem öfter wiederkehrenden Verlegenheitshüstler humorhafteste Auslösungen gespannter Situationen; ergötzlichst das Variable dieses Hüstlers, der mit jeder Wiederkehr die Wirkung nicht abschwächt, sondern steigert.
  Ich kenne keinen Komiker, der ihn so oft bringen und mit ihm jedesmal so viel, und jedesmal was anderes zu sagen hätte.
  Dieser Konstantin Strobel, dem Roberts aus Georg Kaisers wenig gespieltem Stück heraus (es hiess erst *Zentaur*, dann *Konstantin Strobel*) gestern zu vielbelachter Theaterleibhaftigkeit verholfen hat, ist ja vor seinem Entstehen in zwanzig *Simplizissimus*-Jahrgängen vorgezeichnet gewesen. Und Sternheims Geist schwebte in den Stunden der Zeugung über Kaiser.
  Trotzdem: Kaiser hat das Lebewesen Konstantin Strobel in eine beträchtlich komische Begebenheit verstrickt. Konstantin Strobel, sittsam vom Gummikragen bis zu den Schnallenstiefeln, kürt eine Jungfrau, aber Bedingung des Genusses von Mitgift mit Kapital und Zinsen ist, dass innerhalb bestimmter Frist ein Sprössling ins Leben trete. [...] Über den Geschmack dieser grotesken Vorgeschichte [vom Tode des Vaters] wird mancher streiten. Wie sie in der ersten Szene vorgebracht wird, ist von heftigster Lustigkeit.

Für die komische Wirkung des in sich ungleichen Stückes steht Roberts allein ein. Neben ihm, und unter seiner Spielleitung – die viel Auge für sich und gar keine Kritik für die anderen hat – bewegen sich innerhalb der sehr witzig aus einer grossen Margarine-Kiste aufgeklappten Dekoration Hermann Krehans die künstlich verdickte, muntere Käthe Haack, sodann der gleichfalls sehr ausgestopfte, trotzdem nicht komisch erfassende Julius E. Herrmann und im letzten Akt die bühnensichere Marietta Olly. Claire Waldoff für eine mundfertige Kleinbürgerin heranzuholen, erweist sich als böser Fehlgriff. Sie spielt ihren Part wie eine Soloszene, eintönig, mit äusserlichen 'komischen' Behelfen, ohne ihren spezifischen Humor. Man lasse die ausgezeichnete Soubrette und Kabarettistin in ihrem Wirkungskreis, der allein ihre Eigenart entbindet.

159. F. D., n.d., n.s., GKC.

[...] Braucht man über die sittlichen Qualitäten dieser Komödie noch ein Wort weiter zu verlieren? Ihre Herzlosigkeit und Gemütsroheit stinken zum Himmel. Und solche Herren, denen die Brust mit Sand und Kieselsteinen gefüllt ist, nehmen sich heraus, mit ihrer eingebildeten Überlegenheit und ihrem vermeintlichen Humor deutsche Bürgerlichkeit und deutschen Familiensinn zu verulken! Als ob der wahre, lebendige und schöpferische Humor je der Herzenswärme entbehren könnte! Als ob aus schmutzigen Gedanken je ein Kunstwerk entstehen könnte! Nein, auch 'rein' ästhetisch betrachtet, sind diese vier Akte nichts anderes als eine einzige Sudelei. So jämmerlich gebaut, so unsauber, so schludrig gearbeitet, dass man einem Quartaner einen solchen Wisch um die Ohren schlagen würde. Rüde Witze, vorbrauchte Situationen, zu läppischen Karikaturen verzerrte Menschen. Mein innigstes Mitleid all denen, die daran ihr heiliges Gut des Lachens vergeuden mögen Mein Bedauern einem so begabten Komiker wie Ralph Arthur Roberts, dass er mit seinem Witz und seinen guten Einfällen ein dramatisches Klappergerüst aus den ältesten Jahrgängen der *Fliegenden Blätter*, wie diesen Oberlehrer, behängen musste; meine beschämte Verwunderung Herrn Viktor Barnowsky, dem neuen Leiter des Hauses, den seine künstlerische Vergangenheit wohl verpflichtet hätte, es würdiger und anständiger zu eröffnen.

160. anon. (1), n.d., n.s., GKC.

Mit einem neuen oder vielmehr vergessenen Stück von Georg Kaiser eröffnete Barnowsky das Komödienhaus. *Margarine* stammt aus der früheren Zeit des Dichters, aber zeigt schon ganz die Bissigkeit und den Humor seiner Satire. [...] Der

Erzeugung gesunder geistiger Kinder ansieht. In diesem Falle möchte ich ihm nach Analogie eines bekannten Ausspruches des grossen Friedrich nur den guten Rat geben, es doch erst einmal selber mit dem Saufen zu versuchen. Das Stück ist derart, dass ich nicht wage, die Leistungen der Darsteller des Thalia-Theaters an ihm zu messen. Nur einmal war es mir möglich, dem Verfasser ohne Vorbehalt beizustimmen. Das war bei den letzten Worten des Stückes, die er dem trinkfesten Assessor in den Mund legt und die darum auch diesen Erguss beschliessen möge. Sie lauten: 'Das ist ja furchtbar!'

[1919], Schauspielhaus, Cologne. Dir.: Georg Kiesau; Elsa Baumbach (Karla).

145. W. Stöppler, *Rheinische Volkswacht* (Cologne), 13.9.1919, in *Die Kritik* (1919), No. 5, p. 105.

Der überfruchtbare Frankfurter Expressionist Georg Kaiser, dessen Werke in dieser Saison bereits in Amsterdam, Stockholm und London gespielt werden, hat die verschiedenen Problemstellungen abgewandelt: in dem *Frauenopfer* das sexual-brutale, in den *Bürgern von Calais* das geschichtliche und in *Gas*, wo bereits der Sozialisierungs- und Siedelungsgedanke behandelt wird, das volkspolitische Stoffgebiet. *Die Versuchung* ist ein Drama mit sozialbiologischer Tragweite. Ursprünglich war das Stück *Die Mutter Gottes* überschrieben. Es ist ein lästerliches Ärgernis, Rusts Phantom einer übersinnlichen Liebesgemeinschaft, das auf die Formel gebracht ist: 'Ich bin die Mutter. — Gottes das Kind' mit dem Mysterium der unbefleckten Empfängnis Mariä in Vergleich zu stellen! Wir müssen diese 'Tragödie unter jungen Leuten' vom Standpunkte der christlichen Sittenlehre unbedingt ablehnen. Deshalb verkennen wir nicht, dass dieser Ausdrucksdramatiker ein Dichter ist.
Die Aufführung geschah unter Georg Kiesaus Spielleitung, der in den Vorgängen auf der Bühne starke Stimmungen mitschwingen liess. Walter Korth spielte den Axthelm als den grossen Pennäler und Egoisten ohne Horizont. Elsa Baumbach hob die pathologischen Reflexe der Mutter Karla grell in die Erscheinung. Ernst Gode war als der moralische Revolutionär zu zahm. [...] Der Beifall des mässig besuchten Hauses klang gezwungen.

Der Zentaur (later called *Konstantin Strobel*; also appeared later, in a revised version, as *Margarine*)

Der Zentaur, 'Groteskes Lustspiel in fünf Aufzügen', 23.10.1917, Uraufführung, Schauspielhaus, Frankfurt/M. Dir.: Gustav Hartung; Toni Impekoven (Konstantin Strobel).

146. L. G. Oberlaender, *Allgemeine Rundschau*, No. 45, 10.11.1917, p. 774.

Gleichzeitig mit der Münchener Uraufführung wurde in Frankfurt a. M. Kaisers *Koralle* gegeben. Der Dichter wurde mehrmals gerufen. Die Kritik übersah hier wie dort nicht die Schwächen des Stückes. Wenige Tage zuvor kam der vielverbotene und nun plötzlich vielgespielte mit seinem *Zentaur* ebenfalls in Frankfurt zu Worte. Über diese Groteske lesen wir: 'Der Dichter tritt über die Schranken des Heiklen hinaus, selbst der Tod wird ihm ein Mittel schnoddrigen Humors und die Lebendigen sind nichts anderes als überlaufende Gefässe wenig appetitlichen Inhaltes.'

147. Bernhard Diebold, *Das literarische Echo*, 20 (1917-18), 278-79.

Zwei Uraufführungen von Georg Kaiser in derselben Woche, in derselben Stadt! Der ausgelassene *Zentaur* und die strenge *Koralle*, die zugleich mit der Aufführung im frankfurter 'Neuen Theater', in den 'Münchener Kammerspielen' zuerst das Rampenlicht erschaute [...]. Von Georg Kaiser, der mit seinen *Bürgern von Calais* vor kaum Jahresfrist die Blicke der Theaterwelt erstmalig auf sich zog und nun plötzlich als der diesjährige Star der Spielzeit dasteht! Ungeachtet ihrer organischen Entstehungsfolge tauchen nun frühere und spätere Stücke des Dichters in wirrem Nacheinander vor uns auf: eine Entwicklungslinie ist kaum zu erkennen, ein Gesamteindruck der schaffenden Persönlichkeit noch nicht ersehbar. Zwischen dem leidenschaftlichen Notschrei eines nach dem Leben Fliehenden in *Von morgens bis mitternachts* und der ernsten Tatverkündigung in den *Bürgern von Calais* steht das farcenhafte 'groteske Lustspiel' *Der Zentaur* (1912), das wie ein Simplizissimus-Scherz anmutet zwischen jenen tragischen Bekenntnissen. Die Möglichkeit so grundverschiedener Auslassungen desselben Künstlers beruht wohl in der gegenseitigen Reaktion zweier Einstellungen seines Wesens zur Welt. Gefühlsmässig regt sich im festen Glauben an menschliche Grösse eine pathetische Idealität in seiner

Rektor Kleist

26.1.1918, Uraufführung, Neues Schauspielhaus, Königsberg.
Dir.: Julius Bab; Clemens Wrede (Kleist); Hans Lindegg
(Kornmüller).

163. Hans Wyneken, *Berliner Tageblatt*, Feb., GKC.

    Im Neuen Schauspielhaus wurde *Rektor Kleist* gegeben, eine Tragikomödie von Georg Kaiser, den zu spielen jetzt Mode oder Ehrenpflicht der deutschen Bühnen zu sein scheint. Ein äusserlich ziemlich geradliniges, innerlich überaus verzwicktes Schuldrama. Sein Kerngedanke ist etwa: 'mens sana in corpore sano'. Eine Symbolik von fast mathematischem Parallelismus soll diesen Satz illustrieren. Auf der einen Seite der Turnlehrer Kornmüller und die Schüler als Vertreter der robusten Körperlichkeit und des gesunden Sinnes, auf der anderen die Titelgestalt mit der schiefen Schulter und dem schamhaft verheimlichten Gesässleiden als wandelnder Inbegriff physischer und seelischer Bresthaftigkeit. An diesem Gegensatz entzündet sich der Konflikt. Körperqualen und hirnzerfressender Neid auf die Gesunden haben die Nerven des Rektors überreizt, seine Ethik verwirrt. Und als er eines Tages an der Wand des Primanerzimmers eine Karikatur seiner Missgestalt entdeckt, bringt ihn das dermassen auf, dass er mit dem Tintenfass danach wirft. Die Tat heischt Ahndung, da der Tintenklecks den Unterrichtsplan verdorben hat.
    Nur einer ausser Kleist kennt den Täter: der Schüler Fehse, der die Szene beobachtet hat. Er ist gleichfalls ein verkrüppelter Schwächling, dem Kleist sich wesensverwandt fühlt, und den er darum bittet, die Schuld auf sich zu nehmen. Die beiden Stiefkinder der Natur müssten doch 'gegen die Herkulesse zusammenhalten'. Fehse weigert sich zunächst, worauf Kleist sich dem Kollegen Kornmüller offenbart. Der glaubt ihm nicht, dringt auf weitere Verfolgung der Sache, und Kleist lässt sich, halb widerwillig, zur Bestrafung eines der Tat verdächtigen Schülers verleiten. Als er, von Gewissensbissen gefoltert, sein Verhalten mit ertüftelten Gründen vor sich selbst zu entschuldigen sucht, wird ihm die Nachricht überbracht, dass Fehse sich fälschlich zu der Tat bekannt und dann Hand an sich gelegt hat.
    Wie man sieht, ein interessantes Problem voll dramatischer Gestaltungsmöglichkeiten. Leider hat es Kaiser nicht bewältigt. Deshalb zersplittert, trotz des an sich spannenden, kriminalistisch gefärbten Stoffes das Interesse des Zuschauers, zumal das handlungtreibende Hauptmotiv (ein Tintenklecks!) doch gar zu schwächlich ist. Der Sieg der gerechten Sache sollte an den Hemmungen einer von

tiefsinniger Geistigkeit und hoher Poesie.

148. Richard Dohse, *Die schöne Literatur*, 18 (1917), 334-35.

Man könnte über das groteske Lustspiel *Der Zentaur* von Georg Kaiser wieder eine Groteske schreiben, ja es liegt das Wort nahe 'difficile est satiram non scribere'. Aber damit wäre weder dem Dichter noch dem Publikum gedient, die beide eine ernsthafte Würdigung verlangen können. Was will K[aiser] mit diesem Stück, das im Ernst wie im Scherz stark ins Extrem fällt? Mich dünkt, er will uns vor Augen führen: nichts ist ernsthafter als das Lachen, es gibt kein Ding auf Erden, keine noch so gewagte Situation, keine noch so tiefe Tragik, die nicht auch ein Lachen auslösen und durch das Lachen bis zu einem gewissen Grade ins allgemein Menschliche, Selbstverständliche und Naturgemässe gerückt werden kann. Und so schreckt der Dichter denn vor keiner Konsequenz zurück. Er zieht die Liebe, die Ehe, die Pietät, die Moral ins Lächerliche, ja er macht selbst vor dem Tod keinen Halt. Der 'Zentaur' ist der Erzphilister, der sich aus Pflichtgefühl moralisch vergeht und, man denke, seine unerprobte Männlichkeit mit Erfolg an einer Dienstmagd betätigt. Und das alles trotzdem, oder besser, weil er Bräutigam ist und die Klausel, die eine verstorbene reiche Verwandte der Braut in ihrem Testament festgesetzt hat, besagen soll, dass ihr Vermögen nur dann genossen werden dürfe, wenn sich prompt nach einem Jahr der Ehe ein Erbe einstellen würde. Die plötzlich ins Moralische umschwenkende Familie aber sieht nur den ehr- und zuchtvergessenen künftigen Schwiegersohn und wendet sich entrüstet von ihm ab, bis sich schliesslich am neunzehnten Geburtstag der Tochter herausstellt, dass die Erblasserin für die Braut gerade einen Mann haben will, 'der einer grossen Torheit fähig ist'. Als dann auch noch die alte Haushälterin des Bräutigams die Magd unter eine legitime Haube bringt und damit auch das hinderliche Kind nicht mehr im Wege ist, herrscht wieder helles Gelächter auf der ganzen Linie: der vermeintliche 'Zentaur' wird wieder das Philisterlamm, das er in Wirklichkeit immer war und ist als solches den sauberen Schwiegereltern und der leichfertigen [sic] und leichtbeschwingten Tochter aufs neue willkommen. Was aber nun an Einzelheiten alles in diese 'Handlung' hineingepfropft ist, lässt sich unmöglich in schlicht-sachlichem Tone wiedergeben. Da muss man schon K[aiser] selbst hören, der mit glänzender Beredtsamkeit zwischen Pathos und Groteske schwankt, der in verwegenster Art an die heikelsten Dinge rührt, der von einer geradezu eindeutigen Stärke im Zweideutigen ist. Vieles streift dabei leider stark die Grenzen des guten Geschmacks, so die Erklärung des Bräutigams über den fürchterlichen Tod seines Vaters, der als Margarinefabrikant in das Getriebe der Maschinen geraten und so selber ein schauerliches Ende genommen hat. Die Schonungs- und Pietätlosigkeit geht fast ins Erschreckende, und es ist durchaus verständlich, dass sich mancher, angeekelt von all den Vorgängen und Bemerkungen, die den herkömmlichen Begriffen von Sitte und Wohlanständigkeit vielfach ins Gesicht schlagen, entrüstet abwendet. Es ist auch begreiflich, dass mancher in den krausen Vorgängen nicht den tieferen Sinn spürt, den K[aiser] hineinzulegen sich bemüht. Und doch dünkt mich das Ganze mehr als ein Ulk zu sein, als der es scheinen will. Auch hier ringt ein Dichter, freilich in absonderlicher und nicht immer sympathischer Weise, mit dem Menschlichen-Allzumenschlichen und gibt manche Weisheit, manche tiefe Wahrheit zum besten. Ob freilich derartige, bis zum äussersten gespannte Grotesken, die unserer Zeit besonders zu liegen scheinen, man denke an Wilde, Shaw, Wedekind, Sternheim, ihren eigentlichen Zweck erreichen, bleibt mehr als fraglich. Die Aufführung eines solchen auch in der Sprache übertreibenden, durchaus drastischen Stückes bietet ganz besondere Schwierigkeiten. Alles muss aufs Unwirkliche, Marionettenartige, Bildhafte gestellt sein: Bewegungen, Mienenspiel, Sprache. Hier nun muss der Darstellung uneingeschränktes Lob gezollt werden: Toni Impekoven als 'Zentaur' war unübertrefflich in seiner schuldigen Unschuld, die Schwiegereltern Vierkant, Alexander Ekert und Käthe Hartmann, machten ihrem Namen alle Ehre, Kitty Aschenbach als bräutliche Range brachte alles mit, was die Rolle erfordert, und auch die Nebenfiguren fügten sich vortrefflich ins Ganze ein. Die Hörer wussten sich scheinbar nicht so recht mit dem Stück abzufinden. Der Dichter konnte zwar einige Male erscheinen, aber der Beifall, in den sich übrigens auch ablehnendes Zischen mischte, wollte nicht recht herzlich klingen. Wie sollte er auch? Herz und Gemüt haben mit dieser Groteske nichts zu schaffen.

Konstantin Strobel, "Lustspiel in 5 Akten", [1919], *Erstaufführung, Schauspielhaus, Munich. Dir.: Otto Nebelthau; Rudolf Hoch (Konstantin Strobel); G. A. Koch (Vierkant); Elsa Tiedemann (Judith).*

149. L. G. Oberlaender, *Allgemeine Rundschau*, No. 30, 26.7.1919, p. 435.

In *Konstantin Strobel* nähert sich Gg. Kaiser der Art Sternheims in der Verhöhnung des deutschen Spiessbürgers. Man lacht in der ersten Viertelstunde über die Brautwerbung des pedantischen Schulmeisters recht oft, aber da der Verfasser immer dickere Farben aufträgt, verringert sich bald die Wirkung. Die Schilderung vom Tode des Vaters wirkt schon mehr ärgerlich, als lächerlich. Dieser ist nämlich in die Maschine einer Margarinefabrik gefallen, die Leiche konnte nicht mehr herausgezogen werden und so lieferte die

kulante Firma soundso viel Zentner Margarine zur Beerdigung.
Über die Widerlichkeit solcher 'Scherze' braucht man keine
Worte zu verlieren. Die Sache wird noch 'hübscher'. Durch
höchst unwahrscheinliche Umstände wird Herr Strobel in die
Lage versetzt, eine geschlitzte Frauenhose zu sehen.
Hierdurch wird nach Ansicht des Dichters Kaiser dessen
Charakter ganz verwandelt. Der Schüchterne wird brutal und
erzwingt von seiner Mutter das Engagement einer liederlichen
Köchin. Bevor er heiratet, will er seine Geeignetheit
erproben. Eine Alimentationsklage beruhigt ihn später über
diesen Punkt, allein die Braut vermag diesen seinen
Gedankengängen nicht zu folgen und gibt ihm den Laufpass. Da
sie aber bis zu einem gewissen Zeitpunkte wegen eines
schrullenhaften Testamentes verheiratet sein muss, verlobt
sie sich mit einem Witwer mit neun Kindern. Allein Strobel
wünscht an der testamentarisch gesicherten Rente zu
partizipieren; da man auf diesen Wunsch nicht eingeht,
verprügelt er den Bräutigam in einer Weise, die ihm eine
grosse Geldstrafe einträgt. Mittellos muss er dieselbe
absitzen, bis eine reiche Dame, die ihn heiraten will, ihn
aus dem Gefängnis befreit. Strobel hat als Schulmeister
ihren Sohn so gequält, dass er gestorben ist; sie sehnt sich
nach einem Ersatzbuben und Strobel erscheint ihr durch den
Alimentationsprozess als der geeignete Mann zur Erfüllung
ihres Wunsches. Ich würde es gerne vermieden haben, durch
Wort und Schrift an der Verbreitung dieser üblen Fabel
mitzuwirken, aber diese Andeutungen lassen sich nicht
umgehen. Man gewinnt die Anschauung, als wolle der Autor das
Publikum verhöhnen. Am Schlusse ward denn auch mancherlei
Widerspruch laut; immerhin behielt der Beifall das letzte
Wort. Das Stück ist früher begreiflicherweise Zensurbedenken
begegnet, dann wurde es in Frankfurt a. M. unter dem Namen
Der Zentaur aufgeführt. Die heutige Wiedergabe stellt eine
neue Bearbeitung dar. Der Autor scheint also noch nicht
eingesehen zu haben, dass, abgesehen von der wirren
Handlung, solche Stücke nur geschmackverderbend wirken
können. Rudolf Hoch zeigte in der Titelrolle starkes
komisches Talent, auch sonst wurde der Simplizissimusstil
unter der Regie Direktor Nebelthaus gut getroffen.

150. R. B., n.d., n.s., GKC.

Wenn es der Zweck dieser fünf Akte ist, den Zuhörer zu
verärgern, so haben sie ihn bei mir gründlich erreicht. Ich
war ordentlich wütend nach dem letzten Fallen des Vorhangs.
Beim Fortgehen fiel mir dann ein, dass die Darstellung unter
der Leitung des Herrn Otto Nebelthau die eigentliche Ursache
'unseres' Missvergnügens gewesen sein könnte. Nun ist ja
nicht zu leugnen, dass der Sternheimstil, in dem dieses
sogenannte Lustspiel geschrieben ist, kräftigst
unterstrichen und vielleicht ein bisschen zu sehr ins
Unmöglich-Groteske verzerrt worden ist. Aber liest man eine

beliebige, besonders verrückte Stelle im Buch nach, dann
kann man sich davon überzeugen, dass alles genau so dasteht
und dass doch Kaiser der Alleinschuldige oder wenigstens der
Hauptsünder ist. Sein gewaltsam stilisierter,
grimassierender Humor, der in dieser Form nicht einmal sein
Eigentum ist, lässt sich bei gesunden Sinnen unmöglich
länger als allerbestenfalls drei Akte hindurch ohne
stärkeren Widerspruch ertragen. Man sieht bis dahin sogar
noch einiges Positive, wozu vor allem die
Charakterbeobachtung und der Sinn Kaisers für die kleinen
und grossen Lächerlichkeiten des Lebens gehören. Dann
allerdings empfindet man diesen in ein System gebrachten
Idiotismus rasch unerträglich, und man möchte am liebsten
auf und davonlaufen. [...] Zugegeben also, dass es sich hier
um eine Stilkomödie handelt; aber eine Figur wie dieser
unglaublich einfältige Lehrer Strobel, der sich seine Braut
nicht zu heiraten getraut, weil er nicht weiss, ob er Vater
werden kann, und der infolge seiner blödsinnig übertriebenen
Gewissenhaftigkeit schuldlos in die schlimmsten Lagen kommt,
aber zum Schluss von einer Millionärin geheiratet wird, ist
denn doch, auch von der Sternheimperspektive aus gesehen und
gewertet, eine beträchtliche Zumutung. Oder sollte dieser
Strobel von Anfang an etwa für Pallenberg bestimmt gewesen
sein und diesem Umstand auch gewisse sonst kaum erklärbare
Züge danken? Möglich wäre das schon. Herr Hoch, ein guter
Schauspieler, hat selbstverständlich aus dem Strobel eine in
ihrer Kläglichkeit überaus komische Figur gemacht. Aber es
ist immer ein bisschen zu viel Absicht in dem, was Herr Hoch
macht, und zu viel 'Pointieren' im Sinne einer älteren
Theaterschule. Ausgezeichnet, wie von Gulbransson entworfen,
ist der Schulmeister Vierkant des Herrn G. A. Koch gewesen
[...] Das Publikum hat sicher die Verdienste der Aufführung
gewürdigt, ist aber dann kopfschüttelnd und auf Beifall und
Widerspruch fast ganz vergessend, nach Hause gegangen.

151. Dr. J. Fr., *Neue Badische Landeszeitung*, 2.8.1919, in
Die Kritik (1919), No. 1, pp. 17-18.

Sich mit Georg Kaiser zu beschäftigen, bleibt immer
voll Reiz. Auch wo Widerstand, Ablehnung, Verwirrung
auftauchen. Ich trat, trotz Vorbehalten, mit Leidenschaft
für ihn ein, als er in München zum ersten Mal der
literarischen Welt sich so zeigte, wie er schien: in seinem
Drama *Von morgens bis mitternachts*. Da war er der Nachfahre
von Lenz, Büchner, Wedekind. Würdig dieses Geschlechts.
Schon damals aber kokettierte seine Sprache mit Sternheim.
Manches andere drang seit diesem ersten ernsthaften Erfolg
in stürmischer Folge in die Öffentlichkeit. Die Problematik
seines Wesens: die Vielgestaltigkeit, die aus gar zu vielen
Blutkreuzungen lebt, wurde deutlicher, die Gehirnakrobatik,
die er trieb, sichtbarer, die Dialektik schien und scheint
immer mehr über das rein Dichterische zu siegen. Aber ich

bin sicher: mit diesem Georg Kaiser, von dem man manchmal
nicht weiss, ob er wirklich nur ein kalter und nicht einmal
immer geschickter Macher ist, oder aber doch ein Trunkener
und Erfüller des Geistes (wenn auch nie des Herzens) — mit
ihm und an ihm dürften wir noch mancherlei Überraschungen
erleben. Nun ist es, unter den vielen Werken, wiederum ein
Lustspiel, an dem er seine Kraft erprobt. Es [...] heisst
bei der Erstaufführung im Münchner Schauspielhaus:
Konstantin Strobel. Ein grosser Anlauf zweifellos. Ganz
anders als in seiner *Sorina*. Die Problemstellung voll
erkannt im ursprünglichen Wesen der Komik; das Objekt des
bitteren und grotesken Leides ganz klein, die darum gebauten
Mittel, Gefühle und Gewalten in unverhältnismässiger Grösse.
[...] Ein ungeheures Problem bedrückt ihn [Strobel]: ein
Kind? Darf er die Verantwortung zweien Familien gegenüber
auf sich nehmen? Weiss er? Hat er sich jemals erprobt? Er
muss sein Gewissen, sein Verantwortunggefühl beschwichtigen.
Ein aus dem Hause Strobel wegen 'Unzucht' entlassenes
Mädchen dient ihm als Objekt. Die er neu in 'Schande'
bringt, bringt Schande über sein Haupt. Hilflos stürzt er in
sich zusammen: Entlobung, öffentlicher Skandal,
Amtsentlassung. Verzweifelt will er sich rächen, dringt in
das Haus der Verlobten. Die hat, um für ihre Eltern sich zu
opfern, schnell in der Not den erprobten Vater von 9 Kindern
und derzeitigen Witwer Farbe erwählt. Wut, Toben ist
Strobels Antwort. Er wird herausgeschmissen, wegen
Körperverletzung angeklagt, kommt, da er nicht zahlen kann,
ins Gefängnis und wird von irgend einem Unbekannten durch
Erlegung der Busse befreit. Der Unbekannte ist eine
Millionärin. Sie bietet ihm ihre millionenschwere Hand an,
mit der Bedingung, dass der erprobte 'Don Juan' ihr für ihr,
an Schulmartern verstorbenes Kind Ersatz schafft.....
   Diese, mit Absicht ausführlich wiedergegebene Handlung
hat alle grotesken Momente. Aber sie hat einen
Geburtsfehler: sie jagt um eine gar zu selbstverständliche
Sache, um eine schnell sich klärende Unwahrscheinlichkeit
fünf lange Akte herum. Die Voraussetzung ist zu schwankend
und auch zu schwankhaft, um eine echte Menschenkomödie lange
zu tragen. Und doch gibt es fabelhafte Szenen, glänzende
Momente in diesem Spiel. Darin liegen seine
Erfolgsmöglichkeiten. Aber warum, frage ich mich, fühlt sich
Kaiser nicht selbständig und original genug, um seines in
der Komödie weit grösseren Bruders im Geiste und in der
Weltbetrachtung, Carl Sternheims, zu entbehren? Ganze
Stellen spricht er, nicht Kaiser. — Die Aufführung war
wirklich nicht übel. Das Schauspielhaus hat zwei komische
Talente, Rudolf Hoch und G. A. Koch. Hoch hat Tiefen, Koch
Breite. [...] Otto Nebelthau, der Mitdirektor, führte die
Regie und zeigte Sinn für groteske Stillinie.

Konstantin Strobel, "Lustspiel in vier Aufzügen"
("Neueinstudierung"), 9.1.1920, Schauspielhaus, Munich.
Dir.: Otto Nebelthau; Rudolf Hoch (Strobel); Elsa Tiedemann

(Judith); G. A. Koch (Vierkant).

152. W., *Völkischer Beobachter*, Jg. 34, 14.1.1920, 3-4.

Den Ehrennamen Lustspiel verdient dieses geschickt gemachte Stück nicht, dazu ist es viel zu oberflächlich angelegt. Gleich der Tragödie hat das Lustspiel in die dunkelsten Gründe der menschlichen Seele hinabzusteigen, es muss den Menschen zeigen in seiner Unzulänglichkeit und Qual, wie das Drama, und nur die im Leid gestählte weltumfassende Liebe seines Schöpfers schmückt die Schwächen mit dem goldenen Schimmer der Versöhnung. Einen an sich guten Grundgedanken zur Fratze verzerren, ihn entfalten mit Hilfe erkünstelter Verwicklungen, ist höchstens einer Posse erlaubt. Konstantin Strobel, ein unmöglicher Schulmeister im Stile des 'Ulk' und 'Simplizissimus', das heisst weltenfern bis zur Lächerlichkeit und anmassend bis zur Übelkeit, soll eine Heirat eingehen mit Bedingungen, die er nicht erfüllen kann. [...] Schon die Wahl der Fabel zeigt die undeutsche Abstammung des Verfassers. Man hat in den letzten Jahren auf deutschen Bühnen kaum ein Lustspiel gesehen, dessen Inhalt und Ziel nicht Geschlechtliches gewesen wäre. Ist denn die Welt ein brünstiges Affenhaus? Eine solche Geistesarmut, ein solcher Mangel an sittlicher Grösse spricht aus diesem steten sumpfigen Einerlei, dass man im Ekel ersticken möchte. Freilich, auch in diesem Stück verleugnet sich nicht eine gewisse Meisterschaft geistreichelnder Witzeleien, wie sie unser denkfaules Volk so sehr liebt; in tollen Sprüngen hüpft das Gespräch, stolpert über seine Übertriebenheiten und überschlägt sich; eine hohnlachende Schärfe der Beobachtung blickt aus jedem Wort, aus jeder Schürzung, aus jeder Gebärde, aber über den Rücken des Zuschauers schleicht sich ein Frösteln, denn lieblos vernichtet der Mummenschanz auf der Bühne die leiseste Regung edler Gefühle. Und in echt Heinescher Art schneidet die patzige Geschmacklosigkeit des Schlusses die Entwicklung der Handlung grell ab, aber die Wirkung verfehlt sie natürlich nicht: Aus den Bahnen seines Denkens geworfen, verwirrt, mit ungläubigem, achtungsvollem Staunen verlässt der Zuschauer das Theater. — Gespielt wurde gut. Rudolf Hoch gestaltete mit glänzender Begabung den trottelhaften Strobel; schade, dass die mädchenhafte Lieblichkeit seiner Gegenspielerin Elsa Tiedemann durch das Stück erwürgt wurde. Auch die übrigen Spieler suchten die possenmässigen Abklatsche ihrer Gestalten mit eigenem Leben zu füllen. Aber alles, was sie wirklich tun können, ist, sich in Spasshaftigkeiten zu überbieten.

153. anon., n.d., n.s., GKC.

Konstantin Strobel, ein kleiner, tyrannisierter Tyrann, der vor Pflichttreue aus den Schranken bricht, Typus der Epoche, deren eines Symbol der erhobene Zeigefinger des Lehrers war (das andere war (?) der Schutzmannshelm) ist gezeugt von Sternheim und nur geboren von Kaiser. Gut Kaiserisch ist eigentlich nur der märchenhafte Ausgang und hier und da ein Blick in menschliche Regungen, die bei Sternheim stets von Grotesken überbaut sind. Alles andere: Voraussetzung, Fabel, Milieu, Geistigkeit, Härte und Schlagkraft ist Sternheim und guter Sternheim.
Diese Erkenntnis bestärkte auch die Neueinstudierung im Schauspielhaus. Es ist anzuerkennen, dass die Aufführung (nur Tochter Vierkant hatte keine Ahnung, worum sich das Stück dreht) ganz ausgezeichnet war. Ehepaar Vierkant (Georg August Koch und Marie Glümer) hatte eine saftige Widerlichkeit, Schmelz, Pathos, Vorteilsjägerei, Kleinhirn und Grossschnauze des Bürgers, verschraubte Füsse und verschraubte Moral, als sei es den besten Zeichnungen Erich Wilkes entsprungen. Der Konstantin Strobel des Rudolf Hoch war einer der ersten Komikergestaltungen, die ich in München sah. Haar, Handbewegung, stille Verkümmerung in Anzug und Gesicht, sinnloser Aufschrei, Anklage in Kniekehle und Hacken, furchtsame Eitelkeit... Herrlich!

Konstantin Strobel, "Lustspiel in 4 Akten", [1920], Erstaufführung, Intimes Theater, Nuremberg. Dir.: Albert Martens; Rudolf Hoch (Strobel); Josef Renner (Vierkant).

154. bd., *Nordbayerische Zeitung*, n.d., GKC, incomplete.

Was ist doch dieser Georg Kaiser für ein Tausendsasa... Dieser dramatische Vielschreiber bringt immer wieder Überraschungen. Fast jedes seiner Werke zeigt anderes Genre. Immer wieder bleibt dabei der Eindruck: hier ist ein starker Könner an der Arbeit, mag auch in Einzelheiten manches dabei missfallen; mag hier und dort zwischen grossen Szenen auch Flaches sich breit machen, der Dichter zeichnet mit kräftigen Strichen, hält unserer Zeit den Spiegel vor und scheut sich nicht, auch ihre abscheuliche Fratze zu zeigen. Glutheiss kommt alles aus seiner Seele und wenn es zur Form sich giesst, erscheint sie wohl mitunter bizarr, immer aber fest gefügt. Zwischen *Von morgens bis mitternachts* und der Tragödie *Die Bürger von Calais* steht *Der Zentaur*. Kaiser bezeichnet das Werk als groteskes Lustspiel. Mir erscheint es doch mehr als grotesker Schwank. Das Groteske freilich ist am stärksten betont. [...] Konstantin Strobel greift schliesslich nach der rettenden Hand einer reichen Dame, die keinen Anstoss an seinem 'Vorleben' nimmt. Auch in dieser Schlussszene bricht die Groteske noch einmal stark durch: Der Pflichtmensch war einmal Lehrer des Sohnes seiner zweiten Braut. Durch seine Pedanterie hat er diesen Sohn in

den Tod getrieben. Das hat ihm die Mutter nun gar nicht übel
genommen; er soll ihr jetzt Ersatz für den verlorenen Sohn
geben. Man kann über diese Art der Lösung denken wie man
will; ja man kann sie aus Gefühlsmotiven stark ablehnen. Der
Schluss hatte wohl ursprünglich auch eine andere Fassung.
Nach Besprechungen bei der Frankfurter Uraufführung im
Oktober vorigen Jahres [sic] hat Judith ihrem Konstantin die
Probezeugung gar nicht übel genommen und ihn trotzdem vom
Fleck weg geheiratet. Sie haben sich also, wie es sonst im
Lustspiel üblich ist, 'gekriegt'... Das erschien wohl Kaiser
zu spiessbürgerlich und er hat die neue Lösung gewählt. Sie
erscheint wohl originell, ob sie glücklicher ist, darüber
lässt sich streiten. – Für die Aufführung in Nürnberg hat
man sich Herrn Rudolf Hoch vom Nationaltheater in München
verschrieben. Er gab den Konstantin Strobel mit der ganzen
überlegenen Virtuosität und der feinen Komik seines Könnens.
[...]

155. Gustav Rudi, *Bayerische Volkszeitung*, 23.1.1920, in *Die Kritik* (1920), No. 6, p. 138.

Unsere Zeit ist nicht reich an guten Bühnendichtern.
Sie wurde plötzlich in eine ganz neue Ära geschleudert.
Stücke aus der Vorkriegszeit muten vielfach fast
vorsintflutlich an. Ihr Milieu ist uns oft rasch fremd
geworden und ihre Personen noch mehr. Ihre Denkungsweise,
ihre Begriffe finden häufig kein Echo mehr auf unserem
Resonanzboden. Der Krieg liegt zwischen ihnen und uns. Auch
etwas Kriegsbühnenliteratur, gottlob nur wenig und rasch
abgetan. Die Revolutionsliteratur hat sich noch nicht
gefangen. Die Literatur von 1919 tastete, experimentierte.
Wir, die sie suchen, krampfen uns an die 'Neueren'. Einer
davon Georg Kaiser. [...] Am Mittwochabend erfuhr Kaisers
Konstantin Strobel hier seine Erstaufführung. Nach der
darstellerisch und literarisch trostlosen Niete der
Wedekindschen *Marquis von Keith*-Aufführung, an der nur der
Schieber-Marquis zeitgenössisch anmutete, wirkte der Zentaur
förmlich erfrischend.
[...] Sie [die Komödie] sprüht von Humor. Der Strobel
ist ein 'Urviech'. Er könnte, wenn nicht ein so trefflicher
Humorist wie Rudolf Hoch vom Münchner Schauspielhaus, der
als Gast auftrat, ihn spielen würde, als schlimme Karikatur
wirken. Trotzdem der Kerl voll geistreichen Witzes ist. Die
sichtlich übertriebene Karikatur wirkt aber durch
Unterstützung der unglaublich ulkigen Mimik. [...] Die Damen
Parenna, Frey, Schack und Schmid, sowie die Herren Meyer und
Baum passten sich einwandfrei in das von Albert Martens gut
geleitete Stück, dessen Satire und Kernpunkt nicht
aufdringlich wirken, wenn man sie auch nicht gerade mit der
Stallaterne suchen muss.

Margarine, "Lustspiel in vier Akten", 4.9.1925, Uraufführung, Komödienhaus, Berlin. Dir.: Ralph Arthur Roberts (also played Strobel); sets: Hermann Krehan; Julius E. Herrmann (Vierkant); Claire Waldoff (Frau Vierkant); Käthe Haack (Judith).

156. Emil Faktor, n.d., n.s., GKC.

Der Kernpunkt der Satire, mit welcher Georg Kaiser in diesem älteren Werke seines reichen Komödienbestandes vier Akte bestreitet, liesse sich ohne wesentliche Verluste in eine Anekdote zusammenziehen. Etwa so: Lieber Simplizissimus! [...]
Diesem, in aller Spasshaftigkeit kargen Tatbestand wird vielfach sternheimisch aufgeholfen, vor allem durch gnadenloses Gespöttel über äussere und innere Merkmale des Kleinbürgertums. Die Schwiegereltern bestehen aus grossen Bäuchen und kleinen Hirnen, die Braut ist als Erscheinung quantité negleable [sic], der Heiratskandidat dürr, semmelblond, schreckhaft keusch, hat eingekrümmte Füsse, eine zu kurze Weste und versorgt den grösseren Teil der Unterhaltung mit verlegenem Hüsteln. Die alte Mutter Strobels ist ebenso dumm wie fürsorglich. Aber die sehr wirksame Szene, wie Konstantin plötzlich aufbegehrt, von der erschrockenen Greisin die Entlassung der langjährigen Magd und die Einstellung eines liederlichen Ersatzes verlangt, ist schon an der Grenze zwischen Sternheim und Georg Kaiser. Kaiserisch gewiss das Tempo. Kaiserisch auch die Trauergeschichte vom tötlichen Unfall des Vater Strobel, der als Agent einer Margarinefabrik eines Tages im Maschinenraum von Rädern gepackt wurde und nur mehr im streichbaren.... Es lässt sich nicht weiter erzählen, ohne sich an den Geschmacksnerven des Lesers zu versündigen. Kaisers Humor und szenische Virtuosität versündigen sich nicht. Bei ihm muss man selbst über das Schauderhafte lachen.
Es kündigt sich auch schon in dieser älteren, szenisch überknappen, im Tone abhängigen, nur die Hauptrolle ausstattenden Komödie der Dichter der *Kolportage* an. Seitdem man diese dichteste Erfüllung seiner dramatischen Eigenart kennt, versteht man auch besser die Vorläufer. Georg Kaiser musste oft ausholen, um sich und sein eigentliches Naturell einmal voll einsetzen zu können. Er überwand, was in seinem Schaffen sprunghafter Journalismus ist. Er sollte und müsste künftig auch weiter überwinden. Er ist eine wesentlich stärkere Hoffnung geworden.
Über die Simplizissimusanekdote hinaus geht eine Schlussszene, in welcher Konstantin Strobel als abgesetzter Lehrer auf einem Bürodrehstuhl hockt, um die Margarineagentur seines Vaters fortzusetzen. Statt der Kundschaft meldet sich eine liebesbedürftige, wohlhabende Witwe. Sie hat ihrem Antrag einen neuen Zylinderhut und einen kostbaren Pelz vorausgeschickt. Der überraschte

Strobel hustet, jedoch zustimmend. Man könnte den
dramatischen Zusatz mit der Rettung Strobels für eine
Banalisierung halten. Man soll es nicht. Es ist Kolportage,
bereits auch hier in jenem höheren Sinne, der ihr geistige
Bedeutung gibt.

Man hatte im Komödienhaus den Einfall, das Stück
zunächst als eine Packung Margarine auf die Bühne zu stellen
und das Riesenpfund vor den Augen des Publikums als
szenisches Produkt zu entschleiern. Solche
Einleitungsscherze, die man auch 'optisches Vorwort' nennen
könnte, haben nichts gegen sich. Sie müssen nur technisch
klappen. Hoffentlich bei Wiederholungen.

Die Spielleitung Ralph Arthur Roberts setzte (mit
Bildern von Krehan) die durch Sternheim-Komödien
überlieferten Formen fort, ohne sie (von der eigenen Person
abgesehen) auch durchzusetzen. Es lag bei vermutlich
richtiger Anweisung an schwacher Besetzung. Julius E.
Herrmann war als spiessiges Familienoberhaupt sehr
ausgestopft und vermochte nicht die Komik eines solchen
Körpers spielen. Sein Ton, ebenfalls übertrieben
ausgestopft, war erst recht unbeweglich. Claire Waldoff hat
als Schauspielerin keine Bühnen- nur eine Brettlwahrheit.
Ihr köstliches Geschnarre ist bei Dialogstücken ein
gefährlicher Vorzug. Für Käthe Haack war die Rolle zu
unergiebig; aber sie kam nach verwaschenen Ansätzen in
tragenden Ausdruck herein.

Ralph Arthur Roberts selber spielte für alle. Er
verkörperte Sternheimfigur plus Kaiser und fügte obendrein
noch etwas sächsischen Dialekt hinzu. Er spielte die
pointenreiche Geschichte eines Hustens, er gab dauernd
Haftendes.

Durch ihn wurde die hastig vorbereitete, noch der Feile
bedürftige Aufführung ein lebhafter Erfolg. An ihm genas
auch das Stück.

157. Fechter, n.d., n.s., GKC.

Herr Barnowsky eröffnet sein erstes Theater mit
Shakespeare; im zweiten kommt er modern. Mit einem neuen
Drama von Georg Kaiser. *Margarine* heisst es und kein Mensch
kennt es. Nicht einmal Kaisers Biograph Bernhard Diebold.

Man geht infolgedessen nicht ohne Neugier hin. Soweit
interessiert das kalte Talent dieses Schriftstellers
schliesslich, dass man sehen will, was er jeweils Neues
aufstellt. Aber dann liest man den Theaterzettel und liest
an der Spitze des Personenverzeichnisses den Namen
Konstantin Strobel. Und plötzlich dämmern Erinnerungen auf:
so hiess doch schon eine frühere Komödie Kaisers? Man
beginnt philologisch sein Gehirn zu zermartern, stösst auch
noch auf den *Zentauren*, eine noch frühere Fassung, und ist
am Ende misstrauisch wie ein Zollrevisor. Man fühlt sich
düpiert — und schiebt das nicht nur auf den neuen Titel,

sondern rechnet das auch dem Werk als solchem an.

Gegen das Umarbeiten und Umtaufen von Stücken ist an sich nichts einzuwenden. Ein schwer fassbares Stück kann dadurch, dass es nach einem falschen Titel den richtigen bekommt, ein völlig anderes Gesicht, sein Gesicht kriegen und auf einmal klar und greifbar werden. Den Titel finden, ist ebenso Arbeit und Gnade, wie das Schreiben eines Stückes selbst. Ein gutes Stück verträgt schliesslich auch einen falschen Titel, wie Schillers *Kabale und Liebe* beweist. Ein schlechtes verlangt schon den richtigen und darf daher vom Autor ruhig sogar des öfteren umbenannt werden. Mit und ohne Bearbeitung.

Aber — ein Aber ist dabei. Wenn ein Direktor solch ein altes Stück mit neuem Titel nachher aufführt — dann soll er ruhig sagen, dass es sich um ein altes Stück handelt. Er soll nicht tun, als ob es nun eine funkelnagelneue Sache geworden ist, soll nicht in seinem Programmheft von Gott und der Welt und allen möglichen anderen Stücken reden und nur nicht davon, dass seine Uraufführung schon eine lange Geschichte hinter sich hat. Der Zuschauer merkt's ja schliesslich doch — und ärgert sich. Und man soll Zuschauer nicht schon zwecklos vorher ärgern. Das besorgen die Stücke ganz allein ohne alle weitere Nachhilfe. Umtaufen ist oft gut — aber nicht heimliches Umtaufen.

[...] Das Interessante an der Komödie ist, dass man einmal sieht, wie viel Georg Kaiser in den letzten Jahren immerhin gelernt hat. Sie ist im Thema und in der menschlichen Haltung oft so grob, wie es der Verfasser heute nur noch in unbewachten Momenten wird. Aber er wird es immer wieder — und daraus sieht man, dass es nicht Entgleisung, sondern Natur ist. Kaiser hat dies erkannt, und hat dagegen seine Energie des Konstruierens eingesetzt. Damit ist manches vom Ursprünglichen in ihm, von dem überhaupt nicht viel da war, gefallen; das Resultat aber ist geniessbarer geworden. Form und Haltung wurden geistiger — das Wort im Sinn von angewandtem, handwerklichem Geist verstanden. Denn in der Haltung zur Welt gibt es von dieser Substanz nicht viel. Der ewige Spott über den Spiesser und seine Ideale war vielleicht für das Zeitalter Molières noch neu und erheiternd. Heute kann man ihn wirklich bald nicht mehr sehen und wundert sich immer wieder über die Anspruchslosigkeit der Dichter in ihrer Stoffwahl. Verulkt lieber noch euch selber, als immerzu diese Exemplare der Tiefe, die niemand etwas angehen!

Der Titel *Margarine* aber darf noch nicht der letzte sein; denn er ist schlecht. Er trifft das Wesen so wenig wie einst der *Zentaur* und ist sozusagen nur aufgestrichen. Und überdies ist er selbst Margarine, nämlich Ersatz für echte Butter.

Die Aufführung unter der Regie von Herrn Ralph Arthur Roberts war ganz lustig, obwohl das Grobe durch sie nicht gemildert wurde (was wohl auch schwer möglich ist). An der Spitze Herr Roberts selbst, der den Kandidaten machte — mit langen winkeligen Beinen und winkeligen Handdrehungen — mit

einem leitmotivischen Hustenlaut, einem Dialektgemisch aus
Sächsisch und Berlinisch und vielen Pausen. Er machte ein
[sic] richtige Schwankfigur aus der Gestalt, und das war das
Beste. Neben ihm Frau Claire Waldoff als künftige
Schwiegermutter. Ganz berlinische Derbheit — oft mit
herrlichen Naturlauten; aber man dachte immer wieder: Warum
singt sie nicht? [...] Ausgezeichnet und einer der
Hauptfaktoren des Abends war der Souffleur; ohne diesen
braven Mann oder diese brave Frau hätte es Katastrophen
gegeben.
  Die ersten beiden Akte wurden dank Herrn Roberts sehr
vergnügt aufgenommen. Die beiden letzten fielen ab.

158. Norbert Falk, n.d., n.s., GKC, incomplete.

  Positiver Gewinn dieses ersten Abends der zweiten
Barnowsky-Bühne: Ralph Arthur Roberts.
  Dieser gelbblonde, fahlgesichtige, bekneiferte
Schulmeister im Gehrock mit langen schwarzen Hosen, die über
mit Schnallen schliessbaren glanzgewichsten Stiefeln sich
bürgerlich ehrbarst falten, ist eine der komischsten
Gestaltungen vieler Spielzeiten. Schulheft-korrigierender
älterer Jungmann, mit einer in Liebesdingen unerfahrenen
Mannheit, aufgewachsen in keuscher Korrektheit, pathetisch
in aller Sachlichkeit, ein Heiratskandidat von
erschütternder Einfalt, selbstsicher im Bewusstsein
unantastbaren Schulbeamtentums. Tragisch, komisch,
sinnbildhaft in groteske Karikatur gehoben. Roberts erzeugt
mit einem öfter wiederkehrenden Verlegenheitshüstler
humorhafteste Auslösungen gespannter Situationen;
ergötzlichst das Variable dieses Hüstlers, der mit jeder
Wiederkehr die Wirkung nicht abschwächt, sondern steigert.
  Ich kenne keinen Komiker, der ihn so oft bringen und
mit ihm jedesmal so viel, und jedesmal was anderes zu sagen
hätte.
  Dieser Konstantin Strobel, dem Roberts aus Georg
Kaisers wenig gespieltem Stück heraus (es hiess erst
Zentaur, dann *Konstantin Strobel*) gestern zu vielbelachter
Theaterleibhaftigkeit verholfen hat, ist ja vor seinem
Entstehen in zwanzig *Simplizissimus*-Jahrgängen vorgezeichnet
gewesen. Und Sternheims Geist schwebte in den Stunden der
Zeugung über Kaiser.
  Trotzdem: Kaiser hat das Lebewesen Konstantin Strobel
in eine beträchtlich komische Begebenheit verstrickt.
Konstantin Strobel, sittsam vom Gummikragen bis zu den
Schnallenstiefeln, kürt eine Jungfrau, aber Bedingung des
Genusses von Mitgift mit Kapital und Zinsen ist, dass
innerhalb bestimmter Frist ein Sprössling ins Leben trete.
[...] Über den Geschmack dieser grotesken Vorgeschichte [vom
Tode des Vaters] wird mancher streiten. Wie sie in der
ersten Szene vorgebracht wird, ist von heftigster
Lustigkeit.

Für die komische Wirkung des in sich ungleichen Stückes steht Roberts allein ein. Neben ihm, und unter seiner Spielleitung – die viel Auge für sich und gar keine Kritik für die anderen hat – bewegen sich innerhalb der sehr witzig aus einer grossen Margarine-Kiste aufgeklappten Dekoration Hermann Krehans die künstlich verdickte, muntere Käthe Haack, sodann der gleichfalls sehr ausgestopfte, trotzdem nicht komisch erfassende Julius E. Herrmann und im letzten Akt die bühnensichere Marietta Olly. Claire Waldoff für eine mundfertige Kleinbürgerin heranzuholen, erweist sich als böser Fehlgriff. Sie spielt ihren Part wie eine Soloszene, eintönig, mit äusserlichen 'komischen' Behelfen, ohne ihren spezifischen Humor. Man lasse die ausgezeichnete Soubrette und Kabarettistin in ihrem Wirkungskreis, der allein ihre Eigenart entbindet.

159. F. D., n.d., n.s., GKC.

[...] Braucht man über die sittlichen Qualitäten dieser Komödie noch ein Wort weiter zu verlieren? Ihre Herzlosigkeit und Gemütsroheit stinken zum Himmel. Und solche Herren, denen die Brust mit Sand und Kieselsteinen gefüllt ist, nehmen sich heraus, mit ihrer eingebildeten Überlegenheit und ihrem vermeintlichen Humor deutsche Bürgerlichkeit und deutschen Familiensinn zu verulken! Als ob der wahre, lebendige und schöpferische Humor je der Herzenswärme entbehren könnte! Als ob aus schmutzigen Gedanken je ein Kunstwerk entstehen könnte! Nein, auch 'rein' ästhetisch betrachtet, sind diese vier Akte nichts anderes als eine einzige Sudelei. So jämmerlich gebaut, so unsauber, so schludrig gearbeitet, dass man einem Quartaner einen solchen Wisch um die Ohren schlagen würde. Rüde Witze, vorbrauchte Situationen, zu läppischen Karikaturen verzerrte Menschen. Mein innigstes Mitleid all denen, die daran ihr heiliges Gut des Lachens vergeuden mögen Mein Bedauern einem so begabten Komiker wie Ralph Arthur Roberts, dass er mit seinem Witz und seinen guten Einfällen ein dramatisches Klappergerüst aus den ältesten Jahrgängen der *Fliegenden Blätter*, wie diesen Oberlehrer, behängen musste; meine beschämte Verwunderung Herrn Viktor Barnowsky, dem neuen Leiter des Hauses, den seine künstlerische Vergangenheit wohl verpflichtet hätte, es würdiger und anständiger zu eröffnen.

160. anon. (1), n.d., n.s., GKC.

Mit einem neuen oder vielmehr vergessenen Stück von Georg Kaiser eröffnete Barnowsky das Komödienhaus. *Margarine* stammt aus der früheren Zeit des Dichters, aber zeigt schon ganz die Bissigkeit und den Humor seiner Satire. [...] Der

Schluss ist ganz Kolportage. Irgendeine reiche Dame nimmt
den armen Kerl zu sich, weil seine Erzeugertugenden für sie
von grosser Bedeutung sind. Schrecklich, nicht wahr? Aber es
gibt doch Momente, in denen die Persiflage der Situation und
die Groteske des Ensembles von unbedingter Bühnenwirksamkeit
sind. In erster Linie ist Ralph Arthur Roberts in der
Hauptrolle sehr sehenswert. Die Art, wie seine Pedanterie
Kleidung, Bewegung, Liebe und Ehre stilisiert, ist äusserst
glücklich. Am Schluss des zweiten Aktes, wo er auf die Idee
der Kinderprobe kommt, ist der Kontakt am sichersten. Die
beiden letzten Akte lassen sehr nach und enthüllen uns eine
gewisse Schalheit, die doch hinter diesen Spässen verborgen
liegt. Man kann nicht sagen, dass die Aufführung unter der
Regie von Roberts so gelungen war, wie eine [sic] eigene
Leistung. Es gibt viele falsche Töne, falsche Bindungen und
leider auch eine ganz falsche Besetzung. Man gab Claire
Waldoff die Rolle der forschen Mutter der Braut, aber sie
hat sich durch die Pointierung ihrer berühmten Couplets
jeden Stil für den Charakter einer Rolle zerstört. Der
Beifall war doch lebendig und man kann es vorläufig einen
Erfolg nennen.

161. Willi Wolfradt, *Das blaue Heft*, 7 (1925), Oct., 9-10.

Wie bisher soll das Komödienhaus auch fortan in der
Hauptsache auf die unvergleichlichen Darstellungshumore von
Ralph Arthur Roberts gestellt werden, dem Niemand einen den
Spielplan mitbestimmenden Einfluss wird weigern wollen unter
der Voraussetzung, dass er seine sehr vielfältigen
Möglichkeiten nicht etwa selbst spezialistisch beschränke.
Als Erstes hat er sich eine unter manchem Titel bereits
aufgetauchte ältere Komödie von Georg Kaiser ausgesucht, die
jetzt *Margarine* heisst [...] Diese so lehrreiche wie
appetitfördernde Geschichte [vom Tode des Vaters] spielt
sich nicht etwa vor unseren Augen ab, sondern es wird ihrer
nur kurz Erwähnung getan. Da war es denn wohl ein Gebot
ausgleichender Gerechtigkeit, ihr wenigstens den Titel
einzuräumen, — worauf die Regie ein Übriges tat und die
ganze Affäre des allzugut präparierten Ehekandidaten aus
einer grossmächtig auf die Bühne gebauten Faltschachtel sich
auftischen liess. Auch über solchen initialen Trick hinaus
hielt der Anordner auf Stil und versuchte entsprechend der
(hier wieder einmal nur zur Abschwächung der Satire)
verknappten und saccadierten Sprache das Gehaben und
Auftreten zu versteifen und persiflant zu verrenken. Die
Mitwirkenden wussten mit diesen Direktiven leider äusserst
wenig anzufangen. Das mollig-kitschige Fräulein Braut gab
Käthe Haack so ostentativ äffend, dass man nicht eine
komische Figur, sondern eine Karikaturistin zu sehen meinte;
völlig farblos und monoton brachte die in anderem Rahmen
doch so urwüchsige Claire Waldoff ihren Part, — dieser
Sprung auf die Sprechbühne ist mal zu kurz gegangen. Auch

Julius E. Herrmann entbehrte jeder irgend überraschenden Humornote. Dafür nun aber Roberts als schulmeisternder Freier und tugendhafter Hammel unablässig erschütternd, wundervoll in der Öde des verdutzten oder besorgten Blinzelns, in der linkischen Geziemung des Benehmens, in tausend kleinen Offenbarungen der Lehrerseele, wundervoller in Momenten der Aufsässigkeit, der verbogenen Erkühnung, – die ganze Skala seiner Ausdrucksmittel aber übertreffend durch den einen trockenen Hustenlaut, den Roberts nicht etwa beliebig verwendet und aufbraucht, sondern nur gerade ein paar Mal in unerhörter Präzision eine Pause auflösen lässt, jedesmal einer Sprachlosigkeit mit diesem verlegenen oder ertappten, entschlossenen oder pfiffigen Aufhusten Worte verleihend, die einschlagen wie der blendendste Witz. Er macht keinen Repetier-Einfall, keine Nummer daraus, und bis zuletzt ist man immer neu überrascht von diesem jedesmal die Situation verblüffend in sich konzentrierenden Geräusch. Über solcher den Reichtum dieser Verkörperung besiegelnden Genialität komödischer Stenophonie vergisst man, mit dem Autor zu hadern, dem zwar kostbare Einzelformulierungen glücken, der aber dem Vorfall doch nur recht dürftige Weiterungen abzunötigen weiss und dessen Spott stets eine Modifikation des Auslachens und nicht der Heiterkeit ist.

162. anon. (2), n.d., n.s., GKC.

Weniger erfreulich war der Anfang im 'Komödienhaus', das Barnowsky mit Georg Kaisers vieraktiger Komödie *Margarine* eröffnete. Bei dem schillernden Gesicht Georg Kaisers konnte man sehr leicht dahinter den alten *Zentaur* vermuten. Diese Komödie von dem Oberlehrer Konstantin Strobel [...] – dieser Komödieneinfall interessiert bei Kaiser nur so lange, als die Fäden angedrösselt werden. Hernach als sich herausstellt, dass das pedantische Pflichtgefühl diesen Oberlehrer ins Verderben stürzt und Kaiser den Schluss: Heirat mit der Witwe, die ein Kind braucht, anklebt, verliert sich das Lachen. In der Aufführung des Komödienhauses spielte R. A. Roberts (der hier wohl auch weiter noch herrschen wird) den Strobel und machte eine scharfe, aber nicht dumme Karikatur im Sinne Kaisers; schon die Beinstellungen und sein gelegentliches nervöses Husten sicherten seiner Rolle den Erfolg. Käthe Haack (Judith), Claire Waldoff (Frau Vierkant) und Jul. E. Herrmann (Vierkant) fanden sich in den Karikaturstil hinein. Hermann Krehan machte sehr lustige Bühnenbilder, und eines weiteren sehr guten und sehr eingearbeiteten Mitarbeiters muss rühmend gedacht werden: des Soufflers [sic]. Ich habe lange nicht eine so textunsichere Aufführung gehört.

Rektor Kleist

26.1.1918, Uraufführung, Neues Schauspielhaus, Königsberg.
Dir.: Julius Bab; Clemens Wrede (Kleist); Hans Lindegg
(Kornmüller).

163. Hans Wyneken, *Berliner Tageblatt*, Feb., GKC.

Im Neuen Schauspielhaus wurde *Rektor Kleist* gegeben, eine Tragikomödie von Georg Kaiser, den zu spielen jetzt Mode oder Ehrenpflicht der deutschen Bühnen zu sein scheint. Ein äusserlich ziemlich geradliniges, innerlich überaus verzwicktes Schuldrama. Sein Kerngedanke ist etwa: 'mens sana in corpore sano'. Eine Symbolik von fast mathematischem Parallelismus soll diesen Satz illustrieren. Auf der einen Seite der Turnlehrer Kornmüller und die Schüler als Vertreter der robusten Körperlichkeit und des gesunden Sinnes, auf der anderen die Titelgestalt mit der schiefen Schulter und dem schamhaft verheimlichten Gesässleiden als wandelnder Inbegriff physischer und seelischer Bresthaftigkeit. An diesem Gegensatz entzündet sich der Konflikt. Körperqualen und hirnzerfressender Neid auf die Gesunden haben die Nerven des Rektors überreizt, seine Ethik verwirrt. Und als er eines Tages an der Wand des Primanerzimmers eine Karikatur seiner Missgestalt entdeckt, bringt ihn das dermassen auf, dass er mit dem Tintenfass danach wirft. Die Tat heischt Ahndung, da der Tintenklecks den Unterrichtsplan verdorben hat.
    Nur einer ausser Kleist kennt den Täter: der Schüler Fehse, der die Szene beobachtet hat. Er ist gleichfalls ein verkrüppelter Schwächling, dem Kleist sich wesensverwandt fühlt, und den er darum bittet, die Schuld auf sich zu nehmen. Die beiden Stiefkinder der Natur müssten doch 'gegen die Herkulesse zusammenhalten'. Fehse weigert sich zunächst, worauf Kleist sich dem Kollegen Kornmüller offenbart. Der glaubt ihm nicht, dringt auf weitere Verfolgung der Sache, und Kleist lässt sich, halb widerwillig, zur Bestrafung eines der Tat verdächtigen Schülers verleiten. Als er, von Gewissensbissen gefoltert, sein Verhalten mit ertüftelten Gründen vor sich selbst zu entschuldigen sucht, wird ihm die Nachricht überbracht, dass Fehse sich fälschlich zu der Tat bekannt und dann Hand an sich gelegt hat.
    Wie man sieht, ein interessantes Problem voll dramatischer Gestaltungsmöglichkeiten. Leider hat es Kaiser nicht bewältigt. Deshalb zersplittert, trotz des an sich spannenden, kriminalistisch gefärbten Stoffes das Interesse des Zuschauers, zumal das handlungtreibende Hauptmotiv (ein Tintenklecks!) doch gar zu schwächlich ist. Der Sieg der gerechten Sache sollte an den Hemmungen einer von

körperlicher Unzulänglichkeit beeinflussten verkrüppelten Ethik scheitern. In Wirklichkeit scheitert er an falschen Voraussetzungen und weil der Verfasser es nicht fertig bringt, den Grundgedanken seines Werkes bis zum Ende durchzudenken. Kaiser hat sich selbst in den psychologischen Fussangeln verfangen, die auf dem Grunde der Vorgänge liegen.

Wenn trotz dieser handgreiflichen Schwächen das Stück (wie schon kurz gemeldet) nach anfänglich kühler Aufnahme einen ziemlich kräftigen Erfolg errang, so kann sich Georg Kaiser dafür besonders bei unserem Neuen Schauspielhaus bedanken, das seine besten Kräfte ins Feld geführt hatte, um den Sieg zu sichern. Clemens Wrede als Kleist und Hans Lindegg als Kornmüller brachten durch sorglich abstufende Charakterisierung den für die Wirkung so wichtigen Gegensatz zwischen griesgrämiger Kränklichkeit und frischer Männlichkeit vorzüglich heraus, und die feinfühlige Regie Julius Babs hatte für einen gelungenen szenischen Rahmen — Schulräume in einem alten Klostergebäude — gesorgt.

164. Hans Wyneken, *Das literarische Echo*, 20 (1917-18), 717.

Dies Stück des unheimlich fruchtbaren, in letzter Zeit vielgespielten Dramatikers hat ein doppeltes Gesicht. Nicht, weil es wirklich eine Tragikomödie wäre. (Komödienhaftes kann ich darin, ausser ein paar oberflächlichen Schulmilieu-Heiterkeiten, nicht entdecken.) Sondern, weil zwei Tragödien nebeneinander herlaufen. Zwei Krüppel stehen im Mittelpunkt der Geschehnisse: der Alumnatsrektor Kleist und der Schüler Fehse. In jenem hat das Bewusstsein körperlicher Missgestalt (zu dem noch ein qualvolles Hämorrhoidenleiden kommt) alle guten Instinkte ertötet; bei diesem wohnt im bresthaften Leib eine junge, opferbereite Idealistenseele. Beider Lebensfäden verknüpfen sich durch eine Schuld des Rektors. Der Schüler, der allein den wahren Täter kennt, nimmt sie auf inständige Bitten Kleists auf sich und begeht dann Selbstmord, während der Rektor, der aus Feigheit die Bestrafung eines Unschuldigen zulässt, sein Gewissen durch erklügelte und überspitzte Entschuldigungsgründe zu entlasten sucht.

Die Schülertragödie ist zweifellos interessanter und dramatisch keimträchtiger als die Haupthandlung. Leider hat Kaiser sie nur schattenhaft skizziert, während die Tragödie des Rektors breiten Raum frisst, ohne eine merkliche, psychologische Entwicklung zu bringen. Der Hauptfehler des Stücks: seine Überlastung mit allerhand unausgeführten Motiven. (Gedanken aus *Traumulus*, *Flachsmann*, *Frühlingserwachen*, *Hidalla*, auch das *Zerbrochene Krug*-Thema vom schuldigen Richter spielen hinein.) Dem Kampf zwischen Gewissensnot und Angst um die Autorität sind nicht die erwarteten dramatischen Wirkungen abgewonnen. Und eine irgendwie abschliessende Lösung des Konflikts scheitert

nicht an inneren Hemmungen, sondern am Unvermögen des
Verfassers, seine Gedanken zu Ende zu denken. Der ganze
Aufbau des Dramas ruht auf der Grundlage unwahrscheinlicher
Voraussetzungen, die ein ziemlich belangloses Motiv (ein
Tintenklex!) zu übertriebener Bedeutung aufbauschen und in
der psychologischen Mitbegründung keine ausreichende Stütze
finden. So gewinnt auch der leitende Grundgedanke, um den
sich die Vorgänge gruppieren, keine greifbare Gestalt. Erst
ganz zuletzt klingt etwas der Art an, als jemand von einer
'Afterleidenschaft' spricht, 'einer Art Blutvergiftung bei
Siechen und ähnlichen dumpfen Geistern' — man denkt dabei im
Hinblick auf die Leiden des Rektors und seine Handlungsweise
an Vischers *Tücke des Objekts*, die den Helden über einen
Strohhalm stolpern lässt — oder als der Rektor die
Ungerechtigkeit einer abstrakten Gerechtigkeit geisselt. Für
die Gründlinge des Parterres bleibt bei alledem immer noch
genug. Namentlich die flott gezeichnete Gestalt eines
wahrheitfanatischen Turnlehrers, einer Art von moralischem
Bolschewisten, und die scharfumrissenen Schülertypen haben
auf den Brettern Heimatberechtigung. Somit wird diese im
Kern verfehlte 'Tragikomödie' vielleicht noch von Königsberg
aus ihren Weg machen.

165. Otto Ernst Hesse, n.d., n.s., GKC, incomplete.

[...] Fehse, in seinem Lebensglauben erschüttert,
erhängt sich, nachdem er in einem Abschiedsbriefe für seinen
Rektor das getan hat, was er im Leben nicht vermochte [sic]
hatte: sich als schuldig bekannt und seinen Lehrer vor dem
blamablen Geständnis bewahrt hat.
    So einfach und scharf, wie hier erzählt, verläuft die
Handlung des Dramas nicht. Eine Reihe von Motiven, die in
der Exposition sich breit machen, stört die Einheit der
Entwicklung dieses Stückes, das mit grösserem Rechte — in
Analogie zu der ersten Schulkomödie Kaisers, des *Falles des
Schülers Vehgesack* — der *Fall des Schülers Fehse* heissen
könnte. Das Interesse an Kleist wird durch das an diesem
Schülerschicksal, das wirkliche Tragik, ohne komplizierte
und gemachte Voraussetzungen, enthält, beiseite geschoben.
Auch die Gestalt des Turnlehrers Kornmüller, der, zusammen
mit v. Strauss, gegenüber den Krüppeln Kleist und Fehse
Instinktsicherheit und Gesundheit verkörpert, beschattet den
Rektor. Kaisers Versuch, die Schuld an dem Untergang des
Schülers Fehse diesem Kornmüller aufzubürden, bleibt ebenso
spitzfindige Dialektik, wie sein Bemühen, das Verhalten des
Rektors, der nur spielerisch sich schuldig bekennt, zu
rechtfertigen: die Reden Kleists im vierten Akt, in denen er
plötzlich unbegründet als Typus und Anwalt aller Krüppel
auftritt, offenbaren eine Nützlichkeitsmoral, mit der man
jedes Verbrechen entschuldigen könnte. Über Mitleid mit
diesem leiblich und seelisch Armen kann man nicht
hinauskommen. Das Publikum bewies durch Gelächter, dass es

selbst dies nicht aufzubringen vermochte. Es ist gewiss eine
menschlich ergreifende Szene — vielleicht eine der tiefsten,
die Kaiser geschrieben hat —, wenn der Krüppel Kleist mit
dem Krüppel Fehse einen Bund gegen die Gesunden und ihre
Ethik, die, wie er findet, keine Verpflichtung für die von
der Natur Vernachlässigten enthalte, zu schliessen versucht.
Aber dieser Versuch wird zum Verbrechen, nicht das Bemühen
Kornmüllers um die Feststellung der Wahrheit, und wenn noch
mehr morsche Existenzen bei diesem Wahrheitsstreben zugrunde
gingen. Das Ethische steht jenseits vom Fleische. Fehse, der
wirkliche Held dieser Tragödie, die zu Unrecht eine
Tragikomödie heisst, wächst ins Erhabene. In ihm überwindet
Seele Körperliches. Drang zur Wahrhaftigkeit steht Drang,
dem armen, innerlich zerrissenen Mitkrüppel und geliebten
Lehrer zu helfen, gegenüber. Eine Pflicht und ein
elementares Gefühl stossen aufeinander. Sie zersprengen die
zarte gerade Seele dieses Verwachsenen. Er hilft dem, der
sich nicht mehr allein zu helfen vermag, gibt, ein grosser
Mensch, dieser kleine Fehse, dem elementaren Mitgefühl in
sich den höheren Wert, stirbt aber, um nicht gegen die
Wahrheit leben zu müssen. Kleist bricht zusammen. Es bleibt
offen, was aus ihm, seiner Ehe, die nur im ersten Akte als
Problem erscheint, und aus seinem Beruf wird.
    Gewiss ist dies Drama als Drama unzulänglich. Mehr eine
Skizze mit zwei Motiven als ein ausgeführtes Werk. Doch, im
Vergleich mit den neueren und neuesten Routinierstücken
Kaisers, scheint es uns mehr Menschlichkeit zu atmen,
scheint es uns auch innerlich theatermässiger zu sein. Die
Wirkung der Aufführung bewies das. Julius Babs Regie holte
starke Wirkungen aus den Vorgängen heraus, wenn man sich
auch die Schülerszenen noch energischer vorstellen kann.
Clemens Wrede als Rektor Kleist brachte eine gute
pathologische Studie. [...]

166. Ludwig Goldstein, n.d., n.s., GKC.

    Die Dichter haben schon alle möglichen Krankheiten und
Gebrechen auf die Bühne gebracht: Philoktets Wunde stinkt
zum Himmel; Lear, Ophelia und einundzwanzig andere
Herrschaften sind oder werden wahnsinnig; Halbes
Amandus'chen ist ein Kretin; Sudermanns Lenchen ist blind,
Ibsens Hedwig droht es zu werden; der *Ratten*-Mechelke hat
einen Höcker; Oswald Alving leidet an der Paralyse; der
Prinz von Homburg hat die Mond-, Peer Gynt die Lügen-, der
Arme Heinrich die Miselsucht und Dr. Ranke die
Rückenmarkschwindsucht. Es war dem vielseitigen Georg Kaiser
vorbehalten, diese Liste — mit deren Abschliessung wir einem
literarischen Doktoranden nicht vorgreifen wollen — um eine
neue Erscheinung zu bereichern. Sein Rektor Kleist plagt
sich mit einem geheimnisvollen Übel, von dem wohl nur
Spezialisten entscheiden können, ob es sich um Hämorrhoiden,
um Hexenschuss oder was ähnliches handelt. Der Verfasser hat

sich über diesen wie über manchen anderen Punkt noch nicht zur vollen Klarheit durchgerungen...

Jedenfalls aber ist Herr Kleist, Vorsteher eines kleinstädtischen Alumnats, ein von der Natur stiefmütterlich behandeltes Menschenkind: krank, verwachsen, unansehnlich und unschön wie Wedekinds Zwergriese Karl Hetmann, mit dem er nur nicht die sprühenden, feurigen Augen teilt. [...]

Es ist möglich, dass sich diese Geschichte irgendwo zutragen könnte oder sogar zugetragen hat; dann aber bleibt sie doch ein ganz besonderer Fall, der auf Allgemeingültigkeit oder auch nur auf Wahrscheinlichkeit keinen Anspruch hat. Nicht leicht wird schon ein Schulmann in leitender Stellung zu finden sein, der um eines solchen Quarks willen seine Gemütsruhe, seine Ehre und schliesslich auch seine Stellung aufs Spiel setzt. Der Verfasser, glaube ich, wäre mit uns besser daran, wenn er die im zweiten Akt glücklich angeschlagenen heiteren Töne festgehalten und sich im wesentlichen mit einer Charakterstudie begnügt hätte. Wäre es kein Kollege Crampton geworden, so doch wenigstens ein Kollege Flachsmann! Statt dessen aber biegt Kaiser ziemlich plötzlich ins Tragische ab und lässt seinen 'Keix' zum Schluss geschwollene Monologe über menschliche Gerechtigkeit halten, wobei uns nur die eine Empfindung beherrscht: wer um 9 Uhr einen so haarsträubenden Seelenmord begeht, wie der Pädagoge Kleist, der hat das Recht verbüsst, um 10 Uhr solche fürchterlichen Deklamationen über die Pilatusfrage 'Was ist Wahrheit?' anzustimmen...

Auch sonst lebt man im leisen Widerspruch. Voraussetzungen sind wacklig, Zutaten überflüssig, Einzelheiten unklar. Doch fehlt es nicht an wertvollen, triebkräftigen Keimen. Das den meisten unbekannt bleibende Martyrium des Krüppels, sein heimlicher Hass gegen die Gesunden und Graden, dieser ewige Winkelzugkampf Mimes gegen Siegfried, vor allem das Bündnis, das der von der Natur Gezeichnete mit einem Genossen seiner Schmach gegen die 'Prahlhänse und Herkulesse' abzuschliessen sucht: das alles sind Ansätze zu — ich will nicht sagen feinerer Charakteristik, aber doch zu feinerer Problematik, über deren intime Erfassung sich Georg Kaiser ja in späteren Werken auch genugsam ausgewiesen hat.

Julius Bab, der schon öfters mit der Feder für den Dichter eingetreten ist, wollte auch als Dramaturg und Regisseur für ihn zeugen. Wie wir schon in einer kurzen Nachtnotiz feststellten, mit entschiedenem Gelingen. Die Novität wirkte auf das Kriegspublikum 'spannend'; die Schülerwitze und Lehrerkopien schlugen glänzend ein, und auch die tragische Wendung nahm man mit Geduld und Andacht hin. Von den Darstellern schoss Clemens Wrede, der sich immer sicherer aus einem Episoden- zu einem Hauptspieler entwickelt hat, den Vogel ab. Der Rektor Kleist ist auch keine üble Rolle. Käme ein Bassermann darüber, so würde er uns mit diesem Hämorrhoidarius beweisen (ein Beweis 'a posteriori'!), dass hier ein zweiter Traumulus ans Licht getreten ist. Das sonnige Gegenbild des Rektors, den leb-

und erdfrischen Turnlehrer Kornmüller, spielte Hans Lindegg
auf einen sympathischen Teutonentyp hinaus. [...] Unter den
Herren Jungen traten hervor: der v. Strauss des Herrn
Spennrath, der Thoma des Herrn Stutzmann und der
naturalistisch gemimte krumme Jammerhahn Fehse, der uns
Herrn Franken von einer ganz neuen Seite zeigte. [...] Das
Schulzimmer muss wohl noch weit altklösterlicher und enger
aussehen, wenn die vom Turnlehrer verfügte Umkehrung des
Bücherschrankes nicht bloss wie die Herrichtung eines
Lauscherverstecks wirken soll.

[1919], Erstaufführung, Intimes Theater, Nuremberg. Adolf
Rückert (Kleist); Albert Martens (Kornmüller).

167. dt., Fränkischer Kurier (Nuremberg), 3.11.1919, in Die
Kritik (1919), No. 12, p. 316.

Die Erstaufführung der vierhaktigen Tragikomödie Rektor
Kleist von Gg. Kaiser im Intimen Theater zeigte, dass das
Publikum, abgesehen von den Vorzügen der im ganzen gewandten
Wiedergabe, wieder für Milieustücke etwas übrig hat. Das
Stück könnte auch Sturm im Wasserglas mit tragischem Ausgang
heissen. Rektor Kleist sucht mit spartanischer Wildheit
seiner Hämorrhoiden Herr zu werden und befürchtet
Zusammenbruch der Disziplin und Witze über sein Alter, wenn
er sich der Krankheit hingibt. In diesen Qualen steigert
sich seine Gereiztheit auf das höchste durch seinen
Zwiespalt mit dem Turnlehrer Kornmüller, der das neue
Erziehungsprinzip: Licht und Luft und Gesundheit von Leib
und Geist als das höchste Gut der Jugend verficht. Ihm, dem
missgestalteten, schrulligen und durch Schülerstreiche
ermüdeten Altphilologen, ist dieser jugendliche Idealismus
längst entglitten. Seine Leitsterne sind ununterbrochene,
emsige Arbeit, pedantische Pflichterfüllung und was alles
sonst noch dazugehört, aus dem goldenen Buch des Lebens
einen grau verstaubten Folianten zu machen. In Wirklichkeit
aber, bei allen hohen und hohlen Redensarten, ahnen beide
nicht, dass sie Karikaturen ihres Werdeganges sind. Zu den
kleinen, Lebensklugheit erfordernden Kreis ihrer Pflichten
steht ihre übertriebene Selbstweihräucherung, ihre bizarre
Vorstellung vom Geist der Antike in lächerlichem Gegensatz.
So erscheinen die Schüler als die planmässigen Opfer
planloser Philologengehirne, wie sie nicht sein sollen. Das
ist das Tragikomische des dichterischen Vorwurfes, in dem
kleinste Anlässe mit Bewusstsein und Berserkerfreude zu
tragischen Konflikten hinaufgejagt werden, wobei alle
Beteiligten dem von ihnen vergötterten Ideal des Wahren,
Guten und Schönen weit aus dem Wege gehen. [...]
Lehrerkonferenz, schwierige, schrullige Verhöre und 8 Tage
strenger Karzer für 5 unschuldige Schüler sind das Ergebnis,
das sich der psychopathisch und kränklich veranlagte Schüler

Fehse so zu Herzen nimmt, dass er sich aufhängt, als der
einzige, der den Konflikt reinen Menschentums mit der Lüge
zu Ende gekämpft hat, als der einzige, der, ein halber
Krüppel an Leib und Geist, die sittlich unwiderrufliche
Bedeutung des Wahren und Guten für die Welt dunkel erkannte
und daraus für sich die Konsequenzen zog. Verzweifelt stehen
die beiden fanatisierten Jugendleiter vor der schauerlichen
Tatsache, und ihr 'Auf mich die Schuld' bleibt eine
pathetische Redensart, die, je nach der subjektiven
Empfindung glaubhaft erscheint oder nicht. Georg Kaisers
Werk hat die Vorzüge und Schwächen aller Milieustücke, wenn
es auch in hohem Grade subtil gearbeitet ist. Milieustücke
sind für starke dichterische Naturen ein Ausruhen, aber auch
eine kleine Gefahr; man braucht bloss an L. Thoma zu denken.
Die Darstellung der einzelnen Charaktere war im allgemeinen
auf einer gewissen Höhe. Adolf Rückert schuf einen sehr
glaubhaften, schrulligen und überzeugenden Rektor Kleist,
nur mit den Hämmorrhoidalschmerzen [sic] dürfte er zum
Nutzen des Ganzen etwas haushalten. Die Milieufigur der Frau
Sophie, der fast nur die Rolle des Chors in dieser
'klassischen' Tragödie zufällt, lag bei Annemarie Frex in
sicher gestaltenden Händen. [...]

168. n., *Nürnberger Zeitung*, 4.11.1919, in *Die Kritik*
(1919), No. 12, p. 316.

Rektor Kleist, eine nicht uninteressante Tragikomödie
aus Georg Kaisers Frühzeit, kam am Samstag im Intimen
Theater zur Aufführung. Kaiser hat hier noch nicht seinen
expressionistischen Stil gefunden, das Werk ist von der
revolutionären Form von *Koralle* oder *Gas* sehr weit entfernt
und zeigt im allgemeinen die Linien eines ganz normalen
Theaterstückes. Es zerbricht erst im vierten Akt die alten
Formen. Hier verstummt der Mensch durchaus nicht in seiner
Qual, Georg Kaiser lässt vielmehr den zermürbten und
niedergebrochenen Rektor sehr heftig und wildbewegt sagen,
was er leidet. Diese Klagen einer gequälten Seele sind ein
Stückchen expressionistischer Frühwelt in einem sonst sehr
theaterüblichen Vierakter, der eigentlich durchaus nicht von
Georg Kaiser sein müsste. Irgend ein fingerfertiger Literat
könnte ihn — von einzelnen Stellen abgesehen — auch
geschrieben haben. Nur hätte er das alles theatermässiger
entwickelt. Vor allem wäre ihm nicht der barocke Einfall
gekommen, das ganze heisse und sehnsüchtige
Schönheitsbegehren des buckligen und kranken Rektor Kleist
an einem Fall zu konstruieren, der im wesentlichen die
Aufhellung eines (scheinbar) von Schülern verübten Streiches
darstellt. Dieser Wurf des Rektors mit dem Tintenfass nach
seiner Karikatur, der ein junges Menschenleben in den Tod
reisst und den Turnlehrer, den Wahrheitsfanatiker innerlich
fast zerbricht, dies Motiv will zu konstruiert und klein
erscheinen, um den Gedankenbau zu tragen, der sich darauf

auftürmt. Nicht, dass ein Motiv zu klein sein könnte, aber es ist die Liebe zum kleinen, die Kaiser auch hier fehlt und die seine zum Frescostil strebende Kunst noch nie besass. Trotzdem ist das Werk an vielen interessanten Einzelzügen reich und nachdem man einen geschwätzigen ersten Akt überwunden hat, plätschert es in einem so munteren Theaterfahrwasser, dass man den Instinkt unserer Bühnenleiter bewundern muss, mit dem sie hier wieder einmal an einem brauchbaren Theaterstück vorübergingen. Psychisch fördert es genug wertvolles zutage, der Rektor-Thersites ist scharf erhellt und in Schülerseelen fallen ein paar hellzuckende Lichter. Im Mittelpunkt des Abends stand Herr Rückert, der auch in Episoden immer angenehm auffällt, zum wenigsten durch den Ernst und Eifer, mit dem er auch die kleinste Rolle anpackt, der aber hier mehr bewies. Er zeigte in der Groteskgestaltung des Rektors fast so etwas wie einen kleinen Pallenberg im Werden und seine Sonderbegabung liegt ja auch wirklich auf diesem Gebiet des Grotesk-Komischen. Das Intime Theater hat hier jedenfalls einen Darsteller, der es verdiente, öfter einmal mit diesem seinem besten Können in den Mittelpunkt eines Abends gerückt zu werden. Herrn Martens Turnlehrer, nach ehrlichsten Kräften bemüht, ihn zu einem Gebild zu gestalten, wirkte dagegen flach. Das Publikum schwankte zwischen Befremden und innerlicher Interessiertheit, entschied sich aber dann doch für das letztere.

Das Frauenopfer

23.3.1918, Uraufführung, Schauspielhaus, Düsseldorf. Dir.:
Gustav Lindemann; sets: Knut Ström; Otto Stoeckel (Graf);
Ellen Widmann (Gräfin).

169. M., *Düsseldorfer Generalanzeiger*, 25.3.1918.

    Es ist nicht gar lange her, da war Georg Kaiser noch
sehr unaufgeführt. Er genoss dafür eine gewisse Berühmtheit.
Das hat sich nun schnell beträchtlich geändert. Es regnet
neuerdings Georg Kaisers, aus allen deutschen Theaterstädten
konnte man und kann man über Georg-Kaiser-Aufführungen
lesen. Wie wenn man ein Wehr öffnet, so rauschte es hervor.
Nur Düsseldorf blieb stumm, hier wurde er bloss verboten.
Diesem traurigen Schicksal verfielen seine Stücke *Mutter
Gottes* und *Von morgens bis mitternachts*. Aber die Wege der
Zensur sind wunderbar. Am Samstag sollte das Eis doch
endlich brechen, und gleich gründlich. Zur Uraufführung
gelangte das dreiaktige Schauspiel *Das Frauenopfer*, ein
Werk, das wirklich allerhand Anforderungen stellt. An den
Zuschauer. Man braucht nicht aus Moral verwirrt an es
heranzutreten, um es abzulehnen. Auch rein ästhetisch
genommen muss es als eine Verwirrung bezeichnet werden.
Nicht in seinem Motiv, aber in dessen Behandlung. Bei Paris,
im März 1815 spielt das Stück, also zur Zeit der Rückkehr
Napoleons von Elba. Ja, keinen geringeren als den
französischen Imperator benutzt Kaiser zur Reliefwirkung.
Auf dem Hintergrund jenes historischen Geschehens, mit
etlichen Fäden mit ihm verknüpft, die jedoch nirgends sich
straff spannen, entwickelt sich das Drama des Opfers, das
die Gräfin Lavalette dem geliebten Manne bringt. Es ist das
nämliche Opfer, das Nora Hellmer bringt. Nur ins Krasse, in
[sic] Entsetzliche gesteigert. Auch die Gräfin erlebt die
grosse Enttäuschung, bei dem Manne auf Nichtverstehen zu
stossen. [...] Wir müssen gestehen, von der Zeitstimmung,
obschon Kaiser sie zu malen versucht, nur einen recht
schwachen Hauch verspürt zu haben. Die beiden Menschen, die,
an sich künstlerisch und konzentriert gedacht, fast
ausschliesslich die dramatische Handlung bestreiten und zu
denen die übrigen Figuren nur als Hilfsfiguren hinzutreten,
wachsen auch keineswegs aus ihrer Zeit heraus, ausgezeichnet
durch starke, wilde Leidenschaften, über das Normale
hinausgehoben durch schrankenlosen Willen. Durchaus Menschen
unserer Tage, tragen sie das Empirekostüm lediglich um der
Voraussetzungen zu dem Konflikt willen. Immerhin bleibt die
unmittelbare Vorgeschichte selbst für napoleonische Zeiten
noch kinohaft romantisch genug. Graf Lavalette ist zum
Schafott verurteilt, weil er vom Kaiser übergebenes Geld

aufbewahrt hat, und die Gräfin besucht ihn im Gefängnis und tauscht mit ihm die Kleider. Der Graf entkommt und verbirgt sich im Landhaus des königlichen Bibliothekars d'Ormesson, während die Gräfin auf dem Gefängnisstroh der Gier der Soldaten verfällt. Ihre Freunde führen die Soldaten zu der Gräfin, und fünf Wochen lang erträgt sie die schauerliche Vergewaltigung. Dann lässt man sie endlich laufen, weil man sich sagt, dass wo die Taube hinflattere, auch ihr Tauber stecke. Unzweifelhaft ist es das Recht des Dichters, alle Abgründe der menschlichen Seele abzuleuchten, allein der Dichter, der es unternimmt, auf der Bühne den Mann zu schildern, der über dergleichen nicht hinweg kommt, muss ein Dichter von Gottesgnaden sein. Und Georg Kaiser ist nur ein artistischer Literat, der zwar einen glänzenden Dialog zu schreiben, aber keine Tragik aufzutürmen weiss. Spielerisch beinahe, in kunstvoller Retardierung hetzt er den Grafen schleierlos durch glutheisse Vorstellungen und wirkt so mehr durch den Gegenstand als die Behandlung. Er peitscht, ohne zu erschüttern. Das Ergebnis ist eine ungeheuere Peinlichkeit, die eingespannt in den kinodramatischen Rahmen natürlich nur umso empfindlicher wird. Dabei krankt der ganze konstruktive Aufbau von vornherein an einer erstaunlichen Ungeschicklichkeit. Warum lässt Kaiser den Grafen den ihm im Gefängnis aufgedrungenen Rollentausch nicht als ein für eine höhere Idee, für eine grosse Aufgabe gebrachtes Opfer hinnehmen? Bei der Freundschaft des Grafen mit Napoleon hätte es so nahe gelegen, und der Kampf zwischen Tat und Liebe wäre wirklich ein dramatischer Vorwurf gewesen, geeignet zu bedeutendster Bewegtheit des Geschehens. Statt dessen weiss der Graf einfach nicht, wie ihm geschieht, wie er den Weg aus dem Gefängnis in die Freiheit findet. Dafür nimmt er aber die Erinnerung an die nackte Gräfin mit, die Grundlage für die nichts als erotische Abwandlung des Themas. Wenn wir übrigens den Dialog glänzend nannten, so hindert doch aller Glanz, aller Rhythmus nicht, dass er ganz merkwürdig in der Luft hängt. Es steht keine zwingende Notwendigkeit dahinter, er kann diesen, könnte aber auch einen anderen Weg nehmen. Es ist eben schon so: Kaiser ermangelt des wahrhaft dramatischen Temperaments und der wirklich dramatischen Gestaltungskraft und arbeitet mit Mitteln, die zwar kultiviert, aber doch immer nur Ersatzmittel sind.

In der Wiedergabe des Stückes durch das Schauspielhaus unter Gustav Lindemanns Spielleitung entzückte zunächst ein wunderschönes Bühnenbild. Knut Ström hatte die Diele im Landhause des königlichen Bibliothekars d'Ormesson mit vollendetem Geschmack aufgebaut. Den Grafen Lavalette gab Otto Stoeckel mit fein differenzierender Kunst und lebendiger Einfühlung. Im ersten Akte namentlich traf er die Stimmung zwischen dem kürzlichen Erlebnisse und den kommenden Ereignissen vorzüglich, und die Wiedersehensszene mit der Gräfin spielte er überaus eindrucksvoll. Für die Gräfin erwies sich Ellen Widmann als noch nicht völlig reif. Das bekundete sie bei im Grunde guter Anlage der Rolle

besonders in der Geständnisszene zuerst und später in der
zweiten grossen Aussprache, da die Gräfin die furchtbare
Selbstanklage ersinnt, um den Grafen davon abzuhalten, nach
Paris und in sein Verderben zu gehen. Die Absichten der
Darstellerin wurden hier von ihrer Technik erheblich im
Stiche gelassen. [...] Der Beifall reichte zum Schlusse aus,
dass Direktor Lindemann vor der Rampe erschien, um im Namen
des durch Krankheit am Erscheinen verhinderten Dichters zu
danken.

170. Karl Röttger, *Düsseldorfer Lokalzeitung*, 30.3.1918.

Georg Kaiser ist einer der interessantesten Dramatiker
der neuesten Zeit; ein Mensch mit sehr starkem Können,
manchmal — etwa in den *Bürgern von Calais* — von einfacher
schöner Linie; dann wieder schillernd in allerhand Nuancen
oder ziemlich heftig tobend — ein Dichter von starken
Qualitäten; aber immer wieder einmal doch noch problematisch
— weil er (scheint mir) zuviel kann, zu sehr zu schillern
weiss. Aber sicher einer, der bleibt; und der vor allem den
Naturalismus endlich unter die Füsse tritt und sich um
wesenhafte, um geistige Dinge und Probleme kümmert.
 Unerschrocken — und nicht bloss aufs Literarische hin
arbeitend. Er fängt da an, wo andere so oft aufhörten: beim
Entsetzen. Über das Entsetzen hinaus ist noch etwas, denn es
gestaltet den Menschen um. Wo grosse Abnormität der
Verhältnisse die Menschen hinaustreiben, jenseits des
Menschenseins, wo die Menschen nur noch bei sich sind und
mühsam Weg suchen müssen, weil sie in einer Weltgegend
stehen, die noch keiner beschritt. Das ist etwas, das den
feinhörigen, hellsichtigen Dichter reizen muss. (Denn
Dichtertat ist es, die Möglichkeiten des menschlichen
Fühlens abzutasten, die Grenzen der menschenmöglichen Taten
hinauszudehnen [...]
 Nach d'Ormessons Fortgang zwingt der Graf durch eine
Lüge die Gräfin zu der furchtbaren Bekenntnis, dass nach
seinem Fortgang die Soldaten im Gefängnis (weil sie über
seine Rettung lachen musste) den Tausch gemerkt haben und an
ihr Rache genommen haben, indem sie sie wochenlang
körperlich missbraucht haben. Dann haben sie sie
freigelassen (wie sich dann herausstellt), um durch sie den
Aufenthalt des Grafen zu erfahren. Der Graf, der befürchtet
und vermutet hat, dass seine Frau irgendeiner hochgestellten
Persönlichkeit verfallen gewesen sein könne, scheint auf den
ersten Augenblick erleichtert, ist aber dann doch so im
Innersten aufgewühlt, dass er fast aufschreiend die Frau
fortstösst. An diesem Punkt beginnt mein Unverständnis dem
Drama gegenüber; denn hier scheint es, beginnt das
Unverständnis des Dichters seinem Stoff gegenüber. [...] Der
Offizier speit dem vermeintlichen Grafen die der Gräfin
angetane Schmach in rohen Worten entgegen; die Gräfin
erschiesst sich. Inzwischen ist aber der Kaiser im Anzuge;

der Offizier und seine Gendarmen machen sich also schnell
aus dem Staube, – und an der Leiche der Gräfin hält der Graf
eine Rede zum General, der gekommen ist, die Ankunft des
Kaisers zu verkünden (ein Schluss, der mir geredet, nicht
gestaltet erscheint).
   Der Aufbau des Dramas ist ganz geschickt, und es sind
bedeutende Dialoge darin. Man kann also von einigen
Unwahrscheinlichkeiten absehen (ein Mann lässt 5 Wochen lang
ein feines weibliches Wesen unter roher Soldateska und hat
fast noch den Wunsch, sie rein und unberührt wieder zu
sehen). Aber es ist hier zu untersuchen: ob das gestaltet
sei, was an diesem Stoff das Menschlichste und darum
Erschütterndste ist: die Umwandlung des Menschen durch
menschlich Entsetzlichstes und die Möglichkeit: dennoch zu
leben! Drei Probleme liegen in solchem Vorkommnis: 1. Was
geht psychisch mit einer Frau vor, der solches angetan wird,
die wochenlang tagtäglich als Dirne misshandelt wird, wird
sie seelisch vernichtet? 2. Kann sie noch dem Manne
entgegentreten? 3. Wie findet der Mann sich damit ab? Diesen
drei Fragen gegenüber ist die letzte Antwort vom Dichter
nicht gesagt worden. Des Nachthimmels fabelhafte Sterne
leuchten nicht klar genug in das Entsetzen. Der Mann versagt
im Drama. – Und so zweifelt man auch dem Dichter gegenüber:
wurde nur 'Literatur' geschaffen, statt grosses
Menschensein?
   Es bleibt von der Aufführung zu reden. Die wurde dem
Stück gerecht. Im Mittelpunkt des Abends, wie des Stücks,
standen Otto Stoeckel und Ellen Widmann, danach auch Oskar
Fuchs als kgl. Bibliothekar d'Ormesson. Stoeckel als Graf
erschien mir überraschend gut. Die heisse überreizte
Stimmung lag bei ihm sowohl in den Worten wie zwischen den
Worten und vibrierte in den Bewegungen. Es war eine
Leistung, mit der ich mich gern einverstanden erkläre. Ellen
Widmann (als Gräfin) erscheint als eine sehr talentierte
Schauspielerin. Der Massstab für eines Künstlers Leistung
ist immer: wie sehr es ihm gelinge, sich glaubhaft zu
machen. Und das gelang ihr bis auf kleine Reste (in den
Erschütterungen des letzten Aktes), wo letzte Bewältigung
nicht ganz gelang. Aufsaugung aller angewendeten Mittel in
der reinen Erscheinung, darauf kommt es an. Sie ist nur
möglich in der Vertiefung. Zu der strebt Fräulein Widmann
und die hat sie fast ganz erreicht. So bleibt das Bild einer
gepeinigten Seele, welche die Liebe zu ungeheuerlichstem Tun
treibt.
   [...] Auch die anderen kleineren Rollen wurden gut
gegeben, sodass die Aufführung abgerundet und einheitlich
erschien [...]

171. Heinz Stolz, *Düsseldorfer Zeitung*, 25.3.1918.

   [...] Georg Kaiser heisst der glückliche Entdecker. Es
ist der Landvogt, habt Respekt, ihr Buben. Es ist der

Dramatiker, wie Heinrich Mann der Erzähler heute ist. Wer fleissig die Journale der Hauptstadt liest, weiss das bereits. Wer es noch nicht weiss, erfährt es zehn Minuten vor der Uraufführung noch schnell aus den *Masken*. Georg Kaiser: das ist der Fahneneid des modernen Dramaturgen, sagt Monty Jacobs. Dem Georg Kaiser haben sie's geschworen, dem Georg Kaiser reichen sie die Hand. Denn er ist Flamme, nicht Rauch, von apollinischer Klarheit und nicht von dionysischer Dumpfheit, sagt Monty Jacobs, und Monty Jacobs ist ein ehrenwerter Mann. Das sind sie alle, alle ehrenwert, und natürlich auch Georg J. Plotke, der dann das Katheder besteigt und 'ex cathedra' das Schaffen des Dichters in die berühmten drei Perioden zerlegt: bis in die höchste Zelle der Kaiserschen Kunst, bis in den Kreis seiner schwersten Dramen ('in denen ebensosehr der Dichter wie der Ethiker, der Sinnenmensch wie der Denker zum Bekenner wird') führt er den staunenden Betrachter, um endlich auch die Idee des *Frauenopfer* dem neugierigen Gast vor dem Aufgang des Vorhangs zu enthüllen: 'eine Überwindung des Machtgedankens zugunsten des Liebesgedankens aus den Tagen der Rückkehr Napoleons I. von Elba, hinter dem zum erstenmal ein Rhythmus der leidenschaftlichen Einfühlung strömt, wie sie Balzac besass'.

Man hört die Botschaft und ersehnt den Glauben. Wer sehnte sich nicht nach dem Dichter, der den Liebesgedanken wieder über den Machtgedanken erhebt, wer sehnte sich nicht aus dem Greuel Strindbergscher Verwüstung, aus dem Kampf der Mächte in das reine Reich der Liebe zurück? Vielleicht, dass aus dem Opfer einer Frau hier wirklich einmal die warme Flamme der Liebe schlägt, vielleicht, dass aus dem Bild der Gräfin Lavalette endlich wieder der milde Frauenglanz strahlt, der die erotischen Gluten unserer wildgewordenen Weibsteufelbeschwörer mit seinem holden Schein vertreibt. Nach allem, was man von Georg Kaiser sonstwie weiss, ist allerdings die Hoffnung ganz gering: Judith ist ihm nicht mehr als eine jüdische Witwe, König Marke nicht mehr als ein König Hahnrei gewesen —, was wird ihm das Opfer der Gräfin Lavalette wohl sein?

Zwei Akte hindurch wartet man vergebens auf Antwort. Wohl sieht man den Grafen leben und leiden. Wohl hört man den Jubel, mit dem er die glücklich Heimgekehrte empfängt (hier scheiden sich Geschichte und Dichtung), wohl hört man die Klagen, als er den Preis dieser Heimkehr erfährt (Soldaten haben die Gräfin im Gefängnis geschändet und dann für vogelfrei erklärt), wohl reisst es einen mit hinab in den Seelenkampf des Mannes, der seine Frau als eine von fremder Hand Geschändete empfängt. Doch das Wesen der Frau, die, wie eine andere Monna Vanna, schweigend, leidvoll über die Szene geht, bleibt im Dunkel. Erst im dritten Akt löst sich ihr verschleiertes Bild, und der Menschheit ganzer Jammer fasst uns an: auch hier nur der Trieb. Das Grosse ist mit einemmal so klein: eine Hyänin des Ehrgeizes ist die Gräfin Lavalette, eine, die um das Linsengericht gesellschaftlicher Ambitionen ihr Köstlichstes verkauft,

eine Lady Macbeth, französisch gedacht. Was den Menschen
erhebt, wenn es den Menschen zermalmt, das grosse,
gigantische Schicksal: hier löst es sich wieder in seine
Teile auf. Es erniedrigt, zermahlt, zerwühlt. Frauenopfer?
Schwelender Rauch, stickiger Dunst! Apollinische Klarheit?
Ach nein, dionysische Dumpfheit, erhitzter Taumel, Ekstase
der Sinne: das ist auch Georg Kaisers Götzendienst.
Geschickt ist alles aufgeputzt, gewiss. Die Sprache ist kühn
und neu, die Steigerung mächtig, der Aufbau klug (die
Aktschlüsse sind sogar von einer Sudermännlichen Klugheit),
der Rhythmus stark: aber wer atmete nach alledem nicht wie
befreit den Frühlingsabend ein, wer schied von diesem Stück
nicht wie von etwas Hässlichem, Brutalem, unnötig
Gepeitschtem?
    Nur die Erinnerung an die Aufführung selbst lässt Sonne
im Herzen. Da ist zunächst Knut Ströms wundervolles
Bühnenbild: die Diele in einem altfranzösischen Schloss, bis
in alle Winkel vom Duft der Empirezeit umflossen. Auch Otto
Stoeckel wird man nicht vergessen: wie auf einem Bild von
Walser hebt sich die schlanke Erscheinung ab. Die Stimme
schwebt, wie der Hauch eines Traumes zieht das Erleben
vorüber. Ellen Widmann ist weniger reich an
Ausdrucksmöglichkeit. Sie ist spröde und hart, wenig
nuanciert und zwei Akte hindurch ganz im Banne Louise
Dumonts. Später wird sie freier, ohne das Interesse
sonderlich zu gewinnen. Lindemann führt Regie: siegt er, so
siegt er über sich selbst. Denn seine Weise ist es, zu
verweilen, nicht zu hasten, zu tasten, nicht zu haschen, und
das alles will Georg Kaiser. Er bekommt es. Wer wünscht,
dass er es oft bekommt, wer wünscht dem Schauspielhaus den
Modekaiser?

*[1919], Stadttheater, Mainz. Dir.: Dr. Wendhausen; Otly
Boeheim (Gräfin).*

172. anon., *Mainzer Journal*, 20.8.1919, in *Die Kritik*
(1919), No. 1, p. 16.

    Um es vorwegzunehmen, wir betrachten die Aufführung
solcher Stücke wie Kaisers *Frauenopfer* für ein schädliches
Abirren der Bühne von ihrer Bildungsaufgabe. Das Drama ist
mit ungesund schwüler Erotik überladene Verfallskunst, gegen
deren Förderung ernste Bedenken obwalten. [...] Nicht die
Problemstellung als solche erscheint als das Abstossende —
auch Shakespeare (*Mass für Mass*) wirft ähnliche Fragen auf,
und bekannt ist Hebbels kategorisches Wort (*Maria
Magdalena*): 'Darüber kann kein Mann hinweg!' — aber wie G.
Kaiser die Einzelheiten des 'Falles' raffiniert und
pedantisch durchleuchtet, wirkt in hohem Grade, speziell für
weibliche Hörer, verletzend. Die 'Innenwelt' des Dramas zu
zergliedern, würde als Studie in eine sexualpathologische

Fachzeitschrift gehören, sie entzieht sich in einer Tageszeitung näherer Erörterung. Fasst man solche Verfallspsychologie freilich als l'art pour l'art, so soll die erstaunliche Technik des Autors, äussere und innere Handlung zu verschmelzen und den Konflikt zwischen männlicher Kriegstat und weiblichem Opferheroismus prägnant herausgearbeitet zu haben, nicht geleugnet werden. – Das Werk (1918) gehört zu jenen der jungdeutschen Dichterschule der 'Expressionisten'. Ihre Vertreter (Hasenclever, Edschmid, Kornfeld, Göring, Rilke, v. Unruh usw.) wollen uns das Seelische, das sich dem Auge von innen offenbart, näherbringen im Gegensatz zu den 'Impressionisten', die nach aussen, nach den Umrissen und den Farben der Dinge, zu blicken gewohnt sind. Erlebniswelt steht gegen Erscheinungswelt. Der Streit der 'Richtungen' erscheint müssig, da letzten Endes Schauen und Empfinden in der Kunstvollendung zur Einheit streben. [...]

An die Aufführung des *Frauenopfers* hatte der Spielleiter Herr Dr. Wendhausen sichtlich viel Fleiss und Sorgfalt verwandt; seine Regieleistung, in 'visionärer' Beleuchtung der Hauptpersonen usw., bewies starke Einfühlung in die 'neue Richtung'. Otly Boeheim (Gräfin) trug die heiklen Stellen ihrer Rolle, soweit möglich, mit Dezenz vor und wirkte überzeugend verinnerlicht hinsichtlich der demütigen Opferbereitschaft des Charakters; etwas stärker akzentuiert denke ich mir das verschämt schuldlos Büssende der ersten Wiedersehszene und die heroischen Momente der Rolle. [...] Das Publikum dankte mit Beifall und Blumen den Darstellern, nur ganz schüchterner Widerspruch gegen die 'neue Richtung' war vernehmbar.

[1919], *Kammerspiele im Schauspielhaus, Cologne. Dir.: Georg Kiesau; Adele Schönfeld (Gräfin)*.

173. Dr. Walter Schmits, *Kölnische Zeitung*, 29.9.1919, in *Die Kritik* (1919), No. 7, p. 165.

Mit dem vergnüglichen Feigenblatt: Kammerspiel geschmückt, ging Georg Kaisers dreiaktiges Schauspiel *Das Frauenopfer* über die Bühne des Schauspielhauses. Der Kampf um das neue Drama hat Kaiser, der als Vierzigjähriger eigentlich nicht mehr den verhätschelten Nestlingen zuzurechnen ist, emporgetragen; seine jüngern Werke zeigen, dass er die günstige Konjunktur durch überhastetes Schaffen ausnutzt. Sein starkes Talent tritt auch in dem genannten Schauspiel zutage, das einen peinlichen Einzelfall mit kalter, das Geschlechtliche beflissen hervorkehrender Psychologie abhandelt. Den Eindruck sittlicher Grösse empfängt der Zuschauer nicht; dafür bleibt uns die Heldin zu fremd. Es gibt eben Dinge, so grausam und abscheulich, dass unser Gefühl in unbewusster Notwehr sich sträubt, von den

Ereignissen auf der Bühne eingesponnen zu werden; immer
liegt der ernüchternde Gedanke auf der Lauer: das alles ist
ja nur Spiel. Das Stück bildet einen geschichtlichen Vorgang
völlig frei um [...] Die Bitte des Generals Excelmann, zur
Flucht des Kaisers behilflich zu sein, beantwortet Lavalette
zerstreut und ausweichend; aus dem weitern, kunstvoll
zugespitzten Gespräch geht hervor, dass alle Gedanken des
Grafen bei seiner Gattin weilen, die ihn aus dem Kerker
befreit hat, indem sie die Kleider mit ihm tauschte. Der
Frage: Wie konnte der Graf dieses Opfer annehmen? begegnet
Kaiser nicht mit naheliegenden politischen Gründen, sondern
mit ebenso kühner wie unwahrscheinlicher, schwül erotischer
Sophistik; der Anblick der ihrer Gewänder ledigen Gräfin
hatte Lavalette in einen brünstigen Traumzustand versetzt,
so dass er, kopflos wie ein balzender Auerhahn oder ein
Kater im Baldrian, sich dem Befehl seiner Frau fügte. [...]
Mit klug berechneter Steigerung stammelnder Andeutungen und
vielsagenden Verstummens zu Ausbrüchen schmerzlicher Scham
und visionär märtyrerinnenhafter Beseeligung, mit
Wiederholungen, die den Fall nach allen Seiten drehen und
wenden, lässt Kaiser nun die Gräfin ihre Geschichte
berichten: dass sie der rohen Soldateska der Gefängniswache
Tag für Tag zur Beute geworden ist, dass sie widerstandslos
das Schreckliche erduldt hat in der Gewissheit, ihrem Gatten
drohe keine Gefahr, solange sie als Graf Lavalette auf der
Gefangenenliste stehe. Aufwühlenderes kann die Bühne kaum
bieten, und doch — mit kühler, beinahe wissenschaftlicher
Neugierde beobachten wir, wie ein fesselndes chemisches
Experiment die Wirkung des Giftes auf Lavalette. [...]
Nahezu übermenschliche Seelengrösse, ein Wühlen in
krankhaften sexuellen Erregungen und ein unbedenklicher
Zuschuss derbster Theatralik — wir vermögen in dieser
Mischung keinen Gipfel des modernen Dramas zu erblicken. Die
Sprache ist knapp, schlagend, reich an Wendungen und
Bildern, die bewusst von realistischer Sprechweise
abweichen. Die unter Spielleitung von Georg Kiesau stehende
Aufführung befriedigte durchaus. Der Gräfin verlieh Adele
Schönfeld hohen natürlichen Adel; die gebrochenen Laute tief
aufquellender Zärtlichkeit oder zitternden Wehs waren so
echt, wie sie nur einen feinen Seelenkennerin gelingen. Die
Empiretracht kleidete die Künstlerin vortrefflich. In der
Rolle des Grafen — mehr Rückenmark als Herz und Hirn — bot
Richard Assmann eine technisch hervorragende Leistung. [...]
Die Diele des Landhauses war malerisch angeordnet, das
vorherrschende Blau gab die erwünschte stille, elegische
Stimmung; über die Queen-Anne-Möbel mögen sich Stilfexe
aufregen.

[1920], *Erstaufführung, Bellevuetheater, Stettin. Dir.:
Alexander Runge.*

174. H., *Generalanzeiger*, 4.5.1920, in *Die Kritik* (1920),

No. 21, p. 447.

Bedenkliches in *Frauenopfer*? Gar nicht einmal so überempfindliche Hüter der Volksseele könnten es drum ablehnen. Was ist heute bedenklich? Erlaubt ist, was gefällt! Es ist alles unsinnig geworden. Da kann es auf ein Mehr oder Weniger nicht ankommen. Wo ist die Grenze des Zulässigen? Alles fliesst. Und Alexander Runge hatte als Spielleiter so manche etwas weit gehende Angabe des Dichters mildernd umgedeutet und den Rotstift des Dramaturgen mit glücklicher Hand walten lassen. Höhere Töchter wird man ja so wie so nicht ins *Frauenopfer* führen. Und das Hohelied von Frauentreue kann auch anders gesungen werden. Jede Zeit tut es immer auf die ihr ureigenste Art. Welcher Art sie heute ist, das ist hinlänglich und zum Überdruss bekannt. Und Georg Kaiser wird nach seinem eignen 'Sturm und Drang' als echter Dichter sehr bald weithinausweisen. Dazu darf man sich bei ihm versehen. Was ist, dichtet der Reimling oder Zementröhrendichter. Was wird, sieht der Poet. Kaiser steht noch in der Entwicklung. Und dies Lied von Frauentreue hat einen grossen, starken, echten Klang. Bedenklich ist nur Kaisers Ausmünzen eines eigentlich unmöglichen Gedankens. Der ist so grausam und quälend, dass er zuletzt Abscheu erwecken könnte, spürte man nicht eine überragende dichterische Kraft am Werk: Eine Frau erduldet im Gefängnis für den durch ihr Opfer befreiten Gatten alle nur denkbar scheussliche Erniedrigung von einer tierisch-blöden Soldateska. [...] Das Gefängnis speit die Ausgepresste aus. Zerbrochen flüchtet die Ermattete zum heimatlosen Gatten. Drei Akte bohren nun in einem fürchterlichen Verdachte herum. Das ist's. Er wird fast verrückt, unter der vollen Erkenntnis gemein und feige; sie bringt das letzte Frauenopfer, beschimpft sich selbst und lässt sich zur Rettung des Gatten umbringen. Ich sage: das ist quälend und eigentlich unmöglich. Was kümmern sich darum Expressionismus und Kaiser? Obwohl der hier noch nicht einmal voll expressionistisch ist. Er wird sich zuletzt doch darum kümmern müssen, will er 'dem Augenblick Dauer verleihen'. Jedenfalls behandelt Kaiser seinen Gedanken mit einer bewundernswerten Kunst. Er ist eben in diesem Schauspiel noch nicht der typische Expressionist wie etwa in *Gas* mit seiner völligen Entkörperung der Gestalten und Worte. Greifbares geht vor. *Gas* ist zweifellos auch mehr schon Durchgang als *Frauenopfer*. Und Georg Kaiser wird noch in seinem unaufhörlichen Sichwandeln, nachdem er schon die Sternheimsche Schnoddrigkeit abstreifte, aus einem Theatermann und Expressionismus-Problematiker ein ganzer Dichter werden. Diese wirkliche Begabung möchte sich nur nicht verlieren! Es liegt in ihr fast genial zu nennende Grösse. Kaiser entkörpert, wenn auch nicht durchgehends, das Wort und lässt ihm doch hinreichend Leben. Der Gedanke lebt. Und das Wort ist oft so schön. Und dabei tief. Es blitzt das Stehen über dem Leben durch. Seelenenthüllung. Innere

Dramatik. Man lebt innerlich. Und dies wirkliche Leben unter
Worten leuchten, ja, erkennen zu lassen, das ist's, was
Kaiser weit vor die erste Reihe der Modernen stellt. Übt er
erst ganze Selbsucht, dann steigt er auf die letzte Höhe.
Vor der Hand schafft er noch zu schnell. Kaiser ist fraglos
eine deutsche Hoffnung. Und Alexander Runge und seine
Künstler hatten sich seiner mit einer gar nicht genug zu
rühmenden Liebe und Hingabe angenommen. [...] *Frauenopfer*
ist ungewöhnlich schwer gut herauszubringen. Diesmal aber
gelang's aus dem Grunde. [...]

*[1920], Erstaufführung, Nationaltheater, Mannheim. Dir.: Dr.
Fritz Wendhausen; sets: Heinz Grete; Lore Busch (Gräfin).*

175. Dr. Ernst Leopold Stahl, *Neue Badische Landeszeitung*,
22.5.1920, in *Die Kritik* (1920), No. 23, pp. 488-89.

Es ist bei einigen Kritikern allmählich schon zur
Gewohnheit geworden, aus Georg Kaiser einen modernen Lope de
Vega zu machen, der bekanntlich 1890 Dramen in seinem Leben
geschrieben haben soll, und schier hätte ein Mythus Fuss zu
fassen begonnen, dass dieser Georg Kaiser wie der selige
Scribe mehr so eine Art Generaldirektor einer Dramenfabrik
sei. Derlei Märchen von der angeblich so ungeheuerlichen
Produktivität Georg Kaisers darf man bei der Gelegenheit der
Neuaufführung eines seiner Werke einmal die Tatsache
entgegenhalten, dass selten ein Dramatiker so lange bei den
Bühnen hat um Gehör betteln müssen. Als der beinahe
Vierzigjährige zum allerersten Male auf öffentlicher Bühne
erschien, lagen schon, zum Teil seit Jahren an unseren
grossen Theatern hochaufgeschichtet und tiefverstaubt
zahlreiche seiner besten Dramen, wie die heute wohl noch
immer ungespielte quasi-parodistische Judith (*Die jüdische
Witwe*) und das Tanzspiel *Europa*. Und im übrigen ist eine
knappe Zwanzigzahl von Dramen aus rund einem
Vierteljahrhundert der Produktionsfähigkeit nicht gerade das
Zeichen einer Vielschreiberei, das keinem seiner Werke
anhaftet. Es gibt sogar – leider nicht gar so viele
Schauspiele unserer Tage, die weniger den Eindruck der
Flüchtigkeit und mangelhafter technischer (sowohl
dramaturgischer wie sprachlicher) Feilung hinterlassen, als
gerade die Kaiserschen. Man halte, um sich das zu
vergegenwärtigen, einmal die Stücke eines Gerhart Hauptmann
aus dessen späterer Zeit dagegen! [...]
 Auch bei dem am Freitag in Mannheim erstmals gespielten
Frauenopfer ist, wenn etwas unbefriedigt lässt, nicht die
äussere Form, nicht mangelnde Solidität der Arbeit daran
schuld. Das Schauspiel bewegt sich fernab von den Gebieten,
auf denen Kaiser (den das Mannheimer Theater bisher stark
vernachlässigte) dem hiesigen Publikum, teilweise durch ein
Frankfurter Gastspiel Direktor Hellmers und eine Rezitation

im Theaterkulturverband, einigermassen vertraut geworden ist, fernab nämlich von der modernen Problemdramatik Kaisers, die in *Koralle, Gas* und *Von morgens bis mitternachts* drei Werke von grossem Wurf und kühnem Einfall aufweist.

Das Frauenopfer Kaisers könnte mit Hermann Essig auch *Der Frauenmut* oder mit Eulenberg *Alles um Liebe* heissen. Es gehört in die Reihe der romantisierenden Liebesstücke, zu denen auch sein später erschienener, im Vorwurf ebenso kecker *Brand im Opernhaus* zählt. [...]

Diese drei unmittelbar ineinander sich fügenden, in einem einzigen zeitlichen Zusammenhang stehenden Akte sind technisch meisterlich komponiert, erfüllt von einer geheimnisvollen, drückenden und gespannten Atmosphäre. Die beiden ersten Akte schliessen mit einer etwas gewaltsamen Parallelität ab, wo einmal der Gatte vor der Gattin Tür, einmal die Gattin vor des Gatten Tür vergebens des sich öffnenden Weges harrt. Als *Das Frauenopfer* erschien, fand es einen leidenschaftlichen Fürsprecher in dem inzwischen ermordeten Gustav Landauer. Das Motiv, dass das 'Gesellschaftstier' im Grafen die Gräfin wegen des Missbrauchs ihres Leibes nicht mehr lieben zu können meint, und vollends der Schluss, der eine Verbindung zu den *Bürgern von Calais* findet, hatten es ihm angetan: 'Wir erleben den Sieg der Hingebung über die rohe Gewalt, und diese Gräfin Lavalette, an deren Leiche ein Kriegsmann und Politiker sinnend und zögernd steht, während draussen der kriegerische Marsch Napoleons lockt, wird uns zum Symbol des Menschheitsgeistes, der sich mit stiller Todbereitschaft der Welt des Mordens entgegensetzt.' Aber Landauer überschätzte, bestrickt vom ethischen Grundzug des Werkes, seine dichterische Bedeutung doch wohl. Was uns für das sozialpolitische Problemstück Kaiserscher Prägung Stilnotwendigkeit erscheint, hier empfinden wir es peinlich: Das Rechnerische, Ergrübelnde, ewig Reflektive, Unbeseelte. 'Mich friert hier', sagte Lavalette. 'Mich friert hier', sagte auch der Hörer. Ein Liebesdrama als Hirngeburt. Und weiterhin (für die Schauspieler): ein Liebesdrama als Virtuosenstück.

Herr Dr. Wendhausen hatte gestern, nachdem seine drei vorangegangenen Inszenierungen ihm weniger gelungen waren, seinerseits nun wieder einen vollen Erfolg zu verzeichnen. Stimmung, Ton, Tempo – alles fügte sich zu einem einheitlichen und künstlerischen Ganzen, nur über die volle Zweckmässigkeit des Bühnenbilds liesse sich streiten. Die schauspielerisch schwierigen, aber für feinfühlige Darsteller in ihrer Vielfarbigkeit gewiss sehr lohnenden, ja geradezu 'Bombenrollen' darbietenden Hauptgestalten von Graf und Gräfin spielten Lore Busch und Fritz Odemar [...] mit einem solchen künstlerischen Reichtum, dass der drohende Verlust der beiden gestern schmerzlichst empfunden wurde. [...] Es war ein sehr glücklicher Abend unseres Schauspiels.

Dass das Haus trotz des kühlen Frühlingsabends in allen Rängen wie im Parkett sehr leer war, sollte Ideologen, die

sich von der völligen Aufhebung der Abonnements goldene
Berge versprechen, ernstlich zu denken geben.

176. Fritz Droop, *Mannheimer Tageblatt*, 22.5.1920, in *Die
Kritik* (1920), No. 23, p. 488.

Das Kaisersche Drama von der Gattenliebe bewegt sich
jenseits der gewohnten Linie, die das Verhältnis zwischen
Mann und Weib umschliesst. Es ist ein Ideenstück, das die
Konsequenzen des einmal aufgestellten Prinzips bis zur
Grenze der Zermürbung treibt, und da die erotischen
Beziehungen des Grafen und der Gräfin Lavalette in den
beiden ersten Aufzügen nur im epischen Imperfekt gespiegelt
werden, kommt ein nach dramatischer Sensation dürstendes
Publikum erst in den knalligen Szenen des letzten Aktes auf
seine Rechnung. Der dichterische Wert des Dramas liegt in
den Dialogen, in denen die durch brutale Lüstlinge
geschändete Gräfin sich dem Gatten, der ihrem Opfer seine
Freiheit dankt, erschliesst, und in denen sie erfahren muss,
dass er dieses Opfer nicht würdig war. Zu der Schändung
ihres Leibes kommt als Schlimmeres die Schändung ihrer
reinen Seele durch den Mann, für den sie alles gelitten hat
und den die Begierde nach Macht und Ruhm zum krassesten
Egoisten werden liess. In vielen Szenen überwiegt hier (wie
in den Dialogen des Grafen mit dem ehemaligen General
Excelmann und dem Bibliothekar d'Ormesson) das Gedankliche,
das den grossen dichterischen Herzfunken nie recht
aufflammen lässt, so leidenschaftlich die Gestalten sich
auch gebärden. Dichter im höheren Sinne ist Georg Kaiser ja
eigentlich nur in seinen *Bürgern von Calais*, und wenn Dr.
Fritz Wendhausen sich dieses Stückes angenommen hätte, so
hätte er den gestrigen Abend schwerlich vor halbleeren Hause
spielen müssen. Bei der zweiten Aufführung des *Frauenopfers*
wird die Zahl der Besucher zwar steigen, wenn es gewissen
'Kunstfreunden' erst bekannt wird, dass die Gräfin Lavalette
während des dritten Aktes im Nachtgewand erscheinen muss.
Die Aufführung war hervorragend und trug den
Beteiligten mit Recht den herzlichen Beifall des Publikums
ein. Fritz Wendhausen hatte zwar keine allzu schwierigen
Regieaufgaben zu lösen, zumal ihm die besten
Schauspielkräfte des Nationaltheaters mit freudigster
Schaffenslust zur Verfügung standen, Heinz Grete eine
prächtige Diele mit imposanter Innentreppe als Schauplatz
geschaffen hatte und auch die Weinersche
Beleuchtungseinrichtung, die mit zwei Scheinwerfern
arbeitete und Licht und Dunkel wirksam werden liess, sehr
stimmungfördernd zutage trat. Aber es war alles auf das
Wesentliche des ethischen Grundkerns eingestellt und durch
ein paar glückliche Striche näher aneinander gebracht. [...]
Am Schluss musste Wendhausen mit den Hauptdarstellern
wiederholt für den Beifall der Zuschauer danken.

[1920], Erstaufführung, Stadttheater, Essen. Dir.: Donadt.

177. M., *Rheinisch-Westfälische Zeitung*, 3.7.1920, in *Die Kritik* (1920), No. 30, p. 597.

O — nun werden die Moralpächter und die mehr und auch die minder berufenen Sittlichkeitswächter in unserer Kleinstadt wieder zu schreien haben. 'Erotik, mein Gott, und was für brutale Erotik, welche Schändung der Kunst, welche Entwürdigung des Theaters, das doch eine moralische Anstalt zu sein hat! Welche Aufreizung niedriger Instinkte! Kein Wunder, dass das sittliche Niveau unseres Volkes immer tiefer sinkt... Nur die moderne Literatur ist schuld...' usw. usw. Und man wird, mit einiger Mühe vielleicht, sagen, dass diese sexual-pathologische Studie in eine einschlägige Zeitschrift, aber nicht vor die Öffentlichkeit gehöre. Wir müssen es uns versagen, gegen solche Urteile anzukämpfen; denn letzten Endes trennt den objektiven Kunstbetrachter von solcher Auffassung nicht etwa nur, wie so gerne gesagt wird, eine verschiedene Weltanschauung, sondern es liegt ein völliges Verkennen des inneren Wesens der Kunst überhaupt vor. Gewiss, auch wir möchten *Das Frauenopfer* nur mit Einschränkung ein Kunstwerk nennen, aber aus ganz anderen Gründen. Aber bevor wir sie erörtern und auf das Werk und schliesslich mit gemischten Gefühlen auch auf die Darstellung eingehen, wollen wir nicht versäumen, Herrn Oberlehrer Rohlfing ein Wort des Lobes zu sagen für seinen einführenden Vortrag, der in gewählter Sprache prägnant die Grundzüge von Georg Kaisers dramatischem Schaffen aufdeckte und von einem gründlichen Eindringen in das Gesamtwerk dieses expressionistischen Grossisten Kunde gab. Einzig die Frage, die er am Schluss offen liess, ob Kaiser nur der grosse Könner oder aber der grosse Künstler sei, auf den die deutsche Bühne wartet, scheint uns längst in ersterem Sinne gelöst zu sein. Den Beweis lieferte das nachfolgende Stück. [...] Das Problem ist fesselnd und höchst dramatisch [...] Wer möchte verkennen, dass hier ein Stoff von höchster dichterischer Ausschöpfungs- und Wirkungsmöglichkeit vorliegt? Sie hat Kaiser nicht gegeben, kann sie bei seiner ganzen künstlerischen Anlage nicht geben. Denn so raffiniert, so bestechend er als Dramatiker ist, so unfruchtbar bleibt er als Dichter. Der Aufbau, die Sprache, das rasend ekstatische Tempo sind vielleicht glänzend, schwer erreichbar wohl auch die Kraft, mit der er die Liebe eines Weibes zur Leidenschaft, zu einer Orgie der Selbstvernichtung gesteigert hat. Aber: 'Mich friert hier', sagt Lavalette einmal. 'Mich friert hier', muss auch der Hörer sagen. Was packt, ist einzig der grosse Vorwurf, ist die dramatische Energie des Ablaufs. Dichterische Werte lässt Kaiser wie überall, so auch hier fast völlig vermissen. Ein einziges Mal klingt ein echt poetischer Ton an: Die letzten Worte der Gräfin. Der Eindruck bleibt, dass dieses Liebesstück mit dem Hirn, nicht mit dem Herzen gemacht ist. Was aber den Vorwurf beträfe, dass seine aufgepeitschte Erotik, zumal für weibliche Hörer, verletzend wirke, so wäre zu sagen, dass das Animalische doch völlig in eine geistige Sphäre gehoben ist, die der Alltäglichkeit entrückt ist. Und die erotischen Kreuz- und Querwege, die Kaiser durchstürmt, sind von einer so raffinierten dibolisch [sic] spitzfindigen Psychologie, dass sie dem Durchschnittshörer ohnehin schwer verständlich bleiben. – Die Aufführung, durch die die Literarische Gesellschaft die Essener Theaterfreunde mit dem hier noch so gut wie unbekannten Georg Kaiser bekanntmachen wollte, schien bedauerlicherweise schon unter dem Einfluss des nahen Theaterschlusses zu stehen. Sie liess offensichtlich in ihrer Vorbereitung die gebührende Sorgfalt vermissen. Und dann: Kaiser verlangt seinen eigenen Stil, und den hat man nicht von heute auf morgen. Er will in mühevoller Regiearbeit errungen werden. Der expressionistische Darstellungsstil ist dem Essener Schauspiel trotz verheissungsvoller Ansätze, die sich in Weissmantels *Sündhaften Kriegern* und auch im *König Nicolo* zeigten, noch fremd. So blieb die Darstellung fast durchweg in der Sphäre des Bürgerlichen stecken, die dem rhetorischen und darstellerischen Pathos Kaisers zuwider ist. Die Spielleitung führte Donadt. Sie litt, was bei dem sonst instinktsicheren Regisseur eigentlich verwunderlich bleibt, vor allem an einer ganz falschen Anlage. Im einzelnen brachte sie sich oft um darstellerische Wirkungen, von häufigen ungünstigen Gruppierungen ganz zu schweigen. Herr Baldermann eignet sich, seinem ganzen Naturell und auch seiner äusseren Erscheinung nach nicht für den Grafen Lavalette. Er war teils zu lyrisch, teils zu schwer, er war nicht gallisch genug. Wo er forcierte, verwischte er. Frl. Stuckering, die viel kann – wenn sie sich Mühe gibt, bot eine unausgeglichene Leistung, ein Auf und Ab. Sehr viel blieb äusserlich, rein deklamatorisch. Nur hin und wieder wechselten mit ganz unbeteiligten Augenblicken Auswirkungen, die aus der Tiefe kamen. Dass das Bühnenbild im Konventionellen haftete, mag Schuld der beschränkten vorhandenen szenischen Mittel sein. Hier ist der Spielleiter freizusprechen. Nie aber dürfte er so absolute Unmöglichkeiten wie die Unbeholfenheit des Wachoffiziers und die rekrutenhafte Stumpfheit der Statisten durchgehen lassen. Der Eindruck der Aufführung ging einzig vom Stoff aus. Spielleitung und Darstellung machten aus dem Drama der Ausdruckskunst ein bürgerliches Familienstück.

28.3.1922, Schauspielhaus, Kiel.

178. Wilhelm Lobsien, *Das literarische Echo*, 24 (1921-22), 988.

[...] Theater, aber kein Leben! Von einer Entwicklung ist kaum die Rede; keine Gestalt lebt. Sie alle sind mühsam konstruierte Figuren, die irgendeine seelische Verrücktheit bis zum Überdruss zergliedern, um glaubhaft zu machen, es handle sich um Tragik. Und was ist dabei herausgekommen? Drei Akte voll Langeweile, drei Akte, die ständig in Gefahr schweben, ins Lächerliche zu fallen. Das Frauenopfer ist ein altes Schauspiel von Kaiser, das er jetzt umgearbeitet hat; er hätte besser daran getan, es in Vergessenheit schlafen zu lassen.

11.11.1922. Erstaufführung, Schauspielhaus, Leipzig. Dir.: Hans Rothe; Lina Carstens (Gräfin); Franz Stein (Lavalette).

179. H. B., *Kleine Chronik*, 14.11.1922.

Ein Schauspiel in drei Akten! Das ist schon ein Fehler. Für einen Akt würde der Vorwurf allenfalls genügen — so kommt eine gequälte, gedehnte Sache heraus. In drei Akten passiert etwas zum Schluss. Vorher sehen wir seelische Vorgänge und bekommen von äusseren in verworrener, dunkler Weise erzählt. Kaiser hat nicht nur seine expressionistische Sprache, die das Verständnis sehr erschwert, sondern er versteift sich auch noch darauf, die Geschehnisse nur anzudeuten, in halben Wendungen, in geistreichen Bemerkungen gibt er schwache Anhaltspunkte, die dem Hörer die Aufgabe stellen, sich das Gerüst der Tatsachen selbst zu konstruieren. Ich glaube, dass ein volles Verständnis des Stückes nur dem möglich ist, der es vorher gelesen hat. Und das scheint mir keine Empfehlung für ein Drama, das unmittelbar von der Bühne herab wirken soll.
Dazu kommt, dass der Dichter in seinen Figuren ein derartig kompliziertes und ausgeklügeltes Innenleben gibt, dass der Zuschauer stets nur die gewaltsame Konstruktion sieht und niemals den Eindruck voll fliessenden Lebens hat. Dieser Graf Lavalette [...] ist ein Mensch, der von einem Extrem ins andre fällt, der in krankhafter Weise aus geringfügigsten Anlässen in hellodernde Eifersucht verfällt, der innerhalb fünf Minuten genau das Gegenteil dessen sagt und zu empfinden behauptet, was er gerade vorher geäussert hat. Ein Mensch, der sich in peinlicher Weise vom natürlichen Empfinden entfernt, ein unberechenbares Etwas, ein Schwächling, den jeder Windhauch bewegt. Eine solche Figur als Hauptperson eines Dramas ist für mich eine Unmöglichkeit. [...] Bei den ganzen Vorgängen hat der Zuhörer stets den Eindruck des Unwirklichen, des rein Papiernen. Diese ganzen Vorgänge spielen sich ab unter dem Schatten der herannahenden Gendarmerie. Der Zuschauer sieht das Verhängnis nahen, aber die beiden Bedrohten fliehen nicht, sondern ergehen sich in Gefühlen. In einer Oper nimmt man dergleichen hin, im Schauspiel wirkt es erquälend und

ernüchternd. Dieses Stück scheint mir das schwächste aller zu sein, die Georg Kaiser geschaffen hat.

Der Abend war dennoch nicht verloren, denn Lina Carstens' Gräfin war eine Leistung, die ganz für sich fesselte. Franz Steins Lavalette war eine Gestalt, wie sie dem expressionistischen Drama angemessen ist. Was gegen den Expressionismus spricht. Aber auch gegen Stein, der nicht über ihn zu siegen, nicht trotz seiner einen Menschen zu schaffen wusste. Sehr gehäuft war das leidenschaftliche Keuchen, aber das macht es nicht. Der Beifall war nicht überwältigend und die Zischer fehlten nicht.

180. Hans Georg Richter, 14.11.1922, n.s., GKC.

[...] Kaiser, der spitze, überspitze Logiker des Wortes und der Szenen, hat nicht das Schicksal der Gräfin Lavalette gedichtet, die sich für ihren Gatten opferte, sondern das Frauenopfer an sich. Was alles kann, auf wievielerlei Weise kann sich eine Liebende opfern für den Geliebten? Dieses Problem wird behandelt. Scharfsinnig gelöst, wie eine Schachaufgabe. Die Stellung, in die der Autor seine Figuren bringt, das Spiel, das vorausgegangen sein muss, ist nicht durchaus einleuchtend; aber die Schachaufgabe ist spannend, voller Überraschungen und im Menschlichen, das sie doch auch enthält, nicht ganz arm an Erschütterungen.

[...] Das Stück ist vollkommenes Theater in seiner Spannung, in seiner Zusammengedrängtheit auf wenige Personen und wenige Worte. Aber der spitze, in einer neuen, hier gespielten Bearbeitung noch mehr überspitzte Dialog ist nicht leicht zu erfassen. Die Schachaufgabe des Frauenopfers in vier Zügen stellt an die intellektuelle Empfänglichkeit des Zuschauers sehr gewagte Ansprüche, die von einem Teile der Premierenbesucher durch Zischen mit offenherziger Entschiedenheit abgelehnt wurden.

Hans Rothe hatte die drei Akte in einem Bibliotheksraum untergebracht, der in Licht und Farbe vortrefflich war, aber im Material zu wenig massiv, daher etwas pappig und bilderbogendünn wirkte.

Der Groteskvirtuose Franz Stein war neben dem Menschen Lina Carstens oft nur eine tragische Marionette. Wenn er von den Gebärden seiner Hände 50 Prozent nachlassen wollte, würde ich eher mit ihm abschliessen. Aber man muss so intellektuelle Theaterstücke um so mehr aus dem Herzen und um so weniger aus dem Kopfe spielen, wenn man ihnen die menschliche Realität schenken will, die sie nicht selber haben. Solche Gefühlsrealitäten hat der Literaturtänzer Stein weder in der Kehle noch in den Gliedern.

Gefühlsrealitäten hat die Carstens. Etwas zu füllig, zu reif für die Rolle. (Nicht so für die historische Person, die schon eine ziemlich erwachsene Tochter ihr eigen nannte.) Die Gräfin Lavalette im Stück müsste zart und schmal wie ein junges Mädchen sein. Im übrigen war die

Carstens, bei wenigen starken Gebärden in der
Täuschungsszene, durch Schlichtheit und sanfte Wärme ihrem
äquilibristischen Partner still überlegen. [...]

181. Dr. Egbert Delpy (1), *Leipziger Neueste Nachrichten*,
12.11.1922.

    Wir sind vom Autor der *Koralle*, des *Brand im Opernhaus*,
des *Kanzlist Krehler* an ein gerüttelt Mass von
psychologischen Spitzfindigkeiten gewöhnt. Wir wissen, dass
es seinen individuellen Kunststil ausmacht,
Handlungstatsachen von kinohafter Brutalität und Schlagkraft
von Innen her psychologisch zu überheizen, damit das
entstehende unausgesetzte Geknatter rhetorischer
Explosionen, ohne das Kaiser als expressionistischer
Sprachfeuerwerker nun einmal nicht auskommt, den Anschein
subtilster Geistigkeit erwecke. Wir haben nie geleugnet,
dass es seinen raffinierten Mischungen von alter und neuer
Theaterei an derben und feineren Spannungsreizen nicht
mangelt, dass seine besseren Stücke eine Atmosphäre von
Geistigkeit umgibt, die allen exzentrischen Tüfteleien zum
Trotz, sich als Kunstwert behauptet. Wir sind also von
vornherein bei jedem neuen Kaiser darauf gefasst, Geistiges
auf raffinierteste und komplizierteste Art in ein
Eisenbetongehäuse von Handlungen eingemauert zu sehen und
sind von uns aus gern bereit, uns mit der Hacke und Schaufel
künstlerischen Spürsinns durch diese harte Schale ins Innere
bis zu Kaisers geistigen Geheimnissen durchzuarbeiten...
Aber es muss denn auch die Mitarbeit lohnen! Bei der
Koralle, bei *Gas*, bei den *Bürgern von Calais* lohnte es. Bei
diesem *Frauenopfer* aber standen wir schweisstriefend und
enttäuscht immer nur vor neuen verschlossenen Türen und
klopften genau so vergebens (und wütend!) an wie Graf und
Gräfin Lavalette an den gegenseitigen Schlafzimmertüren in
den ersten beiden Akten dieses Vexierstückes...
    [...] Lavalette kommt wieder zum Vorschein, und während
draussen der Kaiser vorüberzieht, zerfliesst der Graf an der
Leiche mit schönen expressionistischen Sprachwendungen vor
Schmerz über die Serie differenzierter Frauenopfer, die ihm
diese über alles geliebte Frau dargebracht hat...
    Verstehe und rühme die Logik dieses aufgeregten Auf und
Ab, Hin und Her, wer kann. Ich sehe darin keinen Künstler am
Werk, der kraft seines tiefer schürfenden dichterischen
Spürsinns uns ein Reich der seelischen Wunder und
Offenbarungen öffnet, die uns selbst vertiefen und
bereichern. Sondern einen kühlen Artisten, der seine
geistigen Kräfte nur dazu gebraucht, unerhört brutale
Effekte gleichzeitig zu maskieren und immer neu aufzuhäufen.
Die menschlich schöne, ergreifende Tat der Gräfin Lavalette
ist durch einen Literatur-Chemiker (der ganz vergessen hat,
dass er auch einmal Künstler war) derart zerrieben,
angesäuert und mit Zersetzendem gemischt worden, dass alles

fortreissend Warme, Grosse sich verflüchtigte und nichts
blieb als eine reisserische, unfass- und kontrollierbare
Sprengstoffmischung, die ihr Erzeuger nach Belieben zum
Knallen bringt. Knallen erzeugt Aufregung, Nervenschock,
Bewegung. Und insofern ist freilich Kaisers *Frauenopfer* ein
Theatererlebnis, das in Atem hält.
    Hans Rothe als Spielleiter hielt auf Tempo und war
dabei doch anerkennungswert bemüht, die Effekte zu dämpfen.
Den Lavalette hatte er Franz Stein anvertraut, die Gräfin
Lina Carstens. Damit standen zwei Welten neben- und
gegeneinander. Nervöser spitziger Expressionismus im
Gliederspiel gegen monumentale, grosszügig einfache Linie.
Effektvoll beides – aber sich gegenseitig unausgesetzt
beeinträchtigend und das Verstehen der Situation dadurch
nicht eben erleichternd. Stella David als verbissene
Hausverwalterin, Wildenhain als geistreicher Bibliothekar,
August Weber als schwerer General mühten sich daneben,
Kaisers Deutsch zu meistern. Mein herzliches Beileid ihnen
allen...

*12.7.1923, Erstaufführung, Schauspielhaus, Dresden. Dir.:
Georg Kiesau; sets: Georg Brandt and Adolf Mahnke; Antonia
Dietrich (Gräfin); Herbert Dirmoser (Lavalette).*

182. Friedrich Kummer, n.d., n.s., GKC.

    Man wird in diesem Stück eine lange Strecke hindurch
künstlich in Ungewissheit gehalten. Durch zugespitzte Worte,
die die Personen aneinander vorbeireden und die weder der
Situation noch der Menschennatur entsprechen, sondern
lediglich virtuose Mache des Dichters sind, wird eine
Spannung erzeugt, die in einem Zeitungsroman oder in einem
Kinodrama kaum der Gefahr entgehen würde, erkannt zu werden.
In dieses elektrisch durchflutete, bebende Dunkel, das
Grauenvolles zu gebären scheint, tritt dann eine masslos
übersteigerte Liebesgeschichte, die in ebenfalls schon
bekannter Weise Grausamkeit mit Erotik verbindet.
    Diese Liebesgeschichte, die man sich entweder nur in
glühender oder in ganz vorsichtig andeutender Weise
behandelt denken könnte, wird mit Kälte, Weitläufigkeit und
stärkster Brutalität von allen Seiten her beleuchtet. 'Mich
friert', sagt der Held des Stückes, Graf Lavalette, an einer
Stelle. Es friert einen in der Tat innerlich bei dieser
Verstandeskälte, mit der der Dichter Vivisektion der Seele
treibt. Der Held muss geradezu nacheinander alle
Möglichkeiten abhandeln, in die eine Frau bei Preisgabe
ihrer Ehre geraten kann. Durch eine Kunst im Quälen, gegen
die selbst Hebbel in *Maria Magdalene*, in *Genoveva*, in
Herodes und Mariamne nur ein Stümper ist und die auch
Strindberg in seinen finstersten Seelengemälden nicht
erreicht, wird gewaltsam das Innerste eines Frauenherzes

aufgebrochen.
Nun gibt es für eine kurze Strecke etwas sehr Schönes: eine Frauenseele wird leuchtend, und wenn man auch stets das Romanhafte der Umstände empfindet, so muss man doch sagen, dass hier in erotisch-sensationelle Umgebung etwas sehr Wertvolles eingebettet ist.
Leider springt das Stück von diesem menschlich edlen Kern wieder zurück; der Held muss sich — denn das Sensationelle, Erklügelte ist Georg Kaiser immerdar wichtiger als das Natürliche, Schlichte und Wahre — so brutal, so verständnislos wie möglich benehmen. So stürzt denn, ganz wie einst in Sudermannschen Dramen, so auch in Georg Kaisers anscheinend so hochmodernem Stück eine neue Welle von Spannung, Verwirrung und Kinoromantik herein. Wieder kommt es zu einer menschlich schönen Situation: die Frau besiegelt mit dem Tod ihre Treue. Der Held, der von allen hochgerühmte Lavalette, der sich im Stück aber benimmt wie ein hysterischer, von schlechter Psychologie überfütterter Literat und Feigling, wird aus der Gefahr, in der er schwebt, befreit, und unter den Klängen des Marsches, der den von Elba zurückkehrenden Kaiser Napoleon begleitet, fällt der Vorhang.
Ungläubig und seelisch misshandelt, durch die kalte Gehirnkunst des Dichters zugleich gespannt und abgestossen, steht man am Schluss vor dem Werk. Es ist so recht gemacht für unsere Zeit, die nach Nervenaufpeitschung schmachtet und die in Filmschauspielern, ganz wie das Volk in Rom im Zirkus, die Lust an Grausamkeit und Sensation gelernt hat. Aber bei aller Geschicklichkeit der Mache überwiegt in dem Stück *Das Frauenopfer* doch das Unglaubwürdige, das schlecht Romantische, mit einem Wort: die alte, wohlbekannte, nur neufrisierte Theaterart. Man steht nur solange, als die Bühnenzeit rollt, unter dem Banne des Werkes. Es verdunstet, es löst sich wie ein Spuk auf, sobald die Theaterzeit um ist.
Dann bleibt nur zweierlei zurück: bei dem einen, dem Objektiven, der Historisches liebt, die Freude an einer raffiniert dramatisierten Geschichtsanekdote aus der napoleonischen Kaiserzeit; bei dem anderen, dem Hysteriker, der nach Sensation geht, die Erinnerung an die wüste Misshandlung einer Gefangenen im Kerker. Aber auch bei diesem wird schliesslich doch der Ekel, der physische, würgende Ekel, überwiegen. Gerade, wenn man sich an das Drama erinnert, verliert sich, was erst reizte und lockte. So grässlich, so abstossend, so schmachvoll brennend steht schliesslich das von Georg Kaiser rücksichtslos geschilderte Bild vor der Seele, dass man beschämt und erzürnt dem Stück wie dem gewandtfingrigen Verfasser den Rücken kehrt.
Das Werk — gewiss nicht ohne artistische Vorzüge — leidet unter dem Mangel, an dem so viele Werke und unsere Zeit selber leiden: sich emporzuschrauben, sich zu verkünsteln, in Sensationen zu schwelgen, und alles, aber auch alles hinauszuschreien, teils aus Wahrheitsliebe, teils aus Reklamesucht stets das Letzte zu sagen, sich seelisch zu

entblössen und dann, wenn gar nichts mehr zu verschweigen ist, hilflos, trostlos, kraftlos vor dem Nichts zu stehen.

Kalte Mache und Sinnlichkeit: ich mag nicht entscheiden, was hier überwiegt. Die grobe Kinospannung und das seltsame Aufleuchten einer grenzenlos liebenden Frauenseele: ich will nicht untersuchen, ob sich das wirklich organisch in Georg Kaisers Werk verbindet. Ich weiss nur, dass sich in so manchen Sudermannschen Erzählungen und Dramen ganz die gleiche Mischung von Sensation und Erotik findet.

[...] 'Mich friert': dies Wort des Lavalette, möchte man bei soviel Edelmut, Übertriebenheit und Theaterei, und nicht am wenigsten bei so viel Unverständigkeit, Feigheit und Kaltherzigkeit des hypernervösen Helden wiederholen. Eine blamablere Sache für einen Mann wie die des Grafen Lavalette in Georg Kaisers Stück lässt sich vom Standpunkt des männlichen Geschlechts aus kaum denken.

Die Art Georg Kiesaus als Spielleiter kommt dem Stück entgegen. Er versteht sich, wie schon die Aufführung der *Maria Stuart* lehrte, auf das Zusammendrängen und Komprimieren, auf das Heizen des Dampfes bis fast zum Platzen des Kessels. Hier bei Kaiser lässt sich das alles mit grösster Wirkung tun. Eine historisch-romantische Anekdote [...] wird, raffiniert wie sie ist, durch raffinierte Mittel, denen auch die Musik von Chitz und das Bühnenbild von Mahnke und Brandt beizuzählen ist, in virtuoser Sicherheit auf dem Theater wiedergegeben. Die schauspielerische Zucht, die 'Klasse', den beherrschten Stil der Vorstellung wird auch der gelten lassen, der an dem Stück als Kunstwerk wenig Freude findet. [...]

183. Dr. Felix Zimmermann, n.d., n.s., GKC, incomplete.

Für die überflüssigen Erstaufführungen im Hochsommer scheint man sich die schlechten Stücke guter Autoren vorbehalten zu haben. *Das Frauenopfer* von Georg Kaiser ist jedenfalls eins der schlechtesten Stücke dieses Vieldichters, der keine Zeit hat, etwas ausreifen zu lassen. Wenn es Zweck hat, Kaiser zu spielen, der ohne Frage ein grosses Talent ist, so doch nur die Stücke, die ihn auf der Suche nach dem neuen Drama zeigen. Damit hat man bei uns, wie üblich, erst den Anfang gemacht, als dieser Kaiser schon überall anerkannt war. *Das Frauenopfer* ist aber eine von den Arbeiten Kaisers, die es verständlich machen, dass man ihn den 'Sudermann des Expressionismus' genannt hat. Man darf sich durch die 'Modernität' der unwirklich-schwülstigen Sprache dieses Schauspiels nicht in der Erkenntnis irremachen lassen, dass hier knallige Theatermache vorliegt mit allen Unleidlichkeiten dieser skrupellosen Äusserlichkeitskunst, durch deren Pflege der geistigen Verfilmung unserer Schaubühne bedenklicher Vorschub geleistet wird.

Dieser schlechte Operntext, den der *Tosca*-Puccini und
der *Tiefland*-d'Albert gewiss noch einmal mit brünstig
aufpeitschender Musik verarzten werden, ist die wollüstige
Verbreitung einer geschichtlichen Anekdote, deren
bezeugter Kern sehr einfach ist. [...]
    Georg Kaiser hat eine aufgeregte, aufgepeitschte,
scheindramatische Wühlerei in erotischen Gefühlen gemacht,
der jeder sittliche Adel fehlt. [...]
    Man darf gar nicht daran denken, was ein
verantwortungsbewusster deutscher Dichter, einer aus Hebbels
Geschlecht, aus dem Thema gemacht hätte, wenn er darüber
geraten wäre (was an sich allerdings schon unwahrscheinlich
ist). Welch' furchtbares Problem darin liegt, wie der Gatte
einer um seinetwillen Geschändeten sich seelisch
zurechtfinden soll, damit könnte uns heute in den Tagen
französischer Schande ein Fühlender und Gestaltender das
Herz zerreissen. Kaiser interessiert sich mehr für die
tiefergelegenen Eingeweide, in denen noch keine Psychologie
den Sitz der Seele gesucht hat. Seine französischen
Sexualtierchen schwelgen in wortreicher Sophistik der
verfänglichen und unerquicklichen Lage, in die der
aufgeregte Dichter sie versetzt hat. Dabei reden sie völlig
aneinander vorbei, erzählen sich an dramatisch
ungeeignetsten Stellen Episoden ihrer bedeutungslosen
Lebensgeschichte und laufen auseinander, wenn's brenzlich
wird. Rein dramaturgisch ist die Arbeit geschludert, nicht
gebaut. Eine so altmodische Anekdote bedarf geschlossener,
sich steigernder Technik, nicht einer schlechtverwendeten
Analytik, wenn das Theaterstück wenigstens äusserlich
fesseln soll. [...]

[Dec. 1929], Erstaufführung, *Tribüne*, Berlin. Dir.: Eugen
Robert; Eleonora von Mendelssohn (Gräfin); Anton Edthofer
(Lavalette).

184. J. M., n.d., n.s., GKC.

    Dies dreiaktige Schauspiel, das in Berlin zum
erstenmal, in der Provinz seit langem aufgeführt wurde,
gehört nicht zu den überzeugendsten Werken Georg Kaisers. Es
steckt noch in dem inzwischen modig gewordenen
Expressionismus. Das starke und theatersichere Talent
Kaisers wäre uns durch *Frauenopfer* allein nie zum
Bewusstsein gelangt.
    [...] Kaiser bleibt aber an einem Einzelfall kleben,
der sich nicht zum Allgemein-Menschlichen weitet und den
Zuschauer kühl lässt. Anton Edthofer sah man die Qual an,
die ihm die unnatürliche und überheizte Sprache, deren sich
Kaiser im *Frauenopfer* bedient, bereitete. Die von Eleonora
v. Mendelssohn verkörperte Hauptrolle hatte zuweilen
künstlerischen Reiz. Diese Schauspielerin hat einen

persönlichen Ton und unverkennbare natürliche Gaben.
Hoffentlich wird ihr noch Georg Kaiser selbst, der schon
nach *Frauenopfer* Packenderes geschaffen hat, Gelegenheit zu
überzeugenderer, künstlerischer Gestaltung geben.
   Der Beifall galt den Darstellern, vor allen Dingen
Eleonora v. Mendelssohn.

185. Erich Burger, *Berliner Tageblatt*, 24.12.1929.

   Ein lyrisches Drama, aber ohne schmachtvoll
hingedonnerte Reden. Ein pathetisches Spiel, – in einer
Sprache, die heute schon etwas pathetisch wirkt. Fast zwölf
Jahre sind es her, dass dies Schauspiel geschrieben wurde.
Doch die Schärfe der Diktion schon hier, schon die
Strenge der Form, schon der frostige Stil. Unter dieser
Decke glüht eine Leidenschaft, und das Eisige müsste längst
darüber gebrochen sein. Aber es bricht nicht, es bekommt nur
Sprünge; es friert wieder zusammen, um von neuem
aufzuspringen. Kaltglut, erfrorene Siedehitze.
   [...] Die Aufführung, unter Eugen Robert, traf das
Verwehende, das ohne Milde Verwehende, am besten im Spiel
der Eleonora von Mendelssohn. Noble Haltung, Leidenschaft
wie hinter Gittern, aufgeschlossen, um sich rasch wieder zu
schliessen. Etwas Rätselhaftes blieb um diese Gestalt, noch
um ihre offensten Regungen. Das verlangt Kaisers Dramenwelt,
auch die letzte Präzision des Sprechens, die Eleonora von
Mendelssohn erst mit etlichen Lücken beherrscht. Ganz
ungenau im Ausdruck, verschwommen, blieb Anton Edthofer, der
Konversation machte und zu jedem Ausbruch mächtigen Anlauf
nahm.
   Kaisers Dichtung, insgesamt ist es eine Dichtung, war
einer Begegnung wert.

186. anon., *Deutsche Allgemeine Zeitung*, n.d., GKC.

   Wieder einmal ein Stück, das Beachtung verdient. Es ist
ein kurzer Dreiakter, unkomplizierter, einfacher, als man es
bei Kaiser gewöhnt ist. Man entdeckt dabei – wenn man es
nicht bereits wusste –, wie die dichterische Substanz dieses
Mannes jedesmal von neuem durch Zusammenraffung, durch
Konzentrierung, Verknüpfung und architektonische Gliederung
aller ertastbaren Fäden erarbeitet wird. Man spürt auch hier
den Rang eines Mannes, der sich über Tagesproduktion weit
heraushebt.
   Wie im *Oktobertag* handelt es sich auch hier sichtlich
um die Rehabilitation des Gefühls, nur dass bereits
einfachere und geradere Wege eingeschlagen werden. Die
Sprache ist häufig geladen mit Metaphern, die sich um
ringendes und drängendes Gefühl bemühen, ja zuweilen spricht
sogar ein gedämpftes Pathos. Es kündigt die neue Stunde an.

[...] Es ist ein kurzes Drama, und gehört zu den ernsthaftesten Versuchen, die ein deutscher Autor seit längerer Zeit auf der Bühne gezeigt hat.
Der Beifall war ungewöhnlich stark.

187. anon., *Vossische Zeitung*, n.d., GKC.

Im Publikum: Hausse. Im Reich hat man diese Ballade von der Gräfin Lavalette und ihrem an Übergehirn leidenden Herrn Gemahl öfters gespielt: die Einheit des Raums und der Zeit verlockt; sie ist von einem exzellenten Drechsler gefugt und gefügt.
Wieder, wie so oft bei Kaiser, ein extremer Sonderfall: die kühle Gemahlin bleibt statt des haltlosen Gemahls im Gefängnis.
Die Effekte wirkten. Das Interesse des Publikums entlud sich in hitzigem Applaus.

188. anon., *Berliner Morgenpost*, n.d., GKC.

Dieses in Berlin zum erstenmal gespielte Stück Georg Kaisers zeigt alle Vorzüge dieses lebendigen Bühnenautors. Kraftvollen dramatischen Griff und Steigerung eines etwas ausgeklügelten Themas zu kräftiger, manchmal quälender Wirkung.
Nach der grossen Auseinandersetzung der Gatten im zweiten Akt und am wirkungsvollen Schluss vielfache Hervorrufe.

189. anon., *Berliner Lokalanzeiger*, n.d., GKC.

Wir sind dankbar für ein wenig Theatergestaltung. Ein Stück, aus Fetzen gewirkt; doch sind es die Fetzen aus dem Mantel eines grossen Bühnenmannes. Georg Kaiser, Ingenieur, Konstrukteur des deutschen Theaters, Hirnmensch, Geistfanatiker, hat sich manchmal verrechnet; die Klaue bleibt dennoch zu spüren.
Das Publikum klatschte sehr lebhaft.

190. anon., *Die Stunde* (Vienna), n.d., GKC.

Es ist ein skizzenhaftes Stück Kaisers, aber zweifellos ein Schauspiel von Rang.

191. anon., *Neue Berliner 12 Uhr-Zeitung*, n.d., GKC.

Das Stück liegt auf der Linie des *Brand im Opernhaus* und des *Oktobertag*. Es ist der einen Schöpfung in Form und Diktion ähnlich, der anderen in der fanatischen Genauigkeit, mit der seelische Probleme blossgelegt werden. Knappe Frage nach dem grössten Opfer, das eine Frau für den geliebten Mann bringen kann. Dieses Frauenopfer liegt zwischen Untreue und Tod, Hingabe und Verdammnis.
   Kaiser geht der Psychologie dieser Gestalt mit besessener Gründlichkeit nach.
   Formal sind die Szenen oft ausgezeichnet geführt.

192. anon., *Berlin-Steglitzer Anzeiger*, n.d., GKC.

   Was an dem Schauspiel interessiert, ist die — beinahe Hebbelsche — Problemstellung, das Gerüst, das Paradigma: das Zerebrale des Schöpfungsvorganges.
   Eine logische Folge, ein klares Ineinandergreifen der Glieder, eine Beweisführung, die sich zwar im Irrealen verläuft, aber lückenlos ist bis zum Ende. Das bleibt zu bewundern.

193. anon., *Der Montag-Morgen* (Berlin), n.d., GKC.

   Ein wirkliches Liebesdrama, ein Drama der Leidenschaft, das bis auf die Bestialität und die vergrübelte Rabulistik, also auf Urtriebe des Menschen zurückgeht; daher ein Labsal inmitten der künstlich besoffenen Zivilisationsdramatik.
   Reicher Beifall. Interessanter Abend.

194. anon., *Vorwärts*, n.d., GKC.

   Das sind grosse Worte, besonders in den grossen Szenen der Aussprache und Seelenenthüllung. Heisse Leidenschaften.

195. anon., *8 Uhr Abendblatt* (Berlin), n.d., GKC.

   Es wird niemand vermuten, dass Georg Kaiser dieses Stückchen Historie zum Gegenstande seines Dramas gemacht hat. Es ist nur dessen Grundlage. Aus ihm wächst das Problem heraus, das der Dichter interessant und fesselnd genug behandelt.
   Noch bis vor das Haus rauschte der unermüdliche Beifall Begeisterter hinaus.

196. anon., *Germania* (Berlin), n.d., GKC.

Ein Stück, das in dieser Form immer noch Spannungen weckt und erfüllt. Es ist das Frauenlob eines Denkdramatikers, es bleibt von grosser Wirksamkeit.
Der Abend fand für sein hohes Niveau reichen Beifall.

197. H. Ihering, Jan. 1930, n.s., GKC, incomplete.

[...] Ein knappes Stück, eine knappe Sprache — welche Wohltat bei dieser Schluderei und Verwahrlosung ringsum. Von Georg Kaiser aus gesehen aber wäre es besser, dass dieses überkünsteltes [sic] Stück nicht mehr aufgeführt wird. Immerhin sieht man in der Tribüne neben dem vortrefflichen Schauspieler Edthofer, der sich allerdings zur Sprache Georg Kaisers zwingen muss, Eleonora von Mendelssohn. Auch sie eine Erholung. Ein vornehmer Mensch, eine gepflegte Erscheinung. Eine Leistung ohne Reklame und Tamtam. Man ist dankbar dafür, auch wenn ein gewisser sentimentaler Nebenreiz der Sprache noch zu sehr zu spüren ist.

Drei Einakter – Claudius; Friedrich und Anna; Juana

21.10.1918, Uraufführung (Trilogy), Neues Theater, Frankfurt/M.

198. Bernhard Diebold, *Das literarische Echo*, 21 (1918-19), 287.

Die drei neuen Einakter von Georg Kaiser klären die bisher so unbestimmbare Physiognomie des Dichters nicht heller auf. Vermisst man im Gesamtwerk den Einheitszug einer Bekennner-Persönlichkeit, so weht es hier in jedem dieser Akte von ungewissen Ideen, von Fragen und Antworten, die sich gegenseitig überflüssig vorkommen. In jedem der drei Stücke steht eine Frau, die mehr als einem Manne Liebe geschenkt hat, und nun von einem Forderer der absoluten Monogamie gestellt wird. [...] Ein fein geschliffener Dialog (namentlich im zweiten Stück von elegantester Taktik) spannt auf tiefere Lösungen als die durch Mord, Todesopfer oder Philosophie gegebenen. Aber die Tiefe ist entweder unergründlich oder sie ist eben Untiefe mit schönfarbig getrübter Flüssigkeit, die auf den Grund nicht sehen lässt. Eine Frage nach dem möglichen Glück aus solchen Liebesbünden macht sich bedeutsam in allen der drei Akte: sie ist mit unzureichender Weltweisheit gelöst. Die reine Sprache, die Symmetrie und die Dramatik von *Juana* – dem bühnenmässigsten der Einakter, während *Friedrich und Anna* am subtilsten durchgedacht ist – alle die Schönheiten des Scheins empfangen ihr Licht von einem Nebelfleck: keine Klarheit im Gedanklichen, keine Wahrheit in den Geschöpfen, die da ohne wirkliche Sonne leben. Wann empfindet Kaiser wieder einmal jenes Muss! der *Bürger von Calais*? Oder war es damals kein Muss, das aus ihm drängte? War es eine geniale Kunst des Könnens?

199. Richard Dohse, *Die schöne Literatur*, 19 (1918), 240.

Warum das Neue Theater die aus den literarischen Anfängen Georg Kaisers stammenden drei Einakter *Claudius*, *Friedrich und Anna* und *Juana*, die am 21. Oktober d. J. zur Uraufführung kamen, zu einem 'Romantischen Abend' vereinigt hat, ist weniger ersichtlich, als das sonst bei dem romantisch gearteten Kaiser der Fall ist. Freilich, das Szenenbild in seiner stilisierten Einfachheit und seinen gedämpften Lichtwirkungen, die heroischen Gestalten in ihren wallenden Gewändern zauberten wohl so etwas wie Romantik auf die Bühne, sonst aber ist der Inhalt der Stückchen durchaus

realistisch, natürlich, wie man es bei Kaiser kennt, mit
einem tüchtigen Schuss Symbolik und Philosophie durchsetzt.
In allen dreien handelt es sich um das Aufeinanderprallen
tierischer Instinkte und seelischer Gewalten, um den Kampf
des Mannes mit der Frau, die ihm, jede nach ihrer Art, auf
sehr unterschiedliche Weise infolge ihrer jeweiligen
Veranlagung entgleitet. Nicht ohne ein gelindes
Kopfschütteln konnte man sich mit den moralischen und
philosophischen Spitzfindigkeiten abfinden. Die scharf
geschliffene Dialektik und die zum Teil lyrisch gehobene
dichterische Sprache Kaisers jedoch liessen über die
Konstruiertheit und Problematik solcher arithmetischer
Experimente mit zwei und drei oder mehreren Unbekannten in
der Ehe einigermassen hinwegtäuschen. Man ist doch, scheint
mir, solcher Übersteigerungen des Gefühls, solcher die
Grenzgebiete des Problems Mann und Weib streifenden
Grübeleien ohne sonderliche dramatische Schlagkraft, derlei
überfeinerten Deutungen und Zuspitzungen ethischer Begriffe
etwas müde geworden. Die Sehnsucht nach einer greifbaren
Handlung statt orakelnden Tiefsinns, nach lebenskräftigen
und wahren Menschen, statt erklügelten und lediglich in
triebhaften Leidenschaften schwelgenden Gestalten wurde
gerade an diesem Abend reger denn je. Die Darsteller hatten
keine leichten Aufgaben, und es muss anerkannt werden, dass
sie sich redlich mühten, den Absichten des Dichters gerecht
zu werden. Der Beifall liess wohl auf eine achtungsvolle,
jedoch keine allzu warme Anteilnahme der Hörer schliessen.

[Feb. 1919], Erstaufführung (Trilogy), Kleines Haus,
Württembergisches Landestheater. Dir.: W. v. Scholz.

200. T. K., Schwäbischer Merkur (Stuttgart), 17.2.1919.

   Wie der bei der Morgenunterhaltung am Sonntag erstmals
aufgeführte Einakter Claudius, über den hier bereits
berichtet worden ist, so behandeln auch die beiden andern
Einakter von Kaiser das Thema von der Eifersucht und von dem
Gegensatz der schenkenden, hingebenden und der herrsch- und
eifersüchtigen Liebe. Wenn in Claudius
mittelalterlich-düstere Balladenstimmung herrschte, so
haucht die Szene Friedrich und Anna den zarten Farbenschmelz
eines sanften Rokokopastellgemäldes aus.
   [...] Eine reizvolle Szenerie, der Ausblick auf einen
in duftiger Sommermorgenfrühe blühenden Garten, und der
Hauch von vornehmer Liebenswürdigkeit und Rokokoanmut, der
über der Gestalt des jugendlichen Ehemanns liegt, beides
gibt dem Einakter seinen besonderen Reiz und lässt die
Ungewöhnlichkeit in der Handlungsweise der Hauptpersonen
übersehen. Auch hier muss man sich gegenwärtig halten, dass
Kaiser in keiner Weise psychologische Wahrscheinlichkeit
anstrebt, sondern ein 'Denkspiel' geben will, ein seelisches

Problem in eindrucksvoll sinnbildlicher Weise beleuchten möchte. [...]
    Der dritte Einakter *Juana* spielt auf spanischem Boden und bringt eine Abwandlung des Enoch Ardenmotivs. [...] Zugleich hat dieser Einakter auch einen starken Einschlag von dramatischem Leben und dramatischer Spannung und wirkt in seiner puppenspielhaften Vereinfachung mit den überraschenden Schlaglichtern, die der Dichter über die einzelnen Stufen der Handlung und die inneren Zustände der Gestalten hinspielen lässt, in hohem Masse fesselnd und anregend. [...] Die Spielleitung hatte W. v. Scholz in Händen, der es trefflich verstand, in der äusseren Aufmachung und dem Ton des Spiels die drei Einakter in ihrer Besonderheit gegeneinander abzustufen und die Grundgedanken ans Licht zu stellen.
    Jeder, der das Bedürfnis fühlt, das Schaffen der modernen und modernsten Dramatikern [sic] zu verfolgen, wird dem Landestheater Dank wissen, dass es nunmehr doch auch Gelegenheit gab, einen von ihnen kennen zu lernen. [...] Besonders der letzte der Einakter wurde mit warmem Beifall aufgenommen.

201. D., *Neues Tagblatt*, 1919, GKC, partly illegible.

    Der Spielplan unserer Landesbühne ist seit gestern ein gutes Stück vorwärts gekommen. Die hermetische Abschliessung gegen jeden frischen Luftzug von draussen ist nun wohl für immer aufgegeben. Und das ist gut so. Selbst wenn dabei auch einmal ein tüchtiger Sturm und Wirbelwind an unseren Türen rütteln sollte. Es hat ja keinen Sinn, sich dreimal zu bekreuzigen vor dem Neuen, das gehört sein will. Und streng nach einem absoluten ästhetischen Wertmassstab lässt sich kein Spielplan einer Bühne aufbauen, die nach Tiecks Forderung ein fein reagierendes Zifferblatt für den Geist der Zeit sein will. Schon deswegen weil dieser absolute Wertmassstab immer nur ein Idealfall wäre und die Praxis auch des feinfühligsten Dramaturgen einmal irren und über den künstlerischen Werten der Vergangenheit die Zukunfts- und Entwicklungswerte des Neuen verkennen könnte. Und darauf kommt es an: was eine Zukunft in sich zu tragen scheint. Was eine Entwicklung anzeigt, eine Stufe bildet auf dem Weg, dessen Ziel wir nur dunkel ahnen können, dessen Richtung wir aber spüren müssen.
    Seit gestern haben wir also Georg Kaiser. Nicht ganz den Georg Kaiser, der *Von morgens bis mitternachts*, *Koralle* und *Gas* geschrieben hat. Nicht den Georg Kaiser, der seit zwei Jahren das fällige Problem und der problematische Fall der neuen Dramatik ist. Mit Horatio zu reden: 'ein Stück von ihm'. Denn mögen diese drei Einakter in der Verschlossenheit und strenger Linie ihres Stils auch nicht direkt bezeichnend sein für Kaisers expressive Art, so bergen sie doch genug Wesenszüge, an denen die besondere Physiognomie Kaisers

deutlich genug zu erkennen ist: seine dialektisch
zugespitzten Problemstellungen, seine unerhörte Kunst der
mit Spannung geladenen Situation und seine [...] kalt
funkelnde Sprache.
   In diesen drei Einaktern scheint Kaiser das Motiv:
Eifersucht des Mannes, das er in *König Hahnrei*, in
Frauenopfer, im *Brand im Opernhaus* schon behandelt hat, wie
in einer zusammenfassenden Kadenz abzuschliessen. Dreimal
zischt die Stichflamme der Eifersucht des Mannes auf,
dreimal pocht der Mann auf sein geheiligtes Besitzerrecht
und dreimal biegt Kaiser den Konflikt der beleidigten
Mannesehre um, indem er zeigt, dass dieses Besitzerrecht
nichts als ein niedriger Aberglaube und eine ganze
Brutalität sei. Und über die Meinung, Liebe sei so etwas wie
Konkurrenzgut und ewiger Streit und Argwohn um
Besitzerrechte stellt er seine These von der schenkenden,
spendenden Liebe, die glücklich mache und gut.
   [...] Nach dem düsteren, wilden Pathos dieser Szene
[*Claudius*], die geistig beschwingte Anmut von *Friedrich und
Anna*. [...]
   In diesem Einakter zeigt sich Kaisers Kunst von ihrer
intelligentesten und kultiviertesten Seite. Sehr fein auch
wie im *Juana* das Enoch Ardenmotiv eine neue Wendung erhält.
[...] So wird hier Eulenbergs Belinde-Stoff zu einer Weihe
und Gloriole der Freundschaft gewendet.
   [...] Herr v. Scholz hatte die Spielleitung, der mit
dieser in Stil und auch Ausdruck sehr interessanten
Aufführung etwas Ausgezeichnetes geschaffen zu haben, das
Verdienst gebührt. Die Einakter hinterliessen starken
Eindruck.

*16.9.1919, Erstaufführung ("Die Milchstrasse"),
Schauspielhaus, Düsseldorf. Dir.: Eugen Keller; sets: Egon
Wilden; Mira Kaulhausen (Juana); Peter Esser (Friedrich);
Eugen Klimm (Claudius).*

202. —nn., *Düsseldorfer Tageblatt*, 18.9.1919, in *Die Kritik*
(1919), No. 5, p. 107.

   Die synthetische Methode und der reine
Gedanken-Expressionismus ermüdet auf die Dauer des Abends,
wenn man auch der Idee, die in der dreifachen Variation des
'Weib'-Themas liegt, aparten Reiz nicht absprechen kann. Der
sich in der ausmalenden und keine Wirkungsmöglichkeit
unbeachtet lassenden Einstudierung des Schauspielhauses noch
gewaltig prozentiert. Die Bühnenausschnitte sind
Eindruckserlebnisse für sich. Wie köstlich der matte
Kerzenschimmer vor dem golddurchwirkten Behang, über dem
Früchtestilleben und in dem düsteren Antlitz des Ritters!
Wie glückdurchweht der sattblaue Ausschnitt im zweiten Stück
mit dem hellen Venetianischrot, mit dem abebbenden Spiel der

schweren Vorhangfalten. Wie zart die in Pastell getönte Abendstimmung auf der Terrasse! Es gibt wenige deutsche Bühnen, die den Ideen Kasiers soviel Leben einzuhauchen vermögen. Das redet und grübelt und findet überraschende Gedankengänge, aber man muss schon in die Methaphysik hinaufklettern, um zu einem Verstehen dieser Menschenschemen zu kommen, die nicht etwa um ihrer selbst willen auf der Bühne agieren, sondern nur für die Synthese. Und so muss zugunsten gedanklicher Schönheiten manchmal die nötige Wahrscheinlichkeit leiden, wie z. B. im ersten Stück, wo die hochedle Burgfrau sich allmählich in den Gassen verschenkt, um nicht einen, sondern viele Männer gut glücklich zu machen, wie ihr Gemahl ihr es glückstrunken gestand. Oder wie in *Friedrich und Anna*, dass der Mann seines jungen Weibes bisherigen Liebhaber, der sich in ausgelassener Gesellschaft ihrer Gunst gerühmt, zu sich einlädt, weil er sie einmal glücklich gemacht.... Es ist übrigens, nach diesen Kostproben, nicht gerade Kost für Backfische, dieser Einakterabend. *Juana* ist unzweifelhaft das stärkste Werk, der schon unzähligemale in Dichterhand hin- und hergewendete Vorwurf vom 'lebenden Leichnam', von dem totgeglaubten Manne, der nach Jahren in die neue Ehe seiner Frau hineinplatzt, ist hier künstlerisch wundervoll geformt und mit soviel Poesie und Zartheit umflossen, dass die Idee zum erstenmal Fleisch und Blut annimmt, dass das Menschliche, was Kaiser sonst nicht über das Bildhafte, Gleichnisartige hinausbringt, hier wirklich zur Menschwerdung kommt. [...] Auch darstellerisch, im Zusammenklang, stand der Schluss [von *Juana*] am höchsten. Mira Kaulhausen war wundervoll, weichklingende Musik, Beseeltheit in Stimme und Bewegung. [...]

In *Friedrich und Anna* schadete Peter Esser sich und seinen Sympathien durch das fortgesetzt angewandte retarierende [sic] Moment im Dialog. [...] Als Leiter der Aufführung zeichnete Eugen Keller, für die Bühnenbilder Egon Wilden. Als Vor-, Zwischen- und Ausklang spielten Joseph Neyses, Gottfried Hedler und Otto Hedler die drei Sätze aus Max Regers Streichsymphonie d-moll op. 141b sehr stimmungsvoll. 'An einen Teil unserer Zuhörer' war dieser Verweis gerichtet: 'Die einleitende und verbindende Musik ist Wesentliches der Kunstäusserung. Zu Gesprächen sind die Pausen da.' Erziehung kann niemals schaden. Aber im Schauspielhaus, von dessen künstlerischen Ruf man allenthalben hört, gestattet man sich ja gar nicht, was man sich im Stadttheater erlaubt. Das wusste schon jener biedere Sicherheitsmann, der mit steifem Hut, Militärrock und Gewehr am Bindfaden über der Schulter, bei der in Spartakustagen unterbrochenen Vorstellung die Schwelle des Hauses reinhielt von den Zurückdrängenden mit der klassischen Mahnung: 'Hier ist ein Kunsttempel!' Und Volkes Stimme - -!

203. anon., n.d., n.s., GKC.

[...] Drei eigentlich ganz willkürlich
zusammengestellte Geschehnisse, die sich gut
voneinanderabheben, aber in ihrer abstrakten Gedanklichkeit
kalt lassen. Der nur aus Brutalität geschaffene Claudius ist
eigentlich nicht denkbar, ebensowenig wie sein allzu naives
Weib; beide wirken unwahrscheinlich. *Friedrich und Anna* ist
vielleicht das Stärkste; auch ist die Idee hier
überzeugender. Friedrich verkörpert in manchem eine Art
Zukunftsmensch. Über die platonische Logik der *Juana* komme
ich nicht hinweg. So handelt kein Weib, wenn auch die zu
sehr rationelle Entwicklung bis zum freiwilligen Tod
bestechend wirken mag. Gespielt wurde unter Eugen Keller im
allgemeinen sehr gut.

204. -n.-, *Düsseldorfer Zeitung*, 17.9.1919, in *Die Kritik*
(1919), No. 5, p. 107.

Von Georg Kaiser sahen wir im Schauspielhaus in den
letzten Jahren *Das Frauenopfer* und *Gas*. Nun hat sich diese
Bühne auch dreier Einakter des Autors angenommen, die er
unter dem gemeinsamen Titel 'die Milchstrasse'
zusammengefasst hat. Man erkennt in diesem Werk den
Verfasser des *Frauenopfers* wieder, den von *Gas* aber würde
man, sagte es der Zettel nicht, schwerlich hinter ihm
vermuten. Kaiser wandelt darin das ewige Thema vom
Verhältnis des Mannes zum Weib ab, das sich einem anderen
ergab. Hebbel hat in *Maria Magdalene* das Wort geprägt:
'Darüber kommt kein Mann hinweg'. Mir scheint, Kaiser will
dieses Wort nicht allgemein gelten lassen, sondern
aufzeigen, dass Charakter und Temperament des Mannes das
Ausschlaggebende für die Stellungnahme zu diesem Problem
ist. [...]
    Es ist nicht gerade leicht, den roten Faden zu finden,
der die drei Einakter — wie es doch die gemeinsame
Überschrift andeutet — verbinden soll, und ich will nicht
behaupten, dass es mir, da mir das Buch nicht zur Verfügung
steht, nach einmaligem Ansehen des Werkes richtig gelungen
ist. Vor allen Dingen ist mir die Überschrift 'Die
Milchstrasse' nicht klar geworden. Zwar spricht Juana einmal
von der 'milchigen Strasse', aber eine Beziehung dieses
Ausdrucks zum Ganzen habe ich nicht entdecken können. Im
Eindruck sind die drei Einakter ungleich. Der erste,
Claudius, wirkt in Anlage, Durchführung und Ausklang brutal
und abstossend; feiner, wenn auch an äusserem Geschehen
ärmer, ist *Friedrich und Anna* geraten, während *Juana* in der
Wirkung etwas zerflattert und der vorausgesehene Schluss
unbefriedigt lässt. Sicherlich ist Georg Kaiser nicht einer
vom Dutzend, denn er hat uns etwas zu sagen; das muss man
zugeben, wenn man die Wege, die er geht, auch nicht für die
richtigen hält. Es steckt gewiss viel Errechnetes,
Erklügeltes auch in der 'Milchstrasse', aber auch viel
poetisch Schönes, namentlich in dem, was seine Frauen sagen.

Die Aufführung war von Eugen Keller sorgsam und stimmungsvoll vorbereitet; Egon Wildens Bühnenbilder gaben einen farbensatten, dem jeweiligen Charakter der Einakter feinfühlend angepassten Rahmen ab. [...]

205. ha., n.d., n.s., GKC.

[...] Der Dichter des *Gas* ist in der Konzentriertheit seines Stofflichen, in der Steigerung des dramatischen Geschehens so Meister, dass er berufen ist, Vollendetes in der 'Dramatik zwischen zwei Vorhängen' zu leisten. Konflikt und Katharsis liegen in allen drei Stücken vollkommen im Geistigen, im Gedanklichen, nicht in der Handlung. Die liegt, wenn der Vorhang sich hebt, bereits hinter den Personen nur die letzte gedankliche Auseianandersetzung [sic] lebt der Hörer noch mit. Man geniesst einen Abend in sehr geistreicher Gesellschaft, aber man vermisst das Aufwühlerische, das Gepacktsein, das doch letzte Notwendigkeit jedes dramatischen Geschehens ist. [...] Er [Friedrich] tötet aber nicht, sondern begnügt sich, dem unbekannter [sic] Vorgänger, der seine Frau glücklich gemacht hat, damit zu danken, dass er seinem Weib zärtlich die Hände drückt. Bei solcher Psychologie versagte das Mitgehen des Publikums vollkommen... Am meisten Theaterblut pulst in dem dritten Einakter, *Juana*, der das alte Enoch Arden-Problem neu modelliert. [...] Beide feindlichen Freunde, Feinde durch das Weib, haben eine dialektisch ganz famos gelungene Auseinandersetzung, an deren Ende sie beschliessen, dass der den Platz räumt, dem Juana den Giftbecher zuerst reicht. Hier fühlt man das einzige Mal die Adlerklaue des Dramatikers Kaiser. Gleich danach aber zerflattert die Dramatik wieder in geistreiche Sentenz. Juana löst lächelnd die Not der beiden, indem sie selbst den Becher leer trinkt und sterbend die Hände der Freunde zusammenlegt.... Die Aufführung war, wie gewohnt beim Schauspielhaus, meisterlich, der Rahmen köstlich.

15.2.1920, Erstaufführung (Juana), Neues Theater, Leipzig. Dir.: Dr. Alwin Kronacher; Martina Otto-Morgenstern (Juana); Lothar Körner (Juan); Ewald Schindler (Jorge).

206. F. Michael, *Leipziger Tageblatt*, 16.2.1920, in *Die Kritik* (1920), No. 9, p. 202.

Dem Konzert folgte die Erstaufführung von Georg Kaisers Einakter *Juana*. Leipzig kennt den Dichter aus einer Reihe grösserer Dramen als einen klugen dramatischen Rechenkünstler. Ehe er den platonischen Dialog zum *Geretteten Alkibiades* vergewaltigte, hat er in einer

programmatischen Äusserung über den Fortschritt vom
Schauspiel zum Denkspiel gesprochen: 'Ins Denk-Spiel sind
wir eingezogen und bereits erzogen aus karger Schau-Lust zu
glückvoller Denk-Lust.' Ob dies ein Fortschritt sei, mag man
bezweifeln. Jedenfalls ist auch *Juana* solch ein Denk-Spiel.
Das Enoch-Arden-Motiv wird variiert und erhält einen neuen
Schlussakkord: die Frau zwischen den beiden Männern trinkt
den Giftbecher, opfert ihr Leben, damit die Freundschaft der
Männer erhalten bleibe. [...] Über ihren entseelten Leib hin
reichen sich die Männer die Hände. Ein schönes Bild, gross
in Wort und Geste, eindrucksvoll. Aber doch gedacht,
erdacht. Und man kann leicht weiterdenkend fragen: Spricht
so eine Frau von Liebe? Ist es nicht gerade die Liebe und
die Liebe allein, die ihr Kraft gibt, zu scheiden? Und ist
zugleich dies nicht ihr Irrtum, dass sie mit ihrem Tod die
beiden Männer einen zu können glaubt? Finden sich Freunde
wieder, denen solches geschah? Gleichviel: die Lösung durch
Diskussion, sonst Kaisers Stärke und Schwäche seiner Dramen,
wird hier in Handlung umgesetzt: ein Mensch opfert sich, und
wenn dieser Mensch uns bezwingt, so hat der Dichter
gewonnen. Frau Martina Otto-Morgenstern hatte die Kraft, aus
dem Exempel ein Erlebnis zu machen. Ihre Erscheinung war
Friede, ihr Wort Liebe, grosse, sich selbst verleugnende,
sich selbst auslöschende Liebe. Ihre Sprache war klar und
feierlich, ohne pathetisch zu werden. Auch die männlichen
Partner, Lothar Körner und Ewald Schindler, waren gute
Sprecher, wennschon der Kaisersche Sprechstil, der ja auch
durchaus von 'Denken' beherrscht wird, Körner weniger zu
liegen scheint. Ihre erste Begegnung steigerten sie zu einem
echten Klingenkreuzen Kaiserschen Dialogs, und die gewollte,
symbolhafte Symmetrie ihrer Haltung vor Juana erstarrte
nicht. Karl Huth fügte sich wie immer gut in das
Zusammenspiel und sprach die 'tollen Rechenkünste' des
Dichters fein und unaufdringlich. Dr. Kronacher gab dem
Spiel einen grossen schlichten Rahmen. Lebhafter Beifall
dankte für die wohlgelungene Aufführung [...].

207. W. B., *Freie Presse*, 17.2.1920, in *Die Kritik* (1920),
No. 9, p. 202.

    Die Morgenveranstaltung des Pressefests brachte
vergangenen Sonntag im Neuen Theater neben vielerlei neuer
und teilweise reizvoller Musik als Festspiel einen Einakter
von Georg Kaiser. Es ist vornehme, nachdenkliche, streng
harmonische Kunst, nicht stark, nicht zwingend in der Sache,
doch mit einer gewissen Suggestion und sogar Herrschsucht im
Stil, edel in Sprache und Form und immerhin in den Gebärden
von feierlichem Ausklang. Es ist das alte Enoch Arden-Motiv,
aber neu zu lösen versucht. [...]
    Es liegt über dem Spiel kraft seiner schönen Form
zweifellos eine gewisse Suggestion. Aber tritt man nur einen
Schritt zurück, so ist man seinem Gedankengang auch schon

entronnen. Kaisers Lösung mag wohl einen Ausweg bedeuten vor
dem Bewusstsein, als Beendigung einer unmöglichen Situation,
für die es einfach keine Lösung gibt, wenn die Frau wirklich
in gleicher Liebe zu beiden Männern stände. Juana trifft
ihren Entschluss mit gläubigem Gesicht. Aber man empfindet
ihn doch nur als ein unbewusstes Ausweichen der Frau vor der
Entscheidung, vor der vollen Erkenntnis, und ein innerstes
Schamgefühl, ein Selbsterhaltungstrieb mag sie dazu zwingen.
Ich bezweifle, dass es überhaupt ein solches Gleichgewicht
in der Liebe zu zwei Männern geben kann, wie es Kaiser
anstellt. Wohl aber mag im bestimmten Falle für die Frau ein
Gleichgewicht zwischen Liebe und Sittlichkeit entstehen, so
dass ihre Entscheidungsfähigkeit gelähmt und ihr Bewusstsein
gehemmt wird. Juana löst die Liebesfrage gar nicht; sie
schiebt vielmehr den ganzen Vorgang auf ein neues Gleis, ich
würde sagen, in einer ihr selbst unbewussten Schutz- und
Rettungsaktion. Sie rettet sich scheinbar von der Liebe weg,
und doch kann nun die Liebe erst recht ihr unantastbares
inneres Geheimnis bleiben. Vor den beiden Männern, selbst
vor ihrem Bewusstsein kann sie das alles tun. Ob aber ihr
Nichtentscheidenkönnen doch nicht im Grunde schon als
unbewusstes Liebesbekenntnis zum zweiten Mann gedeutet
werden müsste, soll offen bleiben.

    Kaiser baut ein feines Gedankengespinnst. Aber die
Schwäche seines Stücks ist für mich die, dass er an diese
Gedanken seiner Personen offenbar selbst glaubt, sie als
Wahrheit geben will, statt sie nur als verehrungswürdigen
Selbstbetrug, als unbewusst gebildete, schützende Schleier
zu zeichnen, hinter denen die Seele ihr wirkliches Leben
führt und im Grunde doch weiss, was sie will und muss. Mit
aller Kraft seines Stiles versucht Kaiser, uns diese
Lebenslüge als Wahrheit aufzuzwingen, und es muss anerkannt
werden, dass die Aufführung im Neuen Theater durch
Kronachers Regie diesen Zwang künstlerisch fühlbar machte.
Das Spiel brachte Szenen und Bilder, die an die grosse Ruhe
und den Adel Feuerbachscher Gemälde erinnerte. In Wort,
Farbe und Bewegung war alles gebändigt und gedämpft, das
schwebende Gleichgewicht in nichts zerrissen. [...]

208. anon., *Leipziger Neueste Nachrichten*, 17.2.1920, in *Die Kritik* (1920), No. 9, p. 202.

    Die Erstaufführung eines Einakters von Georg Kaiser
leitete nach der Pause in das Literarische hinüber. Der
Morgen erhielt durch die wahrhaft erlesen geschliffene Form,
in welcher das Stadttheater hier die Wortmusik eines unserer
begabtesten jungdeutschen Dramatikers kredenzte, seine
Krönung. Dieser [...] Akt *Juana* baut über dem alten, zuletzt
von Herbert Eulenberg in seiner *Belinde* verwendeten Enoch
Arden-Motiv des totgeglaubten, unerwartet heimkehrenden
Gatten ein neues hochgeschwungenes Gefühlsgebäude auf. Hier
wandelt sich auf Kaisers Dichtergebot hin die Tragik der

Situation in einen Hymnus auf Männerfreundschaft, angestimmt
von einer sterbenden sich opfernden Frau, um. [...] Liebe
ist wenig, Freundschaft von Männern ist viel... Dieser für
den hitzigen Expressionisten Kaiser überraschende gradlinig
und hoch geschwungene Gefühlsbogen wird in wenigen Szenen
edel und folgerichtig zur Höhe geführt. Man freut sich des
Architekten, der ein stolzes Motiv stilvoll und ohne
störendes Beiwerk in vornehmem Schwung hinstellte.
Allerdings — Dr. Kronacher und seine Darsteller zogen
Kaisers Gedanken- und Gefühlslinien in wirklich prachtvollem
Rhythmus nach. Kronacher gab in dem feierlich schönen,
farbig beseelten Aufbau der Szene ein Kabinettstück
musikalisch reicher und intimer Regiekunst. Darin wurde die
Kunst der Darstellung wie edle Kammermusik lebendig. [...]
Man darf mit Dank konstatieren, dass das Stadttheater dem
Festtag der Leipziger Presse mit der Inszenierung dieses
Einakters eine künstlerische Gabe dargebracht hat, an die
wir uns erinnern werden.

209. n., *Leipziger Zeitung*, 16.2.1920, in *Die Kritik* (1920),
No. 9, pp. 202-03.

[...] Die Frau in der Mitte zwischen den in
verschlossener Wut brennenden Männern, die Frau sterbend, in
der Mitte zwischen den wiedervereinigten Freunden, das gibt
Gelegenheit zu schöner dramatischer Symmetrie. Die
Aufführung unter Alwin Kronachers Leitung war vorzüglich.
Martina Otto-Morgenstern eine hohe Frau, der man das Opfer
glaubt. Lothar Körner (Juan), Ewald Schindler (Jorge) und
Karl Huth (Kammerdiener) haben Anteil an dem lebhaften
Erfolg des Einakters.

*[May 1920], Erstaufführung (Juana), Kammerspiele, Hamburg.
Dir.: Erich Engel; Anni Mewes (Juana); Günther Hadank
(Jorge); Günther Bobrik (Juan); Wolf Benekendorff (alter
Diener). Presented together with Fräulein Julie
("Naturalistisches Trauerspiel in 1 Akt von August
Strindberg"). Dir.: Erich Ziegel.*

210. H. W. F., *Neue Hamburger Zeitung*, 21.5.1920, in *Die
Kritik* (1920), No. 23, p. 485.

Die Zusammenstellung dieser beiden Einakter an einem
Abend war literarisch und darstellerisch sehr interessant.
Eine expressionistische und eine naturalistische Dichtung,
beide von sicherster Hand geformt und mustergültig in ihrer
Art: geben sie aber auch ein Beweis dafür, dass
Expressionismus und Naturalismus sich keineswegs — wie oft
geglaubt wird — zu einander verhalten wie Innerlichkeit und

Oberfläche. Ganz gewiss ist das Freundschaftsproblem der
Juana tief erfasst, ist nicht nur verstands-, sondern auch
gefühlsmässig ergriffen; aber man hat nirgends den Eindruck,
dass es so tief erlebt, so teuer mit eigenem Blut erkauft
ist wie das Sexual- und Rassenproblem in *Fräulein Julie*.
Kaisers Dichtung ist beispielhaft, die Strindbergs
schicksalhaft. Kaiser vertieft einen novellistischen Stoff,
Strindberg verstofflich seine tiefste Erfahrung. Kaiser
wählt eine von vielen Möglichkeiten, Strindberg muss, er
steht unter dem Zwang. Je genauer man das erkennt, desto
reizvoller wird die Form und Sprache beider Dichtungen, die
genau im umgekehrten Verhältnis zu ihrem Untergrund stehen:
Kaiser gestaltet den Ausdruck so persönlich, dass man bei
jedem Wort der Sprechenden seinen Atem fühlt; Strindberg
versteckt sich förmlich hinter den handelnden Personen, und
es wäre vielleicht gar nicht so einfach, seine eigene
Urmelodie herauszuhören, wenn sie uns nicht aus der
Gesamtkenntnis seines Wesens im Ohre läge. Wer es nicht
schon weiss, könnte es von diesem Abend lernen, dass der
Unterschied zwischen Expressionismus und Naturalismus
(sofern sie Kunst sind) nicht so sehr ein wesentlicher, als
ein formaler ist: der Expressionismus sucht die direkte, der
Naturalismus die indirekte Wirkung von Seele zu Seele. Der
Stil der Darstellung war bei den zwei Akten entsprechend
verschieden und in seiner Nebeneinanderstellung höchst
aufschlussreich.
 [...] Ein abgegriffener Stoff ist ins Besondere erhöht;
die Bewertung der Freundschaft tönt hell hinaus über die
erotisch-sentimentale Befangenheit, die Enoch-Arden-Motive
zu umdunsten pflegt. Aber besonders schön und mit hoher
Kunst gestaltet ist das eigentümliche Leben, das jede der
drei Personen in der Seele der beiden andern führt; wie sie,
getrennt noch, aneinander denken, dass das Bild
vollkommenste Deutlichkeit behält, unaustilgbare, strahlende
Spiegelung in Treue. Und wie dennoch das Bild der beiden
Männer in der Frau zu einem wird, dass sie, als sie den
Wiederkehrenden nicht, wie vor einem gespenstischen
Doppelgänger, erschrickt und schon die Nähe des eigenen
Todes fühlt. Es geht hier um letzte und zarte Dinge; und es
bedarf, um sie leuchten zu machen, für die Juana die
Transparenz, die Anni Mewes besitzt. Bewegung und Tonfall,
ohne Hast, aber von flimmernder Intensität, machen den
Entschluss glaubhaft, der von der Stärke eines Herzens
zeugt. Der gleiche Hauch innerster Reinheit schwebt um
Hadanks Jorge, dessen Beherrschtheit stets gespannte
schlanke Kraft ahnen lässt. Bobrik, irdischer und in
gewissem Sinne rauschloser, passte sich als Juan recht gut
ein. Als gespenstischer alter Diener huschte und raunte
Benekendorff durch das Spiel, das Erich Engel mit
feinfühliger Hand leitete.
 [...] Beide Stücke fanden starken Beifall.

211. R. W., *Altonaer Nachrichten*, 22.5.1920, in *Die Kritik*

(1920), No. 23, pp. 484-85.

In Kaisers Einakter wird das durch den Krieg wieder aktuell gewordene Enoch-Arden-Motiv aufgegriffen. Aber keine vermeintliche Kriegerwitwe, die sich zum zweiten Male verheiratet hat und nun durch das Erscheinen des totgeglaubten ersten Mannes in einen furchtbaren seelischen Konflikt gerät, steht im Mittelpunkt dieses Werkchens, wie überhaupt nichts, ganz gegen alle Gewohnheit bei Kaiser, irgenwie ein Zeitproblem berührt. *Juana* ist ein zeitloses Stück, das in die Sentenz ausmündet, Freundschaft sei höher zu werten als Liebe [...]

Das wird in schöner Sprache, in Gesprächen von konzentriertester Wortkraft dargestellt, und obgleich es zuviel Absichtlichkeit, verstandeskühle Konstruktion erkennen lässt, geht doch ein Hauch erhabener Schönheit von ihm aus, der auch das Herz berührt. Der Spielleiter Erich Engel stellte das zur Aufführung kaum mehr als 20 Minuten beanspruchende Werkchen in einen dunkel getönten, farbig gedämpften Rahmen, der namentlich durch die warme Seitenbeleuchtung zu Anfang von wundervoller Bildwirkung war. Anni Mewes war eine Juana voll Feinheit und Verinnerlichung, wie ein reiner, schwebender, verschwebender Ton, Günther Hadank als Jorge ein ihr adäquater Jüngling: edel-schlanke Gestrafftheit. Gedrungener, lebensnäher gab Günther Bobrik den Juan. Und als Diener Hoffmann-Callotscher Prägung geisterte Wolf Benekendorff über die Szene.

Bei diesem Stück wurde ausnahmsweise nicht gezischt.

212. erka, *Hamburger Echo*, 21.5.1920, in *Die Kritik* (1920), No. 23, p. 485.

[...] Man sieht, der Konstrukteur Kaiser ist bei der Arbeit. Die 'Denklust' betätigt sich schon hier. Schade nur, dass man nicht warm wird. Man hat eine rein ästhetische Freude an der Knappheit der Darstellung, an der Symmetrie der Handlung, an der lapidaren Sprache, an manchem wundervoll gefeilten Wort. Ein menschliches Interesse wird nicht geweckt, soll auch nicht geweckt werden. Ja, Herr Kaiser, leider sind wir noch nicht so weit, die Idee ohne den warmblütigen Träger derselben im Drama zu geniessen. Die Darstellung — unter der feinsinnigen Spielleitung Erich Engels — war ganz auf die Erfüllung der gedanklichen Linie eingestellt. Es gab Momente, wo die Idee reliefmässig plastisch wurde, zum Beispiel in einer bedeutungsschweren Symmetrie der Frau zwischen den beiden Männern. Anni Mewes, ganz Linie, ganz Unwirklichkeit, nur im Klang der Stimme wie von ferne das todschwere Leid andeutend. Ihr gleichkommend an Rang der stilisierten Leistung Günther Hadank [...]. In einem gewissen Abstande Günther Bobrik als Juan, der zu grell, fast naturalistisch wirkte in dem Bestreben, seine

Figur mit Blut zu füllen. Ausgezeichnet als altes, fast zeitloses Inventarstück der Diener Wolf Benekendorffs. Der Beifall war stark, galt aber wohl in erster Linie der eindrucksvollen Darstellung.
  Hinterher das naturalistische Trauerspiel *Fräulein Julie* von Strindberg, ein denkbar starker Gegensatz, der dem einheitlichen Eindruck des Abends nicht eben zugute kam. [...] Lebhafter Beifall lohnte auch diese Leistung.

213. M. W., *Hamburger Fremdenblatt*, 21.5.1920, in *Die Kritik* (1920), No. 23, p. 485.

  [...] Auch von Georg Kaiser ist an dieser Stelle schon gesagt worden, dass er und seine Gestalten Gehirnmenschen sind. Er ist es auch in dem Einakter *Juana*, der gestern abend zum ersten Male gespielt wurde, wenn auch von ganz entgegengesetzter Seite aus wie Strindberg. Kaiser will den Trieb überwinden durch den Geist, und er benutzt dazu das uralte Enoch-Arden-Motiv. [...] Liebe ist weniger als Freundschaft. Also spricht Georg Kaiser. Im Banne seiner hier wirklich sehr schönen und gar nicht gekünstelten Sprache, im Rhythmus seines genial zugespitzten dramatischen Geschehens, glauben wir ihm, obwohl die Regie Erich Engels den ganzen kleinen Akt in einzelne Lyrismen auflöste, während die Wirkung bei grösserer theatralischer Konzentriertheit noch grösser gewesen wäre. Aber nachdem der Vorhang gefallen ist, fragen wir uns doch, ob nicht die tote Juana zwischen den lebend gebliebenen Männern und Freunden genau so stehen muss, wie es die Lebende getan hätte. Eine Entscheidung, mit der sie sich zufrieden geben können, hat Juana nicht gefällt. Dass sie beide gleich liebt, ist bei dieser Frau ausgeschlossen. Sie hat nur bewiesen, dass auch eine Frau im Kampf mit dem Gesetz der Liebe und dem Gesetz der Sittlichkeit diesem die Palme zuerkennen kann. [...] Das Bühnenbild hätte wohl etwas mehr Stimmung vertragen können. Die aus der *Gefährlichen Liebe* bekannte Grottendekoration passte wenig in den Gartensaal, und von dem Garten selbst, den die beiden Freunde und Gegner in einem entscheidenden Augenblick aufsuchen, erfuhr man zwar aus den Gesprächen, man nahm ihn aber nicht wahr. [...] Der Beifall war stark; neben den Darstellern wurde auch Herr Engel wiederholt vor die Rampe gerufen. Herr Engel ist einer der stärksten künstlerischen Kräfte, die an Hamburgs Theatern gegenwärtig wirken. Aber er darf sich durch Kornfeld und Genossen nicht dazu verleiten lassen, aus jeder harmlosen Bemerkung eine Prophetie zu machen.

[1925], Erstaufführung (Juana as an Opera; Music by Max Ettinger), Nationaltheater, Munich. Dir.: Hofmiller; Leone Kruse (Juana). Presented together with Puccini's Giovanni Schicchi.

214. anon., *Allgemeine Rundschau*, No. 50, 10.12.1925, p. 823.

Juana, ein Operneinakter von Max Ettinger, einem in München lebenden Tonsetzer, von dem man im Konzertsal [sic] schon einige hübsche Lieder gehört hat, fand in guter Besetzung eine freundliche Aufnahme. Die Musik zeigt manche Schönheit, besonders erweist die Orchesterbehandlung die Hand eines geschmackvollen Künstlers. Den Text schrieb Gg. Kaiser, der bekannte Dramatiker. Die Bezeichnung 'Dichtung' (Universal-Edition, Wien und Neuyork) ist zu hoch gegriffen, schon in sprachlicher Hinsicht ('Der Garten scholl von vielen Vögeln'). Es handelt sich wieder einmal um das Enoch Ardenmotiv. Musikalisch ergiebig ist die Liebesszene, mit der die Oper beginnt. Dann folgen die Heimkehr des Totgeglaubten und zwei dramatisch bewegte Auseinandersetzungen. Die Freunde beschliessen, dass derjenige, dem Juana ahnungslos den vergifteten Wein reicht, das Glas leeren soll. Juana aber, die durch den Diener unterrichtet ist, trinkt den Wein selbst. Die Sterbende zu fragen: 'Liebst du jeden mit gleicher Kraft?' finde ich reichlich undelikat. In solch erschütterndem Augenblick wird dies auch keinem einfallen. Juana singt als Antwort: 'Liebe — das ist nicht wichtig. Ihr seid Freunde, Freundschaft unter Männern, die so selten, muss man schützen. Wer darf sich aufwerfen und mit seinem kleinen Schicksal, das Weiberschicksal ist, neben zwei Männern — in Freundschaft verbrüdert, sich messen?' — Ist das die Sprache der Natur oder Literatenphraseologie? Die Sterbende legt die Hände der beiden Freunde ineinander. In dem Melos des Gefühlsausdruckes wirkt die Musik am unmittelbarsten, weniger in dramatischen Szenen; allerdings gibt hier der Textdichter auch nicht Gelegenheit zu breiterer Ausladung. Reinfeld sang den Heimkehrenden, Wildhagen den zweiten Gatten, beide mit dem vollen Einsatz ihrer schönen Mittel; allzuviel Persönliches ist aus den Rollen nicht herauszuholen. Frl. Kruse entfaltete als Juana blühende Klangschönheit. Seydel gab den Diener, der das Gift wegschütten könnte, wenn er eben nicht Diener wäre. Der Text dieser Rolle gibt musikalisch wenig her. Man höre: 'Ein Teller — zwei Teller — ein Messer — zwei Messer — einmal — zweimal — das ist das Leben... Ich war auch mal so verheiratet — aber die Gute lernte bis drei zählen...' und so geht die symbolische Arithmetik noch eine Weile fort. Kapellmeister Böhm leitete die von Hofmiller inszenierte kleine Oper. Der Tonsetzer durfte sich zeigen. Voraus ging Puccinis *Giovanni Schicchi*. Hier lag das Hauptgewicht des Abends. Eine Umstellung des Einakters wäre empfehlenswert.

215. Dr. B., *Völkischer Beobachter*, Jg. 38, 9.12.1925, p. 2.

Armer Gianni Schicchi, das hast du und dein geistiger Vater, dem du das tönende Fortleben auf den Brettern, so die Welt bedeuten, verdankst, das habt ihr nicht verdient! Du warst ein grosser Gauner vor dem Herrn, aber schliesslich hast du dir das Maultier für zweihundert Dukaten, die Mühlen und das Haus in Florenz gekapert, um deiner geliebten Tochter eine schöne Mitgift zu verschaffen. Du batest um 'mildernde Umstände' – sind das die mildernden Umstände, dass man auf deinen Witz, auf Laune, Humor, feinste Charakterisierung, Stimmung einen Einakter setzt, der darauf passt, wie die Faust aufs Auge? Der in der zweifelhaften Atmosphäre des musikalischen Neuwienertums von Schönbergs Gnaden hochgeschossen einen Max Ettinger und Georg Kaiser zu Autoren hat?

Da ist Juana, eine Frau, die den Freund ihres verschollenen Mannes geheiratet hat und wie es das Schicksal will, kommt der Totgeglaubte zurück. Der ethische Konflikt, den uns ausgerechnet ein Georg Kaiser in einer sonst an ihm nicht gewohnten Dithyrambik schmackhaft machen will, löst sich schliesslich im freiwilligen Tod der Frau, über deren Leiche sich die früheren Freunde erneut die Hände reichen.

Dazu hat ein Herr Ettinger eine erotisierende hilflose Musik geschrieben, deren stärkere Seite noch die Instrumentation ist. Alteration und Ganztonskala Schema Schönberg ist das kahle Gerippe, um das sich eine aufgeschwemmte Orchestration legt. Musikalische Syntax, Periodik, die Voraussetzungen jeder Melodiebildung, alles überwundener Standpunkt.

Die Aufführung aber, man kann es nicht anders sagen, war besser als das Werk selbst. Die Juana der Leone Kruse ebenso wie Reinfelds Juan und der Jorge Wildhagens waren stimmlich u[nd] darstellerisch erste Leistungen. Auch Seydels Charakterisierungskunst in allen Ehren. Das Bühnenbild gab dem problematischen Experiment einen immerhin stimmungsvollen Rahmen.

Der Brand im Opernhaus

16.11.1918, joint Uraufführung, Kammerspiele, Hamburg. Dir.: Erich Ziegel; Mirjam Horwitz (Sylvette); Fritz Kortner (Herr von ***).

216. Greter, n.d., n.s., GKC.

Der Brand im Opernhaus, das neue Drama von Georg Kaiser, hat bei der Uraufführung in den Hamburger Kammerspielen staren [sic] Beifall gefunden. Der Eindruck des Überspannten kann freilich nicht geleugnet werden, so meisterlich auch die Vorgänge in ihrer technischen Form und der szenischen Aufeinanderfolge durchgeführt sind. Man sieht förmlich die Arbeit eines fieberhaft erregten Hirns an dieser Geschichte von dem jungen Kavalier, der ein Waisenmädchen heiratet, um an ihrer Reinheit die eigenen Laster zu überwinden und die er dann, nachdem sie heimlich den Opernball mitmacht und auf wunderbare Weise gerettet vom Brande heimkehrt, unter grausamer Verhöhnung in die Nacht zurückdrängt, damit sie verzweifelt den Flammentod findet. Alles, was hier geschieht, ist vorstellbar, so sehr einzelnes auch ans Übersinnliche, ans phantastisch Verzerrte streift. Aber das Bestechende liegt vorwiegend in der Kunst der Sprache, in der glänzenden stilistischen Vortragsweise, die keine Scharte kennt. Die Handlung geht so in einem Fluss, dass man keinen toten Punkt merkt. Das dreiaktige Stück wickelt sich ohne Pausen ab und dadurch wird der Reiz des einheitlichen Fortgangs noch verstärkt. Die Aufführung, unter Erich Ziegels Regie, passte sich mit künstlerischer Angleichung dem eigenen Stil der Dichtung an.

16.11.1918, joint Uraufführung, Stadttheater (Intimes Haus), Nuremberg. Dir.: Dr. Liebscher; Frl. Hagenbruch (Sylvette); Sattler (Herr von ***); Hellmuth Pfund (Der alte Herr).

217. Theodor Hampe, *Das literarische Echo*, 21 (1918-19), 353-54.

Von den beiden bedeutsamen Werken [Stefan Zweigs *Jeremias* und Kaisers *Der Brand im Opernhaus*] der neuesten dramatischen Literatur, deren Uraufführungen hier letzthin zu verzeichnen waren, hat der Berichterstatter der Vorführung des *Jeremias* von Stefan Zweig leider nicht beiwohnen können. [...] Bewegt sich der *Jeremias* wesentlich in den Bahnen des alten Stils, so gehört die erfolgekrönte

dramatische Produktion Georg Kaisers und so auch sein
Nachtstück *Der Brand im Opernhaus* jener neuesten
Stilrichtung an, die, wie auch die jüngste Kunst oder selbst
wie Politik und Recht und Moral unserer Zeit im Zeichen der
Zersetzung und Auflösung steht. Zu neuen Verbindungen und
festen Erscheinungen zu erstarken muss von der Zukunft
erhofft werden. Bei einem dramatischen Zersetzungsprodukt,
wie dem *Brand im Opernhaus*, wird man nach einer wohl
aufgebauten Handlung, nach folgerichtig durchgeführten
Charakteren oder gar nach Menschen von Fleisch und Blut
natürlich nicht fragen dürfen. Der Expressionist schafft
bekanntlich von innen heraus, baut uns aus seinem Innern
eine neue Welt auf, und wir dürfen von Glück sagen, wenn wir
diesem Innern, dieser Welt einigen Geschmack, einiges
Interesse abzugewinnen vermögen. Das wenigstens hat Georg
Kaiser in seinem neuen Drama einigermassen zu wecken
verstanden, was wohl zum guten Teil mit der Wahl des Stoffes
zusammenhängt, der an den Brand der pariser Oper im Jahre
1763 anknüpft. Auf dem schaurigen Hintergrund dieser
Brandkatastrophe spielen sich die wunderlichen Vorgänge voll
kniffeliger Psychologie ab, in deren Mittelpunkt die
erotischen Verirrungen und die Seelenkämpfe eines jung
vermählten Paares stehen. Der äussere Rahmen, dazu
gelegentlich eine packende Situation, sowie die gut
gezeichnete Nebenfigur des 'alten Herrn', endlich die
glitzernde und schillernde Sprache wirkten zusammen zur
Erzeugung einer Stimmung, die sich wie eine Vorahnung des
baldigen Zusammenbruchs dieser alten pariser Gesellschaft
dem Zuschauer mitteile. Das Einzelschicksal der handelnden
Personen konnte ihn freilich bei deren Schemenhaftigkeit
nicht anders denn eiskalt lassen, und um manche Feinheit der
Sprache ward er durch das hastende Ungeschick der
Schauspieler betrogen, die leider gemeiniglich nicht mehr zu
'sprechen' verstehen — dieses Wort etwa im possartschen
Sinne genommen.

218. Dr. H. Deinhardt, n.d., n.s., GKC.

[...] Wäre der Name des Autors noch ein neuer Klang, so
müsste man von einer aufsehenerregenden Begabung berichten,
von einem nicht alltäglichen Mute zum Erfinden und
Verschlingen und Konstruieren, von treffsicheren Konturen
und den Entladungen übervoller Seelenschächte in Bekenntnis
und Schrei. Aber mehr als eine absolute Bewertung fesselt
bei einem neuen G. Kaiser die Einstellung in sein bisheriges
Gesamtschaffen, das zur Zeit noch immer mehr das Aggregat
einzelner überraschender Erfolge als die Einheit eines
dichterischen Charakterbilds aufweist. Und die Frage: Hat er
sich diesmal ganz gefunden, ist es diesmal das Schreiten zur
Klassizität? musste man vor diesem 'Nachtstück' schärfer
verneinen als bisher, so sehr, dass man der Vermutung nicht
Herr wird, es handle sich vielleicht um eine Anfängerstudie

aus früheren Jahren. Weder Mittelpunkt, noch dramaturgische
Technik ist von heute: das Erlebnis der Dirne, wirklicher
Liebe teilhaftig zu sein, Krisis und Aufstieg zu wahrem
Menschentum, ist bewusst und beredt verbunden mit der Idee
von Alkestens Opferung, aus der dem Geliebten neue
Lebensmöglichkeit erstehen soll. Doch in dieser Verbindung
verblasst gerade wieder das Symbol des Opfers, weil in dem
freiwilligen Tode des Weibes eher der Ausklang ihres
Schicksals, die Sühne für den Treubruch, als die Liebestat
in Erscheinung tritt. Dieser, wie man sieht, stofflich dem
Gestaltungsgebiete des jüngsten Deutschlands fernliegende
Frauencharakter ist mit eindringlichen romantischen, bis
Viktor Hugo reichenden Griffen und Akzenten hineingestellt
in das Brausen des Sinnentanzes der Weltstadt: 1763; man
tanzt im Opernhaus. Mit tausend verkohlten Körpern, vermeint
der Chevalier, sühnt sich die alte Zeit. — In regelfrommer
Einheit ziehen die drei Akte im Flackerlicht der brennenden
Oper vorbei — das Schauspiel eines kühnen, untadeligen
Reiters. Wir aber möchten Ritter, Tod und Teufel!

219. -ö-, n.d., n.s., GKC.

Georg Kaiser entwickelt eine unheimliche Könnerschaft.
Bald wird es kein Problem mehr geben, an das er nicht
dramatisch gerührt hätte. Ist dieses geistige Bereitsein nun
Ausdruck eines weltumspannenden Dichterherzens oder nur das
vorlaute Wesen des immer aktuellen Feuilletonisten, der
keinen Anschluss verpassen will? Die Frage ist noch
ungeklärt und wird auch durch dieses 'Nachtstück' nicht
eindeutig beantwortet. Kaiser behandelt einen Stoff, der in
der Literatur aller Zeiten und Zonen seine Rolle spielt: das
Rätsel der Weibsnatur, schwankend zwischen grenzenlosem
Opferwillen. [...] Das uralte Alceste-Motiv hat er in den
graziösen Rahmen französischer Rokokolüderlichkeit gestellt,
ein höchst merkwürdiges Doppelgespann, das an zwei sehr
verschiedenen Strängen zieht. Das Ergebnis ist ein recht
unsicheres Hin- und Herzerren zwischen dem freimütig
gemalten Milieu gut pointierter Frivolität und dem sehr
versteckt liegenden, weil immer wieder verschobenen
ethischen Gedanken des Werkes. Die äussere Form ist ein
seltsamer Mischstil von echt gallischem Plauderstück und
jüngster Bühnenkunst. Die Menschen stülpen sich mitten im
Spiel um und sind wie Handschuhe, die man auf beiden Seiten
tragen kann. Dabei sind die drei Akte mit echtem Bühnenblick
und höchst raffiniert aufgebaut.... Herr Dr. Liebscher hat
den Geist der Zeit schnell erfasst, als er gleichzeitig mit
Berlin und Hamburg das Werk herausbrachte. Ohne die
Revolution hätten die erbaulichen Zötchen des ersten Aktes
wohl noch lange verschwiegen bleiben müssen. Etwas mehr
hätte Herr Liebscher sonst schon tun können. Die Räume sahen
nicht nach Liebesfesten aus und der Opernbrand selbst war
eine arg zahme Sache. Die Darsteller wussten nicht recht,

wie sie ihre Rollen nehmen sollten. Herr Pfund spielte einen
alten Schwerenöter mit symbolischem Hintergrund scharf,
sogar überscharf charakterisiert. Frl. Hagenbruch hatte als
Sylvette weder das Temperament einer grossen Dirne noch den
überlegenen Geist einer Alceste. Am sichersten hielten sich
noch die Herren Sattler und Christ, doch sind ihre Rollen
auch noch am meisten aus der Konvention gestaltet.... Das
auffallend gut besuchte Haus kam nicht hinter den Sinn des
Werkes, klatschte aber doch brav und bereitete dem geistig
genussreichen, im Grund aber doch recht unlebendigen Stück
gute Aufnahme.

220. k., n.d., n.s., GKC.

[...] Ein uraltes Motiv, von vielen Dichtern
aufgenommen, von wenigen erschöpft, schlägt Georg Kaiser an:
den altgriechischen Alceste-Mythos, in dem das grosse
Geheimnis der Verwandlung von Leben in Tod und Tod in Leben
beschlossen ist. Euripides hat auf ihm seine menschlich
erregendste Dichtung aufgebaut: Alceste, die für ihren Admet
zu den Schatten der Unterwelt hinabsteigt, damit der
Geliebte weiter in der Sonne leben kann. Die Geschehnisse
des Kaiserschen Stückes, die wie ein Schattenspiel auf einer
von Flammen beleuchteten Wand vorüberhuschen, spielen im
Paris Ludwig des XV, in jener Zeit, da das Leben eine
trunkene Orgie war. [...]
    Der Eindruck, den dieses Gaukelspiel der Abstraktionen
am Samstag bei seiner Uraufführung hintreliess, schien nicht
besonders tief zu sein. Gewiss gab es Beifall, aber die
meisten gingen kopfschüttelnd von dannen. Alle grossen
Gedanken kommen aus dem Herzen; Kaisers Wille zur grossen
Idee und zum Wesentlichen der Dinge ist über eine kunstvoll
konstruierte Kopfarbeit nicht hinausgekommen. Das Gefühl des
Zuschauers wurde nicht entzündet. – Dr. Liebschers
Inszenierung litt besonders unter technischen Mängeln. Der
Brand des Opernhauses blieb ein klägliches Theaterfeuerchen.
Mit der Sprache Kaisers, die das Wesen der Dinge zu treffen
sucht und oft eine packende Kraft des Ausdruckes besitzt,
fanden sich die Darsteller wenig glücklich ab. Die
Charaktere wirkten silhouettenhaft, statt plastisch. Herr
Pfund zeichnete die Gestalt eines alten Viveurs zwar scharf,
blieb aber unlebendig. Die Figur der Sylvette stellt an die
Darstellung ungeheure Aufgaben. Frl. Hagenbruch vermochte
uns wohl von ihrem Erlebnis zu überzeugen, allein die
Mittel, es auszudrücken, fehlten ihr. Herr Sattler gab dem
Gatten ein ausdrucksvolles, geistiges Profil, Blutwärme
hatte auch er nicht zu vergeben. War dieser Abend auch mehr
eine Angelegenheit der Literatur als des Lebens, so bleibt
doch das Verdienst Dr. Liebschers um die Förderung der
jungen Dichter, zu denen auch Georg Kaiser sich zählt,
unbestritten.

221. G., 17 Nov., n.s., GKC.

Nun hat auch unsere Stadt ihre Georg
Kaiser-Uraufführung gehabt und damit Gelegenheit erhalten,
ihren, wie sich's gehört, modern-fortschrittlichen Kunstsinn
zu dokumentieren. Das Bestreben der Theaterdirektion, uns
mit den Erscheinungen der neuesten Literatur bekannt zu
machen, verdient auf jeden Fall Anerkennung und Dank. Wie
sich das grosse Publikum zu der dargereichten Kost verhält,
ist eine andere Frage. Ich glaube nicht, dass man in
Nürnberg künstlerischen Einflüssen unzugänglicher ist wie in
den meisten deutschen Handels- und Industrie-Städten.
Jedenfalls war man da, und Georg Kaisers Nachtstück *Der
Brand im Opernhaus* erhielt vor gut besetztem Haus seine
Taufe. Dass der Beifall lau geriet und auf den Gesichtern
der Abziehenden die Schatten einer halben Enttäuschung und
der Unklarheit lagerten, ist zum mindesten nicht
verwunderlich. Denn wie alle unsere Modernsten, mögen sie
nun Pulver oder Brod, Unruh oder Stadler, Edschmid oder
Werfel, Sternheim oder Gött, Hasenclever oder Kafka heissen
— wie alle Jüngsten, so ist auch Georg Kaisers Muse nur
schwer verständlich, liebt das Ausserordentliche,
Unmögliche, schillert im bunten, engmaschigen Gewand einer
visionenreichen Sprache, lockt und foppt den Zuhörer durch
psychologische Irrwege und entschwindet schliesslich auf den
dunklen Pfaden einer von fahlem Mondschein übergossenen, von
den schaurigen Chören der Ausgestossenen und Gezeichneten
durchhallten Scharfrichter-, Dirnen- oder sonstigen
Elends-Romantik. Eine Hauptrolle spielt bei dieser Art von
Dichtung natürlich das dämonische, rätselhafte Weib, eine
für den Dichter insofern sehr bequeme Figur, als sie sich
eben alles, auch das Unmöglichste, leisten kann. Der
Zuschauer findet zunächst die Sache recht interessant, freut
sich an den originellen Einfällen des Dichters, steht aber
schliesslich vor einem grossen, schwarzen Loch. Unsere
Modernsten — in der bildenden Kunst können wir, bei
Kokoschka in einer Individualität vereinigt, genau die
gleichen Parallelerscheinungen beobachten — sollen nicht
verstanden werden. Klarheit ist Inferiorität, ist Tod. Und
um Himmels willen nur kein festes Wissen und Können!
Wie es bei solchen Stücken um die Bühnenwirkung steht,
kann man sich von den Fingern ablesen. Von der Bühne herab
kann nur das Grosse, Klare, Unmittelbare seine Aufgabe
erfüllen. Die Haarspaltereien eines für den Leser vielleicht
recht genussreichen Dialogs gehen im Theater verloren,
selbst wenn sie akustisch vom Publikum aufgenommen werden,
was gestern meist nicht der Fall war. Wir verkennen nicht,
dass Kaisers *Brand im Opernhaus* — im Vergleich zum *Rektor
Kleist* oder zur *Koralle* ein massvolles Zeugnis seiner
Eigenart — zu interessieren und in Spannung zu versetzen
weiss. Der Vorwurf ist höchst originell und gelungen. Alles
löst sich in künstlerischem Ausdruck von oft wunderbarer
Reinheit und Feinheit auf. Die schwere, kondensierte

Stimmungsatmosphäre einer eigenartig grellen Mystik hüllt
den Zuschauer ein. Auch die Charakteristik enthält noch viel
Feines — aber alles in allem, wir müssen es wiederholen:
Soviele untrügliche Wahrzeichen einer beachtenswerten
künstlerischen Begabung in Kaisers Werk zu erkennen sind, es
überwiegt das Gesuchte, und man konnte nicht ohne das
Kopfschütteln der Bedenklichkeit aus dem Theater gehen. Eine
Dirne, die schlankweg in den Flammentod geht, um sich an
ihrem Geliebten einer — wohl verdienten — Beleidigung wegen
zu rächen? Wer glaubt's? Vorkriegskunst. Eine
Weiterentwicklung erscheint unmöglich.
 Mit Herrn Sattlers 'Herr von ***' konnte der Dichter
zufrieden sein. Der beissende Sarkasmus dieser Rolle trat
dramatisch ausserordentlich wirksam zutage. Die Sylvette,
eine vom Dichter höchst unzulänglich durchgezeichnete Figur,
konnte in der Darstellung des Frl. Hagenbruch aus ihrer
stofflichen Roheit nicht zu glaubwürdigem Leben gelangen. Es
war alles kalte Deklamation. Gut gelang dem Dichter die
Charakterzeichnung des 'alten Herrn', aber Herr Pfund
stellte ihn auf eine phonetisch unmögliche Basis. Unschön
und störend wirkte endlich — und hieran trägt der Dichter
die Schuld — das ewige Lichteranzünden und Auslöschen sowie
das fortwährende Auf- und Zuziehen der Fenstervorhänge. Der
Lärm der Brandkatastrophe gab hingegen dem Ganzen einen
eindrucksvollen Hintergrund. Herr Dr. Liebscher leitete die
Aufführung mit Verständnis.

222. anon. (1), n.d., n.s., GKC.

 Er hätte ihn auch *Karussell* nennen können, den *Brand im
Opernhaus*, Georg Kaiser, der überlegen lächelnde Ironiker
[...]. Das Karussell dreht sich, buntbewimpelt mit
flatternden Fähnchen in tollem Wirbel und Kaisers Figuren
drehen sich mit in toller Fahrt. Neben der Drehscheibe aber
mit Pritsche und Peitsche steht lächelnd der Dichter. Aus
allen Ritzen, aus allen Fugen der drei Akte lang
gleichbleibenden Szene, des Louis Quinze Salons, flüstern
und tuscheln die Zötchen und Obszönitäten der Dekadenz von
1763. Mensch ringt aus Zeit, Seele brünstet nach Befreiung,
Sehnsucht schreit nach Erlösung. Herr von *** soll diesem
Geiste Form, diesen Schwingungen Leben geben. Form? Ja!
Leben? Fraglich! [...] Diese Sylvette ist Fleisch eine
Fleische [sic] Wedekinds, aber der Geist ihres Erzeugers
gleicht eher einer buntschillernden Illumination, einem
farbenprächtig aufzischenden Feuerwerk als der
hellaufleuchtenden Flammen Wedekindscher Gestalten. Wedekind
ganz durchpulst von Blut und Leidenschaft, Dichter, Schöpfer
aus innerstem Fühlen und Empfinden, Erleben in seinem Werk,
hier Komposition, über aller Situation, Jonglieren mit
tausend Möglichkeiten, seelisches Feuilleton ein Königreich
für die Pointe. Daneben zweifellos starkes szenisches
Talent, ausgeprägter Sinn für Bühnenwirksamkeit. Diese

Sylvette ist 2 Akte Lulu, oder tut wenigstens so, um im dritten Akt als — Alceste zu sterben. Der schwächste und zweifellos auch heikelste Punkt des ganzen Stückes. Das hat wohl auch Kaiser gefühlt, denn sein dritter Akt musste sich mehrere Umarbeitungen gefallen lassen. Es war ein Verdienst des hiesigen Stadttheaters am gleichen Tag mit Berlin und Hamburg die Uraufführung dieses 'Nachtstückes' von Georg Kaiser, eines bisher in Nürnberg noch nicht gespielten Autors herauszubringen. Mit der Aufführung selber konnte man nicht in allen Punkten restlos einverstanden sein. Frl. Hagenbruch erschöpfte die Rolle der Sylvette keineswegs. Zu viel Sentimentall, zu wenig Weib. Dirnentum, Macht- und Reizbewusstsein hätten ganz anders herauskommen müssen. Äusserlich gut prädisponiert, aber das allein genügt nicht. Zu viel Sammetpfötchen, zu wenig Kralle, zu viel Zucker, zu wenig Peitsche. Herr Sattler gab der Rolle des Herrn von *** Farbe und Gestaltung. Besonders in den etwas expressionistisch anmutenden Szenen des zweiten Aktes, wo das Weib für ihn tot ist, wo die Leere sich vor ihm auftut, zeigte er sich seiner Aufgabe vollgewachsen. [...] Herr Pfund gab den 'alten Herrn'. Mit guter Charakterisierungskunst arbeitete er die diskreten Feinheiten des Lebegreises des 'ancien regime' treffsicher heraus. Die Spielleitung lag in den Händen von Herrn Dr. Liebscher. Man spürte die Kraft und sichere Hand des Regisseurs, die Handlung rollte in raschem Tempo nächtlichen Geschehens vorüber. Nur den Schluss hätte im [sic] mir weniger konventionell, intimer denken können. Die galanten Abenteuer, die aus jedem Möbelstück, aus jeder Ritze wispern sollten, lassen wenig Vorstellung erwecken. Der Beifall des ausserordentlich gut besetzten Hauses war besonders am Schluss stark, ein lebhafter Publikumerfolg. Darsteller und Regisseur wurden öfters gerufen, ein Beweis, dass literarisches Schauspiel auch im Stadttheater Boden und Resonanz finden kann.

223. jm., n.d., n.s., GKC.

[...] Das trotz der Ungunst der Zeiten bis auf den letzten Platz ausverkaufte Haus folgte fast lautlos und tief ergriffen den stark wirkenden Vorgängen auf der Bühne und spendete zum Schluss nicht endenwollenden Beifall. Der Erfolg war ein unbestritten grosser, restloser und verdienter. Oberspielleiter Dr. Liebschers feinsinnige, der Dichtung verständnisvoll nachgehende Inszenierung liess überall den Geist des nachschaffenden Künstlers erkennen und brachte Szenen und Bühnenbilder von packendster Wirkung hervor. Von den Darstellern zeichnete sich besonders Hellmuth Pfund als 'der alte Herr' in hervorragender Weise aus.

224. anon. (2), n.d., n.s., GKC.

Die verständnisvolle und intensivere Pflege, die im Stadttheater seit der Berufung Dr. Liebschers das Schauspiel findet, hat im Laufe des Novembers uns wieder die Bekanntschaft interessanter Neuheiten vermittelt. Vor allem die Uraufführung von Georg Kaisers Nachtstück *Der Brand im Opernhaus*, worin der Dichter in Anknüpfung an den tiefsinnigen altgriechischen Alceste-Mythos die geheimnisvollen Beziehungen darzulegen sucht, die zwischen Tod und Leben obwalten. [...] Man hat es in dem gedankenreichen, stimmungsvollen und technisch wirksam aufgebauten Stücke zweifellos mit einer neuen starken Talentprobe Kaisers zu tun, wenn auch dem Dichter der grosse Wurf noch nicht gelang. Möglich, dass bei einer erstklassigen Darstellung, insbesondere der weiblichen Hauptrolle, eine tiefere Wirkung erzielt wird; bei der Uraufführung berührten die Gestalten zu schemenhaft und blutleer, und es blieb bei einem Achtungserfolge.

225. Ps., n.d., n.s., GKC.

Mit Kaiser ist einer der stärksten Dramatiker unserer Zeit hier zu Worte und sogleich zum Siege gekommen. Allgemein menschliche Teilnahme sichert seinem Werke der Vorwurf der ewig rätselvollen Liebe, die das leichtbewegte Weib in den Opfertod der Selbstvernichtung und den strebenden Mann durch Selbsttäuschung zur Selbstbejahung treibt. Darüber hinaus fesselt es den Kunstliebhaber durch spannende Einkleidung und bildhaft straffe Sprache. Gewiss sind die auftretenden Personen nicht zu lebensvollen Menschen gestaltet, sie ragen nicht schlank und frei empor und trotz vieler und starker Worte blitzen hie und da die Drähte auf, die von ihnen zu ihrem Urheber führen. Aber gerade das Puppenspielerische verleiht dem Nachtstück als solchem einen eigenartigen Reiz. Nach dieser Richtung hin hätte die Spielleitung unter Herrn Dr. Liebscher, bei aller Anerkennung des Geleisteten, vielleicht doch noch etwas mehr tun können. Die bewährten Schauspielkräfte Frl. Hagenbruch und die Herren Sattler, Christ und Pfund, unterstützten den Dichter mit Lust und Geschick, so dass eine Aufführung von hoher künstlerischer Reife zustande kam. Die zahlreichen Zuschauer bezeugten durch reichen Beifall ihren Dank für die schöne Gabe das [sic] Dichters und ihre Teilnahme an dem künstlerischen Aufstieg unseres Schauspiels.

226. -f-., *Tägliche Rundschau* (Berlin), n.d., GKC.

Georg Kaisers *Brand im Opernhaus* konnte es am Sonntag bei seiner Uraufführung im Nürnberger Stadttheater vor dicht besetztem Hause nur zu einem Achtungserfolg bringen. Man war gern bereit, sich mit diesem Neuesten auseinanderzusetzen und erfreute sich an allerlei Reizvollem. Der einsetzende Konflikt fesselte stark, konnte aber in seiner, den herkömmlichen Gefühlsgängen gänzlich unverständlichen Lösung, nicht befriedigen und das Publikum versagte dem Dichter schliesslich die Gefolgschaft auf seinen spitzfindig verschlungenen Umwegen und Irrwegen.

26.11.1918, Uraufführung (revised version), Kleines Schauspielhaus, Charlottenburg, Berlin. Dir.: Georg Kaiser; Johanna Terwin (Sylvette).

227. S. Jacobsohn, *Das Jahr der Bühne*, vol. 8 (1918-19), 167.

Inzwischen sind, zum dritten Male, die Unterhaltungsstätten des Kapitalismus öde und leer in jeder Bedeutung, und kein Geist schwebt über den Wassern. Nur um die Ohren von fünfundzwanzig Gästen des Kleinen Schauspielhauses eine unfassbare Geistreichigkeit. Aus dem *Brand im Opernhaus* ist zu erfahren, dass der bravouröse Georg Kaiser, der bisher Dramen jeglicher Art verfasst hat, mit derselben Bravour die Art trifft, die Niemand versteht. Ein 'Nachtstück' des Inhalts, dass sich phantasmagorisch Liebe und Hass in einander verwandeln, dass sie verdunsten und wieder körperhaft werden und sich paaren und doch nicht zeugen, sondern morden und sterben: warum nicht in Einer Szene, einer wilden und meinetwegen wirren, verwirrenden? Aber drei Akte ohne Psychologie oder voll einer wertlos überfeinen? Aus einem Gehirn, das zu heiss ist oder sich künstlich zu sehr erhitzt, um überzeugend erdenken zu können, was dann allerdings immer noch erst Gestalt annehmen müsste? Eine furchtbare Quälerei, den ganzen Abend auf solch eine Sphinx zu starren.

228. Hermann Kienzl, n.d., n.s., GKC.

Georg Kaiser, der fruchtbarste unserer dramatischen Dichter (Ton auf Dichter!) trägt seine Kinder nicht aus. Bataillonsweise werden sie geboren, ungewaschen in die Welt geschickt. Unter ihnen gibt es Geschöpfe, die nur der rechten Pflege bedurft hätten, um ein neues Glück zu verbreiten; aber auch – rund herausgesagt! – Missgeburten (mit irgendeinem schönen, einem leuchtenden Zuge). Zu den verunglückten rechne ich diesen *Brand im Opernhaus*, eine erotische Vision mit viel mehr mystischem Behang, als der

Gegenstand rechtfertigt, und als der Verstand der
Verständigen (nicht etwa bloss der Spiessbürger!) verdauen
mag. Als der Gegenstand rechtfertigt. Die Liebe, in ihren
unerschöpflichen Sonderheiten, sie ist Mysterium. Und selbst
jenseits der seelischen Grenze, im Bereiche des naiven
Triebes, herrscht das Geheimnis, bebrütet von den Dichtern.
Weltdämon ist das Tier, wenn es den hochgerichteten Menschen
zerreisst. Verstanden: Mensch und Tier in einem Leib, das
ist Tragik. Ein Tierkäfig wird nicht zum Dämonium. Kaiser,
in seinem Nachtstück, lässt die dunkelsten Worte rollen,
Gedanken schäumen, Leidenschaften verglühen. Und das alles
um ein Dirnchen. Gut denn, wenn der Mann oder die Männer
danach sind, ihretwegen die Macht der Lilith grausig zu
empfinden. Aber dieser Herr von ***, der abgebrühte
Lebemann, der sein Phrynchen geheiratet hat, es beim Brande
der Pariser Oper (1763!) in den Armen eines Opernsängers
findet, darob zwei Akte lang den tiefsinnigen Hamlet spielt,
derart 'spielt', dass er sich aus dem Brande die verkohlte
Leiche einer anderen Frau 'als Symbol' in's Haus schleppt,
dieser Herr bleibt mit all seinen bedeutsamen Redensarten
allzu nebensächlich. Im Paroxismus seiner Gier reisst er
schliesslich das Weibchen an die heisse Brust. Ein
prachtvolles Funkensprühn —, doch beleuchtet's nur einen
Gockelhahn und keinen Titanen. Eigensinnige Unklarheit ist
um den Vorgang gebreitet. (Die Schule sagt 'Stil'.) Einen
Taler zahle ich dem Ödipus, so mir das thebanische Rätsel
löst, weshalb Madame, nachdem ihr der eheliche Sklave an den
Busen gesunken, freiwillig das Symbol der verkohlten Leiche
erfüllt und in das brennende Opernhaus springt! Besonders
verworren wurde die Angelegenheit durch das irreführende
Spiel Johanna Terwins. Sie gab die kleine Bettkünstlerin
sehr pikant und nett, aber nicht ein Herzenstönchen
bereitete auf die Schlusswendung vor. Bruno Decarli sprühte
Philosophie und Sinnenglut mit normaler Gewandtheit. Georg
Kaiser führte die Regie. Das Handwerkliche gelang. Aber hat
dieser Spielleiter den Dichter nicht besser verstanden und
durfte er in die Rollenbesetzung nicht dreinreden? Einige
Male wurde er gerufen, nicht ohne Widerspruch.

229. Hans Knudsen, *Die schöne Literatur*, 19 (1918), 259–60.

Man muss Kaisers neues Werk einerseits in die Linie
seiner früheren, von Sinnlichkeit geschwellten Dramen
einreihen, ein andermal an jene heranrücken, die das
Opferthema irgendwie behandeln. Dann wird man die Tragödie
des Waisenmädchens verstehen, das plötzlich die Gattin eines
vornehmen Adligen wird. Sie begeht, wie man es unter solchen
Umständen gewohnt wäre, Untreue, ohne zu ahnen, dass ihres
Mannes Lebenswandel durch sie entscheidend zur Reinheit
geführt wurde, ohne zu ahnen, wie grenzenlos sie von ihm
geliebt wird. Darum ist sie, nach Entdeckung der Untreue
beim vernichtenden Opernhausbrand, nicht mehr da für ihn,

darum muss sie sich sühnend opfern, darum ist sie ihm
Alkestis. Die psychologischen Fäden wurden in der Aufführung
nicht recht blossgelegt, die darunter litt, dass der Dichter
für die von ihm selbst geführte Inszenierung nicht eben die
besten Kräfte Reinhardts erhalten hatte, mit denen aber doch
jedenfalls manche Feinheiten deutlich wurden, wie etwa die
prachtvoll gegebene Schwüle der Zeit Ludwigs XV oder die
ironisierende Abkanzelung des Operntenors.

[1919], *Kammerspiele des Deutschen Volkstheaters, Vienna.*
Dir.: Dr. Bernhard Reich; Liselotte Denera (Sylvette).

230. O. M. F., n.d., n.s., GKC.

  Das Nachtstück *Der Brand im Opernhaus* hat das furiose
Tempo Georg Kaisers, aber auch seine überspitzte, sich
selber aufhebende Dialektik. Wie zwei Menschen in dem
Zusammensturz ihres Lebens wachsen, die Frau sich aus Gier
des Körpers in seelische Opferbereitschaft hebt, der Mann
aus hochmütiger Körperfremdheit zum Erleiden des aus Blut
und Geist bitter gemischten Menschentums kommt — das wäre
ein grosses, schwermutsvolles Spiel aus der Nacht des
irrenden Daseins mit dem fernen Schimmer eines neuen
menschlichen Morgens geworden, wenn Georg Kaiser sich nicht
in eine Symboltechnik verirrt hätte, die nichts als Technik
ist. Schein der Bedeutung erschlägt das Sein, Ornament des
Symbols den Geist. Aus dem Sein heraus hat Bedeutung zu
wachsen, sonst wird sie nur Schein, aus dem Geist das
Symbol, sonst wird es nur Ornament. Kaiser hat nicht die
Geduld zu einer organischen Entwicklung, er trägt darum
Mechanik in das Geschehen, zieht die Feder auf — und siehe,
die Figuren bewegen sich. Nur dass es Figuren sind und keine
Menschen. Und die sucht unsere und — glaube ich — Kaisers
Sehnsucht. Die ersten Szenen haben noch menschliche Wärme,
da hört man noch kein Uhrwerk exakt arbeiten, da schnappt
noch keine Feder — diese ersten Szenen sind das Drama, sie
gehören dem Dichter Kaiser.
  Die Kammerspiele des Deutschen Volkstheaters bemühten
sich unter der zusammenraffenden Regie Dr. Bernhard Reichs,
die geistige und sinnliche Lebendigkeit dieser Szenen für
das ganze Stück zu retten. Es gelang. Die drei Akte wurden
ohne Pause gespielt und mussten sich manchen Strich gefallen
lassen. Dadurch wurden sie in einundeinehalbe Stunde
gedrängt und flogen wie ein Spuk vorbei. Bei einer weniger
schülerhaften Darstellung des Opernsängers wäre der Eindruck
noch stärker gewesen. Diese Figur ist ja bei Kaiser nur
Figur geblieben — in Berlin suchte man sie durch Ironie zu
retten, hier durch sympathisches Liebhabertum. Auch wenn es
Ausdruck gefunden hätte und nicht in schattenhafter
Verlegenheit stecken geblieben wäre, scheint mir die
groteske Gestaltung mehr in das Drama zu passen. Es ist

schneidender, unerbittlicher, mehr Georg Kaiser, dass der
Erwählte der gelben Lust ein eitler, würdeloser,
verächtlicher Schlemmer, als dass er ein ahnungsloser
Enthusiast mit wirklicher Liebe ist. Eine solche
sentimentale Entschuldigung braucht der Fall der Frau nicht.
   Als Herr mit drei Sternen war Herr Aslan so gut wie
schon lange nicht. [...] Er hatte wirkliche Schwermut,
Einsamkeit und Grösse. Fräulein Denera spielte die Frau. Die
müsste Waisenmädchen, Dirne, erschrockene Ahnung seliger
Gemeinschaft und im Opfertum sich selbst gewinnende Seele
sein. Nicht alles gelang gleich stark. Manche Übergänge
kamen zu hart, andere wieder gar nicht heraus. Aber in dem,
was da war, spürte man ein herbes menschliches Talent. Carl
Götz als alter Herr gab wieder eine seiner geheimnisvoll
umschatteten Märchenfiguren.

231. m., *Neues Wiener Journal*, 2.12.1919, in *Die Kritik*
(1919), No. 17, p. 460.

   Brand im Opernhaus von Georg Kaiser wirkt in seinem
dunklen Balladenton wie eine Reminiszenz an die
phantastische Welt E. T. A. Hoffmanns. Es ist etwas wie
Balladenton in der ins Dunkle sich verlierenden Handlung
dieses 'Nachtstückes'. [...] Gerade dieses Halbdunkel der
Handlung, ihre lyrische Untermalung und ein in
Leidenschaften zuweilen aufflackernder Dialog bot dem
Publikum einige delikate Reize, für die es sich empfänglich
zeigte. Sehr fein auf den Ton dieses Nachtstückes gestimmt
war die Darstellung der Herren Götz, Aslan und Steinböcks.
Fräulein Denera trug jedoch durch ihre stammelnde
Sprechweise viel zur Unverstandlichkeit der Vorgänge bei.

*[1920], Erstaufführung, Schauspielhaus, Leipzig. Dir.: Otto
Stoeckel (also Herr von ***); Blanche Dergan (Sylvette);
Paul Mederow (Der alte Herr).*

232. Dr. Egbert Delpy, n.d., n.s., GKC.

   Diesen Kaiser hätte man uns ersparen sollen! Wir haben
der Produktion und dem merkwürdig aus Geist, ekstatisch
erregter Phantasie und kalter, skrupellos-handfester Routine
gespeisten Sondertalent dieses erfolgreichsten der deutschen
Bühnenexpressionisten bei früheren Gelegenheiten mit
entsprechenden Vorbehalten unsere Reverenz erzeigen können.
Aus der *Koralle*, mehr noch aus *Gas* und am stärksten aus den
Bürgern von Calais sprach ein Gehirnmensch, der doch
zuzeiten formender Künstler von erregender Eigenart sein
konnte. Dieser *Brand im Opernhaus* aber ist leider mehr als
geeignet, die Neigung, die man dem geschicktesten der

zwischen Himmel und Hölle herumschweifenden jungen Modernen entgegenbrachte, empfindlich abzukühlen. Hier steht einmal Kaisers A und O, sein Intellekt, ganz hüllenlos als der raffinierte, eiskalte Rechner da, der er von Haus aus ist. Und dies bezeichnenderweise gerade in einer Situation, wo es galt, höchste, letzte Flammengarben des Gefühls sichtbar zu machen! Ohnmächtig sieht man Kaisers Rechenmeister Kalkül auf Kalkül häufen, seine Zuflucht zu den entlegensten und zu den abgedroschensten psychologischen Formeln nehmen und schliesslich bringt er damit doch nur ein halb extravagant, halb primitiv gezimmertes Gerüst zustande, auf dessen kahlen Stangen ein paar Fetzen Geist mitten in einem auf und abwogenden Wortnebel verloren flattern.

Zweierlei Wunder des Gefühls sollten glaubhaft gemacht werden. Wunder Nr. 1: ein abgebrühter Lebemann aus der Zeit Ludwigs des Fünfzehnten wird über Nacht durch ein Waisenhausmädchen zur strengen Tugend bekehrt... Was tut Kaiser, um uns das glauben zu machen? O, sehr einfach. Er verlegt das Wunder in die Vorgeschichte und macht eine Anekdote daraus, die vor Beginn der Handlung erzählt wird. Ein Lüstling glaubt zu einer Orgie zu kommen und findet statt dessen eine Schar schüchterner Waisenhausmädchen im Salon seiner boshaften Freundin. Das erschüttert ihn so, dass er tags darauf zum Waisenhause fährt, sich ein beliebiges Mädchen herausschicken lässt und dies vom Fleck weg heiratet. Resultat: glühende Liebe und sofortige absolute Tugend seinerseits. Sagt Kaiser. Und wendet sich, ehe wir uns noch von unserem Staunen erholt haben, der Demonstration seines Wunders Nr. 2 zu, an dessen Konstruktion ihm mehr gelegen ist.

Die Handlung setzt ein. Draussen rasseln die Feuerglocken. Die Pariser Oper brennt. Den Bekehrten lässt das kalt... Wer stürzt aber plötzlich, knapp den Flammen entronnen, im frivolen Maskenkostüm in seine stille Bibliothek? Sein Waisenhausmädchen, das er in sanftem Schlafe glaubt, das aber, wie sich nun alsbald herausstellt, ihn seit dem dritten Tage der Ehe mit einem Operntenor raffiniert betrog. Der Ehemann reagiert auf diesen brutalen Bombenschlag geistreich folgendermassen. Er stürzt sich alsbald in das brennende Opernhaus und kommt mit irgend einer verkohlten Leiche wieder heim. Die ist für ihn seine verstorbene 'entsühnte' Frau. Das lebende Waisenmädchen aber übersieht er fortwährend mit grosser Wucht. Das ist seine Rache... Natürlich beginnt die also Behandelte den bislang Betrogenen alsbald heftig zu lieben und führt sofort vor seiner Nase eine stürmische Schäferszene mit dem von Kaiser zu diesem Zweck herbeikommandierten Tenor auf. Indes der in seine Theateraktion verbohrte Gatte reagiert nicht darauf. Sylvette muss ihn schon geistreicher beschwören. Die aufgebahrte Leiche rekognosziert sie also an einem obszönen Fingerring als das Königsliebchen, auf dessen Bergung aus den Flammen ein allerhöchster Preis gesetzt ist. Und, wahrhaftig, sobald der Grollende diesen Ring an ihrem Finger sieht, klappt er um, fällt Sylvetten um den Hals, ist bereit, weiter mit ihr zu leben... Selbstredend will nun sie nicht mehr. Vielmehr trumpft sie mit Kaisers grosser Schlusswendung auf. Sie stürzt sich ihrerseits ins Opernhaus und verbrennt mit dem Ring am Finger als Königsliebchen. Um sich, wie Kaiser zu demonstrieren meint, durch solche grosse Opfertat der Liebe ihres Gatten doch noch wert zu erweisen. In Wahrheit, fühlen wir, um eine erklügelte Racheaktion durch eine errechnete Gegenaktion zu übertrumpfen!

Der Brand, den Kaiser diesmal entzündete, ist kalt, gespenstisch kalt. Ein paar Marionetten schüren ihn mit echt Kaiserschem Spiritus. Da knistert's und flackert's im dichten Qualm überhitzter Worte. Aber nirgendwo brennt in klarem Leuchten eine reine Flamme. Aus gähnender Leere im Mittelpunkte der Konstruktion weht Eishauch. Die künstlerische Impotenz des vom Gefühl gelösten Intellekts offenbart sich in vollen Umfange.

Das Schauspielhaus stand diesem Kaiser seltsam hilflos gegenüber. Das Szenische war wie versteinert. Keine Spur von der Sinnenfreude des Rokoko lebte in diesem asketischen Gemach. Der Opernbrand war eine mittlere Feuerwehrangelegenheit von beruhigendem Verlauf... Es schien, als ob alles schöpferische Zufassen in dieser Atmosphäre kalter Mathematik von vornherein gelähmt gewesen wäre. Stoeckels Können versagte in der Hauptrolle gänzlich. Es war traurig mit anzusehen, wie er weder Lebemann, noch Bekehrter, noch racheglühender Liebender, nach Kaisers Absicht zu sein vermochte und als starre Bourgeois-Marionette durch das Stück schritt. Mederow hatte als alter Grandseigneur ein spukhaftes, lautloses Lachen und ausdrucksvolle Handbewegungen, in Maske und Ton war er zu jugendlich. In ihrem Element schien einzig Frl. Dergan. Sie trug ein blendendes Chinesenkostüm, und war jeder Zoll Lulu, girrendes Königsliebchen, raffinierte, aufgestörte Geniesserin, Verderberin im Kätzchenformat. Keine Spur von Waisenhausmädchen oder gar Alkestis. [...] Alles in allem einer der unbefriedigensten [sic], mattesten Abende, die wir im Schauspielhaus bisher erlebten. Selbst die Beifallsdemonstration gegen den melancholischen Missfallenspfiff am Schluss war matt, ach so matt...

233. Hans Natonek, *Leipziger Zeitung*, 15.4.1920, in *Die Kritik* (1920), No. 18, p. 374.

[...] Hebbel hat nicht minder komplizierte Frauengestalten geschaffen, die durch den männlichen Absolutismus und (Sexual-)Egoismus tödlich verletzt werden. Woran liegt es, dass wir ihm glauben können, aber hier dem Georg Kaiser nicht? Ist es die Atmosphäre, dass wir in der Pariser Hofgesellschaft von Anno 1763 eine solche Frau nicht vermuten, zumal da sie, wenige Wochen verheiratet, sich dem ersten besten Opernsänger hingibt? Wir sind nicht engherzig und verkennen nicht (so wenig wie die paradoxe Nähe von

Reinheit und 'Verworfenheit'), dass Kaiser den 'Fehltritt' Sylvettes so zu motivieren versucht: Die Waise, wahllos geheiratet, gerät aus strengster Abgeschiedenheit nach Paris und in den Taumel. Gut; dass sie aber aus dem Taumel keinen andern Ausweg finden soll, als den Opfertod Alcestens...? Grübeln wir nicht länger im Kreise. Für die Tatsache, dass wir nicht überzeugt sind, Gründe finden zu wollen, ist nutzlos.

    Die Regie (Otto Stoeckel) hat für den besonderen Charakter des Stückes nichts getan. Dieses Nachtstück begibt sich in einem hohen, schattendurchflirrten Raum unter dem grandiosen, prasselnden Fanale eines Brandes. Der Raum war kalt und unbedeutend, und der Brand eine rote Wand mit einer schwarzen Linie mitten durch. So dürftig habe ich die Szene im Schauspielhaus noch nie gesehen. Das Crescendo der Brandkatastrophe mit ihrem entfesselten Lärm, der das Geschehnis wirksam intonieren und symbolisch verstärken soll, hat man sich geschenkt. Die Darstellung war auf Blanche Dergan (Sylvette) angewiesen. Die Dichtung verlangt Ungeheures von ihr. Dass sie mit den 'erregten Gliedern züngeln' soll, mag noch angehen, da sie es ja nicht zu tun braucht; aber sie muss — und das muss sie wirklich — Schreie 'aus Entsetzen und Jubel formen', muss im ersten Akt von dem Gefühl ihres geretteten Lebens unendlich überströmt sein, so dass alles andere von ihr abfällt, muss, im Tränensturz des Herzens, Liebe girren mit einem Nichts, um sich den geliebten Mann wieder zu erobern, und muss im letzten Akt das Leben von sich werfen als ein Brandopfer für den Mann. Das meiste gelang der Künstlerin dank der Intensität und Hingabe ihres Spieles. Das ekstatische Tempo vertrüge noch Zügelung und technische Beherrschung. Otto Stoeckel (Gatte der Sylvette) hätte lieber mit Paul Mederow tauschen sollen, wiewohl ich nicht gern auf Mederows alten Herrn verzichten würde. Stoeckel ist es nicht gegeben, expressionistische Sätze zu sprechen. Im Taumel des dritten Aktes, im Entbrennen der Lust für die Dirne Sylvette versagte der Darsteller gänzlich. Karl Kesslers Opernsänger figurierte — und das genügt wohl — in massiver, imponierender Körperlichkeit. In den Beifall mischten sich kleine Pfiffe.

234. Hans Natonek, *Die neue Schaubühne*, 2, No. 5 (May 1920), 133.

    [...] Schlimmer aber ist, dass man den *Brand im Opernhaus* in einer jammerwürdigen, von Gott und aller Regieführung verlassenen Vorstellung herausbrachte, deren sich das Stadttheater in Bautzen geschämt hätte. Diese frostglitzernde Konstruktion, diese Windungen in Seelenlabyrinthen, diese abkürzenden Sigel eines ausserordentlichen expressionistischen Formalgefühls — das alles ist nicht angetan, Sympathie für dieses Werk zu wecken. Aus der Sylvette der Blanche Dergan wäre viel mehr zu machen gewesen, wenn ein Regisseur sich der begabten Darstellerin angenommen hätte.

235. Hans Georg Richter, *Leipziger Tageblatt*, 16.4.1920, in *Die Kritik* (1920), No. 18, pp. 373-74.

Es wäre sehr unrecht, wollte man dem spitzfindigen Bühnenmeister Georg Kaiser nicht dankbar sein für sein Nachtstück vom Brande der Pariser Oper im Jahre 1763. Es handelt sich freilich nicht und es wird sich bei Kaiser niemals handeln um die tiefe Dankbarkeit des Herzens, in der wir die Werke der grossen Dichter tragen, die unsere Welt ausweiten oder uns einmünden lassen in ihre Welt. Aber ich halte es doch zuweilen für einen unfruchtbaren Purismus, über der schönen Seele die hungrigen Nerven ganz zu vergessen. Meine Nerven sind diesem Bühnenschriftsteller dankbar für die leidenschaftliche Spannung und Entspannung einiger Stunden [...]
Zwei Ekstatiker des Blutes braucht das Theater für Kaisers Gehirnekstasen. Die Wesensart Otto Stoeckels, des Spielleiters und Darstellers, ist sehr fern von Ekstase. Sein Herr von *** war ein erschütterter Bürger, kein sonderbarer Heiliger und kein verirrter Asket. Ein Schauspieler, der reinlich arbeitet, von klarer Sprachkultur, dem man dankt, weil er sich nicht umfälscht, der aber nicht hinreissen kann bei einer Aufgabe, die nicht seine Aufgabe ist.
Eine Aufgabe für Blanche Dergan ist sicherlich die Sylvette, ihre Art, spielerische Gehirnkunst, ist Kaisers Art. Aber sie findet — nicht oder noch nicht — auf ihrem Umwege die Natur. Sie spielte dickes Theater, nicht nur wenn Sylvette Theater spielte und war unerträglich, so lange sie heiss und einfach sein sollte. Je komplizierter die Aufgabe wurde, um so näher kam ihr die Darstellerin. Das Spiel auf den Knien des Sängers, die Lockung mit dem Ringe und der entsagungsvolle Abgang waren, wenn auch schon Theater, wirksames Theater. Unleidlich bleibt die fremdartige Aussprache und der ewig verschnupfte Ton. Nur peinlichste Ausheilung der Kehle und ihrer Gewohnheiten und der strenge Wille zu einer Schlichtheit wenigstens aus zweiter Hand könnte sie über gelungene Einzelheiten hinaufführen zu ihren Möglichkeiten der Gestaltung.
Den hilflosen Sänger gab Kessler in guter Form, Mederow aber krächzte und stelzte zum Entzücken den alten Herrn, das erinnerungsgeile Gespenst.
Der nahe Brand der grossen Oper drang allzu massvoll in das stille Zimmer des Herrn von ***. Da lag eine Wirkung des Gegensatzes, die der Spielleiter sich nicht hätte verscherzen dürfen. Übrigens glaube ich nicht, dass es im alten Paris Feuerwehrklingeln gab, wie wir sie gewohnt sind.

*30.9.1921, Erstaufführung, Schauspielhaus, Düsseldorf. Dir.:
Rolf von Lossow; Karl Vogt (Herr von ***); Ellen Daub
(Sylvette).*

236. anon., *Freiheit*, 2.10.1921.

Es ist mit der Kritik moderner Theaterstücke eine eigene Sache. Selten taucht auf den Brettern ein Stück auf, dass [sic] einem Arbeiterpublikum etwas aus dem Leben der Arbeiter erzählt, oder das Seelenleben des Proletariers glaubhaft zeichnet. Der Kritiker einer Arbeiterzeitung, vor allem einer kommunistischen, hat nicht die Aufgabe, die kämpfende Klasse durch seichte, oder rein bürgerliche Theaterstücke vom Klassenkampf abzulenken. Das gilt vor allem in der heutigen Zeit, wo die Klassenscheidung in jeder Handlung, in jeder Stellungnahme zu den Tagesereignissen zum Ausdruck kommt.

Das Denken des Arbeiters ist nicht so kompliziert, um die Raffinessen moderner Literaten auskosten zu können. Schlicht und einfach wie seine Kleidung und Wohnung ist auch sein Liebesleben. Seelenrätsel, wie Georg Kaiser sie in seinem 'Nachtstück' auf die Bühne setzt, löst er nicht. Die Gedanken und Worte dieser 'feinen' Welt bleiben ihm fremd. Die Leidenschaften und die Motive der Handlungen liegen in allen Menschen gleich. Aber die Welt der Geniessenden kennt lediglich den Kampf um den Genuss, nicht den Kampf um das tägliche Brot, und das erklärt auch ihre Beziehungen zwischen Mann und Frau.

Das Stück spielt in einer Zeit, die gleich der heutigen, sich durch zügellosen Genuss über die Fäulnis der untergehenden Ordnung hinwegtäuschen wollte, in der Zeit des feudalistischen Königtums Ludwig XIV. von Frankreich. Die Menschen des Stückes hätten aber auch in die heutige Zeit gepasst. Sie unterscheiden sich von der heute herrschenden Klasse nur durch ihre Kleidung. Es handelt sich um das Problem so vieler Künstler der kapitalistischen Zeit — um den Mann, der das 'reine' Weib sucht und enttäuscht wird. Die Gesellschaft des Privateigentums kennt eben keine 'reine' Frau, sondern nur die Frau als Eigentum. Und am Manne, der die Macht hat, der Recht und Sitten auf Grund der Eigentumsverhältnisse in seinem Interesse formt, rächt sich das Weib. Es durchbricht die unnatürlichen Fesseln, um sich seinem Triebleben hinzugeben und doch im Grunde, reiner zu sein, wie der 'betrogene' Mann.

Der Held des Stückes, wenn er den Namen verdient, Herr von ***, hat das Leben der 'besseren' Gesellschaft ausgekostet. Angeekelt und aller Laster überdrüssig, glaubt er ein ehemaliges Waisenmädchen als Frau und alleinigen 'Besitz' zu haben. Als er sich getäuscht sieht, umpanzert er sich mit dem ganzen harten Stolz seiner Gesellschaft. Die Frau, die diesen Panzer nicht durchbrechen kann, geht in den Tod. Da erst ahnt er die Seelengrösse der 'Dirne'.

Ein 'Nachtstück' nennt der Dichter das Stück wohl nur, weil die Handlung bei Nacht spielt.

Über die Künstler der Darstellung wollen wir nicht viel Worte verlieren. Es widerspräche ja dies auch dem Geiste des Schauspielhauses. Herr von ***, den Karl Vogt gab, war am Beginn des zweiten Teiles entweder nicht bei der Sache, oder der Rolle nicht ganz gewachsen. Die Aufführung war abgerundet, wenn auch einige Schwächen der Inszenierung etwas störten. Z. B. hörte sich der Zusammensturz des brennenden Opernhauses an, als wenn Bomben explodierten.

Für einen kunstfreudigen Theaterbesucher ist das neue Stück kein verlorener Abend, wenn auch keine Offenbarung. Vielleicht führt das Schauspielhaus in dieser Saison einmal *Die Weber* auf? Oder will man 'Rücksicht' nehmen? Früher war das Schauspielhaus bahnbrechend, — kühner wie in letzter Zeit. Auch ihm dämpfte der 'Geldsack' etwas den freien Schwung.

237. Franken, *Volkszeitung*, 5.10.1921.

Mit ein paar langweiligen Anekdoten von gequälter Geistreichigkeit beginnt dieses Stück, das selbst eine Art Anekdote ist und vielleicht eine hübsche Novelle oder auch ein gut gestraffter Einakter hätte werden können. So ist es eine baldermüdende Quälerei für Schauspieler und Publikum. Durch die Schuld des Verfassers, der seinen Gestalten weder Fleisch noch Blut mitgegeben hat, sondern kalt verstandesmässig konstruierte Schemen auf die Bühne bringt. Rokoko? Die Zote allein macht es auch nicht. Sehen wir also vom Zeitlichen ab: ein grosses Menschenschicksal auf dem Hintergrund des Brandes der Pariser Oper 1763 unter dem nichtswürdigsten der französischen Könige? Verdient dieser ausgekochte Wüstling, der sich als letzten Sinnenkitzel eine garantiert keusche Frau aus einem Waisenhaus holt, wie ein bezechter Ostelbier ein Weib aus dem Hurenhaus, verdient der ein anderes Schicksal, als dass diese durch ihn Erweckte sich am dritten Tag nach anderen Genüssen umsieht und das entfesselte Fleisch einem Operntenor in der Loge nackt preisgibt? Was hat diese Geschichte mit der alten ehrlichen Alkestis zu tun, wie sie uns Euripides gezeichnet und Gluck 1767 als Oper neu geschenkt hat? Bleibt also nur ein Stück expressionistische Aufmachung und auch diese nur ungleichmässig über die verschiedenen Akte und Personen verteilt.

Die Aufführung unterstrich das peinlich Unzulängliche des völlig unpoetischen Stückes durch eine erstaunlich unzulängliche Besetzung der Hauptrollen. Karl Vogt wusste wirklich nicht, was er mit diesem Herrn von *** anfangen sollte, und offenbar hat es ihm auch keiner gesagt. Oder doch? — Dann um so schlimmer! Ellen Daub als Sylvette war ein Wunder der Dumontschen Dressur: schloss man die Augen, so meinte man Renée Stobrawa oder eine andere

Musterschülerin der Bühnenhochschule zu hören. Ferdinand
Hart als Opernsänger konnte nur Mitleid erregen; dieser Mann
mit dem Muskelwerk eines Schmiedegesellen — weiss wirklich
mit seiner Körperlichkeit nichts anzufangen. Immanuel
Medenwaldt gabt [sic] mit gutem Erfolg dem [sic] 'alten
Herrn' jene in letzter Linie unmögliche Mischung von
Kaiser'schem Expressionismus und der Rokoko-Fäulnis dieser
'Karussellgesellschaft', die zu ihrem höchsten Herrn und
König so gut passt: unter den steifen Masken der Mitspieler
leicht die beste, weil persönliche Leistung. [...]
    Das Bühnenbild konnte man sich gefallen lassen, wenn
auch die Tönung der Vorhänge und die Empire—Möbel keinerlei
Rokoko-Stimmung vermittelten. Kümmerlich war die Art wie der
Brand gemimt wurde: er muss natürlich die ganze Handlung als
Stimmung gebender Hintergrund begleiten und nicht bloss dann
in die Erscheinung treten, wenn die Regieangabe im Text eine
Steigerung verlangt [...]. Nur auf diesem grauenvollen
Hintergrund kann sich schauerlich gesteigertes Menschentum
zu sonst unglaublichen Taten fortreissen lassen. Nur so
könnte es möglich erscheinen, dass Herr von *** eine
beliebige weibliche Leiche aus del [sic] zusammenbrechenden
Bau herausholt, um in ihr sein verlorenes Eheglück zu
betrauern, nur so wäre es glaubhaft zu machen gewesen, dass
Sylvette an dem Gatten, dem Geliebten und sich selbst irre
geworden, wie eine Wahnsinnige in die Gluten zurückeilt.
    Das Publikum, gefühlsmässig nicht gepackt, wusste
verstandesmässig natürlich erst recht nichts aus dem Stück
zu machen. Beim Verlassen des Theaters hörte ich hinter mir
das für die Düsseldorfer Theaterbesucher charakteristische
Wort: 'Ich bin nur einmal gespannt, was morgen die Zeitung
darüber sagt!' Wir können nur sagen: 'Unzulänglich!'

[1925], *Staatliches Schauspielhaus (=Staatstheater), Berlin.
Dir.: Friedrich Neubauer; sets: Emil Pirchan; Gerda Müller
(Sylvette); Alexander Granach (Der alte Herr); Fritz Valk
(Herr von ***).*

238. Fechter, *Deutsche Allgemeine Zeitung*, 5.6.1925.

    Es ist eine alte Erfahrung: über das eigentliche Wesen
eines Dichters geben seine schlechten Stücke mehr Aufschluss
als seine guten. Das ist aber auch die einzige
Rechtfertigung einer nochmaligen Aufführung dieses Dramas
von Georg Kaiser. Überdies eine Rechtfertigung lediglich für
den Betrachtenden, nicht für den harmlosen Zuschauer.
    Für den Fall Georg Kaiser ist diese Komödie, die wir
schon vor fünf oder sechs Jahren mit Frau Terwin in der
Rolle der Sylvette im Kleinen Schauspielhaus in der
Fasanenstrasse erlebten, ganz aufschlussreich. Sie zeigte
seine Sehnsucht und sein Versagen klarer als manche der
besseren, geschickteren. Kaiser unternimmt es, wie immer,

ein Lebensexperiment zu machen; er unternimmt es waghalsig
im Bereich des Tragischen. Er stellt eine Frage, die so oder
so eine Antwort aus den ernsthaften Regionen verlangt — und
vergisst, dass er diese ernsthaft antwortenden Regionen
nicht besitzt. Er ist klug genug, eine Situation in der
Fülle ihrer Möglichkeiten zu sehen: er vergisst darüber,
dass er seinerseits nicht die Möglichkeit in sich hat, die
wirklichen Reaktionen des Lebens und der Seelen zu finden.
Er kann begrifflich etwas aufstellen — er kann nicht eine
belebte Bewegung in Gang bringen. Er hat den Blick für die
interessanten, schicksalhaltigen Momente im Leben: die
stellt er an den Anfang, als Voraussetzung, als formulierte
Aufgabe, als mathematischen Ansatz: er hat aber keinerlei
lebendig gespannten Anteil am Ablauf des menschlichen
Schicksals, weil er selbst keines in sich hat, sondern er
besitzt bestenfalls die Möglichkeit, eine Bewegung auch im
mathematischen Sinn zu geben, eine nur zu denkende, in sich
bestehende, nicht eine vom bewegten Blut, vom Leben gezogene
oder wenigstens getriebene. Es fehlt ihm die Möglichkeit
eigentlich dramatischen Beteiligtseins — der blosse
dramatische Intellekt, das bloss stehende, nicht vorwärts
drängende Pathos ersetzt sie nicht, so sehr Georg Kaiser um
diesen Ersatz aus den Regionen des Intellektuellen bemüht
ist. Man könnte so sagen: ganz in der Tiefe sitzt ein
heimliches Gefühl für die unheimliche Langweiligkeit der
eigenen inneren Welt, die sich aus deren Lebenslosigkeit
notwendig ergibt; und der dramatische Kampf um die
spannendste Überdeckung dieser inneren Unbewegtheit der
eigenen Gebilde ist eigentlich heimlicher Kampf gegen die
eigene geahnte und gefürchtete Langweiligkeit. Hier ist der
Punkt, wo der Fall Georg Kaiser beginnt tragisch zu werden.
 Der Brand im Opernhaus ist das reinste Paradigma dieser
Dramatik um jeden Preis. Am Beginn eine dramatische
Sensation erster Ordnung: Herr von X., hindurchgegangen
durch alle Höhen und Tiefen des Daseins, hat sich aus dem
Waisenhaus Sylvette, die unberührte, allen Lastern ferne
Frau geholt und lebt mit ihr das stille Leben über der Zeit.
[...]
 Das ist der äussere Umriss; technisch ausgezeichnet in
einen Zeitraum gepresst, der nicht über die Dauer der
Aufführung hinausgeht. Die Bewegung des Ganzen aber ist
keine Bewegung; alles steht still, bis auf die einzelnen
Ereignisrucke — und die Vertiefung auf den Symbolsinn: hie
Liebe, hie Verführung — hier Feuer des Lasters und der Lust,
hier Stille der Liebe, hilft auch nicht darüber hinweg, dass
im Grunde seelisch gar nichts und dramatisch nur Theater der
Momente, durch bewegungslose Strecken getrennt, vor sich
geht. Es scheint Kaisers Schicksal zu sein, gerade das zu
wollen, was er nicht hat — Ernst und bewegtes Leben. Dies
Stück zeigt sein Negatives am unverhülltesten — weshalb man
es trotz aller technischen Vorzüge nicht mehr aufführen
sollte.
 Auch im Staatstheater nicht. Man hat sich unter der
Regie Herrn Friedrich Neubauers alle Mühe gegeben, hat von

Pirchan ein stimmungsvoll düsteres Bühnenbild mit drei roten
überlebensgrossen Mammutklubsesseln entwerfen lassen, hat
die fünf [sic] Akte in einen einzigen zusammengezogen, alle
Literaturlyrik seitenweise gestrichen und an begleitendem
Lärm des Brandes eher zu viel als zu wenig getan. Wo wie
hier der natürliche Ablauf seelischer Vorgänge ersetzt wird,
durch die nachzudenkenden, nicht mitzulebenden Sprünge
literarischen Intellekts, muss man dem Zuschauer das
Verstehen erleichtern, nicht erschweren. Hier liess die
Regie die Darsteller entweder flüstern oder brüllen, und
draussen tobte der Brand; so kam es, dass nicht nur, um mit
Georg Kaiser selbst zu reden, die grosse Szene (der Heldin)
den einzigen Zuschauer kalt liess, sondern die meisten
Szenen die meisten Hörer. Trotz einer vortrefflichen
Besetzung. Denn Sylvette war Frau Gerda Müller, und sie war
in ihres Herzens Geberlaune. Kam schlank und schwer
entkleidet vom Ball und liess nun alle Register spielen.
Ausgezeichnet die Schilderung des Brandes zu Beginn,
entfesseltes Theater das Lachen über den gefundenen
Dirnenring. Man genoss unbeteiligt das Schauspiel des
Schauspiels — ebenso bei Herrn Granach, der den alten Herrn
krächzte. Herr von X. war Herr Valk, voll Geschmack und
Temperament, nur in den Ausbrüchen zuweilen unverständlich.
Den verführenden Tenor machte Herr Laubinger.
    Der Beifall, wie immer nach pausenlosen Stücken, war
müde und wurde auch durch mattes Zischen nicht lebendiger.

239. Kurt Pinthus, *8 Uhr Abendblatt*, 4.6.1925.

    Es brannte im Opernhaus, aber nicht im Herzen Georg
Kaisers, als er diesen literarischen Reisser schrieb.
    Er war nicht in seine Gestalten verliebt, sondern in
das theatralische Gewebe, das er wirkt mit zäher Hand,
kühl-klarem Verstand, gespanntester Energie.
    Das ist ein geometrisches Figurenspiel, eine
arithmetische Berechnung — und dennoch ein Virtuosenstück,
mit raffinierter Routine die theatralischen Errungenschaften
des 19. Jahrhunderts noch einmal in eine grosse Szene
zusammenraffend [...]
    Das ist aber erst die Introduktion. Eine rapide Folge
wilden Geschehens rollt pausenlos hintereinander in
anderthalb Stunden noch ab, bis die gerettete Frau, mit dem
Ring des Königsliebchens am Finger, sich abermals in die
Flammen stürzt, um den Mann und sich von sich zu befreien.
    Drei Akte, zusammengerafft in eine einzige lange Szene
voll krassen Geschehens, voll krasser psychologischer
Brüche, krasser seelischer Explosionen; eingeleitet und
beschlossen von dem lüsternen Gelall eines aristokratischen
Greises.
    Warum wirkte das Stück dennoch nicht erschütternd und
mitreissend, weder bei früheren Aufführungen in Berlin und
Paris, noch jetzt in dieser gewaltsam gesteigerten

Vorstellung? Weil nicht nur der kritische, sondern auch der naive Betrachter fühlt: dies Stück mit allen Elementen eines Reissers ist dennoch keiner geworden, weil erstens der Autor viel besser ist: zu dichterisch, zu unsentimental, zu dialogisch-zugespitzt, zu eigenbrödlerisch; und zweitens viel schlechter: zu kühl, zu hirnlich, zu saft- und pathoslos. Jeder weiss: dies Nachtstück ist eine Fleissarbeit, ein Experiment — die Übungsarbeit eines Könners, der sich in konsequenter Durchführung eines gestellten Themas Hand und Hirn gelenkig machen will.

Wir anerkennen Fähigkeit zu szenischer und psychologischer Konzentration, Geradlinigkeit und Tempo des Aufbaus, komprimierte und dennoch bildhaft farbige Sprache. Ja, es ist die, nichtssagende und veraltete, Übungsarbeit eines eminent Begabten. Warum spielt man immer die Übungsarbeit und nicht seine viel geglückteren, viel zeitgemässeren Stücke?

Der neue Regisseur, Freidrich Neubauer, gab viel Fleiss an die Aufführung. Wie die Reflexe des Brandes unter fernem Getöse während des ganzen Stückes immer beim Heben eines Vorhangs über die Wände des, von Pirchan gebauten, düster-hohen Zimmers mit den drei Mammut-Fauteuils flattern, war ein technisches Meisterstück. Er tat auch sonst allerlei durch Cäsuren, Tempobeschleunigung, Personenführung, um das Stück zu beleben und zu steigern; aber die Folge war, dass das künstlich erhitzte Stück sich als noch unangenehmer künstlich erhitzt fühlbar machte.

Valk als Herr von *** war zu spröde, innerlich zu unbeweglich, ein Sprecher, aber kein Mensch. Umgekehrt Gerda Müller, das erheiratete Waisenhausmädchen, war zu sehr exaltierte, überbewegte Frau; wie körperlich zu krass-nackt, war sie es auch seelisch. Sie verströmte besinnungslos die Mittel ihres Körpers und dessen, was drinnen lodert, ein wunderschön berückendes Feuerwerk.

Das Gegenspiel zur wilden Handlung ist der durch die anekdotengeschwängerten Räume geisternde Rokokogreis. Statt ihn still meckernd, distanziert-aristokratisch zu geben, machte Granach, ganz falsch, aus ihm ein fortissimo kreischendes, gellend-lachendes, kleines Ungeheuer mit schlechten Manieren.

240. Mysing, n.d., n.s., GKC, partly illegible.

Den Verehrern der dramatischen Muse von Georg Kaiser hat das Staatstheater mit dieser Erstaufführung des bereits auswärts vielfach bekannten Stückes keinen Gefallen getan, obgleich man sich mit Regie und Spiel viel Mühe gab. Aber gerade für die Schwächen Kaisers, für das ekstatische Steigern dünner und unbedeutender Handlungen, für mühsame und unnatürliche Konstruktionen, für die Überspitzung der Sprache, die jeder Einfachheit aus dem Wege geht, ist dieser *Brand im Opernhaus* ein klassisches Beispiel. Die Regie

Friedrich Neubauers hatte manches gestrichen [...], trotzdem
konnte nur mit aller Mühe etwas Spannung bewahrt werden,
weil die Gefühlswelt des Werkes zu verworren und unklar ist.
Der Inhalt der Handlung ist bekannt. Daneben wandelt die
Gestalt des alten Herrn, der Epigramme macht über das, was
er sieht und was er erlebt hat, der wiederauflebende
Raisonneur der alten französischen Stücke, und ohne
moralischen Hintergrund, ganz im Gegenteil. Dieser alte Herr
wurde von Alexander Granach recht gut gespielt, im übrigen
gebührt der Löwenanteil an der Darstellung Frau Gerda
Müller, die die Rolle der Sylvette spielte. Als die Regie
den Rokokocharakter des Stückes in Kostümen und Dekorationen
ziemlich ganz verwischte (die Kostüme sind ganz
unbestimmbar), hat sie sich sicher nicht klargemacht, was
sie tat; mit dem Aufgeben dieses Charakters verliert das
Stück den Rest von Einheit, den es noch hat. Ein stärkerer
Anteil des Publikums war nicht festzustellen; der wenige
Beifall am Schlusse galt den Darstellern.

241. W. St., 4.6.1925, n.s., GKC.

   Ein Nachtstück... Aber Spuk, der keiner wird, weil es
dem Leben noch um eine Dimension ferner als Spuk, im kalt
Gedanklichen, stecken bleibt.
   [...] Schön, wie immer bei Georg Kaiser, das
dichterische Motiv; dicht, zwingend, auch die Formen der
Schönheit hart umreissend, die knappe, nackte, wahrhaftige
Sprache. Ungestaltet aber, was gestaltet werden müsste. Die
Romantik bleibt in der Idee, die handelnden Menschen
formulieren sie, ohne sie zu verströmen. Zwischen den Polen
der Sensation und der rein geistigen Erfassung tiefer
Menschendinge fehlt die Mitte, das Leben; alles ist Formel,
nichts wird Form. Daraus ergibt sich die Schwierigkeit, der
Handlung zu folgen: es setzt sich nichts ab, das Dynamische
verläuft sich im Wort, statt im Geschehen. Das
mystisch-grausige Nachterlebnis ermangelt des Spukes, weil
der Spuk seines Kontrastes, des Lebendigen ermangelt. So
kann alle Präzision des Ausdrucks nicht einmal sachliche
Unklarheiten und Verschwommenheiten verhindern.
   Die Aufführung des 'Staatstheaters' [...] versucht, das
matt Körperliche des Stückes zu verdichten. Farbenkontraste
und kompakte Formen im Bühnenbilde des Herrn Pirchan,
heftige akustische Kontraste, Schauspieler, in deren Wesen
das Explosive vorwaltet. Beispiel: Alexander Granach macht
aus der Gestalt eines feinen, stillen, greisen Sette
cento-Geniessers eine Art kreischenden Lüsternheitsaffen —
dies freilich nicht ohne Meisterschaft. [...]
   Der Beifall war überaus stark, galt aber ersichtlich
mehr der Darstellung.

242. E. M., 5.6.1925, n.s., GKC.

Das Staatstheater hat Georg Kaisers Nachtstück nun auch in seinen Spielplan aufgenommen; das ist, schlecht gerechnet, das vierte Berliner Theater, das sich an dieser schwer zugänglichen Tragödie versucht. Schwer zugänglich für Publikum und Darstellung, obgleich in seiner kalten, rotbeleuchteten Pracht ebenso verführerisch. Man hält es vielfach für die beste Arbeit des überreich produzierenden Dichters, und hat es demgemäss als ein für Deutschlands dramatisches Schaffen bezeichnendes Werk in Paris als erstes deutsches Stück nach dem Krieg aufgeführt. — Ohne Erfolg übrigens.

Kaisers brüchige Psychologie der Heldin seines Dramas ist der Grund, kann nur der Grund sein, denn eine dramatische Atmosphäre von fieberhafter Geladenheit, die nach irgendeiner Entspannung schreit, beherrscht den ersten Teil des düsteren, kurzen Trauerspiels aus dem französischen Rokoko. Schon die Einleitung mit dem Auftreten des alten, meckernden, lüsternen, lahmen Edelmannes, der im Haus, das er dem jungen Herrn von *** verkauft hat, die Erinnerung an tolle, ausschweifende Feste durch öftere Besuche gern auffrischt, ist von unerhörter Schlagkraft. Und die Rückkehr der heimlich zum Opernball entwichenen Sylvette, der frisch aus dem Waisenhaus geholten Gattin des Hausherrn, in der er alle Frauenreinheit der Welt verkörpert sah, und die ihn dennoch bei der ersten Gelegenheit betrogen hat, ihre durch den Riesenbrand entfesselte reuelose, drängende Bejahung des Lebens, die sich in hinreissender Beredtsamkeit Luft macht — das steigt heiss aus der sprudelnden Quelle von Kaisers dramatischer Erfindung herauf. Aber dann — aber dann! Rätsel über Rätsel bei des Mannes kalt rasender Rache, bei des Weibes schamlosem Trotz, der nur scheinbar ist, und, als beide sich trotz allem wiedergefunden haben, ihr grundloses Entweichen in die Hölle des immer noch tobenden Brandes, ihr Tod. —

In einem Rokokosalon, dem alle spielerische Grazie des Zeitalters genommen ist, in einem Zimmer des Grauens mit drei mattroten, wie von Elephantiasis geschwollenen Polstersesseln, mit einem grossen Fenster, dessen Scheiben bald aufgestossen, den Lärm der Feuersbrunst hören und rotblauen Flammenschein erstrahlen lassen, bald von fahlblauer Riesendraperie verhüllt werden, erlebt man den ersten Teil, erduldet man den zweiten Teil des ohne Pause gespielten Stückes, dem diesmal Mängel der Darstellung noch Schaden taten.

Zum Beispiel war da der alte Marquis, der von Alexander Granach veräusserlicht, sich schon nach den ersten Sätzen als gänzlich undämonisch erwies, dann der Herr von ***, an dem Fritz Valk die Sünde beging, seine unerklärliche Handlungsweise durch unverständliches Sprechen noch zu vergeheimnissen. [...] Nur diese [Sylvette] rettete die Ehre der Aufführung: Gerda Müller, sehr kühn in einer eher für den Seelenzustand des Weibes als für die Mode der Zeit charakteristischen, alles verratenden Maskenkleidung, trägt die widerspruchsvolle Gestalt der einzigen Frau des Stückes mit ungewöhnlicher Wahrheit und Anmut des Ausdrucks und klingender Sprachmodulation über alle Fährnisse, gibt ihr dunkle Sinnlichkeit und Schicksalsdeutung.

243. Norbert Falk, *B. Z. am Mittag*, 4.6.1925.

Jessner macht dem Sommer keine Notkonzession; bei ihm wird im Juni gespielt wie im November. Der Flammenwiederschein des Kaiserschen Opernhausbrandes hat nichts lunaparkisch Illuminationshaftes zur Belustigung eines hauptstädtischen Publikums. Eine kalt errechnete Feuer-Sensation, auf die kühl reagiert wird.

Lohe der Leidenschaft, Wutbrände der Enttäuschungen, Verkohlung von Idealen, Flammentanz von Dämonien, Zynismen — gesammelt im grellen Notlicht eines Theaterbrandes. Das Georg Kaisersche Opernhausfeuer lodert zum dritten Male über eine Berliner Bühne, ohne elementar zu zünden. Ein grosses Motiv, stark aufgeworfen von der energiegespannten Hand eines Theaterblütigen, wird rabulistisch vertiftelt, hoch hinaufgetrieben ins problematisch Überspitzte. Die heroische Selbstopferung der Frau, die ihren Betrug am Mann mit freiwilligem Sprung ins Flammenmeer des Opernhausbrandes sühnt, ist ein echt Kaisersches Paradoxon, dessen Kälte durch alle Flammen des Opernbrandes nicht durchglüht wird.

Die überraschenden Übersteigerungen, die der Autor aus seinem Stoff heraustreibt, verknallen im Leuchtkugelregen des ruhig arbeitenden Feuerwerkers Kaiser. Ein breit dialogisches Spiel gibt keinen psychischen Druck zu einer zwangsläufigen Lösung, es baut nur aus Wortketten schwankende Notbrücken zum vorgefassten Ende.

Hier liegt ein Stoff zu einer Oper oder einem furiosen Ballett.

Auch sehr starke Darstellernaturen würden aus der Überfülle ihres Wesens die Figurenkonstruktionen nicht wahrhaft lebend machen. Es ist schon viel, wenn ihr innerer Mechanismus zur Funktion gebracht wird. Fritz Valk bedient den Apparat ohne jene Verschwisterung von Präzision und genialischer Eigenwilligkeit, die ihn im Rachespiel dämonisch phantasirenden Rokoko-Kavalier zu interessanten Theaterfigur machen würde. Er ist nur ein matter Sprecher der funkelnden Tiraden. Herr Laubinger kommt in der nichtigen Episode des Opernsängers, der der schönen Sylvette die Koloraturen der Wollust beibringt, nicht zu Kontur und nicht zu Profil. Der alte Herr sodann, herrliches Material für einen Werner Krauss, das Rokokogespenst eines Lebegreises in Seidenstrümpfen und Spitzenjabot zu gestalten, wird von Granach in der Skizze gut angelegt, dann zu einem schreienden Poltron vergröbert. Wie sich Herr A. Granach einen Grandseigneur des 18. Jahrhunderts vorstellt.

Bleibt Gerda Müllers schlanke, nacktbeinige, in Sinnenlust vibrierende Sylvette. Die Flucht in die Flammen des Opernbrandes glaubhaft zu machen, bleibt ihr versagt;

schon weil ein anderer Hypnotiseur dazu nötig wäre als Herr Valk.

Emil Pirchan stellt Louis Queinze-Figurinen in ein hohes, weites, phantastisch zeituncharakteristisches Gemach. Ein mächtiger Vorhang verdunkelt die Glastür; wird er weggezogen, bricht der Feuerschein rot oder in Weissglut herein, die Gestalten grell überfliessend. Sturmglocken, Hornsignale. Wenn das Feuerwerk zuende ruft man den Autor und Gerda Müller.

Der gerettete Alkibiades

29.1.1920, Uraufführung, Residenz-Theater, Munich. Dir: Dr. Otto Liebscher; sets: Emil Pirchan; Kurt Stieler (Sokrates); Ulmer (Alkibiades); Helene Ritscher (Phryne); Frl. Lena (Xantippe).

244. L. G. Oberlaender, *Allgemeine Rundschau*, No. 6, 7.2.1920, p. 85.

    Gg. Kaiser, der vielen als der stärkste Repräsentant der expressionistischen Richtung gilt, ist nun über Kammerspiele und Schauspielhaus mit dem *geretteten Alkibiades* an unsere staatliche Bühne gelangt, an der man sich mit viel Eifer und Liebe der problematischen Dichtung angenommen hat. Dr. Liebscher, der Spielleiter, sagt in der neuen Theaterzeitung unserer staatlichen Bühnen ungefähr folgendes: nur durch die Schauspieler, die den Stil und die darstellerischen Möglichkeiten Kaisers erfasst und erlebt haben, wird der Dichter dem grossen Publikum nahegebracht, wird der Textpartitur all das glühende Leben gegeben, das viele Leser nicht finden können und das auch die heutigen Interpreten oft noch schmerzlich vermissen lassen. Ich muss gestehen, dass es dem Regisseur nicht gelungen ist, seinen Darstellern dies 'glühende Leben' einzublasen, zum mindesten nicht mehr, als man dies an den genannten kleineren Bühnen vermocht hatte. Gedanklich sind ja Kaisers Dramen fesselnd [...], aber es bleibt immer ein Rest, über dessen 'tiefere Bedeutung' wir erst durch Nachdenken kommen. Charaden zu lösen, mag dem Verstande Befriedigung gewähren, das Herz bleibt kalt. Es ist vieles bei Kaiser nicht deshalb ernüchternd, weil es unwahrscheinlich, der Wirklichkeit fremd, 'vergeistigt' wäre, sondern lediglich, weil es errechnet ist, nicht Form gewann. Ich hörte einmal, wie Kaiser sein Drama *Gas* vorlas, das klang so hart, so sachlich, so nüchtern, wie ein Polizeibericht; es war eine gewisse Einheitlichkeit zwischen der Sprache und dem expressionistischen Stil, der dem deutschen Hauptwort den Artikel rauben möchte. Es fehlt eben das oben besagte 'glühende Leben', das aus einem interessanten Schriftsteller einen Dichter macht.
    In dem *geretteten Alkibiades*, der sich von der Historie sehr weit entfernt, ist es schwer, einen Grundgedanken zu formulieren. Ein rationalistisches Ableugnen des Heldentums in der Bernard Shaw-Weise; Sokrates und Alkibiades stehen als getrennte Persönlichkeiten, die sich suchen, aber nicht finden können; aber das sind schliesslich gezwungene Formeln, mit denen dem Dichter kaum gedient ist. Derjenige im Publikum, der von Sokrates und Alkibiades nichts wissen

sollte, wird kaum philosophisch und historisch bereichert
das Theater verlassen; ich denke mir aber, dass diese
glückliche Nichtvoreingenommenheit den Genuss erleichtern
könnte. Berichten wir einmal, was geschieht. Wohl kündet der
Auftakt die Schwärmerei der Jünglinge der Ringschule für die
Schönheit des Alkibiades – wie mich dünkt mehr
schwabingerisch sentimental, als griechisch, aber der
Feldherr bleibt Nebenfigur, Mittelpunkt des 'Stückes' in
drei Teilen und neun Bildern ist der Philosoph. Das zweite
Bild zeigt uns das Schlachtfeld, auf dem der grimmig um sich
hauende Philosoph dem Ermüdeten, Waffenlosen das Leben
rettet. Solches Schwertergeklirr wirkt auf der Bühne immer
ein wenig lächerlich. [...] Für den Entflohenen [Alkibiades]
wird Sokrates vor das Scherbengericht gestellt. In
hochgespanntem Pathos wird Alkibiades angeklagt und ohne
wahrscheinliche Begründung Sokrates verurteilt. Die Gründe,
die Platon und Xenophon uns überliefert haben, bleiben
ungenützt. Enger an die historische Überlieferung sowohl wie
an die Bühnentraditionen, aber auch wärmer im Ton ist das
Schlussbild, in dem Sokrates, die Flucht verschmähend,
gelassen den Giftbecher leert. – – Stielers Sokrates war
eine scharfprofilierte Gestalt, immerhin wurde er am Ende
mehr Held, als der Ironiker der früheren Akte wahrscheinlich
machte. Alkibiades war der 'schöne Mann', bekanntlich eine
uninteressante Spezies, aber es war auch nicht mehr aus
dieser 'Textpartitur' herauszuholen. Die merkwürdig
frisierte Hetäre war mehr bei Shaw, als in Griechenland zu
Hause, die Xantippe kreischte höchst unangenehm und das
übertriebene Pathos der Greise und Jünglinge klang oft hohl.
[...] Pirchan hatte die Bühnenbilder in strenger Einfachheit
entworfen. Das von ihm bevorzugte grelle Rot schreit wie ein
Plakat. Das Publikum blieb lange abwartend, mehr oder minder
gleichgültig und ward erst in der Todesszene ein wenig
wärmer. Ein bescheidener Bruchteil des Publikums unternahm
bei sich rasch entleerendem Hause die Dichter- und
Darstellerehrungen, die in der Resonanz der Bühne einen
vollen Erfolg vortäuschen mögen.

245. Kurt Martens, *Das junge Deutschland*, 3 (1920), 168.

Georg Kaiser erschien wider Erwarten nur mit einem
neuen Stück, dem *geretteten Alkibiades*. Es gab vor zehn
Jahren das Rinnsal einer Strömung, die sich
'desillusionistisch' nannte. Ihr wäre der *gerettete
Alkibiades* eher zuzuzählen als der expressionistischen. Er
geht der sogenannten historischen Wahrheit auf den Grund und
entlarvt sie als Legende aus nichtigen Anlässen. Die grosse
heroische Geste ist lächerliche Gaukelei. Wohl hat Sokrates
den Alkibiades gerettet, aber nur weil er blindlings um sich
hauen musste. Und die Hermen stürzt Alkibiades nicht aus
knabenhaftem Übermut, sondern aus Wut darüber, dass der
Philosoph die ihm zum Geschenk angebotene Phryne

verschmähte. Merkt ihr etwas, Kameraden? Das Publikum merkte nichts und schüttelte befremdet die hohlen Schädel.

246. G., *Berliner Börsen-Courier*, 3.2.1920, incomplete.

[...] Was über die persönlichen Beziehungen des Sokrates zu dem glänzenden, hochbegabten, mit allen äusseren Vorzügen verschwenderisch ausgestatteten und von ganz Athen bewunderten, aber von zügelloser Leidenschaftlichkeit hinundhergerissenen Alkibiades geschichtlich bekannt ist, so namentlich die tapfere Rettung des Volkslieblings durch Sokrates in der Schlacht von Potidäa und der Versuch des Weisen, den verwöhnten Triebmenschen als seinen Schüler zur Besonnenheit zu erziehen, mochte einem Dramatiker den Gedanken nahelegen, die Schicksale beider noch enger verkettet zu zeigen und den Sinn dieser Verkettung zu symbolischer Bedeutsamkeit zu vertiefen. So kam Kaiser zur Konzeption seines *geretteten Alkibiades*. Sokrates wurde ihm zur allgemeinen Verkörperung des Gehirnmenschen, der die Kurzsichtigkeit und Gedankenlosigkeit der Weltkinder, die Unwichtigkeit ihrer Sinnenfreuden und ihrer Körperkultur, ihres Ehrgeizes und nationalen Eifers aufdeckt, aber eben hiermit — um mit Rebekka West zu sprechen — 'das Leben tötet', so wie er selbst, als hässlicher Buckliger und als Philosoph, nur zur Welt kam, um am Leben zu leiden. Die Idee dieser Gegenüberstellung ist zwar nichts weniger als neu, aber sie rührt ans Grundproblem der Menschheit und ist in ihrer elementaren Reichhaltigkeit so unerschöpflich, dass sie bei klarer und reiner Gestaltung immer wieder packend zu wirken vermag. Ob gerade der milde, aller Schroffheit abholde Sokrates sich zum Repräsentanten strenger Weltlichkeitsverneinung, ja zum Verurteiler des ganzen Lebensgetriebes sonderlich eignete, bleibt dahingestellt; jedenfalls konnte sein überlegener Geist auch in dieser Richtung dichterisch geltend gemacht werden. Aber Kaiser enttäuscht gerade darin; von dem imponierenden Bild, das Platon von dem Weisen gegeben hat, lässt er nicht viel übrig, und allerlei Unklares, Vergröbertes, ja Skurriles und Herabwürdigendes erschwert nicht bloss die Sympathie, sondern stellt auch den ernsthaften Eindruck in Frage: oft glaubt man mehr den Diogenes als den Sokrates vor sich zu haben.
[...] Wie erwähnt: Das geistige Wesen des Sokrates tritt in all diesen Szenen aus den Handlungen und Worten des Weisen weder so achtunggebietend und bedeutend, noch so klar entgegen, wie es der grosse Name und die Idee des Stückes verlangten. Wie ist die Sache mit dem Kaktusdorn gemeint, die ja am Schluss nochmals so bedeutsam betont wird? Etwa irgendwie symbolisch? Und soll Sokrates, im Gegensatz zur Überlieferung, auf dem Schlachtfeld wirklich so wehleidig und jämmerlich, vor dem Preisrichter wirklich so unaufrichtig, im übrigen wirklich so radikal lebensfeindlich

erscheinen? Lauter ungelöste Fragen! Auch die wahre innere Stellungnahme des Alkibiades und der Phryne bleibt undeutlich: und der expressionistische Stil mit seinen starren, mehr maneriert als inhaltsschwer wirkenden Schlagworten steigert noch alle diese Unklarheiten. Einzelne Momente, in denen der kluge Geist Kaisers aufblitzt, oder seinem Theaterblick ein Effekt gelingt, reichen für Unbefangene noch nicht hin, dem Ganzen den Zug ins Grosse und die ungewöhnliche Wirkung zu geben, die der Verfasser wohl erhoffte.

Dekorationen, Kostüme und Requisiten, im Sinne der modernsten Szenengestaltung entworfen von Emil Pirchan, zogen der Aufführung einen charakteristisch entsprechenden Rahmen. Die Darsteller waren unter der Spielleitung Otto Liebschers bemüht, sich dem neuesten Stil anzupassen, was freilich nicht ohne fühlbare Gezwungenheiten abging; besonders störend wirkte krampfhaftes Schreien in Momenten, die dazu keinen natürlichen Anlass boten. Den Sokrates zog Kurt Stieler wohl noch etwas tiefer ins Grotesk-konfiszierte herab, als es in Kaisers Absicht liegt, im übrigen bot er aber schauspielerisch recht Anerkennenswertes. Ulmer verkörperte den Alkibiades stattlich und temperamentvoll, wenn auch schwerer und gröber, als die Gestalt gedacht ist; sie auch mit attischer Anmut auszustatten, war ihm nicht gegeben. Die Phryne brachte Helene Ritscher mit entschiedenem Geschick zur Geltung, nur entgleiste auch sie zuletzt ins Überlaute. [...]

Das Publikum zeigte sich erst schlechthin befremdet: vielen Besuchern konnte man das vergebliche Bemühen vom Gesichte lesen, die Vorgänge und den Dialog zu verstehen, und die ersten Bilder wurden denn auch mit langem Schweigen hingenommen. Dann aber setzte nach einem kräftigeren Szenenschluss erlösender Beifall ein, der auch den letzten Bildern treublieb [...]

247. anon., *Das Kabel* (Berlin), No. 3, 1920, GKC.

Der gerettete Alkibiades von Georg Kaiser. Das brillant gemachte Stück, dem es jedoch an innerer Einheitlichkeit und einer bezwingend durchgeführten Idee gebricht, deformiert von expressionistischer Willkür umschnörkelt und reichlich unklar das platonische Urbild des Sokrates zu einer zynischen und oft abstossenden Maske. Kaiser ist ein Entzauberer, aber mehr noch als ein Magier des Niedergangs der Herr des Bluffs. Das Publikum zu verblüffen, gelang ihm im vollsten Masse, und der Beifall, den man schliesslich zögernd zollte, galt lediglich seinem Intellekt. Emil Pirchan zeichnete für die charakteristische Ausstattung. Kurt Stieler als Sokrates und Helene Ritscher als Phryne ragten darstellerisch hervor, die Spielleitung Otto Liebschers hätte gut getan, Masslosigkeiten eher zu mildern, denn zu unterstreichen.

248. E. A. Greeven, *Das literarische Echo*, 22 (1919-20), 733.

Vorweg bemerkt: nicht um den Alkibiades, weder den geretteten noch einen ungeretteten geht's in diesem Stück, das Stückwerk bleibt, sondern um Sokrates. Um die Erfüllung seines Lebens, die nachzulesen ist bei Platon. Damit verschiebt sich der Schwerpunkt, das Gewicht wandert auf andere Schultern. Notwendig, dies beizeiten festzustellen (etwa nach dem dritten Bilde), weil sonst von rechnerisch begabtem Kopf Bilanzverschleierung droht. Von einem Kopf, der sich versteht — auch in Ekstase — auf Saldenschiebung und frisierte Konten. Denn sein Expressionismus wird auf Eis konserviert. Also um Sokrates geht's. Und Alkibiades? Bleibt äusseres Akzidenz, Hilfskonstruktion für ein Geschick, dem Sokrates in jedem Fall — so oder so — aus innerem Zwang verfallen wäre.

Im weiteren Verlauf (etwa nach dem fünften Bilde) fragt man: geht's wirklich hier um Leben und Sterben des Sokrates, bleibt der Schwerpunkt, verschiebt er sich zum andern Male? Was ist's, das hier gestaltet — besser gesagt: in neun Bildern exemplifiziert werden sollte? Georg Kaiser gibt die Erklärung: 'wirksam wird Mythos mit kleinstem Mittel und schiesst gleich aus geringstem Anlass in unermessliche Erweiterung. Das ist Zeichen des Mythos, sehr klein den Anlass zu wählen.' Also um den Mythos geht's, um die Entstehung des Mythos Sokrates. Und da verliessen sie ihn. Vorhanden ist zwar der geringste Anlass, das geringste Mittel: ein schmerzender Dorn im Fuss des Sokrates, der ihn an schleuniger Flucht hindert, macht ihn zum Helden wider Willen, zum Retter des Alkibiades. Irische Heldendurchleuchtung wirft Junge über den Kanal. Vorhanden ist der geringste Anlass, doch es fehlt die unermessliche Erweiterung. 'Das ist Zeichen des Mythos' — Verzeihung, das ist Ausrede 'post festum', Preis des Unerheblichen, da Erhebliches mangelt. Es haben sich manche mit Fischweibern abgegeben und mit dem Mann auf der Strasse Zwiesprache gepflogen und es wurde kein Mythos! Wesentlicheres muss hinzukommen. Ich finde hier das Wesentlichere nicht. Der Akzent bleibt — leider — auf dem Unwesentlichen. Sofern im letzten Bild nicht reichlichere Zitate Platons für das Gesuchte gelten sollen. Neun Exemplifikationen machen zusammen noch kein dramatisches Kunstwerk. Entkleidet man die grossen Worte des kaiserlichen Prunks, so bleibt Dreigroschenweisheit: kleine Ursache — grosse Wirkung. Gehämmerte Sprache ist schön und gut, doch ihr entspreche gehämmerter Gedanke und Bau, Verzahnung ohne Lücke. Sonst bleibt's Manier, Dekor und Feigenblatt für — nichts dahinter. Hätte man uns auf der Schule den Platon nicht eingebläut, hier wär' der Weg mit Missverständnissen verschwenderisch gepflastert. Denn die Verzahnung klappt nicht. Trotz Kaisers Stärke im Konstruktiven, trotz Beherrschung des grossen und kleinen Einmaleins, trotz

jährlich dreifach erprobter Gefriertechnik. Ein Unterschied
besteht zwischen rechnerischem Beweis mit Aufwand von
Bilanzfinessen und der Wahrheit, die aus dem Ablauf solchen
Lebens quillt. Hier werden neunmal Themen angeschlagen,
neunmal bunte Tupfen gesetzt, die keine Bindung eingehen,
und am Ende konstatiert man lediglich interessiert, dass
auch der Expressionismus schon seinen Pointillismus habe.
Kunstgewerbliches Mosaik verdeckt trügerisch die Grube, in
die Kunst und Künstler — diesmal — purzelten.

249. Alfred Mensi-Klarbach, *Bayerische Staatszeitung*,
31.1.1920, in *Die Kritik* (1920), No. 7, pp. 155–56.

Georg Kaiser, dessen *Gas* im Schauspielhause noch immer
seine Anziehungskraft bewährt, nennt seinen *geretteten
Alkibiades* einfach ein Stück in drei Teilen. Diese drei
Teile zerfallen in neun Bilder, und blosse Bilder aus dem
Leben des Alkibiades und des Sokrates sind es auch, die uns
der Dichter in loser, kaum zusammenhängender Folge,
vorführt. Es sind also zwei Helden, die im Mittelpunkte der
Handlung stehen, und wenn der Verfasser ganz gerecht gewesen
wäre, so hätte er sein Stück eigentlich *Sokrates* oder
mindestens *der Retter des Alkibiades* nennen müssen, denn
Sokrates kommt in seiner Charakterentwicklung in dem Stücke
weit besser weg als Alkibiades. Freilich ist auch das
buntschillernde Bild des Alkibiades weit schwerer zu
umreissen als jenes des Sokrates. [...] Er [Kaiser] zeigt
uns seinen Alkibiades nur als siegreichen Feldherrn und
liebenswürdigen Kraftmenschen. Dann lässt er ihn fallen, als
er wegen angeblicher Zerstörung der Hermen zum erstenmal
verbannt wird. Mit ihm verknüpft er aber das Schicksal des
Sokrates, ausgehend von der Rettung des Alkibiades durch
Sokrates in der Schlacht von Potidaia (429 v. Ch.), wie sie
uns Platon in seinem *Gastmahl* erzählt. Diese Rettung sowohl,
wie eine zweite stehen historisch durchaus nicht so fest.
Der Dichter hat also gewiss volle Freiheit zu erfinden, aber
hier ist die Erfindung Kaisers nicht gut, weil sie ganz und
gar dem Charakter des Sokrates, wie er sich auch bei Kaiser
weiterhin entwickelt, widerspricht. Sokrates hat, als er im
letzten Glied zurückblieb, sich einen Dorn in den Fuss
getreten, und so am Boden liegend, haut er blind um sich und
rettet so angeblich den Alkibiades, der hinter ihm steht.
Darauf werden Alkibiades als Sieger und Sokrates als sein
Retter im Stadthause gefeiert. Sokrates verschweigt sein
Abenteuer bis zu seinem Tode und lässt sich die Liebe und
Dankbarkeit des Alkibiades und seine angenehmen Folgen gern
gefallen. Die Liebe Sokrates für Alkibiades steht freilich
fest, aber sie hat doch andere Gründe gehabt. Als nun
Alkibiades wegen Zerstörung der Hermen — eine Tat, deren
Ursachen und Urheber dunkel geblieben sind — verbannt wurde,
wird über Sokrates, den Retter des Alkibiades, gar die
Todesstrafe verhängt — eine Unwahrscheinlichkeit, die zudem

gar nicht notwendig war, weil man es ruhig bei der von
Platon in seinem *Phaidon* so überaus schön erzählten
Vorgängen hätte belassen können, nach denen und nach
Xenophons Memorabilien Sokrates den Giftbecher trinken
musste, weil er die Götter verleugnet und die Jugend
verführt haben sollte. In seinem letzten, neunten Bilde
führt uns Kaiser den Tod des Sokrates ziemlich getreu nach
diesen Quellen vor, nachdem er seinen Alkibiades, von dem
wir nichts mehr erfahren, früher in die Verbannung hat
verschwinden lassen.

Der naive Zuhörer, der weder von Sokrates noch von
Alkibiades etwas weiss, wird, fürchte ich, gestern nicht
ganz auf seine Rechnung gekommen sein. Wir sehen diesen
Alkibiades nach seinem Sieg, bei dessen Feier, beim Trunk
und bei seiner Geliebten, aber wir erfahren nichts über den
Kern seiner politischen Tätigkeit wie über die Widersprüche
in seinem sittlichen Charakter. Er wird uns also nicht
interessant gemacht. Weit mehr trifft dies bei Sokrates zu,
der folgerichtig gezeichnet wäre, wenn eben nicht sein oben
angedeuteter Betrug eine widerspruchsvolle Voraussetzung
wäre.

Die Aufführung unter Otto Liebschers Leitung hatte für
das Stück alles mögliche getan. Das ganze Schauspielpersonal
ist da aufgeboten, naturgemäss treten aber nur wenige
Personen in den Vordergrund. Für den Alkibiades war Herr
Ulmer der richtige Mann, man glaubte ihm. Als Sokrates bot
Herr Stieler in der Maske wie im Spiel eine vortreffliche
Leistung. Das fünfte Bild auf dem Fischmarkt könnte ganz gut
gestrichen werden, denn da ist das Auftreten des Sokrates
und sein kindisches Gehaben gänzlich unmotiviert. Nur zwei
Frauen treten auf. In der Zeichnung der Xantippe folgt
Kaiser der Ehrenrettung Zellers, der in seinen Vorträgen
wohl richtig bemerkt hat, dass die hauptsächlichste Ursache
ihres bösen Rufes der Buchstabe ihres Namens sei, durch
dessen Schuld sie in alle Fibeln kam:

Xantippe war ein böses Weib,
der Zank war ihr ein Zeitvertreib.

Frl. Lena war als solche recht gut, nur schrie sie
etwas gar zu viel, wie überhaupt gestern, mit Ausnahme des
Sokrates und der Phryne fast alle Darsteller. Die Phryne
stellte Frau Ritscher dar; wir gestehen nicht zu wissen, ob
im Kostüm oder in der getragenen Rede im Sinne des
Verfassers. [...]

Ob Kaisers *Alkibiades* sehr lange eine Hörenswürdigkeit
sein wird, steht dahin — eine Sehenswürdigkeit ist er
sicher. Die von Emil Pirchan entworfenen Dekorationen,
Kostüme und Requisiten überraschten wieder auf das
angenehmste. Mit unglaublich einfachen Mitteln treten uns da
Bilder von wahrhaft klassischer griechischer Schönheit
entgegen: in der Ringschule, im Stadthochhaus, im Badraum
des Alkibiades und in der Hochgerichtsarena, wo wir,
wirkungsvoll beleuchtet, die Hauptpersonen vor uns sehen,
wenn sie zu einer bloss gedachten, in den Zuschauerraum
hinaus projizierten Volksmenge sprechen. Ähnliches gilt von

den Kostümen, nicht ganz aber von der Kostümlosigkeit. Es ist ein anderes, ob unsere mehr oder minder gut gebauten Schauspieler, oder ob die Jünglinge in der griechischen Arena ihre gepflegten Glieder enthüllt haben. Bei einzelnen hätten wir gestern ein gnädig verhüllendes Trikot vorgezogen. Ein gutgefülltes Haus hielt seinen Beifall bis zum Schlusse des zweiten Teiles zögernd zurück, spendete ihn aber dann reichlich.

250. anon., *Das Bayerische Vaterland*, 2.2.1920, in *Die Kritik* (1920), No. 8, p. 181.

Der gerettete Alkibiades [...] konnte den gehegten Erwartungen derer nicht entsprechen, die eine prägnante, vom Geiste der Kunst ge- und verklärte Episode der grossen sokratisch-alkibiadischen Zeit des klassischen Hellas zu erleben hofften. Gar nichts, mit Ausnahme vielleicht des gerade deshalb ergreifenden, weil treuhistorischen Bildes der Sterbeszene des Sokrates im Kerker durch Schirlingsgift, vermag uns in das geschichtliche Milieu zu versetzen, das wir uns vom alten Griechenland und besonders von Athen in der humanistischen Schulära eingeprägt hatten. – Stil und Farbentönung der Szenerie sind in manchen Bildern geradezu dem griechisch geläuterten Formensinn vollständig widersprechend, auch die Charakterisierung, besonders des grossen, edlen, weisen Sokrates, steht in Figur und ganzem Gehaben und selbst in Sprache und Haltung im Widerspruch mit der gemeinen historischen und auch künstlerisch psychologischen Auffassung. Diese Anomalien lassen das Stück trotz nicht in Abrede zu stellenden dichterischen originellen Schönheiten und Gedanken beim gebildeten Publikum nicht voll zur Geltung kommen, wenn auch unsere auserlesenen Künstlerkräfte ihrer schwierigen Aufgabe formell und materiell gerecht zu werden sich ehrlich abmühten. Ulmers Alkibiades war vornehm und erschöpfend in seiner Vielgestaltigkeit als Mensch und Politiker dargestellt; Sokrates (Stieler) enttäuschte besonders figurlich vollständig; die keifenden und hadernden Weiber auf dem Fischmarkte gefielen durch naturwüchsige Plastik und Geschmeidigkeit mehr als die überspannte modische, pervers in den alten hässlichen Mann verliebte Hetäre Phryne (Frau Ritscher) in der ausser allem natürlichen Zusammenhange mit dem Spiele stehenden Badekabineszene. Der Beifall war im ganzen mässig, für eine Uraufführung zu zurückhaltend.

251. Richard Elchinger, *Münchner Neueste Nachrichten*, 30.1.1920, in *Die Kritik* (1920), No. 8, p. 181.

[...] jetzt stehen wir am Anfang eines neuen Stils von unerhörter geistiger Spannung.

Mit solchem Anspruch beladen tritt Georg Kaisers *Alkibiades* vor uns hin. Vermieden wird die Bezeichnung Tragödie. Ein Stück in drei Teilen ist das Werk genannt, welches man am Donnerstag abend im Residenz-Theater zur Uraufführung gebracht hat. Diesem Autor fehlt alle Gläubigkeit vor den sogenannten Tatsachen der Geschichte. Es gibt keine Helden. Der Mythos erschafft sie uns. Und Kaisers Wort wird ihm Wahrheit: Zeichen des Mythos ist, sehr klein den Anlass zu wählen.

[...] Dröhnende Höhe erreicht Kaisers Pathos im schönsten Bild, da im Stadthochhaus Sokrates gekrönt werden soll für die Rettung des Alkibiades. Der Greis gibt den Kranz weiter an den Feldherrn. [...] Ein Dichter wird gefeiert, aber nicht zwingend wächst die Situation. Sokrates, ein staubiger Rüpel unter geschmückten Jünglingen, gibt Geist zum Besten, spritzt Bosheit, schleudert Kälte. Das Stück wird dünn hier, die Vision der Antike schwindet und zurück bleibt ein errechnetes Schema beider Helden, die keine sein wollen.

Die Handlung soll heisseres Leben finden. Alkibiades zieht den Alten ins letzte Geheimnis. In den Baderaum Phrynes, die ihm Freundin ist. [...]

Die Darstellung war auf den farbigen Effekt gestellt, dazu boten die nicht immer glücklichen Prospekte Pirchans den Rahmen. Die Krönungsszene hatte Perspektive und schaffte Distanz. Das Hochgericht der Greise bewahrte trotz schauerlichem Rot Stil der Strenge. Mit solchen abschreckenden Bildern wird dem naiveren Zuschauer immerhin gezeigt, wohin wir wollen mit dem expressionistischen Drama.

Die darstellerische Leistung des Abends konzentrierte sich in Herrn Stielers Sokrates: Da war Herbheit und Frische in Wahl der Mittel und innerer Beherrschung des Wortes. Ein Mensch erstand, stark genug, auf seinen krummen Schultern das ganze Stück zu tragen. Doch hätte die Regie diesen Sokrates nicht wie einen Opernhelden sterben lassen sollen, der sein Schmerzenslager rechtzeitig erreicht, um in die letzte Pose zu kommen. Herr Dr. Liebscher wird dem Vorwurf nicht entgehen, einander widerstrebende Stilelemente in der Darstellung nicht in Einheit gezwungen zu haben. Oder bleibt das augenblicklich undurchführbar? Die von einigen geleugnete Spaltung des Ensembles war krass erkennbar. Neben dem herben Sokrates ein glatter Alkibiades aus der malerischen Pilotyschule. Herr Ulmer zwang sich anscheinend mit anerkennenswerter Mühe in das Gehäuse des Alkibiades. Alkibiades ist Nebenfigur, gewiss, aber gerade darum führt der Weg zu seinem Wort nicht über die Konvention. Die stumme Repräsentation erzielte Eindruck. Der sprechende Held wurde problematisch. Fräulein Lena liess sich offenbar durch den Namen Xantippe zu kreischenden Tönen verlocken, die keine Wahrheit hatten. Mit diesem Theater ist nicht mehr auszukommen. Frau Ritschers Phryne fand nicht den Ton, der traf. Die Stilisierung misslang. Die Lockung lockte nicht. Die zahlreichen Sprecher gaben sich Mühe, in den Rhythmus der Vorgänge hineinzukommen. Aber dem Ganzen fehlte die

Selbstverständlichkeit.
   Da muss eingesetzt werden, wenn das Nationaltheater die Führung im modernen Drama nicht dauernd den Kammerspielen lassen will. Der Vorwurf bleibt nicht an dem Dichter hängen, der problematisch ist, künstlich, gequält, quälend, unbegriffen, kalt und heiss in einem, aber doch drängend vom Schreibtisch ins Leben, in die Zeit, in unsere Zeit. Als Zuschauer verlange ich die Lösung des Rätsels von der Darstellung.
   Die Majorität des Publikums blieb unbefriedigt, obwohl es nicht an Zulauf gefehlt hat. Im Proszenium sassen sogar zwei Intendanten, der gehende und der kommende: die Herren Schwanneke und Zeiss. Möge das geringer Anlass sein zu neuem Mythos in der Geschichte unseres Nationaltheaters, und einmal Stilwende heissen, Kunstwende.

252. Wolf, *München-Augsburger Abendzeitung*, 30.1.1920, in *Die Kritik* (1920), No. 7, p. 156.

   Wenn sich Georg Kaiser in die Bezirke der Antike begibt, so braucht man nicht zu befürchten, dass er, wie die Epigonendramatiker der fünfziger und sechziger Jahre, ein Stück archäologisches Hellas auf die Bühne bringen wird. Kaiser ist so vollkommen in seine Gedankenwelt und in seinen originalen Vorstellungskreis eingebaut, dass ihr die Philosophie Platons, mit der er sich in dieser neuen Dichtung berührt, mehr zum Widerspruch reizt, als dass sie ihm zur Anregung wird. Sein Sokrates — eigentlich müsste nämlich das Stück *Sokrates* heissen (oder Shaw würde sagen: *Der Held wider Willen*) — ist nicht der Sokrates Platons und Xenophons. Wenn auch die letzte Szene, die Schirlingsbecherszene, ziemlich getreu nach den Berichten, die von des Sokrates Schülern über seinen Tod aufgezeichnet wurden, gestaltet ist, schwebt doch ein anderer Geist über ihr als der Platons. Wie Sokrates selbst ein Ironiker war, so ist Kaisers Stück bis obenauf gefüllt mit Ironie, es ist Ironisierung des Ironikers. Dazu der steile, oft pathetische Stil der Sprache Kaisers und eine in effektvollen szenischen Bildern sich abrollende, aber nicht immer präzis verzahnte Handlung — das musste einen interessanten, wenn auch nicht vollkommen überzeugenden Eindruck geben; das Stück ist ein starker, charakteristischer Beitrag zur neuen Bühnenkunst, die wir zusammenfassend die expressionistische nennen.
   [...] Der Gegensatz des reinen Geistmenschen und des ausgesprochenen Triebmenschen ist in dem Drama stark herausgearbeitet, zugleich erkenntlich gemacht, wie nur die Vereinigung beider die Idealgestalt der hellenischen Welt, den 'Kaloskagathos', zu bilden vermöchte. Hier aber laufen Hermenmensch und Hermenstürzer getrennt durch das Leben. Ein geheimnisvoller Symbolismus blitzt zuweilen auf und die Stimmungswerte der griechischen Kultur, vergeistigt, wie sie Jakob Burckhardt beleuchtete, sind nicht ungenützt

geblieben.
Die Darstellung, von Otto Liebscher geleitet, setzte sich nachdrücklich und mit Begeisterung ein für Kaiser, der die Darsteller stets vor interessante und ungewohnte, lockende Aufgaben stellt. Auch der szenische Rahmen, von Herrn Pirchan angegeben, war originell und packend: durchaus nicht historisch, aber gerade deshalb durchaus Kaiserisch. Die Darstellung gipfelte in dem funkelnden prächtigen Alkibiades, von Herrn Ulmer sieghaft gespielt, ohne dass er in die naheliegende Nur-Körperlichkeit verfallen wäre, und in dem dunkeln, hässlichen Sokrates, eine ungemein schwierige Aufgabe, die man Herrn Stieler übertragen hatte, der sich redlich bemühte, aber nach meinem Dafürhalten den Charakter der Gestalt nicht erschöpfte. Phryne war Frau Ritscher, deren Organ wieder einmal schrill schnitt, die aber die Partie zweifellos im Sinne des Dichters spielte.
[...]
Der Beifall war, besonders nach dem Schlussakt, sehr stark.

253. Dr. HB., *Münchener Zeitung*, 30.1.1920, in *Die Kritik* (1920), No. 7, p. 156.

Androklus zog ihn dem Löwen aus der Tatze. Georg Kaiser stösst ihn dem Sokrates ins Fleisch. Wen? Den Dorn. Aber es ist ja gar nicht derselbe Dorn? Es ist der selbe! Was auch immer Emil Pirchan um diesen Dorn herum für Dekorationen geschrieben haben mag, dieser Dorn ist nicht von Georg Kaiser, sondern von Bernard Shaw.
Alles, was man dem Sokrates in Schulbüchern nachrühmt — sein Gleichmut, seine Gefasstheit vor dem Tode, seine Abkehr von Ehren und irdischen Genüssen, seine Tapferkeit —, dies alles gründete sich auf den fatalen Umstand, dass er sich einen Dorn eingetreten hatte, der sehr schmerzte. Ja seine gepriesene Weisheit, Fischweibern, Gastfreunden, Scherbenrichtern und dem Alkibiades gegenüber war nichts weiter als Notlüge und erpresste Ausrede: um nur ja nicht mit dem heimlich schmerzenden Fuss auftreten zu müssen — — wie! und diese Entgötterung, diese Entlarvung eines bisher allzu unbedacht hingenommenen Stücks Geistesheldentums, das wir schlechthin 'Sokrates' nannten, sollte nicht von Bernard Shaw sein?
Nun, sie ist trotz alledem von Emil Pirchan. Bei Shaw wäre eine Komödie daraus geworden, bei Emil Pirchan entstanden ganz furchtbar ernsthafte und pompöse Plakatentwürfe, mit Recht; denn Pirchan ist ein Maler. Nur schade, dass ein gewisser Georg Kaiser, der die Tips angegeben haben soll, plakatisch so unrentable Sachen, wie Schlachtfeld, Dachbodenraum, Gefängniszelle einmischte — Sujets, die man höchstens zur Zeit der Ludendorfspende teilweise hätte verwerten können. Um so hervorragender wirkte all das Übrige (grellrot, mit erhöhtem Horizont,

schlechthin monumental).
 Gleich das erste Plakat, auf dem Hellerauer Knaben mit anmutigen Arm- und Beinstellungen den Horizont zäunen und, unter dem 'pestilenzartigen Einfluss des Apollo von Belvedere', den Alkibiades durchaus nicht gerettet wissen wollen, weil er so schön, so über allen schön sei – gleich dieses gereichte jeder Tanzschule zu Gewinn und Ehre. Oder jenes andere, auf dem ein Preishochrichter dem Sokrates einen Goldkranz anbietet (den dieser allerdings nicht annimmt, weil er mit dem Dorn nicht treppensteigen kann), wünschte man geradezu, mit der Unterschrift 'Non plus ultra' versehen, einer Zigarettenfabrik gewidmet. Und gar jenes Baderaumplakat, auf dem Fräulein Ritscher, mit nur einer fabelhaften Perücke bekleidet, mehrmals eindringlich versichert, dass sie den Sokrates, nicht den Alkibiades liebe – was könnte sich ein Institut für Kosmetiks und Körperpflege Eindringlicheres wünschen. Schliesslich aber jenes pompöse Plakat, wo auf roter hoher Rampe die älteren pensionsberechtigten Schauspieler sitzen und den Sokrates zum Tod verurteilen, obwohl sie fortwährend versichern, dass der andere, der Alkibiades, die Schuld habe – dieses Plakat ist von solch eminenter Wirkung, dass ich vorschlage, selbiges als Theatervorhang für das Nationaltheater ausführen zu lassen, ich wüsste keinen stimmungsvolleren.
 Genug! Wir müssen Georg Kaiser recht verstehn. Wir müssen recht verstehn, warum Georg Kaiser, der bekanntlich mit Dramendichten so furchtbar überlastet ist, dass er kaum mehr nachkommen kann, seinen *geretteten Alkibiades* diesmal von Emil Pirchan hat schreiben lassen. Ohne Zweifel hatte er vom ersten Augenblick an richtig gefühlt, dass die Dekorationen, Kostüme, Requisiten und Rundhorizonte dabei das Ausschlaggebende wären und sich sogleich mit rührender Zurückhaltung darauf beschränkt, die Beleuchtungsvorgänge durch Stimmungsgemurmel, Stimmungsgeschrei und Stimmungsgeräusch hie und da zu unterbrechen. Und da wir sehr besorgt sind, Georg Kaiser möchte uns einige Dramen weniger zukommen lassen, als in seinem Handgelenk bereitliegen, so schlagen wir ihm vor, sich nächstens rein ans Pantomimische zu halten und die Figuren einfach Abschnitte aus dem Bürgerlichen Gesetzbuch (nach Streichung des Artikels der, die, das) aufsagen zu lassen; den [sic] es ist bei ihm ganz belanglos, was sie reden, selbst wenn sie (was sie lieben) ihr Sprüchlein dreimal sagen, belanglos.
 Es wäre mir leid, wenn jemand erzählen würde, dass Georg Kaiser eine unglückliche Liebe zur Sprache gefasst hätte. Denn, so sehr er sie auch modisch-knapp aufstelzt, ist es ihm nicht gegeben, in ihr auch nur das geringste Wesentliche auszusprechen. Es ist geradezu rührend, zu sehen, wie er sich bemüht, den Sokrates weise sein zu lassen, aber, Herr, dunkel ist der Rede Sinn, nichts weiter! Was der Sokrates redet, kann ihm allenfalls der Dorn abgepresst haben, aber nicht sein Verstand. Und es wäre fast ebenso rührend, zu sehen, was die Fischweiber, Scherbenrichter und Gastfreunde alles reden müssen, obgleich

sie doch eigentlich nur dekorativ dasitzen sollten, wenn es nicht noch langweiliger zu hören als zu sehen wäre.

Nein, es ist sonderbar, dass auch dieses Stück, welches wiederum so ganz auf Theatralik und Effekt gestellt ist, langweilig bleibt, und dies kann nur daher rühren, dass es nicht aus einer schöpferischen (dramatischen) Einheit aufsteigt. Das Stück ist voller Gesten und voller Worte; aber eines prallt nicht sinnvoll aus dem andern und so bleiben beide tot. Das Stück ist voller naiver Versuche, Spannung zu erwecken, indem es unklar über ein Irgendetwas reden lässt, in der Meinung, dies errege die Neugier, und dieses Irgendetwas dann schliesslich am Ende irgendwie banal aufdeckt; und es ist eben darum spannungslos, weil Spannung ein Wissen, mindestens ein Ahnen voraussetzt und nicht Verschleiern, sondern Klarheit und Fortschreiten verlangt. Das Stück ist voll naiven Vertrauens auf den Theaterzettel, ja auf das Textbuch, ohne dessen vorherige Lektüre es Missverständnissen Tür und Tor öffnet. Das Stück ist von einer Handlung, die es nicht lohnt zu erzählen, so irreal, gekünstelt und eigentlich unwahr ist sie, gerade auch in ihren Übertreibungen. Das Stück ist schlecht, mit einem Wort.

Die Aufführung war (von den Dekorationen abgesehen) noch schlechter. Die Regie des Herrn Liebscher versuchte zu reinhardteln, aber sie japste bloss. Keine Bewegung in den Massenszenen, keine Durchbildung der Einzelrollen. So tot hätte, wo alles wenigstens effektmässig sich hätte entladen können, nicht das ganze Stück zu sein brauchen. Herr Stieler spielte den Sokrates in der Maske Mimes, des Schmieds, und, nach dem siebenten Bild, in geänderter Charakterauffassung; Herr Ulmer als Alkibiades machte mit sämtlichen Muskeln: Uaah, Uaah!, und die üblichen grossen, erschütternden Heldenschritte taten ein Übriges. In keinem Winkel der zahlreichen Rollen wurde irgendeine Leistung wahrgenommen.

Das Publikum, während des Abends rechtschaffen ungerührt, dankte gleichwohl am Ende für die wohlgelungene dekorative Leistung durch sehr freundlichen Beifall, so dass sich der Dichter mehrfach zeigen konnte, während der Teil des Publikums, welcher anderer Meinung war, diesmal still und gesittet nach Hause ging, wie man es neuerdings mit Eifer allenthalben gepredigt.

[1920], *Erstaufführung, Württembergisches Landestheater, Stuttgart. Dir.: Wilhelm von Scholz; Max Marx (Sokrates); Kurt Junker (Alkibiades).*

254. anon., *Berliner Börsen-Kurier*, 2.2.1920.

Das Württembergische Landestheater brachte das Schauspiel *Der gerettete Alkibiades* von Georg Kaiser. Unmittelbar nach der Münchener Uraufführung mit starkem

Erfolg heraus. Unter Verzicht auf die Betonung eines
Grundgedankens umfasst das Werk neun eindrucksvolle, sehr
bühnenmässige Szenen, die durch die Spielleitung Wilhelm von
Scholz zu starker Bildwirkung gebracht wurden. Die
Darstellung war vorzüglich, besonders Marx als geistvoller
Sokrates und Junker als überlegener Alkibiades.

255. D., *Stuttgarter Neues Tagblatt*, 3.2.1920, in *Die Kritik*
(1920), No. 7, p. 160.

'Gebe ich euch ein Schauspiel? Ist es Tragödie oder
spielt sich Lachen hinein? Der Spieler oben weiss es nicht —
der Neugierige unten enthüllt es nicht — wie ist die
Vermischung vollkommen?' — Bei Georg Kaiser spricht Sokrates
diese Worte, nachdem er gelassen und mit der heiteren Ruhe
des Weisen den Schierlingsbecher geleert hat. Diese Frage
des Sokrates könnte auch über Georg Kaisers Stück stehen.
Hier mischt sich Tragisches mit messerscharfer Ironie.
Wehmütiges wird von Groteskem durchsetzt. Aber die
Vermischung ist nicht vollkommen. Sie ergibt kein Weltbild,
ist von keinem Lebensgefühl projiziert, das stark und
unmittelbar nach Ausdruck sucht. Nichts erscheint notwendig,
alles nur irgendwie interessant. Das Ganze mit sichtbarer
Freude am sprunghaft Paradoxen gefügt und mit einer kühlen,
überlegenen, um die innere Linie oft ganz unbekümmerten
Intellektualität zusammengehalten.
So bleibt auch Georg Kaisers Stück in drei Teilen *Der
gerettete Alkibiades* nur ein frostiger Genuss. Nur irgendwie
interessant. Intellektual-ästhetisch betrachtet sehr
fesselnd, wie Kaiser dramatische Situationen schafft, nicht
vorbereitet, rasch aufbrennen lässt, nicht zur Szene
entwickelt, steigert. Ein jähes Aufschreien, ein plötzliches
Kontrastieren von Pol und Gegenpol, das heftig
hingeschleuderte Verdammungsurteil in der Gerichtsszene: das
sind Mittel von Kaisers expressionistischer Technik des
dramatischen Momentes. Die Handlung selbst ohne innere
Linie. Bildmässig gesehen und herausgestellt. Die einzelnen
Bilder unter sich in Zusammenhang gebracht durch die beiden
Symbole: Dorn und Herme.
Was wollen diese beiden Symbole, was will schliesslich
die Handlung vom geretteten Alkibiades sagen? Es bedürfte
nur eines kleinen Rucks, und das Ganze könnte als vollendete
Satire und beissende Ironie gelten auf alles geschichtlich
überlieferte Heroentum. Gesehen aus einer Perspektive, die
Shaws witzige Persiflage vorgezeichnet hat.
[...] Der Dorn im Fuss. Ein dummer, blinder Zufall, ein
kleines Malheur als die eigentliche Ursache grossen
Heroenrufes und eines tragischen Endes: Das konnte immerhin
eine hübsche, bissige Satire über den landläufigen
Heldenbegriff und die Entstehung des heroischen Mythus
geben. Das wäre Georg Kaiser aber vermutlich zu eindeutig.
So vertieft er den Dorn zum Symbol. Irgend etwas, das wir

mit uns herumtragen, ein Fremdkörper, der in uns steckt, der unsere Handlungen bestimmt und umdeutet, uns leiden macht, ohne dass wir uns von ihm befreien können: so könnte das Symbol dieses Dorns gemeint sein. Seelisch genommen und mit Freuds Terminologie gesprochen also 'ein verdrängter Komplex'.

Dabei steht neben jenem falsch gedeuteten Heroismus des Sokrates noch ein echter, aus freiem Entschluss geborener: die andere Rettung des Alkibiades. Die Rettung vor der tödlichen Lächerlichkeit, in die der gerettete Alkibiades fallen müsste, würde die wahre Geschichte seiner Rettung bekannt. Und auch die edle Verteidigung des Alkibiades vor Gericht, mit der Sokrates die Gunst der Richter und sein eigenes Leben aufs Spiel setzt, hat mit der Geschichte des Dorns nichts mehr zu tun.

Hier in diesem letzten Teil wird die Fabel sehr willkürlich umgelenkt und eine grössere Annäherung an die geschichtliche Überlieferung gesucht, von der Kaiser sonst nur eine Menge von Einzelheiten in seine Handlung verwebt. Nicht immer glücklich. Das Bild mit dem Gastmahl steht in einer schlechthin kompromittierenden Distance zu dem Geist von Platons *Gastmahl*: Die eine Szene dort, wo Alkibiades hereintritt, trunken, auf die Flötenspielerinnen gestützt, einen Kranz von Efeu und Veilchen und sehr viele Bänder ins Haar gewunden, und dann jene wundervolle, innerlich glühende Rede auf Sokrates hält, diese eine, einzige Szene ist stärker, reicher an Leben und innerem Gesicht als der ganze *gerettete Alkibiades*. Im letzten Teil aber, in der Gerichtsszene, und vor allem in den letzten Szenen vor Sokrates Sterben spürt man einen ganz fernen und doch wundervollen Hauch der Antike.

So bleibt Georg Kaisers neues Stück als Ganzes fragwürdig. Man spürt einen eigenartigen Geist, findet ein Talent und sieht eine Hoffnung von neuem bestätigt. Und steht doch einigermassen enttäuscht vor der Tatsache, dass diese Hoffnung eben nur Versprechen, Ansatz bleibt und der Erfüllung nicht näher rückt. Weil dieses Talent, dieses oft glänzende Könnertum eben doch an irgendeinem Defizit zu leiden scheint, das letzte Erfüllung nicht zulässt.

Um dem *geretteten Alkibiades* den gebotenen Darstellungsstil zu sichern, müsste ein Regisseur unbegrenzte Proben zur Verfügung haben. Vor allem, wenn er mit Darstellern arbeitet, die weder auf Georg Kaiser noch sonst auf moderne Dramatik eingespielt sind. Darunter litten vor allem die Massenszenen, die von einem Kapellmeister geleitet sein müssen, der exakte Einsätze und ein kühnes Fortissimo kommandieren kann. Darunter musste weiter leiden das getürmte spezifisch Kaisersche Pathos der Rede, um das sich in der zu grosser Deklamation gesteigerten Szene am Stadthochhaus die Herren Dieterich und Franke bemühten. Für Sokrates stand Herr Marx auf der Bühne. Er ist in Einfachheit nicht ohne Grösse, in Schlichtheit nicht ohne Herz. Und er gibt jedenfalls eine Gestalt von darstellerischem Charakter und Ernst. Ihm gegenüber der

Alkibiades des Herrn Junker. Apoll neben einem Satyr? Doch nicht ganz. Ein hochgewachsener Alkibiades von guter Figur. Leider nicht von ebenso guter Geste, die gezwungen und ohne innere Freiheit wirkt. Ein Alkibiades, der allzu scharf und hochmütig erscheint, um sich als den Abgott der griechischen Jugend zu rechtfertigen. [...] In den szenischen Bildern zeigte Herr v. Scholz vor allem im Stadthochhaus und in der Gerichtsszene, dann aber auch in der eindrucksvollen Silhouettenwirkung des Zuges durchs Kakteenfeld eine glückliche Hand. Das Bild des Gastmahles litt durch die grelle Buntheit wahllos zusammengewürfelter Farben.

256. T. K., *Schwäbischer Merkur*, 1.2.1920, in *Die Kritik* (1920), No. 7, p. 160.

[...] Freilich ein Drama im hergebrachten Sinn ist sein *geretteter Alkibiades* nicht, sondern eher eine Reihe von neun Bildern von verschiedener Eindringlichkeit und Schlagkraft. Sie scheinen nur dadurch äusserlich verknüpft, dass sie in der platonischen Überlieferung über Sokrates wurzeln, deren aufrüttelnde Kontrastierung und fabelhafte Plastik Kaiser aufs höchste bewundert. Nach Landauers zutreffender Bemerkung war offenbar dem Dichter zuerst die Szene im Raum, das Bild, das Ereignis da, und aus diesen äusseren Zeichen lesen wir allmählich die Innerlichkeit, die geheimen Vorgänge, die unvereinbaren Wesenszüge und Erlebnisse in den Seelen der Menschen ab. Das trifft besonders zu auf Szenen wie die Rettung des Alkibiades durch Sokrates bei Potidäa, die Preiskrönung, das Syarsion bei Agathon, den Prozess und die Hinrichtung des Sokrates. Durch alle diese Bilder zieht sich als Faden und Leitmotiv bald deutlicher, bald weniger nachdrücklich betont der Gedanke, dass das Schicksal und die geistige Haltung des Menschen oft durch Zufälligkeiten, durch Kleines und Äusserliches bestimmt wird. So spielt im Leben des Sokrates der Dorn eine entscheidende Rolle, den er sich beim Feldzug in den Fuss getreten. Er macht den wegen seiner Schmerzen Zurückgebliebenen zufällig zum Retter des Alkibiades. Er bewirkt, dass Sokrates den goldenen Kranz an Alkibiades abtritt, weil den Verletzten das Emporsteigen zum Preishochgericht zu sehr schmerzen würde. Er ist die Ursache, dass Sokrates die Rücksicht gegenüber fremder Eigenliebe, dass er die Lockungen der Phryne, dass er die Furcht vor dem Tode verachtet. So wird der Kaktusstachel im Grunde der geistige Vater des Philosophen, die Uhrfeder, die sein Leben treibt, der Pfahl im Fleisch, der seinem Geiste Richtung und Gepräge gibt, die tiefste Wurzel seiner höchsten Erhebungen und seiner schwersten seelischen Leiden. Der Dichter führt diesen Gedanken keineswegs mit schulmeisterlicher Deutlichkeit durch. In einzelnen Bildern tritt er mehr in den Hintergrund, aber immer wieder klingt er an. Wenn manche Szenen zunächst nicht ganz durchsichtig sind, so wirken wieder andere überaus stark und geistig, so das fein abgestimmte Gespräch mit Xantippe in der Dachkammer, Sokrates und Phryne, Sokrates vor den Richtern und der Tod des Philosophen. Durchweg erfrischend und anziehend berührt die eigenartige Auffassung des Griechentums durch Kaiser. Er ist kein matter Nachtreter eines gipfernen Klassizismus. Sein Hellenentum ist nach Alma Tadema oder Paul Thumann gezeichnet. Es weist auch keine Spuren schwüler Überhitztheit im Stile von Hofmannsthals *Elektra* auf. Die Griechen Kaisers atmen die morgenfrische Naivität eines begabten, temperamentvollen, sinnenfrohen jugendlichen Volkes, und der Dichter freut sich, über ihr Wesen und Treiben die Lichter einer feinen Spöttlichkeit und farbigen Laune funkelnd hinspielen zu lassen, ähnlich wie Mauthner in seinem geistreichen Xantippe-Roman, der ebebfalls so gar nichts von der üblichen geschichtlichen Kostümdichtung an sich hat.

Der Spielleiter W. v. Scholz nahm sich des Stücks mit Hingebung an und schuf für die einzelnen Bilder teilweise prächtige Rahmen. Wie eindrucksvoll und doch mit einem leis ironischen Nebenton ist die Szene der Kranzverleihung gegeben, wie flott kommt die derbe Possenhaftigkeit des Fischmarktbildes heraus. Wie gross geschaut ist die Raumwirkung der Hochgerichtsarena, und wie stimmungsstark die Gefängniszelle. Nur beim Symposion, das zwar in den Farben sehr schön angelegt ist, wirkt der Linienzug etwas verworren und unruhig. Dem Sokrates von Max Marx konnte man seine sittliche Grösse und seine geistige Originalität wohl glauben. Er ist wirklich ein seltsamer Heiliger und ein echter Weiser, der durch Lehrhaftigkeit nicht beschwerlich fällt, sondern in allen Lagen seine menschlich gewinnende und achtunggebietende Haltung bewahrt. Kurt Junker gab dem durch Sokrates aus seiner flotten Selbstzufriedenheit aufgestörten Alkibiades frische Farben. Wenn er das Problematische, Herrische, Blendende dieser Gestalt lebensvoll ans Licht stellte, so trat daneben der mit dieser Gestalt immer verknüpfte Eindruck bezaubernder Liebenswürdigkeit mehr in den Hintergrund. [...] Die Aufführung wurde mit lebhaftem Beifall aufgenommen.

257. H. M., *Württemberger Zeitung*, 2.2.1920, in *Die Kritik* (1920), No. 7, p. 160.

Georg Kaiser ist aus der Welt der sozialen Utopien zum Griechentum, wie er es auffasst, abgebogen. Wieder drängt sich die merkwürdige Übereinstimmung zwischen seinem Weg und den ebenso eigensinnig gewählten Stationen der Shaw'schen Dramatik auf: ähnlich dessen Bemerkungen über 'scheinbare Anachronismen', die der Historie von Cäsar und Kleopatra in auftrumpfender Gescheitheit angehängt sind, hätte auch Kaiser seiner Historie von Alkibiades und Sokrates eine philologische Spötterei folgen lassen können. Denn auch er

springt mit Tatsächlichkeiten der Überlieferung und mehr
noch mit dem Geist von dem, was wir mit und ohne Hölderlin
unter dem Begriff Hellas verstehen, mit ziemlicher Kühnheit
um. Und auch ihn reizt es wie den Iren vor allem, das
Heldenpathos, mit dem wir die fernen Zeiten gerne erfüllen,
mit kritischer Nadel anzustechen.
[...] Die szenische Führung dieses Kampfes ist,
nebenbei bemerkt, kein Meisterstück des Regisseurs Kaiser,
seine Technik ist hier geradezu oberlehrerhaft unbeholfen
und naiv.
[...] In einer Reihe weiterer Bilder und Anekdoten wird
uns das Leben und Treiben des gestachelten Philosophen vor
Augen geführt, ohne dass man behaupten könnte, dass dem
Scherz der Satire und der Ironie nun auch stets die tiefere
Bedeutung zukomme. Operettenhaft drollig und auch billig
gehts auf dem Fischmarkt zu, wo um den standhaften
Weltweisen herum eine höchst naturalistische Wasserschlacht
der Fischweiber tobt. Beim berühmten Gastmahl des Agathon
spürt man vom Geiste der Platonschen Dialoge kaum einen
Hauch, und auch wenn Kaiser seinen Sokrates vor das
Hochgericht stellt und in die Gefängniszelle begleitet,
verlässt er sich mehr auf unsere klassischen Erinnerungen,
als dass es ihm gelänge, das berühmte Bild aus eigenem zu
beleben und zu durchgeistigen. Er vergisst selbst seinen
ursprünglichen Einfall, den Dorn im Fuss, und dramatisiert
recht und schlecht seinen Platon zu Ende. All unsere
hübschen Schlagwörter aus der expressionistischen Ästhetik
versagen gegenüber diesen bald kecken und geschickten, bald
altmodisch flachen und rührsamen neun Bilderchen, die denn
auch offensichtlich zunächst mit ziemlicher Enttäuschung,
und erst gegen den Schluss mit dem Beifall aufgenommen
wurde, den man hierzulande dem Schauspieler nie versagt.
Soweit aber der Dichter daran teil hatte, verdankte er
seinen Erfolg der in fast allen Szenen leise mitschwingenden
Aktualität seines Stoffes. Es ist das Athen, das
siebenundzwanzig Kriegsjahre hinter sich hat und von der
Beherrscherin der Meere infolge von Kriegsverlusten,
Hungersnot und Seuchen zur ärmlichen Provinzstadt
herabzusinken droht und in den Sitten verwildert, durch
leidenschaftliche Parteiungen innerlich zerrissen, keine
Scheu mehr trägt, seine unglücklichen Feldherren und seinen
weisesten Bürger vor das Gericht zu zerren. Kaiser hütet
sich zwar im allgemeinen vor gar zu deutlichen Anspielungen
auf unser eigenes Schicksal, Oligarchie und Demokratie
spielen bei ihm keine Rolle, er verzichtet sogar darauf,
seinem Sokrates aus dem bekannten Veto, das er als einziger
gegen die Aburteilung des Feldherren einzulegen wagte, einen
heute besonders wirksamen Nimbus zu schaffen. Und man dankt
ihm das. Trotzdem bleibt es fraglich, ob das Stück, wenn
erst wieder eine andere Luft in Deutschland weht, auch noch
die geringe Wirkung tun wird, die es auf uns Heutige übt.
Kaiser fehlt es vor allem an Mut zum eigenen Witz, an der
innerlichen Überlegenheit des Satirikers, überhaupt am
Humor. Manchmal, so besonders in der Preisgerichtsszene und

auf dem Kakteenfeld, weiss man nicht, ist das nun ernsthaft oder komisch gemeint. Treiben andere mit ersten [sic] Dingen Spott, so treibt Kaiser, möchte man sagen, mit komischen Dingen Ernst.

Auch Herr v. Scholz als der Spielleiter kam aus dieser Verlegenheit offensichtlich nicht heraus. Er überlieferte zwar den Sokrates seinem witzigsten Komiker, Herrn Marx, der aber fasste die Sache todernst auf, wie eigentlich nur ein Komiker ernst sein kann. Doch ist nicht zu leugnen, dass sein auch in der Maske vorzüglicher Philosoph in den Schlussbildern zu einer gewissen menschlichen Grösse emporwuchs; es gehörte für ihn gewiss nicht wenig Selbstbeherrschung dazu, des elegischen Tons den ganzen Abend hindurch nicht satt zu werden. Den Alkibiades, aus dessen dürftiger Charakteristik man auch nicht klug wird, gab Herr Junker in schneidigem Stil; ein für griechische Begriffe höchst eleganter, von der Volksgunst verhätschelter Offizier. [...] Dankbare Rollen gibt es in dem Stück überhaupt nicht.

Europa

5.11.1920, Uraufführung, Grosses Schauspielhaus, Berlin.
Dir.: Karlheinz Martin; sets: Ludwig Kainer; Alexander
Moissi (Zeus); Hermann Thimig (Hermes); Heinrich George
(substitute for Werner Krauss) (König Agenor); Roma Bahn
(Europa); music composed by Werner Robert Heymann.

258. F. E. [Fritz Engel], *Berliner Tageblatt*, 6.11.1920.

Am Schluss das Plebejerkonzert des Theaterskandals.
Dadaistische 'Simultangeräusche', Klatschen, Trampeln,
Zischen, Pfeifen, Tirilieren. Der Regisseur Karlheinz Martin
verschafft sich mühsam Gehör. Er dankt 'für die freundliche
Aufnahme'. Auch begrüsst er den Beifall als Zeichen
menschlichen Anteils an dem Dichter. Diesen Anteil nehmen
wir. Wir denken mit Schmerz an ein noch ungeklärtes
Menschenschicksal, das einen in jedem Fall Hochbegabten ins
Dunkle stürzt.
    Auch Kaisers *Europa* zeigt sein grosses Können. Er
parodiert die Griechensage, um sich parodierend auch gegen
alles Pflaumenweiche zu wenden. In 'Spiel und Tanz', wie er
sein Stück nennt, dichtet er zugunsten männlicher Kraft,
beinahe politisch, beinahe militaristisch. Der leicht
Gestimmte, leicht Umgestimmte hatte auch diesen Bolzen im
Köcher.
    Das Stück zeigt Spuren allzu leichter Geburt, es ist
oft grob, oft banal. Diese Stellen gefielen am besten. Die
Feinheiten verschwanden im Riesenraum und unter der Hand
einer Regie, die ihrer nicht achtete und so recht auf
grosses Schaustück ausging. Neben dem unechten Stier, in den
Zeus sich verwandelt, gab es auch ein echtes, dickes,
geputztes Brauerpferd, das freundlich mittrampelte. O
hochseliger Zirkus!
    Hauptdarsteller: Moissi als Zeus, leichtbeschwingt und
liebenswürdig; Thimig als Hermes, der munterste Hofnarr, den
je ein Gott gehabt; Heinrich George als König mit gutem
Possenhumor; Roma Bahn als Europa, ein zierliches,
blutvolles, gesundes Elfchen. [...]

259. Fritz Engel, *Berliner Tageblatt*, 7.11.1920, GKC and in
Die Kritik (1920), No. 47, p. 818.

Im Jahre 1915, als er *Europa* schrieb oder so lange er
daran schrieb, war Georg Kaiser in sehr heiterer Laune.
Umwallt von den Fahnen der grossen deutschen Siege,
überschäumt von dem Glauben, dass die Welt von dem Muskel

des Stärkeren regiert werden müsse, dichtet er ein Stück zur
Verherrlichung männlicher Kraft. Es ist ein
antipazifistisches Gebilde, daran kann niemand zweifeln; auf
Nobels Friedenspreis, der ihn herausreissen könnte, wird
Kaiser verzichten müssen. Zugleich regt ihn die neu
aufgekommene Lust am Rhythmus der Bewegung nebst ihren
süsslichen Übertreibungen an. So schreibt und bezeichnet er
das Thema als 'Spiel und Tanz'. Er kann ja alles, er
schreibt sozial, kommunistisch, optimistisch, pessimistisch,
historisch, mystisch, aufklärerisch. Ihn drückt nicht mit
Hebbelschwere eine Weltanschauung. Dieses ungeheuer
rezeptive, anormal reizbare Gehirn modelt rasche Eindrücke
ebenso rasch, fast automatisch, in irgendeine Abart der
dramatischen Form. Alles wird ihm zum Stoff und
springquellartig, aber kunstmässig umgrenzt, bläst er ihn
wieder heraus. Kaum ein Ewigkeitsgenie, aber ein
erstaunliches Zeitgenie.

Auch der 'Wurf' dieses Stückes ist gross, ist frei und
leicht. Dafür fehlt die Sorgfalt, es wird nicht gehobelt,
nicht geschliffen. Alltägliches wird nicht fortgeknetet. Der
alte Mythos, die Menschwerdung der Gottheit, im innersten
Kern tiefernst, wird, wie es schon grosse Vorbilder getan,
mit Witz behandelt. Der Mensch ruft Gott auf die Erde nicht
immer nur, um sich zu seinem Ebenbild zu gestalten. Er lockt
ihn zur Entschuldigung seiner eigenen Unzulänglichkeit und
Sündenfülle herunter. Auch hier steigt Zeus, der Kalif des
Griechenhimmels, verkleidet und abenteuernd ins irdische
Gefilde. Auch hier begleitet ihn wie bei Plautus, bei
Molière, bei unserem nicht viel gespielten, dennoch
leuchtenden Kleist und bei Offenbach sein kuppelnder
Verkehrsminister Hermes auf den verbotenen Wegen.

Bei Kaiser kommen sie nicht ehebrechend zu Amphitryon,
die Sache ist diesmal harmloser. [...]

Georg Kaiser steuert seinem eigenen Schlusse zu. Europa
wird mit der Stierpost nicht bis nach Kreta bemüht, sie wird
nicht die Mutter dreier berühmter Autoritäten. Sie kehrt
zurück, nach einer einzigen Nacht, blühender und erfahrener.
Damit wird die Überlieferung verlassen; sie ist es schon
vorher, denn Europas Bruder Kadmos ist lange vor dem Raube
von Hause fort und wird vom Vater in grotesk flennender
Tragik wie ein Toter beklagt. Nun kommt er nicht selbst,
aber seine Kinder sind da, die aus der Drachensaat
Gezeugten, und es sind echte Männer. Sie sollen Germanen
sein. 'Mächtige Gestalten, bärtig, gelber Haarschopf, Felle
auf der Brust, rauhe Beine.' Noch einmal, wir schreiben
1915. An diesen Rauhbeinen soll die schlappgewordene Welt
genesen. Europa stürzt dem Anführer, ihre Freundinnen, ihre
Mägde stürzen seinen Kriegern in die Arme. Es ist ein
jauchzendes Finden der Geschlechter, wie in der *Lysistrata*
des Aristophanes. Man wird, um sich in Kraft fortzupflanzen,
auf die Völkerwanderung gehen und ein neues Land suchen. Es
soll 'Europa' heissen. Eben, kaum verhüllt, Deutschland; nun
ganz Europa. Ein Gleichklang, der Schlusswirkung zuliebe.

Kaiser liebt sie sehr, die Schlusswirkungen. Er ist dann zu manchem Opfer bereit. Aber sein Werk im ganzen blüht trotz Unfertigkeit in vielen Reizen. Wenn wir auf die politische Deutung verzichten, ist es gesund, scheinbar gesündestem Verstand entsprossen. Ein Dionysosspiel als Satirspiel.

Kaisers netteste Einfälle, hübsche flirrende Sonnenlichter, gehen im Grossen Schauspielhause verloren. Dieses Ungetüm von Raum ist ein Riesengrab für alles, was nicht lärmt und grellt. Das Kompakte siegt, das Handgreifliche, das Vierschrötige. Man fühlt den Regisseur immer im Angstschweiss zwischen den Bedingungen des Raumes und seiner Lust am Verfeinern. Karlheinz Martin sänftigt oft das Grobe und dann gibt er es wiederum gröber. Man sieht schöne Gesamtbilder; sehr gut sind wieder die Silhouetten bewegter Gruppen, sehr gut die Verknüpfung der Akte durch Umzüge. Aber da das feine Wort verhallt, wird das laute gesteigert. Man dichtet dem Dichter sogar hinein. Im fünften Akt sagt der friedselige König: 'Wir haben ja die Waffen abgegeben!' Hochaktuell, nicht wahr? Schmunzeln, Lachen, Beifall. Ein Tingeltangeleffekt. Georg Kaiser hat den Satz nicht geschrieben.

Von dem trampelnden Gaul will ich nicht sprechen. Auch dieses Ross ist eine Regiepointe. Schon der kachierte Stier hat seine Bedenken. Es bleibt eine gewagte Sache, zwischen Kinderei und Roheit, wenn wir nicht in Märchen- und Symbolstimmung sind, wie in Maeterlincks *Blauem Vogel*. Diese Bestie ist aber nun einmal nötig. Sie brüllte gestern übrigens sehr unstierisch.

Am Schluss verkennt der Regisseur den Sinn des Stückes. Er streicht aus dem Text markante Sätze, der raschen Abwicklung, dem Raume zuliebe. Wo aber steht, dass die Männer, die Germanen, die Frauenbesieger 'komisch' sein sollen? Wenn Kaisers Lied zum Ruhme der Männlichkeit nicht umsonst gesungen sein soll, müssen wir Kraftgestalten sehen, Recken, Naturmenschen. Übertriebene Kraftmeierei darf in Spuren angedeutet werden. Hier aber kam hinter einem Anführer, der nicht zu wenig wüst war, ein Haufe spilleriger Karikaturen, über die man lachen sollte. Damit wurde die Satire durch die Satire getötet.

260. Hermann Kasack, *Die neue Schaubühne*, 2 (1920), 331-32.

War hier der 'alte' Reinhardt nicht sonderlich bemerkenswert tätig, trat uns im Grossen Schauspielhaus der 'neue', in Gestalt von Karlheinz Martin, mit Georg Kaisers Tanz-Spiel *Europa* entgegen. Von vornherein muss gesagt werden: es bedeutet eine ausserordentliche Verkennung von Georg Kaisers Stück, wenn man es in den Rahmen des Grossen Schauspielhauses stellen zu müssen glaubte. Dieses Stück einmal ganz in der Absicht, wie es der Dichter schuf, auf einer intimen Bühne gespielt zu sehen, ein Duft von Tanz,

Sprache, Musik —: welcher Traum ward so zerschlagen! Der
Geist dieses Stückes wurzelt in dem Einen: Bewegung. Aus der
unendlichen Bewegung, die Seele zu Körper und Körper zu
Seele werden lässt, entsteht hier das Wort. Das Wort wird
sinnvoll, die Dichtung raumhaft: durch die Bewegung.
   Was geschah im Grossen Schauspielhaus?
   Man opferte der Dimension des Spiel-Platzes das
Idyllische, man opferte die Feinheiten, das Schwebende, die
Nuancen dem Massenbetriebe, der vergröbernden Massenwirkung.
Man fälschte die Dichtung in eine Burleske. Man agierte eine
Offenbachiade mit untauglichen Mitteln. Denn die derben
Witze und Spässe, die man als Ersatz für die lebhafte
Streichung Georg Kaiserscher Stellen einzufügen sich für
berechtigt hielt, töteten auch den letzten Funken der feinen
Ironie, die über dem ganzen Werke schwebt. Es schien, als
wolle man die Worte Rudolf Borchardts, die er in einem
Aufsatz über das Grosse Schauspielhaus schrieb, erhärten
lassen: 'Nur wenn das Belustigungsbedürfnis des Publikums
als das denkbar niederste und trivialste vorausgesetzt wird,
kann die Direktion eine Aufführung wagen, bei der sie noch
zu gewinnen hoffen darf.' In diesem Sinne darf man die
Aufführung der *Europa* als konsequent durchgeführt
bezeichnen. Die Farben des Horizontes, schreiend, ob rosa
oder lila, die elektrischen Birnen, von der Cirkuskuppel
herunterfallend als Sternschnuppen (an Fäden aber, die im
Scheinwerferlichte dann wieder sorgsam heraufgezogen werden
—) die travestierten Krieger im letzten Bilde (das obligate
Cirkuspferd, das man dem Anführer zudiktiert hatte, liess
man wenigstens in den Wiederholungen im Stall), die 'kleine
mondbestrahlte', quer über die Bühne gezogene Wolke nicht zu
vergessen: all dieses, z. B., waren nur Konsequenzen, die
sich aus der erwählten Absicht, *Europa* im Grossen
Schauspielhause in der oben skizzierten Art zu spielen,
ergaben. — So kann ich auch über die Regie Karlheinz Martins
im Einzelnen nichts sagen, weil mir die grundlegenden
Intentionen dafür irrtümlich erscheinen. Ein zwar nicht
ungewöhnlicher, aber in seiner Ausführung glücklicher
Gedanke war es, die einzelnen Akte durch ein Pantomimenspiel
zu verbinden: Und was soll man über die Darstellung der
Schauspieler sagen? [...] Am besten noch trafen Krauss und
Thimig den vom Regisseur geforderten Stil. Und Moissis
Tanzgewänder waren wirklich schön. Aber, nicht wahr, man
besetzte mit Namen, statt Tänzer spielen zu lassen. Oh: und
man dachte heimlich an das frühere russische Ballett ... aber
hier hatte ja Fräulein Ellen Petz die Tänze einstudiert, und
so das Tanz-Spiel *Europa* desillusioniert. Und die Musik
Werner Robert Heymanns fügte sich dem allen ein.
   Immerhin soll, um dieses zu betonen, darauf hingewiesen
werden, dass die Direktion des Grossen Schauspielhauses ihre
Bühne nicht als moralische Anstalt auffasste, in einem
Moment, wo es die bürgerliche Presse für nötig hielt, über
Georg Kaiser ein Geschrei zu erheben, weil er — aus bisher
niemandem bekannten Motiven — die Grenzen bürgerlicher
Konvention und Moral verlassen hat, dass sie das allein

Selbstverständliche tat: An der künstlerischen Sendung Georg Kaisers unbeirrt festzuhalten, und diese wenn auch hier mit verfehlt erscheinenden Mitteln durchzusetzen.

261. Ernst Heilborn, *Das literarische Echo*, 23 (1920-21), 348.

Diese *Europa* von Georg Kaiser ist der zweite Akt seiner *Sorina*: wieder hat sich Georg Kaiser in der Travestie versucht, und das Ergebnis blieb das gleiche. Auch die eine Eigenschaft, die er besass und an der kein Zweifel rühren konnte, Bühnentechnik, hat ihn hier verlassen. Und um seine und in seiner *Europa* ist die Leere.
Immerhin mag der dramatische Einfall als solcher bestehen: Fräulein Europa ist Königskind in einem Lande, das in langem Frieden in Verzärtelung verfiel; um so reger der derb sinnliche Appetit in ihr und ihren Mädchen; der Zeus, der tänzelnd und tanzend um sie wirbt, wird fortgeschickt; der Zeus, der ihr als Stier kommt, trägt die Braut heim. Aber in diesem Einfall ist auch das ganze Stück; keine lebendige Charakteristik, kein aufblühender Witz verhilft dem Skelett zu Fleisch und Blut. Ein wenig Wind nur, und in die dürren Knochen kommt Bewegung: nun heisst es Tanz und Spiel.
Ja, das war anders, als Offenbach die Ironischen seiner Zeit sich zu Textdichtern aufrief. Dies zweite französische Kaiserreich war aber auch — und das scheint Kaiser vergessen zu haben — eine andere Zeit. Es ist schlecht spotten mit dem Halseisen vor der Kehle.

262. Hans Knudsen, *Die schöne Literatur*, 21 (1920), 299.

Im Grossen Schauspielhause hat der Regisseur Martin der *Europa* Georg Kaisers, einem seiner liebenswerten Stücke, das kräftige, urwüchsiges Leben gegen Tanz-Grazie und frisierte Dekadenz ausspielt, insofern unrecht getan, als er dieses Spiel mit Musik und Tanz auf einen nahezu Offenbachischen Parodie-Ton stellte, ohne spürbare Rücksicht auf den Wortlaut des Buches, ohne Rücksicht auf die ganz unparodistische, weiche und feine Musik. Mit einer Ansprache glaubte er sich übrigens auf die Seite derer stellen zu müssen, die den offenbaren Diebstahl Georg Kaisers sehr behende entschuldigen wollen. Die Aufführung passte in das grosse Haus und war trotz allem vielfach sehr reizvoll.

263. Monty Jacobs, *Vossische Zeitung*, 6.11.1920, in *Die Kritik* (1920), No. 47, pp. 819-20.

Wenn das Licht vor dem Schauspiel des Dramatikers
Kaiser aufflammt, um dieselbe Stunde wird dem
Untersuchungsgefangenen Kaiser, knips, von aussen her das
Licht abgedreht. Es ist der trübseligste Moment des
Gefängnistages, und niemals schnürt sich die Fessel dem
Angeketteten schärfer in die Haut.

Man kommt nicht darüber hinweg, dass der Dichter der
Bürger von Calais in die Tiefe gestürzt ist. Doch über den
ungeklärten Fall darf nur mitreden, wer mit der Person oder
mit der Sache vertraut ist. Wir andern tun gut, zu schweigen
und lieber die Justiz zu drängen, dass sie die Klärung
beschleunige.

Schweigen ist eine schwere Kunst. Auch der Regisseur
Karlheinz Martin muss sie noch lernen. Gestern hielt er
mitten im Premierentumult eine Ansprache. Sehr hübsch von
ihm, dass er sich öffentlich zu seinem Dichter bekennt. Aber
durfte er auch den Beifall der 'Wohlgesinnten' als
Demonstration deuten? Dann hätten ja die Pfeifer gegen den
Untersuchungsgefangenen Kaiser gewütet?

Dieses oder jener gewiss. Aber ich will dem Redner
Karlheinz Martin verraten, wer in Wahrheit den Zorn der
Opposition gereizt hat. Es war der Regisseur Karlheinz
Martin.

Kaisers *Europa* und Martins *Europa* trennt nämlich
voneinander eine Kluft, so breit wie die Szene des Grossen
Schauspielhauses.

Aus Kaisers Buch steigt ein Tanzspiel heraus, frei und
unbeschwert, mit einer Hand, so leicht und locker geformt,
wie sie in Deutschland zu den Raritäten gehört. Damals
reizte den Anfänger der Übermut, klassische Paare mit jungen
Augen dreist und frisch zu betrachten. Tristan und Isolde in
seinem *König Hahnrei*, Judith und Holofernes in der *Jüdischen
Witwe*, endlich Zeus und Europa.

Über die blosse Travestie des Mythus schwebt das
Tanzspiel flott hinweg. Denn Prinzessin Europa lebt in einem
Lande, das alle Waffen abgelegt hat, an einem Hofe voll
Abklärung, voll gedämpfter Kraft, voll verflüchtigter
Schwere. Höchster Ehrgeiz der Männer, den Blumen pflückenden
Mädchen zu gleichen, höchster Ruhm: der Vorrang im Tanzen.
Zeus passt sich an und übertrumpft alle schwebenden Tänzer
an Leichtigkeit, um Europa als Kampfpreis zu gewinnen. Zum
Lohn lacht die Prinzessin ihn aus. Wenn er aus Rache die
Spötterin überfällt, zum tollen Stier verwandelt, so findet
zu seinem Staunen Europa an der Brutalität erheblich mehr
Gefallen als an der Grazie. Am Lendemain brechen Krieger ins
Land ein, so rauh, so zottig wie der Stier, und dieser
Drachensaat ihres Bruders Kadmos wirft sich Europa in die
Arme. 'Echtes Leben ist starkes Leben, und das stärkste ist
das beste', so formuliert Europas Vater Serenissimus aus
Hellas die vom Regisseur getilgte Moral des Stückes.

Dieses Tanzspiel hat eine Tendenz wie kein anderes
Ballett der Welt: nämlich gegen das Tanzen. Es mag
geschrieben sein, als der Tangogeist dem Geist des
Schützengrabens unterlag, von einem Betrachter, der über die

sanfte Verblödung der europäischen Jugend im Kultus der Beine lachte.

Auch über jenes Gesindel lacht das Spiel, das seinen falschen Anspruch auf den Künstlerrang legitimieren will, indem es mit dem Femininen seines Wesens prahlt. Militarismus? Ach nein, so schwer drückt Kaisers Hand die Tasten nicht, auch wenn er den Männern und Kriegern den Einzugsmarsch spielt.

Dies ist Georg Kaisers Spiel, durchaus nicht herzenswärmer als seine anderen Schöpfungen, aber an Grazie und Freiheit verlockend genug, um eine Aufführung zu wagen. Kein Stück passt besser zum Kammerspiel, als die zarte Schnurre von der Prinzessin Europa.

Martin, der Regisseur, zerrt es gleichwohl ins Riesenhaus, in die Arena. Hier kann nur mit dem Zaunpfahl argumentiert werden, und so heisst es, auf das Lebenselement des Spiels, auf alle Künste leiser Ironie zu verzichten. Zum Ersatz wird der Geist der Parodie heraufbeschworen und das Schwebespiel stürzt ab, hinunter zur Biermimik.

Im Text des Buches gibt es Stellen genug, in denen die Travestie einschlüpfen darf. Aber wie bleiern, wie abgeschmackt wird alles, wenn diese Intermezzi den Ton des Ganzen bestimmen! Die Männer an König Agenors Hof haben als feminine Schwätzer vorüberzuhuschen. Im Grossen Schauspielhause aber heischt der genius loci: Verzerrung ins Plumpe. So werden aus den Ästheten Eunuchen, geputzte Hämlinge, schaudervoll zu ertragen, von einer verblendeten Regie jedoch überall in den Vordergrund gedrängt. So werden aus den Männern und Kriegern des Schlussaktes rohe Bestien, so wird Kaisers Text mit einer Dreistigkeit vergröbert, die immerhin nicht üblich war, bevor die Reinhardt-Bühnen zu Hollaender-Bühnen wurden.

Ceterum censeo: das Grosse Schauspielhaus ist schleunigst zur Hebung der Wohnungsnot zu verwenden. Denn es hat wieder einmal, und diesmal einen Künstler wie Karlheinz Martin, verführt, ein Flötenspiel durchs Megaphon zu tuten.

Ein Dichter muss es büssen, und so kann auch die Virtuosität nicht versöhnen, mit der Martin nun, wirksamer als im *Weissen Heiland*, den Raum beherrscht. Ludwig Kainers Schauplatz mit seinem geschnörkelten Meer und seinen grünen Riesenranken, passt freilich besser zu Kaisers als zu Martins *Europa*. Aber am reinsten wirkt die Landschaft, wenn zu Werner Robert Heymanns Musik stumme Prozessionen vor dem dunklen Abendhimmel einherziehen.

Den Solisten fährt stets der forcierte Geist der Parodie in den Nacken. Auch Alexander Moissi, so viel Hurtigkeit und Rhythmus er für den schwebenden Zeus mitbringt. Für den Humor brauchte er nicht zu sorgen, denn neben ihm flötet und stolpert ein unwiderstehlicher Hermes, so jungenhaft in seiner Laune, so ungezwungen im Humor, wie das ganze Spiel sein müsste und wie es doch nur Hermann Thimig ist. Werner Krauss muss irgendwo in der Welt filmen und so ist denn Kaisers Serenissimus gut genug für seinen Ersatzmann George mit humorloser Drastik. Prinzessin Europa

ist Prinzessin Backfisch, wenn die zarte Roma Bahn sie spielt, schnuppernd vor Lebensneugier und recht in der Illusion, fürs Kammerspiel geboren und deshalb ein Opfer mehr im Molochrachen der Arena.
   Im Schlussakt erschien ein lange erwarteter Darsteller. Denn der Anführer der Krieger sass auf einem Zirkusgaul. Im vollen Ernst: ein Fortschritt! Denn die Arena kann erst wieder redlich werden, wenn sie entschlossen von Kaisers Text zu Martins Pantomimen, von der Künstlerfalle zum Tummelplatz edler Tiere heimfindet.
   Willkommen, lieber Schimmel!

264. M. M., *Vossische Zeitung*, 6.11.1920, in *Die Kritik* (1920), No. 47, p. 820.

   Werner Robert Heymann hat Georg Kaisers *Europa* mit einer ziemlich umfangreichen Musik versorgt. Es fällt zuerst angenehm auf, dass durch bauliche Veränderungen die Musik aus dem Nebenraum, in dem das Orchester aufgestellt ist, stärker und deutlicher in den Hauptraum dringt. Immerhin fehlt dem Klange auch jetzt noch die schwingende Atmosphäre sozusagen. Heymann hat sich in seiner Musik dem Charakter des Spiels geschickt angepasst: Operettenmusik ist es, die er bietet, ein wenig gehoben und ein wenig modern aufgeführt. Eine süsse und sinnliche Melodie der Violinen, in ihrer Wirkung durch eine interessante Gegenmelodie bereichert, fällt mir auf. Ein rhythmisch pikanter Rüpeltanz, ein hübsches Stück im Tempo des Menuetts. Jedenfalls ist Heymann ein Musiker der Operette, der praktische Einfälle hat und der um ihre gefällige instrumentale Einkleidung nicht verlegen ist.

265. Karl Strecker, *Tägliche Rundschau*, 7.11.1920, in *Die Kritik* (1920), No. 47, p. 819.

   In den *Blättern des Deutschen Theaters* äussert sich Georg Kaiser selber über sein Stück. [...] Wenn Kaiser in dieser Selbstbespiegelung behauptet: 'Die Tragödie bestimmt Aufstieg des Menschen im [sic] Bezirke des Vollkommenen [sic] — das Lustspiel belächelt sein Verharren auf bequemer Ebene' — so zeigt das, wie wenig er über diese beiden Begriffe nachgedacht hat. Man könnte den ersten Satz einfach umkehren und sagen: 'Die Tragödie bestimmt Absturz des Menschen im Bezirk des Unvollkommenen' und leicht wäre nachzuweisen, dass auch das Lustspiel von Kaiser durchaus falsch charakterisiert wird.
   Dies Missverstehen erklärt viel im Schaffen des Dichters. Tragisches, Komisches, Halbtragisches, Halbkomisches, wechseln kunterbunt, von Grotesken umrankt, von dichterischen Lichtblitzen durchzuckt. Auch seine *Europa*

hat keinen einheitlichen Stil, ist ein Zwitterwesen mit Fischschwanz und Kletterhänden. Was geschieht? [...] Zeus [...] wirbt um Europa, aber auch ihm misslingt die Tanzprobe. Zornig und in seinem Götterbewusstsein verletzt, verwandelt er sich in einen Stier und trägt so die Europa ins Meer, schwimmt mit ihr davon. Wohin weiss man nicht. Denn jäh bricht der Dichter den Verlauf der griechischen Sage ab und flickt ein Schwänzchen aus einem oder vielmehr aus zwei anderen Mythen daran; von der Saat der Drachenzähne, aus der kriegerische Mannen erstehen, und von dem Weiberraub des Romulus für seinen Männerstaat. Ob Georg Kaiser, der dies Stück während des Krieges schrieb, damit eine politische Tendenz verfolgte, lässt sich wohl vermuten, aber nicht behaupten, denn der Ausklang ist unklar und widerspruchsvoll.

Wie das ganze Werk. Ein Dichter hat es geschrieben, soviel ist gewiss, aber durch ein stilloses Schwanken im Ton, durch Verknüpfung verschiedenartiger Motive, durch jähes Hinabgleiten aus leichtbeschwingter Poesie in derben Possenton hat er ein in der Anlage gefälliges Werk verdorben. Zumal für die Aufführung. Wie ist, um nur einen Hauptpunkt herauszugreifen, das 'Auftreten' des Stiers möglich? Kaiser gibt folgende Regieanweisung: 'Der Stier — ein gewaltiges scheckiges Ungetüm, bricht hinter der Weide hervor. Mit wenigen, hohen Sätzen erreicht er den Kreis der Mädchen und steht nun mit gesenkten Hörnern und rollenden Augen, grosse Schaumflocken vom Maule schleudernd — aufbrüllend — die bebenden Flanken mit dem schweren Schweif peitschend.' Zum Glück erfüllt Zeus wenigstens folgende Ankündigung, die er vorher gibt, nicht: '... und verliere einen gewaltigen (gegen das ausverkaufte Haus gewendet) — mit Erlaubnis zu sagen —: Fladen.'

Man erkennt aus diesen Proben schon die schlechte Legierung des Ganzen. Was sollte der Spielleiter mit solchem Zwitterding anfangen? Gab er es im Stil hoher Poesie, so hätte unfreiwillige Komik schon bei Zeus in der Tanzstunde das Stück vernichtet, geschweige denn beim Auftreten des Stiers. Herr Martin stimmte das Ganze auf einen ulkigen Offenbachstil. Sehr zum Schaden der dichterischen Bestandteile, welche (wie man nachher beim Lesen des Buchs ganz erkennt) überwiegen. Durchaus ungehörig waren die eingestreuten Witze, wie das dem König Agenor zugefügte Wort: 'Wir haben ja die Waffen abgegeben.' Das, worauf der Dichter nach seinem Untertitel besonderen Wert legte, 'Spiel und Tanz' kam dafür in sehr schönen Bildern und Reigen zur wirksamsten Geltung. Die von Ludwig Kainer entworfene Ausstattung war berückend. Wenn die Darsteller im Stil schwankten, so lag das in der Hauptsache an der Dichtung. Hermann Thimig konnte den Hermes nur leicht und humoristisch nehmen, keine Stelle im Buch rechtfertigt eine andere Auffassung. Moissi hatte einen parodistischen Zeus mit ernsten Einlagen zu spielen. Er entledigte sich der sehr schwierigen Aufgabe mit künstlerischem Takt. Die Besetzung der Titelrolle war ganz unzulänglich. Es ist keine genügende

Qualifikation für eine künstlerische Aufgabe: die Gattin des Spielleiters zu sein.

Aus Gegensätzen gemischt, widerspruchsvoll wie Stück und Aufführung war auch die Aufnahme. Hoffentlich hat die Verfehlung des Dichters, die dieser Tage durch die Zeitungen ging, weder beim Für noch beim Wider mitgesprochen. Aus moralinsaurem Pharisäerhochmut einen Dichter abzulehnen, wäre ebenso kleinlich, wie es verstiegen ist, ihn wegen einer solchen Verfehlung zu beweihräuchern. Das haben wir leider erlebt. In einer so verworrenen Zeit wie der unseren muss es denn doch offen ausgesprochen werden, dass die Dichtkunst keinen Freibrief für Konflikte mit dem Strafgesetzbuch bedeutet. Im Gegenteil: es würde unser Gefühl, unseren Glauben an sittliche Werte zerstören, wenn ein Schiller eine Villa ausräumte, oder der Dichter der *Iphigenie* einen Silberschrank aufbräche. Man kann Kaiser trotzdem bedauern und wünschen, dass — wenn er sein sittliches Gleichgewicht wiedergefunden hat — ihn die schweren Erschütterungen dieser Tage als Dichter läutern und fördern mögen.

266. Fechter, *Deutsche Allgemeine Zeitung*, 7.11.1920, in *Die Kritik* (1920), No. 47, pp. 818-19.

Vor allen Erörterungen über Wert oder Unwert des Werkes eine Vorbemerkung: es wäre geschmack- wie taktvoller gewesen, von einer Aufführung nicht nur dieses Dramas in diesem Augenblick abzusehen. Taktvoller sowohl gegen den Dichter wie gegen den Zuschauer. Der Name Georg Kaiser ist heute in aller Munde, aus einem Anlass, der nichts mit seinen künstlerischen Qualitäten zu tun hat. Eine umstrittene Aufführung in diesem Augenblick (mit der man rechnen musste) bringt viele automatisch zu einer, wenn auch ungewollten Verschleppung der bürgerlichen Gesichtspunkte in die künstlerische Wertung und umgekehrt auch der künstlerischen Ablehnung in die Beurteilung seines bürgerlichen Verhaltens — was man beides im Interesse des Verfassers vermeiden sollte. Zugleich fühlt man selbst sich, offen gestanden, als Zuschauer eines Kaiserschen Dramas heute in einer etwas peinlichen Situation. Wir haben weniger als je Lust und Neigung, Mensch und Werk voneinander zu trennen; literarische Akrobaten auf dem hohen Ross der reinen Ästhetik sind nicht einmal mehr erheiternd für uns. Auf der andern Seite ist man durchaus abgeneigt, über einen Menschen, der in einer bösen Situation steckt, noch Hartes zu sagen; kurz, man kommt über Zwiespalt und Erdenrest nicht hinweg, wird nicht eigentlich frei. Wofür hier nicht der Autor, sondern die Leitung des Theaters veranwortlich [sic] ist.

Dieses vorausgeschickt: es kam, wie mans erwartet hatte — die Sache endete mit einem ausgewachsenen Theaterskandal. Von Anfang an war eine leiste [sic] Protestimmung fühlbar:

sie nahm von Akt zu Akt zu und machte sich schliesslich in
einem wüsten Konzert auf Hausschlüsseln und Trillerpfeifen
Luft. Man schrie, diskutierte, brüllte Beifall; einer rief:
'Wir plädieren auf Freispruch für Georg Kaiser!' — ein
anderer: 'Wir protestieren gegen das dekadente Gewäsch!';
kurz, es ging so lebendig zu, wie man es in dieser Spielzeit
trotz Courteline und Pallenberg noch nicht erlebt hat. Eine
Ansprache des verantwortlichen Regisseurs Karlheinz Martin,
die im Toben unverständlich blieb, wirkte statt beruhigend,
energieverstärkend auf beide Teile, so dass der Abend durch
das Nachspiel eine Verlängerung von der Dauer mindestens
eines Kaiserschen Aktes erhielt.

Die Zwischenrufer aber hatten beide unrecht. Zunächst
der mit dem Freispruch: dieses Drama, das ein Untertitel als
Tanz und Spiel in fünf Aufzügen bezeichnet, ist wirklich
kein besonders wirksames Argument für Kaisers dichterische
Bedeutung. Im Gegenteil. Die Absicht des Verfassers war, aus
der alten Sage vom Raub der Europa ein leicht beschwingtes,
gewichtloses Spiel ohne Schwere zu formen, ein leichtes
Gelächter über Götter und Könige — sozusagen dramatisierte
Nietzsche-Stimmung. Ein Ziel somit, aufs innigste zu
wünschen. Aber die erste Voraussetzung dafür ist Geist und
noch einmal Geist — und da fehlt es. Die Überlegenheit, die
Kaiser geben möchte, lässt sich nicht erzwingen, — und von
Natur aus fehlt sie ihm wie seinem Gefährten Sternheim. Er
besitzt wohl die nötige Kälte und Schärfe, zuweilen auch
Formulierungsfähigkeit: sein innerer Standpunkt ist zu tief,
als dass er weiter blicken könnte und die helle Luft der
Berge geben. Er bleibt gebunden — und das Werk ebenfalls. So
ist das Endergebnis Literatenarbeit, eine Offenbachiade ohne
Laune, ein barocker Ballettvorwand, der mühsam durch Musik
gestützt werden muss — ein gewaltsamer Scherz, der zuletzt
noch einen Zusatz von Bedeutung bekommen soll.

Aber auch der Zwischenrufer mit der Dekadenz hat
unrecht — eben um dieser tieferen Bedeutung willen. Denn
Kaiser giesst ja die volle Schale seines Spottes über den
alten friedlichen König Agenor und sein Land aus, in dem man
so kultiviert ist, dass auch die Männer nur noch tanzen und
ästhetisch flöten, während sie die Waffen längst abgegeben
haben und nicht mehr tragen können. Er lässt Agenors Tochter
Europa sich so sehr in diesem Kulturstaat langweilen, dass
sie sogar dem Göttervater Zeus einen Korb gibt, als er sie
auf Hermes' Rat nach der Landessitte durch einen besonders
schönen Tanz gewinnen will. Sie kann diese ganze Ästhetik
schon nicht mehr sehen und ist überhaupt sehr couragiert:
denn als Zeus nun, wütend über seinen Misserfolg, als Stier
erscheint und sie erschrecken will, da laufen ihre Mädchen
schreiend davon, sie selbst aber bleibt ruhig stehen,
benimmt sich, als wäre sie von Max Dreyer oder mindestens
von Hermann Sudermann, krault ihm mit Wohlgefallen den Kopf
und setzt sich schliesslich auf seinen Rücken, so dass es zu
der berühmten Entführung ohne sein Zutun kommt und er nur
noch loszutraben braucht. Im letzten Akt ist sie dann ohne
weitere Motivierung wieder da und nimmt sich zum Ersatz den

Anführer der Gesandtschaft ihres Bruders Kadmos, die dieser als rauhe Krieger aus Drachenzähnen gezüchtet hat. Sie ist also keineswegs für Tanzkultur und sanftes Säuseln, sondern für Kraft, Stallgeruch und wirkliche Männer; den Vorwurf der Dekadenz kann man also nicht erheben. Das ist aber auch das einzige, was man auf der positiven Seite buchen kann — und das ist sehr wenig. Es reicht wirklich nicht hin, für die Leere und Langeweile dieser mit gequälter Lustigkeit, billigsten Berliner Wendungen (falls die nicht Regiezutat sind), mit unmotivierten Hüpfereien und zwecklosem Hin und Her mühsam gefüllten fünf Akte zu entschädien [sic]. Strapaze bleibt Strapaze, selbst bei Bekenntnis zur Weltanschauung mit Männlichkeit, Waffen und Stallgeruch.

Für die Aufführung zeichnete, wie gesagt, Herr Karlheinz Martin verantwortlich. Er hatte sie schon mit dem von Ludwig Kainer entworfenen Bühnenbild auf ein travestiertes Barock gestimmt. Die Arena, deren Boden leicht nach der Treppe zu anstieg, war in eine Blumenwiese verwandelt, die an dem Arenaausgang an ein barockbewegtes Wellenmeer stiess. Ein paar flache Stufengefüge führten zum Hintergrund, den rechts und links zwei riesige grüne Ornamentbüsche flankierten, zwischen sich eine geschickt um ein paar Grad schräg gedrehte Halle von vier Säulen, die halb Zelt, halb königliche Liegehalle schien. Diese Szene blieb durch alle fünf Akte, wandelte sich nur durch Licht und Farbe vom nächtlichen Sternenhimmel, inklusive Kuppel, aus der sogar veritable Sternschnuppen fielen, bis zum lichten Tag mit Morgen- und Abendrot.

Das Menschenaufgebot war geringer als sonst, auch die Tänze wurden von verhältnismässig wenig Mädchen und Jünglingen mit für den Kulturstaat Agenors noch sehr erfreulich ländlicher Primitivität heruntergehüpft: höchstens die mangelhafte Bekleidung der unteren Extremitäten, vor allem bei den Damen, liess schon auf höhere Kultur schliessen. — Zeus war Herr Moissi. Er war wie immer, nur dass er diesmal sogar als Tänzer kam. Der Zuschauer war durchaus geneigt, Europens Kühle gegenüber dieser Leistung zu begreifen, selbst wenn er schon das ziemlich parodistische Moment in die Rechnung setzte. Herr Thimig als Hermes griff resolut auf den ursprünglichen genius loci zurück und kam mit derben Clownspässen, fiel andauernd auf die Nase und erweckte damit primitiv dankbare Heiterkeit. Ganz lustig war namentlich anfangs der Agenor des Herrn George, der die Rolle erst in letzter Stunde übernommen hatte. Die zarte, kleine Frau Roma Bahn, die Gattin des Regisseurs, in diesen Riesenraum zu stellen, wäre, wenn die Verantwortung dafür Herrn Martin trifft, eigentlich ein Scheidungsgrund.

267. Emil Faktor, *Berliner Börsen-Courier*, 6.11.1920, in *Die Kritik* (1920), No. 47, p. 818.

Fürwahr ein reichlich lärmender, für ein Spiel mit Tanz merkwürdig aufgeregter Abend. Das dramatische Ballett *Europa* ist ein Spiel der Gegensätze, ein nicht minder zartes als auch barockes Durcheinander geschnörkelder [sic] Kontraste, in dem ein Wolkenhauch von Prinzesslein sich der Gewalt des Stieres Zeus ausliefert, in dem ein pazifistischer König den Militarismus umwinselt, in dem deklamatorischer Ernst nach der Operette blinzelt, in dem die Tanzoperette der poetischen Phrase zustrebt. So widerspruchsvoll wie der Charakter des Werkes und mehr noch seine Inszenierung, waren auch die äusseren Wirkungen der Vorstellung. Freund und Feind Kaisers vermischten sich, der Mund, der Bravo! rufen wollte, begann zu zischen, Hände, die nach dem Hausschlüssel greifen wollten, applaudierten, rasender Widerspruch und wütender Beifall fuhren sich durch die Haare, Heiterkeit hatte gespenstisch hohle Augen, als ob sie Langeweile wäre. Und diese Disharmonien ballten sich besonders heftig zum Schluss ineinander. Aus einer chaotisch aufgeregten Wolke offenbarer Opposition schrie eine Kehle hervor: 'Wir sind für Freispruch Georg Kaisers!' Anderswo ballte die Sympathie für den Dichter die Fäuste und schrie wüst herein, als der Spielleiter des Abends, Karlheinz Martin, mit abwehrender Geste ein paar bekennerische Worte zugunsten Kaisers und seines Schicksals sprach. Ein reichlich aufgeregter Abend.

Verworrenheit beiseite, was war nun, liebe Leute, eigentlich los? War diese turbulente Aufnahme, hemmungslos nach entgegengesetzten Richtungen, ein Erfolg? War dieser komplizierte Erfolg ein Durchfall? War das Publikum dieser Vorstellung wie sonst ein Publikum? Wollte es bloss ein bisher unbekanntes Werk sehen oder Parteipolitik treiben, entweder für ihn bedingungslos demonstrieren oder in der Arbeit des Dichters nach Aufschlüssen über seinen Charakter herumspionieren? Und war nicht auch, wir zweifeln nicht daran, ein stattliches Häuflein Vorurteilsloser da? Ein Rudel von Fragen, die lieber rhetorisch bleiben mögen als beantwortet zu werden.

Vielleicht wird auch vom Kritiker verlangt, dass er zur causa Kaiser Stellung nehme. Ich erkläre ohne Hinterhalt, dass mich die angeblichen oder wirklichen Delikte des Dichters bei der Beurteilung seines Werkes nicht das Geringste angehen. Sollte ich jedoch jenseits der gestrigen Aufführung meine Ansicht äussern müssen, so würde ich sie etwa so formulieren: Ich habe schon lange den Verdacht, dass Phantasiemenschen und Erfolgsnaturen vor dem Durchschnitt der Menschheit mancherlei voraus haben wollen. Wie sie in dürftigen Jahren Luftschlösser bauten, so geraten sie, wenn sie der Ruhm emporträgt, leicht in die Wollust des Besitzes. Sie verlangen von der Welt ein besonders freundliches Lächeln, auf dem gedeckten Tisch wünschen sie einen besonderen Wein und besonders grosse Austern zu sehen. Sie sind fast alle ein bisschen verdreht, und ich kann nicht leugnen, dass ich ihnen die grösseren Austern und besseren Wein von Herzen wünsche. Georg Kaiser schien nur eine besonders heikle Wahnvorstellung zu haben. Er bildete sich das Recht auf ein nur für ihn bestehendes, ihn bevorzugendes Strafgesetz ein. Er glaubte zu dürfen, wo es anderen an den Kragen geht. Ich entschuldige ihn nicht... Ich gebe nur die Richtung an, wo Milderungsgründe zu suchen sind. Ich bin nicht für weitläufig psychologischen Feuilletonstuss in dieser Frage wie ich auch über jenen mit einem Monokel ausgestatteten, auswärtige Ämter umkreisenden Radikalinsky lache, der aus Zeit und Schicksal einen Anspruch der Begabung auf Hochstapelei ableiten wollte. Pah! – Eins hat mit dem anderen ebensowenig zu tun, wie ich auch gelegentliches Strebertum nicht mit ihrem wirklichen Talente in Zusammenhang bringe – Meister Rudolf Leonhardt.

Nun zu der Dichtung selber, die hin- und hergezerrt zwischen demonstrativem Beifall und übertriebener Verachtung es schwer hatte, ihren geistig schlanken, wirblig artistischen Körper zur Geltung zu bringen. Die Idee dieses zwischen Ernst und Scherz schwankenden Szenengefüges ist polar. Äusserste Zartheit schwebt zur Wucht des Stieres, Pazifismus beugt sich dem rauhen Zugriff des Kriegers. Tanzekstase nähert den Menschen der Göttlichkeit, während der göttliche Zeus dem Menschen erst durch sinnliche Gier zu ähneln beginnt. In einem dem Programmheft eingedruckten Nachwort drückt Georg Kaiser das alles aus und wir hören die Behauptung von der 'Erneuerung des Menschen', die durch den Tanzspielstoff der *Europa* symbolisiert sein soll. Mag sein. Des Pudels Kern dürfte jedoch ein Vakuum sein, um welches alle literarischen und symbolischen Möglichkeiten herumkreisen.

Die Aufführung schien recht interessant werden zu wollen. Mit Hilfe des Malers Kainer hatte Karlheinz Martin der Handlung eine entzückende Szenerie von blumiger Wiese, die in einen tückischen See mündet, vorbereitet. Man dachte heimlich: endlich, endlich ist das Grosse Schauspielhaus für die Zwecke des Theaters vollständig erobert. Das war es auch wohl, aber nur für das erste Bild, das Zeus und Hermes auf einer stilisierten, vom Zuschauer nicht kontrollierbaren Weide Unterschlupf gewährt. Die Idee des durch eine konzentrische Dekoration bewältigten Raumes zerbrach aber schon in nachfolgenden Bildern, die vom Zuschauer verlangten, dass man die Wiese nunmehr ignorieren und sich aus irreführenden Hintergrundsäulen einen Hofraum vorstellen sollte, die die Hauptszenen der *Europa* nach hinten und noch dazu seitlich weggrückten, Bilder, die Tänze über hemmende Stufen aufführen liessen usw. usw. Es ist ein Kreuz mit der dreiteiligen Arena! Ihre höchsten Vorzüge verwandeln sich zehn Minuten später in entschiedene Nachteile.

Auch über die Auffassung des Werkes liesse sich streiten. Meines Erachtens enthält sie mannigfachen Ernst, der durch heiter-parodistische Elemente allmählich komisch wird. Martin geht von vornherein von der parodistischen Linie aus und strebte von der Komik aus zur Poesie hin. Scheinbar ein ähnliches Ziel und doch grundverschiedene Angelegenheiten. Es wurde der heitere Charakter auf Kosten von Kaisers Geistigkeit zu lebhaft betont, ohne dass die

Ergebnisse dieses Verfahren gerechtfertigt hätten.
       An den Einzeldarstellern lag es nicht. Sie waren tapfer
und spielfreudig. Reizvoll durchleuchtete Moissis
Persönlichkeit alles leidenschaftliche Getue eines girrend
herumschwirrenden Gottes. Seine Zeustänze hatten
phantastischen Schimmer. Von prächtigstem Übermut war
Thimigs Götterbote Hermes. Schade, dass die so gutgelaunten
Redensarten nicht auch von Haus aus witzig waren.
       Mit der Europa der Roma Bahn konnte man sich
anfreunden, da Wesen und Gestalt dem Duftgedanken entsprach,
während ihre künstlerische Note zu einseitig auf das
glitzernd Scharfe gestellt ist. Eine stärkere Persönlichkeit
würde sich im Lachen und Lieben stärker ausschütten. Der
König Agenor des Heinrich George sollte in den Fussspuren
des filmenden Werner Krauss wandeln und er näherte sich
unter dem Einflusse der Regie dem Königspieler Wassmann.
Bloss der Operettentext war nicht ganz darnach. Alles in
allem: ein interessanter, toll bewegter Abend. Ohne rechten
Grund dazu.

268. Bie, *Berliner Börsen-Courier*, 6.11.1920, in *Die Kritik*
(1920), No. 47, p. 818.

       Die Musik zur *Europa* ist von Werner Robert Heymann mit
aller Kunst gesetzt in einem Stil, der der Regie freie Wahl
lässt, geradlinig oder grotesk zu sein. Sie nimmt die Sache,
wie sie ist, und hält sich von jedem Experiment fern, ist
gar nicht so extrem, wie der Komponist sonst schreibt, aber
doch mit anderen Gedanken durchsetzt, bisweilen
popularisierter Richard Strauss im Klang und Modulation.
Manches bleibt Geräusch und Interpretion [sic] an rechter
Stelle, anderes wird Zwischenspiel oder Melodram.
Motivisches kehrt wieder. Gelegenheiten, wie der Trauerzug,
der in Tanz übergeht, werden willig benutzt. Alles
Tänzerische hat freies Feld und klingt sich aus in den
verschiedenen Stufen, die Zeus in seinen Wandlungen
durchschreitet. Die pantomimischen Zwischenbilder werden
kurz gefasst und sinnreich gestaltet. Manchmal tritt die
Melodie ins Groteske über, die Instrumente werden witzige
moderne Operette. Manchmal streifen sie absichtlich das
Triviale, das sie sofort mit geistreicheren Harmonien
verwischen. Die Akustik ist jetzt entschieden besser, aber
da die Ausführung trotz Pringsheims Taktstock nicht immer
auf gewünschter Höhe stand und der versteckte Körper der
Musik zwischen Charakter und Dekoration zu pendeln scheint,
befriedigt sich das Herz des Musikers oft nur in der
Illusion. Man wünschte nur Bläser zu hören (wie im ersten
Teil des Trauerzuges), sie stehen im Mass zum Saal –
Streicher wimmern durch die Luft. Dieser Raum verlangt eine
neue Art Partitur.

269. Max Hochdorf, *Vorwärts*, 6.11.1920, in *Die Kritik* (1920), No. 47, p. 819.

Der Tanzmaler Ludwig Kainer hat aus Latten, blauen und gelben Stoffen, roten Lichtkegeln und einigen Kilogramm bunten Papiers ein Zirkuspantomimenreich gezimmert und geklebt. Alles sieht sehr lustig aus, ein wenig phantastisch und weitläufig. Die Erfahrungen eines Warenhausdekorateurs werden ausgenutzt. Man ist sich jeden Augenblick darüber klar, dass alles angenehmer Humbug nur ist, Blumenpracht aus raschelnden Papieren und Pappen, eine konfektionierte Kunst, keine, die aus einer Weltanschauung kommt. Die Tanzmeisterin Ellen Petz hat Schauspieler zu Balletteusen abgerichtet, die in Variétéhüpfern parodieren, und ein Heer kleiner Mädchen, das möglichst viel vom weissen Fleische zeigt, wirbelt, jauchzt, hascht, huscht, pirouettiert rosafarben, lila und weissblau durch die Manege, derweilen eine von Werner Robert Heymann klug ersonnene Musik aus vielen zum gewollten Misston auch verurteilten Blas- und Schlaginstrumenten eine absonderliche Tönewelt herausholt. Der Maler, der Tänzer, der Musikant wurden von dem geschmeidigen Regisseur Karlheinz Martin eingeladen, um bei Georg Kaisers Tanzspiel *Europa* mitzuhelfen.

Sie tun es alle eigentlich nicht als Künstler. Die Kunstgewerblerei siegt, die gesellschaftlich verbindende Geschicklichkeit, die Künstelei, der Einfall, der Manegenulk, die Bizarrerie, die nicht aus der fröhlicher Heiterkeit kommt, sondern aus der Berechnung auf das Publikum, dessen Augen und Ohren übermüdet sind und neu gereizt werden müssen. Anders als die andern ist die Losung, also auch anders als das Ballett von Cilly de Rheydt, als die Haremsdamen des Apollotheaters. Aber auch nur solcher Tingeltangel, obwohl noch nicht Karneval ist. Alles das wurde ein wenig verschuldet durch Georg Kaiser, der schon Dadaismus züchtete, als der Oberdada noch Tragödien skandierte.

Es war ein Einfall, das Altertum der Europa-Sage zu parodieren. [...] Die Parodie der Sage ist von einem klugen Mann, der sich einmal dumm stellt. Sie verlangt nicht einfache Zuschauer, sondern literarisch bewanderte, sie entzieht sich jedem naiven Sinn, sie entstammt, wie alles zur Ausstattung Herangezogene keinem Offenbach-Temperament, keinem Ulkgenie, sondern einer Mode, die weit weniger als Genie ist.

[...] Thimig Götterbote Hermes, Bauernbursche mit Purzelbäumen und Tölpelclownerie, sehr ergötzlich. [...] Es wird zum Schluss ein Bacchanal gehalten, bei dem sich immer ein Bärenhäuter zu einem seidenen Fellchen bettet. So wird die Parodie noch einmal parodiert. Das geschaht [sic] immer, wenn die natürliche Lustigkeit nicht ausreicht.

270. S. Jacobsohn, *Das Jahr der Bühne*, vol. 10 (1920-21),

46-49.

Georg Kaiser hat, vor fünf Jahren, den Wunsch gehegt, ein Mal auszuruhen, ein einziges Mal behaglich die Glieder zu dehnen. Gründlich; von morgens bis mitternachts, in der Zeit, wo er sonst mit gespannten und überspannten Nerven sich zwischen den Stilen von gestern und übermorgen herumtreiben musste. Er tut nun zwar so, als hätte *Europa* doch eine 'Tendenz': als besinge er den Krieg, den Beweger des Menschengeschicks. Aber sage mir nicht, was du predigen willst, sondern zeige mir, was du gestaltet hast. Und das ist hier: ein Idyll; ein Idyll, an dem nicht so wichtig ist, dass und wodurch es gestört wird, und wie es ausgeht — an dem allein wichtig ist, ob seine Bukolik sich mitteilt. 'Spiel und Tanz' heisst der Untertitel. Nehmt, um Himmels willen, um des griechischen Götterhimmels willen, die Dinge nicht gar zu schwer. Dies Alles ist ein Spiel, das sich die Gottheit macht, und der Tanz der kleinen Menschheit dazu. Zeus lässt sich zu einer Eva herunter: begehrt Ihr da tiefere Bedeutung, so habt Ihr den Kleist. Kaisers Sache ist Scherz, Satire und Ironie. Wens freut, der mag in seinen anmutigen Schäferspass Symbolik hineintragen. Mann und Weib und Weib und Mann grenzen an die Gottheit an; bei Mozart nämlich. Aus Kaiser ist herauszulesen, dass sich Gott und Mensch und Mensch und Gott in der Tierheit treffen. Wäre ihm selbst diese Perspektive schmerzlich gewesen, hätte sichs ihm um die Seele seines Zeus gehandelt, die bei Weibern geringeres Glück hat als die irdischeren Organe: dann hätte er ihn wahrscheinlich nach dem Raub der Europa nicht spurlos entrückt und nur sie auf die Bühne zurückgeschickt, dann wäre wahrscheinlich von oder für Mahadöh ein Klagelied angestimmt worden.
Nichts dergleichen. Interessanter, als was Zeus fühlt, ist dem Dichter, was aus dem Vater der Stieresbeute: dem Operettenherrscher Agenor wird. Der hat den Abend lang an einer geborstenen, trauerschleifengezierten Säule um seinen verschollenen Sohn Kadmos geweimert. Stillen wir dem Jammergreis endlich die Tränen: die Früchte aus der berühmten Drachenzahnsaat bringen ihm waffenklirrend Kunde von ihrem Gebieter, ziehen an die strammzottige Männchenbrust die erschlossene Königstochter und ihre Mädchen, denen sämtlich die Tänzer ringsum zu weichlich gewesen waren, und brechen mit ihnen in ein neues Land auf, das man Europa nennen wird, und dem nach einigen Jahrtausenden ein Dramatiker vorhalten würde, dass es gleichfalls zu weichlich geworden sei — wenn, ja, wenn er nicht zu viel Artistenvergnügen an dieser Verweichlichung hätte. So heiter hat nach Jacques Offenbach und vor Georg Kaiser André Gide die Antike gesehen. Leider hat der Deutsche nicht die Kraft des Halb- und des Ganz-Franzosen, uns mit seiner Heiterkeit zu durchdringen. Es ist ihm zu wenig eingefallen. Er möchte gern trunken sein. Aber sein Dionysiertum stammt nicht von Cypernwein, sondern von

Brauneberger. Die Syrinx des Hermes bläst zu panischen Bocksprüngen – und ausgeführt wird ein liebenswürdiger, abgemessener, unbacchantischer Ländler. Eben: ein Idyll. Mit dem man zufrieden wäre, wofern der Idylliker Kaiser es mit sich wäre, wofern nicht immer wieder der immer wieder bezwungene Ehrgeiz durchbräche, gegen die Gesetze der Stileinheit blutvoll und geistreich und menschlich, allzu menschlich zu sein.

Der Widerspruch scheint unüberbrückbar. Das Grosse Schauspielhaus schreckt er nicht. Da für das gelungene Idyll der Raum schlecht geeignet und mit Kaisers guten Absichten der Theaterabend so wenig zu füllen ist wie mit der *Puppenfee*, so suchte man sein Heil in der 'Ausstattung', einer Sorte von Ausstattung, die uns ältern Berlinern aus den Wasserpantomimen des Pferdezirkus bekannt ist. Das richtige Wasser von anno dazumal ersetzte man durch Wellblech oder angemalte Sackleinewand – grün ist das Meer, weiss ist der Schaum, und am Strand das kümmerliche Gewächs ist ein Weidenbaum. Um dem Arena-Theater den Rückmarsch in seine ehrliche Vergangenheit zu erleichtern, soll man für die Premiere einen lebendigen Gaul aufgeboten haben; der mir nicht gegönnt wurde. Die Musik, von Werner R. Heymann, entschädigte mich. Man bedauerte stellenweise – so bei dem schnurrigen Trauermärschchen – gradezu, dass Kaiser nicht lieber eine richtige Offenbachiade mit ausgedehntern Vertonungsmöglichkeiten gemacht hatte. Aber wozu wäre denn Karlheinz Martin da! Der entfernt die Lyrik und verzerrt die burlesken Elemente bis zur völligen Widersinnigkeit: aus den Tänzern, die alle glühend in Europa verliebt sind, werden bei ihm Päderasten; aus den potenten Kriegern, in die sich alle Europen glühend verlieben, werden lächerliche Schneidergesellen. Ein paar Schauspieler hätten ein besseres Schicksal verdient, als sich für solche Kunstbarbareien abzurackern: Moissi, der von der Armut der Rolle nicht verführt wird, seinen Zeus in den Vordergrund zu drängen; Thimig, der für diesen spindeldürren Merkur mit dem ausgiebigen Götterboten Molières getröstet werden müsste; und namentlich Werner Krauss, der sich mit dienender Meisterschaft lieber an Kaisers Andeutungen als an die plumpen Ausschweifungen seines Regisseurs hielt. Also: die Schauspieler hungern; was in dem Werke Lebensfähigkeit hat, wird abgemurkst; und unsereiner schleicht angeödet heim und beweint den schmählichen Raub von kostbarer Zeit. Und da wagen die Reklameblätter des Deutschen Theaters, sich bitter zu beschweren, dass von der Lustbarkeitssteuer 'ausgenommen sind lediglich die Volksbühnen (aber nicht ein Volkstheater wie das Grosse Schauspielhaus)'. Ein allerliebstes Volkstheaterchen. Dieser Dichter- und Mimenmördergrube sollte die zehnfache Steuer auferlegt werden, damit ihr die Lust vergeht, uns noch länger Unlustbarkeiten zu bereiten. [...]

Die jüdische Witwe

31.1.1921, Uraufführung, Landestheater, Meiningen. Dir.: Dr. Ulbrich.

271. K. H. L., 2.2.1921, n.s., GKC.

Georg Kaisers *Jüdische Witwe*, die in den Meininger Kammerspielen uraufgeführt wurde, behandelt als Bühnenspiel denselben Stoff wie Hebbels *Judith*. Den Problematiker Kaiser reizt das Problem der Judith nur als Frage: aus welchen Gründen wurde sie zur Heldin? Ja, und was ist denn Heldentum überhaupt? Nun, nichts anderes als die durch menschliche Zufälligkeiten unterstützte banale Sachlichkeit des Alltags. So wird ihm der Stoff zur Groteske. Judith will nichts weniger werden als Heldin. Ihre Tragik liegt in dem vergeblichen Suchen nach dem Manne, der ihr die Jungfräulichkeit nimmt, aber zugleich das Groteske. Ganz ihrem naturhaften Triebe folgend, sucht sie vergebens den Mann unter den entkräfteten Juden der belagerten Vaterstadt und glaubt ihn dann im feindlichen Lager der Assyrer zu finden. In fast kindlicher Unschuld schlägt sie Holofernes den Kopf ab, um so schnell wie möglich bei dem ihr stärker erscheinenden Nebukadnezar zu sein. Doch dieser Schwächling flieht und mit ihm alle Assyrer. Groteske Tragik: Judith steht wieder ohne Mann da. Und nun erst in ihrer Vaterstadt wird sie als Heldin gefeiert und soll zum Zeichen höchster Verehrung ihr Leben lang Jungfrau bleiben. Wogegen sie sich begreiflicherweise aufs äusserste sträubt; bis sie den schönen kraftvollen Hohepriester aus Jerusalem erblickt, mit dem sie im Allerheiligsten des Tempels einen Fussfall tun soll. Dieser Augenblick nun dauert sehr, sehr lange; 'scheinbar ist der Fussfall in Bethulien etwas anderes als in Jerusalem', spricht ein Stadtoberster zum Schlusse weise aus. Verblüffend das Ende wie jeden Aktes Schluss. Meisterhaft, in knappen Sätzen baut der Dichter in vollendeter Symmetrie sein Drama auf und wickelt aus selbstsicherster Subjektivität, ironisch idealisierend die durch starke Symbolik erläuterten Situationen treffsicher ab. Wenn man dem Dramatiker Kaiser 'stärkste Eindeutigkeit in Zweideutigkeiten' nachrühmt, hier besitzt er sie. — Die unter des Intendanten Dr. Ulbrichs Leitung stilvoll inszenierte Aufführung hob das Groteske der Tragik, das Wurzeln des scheinbar Ungewöhnlichen, des Heldenhaften im Gewöhnlichen, so ganz Alltäglichen glänzend heraus und brachte dem Intendanten mit den Darstellern reichen Beifall des Publikums, das kopfschüttelnd und doch gefesselt, wohl auch erfreut von den neuen und glänzenden, prächtig ausgestatteten Bühnenbildern von Anfang an beifallgebend mitging.

272. anon. (1), n.d., n.s., GKC.

Im Hof- und Landestheater in Meiningen ist das
Bühnenspiel *Die jüdische Witwe* von Georg Kaiser zur
Uraufführung gelangt. Ohne auf den anscheinend ziemlich
dekadenten und anrüchigen Stoff näher einzugehen,
beschränken wir uns auf die Wiedergabe des zusammenfassenden
Urteils unseres dortigen Mitarbeiters.
  Grossartige Frechheit jüdischer Zersetzungslust, doch
ohne die federnde, geistsprühende Ironie der *pucelle* und
ohne die saftige Wucht Balzacs, um das Zersetzte ästhetisch
zu gestalten. Die morschen Tafeln scheppern nicht und der
arme Dichter zerrt — aber beherrscht, denn es muss
aufführbar sein — am schmierigen Strang des nie versagenden
Sauglöckchens, um das fehlende Klirren zu übertönen. Ob eine
Aufführung, die durch vollkommene Stilisierung ins Groteske
bis zum Silhouettenspiel und zur antiken Typenmaske jeden
Gedanken an Wirklichkeitsvorstellungen ausgeschaltet hätte,
stärker und darum weniger peinlich hätte sein können, mag
dahingestellt bleiben, es lohnt die Frage nicht.
Inszenierung und schauspielerische Leistung hätten ein weit
wertvolleres Werk verdient.
  Georg Kaisers literarische Bedeutung steht heute
vorläufig nicht mehr zur Debatte, sie hat auch mit dieser
Entgleisung wenig zu tun. Es bleibt eine Frage: Haben wir
heute Zeit, Geld, Kräfte und — Lust, um Zersetzungsprodukte
aufzuführen, die uns höchstens mit ihrer resonanzlosen,
masochistischen, negativ sich selbst skorpionisierenden
Satire den Rest unserer moralischen Kraft vergiften können?
Offenbar nein! Auch wenn sie ästhetisch das wären, was die
Jüdische Witwe gern sein möchte!

273. anon. (2), n.d., n.s., GKC.

  Georg Kaisers *Jüdische Witwe* (ein früheres Werk des
Dichters, das reichlich spät zur Uraufführung in Meiningen
gekommen ist), die biblische Judith, geht einen
absonderlichen Passionsweg, auf dem sie unversehens und sehr
wider Willen statt eines glücklichen Weibchens zur
gefeierten Nationalheldin wird. Eine witzige, wenngleich
eine etwas erklügelte Parodie auf den tragischen Stoff, die
jedoch mit seltener Grazie über alle peinlichen Wendungen
hinwegtanzt.

7.11.1925, Theater am Schiffbauerdamm, Berlin. Dir.:
Karlheinz Martin; sets: Reinhold Schön; Oskar Homolka
(Holofernes); Else Eckersberg (Judith); Hubert von Meyerinck

(Nebukadnezar); Leonrd Steckel (Manasse).

274. Emil Faktor, n.d., n.s., GKC.

Als man Georg Kaisers Humorisierung des 'Judith und Holofernes'-Stoffes vor etwa zwölf Jahren — so lange dürfte es schon her sein — zum ersten Male vornahm, war der Leser des Werkes weit davon entfernt, es für eine Protestkundgebung gegen den jungen Hebbel und somit für eine Neubearbeitung der Nestroyschen, nur aus der bereits dramatisierten Form schöpfenden Parodie zu halten. Georg Kaiser liess Hebbel beiseite und wanderte zur historischen Quelle .... um sich auch von ihr möglichst unabhängig zu machen. Hingegen raffte er altbiblisches, ethnographisch getreues Material mit bemerkenswerten Griffen an sich; man staunte über seine Intimität mit der althebräischen [sic] Landschaft, über das Einfühlungsvermögen in die Daseinszeremonien, ins Sprechmelodische und Soziale einer recht entlegenen Welt. Für einen blossen Parodisten trug das Spiel, wie es damals vorlag, zu viel Sinn für historische Realitäten, zu viel Kenntnis altjüdischer Atmosphäre mit sich.
Was bei Hebbel Traumerzählung und ängstliche Motivierung der Unberührtheit einer Rächerin ist, wird in der satirischen Studie Georg Kaisers fünfaktige, in Handlung [...] selbständige Komposition von Menschen und Vorfällen in Bethulien ausgebreitet. Der leise Zweifel an den inneren Motiven des Heldenweibes Judith wird für den Skeptiker Georg Kaiser zur vollen Gewissheit. Sein Hauptproblem ist die Durchforschung des Mysteriums der Unberührtheit. Er entblösst es der heroischen Akzente. Er gibt eine boshafte, in ihrer Komik konsequente Interpretation, warum Judith bis nach der Ermordung des Holofernes trotz Ehe und Witwenschaft eine Jungfrau blieb.
[...] Diese Abwandlung der Judithfabel ins Bizzar-Groteske [sic] war bis hart an die Grenzen des Erlaubten und trotzdem sympathisch kühn. Da der Skeptiker Kaiser realistische und romantische Elemente mitschwingen liess, war man über Bedenklichkeiten halbwegs beruhigt und dachte sich, in dieser Neugestaltung eines von Hebbel pathetisch überspannten Mythos stecke ein revolutionäres Beginnen. Man sah schon sämtliche Tragödien der Blutrünstigkeit umfochten und durch die Shaw verwandten Geschäfte unmystischer Betrachtung abgerüstet.
In den zwölf Jahren seit der Entstehung der Kaiserschen Satire hat das Weltgefühl Rückfälle in brutalere Auffassungen erlitten, aber auch der fortschrittliche Geist aufsteigender Generationen ist von der Symbolik blutigen Geschehens nicht losgekommen.... Motive der Kaiserschen Judith-Satyre sind unzeitgemässer. Sie haben an Unmittelbarkeit eingebüsst. Man prüft nunmehr den Zug ins Bizzare. Es ist nicht unbegreiflich, wenn sich Kaiser zur

Umarbeit entschloss und die grotesken Momente entgegen dem realistisch-romantischen Umwuchs stärker heraustrieb, wenn er gewagte Vorgänge, die bisher bloss berichtet wurden, szenisch verwertet... Es wird bald Judith, bald der Ammoniterfürst beiseitegeführt — für ärztliche Prozeduren, worüber manche leicht, andere viel schwerer lachen.

Die Regie Karlheinz Martins geht noch viel weiter und hauptsächlich ihr ist es zu danken, wenn Kaiser diesmal des Wettbewerbes mit Nestroy verdächtigt wird. Es fällt nicht leicht, einer Inszenierung energisch zu widersprechen, die im Einzelnen so begabt ist und Vieles, was an dem Werke Kaisers Klangfarbe, ethnographischer Überblick ist, reizvoll in szenische Illusion umgesetzt hat. Sinnfälliges Geschaukel und rhytmischer [sic] Singsang alttestamentarischer Tempeljuden, einleuchtende Gruppierungen von Volk und der Oberen Zehntausend, faszinierende Verwertung des von Reinhold Schön entworfenen Kostümaufwandes. Unberuhigt beim eigenen Können, hat Martin sich abermals, wie bei der Iszenierung [sic] der *Franziska*, diesmal weniger erfolgreich, dem russischen Muster verschrieben. Im Mittelpunkt der Bühne thront ein dramatischer Verkehrsturm, der bald dies, bald das zu bedeuten [sic] hat, im zweiten At [sic] völlig absurd ist und die klaren Vorgänge in einem Badehofe verwirrt. Selbstverständlich ahmen Weiber aus dem Volke russische Ballettschritte nach und die komischen Bekenntnisse über Kinderreichtum [sic] werden im Stile einer sonst hübschen Begleitmusik gesungen und getanzt. Es tritt von Akt zu Akt eine Verschiebung aller Relationen zwischen Stoff und Satire ein. Es ist weder das Pathos beseitigt, noch der Humor zu ihm in ein Verhältnis gebracht. Beide übernehmen sich. Die Szene wird masslos verschleppt, wird unklar und nur in ihren Peinlichkeiten deutlich.

Die Darstellung hatte es innerhalb solcher sich steigernder Widersprüche von Historie und Parodie nicht leicht, Absichten klarzustellen und sich durchzusetzen. Frau Else Eckersberg spielt die Judith als ein Phänomen der Zwölfjährigkeit, mit häufig durchscheinendem, öfters nabelfreiem Kinderkörper. Die psychischen Kuriositäten waren von zielbewusst zarten [sic], aber leider auch schwächlichem Ausdruck. Sie spielte ein humoristisches für wirkliche Heiterkeit zu zahmes Schulbeispiel Freudscher Theorie.

Unerschrocken von Stilverpflichtungen, unabgeschwächt gab Oskar Homolka den Holofernes, eine mit Fäusten hämmernde, in Temperamentschritten ungemein lustige, von der satirischen Idee vollgesaugte Humorfigur. Neben ihm in guter Anlage, im Tone wieder einmal recht maniriert, Herr von Meyerinck als Nebukadnezar.

Vieles Gute bot die mannigfaltige Episodistik des Abends. Voll Eigenart die des Manasse Leonard Steckels. Aber auch der David des Manfred Fürst [...] und manche andere einprägsame Figuren — sehr bestimmte, die Besetzungsfragen sorgsam überlegende Kleinarbeit Martins, die sich in Hauptsachen ohne Not zum Vasallen Moskauer Übergangskünste macht. Es entsteht dadurch innerhalb des Werkes Unsicherheit

des Empfindens, und gerade eine Musterepisodistin wie Frau Sandrock geriet zwischen Pathos und Groteske ins Schwanken.
Das Publikum in seinen Eindrücken und Werturteilen über den Abend erst recht.

275. Professor Dr. Oscar Bie, n.d., n.s., GKC.

Georg Kaisers *Jüdische Witwe*, ein altes und selten versuchtes Stück, wurde im Theater am Schiffbauerdamm von Karlheinz Martin auf moderne russische Art inszeniert. Gerüste, Türme, Brücken, Vorhänge, bunte, strahlende Kostüme, Tänzerinnen und ein bewegter Chor, der die Vorgänge durch plötzliche Rhythmen illustriert: das war das äussere Bild. Es war sehr unterhaltsam, wenn auch ein wenig gedehnt. Aber mit dem Stück selbst hat es nichts zu tun, das sich weniger im Raum als in Witz entwickelt. Höchstens deckte es die Gefährlichkeit des Witzes und auch seine Dünnheit durch ein äusseres Geruder, das betäuben konnte. Das Stück bleibt die tollste Travestie, die je geschrieben worden ist. An demselben Abend wurde in der Volksbühne die Hebbelsche *Judith* gespielt, bei der schon der erste Mann der Judith Manasse eine etwas schleierhafte erotische Rolle übernimmt. Kaiser nimmt sich diesen Manasse persönlich vor und macht ihn zum untauglichen Objekt von Judiths Lüsternheit. [...] Es gibt reizende Momente, wie zum Beispiel die Badeszene von Manasse. Es gibt auch bedeutende Momente, so das Zusammentreffen des höchst eleganten, snobistischen Nebukadnezar, des tierischen Holofernes mit dem Hakenkreuz, in wulstig breiten Hosen, und der Judith, die sich nackt in den Blutrausch dieser Männer stellt. Wie immer bei Kaiser, kreuzen sich die Ideen, ohne ganz die Reife des Dramas zu erreichen. Dämonische Psychologie und zynischer Witz laufen durcheinander, ohne sich konsequent aufzubauen. Aber es bleibt ein Reiz für die Phantasie, die von seiner Frechheit genährt wird. Die knabenhafte Eckersberg, der brüllende Homolka, der exaltierte Meyerinck und der sprudelnde Steckel sind für die Hauptrollen gut gewählt. Das Publikum verhält sich zuerst erwartungsvoll, schliesslich kippt die Stimmung und einige Pfiffe mischen sich in den Beifall, eine kleine Schlacht um eine problematische Dichtung und eine gewagte Aufführung. (Wie unser Berliner B.-Korrespondent drahtet, soll das Berliner Polizeipräsidium mit dem Plane umgehen, die Aufführung von Kaisers *Jüdische Witwe* zu verbieten.)

276. anon. (1), n.d., n.s., GKC.

Das Drama Kaisers ist in der Tat nichts als der Witz, der im Heroischen steckt. Nicht etwa bloss eine äusserliche Travestie der von der Bibel (bei Offenbach: von Mythe und Ilias) überlieferten Erhabenheit, sondern der Ersatz

religiöser und heldischer Motive durch aufgedeckte Naturtriebe. Die biblische Judith hat mit Aufopferung ihrer Weibesehre ihr Volk blutig gerettet. [...] Der Zufall wollte es, dass am gleichen Tage in Berlin die Hebbelsche und die Kaisersche Judith in die Schranken traten. Die Jüdin des Georg Kaiser weiss vom Patriotismus überhaupt nichts. Sie ist ein junges Frauenzimmer, das um jeden Preis geliebt sein will. Dass sie den Feldherrn Holofernes köpft, geschieht aus Begierde nach dem hübschen König Nebukadnezar — aber ihr Verbrechen führt genau zu dem gleichen unsterblichen Rettungswerk, wie der Heroismus der Hebbelschen Judith! Bei allen Brüchen und unproportionalen Längen des Kaiserschen Possendramas hat es einen nicht gewöhnlichen geistigen Mut. Es ist schon ein verwegener Kopf, der hier die Fratze der Natur enthüllte!
Von dem Rollenspiel der Aufführung ist wenig zu sagen. Es stand, in Einzelheiten nicht hervorragend, im Bannkreise der unglücklichen Regie und der Nudität. Nur Else Eckersberg als Judith kam dem Dichter nahe. Ihre infantile, rein triebmässige Amoral verletzte so wenig durch Getue, wie ihre körperliche Schönheit spekulativ wirkte.

277. anon. (2), n.d., n.s., GKC, incomplete.

Eine bemerkenswerte Regieleistung gab es im Theater am Schiffbauerdamm. Karlheinz Martin inszenierte Georg Kaisers Bühnenspiel *Die jüdische Witwe*. Der Fall liegt nicht ganz leicht. Vor der Tapferkeit und dem künstlerischen Willen Martins muss man alle Achtung haben. Ich gehöre auch zu den Menschen, die in Georg Kaiser eine der stärksten schaffenden Persönlichkeiten unserer Zeit sehen. Trotzdem muss ich bekennen, dass Dichter und Spielleiter mir diesmal auf Irrwegen scheinen. Kaisers Judith wird in das Zelt des Holofernes nur von der Geschlechtsgier getrieben. Der Schrei nach dem Phallus erlischt in dem Stück keinen Augenblick. Bei alledem ist es Kaiser aber nicht gelungen, nun eine freche erotische Posse zu schreiben, bei der die Entrüstung der Mucker durch das herzhafte Lachen freierer Geister übertönt würde. Sein Witz ist vielmehr lahm, seine Szenenführung schleppend, sein Dialog breit und mitunter unappetitlich. Martin hat das Stück auf das Prokrustesbett einer Inszenierung geschleppt, die den Gedanken seiner *Franziska*-Aufführung einfach auf ein neues Objekt überträgt, ohne die gleiche Schlagkraft des Einfalls, ohne die gleiche Sicherheit der Ausführung. So wird es mit allem Aufwand an Geilheit, allen Entblössungen des kümmerlichen Körpers der Else Eckersberg (wie reizvoll sieht sie mitunter bekleidet aus!), mit allem Rausch an Farben und Tönen, schliesslich doch nur eine Orgie der Langeweile [...]

278. Norbert Falk, n.d., n.s., GKC, incomplete.

Der Hauptwitz der Karlheinz Martinschen ganz auf Tairoff frisierten Inszenierung von Kaisers Judith-Travestie ist Holofernes mit dem Hakenkreuz. Für einen Auftritt sehr lustig, für fünf Akte zu wenig.
   Aber die Bühne ist voll von Farben, von Gold, von bemalten Gesichtern, von Scharlach, Blau, von Holzgestellen, Treppen, Galerien, grell geschminkten Mädeln mit nackten Dickschenkeln, die in Kettengliedern hopsen, wenn's freudig wird oder erotisch; Altjudenbärte wallen, gewaltige Nasen ragen, Geraun und Gebrumm in Chören (Martin verwechselt Judäa mit Ostgalizien), siegellackrot angetane Posaunisten blasen mit gewaltigen Alphörnern in Shagpfeifenform — russisch 'entfesseltes Theater' knallt in die Augen; Musik klingt, Gesang trillert, einer klettert einen eigens zu diesem Zweck in den Boden gerammten Mast empor, — es tut sich was.
   Nach schüchternen Einzelpfiffen geht das Gelächter los, wenn der eigens aus Jerusalem entsandte Oberpriester mit einem stilisierten Kalabreser auf dem Kopf daherkommt. Es ist dann überhaupt dicke Luft da. Denn soeben ist Judith, die dem Holofernes den Kopf abgehackt hat wie einen Wurstzipfel (ohne dass vorher das Bewusste passiert ist) von einem bebrillten Arzt auf die Intaktheit ihrer Jungfernschaft untersucht worden (mit bejahendem Resultat) und ein hochgestellter Heide hat sich vor lauter Begeisterung für das Judentum schnell beschneiden lassen.
   Beides natürlich hinter der Szene. Und beides ist lustigster Kaiser. Schade, dass nicht alles das Tempo dieser letzten Szenen und nicht deren entschiedene Haltung zur Parodie der heroischen Vorgänge hat. Kaisers Stück sucht die Mitte zu finden zwischen Travestie und menschlicher Auslegung der Motive. Daher das Schwanken im energischen Zugriff. Darum die lahme einschläfernde Exposition.
   Überaus lustig aber ist das schon gedacht, dass die kleine Judith, zuerst wider Willen, an einen Mann verheiratet wird, der sie nicht zum Weib zu machen vermag, wie sehr er auch tut, als ob er könnte, wenn er nur wollte. [...] Damit Kaisers Stück zur Inszenierungsidee ganz und überall passe, hätte es umgeschrieben werden müssen. Zumindest aber ist das lange, abseits schweifende Gerede in den ersten Akten zu streichen; durch breite einleitende Dialoge sind die wirklich komischen Situationen 'abgebunden'. Kaiser hat in diesem originell intentionierten Frühwerk noch nicht die Konzentration aufs Wesentliche, er bläht noch dünne Szenen durch Gespräche auf; Ballons, die platzen.
   Dann aber kommen sehr hübsche Dinge, wie etwa die amüsante Szene Manasses im Bade, mit Judith als Badefräulein, dem Gatten zur Lust (zur einzigen, die er sich leisten kann) die Fusssohlen kitzelnd. Oder die Lüstelei Manasses, der heimlich zusehen will, wie Judith badet und Zeuge ihres Ehebruchsversuchs am untauglichen Objekt wird; der Erkorene ist ein Eunuche.

Martin treibt die gedehnten, von Kaiser künstlich gestreckten Szenen noch weiter auseinander, statt über sie schnell hinwegzuspringen. Nicht 'Entfesselung' ist da not, vielmehr Fesselung, Knüpfung des Losen. Dann aber hat Martin und sein gleichfalls zu den Russen in die Schule gegangener Bühnenmaler Reinhold Schön manchen Einfall für Bewegung und Farbenklänge, Lichträusche, die Vergnügen machen; gleich wieder prasselts in expressionistischen Klamauk hinein.

279. S. Jacobsohn, *Die Weltbühne*, 21 (1925), No. 46, 769—70.

[...] Die Helden der Bibel empfinden bei Hebbel mit den Nerven des neunzehnten Jahrhunderts und denken mit dem Kopfe Hegels. Shaw hätte für solchen Anachronismus die einheitliche Kunstform gefunden, und wärs die entschlossene Auflösung jeder Kunstform gewesen. Der sechsundzwanzigjährige Hebbel sieht dort noch reine Tragik, wo sich von einem höhern Standpunkt Tragikomik, vom höchsten wie vom niedrigsten Standpunkt reine Komik sehen liesse. Nestroy hat den höchsten Standpunkt, Kaiser nicht grade den niedrigsten, aber einen zu niedrigen. Seine zwölfjährige Judith will ihre Jungfernschaft loswerden und befindet sich nach fünf Akten, von denen keiner einer wird, zum Schluss mit dem Hohenpriester 'endlich allein'. Dieser Herrnfeldiade stünde Kaisers Bühnenspiel nahe, wenns nicht so undicht wäre. Weil Kürze denn des Witzes Seele ist, wird jeder langsam dreimal gemacht. Nur im Zelt des Holofernes ist Schmiss, ist Champagner, ist Offenbach. Nur hier wird das breite Dauergrinsen zu einem Faungekicher, das ansteckt.

Da Kaiser den Stoff für zwei Akte zu fünf Akten ausgewalzt hatte, war die Aufgabe: diese fünf so zu beschleunigen, als wärens zwei. Karlheinz Martin baut am Schiffbauerdamm ein buntes Russentheater auf, gegen dessen Unoriginalität schliesslich nichts zu sagen wäre, wenn der Stil der Schauspielkunst dem Stil der Inszenierung entspräche. Aber auf und zwischen diesen Leitern und Serpentinen und Türmen und Plattformen wird der gemächlichste Naturalismus entfaltet; und um den Abend nur ja zu strecken, werden ausser zwei Riesenpausen Halbnackttänze eingelegt. Zum Glück waren wenigstens ein paar Schauspieler auf keine Weise kleinzukriegen gewesen. Homolkas Holofernes war in der Entwicklung vom Tier zum Menschen auf einer erschütternd lustigen Stufe stehen geblieben, und Else Eckersberg entzückte durch Leichtigkeit, Grazie und Diskretion umso mehr, als sie trotz der Zartheit ihres Farbenauftrags keine einzige Theaterwirkung verfehlte.

280. Arthur Eloesser, *Das blaue Heft*, 7 (1925), 144—46.

Es sieht natürlich sehr reizend aus, wenn Else
Eckersberg im Zelt des Holofernes auf dem Tisch steht und
dabei kaum mehr als ein Schwert an hat. Einfach Puppe! Aber
eine Puppe, die redlich an sich arbeitet und die ihre
Berliner Kessheit aufs Anmutige zu bringen weiss. Man muss
es der kleinen Eckersberg nachrühmen, dass sie sich mit
künstlerischem Ehrgeiz und Gewissen eine Form erspielt hat,
'ohne sich zu haben'. Nur Berlinerinnen können sich haben;
als ihr Landsmann, der liebend mit ihnen aufgewachsen ist,
darf ich es sagen. Die Eckersberg steht also, wie gesagt,
auf dem Tisch, ausser ihrer Zierlichkeit nur mit dem Schwert
des Holofernes bekleidet, und Homolka glubscht sie von unten
an, ein sehr ulkiger Struwelpeter, der sich aus dem
Tierischen kaum zur Hälfte herausgearbeitet hat. Aus dem
oberen Zelt, von einer Art Hängeboden, glubscht wiederum
König Nebukadnezar herunter, ein Dekadent, der darum von dem
unersetzlichen, auch unveränderlichen Hubert von Meyerinck
getrottelt wird, und der wiederum nichts als eine gestrickte
Combination (spr. Combinehschen [sic]) auf seinem
königlichen Leibe hat. Das Bild gefiel mir, es hatte etwas
Holbeinsches, besonders wenn sich das rote Kleid des
Struwelpeters gegen das Weiss eines zierlichen Körperchens
setzte. Sogar das Publikum gefiel mir in diesem Augenblick,
das zweifellos die anständige Empfindung hatte: ist das
hübsch! Und nicht: ist das nackt!

Leider fing nun das Drama wieder an. Judith schlägt dem
Holofernes den Kopf ab, weil er ihr weniger gefällt als der
gestrickte König, der aber in fürchterlicher Angst vor
solcher Buhle wegläuft. Georg Kaiser, der dieses Stück in
sehr jungen Jahren schrieb, hat da einen bedenklichen Fehler
gemacht. Seine Judith handelt wohl richtig nach der
Geschichte, aber gegen sich sehr falsch. Das junge
Persönchen ist Manasses Witwe geworden, hat sich sogar
selbst zur Witwe gemacht, weil der alte, mekkernde
Schriftgelehrte seinen ehelichen Verpflichtungen nicht
genügte. Da ihn in dem belagerten und verhungerten Bethulien
kein Mann ersetzen konnte, treibt die Brunst sie in das Heer
der Assyrer. Das auf andere Art verhungerte Weibchen kann
sich unmöglich gegen den halb tierischen, also doppelt
männlichen Holofernes, kann sich noch unmöglicher für den
dekadenten Nebukadnezar entscheiden, der sich wahrscheinlich
von seinem Leibarzt psychoanalytisch behandeln lässt. Was
hat Judith, wenn sie nicht einmal Instinkt hat?

Und was hat das Stück für einen Witz, wenn sie nach
Errettung des Vaterlandes, von den dankbaren Juden zur
Heiligen gemacht, erst an dem stämmigen Hohepriester, der
den Vorhang des Tempels hinter ihr zuschlägt, ihren Erlöser
findet. Die jungfräuliche jüdische Witwe hätte Vestalin
bleiben müssen, wenigstens für die Dauer des Stücks. Der
junge Georg Kaiser wollte ein blattendes Weibchen — ein Reh
diese Eckersberg — aristophanisch behandeln. Wusste er
nicht, dass es einen Nestroy gab, der vor ihm Friedrich dem
grimmen Hebbel eine so köstliche Lektion erteilt hat? Ohne
seine denkerische und auch etwas erdachte Judith umbringen

zu können. Es kommt nämlich darauf an, dass mit Leidenschaft gedacht wird, mit einer Anstrengung des ganzen Kerls, die auch Blut kosten kann. Georg Kaisers Talent ist das flüchtigste Element unserer ganzen dramatischen Literatur; er hat wenig mit Blut, er hat viel mit einer Tinte geschrieben, die fast spurlos verlöschen kann.

Der Ehrgeiz unserer genialen Regisseure ist unerschöpflich und unergründlich. Man tut Georg Kaiser keinen Gefallen durch die Aufführung eines mit Recht vergessenen Jugendstücks, und wenn, durfte es nur auf leichte, gefällige, keinesfalls auf systematische Weise geschehen. Ich sagte schon, dass König Nebukadnezar in der einzigen Szene des Stückes, die man wegen ihrer Bildhaftigkeit nicht vergessen will, zuerst von einem Hängeboden herunterspielt. In jenen Sphären, die Karlheinz Martin einem leichten Stück angewiesen hat, gab es dauernd ein Oben und ein Unten, durch einen sehr robusten Turm dargestellt, der sich natürlich auch mit einer Treppe umgab, die sich wiederum noch eine Galerie zulegte. Tummelplatz für fünfzig süsse Beinchen und Klettergerüst für zwanzig alte Juden, die sich die Stiegen herauf- und herunter mauscheln konnten. Eine Veranstaltung, nicht gerade zum Lachen. Eher zum Schlafen ... Sterben ... vielleicht auch Träumen. Träumen von einem Regisseur, der sich seine Befehle nicht aus Moskau holt, der etwas Witz, etwas Humor aus dem Einfall zieht, und wenn es ein okzidentaler sein sollte.

C. The Post-Expressionist Period: 1922-33

Kanzlist Krehler

14.2.1922, Uraufführung, Kammerspiele des Deutschen Theaters, Berlin. Dir.: Heinrich Herald; sets and costumes: George Grosz; Paul Graetz (Krehler); Margarete Kupfer (Frau Krehler); Hans Brausewetter (Max).

281. H. Ihering, 15.2.1922, in *Von Reinhardt bis Brecht*, pp. 108-09.

Zaghaft und allmählich beginnt sich das Niveau der Berliner Bühnen zu heben. Die Uraufführung auch des schlechtesten Stückes von Georg Kaiser ist als Ereignis festzustellen — heute, wo die idiotischen sexuellen Schwänke alle Bühnen überfluten. Und sosehr man den Hollaender-Bühnen die Regielosigkeit der meisten Vorstellungen vorwerfen musste — in dieser beispiellos verworrenen Saison haben sie fast als einzige Berliner Bühne gearbeitet und — wenn auch unorganischer als die Volksbühne — einen Spielplan durchzuhalten versucht.

Regielos — wenigstens insoweit, als das Wesentliche nicht scharf gesehen, nicht klar herausgearbeitet war — blieb auch diese Vorstellung von *Kanzlist Krehler*. Auf dem Zettel trug George Grosz die Verantwortung für Dekoration und Kostüme. Also nahm man an, dass diese Wahl wesentlich für die Bühnengestaltung sein sollte. Sie war es nicht — obgleich gerade die künstlerische Art von George Grosz Kaisers Tragikomödie individualisieren, das heisst sowohl von Georg Hirschfeld wie *Von morgens bis mitternachts* hätte wegspielen können.

Kanzlist Krehler ist sprachlich ein 'expressionistisches', milieuhaft ein naturalistisches Drama. Es bewegt sich scheinbar aus eigener Kraft: Kanzlist Krehler, durch einen freien Montag aus der Bahn geworfen, reisst alles in seinen Wirbel hinein. Aber es braucht das naturalistische Requisit, um zum Abschluss zu kommen: Eine in Unordnung geratene Markise gibt Krehler die Möglichkeit, seinen Schwiegersohn und sich vom Balkon zu stürzen.

Um diese schwache, brüchige Stück durchzuhalten, um durch die Sprache das Milieu zu überwinden, musste man es dynamisch wie *Von morgens bis mitternachts* spielen:

elektrisch geladen, straff, explosiv. Und um es in der Idee, in der Stossrichtung wieder von der Tragikomödie des Kassierers zu unterscheiden, musste man die Tragikomödie des Kanzlisten als die Tragikomödie des kleinen deutschen Beamten geben — wie George Grosz einen deutschen und keinen jüdischen Typus zeichnet. Kaisers Stück wird auf den Kopf gestellt, wenn man der fast impertinenten Selbstsicherheit des Schwiegersohnes in dem Kanzlisten einen sentimentalen Bürodiener gegenüberstellt. Der Geometer Max und der Kanzlist Krehler sind die Gegenspieler des Stückes. Der Kanzlist ist verkümmert, weil er um seine Selbstsicherheit gebracht ist, nicht weil er — wie es in den Kammerspielen erschien — zu weich für das Leben geworden ist. Der Geometer und der Kanzlist sind beide subaltern: der eine nach unten, der andere nach oben.

Als die Titelrolle mit Paul Graetz besetzt wurde, war das Stück um seine dynamische und um seine geistige Bedeutung gebracht (die um so eher herauszuarbeiten war, als Kaiser sie nicht gestalten konnte). Um seine dynamische Bedeutung, denn Graetz hat mehr Hitze als Intensität. Wenn er seine Schärfe als menschliche Energie fruchtbar machen will, versagt er und gibt Menschlichkeit durch Pausen und Dehnung. Er gibt die Diskretion als Einlage. Und er brachte das Stück um seinen geistigen Willen, weil er dem Kanzlisten statt Phantastik Sentimentalität, statt Verlorenheit Weichheit, statt Hass Überheizung gab. Davon abgesehen, war Graetz, wenn man die Rolle in einzelne Teile zerlegt, in den Teilen gut. Er spielte in der einen Rolle mehrere Episodenfiguren.

Eine ätzende, aggressive Zeichnung von George Grosz spielte Hans Brausewetter. Er war der einzige, der auch Georg Kaiser gespielt hätte, wenn der Ausdruck nicht manchmal wieder verwischt worden wäre. Margarete Kupfer, als Frau des Kanzlisten in Ausbrüchen vortrefflich, verwechselt manchmal Konzentration mit Enge des Ausdrucks. Sie setzt die Worte so dicht aneinander, dass sie sich gegenseitig stossen und die Suggestionskraft wegnehmen.

(Wenn Werner Krauss der Kanzlist gewesen wäre, wären Brausewetter und die Kupfer als Kontrastfiguren erst zu ihrem Recht gekommen. Dass der Kanzlist körperlich verschrumpft sein soll, spricht nicht gegen die Besetzung mit Krauss. Er hat die Suggestionskraft, körperlich klein zu erscheinen.)

Im übrigen: Georg Kaiser war der Anfang. Jetzt aber soll das Deutsche Theater Dichter geben, die nicht abgestempelt sind wie er. Damit nicht auch von den jungen nur die Dichter gespielt werden, die man im dramaturgischen Büro liest, weil man sie kennt.

282. Dr. Erich Krafft, n.d., n.s., GKC.

Die Georg Kaiser-Uraufführung *Kanzlist Krehler* liegt in der Richtung *Von morgens bis mitternachts*. Wie dort ein Kassierer die Fesseln des Alltags zerbricht und in das ihm bisher verschlossene Leben hinausstürmt, so will sich auch der Kanzlist Krehler dem Leben in die Arme werfen. [...] Da in dem Erwachen der Kanzlistenseele Kaiser nur eine Wiederholung bietet, ist dieses Stück doppelt nichtig und gequält. Als Einakter könnte der Einfall schliesslich noch gelten, aber die Auseinanderzerrung in drei Akte macht ihn innerlich unmöglich. Diese ausgeklügelte Unnatur fällt umso mehr auf die Nerven, als Kaisers Vergewaltigung der deutschen Sprache zu unsinnigsten Verrenkungen und Wortverstellungen das Krankhafte seines Wesens zeigt. Die Aufführung der Kammerspiele mit Paul Graetz als gedrücktem und aufbegehrendem Kanzlisten, Margarete Kupfer als dralle [sic] Hausfrau und Hans Brausewetter als kerngesundem Schwiegersohn verhalf das Stück zu starkem Beifall der zahlreich erschienenen Kaiserfreunde.

283. Hans Knudsen, *Die schöne Literatur*, 23 (1922), 108.

Der Kanzlist Krehler ist ein Zwillingsbruder des Kassierers aus dem früheren Stück *Von morgens bis mitternachts*, dessen Inhalt hier der wohlmeinende Herr Rat seinem Kanzlisten als Warnung erzählt. Ein Zwillingsbruder, weil auch ihn ein an sich bangloses Ereignis, ein Urlaubstag nach 40 Dienstjahren, aus der Bahn wirft, ihm deutlich macht, dass sich hinter seinem Rücken das Leben abspielt, das er versäumt hat. [...] In keiner Weise ragt das Stück aus dem Gesamtschaffen Kaisers heraus. Jedoch in der Straffheit der Führung, in der gegen Schluss sogar verdächtigen Theatersicherheit, in der Zusammenballung des Wesentlichen und in der lediglich intellektuellen Erledigung der Angelegenheit ist es ganz Kaisers Art. Im Sprachlichen hat es die üble Verkürzung seiner letzten Stücke, und K[aiser] sollte doch eigentlich klug genug sein, um zu wissen, dass das ein Expressionismus von vorgestern ist. An der Darstellung unter der Regie von Heinrich Herald war Paul Graetz künstlerisch am stärksten beteiligt.

284. Ernst Heilborn, *Das literarische Echo*, 24 (1921-22), 795.

'Dichterkünste machen's wahr.' Aber das eben, dass sie dies zu tun vermöchten, ist nicht wahr.
  Es ist eine einigermassen erstaunliche Geschichte. Krehler, durchaus Kanzlistenseele, Typ, wie er leibt und lebt, wird dadurch, dass er an einem Urlaubstag die Stadt zu ungewohnter Stunde sieht, aus aller wohlanerzogenen Fassung gebracht. Er quittiert seinen Dienst. Er nimmt an seinem

brav-fetten, bürgerlich-schmarotzerischen Eheweib Ärgernis.
Er wird geradezu erpicht darauf, mit ihr zusammen, berufslos
zu verhungern. Er tötet seinen Schwiegersohn, nur weil der
in der Lage ist, ihm und seiner Ehehälfte behagliches Dasein
zu sichern. Er nimmt sich selbst das Leben.
    Vorgänge, hart, mitleidlos, skeptisch, hämisch in Georg
Kaisers Art gegeben. Die Charaktere grell und auffallend wie
gehisste Fahnen. Scharfer Luftzug in der Handlung. Ein
Dialog in Signalen.
    Schade: die ganze Angelegenheit bleibt
unwahrscheinlich.
    Wären Dichterkünste imstande, das Märchen wahrzumachen,
es müsste, wenn irgendwo, hier geschehen sein. Theoretisch
liegt hier geradezu die ideale Tragikomödie vor: ein
Charakter, aus Kleinheit zu Grösse aufschnellend; ein
Mensch, aus dem Alltag ins Unwirkliche ragend; der Kanzlist
im All. Kaiser hat den Griff zu packen und packt. In den
Augenblicksphysiognomien ist Schmiss. Der Fortgang hastet,
eilt, stürmt. Für den Seelenzustand des aus der Bahn
Gelenkten wird in dem Spiel mit dem Globus im zweiten Akt
ein visionär erfasstes Symbol gefunden. Neben Motivierungen
steht zwingender das Überraschende. Das theoretisch klug
Erdachte ist technisch mit Kennerschaft durchgeführt.
    Und warum überzeugt das alles nicht? Nichts fehlt als
die dumme Liebe. Aber indem der Dichter sich liebevoll an
seine Gestalten hingibt, schafft er recht eigentlich erst
die Luft, in der sie atmen. Und diese Liebe wirbt zugleich
im Zuschauer um Glauben. Nun verliebt auch er sich, folgt
den Vorgängen mit dem Herzen statt mit dem Intellekt, leidet
und freut sich, ohne nach Wahrscheinlichkeit zu fragen. In
Kaisers Darstellung aber ist Kritik statt Liebe, Kritik
ersteht ganz unmittelbar im Hörer, und diese Kritik verneint
jedwedes Überschreiten der Schwelle der Alltäglichkeit.
    In Alltäglichkeit eingegrenzt, würde Kaisers Art
vielleicht überzeugen — nur eben nicht interessieren. Er
interessiert auf Kosten der Überzeugungskraft. Diesem
Wanderer ins All ist statt des Herzschlags das Ticken des
Kilometermessers gegeben, ein Flug wird Fall.
    Der Kanzlist im All, aber: der Dichter auf der
Sprossenleiter.

285. Ernst Heilborn, n.d., n.s., GKC.

    Auf die dramaturgische Formel gebracht, steht Georg
Kaisers *Kanzlist Krehler* ganz obenan; schlechtweg: Nummer
Eins. Der Armselige, aus dem plötzlich Grösse wie lodernde
Flamme schlägt; der Alltagsmensch, durch den das
Ungewöhnliche durchleuchtet; der Kanzlist ein All, — wo wäre
bessere Formel für die Tragikomödie?
    [...] Ein Skelett, das in jeder ästhetischen Anatomie
als Ideal vorgewiesen werden könnte. So und nicht anders hat
der Grundriss einer Tragikomödie auszusehen. Es fehlt nichts

mehr als der Weckruf zum Leben.

Eben dieser lebendige Ruf bleibt aus.

Äusserlich betrachtet: Dieser Kaisersche Dialog erhebt keinerlei Anspruch darauf, die Menschen so sprechen zu lassen, wie Wirklichkeitsmenschen sprechen, er ist auch fern jenem Gefühlserguss der Dichter vergangener Tage, die ihre Empfindungen und Gedanken aus ihren Geschöpfen mitsprechen liessen. Es ist ein Dialog in Signalen. Sieht man sich diese Signale deutlicher an, so gewahrt man, dass ein Konkretes fast immer durch ein Abstraktes ersetzt ist. Ein Dialog also in abstrakten Signalen. Das Gespräch der Menschen wird auf den Beobachtungsinhalt des kühlen Betrachters, hier Dicher genannt, reduziert. Darunter leidet der lebendige Ruf.

Und innerlich: Man spricht von Objektivierung der Gestalten. Sie scheint bei Kaiser in vollendeter Weise erreicht zu sein. Aber — Objektivierung ist immer ein Schein. Immer bleibt ein Band zwischen dem Schöpfer und seinen Geschöpfen, das Band muss bleiben, denn er ist der Lebensquell.

Bei Kaiser nun ist das Band sehr dünn geworden. Es besteht nur noch aus (etwas hämischer) Beobachtung und (etwas hastigem) Temperament. Es fehlt alle Liebe. Die könnte entbehrlich scheinen, wäre sie nicht die Vermittlerin zum Glauben. Den Glauben aber fordert Kaiser so gut wie jeder andere Dichter. Er verlangt von mir die Überzeugung, dass diesen Kanzlisten wirklich ein Geringes aus seiner Bahn zu schleudern vermag, dass damit alle Hemmungen in ihm fallen, dass jedes Verbrechen in seinen Bereich tritt — er fordert den Glauben, ohne mich in Liebe zu dem p. p. Krehler einzulullen, fordert ihn aus der hämisch-kritischen Betrachtung heraus, und da versagt sich der Glaube. Von Kaisers eigener Skepsis geleitet, würde ich anzunehmen geneigt sein, dass Krehler Fisch mit dem Messer isst; nie und nimmer, dass er Schwiegersöhne kalt zum Frühstück verspeist.

Man kann die Grösse nicht errechnen. Es gibt keine Konstruktionsformel für das All. Das Prachtskelett Krehler wird in der Klinik der Anschauung zu einem unwahrscheinlichen Fall.

Die Bühne macht die Angelegenheit noch unwahrscheinlicher, als man es bei Lektüre des Buchs vermutet hätte, denn diese Illusions-Anstalt hat eine merkwürdig abkühlende Anschauungs-Ventilation. Aber: die Aufführung der Kammerspiele des Deutschen Theaters ist gut. Frau Kupfer, Herr Brausewetter, Frl. Denera, so viel Namen, so viel lebendige Typen. Herr Graetz gestaltet den Krehler mit überraschendem Talent, eine Wirklichkeitsfigur mit Hintergrundphantastik. Aber seine Wirkung bleibt flächig. Als wär es ähnlich mit ihm wie mit Kaiser selbst bestellt: die Folge glänzender Einzelmomente ergibt keine Bewegung. Er ist, ohne zu werden und ohne gewesen zu sein. Er reisst nicht mit fort. Vielleicht 'nur' ein Talent.

286. Friedrich Düsel, *Westermanns Monatshefte* (1922), pp. 193-94.

Wie aber, wenn der Rausch des Wunderbaren gleich einem reissenden Ungeheuer einbricht in die nüchterne Paragraphenseele eines Beamten? Das ist Georg Kaisers Thema in seiner von den Kammerspielen aufgeführten neuen Tragikomödie *Kanzlist Krehler*. Von ungefähr schwamm er schon einmal in diesem Flusse. Damals, als er darstellte, was der Bankkassierer, der eine Unterschlagung gemacht hatte, um einmal zu erfahren, was Leben heisst, 'von morgens bis mitternachts' auf dem Wege aus seiner minutenpünktlichen Regelmässigkeit in die jubilierende Unregelmässigkeit wirklich erlebte — nichts nämlich, nichts von Belang und Wert: er hatte das Leben überschätzt, es blieb ihm alles hinter den Erwartungen zurück. Krehler [...] scheint vor solcher Enttäuschung sicher zu sein. Denn er 'erlebt' ja nur in der Phantasie. Auf dem 'Idol', dem grossen Globus, den er sich für den Rest seiner Barschaft erstanden hat, macht er in wenigen Stunden den weiten Ritt um die Welt, entdeckt grüne Meere und blaue Länder, wo bisher nur Regeldetri war. Nein, nicht wieder zurück in die Tretmühle des Alltags! [...] Ihm soll die Welt hergeben alles, was sie an Wundern hat. [...] Ein Träumer, ein kindlich-kindischer Phantast, über den man lächeln muss, der uns aber doch auch rührt mit seiner verspäteten Lebenssehnsucht. Ja, leider verspäteten — das führt ihm der Herr Rat, sein wohlwollender Vorgesetzter, zu Gemüte. Und nun schlägt die Kindlichkeit in Narrentum, die Narretei in Wahn und Bosheit um. Aller Hass seiner Enttäuschung kehrt sich gegen seine Frau, die fett und bequem gewordene 'Prallfigur'. Sie war schuld daran, dass Kanzlist Krehler sich selbst unterschlagen wurde, dass ihm [...] sein Frühling zerstört wurde 'durch den einzigen Trott aus Büro ins Büro, ins Büro aus Büro', dass er ins Philistertum versank wie sie. Man sieht, sein Hass auf das Weib nimmt die Farbe Strindbergischer Monomanie an. Da ist denn auch Mord und Totschlag nicht weit. Originell freilich muss er sein, der letale Ausgang, der sich für einen Georg Kaiser schickt, originell und — hölzern wie seine Sprache, die das Zeitwort, insbesondre das Tätigkeitswort, diese sinnlichste, lebendigste und fröhlichste aller Sprachformen, in den Bann tut und keine Sätze, nur Satzbrocken kennt [...]. So muss denn eine Stehleiter her. Die wird zunächst ganz harmlos auf den Balkon gestellt (Krehlers wohnen vier Stock hoch), um die widerspenstige Markise zur Räson zu bringen, dann aber stürzt von ihrer Kuppe Vater Krehler erst seinen Schwiegersohn Max, hernach sich selbst in die Tiefe. Warum? Nun, dieser frischfröhliche Max hat eine Erfindung gemacht, mit deren Früchten er den schwiegerelterlichen Haushalt auf dem alten Stand zu erhalten verspricht, also Krehlers düsteren Racheplan gegen seine Frau wegzublasen droht. Das darf nicht sein. Die Frau, will er, soll verhungern, soll verfallen und vergehen. [...] Ein Stoff,

übrigens nicht neu, der nach den guten Ansätzen des ersten
Aktes und den quirlenden Liebesszenen zwischen Max und Ida
zu einer Philisterkomödie bescheidenen Schlages gereicht
hätte, soll hier durch Schrauben und Hebel durchaus zur
Tragikomödie hinaufgewuchtet werden. Dabei geht auch das
bisschen Komik bald in Scherben, und was übrigbleibt, ist
ein Kehrichthaufen von Schlacke und Unnatur, der hoffentlich
andre davor warnt, sich durch Künstelei und Geniesucht so
systematisch zugrunde zu richten wie der Dichter der *Bürger
von Calais*.

[1922], *Kammerspiele des Raimund-Theaters, Vienna. Dir.:
Franz Theodor Csokor.*

287. Oskar Maurus Fontana, *Die neue Schaubühne*, 4, Nos. 5/6
(June 1922), 153-54.

Lebendig ist auch Georg Kaisers Groteske *Kanzlist
Krehler*. Sie geht von einem erlebten Schicksal aus, dem
schrecklichen Schicksal der von der Zivilisation um ihr
Eigenleben gebrachten Kreatur. Eines Tags erwacht der
Kanzlist Krehler in dem Kerker seiner Zivilisation und sieht
nach seinem Leben. Es ist nicht da, es ging unter wie Tinte
in Löschpapier, es wurde aufgesogen von Kanzlei, Familie,
Futtertrog. Der Kanzlist ist, da er es erkennt, ein
Ver-rückter — dies ist das traurigste Lachen Kaisers — und
er geht als ein Rasender zugrunde. Es ist als Werk schmal
und eng, aber es ist voll Wirklichkeit, voll Erlebnis. Und
das ist das Entscheidende. Es wurde in den Kammerspielen des
Raimund-Theaters unter der rhythmisch steigernden Regie
Franz Theodor Csokors gut gegeben.

[1922], *Schaubühne, Munich. Mellinger (Krehler); Marie
Hardung (Frau Krehler); Zeise-Gött (Max).*

288. Dr. Otto Sachse, *Allgemeine Rundschau*, No. 41,
14.10.1922, p. 491.

Die intime Bühne im Steinickesaal brachte die
Tragikomödie *Kanzlist Krehler* von Georg Kaiser. Komisch ist
die Verwicklung, tragisch die Lösung. Zwanzig Jahre ist der
Kanzlist Krehler ins Büro gegangen, pünktlich hin und
zurück. Am Tag nach seiner Tochter Hochzeit schickt ihn der
Herr Rat nach Hause, verständnisvoll, doch ohne tiefere
Einsicht, dass er diesen zur Uhr gewordenen Menschen der
inneren Anarchie ausliefert. Für Krehler ist nun die ganze
Welt ins Drehen geraten, so wie er den Globus dreht, den er
sich als Sinnbild seiner Selbstherrlichkeit gekauft hat. Er

kündigt seinen Dienst und steht ohne Mittel da. Der Schwiegersohn, ein Landmesser mit einem unleidlich falschen Zug (er will eine Erfindung gemacht haben, was man kaum ihm, nimmer dem Dichter glaubt) bewahrt Krehler und seine Frau vor Not, aber gerade das beschwört den Hass des Unglücklichen herauf. Mit grausamer List stürzt er seinen Schwiegersohn vier Stock tief von der Leiter am Balkon und macht es dann selbst dem protokollierenden Schutzmann vor, gewissenhaft, denn es muss alles in die Akten. Hinter dem tragischen Absturz des entwurzelten Kanzlisten erlischt das Rampenlicht und fällt der Vorhang. — Die psychologisch unmöglichen Voraussetzungen sind nur in dem grotesken Expressionismus annehmbar, der uns der wirklichen Welt entreisst und auf dem Globus des sinnvollen Unsinns wirbeln lässt. So lassen wir uns das Stück gern gefallen, denn ein tiefer, echt tragikomischer Sinn bricht durch die wildverzerrten Linien, spricht aus den Sätzen, die Artikel und Hilfsverb verschmähen. Zwei Personen freilich, die nicht mehr das rein Typische haben, sondern naturalistische Züge einmischen, sind schwer erträglich. Ida, die Tochter und Max der Schwiegersohn. Ida zeigt wenigstens im ersten Akt in ihrem süssverworrenen Glück nach der Hochzeit echt poetische Züge, die Janina Rotschild gut herausbrachte. Der Max aber ist ein widerlicher Fatzke, reine Karikatur. Daran ist Georg Kaiser schuld und nicht Zeise-Gött, der Darsteller. Echt aber war der Kanzlist Krehler von Direktor Mellinger. Besonders aber Marie Hardung als seine vierschrötige Ehehälfte, die wacker ihren Hausstandpunkt vertritt, war im Spiel und namentlich in der Maske prächtig. Die Nebenfiguren und die Szenerie waren gut expressionistisch mit Massen stilisiert. Der Beifall war wohlverdient, das Haus leider halb leer.

Der Protagonist

16.3.1922, Uraufführung (Schauspiel), Lobe-Theater, Breslau.

289. Erich Freund, *Das literarische Echo*, 24 (1921-22), 987-88.

[...] Georg Kaiser, der schon viele Zeitalter und Völker als Dichter besucht hat, ist der Himmelssphäre bisher fern geblieben. Auch diesmal stellt er sich mit beiden Füssen auf das Theater, und er verbrennt sich die Flügel nicht, da er die Gegend kennt. Seine Phantasie hat er freilich dem *Protagonist* zu Ehren nicht sonderlich angestrengt, sondern sich mit der der anderen begnügt. Sein Titelheld ist ein rechter Bruder zu unzähligen tragisch umwitterten Schmierenhäuptlingen, insbesondere zu Signor Canio. Der sticht allerdings in der sizilianischen Gegenwart um sich und ermordet sein ungetreues Weib, wohingegen der kaisersche Bajazzo ein Brite der Shakespearezeit ist und seine Schwester abmurkst. Sonst aber ist alles wie in der Oper, vor allem die grosse Pantomime und der jähe Übergang aus dem Schein der Bühne in die grelle Wirklichkeit. Nur dass es bei Leoncavallo viel straffer, viel logischer, viel bühnengemässer zugeht als bei Kaiser. Weit geschwätziger noch als der singende Prologus der Oper redet der Protagonist mancherlei von der besonderen Seele des Schauspielers. Leider verschweigt er uns sein wichtigstes Geheimnis, nämlich den zureichenden Grund für die Ermordung der armen Schwester. Sie hat dem grossen Bruder lediglich einen zahmen Anbeter unterschlagen, der noch dazu von den reellsten Absichten beseelt ist. Die Seele des Protagonisten ist offenbar ganz besonders fein gestimmt, dass sie schon ein so lässliches Vergehen für todeswürdig erachtet, zumal wenn der Aktschluss naht. Diesmal applaudierte das Publikum. Eine Leiche auf der Bühne ist eben etwas so Reelles, dass jegliche Fopperei ausgeschlossen erscheint. So wurde Georg Kaiser um einen Theatersieg reicher und der seelige [sic] Leoncavallo auch.

David und Goliath (premiered in an earlier version as *Grossbürger Möller*)

[1921], *Raimund-Theater, Vienna.*

290. Oskar Maurus Fontana, *Die neue Schaubühne*, 3, Nos. 8/9 (Dec. 1921), 195.

Georg Kaiser erschien mit dem *Konstantin Strobel* (ehemals *Der Zentaur*) im Stadttheater und mit *David und Goliath* (ehemals *Grossbürger Möller*) im Raimund-Theater. Beide sind (in ihren guten Augenblicken) Geist der Boheme, immerhin Geist, aber nur der Boheme. Das will sagen, dass Kaisers Verhöhnung der Bürgerlichkeit, des Kapitals hier aus der Ulkstimmung eines in der Literatur Stehenden kommt, nicht aus der Umwertungssehnsucht eines sozial Ergriffenen. – Besonders deutlich wird das in *David und Goliath* – hier wird über eine muntere Seifensiederangelegenheit das 'Geistige', das 'Soziale' taschenspielerhaft gestülpt. Das Raimund-Theater spielte die Posse mit viel Laune.

19.3.1922, Uraufführung[?], Stadttheater, Minden/Westf. Dir.: Dr. Wolfgang Hoffmann-Harnisch; sets: Hans Thiele.

291. Walter Krieg, n.d., n.s., GKC.

Zum tapferen David wird Sophus Möller, der kleine Beamte in einer dänischen Stadt, indem er den Goliath Mammon zwingt. Auf diesen Sieg begründet er sein und seiner Verwandtschaft Glück. [...] Dies alles ist nicht ohne Witz hingestellt. Die Aufführung war eine feine Kabinettsarbeit, mag manche Einzelleistung auch manchmal etwas übertrieben gewesen sein. Die Regie führte Dr. Wolfgang Hoffmann-Harnisch. Hans Thiele hat ein sehr gutes Bühnenbild geschaffen. [...]

292. W. K., 1922, n.s., GKC.

Georg Kaiser hat mit seinem Lustspiel *David und Goliath* den Gedanken des Kampfes und Sieges eines kleinen, schwachen Menschen über den Goliath Mammon recht hübsch zum Ausdruck gebracht. Darum war auch bei der Uraufführung der Beifall recht herzlich und es kann für alle Beteiligten ein voller Erfolg gebucht werden.

1.11.1924, Wallner-Theater, Berlin. Dir.: Emil Lind; Albert
Steinrück (Möller); Heinz Salfner (Magnussen); Gertrud Wolle
(Fräulein Juel).

293. anon., *Deutsche Zeitung* (Berlin), 1.11.1924.

    Diese Komödie von Schulze oder Müller — und man hätte
sie nicht aufgeführt.
    David und Goliath ist aber ein Frühwerk von Georg
Kaiser. Kaiser ist ein modernes Phänomen. Er hat Werber.
Darum bemüht man sich um seine Werke. Mag es selbst eine
schlappe Spitzbubenkomödie philiströsen Ursprungs sein, —
man führt sie auf, man staffiert sie aus, man schlägt
riesigen Lärm für sie. Parole: ein Hoch auf Georg Kaiser.
    Zeichneten Schulze oder Müller verantwortlich, — hätte
man diese Komödie stillos genannt, sie leer, unkomisch,
abgeschmackt gefunden. Unter dem Namen Kaiser wird sie zum
literarischen Mittelpunkt. Bei Schulze oder Müler als
Verfasser wüsste man im 1. Akt schon das Ende. Bei Kaiser
erwartet man geistreiche Überfälle. Schulze oder Müller
würde eine Komödie mit kräftigen Lokalwitzen spicken. Kaiser
sammelt mühselig Wortspiele und — gefällt, selbst wenn diese
noch so dünn sind. Schulze oder Müller hätten drei massige
Akte gebaut. Kaiser baut den ersten Akt länglich, verkürzt
den zweiten, beschneidet den dritten. [...]

294. anon., *National-Zeitung*, 2.11.1924, incomplete.

    Die Komik dieses Stücks liegt nicht allein in der Komik
des Stücks, sondern in der Tatsache, dass es von Georg
Kaiser stammt.
    Es ist nämlich eins der frühesten Stücke des
fruchtbarsten und erfindungsreichsten Dramatikers unserer
Tage, entstanden vor etwa zwanzig Jahren ... und es ist,
darin liegt die Komik, eigentlich ein echtes rechtes
Familien-Lustspielchen aus der Tradition des biederen
Benedix und der Wiener Lokalposse (spielt allerdings in der
Provinz Dänemarks).
    Dieses Frühwerk zeigt aber, und darin liegt für den
Literaturfreund abermals die Komik, ganz klipp und klar
bereits die Hauptelemente des späteren Georg Kaiser. Und das
macht, von höherer Warte gesehen, das Stück bemerkenswert,
das sonst im Gesamtwerk Kaisers heute belanglos und tausend
Meilen überholt ist.
    Das ganze Stück dreht sich nämlich um den Geldkomplex
und die mit ihm verbundene plötzliche Erschliessung des
Daseins nebst seelischer Enthüllung und Umschichtung des
Bürgers ... ein Problem, von dem die Hälfte der späteren
Stücke dieses Dramatikers sich nährt (und das auch in seinem
persönlichen Leben Schicksal bedeutete.) Es zeigt ferner

schon die exakt klappende, absolut sichere Technik der Szenen- und Menschenführung, das rasche Tempo, die Einfälle, die Konzentration der späteren Stücke, sowie, trotz der noch traditionellen Konversationsprosa, Kaisers heutige knappe, schlagwortartige Diktion.

Es werden also, wie in vielen seiner späteren Stücke, hier arme Leute plötzlich reich. Fünf verschwisterte und verschwägerte Kleinbürger gewinnen nach jahrzehntelangem vergeblichen Zusammenspielen das grosse Los und machen grosse Projekte. Der junge Kaiser nimmt nun mit dem routinierten Raffinement eines alten Könners dieses alte Lustspielmotiv, mit dem sich Ältere in Detailmalerei begnügt hätten, zum Anlass, in Tiefen vorzudringen.

Nämlich erstens: das Familienoberhaupt, ein Sparkassenbeamter, spielt das Los schon seit zehn Jahren gar nicht mehr, hat vielmehr die Einzahlungen der Verwandten zur musikalischen Ausbildung seiner Tochter verwandt. Er verschweigt nun vorläufig die Ungültigkeit des Loses, in dem Bewusstsein, dass die Wirkung des vermeintlichen Besitzes gleich der des wirklichen sein wird.

Zweitens: ein reicher Bierbrauer, dessen Sohn die arme Sparkassenbeamtentochter nach Gartenlaubenart wegen ihrer Armut liebt, will diesen fünf Kleinbürgern, indem er scheinbar ihnen zur Verwirklichung ihrer Projekte hilft, das eben gewonnene Geld abknöpfen.

Drittens: der Sparkassenbeamte aber ist ein verschmitztes Köpfchen, das es fertig bringt, ein kleiner David, den grossen Goliath von Bierbrauer hereinzulegen, bis alle Projekte der Familie sich erfüllen und alle miteinander gross und glücklich dastehen.

So dass also, als er schliesslich der Verwandtschaft sich als Sünder enthüllt, ihn kein Vorwurf treffen kann, denn er und alle Verwandte haben ohne einen Pfennig Geld alles erreicht, was sie mit viel Geld zu erreichen glaubten, weil nur die Tatsache, dass sie selbst sich und die Welt sie zwei Monate für reich hielten, genügt, um sie wirklich reich werden zu lassen. Die Wertlosigkeit und dennoch furchtbare Notwendigkeit des Geldbesitzes in unserer Zeit erwies Kaiser hier spielerisch-heiter, wie in späteren Stücken tragisch. Und zugleich wird die Überlegenheit des beweglich-phantasiebegabten Geistes über die dumpfe Masse-Materie erwiesen.

Diese unwahrscheinliche Sache hat Kaiser so verblüffend wahrscheinlich und ergötzlich herausgearbeitet, dass sein Stück trotz der Altmodischkeit als besser bezeichnet werden muss, denn neun Zehntel unserer heutigen Lustspielproduktion. Trotz der harmlos-heiteren Ergötzlichkeit leuchtet es in allerlei Möglichkeiten und Unmöglichkeiten unserer Gesellschaftsordnung, sodass auch in dem primitivsten Beschauer einige Talglichter sich entzünden. Kaiser erreicht diese Wirkung mit den Mitteln des Volksstücks und wirkt wirklich komisch und schlagend, wie der grosse Erfolg der gestrigen Aufführung vor einem halb literarischen, halb volksbühnenmässigen Publikum erwies.

Wirkt — trotz einer schauspielerisch anfechtbaren
Aufführung. Der Regisseur Emil Lind wollte — in wackerer
Durcharbeitung das Stück bewusst volkstümlich derb
herausbringen. Vielleicht wäre das gar nicht nötig gewesen,
— denn nun sah man einige Leistungen, angesichts derer man
sich in das Theater des Provinzstädtchens versetzt glaubte,
in dem das Stück spielt.
    Auch Gertrud Wolle, zur Komik altjüngferlicher Art
begabt, wirkte noch zu gewollt-unnatürlich. Und Salfner als
Bierbrauer versuchte eine Massigkeit vorzutäuschen, die er
weder äusserlich noch innerlich hat. [...]

295. anon., *Berliner Morgenpost*, 1.11.1924.

    Georg Kaisers Komödie in drei Akten, schon vor Jahren
in der Provinz unter dem Titel *Grossbürger Möller*
uraufgeführt, hat seitdem merkwürdigerweise keinen Siegeszug
über die deutschen Bühnen getan. Gestern fand sie
ausserordentlich starken Beifall im Wallner-Theater. Mit
geistreicher, geschwinder Abwandlung gleitet der Witz des
Autors durch alle Möglichkeiten eines fingierten
Lotteriegewinnes in einer Spiesserwelt, deren Geschick durch
einen klugen, überlegenen Kopf aus ihrer Mitte zum Guten
gelenkt wird.
    Die Aufführung, an deren Gelingen neben Emil Lind als
Regisseur, Albert Steinrück, Heinz Salfner und auch die
übrigen Mitwirkenden teil hatten, verstärkte die Vorzüge des
lustigen und tiefsinnigen Werkes.

296. Erich Metzger, *Deutsche Tageszeitung*, 1.11.1924.

    Im Wallner-Theater wird jetzt unter der neuen Direktion
Saltenburg echte Komödie gespielt, scharf pointiert,
grotesk, launig. Bester Stil vom Vorhang bis zum letzten
Darsteller.
    Georg Kaisers Witz belebt das gesprochene Wort. Seine
Komödie *David und Goliath* hiess ursprünglich *Grossbürger
Möller* und erlebte vor 9 Jahren in Düsseldorf ihren ersten
Triumph. Seitdem ist die Pointierung schärfer aufs
Symbolische hingearbeitet worden. David, die Pfiffigkeit des
kleinen Mannes, wird der toten Materie, des Goliaths Gold,
Herr. Schade nur, dass es ausgemachte Schurkerei ist, die
den Erfolg davonträgt. Doch der Satire tut es keinen
Abbruch.
    [...] Der gute Sophus ist also ein regelrechter
Schwindler und Schuft. Aber er versteht mit seiner
kaltschnäuzigen Pfiffigkeit und phantastischen Moral die
lieben Mitmenschen ebenso gründlich und ehrlich übers Ohr zu
hauen wie weiland das listige Judenknäblein David den
ungestümen, dummen Philister Goliath.

Die Moral ist für das menschliche Zusammenleben nicht eben nachahmenswert. Aber wer hätte nicht seine helle Freude an der köstlichen Satire, dem unübertrefflichen, boshaften und grotesken Witz, mit dem Kaiser dieses Spiel zwischen Geist und Materie belebt. Da blitzt jedes Wort wie eine funkelnde Florettspitze, da bauen sich die Szenen in einer Knappheit und Treffsicherheit auf, dass man schier nicht zum Atmen kommt. Wenn der kleine Sophus, lauernd wie ein Raubtier, um sein Opfer, den geldmächtigen Brauer Magnussen, schleicht und aus seinen Augen die reine Freude des geistig Überlegenen am Sieg über die plumpe Gewalt blitzt, dann ist man schon beinahe mit dem Schwindler versöhnt.

Aber wie hatte Emil Lind das Stück aufgebaut! Mit treffsicherem Instinkt was [sic] alles aufs Groteske abgestellt. Der Vorhang mit der Schauderszene des blutrot erleuchteten David und Riesen Goliath, dem ein Sturzbach aus dem Gehirn dringt, bedurfte nur eines Anzeigers mit klatschendem Stock, um die vollendete Moritat darzustellen. Auch die Szenen schwelgten in prachtvollen Übertreibungen. Die Dachkammer atmete Hauptmannsches Elend, und der Palast des Protzen überschlug sich förmlich vor Stilwidrigkeiten. Dazu die Parade der Moritatenfiguren.

Heinz Salfner, der Protz. Fleischgewordene Brutalität und Gier. Aber gemildert durch einen Schuss hilfloser Spiessigkeit. Auch Steinrücks Sophus Möller äusserlich der Biedermeiermann. Jedoch in den Augen eine durchdringende Intelligenz und zum Schluss sogar ein Stück Übermenschentums. Wenn die beiden Ehrenmänner mit den Armen fuchtelnd um einander herumsprangen, da schien es schon eher, als ob Instinkt und Intellekt miteinander kämpften. Erich Walter, Rudolf Blümner, Gertrud Wolle und Else Bäck-Neft würdige Ergänzungen des erfolgreichen Pfiffikus, Agnes Müller, Ilka Illis und Ullrich Bettac dazwischen als Prinzip des Durchschnitts-Anstandes.

So kurzweilig hat man lange keinen Theaterabend verbracht.

297. Franz Leppmann, *B. Z. am Mittag*, 1.11.1924.

Natürlich ist es ganz nebensächlich, dass dieses Stück noch nicht in der Kaiserschen Verdichtungssyntax geschrieben ist, sondern noch im traditionellen Konversationston, der noch nicht mit der Silbe spart. Es ist dennoch ein echter Kaiser; sein Tempo und die spezifische Tournure seiner Einfälle. Und die Einfälle so zahlreich, dass ein anderer oder ein halb Dutzend anderer Autoren ein ganzes Dichterleben lang davon zehren würden. Kaiser hat einen strotzenden Kopf. Er ist der deutsche Beitrag zur dramatischen Weltliteratur dieser Tage.
[...] Trotzdem es ein junger Kaiser ist – hie und da ein Lyrismus, eine Gartenlaubenhaftigkeit bezeugt es –, ist es ein ganzer Kaiser; die Harmlosigkeit ist nur Vordergrund.

Wieder ist ein kleiner Beamter da, dem plötzlich das Tor
aufspringt zur Welt. Dieser Sophus Möller ist kein anderer
als der Kanzlist Krehler, aber es geht ihm besser, weil ihm
der Dichter sein Schöpfertum mitgegeben hat. Verbogene und
zerdrückte Menschen richten sich wieder auf und entfalten.
Durch alle Werke Kaisers klingt die Klage um den
zerstückelten Menschen und der Wunsch nach dem ganzen. Hat
man begriffen, wie sehr Kaiser Pädagog ist?
      Albert Steinrück, mit fuchsigem Knebelbart und
fuchsiger Perücke, sehr klug und prägnant. Dieser tief
verschlagene David war in der Tat diesem Goliath gewachsen,
und dieser Schauspieler diesem Dichter. Beide sind sie durch
die Schule Wedekinds geschliffen worden. Das wird deutlich,
wo sie ins Spukhafte abbiegen. Heinz Salfner als der
gebrandschatzte reiche Brauer war nicht so einheitlich im
Stil. Er machte sich seine Cholerik gar zu leicht. Eine
Fülle gelungener Spiessertypen umsteht diese beiden. [...]
      Unerfindlich ist es, warum das Stück nicht schon längst
in Berlin volle Häuser gemacht hat, wie es nun tun wird; der
Beifall war sehr gross. Düsseldorf und Wien sind Berlin
vorangegangen. Und Minden in Westfalen.

298. Ernst Degner, n.d., n.s., GKC.

      Georg Kaiser, der emsigste Komödienschreiber unserer
Zeit, hat eins seiner ersten Bühnenwerke *Grossbürger Möller*
zu einem ebenso spannenden wie heiteren Lustspiel *David und
Goliath* umgebaut. Das leicht entzündliche Publikum des
Wallner-Theaters hatte bei der gestrigen Erstaufführung
seine helle Freude daran. Es war entzückt und spendete der
Komödie lauten Beifall. Der Einfall, der dem Spiel zugrunde
liegt — übrigens auch von anderen als von Georg Kaiser
behandelt —, ist wirklich sehr lustig. [...]
      Aus dieser Fabel macht ein routinierter Dramentechniker
wie Kaiser natürlich nicht nur eine Anekdote, die man sich
einen Abend lang erzählen lässt und bis zum nächsten Tag
vergisst. Er stellt ein bisschen konstruierte, aber doch
lebensechte Typen hin. Da ist Möllers Schwester, die nach
Bekanntwerden des Treffers atemlos hereinstürmt und ihre
Losbeiträge nachträglich entrichtet, die sie zehn Jahre lang
nicht bezahlt hat, da ist eine ganze Korona kleinlicher
Menschen, deren Schwächen blossgelegt werden. Auch sonst ist
die Komödie typischer Georg Kaiser. Sie hat zwar nicht den
eigenen kurzen telegrammartigen Stil des Dichters, der
gedankenbeladene Worte hinknallt. Aber auch in diesem
Erstlingswerk zeigt sich Kaisers Vorliebe für Kitsch.
Kitschig ist das Gelübde des reichen Brauersohnes, er werde
nur ein armes Mädchen heiraten. Dies arme Mädchen ist
natürlich die Tochter des Scheingewinners Möller, die er
schliesslich doch heimführen darf, weil die Geschichte vom
Haupttreffer Bluff war. *David und Goliath* ist eben ein
richtiges Volksstück und — es ist besser als die üblichen.

Der Regisseur Emil Lind liess auf Effekte hin spielen.
Das ist bei einer Kaiserschen Komödie kein Vorwurf. Kaiser
will starke Bühnenwirkungen. Und die kamen bei der
Aufführung heraus. Hauptstützen des Abends waren Albert
Steinrück und Heinz Salfner. Steinrück verlieh dem Beamten
Möller herzenswarme Züge. [...] Den Brauer Magnussen spielte
Salfner als grotesken und brutalen Krafthuber, fast eine
Kabarettfigur, aber durchaus in den Rahmen der Komödie
passend. Erfrischende Typen stellten noch Rudolf Blümner und
Gertrud Wolle hin. Besonders die spitzigen, halbverschämten
Bewegungen, das altjüngferliche Getue in Gebärden und
Sprache der Gertrud Wolle als Tante Juel waren von
unglaublich komischer Wirkung. Das Publikum rief begeistert
den Autor, in dessen Namen sich der Regisseur Lind bedankte.

299. Artur Michel, *Vossische Zeitung*, 1.11.1924.

Georg Kaisers Blickeinstellung zum dramatischen
Schicksal ist in diesem frühen Schwank im Grunde die gleiche
wie in seiner späteren Dramatik. Wirklichkeit wird
unwirklich, Auseinandersetzung des Entwurzelten mit dem
Chaos entbrennt. Aber Spieler und Einsatz sind in dieser
Komödie noch getrennt (später sind sie identisch). Das
Schicksal ist personifiziert in der Person eines Einzelnen,
der mit der Existenz einer Welt spielt. Ein romantisches
Spiel. Aber es bleibt im Bereich des Willens und des
Intellekts. Also in den Grenzen der Bürgerlichkeit, die
nicht in Frage gestellt, sondern bestätigt wird.
   Dieser Deus ex machina ist ein kleiner Beamter, der
seiner Sippe vorspiegelt, gemeinsames Lotterielos habe sie
alle zu Reichen gemacht. Der Zuschauer erfährt sofort den
Schwindel, denn sein Erfinder lässt seine Frau über ihn
nicht im unklaren. So wird die Spannung des Zuschauers
allein auf den inneren Vorgang gerichtet. Die Welt der Sippe
wird aus den Angeln gehoben. Alle Wünsche, Pläne, Hoffnungen
drängen nach Verwirklichung. Chaos entbrennt. Repräsentant
des Chaos aber ist ein Grossbrauer. Er will den jungen
Reichtum der Sippe, an den auch er glaubt, verschlingen.
[...]
   Der Deus ex machina reguliert den Verlauf. [...] Der
Brauer ist geprellt. Chaos weicht. Der Kosmos, neu
gestaltet, bleibt in den Fugen: im letzten Akt erfahren die
Losteilnehmer, dass auch sie geprellt sind. Das Los war
längst verfallen. Aber sie haben nicht bloss ihre Wünsche,
ihre Sehnsucht verwirklicht. Der 'Traum vom Glück' hat neue
Kräfte in allen entfaltet. Er hat Schaffens-, Arbeitslust
geweckt, die ihnen auch ohne das Los Wachstum des Besitzes
verbürgt. Glücksstimmung waltet. Zumal auch das Liebespaar,
das sich zum Heiraten nicht zwingen lassen wollte, nun ohne
Bedenken zum lustspielhaften Ausgang sich umarmen kann.
   'Die Details zerfallen, das Wesentliche besteht':
konstatiert der Deus ex machina und Raisoneur des Schwanks,

der den mächtigen Brauer, wie der kleine David den Riesen Goliath, aus dem Felde geräumt hat.

Dieses Stück, besonders in seiner knappen sprachlichen Neuprägung, ist ein von kräftigem Bühnensinn gefügter, behende fortschreitender Schwank. Wie er Scherz und tiefere Bedeutung, Unterhaltung und 'Moral' vereinigt, gibt ihm in der deutschen Schwankliteratur eine besondere Stelle, gibt ihm – eine Paradoxie freilich für ein Werk von Georg Kaiser – den Anspruch, als Repertoirstück des bürgerlichen Theaters unzählige andere Schwänke zu verdrängen.

Die Aufführung im Wallner-Theater bemühte sich, unter Emil Linds Leitung, um Kaisers sprachliches Tempo. Im allgemeinen mit Glück; besonders der Anfang aber litt unter naturalistischer Nuancierung. Die Atmosphäre des Stückes schuf Albert Steinrück. Er gab dem kleinen Beamten, dem Drahtzieher der Komödie, das sokratische Haupt und die blinkenden Äugelchen des Schlaubergers und des Phantasten, den saftigen und den sorglosen Ton. Ein Kleinbürger unter Kleinbürgern, aber einer, der die Elastizität, die ihn zu dem grossen Schwindel treibt, immer neu erweist, wenn er etwa in dem hitzigen Kampfgespräch mit dem Grossbrauer, dessen breitspurige Gesten mit ironischem Schwung parodiert. Heinz Salfner als der Brauer ganz Grossmäuligkeit, aber doch wohl, in der geringeren Prägnanz der Gestikulation, zu sehr 'wilder Mann', zu wenig vollblütig. Mit ihnen bildeten besonders Erich Walter und in der Attitude auch Rudolf Blümner, dazu Agnes Müller, Else Bäck und die überbewegliche Gertrud Wolle ein Ensemble, das an dem Erfolg der Komödie nicht geringen Anteil hatte.

300. Mysing, n.d., n.s., GKC.

Wenn Georg Kaiser mit den Begriffen von Geld jonglieren und über kapitalistische oder nicht kapitalistische Grundsätze gewagte Sätze aufstellen kann, dann ist er auf seinem eigensten Felde. Diese Lust, jene Begriffe auf den Kopf zu stellen, merkt man auch einem seiner ersten Stücke *Grossbürger Möller* an, das einmal vor neun Jahren im Düsseldorfer Schauspielhause aufgeführt wurde, und das heute umgearbeitet, den neuen Titel führt *David und Goliath*. In dieser Form wurde es vom Wallner-Theater mit lebhaftem Erfolge aufgeführt. Der Erfolg beruhte nicht zum geringsten Teile darauf, dass diese dreiaktige Komödie ein ganz echter Kaiser noch nicht ist, dass es den berühmten Telegrammstil nicht hat, dagegen einen für Kaisers Verhältnisse ungewöhnlichen Humor. Mit der logischen Zähigkeit, die in Kaisers Dramatik als Kernstück steckt, wird hier der Gedanke ausgeführt, was für kapitalistische und andre Gewinne aus einem falschen Lotteriegewinn gezogen werden können. [...] Wie er, der kleine David, nun den protzigreichen Grossbauer Magnussen, den Goliath, besiegt [...] das hat Kaiser wieder mit seiner technisch sichern Art herausgebracht; der Schluss

befriedigt trotz seiner moralischen Gewagtheit sogar mehr
als es bei diesem Dramatiker sonst wohl der Fall ist. Die
Regie schien Besorgnis zu haben, dass das Stück sich
allzusehr als wirksames Volksstück offenbaren könne – wozu
es gute Anlage hat und übertrieb in Spiel und Ausstattung
ein bisschen zu sehr ins Karikaturhafte. So zum Beispiel war
der Grossbauer Jochum Magnussen ziemlich reine Karikatur.
Die Hauptrolle des Stücks, die des gemütvoll-ironischen,
etwas zum Phantastischen neigenden Kleinbürgers Sophus
Möller, verkörperte Albert Steinrück sehr wirksam.

301. A. Mü., *Berliner Morgenpost*, 1.11.1924.

   Kaiser gibt ein paar feinkomische Augenblicke. Die
machen ihm Schulze oder Müller nicht nach. Er gibt sie
unterirdisch. Sie erwachsen aus menschlichen Umlagerungen,
gesellschaftlichen Verschiebungen, wo ein Wort, ein Satz –
eine Weltanschauung festhält. Kaisers Menschen sind auch in
der Frühe schon starr, seelenlos, konstruiert, – Maschinen
des Lebens. Seine Sprache ist hier noch verhältnismässig
gedehnt. Selten nur leuchten geistige Raketen auf. Zwei,
drei Worte im Dialog lassen den zukünftigen scharfen
Ingenieur des modernen Dramas erkennen. Irgend etwas
Besonderes zeigt diese Komödie nicht, darum konnte sie von
Schulze oder Müller geschrieben sein.
   Emil Linds Spielleitung vermischte Marionettenstil und
altes Lustspiel. Er kam damit nicht recht vorwärts. Die
darstellerische Spannung litt an dem Zusammenstoss der
Zeitstile. Albert Steinrück, David, stellte den Kleinbürger
auf sicheren Boden, gab ihm spitzbübische Steigerung,
romantische Neigungen und den triumphierenden Abschluss
eines Siegers. Heinz Salfner, Goliath, war sehr trottelhaft,
aufgeblasen, dickfellig, mit der hohlen Geste des geldlichen
Riesen.
   Diese schauspielerischen Anstrengungen hätte man bei
Werken von Schulze oder Müller unterlassen. So gefiel man
sich in einer Rettung der dramatischen Frühzeit Kaisers. Die
Kultivierung von Schulze oder Müller ist aber notwendiger
und dankbarer als den abgerundeten Charakter eines
Gewordenen durch falschen Ehrgeiz zu stören.

302. F. E., *Berliner Tageblatt*, 1.11.1924.

   Seelenkühl, gehirnstark hat Kaiser auch diese 'Komödie'
geschrieben, die durchaus ein Volksstück ist, also mit dem
Recht auf etwas Kitsch, mit dem Recht, sehr viel von dem
Gelde und seinen Wirkungen zu sprechen. Es spielt in der
Gegenwart, aber das alte phantastische Wiener Volksstück
leuchtet hinein. Die Regie, Emil Lind, nahm es denn auch
grotesk, mit einigen Überschärfen. Spitzendarsteller: Albert

Steinrück und Heinz Salfner. Der Beifall war sehr stark.

Die Flucht nach Venedig

9.2.1923, Uraufführung, Stadttheater (Intimes Theater),
Nuremberg. Dir.: Merck; Ernestine Costa (Sand); Gerth
(Musset).

303. Jo Lherman[n?], n.d., n.s., GKC.

Schon das Lesen des [...] Buches rief den Eindruck des
Einmaligen, Grossartigen hervor und erzeugte vor allem die
überraschende Erkenntnis, dass Georg Kaiser, von vielen
bestaunt, von mehreren angefeindet, in seiner fast
übergrossen Selbstsicherheit den steilen Weg
expressionistischer Dramatik zu einem unerwarteten Ende
gegangen ist. Denn auf der *Flucht nach Venedig* werden die
Expressionisten nicht reiten können.
 Stendhal, damals noch Henri Beyle, Konsul in
Civitavecchia, unbeliebt, wenig gekannt, reiste um 1832 von
Paris nach Italien, rhoneabwärts, zu Schiff, und traf Musset
und die Sand, die eine verliebte Reise nach Venedig machten.
Neben Stendhal, den die beiden belächelten, waren sie doch
sehr klein: Georg Kaiser zeichnet Musset in
Grössenverhältnissen, wie sie Rimbaud oder Baudelaire
entsprächen, die Sand als die geistvolle Frau, die sie war,
als die Dichterin, die sie doch nicht ganz war. Jedoch sind
sie ihm nur irgendwelche Geschöpfe, die seiner Idee
dienstbar sind.
 Die Handlung — dieses Drama ist ein Fluss von Handlung
— ist also nicht von wesentlichstem Belang. [...]
 Also ein Drama: Literatur. Dieses Drama ist von einer
Vollendung, die unerhört ist, und ragt aus dem Babel
erstrebender dramatischer Versuche als ein endlicher,
gefügter Turm. Der Georg Kaiser, der es schrieb, ist nicht
mehr nur der des *Gas* und der *Koralle*: dieses Schauspiel ist
gesetzt, gebaut, gemeisselt, fertig geworden; in einer
Sprache, die deutsch ist, in der man nicht mehr nach
Artikeln suchen muss, denn hier ist jeder Aufschrei
artikuliert. Freilich ist Kaiser Expressionist geblieben:
aber der Expressionismus der *Flucht nach Venedig* ist kein
Plakat, sondern Kunst. Die vier Akte sind von einer
Dichtheit und Geschlossenheit, dass sie auf der Bühne stehen
und Kaiser auf einen ganz anderen Ort als den des
Fahnenträgers stellen: *Die Flucht nach Venedig* steht über
Streit und Geschrei, sie ist keine Meinungsäusserung, keine
Tendenz, kein Aufruf. Sie ist ein Drama.
 Selbst die Unzulänglichkeit der Aufführung des Intimen
Theaters in Nürnberg, in der nur die Münchnerin Ernestine
Costa als Sand am Platze war, vermochte den gewaltigen
Eindruck des Werkes nicht abzuschwächen. Ein schlechter

Schauspieler, seine Stimme als Moissi vibrieren lassend, machte Musset zu einem nervösen Weichling, der er vielleicht in der Tat war, aber nicht in Kaisers Stück sein kann; Hanns Mercks italienischer Arzt war immerhin nicht der schlechteste. Doch blieb vor allem die Straffheit der Regieführung, die erste Forderung, unerfüllt, und von den Schauspielern empfing nur die Costa – da der Dichter nicht anwesend war – den Beifall zu Recht.

304. Georg Decker, *Die schöne Literatur*, 24 (1923), 117-18.

Gleichzeitig mit Prag kam am Intimen Theater das neueste Kaisersche Bühnenwerk *Die Flucht nach Venedig* heraus. [...] Kaiser will von der historischen Figur, die er nur als 'zufälliges Gefäss' betrachtet, zum Typus gelangen. Er sieht in der Sand und in Musset nur das Weib und den Mann, allerdings von einer besonderen Art. Der Dichter geht weiter: George Sand und Alfred de Musset sind für ihn ein Widerspiel von Geist und Sein, von Hirn und Leid. Das ist gewiss richtig, aber sich ganz von der historischen Figur, von der Tradition abstrahieren, kann auch Kaiser nicht. Dieser vernünftige, artistisch kühl denkende Dramatiker wird von den aufflackernden Impulsen und Gefühlen, die die Episode und das Hauptthema in ihm aufrühren, erregter als seine Absicht ist, und so steht manche Szene in diesem Stück, die gar nicht nach Kaiser klingt. Da ist mehr Leidenschaft und Gefühl, mehr innere Blutwärme, als man von Kaiser erwarten konnte. Und gerade das macht das Stück wertvoll. Überflüssig zu sagen, dass Kaiser auch diesmal ein starker Techniker ist, der seine Szene klug aufbaut und steigert, der im Stil die knappste Diktion liebt, der der Phrase abhold ist. – Das Intime Theater brachte das Stück in einem ausserordentlich geschmackvollen Rahmen. Direktor Merck führte eine geistvolle Regie.

305. -n., 10 Feb., n.s., GKC.

[...] Georg Kaiser führt die aus der Geschichte genommenen Figuren ein, belädt sie mit der Fracht seiner Gedanken, ohne dass er aber dem Zuschauer wirklich näher kommt. Es wird ihm eine psychologische Studie aus seiner Arbeit, es interessiert ihn offenbar, die Seele und das Wesen der Sand zu analysieren, zu zeigen, wie dieses 'Fischwesen', die Frau, die als Spieler und Zuschauer zugleich sich zeigt, zu den Stoffen ihrer Werke kommt, wie sie die Liebe zu Musset spielerisch ausnützt, wie auch bei ihr 'das Wort das Leben tötet'. Das Schauspiel ist ein Zeugnis für Kaisers Intellektualismus, es ist klug und nicht uninteressant, aber keineswegs fesselnd, man verlässt das Theater mit einem peinlichen Gefühl der Leere trotz aller der grossen und klingenden Worte, die Georg Kaiser wie kein zweiter zu setzen weiss. Die Aufführung unter Leitung Direktor Mercks war flott und zügig. Frl. Costa hob die Gestalt der Sand wirksam heraus, formte und gestaltete sie und suchte sie mit Leben zu füllen, was allerdings in diesem Falle nicht vollständig gelingen kann, weil diese Sand nur eine Marionette ist. Trotzdem aber bleibt die Leistung der Künstlerin hochwertig. Mit grosser Wärme sprach Herr Gerth den Musset, es lag ein Zug von Grösse und Tiefe in seinem Spiel. [...] Das malerische, reich gestaltete Bühnenbild darf besonders erwähnt werden; die Aufnahme war ziemlich kühl.

27.3.1923, Erstaufführung, Kammerspiele des Deutschen Theaters, Berlin. Dir.: Bernhard Reich; Agnes Straub (Sand); Walter Janssen (Musset); Wilhelm Dieterle (Der italienische Arzt).

306. Ernst Heilborn, *Das literarische Echo*, 25 (1922-23), 800-01.

In Georg Kaisers *Flucht nach Venedig* ist das Ineinander äusserer und innerer Handlung zu einem Auseinander und Gegeneinander geworden. Charakteristik wird damit zu Plakat, die Handlung selbst zu blinder Scheibe –: dass gelegentlich ein Sonnenstrahl darin glitzert, ist darum noch nicht ausgeschlossen; durchsichtig wird sie nicht.
[...] Charakteristik ist Plakat geworden! Und ganz zum Schluss erst wird die blinde Handlungsscheibe geputzt. Als wäre sie eine Mondsüchtige, die selbstverloren Dächer erklimmt, so ruft sie Musset bei ihrem Literaturnamen und – bringt sie damit zum Absturz. Wer's glaubt!
Als Handlungssymbol nichtig, als Handlungsspielerei höchst geschickt erdacht und glänzend durchgeführt. Im raschen Wandel ist Aufstieg und Abstieg, jedes Handlungsmoment ist plastisch gestaltet, jeder Augenblick hat Bühne. Trotzdem: auch als Handlungsspiel geht *Die Flucht nach Venedig* verloren. 'Das Wort tötet das Leben' lautet (in Hinblick auf George Sand) der Schlusssatz des Dramas. Das tut das Wort bei Georg Kaiser wirklich. Denn, mag man seinen Stil beurteilen wie man will, es ist der Stil des Schreibenden, der Merkmale setzt, Abbreviaturen sucht, die Charaktere bei ihrem Stichwort aufruft. Es ist nicht der Stil des Miterlebenden, der sich an seine Gestalten verliert, nicht der des Schöpfers, stumm in sich und nur aus dem Geschöpfe offenbarungskräftig. Kaisers Wort entsinnlicht wie die Formel. Aus sich heraus und für seine Präparaten-Dramatik hat er recht: 'Das Wort tötet das Leben.'

307. Friedrich Düsel, *Westermanns Monatshefte*, Jg. 67, pp. 407-08.

Ab und an scheint es zwar, als wolle sich das junge Dichtergeschlecht selbst unter die Rute nehmen und sich mit Strenge oder Humor zu der Übereinstimmung mit sich selber und dem allgemeinen Zeit- und Weltgefühl erziehen, ohne die sich ein Dichter, zumal ein Dramatiker in seiner Bedeutung auf die Dauer nicht zu behaupten vermag. So hat Sternheim einmal seinem blasierten Snobismus die Peitsche gegeben, Toller sich von seiner Verhimmelung der proletarischen Massengefühle zur Ordnung gerufen, und jetzt versucht, wie mir scheint, auch Georg Kaiser sein eignes zügelloses und unfruchtbares Literatentum vor den Richterstuhl der Komitragik zu ziehen.

Wie begreiflich, wählt er dafür eine Maske; eine Maske aus der Literaturgeschichte, nämlich 'Die Fahrt nach Venedig', die im Jahre 1834 die dreissigjährige George Sand und der vierundzwanzigjährige Alfred de Musset antraten, um unter dem ewig blauen Himmel Italiens den ewigen Liebesbund ihrer Gefühle zu schliessen, der dann so jämmerlich schnell und so erbärmlich alltäglich an der Treulosigkeit der Frau, der Schwäche des Mannes und ihrer beider mehr der Literatur als dem Leben zugeschworenen Seelenarmut zerbrach. Kaiser hält sich dabei, von gewissen subjektiven Erlebnisnuancen abgesehen, ziemlich eng an die überlieferten Tatsachen, wie sie zu Ende des vorigen Jahrhunderts in den Briefausgaben der beiden Schriftsteller und in den Veröffentlichungen von Mariéton und Spoelberch de Lovenjoul ans Licht getreten sind, aber auch mit dem Rüstzeug dieser Dokumente, die durch die beiden Kontrastromane *Elle et lui* der George Sand und *Lui et elle* von Paul de Musset, Alfreds Bruder, noch vermehrt werden, gelingt es ihm nicht, die Tragikomödie des von Papier und Druckerschwärze besessenen Literatentums zu gestalten, dem sich unter der Hand alles, was es berührt, in ein Buch oder ein Feuilleton verwandelt, wie einst Midas, dem habgierigen König der Phrygier, selbst Speise und Trank zu Gold wurden. 'Du erlebst nur, was du beschreiben kannst!' ruft der eifersuchtskranke Musset der männer-, aber noch mehr büchertollen Geliebten zu, ist aber selbst dem Leben nicht näher als sie. Und wie den beiden Hommes de lettres des 19. Jahrhunderts, geht es auch dem modernen Dramatiker. Kaisers verhängnisvoller Irrtum in diesem (von den Kammerspielen mit Agnes Straub und Walter Janssen aufgeführten) Stücke ist der, dass er wähnt, Literatur mit Literatur, Papier mit Papier zwingen zu können, während gerade solche Stoffe mehr als alle andern vom Blute des Lebens trinken wollen, wenn aus Schemen Körper, aus Gefühls- und Gedankenschnitzeln Schicksale werden sollen. Schnitzler in seinem behenden Einakter *Literatur* [...] hat dem Thema von der Todfeindschaft zwischen Literatur und Leben jedenfalls weit mehr abgewonnen als Kaiser mit seinem auf ellenhohen historischen Socken einherstelzenden Dreiakter

[sic].

308. anon., 2 April, n.s., GKC.

Georg Kaisers neueres Stück *Die Flucht nach Venedig* ist nun auch hier gelandet, in den Kammerspielen, und interessierte mehr als andre Stücke des Autors durch die Geschichtlichkeit seines Inhalts [...]. Für den Geist Kaisers, der hier wieder in kühlem Blitze eine dramatische besondere Situation beleuchtet, den Zusammenstoss des Menschen, der dichtet, mit der Dichterin, die lebt, um zu schreiben, ist gerade die historische Bedingtheit einer [sic] Hemmung. Er hat sie nicht zu genau genommen. Er hat vor allem zuletzt den satirischen Ton gewonnen, der ihn über die Schwierigkeit literarischer Personen hinwegbringt. Er heizt die Sprache ein, um sein Blitztempo zu behalten. Er ist nicht ganz konsequent, weil genaue Zeichnung die Impression seiner Idee nehmen würde. Es bleibt eine starke intellektuelle Berührung. Agnes Straub ist geboren für diese George Sand, deren unbewusste Schauspielerei zwischen Leben und Schreiben sie mit aller Bewusstheit trifft.

309. Mysing, n.d., n.s., GKC.

Es kommt gewöhnlich weder für die Autoren noch für das Publikum etwas dabei heraus, wenn die Schriftsteller sich selbst auf die Bühne bringen. Die Gewohnheit der Selbstdurchwühlung verführt sie zu Ausführungen, die nur für den Mann vom Fach Interesse haben und schwächt die dramatische Stosskraft. Dieser Gefahr ist auch Georg Kaiser unterlegen, als er uns in der *Flucht nach Venedig* das alte romantische Zwischenspiel von der Liebe George Sands und Alfred de Mussets zu einem mittelmässigen Schauspiel umschuf, das seine Berliner Erstaufführung in den Kammerspielen des Deutschen Theaters erlebte, dort aber nur einen sehr mässigen Erfolg hatte. Über diese Liebe des literarischen Mannweibes Aurora Dupin und des romantischen Ästheten Musset in der Lagunenstadt ist schon so viel Tinte vergossen worden — vor allem von den Beteiligten selbst! —, dass man sich wundern muss, wie Dichter immer noch darauf kommen, aus diesem verstaubten Schacht Perlen heraufholen zu wollen. Georg Kaiser erzählt uns also in vier Akten seines atemlosen telegrammartigen Stils, wie Musset in Venedig mit seinem Bruder Paul Musset angekommen, von dem Besuch der ihm nachgereisten George Sand überrascht wird [...] George Sand verhindert dies Duell, überzeugt den Engländer, dass er Unrecht hat (!), betrachtet auch die Liebe zu dem Arzt nur als eine stofflich ausbeutungsfähige Episode und geht nach Paris zurück, weil die Zeitungen von ihr sprechen, und weil Flaubert sie zu irgendeiner Vorlesung einlädt. Mit dem ironischen Wort des zuschauenden Musset: 'Das Wort tötet das Leben!' schliesst das Stück. Man könnte ebensogut das Gegenteil sagen, das Wort erweckt das Leben — in vielen Fällen. Georg Kaiser hat mit diesem Stoff und seiner Behandlung einen doppelten Missgriff begangen. Zunächst hat der Konflikt Musset-George Sand, der ja doch in Wahrheit ein innerlicher war, nicht dramatischen Gehalt genug, um für vier Bühnenakte auszureichen; weil der Dichter das selbst fühlte, hat er die ziemlich unglaubwürdige Episode mit dem Engländer eingeführt. Zweitens eignet sich der besondere Stil Kaisers — in diesem Stil liegt seine Bedeutung für das zeitgenössische Theater! — gar nicht für jenes Zeitalter; er musste dessen Bild verschieben und verwirren. Dieses Zeitalter war geschwätzig und gefühlsselig (man lese in Mussets *Bekenntnissen eines Kindes des Jahrhunderts* die Liebesgeschichte nach); die Hetzjagd der Kaiserschen Telegrammsätze wirkt hier wie Faustschläge. Wundern muss man sich auch, wie wenig die Regie Bernhard Reichs getan hat, um die Wirkung des Schauspiels zu heben. Der Regisseur musste fühlen, dass diese Wirkung ganz wesentlich daran gebunden war, dass der Zuschauer ein deutliches Bild von Venedig — meinetwegen von einem kitschigen Venedig! — als der romantischen Kulisse erhielt. Davon war aber sehr wenig zu spüren. Dass das Werk trotzdem am Schluss einigen Beifall erhielt, war nur den Schauspielern zu danken, insbesondere dem grossen Talent von Agnes Straub, die mit starker Leidenschaft die George Sand spielte und auch Walter Janssen, der mit einer heute seltenen Sprechkunst den Musset verkörperte.

310. Fritz Engel, n.d., n.s., GKC.

Die deutschen Dramatiker, gegenwartstrist, schweifen in utopistische Zukunft oder sie fallen in die Vergangenheit. Sie malen alte Portraits: Grabbe, Hölderlin, Beaumarchais, Elise Lensing. Die einen tun's aus Lust am Historischen und Analytischen, die anderen, und die Mehrzahl, um zu zeigen, dass jene Tage bessere Tage waren. Auch Georg Kaiser, dem das Universum gerade gross genug als Stoffquelle ist, wandert um hundert Jahre zurück. Alfred de Musset, George Sand: gute Köpfe, die wir selbst in einem von ihren Landsleuten gepeinigten Deutschland ehren wollen. Kaiser hat ihren Wandel studiert, kennt ihren Konflikt, benutzt ihn mit einiger Freiheit und macht daraus ... ja, was macht er?

Diese *Flucht nach Venedig* ist schlechter und ist besser als ein Theaterstück. Sie hat die Gliedmassen eines Schauspiels, kein äusseres Organ und kein inneres fehlt, aber jener Zuschauer, der mit seinesgleichen den Raum füllen soll, wird sagen: 'Alt-Heidelberg ist ergiebiger'. So denkt auch Felix Hollaender, der jetzt unter dem Gehämmer seines Gewissens wieder einmal arg auf die Zeitungen schimpft; immerhin, und er sei dafür gepriesen, bereitet er nach dem

Prinzen von Sachsen-Karlsburg den Prinzen von Homburg vor. Nur eine Minderheit, wohl nur der engste Theoretikerkreis und der Leser des Buches wird empfinden: *Die Flucht nach Venedig* ist ein Exempel, das eine gedankliche Kontroverse veranschaulicht, es ist ein Gehirnspiel, ein Dialog oder Tetralog über das Wesen des Schöpferischen, über das Thema 'Mensch und Dichter'. Dies alles ist es mehr als nur ein Doppelportrait. Ein pures Geiststück.

Faust-Goethe war nicht zufrieden, als er schrieb: 'Im Anfang war das Wort.' Das Wort sei nichts. Kaiser geht weiter. Das Wort ist kein Nichts, denn es kann selber vernichten. Der Schlusssatz des Schauspiels heisst: 'Das Wort tötet das Leben!' So spricht Musset zu Aurora Dupin, genannt George Sand. [...] Sie [Sand] will ihn [Musset] wiederhaben. Er: Ich bin für dich ja nur Stoff, wie alles für dich nur Stoff ist!

Da sind wir beim Kern, der sich dann klarer enthüllt und im vierten Akt breit-didaktisch erörtert wird. Musset bricht in Aufregung zusammen. Ein italienischer Arzt wird geholt. [...] Sie [Sand und Musset] trennen sich ohne Feindschaft — der Gegensatz bleibt klaffen.

Wo steckt er, dieser Gegensatz? Musset ist der reine Empfinder, der von innen nach aussen lebende; George Sand lebt von aussen nach innen. Musset schliesst die Augen, wenn er dichtet; George Sand öffnet sie, eh' sie es tut. Dort ist Poesie, hier angeblich nur Literatur, und 'die Literatur deckt alles mit Flugsand zu.' Das klingt sehr wahr, aber beide Produktionsmethoden werden durch erhabene Zeugnisse gerechtfertigt. Für George Sand sprechen die allerköstlichsten Beispiele. Der Schaffenskomplex 'Goethe' taucht auf. Goethe hat immer gedichtet, was er erfahren hatte, er war dabei sehr rücksichtslos, aber sein Egoismus hat der Welt mehr geschenkt als sein Altruismus ihr hätte geben können. Im Ganzen: es wird ein Problem aufgeworfen. Hier gewinnt es noch autobiographischen Wert. Georg Kaiser möchte sein Musset sein, weil er für einen George Sand gilt, 'kalt in Glut und heiss in Frost.' Er nimmt 'die ewige Keuschheit des Erlebens' für sich in Anspruch. Dieses Schauspiel, aller Bilder voll, ist ein Plaidoyer in eigener Sache — Verteidigung eines kühlen, nur immer von fliegender Hitze gesprenkelten Talentes.

Wir werden ihn nicht missachten, denn er ist in seiner Weise ein Starker, er ist ein ungewöhnlich reicher Intellekt. Dabei spielt er mit ältesten Mitteln: Lauschszenen und dass Gestalten auf der Bühne von den anderen nicht bemerkt werden. Rede und Gegenrede sind gestanzt. Einzeiler auf Einzeiler. Dabei gefallsüchtig, Schlichtes wird unschlicht gemacht. Mussets Bruder sagt: 'Dein Verleger brannte mir seinen Wunsch nach einem Manuskript von dir in die Seele.' Schwulst! Anderes wieder in der Gedrungenheit dem Leser fast, dem Hörer ganz unverständlich. 'Grund steift unter mir.'

Für die Wirkung des Augenblicks also eine verlorene Sache. Nicht einmal rettbar durch die Darstellung. Es muss

da eine Leidenschaft aus verdünnter Luft gegriffen, es muss
eine Temperatur erzwungen werden, die sofort wieder
verfliegt. Die Regie (Bernhard Reich) hilft sich, indem sie
die Schauspieler nicht ab- und zugehen, sondern ab- und
zurennen lässt oder Treppen anordnet, die ein bischen [sic]
Poltergeräusche erlauben. Die Hauptsteller können fast
nur dekorativ wirken, können gut aussehen, gut sprechen, gut
steigern wie Walter Janssen als Musset. Und Agnes Straub,
eine so Vielseitige, überleuchtet mit einer Fülle höchst
reizvoller Einzelheiten nur das Dunkel des Wiederspruchs,
dass diese George Sand uns unangenehm sein soll, weil sie
eine polarkalte Literatin – und angenehm, weil sie doch sehr
gescheidt, sehr klar und ein prächtiges Weibsbild ist.
    Die anderen? Haben kaum etwas zu sagen. [...] Wilhelm
Dieterle ist der italienische Arzt: düsterdämonisch,
versunken, auch er nur zum Anschauen.
    Der Beifall war dünn und galt nur den Schauspielern.

[1925], *Schauspielhaus, Munich. Charlotte Schultz (Sand);
Forster-Larrinaga (Musset).*

311. anon., *Allgemeine Rundschau*, No. 43, 22.10.1925, p.
702.

    Wenn jemand nicht weiss, wer George Sand und Alfred de
Musset waren, so ist das nicht so schlimm, als wenn er sie
erst durch Gg. Kaiser kennen gelernt und nun meint, diese
Zerrbilder glichen irgendwie der Wirklichkeit. Diese
immerhin repräsentativen Dichtergestalten der französischen
Romantik waren doch mehr als eine skrupellose Dirne und ein
salbadernder Schwächling. Diese historische Unrichtigkeit
schlösse natürlich nicht aus, dass das Stück an sich
fesselnd wäre, aber das ist durchaus nicht der Fall. Ich
habe an den Stücken Kaisers gewiss schon mancherlei
auszusetzen gehabt. Aber dass er geradezu langweilig wirkt,
das ist in dieser *Flucht nach Venedig* zum erstenmal der
Fall. Woher das kommen mag? An der geistreichelnden
Schönrednerei, die Papiersprache ist. Alfred de Musset hat
sich, um seine Freundin einmal etwas los zu sein, nach
Venedig begeben. Die Sand kommt ihm nachgereist und die
Folge der Auseinandersetzung ist, dass der nervenschwache
Dichter todkrank wird. George Sand lässt einen Arzt rufen,
verliebt sich rasch in diesen und verführt ihn. Da erscheint
eine Engländerin, die Skandal macht, weil man ihr ihren
Geliebten, den Arzt, geraubt hat. Kaum ist sie ein wenig
beschwichtigt, erscheint ihr Mann als Rächer seiner Ehre. An
Stelle des Arztes tritt ihm die gerne Männerkleider tragende
Sand mit dem Degen in der Hand entgegen. Kaum kreuzen sie
die Waffen, als der Engländer sie als Weib erkennt. Nun
redet George Sand auf den Herrn hinein, bis dessen einfaches
Hirn den Ehebruch vergessen und er gerührt zu seiner Frau

geht. Musset hat alle die kompromittierenden Szenen belauscht. (Sein Befinden ist wieder erheblich besser.) Er tröstet hilfreich und gut den Arzt, seinen Nebenbuhler, denn die Sand eilt fort nach Paris. Wenn ein neues Journal gegründet wird, muss man zur Stelle sein. Sie reist, wie sie gekommen, mit einem 'deutschen Fräulein'. Ich wollte es gerne für eine alberne Gans halten, allein der Verfasser zwingt uns, perverse Beziehungen anzunehmen. — Niemand vermag sich für diese Menschen zu erwärmen. Sie leben nicht, so viel sie auch sprechen. Forster-Larrinaga trug eine gute Mussetmaske, aber es blieb im wesentlichen Maske. Charlotte Schultz sieht der Sand nicht ähnlich, spielt aber temperamentvoll und graziös. Die Sand, heisst es einmal, registriert auch in der Ekstase ihr Gefühl, um es literarisch zu verwerten. Hierin steckt wohl, was Kaiser gestalten wollte. In der ersten halben Stunde wurde zu leise gesprochen. Wenn die Leute nichts hören, vergessen sie nicht ihren Husten und husten sie, hört man noch weniger.

[1929], Gastspiel, Schauspielhaus, Düsseldorf. Dir.: Otto Kirchner; Agnes Straub (Sand); Leo Reuss (Musset).

312. H. W. K., *Düsseldorfer Lokalzeitung*, 3.11.1929.

[...] Ein solches Wesen [Sand] auf die Bühne zu bringen, musste gerade eine Agnes Straub reizen; denn diese Schauspielerin schafft nicht wie die Dorsch oder die Höflich aus der ganzen Fülle einer durchlebten Menschlichkeit, sondern aus der psychischen Zwischenlage, in der ein wacher und scharfer Intellekt sich mit einer gespannten Leidenschaft trifft. So verlor sie sich in ihrem Spiel nie so tief in das Liebeserlebnis mit Musset, dass sie nicht leicht den Weg zu sich und zur literarischen Ausnutzung des neuen Stoffes finden konnte. Ihr Spiel behielt die ironische Überlegenheit über jede Situation; ihre leidenschaftlichsten Ausbrüche führten nie bis über die Grenze der Persönlichkeitsform ins Endgültige, in das Verlieren ihrer selbst. Sie blieb spielerisch, geisteswach; sie traf den Ton der erlebnismässigen Unwahrheit.

Damit fand sie den Charakter des Künstlers Georg Kaiser selbst, der auch in seinem tiefsten Stück, den *Bürgern von Calais*, zur Kunst nicht gelangte aus einem restlosen Untergang im Erlebnis des Stoffes, sondern geistig konstruktiv sich immer über ihn hielt und damit nicht in den furchtbaren und allein fruchtbaren Entscheidungskampf des Dichters in sich selbst, um seine menschliche Existenz geriet.

Neben dieser Grundschwäche der Dramatik Kaisers aber besitzt dieses Stück einen Fehler, den man oft bei den Schriftstellern findet, die wie Kaiser im dramatischen und sprachlichen Bau ihrer Stücke geistig konstruktiv vorgehen.

Sie scheitern leicht am historischen Stoff, den sie nicht selbst erfunden haben, sondern der sich ihnen in fertiger Form anbietet. Man könnte sagen, er bedrücke sie so stark, dass sie ihm trotz ihrer Absicht, ihn sich geistig zu ihren Zielen untertan zu machen, doch immer wieder verfallen. Das trifft in vollem Umfang auf dieses Schauspiel zu. Es hat streckenweise den überwirklichen Stil des Kaiserschen Dialogs, und zwischendurch enthält es realistisch psychologische Kleinarbeit, die jenem entgegengesetzt ist. Es ist teils geistig stoffüberlegen, teils milieuhaft stofflich.

Dieses künstlerische Versagen des Verfassers wurde in der Aufführung durchgängig noch dadurch unterstrichen, dass alle Schauspieler, Agnes Straub mit eingeschlossen, in ein realistisches Spiel verfielen, das bei Georg Kaiser durchaus unangebracht ist. Während aber Agnes Straub in ihrer Sprechform sich von dieser Ebene ziemlich fern hielt, bewegte sich ihr Ensemble ausschliesslich auf ihr, sodass der Eindruck des historischen Stückes nicht ein Mal überwunden wurde. Es gehört zur Aufführung eines Kaiserschen Werkes ein geistig bewegliches, sprachlich durchgebildetes Ensemble, das einen geistig durchleuchteten Dialog sprechen kann und im Spiel den solcher Sprechform gleichgearteten Stil besitzt. Dazu besass keiner der Schauspieler in dieser Gesellschaft auch nur Ansätze. Selbst der Schauspieler des Dichters Musset, der sich gelegentlich Mühe gab, den konzentrierten Sprechstil Kaisers zu treffen, erreichte nicht die ihn bedingende geistige Prägnanz und Entstofflichung des Werkes. So klangen gerade die scharf geschliffensten Dialogstellen nur brüsk, abgerissen, atemlos. Da auch die schauspielerischen Leistungen selbst innerhalb der gewählten realistischen Form nur handwerksmässig blieben, war der Abend eine Enttäuschung. Dass das Bühnenbild vom Geiste Kaisers nichts besass, drückte den Eindruck noch mehr. Wir sollten das Virtuosentum, das sich in den Reihen der Berliner Stars mit ihren Gesellschaften seit einigen Jahren breit macht, in Ansehung der schlimmen Wirkungen, welche die gleiche Erscheinung um die Mitte des vorigen Jahrhunderts auf das deutsche Theaterpublikum ausübte, entschieden ablehnen.

Gilles und Jeanne

2.6.1923, Uraufführung, Altes Theater, Leipzig. Dir.: Dr. Kronacher; Lothar Körner (Gilles); Margarete Anton (Jeanne).

313. Erich Michael, *Die schöne Literatur*, 24 (1923), 259.

Ich halte Schillers *Jungfrau von Orleans* gewiss nicht für eine unübertreffliche Dichtung, aber Kaisers Gestaltung des bekannten Stoffes hat sie mir ordentlich liebgemacht. Kaiser hat in den Mittelpunkt der in psychologischen Fetzen gegebenen Handlung Gilles de Rais, den Marschall von Frankreich, gestellt [...] Nur die ersten drei Szenen sind, von einigem Grotesken abgesehen, künstlerisch geniessbar, ja machen auf das Folgende begierig. Freilich, was dann kommt — stellenweise gewiss nicht ohne dichterische Schönheiten —, enttäuscht bitter: ein sonderbares Gemächte, aus überhitzter Phantasie heraus erklügelt. Hat Schiller schon in seinem Stück das Geschichtliche völlig überwunden, so ist Kaiser darin bis zur Sinnlosigkeit gegangen. Er lässt z. B. seinen Trottel von König mit brennender Tabakspfeife auftreten und Gilles vor Gericht von der Verschleppung junger Mädchen in die Bordelle Amerikas sprechen. Und doch hatte die Dichtung einen bedeutenden Schlusserfolg. Kunststück bei unserem heutigen Theaterpublikum, wenn man neben den tiefsten Ernst das Groteske stellt. Bühnenleitung und Darstellung haben sich um dieses verlorene Werk ganz ausserordentlich verdient gemacht.

314. Georg Witkowski, *Das literarische Echo*, 25 (1922—23), 1000—02.

Mit jedem neuen Bühnenerlebnis eines Kaiserschen Werkes wird das Grundgefühl unzweifelhafter: er ist der Sudermann des Expressionismus. Damit soll gar nichts Herabsetzendes gesagt sein. Der Sudermann der neunziger Jahre hat aus dem Wolkenkuckucksheim naturalistischer Theorien eine Reihe theaterfähiger Stücke herabgeholt und mit *Ehre*, *Heimat*, *Schmetterlingsschlacht*, *Johannisfeuer* für die Anerkennung neuer Kunst mehr geleistet als hundert Zielbewusste. [...]
Das soll die Vorrede zu einer doppelt begründeten Apologie Georg Kaisers sein. Erstens: er macht Theater. Er weiss, was ein für allemal von den Brettern herabwirkt, nämlich das spannende Geschehen und der interessierende Mensch in einem ungewöhnlichen äusseren oder inneren Konflikt. Deshalb nimmt er zum Ausgangspunkt mit Vorliebe die historische Anekdote, die von solchem einmal dagewesenen

Geschehen berichtet: *Jüdische Witwe, Bürger von Calais, Frauenopfer*. Zweitens: er biegt sich den Stoff so zurecht, dass die geraden Linien gebrochen, die einfachen Farben zu schillernden Batikmustern ineinander gerührt werden. Damit erreicht er ähnlichen Eindruck, wie die entfesselten, wild verströmenden Ausbrüche seiner angestauntesten Zeitgenossen ihn hinterlassen. Dem Verfahren des jugendlichen Sudermann, der das alte Gesellschaftsstück mit naturalistischen Schnörkeln übermalte, gleicht das Kaisersche insofern, als hier die alte Historie ins Ekstatische, Antiintellektuelle, erotisch Überhitzte hinaufgesteigert scheint.

Nach den schon genannten älteren Dramen gibt *Gilles und Jeanne* dafür einen neuen Beleg. Der Bericht von der Wundererscheinung der Jeanne Darc zeigt neben ihr als Genossen ihrer Siegestaten Gilles de Rais, bei der Krönung Karls VII. in Reims zum Marschall von Frankreich ernannt, dann aber durch höfische Intrige bestimmt, mit seinem Heere die Jungfrau zu verlassen. Später hat Gilles auf seinen Schlössern unerhörten Lüsten in Schandtaten gefrönt. Gegen 200 zusammengeraubte Kinder soll der Unmensch zu Tode gemartert haben, bis dem Mächtigen endlich die verdiente Strafe, der gleiche Feuertod wie der Jungfrau von Orleans wurde.

Diesen ganz äusserlichen Parallelismus des Geschehens wandelte Kaiser in eine ursächliche nach dem beliebtesten Schema hergebrachter Geschichtsdramen. Throne stürzen, Völker steigen und fallen, weil der Hans seine Liese haben will. Gilles de Rais kämpft mit, um die Jungfrau zu besitzen; als sie sich ihm versagt, lässt er sie in die Hand der Engländer fallen und bringt sie durch seine falsche Aussage auf den Holzstoss. Und dann werden aus den geschlachteten Kindern des geschichtlichen Gilles geschlachtete Jungfrauen, die er mordet, weil sie alle sich als ungenügender Ersatz für die vergebens begehrte tote Jeanne erweisen. Am Schluss Gericht über Gilles; er leugnet verstockt, bis die Vision der Jungfrau ihn zum Geständnis zwingt, er zum Schafott abgeführt wird.

Diese Schauergeschichte wird, so trocken erzählt, höchst altmodisch anmuten. Aber wie hat Kaiser es verstanden, mit dem Drum und Dran seiner Erfindungen die Puppen aufs modernste zu kostümieren! Mit Jeanne war da nicht viel anzufangen; aber um so mehr mit Gilles. Er soll von Anfang bis zu Ende in düsterer Glut ungesättigter perverser Gier nach der Reinen gieren, in ihr Ergänzung und Erlösung suchend. Je fiebriger, im zweiten Teil, sein Zustand wird, um so unverständlicheres Deutsch redet er mit seinen beiden Vertrauten, dem goldmachenden Alchimisten und dem Italiener, dem Mädchenfänger und zugleich Werkzeug des Alchimisten (übrigens auch sie beide im Umriss der Geschichte entlehnt). Krampfartig sind Worte und Gesten, krampfhaft zuckend auch die Vorgänge, Spiegelungen seelischer Qualen ohne Ende.

Sein Bestes gibt Kaiser in den beiden Gerichtsverhandlungen, zumal der gegen Gilles, den dritten

Teil füllend. Ein halber Akt vergeht, bis er sein Personal
für diese Aktion beisammen hat. Erst kommt Karl VII. mit
seinen Höflingen, schon am Anfang mit vielem Glück zur
Exposition verwendet, eine Serenissimus-Gestalt von echter
Komik. Dann (um von Nebensächlichem zu schweigen) das Volk,
der päpstliche Nuntius und die Beisitzer des Gerichts und,
stärkste Wirkung, die sechs Mütter der Gemordeten, die
blinde Urgrossmutter Jeannes, endlich der Mörder in einer
Schar von Gewaffneten.

Ob das alles so vom Dichter vorgeschrieben war, wie ich
es sah, weiss ich nicht; ich habe das [...] Buch noch nicht
erhalten. Auf jeden Fall gibt dieser Akt dem vortrefflichen
dritten der *Bürger von Calais* nichts nach an innerer
Spannung und äusserer Steigerung.

Die Leute, denen die Bühne nur noch Tribüne ihrer
höchstpersönlichen Angelegenheiten ist, werden verächtlich
von Mache, Theater — Schimpfwort! —, Publikumskunst reden.
Sie vergessen, dass der Apparat an Menschen, bemalter
Leinwand, Gewändern und Maschinen nicht nur dazu da sein
kann, um lyrische Expektorationen vom Stapel zu lassen.
Kaiser gibt auch davon in *Gilles und Jeanne* eine reichliche
Dosis und gerade damit schadet er seinem Werke, als
dramatischem Gebilde. Statt dass sein Gilles soviel von
seinen Süchten und von den Enttäuschungen durch die sechs
falschen Jeannes ächzt und schreit, sollte uns lieber sein
Erleben mit einer einzigen dieser Pseudo-Jeannes gezeigt
werden, was ohne Zweifel dem Mittelteil zu grossem Vorteil
gedeihen würde. Aber solchem derben Verfahren, solchem
geraden, unreflektierten Aufzeigen wohnt freilich nicht die
Stärke der Selbstspiegelung, des Monologs bei und hier hat
der Dichter Georg Kaiser dem Theatraliker das Handwerk
verdorben.

Im übrigen vertragen sie sich beide gut miteinander.
Was dabei herauskommt ist kein Ewigkeitswert (sind das etwa
die 'reinen' Dichterdramen unserer Zeit?), aber es gibt,
wenn auch nicht ohne Rest, dem besseren Zuschauer
anständige, d. h. ihm anstehende Bühnenerlebnisse. Und wir
sollen uns bedanken, wenn unter dem Neuen, was uns
heutzutage serviert wird, ein solches Gericht auf den Tisch
kommt.

315. Hugo Grothe, n.d., n.s., GKC.

Von den diesjährigen Uraufführungen des städtischen
Schauspiels war die von Kaisers neuem Werk unstreitig die
fesselndste und durch wirklich künstlerische Regieleistungen
(Dr. Kronacher) am meisten befriedigende. Man braucht kein
Freund der dichterischen Irrwege Georg Kaisers zu sein, die
sich auch in diesem Drama mit quälerisch Erkünsteltem und
Ertüfteltem in Handlungsaufbau, Charakterisierung und in
raffinierter Sprachformung kundgeben, aber man muss doch das
mächtig Aufpeitschende des gewählten Motivs und das

suggestiv Wirkende der Gesamtschöpfung von *Gilles und Jeanne* anerkennen. [...] Würde Kaisers Gilles sich nicht in drei Akten in langen hysterischen Selbstspiegelungen verlieren, wäre er ein gewaltiger Kerl von dämonisch-grausamer Don-Juan-Eigenart. So aber wirkt er zu sehr als von Dichters Gnaden konstruierter Raubtiermensch. Wenn das unter Ägide des Schillervereins aufgeführte Drama trotz Widersprüchen bei den Bizarrerien des dritten und vierten [sic] Aktes lauten Beifall hervorrief, war das fast mehr der Darstellung von der Regie als dem Verfasser zu danken. Der Tiger Gilles Lothar Körners war mit seinen Pranken und Sprüngen von grossartigem Guss; die Jeanne der Margarete Anton von sieghafter heiliger Überweltlichkeit. Und was Dr. Kronacher in feinster Abstimmung von Stil und Farbe an architektonischen Details wie an Gesamtbildern, vor allem auch unter prächtigem Aufbau der Menschenmassen in der Schlussszene des Tribunals im Dom, aus dem Stück herausholte, hat sich der Dichter schwerlich vorgestellt.

August 1924, Dramatisches Theater, Berlin. Dir.: Karl Vogt; sets: Hans Poelzig; Wilhelm Dieterle (Gilles); Maria Eis (Jeanne); Hubert von Meyerinck (Der König); Theoder Loos (Der Alchemist).

316. H. Ihering, 30.8.1924, in *Von Reinhardt bis Brecht*, II (Berlin: Aufbau, 1959), 47–49.

    Georg Kaiser hat in diesem dreiaktigen Bühnenspiel Gilles de Rais und Jeanne d'Arc, den Blaubart und die Jungfrau von Orleans gegeneinander gestellt. Sein rasender, nur dramatisch, nur antithetisch erlebender Geist stösst an die äussersten Pole und spannt die letzten Gegensätze zusammen: den siebenfachen Mörder und die Heilige. Kaiser wird von den Elementen des Dramatischen so weit getrieben, dass er über das Dramatische hinausschiesst. Er gerät in die Übersteigerung wie Grabbe im *Don Juan und Faust*. Die Antithese hebt sich auf. Gilles de Rais ist eine monologische Figur. Jeanne ist eine monologische Figur. Beide rasen aneinander vorbei. Er tötet sieben Frauen, weil er Jeanne liebt (die er dem Scheiterhaufen überliefert hat), weil ihm diese sieben aufgegriffenen Dorfmädchen von einem Alchimisten als Jeanne vorgetäuscht werden. Sie ringt mit ihm, schon auf dem Schlachtfeld, weil sie den adligen Menschen in ihm befreien will. Sie opfert sich. Sie zeugt nach ihrem Tode für ihn, wie er gegen sie zeugte, und überwindet ihn, so dass er die Morde gesteht.
    Um dem Grabbe zu entgehen, wird Kaiser zum Richard Wagner. Grabbe: das ist die Kontrastierung von Figuren, deren Antithese nicht in ihrer dramatisch-elementaren, Motiv zeugenden, Fabel schaffenden Existenz, sondern in einer fixierten literarischen Vorstellung liegt (*Don Juan und*

Faust). Wagner: das ist das hineingetragene Opfer- und Erlösungsmotiv.

Kaiser fällt in eine Welt zurück, die er schon hinter sich gelassen hatte. Der Präzisionstechniker des modernen Theaters gerät an den schwulstigen Bombast Grabbes, an die neblige Hysterie Wagners. Aber Technik ist nicht fähig, diese überalterte, diese unechte Welt aufzusaugen. So wenig Raum ihr die verkürzten Sätze, die Stichwortszenen gelassen haben — sie flieht zwischen die Sätze, in die Interpunktion. Was das Wort nicht aufreissen kann: die seelische Landschaft, die geistige Perspektive, das sollen die Rufzeichen aufreissen. Aber die Interpunktion überspannt die Sätze bis zum Zerspringen. Es ist wie eine Komposition, die zum Text nicht passt. Die Akzentuierung ist modern. Das Thema nicht. Ein Buch für Richard Strauss von Hindemith komponiert. Oder, Schreker von einer Jazzbandkapelle gespielt. Oder, ein Stuckendrama von Walter Mehring gedichtet.

Jeder andere Dramatiker würde sich aus dieser Sackgasse nicht herausfinden. Georg Kaiser kann sich sogar eine sterile Nebenarbeit leisten und findet in anderen Werken wieder zur Produktivität zurück. *Gilles und Jeanne* ist preziös und brutal, verschwommen und verkürzt. Und sprachlich so wurzellos, dass man szenenweise die Sätze umstellen kann.

Das Dramatische Theater ist in einer Zeit entstanden, wo jedes Neben-Theater, jede Auch-Bühne zugrunde gehen muss, wo nur das Notwendige Bestand hat. Wird es die Kraft haben, diese Probe zu leisten? Die Eröffnungsvorstellung konnte darauf keine Antwort geben. Dass dem Regisseur Karl Vogt hier manches besser gelang, als in der Volksbühne bei Stramm, ist ein Beweis weniger für ihn als für die Wirksamkeit jenes Regieklischees, das sich für ekstatische Dramen herausgebildet hat, und für seine Helfer. Die Gruppierung war durch die Szenenarchitektur von Hans Poelzig gegeben, dessen Verdienst es war, den Bühnenraum nach der Höhe zu ausgenutzt und für Spielmöglichkeiten durchgegliedert zu haben. Aber der Ernst der darstellerischen Arbeit tat wohl. Wilhelm Dieterle wird sich als Direktor hoffentlich mit demselben Ernst für eine Vorstellung einsetzen, in der er nicht die Hauptrolle spielt. Er gab den Gilles mit der sicheren Beherrschung seiner schauspielerischen Mittel. Er brachte alles, was man mit starkem Talent, ohne Persönlichkeit schaffen kann. Maria Eis als Jeanne war entweder von der Regie falsch geleitet, oder sie ist schon so verbildet, dass sie über einen einzigen angespannten Ton nicht hinauskommt. Theodor Loos zeigte als Alchimist Ansätze zu einer neuen Entwicklung, wenn er den scharfen, spitzen Ton aktiv und lebendig macht und nicht als Greisencharakteristik isoliert, Hubert von Meyerinck spielte den einfältigen König mit dem Tonfall der Kaiserschen Sprache (als einziger). Trotzdem wirkt er immer noch dilettantisch ungelöst.

Das Dramatische Theater hat mit gutem Einsatz begonnen. Ihm ist zu wünschen, dass es über das Experimentelle zum Notwendigen, vom Unausgesprochenen zum Ausgesprochenen kommt.

317. Alfred Mühr, n.d., n.s., GKC.

Wilhelm Dieterle war also vorgestern Premierenlöwe, Hauptdarsteller und Direktor. Als Direktor hatte er keinen glücklichen Griff. Georg Kaisers *Gilles und Jeanne* zukünftigen Wert beimessen zu wollen, erscheint gewagt. Unzweifelhaft höher, positiv und frisch war der Hauptdarsteller Dieterle, insbesondere die fleissige Aufführung unter dem Spielwart Karl Vogt. Dieser arbeitete schlicht und doch wirkungsreich. Erhielt in Hans Poelzig einen lebhaften Bühnenbildner, der selbst in Einfachheit farbenglühend zu schwelgen vermochte. Die Klosterszene trug ganz verschlossenen, gedrückten Charakter, etwas geheimnisvoll gehalten, damit dem Verhör zwischen Jeanne und Kardinal mehr dumpfe Atmosphäre gegeben werden konnte. Mir erscheint gerade Hans Poelzigs künstlerischer Beistand wertvoll, weil er den Kaiserschen Gehirnexzessen die Spitze zu nehmen wusste, die eiskalte Dialektik milderte, warme Farben zur Geltung brachte und dem menschlichen Stillstand der handelnden Personen farbenfrohen Rhythmus verlieh. Gilles' Palast war weit und hoch (die Fenster etwas unsauber angedeutet), die Behausung des Alchimisten trüb und verworren wie der Inhaber, Gilles' Schlafkabinett glitzernd, im Halbdunkel umrissen, um so blendender in dem Seidenglanz der Kostüme.

Karl Vogt schloss sich eng an Kaisers gezierte Sprachbehandlung, suchte sich hierfür vorzügliche Schauspieler aus, die in der Wiedergabe nach hohen Leistungswerten strebten. Die Massen hielt er durchweg lebendig, doch wären die Bauernscharen lebendiger, knorriger, fester zu halten. Bei Vogt wackelten sie auf ihren Pantinen gar zimperlich herein. Einer bremste, einer rutschte, — man merkte, sie trugen die Schuhe zur — Premiere. Anstatt die aufgebrochene Schwere des Bauerngeschlechtes zu markieren. Kaiser weist das besonders im Text an. Die sonst so schwerblütigen Bauern sind wild. Man hat ihre Töchter gemordet! Erst geraubt, dann geschändet und gemordet. Sie sind dem Mörder auf der Spur. Das macht sie wild. Gilles tritt ihnen verbindlich entgegen. Sie stutzen, durchstöbern sein Haus, schleppen den Alchimisten herbei. Gilles erdolcht erst den aufgespürten Italiener, dann den leichtfertig plappernden Alchimisten. Jetzt merken die Bauern auf. Gilles tötet kurzerhand zwei wichtige Zeugen! Ihre Rachsucht schlägt wieder empor. Blut treibt zu Blut. Die Bauern fordern Sühne.

Diese ungemein wichtige Szene hätte in der Massenregie wuchtiger gehalten werden müssen. Wie drohende Urwaldriesen müssen an ihrer Ehre verletzte Bauern dastehen. Nicht — wie bei Vogts Spielleitung — als klapperdürre Männlein.

Wilhelm Dieterle: Gilles. Die beste Leistung, wacker durchgehalten, trotz einiger Starklimmzüge. Letzten Endes ist aber ein junger Theaterdirektor keine alte Tante... Dieterle betonte Gilles' vielfache Wandlungen vom Machtmenschen, über den Lügner, Lustmenschen, Mörder, zum heldenhaften Bekenner in der Erlösung durch die reine Frau.

Dazu gesellte sich ebenbürtig: Theodor Loos, der Alchimist, und Hubert v. Meyerinck, der König von Frankreich. Loos gab dem Alchimisten eine heimtückische Krämerseele, eine bizarre Maske, einen widerspruchsvollen Stimmenklang. Da gellte in Gilles' Verzweiflung das grelle Stimmchen des Alchimisten, der körperlich wenig Vorzüge aufweist und nun durch seltsames Gebahren die Aufmerksamkeit auf sich zu lenken versucht. Theodor Loos gab diese Figur im mittelalterlich-geheimnisvollen Licht, ohne die offensichtliche Gaukelei des Menschen ausser acht zu lassen. Ein wundervoll einfältiger Knabe war der König Hubert v. Meyerincks: verweiblicht, tänzelnd, kindlich, vorlaut spielerisch. Neben Selbstverständlichkeiten posaunte er tatsächliche Neuigkeiten des Lebens aus, die ihn freudig, sein Gefolge düster stimmten. Die piepsende Sprache bildete vornehmlich in der schwerwiegenden Domszene eine aussergewöhnliche Karikatur. Maria Eis, Jeanne, scheint noch nicht ausgereift zu sein. Sie erniedrigte die geheiligte Jungfrau, die auserkorene Schlachtenlenkerin zu einem schwachen Weibe. Es war kein Aufbäumen in dieser Frau: gegen das Weibliche wie im Heldischen. Sie klappte zusammen, als Gilles sein Begehren verdeutlichte!

Dieterle als Direktor... Wir wünschen dem jungen Theaterleiter Erfolg und Bestand. (Besonders letzteres, damit einzelnen Pressevertretern, wie auch uns, ein Platz mit mehr Fürsorglichkeit geboten wird als vorgestern!) Wir streben mit Dieterle zu einer Neuordnung des Theaters. Nur mit dem Unterschied, dass wir das Deutschtum als unser Recht betonen und Übergriffen gemeingefährlicher Natur entschieden wehren. Wir wollen auch als Jungsturm des Geistes mit unsern Mitteln dem kulturellen Aufbau dienen. Unsere Wege können zusammenführen, wenn alle Auseinandersetzungen taktvoll und sachlich geführt werden. Dieterles Losung heisst klar: 'Über die Person die Sache! Über der Rolle — das Theater!' Wir schätzen diesen Ruf. Mag er uns zum gegenseitigen Verständnis mit dem Blick von dem Heute in die Zukunft helfen.

318. Mysing, n.d., n.s., GKC.

Aus Abgrundsnaturen der Menschheit ein Dramatisches Spiel zu schmieden und mit ihnen die grossen Gegensätze einer Zeit zu verkörpern, musste einen Dichter von der Art Kaisers reizen: so machte er aus dem Urbild des Blaubarts,

dem Marschall Gilles de Rais, und der zarten und gläubigen
Jeanne d'Arc ein Paar, das wildes Schicksal und dunkle
Mystik aneinanderketten. Es war an sich gewiss ein guter
Gedanke, dass Wilhelm Dieterle mit dieser Aufführung das von
ihm neugegründete Dramatische Theater in der Chausseestrasse
(dem früher Friedrich-Wilhelmstädtischen-Theater)
eröffnete. Und der Erfolg bewies, dass es in der Tat ein
theaterwirksames Werk war. Er bewies auch, dass das
Zusammenspiel dieses neugegründeten Unternehmens tatsächlich
besser ist, als wir es in Berlin seit langem gewohnt sind,
dass wir darin voll Hoffnung in die Zukunft blicken können.
Wenn der Beifall vielleicht stärker hätte sein können, wenn
das Publikum am Schlusse sichtlich etwas enttäuscht war, so
lag das an der Eigenart des Kaiserschen Stückes, dessen
Schwächen zu sehr hervortraten, und das dichterisch sicher
nicht zu seinen besten gehört. Sowohl der Stoff der Jeanne
d'Arc wie der des Gilles de Rais, das Ideal der Lustmörder,
sind heute beliebt, entsprechen jeder in seiner Weise den
geheimen Neigungen der Zeit. Man kann diesen Stoff (beide
Gestalten waren Zeitgenossen und Kriegsgefährten) entweder
naturalistisch behandeln oder romantisch-mystisch oder
parodistisch. Das letztere scheint der Fall zu sein bei
Bernard Shaws Jeanne d'Arc, die wir in einigen Wochen in
Berlin erwarten können. Georg Kaiser wählt keine von den
drei Methoden, sondern bringt alle durcheinander, zeigt
Ansätze zu jeder einzelnen. Das ist eine bedenkliche Sache.
Das ganze Werk wirkt zu erklügelt, der Verstand ist überall
zu deutlich sichtbar. Sein Gilles de Rais, der Marschall,
der zugleich Alchimist, ein grosser Kriegsheld, ein
Verschwender und der verabscheute Kindermörder seiner Zeit
war, ist gewiss voll Rätsel und Abgründe. [...]
    Ohne von Kaiser zu verlangen, dass er sich dem
historischen Gilles de Rais anschliessen soll, der 1440
wegen bewiesenen mehrhundertfachen Kindermords verbrannt
wurde, muss man sagen, dies Werk ist zu verworren, um einem
Publikum von einfachen Instinkten zu genügen. Theatralisch
ist wieder vieles sehr wirksam, aber die richtige
Stileinheit fehlt. Kaisers grosse dialektische Begabung hat
ihn verführt; aber ihretwegen darf einem Drama dieser Art
weder Wahrheit noch Tiefe abgehen, und diese fehlen. Dieser
König von Frankreich, Karl VII., der mit modernen Worten um
sich wirft, ist Parodie. Andres ist Mystik, andres wieder
naturalistisch. Vom Theaterstandpunkt aus wäre es eine recht
gute Aufführung gewesen, wenn das Tempo im ersten Teil
weniger schleppend gewesen wäre. Glänzend war das Bühnenbild
von Hans Poelzig, die Gerichtsszene im dritten Akt. Wilhelm
Dieterle selbst, der Direktor, spielte den Gilles de Rais
mehr als einen kraftstrotzenden Grandseigneur, der in der
Liebe recht empfindsam sein kann, denn als dämonische Natur.
Neben ihm trat Maria Eis als Jeanne nicht sehr hervor; sie
war einfach und schlicht. Den burlesken König von Frankreich
gab recht gut Hubert v. Meyerinck.

319. Dr. Max Meyerfeld, n.d., n.s., GKC.

Der Schauspieler Wilhelm Dieterle ist unter die Direktoren gegangen. Er will den vorwiegend geschäftlichen Unternehmungen wieder eine Bühne gegenüberstellen, die von Idealismus getragen ist. Hier soll mit der öden Serienspielerei der Grossstadt aufgeräumt werden. Hier sollen nicht nur abgestempelte Autoren zu Worte kommen, sondern sein 'Dramatisches Theater' setzt sich das rühmliche Ziel, ringenden oder unbekannten Dichtern zu Uraufführungen zu verhelfen. Leider musste sich die neue Direktion in dem alten, ein wenig vor den Toren gelegenen Friedrich-Wilhelmstädtischen Theater einquartieren. Zur Eröffnung war das (in Leipzig vor mehr als Jahresfrist uraufgeführte) Bühnenspiel *Gilles und Jeanne* von Georg Kaiser gewählt. Das ist die barocke Verkoppelung der Schicksale des lustmörderischen Marschalls Gilles de Rais und der jungfräulichen Jeanne Darc — fast so barock wie Grabbes Unterfangen, Don Juan und Faust als Helden in den Rahmen einer Tragödie zu spannen. [...] Ein weltgeschichtliches Geschehen auf die simpelste erotische Grundformel zu bringen — das verrät wahrlich keinen Respekt vor der Historie. Wie anders hat es sich Bernard Shaw in seiner *Heiligen Johanna* angelegen sein lassen, einem seiner Überzeugung nach mit hoher Objektivität geführten Gerichtsverfahren mit der ganzen Objektivität des Dramatikers gerecht zu werden! [...] Das alles wird weniger nach Aristotelischen Regeln, die Furcht und Mitleid wecken sollen, als mit moderner Hirnakrobatik exekutiert. Aber wenn je menschliche Gefühle für einen Unmenschen geweckt werden mussten, dann waren sie hier am Platze, etwa wie Eulenberg es in seinem *Blaubart* versucht hat. Bei Georg Kaiser — darüber hilft alles Können nicht hinweg — bleibt man menschlich unberührt, von gerührt ganz zu schweigen. Kalte Bewunderung vor seiner nie versagenden geistigen Wandelbarkeit ist das einzige Gefühl, das aufkommt. Demgemäss hielt sich auch der Beifall durchaus in den Grenzen eines Achtungserfolges. Dabei fehlte es der Aufführung nicht an theatralischem Furor. Sie war künstlerisch am stärksten in den Bühnenbildern von Hans Poelzig, der zum ersten Male das Problem bewältigte, die Phantasie durch Kahlheit nicht zu ernüchtern und durch expressionistische Überschneidungen anzuregen. Darstellerisch stand Dieterle voran; er wusste, namentlich im Anfang, das brennende Verlangen des unheimlichen Ritters glaubhaft zu machen.

320. anon. (1), n.d., n.s., GKC.

[...] Die Handlung spielt sich stark verworren und überlastet mit mystischen und erotischen Details und auch

ironischen politischen Seitenhieben ab. Deshalb ermattet das
Interesse des anfangs sehr beifallsfreudigen Hauses gegen
Ende mehr und mehr, obwohl die neue Bühne eine gut
geschlossene Aufführung herausstellte.

321. anon. (2), n.d., n.s., GKC.

Die andere Neugründung, das 'Dramatische Theater',
unter der Leitung des Schauspielers Dieterle, hat inzwischen
ein verdientes Schicksal ereilt: es ist in Konkurs. Den
konnten weder der grosse Tamtam der Ankündigung noch die
eigene Zeitschrift verhindern. Es eröffnete mit Georg
Kaisers *Gilles und Jeanne*, auch einem Jungfrau von
Orleans-Stück. Der Held jedoch ist Gilles de Rais, das
Urbild des Blaubart. Kaiser versucht, glaubhaft zu machen,
dass Gilles, dessen Begehren die Jungfrau sich versagt, und
der sie deshalb erst den Feinden, dann ihren Richtern
preisgibt, aus dieser unerfüllbaren Sehnsucht nach der Toten
zum Massenmörder wird. Sein Alchimist verspricht ihm, Jeanne
zurückzurufen und schiebt statt ihrer Bauerndirnen unter,
die Gilles jedoch, der das Spiel durchschaut, kurzerhand
alle umbringt, bis ihn endlich das Gericht und durch eine
Vision auch die innere Reue packt. Das Ganze ist trotz
manchen bei Kaiser selbstverständlichen starken
Bühnenwirkungen eine langweilige Angelegenheit wegen des
eiskalten inneren Unbeteiligtsein des Dichters.

*[Jan. 1926], Erstaufführung, Halberstadt. Dir.: Teuscher;
Walther Süssenguth (Gilles).*

322. Dr. Pz., *Halberstädter Zeitung*, 28.1.1926.

Innerhalb der Dreiheit von Johannen-Dramen, die diese
Spielzeit uns gebracht hat, nimmt das Kaisersche Werk die
Stellung eines Sonderlings ein. Mit dem Johannastoff hat es
nicht viel mehr als die äussere Staffage gemein, und wenn
Historisches in grotesker Verzerrung oder in romantischer
Phantastik hier und dort stärker einbezogen wird, so dient
es teils zur Befriedigung gegenwartsnaher satirischer
Gelüste des Dichters, teils zur Schaffung eines wirksamen
Hintergrunds. Wenig Farbe nur ist der Jeanne verliehen, nur
kurze Zeit fesselt das Werden ihres Schicksals. Im
Mittelpunkt steht und bleibt stehen Gilles de Rais, einer
der übelsten Verbrecher, welche die Dramenliteratur kennt!
Mit Widerwillen hört man, liest man, denkt man. Die Moderne
treibt seltsame Blüten, und man hat Ursache, sich an den
Kopf zu greifen, wenn man über Wesen und Grenzen der Kunst
Betrachtungen anzustellen beginnt. Man glaubt, da wären
einem einmal Steine statt Brot zu verdauen gegeben worden.

Es werden mit Sicherheit sich Dutzende finden, die behaupten, das läge nur an schlechten Zähnen und schwachen Magen! [...]
Es wäre nicht schwer, das Werk als Erlösungsdrama auszudeuten. Gilles, der Bösewicht wird der reinen, hilfsbereiten Liebe Jeannes gewürdigt. Der Böse sucht die Reine herniederzuziehen oder gewaltsam auszutilgen. Trotz alledem spürt er in schwankender Stärke, auch in Erinnerung noch, die Einwirkung edlerer Kräfte, denen er sich nicht mehr zu verschliessen vermag, wie durch Wiedererscheinen Jeannes vor seinen Augen die Beeinflussung lebhafter wird als nur von der Phantasie her. Daher drängende Sehnsucht und schliesslich triumphierender Untergang. Leider gibt Kaiser für diese Auffassung nur in einmaligem scheuen Zurückweichen Gilles vor Jeanne eine Stütze. Unmöglich gemacht wird meines Erachtens dieser Rettungsversuch durch die mehrfache Bekundung des anhaltenden Verlangens Gilles nach Jeanne als grob sinnlich! Dass der in Nebendingen oft sprachlich sehr gewandte und verschwenderische Dichter in entscheidenden Stellen knausert und dürftige Andeutungen für duftige Feinheiten zu nehmen scheint, erschwert das Verstehen, zerstört die Wirkung. Wer mit so viel Hirn (und Herz) arbeitet wie Kaiser, darf nicht voraussetzen, dass ihm durch Monate vertraute Gedankengänge nun auch dem Zuschauer bei nur leichtem Anrühren gewisser Worte sofort sich in aller Klarheit offenbaren.
Die einfach grandiose Inszenierung durch den Intendanten Teuscher und die enorme Arbeit, die für die bis ins kleinste ausgefeilte Darstellung sämtlicher, auch der nebensächlichsten Rollen aufgewendet worden sein muss, und die Disziplinierheit in Massenszenen erfordern restlose Anerkennung. Schade, dass die Mühe an ein minderwertiges Objekt verschwendet war! Das Publikum zollte am Sonnabend zum Schluss reichlich Anerkennung.
Walther Süssenguth (Gilles) füllt das Haus mit unermüdlichem Brunstgebrüll. Es widerte an, mochte aber wohl den Absichten des Dichters entsprechen. Von einer unmittelbaren Wirkung der Wandlung konnte nach solchem Wühlen in Tierheit keine Rede sein. [...]

Nebeneinander

3.11.1923, Uraufführung, Lustspielhaus Die Truppe, Berlin. Dir.: Berthold Viertel; sets: George Grosz; Leonard Steckel (Pfandleiher); Rudolf Forster (Neumann); Greta Schröder (Luise).

323. Emil Faktor, *Berliner Börsen-Courier*, 5.11.1923, in Rühle, 481-83.

Ein hübscher, das Schicksal des Abends belebender Erfolg. Nichts Alltägliches, wenn man bedenkt, dass ihn das Werk eines deutschen Dramatikers erstritt...
Dass Georg Kaiser diesmal durchgriff, ist nicht etwa auf eine besondere Erhebung seines Schaffens zurückzuführen. Man sah von ihm in Tempo, in der Struktur, im Probleme, in der Akzentuierung verwandte Arbeiten, die reicher waren — wie etwa die im Querschnitt zirkulierende Gegenwartszenerie *Von morgens bis mitternachts*. Es gibt ausserdem eine noch nie aufgeführte Komödie Kaisers *Die jüdische Witwe*, vor der sich die Bühnen dauernd zu ängstigen scheinen, obschon sie den bei Kaiser zumeist vermissten Vorzug der Dichtigkeit hat. Sein neues Spiel *Nebeneinander* wird von ihm als Volksstück 1923 gekennzeichnet, und vielleicht hat die für breitestes Verständnis berechnete Thematik der günstigen Aufnahme Voraussetzungen geschaffen. Zu bestreiten ist, dass es die Entschlossenheit zu Konzessionen war, die gutes Wetter machte. Gerade dort, wo Kaiser dem primitiveren Geschmack entgegenzukommen glaubte, indem er das Hebbelproblem, ob ein Mann über die Vergangenheit der Erkorenen hinwegkönne, mit Hausbackenheit zusammenschirrte, wurde man merklich kühler. Die menschliche Atmosphäre bleibt leer, während der sprachliche Ausdruck unentwegt Konzentration treibt. Der Gegensatz von Ton und Inhalt schwächte ab.
Entscheidender für die Wirkung war Kaisers mehrfach gelungener Versuch, seine Art zur Gegenständlichkeit aufzulockern, die Motive zu gliedern, die in Schwung gebrachten Räder zu Ende laufen zu lassen. Das Ergebnis: kein Ineinander mit krampfiger Überspannungszone, sondern ein Nebeneinander dreier Kontrastsphären. Sie tangieren sich hinlänglich, um nicht in ihrer rhythmischen Folge auseinander zu streben, oder für den Blick sich zum Durcheinander zu verwirren. Der vertrauteste Kaiser bietet sich in jener Szenenschicht, die einen Pfandleiher mit dem Fanatismus eines Menschlichkeitsapostels ausstattet. [...] Es wird ein ihn selbst verstrickendes Abenteuer, das bei dem geöffneten Gashahn endigt. Seelischer Schiffbruch eines Mysteriösen, der sich 'für einen Fremden auf den Weg macht'.

Schön gedacht, mit ethischer Peripherie, aber suggestionsschwach in seiner Zufallskonstruktion. Im übrigen soll es nicht allzu viele Pfandleiher geben, die ihr Geschäft auffliegen lassen, um eine arme Seele zu retten. Der Wahrscheinlichkeitseinwand ist immer dann berechtigt, wenn das für den Fanatiker gewählte Metier ebenso gut, d. h. viel besser ein ganz anderes sein könnte.

Ernüchternd für die Zone des Dämonischen wirkt der Tatbestand, dass die zu rettende Luise von ihrem sie abwimmelnden Liebhaber eine Abschrift erhalten hat, und sich nach Erkenntnis seiner menschlichen Wertlosigkeit in den Armen eines ihr verzeihenden Ingenieurs tröstet. Es ist die andere bereits gekennzeichnete Häuslichkeitsschicht mit allzu gewolltem Einschlag des Spiessertums. Sie würde natürlicher mit einer verulkten als mit einer tragisch genommenen Besessenheit jenes irrtümlich ausser sich geratenden Pfandleihers korrespondieren.

Ursprung der dritten Schicht ist der versetzte Frack, der einer Zufallsexistenz namens Neumann aus der Patsche hilft. Seine szenischen Situationen repräsentieren die Geschichte, wie man Generaldirektor einer Kinogesellschaft wird. Ihre Witzigkeit besteht in der Abbreviatur, wie sie sich als das Gegenwartsmärchen zweier Klubfauteuils und mehrerer Schnapsgläser vor Augen rückt. In den Pointen schmeckt etliches nach Billigkeit. Die Linien sind scharf und präzis.

Auch im *Nebeneinander* wird man Georg Kaisers Fülligkeit seiner Motive gewahr. Er ist unser Aktualitätsgenie. Die Gestaltung, der innere Ausbau des Dramatischen bleibt hinter der Interessantheit der Probleme immer wieder zurück. Die meisten Werke Kaisers sind ein hervorstechendes Beispiel für die Wahrnehmung, dass Konzentration des Stils noch nicht gleichbedeutend ist mit der Intensität des Schaffens. Aber die Neigung besteht noch immer, diesem vielseitig anregenden Problematiker auch den höheren Grad zuzutrauen.

Die Inszenierung Berthold Viertels war hitzig bis zur Überhitzung. Sie strebte nach Lebendigkeit, und verfiel in einem rastlosen Schürungsprozess der Lautheit. Fast jede Figur trieb Stimmaufwand und versäumte dabei die gerade Kaisers gedrängtem Stil nottuende Entfaltung ins Breitere. Keine Zwischenbemerkung, kein Nebenbei von Dialog liess es ohne besondere Akzentuierung abgehen. Auch die Gutartigkeit und das schlichte Gefühl, wie sie Mea Scheuermann zu bieten hatte, drängte zum Vordergrund. Ihr Partner Karl Hannemann schlug in der Gewichtigkeit seines Spiessertums (mit aufdringlicher Maske) hundert Prozent drauf, während Kurt Martens in diesem Kreise in aller Schärfe Disziplin wahrte. Recht bedauerlich war das Übertreibungsmoment bei Leonard Steckel, der den Pfandleiher geschmackssicher in Sphären hob, aber durch ein Zuviel an Spannung Merkmale verwischte. Glückhaft abgegrenzt war die Leistung Rudolf Forsters: Schiebertum in elegant geschwungener Façon, mit Affektionen des Wohlklangs. Am ungezwungensten gab sich Lyda Salmonova als Filmdiva. Sie ist keine sonderliche Sprecherin, aber sie

schafft's durch bemerkenswert suggestives Körperspiel.
   Bühnenbilder stammten von George Grosz. Sie waren
schärfer, als es Kaiser nötig hätte. Sie begegneten sich mit
ihm im Prospekt der Pfandleihanstalt. Sie übertrafen ihn in
der Frechheit eines Salonbildes, in der Raumerweiterung
einer Polizeistube, an deren Peripherie ein liebenswürdiger
Galgen errötete. Das Jüngste Gericht blieb noch ungemalt.

324. Ludwig Sternaux, *Berliner Lokal-Anzeiger*, 5.11.1923, in
Rühle, pp. 483-84.

   Hier (glaubt man) explodiert die Gegenwart. Aber das
ethisch halb verzwickte, halb unendlich primitive Stück
endet nur mit einer Apotheose des Schiebers. Und einem
kessen Witz...
Doch immerhin: es quirlt der Stunde trübe Luft darin. Zeit
spiegelt sich in krassen, gallig verzerrten Bildern...: so
leben Menschen in deutscher Stadt, so hungert, so prasst
verlorenes Volk, so ist man 'nebeneinander' verpfercht, so
sieht deutsche Hölle aus.
Die Hölle.
So siehst du aus, o Mensch — in dieser Hölle.
In diesen dreizehn [sic] Bildern, die der Dichter Kaiser mit
bösem Lachen, das nervöses Schluchzen verbirgt, der Zeit
gestohlen hat, uns in Mitleid, in Groll, in gleiches böses
Lachen zu werfen.
Ein Molière? Ein Hogarth? Geissel der Zeit? Ach nein. Nur
ein Kinooperateur, der flinke Bilder kurbelt, photographisch
getreu, bis zum Grotesken minutiös in den Details. Wie eben
die Glaslinse sieht und ob Gosse oder Polizei, das traute
deutsche Bürgerheim oder das Lebeweltlokal, Elend, das
verzweifelt wimmert, oder Luxus, der sich halbseiden spreizt
— der Ton stets verblüffend echt. Das muss Kaiser der Neid
lassen: er hat tief in den verworrenen Spuk des Heute (auch
wenn das Heute nicht mehr ganz aktuell ist, rasch, wie wir
mit der Mark purzeln) hineingehorcht, Auge und Ohr gleich
scharf eingestellt.
Wenn auch dem Ton der immer etwas papierenen, in seiner
Prägnanz absolut barock-schwülstigen Kaiserschen Sprache
erst der Regisseur Viertel wahrscheinlich die Musik gegeben
hat...
   Dreimal wird ein Brief vorgelesen [...]
   Dieser Brief die Handlung. [...]
Bilder also um einen Brief herum. Kontrastreich gruppiert,
immer mit der Tendenz: so ist das Leben nebeneinander.
Und bunt ausgeputzt mit Wortkarikaturen, die Schlagkraft
haben. Und denen jedes Mittel recht ist, um zum Zweck zu
gelangen.
   Der skurrile Raum dafür von George Grosz. Sehr bunt,
sehr nett — bissige Bilderbuchphantasien, die der Geschichte
Stil geben sollen. So die Pfandleihe, so der Polizeihof mit
dem roten Galgen. Aber doch weniger originell, als man von

Grosz eigentlich erwartet hätte.
Viertel zerschlägt den Rahmen, indem er völlig realistisch modellierte Puppen hineinstellt: wenn schon Karikatur, wenn schon 'Stil', dann ganze Arbeit.
Die Divergenz zwischen Milieu und Kostüm stört. Verzerrt das Bild.
Und das Tempo?
Das Kaiser-Tempo hat eigentlich nur Forster. Er ist jener kaltschnäuzig-kesse Asphalt-Jüngeling, der gross wird. Fad die Visage mit den leeren Augen, den dünnen Lippen entfallen zerhackt die Worte. Grotesk die Linie der Figur. Auch er absolute Kopie der Wirklichkeit, aber mit eigenem Stil.
Ihm ebenbürtig nur Leonard Steckel als Pfandleiher. Eine echt Kaisersche Gestalt: zerquält, zermürbt, elendeste Kreatur. Lumpen um einen Menschen, dem Seele aus den Augen glüht. Ethischer Furor verzerrt ihn. Ein Geschöpf Kokoschkas – wirr in der Kontur, die inneren Adel blosslegt. Und von letzter Tragik umwittert, als der arme Junge sich mit der buckligen Tochter zusammen dem Gastod entgegenkrümmt.
Alles übrige nicht mehr als Durchschnitt (wo ist 'Die Truppe'?). Die meisten nur Typenmalerei. Überflüssig, da Namen zu nennen. Nur der Filmtrottel Erhard Siedels interessiert flüchtig, Lyda Salmonova stellt ihren wunderbaren Körper als Filmstar etwas zu sehr zur Schau, und die Schwestern, Greta Schröder und Mea Scheuermann, die erstere Luise, das verführte Mädchen, wirken zwar lebenswahr, finden sich aber in das krause Klima des Stücks nicht hinein.
Das Publikum tobt vor Wonne.
Vor Wonne über die frechen Schnoddrigkeiten Forsters, der nur 'Mo-ment!' zu sagen braucht, um wieherndes Lachen zu entfesseln.
Berlin erkennt sich...
Während es kalt bleibt, wo der Dichter Kaiser um Mitleid bettelt: bei der Pfandleiher-Tragödie.
Also ein grosser äusserer Erfolg. [...]

325. S. Jacobsohn, *Die Weltbühne*, 1923, in Rühle, pp. 484–85.

Wenn je, so hat diesmal Georg Kaiser Tempo und Ton der Zeit, die Nationalhelden einsetzt und wieder entthront und von neuem ernst nimmt, mit Macht versieht, ächtet, fängt und augenzwinkernd zu frischen Taten freigibt – und nur auf eine Gattung ohne so lustige Abwechslung hetzt: die ihrem Lande nützen will, unbedenklich die Wahrheit sagt, voraussagt und recht behält. Der Pfandleiher, den in diesem 'Volksstück 1923' der Menschheit ganzer Jammer anfasst und keinen Augenblick loslässt, den es vorwärtsjagt, ein einziges fremdes Leben zu retten, wie er jedes zu retten suchen würde: der wird zur Strecke gebracht und muss sich wegräumen. Jenes fremde Leben ist in Gefahr, die zweite von

den Leichen zu werden, über die Otto Neumann geht, der
Schieber von heute, der Typ, der durchkommt, der Kerl mit
den Ellenbogen, gestern Stammgast eines Versatzamts und
morgen Generaldirektor der Filmbranche. Aber es bleibt bei
der Gefahr. Der Dichter, dessen Starrheit diese lächerlichen
Läufte gelöst haben, braucht auf seinem dramatischen
Triptychon zwischen einer Tragödie, der Tragödie des
Zukunftsmenschen, und der Farce des Gegenwartsmenschen das
Idyll des Vergangenheitsmenschen. Luise vom Lande, die in
Berlin Lu geworden war, kehrt zu Schleuseninspektors, ihrem
Haussegen und ihren Blumentöpfen zurück, beichtet tapfer
Krügern den kleinen Fehltritt und wird von ihm mit dem
Myrtenkränzlein belohnt, um dessen Weihen sie sich von
Neumann für immer betrogen glaubte.

    Ein Wurf. Georg Kaiser ist aus der Wolke, die ihn
bisher umnebelte, mit beiden Füssen auf die Erde gestiegen.
Da hat er schnell entdeckt, dass sie eben nicht nur
Geschöpfe trägt, die den Himmel erstreben, sondern dass
manche, ja, dass die meisten auch mit ihr schon im höchsten
Grade zufrieden sind. Früher bestand seine Welt aus Wesen,
die vermöge ihrer Hysterie jedem Ereignis wie einer
Katastrophe wehrlos ausgeliefert waren, die, besessen und
unbedingt, wenn sie A gesagt hatten, von B bis Z das ganze
Alphabet herbeteten. Das wurde schliesslich zwar nicht von
Morgens bis Mitternachts, aber im dritten Drittel des Tages
ein bisschen eintönig. Zum Glück ist dem Dichter noch
rechtzeitig das Geheimnis des Gegensatzes aufgegangen. Die
Spannweite des Verhältnisses gibt den Ausschlag. Solche
Wesen bewegen uns stärker als bei einem Verhältnis von 10 zu
5 bei einem von 1 zu 25. Der Prophet gilt nichts in seinem
Vaterlande. Hier umzingelt ihn ein Viertelhundert von
Exemplaren, die das Vaterland des Propheten repräsentieren
und beider Schicksal erklären. Ohne Pathos; das ist der
grosse Fortschritt dieses Dramatikers. Seine Sprache ist
ebenso kurzatmig, wie sie stets war. Aber man kann auch
Schwulst und Schwammigkeit asthmatisch herausstossen. Was
davon da war, ist einer Nervigkeit gewichen, die Kaisers
endlich errungener kalter und heiterer Überlegenheit über
den turbulenten Irrsinn unsrer Tage durchaus angemessen ist.

    Die 'Truppe' hatte den Schmiss wenigstens innerhalb der
Szenen. Scharf, hart und dabei doch blutvoll waren die
Ausgeburten der Hölle gegen den einen armen
Himmelsaspiranten abgegrenzt und zum tollen Schiebetanz um
ihn gruppiert. Diese Fülle von Gesichtern der Zeit! Obenan
die Pensionswirtin Frigga Braut vom Schlage der Grüning. Der
schäbig-rothaarige Gent Erhard Siedel mit den drei einzigen
Geschäftsutensilien: Klubsessel, Telephon und Notizbuch.
Sein Schwesterlein Lyda Salmonova, dem es bei diesem Körper
an Karriere nicht fehlen kann. Und noch ein Dutzend
grauenhaft echter Vertreter dieser hübschen Epoche; am
erschreckendsten Aribert Wäscher. Nur Forster ist zu
aristokratisch und zu wenig Berliner für den berlinischen
Plebejer im Mittelpunkt der Groteske, die der 'Truppe' zu
dem ersten künstlerischen Sieg einen Kassenerfolg verschafft

hätte, wenn sich Viertel darüber klargeworden wäre, dass
diese fünfzehn Bilder ein Prestissimo wie des Einzel-, so
des Gesamtablaufs nötig haben. Eine Drehbühne war nicht da.
So hätte ich lieber auf undekorierter Bühne gespielt als in
vierzehn stimmungsmordenden Pausen George Grosz aufgebaut,
trotzdem er herzabdrückend malt, was Kaiser gesehen hat: die
Fratze einer entgötterten Ära.

326. anon., n.d., n.s., GKC.

[...] Der Inhalt ist die Verkettung dreier Schicksale,
die nebeneinander laufen, die im Kino ineinander
geschachtelt sind und nur bedingungsweise das Volksleben
1923 widerspiegeln. [...] Nebeneinander geht das unschuldige
Opfer des Pfandleihers, die brutale Lebensklugheit des
Jünglings, die stille Freundlichkeit des Mädchens. Wie immer
ist die Idee stärker als das Stück. Die Idee, wie aus dem
Briefe die Ringe der drei Schicksale laufen, die miteinander
unmerklich in Beziehungen stehen, hätte Reiz und Wirkung,
wenn sie aus dem Leben tiefe Schächte blosslegte. Aber
Kaiser wirft nur Schlaglichter auf die Oberfläche. Er reisst
die Szenen kurz ab, reisst die Worte ab und täuscht mit
dieser Stenographie über die Mängel der Vertiefung hinweg.
Langweilig ist es nicht. Ein heller Kopf und scharfer Blick
vergnügen uns zwischen Kolportage und Dichtung. Aber diese
'Truppe', was ist aus ihr geworden? Sie hat kaum noch einen
ersten Schauspieler, für die beiden Frauenrollen hat man
zwei reizende Damen herangezogen, die nur keine
Schauspielerinnen sind. Truppe und Schauspielertheater waren
die beiden Ideale der Theaterrevolution und sind beide in
kurzer Zeit überflüssig geworden. Das Schauspielertheater
wird sehr bald ganz aufhören. Seine grossen Leute werden ins
Deutsche Theater ziehen. Das wird das wirkliche Resultat der
sogenannten Fusion sein.

327. Hans Knudsen, *Die schöne Literatur*, 24 (1923), 439.

Vor Jahren waren aller Augen erwartungsvoll auf G.
Kaiser gerichtet. Was er jetzt als Volksstück aus dem Jahre
1923 bezeichnet, hätte jeder expressionistische Sudermann
schreiben können. Auf der einen Seite das verführte und
sitzengelassene Bürgermädchen, über dessen Vergangenheit der
Herr Korpsstudent hinwegspringt: ungetrübtes Familienglück
in banalster Aufmachung. Auf der andern Seite: der Verführer
dieses Mädchens, der brutale Schieber, der ohne Skrupel sich
hochschraubt und in Kinoerfolgen schwimmt. Und zwischen
diesen polaren Welten der leidensfähige Mensch, der
Pfandleiher [...]. Der Stil der Bilderfolge nicht geballt,
sondern abgehackt, der Bau mathematisch und sehr klug
komponiert; das Ganze eine überflüssige Mittelmässigkeit,

die von der 'Truppe' durch Berth. Viertels Regie und mit
Bühnenbildern von George Grosz auf parodistischem Ton
gehalten wurde.

328. F. D., n.d., n.s., GKC.

   Zwei Etappen der neuen dramatischen Literatur: im Jahre
1903 schrieb Georg Hirschfeld sein
kleinbürgerlich-häusliches Schauspiel *Nebeneinander*, zwanzig
Jahre später erscheint Georg Kaisers ebenso benanntes
'Volksstück von 1923'.
   Dort die Enge und Gefühllosigkeit, aber auch die Wärme
und Traulichkeit des schon leise absterbenden Naturalismus;
hier die Weiträumigkeit und Sachlichkeit, aber auch die
Starrheit und Kaltschnäuzigkeit des ins Groteske und
Abgeschmackte verzerrten Expressionismus. Dort alles nach
innen in die vier Wände des Zuhause, in die Kammern der
Herzen gekehrt; hier überall Spiegel und Widerspiegel
aufgestellt, die dem handgreiflichen Geschehen
zeitbedeutsame Aus- und Durchblicke geben sollen.
Nebeneinander — bei Kaiser will das sagen: in dem 'Heim' des
Schleuseninspektors [...], noch die alte ehrpussliche, ein
wenig abgestandene, biedertümliche Bürgerlichkeit des
wilhelminischen Zeitalters; in den Klubs, Kontoren und
Vergnügungslokalen der Neumann, Borsig, Kracht und Elsasser
schon die neueuropäische Schieber- und Schlemmeratmosphäre
der Nachkriegszeit mit all ihrer Frechheit und
Schamlosigkeit. Als verbindendes Glied zwischen den beiden
Welten, wie bereits in den früheren Stücken Kaisers *Von
morgens bis mitternachts* und *Kanzlist Krehler*, das diesen
rasenden, kreischenden Kontrast mit schaudernder Ekstase des
aufgepeitschten Gefühls erlebende Subjekt [...].
   Die grellen, schreienden Bilder dieses Nebeneinander
aufzufangen, braucht der Dichter, wenn ich recht gezählt
habe, 15 Bilder. Es hätten ebenso gut (oder schlecht) 150
sein können. Denn wo gibt es hier ein Aufhören, wo ein
Schliessen, wenn statt des auslesenden, formenden und
beseelenden Gestaltungswillens die ungezügelte Willkür und
Phantastik am Ruder sitzt? Und werden sich Fratzen, wie die
Gegenwart sie sich selber schneidet, je durch Fratzen zu
einem dramatischen Kunstgebilde zwingen lassen? Das ist
keine freie Umschau, kein Panorama der Zeit, wohin uns
Kaiser führt, das ist ein Lachkabinett mit Hohl- und
Buckelspiegeln, in denen alles verzerrt, verfolgt,
zerquetscht erscheint. Ein Volksstück soll das sein? In dem
Programmbuch, das die 'Truppe' ausgibt, steht eine Bemerkung
von Friedrich Schlegel zu lesen, scheinbar gemünzt auf dies
Stück. Danach muss ein Drama, das der Menge gefallen soll,
ein wenig von allem haben: etwas Unglück und etwas Glück,
etwas Kunst und etwas Natur, eine gehörige Qantität [sic]
Tugend und eine gewisse Dosis Laster; auch Geist muss darin
sein, nebst Witz, ja sogar Philosophie und vorzüglich Moral,

auch Politik mitunter — hilft ein Ingrediens nicht, so
vielleicht das andere. Der 'Menge', dem grossstädtischen,
sensationshungrigen Premierenpublikum mag das gefallen, dem
Volke gewiss nicht, und auch 'eine Art Mikrokosmos' wird nun
und nimmer daraus. Dazu gehört mehr noch als eine geistige
Überlegenheit, eine Seelen- und Charakterkraft, und die wird
niemand mehr bei Georg Kaiser suchen. Ich bin kein
Sittlichkeitsschnüffler. Aber für ein 'Genietum', wie es
Herr Kaiser in seiner bürgerlichen Existenz betätigt hat,
fehlt mir der Sinn; wenn das Genietum so was fordert, bin
ich mit dem alten Fontane für 'Leineweber'. Jedenfalls
bleibe uns so einer mit Moral und mit Volksstücken vom
Leibe, auch dann, wenn sie unter Berthold Viertels Leitung
so temperamentvoll-phantastisch gespielt werden wie von
Rudolf Forster (Schieber-Elegant Neumann), Leonard Steckel
(Pfandleiher) und zwei Dutzend andern 1923ern.

[1924], *Raimund-Theater*, [Vienna]. *Dir.: Dr. Beer;
Pallenberg [Pfandleiher].*

329. Alfred Polgar, *Die Weltbühne*, 20 (1924), No. 23,
780-82.

    Der Herr Otto Neumann, ein richtiger Neu-Mann, ein Kerl
unsrer mittelgrossen Zeit, gemein, verwegen, mit einem
Herzmuskel begabt, der jedes Gewicht mühelos stemmt, ist in
Geldnot. Er muss seinen Frack versetzen. [...] Nun packt es
den Pfandleiher mit dem gleichen Griff, mit dem es die
Madame Legros packte, als sie den hilfeschreienden Zettel
des Bastillesträflings auf der Strasse fand. Der Brief muss
dem Menschen in die Hände kommen, für den er bestimmt ist.
Muss. Es gilt ein Leben. Der Pfandleiher fühlt in der Brust
den schmerzhaft-seligen Brand des unabweislichen 'Tue, wie
es dich heisst, zu tun'. Er macht sich auf die Suche nach
dem Mann, nach dem Mädchen. Liebe-gläubig, Menschen-gläubig,
gut und in dunklem Drange, geht er, kindlichen Schritts,
seinen Weg. Der wird Passionsweg. Denn was der alte Mann
treibt, scheint Unsinn und Einfalt in einer Welt, deren
Dogma lautet: Nütze deinen Nächsten für dich selbst. Der
alte Pfandleiher gerät in lächerliche und böse Verstrickung.
[...]
    Es ist eine rührende Geschichte. Und sie wird noch
rührender durch eine dem Pfandleiher beigegebene bucklige
Tochter, die ihm Kindestreue hält bis in den Gashahn.
Volksstück 1923. Die Lesebücher werden dereinst nach diesem
Pfandleiher greifen, und man wird ihn für die Gitarre in
schlichte Verse bringen. 'Der' Mensch ist gut, 'der' Mensch
versöhnt mit der Menschheit. Wenn ein Dichterauge, wie das
Georg Kaisers, von Gemüt benässt wird, sieht es den
Regenbogen aufgerichtet zum Zeichen des Friedens zwischen
Gott und Kreatur.

Neben der Geschichte des Pfandleihers, die zu ihrem
Ende reift, keimt auch die Geschichte jenes Otto Neumann und
die des verlassenen Mädchens ein Stückchen weiter. Die drei
dramatischen Schösslinge, in den gleichen Topf gepflanzt,
streben auseinander, nur in Wurzeltiefe gibt es zwischen
ihnen Berührung. Neumann kommt heftig vorwärts und wird
Film-Generaldirektor. Ein Kind seiner Zeit, macht er deren
Unehre alle Ehre, Geld und Weiber springen ihm zu, dem
kaltäugigen Louis der Konjunktur. Diese Szenen, in denen
Herr Neumann das Ding dreht, sind sehr spassig. Da kann
Georg Kaiser recht den Teufel spielen (den Wedekind Marquis
von Keith freilich schon rechter gespielt hat). Luise, die
Verlassene, Handlung Nummer 3, wird holdes Bräutchen, geht,
ein süsses, kommender Kinder frohes Lächeln im Antlitz, in
die hakenkreuzgeschmückte Gartenlaube. Ein Prachtkerl von
Ingenieur ist es, der sie, nachdem er ihre Vergangenheit
unter etlichem moralischen Aufstossen verdaut hat, an den
Busen zieht. Diese Bilder des Stücks, es zählt insgesamt
vierzehn, sind im Stil der kolorierten Ansichtskarte
gehalten. Und so müsste man, scheint mir, sie auch spielen:
lächerlich, kitschig, nicht pathetisch. Durch ein Feld
gemeinen, platten Lebens zieht die Passion des Pfandleihers
ihre herzblutrote Linie; das ist das Grundlineament des
Stücks.
    Ein erregendes und unterhaltendes Schauspiel. Reisst es
auch nicht, wie das von einem Drama Georg Kaisers zu
erwarten wäre, in den Pappendeckelbau zivilisierter Welt ein
Loch, durch das zu sehen, was dahinter ist, so bezeugt es
doch dieser Welt gebührende Verachtung und neigt sich ohne
Ironie einem eines Sendboten heiligen Mitleids. Die Figuren
stehen, wie immer bei Kaiser, in einem harten, exakten,
spitzstrahligen Licht, das in der harten, exakten Sprache
Klang wird. Meine besondere Liebe gehört nächst dem
Pfandleiher dem Portier, der vor dem Kasino im Regen steht
und jede Gelegenheit nützt, sich im Garderobenraum ein
bisschen zu wärmen. Schade, dass er gar kein Couplet hat.
    Pallenberg trägt den Heiligenschein des tätigen
Dulders. Mit einer winzigen Bewegung könnte er ihn so
rücken, dass er Gelächter riefe statt der Tränen. Aber
dieser grosse Schauspieler kann in solcher Rolle wagen, der
Komik ganz nahe zu kommen — und sie bleibt doch ganz fern.
Herrlich, wie er das geistig Blinde und seelisch Helle der
Figur deutlich macht, wie fest sein schwanker Schritt und
wie tönend sein zitterndes Wort.
    [...] Eine farbige, intensive, muntere Aufführung des
Raimund-Theaters, die Herr Dr. Beer da fertig gebracht hat.
Nur die Dekorationen waren um einiges zu munter. In Berlin
hat George Grosz — der in besten Bürgerkreisen überaus
beliebte Zeichner, dessen Apachenbleistift das Gesicht der
herrschenden Klasse so erquicklich zurichtet — die Kulisse
für *Nebeneinander* drastisch bemalt. Aber seine Malerei wird
wohl Schärfe und Humor gehabt haben. Die Dekorationen des
Raimund-Theaters hingegen sind rohe, überlaut schreiende
Plakate der Stimmung, welcher sie dienen. Die zwei Augen im

Hintergrund des Polizeibureaus wirken weder unheimlich noch
komisch, sondern jahrmarkthaft, wie das Aushängeschild vor
einer Optikerbude.
  Die Hörerschaft war sehr erfreut, ein Georg
Kaiser-Stück relativ leicht und ganz zu verstehen, und
applaudierte lebhaftest ihrer eignen Helligkeit.

[1924], Kammerspiele, Munich. Marlé (Pfandleiher).

330. anon., *Allgemeine Rundschau*, No. 2, 10.1.1924, p. 29.

  [...] Ex Kino lux heisst das nicht gerade
geschmackvolle Schlusswort. Dieser skrupellose Kaufmann
wirkt als eine glänzende Karikatur. Wo wir aber seelisch
bewegt werden müssten, wie bei der Gestalt des
Pfandverleihers, den wir doch nicht als Narren nehmen
sollen, bleiben wir kalt. Hier und da zeigt der Dichter
einen charakteristischen Zug, aber es liegt etwas
mechanisch-seelenloses in dieser Kunst, die uns gleichgültig
bleiben lässt. Dabei boten Leibelt und Marlé Leistungen, die
über dem Durchschnitt standen. Die Bezeichnung: Volksstück
soll das lockere Gefüge entschuldigen oder ein Witz sein.
Die Ausstattung zeigte gekünstelte Primitivität. Sie steht
Kaiser nicht übel.

*16.4.1925, Schauspielhaus, Düsseldorf. Dir.: Felix Emmel;
sets: constructed by Franz Mertz on the basis of George
Grosz's design; Friedrich Rosenthal (Pfandleiher); Kurt
Daehn (Neumann); Ehmi Bessel (Luise); Inger Linden
(Tochter).*

331. M., *Düsseldorfer Nachrichten*, April 1925.

  Vor einem Jahre sahen wir Kaisers 'Volksstück 1923' im
Schauspielhause, auf Einladung der Kassette vom Ensemble
Saladin Schmitts gegeben, gestern ging es an derselben
Stätte unter der Spielleitung Felix Emmels als Probe
einheimischen Theatergeistes in Szene — man konnte
vergleichen, und es war nicht uninteressant zu vergleichen.
Nun, um es gleich vorweg zu sagen, der Vergleich konnte nur
zugunsten der Dumont-Lindemann-Bühne ausfallen. So gut jene
Aufführung der Bochumer war, so fein sie Kaisers Art, den
Sinn des Stückes lebendig machte, die gestrige Aufführung
übertraf sie in der Geschlossenheit der Stimmung nicht nur,
sie hatte auch den Vorzug eines ganz vorzüglichen, mit
vollkommener Überzeugungskraft bis zum Schlusse
durchgeführten Pfandleihers. Während der Bochumer Darsteller
den Pfandleiher dadurch, dass er ihn allzusehr zu

verdeutlichen und klar zu machen versuchte, konstruiert erscheinen liess, hebt Friedrich Rosenthal den seltsamen Menschen [...] in starker Einfühlung zu den Sphären schwebender Phantastik empor. Dieser Pfandleiher mit seiner seltsam gespreizten, fast als eine Persiflage Sternheimschen Deutschs anmutenden Sprache, mit dem Übermass seiner Gesten ist wie von einem anderen Stern; ein von seinen Gedankengängen besessener Sonderling, muss er in den Kreisen, in die er gerät, für einen Narren gehalten werden, denn hier hat man für altruistische Regungen, vor allem für altruistische Regungen von solcher Heftigkeit einfach kein Verständnis. Hier hängt man dem Boxkampf als dem Abbild des Lebens an – das Ideal ist: Jeder gegen jeden und knockout!

[...] Diese Bilderfolge entrollte sich gestern in prachtvoller Prägnanz, prägnant nicht so sehr der Hintergründe George Grosz wegen, die das Notwendigste primitiv perspektivisch aufzeichneten, als dank den Typen, die jeweils die Szene belebten. Sie trugen ausnahmslose die schlagkräftige Knappheit der Kaiserschen Charakterisierung und gestalteten das Kaleidoskop überaus fesselnd. Zunächst zu nennen nach Friedrich Rosenthal, der den tragischen Akzent des Stückes nachdrücklich vertritt und zumal in der Selbstmordszene ganz gross wirkt, ist Inger Linden, die in der scheuen Gedrücktheit des Schattengeschöpfes ergreifende Tochter des Pfandleihers.

[...] Es sind alles Leistungen, darin Intelligenz und Geschmack einer feinnervig nachschaffenden Regie willig folgen, alle, bis hinab zur scheinbar unbedeutendsten, tragen sie bei zu der interessanten Beleuchtung, in die hier das sicher nicht sehr tiefe und bedeutsame, in seinem Gegenwartsrhythmus aber zweifellos höchst eigenartige Stück gerückt wird.

332. h., *Düsseldorfer Zeitung*, 18.4.1925.

Die letzte Neueinstudierung des Schauspielhauses galt Georg Kaiser. Sein Volksstück in fünf Akten *Nebeneinander* ist über zahlreiche Bühnen gegangen, ist auch in Düsseldorf vor etwa einem Jahr von dem Duisburg-Bochumer Stadttheater gezeigt worden. [...]
Nebeneinander verlaufen diese drei Entwicklungs- oder besser Handlungsreihen, denn als Entwicklung ist nur das Erleben des Pfandleihers anzusprechen. In dem Geschick des Pfandleihers fühlt man Blut pulsen, mit ihm empfindet man, mit seinem Erleben rührt der Verfasser an unser Herz, während sonst nur der Verstand von dieser bitteren Satire auf das Treiben der Gegenwart und auf den Widersinn oder besser auf die Sinnlosigkeit des Lebens gefesselt wird. In raffiniert sich steigerndem Gleichlauf wachsen hier die drei Begebnisreihen aus dem einen Verknotungspunkt heraus, um in dem Augenblick zu gipfeln, der dem Edlen Vernichtung, der Mittelmässigkeit Erlösung und dem Niedrigen Erfolg bringt.

Das hat Kaiser technisch ausgezeichnet herausgearbeitet. Was er damit wieder erweist, das ist nicht, dass er ein Dichter, ein Künstler, wohl aber ein Könner, ein glänzender Kunsthandwerker ist!

Das Beispiel einer zielsicheren, nicht nach-, sondern neuschaffenden Spielleitung bot Felix Emmel. In ihrem eigenen Rhythmus schwang eine jede der nebeneinander herlaufenden Erlebnisreihen sich aus und kam zu voller Wirkung. Groteske erstand neben Tragik. Gute Unterstützung fand der Spielleiter in dem Schöpfer der Bühnenbilder, George Grosz. Den Abend beherrschte Friedrich Rosenthal als Pfandleiher. Seine erschütternde, bis in die kleinste Einzelheit ausgearbeitete und doch als unmittelbar dem Gefühl, dem augenblicklichen Erleben entsprossen anmutende Gestaltung der Qual und des Ringens des Mannes, der sich für mitverantwortlich an dem Untergang eines Menschen hält, liess diesen Pfandleiher zu wahrhafter Tragik aufwachsen. [...]

333. H., *Düsseldorfer Tageblatt*, 18.4.1925.

Wenn man noch einmal vom Jahre 1923 hören soll, dann gruselt's den Beamten, der Bankstift blickt wehmütig auf die Erdenreste seiner Lackstiefel, der Kinomann überzählt im Geiste noch einmal die Riesensummen der Tageskasse und der Schieber seufzt im Klubsessel – wenn er den letzten noch nicht versetzte. Diese tolle Zeit tagtäglicher Riesenverdienste für viele, des Hungerns für nicht minder zahlreiche, des Ausbruchs scheusslichster Gemeinheiten auf der Jagd nach Geld und niedrigster Triebe in der Sucht, das oft mühelos Gewonnene in möglichster Eile zu vertun usw. – was sagt uns dieses 1923 noch heute, wo der Deutschen besserer Teil froh ist, es überstanden zu haben?

So ist uns Kaisers Stück heute schon ein kulturhistorischer Bilderbogen, oder wenn wir seine Technik besser verdeutlichen wollten, ein kulturhistorischer Film – so überzeitlich im Sinne ständiger Wiederkehr die Grundlinie einer jeden der drei Handlungen verläuft, die, zwar aus einem Moment hervorgegangen, doch 'Nebeneinander' liegen, ohne im Verlauf der fünf Akte sich jemals noch zu überschneiden. Jede erhält sauber in jedem Akt ihr 'Bild' zugewiesen – und am Schluss hat jede ihren Ausklang. [...] So liegt auch in der Wirkung alles 'Nebeneinander': unverschuldetes Verhängnis – Einzug in bürgerliche Behaglichkeit – fast groteske Schieberkomödie.

Das alles rollt sich in kinomässiger Technik ab; kurz, telegrammässig wird gesprochen, über Hemmungen hopst man hinweg.

Felix Emmel fand als Spielleiter ausgezeichnet das Tempo, das diesem Werk Lebensblut bedeutet (wie seine Regie bis jetzt noch immer die lebenspendenden Triebkräfte eines Werkes sich dienstbar zu machen wusste). Man glaubte, in der

Flimmerkiste zu sitzen — so kinomässig wurde mit Drehbühne und Transparent gearbeitet. Dazu halfen die leicht zu erstellenden Bühnenbilder, die nach Entwürfen von George Grosz Franz Mertz ausgeführt hatte — knapp angedeutet, Wesentliches, wenn auch nach herkömlichen [sic], aber lange überwundenen inhaltlichen Begriffen unorganisch, hineinkomponiert. Tietz A.-G. stellte die Klubsessel, Coppel u. Goldschmidt die Kostüme der Filmdiva — und so konnte es losgehen mit dem *Nebeneinander 1923*.
[...] Seine ganze Seele darf in Wortfülle nur der alte Pfandverleiher aussprechen — was Friedrich Rosenthal aus dieser Rolle, vor allem, seit ihn das Verhängnis in seine Fänge nimmt, gemacht hat, war die beste Leistung des Abends, der Abgang stärkste Tragik. Gut stand zu ihm als verhutzelte Tochter Inger Linden.

334. anon., *Berliner Börsen-Courier*, 14.5.1925.

Uns wird aus Düsseldorf geschrieben: Das Schauspielhaus brachte unter Felix Emmels Regie, der es gelang, die bunt aneinander gereihten Bilder bis in kleinste Einzelheiten hinein zu charakterisieren [...], eine sehr eindrucksvolle Aufführung von Georg Kaisers Schauspiel *Nebeneinander*. Im Mittelpunkt des fein abgestimmten Zusammenspiels stand der Pfandleiher von Friedr. Rosenthal. Aber auch die meisten andern Mitwirkenden blieben als Typen einer wahnsinnig erregten Zeit im Gedächtnis haften [...].

May 1925, Erstaufführung, Schauspielhaus, Cologne. Dir.: Otto Liebscher; sets: Gustav Singer; music: Dr. Hermann Unger; Wolf Benekendorff (Pfandleiher); Richard Assmann (Neumann); Charlotte Noack (Luise).

335. F. B., n.d., n.s., GKC.

Nachdem das 'Volksstück 1923' von Georg Kaiser in Bielefeld, Brünn, Teplitz und Frankfurt an der Oder gespielt worden ist, darf auch Köln, begnadet zur Jahrtausendfeier, damit sich geehrt fühlen. Aber das ist nicht Schuld Hartungs, sondern derjenigen, die dieses Schaustück nicht in der einzig möglichen Saison, 1923-24, im Glockentempel an der Musengasse zur Aufführung brachten.
Nicht, weil das Stück in Bielefeld, Brünn, Teplitz und Frankfurt an der Oder längst gespielt worden ist, mag man zur Premiere in Köln, Mai 1925, die Nase rümpfen, sondern weil dieses Stück dem Schieberjahr 1923 zutiefst entsprossen ist, weil es den Geist dieser glorreichen deutschen Epoche atmet, weil ihm die Resonanz heute fehlt, da die Generation der Schieber und verwandter Typen ihre kosmische Bedeutung

verloren hat, brav ihr Geld zu verdienen sucht und nach
Profiten jagt mit wesentlich geringfügigeren Objekten, wie
Weibern, Brillantringen, Zigaretten. Damals schmiss man mit
Millionen nach Kintöppen, 1000-Dollarnoten, arbeitete mit
GmbHs, 'Generaldirektoren', Klubsessel und Scheckbuch und
brauchte ein indezent dekolletiertes Frauenbein nur als
Anreiz, als Mittel zum Zweck. Zum ausschliesslichen Zweck
des Geldverdienens. Machen wir ein Kino auf.
    Und Georg Kaiser macht ein Kino auf. Nicht zu knapp.
Hier ist *Kolportage* in holder Naivität kess genug
vorausgeahnt. *Kolportage* ist über-kolportiert. Dies ist das
blendendste Kolportage-Theater, das man sich denken kann.
Wir werten das, inhaltlich und gedanklich, heut nur noch
kulturhistorisch. Die Stabilisierung der Mark hat doch,
eingestandenermassen, eine gewisse Stabilisierung der
moralischen und ethischen Währung begründet. Man kann heut
nicht mehr so in Extremen wirken und 'arbeiten' wie vor zwei
Jahren noch. Die Genies der Schmarotzerei, die Herren vom
Finanzmarkt, die Titanen der Skrupellosigkeit sind zu
sanften Staatsbürgern geworden, die heiraten, Kinder kriegen
und ihre Sprösslinge, wenn die Zeit sich vollendet, mit
guten Ermahnungen auf das staatliche Gymnasium schicken.
Sehnsucht des guten Bürgers ist die Pensionsberechtigung.
Auf den Hochstapler folgt der Spiesser: das ist der Lauf der
Welt.
    Sie gehen auch 'nebeneinander': der Hochstapler, der
Spiesser, und damit das Trifolium sich vollende: der
dämonische Mensch. Konzentrisch sind die Kreise: im inneren
Kern der Spleen, darum gelegt der Kitsch, am äusseren Rande,
aus beiden sich vollsaugend: der menschliche Dreck. Durch
irgendeine Dämonie wird das in Bewegung gesetzt, Form ist
Revue, mit musikalischen Illustrierungen (von Bach-Gounods
'Ave Maria' über den 'Dompfaff, der uns getraut hat' bis zu
jenem 'Vetter Nick, zwei Meter lang, vier Meter dick'. Sehr
geschickt hat Dr. Hermann Unger das zusammengestellt, aus
allen Bars, Drehorgeln und Dielen — nur für 'Mädi, mein
Liebling' fand sich keine Verwendung).
    Form also: die Revue. Inhalt: zwei Personen suchen
einen Neumann. Man kann das, wenn man sich als moderner
Literarästhet fühlt, auch 'kosmisch' fassen, Spiegelung ins
Ewige, Zeitlose: die unendliche, dem Menschen eingeborene
Sehnsucht nach irgendetwas, nach den Sternen? nach dem Weib?
nach dem Schicksal? Oder nur Sehnsucht nach einem Menschen.
Vielleicht Gedanke an jene 'Menschgemeinsamkeit', die 1919
schon abgelegt wurde? [...] In der dritten Sphäre wird die
Filmgesellschaft m. b. H. gegründet, unter der gütigen
Protektion des Direktors Elsasser, während Herr Neumann mit
der Filmdiva sich in jene horizontale Situation begibt, die
zumeist als Krönung eines guten Geschäfts von jedem guten
Europäer bevorzugt wird.
    An den Schluss dieser fulminanten Kolportage ist der
verzückte Schrei gesetzt: 'ex Kino lux'! Soviel Licht ist
aus dem Kino bereits auf dieses Volksstück gestrahlt, dass
man mit Recht auf der Zwischengardine vor jedem Bild ein

Lichtbild aufflammen lassen kann, mit stimmunghafter
Illustrierung der jeweiligen Szene, mit reklamehafter
Aufzählung der Kaiserschen Werke, unter starker
Apostrophierung der *Kolportage*, während der Titel des besten
Stücks *Von morgens bis mitternachts* nicht entdeckt wurde.
    Und gerade so viel Geist ist aus Theater und Drama auf
dieses flimmernd-bunte *Nebeneinander*-Spiel gestrahlt, dass
er im Taumel der Farben und Lichter, im Grotesktanz der
Menschen, im Gewoge von Shimmy und Sentimentalität gar nicht
bemerkt wird. Ein Spiel, sehr jenseits von Gut und Böse,
aber ein Theater, das unbedingt Geschäft macht.
    So ist es auch im Schauspielhaus aufgezogen: kess und
bunt und schillernd in Licht und Farbenrausch, mit
eindeutigen Menschen, mit jubilierender Musik. Die
Bühnenbilder von Gustav Singer sind geschickt und (zumeist)
originell. Einige, wie die Pfandleihe oder das Polizeibüro
sind nicht suggestiv genug — man darf die Szenenbilder nicht
gesehen haben, die seinerzeit George Grosz für die 'Truppe'
in Berlin entwarf. Dr. Liebscher führt eine flotte,
tempofrohe Regie (so viel Impetuosität hätte man unserem
lieben Doktor gar nicht zugetraut). Den stärksten Beifall
holt sich Benekendorff, mit einer Rolle, die ihm eigentlich
gar nicht liegt, die er sich erst zurechtbiegen muss. Er
rückt sie so in das Licht des 'Vaters' aus dem
Pirandello-Spiel, sucht immer krampfhaft nach etwas Tiefem,
Abgründigem, Menschlich-Beziehungsvollem, findet aber immer
nur — Kolportage. Der Typ ist wirkungsvoll aufgebaut: dürr,
hilflos, einsam, gierig, mit irgendeiner Flamme im Innern.
[...]
    In fünfzehn Bildern rollt die Revue vorbei — es wäre
nicht nötig gewesen, vom Rang einen Entrüstungsschrei auf
die Bühne zu werfen: denn *Nebeneinander* ist immerhin
repräsentativ für zeitgenössische deutsche Dramatik. Und
Georg Kaiser ist immerhin ein Repräsentant.

336. Dr. Hz. St., n.d., n.s., GKC.

    Gestern abend brachte das Schauspielhaus die obligate
Georg-Kaiser-Erstaufführung der Spielzeit. Ob gerade das
Volksstück 1923 *Nebeneinander* glücklich gewählt war, darüber
kann und darf man wohl anderer Meinung sein als die
Intendanz, die das schon angekaufte Stück *Bürger von Calais*
gegen diesen Reisser eintauschen zu müssen glaubte.
    Dieses Volksstück gestaltet in charakteristischer
Abstufung ein Nebeneinander des Lebens zwischen Not und
Schlemmerei, zwischen Hochzeit und Tod, zwischen Armut und
Reichtum, zwischen Leichtlebigkeit und Schwerblütigkeit, ein
Nebeneinander der Lebenskreise des Bürgerlichen, des
Lebemännischen und des Menschlichen, ein Nebeneinander der
Wirkung eines an sich wenig bedeutsamen Ereignisses.
    [...] Der Dichter selbst ist verankert in der Sphäre
des Schicksals, der sozialen Gesinnung, des

Verantwortungsgefühls für die Mitmenschen [...]. Aus den Szenen, in denen der Pfandleiher auftritt, spricht herzwarme Menschlichkeit, wenn auch die dramatische Konstruktion zunächst die seelischen Fäden zwischen Bühne und Zuschauer zu zerreissen droht. Zudem ist doch die satirisch-gesellschaftskritische Beleuchtung der anderen Lebenssphären nicht scharf genug. Die Filmschiebungen werden allerdings grell ins Licht einer rücksichtslos mit Betrug und Erotik arbeitenden Lebensauffassung gestellt. Die Gesellschaftsmenschen schauen nicht die seelische Qual eines gequälten Menschenherzen. In der bürgerlichen Sphäre ist die konventionelle Hohlheit mit schönen Gefühlen und Phrasen überdeckt.

Ist schon das Nebeneinander dreier, durch nur das gleiche Ereignis in Bewegung gesetzter, im übrigen aber vollkommen gehemmter Lebenskreise eine nicht überwundene Gefahr für die innere Geschlossenheit des Dramas, so verstärkt die Behandlung der einzelnen Bilder — es sind fünfzehn — den Eindruck der Zerrissenheit noch ausserordentlich. Dieses Nebeneinander ist geistreicher Sketch, gewiss, mit feiner Charakterisierung der menschlichen Typen gestaltet, aber doch nicht zu einer dramatischen Welt zusammengeballt. Nie spürt man dichterisches Wachsen; intellektuelle Berechnung schafft den theatralisch wirksamen Aufbau des Ganzen wie der Einzelszenen.

Die Aufführung war gegliedert durch eine untermalende Musik von Dr. Hermann Unger, die bei den Lebeweltszenen auf den Ton moderner Tanz- und Jazzbandmusik eingestellt war, die bürgerliche Sphäre mit sentimentalen Pseudovolksliedern begleitete und bei der rein menschlichen Handlung etwas verinnerlichtere Klänge fand. Das in etwa über die Realität hinauswachsende Bühnenbild schuf in ähnlicher Nuancierung Gustav Singer. Die von Dr. Otto Liebscher geleitete Aufführung war flott und in den Hauptsachen gut ausgeglichen. Den Filmvorhang zur Anzeige des Handlungsortes halten wir allerdings für vollkommen überflüssig. Wolf Benekendorff spielte den Pfandleiher mit ergreifender tiefer Menschlichkeit, gepeitscht von Angst und Seelennot, kämpfend gegen die Verantwortungslosigkeit der anderen, seelisch erhaben im freiwilligen Tod. [...] Der Beifall war stark, hauptsächlich für Wolf Benekendorff.

337. Dr. Walter Schmits, n.d., n.s., GKC, incomplete.

[...] Das Stück liefert ein Beispiel für die Macht, die ein Teil der grossstädtischen, sich geistige Führerschaft anmassenden Literaturkritik über das Publikum ausübt. Durch jene Kritik, die jede Fühlung mit der weitaus überwiegenden Mehrzahl der Gebildeten verloren hat, ist Kaiser gross geworden, wahrscheinlich grösser, als er verdient, so dass jetzt selbst ein so nichtiges Machwerk wie *Nebeneinander*

gefügige Abnehmer findet. Wenn auf dem Titelblatt nicht
Georg Kaiser stünde, würde kein Theaterleiter daran denken,
solche plumpe, für den Tag verfertigte Szenenklitterei einer
Aufführung zu würdigen. Vielleicht stöbern superkluge Leute
auch in diesem Stück einen tiefen, echt menschlichen Gehalt
auf, denn manche sind durch die ewige Beschäftigung mit
Literatur so verkünstelt, dass sie nicht mehr zwischen kalt
konstruierender, innerlich verlogener Theatermache und dem
Ausdruck echten Empfindens unterscheiden können. Volksstück
nennt sich das Stück wohl, weil es wie die später
geschriebene *Kolportage* zum Teil aus parodistisch
sentimentalem Kitsch besteht. [...] Da der Pfandleiher durch
die Benutzung von Pfandstücken gegen das Gesetz verstossen
hat, wird ihm die Konzession entzogen und sein Geschäft
polizeilich geschlossen. Seines Lebensunterhalts beraubt,
öffnet er den Gashahn und stirbt mit seiner verkrüppelten
Tochter, die ihn bei allen Irrfahrten treulich begleitet
hat, einen melodramatisch wortreichen Tod, wobei er
papiernen Edelmut in Menge verzapft. [...] Die
Liebesgeschichte ist im Stil einer erbaulich gefühlvollen
Familienblatterzählung gehalten. Geradezu langweilig und
veraltet mutet die dritte Szenenfolge an, die den Emporstieg
des ekelhaften Briefschreibers schildert [...]

338. Dr. R. R., n.d., n.s., GKC.

[...] Die von Dr. Otto Liebscher mit gewohnter Sorgfalt
geleitete Inszenierung war recht anerkennenswert, wie
überhaupt die ganze Aufführung. Treffend die Bühnenbilder,
für die Gustav Singer zeichnete, die begleitende Musik von
Dr. Hermann Unger, der Banalität der Vorgänge geistvoll
angepasst. Das kinohafte [sic] des Ganzen wurde angedeutet
dadurch, dass ein Vorhang die Namen Kaiserscher Werke zeigte
und vor den einzelnen Bildern den jeweiligen Ort ankündete.
Kino dem Kino! Die Mitwirkenden [...] waren alle
ausgezeichnet. Der Beifall anfangs sehr zurückhaltend. Am
Schluss wurde lebhafter geklatscht, was wohl auf Konto der
trefflichen Aufführung zu setzen ist.

*10.12.1925, Erstaufführung, Zentraltheater, [Dresden?].
Dir.: Berthold Viertel; sets: v. Mitschke-Collande and
Leopold Lustig; Johannes Steiner (Pfandleiher).*

339. Dr. Felix Zimmermann, n.d., n.s., GKC, incomplete.

Wenn unsere Bühne beweglicher wäre, könnte man mit
diesem neuen Stück von Georg Kaiser ein hübsches Experiment
machen. *Nebeneinander* nennt er es, und so müsste man es auch
spielen. (Wenn's ginge!) Da wären statt eines grossen

Bühnenloches drei kleine; links die Pfandleihanstalt, in der sich das Schicksal eines armen, hilflosen Idealisten abspielt; in der Mitte der Salon des Kinoschiebers (wie ihn v. Mitschke-Collande und Leopold Lustig so treffend süsslich-kitschig ausstaffiert haben), wo sich das siegreiche Laster bläht; und rechts die gute Stube des Schleuseninspektors, wo sich das junge Paar in aller holden Gartenlaubenromantik zum Ehebunde findet. Und nun müsste, bald hier, bald da erhellt, bald gleichzeitig nebeneinander, eine Szene aufblitzen, der Dialog von rechts in die Pause links eingreifen und umgekehrt, kurz, das 'Simultantheater' erscheinen, in dem das Leben räumlich nebeneinander, zeitlich 'synchron', gleichzeitig verliefe. Aber freilich, das Auge, der Sinn für Erfassung des Nebeneinander, käme mit. Unsere Ohren sind noch nicht so weit, sie fassen nur das Nacheinander, wenigstens von der Bühne her, die das 'vertikale Hören' der Musik nicht kennt. Erreicht würde durch solch ein Experiment, spasseshalber, einmal jener Eindruck von der tatsächlichen Gleichzeitigkeit verflochtener Lebensschicksale, jener Blick auf den bunten, verworrenen Lebensteppich, wie ihn Gutzkow schon in seinem *Roman des Nebeneinander* erzielt zu haben glaubte.

Ich weiss, dass das kaum zu machen ist und dass Kaiser, der etwas Ähnliches gewollt hat, dann die Technik seines Stückes noch anders hätte einrichten müssen. Er hat fünfzehn Bilder aufeinander folgen lassen, die auf den drei locker verbundenen Schauplätzen seines Lebensdramas wechseln. Daraus muss man sich seine Absicht zusammenlesen. Der Nachteil ist nur, dass man lauter Skizzen und Abschnitte erhält, lauter Unterbrechungen von drei geraden Linien nebeneinander hat, eine Zerstückelung, die einen nicht warm werden lässt in der Stimmung, eine Filmtechnik, die dem Drama Steigerung und Vertiefung raubt und auch die Grundidee um ihren dramatischen Impuls bringt. Man wird wohl wieder zum aktmässig gebauten Drama zurück müssen, wenn man einer Lebenslinie in die Tiefe folgen will, wo sie uns ans Herz trifft.

Aber freilich, das ist Kaisers Wille kaum. Seine Stärke ruht ja im Oberflächenreiz flüchtiger Szenen, schnell hingehauener Typen und aufreizend zugespitzter Zeitsatire. Darin ist er 'modern', dass er nur zeigt, was ist, und keine positive, gefestigte Weltanschauung zugrunde legen kann. Er ist ein scharfer Zeichner charakteristischer Gestalten, umreisst mit ein paar Sätzen einen Menschentyp und hat immer originelle und verhauene Einfälle. Auch die Tendenz des Ganzen ist klar, aber sie wird nie mit Wärme und Überzeugung vorgetragen, nie dichterisch ausgeformt, höchstens mit ein paar scharfen Wendungen sichtbar anplakatiert.

Und doch könnte dieses *Nebeneinander* bei ein wenig mehr Herzensanteil des Dichters ein gutes Volksstück, mindestens ein besinnliches Zeitbild sein. Es gibt eine schmerzliche Wahrheit. Der Menschenfreund, der einem Fremden glaubt das Leben retten zu können, zerstört sein eigenes Leben, während der Verderber herrlich und in Freuden lebt und den Erfolg

für sich hat. [...] So ist das Leben. So zerschellt Güte am
Gesetz und an der Gleichgültigkeit (ähnlich wie bei
Juckenack), so erscheint das Leben im Nebeneinander
amoralisch, widersinnig, unbezwingbar grausam. Seltsam nur,
dass die Dichter, die solch eine betrübliche Erkenntnis
formulieren, die Guten und Idealisten immer als halbe Narren
hinstellen und die denkbar ungeschicktesten Leute sein
lassen. Wenn einer sich so unpraktisch und hilflos benimmt
wie der gute Pfandleiher, so ist es kein Wunder, dass seine
Menschenrettung verunglückt und er selbst dabei ums Leben
kommt.

Für ein echtes Volksstück fehlt Georg Kaiser, dem
gerissensten und geriebensten, freilich auch an fruchtbaren
Einfällen reichsten Dramatiker der Gegenwart, die Naivität.
Man kann ihm, dem Verfasser der *Kolportage*, zwar zutrauen,
dass er die kitschige Sentimentalität der Liebes- und
Familienszenen absichtlich so gemacht hat, aber er hätte
auch echtes, schlichtes Gefühl nicht geben können. Das hat
er nun mal nicht. Dafür kennt er sich aus im Ton der
zeitgemässen Geschäftsmacher und trifft hier in eine offene
Wunde der Gegenwart. Auch für die 'Herztöne' hat er nicht
die Dichtersprache; gerade die gütigen kleinen Leute lässt
er im übelsten Deutsch jenes abgekürzten Stils sprechen, die
er und Sternheim einmal eingeführt haben. Und doch bricht
der Dichter durch in jener schaurigen Szene, wo der
Pfandleiher sich und seine Tochter mit Gas vergiftet und ein
düsterer Monolog der Hoffnungslosigkeit zu der Tiefe
vordringt, wo die Dämonen unseres Lebens lauern. Dies grelle
Bilderbuch der Zeit wird nicht unzerreissbar sein, aber es
zu betrachen, ist nicht ohne Gewinn, denn ein spürsinniger
Dichter zeigt mit der Offenheit der 'neuen Sachlichkeit' das
erschreckende Nebeneinander eines Menschengeschlechtes, das
alle heiligen Bindungen gelockert hat. Es muss die Wirkung
negativer oder überobjektiver Geister sein, uns positiv zum
Aufbau zu mahnen.

Berthold Viertel konnte als Spielleiter das
'Simultantheater' nicht schaffen, selbst wenn es ihm
eingefallen wäre. Er konnte nur für schnellen Ablauf und
sinnlich fassbare Eindringlichkeit der Bilder sorgen. Wir
wissen von früher her, dass er den festen Griff und die
scharfsehende Phantasie für Kaisers bunte Bilder hat, und er
bewies es auch diesmal. Vieleicht [sic] hat er die Bilder
noch zu sehr mit Ballast der Einzelheiten beladen, hätte sie
noch flächiger und flüchtiger gestalten können (obwohl das
Technische gut klappte), um die drei Linien aneinander zu
drängen. Doch traf er mit den (schon genannten)
künstlerischen Helfern die drei Welten ausgezeichnet und
liess auch seine Schauspieler richtig los. [...]

*Sept. 1931, Volksbühne, Berlin. Dir.: Karlheinz Martin;
sets: Rochus Gliese; Peter Lorre (Pfandleiher); Ernst Busch
(Neumann); Luise Ulrich (Tochter).*

340. H. Ihering, n.d., n.s., GKC.

Einen halben Monat später als sonst wurde dieses Jahr die Berliner Volksbühne eröffnet, deren Besucher unter der Wirtschaftskatastrophe noch heftiger zu leiden haben als andere. Karlheinz Martin begann mit einer Neueinstudierung von Georg Kaisers *Nebeneinander*. Er glaubte, das Berlin von 1923 mit dem Berlin von 1931 in Parallele setzen zu können; oder vielmehr: er übertrug die Welt von 1923, die Inflationszeit, ohne weiteres in die Deflationszeit von 1931. Aus dem Kinodirektor wurde ein Tonfilmdirektor, Schlager der zwei letzten Jahre wurden angedeutet. Auch sonst liessen einige Schlagworte kein Missverständnis aufkommen, dass nicht 1923, sondern 1931 gemeint war.

Damals hatte die Berliner 'Truppe', eine Gründung Berthold Viertels, der jetzt seit Jahren in Hollywood Filmregisseur ist, mit *Nebeneinander* den grössten Erfolg. Die 'Truppe' stand am Anfang jener Gruppenzusammenschlüsse, die heute im deutschen Theaterleben eine Rolle zu spielen beginnen. Als Schieber Neumann wurde damals Rudolf Forster für Berlin durchgesetzt. Auch Georg Kaiser hatte, nächst *Kolportage*, seinen grössten Publikumserfolg. Es war der Beginn des Zeitstücks, obwohl in dem Schauspiel viel Romanhaftes steckte und die idyllisch-ironischen Szenen im Schleusenhaus im Grunde mehr der literarischen Parodie angehörten als der Zeitdarstellung. Gerade deshalb war es verfehlt, Kaisers *Nebeneinander*, das sich ausdrücklich ein 'Volksstück von 1923' nannte, in das Jahr 1931 zu übersetzen. Hätte man das Stück als eine freche Komödie auf die Inflationszeit gespielt, so hätte es vielleicht heute noch gewirkt, und die Parallelen hätten sich zwanglos eingestellt. So aber dachte man bei jeder Szene: das ist viel zu schwach, die Krise 1931 hätte eine ganz andere Darstellung verlangt. Auch Georg Kaiser hätte bestimmt ein neues Stück geschrieben, wenn er die Gegenwart hätte darstellen wollen.

Dieser Grundfehler verwirrte die ganze Aufführung, die aber trotz aller Einwände immer noch ernsthafter zu nehmen ist als das meiste, was sonst in der kurzen Spielzeit bisher gespielt wurde. Immerhin sah man Peter Lorre als Pfandleiher auf der Bühne, wenn diese Rolle auch nicht zu seinen besten gehört. Immerhin sah man Ernst Busch, wenn er auch in der Forster-Rolle des Schiebers Neumann durchaus nicht am Platze war. Aber es gab auch eine sympathische neue Schauspielerin wie Luise Ulrich als Tochter, es gab unauffällige Schauspielerinnen wie Inge Conradi als Luise, wie Ilse Fürstenberg als junge Frau.

Das Ganze war ein verfehltes Experiment, aber immerhin: es war ein Experiment.

341. Erich Burger, *Berliner Tageblatt*, 17.9.1931.

Volksstück 1923; unter diesem Signalement hat Georg
Kaiser die fünfzehn Bilder zuerst spielen lassen. Damals,
vor acht Jahren, waren sie im Zuge der Zeit ein Widerhall
der Ereignisse, das szenische Gegenspiel der grausam
aktuellen Jagd nach dem Dollarkurs, ein in die Kulissen
gepresstes Fieberbild. Der Schieber, damals war das der
seltsame Held des Tages, König des Papiergelds, ein
Machthaber, dessen Thron auf Trümmern stand. Seine
Erscheinung, auf die Bühne gebracht, schuf den angstvoll
nahen Kontakt zur täglichen Wirklichkeit, seine Gestalt riss
brennend und blutend alle Wunden auf; aus den Bazillen einer
furchtbaren Krankheit hatte die Zeit ihm einen Körper
gebaut.
 Mit dieser Zeit hatte Georg Kaiser damals die
Auseinandersetzung aufgenommen. Kein Zufall, dass unter
allen Dramatikern gerade er zu diesem Stoff griff; kein
Zufall, dass ihn zuerst diese Auseinandersetzung lockte.
Diese, diese Zeit hatte keinen Raum für Gefühle, aber längst
hatte auch Georg Kaiser alle Gefühle aus dem Gebiet seiner
Dramen verjagt. Die Zeit, die zu beschreiben war, und der
Dramatiker, der sie beschrieb, sie trafen sich wie zwei
Gegner, die mit gleichen Mitteln kämpfen; es war ein faires
Duell.
 Volksstück 1923; in dieses Treibhaus warf Georg Kaiser
die Treibhausgestalten des eigenen Verstandes. Nach den
klaren Gesetzen seiner dramatischen Rechenkunst entwarf er
das Bild einer verdächtigen Gegenwart, ordnete er den trüben
Rummel in die Übersichtlichkeit eines szenisch lapidaren
Entwurfs, rettete er die Verwirrung seiner Figuren in die
Klarheit seiner eigenen Gedanken. Es war der grosse
Aufmarsch von Masken und Menschen, von der Strasse auf die
Bühne verschlagen; und gleichnishaft löste sich aus diesem
Nebeneinander der Schicksale der einfache Tatbestand, dass
der Gerechte verreckt und der Schmierfink fröhlich besteht.
Der Weizen des kalten Geschäftemachers blüht, nicht nur im
Jahre des Heils 1923.
 Trotzdem, als Volksstück 1931 sind diese fünfzehn
Bilder leicht brüchig; sie treffen heut' nicht mehr ins
Zentrum. Immer noch sind sie als technisches Virtuosenstück
ein glänzendes Beispiel, an dem ganze Generationen von
Dramatikern sich schulen können. Immer noch überrascht
dieser exakte szenische Aufbau, diese strenge Entwicklung
verschiedener Handlungen, die nebeneinander laufen und sich
nie berühren. Immer noch, immer wieder verblüfft die Sprache
Georg Kaisers, die sich in aller Knappheit zu eisernen
Begriffen formt. Aber die Gestalten selbst sind unserer
packenden Nähe enthoben. Der Pfandleiher, der durchaus einen
Selbstmord verhindern will, nirgends mit seiner
menschenfreundlichen Gesinnung Anklang findet und endlich
als Heiland den Gashahn öffnet. Fräulein Luise, die diesen
Selbstmord ankündigte, aber unter Orgelklang und Predigt die
glückliche Braut eines Spiessbürgers wird. Der Schieber
Neumann, der die Ursache des angedrohten Selbstmordes war
und der, hoppla, ohne jeden Gewissensbiss ein raffiniertes

Geschäft zum siegreichen Abschluss bringt. Alle diese Figuren sind heute dem Bereich unserer Vorstellungen entzogen; grossartig wirkt nur noch die bauliche Konstruktion, in die Georg Kaiser sie hineinstellt, der Aufriss seines Fünfakteplans, in dem jeder Strich mit dem Lineal gezeichnet ist.

Vielleicht hätte eine Aufführung, die mit mehr Macht das artistisch Konstruktive angekurbelt hätte, noch einmal die turbulente Kraft zwingender Wirkungen aufgebracht. Karlheinz Martin lässt das Spiel zu stark ins menschlich Mitleidvolle abgleiten, vielleicht eine Notwendigkeit des grossen Hauses, vielleicht auch eine Notwendigkeit für das Publikum der Volksbühne, das sich nur sehr zögernd von den Zangen Kaiserscher Dialektik greifen liess. Auch die Schauspieler, die in ausgezeichneten, weit sich öffnenden Dekorationen von Rochus Gliese stehen, können nicht die gleitende Vehemenz von Kaisers Wortanschlag mithalten. Ernst Busch, als Schieber Neumann, hat nicht die schlanke Geschmeidigkeit, nicht die aalglatte Haltung dieser Figur. Peter Lorre, als Pfandleiher, wirkt schon in der Erscheinung zu jung; auch dieser vorzügliche Schauspieler findet, wie Busch, nicht den einheitlichen, durchgehend klaren Tonfall, auf den alle Gestalten Georg Kaisers eingestellt sein müssen. Der Motor dieses Dramas geht präzise seinen Gang, aber die Schauspieler legen zuviel Zwischentakte ein, auch die Randgestalten, unter denen Luise Ulrich, Inge Conradi, Maly Delschaft und Erhard Siedel sich schüchtern bemerkbar machen.

Die anfangs deutlich erkennbare Befremdung der Parketts, die sich erst sehr zögernd in lebhaftere Zustimmung auflöste, sanktioniert den Tatbestand, dass hier nicht das Volksstück 1931 abgerollt wurde.

342. anon., *Westermanns Monatshefte*, Jg. 76, p. 307.

Die soziale und politische Zeitdramatik, die noch vor wenigen Jahren mit tausend Masten in den Ozean der Welten segelte, sieht sich augenscheinlich schon nach dem Rettungsboot um, auf dem sie den friedlichen Hafen erreichen kann. Georg Kaisers *Nebeneinander*, das Volksstück von 1923, das in das soziale und moralische Nachkriegschaos des Schieber- und Bürgertums hinabtaucht, um als Perle aus der Tiefe die 'Erneuerung des Menschen' heraufzufischen, erwies sich jedenfalls schon jetzt, nach acht Jahren, bei der Wiederaufnahme im Volkstheater als eine abgetakelte Fregatte, auf der nur noch Gespenster der Vergangenheit fahren. So schnell erbleichen Zeitwirkungen, wenn kein dauernder Gehalt sie beseelt!

Kolportage

*27.3.1924, joint Uraufführung, Lessing-Theater, Berlin.
Dir.: Emil Lind; sets: Hermann Krehan; Walter Steinbeck
(Graf); Hans Junkermann (Baron); Ilka Grüning (Erbgräfin);
Else Heims (Karin); Martha Hartmann (Frau Appeblom); Rudolf
Klein-Rogge (Erik).*

343. H. Ihering, *Berliner Börsen-Courier*, 28.3.1924, in *Von Reinhardt bis Brecht*, ed. R. Badenhausen, pp. 163–65.

'Unser geistreicher Dichter hat hier endlich einmal einen Stoff aus dem Leben gegriffen und deshalb ans Herz gerührt. Dem erschütternden Schicksal einer Bürgerstochter sind mit keckem Mut humoristische Lichter aufgesetzt. Der Gegensatz der bürgerlich-amerikanischen und feudalistisch-schwedischen Welt ist mit sicheren Strichen gezeichnet. [...] diese Handlung ist mit feiner Beobachtung des Wirklichen ersonnen, und mit einer an Fulda, dem Klassiker des modernen deutschen Lustspiels, und an Sudermann, dem Klassiker des Vorder- und Hinterhausdramas, geschulten Technik durchgeführt. Der Dichter ist somit von allen Verstiegenheiten zur Natur zurückgekehrt, und man merkt es ihm an, wie wohl er sich in dieser Taufrische fühlt. Die Darsteller hatten endlich einmal nicht Schemen, sondern wahrhafte Menschen zu verkörpern. Sie hatten sich in die Rollen so hineingelebt, dass sie aus den angedeuteten Naturells fast Charaktere machten. Sie griffen ans Gemüt und ans Zwerchfell und entsprachen so den Intentionen des Dichters. Der Regisseur hatte für eine angemessene Ausstattung gesorgt.'
   Mit solchen Worten müsste man die kritische Kolportage parodieren, wie Georg Kaiser die dramatische Kolportage persifliert hat. Georg Kaiser ist ein phänomenaler Stichwortdichter. Sein Verhältnis zum Stoff ist sein Verhältnis zur Sprache. Georg Kaiser empfängt ein Thema wie eine Vokabel und sofort entzündet sich seine lebhafte Theaterphantasie. Er hörte das Vokabularium der 'Oh-Mensch!'-Zeit voraus und türmte aus dieser Vokabulatur Drama auf Drama. Jetzt hörte er die Vokabulatur der Schieberzeit, bestritt mit ihr *Nebeneinander*, hörte die Vokabulatur der Schunddichtung und schrieb *Kolportage*. Kaiser, einer der stärksten Szeniker des gegenwärtigen Theaters, baut diese Szenen fast nur aus Schlagworten auf. In *Kolportage* gibt es eine Liebesszene zwischen dem vermeintlichen jungen Grafen Stjernenhö und der Komtesse Alice Barrenkrona. Er: 'Ich wollte mit sechs Treffern mir Mut schiessen —.' Sie: 'Ich brauche Ihnen den sechsten Treffer nicht zu schenken —', 'Ich hätte getroffen!', 'Die

Kugel sitzt', 'Noch in der Flinte —', 'Schon in meinem Herz'. So kommt die Handlung an der Zuspitzung des sprachlichen Bildes weiter. Das sprachliche Bild ist nicht neu geschaffen, nur szenisch aufgeteilt.

Hier liegt die Wurzel von Kaisers Begabung. Georg Kaiser ist so hellhörig für das Formelhafte der Sprache, dass er in ihre schöpferischen Tiefen nicht dringt. Er übersetzt in sich so schnell Zeitgedanken, dass er ihr Ende — das Schlagwort — schon empfindet, bevor ihr Anfang — die Idee — sichtbar und hörbar geworden ist. Er spürt die literarische Prägung vor dem Erlebnis. Er spürt den Elan des Wortes, seine isolierte Stosskraft, seine isolierte Dynamik, bevor es sich in den Zusammenhängen ausgelebt hat. Er hat das Produkt vor der Zeugung. Die Konsequenz vor dem Anlass.

Diese unheimliche Übertragungsfähigkeit, dieses rasende Zuendedenken (ohne Anfang und Mitte) ist in Deutschland so selten, dass Georg Kaiser aus Magdeburg mehr aus dem Charakter der französischen als der deutschen Sprache zu dichten scheint. Den Typus des grossen Literaten im Gegensatz zum Dichter gab es in Deutschland kaum. Georg Kaiser ist der grosse Literat, der die Worte der Zeit hört und mit fortreissendem Temperament antithetisch in Figuren, Szenen und Dramen auseinanderlegt. So läuft ein innerer Weg von *Gas* zu *Nebeneinander*, von der *Flucht nach Venedig* zur *Kolportage*. Wer das geprägte Wort hört, will sich ihm auch entziehen und geht offensiv dagegen vor (deshalb Kaisers Satzkonstruktionen in seinen ernsten Dramen: Schlagworte gegen das Klischee der geistigen Sprache) und unterhöhlt das abgebrauchte Wort (Schlagworte gegen das Kolportageklischee). So wird Georg Kaiser zu einem fruchtbaren Komödiendichter, indem er — gegen das Possen- und gegen das Tränenklischee schreibt. So würde er der grösste Revuedichter Deutschlands werden. Er empfindet nach der Aktualität der Redensart die Aktualität des Stoffes und die Aktualität der Szenenform. Wenn ich die Komische Oper hätte, ich würde Georg Kaiser zum nächsten *Drunter und Drüber* auffordern.

Die Aufführung des Lessing-Theaters war — unter der Regie von Emil Lind — vortrefflich, solange Ilka Grüning als Erbgräfin alle Mittel einer chargierenden Komik sublimierte. Hans Junkermann spielte das Kolportageklischee eines verkalkten Barons und war deshalb wirksam. Rudolf Klein-Rogge blieb unentschieden, ob er einen echten oder einen parodierten Amerikaner geben sollte. Else Heims muss sich vor dem Registerwechsel hüten. Sie kippt unmotiviert in hohe Lagen hinauf (ohne die Linie der Rede dorthin zu führen). André Mattoni gab das ähnliche Bild eines Aristokraten (der Mädchenträume). Aufschluss über sein Talent müssen andere Rollen geben. Ebenso gab Ellen Plessow das humoristisch-ähnliche Bild einer englischen Bibelvorleserin mit starker Wirkung. Aber man muss andere Rollen abwarten, die Gestaltung verlangen. Durchschlagend Marthe Hartmann als Frau Appeblom, die proletarische Mutter.

344. Ludwig Sternaux, *Berliner Lokal-Anzeiger*, 28.3.1924, in Rühle, pp. 513-14.

[...] Ja, das Ganze ist fast, in geistreicher Selbstironie, eine Glorifizierung des Kitsches: dass auch verbrauchtestes Klischee in Diktion und Stoff, wird es nur entsprechend geätzt, Wirkungen erzielen kann, wie ... und wie?
Wie ein Edelstück von Schiller.
Darum also erzählt Kaiser zunächst im Stil der Courths-Mahler, will sagen: in abgedroschensten Phrasen, die Vorgeschichte. [...]
Und so wird denn in der Tat Kolportage, was als Kolportage so spannend wie wirkungsvoll begonnen — jede Woche ein Heft durch die Hintertür, das Heft 'nen Groschen.
[...] Dies alles in der wappengeschmückten Halle von Schloss Stjernenhö, wo Stammbaum und Ahnenbilder auf das Spektakel blicken: das Milieu als bester Witz im Witz. Wie denn auch der echte Erik aus Kansas nicht mit Spott darüber kargt und sehr drastisch sich über das Schloss seiner Väter äussert, diese Katakombe, diese Bahnhofshalle, dies Lachkabinett.
Kaiser ist ein Spötter. Er ist ein so feiner Spötter, dass man ihn in manchem sogar missverstehen kann, weil er unvermutet Ernst in Scherz vermengt. Man müsste schon sehr stumpf sein, wollte man nicht merken, dass hier alles Absicht ist. Das verstimmt allerdings, zumal bei gelegentlichen ethischen Anwandlungen. Das Bonmot 'Füttert die Kreatur nur und hätschelt sie ein bisschen, und sie lebt im Paradies!', in dem das Ganze emphatisch gipfelt, ist zu schwer, zu tiefsinnig für das leichte Spiel. Aber daneben funkelt allerhand Witz, unromantisch im Romantischsten, und auch der Humor des Alltags kommt zu seinem Recht. Das versöhnt, das erwirkt dem krausen Stück Erfolg, wie ihn kein anderes dieser Spielzeit gehabt. Mit *Nebeneinander* und dieser *Kolportage* beherrscht Kaiser als talentiertester Bühnenautor absolut das Feld. Die Darstellung, von Emil Lind pointensicher und geschmackvoll geleitet, ist glänzend. Dem echten Erik gibt Rudolf Klein-Rogge belustigend amerikanische Allüren, wenn er auch um eine Nuance zu reif für die Rolle ist; seine Mutter ist mit schöner und ergreifender Natürlichkeit Else Heims, eine prachtvolle Frau, die Leid gestählt. [...] Ausgezeichnet in soignierter Lebemannsmaske Walter Steinbeck als der Graf. Hans Junkermann hat wieder eine seiner feinen und sorgfältig modellierten Kavalierstypen, und Ilka Grüning ist wieder einmal mit zittriger Betulichkeit eine uralte Gräfin vom Schlage der Metternich: ein Kabinettstück intimer Schauspielkunst. Martha Hartmann und Ellen Plessow sehr ergötzlich in sehr verschiedenen Rollen: die eine die Frau aus dem Volke, die andere eine bigotte englische Miss.
Das Bühnenbild Krehans fast zu schön, zu echt: die Halle von Schloss Stjernenhö wirkt so seriös, dass sie die

Täuschung unterstützt, der Autor meine es etwa ernst. Aber auch das ist wohl Absicht. Ist mit — Kolportage!

345. S. Jacobsohn, *Die Weltbühne*, 20 (1924), No. 15, 479-80.

So laut und so legitim ist im Lessing-Theater lange nicht gelacht worden. Ich setze, sagt Georg Kaiser sich, auf den Zettel: 'Komödie in einem Vorspiel und drei Akten nach zwanzig Jahren, geschrieben zur Förderung der Kinderfürsorge und des zeitgenössischen Theaters', wähle als Titel: *Kolportage*, beginne mit diesem alarmierenden Wort den Dialog — und sorge so bestens für die Kinder wie für die Kenner unter der Kundschaft. Wenn es heisst: 'Ich blicke in Abgründe'; oder: 'Bei Nacht und Nebel verliess ich das epheuumrankte Schloss Stjernenhö'; oder: 'Da lachte mein Graf nicht: er fluchte' — nun, so wissen die Kenner, dass dies immer Sudermanns Sprechweise, niemals meine gewesen ist; aber die Kinder freuen sich nicht weniger naiv daran als ehemals an *Johannisfeuer*. Wenn ich zwei Babies austausche, so werden die Kenner mir nicht zutrauen, dass ich diesen Trick aus dem *Troubadour* ernst nehme; aber die Kinder werden ehrlich gespannt sein, wie die Geschichte endet. Wenn ich mit der sozialen Forderung fuchtle, so... Kurz: Georg Kaiser scheint sich genau überlegt zu haben, wie für die Unschuld im Theater ein Reisser und für uns eine Persiflage darauf zu verfertigen sei; und ist offenbar streng systematisch vorgegangen. Nur wäre mit Programm und Methodik nicht viel zu machen gewesen. Um Erfolg zu haben, musste der überlegene Kopf zugleich von der Sorte Bretterbeherrscher, die verulkt werden sollte, ein entfernter Verwandter sein. Dass Georg Kaiser dies ist: das bildet den höhern Reiz seiner *Kolportage*. Man ist am scharfsichtigsten für die Laster, von denen man sich befallen oder zum mindesten bedroht fühlt. Wir habens mit einem Selbstbefreiungsakt zu schaffen, der nicht einmal darunter leidet, dass er in einen Dreieinhalbakter ausgeartet ist. Erstaunlich: ein deutscher Dramatiker, dessen Ironie einen ganzen Abend durchhält, ohne zu erstarren oder zu grinsen. Der eine ganz leichte Hand hat oder plötzlich bekommen hat. Der mit Erkennungsmedaillons, Revolvern, Testamenten und allen übrigen Requisiten der Hintertreppe arbeitet und dabei keinen Augenblick sein Anrecht auf die Vordertreppe, die hochherrschaftliche, einbüsst. Und der um diese Kunst, beiden Parteien (nicht: Hälften) des Publikums zu gefallen, von den Kitschern in dem Grade beneidet werden wird, wie die sich nach ihr verzehren — voll Wut auf die verrohte Kritik, die ja doch glücklich ist, nicht verroht sein zu brauchen.

Hier sind wir doppelt glücklich: die Aufführung ist der Komödie würdig. Kein Versuch, sie parodistisch zu spielen. Die Folge wäre schnelle Abnutzung, Leerlauf, Monotonie gewesen. Das tut der Regisseur Emil Lind Kaisers

schöpferischem Einfall nicht an. Ein einziger Aktschluss
dient ihm dazu, eine Familienszene wie auf einem Öldruck zu
stellen. Sonst geht es musterhaft seriös, gemessen, manchmal
feierlich zu. Grade daraus springt ja die Lustigkeit. Mängel
von Darstellern werden in Vorzüge umgebogen. Für einen
Grafen wäre ein souveräner Komiker nötig. Der Ersatzmann hat
weder Komik noch Souveränität. Also zwängt man ihn umso
fester in seine Hüttenbesitzer-Schablone. Else Heims — eine
Freude, sie wiederzusehen — spricht gerne 'vorn'. Diese
Eigenschaft genügt für sie, um Kaisers Ansprüchen zu
genügen. Der wird auch mit Hans Junkermanns stelzendem
Provinz-Haase zufrieden gewesen sein. Und mit der
grossgeblümten und dröhnenden Klippfischhändlerin der Frau
Martha Hartmann, einer zu wenig beachteten (weil zu wenig
beschäftigten) Charakteristikerin. Eine neue Ellen Plessow
ist aus der *Frommen Helene* ohne Umweg auf die Bühne
entwichen und schreitet, eine schwarze Hofenstange, mit dem
Gebetbuch hinter der Grüning her: der Erbgräfin Stjernenhö,
die doch nicht so erloschen ist, dass sie nicht ihren
einundzwanzigjährigen vermeintlichen Grossneffen bäte, sie
auf den Mund zu küssen. Wie die Grüning sich diesem Kusse
entgegenbeugt; wie sie ihn sich auf den Lippen zergehen
lässt; wie sie ihn nachschmeckt: das allein würde den
Theaterabend lohnen.

346. Ernst Heilborn, *Das literarische Echo*, 26 (1923-24),
485.

[...] Kolportage —: 'geschrieben zur Förderung der
Kinderfürsorge und des zeitgenössischen Theaters' — die
Moral darf deshalb lauten: Natur ist nichts, Erziehung
alles. Die Moral darf auf das grosse Portemonnaie klopfen,
um den glücklichen Inhaber doppelt glücklich zu preisen, ihn
gleichzeitig aber zu bedeuten: gib ab von deinem Überfluss!
  Kolportage —: Georg Kaiser hat die Kolportageliteratur
parodieren wollen, indem er ihre Wege ging. Es genügt, das
auszusprechen, um einzusehen: irgendwo musste der Wegweiser
stehen, wo sich der Weg des Parodisten von der breiten
Landstrasse der Kolportageliteratur abzweigte. Irgendwo
musste Bruch sein. Irgendwo musste die Ironie derart
aufleuchten, dass sie der Handlung die überraschende, die
alle Kolportageliteratur höhnende Wendung gab. Zum Abschluss
zum mindesten musste Wirklichkeit oder Kunst dreingewittern
und die schönlackierten Puppen und ihr grosses Portemonnaie
zerschlagen. Dieser Wegweiser, diese Ironie, dies Gewitter
fehlen bei Georg Kaiser. Seine Komödie ist Kolportage und
bleibt's bis zum Schluss.
  Der Parodist schafft sich seinen eigenen Stil. Der
übernimmt alle Schmalzpuppen, Zuckerbäckereien und
Papierblumen seiner Vorlage, macht sie aber durch ein
eigentümliches Schleifverfahren transparent. Das kann durch
Überbietung zustande kommen, kann durch den Tonfall

herbeigeführt werden oder durch Mechanisierung zu starker komischer Wirkung gelangen. Bei Georg Kaiser ist von dem allen nicht die Rede. Er hat sein *Kolportage* in seinem Georg-Kaiser-Stil geschrieben. Man müsste unehrerbietig genug sein, in ihm allezeit den Parodisten seiner eigenen künstlerischen Absichten zu sehen, wollte man *Kolportage* als Parodie gelten lassen. Man war höflicher und frönte der Lust, in literarischer Gesellschaft in Kolportage zu schwelgen.

Die deutsche Literatur hat das alles schon einmal erfahren. Das war, als Wilhelm Hauff seinen *Mann im Monde* schrieb, um den üblen Clauren und seine Art anzuprangern. Der geschmeidige Hauff verliebte sich aber, während er schrieb, derart in Clauren und seine gefällige Unart, dass nichts dabei herauskam als neuer Clauren.

347. M. M., n.d., n.s., GKC.

Einen ganz grossen Erfolg — und einen durchaus verdienten, soweit es sich um die entzückende Darstellung handelte — holte sich das Lessing-Theater mit Georg Kaisers Komödie *Kolportage*. 'Geschrieben zur Förderung der Kinderfürsorge und des zeitgenössischen Theaters' steht ihr als Motto voran. Die erzieherische Tendenz winkt mit dem Zaunpfahl. Georg Kaiser will dem Theater einen Dienst erweisen, indem er das Kinostück blutig ironisiert. Im Kino, scheint er sagen zu wollen, seht ihr euch solches Zeug an und nehmt es ernst; indem ich den Text dazu schreibe, lacht ihr aus vollem Halse darüber. Also das ist wirklich Vollblutkitsch, wie ihn die Marlitt — um eine berühmtere Zeitgenossin zu schonen — nicht herrlicher ersinnen konnte. [...] Nicht das Blut entscheidet, spricht Georg Kaiser zum Schluss mit erhobenem Zeigefinger, sondern die Umgebung, in der die Kinder aufwachsen. Pflegt sie, hätschelt sie, dann wird auch etwas Rechtes aus ihnen. Sehr menschenfreundlich in der Gesinnung, doch nicht ganz ohne Fragezeichen hinzunehmen. Wenn jetzt die Leute nicht über den Kinokitsch lachen lernen, dann werden sie es überhaupt nicht lernen. Noch nie hat Kaiser so auf alle artistischen Prätensionen verzichtet, noch nie hat er seine Gestalten so sprechen lassen, wie ihnen der Schnabel gewachsen ist. Die Hörer dankten ihm dafür mit ungetrübtem Vergnügen.

348. Mysing, n.d., n.s., GKC.

Sich über sich selbst lustig machen und ein Drama im Stil der Courths-Mahler schreiben, das man dem Publikum mit deutlichen Nebenabsichten als neuen Kaiser anhängt, das war wohl die Absicht unsers satirischen Dramatikers, als er seine dreiaktige Komödie: *Kolportage* nebst einem Vorspiel schrieb, die bei der Uraufführung im Lessing-Theater einen ausserordentlich lebhaften Erfolg errang. [...] In seiner Komödie werden wir in die Welt der schönsten Hintertreppenromantik eingeführt. [...] Ist das nicht rührende Kolportage? Das Publikum des Lessing-Theaters klatschte bei dieser Blamage der Aristokratie mit so naiver Begeisterung Beifall, dass man das neuerliche Interesse Georg Kaisers für Kinderfürsorge wohl begreifen kann. Im übrigen muss man von dieser dramatischen Selbstironie sagen, dass Kaiser die Sache etwas sorgfältiger hätte machen können. Gut gearbeitet sind nur Vorspiel und erster Akt, nachher erlahmt das Interesse etwas, werden die Figuren ganz Schablone. Vor allem möchte man unsre Dichter bitten, endlich einmal etwas andres zu erfinden als diese Figur des robusten jungen Amerikaners, der extra zur moralischen Lüftung in die verfaulten Feudalschlösser des alten Europas kommt. Die Berechtigung Amerikas zu dieser Lüftung scheint mir höchst zweifelhaft. Oder sollten unsre Dichter noch immer nichts von den Ölskandalen, den Erpressungen, der Korruption dieses angeblich jungfräulichen Landes wissen? Man kann ein Flegel und doch höchst unmoralisch sein. Abgesehen davon ist aber das Kaisersche Stück ganz lustig, und die Regie hatte in verständnisvoller Weise die Absicht der Parodie durch eine groteske Innenausstattung des alten schwedischen Grafenschlosses noch verstärkt. Unter den Darstellern glänzten vor allem in zwei Prachtrollen Ilka Grüning als Erbgräfin Stjernenhö, dann Hans Junkermann als Baron Barrenkrona, ferner Else Heims als Karin Bratt. Das Publikum, entzückt über diesen künstlichen Courths-Mahler, spendet schon vom Vorspiel an lebhaften Beifall.

349. Hanns Martin Elster, n.d., n.s., GKC.

Stets in Berlin belebt sich der Spielplan, wenn die Theatersaison sich ihrem Ende zuneigt, so auch in diesem Jahre. [...] Für uns ist wichtiger zu sehen, ob für die Kunst bei dieser Betriebsamkeit etwas herauskommt.
Beinahe hätte das nämlich mit Georg Kaisers Stück *Kolportage*, das zugleich in Frankfurt herausgebracht wurde, der Fall sein können. Beinahe... Georg Kaiser hat eine Idee, einen prachtvollen Einfall: wie wäre es, dachte er, wenn ich einmal die Kitschliteratur persifliere? [...] Alles in Kitschdunst gehüllt, in die Vorstellungen des verkitschten Volkes von Adel, Reichtum, Amerika... Der Einfall, der Stoff, waren vortrefflich gewählt, aber aber die Ausführung... Da liegt das: Beinahe... Wäre nämlich Georg Kaiser bei der Stange der literarischen Persiflage, die im ersten Akt köstlich zum Ausdruck kommt, geblieben, dann hätte er ein Lustspiel zum Steinerweichen lachreizend geschaffen. Er aber verlor das Interesse unter der Arbeit und schrieb das Stück fertig: die Persiflage verlor sich im Laufe der Akte, der Kitsch blieb; was zuerst geistreich und

amüsant war, wurde ledern und langweilig. Das Publikum des
Lessing-Theaters, das schon auf Parodie eingestellt war,
liess freilich von dem Gedanken der Verspottung des Kitsches
nicht los, aber es war seine literarische Phantasie und
Mitarbeit, nicht die des Dichters, der dem Kitsch zum Opfer
fiel. Ein guter Einfall und Ansatz ward schlaff vertan. Emil
Linds Regie suchte mit Hermann Krehans Bildgestaltung zu
retten, was zu retten möglich war, und ward darin von Ilka
Grünings Karikaturentalent, Else Heims' Humor, Martha
Hartmanns Derbheit gut unterstützt, indes die Männerrollen
von Hans Junkermann, Walter Steinbeck, R. Klein-Rogge usw.
bald zu ernst genommen, bald zu sehr übertrieben wurden. Es
gab natürlich auch eine hübsche Anzahl Zuschauer, die die
Persiflage missverstanden und den Kitsch ernst nahmen; sie
waren empört über das Lachen an 'unrechter' Stelle; dieser
Gegensatz im Publikum war vielleicht der beste Witz des
sonst leider halbschürigen Abends.

*27.3.1924, joint Uraufführung, Neues Theater, Frankfurt/M.
Dir.: Arthur Hellmer.*

350. anon., n.d., n.s., GKC.

[...] Die Aufführung, die unter Arthur Hellmers Regie
stand, war ausgezeichnet und brachte dem Stück einen guten
Erfolg.

351. Werner Deubel, *Die schöne Literatur*, 25 (1924), 202-03.

Eine Überraschung für die, die dieser Neuheit nach
Kaisers letztem Mischprodukt *Nebeneinander* misstrauisch
gegenübertraten. Keine Verzerrung, Verzückung, Verschuldung,
Erlösung mehr, keine hysterischen Heilandskrämpfe von
Spazierern und Pfandhausverleihern mehr! Das schreckliche
Modeschlagwort vom 'Ethos' scheint abgewirtschaftet zu
haben, ein neues regiert die Stunde, es lautet: 'Theater um
jeden Preis! Nichts als Theater! Theater um des Theaters
willen!' Wir begrüssen diese Wandlung, denn ist sie zwar im
Ziel ein Abstieg, so doch auch eine Hinwendung zum
Reinlichen. Nicht mehr ohnmächtig verqualte Vorspiegelung
von Dichtung, Seele, Kunst, sondern schlichtes Bekenntnis zu
dem, was man heute allein noch kann, was im organischen
Sinne 'zeitgemäss' ist: Theater — Können — Technik. Der
Gehalt: Kolportage. [...] Und nun entspinnen sich Szenen von
köstlicher Ironie, ein spannendes Hin und Her um Erb-,
Vater- und Mutterschaft, um Adel, Name, Leutnantspatent und
feudale Braut. Famos gebaut, knapp, packend, beweglich,
abenteuerlich, unglaublich —: Kolportage.

Und die Moral von der Kinogeschicht'? Denn zu einem echten Kolportagestück gehört eine Moral. Sie steht vergnüglich plump und dick darin; etwa: 'Hätschelt die Kreatur und füttert sie ein bisschen', so erzieht ihr aus Diebsbrut Edelleute. Auf der Widmung der Komödie heisst es: 'Geschrieben zur Förderung der Kinderfürsorge' – das ist ein Witz! – 'und des zeitgenössischen Theaters' – das ist die Hauptsache. Immerhin hat der Autor es dieser Zweideutigkeit zuzuschreiben, wenn ein Regisseur wie Direktor Arthur Hellmer, ethosgewohnt, das moralische Plakat für Ernst nahm, den Kolportageunterton mit allen famosen ironischen Stilisierungsmöglichkeiten unbeachtet liess und ein komödienhaftes Thesenstück mit naturalistischen Herztönen herausbrachte. Man sieht: Kaiser ist nicht ungestraft im geliehenen Frack durch Hölle, Weg, Erde spazieren gegangen. Es bleibt immer etwas hängen! Nun, wo er's einmal ehrlich meint, nämlich mit dem Theater, will's ihm keiner glauben.

352. anon., n.d., n.s., GKC.

Georg Kaisers Komödie *Kolportage* wurde im Berliner Lessing-Theater und gleichzeitig im Frankfurter Neuen Theater als Uraufführung gegeben. In beiden Städten hatte das Stück, namentlich die ersten drei Akte, sehr lebhaften Beifall. Das Stück ist in den Anfangsakten mit einer regelrechten Kolportageromanhandlung angefüllt. Dort, wo Kaiser die Kolportage auf dem Gipfel treiben will, biegt er vorsichtig ab. Obwohl der letzte Akt abfällt, amüsiert man sich während des Vorspiels und der ersten drei Akte an den Einfällen des Dichters.

1.10.1924, Erstaufführung, Schauspielhaus, Neustadt, [Dresden]. Dir.: Alfred Stöger; Johannes Steiner (Graf).

353. Friedrich Kummer, n.d., n.s., GKC.

Man wird überlistet von dem Stück. Jeder, auch der gerissenste Theaterbesucher. Der Reiz liegt in der Überlistung. Eigentlich ist es schade, wenn man das öffentlich vorhersagt. Besser, jeder käme allein darauf und merkte an sich selber den seelischen Prozess. Auf die erste List fallen ja nur die ganz naiven Gemüter herein. Die Satire gegen die Romane der Courths-Mahler und die 10-Pfennighefte ist Plakat, wirkt schreiend. Die zweite List ist feiner. 'Du ahnst es nicht!' heisst es an einer Stelle im Vorspiel. Selbst die Begriffsstutzigsten, die Todernsten, die vor dem Vorhang gläubig wartend sitzen, fassen es ja bald: 'Satire'. Doch einen ganzen Abend Satire und nur Satire? Es ist furchtbar, mit einem Satiriker einen Abend

allein zu sein. Und die eiskalte Ironie, die gläserne Satire
Georg Kaisers? Der etwas feiner gestimmte Zuschauer ist
missgelaunt, während der Durchschnittsbesucher schon
klatscht. Eine kreischende Wirtshausmusik setzt in der Pause
ein, irgendwo, droben im dritten Rang. Man lacht, erst
einzeln, dann allgemein, aber wer noch etwas Feingefühl hat,
sagt sich: Elende Entwürdigung. Aber sieh, das ist der
zweite Kniff: Du bist überlistet. Dir sind durch die
plakatmässige Aufmachung des Vorspiels die Waffen des
Spottes gegen die Kolportagevoraussetzung des Stückes
unmerklich entwunden. Der Schlaukopf von Dichter hat dich
mitten in die Situation eines echten Kolportageromans
versetzt, du fühlst widerwillig die Spannung und kannst dich
der Spannung doch nicht entziehen. Das merkst du staunend.
Und es gibt auch nicht den ganzen Abend Satire. Der
Spielleiter des Abends, Stöger, setzt ganz richtig nach dem
Vorspiel mit einem veränderten Ton des Spieles ein. Die
ernsten, wirklichkeitsechten Züge beginnen zu überwiegen.
Zwei Akte hindurch geht nun das Doppelspiel sehr nett. Eine
helle, frische, klare Komödienluft, wie sonnige Herbstluft,
lacht um dich. Staunenswert die technische Geschicklichkeit
Georg Kaisers. Es ist bestes, echtestes Theater. Man mag
Georg Kaiser nicht lieben, aber man muss sagen, sein
Handwerk versteht er. Nur vor dem Ende bangt man. Wird die
Pyramide bis zum Schluss auf der Spitze balanzieren? Nein.
Der letzte Akt ist zwar auch amüsant, aber er bringt doch
eine Enttäuschung. Mit einer geradezu ungeheuren Entfaltung
von Edelmut, amerikanischem Gold und Romanhaftigkeit wird
zum Schluss alles in Ordnung gebracht. Du wirst kritisch,
lieber Freund, du sagst dir im stillen: es ist doch
Kolportage? Gemach, zum drittenmal bist du überlistet. Das
ironisch verzogene Gesicht Georg Kaisers sieht dich durch
die Falten des Vorhangs an: 'Du hast an die Wirklichkeit der
zwei ersten Akte geglaubt? Habe ich es dir nicht vorher
deutlich gesagt, es ist alles Kolportage und nur
Kolportage?' Und wenn du auch nicht ganz überzeugt bist, so
lächelst du doch zu deiner Beruhigung, denn du hast auf
jeden Fall einen netten hellen, klaren Komödienabend
verlebt.

Hat man soviel von dem Stück verraten, so soll man aus
Gewissenhaftigkeit nicht noch weitergehen und den Inhalt
erzählen. Nein, da käme man in diesem Stück der Kolportage
ja selbst auf das Niveau der Kolportage. Statt dessen nur
eine Reihe hellfunkelnder Worte, die wie eine Kette
geschliffener echter und unechter Edelsteine durch das Stück
laufen und zwar nicht den Inhalt, aber, was doch wichtiger
ist, die tiefere Absicht der Komödie erkennen lassen.

Eine witzige Betrachtung zuerst, voll vom Dünkel des
Aristokraten: 'Die Bevölkerung des Landes gleicht dem
Publikum im Theater. [...]' Ironisches Gelächter,
prachtvolle Abfertigung eines dünkelvollen Standpunktes.

Ein Wort aus dem zweiten Akt, nicht mehr ironisch,
sondern schon aus einem tieferen Verstehen des Lebens, aus
dem Mitleid mit dem Menschen geboren, ein ganz stilles Wort,

das, gütig gesprochen und gütig verstanden, so viele
verborgene und offene Wunden besänftigen möchte: 'Füttert
die Kreatur und hätschelt sie in Liebe ein bisschen — dann
habt ihr das Paradies auf Erden.'
   Und ein drittes Wort, am Schluss gesprochen, das
zwischen dem ersten und dem zweiten vermittelnd steht, noch
ironisch lächelt, aber schon die Tiefe des sozialen Mitleids
leise berührt, ein nachdenkliches, kluges und richtiges
Wort: 'Sonderbar, sonderbar! Es muss doch in jedem
Proletarier ein Stück von einem Grafen, und in jedem Grafen
ein Stück von einem Proletarier stecken.'
   So schimmert aus diesen Andeutungen für den Leser
wenigstens der Umriss des Stückes hindurch. Das übrige mag
der Zuschauer aus der Aufführung selber erfahren. Er mag
jenen Reiz erleben, in dem heiter, klaren Stück bald der
Listige, bald der Überlistete zu sein, bald Kaisers Karten
zu durchschauen, bald Kaisers Getäuschter zu sein. Er mag es
machen wie jemand, der auf der verflossenen
Textilausstellung die Achterbahn bestieg: er weiss, er
steigt an dem Drahtseil langsam in seiner Tonne hinauf,
bekommt oben den grossen Ruck, über den alle Zuschauer
lachen, und saust dann in der Tonne, die sich unaufhörlich
spielend um sich selber dreht, bergauf und bergab die Bahn
hinab. Er weiss es, mit drehendem Kopf kommt er unten an,
aber angenehm beschwindelt, wie aus phantastischem Traume
erwacht, steigt er aus der Tonne, gleitende Leichtigkeit in
den Gliedern, der Wirklichkeit nahe und doch ihr enthoben.
So will dies Stück Georg Kaisers, ein Werk witziger
Unterhaltung, nicht höher und nicht tiefer gewertet, so will
es in der theatralischen Wiedergabe erfasst und spielend dem
Zuschauer geboten sein. Die Aufführung unter Alfred Stögers
Leitung hat, wie ich schon sagte, die gewollte Übertreibung
am Anfang, die spielerische Überlegenheit im ganzen. Gutes
Theater im reinen Unterhaltungssinn. Vielleicht kluge
Verwertung erfolgversprechender Berliner Erfahrung. Doch
auch Eigenes genug. [...] Erst befremdet, dann gefesselt,
endlich belustigt und köstlich unterhalten, ward das
Publikum von dem Stück Georg Kaisers reizend überlistet.

354. Dr. Felix Zimmermann, n.d., n.s., GKC.

   [...] Dieser Übermut hat aber dem Dichter gefehlt. Er
verlässt den parodistischen Ton des Vorspiels und zieht nun
in drei Akten eine Familiengeschichte in die Breite, deren
Geheimnisse uns schon bekannt sind und deren szenische
Griffe schon in allen Lustspielen abgebraucht wurden. Je
länger das dauert, um so mehr verpufft die beabsichtigte
Wirkung, verflüchtigt sich die Ulkstimmung und ermattet die
Anteilnahme. Es erhebt sich nur die Frage: Hat Kaiser das so
gewollt, oder hat er es nicht anders gekonnt?
   [...] Warum glaubt man bei dieser Fülle von Kitsch und
schlechtem Romanstil dem Georg Kaiser die Reinheit seiner

parodistischen Absicht nicht ganz? Einmal, weil es ihm nicht
gelungen ist, diese ganze Geschichte so mit Ironie zu
durchsäuern, dass auch keine Stelle einen anderen Geschmack
verriete. Da ist aber dann eine Auffassungsweise des
Grundmotivs, wie es Erlaucht Tante formuliert, zu spüren,
die eine ernsthafte Behandlung der sozialen Spannung
zwischen den Klassen nicht ausgeschlossen erscheinen lässt.
Das klingt alles so bitter und höhnisch, so angriffslustig,
dass man glauben möchte, Kaiser habe ursprünglich eine
Satire gegen den Adel gewollt. (Übrigens träfe den Adel das
nur dort, wo er unadelig handelt.) Man kann sich nämlich das
ganze Stück gewichtig gespielt vorstellen und hätte dann
einen schlechten Sudermann oder einen witzloseren Oskar
Wilde vor sich. Ironie ist nun freilich eine der
schwierigsten Sachen im Literarischen. Sie liegt immer im
Unterton, und den kann nur das innere Ohr vernehmen oder die
Darstellungsweise vernehmlich machen. In Summa: man wüsste
nicht recht, woran man wäre, wenn nicht der dicke Auftrag
die Absicht deutlich machte. Und wenn nicht Kaiser das
unverkennbar parodistische Vorspiel vorangestellt hätte, das
die Richtung weisen soll. Wer seinen Kaiser kennt, weiss,
wie nahe ihm das Kolportagehafte liegt. Da ist es keine
unmögliche Annahme, dass er ein neues Stück gerade noch als
allzu kolportagemässig erkannt und es schnell in eine
Persiflage auf alle 'Kolportage' umgemodelt hat. Nun konnte
er ironisch davorschreiben: 'Zur Förderung der
Kinderfürsorge und des zeitgenössischen Theaters'. (Und des
Geldbeutels des Dichters.)
    Dem sei nun, wie es wolle. Tatsache ist, dass die Sache
nicht so lustig und übermütig weiterläuft, wie sie begann.
In diesem Sinne ist sie eben nicht 'gekonnt'. Originell ist
nur das Vorspiel. Alles Weitere lebt von
Lustspielsituationen bekannter Art und einigen witzigen
Augenblicken. Dieses in der Sache begründete Abflauen zeigte
sich auch in der Darstellung. Wie die Dinge liegen, war es
richtig, dass der Spielleiter Stöger das Stück selbst nicht
durchgängig als Parodie spielen liess, sondern nur die Komik
der Figuren und Situationen herausarbeitete. Da gab es noch
immer viel Amüsantes [...] Man bemühte sich wacker, die gute
Laune des Beginns durchzuhalten; hübsche Regiewitze und
fröhliches Grammophongedudel halfen mit. Aber die vergnügte
Stimmung, die sich anfangs in rauschendem Beifall entladen
hatte, flaute ebenso ab, wie die Persiflage auf die
Kolportage abnahm.

*[1925], Wallner-Theater, Berlin. Dir.: Emil Lind; Walter
Steinbeck (Graf); Adele Sandrock (Erbgräfin); Hubert von
Meyerinck (Acke).*

355. -ner., 7.12.1925, n.s., GKC.

Es war eine der letzten Taten Barnowskys im Lessing-Theater. Das krause, freche Stück hatte selbst bei den Kaiser-Feinden Anklang gefunden. Weil hier das Leben persifliert schien und seine es dichterisch ausbeutenden Stümper dazu. Kolportage! Alle Woche ein Heft durch die Spalten der Hintertür (Eingang für Dienstboten und Lieferanten). Lesestoff für die geistig Unbemittelten. Und doch mit sogenannten 'literarischen' Körnern der Wahrheit für die Hotewolleh. Der Telegrammstil kaiserlicher Sprache gewahrt. Hier um so burlesker.

Denn, frei nach Wedekind, So ist das Leben! Erlauscht den Stoff an der Zimmertür geschwätziger Lakaien! Geniesst und verdaut ihn zwischen eigenen kultivierten tapezierten Wänden!

Am Friedrich-Karl-Ufer war man damals noch zur Hälfte zaghaft an heiter-mutigen Unfug übermütiger Dichterseele herangetreten. Vorsicht, dass ihr ein düpiertes Publikum nicht verschnupft, euch selber gleichzeitig nicht die Finger verbrennt! In der Wallnertheaterstrasse aber wollte Emil Lind letzter Regiebedenken enthoben sein.

Nun aber feste druff! Mittenmang die Parodie! Was kommt's schon darauf an.

Wie aus der Abbildung eines Kolportageromans geschnitten, hebt Gräfin Karin, geborene Bratt, Hermine Sterler, die schönen lilienweissen Arme zur Zimmerdecke und schwört dem geschiedenen Grafen pathetisch Rache. Dann 'schiebt' sie 'unter' und lässt statt des eigenen Babys den Verbrechersprössling der Frau Appeblom (Else Bäck-Neft in köstlicher Grimasse) vom erbschleicherischen Gatten entführen. Die Leute wiehern bereits vor Lachen. Man begreift den teuflischen Sinn der Moristat [sic].

Ein Plakat wird vor den Vorhang getragen. 'Zwanzig Jahre später.' Die Menschen auf der Bühne spreizen sich wie richtige Menschen, im Schlafrock ertappt. Adele Sandrock, die olle Erbgräfin, spielt Shaw und Wilde, diesmal ganz dick aufs Butterbrot geschmiert. Denn Walter Steinbeck, der schon bei Barnowsky der edle Graf Stjernenhö war, sitzt der blonde Schwedenvollbart wie aufgeklebt. Zum Heulen, wie Sohn Acke (Hubert v. Meyerinck) zusammenbricht, in Tränen badet, als er erfährt, dass alles verkehrt ist und er am schiefsten liegt. Munter betont Ulrich Bettac in jugendlichem Ungestüm den Amerikanismus seiner Erziehung. Ein Porzellanfigürchen englischer Marke die Baronesse Alice der endlich mit einer Rolle bedachten talentvollen, als Nacketei bei Wedekinds *Franziska* entdeckten Marianne Kupfer.

Sie atmen alle echte Ensembleluft und eigenes Können dazu. Es ist ein entzückendes Spiel — in Worten und frappierten Leidenschaften. Der Mann vor dem Vorhang kündet noch einmal plakatmässig: 'Wer ist der rechte?' (das r ist ausgestrichen). Im entscheidenden Moment, wo es komisch-tragisch wird, zuckt das Bühnenlicht, bald hell, bald dunkel. Als ob der Beleuchter hinten selber sich in Lachkrämpfen winde...

Ein amüsantes Spiel. Ein voller Erfolg. Ein neckisches Weihnachtsgeschenk schon heute. Im Musenhaus des Ostens, wo Bürger und Bürgerin mit einer Andacht sitzen, als gelte es dem Evangelium. Wo man im Kreise Andächtiger sich kaum zu räuspern getraut, geschweige denn zu schnäuzen oder gar Hustenreiz zu kriegen.

[1926], *Schauspielhaus, Munich*.

356. J. St-g., *Völkischer Beobachter*, Jg. 39, 15.1.1926, p. 2.

    Für den blöden Durchschnittsflachschädel ist so ein Stück wie Georg Kaisers *Kolportage* ein gefundenes Fressen, an dem er sich mit Wonne delektiert. Was kann es denn für den Spiesser der Barmat-Kutisker-Demokratie Ergötzlicheres geben, als wenn ihm solch eine Parodie auf den Geburtsadel vorgeführt wird, wobei infolge einer Kindesvertauschung die Frucht einer Umarmung zwischen einem Zuchthäusler und einer Strassendirne nur dank der Erziehung ein richtiger Graf an Bildung und Manieren wird? Dazu kommen der degenerierte alte Graf und ein schon halb vortrottelter [sic] Baron, eine ahnenstolze weibliche alte Ehrlaucht, die vorurteilslose geschiedene Gräfin Stjernenhö, deren blutsechter Grafensohn, der sich in Amerika zu einem unglaublichen Rüpel ausgewachsen hat — kurz und gut, lauter uns längst vertraute Lustspielfiguren, die aber Georg Kaiser ins Marionettenhafte seelenloser Karikaturen verzerrte...
    Wenn man von dem Gott, den einer anbetet, auf dessen geistiges und seelisches Wesen schliessen kann, so bei einem Schriftsteller auch von Gestalten seiner Phantasie auf ihn selbst. Von Herzenswärme, Gemüt und Humor findet man keine Spur bei Georg Kaiser. Alles ist bei ihm eisig kalter Verstand, alles ist Konstruktion des blossen Intellekts...
    Für den blutsentarteten Adel, wie er, das Wappenschild mit Judengold aufgefrischt, unter Wilhelms II. unseliger Herrschaft in die Erscheinung trat, haben wir nichts anderes übrig als den sehnlichen Wunsch, dass er möglichst rasch verschwinden möge, aber es gab in Deutschland auch einen Schwertadel, der sein Wappenschild rassisch rein hielt, und der genau so wie unter Friedrich dem Grossen auch im Weltkriege zu Tausenden auf den Schlachtfeldern verblutete...
    Wo steckte denn Georg Kaiser während des Weltkrieges? Dort, wo die Kugeln pfiffen, war er sicher nicht...
    Forster-Larringa, Max Werner Lenz, die Ewis Borkmann, die Giehse, die Marie Clarens, um nur einige Namen zu nennen, verstanden es, den rein verstandesmässig konstruierten Marionetten Georg Kaisers ein Scheinleben einzuhauchen, an dem sich ein naives Publikum ergötzte. Die Trottelosis grassiert gegenwärtig in Deutschland.

Anmerkung für die Regie: Einen Handschuh küsst man nicht.

Sept. 1929, Komödie, Berlin. Dir.: Erich Engel; sets: Ernst Schütte; Otto Wallburg (Graf); Max Gülstorff (Baron); Hedwig Bleibtreu (Erbgräfin); Leopoldine Konstantin (Karin); Ida Wüst (Frau Appeblom); music composed by Walter Goehr and performed by Sid Kay's Fellows.

357. H. Ihering, 17.9.1929, in *Von Reinhardt bis Brecht*, II (Berlin: Aufbau, 1959), 431-34.

Erich Engel, der seit Jahren am Staatstheater mit Schauspielern arbeitete, die er auf sich eingestellt hatte oder auf deren Auswahl er, hier und am Schiffbauerdamm, Einfluss nehmen konnte, kam in der Komödie mit Darstellern zusammen, die an vielen Theatern unter vielen Regisseuren in Berlin, in Wien, in Amerika gespielt hatten, mit erfolggewohnten Solospielern, mit saftigen Komikern, mit Stars. Die Komödie, erfolgverwöhnt, hat als eine der wenigen Berliner Bühnen ihr ständiges Publikum. Hier hat sich, auf gesellschaftlicher Basis, eine feste Beziehung zwischen Zuschauer und Theater herausgebildet, die fast unabhängig vom Stück, nicht unabhängig vom Darsteller ist. Man geht ins neue Lustspiel der Komödie, wie man in Wien früher zum neuen Burgtheaterlustspiel ging – ohne Rücksicht auf Premierenerfolg und Kritiker. Man begrüsst die Darsteller als alte Bekannte und lächelt ihren Nuancen schon zu, bevor sie da sind.

Erich Engel kommt aus dem entgegengesetzten Bezirk der Kunst. Er war ungenügsam. Er fing von vorne an. Er schlug sich mit Problemen. Er bildete durch. Er brachte den wuchernden Ausdruck des Schauspielers auf eine Form. Aber schon in den letzten Inszenierungen bei Jessner – im *Verlorenen Sohn*, in den *Störungen* – war ein Hinneigen zum Gefälligen, zum Glatten, zum Niedlichen zu erkennen. Eine Beruhigung, die jetzt zur Regie an der Komödie geführt hat.

Nun ist nichts falscher, als von einem Theatermenschen täglich etwas Neues zu verlangen. Es ist im Gegenteil notwendig, dass Grundlagen geschaffen werden, auf denen man weiterbauen kann, dass eine brauchbare Tradition sich ansetzt. Diese Tradition muss aber auf der Basis des Erreichten gegründet werden. Was Erich Engel hier und im *Verlorenen Sohn* macht, das ist im Grunde die reizendste und feinste Übertragung eines alten Lustspielgenres, sagen wir von Fuldas *Zwillingsschwester*, nicht auf die Dialogführung, sondern auf das szenische Arrangement. Dieses Umklappen reizend von Ernst Schütte bemalter Schlosswände – die Klappwände bald Vorraum, bald Rittersaal, bald Garten, bald goldenes Gemach –, diese gewendeten Versatzteile lösen gewiss das starre Bühnenbild auf und beschäftigen das vom

Film an Wechsel gewöhnte Auge. Sie bringen aber die Dekoration und den Aufführungsstil nahe an das Geschmäcklerische heran. Es gibt ein prägnantes Beispiel. Georg Altman inszenierte vor fünfzehn Jahren Grabbes *Scherz, Satire, Ironie und tiefere Bedeutung* vor aufzuklappenden und umzuschlagenden Buchseiten. Jede neue Seite eine neue Dekoration. Engel inszenierte zehn Jahre später Grabbes Lustspiel in München aus der Komik des Worts, aus der Komik des Sinns. Jetzt geht er selbst den Schritt zurück, den er getan hat. Georg Kaisers *Kolportage* ist ein Lustspiel über Literatur wie Grabbes *Scherz, Satire*... Altmans Grabbe-Inszenierung und Engels Kaiser-Regie zogen die Wirkung der Literaturparodie aus den Dekorationen.

    Mit den Bühnenbildern wurde Spiel improvisiert. Mit den Schauspielern? Mit Otto Wallburg, dessen Stärke in seiner privaten, sich gehenlassenden, lispelnden, fauchenden, rollenden, trudelnden Verlegenheitskomik liegt? Mit Gülstorff, dessen Gefahr eine stilisierende Verschärfung ist? Um Kaisers Dialog spielen zu können, musste Wallburg diszipliniert werden. Er war diszipliniert. Aber auf dem Wege zur Form ging seine Wirkung verloren. Die Privatabmachung, die an der Komödie zwischen Schauspieler und Publikum zu bestehen scheint, wurde gestört. Wallburg steuerte auf seine Eigenarten los. Der Zuschauer merkte es und lächelte im voraus. Aber die Pointe platzte nicht. Wallburg besann sich. Das Publikum fühlte sich getäuscht. Gülstorff wiederum war in seinem Simplicissimusstil bis zur äussersten Grenze der Parodie getrieben. Ich fand es nicht komisch. Hedwig Bleibtreu spielte die Würde des Burgtheaters unverändert am Kurfürstendamm.

    Diese Aufführung ist nicht leichthin abzutun. Sie ist symptomatisch für die Irritierung der Regisseure, der Schauspieler, symptomatisch für die verlorenen Premieren dieses Saisonbeginns. Auch hier stand Richtiges neben Falschem. Die Grenze zwischen Humor und Karikatur ist haarscharf. Diesseits dieser Grenze kann es die bezauberndsten Gestaltungen geben: Carola Neher, Lingen, Homolka, Lorre in *Happy end*, oder Karlweis in der *Fledermaus*, jenseits der Grenze ist es aus, wie hier bei Wallburg und Gülstorff. Diesseits der Grenze stand Leopoldine Konstantin, die keinen Moment ihre Liebenswürdigkeit verlor, stand Ida Wüst, die ihre Kraft behielt. Diesseits der Grenze stand Erich Engel, wenn er den Anfangsdialog von Georg Kaiser in einen hinreissenden Kolportagebericht mit Kolportagephotographien (die projiziert wurden) umwandelte. Diesseits der Grenze stand die rhythmische amüsante Musik von Walter Goehr. Diesseits der Grenze stand auch Eduard von Winterstein als er sagte: 'Mit dem geübten Blick des Wildwestlers, der ich bin...', und sich bei 'der ich bin' mit unendlicher Treuherzigkeit zum Publikum wandte.

    So gab es im ganzen doch den gewohnten Premierenerfolg. Georg Kaisers berühmtes Spiel, überall gespielt, längst bekannt, siegte von neuem. Aber aus dem kritischen Engpass, in dem unser Theaterspiel steht, kam der Abend nicht heraus. Nicht der Tonfilm beengt das Theater. Erstens ist er in Berlin bisher durchgefallen. Zweitens wird er, wenn er sich durchgesetzt hat, das Theater auf seine notwendigen Aufgaben konzentrieren, also das Theater gerade steigern und retten. Nicht nur der Zufall des warmen Spätsommers macht Erfolge bei Premieren zu Misserfolgen bei den Wiederholungen. Es ist die Mutlosigkeit, die die Stabilisierung des Theaters nicht an der vorgeschobenen Stellung beginnt, die gerade noch zu halten ist, sondern in einer weit zurückgelegten Linie. Es ist der Widerspruch zwischen Experiment und Konvention. Der Regisseur, der noch gestern experimentierte, rettet sich, wie Erich Engel, heute in die Konvention, will aber in dieser Konvention noch individuelle Einfälle unterbringen und originelle Auffassungen. Die Entwicklung geht immer mehr zur anonymen Gruppenarbeit. Man sehe sich die schauspielerischen Leistungen in *Happy end* an, man betrachte die Gruppe junger Scahuspieler mit ihren anonymen Regisseuren Deppe und Hinrich. Man denke an die Aufführungen unter Leopold Lindtberg. Hier erfolgt die Stabilisierung des Theaters und die Sammlung zu neuem Vorstoss.

358. Kurt Pinthus, *8 Uhr Abendblatt der National-Zeitung* (Berlin), 17.9.1929.

Diese parodistische Courths-Mahlerei Georg Kaisers ist seit der Uraufführung im Lessing-Theater, 27. März 1924, sein meistaufgeführtes, erfolgreichstes (sogar verfilmtes), weil amüsantestes Stück, — wenn auch nicht sein wichtigstes.

Während Kaiser in den soeben uraufgeführten *Zwei Krawatten* Parodie auf Schema und Typen der Operettenrevue zwar anstrebt, statt der Parodie aber nur ein wirkliches, mattes Operettenlibretto gibt (das auch so — statt ironisch — gespielt wird), ist in *Kolportage* nicht nur die Parodie auf die Kolportage glänzend geglückt, sondern es steckt hinter der Geschichte vom vertauschten Grafenkind oder von Adelsstolz und Mutterliebe noch allerlei dahinter.

Steckt dahinter: Kaisers Bekenntnis zur Gegenwart, zu einer neuen, unsentimentalen Jugend, die sich schnell überall findet, zusammen- und zurechtfindet; Bekenntnis zu Menschlichkeit in jederlei Gestalt und zugleich Kampf gegen blaublütigen Rassendünkel, der durch das rote Blut des Lebens ohne viel Geschrei blutig verhöhnt wird.

Man kann diese Parodie, weil sie mehr ist als Parodie, auf dreierlei Art darstellen. Erstens man nimmt sie gar nicht als Parodie, sondern rührt und entzückt durch die Kolportage ein naives Publikum, wie jener wackere Provinz-Theaterdirektor, der dann in Berlin sehen musste, dass alles ironisch gemeint ist, und bestürzt nach Hause depeschiert: Ab morgen *Kolportage* ironisch spielen.

Oder man gibt *Kolportage* zwar als Kolportage, aber von ganz sachter Ironie durchhaucht, wie es 1924 im

Lessing-Theater geschah. D. h. man überlässt das
Sich-Lustig-Machen mehr den Zuschauern als den
Schauspielern.
   Oder man lässt, was gestern in der Komödie geschah,
Figuren, Geschehnisse, Dialog, Dekoration schreien: Ha, was
sind wir parodistisch! Seht, wie machen wir uns lustig über
das, worüber sich der Dichter lustig macht.
   Erich Engel hat in dieser dritten Art mit viel Fleiss
und Einfall *Kolportage* vorgeführt. Aber das Stück hat es zu
sehr in sich, als dass es so viel Aufgesetztes braucht — an
unterstreichender Musik, Photoprojektion, Klappkulissen,
Karikatur. Kaisers Stück wirkt durch sich selbst so sehr
satirisch, dass, es satirisch darstellen, Schwächung der
Satire bedeutet. Kaisers Stück ist so dicht, dass es durch
zu viel von aussen Hinzugefügtes zerdehnt und zersetzt wird.
Kaisers Dialog und aus allen Elementen der Kolportage
zusammengesetzter Handlungsvorgang erzeugt derart Amüsement,
dass übermässige Anstrengung des Regisseurs und der
Schauspieler unsere Phantasie, statt sie anzuregen, einengt.
Es war so, als ob ein Gärtner eine rote Rose noch rot
anstreicht, damit sie recht schön aussähe. Wodurch nicht nur
ihr Glanz, auch ihr Duft leiden müsste.
   Also: Engels wirklich witzige Regie hätte witziger
gewirkt, wenn sie weniger witzig gewesen wäre. Dann wäre
mehr herausgekommen, was das Stück (jenseits der Parodie) in
sich hat. Man hätte deutlicher empfunden, was einmal gesagt
wird: 'Hier saust eine Welt in Trümmer.'
   Dennoch aber fühlte jeder, wie sicher und überlegen das
Stück gebaut ist, wie zwanglos sich Unsinn und Sinn
ineinanderknüpft, wie selbstverständlich die tollsten
Situationen anrollen, und vor allem, wie der glänzende
Dialog von Satz zu Satz weitertreibt, der nur aussen, in der
Wortwahl, nach Kolportage schmeckt, aber innen, in der
Struktur, Knappheit und glühende Nüchternheit Kaiserscher
Diktion zeigt. Dieser Zwiespalt des Dialogs zwischen
äusserem Klang und innerem Bau macht vielleicht dem
Schauspieler seine Rolle schwer, macht sie ihm wiederum
leicht, weil sich gerade infolge dieses Zwiespalts die
witzige Wirkung ergibt, um die sich der Schauspieler dann
nicht erst zu mühen braucht.
   Jenen Dialog sprach am klarsten und sachlichsten:
Leopoldine Konstantin als Mutter des Grafenkindes und wirkte
deshalb schärfer und schonungsloser als die Karikaturen der
anderen. So übertrieb ergötzlich aus Spielfreude die
Landstreicherin und spätere Bürgerin Ida Wüst, so übertrieb
ergötzlich Graf Gülstorff, verfilzt in seinen Rauschebart,
und ein bisschen sehr auch Wallburg, der zum Schreien den
gedunsenen, verlumpten Hallodri von gräflichem Geniesser
gab, wenn ihm ein Körperteil so mit Grundeis geht, dass sich
die Spuren davon stets auch auf seinem wirklichen Gesicht
malen.
   Hedwig Bleibtreu, die in Adelsstolz versteinte, im
Verstand aber lebendig gebliebene Erzgräfin, stellte eine
imposante feine Figur (wenn auch ohne die damaligen Finessen

der Grüning). [...]
   Ja, das waren allesamt prächtige Schauspiler, die auch da, wo sie falsch spielten, noch besser spielten, als manche andere, wenn sie richtig spielen.

359. Alfred Kerr, in *Die Welt im Drama*, pp. 255-56.

   Ist nun diese Dramengegenwart schöpferisch ... oder nicht? (Wenn man von den Nützlichkeitsstücken absieht.) Ein vorderes Theater gleich der Komödie beginnt — womit? Mit einer Wiederaufnahme; mit einem vorgeholten, vor Jahr und Tag gespielten Stück. Und dies zur Hilfe gerufene Schauspiel ist nicht ein eignes Werk, sondern eine Parodie auf andre Werke.
Dabei nicht eine Parodie auf Gegenwartserscheinungen: sondern, o Gott, auf die Courths-Mahler.
Ist alles das nicht ein Merkmal von Bescheidenheit? Die deutschen Sprichwörter, gesammelt von Simrock, sagen: 'Bescheidenheit — das schönste Kleid.' Kann ich nicht finden.
   Dies ist von Kaisers Arbeiten jedenfalls die spassigste. Wenngleich für Kenner der abgelagerten, schon halb zermotteten Franzosentricks Kaiser auch in seinen ernstgemeinten Arbeiten eine verwandte Spassigkeit bietet, ohne sie zu wollen.
Argwohn: dieses Stück war ursprünglich nicht als Parodie gedacht...
   Wen parodiert Kaiser? Die Verfasser von Stücken der alten Schule? Nicht einen bestimmten Verfasser von Stücken der alten Schule, die aber modern staffiert sind?
Kaiser arbeitet in seiner Produktion, auch wo sie unparodistisch ist, mit bemoosten Kniffen (weshalb er als ein, psch, Techniker in Deutschland gilt).
Noch für eine Revue, also Zeitspass (*Zwei Krawatten*) fällt ihm nichts ein als die abgestandenen Motive der amerikanischen Erbschaft — für die siegende Tugend. Das dagewesene Schema ... (für einen heutigen Zeitspass). Auch Parodie? Aber gewiss.
Argwohn: das Kolportagestück war ursprünglich nicht als Parodie gedacht...
   Unter allen Umständen streicht G. Kaiser hier die Wirkungen der Courths-Mahler, als ein Positivum, gern mit für sich ein. Denn die Zuschauer sind —
Die Zuschauer sind, nicht weil die siegende Tugend parodiert wird, glücklich: sondern weil die Tugend siegt. Scharf hinsehen! Kasier steht zu der Courths-Mahler nicht nur als Parodist: auch als Nutzniesser.
   Das mindert kaum die Lustigkeit dieses Werkchens. Es sei, wie es wolle: man lacht.
[...]
Auf die Bravheit jedoch, nicht auf Adelskronen kommt es an... Von den Wirkungen dieses Nieritzschen Satzes lebt

letztens Georg Kaisers Stück — das von der Parodierung
allein drei Akte lang nicht leben könnte. Das ist es.
Parodist?... Und: Nutzniesser.

360. anon., *Kleines Journal*, 26.9.1929.

Man kennt Kaisers *Kolportage*. Es verdankt seinen Erfolg
demselben Missverständnis, das auch jetzt den *Zwei Krawatten*
zu einem fiktiven Leben verhilft. Kaiser wollte eine Parodie
auf die Courths-Mahlerei schreiben, eine Satire auf die
Kolportage-Literatur. Und was dabei herauskam, war selbst
schlimmste Kolportage. [...] Als das Stück zum ersten Male
1924 herauskam, wurde es ernst gespielt. Das beförderte das
Missverständnis und den Erfolg. Heute spielt es der
Regisseur Erich Engel als reine Karikatur, als bunte
Groteske. Das zeugt davon, dass das Theater die Absicht des
Dichters erkannt hat und sie unterstreichen will. Aber
Kaiser hat immer seine grössten Erfolge, wenn man ihn
missversteht. Die Karikatur wirkt heute viel weniger als die
echte Kolportage im Jahre 1924. Sehr hübsch waren die
Dekorationen von Ernst Schütte und die Mitwirkenden [...]
taten ihr Möglichstes, um lustig zu wirken. Es ist nicht
ihre Schuld, wenn der Effekt nicht ihrer Absicht entsprach.

361. E. M., *Berliner Morgenpost*, 17.9.1929, incomplete.

Ein Vergnügen, ein ganz reines Vergnügen, diese
Aufführung! Musik rahmt sie ein. Was Walter Goehr sich hier
einfallen und von den Sid Kays Fellows vortragen lässt —
schon in der Einleitung eine spitzbübische Parodie auf den
Karneval von Venedig —, das erfüllt seinen Zweck, für die
feinkomische literarische Parodie Kaisers Stimmung zu
machen, glänzend.
Und die Inszenierung von Erich Engel! Lustig von A bis
Z. Die Wände des feudalen Ahnenschlosses, in dem ein
unechter Grafensohn heranwächst, werden einfach umgeklappt,
wie die Seiten eines unzerreissbaren Bilderbuches, und
sofort erscheint ein anderes der hochgräflichen Gemächer mit
passender Wandmalerei [...]
Die Konstantin als Beherrscherin der Situation von
triumphierender Sicherheit und sehr lustig, die in die
Bürgerlichkeit einer Klippfischhandlung eingegangene
Landstreicherin (Ida Wüst), zungenfertig und pompös, der
leichtsinnige Graf, Otto Wallburg, verfettet und bauchig,
kostbar aufgeblasen und später schuldbewusst
eingeschrumpft, als alles herauskommt.
Willi Forst, der falsche Grafensohn, ein prachtvolles
Resultat seiner Erziehung mit aristokratischem Getu, Franz
Lederer, der echte, ein junger Vollblut-Yankee (allerdings
mit stark österreichischem Dialektanklang). Oh, und wie

näselt Max Gülstorff als baronlicher Standesgenosse.
   Bliebe noch Hedwig Bleibtreu zu nennen, die als erbgräfliche, erlauchte Tante in den sonst so einmütig festgehaltenen Ton der Parodie nicht ganz einstimmte, vor Jahren traf Adele Sandrock diesen Ton echter.
   Von Anfang bis zu Ende behagliches Schmunzeln, abwechselnd mit lautem fröhlichen Gelächter. Das war der Erfolg! Sehr vergnüglich dieser Abend!

362. K. S. [Karl Strecker], *Rostocker Zeitung*, n.d., GKC.

   Georg Kaiser hat mit einem seiner unwitzigsten Stücke einen seiner besten Witze gemacht. In seiner *Kolportage*, die er für Max Reinhardts Komödie umgearbeitet hat, verhöhnt und verspottet er den Adel, aber er macht es so grob deutlich, er trägt die Tendenz so faustdick auf, dass der objektive Beobachter ein verständnisvolles Blinzeln zu sehen glaubt: 'Pass mal auf, wie sie selbst auf offenkundige Kolportage einschnappen.' Obwohl dieser Zweck durchaus erfüllt wurde, soll man ihn bei Kaiser doch nicht überschätzen; sicherlich war es nicht der Hauptzweck, der vielmehr darin zu suchen ist, dass er einen neuen und originellen Weg sah, für die von ihm geliebten theatralischen Gegensätze, aufeinanderprallende Effekte und Spannungen geeigneten Stoff zu finden. Und den fand er ohne Frage in dieser richtigen Kolportagegeschichte [...]. Bei einer sehr beschwingten Aufführung wurde der Spielleiter Erich Engel von witzigen Einfällen und ausgezeichneten schauspielerischen Kräften unterstützt. Der alte schwedische Adel wurde von Hedwig Bleibtreu (Burgtheater), Gülstorff und Wallburg sehr drollig karikiert, Leopoldine Konstantin, Ida Wüst und Eduard von Winterstein vertraten mit gesundem Humor die Gegenpartei. Aber auch die junge Welt (zwanzigjährig ist sie hier), wurde sehr munter und hübsch von Karin Evans, Willi Forst und Franz Lederer gespielt. Die auf offener Bühne umzuklappenden und verschiebbaren Bühnenbilder von Ernst Schütte und eine in prickelnden Andeutungen parodierende Musik von Walter Goehr waren sehr lustig. Es gab einen vollen Erfolg.

363. Rolf Nürnberg, *12 Uhr Blatt*, 17.9.1929.

   In fünf Jahren die dritte Berliner Aufführung der Georg Kaiserschen Komödie, das Musterbeispiel einer totgehetzten Gattung. *Kolportage* ist das Werk, in dem heute noch unerreicht die parodistischen Elemente fruchtbar angesetzt sind, in dem die parodistischen Elemente sich ins Menschliche erweitern, in dem sie Zustände, Generationen illustrieren. Bei *Kolportage* trifft alles glücklich zusammen. Der Stoff, die Handlung, die Satire, die Auswirkungen, der Dialog, das Theatermässige. Grossartig,

mit welcher Meisterschaft Kaiser hier vorgeht, wie er vom
Parodistischen ins Lehrhafte überspringt, wie er mit einer
eleganten Handbewegung die Moral seiner Geschichte zieht,
wie er schliesslich das Sensationelle einfach und sicher in
das bürgerliche Lustspiel münden lässt. Kaiser erledigt
nicht mit Aufwand und nicht mit Pathos, Kaiser erledigt
durch künstlerische Form, mit einer konsequenten Schärfe;
aber er trifft alles, vom Vorwort des Schundromans bis zum
happy end des Films, und mit einer grossartigen Virtuosität
führt er dann immer wieder Personen ein, die als Erscheinung
auch fern vom tiefen humoristischen Zweck fesseln müssen.

Mit diesem Erfolg wurde Parodie zum Schlagwort; binnen
kurzem erkannte man die Gefahr, die diese eine Komödie einer
ganzen Gattung bereiten musste, denn nicht jeder besass die
Meisterschaft, drei Akte hindurch auf des Messers Schneide
zu balancieren, wie Georg Kaiser. Seine Kolportage-Epigonen
versuchten es anders; sie setzten sich nicht durch, indem
sie den parodierten Stoff wesentliche Postulate gegenüber
stellten (wie es in der *Kolportage* geschieht), sondern sie
erzielten dieselbe Wirkung, indem sie mit den Mitteln des
parodierten Objekts arbeiteten. Unvergesslich bleibt, wie da
in irgendeiner so gemeinten Revue ein Militärmarsch gespielt
wurde, äusserlich parodistisch aufgezogen, während natürlich
der innere Erfolg nur dem Marschrhythmus zu verdanken war.
Die Gefahren, die 1924 bei Kaiser noch durch die
künstlerische Fülle verdeckt waren, wurden von Jahr zu Jahr
stärker. Derselbe Georg Kaiser, der in *Kolportage* soweit
vorstiess, dementierte sich fünf Jahre später wieder, als er
in den *Zwei Krawatten* das parodistische Element, das er
damals souverän beherrschte, als letztes Hilfsmittel
einführte. Neue Werte hatten die Parodie als Kunstwerk
verdrängt. Anfang und Ende ihrer letzten Epoche war
Kolportage.

Erich Engel beginnt mit dieser Inszenierung seine
Regiearbeit an den Reinhardt-Bühnen. Das Thema kommt ihm
entgegen; er löst es auf, wieder sind — wie im *Verlorenen
Sohn*, wie in *Störungen* — die Dekorationen (Ernst Schütte)
beweglich, wieder drehen sich die Wände, rollen Zimmer
heran, wieder findet Engel einen originellen Stil. Aber er
kommt manchmal in Gefahr, sich an die Ornamente zu
verlieren, das Tempo zu verschleppen, und über den Ausdruck
der Schauspieler Deutlichkeiten zu vernachlässigen. So waren
Otto Wallburg und Max Gülstorff, die als Erscheinungen, als
Typen faszinierten, manchmal verschwommen. Während Engels
Bemühungen bei Leopoldine Konstantin und der prachtvollen
Ida Wüst ausserordentlich zur Geltung kamen. [...] Hedwig
Bleibtreu überragend durch Einfachheit ihrer Komik; kein
Augenblick, kein Aufstampfen, kein breites Ausspielen. [...]
Franz Lederer hat eine der wesentlichsten Aufgaben des
Stückes am Tag der ursprünglich angesetzten Premiere
übernommen, und es ist typisch für die augenblickliche
Verwirrung des Berliner Theaterlebens, dass man nicht früher
bei den Proben gemerkt hatte, wer für diese Rolle geeignet
ist, wer nicht. Doch reizend bleibt die Musik von Walter

Goehr.

364. Norbert Falk, *B. Z.*, 17.9.1929.

    Hätte Emil Lind vor fünf Jahren diese todernst gehaltene und doch so komische Travestie des Hintertreppenromans so unterstrichen spielen lassen, so betont und darum zur Hälfte so unkomisch wie gestern Erich Engel, es wäre nicht der Erfolg geworden, von dessen Wiederbelebung sich die Reinhardtbühne wohl viel erhofft. Das war damals alles einfach, leicht, fast improvisiert. Engel belastet den Aufmarsch der echten und falschen Grafen, der adelsstolzgeschwollenen Erbgräfinnen, der traditionslosen Amerikaner mit den Cowboymanieren mit dem Hochgefühl: Seht her, wie komisch wir sind!
    Gewiss: Kaisers Stück ist noch immer hiebfest in Aufbau, Hergang, Lösung, Konsequenz, Moral seine amüsanteste Schöpfung. Seine Willensenergie, die Gefühlsdinge täuschend nachzubilden vermag, erzeugt hier auch das ihm Wesensfremdeste: Humor. Möglich, ja wahrscheinlich, dass Kaiser alle die Dinge, die er parodiert, ursprünglich ganz ernst gemeint, und dass er später, als ihm die Sache zu schundromanhaft wurde, das ganze in Travestie umgebogen hat. Sie wurde durch ihre sachliche Trockenheit so komisch.
    Sie verträgt darum keinen Aufputz. Man darf sie nicht aufblasen.
    Engel hat lustigste Absicht. Lässt sich von Schütte auf- und umklappbare Dekorationen grau in grau malen, und die sind, wenn sie ein-, zweimal bilderbuchhaft aufgeblättert werden, sehr heiter. Man gewöhnt sich nur daran, und da ihre Wirkung nicht gesteigert wird, schwächt sie sich ab.
    Er lässt die Vorgänge von einer sehr witzig komponierten Musik Walter Goehrs, gespielt von den Sid Kay's Fellows, ankündigen, begleiten, beschnörkeln. Auch das ist nur so lange komisch, als gleichzeitig auch das Wesentliche, das Spiel auf der Bühne, die Satire herausgearbeitet wird.
    Das geschieht nicht in dem Masse, das von dieser Vorstellung erwartet werden konnte. Der Aufführung fehlt das Tempo, sie breitet zu viel aus, sie beschmunzelt sich selbst. Abträglicher ist die Uneinheitlichkeit des Darstellungsstils. Es gab zwei Möglichkeiten: die scharfe Karrikatur [sic] oder die naturalistische Echtheit etwa der Schundromanillustrationen der achtziger Jahre.
    Das letztere wird sehr hübsch in den Kostümen versucht, die Karrikatur (bester Strich) geben nur Gülstorff, herrlich als Baron Barrenkrona, dessen blaues Blut gegen verkalkte Adern mit starkem Druck klopft, und Maria Krahn, die englische Gesellschafterin Miss Grove. Im schärfsten Gegensatz dazu steht die Erbgräfin der Hedwig Bleibtreu, die ganz normalen Standesdünkel ganz real äussert. Das ist eine absolute Fehlbesetzung. Wie komisch war da einmal Ilka

Grüning! Aber die lässt man spazieren gehen.
   Otto Wallburgs Wesenheit drängt nicht gerade zu standesstolzen Schwedengrafen. Auch nicht, wenn sie parodiert werden sollen. Er weiss darum auch nichts Rechtes mit der sehr spassigen Figur anzufangen; hat aber Komik genug, um gelegentlich lachen zu machen.
   Ida Wüsts zu aktive Heiterkeit trägt zuerst knallig auf; später, wenn aus der Landstreicherin die betuliche Frau Appeblom geworden ist, ergibt sich ein köstlich munteres Gebilde. Davon verspürt man bei Frau Appebloms Sohn, dem farblosen Herrn Forst nicht einen Hauch. Sein Gegenspieler Lederer, der erst vor ein paar Tagen die Rolle übernommen hat, spielt wieder eine ganz andere Marke. Aber weder sein grosser Pelz noch seine breiten Schritte haben jene übertriebene amerikanische Forschheit und Draufgängerei, auf die es grade ankommt.
   In diesem Stilgewirr ist Leopoldine Konstantin, sowohl in der parodistischen Einführung wie später im ganz realistischen Ausklang ausserordentlich fein in der Zeichnung, einfach, frei und sicher wie seit Jahren nicht.
   Es gab immerhin Unterhaltung, Applaus und Hervorrufe. Das hätte alles viel stärker sein können, Engel wird diese Aufführung noch einmal durcharbeiten müssen, den Stil vereinheitlichen, in Teilen umbesetzen. Dann kann's noch werden.

365. Monty Jacobs, *Vossische Zeitung*, 17.9.1929.

   Die Kritik über die gestrige Aufführung habe ich an dieser Stelle bereits vor fünf Jahren drucken lassen. Damals, als Georg Kaisers *Kolportage* zum erstenmal in Barnowskys Lessing-Theater erschien, meinte ich nämlich: 'Wer dieses Stück parodistisch spielen wollte, zuckert den Honig. Emil Lind ist klüger. Er lässt alles so steinernst darstellen, wie es sich gehört.'
   Erich Engel, der Spielleiter der Komödie, zuckert den Honig. Denn dem Zuschauer wird vom Anfang bis zum Ende gleichsam mit einem Lautsprecher zugerufen: 'Hier wird parodiert!'
   Gleich im Vorspiel erzählt die geschiedene Gräfin ihre Lebensgeschichte nicht im Dialog mit Onkel Knut, sondern monologisch dem Publikum. Auf der Wand ihres Zimmers erscheinen herzzerreissend schöne Filmbilder, die ihren Bericht mit Darstellungen aus dem hochherrschaftlichen Leben begleiten. Jeder Schauspieler flüstert dem Publikum mit voller Frontwendung zu, was man früher 'a parte' nannte. Im Schloss Stjernenhö klappen Lakaien die Tapeten um, wenn die vornehme Gesellschaft den Salon wechselt. Hinter den Kulissen sitzt die Jazzband der Sid Kay's Fellows und dudelt eine lustige Begleitmusik von Walter Goehr. So oft das Regiment Königsdragoner erwähnt wird, spielt sie einen pompösen Militärmarsch, und es schlägt ein, wenn Otto

Wallburgs Herr Graf nach der Aufklärung, bei der letzten
Nennung der Gardereiter, ärgerlich das Blasen abwinkt. Als
Nabob von Schweden trägt Max Gülstorffs Herr Baron einen
Rauschebart wie der Admiral Tirpitz, und er drückt die Brust
heraus, wenn er im Stechschritt adlige Weltanschauung
proklamiert.

Das alles mag im ersten Moment lustig scheinen. Aber im
Grunde unterschätzt Erich Engel sein Publikum. Beweis: die
Uraufführung. Damals wusste kein Mensch, dass in Georg
Kaisers neuem Stück die Welt des Kolportageromans parodiert
werden sollte. Und doch zeigte sich bald, wie helle Berlin
ist. Denn schon im Vorspiel wagten die ersten Mutigen zu
lachen, als die Gräfin ihre Flucht aus dem Schloss
schilderte. 'Ich kehrte mit Erik in Papas Palais zurück.' In
Papas Palais, nicht in Papas Haus. War Emil Linds Methode,
die Parodie aus einem stockernsten Spiel herausspringen zu
lassen, nicht geistig nobler als Erich Engels Plakatpinsel?

Auf alle Fälle war ihre Lustigkeit standhafter. Denn
gestern ermüdeten die Wirkungen der Regie bald. Ironie ist
eine Gottesgabe. Aber auf der Bühne darf sie nicht
missbraucht werden.

Welch ein Wurf, diese Kaisersche *Kolportage*! Sogar die
Überfütterung mit dem Geiste der Travestie hält sie aus.
Wieviel Einfall, Abwechslung, wieviel nachdenkliche
Lebensweisheit! Der unechte Graf wirft 'vornehm', ohne mit
der Wimper zu zucken, seine Geldansprüche von sich. Der
echte Grafensohn aber verteidigt zäh seine Forderungen:
'Erben freut immer!' Das ist schöpferische Ironie. Wie
sicher fühlt sich − und das ist die Ironie der Ironie! − das
Publikum bei seinem eigenen Instinkt für Kolportagewirkungen
gepackt. Wie leuchtet die Genugtuung des Bürgers heute noch
bei der Abtrumpfung der Aristokraten auf! Das sind
Erbschaften der Jahrhunderte, und Erben freut immer.

Erich Engels Spiel mag also falsch eingestellt sein,
aber es wirkt, dank der unzerstörbaren Lustigkeit der
Komödie, dank Goehrs Musik, dank Ernst Schüttes witzigen
Bühnenbildern. Dazu noch − wie reich ist unser Theater! −
Adel und Bürgerschaft in erlesenen Exemplaren. [...]

Auf den Kathedern der Doktrinäre wird verlangt, dass
die Bühne abends nur Probleme des heutigen Vormittags
spiegeln dürfe. Gestern aber wurde das Katheder wieder
einmal widerlegt. Denn in Kaisers *Kolportage* wird das
Erledigte, das Überwundene, der Standesdünkel noch einmal
erledigt, noch einmal überwunden, und das Interesse an der
Dichtung lässt keinen Moment nach. Warum? Weil Georg Kaisers
Komödie gekonnt ist und nicht bloss, dem Kalenderblatt nach,
aktuell.

Gats

9.4.1925, Uraufführung, Deutsches Volkstheater, Vienna.
[Dir.: Beer]; Hadank (Kapitän).

366. Robert F. Arnold, *Das literarische Echo*, 27 (1924–25), 544–45.

[...] Auch in Kaisers neuem Drama [*Gats*] geht Malthus unsichtbar um. Auch hier ist, vielmehr, hier wäre der Menschheit ewig Weh und Ach nur aus einem Punkte zu kurieren, nur durch Sterilisierung der Minderwertigen, durch Verhinderung des Fortzüchtens der Überzähligen. Alle Staaten oder Nationen haben sich nämlich dieses Ballasts entledigt, die körperlich, geistig, wirtschaftlich Verkrüppelten gleichsam vor die Türe gesetzt; nun suchen sie unter Führung eines neuen Moses, des 'Kapitäns', als 'Weltsiedlungsunion' ein Neuland [...]
  Wie man sieht, abermals einer der Kaiserschen Proteste gegen das Chaotische, das Erbärmliche, das Ziellose der Gegenwart; abermals ein von den zu Erlösenden gekreuzigter Erlöser; abermals ein Argument für den Pessimismus der Nachkriegszeit, so zeitlos sich die Dichtung selber gibt. [...] Wer die lange Reihe der Kaiserschen Bühnenwerke im Sinn behalten hat, wird die enge Verwandtschaft von *Gats* mit *Koralle*, mit den beiden Teilen von *Gas*, auch mit *Hölle Weg Erde* leicht erkennen. Auf das Meritum von Kaisers oder vielmehr des Kapitäns sozialem Allheilmittel lassen wir uns nicht ein; wer weiss, ob es nicht dem Dichter selber unter dem Gesichtswinkel tragischer Ironie erscheint? Mindestens lässt der Schlussakt, der übrigens stilistisch von den beiden früheren auffällig abweicht — denn er biegt aus dem Ekstatischen ins Naturalistische um —, jene Vermutung zu.
  Auch in allem Übrigen ein richtiger Kaiser, mit sämtlichen bis zum Überdruss erörterten Kennzeichen seiner umstrittenen Kunst: durchsichtiger Aufbau, weiter Rück-, Um- und Ausblick, die anonymen Typen, die Formeln für soziale Gewalten, fieberhafte Dialektik, gleichsam glühendes Eis, die wohlbekannten dröhnenden Zusammenstösse nach dem Schema des Ibsenschen *Volksfeinds*, zuletzt die epilogische Erschöpfung und Verzweiflung. Und die selbstherrliche Sprache, gegen deren seltsamen Reiz ich selbst wenigstens mich vergebens wehre und die man jedenfalls lieber aus dem Munde ihres Schöpfers oder Mitschöpfers als aus der Nachsprecher vernimmt.
  Unseres Wissens die erste Uraufführung eines Kaiserschen Stücks in Wien; jedenfalls die merkwürdigste deutsche dieses Spieljahrs hier.

367. Fritz Lehner, *Die schöne Literatur*, 26 (1925), 236-37.

Den Ausklang dieses Berichtes macht ein Drama Kaisers, in dem der Schöpfer sich selbst nachahmte. Ein Königreich für neue Utopien, eine Welt für neue Erlösungsformeln! Nationalismus, Sozialismus und alle Religionen scheinen verbraucht zu sein – eine neue Idee führt ins Paradies: Gats. Der Milliardärsohn (*Gas*) verwandelt sich in einen Kapitän, der ebenso wie jener seinen Besitz hergibt, alle Enterbten in dem Heim der Weltsiedlungsunion sammelt [...] Sechs Kontroller springen aus dem einen Ingenieur hervor, der in *Gas* diese Welt gegen die Idee verteidigt, vier Siedler wehren sich als Volk, der Polizeichef als Mittel und nur die vom Sekretär umlauerte Sekretärin steht neben ihm. [...] Drei Akte stehen vor uns, die in Gedanken und Durchführung ihren Meister verraten, in Mensch, Wort und Aufbau Knochen ohne Fleisch sind, ein Leben der Plakate, Superlative; es entbehrt nicht der Tragik, dass die Form durch die einförmige Wiederholung den eigenen Schöpfer um die Wirkung bringt, dass sie von ihm als Banalität entlarvt wird. Jeder Zuschauer ist hier bereits sein eigener Denkspieler, und er löst die inhaltlichen und formalen Rätsel jedes Aktes und jeder Szene schon beim Aufgehen des Vorhanges. Im Schlussakt geht zudem im möblierten Zimmer mit schäbiger, vernutzter Einrichtung jeder Rest von Stil und Grösse verloren; er ist Naturalismus in ekstatischen Reden, er ist Expressionismus im Schlafrock. Das ist der Fluch der Gehetztheit, dass sie einen fähigen bedeutenden Menschen dazu treibt, sein Werk jäh und unüberlegt aus dem Gedanken heraus sofort auf die Bühne zu bringen, Philosophie in Feuilletons zu verzapfen; von der *Koralle* zu *Gats* führt nicht die notwendige Konsequenz, also ein Weg, sondern ein unentschlossenes, voreiliges Bejahen, das ebenso schnell ein Verwerfen fordert. In solchem Sinn gibt *Gats* die letzte (vorläufig letzte) Lösung: die Utopisten, Denker sind Störenfriede (mit Ironie ebenso wie in Wehmut gesprochen), ein Gedanke, der aber die ganze bisherige Schöpfung Kaisers nicht aufheben wird. Die Aufführung entlehnte ihre Form ebenso wie die Dichtung vergangenen Ereignissen und blieb darum nach dem Schlussakt (der Kapitän Hadanks und der Krüppel Skraups ausgenommen), ebenso wirkungslos wie das Werk.

368. anon., n.d., n.s., GKC.

[...] Gats ist ein Mittel zur Verhinderung der Fortpflanzung. Der Held des Stückes, ein Kapitän [...], wird aber, als er sein Motto: 'Vergesst das Kind und erlebt Euch selbst!' in die Welt hinausruft, von den Menschen bedroht. [...] Da der Gedanke, der vom rein menschlichen Standpunkte genommen eine Umkehrung der ganzen Weltordnung bedeutet, eines der schönsten Gefühle, dessen die Menschen fähig sind, das Muttergefühl, gewaltsam zu unterdrücken sucht, fand das Stück nicht jene Anerkennung, die sonst den Dramen Georg Kaisers gezollt wird. Auch die Sprache, fast bis zur Unverständlichkeit expressionistisch gekürzt, stellt grosse Anforderungen an den Schauspieler wie an das Publikum.

369. Max von Millenkovich-Morold, n.d., n.s., GKC.

Lebloser, erklügelter, gewaltsamer wirkt trotz aller Bemühungen der Spielleitung und der Darsteller das neue Werk von Georg Kaiser, das Beer im Volkstheater aus der Taufe hob. *Gats*... Was für ein sonderbarer und unschöner Name, den oberflächliche Kenner des Kaiserschen Schaffens nur als Druckfehler für *Gas* nehmen werden! [...] Ein Ibsen, ein Wedekind hätten - jeder in seiner Weise - etwas Eindrucksvolles aus diesem eigenartigen Vorwurf gestaltet. Georg Kaiser macht es leider auch in seiner Weise: die gesuchte Stilisierung des Szenischen und der Sprache, die dann doch wieder mit gewöhnlichem Realismus wechselt, das Kalte, rein Verstandesmassige, das diesem Stücke gleichwie *Gas* und anderen, gedanklich hochstrebenden Werken des Dichters anhaften, ergeben wohl manchen krassen und ungewohnten Bühneneffekt, aber keinen seelisch erwärmenden Gesamteindruck und keine wenn auch vorübergehende Befriedigung des betrachtenden und erwägenden Geistes. Die Herren Hadank und Gibiser und Frau Markus in den Hauptrollen taten, was in ihren Kräften stand, um immerhin einen Achtungserfolg zu erzwingen.

Thalia-Theater, Hamburg. Dir.: Hermann Röbbeling; sets: K. von Dresler; Marianne Wenzel (Sekretarin); Ernst Leudesdorf (Kapitän).

370. Dr. P. Th. Hoffmann, 24 Sept., n.s., GKC.

[...] Der Artung nach rückt dieser neueste Kaiser in die Linie seiner früheren Dramen *Die Koralle*, *Gas I* und *II*. Der Dichter kündet auch hier sein Evangelium von einer besseren Menschengemeinschaft [...]. Kaiser lässt dieses Drama einer Idee und eines Ideenträgers tragisch enden, übergiesst es mit der Lauge bitterer Satire. So packt er aber zugleich die Gemüter. Seine Kälte, Prägnanz, Sachlichkeit und sein jagendes Tempo haben, alles in allem, etwas Unwiderstehliches, Zwingendes. Der Aufbau des Werks vollzieht sich architektonisch rasch und streng. In eisiger Verhaltenheit spürt man zuletzt, fern, ein warmes Herz schlagen...

Die Aufführung leitete Direktor Hermann Röbbeling und bemühte sich, den Geschehnissen auf der Bühne Schwung einzujagen. Alles wurde exakt und prägnant deutlich (manchmal etwas zu deutlich). Leudesdorf führte die Hauptrolle des Kapitäns sicher in grossem Format mit verhaltener Tragik durch. Marianne Wenzel spielte die Sekretärin und zeichnete instinktsicher die Skalen der leidenschaftlichen Hingabe an den Geliebten bis zur Wendung in tödlichen Hass.

Das Publikum blieb nach den ersten beiden Akten still, sichtlich von der problematischen Macht des Werkes ergriffen, spendete aber zum Schluss lebhaftesten Beifall.

371. Erich Kühn, n.d., n.s., GKC, partly illegible.

Der neue Mensch der neuen Dichtung glüht auch in diesem Werk. Es liegt in der Reihe der sozialpolitischen Dramen, die Kaiser mit der *Koralle* begonnen, mit *Gas* fortgesetzt und jetzt mit *Gats* anscheinend beschlossen hat. In ihrem Mittelpunkt stand immer — er selbst. Der Millionär dort, der Kapitän hier, was sind sie anderes als Georg Kaisers, die den Ehrgeiz und die Liebe haben, der bedrückten, gequalten, ertretenen [sic] Kreatur zu helfen? Und wenn sie am Wahn, am Aberwitz der Masse zerschellen, was erleben sie anderes als sein Schicksal? Es mag schon noch Propheten unter uns geben und Wunder und Zeichen, aber wir sind zu stumpf, sie zu sehen. Wir sehen — uns. Und immer wieder uns. Einzelschicksal, Schicksal der Masse. [...]

Das Werk ist hochgereckte Dichtung, stürmend, peitschend. Es rüttelt auf, auch wenn es nicht überzeugt. Auch wenn es brüchig ist in seinen Voraussetzungen und seiner Logik. Die kühne Synthese: aus der Tragödie des einzelnen geiert [sic] sich die Tragödie der Masse, glückt nicht. Beide laufen nebeneinander her, verketten sich nicht. Das Martyrerende des Kapitäns ist ein Zufall, keine Notwendigkeit, der skeptische Ausklang des Stückes — welche Grabbesche Ironien blitzen hier! — geistige Kapitulation. Das Positive ergibt sich in anderer Richtung, aus dem grossen Atem der Dichtung, ihrem starken Gefühl, ihrer dramatischen Stosskraft, ihren koloistischen [sic] Reizen. Das waren auch die Stellen, an denen Direktor Röbbelings Regie einsetzte. Das äussere Bild lose stilisiert, das innere kraftvoll vorgetrieben: in einer Darstellung, die fast Kaisersche Sprachintensität hatte. Höchster Triumph des immer nach dem Gesamtkunstwerk strebenden Regisseurs Röbbeling, dass es ihm gelang, so viel widerstreitende Elemente zu künstlerischer Einheit zu zwingen. Ihm glückte es sogar, aus der Intellektschauspielerin Wenzel eine sehr empfindsame Figur zu gewinnen, die zu tiefem, wenn auch nicht zu letztem Ausdruck gebrachte Sekretärin. Kapitän war Ernst Leudesdorf, Fanatiker grossen Stils, mit begeisterter Zunge, von herber Männlichkeit. Eine runde Leistung. Den

Sekretär gab der aus Königsberg geholte Dr. Maurus Liertz. Diese Rolle hat sich Kaiser etwa als Zeitstimme gedacht, ironisierende Begleitmusik zur Handlung. Das kam mitunter zu schwach heraus, zu unbetont. Unter den Kontrollern ein paar individuelle Prägungen [...]
Der Abend war eindrucksvoll. Wenn sich auch das Haus mehr an die Regieschöpfung mit ihrer Zusammenfassung aller Kräfte hielt, so war doch unverkennbar, dass der 'Denkspieler' Kaiser dabei volle Achtung genoss.

372. F., n.d., n.s., GKC, incomplete.

[...] Alles Mechanik, Technik, Methode. Doch von seltsam bezwingendem Reiz, voll dialektischer Spannung. [...] Die Aufführung im Hamburger Tahlia-Theater stand auf beachtenswertem Niveau. Die Spielleitung Hermann Röbbelings war mit schaffender Kraft am Werk, unterstützt von dem sehr wirkungsvollen Bühnenbild K. von Dreslers.

373. anon., n.d., n.s., GKC.

Weitaus glücklicher gelang Röbbeling die Einfühlung in Kaisers *Gats*. Die Ergebnisse einer Regie, der es um starke Eindrücke, um Dynamik des Dialogs und um ein individuell stilisiertes Bühnenbild zu tun ist, zeigten sich hier im günstigen Licht, weil *Gats* mit diesen Bestimmungen, wenn auch keineswegs erschöpft, doch bis zu einem hohen Grade verdeutlicht werden kann. Dass der letzte Akt stark abfiel, geht auf den Bruch im Drama selbst zurück. Freilich hätte sich vieles bessern lassen, wenn die Rolle der Sekretärin von Marianne Wenzel weniger blass und verschwommen aufgefasst worden wäre. Dieser Vorwurf trifft freilich mit den Regisseur; Marianne Wenzel versprach in ihren ersten Rollen weit mehr. Den stärksten Eindruck erzielte der zweite Akt. Da traf Röbbeling in akustischer und (mit dem Bühnenbild K. v. Dreslers) in optischer Wirkung die gehämmerten Rhythmen spezifisch Kaiserscher Dramatik.

Der mutige Seefahrer

12.11.1925, Uraufführung, Staatliches Schauspielhaus, Dresden. Dir.: Josef Gielen; Alfred Meyer (Lars); Erich Ponto (Jens); Stella David (Johanne); Lothar Mehnert (Joe Jefferson).

374. Johannes Reichelt, *Das literarische Echo*, 28 (1925-26), 231.

Ein vereinzelter Fall: Ein Jugendwerk eines erfolgreichen Dichters, der es aus unbekannten Gründen der Öffentlichkeit vorenthielt, entpuppt sich als eins der stärksten Stücke seines Schaffens. Fast scheint es nach diesem Eindruck, als ob Georg Kaiser, ein von seiner Zeit Getriebener, mit seinen folgenden Dramen in ein falsches Fahrwasser geraten wäre, das ihn zum konstruktiven, nüchternen 'Denkspieler', zum geistigen Jongleur, zum kühlen Rechner der Effekte gemacht hätte. Grotesk, phantastisch, ungewöhnlich, abenteuerlich, mit der krampfhaften Sehnsucht, das Ungewöhnliche unerhört neu und verblüffend zu gestalten, gibt er das Leben als Ausdruck letzter Technisierung, die in fieberndem Atem hält und vorwärtsreisst. Auch sein *mutiger Seefahrer* gibt in geballten und jagenden Worten Georg kaiserlicher Kolportage eine eigenartige beschwingte Geistigkeit. Aber trotz dieser aus der Zeitstimmung heraus geborenen Unrast und dem konstruierenden Verstand führt er in seinem *mutigen Seefahrer* zu Ergriffenheit am Klein-Menschlichen. Man spürt in den gepeitschten Szenen den Flügelschlag der Dichtung, der an die Tiefen der Seele rührt. Der Menschlichkeitsgedanke erstrahlt in diesem Frühwerk reiner als in seinen Spätwerken und hebt sich über den Alltag hinaus in die Sphäre der Dichtung.

Der einfache Kern: Die Jagd nach dem Glück. Wie aber der arme Lars Krys in seinem Krämerladen mit seiner Familie und seinen Brüdern zum Abenteurer wird, wie die Familie mit seinem angeblichen Tod hantiert, um die zugesicherten amerikanischen Reichtümer des emporgekommenen Schulkameraden zu empfangen, das ist in den emporgerissenen Szenen, wo Mitgefühl und Humor köstlich aufeinander prallen, von erschütternder Wirkung. Auch hier klar die Linie seiner späteren Dramen: Die Jagd nach dem Erlebnis wahrer Einmaligkeit, die mutige Gestaltung eigensten Wesens, die die Antriebe menschlichen Geschehens blosslegt, die zu den tragischen Untergründen des Lebens hinabführt, die hinter der äusseren Maske seiner verschrobenen Menschen Edelmetall in verschütteter Umwelt leuchten lässt. Ich wüsste kein Drama der modernen Literatur zu nennen, in dem die Menschen mit solcher inneren Teilnahme und Erlebniskraft wie in den beiden ersten Akten dieses merkwürdig reifen Frühgewächses gezeichnet wären. Schade, dass in den letzten Akten das Konstruktive bröckelt und die Unmöglichkeit von Fabel und Begründung, wie virtuos und verblüffend sie sich auch gibt, fühlen lässt.

375. Julius Ferdinand Wolff, *Dresdner Neueste Nachrichten*, 14.11.1925.

[...] Als Georg Kaiser das entzückende Märchen im ersten Akt bis hierher höchst lebendig erzählt hatte, sagte man sich, was jener Mann zu sich sagte, der von einem hohen Haus in Paris abstürzte und zunächst die Sache gar nicht so übel fand: pourvu que ça dure. Die Komödien, in denen das grosse Los einschlägt und zündet, beginnen ja zumeist märchenhaft reizvoll. Und man ist immer wieder dramatisch gespannt, weil es tausend Möglichkeiten gibt für die Launen eines solchen Blitzschlags. Im ersten Akt begibt sich alles, als in einer echten Komödie. Und da dieses Werk ein Jugendwerk Kaisers ist, so hat es einen ganz besonderen Reiz: er ist also doch ein Warmblüter, sagt man sich. Und es könne einer nicht rein aus dem Hirn Dinge entspringen lassen von der Art, die man in der Tragödie *Von morgens bis mitternachts* erlebt.
　　Diese Empfindung wird im zweiten Akt mindestens nicht gemindert. [...]
　　Hier wird das Märchen schon ein bisschen unheimlich. Marius und Karen, dieses mit leisem, aber hörbarem Geräusch knospende Liebespaar, sie könnten ebenso gut Courths und Mahler heissen. Und so ein Lyriker ist Georg Kaiser natürlich nicht, dass er diese Tasten ohne Grund und aus purem Gefühl anschlüge. Doch dann begibt sich etwas Ergreifendes. Lars war gar nicht auf dem Unglücksschiff. Ein Landstreicher mit wildem, wirrem Bart fällt nach Monaten ins Haus: Lars. Niemand erkennt ihn, nur die Frau. Es begibt sich eine Erkennungsszene von Homerischer Gewalt bei aller Stille. So, wie wenn der Dulder Odysseus in Bettlergestalt von seinem treuen Hund angeheult wird. Gleichgültig, ob wahrscheinlich, oder nicht, dass Lars sein Schiffsbillett in halber Trunkenheit und Angst vor der Fahrt und der Welt da draussen einem Unbekannten verhökerte und sich trotz der Primitivität seines Wesens solange nicht nach Hause fand und eine Tippelschickse ward. Kaiser macht es glaubhaft. Die Szene zwischen Mann und Frau ist so schlicht und so echt in der Empfindung, dass man mit Leib und Seele dabei ist. Im Untergrund lauert schon der packende Konflikt. Denn nun wird — es kann ja nicht anders sein — Joe Jefferson von sich hören lassen. Das Märchen verlangt, dass er das Opfer eines Menschen wenigstens mit seinem Reichtum zu vergelten und zu vergolden trachte. Dann aber muss betrogen werden. Müssen diese armen ehrlichen, einfältigen Menschen entweder mit dem Wurm des Betrugs im Herzen ihres 'Glückes' nicht froh werden

können oder dieses Glück heroisch von sich weisen. — Ecce poeta!

Bis zu diesem Augenblick habe ich vom Boxen nichts verstanden. Aber nun weiss ich, was ein Kinnhaken ist. Im dritten Akt erfolgt der Knock-out-Schlag von Georg Kaisers Hand. Auftrittslied Joe Jeffersons. Er kommt in einem karierten Mantel und einer Mütze, die kein Amerikaner je getragen hat ausser dem, der das Automobil-Couplet in der *Dollarprinzessin* hinschmeisst. Aus der geistvollen, von rührendem Humor besonnten Komödie wird mit dem einen Boxerschlag eine knallige Posse. Vor dem Amerikaner muss der dem Leben Wiedergegebene versteckt werden. Doch dieser Komödienkonflikt wird jedes Reizes entkleidet, da man aus dem Amerikaner eine einzige Albernheit macht. Unmöglich, wie ihr Kostüm, wirkt diese geschmacklose, hirnlose Puppe. Genügt es festzustellen, dass der Amerikaner in fünf Minuten sein Dollarfüllhorn ausschüttet und um die armselige (vermeintliche) Krämerswitwe freit? Es genügt.

Nicht als ob man eine gute Posse nicht willkommen hiesse. Oder als ob hier Beckmesserei um den Nachweis einer Stilmischung getrieben werden sollte. Aber es gibt Dinge, mit denen einer keinen üblen Scherz treiben darf. Einen Mann, der totgeglaubt war, so unter dem Klang aller Herzglocken einer armen, kleinen Frau wiederzuschenken, das kleine Glück über das 'grosse' triumphieren zu lassen und dann mit der Enoch-Arden-Stimmung Schindluder zu treiben, indem man Jazz-Band-Instrumente in Dilettanten-Manier quieken und rasseln macht — welch eine Menschenverachtung, welch ein unheimlicher Mangel an Takt des Herzens gehört dazu, das zu machen. Fast so viel, wie dies lustig zu finden. Kernverlogen danach die schmetternde Anklage des Lars gegen den Mörder Jefferson, der den Armen (zunächst nun als Gespenst eine Lösung Suchenden) mit seinem verfluchten Geld in das — wie sagt man doch? — nasse Grab gelockt habe. Als hätte der reiche Amerikaner nicht seine späte Romantik, sondern sadistische Lust gesucht. Als bedeute das Geschenk einer Fahrkarte nach Newyork einen Mordversuch. Kaiser biegt übrigens alsbald in ein Versöhnungsfest, bei dem einem noch weniger gut wird, ab. Alles löst sich in einem — ich weiss, ich weiss, gewollten Kitschromanschluss mit Verlobung unserer Kinder auf.

Aber dieses Den-Bourgeois-Verblüffen, indem man ihn zu seinem eigenen Spottliede tanzen lässt, gelingt nicht. Solange bis in den dritten Akt hinein die kleinen Leute immerhin Naturen sind, geschieht innerlich und äusserlich nichts, was die grelle Geschäftsetablierung dieser Bourgeois-Epatisserie mit ihrem üblen Duft nachträglich rechtfertigte. War dies aber von Anbeginn die Absicht — um so schlimmer für den Dichter und sein Werk. Denn da der Grund, auf dem sich diese Komödie erhebt, immerhin ein sozialer ist, so wird das Possenspiel dann auf Kosten armer Menschen gespielt. Die einzige Art, auf die sich ein Dichter nie und nimmer bezahlt machen darf.

Dieser Lars redet, um den Ernst der Situation zu retten, alsdann plötzlich Buch. Fast redet er sogar Sternheim. Der simple Landkrämer, der einem schon ganz nahegekommen war und wie seine Brüder verwandt schien mit mancher klassischen Novellengestalt des Nordens äussert: 'Verschweigt ihr ihm (Jefferson) meine Existenz?' Oder drohend: 'Die Leiche meldet sich.' Ich weiss, ich weiss, darin soll sich auch das Groteske des Possenwillens dartun. Aber eine gute Komödie wird weder durch programmatische Hirnfolter gefördert, noch eine Musik dadurch, dass der Geiger plötzlich dem gutgläubigen Zuhörer jenen Kinnhaken versetzt.

Wenn es zutrifft, dass der Georg Kaiser von heute dieses Jugendstück umgearbeitet hat, so wird die Zwiespältigkeit verständlich. Nicht zu begreifen aber bleibt es, warum Josef Gielen, der die Komödie mit vielen hübschen Einfällen gut herausgebracht hat, diesen durch seine Geschmacklosigkeit verletzenden 'Amerikaner' in so gröblicher Art hineinplatzen liess, anstatt diesen schlechten und zerstörenden Einfall zu mildern. Lothar Mehnert erschien in besagtem Operettenkostüm mit einer Koketterie, die schwer zu ertragen war, und beherrschte die Szene und das Stück so, dass es einem unbehaglich war. Hätte von Regie und Geschmacks wegen Joe Jefferson sein Heiratsangebot naiv gemacht, wäre er so ein armer Millionär mit kaiserlicher und Selbstironie gewesen, man hätte vergessen, dass eine leere, alberne Puppe unter die reizvollen Erscheinungen trat und wir wären um eine Komödie reicher..

Die Sünde wider den Geist und den Geschmack ward also nicht allein von Kaiser begangen. Es gab nur die eine Möglichkeit, von Anbeginn Posse zu spielen, oder — gar nicht. So aber ward mit himbeerfarbenem Abendrot und allerhand gleichwertigen Selbstbelustigungen auf der Bühne, die stets nur abstossend wirken, lediglich dokumentiert, dass Stilzwitter fast nie lebensfähig sind, dass indessen ohne jenen Kardinalfehler der Riss im Gebäude kaum sichtbar und die Komödie, die es verdient, gerettet würde.

Denn es wurde im übrigen mit einer schauspielerischen Kultur und einem künstlerischen Vermögen an diesem Abend Komödie gespielt, dass man seine helle Freude haben konnte. Das gilt vor allem von Meyer, Ponto und der David. Wie die David und Meyer jene Wiedersehensszene gestalten, mit den sparsamsten Mitteln, ganz leise, mit einer unwiderstehlichen Beweisführung für die Grösse des kleinen Glücks, mit einem Akkord aus zwei grundverschiedenen Humoren, das bleibt unwiderstehlich. Und dann sind das wirkliche Gestalten, diese beiden, und Ponto, ein kleinstädtischer Versicherungsagent von einer sanften Jean-Paul-Tragikomik und Romantik, die einen anzieht und rührt.

[...] Sie alle haben das Werk richtig und mit Geschmack angefasst. Bis zum Einbruch des Knalleffektes konnte man es mit Rührung und Lachen und überzeugt und genussreich miterleben, wie sich arme Menschen an einem Bissen Glück so satt essen, dass sie mit keinem Gott bei Nektar und Ambrosia tauschen. Und bis dahin war alles Geschehen von einer philosophischen Höhe und mit Weisheit und Humor gesehen.

Der Beifall war nach dem ersten Akt stark, die Ergriffenheit nach dem zweiten deutlich, wie das Befremden nach dem dritten. Zum Schlusse gab es die bei Uraufführungen üblichen Auszeichnungen.

Es wäre lohnend, die Bruchstelle sorgsam zu kitten, das Märchen, die Komödie und die hohe Kunst der Schauspieler vor einer Posse zu retten, die — keine ist.

376. anon., n.d., n.s., GKC.

Man sagt, Georg Kaisers *mutiger Seefahrer* sei ein Jugendwerk des Verfassers. Das könnte, nach der harmlosen, unverquälten Sprache des Stückes zu urteilen, wohl richtig sein. Nach der Reife seiner Anlage möchte man es hingegen wohl nicht merken. Es ist mit einer Sicherheit gebaut, die nach den ersten Auftritten bald schon das Gefühl übermittelt: Diesmal werden wir gut und wechselreich unterhalten. Die 'Fabel', das eigentliche Gerippe der Handlung, die Folge entscheidender und fruchtbarer Empfindungen und Auftritte bringt so viel Ertrag an Spannung, Überraschung und Enthüllung, dass gewissermassen der Bedarf für zwei Komödien damit gedeckt werden könnte...

Aber — ist Kaiser eigentlich ein Dichter? Merkwürdig, dass diese Frage gegenüber einem Manne überhaupt auftauchen kann, der nicht etwa ein Possen und Kassenstücken, sondern vor allem auch mit ernsten Stücken die Bühnen Deutschlands seit einigen Jahren in einem Umfang versorgt, den vor ihm wohl nur Gerhart Hauptmann erreicht hat. Und doch ist sie berechtigt, ja unabweislich. Denn noch jedes einzelne Stück dieses Verfassers hat uns bisher an irgendeiner Stelle das Gefühl aufgezwungen: Was sich da bewegt, das sind nicht Menschen, sondern Schemen und Masken, und was da an Froheit und Trauer, an Gefühl irgendwelcher Art erlebt wird, davon fühlte der Verfasser rein nichts, sonst hätte er nie und nimmer diesen unnatürlichen, ja widernatürlichen Ausdruck dafür schreiben können. Und das ist nun im *mutigen Seefahrer* nicht anders. Während der ersten drei Akte begibt sich sehr viel, was innerlich und herzlich gemeint scheint; man ist dringend versucht, zu glauben, dass wenigstens dieses Jugendstück gespeist sei aus dem Herzen und der Menschenliebe des Verfassers, dass es lebe kraft seiner Hingabe an lebendige Gestalten von voller Rundheit und allseitiger Ausprägung, in denen Wille, Trieb, Denken und Fühlen auf menschlich wahre Art gemischt sei. Nur selten reden die Gestalten einmal ein paar Worte, vor denen man doch zweifelt, ob sie aus echter Empfindung und reinem Gestaltgefühl geboren sein können. Dann aber erfolgt im vierten Akt geradezu eine Katastrophe. Da wird ein älterer Mann, der vorher als harmlos verträumter seltsam dumpfer und etwas feiger Dummrian sehr scharflinig gezeichnet worden ist, nun plötzlich hingestellt als dämonisch berechnender, recht mutiger und kluger Kerl, der einen Schabernack aussinnt und mit förmlicher Kühnheit ausführt, um eine höchst brenzlige Geschichte zum Guten zu wenden. Nimmt man's ernst, so ist's eine vollkommene Umkehr und Verkehrung des Charakters. Aber man kann es eben nicht ernst nehmen! In Wahrheit behandelt Kaiser auch diese, erst so feinfühlig angelegte Gestalt einfach als Marionette, der man anbefiehlt, was man will und was gerade zur amüsanten Beendigung des Stückes zweckmässig scheint, ganz gleich, ob darüber alle Naturwahrheit und Echtheit zum Teufel geht! Und diesen Gewaltstreich begeht Kaiser um der Wirkung willen und ohne Not. Es wäre für einen Dichter ein Kleines gewesen, das Stück natürlich und überzeugend zu Ende zu führen. Dass Kaiser trotzdem auf diesen erquälten Schluss verfiel, ihn ausführte, stehen und spielen liess, wirft ein erschreckendes Licht auf die ganze Komödie. Man wittert nun nachträglich, es möchte wohl alles ohne eigentliche Gefühlshingabe, ohne Liebe zu den gestalteten Menschen, ohne wirkliche Intuition 'gemacht' sein – und dieser Argwohn wird fast zur Gewissheit. Es fehlt Kaiser solcherart am edelsten Element des Dichters; hingegen hat er sonst viel – Phantasie, Bühnensinn, kühle Menschenkenntnis, Mut zum Wagnis, grossen Wurf. Nur noch ein Symptom ist kennzeichnend: ihm gebricht es an erwärmendem Humor, während er das kältere Instrument des Witzes ganz beherrscht. So wird man denn von dem Stück an sich mehr amüsiert als froh gemacht, mehr erregt als bewegt. Es verführt den Zuschauer zeitweilig zu tieferem Empfinden, aber es hält nicht die darin liegende Versprechung, sondern zerstört das keimende Mitgefühl selber, und zwar gründlich.

377. F. Z., n.d., n.s., GKC.

Der mutige Seefahrer [...] hat bei ihrer Dresdner Uraufführung einen sehr starken Erfolg gehabt. Es ist ein bisher vom Dichter zurückgehaltenes Frühwerk, das aus dem bekannten Motiv von dem Totgeglaubten, der wiederkehrt, ganz eigenartige Situationen herauszuholen versteht. Man spürt einen Dichter am Werke, der noch menschlich warm empfindet, aber schon nach erkältenden grotesken Wirkungen strebt. Fast wäre es eine echte Tragikomödie mit schmerzlichen Untertönen geworden, die aber im Komödienton verhallen. Das Publikum empfand in der Mehrzahl das Schwankmässige und amüsierte sich auch da, wo tiefe Erschütterungen dahinter zitterten. Gielens ausgezeichnete Regie gab dem Spiel eine ungewöhnlich lebendige Rhythmik, die besonders im ersten Akte hinriss. Meyer, Ponto und Stella David in erster Linie schufen plastisch lebendige Menschengestalten. [...] Dichter und Darsteller feierten einen Sieg.

378. Dr. Felix Zimmermann, n.d., n.s., GKC.

Georg Kaiser, der offenbar 'von morgens bis mitternachts' Dramen schreibt, scheint immer noch ein paar unverwendete dramatische Schreibübungen in der Lade zu haben. Ich freu' mich schon auf das dicke Buch, das später mal einer von der 'Kaiser-Forschung' verzapfen wird, weil dann übersichtlich die Perioden seines Schaffens drin gegliedert sein werden mit Ober- und Unterteilungen, Übergangserscheinungen und Nebenwerken. *Der mutige Seefahrer* marschiert dann unter den 'Frühwerken' auf und wird als Übergangserscheinung im Schaffen Kaisers gewertet. Er ist nämlich nicht mehr rein 'naturalistisch' (wie es für seine Entstehungszeit gehört hätte), noch 'expressionistisch' (wozu es noch nicht langte), sondern so mitten drin. Also unklar, stilunsicher, 'unreif'. Aber die erstaunliche Talentprobe eines scharfen Menschenzeichners, der seine Figuren noch rundet. Ja, es schlägt sogar hinter den Aussenhäuten ein Herz, ein warmes, pulsendes Menschenherz. Der spätere kaltschnäuzige 'Denkspieler' war damals noch ein Dichter mit Gefühl und Liebe.

Das geht mit einem ganz brillanten ersten Akt los, der allerdings auch fabelhaft gespielt wurde. [...]

Das ist ein Lustspielschema mit mancherlei Konstruktionen, ein seltener Sonderfall der unerschöpflichen Lebenskombinationen, nicht mehr oder weniger glaubhaft als das Leben selbst. Es kommt alles darauf an, wieviel menschliche Wahrheit dabei herausspringt. Georg Kaiser hat eine oft erschütternde Tragikomödie daraus gemacht. Nicht das ist wichtig, ob der Amerikaner durch das Opfer eines Lebens gesundet, ob die Wirklichkeit solche Lustspielschlüsse kennt und dergleichen mehr, sondern dass sich an dem Fall menschliche Erbärmlichkeit und menschlicher Wert offenbart. Wie durch das Zauberwort 'Geld' aus gedrückten, müden Wesen der Taumel des Glückes springt, wie sie aufatmen, tollen, zu dem werden, was sie eigentlich sind, – das greift tief in die letzten tragischen Untergründe des Lebens hinab. Wie sie aber auch um des gleichen Motives willen lügen, heucheln, verleugnen, deckt seelische Abgründe auf. Dass ein Hasenherz, wie das des 'mutigen Seefahrers' Lars, im Kampf um sein Liebstes Löwenmut bekommt, ist beste Menschlichkeit. So schwingen überall unter den lustigen und komischen oder auch fast grotesken Vorgängen dichterische Untertöne einer echten Herzenskenntnis. In der Szene, in der Lars sich seiner Frau offenbart und von ihr mit verstehender Liebe aufgenommen wird, zeigt sich Kaiser sogar als gemütvoller Dichter, der seinen inneren Anteil an rührenden Seelenfeinheiten noch nicht verleugnet. Anderes erscheint äusserlicher, so die Art, wie Lars den kraftbewussten Jefferson ins Bockhorn jagt, die Einfügung des Liebespaares und einige lustspielmässige Scherze.

Aber gerade diese Drastik der Handlung bei verdeckter Tiefe des inneren Gehaltes macht den *mutigen Seefahrer* zu einem wirksamen Bühnenstück. So scharf die Lebensbeobachtung und Menschenzeichnung ist, so treten doch fast phantastische Züge auf, die den Vorgang ins Ungewöhnliche erheben, und eine knappe Witzigkeit des Dialoges würzt geistig die dumpfen Szenen, so dass sich eine durchleuchtete, sprühende Atmosphäre ergibt. Gerade diese Erhebung über die naturalistische Zustandsschilderung in die freiere Luft der höheren Komödie hat Josef Gielen als Spielleiter herausgearbeitet und damit der Vorstellung einen hellen, grellen, witzigen, spritzigen Geist gegeben. Man sah Parallelismen der Bewegungen, rhythmische Zusammenwirkungen der drei Brüder, gestische Raumerfüllungen, die sich an Schwankeffekte annäherten und doch nur Entladungen der gesteigerten Situationen waren. Überall war Leben und Bewegung in einer Weise hochgewirbelt, die den keimenden 'Expressionismus' in Kaisers Stück frei entband. Diese temperamentvolle und geistreiche Regie hatte nicht geringen Anteil an der fast ungehemmten Spannungskraft der vier Akte, wenn sie auch die komischen Züge mehr unterstrich, als den tragischen Untertönen in ihrer Vernehmlichkeit für dickere Trommelfelle gut war. Dass das Ganze trotz aller Drastik kein beliebiger Schwank ist, kam doch immerhin einem Teil der Zuschauer zum Bewusstsein. Aber als darstellerische Höhenleistung bildete die Aufführung mal wieder einen Ehrentitel unseres Schauspiels. Es gibt nicht so leicht irgendwo einen Schauspieler, der, wie Erich Ponto, eine Jean Paulsche Figur wie den Versicherungsagenten Jens Krys mit einer so in allen Gliedern lebendigen, in jedem Tone individuellen Menschlichkeit mit kuriosem Ernst im Witzigen hinstellt. Und Alfred Meyers schwachmütiger, dann sich aufschliessender Lars Krys ist eine seltene Schöpfung leiser und weicher Charakterzeichnung. Leis' und fein, innerlich und dumpf ist auch die Johanne, die Stella David, mit erschütternder Erlebniskraft besonders im Seelenausdruck des Gesichtes lebendig macht. [...] Das ergibt ein Zusammenspiel, das der auf alle Fälle originellen und unterhaltsamen Jugenddichtung Kaisers in Dresden einen grossen Erfolg verschaffte.

379. F. K., n.d., n.s., GKC.

Ein Jugendwerk von Georg Kaiser. Merkwürdig spät vom Dichter der Öffentlichkeit übergeben. Kaum erkennbar an den Merkmalen des späteren Kaiser. Eine einfache Idyllik aus dem Kleinstadtleben dänischer Landstädte. Rührung durchsetzt mit Humor. Das Stück hat eine offene klare Handlung. Kleine rührende Züge offenbaren die Menschlichkeit weltfremder Leute, als eine Riesenerbschaft aus Amerika winkt. Herzliche natürliche Empfindung siegt über gewinnsüchtige Absichten. Drei Akte hindurch waltet ein sicher begründeter Realismus.

Auf klaren Wellen treibt das Schifflein fröhlich dahin.
Schade, dass im vierten Akt, wenn der Amerikaner bekehrt
werden soll, das Menschlich-Einfache sich in etwas
verzwickter Erfindung verliert. Gespielt wurde mit höchster
Lebendigkeit [...]. Ein lachfroher Abend, der den dustern,
schneeigen Novembernebel durchglänzte und noch viele
Zuschauer froh und harmlos lustig machen wird. Weiteres
morgen.

380. Friedrich Kummer, n.d., n.s., GKC.

[...] Dreimal verändert ist uns Georg Kaiser als
Dramatiker erschienen: symbolistisch und von Melancholie
überschattet 1914 in den *Bürgern von Calais*,
strindbergisch-intellektuell und zugleich phantastisch bis
ins Filmartige übersteigert während des Krieges: *Versuchung,
Koralle, Gas, Brand im Opernhaus*. Satirisch, in Kleinbilder
zersplitternd: *Nebeneinander*, Volksstück 1923.
 Und zu diesem kommt nun, aus Kaisers Anfängen stammend,
doch heute erst in die Öffentlichkeit gerückt, die gestrige
Komödie vom *mutigen Seefahrer*.
 Keine Spur mehr von symbolischer Verhüllung; keine
atemlos hetzende Sprache, keine Filmdramatik; kein blosses
Vorbeireden der Personen: keine Pathologie, keine
hysterische Geschraubtheit mehr. Das Stück ist nicht heute
entstanden; doch in der heutigen Stunde trat es zutage. In
jedem Wort, in jeder Gestalt kündet die Veröffentlichung
dieser Komödie die Wende der Zeit. Dichtung und bildende
Kunst lehren das gleiche: die Übertriebenheiten schwinden.
Die neue Sachlichkeit kündet sich an.
 Und ein unwillkürliches Aufatmen geht durch die
theatralische Welt. Nicht länger brauchen Schauspieler mit
verschrobenen expressionistischen Themen zu ringen, nicht
länger brauchen Theaterdirektoren um des literarischen
Ruhmes willen uns mit finstersten Hässlichkeiten zu
überschütten; nicht länger braucht das geduldige, ach, allzu
geduldige Publikum durch mühsam erquälte Konstruktionen sich
über Stücke belehren zu lassen, die es in gesundem Gefühl
verabscheut.
 [...] Und weil wir durch Finsternisse gingen, scheint
uns das Kommende, die Rückfindung zur Natur und zur
Sachlichkeit erst wertvoll, neu und beglückend.
 Keine Schöpfung von hoher Bedeutung erwarte man von dem
Werk des jungen Kaiser, das Jahrzehnte nach seiner
Entstehung in eine gänzlich veränderte Welt tritt. Aber es
hat reizend menschliche Züge, es strahlt endlich wieder
Heiterkeit statt Hass und Verneinung in das fröhlich
lauschende Haus; es quält, es spottet, es ironisiert, es
kältet nicht; es kennt nicht den wilden Schrei und Qualm
verdrängter Erotik, es hat nicht den überkünstelten
geschraubten Dialog, es wechselt nicht von Szene zu Szene
den Stil. Und vor allem: diese Komödie Georg Kaisers ist

keine Schöpfung des Intellektes, sondern des Herzens. Das ist das Liebe und menschlich Bedeutende daran. Im Gesamtwerk des Dichters fast einzig. Aus Mitgefühl, aus Freude am Menschlichen ist es geboren. Nicht das bedeutendste, sondern das herzlich wärmste der Stücke Georg Kaisers möchte ich es nennen.

In eine trauliche, enge wunderliche Welt, in eine Kleinstadt Dänemarks ist es gebettet, in eine Welt voll Originale. [...] Er [Jefferson] verspricht ihnen für diesen Liebesdienst sein Riesenvermögen von 600 000 Dollar. Wie aus einem Füllhorn rollen die komischen Bilder dieses [ersten] Aktes über die Szene.

[...] Lars, so glaubt man natürlich, ist mit unter den Toten. Doch da ihn die Seinen beweinen, erscheint er unerwartet. [...] Das Billett hat er verkauft, bettelnd, nach letztem Frieden sich sehnend, geängstigt, ein lebender Leichnam, erscheint er bei Tochter und Frau. Das Komische wandelt sich hier in naivster Menschlichkeit in das Tragikomische.

Der Tod des armen Lars, den die Zeitungen meldeten, hat in Amerika das Wunder vollbracht: Joe Jefferson [...] ist an der Treue des armen Freundes genesen und schreibt, dass er selbst nach Dänemark kommen wollte, um der Angehörigen sich anzunehmen und von seinem Reichtum auszuteilen. Wären hier nicht einige weniger glücklich erfundene Gestalten (wie der junge Handlungsdiener mit seinen Sinfonien), man könnte den Akt, besonders die Wiedersehensszene zwischen Lars und seiner Frau – gespielt, wie es von Meyer und Frau David geschieht – als dramatisches Idyll ersten Ranges bezeichnen.

Jefferson kommt, ein wandelnder Turm von Reichtum, Macht, Brutalität. [...] Erst als er [Lars] das Letzte vernimmt, was Jefferson will, nämlich seine (Lars) Witwe zu heiraten, rüstet er sich zu männlicher Tat.

Hier liegt der gefährliche Haken des Stückes, hier beginnt es unglaubhaft zu werden, hier verlässt es die gerade Linie: der Amerikaner kann, seiner ganzen Natur nach, das Weib des Krämers nicht heiraten, und die Frau, nicht Lars müsste den Endkampf mit dem Mammutamerikaner wagen und gewinnen.

Doch auf eine geistvolle, wenn auch etwas konstruierte Art lässt Georg Kaiser seinen Lars über den grausigen Geldmenschen triumphieren. [...]

Schwerlich trüge das Stück bis zum Ende den Erfolg auf seinen Schultern, würde es nicht mit einer Liebe ohnegleichen von Spielleitern und Darstellern behandelt, würden die kleinen Schönheiten und Reize nicht förmlich mit allen Würzelchen ausgegraben, würde es nicht mit einer Kunst und Feinheit gehegt, die auch nicht das geringste vergisst. Josef Gielen hat das Stück mit schöpferischer Liebe betreut. [...] Hier ist Andacht zum Kleinen und doch keine Kleinlichkeit. Hier Humor und Wärme des Gemüts. Hier Menschlichkeit und doch still lächelnde, ganz sublimierte Ironie.

Alfred Meyer vor allem als Lars tauchte unter in echter Menschlichkeit. Gehalten im Ausdruck, prägte er die Züge des kleinen, leidenden, sorgenbeschwerten Menschen. Gibt es ein Heroentum des Schwachen, so hat es Alfred Meyer geschaut und empfunden. Wo man Menschentum im innersten Herzen bewahrt, wird man das Bild des Lars von Alfred Meyer bewahren.

Bunter, beweglicher, von Nervenströmen des Skurrilen durchflossen, aalglatt sich windend, gleichsam sich selbst erfreuend am eigenen so seltsamen Ich, dabei von dem Humor des naiv geniessenden Menschen überglänzt: das ist der Jens von Erich Ponto.

In die Erde wie ein plumper Baumstamm gepflanzt, schwer und geniesserisch dabei, im Jubel des Materialisten ohne Grenze: das ist der kleine schmalstirnige Postbeamte Niels von Alexander Wierth.

Das Mammut des Märchens, stampfend unter einer Last von Gold und Gesundheit, ein wenig unglaubhaft in dieser Welt freundlicher Realisten: der kolossale Amerikaner von Lothar Mehnert.

Und die Frauen sodann. Stella David als Frau Johanne, die von der Darstellerin so herzerfreuend angelegt war, dass man mit dem Dichter grollte, weil er nicht in Weibesmund legte, was letzten Sieg über das Amerikanertum bedeutet hätte [...]. Und Felix Steinbock als Handlungsgehilfe. Unglaubwürdig als dichterische Gestalt: Kleinstadtkaufmann und Sinfoniker. Aber er spielte auf der Bühne sehr schön Klavier, und so war der Darsteller glaubhafter als die Gestalt.

Der Beifall war gross. Mit dieser Aufführung würde ich das Dresdner Schauspielhaus in die Welt reisen lassen. Das zitternde Glockenspiel, das beim Öffnen der Ladentür erklingt, tönt lieblich im Ohr und wird wohl noch manchmal in Erinnerung und Wirklichkeit leise erklingen.

[1926], *Erstaufführung, Deutsches Volkstheater, Vienna. Dir.: Dr. Rudolf Beer; Bassermann (Lars); Else Bassermann (Johanne).*

381. Alfred Polgar, *Die Weltbühne*, 22 (1926), No. 4, 148-50.

Das ist ein Stück aus der frühesten Periode Georg Kaisers, wo sein Pathos den Dingen noch so locker aufsass, dass es von Ironie, und seine Sprache noch so gradezu redete, dass sie von Deutsch nicht zu unterscheiden war. Doch geht die Legende, dass nur das Szenarium des *mutigen Seefahrers* alt, die Diktion aber neuern Datums sei. Dann würde sie von der Fähigkeit ihres Autors zeugen, mit gewesener Zunge zu sprechen, sich einer überwundenen Ausdruckstechnik zu unterwinden.

Auch in diesem Jugendstück übt der Dichter schon seine besondere dramatische Methode. Sie verrät sich im

eigenartigen Placement der Gesichtspunkte und
Gedankenstriche, in den bizarren Schleifen, die das
Geschehen läuft, in der Hohlspiegelung menschlicher
Beziehungen und Schicksale.
   Eine sehr verwickelte Geschichte. [...] Später hören
die zu Hause Wartenden, dass das Schiff, auf dem laut
Passagierliste Lars die Überfahrt angetreten, mit allen
Fahrgästen untergegangen ist. (Kaiser nennt den
explodierenden Dampfer nach seiner Vaterstadt, die er nicht
schmecken kann, Magdeburg. Ein Wunschtraum.) [...]
   Wie man sieht, ein groteskes Spiel, witzig
schundliterarisch, aussen Volksstück, innen Parodie. Wieder,
oft bei Georg Kaiser, werden Menschen plötzlich aus enger
Bahn geschleudert, fallen ins Grenzenlose und Absurde. Hier,
da der Dichter gut bei Stoss und Laune, ins Glück. An der
Geometrie des Stückes wird dessen, gewollte, Komik ganz
offenbar, durch den Dialog schlägt sie nur als verwischte
Farbe. Ins sozusagen Problematische seiner Figuren zielt und
trifft der Dichter, der Komplizierungen des Einfachen froh,
hintenherum: statt Sitzer verkehrte psychologische Quart
über die Hand.
   Die Aufführung im Wiener Deutschen Volkstheater (unter
Rudolf Beers liebevoll-verspielter Regie), rund und gut,
äusserst sauber im Detail, unterfüttert die Skurrilität der
Sache etwas zu dick mit Gefühl und Stimmung. So wattiert,
verliert die Komödie an Humor, was sie an Wärme gewinnt.
Jedenfalls hat man im Deutschen Volkstheater schon lange
keine so behutsam durchschattierte Vorstellung gesehen.
(Exaktheit auf der Bühne setzt sich in Behagen der Zuschauer
um.) Fräulein Sonik Rainer und Herr Soltau spielen
bescheiden die Rolle eines jungen Paares, das im Stück gar
keine Rolle spielt. Sie wirken schmerzstillend auf die
Langeweile, die zu bereiten ihnen vom Dichter auferlegt ist.
Zum Schlusse lässt der Doktor Beer die zwei Figuren auch,
recht hat er, ganz fallen, er verliert sie einfach aus dem
Text, und kein Mensch fragt, wohin sie gekommen sind. Sehr
spassige Typen armer Biedermänner, die der Geldgedanke
trunken macht — ihre Kleinbürgerei fängt da zu delirieren an
— zeichnen Herr Ziegler und Herr Forest, der solchen
schrulligen Lebewesen immer auch was Spukhaftes gibt, einen
Tropfen kostbarer Märchen-Essenz. Seine Sprechmethode — die
Worte schwimmen als feste Brocken in eine Sauce von Knurren
und Grunzen — bereitet allerdings dem Hörer manche
Schwierigkeit. Frau Else Bassermann überrascht, in der
Minute des Wiedersehens mit dem Totgeglaubten, durch grossen
Ausdruck grossen Gefühls. Herr Brandt gibt dem Amerikaner
das verlangte leibliche Übermass. Leider erschöpft sich im
Format der Figur ihr ganzer Humor. Bassermanns Krämer Lars,
der so schwach war und so stark wird, so klein versagt und
dann so gross sich behauptet, ist wieder ein Stück
überlegener, warmer, liebenswürdigster, radikaler
Schauspielerei. Was sie angreift, wird Gestalt. Gebärde,
Blick, Ton haben formende Kraft, holen vom innersten Leben
des Geschöpfs nach aussen, verraten was von der besonderen

Chemie seiner Menschlichkeit.

382. anon. (1), Jan. 1926, n.s., GKC, incomplete.

Georg Kaisers *mutiger Seefahrer* enttäuschte. Er ist nur insofern für Kaiser bezeichnend, als sein fortwährendes Wechseln der Stilarten hier in eine einzige Komödie zusammengedrängt wurde. In jedem Akt beginnt ein anderes Stück, zeigt sich ein anderes Kaisersches Motiv. Etwas für Philologen. Dieser Kleinbürgergeschichte fehlt der Humor, der sie in ein grösseres Ganze, unser Leben, einbeziehen würde, fehlt die Angriffslust der Komik. In dieser trockenen matten Temperatur züngelt am Rundhorizont allerhand Blitzähnliches — ein Kolophoniumgewitter. In dieser Verulkung der Spiessbürger steckt etwas unrettbar Spiessbürgerliches. Am verdächtigsten die 'Herztöne', die Kaiser hier anschlägt und die von der Regie noch verstärkt wurden, statt sie zu parodieren.
    Bassermann ist der mutige Seefahrer, der sich nicht aufs Meer hinaustraut, dadurch fast ein Enoch Arden-Schicksal erlebt, aus dem er sich nur durch Energie (wo hat er die plötzlich her?) der Phantasie (und diese?) rettet. [...]

383. anon. (2), n.d., n.s., GKC.

Am Wiener Deutschen Volkstheater hat die Wiener Premiere von Georg Kaisers Jugendkomödie *Der mutige Seefahrer* stattgefunden, die bei ihrer Dresdner Uraufführung grossen Erfolg errang. Bei der Wiener Aufführung spielte Bassermann den Lars, Else Bassermann dessen Frau. Diese beiden, ebenso Sonik Rainer als Tochter des Seefahrers, Forest als Postbeamter, Ziegler als Agent und Walter Brandt als Amerikaner schufen durchwegs Prachtleistungen, die dem Stück einen guten Erfolg sicherten.

[Jan. 1926], Erstaufführung, Kammerspiele, Munich. Dir.: Hans Schweikart; sets: Otto Reigbert; Katsch (Lars).

384. anon., *Allgemeine Rundschau*, No. 4, 23.1.1926, p. 63.

[...] Diese Komödie ist eine Jugendarbeit des bekannten Dramatikers; sie ist in den Voraussetzungen reichlich unnatürlich, mehr der Filmkunst, als der Literatur angehörig, aber Spannung ist immer vorhanden. Geschicktes Theater. Die Leitung tat alles, die grobe Vorlage in der Ausführung zu verfeinern. Es wurde durchwegs gut gespielt.

Katsch gab die Rolle des 'Seefahrers', in der neulich
Bassermann in Wien einen sehr grossen Erfolg hatte, sehr
eindrucksvoll und weiss auch Innerlichkeit in diese seltsame
Figur hineinzutragen. [...] Kann man etwas
unwahrscheinlicheres sich ausdenken als diese Handlung?
Allein sie bietet schauspielerische Möglichkeiten. Das
genügt, wir sind bescheiden geworden.

385. J. St-g., *Völkischer Beobachter*, Jg. 39, 19.1.1926, p. 2.

Ob das ein zufälliges Zusammentreffen war, oder ob ein
Bühnenverlag dahinter steckt, dass wir in München in ein und
derselben Woche gleich zwei Aufführungen Georg Kaisers
erleben mussten? Im 'Schauspielhaus' die höchst überflüssig
aufgewärmte *Kolportage* und in den 'Kammerspielen' die
Komödie *Der mutige Seefahrer*, übrigens eines der ältesten
Werke dieses Schriftstellers.

Georg Kaiser ist kein echtes, sondern ein Talmi-Talent,
ein Blender sowohl in seiner dramatischen Technik wie auch
in der Herausgestaltung seiner handelnden Personen. In
seinem *mutigen Seefahrer* haben wir das Enoch-Arden-Motiv,
nur ins Lächerliche gezogen, den steinreichen Onkel aus
Amerika — von Otto Framer, gleich vorweg gesagt, sowohl in
Maske wie im Spiel glänzend gegeben — als 'deus ex machina',
den schnoddrigen Versicherungsagenten, den alten ehrlichen
Kleinkaufmann usw., also durchwegs Typen von Charakteren,
denen wir schon in x Stücken begegneten. Neu ist nur die
Geschichte mit der verkauften Schiffskarte, dem Untergang
des Dampfers, der mit Mann und Maus zugrunde geht, und die
daraus sich entspinnende Verwicklung. Allein wie diese
geführt wird, ist sie so unwahrscheinlich wie nur möglich.
So ist es ausgeschlossen, dass etliche Monate Abwesenheit
einen Menschen derart verändern könnten, dass ihn weder
Gattin noch Tochter erkennen, es sei denn, dass er sich
gründlich maskiert, was aber der totgeglaubte Lars Krys
nicht tut.

Kurz und gut: die ganze Komödie ist eine seltsam
unwirkliche Mischung von Lächerlichem, kitschig
Sentimentalem und Unwahrscheinlichem. Dazu dieses
fortwährend tändelnde Spiel mit dem Tode, das einem auf die
Nerven fällt. Witz und Geist hat Kaiser, aber keinen Humor,
daher man über die Antithesen in seinen Wortspielen wohl
lacht, aber nicht warm dabei wird. Ebensowenig wie uns die
Rührszenen ergreifen, denn diesen fehlt wieder die Wahrheit
der Empfindung.

Wenn diese Komödie trotzdem vom Publikum lebhaft
beklatscht und belacht wurde, so verdankt sie diesen Erfolg
einerseits dem Schwabinger Premierenmilieu und anderseits
dem bis ins Kleinste fein abgetönten, hervorragend guten
Spiel und Zusammenspiel aller Darsteller. Katsch, Eichheim
und Horwitz gaben das Brüdertrio Krys so

zwerchfellerschütternd echt, dass man darüber alle
kritischen Bedenken zurückstellen musste. [...] Die
vortreffliche Regieführung Hans Schweikarts und das hübsche
Bühnenbild Otto Reigberts, das uns das Hinterstübchen eines
Krämerladens zeigt, besorgten das übrige.
  Ohne solch glänzende Wiedergabe versinkt *Der mutige
Seefahrer* rettungslos in der Brandung eines mehr oder minder
sanften Durchfalls.

*31.5.1926, Erstaufführung, Schauspielhaus, Düsseldorf. Dir.:
Karl Knaack (also Niels); sets: Eduard Sturm; Hermann Greid
(Lars); Cornelie Gebühr (Johanne); Friedrich Rosenthal
(Jens); Ehmi Bessel (Karen); Franz Everth (Joe Jefferson).*

386. xix., *Düsseldorfer Stadt-Anzeiger*, 1.6.1926.

  [...] *Der mutige Seefahrer* ist ein echter Kaiser. Mit
fesselnder Kraft wird das Thema angeschlagen und die
Situation stark und geschickt aufgerissen: die Komik der
nach Reichtum lüsternen Leute, der Gebrüder Krys. [...]
  Und zuletzt die trotz ihrer Gespensterhaftigkeit
vehement ethische Energie des zurückgekehrten Lars, der
gegen das öde Geld-Yankeetum um seine Frau und damit für den
Sieg des Rein-Menschlichen überhaupt kämpft.
Wie man sieht: Komik genug, heitere und lachende wie
auch ernste und erschütternde. Wenn — ja wenn Kaiser nur die
Kraft besessen hätte, die komischen Situationen immer mit
tiefem, blutwarmem Leben zu füllen. Seine Menschen waren und
bleiben auch hier sehr häufig blosse erklügelte,
konstruierte Figuren eines Denkspielers. Freilich war da und
dort diese oder jene Situation wirkungsvoll gestaltet, aber
als Ganzes genommen blieb auch dieses Kind Kaiserschen
Geistes *Der mutige Seefahrer* nur das dürre Produkt eines
mechanisierten Gehirnes.
  Um so staunenswerter ist die Leistung der Regie und der
Darsteller, die es vermochten, diese konstruierten Figuren
mit Blut und Leben zu füllen. Natürlich nur so weit, wie sie
überhaupt mit Blut und Leben erfüllt werden können. Karl
Knaack, der Regisseur, hat mit seinem Gefühl für alle Arten
der Komik das Spiel zu formen verstanden, und die Darsteller
haben es durch die Intensität ihrer Gestaltungskraft belebt.
Eine Leistung ganz bedeutenden Formats war der Lars Krys von
Hermann Greid, der diesem armen [...] feig-mutigen Seefahrer
fast tragische Grösse gab. Ihm gleich Cornelie Gebühr: die
bodenfeste, schlichte, und in ihrer Schlichtheit und
Gradheit unbeirrte Frau, der nur der drohende Sieg des
Amerikanismus peinigende Seelenangst bereitet. Der innerlich
morsche, am meisten geldgierige Versicherungsagent Jens Krys
wurde von Friedrich Rosenthal mit grosser Kraft
künstlerischer Gestaltung gespielt, und Karl Knaack gab dem
spiessbürgerlichen, etwas gutmütigen bürokratischen

Postbeamten eine scharf charakterisierende, köstliche Note. Ehmi Bessel hätte der scheuen, gläubigen, mädchenhaften Karen trotz aller Zartheit doch mehr spielerische Aktivität geben können; durch ihre innere Teilnahmlosigkeit wirkte sie manchmal wie ein Statist. Erich Thormann wusste dem träumenden Marius Madsen echte Töne reiner Menschlichkeit zu geben und einen ganz prachtvollen geldschnodderigen Yankee schuf Franz Everth in seinem Joe Jefferson.

So hat die gute Darstellung den dürren Kaiser wenigstens einigermassen gerettet!

387. H., *Düsseldorfer Tageblatt*, 3.6.1926.

Wenn nach Kaisers Meinung 'Das Drama schreiben' nichts anderes ist als 'einen Gedanken zu Ende denken', dann hat er in dieser Tragikomödie courthsmahlerschem Schluss sich verdacht. So gewollt krampfig mutet der Ausgang an und riecht nach übelster Romantechnik. Wieviel eher hätte Lars Krys Ursache, an sein mutiges Heldenherz zu pochen und sich Mörder zu nennen, da doch mit seinen Papieren ein anderer den Fischen zum Frasse ward, weil er zu feige war, nach Amerika zu fahren? Anstatt Joe Jefferson einen Mörder zu schimpfen, so dass dieser Vollblutamerikaner aus Sorge um seine Gesundheit klein beigibt, das Scheckbuch zückt und Lars romantische Sehnsüchte etwas vergoldet!

Schade, dass dieser schlechte Einfall die vielen guten und ergötzlichen des Kulissenblenders Kaiser abschliesst! Man lacht so gerne vor den köstlichen Situationen, die, wenn auch altem Schwankgut nahe verwandt, doch in der Hand dieses famosen Technikers gut placiert werden. Und vergisst darüber sprachliche Gedehntheiten, abgegriffene Typisierung, unnötigen Aufstrich über verständliche Wesensschau.

Vor allem bei der glänzenden schauspielerischen Wiedergabe. An einem minderwertigen Stoff schulen sich beste Kräfte. Man braucht nur die Lektüre des Briefes durch Hermann Greid als Lars in ihrer Gekonntheit auf sich wirken zu lassen, und weiss, woran man mit ihm ist! Wie er aus der bekümmerten Geducktheit seines Kleinhändlerdaseins einen Anlauf nimmt, versagt und zu unheimlicher Eindringlichkeit sich steigert, das erschloss letzte Tiefen künstlerischer Gewissenhaftigkeit. [...] Die unglückselige Figur des musengeküssten Kolonialwarenladenschwengels machte Thormann glaubhaft. [...]

Das Kryssche Kleeblatt musste sich wiederholten Hervorrufen zeigen.

388. anon., *D. Z. am Sonntag*, 5.6.1926.

Diese Komödie, ein Jugendwerk Georg Kaisers, ist gänzlich unproblematisch. Ihre Handlung verläuft auf dem

sicheren Gleise des Lustspiels der guten alten Zeit. Sie
hält sich am Tatsächlichen und tritt nie ins Helldunkle.
[...] Diese Handlung pendelt so zwischen der toten
Tante und dem Schneider Wibbel hin und her. Sie ist
ausserordentlich geschickt zurecht gezimmert, wirkt
bühnenmässig vortrefflich und ist imstande, auch ein
anspruchsvolleres Publikum einen Abend gut zu unterhalten.
Im Schauspielhaus war das Publikum jedenfalls von dieser
lustigen Komödie entzückt. Es hatte allen Grund dazu, denn
die Aufführung war wieder einmal ein Meisterstück dieser
Bühne. [...] Rosenthal, dieser überaus vielseitige Künstler,
stellte eine ausserordentlich lebensechte Figur auf die
Bretter. Er lebt seine Rolle von innen heraus mit und was er
sagt, mit dem Munde und mit den Händen, kommt vom Herzen und
geht zum Herzen. Sein Jens Krys war das Beste, was ich von
ihm gesehen habe. [...] Ehmi Bessel stellte ein entzückendes
Mädelchen auf die Bühne [...] und nur Cornelie Gebühr wusste
aus der Frau Johanne nichts zu machen. Diese Rolle war
fehlbesetzt. Lilly Kann hätte sie geben müssen. Die Gebühr
ist eine glänzende Salondame, eine im Konversationsstil
glänzend wirkende Schauspielerin, sie ist elegant,
liebenswürdig, gewinnend, neckisch und schelmisch, wenn es
sein muss, aber sie ist nicht die einfache, schlichte Frau
aus dem Volke, die keines starken Profils bedarf, um doch
echt zu sein. Eduard Sturm hatte ein ausgezeichnetes
dänisches Interieur gestellt. Das Publikum klatschte die
drei Brüder Krys mehrere Male vor den Vorhang, was im
Schauspielhaus immerhin etwas bedeuten will.

389. h., *Der Mittag*, 1.6.1926.

Vor wenig mehr als einem Monat Georg Kaisers *Zweimal
Oliver* und nun seine Komödie *Der mutige Seefahrer*. Etwas
viel – aber man lässt es sich gefallen; da der Kaiser des
mutigen Seefahrers darauf verzichtet, problematisch zu
kommen, und nichts weiter als recht und schlecht eine
Komödie bietet. Ob mit oder ohne Absicht: mehr ist dieses
Spiel nicht. Kaisersche Schlagworte blitzen zwar auch hier
vorüber, seine Probleme klingen an, seinen Lieblingstyp
erkennt man. Das ganze Geschehen aber ist eine menschliche
Komödie, in der die Überschneidungen, die Kaiser nun einmal
nicht lassen kann und die besonders in den ersten Akten sich
häufen, wie Fremdkörper erscheinen. Sie geben dem Spiel von
dem verhinderten mutigen Seefahrer Lars Krys [...] eine
gewisse Zwiespältigkeit. Mit Recht hatte sich Karl Knaack,
der das Spiel leitete, nicht auf Experimente eingelassen. Er
gab der Komödie Realität und Lebensechtheit, liess sie
sicher und flott abrollen. [...] Seinen Lars Krys erfüllte
Hermann Greid in allen Einzelheiten und allen Stadien seiner
Entwicklung mit zwingendem Leben. Die Dämonie des
Kaiserschen sendungs-besessenen Menschen umwitterte ihn in
der Unterredung mit dem Amerikaner Joe Jefferson, dem Franz

Everth breite und satte Lebensfülle lieh. [...] Cornelie
Gebühr, eine Johanne von warmer Weiblichkeit und gesundem
Empfinden [...] Matt dagegen Ehmi Bessels Karen. Auch Erich
Thormanns Marius Madsen hätte mehr innere Wärme nicht
geschadet. Das Publikum spendete zum Schluss lebhaften
Beifall.

390. O. G., *Bergische Zeitung*, 22.6.1926.

Der mutige Seefahrer beginnt schwer, erdhaft, beinahe
echt, soweit man bei Kaiser von echt reden kann, und endet
grotesk, unwahrscheinlich, burleskenhaft. Eine Zeitlang
gehen diese Menschen auf den Füssen, zuletzt steht alles auf
dem Kopf. Und was bewirkt nun diese Umkehrung von Vernunft
in Wahnsinn? Etwa ein grosses, heiliges, unantastbares
Schicksal? Weit gefehlt. So etwas benötigten die
rückständigen Griechen, oder hirnverbohrte Idealisten. Heute
kann man das einfacher und billiger haben. Man lässt einen
Brief aus Amerika ankommen mit der Aussicht auf 600 000
Dollar! Man lässt Ozeandampfer explodieren, nur, um einen
gefühlsrohen Amerikaner gesund werden zu lassen. Man trauert
wochenlang um einen Toten, der schliesslich gar nicht tot
ist, sondern eines guten Tages auf der Bildfläche erscheint.
Man lässt einen Künstler Heringe verkaufen und zugleich eine
grosse Symphonie schaffen. Kurz, man bedient sich der
unglaublichsten Mittel, die selbst ein ernstzunehmender
Filmregisseur verabscheuen würde, um schliesslich eine
mittelmässige Komödie zusammenzubrauen, deren Grundcharakter
so beschaffen ist, dass man am Ende weder warm noch kalt,
weder amüsiert noch erschüttert, weder unterhalten noch
gelangweilt ist. Ein belangloses Nichts. Man trauert
vielleicht nur um die verlorenen Stunden.
   Georg Kaiser ist nicht ernst zu nehmen, das lehrt sein
mutiger Seefahrer. Wir Menschen einer furchtbar ernsten Zeit
aber wollen ernstgenommen werden! Das Theater hat einmal
eine Sendung gehabt. Es gab einmal Ideen auf der deutschen
Bühne. Heute aber dreht sich auch hier das Rad des
Geschehens um die Goldachse. Sechsmal hunderttausend Dollar
— das ist die Idee, von der die drei Brüder Krys besessen
sind.
   [...] Eine famose Lustspielfigur ist der Amerikaner
Jefferson, dem Franz Everth im Sinne des Autors eine plumpe
geschäftstüchtige, materialistische Note verlieh, die für
den Durchschnittsmenschen einfach den Amerikaner
kennzeichnet. Aber es bleibt eine Possenfigur. Sie ist nicht
ernst zu nehmen. [...]
   Trotz der aufgewandten Mühe von Seiten der Regie (Karl
Knaack) und der Schauspieler blieb eine tiefere Wirkung aus,
der Beifall war spärlich. Vielleicht empfindet selbst das
grosse Publikum, dass es gewissermassen beleidigend ist,
stets an der Nase herumgeführt zu werden. Solche
Enttäuschungen schmerzen. Immer, wenn man etwas wie Glut und

Atem des wahren Dramatikers zu verspüren meinte, folgte im nächsten Augenblick die kalte Dusche. Statt Psychologie, statt organischer Entwicklung der 'Deus ex Machina'!

Äussere Erfolge mag Georg Kaiser noch viele haben, aber die Gemeinde derer, die ihn durchschaut haben, wächst von Tag zu Tag. Unsere Hoffnung wendet sich anderen, zukunftsträchtigeren Erscheinungen zu!

391. M., *Düsseldorfer Nachrichten*, 1.6.1926.

[...] Am gestrigen Abend unterhielt sich das Publikum jedenfalls auf das prächtigste an Hand dieses Jugendwerkes von Georg Kaiser, das, ganz am Gegenständlichen, am Milieu haftend, nicht gerade bedeutenden dichterischen Gewichts, gleichwohl aber in der Schilderung des Klein-Menschlichen von warmem Humor durchsonnt ist und den Schauspielern mit der schlagkräftigen Profilierung der Gestalten überaus dankbare Aufgaben vermittelt. Die Phantasie um das Geld, das leidige Geld, der Traum von dem einmaligen grossen Erlebnis deutet auf den späteren Denkspieler Georg Kaiser hin, desgleichen die hochstelzige, konstruierte Sprache des jüngsten der Brüder Krys, die allerdings auch das Ergebnis einer nachträglichen Überarbeitung der Komödie sein kann und übrigens eine hübsche komische Note liefert.

Die Wiedergabe unter Karl Knaacks Regie war köstlich. Die von Eduard Sturm geschaffene gemütliche Kleinbürgerstube mit dem Blick in den Krämerladen erfüllte sich mit blutwarmem Leben, zum Greifen nahe in der Gesamtheit seiner realistischen Details, dabei doch immer irgendwie schwebend im Fluss der Bewegung, nie sich auf eine Einzelheit festsetzend. Es war das Leben mit dem heiteren und dem nassen Auge, und zumal atmete es aus den drei Brüdern [...]. Hermann Greid als Lars gelangte aus der lakonischen Wortkargheit des Anfangs zu einer Beredtsamkeit von wahrhaft dämonischer Gewalt, da es sich darum handelte, den verdammten Amerikaner unterzukriegen. Tief klang die Menschlichkeit, mit der er den mutig um sein Glück kämpfenden Lars aus der Kleinmütigkeit seines lächerlichen Abenteurertums emporhob. Und intim wie er warm in ihren Zügen auch die beiden Junggesellen gestaltet, der stille, betuliche, bedachtsame Niels Karl Knaacks und der explosive, phantastische, in seinem Elend ach so anschauliche Jens Friedrich Rosenthals. Mit prachtvoller Natürlichkeit statteten [sic] weiterhin Cornelie Gebühr die Johanne aus, entzückend blond in Art und Wesen gab Ehmi Bessel das Töchterchen Karen, voll breitspurig selbstbewusstem Yankeetums stellte Franz Everth den Joe Jefferson hin, sympathisch verkörperte Erich Thormann den Musiker Marius Madsen, der aus Not zum Heringshändiger wird... Das Haus klatschte zum Schluss die drei Brüder Krys begeistert heraus.

[1927], *Thaliatheater, Berlin. Dir.: Josef Gielen; Erich Ponto (Jens); Salfner (Lars); Else Bäck-Neft (Johanne).*

392. H. Ihering, 2.3.1927, in *Von Reinhardt bis Brecht* (Reinbek: Rowohlt, 1967), pp. 246–47.

Ein grosser Erfolg der gesammelten Werke von Georg Kaiser. *Der mutige Seefahrer* oder *Kolportage* oder *Kanzlist Krehler* oder *David und Goliath* oder *Zweimal Oliver*. Auch stilistisch liegt alles nebeneinander: bürgerliches Lustspiel und Commedia dell'arte, Rührstück und Groteske, verkürzte Telegrammsprache und redselige Ausführlichkeit.

Dieses Anfängerstück hat Georg Kaiser lange verborgen gehalten. Als er es hervorholte, griffen die Theater im Reich sofort zu. Berlin zögerte. Das hatte immerhin ein Gutes: *Der mutige Seefahrer* wurde nicht vor dem blasierten Publikum einer Glanzbühne, sondern vor unverbildeten Zuschauern in der Dresdner Strasse gespielt. Das Thaliatheater, unter der Direktion von Hans Felix, ist der Volksbühne angegliedert. Hier hatte es seinen Erfolg, weil es nicht Stücke nachspielte, sondern ein handfestes Theaterwerk anderen Berliner Bühnen vorspielte. Einen Erfolg des Stückes und der Darstellung.

[...] Reizend ist die Unbekümmertheit, mit der alle Harmlosigkeiten verwendet werden. Ein hingespielter Schwank, hingespielt mit den alten Requisiten und Masken des Theaters. Verliebt in die Kulisse, verliebt in den Leimgeruch und Staub einer Vorstadtbühne. Aber Kaiser ist schon in seinen Anfängen viel zu hellhörig, als dass er nicht doch etwas von der Zeit einfliessen liesse. Hier ist es der Kampf zwischen kleinstädtischem Detailgeschäft und grossstädtischer Warenhausfiliale. Liebesszenen sind auch hier Kaisers Sache nicht. Aufgesteift Literarisches kündigt sich am Schluss an, wenn Lars den Amerikaner verwirrt. Sonst schlägt aus jeder Szene die Komödienlust des Dichters. Kaiser hatte das Pech, dass seine Erlöserstücke, wie *Hölle Weg Erde*, breit diskutiert und seine Schwänke als beinahe unverzeihliche Nebenwerke behandelt wurden. Gerade die Lustspiele sind Kaisers echteste Bühnenstücke. Die leichten, flinken Schwänke sind ohne Pose, beweglich, fettlos, durchtrainiert.

Von diesem Sportgeist der Lustigkeit war die Aufführung erfüllt. Der Regisseur Josef Gielen leitete im vorigen Jahr an der Dresdner Staatsoper die vortreffliche Vorstellung von Kurt Weills Oper *Der Protagonist* (Text von Kaiser). Jetzt leitet er im Thaliatheater den *mutigen Seefahrer*. Gewiss, manche Nuancen machen sich selbständig. Salfner als Lars und Else Bäck-Neft als seine Frau schleppen zu sehr. Sonst wird alles auf hurtige, manchmal optisch durchgebildete Komik gestellt. Das Erscheinen des riesigen, durch einen Mantel märchenhaft vergrösserten Diegelmann ist glänzend eingesetzt und vortrefflich gegen den kleinen beweglichen Jens Krys gestellt. Ihn spielt Erich Ponto vom Dresdner Staatstheater. Ich sah ihn in Dresden als Schluck. Ein Darsteller von ursprünglicher Verwandlungslust. Ihn durchfiebert die Rolle. Es gibt keinen toten Punkt. Bis in die Fingerspitzen wird alles Ausdruck, beweglicher, elastischer, schnellender Ausdruck. Ein Schauspieler von Phantasie und handwerklichem Können. Man ist angeregt und sicher bei ihm. Er kann, was er will. Im hurtigsten Tempo ist Deutlichkeit. Manchmal macht er zuviel. Manchmal schlägt leise die Provinzroutine durch. Aber Pontos ursprüngliches Schauspielertum, der Fonds seiner Phantasie ist noch unverbraucht. Vielleicht wachsen in dieser nuancierenden Kunst keine Begabungen nach. Es ist Burgtheater. Aber bestes Burgtheater. [...]

Zweimal Oliver

15.4.1926, joint Uraufführung, Staatliches Schauspielhaus, Dresden. Dir.: Georg Kiesau; sets: Adolf Mahnke; Alfred Meyer (Direktor); Friedrich Lindner (Oliver); Alice Verden (Olivia); Marion Regler (Olivers Frau).

393. H. Ih., n.d., n.s., GKC.

   Als der Verwandlungskünstler Oliver in dem grossen Varietéakt dieser neuen Sprechrevue von Georg Kasier sein Original in der Loge erschossen hatte, brach im zweiten Rang eine Dame in Schreikrämpfen zusammen und musste hinausgebracht werden. [...] Teils ein glänzendes Theaterstück, teils eine abbiegende Skizze mit ausweichendem Schluss.
   Der Beifall war in der Pause und am Schluss stark. Ein Erfolg. Die Aufführung anständig, sorgfältig, aber zu genrehaft, zu idyllisch.

394. H. Ihering, *Berliner Börsen-Courier*, 16. and 17.4.1926, in *Von Reinhardt bis Brecht*, II (Berlin: Aufbau, 1959), 212-16.

   Der Verwandlungskünstler Oliver ist im Wahnsinn schliesslich das, was am Beginn seiner Laufbahn ein Maskenkunststück ist: der letzte Zar von Russland. [...]
   Anfang und Ende des Stückes berühren sich. Olivers Frau packt beim ersten Aufgehen des Vorhangs die Uniform des Zaren ein: eine fast filmisch akzentuierte optische Exposition. Aber Georg Kaiser, der ein Meister der szenischen Stichworte ist, der fast immer genau weiss, wie scharf er Druckmomente einsetzen, wieweit er eine Person dramaturgisch betonen darf, irrt sich hier in der Gewichtsverteilung der Gestalten. Kaiser schlägt zu Beginn besonders stark das Motiv von Olivers hinkender Frau an. Die Frau droht mit Mord, mit Doppelmord, wenn Oliver je in die Einflusssphäre eines anderen Weibes geriete. Die Ausbrüche sind so heftig, das Schicksal der Frau wächst so empor, dass die Spannung in eine falsche Richtung gelenkt wird. Man denkt: das Ende kommt durch diese Frau. Gewiss, es ist gut, dass der banale Abschluss nicht eintritt; aber in der Disposition des Stückes ist die Frau zu bedeutsam akzentuiert.
   Oliver wird von einer Dame gemietet, ihren abwesenden Liebhaber darzustellen [...] Kaiser braucht die Drohung der hinkenden Frau, um zu motivieren, dass Oliver seine

Einkünfte aus diesem Unternehmen verschweigt; dass er, der seiner Frau gegenüber als arm gelten muss, seine Tochter aus erster Ehe an den Direktor verkauft und sich so doppelt verstrickt. Zweimal Oliver ist zweimal Georg Kaiser. Georg Kaiser, der die bürgerliche Tragödie im Hause Oliver als Druckmoment für die Tragödie des verwandelten Oliver ansetzen will und sie zu einer Privattragödie macht (so dass man überrascht ist, wenn die Frau plötzlich verschwindet). Georg Kaiser, der den verwandelten Oliver aus seiner Rolle fallen und wirklich die Frau lieben lässt; Georg Kaiser, dessen Oliver das Spiegelbild erschiesst, aber nicht aus Eifersucht, sondern weil er sich selbst töten will. Georg Kaiser, der wieder Szenen in blendender Verkürzung, von komödienhaftem Schmiss dichtet, wie die Varietébilder. Georg Kaiser, der manchmal fast larmoyant auftreibt.

Zweimal Oliver ist, im Einfall scharf auf Pointe gestellt, eine artistische Eingebung, ein szenisches Kunststück — wie *Der Protagonist*. Aber *Der Protagonist* bekennt sich zur glänzenden artistischen Spielerei. *Zweimal Oliver* stösst an menschliche Grenzen. Er ist als Rechnung gedacht, geht aber nicht als Rechnung auf. *Der Protagonist*, der auch zwischen Sein und Schein steht, schliesst mit der Pointe, dass der Held nach dem Morde eine Szene zwischen wahrem und gespieltem Wahnsinn geben will, die alle Grenzen verwischen wird. Aber die Szene selbst wird nicht mehr gezeigt; und es ist eine der glänzendsten Operneinfälle, dass Kurt Weill den Akt musikalisch enden lässt, als ob jetzt die Vorstellung erst anfinge, als ob die Schlussfanfaren die Anfangsfanfaren der wahren Vorstellung wären, die wir nicht mehr erleben. *Zweimal Oliver* zeigt den Irrsinn in Ausführlichkeit. So glänzend Kaiser den Sinn des Stückes gedanklich fasst — man hat auf der Bühne zu viel Irrenszenen gesehen, als dass sie noch eine sinnbildliche Bedeutung haben könnten. Sie wirken als grusliger Selbstzweck. Hier hat es eine dramaturgische Bedeutung, dass sich jemand als Kaiser von Russland ausgibt. Auf der Bühne wirkt es trotzdem als Feld-, Wald- und Wiesenirrsinn. Die Worte verlieren ihre einmalige Bedeutung, weil die szenische Situation abgenutzt ist.

Zweimal Oliver kann zu glänzender Theaterwirksamkeit gebracht, zu einer Art Sprechrevue gemacht werden, wenn man die menschlichen Momente, die nicht hineinpassen, möglichst fallenlässt und die Kunststücke blendend aufzieht. Dazu gehört auch: die beiden Irrenbilder in eins zusammenzuziehen; vom letzten nur die friedliche Vergessenheitsschwärmerei Olivers, die innerlich-heitere Auflösung zu geben — ohne die abgebrauchten Kontraste der anderen Wahnsinnigen. Dann wird noch einmal das Thema Sein und Schein eine Bühnenbedeutung bekommen, bis es hoffentlich für lange Zeit anderen Themen Platz macht. Auch in der Produktion Georg Kaisers.

Ein Virtuosenstück muss virtuosenhaft gespielt werden. Menschliche Rettungen sind falsch. *Zweimal Oliver* innerlich dargestellt — und die ganze Überflüssigkeit des Themas vom verwandelten Ich wird deutlich. In einer Zeit, die andere Themen als überspitzt individualistische braucht. In einer Zeit, die unter diesen Themen bis zur Verzweiflung bei Pirandello gelitten hat. *Zweimal Oliver* als Sprechrevue gegeben — das abgegriffene Thema tritt zurück, das blanke Kunststück beherrscht den Vordergrund.

Am Staatlichen Schauspielhaus in Dresden wurde das Kunststück nicht gegeben, konnte es nicht gegeben werden. Städte von der Art, Landschaft und Vergangenheit Dresdens haben heute eine traditionell bewahrende Bedeutung. Die künstlerischen Kämpfe werden an anderen Theatern ausgetragen. (Musik ist hier wie fast überall etwas anderes.) Von den Resten einer alten Theaterkultur zeugte auch diese Vorstellung. Es gab ein Zusammenspiel. Es gab kleine Rollen. Es gab richtig verwendete Schauspieler. [...]

Friedrich Lindner gibt den Oliver; schlicht, deutsch, verträumt, wahrhaftig. In klassischen Rollen übernimmt sich Lindner leicht; seine Nerven gehen mit ihm durch; die Führung der Rolle entgleitet ihm. Hier hat er sich in der Gewalt. Er ist ergreifend echt. Vor dieser Leistung empfindet man die leise Tragik der Vorstellung fast schmerzhaft: dass das gepflegte, andächtige Theater nur eine Vergangenheit, keine Zukunft hat, dass die Entwicklung andre Wege geht — fern von der beruhigten Innerlichkeit. Man spürt es nervenmässig schon an der *Organfarbe*. Die jungen Schauspieler haben heute meistens gespanntere, elastischere Stimmen, unberuhigte, vibrierende, helle Organe, weniger tief, weniger umschattet, weniger stimmungsvoll.

Georg Kiesaus Inszenierung entsprach den Schauspielern. In gut getönten und räumlich aufgeteilten Szenenbildern von Adolf Mahnke liess der Regisseur nobel, anständig, menschlich sordiniert spielen; beruhigt, traditionell vortrefflich, ohne Glanz, ohne Zukunft. Von der Bassermann-, Krauss- oder Forster-Weise, von der Komödiantenweise wurde *Zweimal Oliver* in die Edelmutsweise hinübergespielt.

Zweimal Oliver zeigte die gute Tradition des Dresdner Staatstheaters. Die Aufführung des *Grossen Krugs* im Dresdner Opernhaus zeigte die schlechte Tradition. Die Aufführung von Weills und Kaisers *Protagonisten* zeigte die Zukunft. Josef Gielen ist als Regisseur nach dieser Probe scharf, lebendig, wagemutig, Ellen von Cleve-Petz als choreographische Leiterin in den ältesten Ballettvorstellungen befangen. [...] Früher wurde zum Geburtstag des Kaisers im Berliner Opernhaus eine öde Ballett- und Dekorationsscharteke *Korfu* gegeben. So gab man in Dresden die Ballettkomposition von Alfred Casella. Diese dünne choreographische Komödie (nach einer Novelle von Pirandello) überhaupt zu spielen, ist überflüssig. Sie nach dem starken Opernereignis des *Protagonisten* zu geben, ist doppelt überflüssig. Sie *so* zu geben, ist unbegreiflich. Immer dieselben Läufe, Sprünge, Gruppentänze; immer dieselben Massenansammlungen ohne auflösende, abwechselnde Phantasie, ohne thematische Variationen [...] eine lähmende Angelegenheit.

Dresden muss im Schauspielrepertoire lebendiger werden
(und kann es, selbst wenn man seine beharrende Kraft in
Rechnung stellt). Dresden muss das Ballett von Grund auf
erneuern. Auch der Varietéakt in *Zweimal Oliver* wurde durch
den Temperamentmangel des Balletts gehemmt.

395. Johannes Reichelt, *Das literarische Echo*, 28 (1925-26),
542.

Kaisers Schaffen lässt sich auch nach dieser
Artistenkomödie *Zweimal Oliver* nicht auf eine Formel
bringen. Bezeichnet man ihn nach den erhitzten,
aufgepeitschten Lebensbildern als den problematischen
Theatraliker, Kinodramatiker, als den kühlen Konstrukteur
und Berechner, so trifft man das Wesenhafte seines
künstlerischen Temperaments nicht, den Kaiserischen Rhythmus
der Sprache, der zu tiefem Erleiden seines Kampfes um Ideal
und reales Leben, zu seiner gespaltenen Seele führt. Es ist
ein dichterischer Einfall aus Shakespeares Bezirken, diese
Schein- und Wirklichkeitswelt des unglücklichen Artisten
Oliver mit hungernder Glückssehnsucht und flutendem Leben zu
verweben, dass sein Held im Reichtum sich Bettler, in Armut
Krösus dünkt. Spannend und mit unerbittlicher
Folgerichtigkeit ist diese Komödie durchgeführt. Aber die
psychologische Glaubhaftigkeit stolpert bei der
psychopathischen Eifersucht von Olivers Frau, die jeden
umbringen will, der ihm Gutes tut. Hier wurzelt die Tragik
seines Helden. Aber trotz der Spannung kommt es nicht zu
tiefen Erschütterungen, man fühlt die Scheindramatik. Die
Idee ist stärker als die Komödie. Der dramatische Aufbau
versagt. Kaiser fühlt es selbst und nennt seine Komödie 'Ein
Stück in drei Teilen'. Die Bilder jagen sich, die Schaugier
wird befriedigt wie im Film, daneben kommt es zu
Gefühlsballungen in lapidarer Sprache und kontrastreicher
Gegenüberstellung. Dramatische Kolportage, hinter der
Tiefmenschliches dämmert. Ganz köstlich, wie Kaiser den
'Artistenrausch' aus dem Dialog zwischen Olivers Frau und
dem Logiswirt aufleuchten lässt, wie in seinen Gegenspielern
er Plastiker wird. Deutlicher und tiefer als bei Pirandellos
Sechs Personen suchen einen Autor ist sein Spiel um Schein
und Wirklichkeit. Tragik liegt über Groteskem. [...] Kaiser
strebt am Schluss über sich selbst hinaus. Er führt seinen
'Protagonisten', der in höchster Ekstase sein Spiel als
Wirklichkeit lebt, zu unheilbarem Wahnsinn. Versöhnung,
Erlöstheit liegt über dem gespaltenen Ich des Zeitmenschen
Oliver, der nach allem Gestossen- und Getriebenwerden in
seiner eingebildeten Welt das Paradies, ewiges Vergessen,
findet. Das Stück hält in atemloser Spannung. Doch zur
wahren Spiegelung der Seele seines Zeitmenschen, zur inneren
Notwendigkeit dieses veränderten Ich-Bewusstseins und zum
Symbol führt seine lodernde Phantasie nicht. Aber man spürt
den Flügelschlag eines Dichters.

396. Will Vesper, *Die schöne Literatur*, 27 (1926), 285.

Elf [sic] deutsche Theater machten sich den gleichen
Abend an der Uraufführung dieses traurigen Schwankes
mitschuldig, als handle es sich um ein Werk, das man gar
nicht schnell und breit genug vor die Öffentlichkeit stellen
könne. Wieviel Liebe, Kosten, Mühe und Geduld der Zuschauer
wurden verschwendet an eine plumpe Banalität, an eine
geistige Hochstapelei durchsichtigster und miserabelster
Mache. Man schlich mit einem Katzenjammer davon, als hätte
man mit einem faden, widerlichen Schwätzer gezecht. Den
bitteren Geschmack auf der Zunge und im Herzen konnte auch
die an und für sich gute Dresdner Aufführung, die Kiesau
leitete und für die Schauspieler, wie Friedrich Lindner,
Alfred Meyer, Alice Verden und Hertha Schröter, viel
ehrliche Mühe aufwandten, nicht beseitigen.

397. Hans v. Zwehl, n.d., n.s., GKC.

Georg Kaiser hat Dutzende von Dramen geschaffen, in
denen die verschiedensten Stile und Handlungen verwendet
werden. Hastendes Sprachtempo und Kälte des Herzens sind
seine Grundformeln. Manchmal hat er mit jähem Blick die
revolutionären Fragen seiner Zeit aufgeworfen; im ganzen
aber geht die Spirale, mit der dieser Dichter sein Drama
federt, nicht auf Aussenwirkung aus. Georg Kaiser ist, wie
er im *Gas* die Todfeindschaft des Arbeiters gegen die
Maschine verkündet hat, Anarchist; er ist ein einzelner, der
immer die Steigerungen des Ichs in der für breiten
Durchschnitt gepolsterten Welt gesucht hat.
   Nach seinen vorletzten (schwächeren) Stücken, dem
technisch gedrechselten *Nebeneinander* und der ironischen
Kolportage war der weitere Weg des Dichters unbestimmbar.
Sein neues Schauspiel *Zweimal Oliver* schliesst sich an die
Versuche des Dichters, mit der kritischen Vernunft in die
zwei Welten unseres trügerischen Lebens, Schein und
Wirklichkeit, einzudringen. Das Stück ist im ersten Teil
eine ungewöhnlich starke Symbolik der Welt; alle
wesentlichen Zwischenstadien von Dasein und Scheindasein
(Schauspielertum, Bühne, Geld, Liebe, kurz: Illusion) werden
durchgangen. Aber dann verpufft das Ganze in eine blosse
marktschreierische Theatersensation, und statt des
Gesamtbildes bleibt eine private Handlung übrig, die an
einem Einzelfall beweist, dass echte Illusion zu falscher
Wirklichkeit führen kann.
   [...] Diese letzten Szenen sind so starke Angriffe auf
die Nerven, dass die Schreikrämpfe einer Dame aus dem
Publikum den Theaterraum füllten, wie um Kaisers illusionäre
Wirklichkeit zu bestätigen.
   Die Dresdener Uraufführung unter Georg Kiesaus Regie
führte die Bestandteile des Schauspiels zu einer vollendeten

Theatralik zusammen. Die Hauptrolle brachte Friedrich
Lindner charaktermässig, menschlich und sprachlich zu
darstellerischer Vollendung. Das Dresdener Ensemble, von
einigen Frauen abgesehen, genügte hohen Ansprüchen, wie es
ja auch der Tradition dieses Hauses an der Barockpracht des
Zwingers entspricht. Alfred Meyer als Varietédirektor, Willi
Kleinoschegg als Agent, Walter Kottenkamp als Arzt und im
ganzen auch Alice Verden als Olivia spielten vortreffliche
Chargen. Eine regiemässig besonders frappierende Gewandtheit
verriet die Varietészene, die mit der Hinterbühne als
Zuschauerraum, also vom wirklichen Publikum abgewandt
gespielt wurde; mit den Statisten im Hintergrunde, der ohne
Lücke schräg abschloss, wurde die Frage des satirischen
Massenchors vorzüglich gelöst.

15.4.1926, joint Uraufführung, Bochum-Duisburg. Dir.: Viktor Ahlers; Hans Hinrich (Oliver).

398. Bd., n.d., n.s., GKC.

   Zweimal Oliver? — Nein, eigentlich müsste es heissen
zehnmal Oliver. Denn an zehn [sic] deutschen Bühnen ging
dieses Stück gestern zum ersten Male über die Bretter.
Allein im Westen, von Bochum abgesehen, in Düsseldorf,
Barmen und Krefeld. Welche Bewandtnis es unter solchen
Verhältnissen noch mit dem Begriff Uraufführung hat, mögen
die Götter oder besser noch die Bühnenverlage wissen. Es ist
wirklich an der Zeit, dass einmal mit diesem Unfug der
gleichzeitigen Uraufführung an mehreren Orten aufgeräumt
wird, wenn überhaupt eine Uraufführung noch den Charakter
einer objektiven Prüfung haben soll, und es wäre zu
wünschen, dass der Deutsche Bühnenverein auf seiner
demnächstigen Kieler Tagung einmal energisch gegen dieses
geschäftstüchtige Gebaren der Bühnenvertriebe Front macht.
Immerhin darf Georg Kaiser den Ruhm für sich in Anspruch
nehmen, in dieser Beziehung bisher jeden Rekord geschlagen
zu haben. Dafür heisst er eben Georg Kaiser und dafür hat er
ein mässiges Stück geschrieben. Auf beides fallen die
Theater bekanntermassen immer wieder herein.
   In der letzten Zeit ist eine Reihe sehr geistreicher
Bücher erschienen, die es sich zur Aufgabe gemacht haben,
mit allerhand hochtrabenden, aber etwas dunklen Redensarten
ein 'Problem' Kaiser zu konstruieren, das in Wirklichkeit
gar nicht existiert. Der Fall Kaiser liegt für uns
sonnenklar: Er ist einer der bewusstesten, berechnendsten
und raffiniertesten, aber auch gefühlskältesten
Stückeschreiber unserer Zeit. Er kennt sein Publikum und
weiss, wo er es zu packen hat. Ein bisschen Erotik, ein
bisschen Zynismus, sehr viel Sensation, auf Verlangen ein
Schuss billiger Weltanschauung und die Sache ist gemacht.

Siehe diesen Oliver! Zunächst ein Milieu, das 'zieht':
Hinter den Kulissen eines Varietés; Theater auf dem Theater
also. Von *Zaza* bis zu den *Sechs Personen* hat so etwas noch
nie seine Wirkung verfehlt. Dann Chambre séparée und
schliesslich Irrenhaus. Filmdramaturgen, wahrt Eure
heiligsten Güter! Georg Kaiser will sie Euch abspenstig
machen. Zur Handlung selbst ist zu sagen, dass ihre Träger,
wie immer bei Kaiser, nicht unter dem Gesetz einer inneren
Entwicklung handeln, sondern wie Brettfiguren hin- und
hergeschoben oder bei Seite gestellt werden, ehe sie ihre
Rolle ausgespielt haben. Was an Handlung und Inhalt übrig
bleibt, gibt im dritten Akt höchst überflüssigerweise der
Irrenarzt zusammenfassend seinen Hörern auf der Bühne und im
Zuschauerraum zum besten. [...] Die ewigen Verwandlungen,
vielleicht auch das seltsame Benehmen eben jener geliebten
Dame haben seinen [Olivers] Sinn verwirrt. Das Bewusstsein
seines Selbst ist getrübt und zur Bestätigung dessen
schiesst er bei seinem letzten Auftreten seinen
Doppelgänger, der mit der Freundin in der Loge erscheint,
nieder in der Annahme, einen Selbstmord begangen zu haben.
Darauf wird er mit Recht für verrückt erklärt und in eine
Irrenanstalt gebracht, wo es dann noch so eine Art Apotheose
gibt, von der man uns in Bochum glücklicherweise einen Teil
schenkte. Der Zuschauer aber geht mit dem Vorsatz nach
Hause, seinen Sohn auf keinen Fall Verwandlungskünstler
werden zu lassen.
 Die Wiedergabe, die man in Bochum dieser
'Schicksalstragödie' bereitete, wäre in ihrer subtilen
Ausfeilung einer besseren Sache wert gewesen. Ihr galt auch
— wir wollen es wenigstens hoffen — der Beifall, in den sich
vor allem Ahlers als Spielleiter, Hinrich (Oliver) und
Fräulein Reichert (Olivia) teilen dürfen. Nur sollte man in
Zukunft für das Varietébild Original Tiller-Girls und dergl.
Attraktionen engagieren. Damit auch das Gemüt zu seinem
Recht kommt.

399. M. V., n.d., n.s., GKC.

Zweimal Oliver wurde von Viktor Ahlers aus der Taufe
gehoben. Seine Regie traf den Rhythmus des Spieles
ausgezeichnet. Die Szenen im Varieté trugen Revuecharakter.
Realistisch intim präsentierte sich der kleine Salon im
Luxusrestaurant. Das Auftreten der Tanzgirls und die
Jazzbandmusik mit neuesten Schlagern vervollständigten die
Inszenierung. Hans Hinrichs Oliver war glaubhaft in seinem
tragischen Schicksal. Die letzte Szene im Irrenhausgarten
war gestrichen. [...] Das sehr gut besuchte Haus dankte
lebhaft.

400. Sp., *Magdeburger Zeitung*, 22.4.1926.

In Bochum versuchte V. Ahlers als Regisseur ebenfalls erfolgreich, den Rhythmus des Spieles durch wesentliche Striche zu verlebendigen. Dem durchdachten Oliver des begabten Hans Hinrich gelang es, die Tragödie des Doppelmenschen soweit als möglich glaubhaft zu machen.

15.4.1926, joint Uraufführung, Stadttheater, Krefeld. Dir.: Ernst Martin; sets: Fritz Hühnen; Fritz Junker (Oliver).

401. Chr. J., n.d., n.s., GKC.

Die Uraufführung des neuen Kaiserschen Dramas am Krefelder Stadttheater stand unter der stilistisch sehr gelungenen Regie des Intendanten Ernst Martin auf recht hohem Niveau. Sehr zum Vorteil des Stückes war die letzte Szene im Irrenhausgarten weggelassen. Fritz Junker war ein ausgezeichneter Oliver, der sämtliche mimischen Ausdrucksmöglichkeiten entfaltete, die ein Darsteller dieser eigenartigen Verwandlungsrolle haben muss. [...]

402. Sp., *Magdeburger Zeitung*, 22.4.1926.

Die Krefelder Aufführung interessierte vor allem wegen des künstlerischen Mutes, mit dem Intendant Martin die letzte Irrenhausszene zugunsten einer stärkeren Schlusswirkung strich. Auch sonst arbeitete Martins Regie — innerhalb farbig scharf kontrastierender Bühnenbilder von F. Hühnen — die Gegensätze der intellektuell erklügelten Handlung energisch heraus. Unter den Einzelleistungen interessierte besonders F. Junkers Oliver.

403. Dr. K. L., *Generalanzeiger Dortmund*, 18.4.1926.

Auch in Krefeld, wo Ernst Martin Regie führte und Fritz Hühnen die Bühnenbilder entwarf, trug Fritz Junker, der Oliver-Darsteller das Spiel, das durch den Regieeinfall Martins, das elfte Bild zu streichen, einen nach aussen hin zwingenderen Abschluss bekam. Der Erfolg war auch hier gross; die Anerkennung der Künstler zeigte sich in immer neuen Hervorrufen.

[15.4.1926, joint Uraufführung], Barmen-Elberfeld. Dir.: Otto Henning; sets: Georg Salter; Otto Blumenthal (Oliver).

404. H. C., n.d., n.s., GKC.

Die Spielleitung lag beim Intendanten Otto Henning in
den denkbar besten Händen. Man spürte es, dass auf die
Einstudierung des Werkes viel Liebe und Arbeit verwandt war.
Der Bühnenbildner Georg Salter hatte den Szenen einen
effektvollen Rahmen gegeben. Ausgezeichnete Charakterstudien
boten Otto Blumenthal als Oliver und Magda Oehninger als
dessen Frau, Karl Noack machte aus dem Varietédirektor eine
treffliche Type. [...] Der am Schluss einsetzende Beifall
galt dem Stück und der Aufführung.

*[15.4.1926], joint Uraufführung, Thalia-Theater [Hamburg].
Dir.: Röbbeling; Leudesdorf (Oliver).*

405. anon., n.d., n.s., GKC, incomplete.

Im Thalia-Theater inszenierte Direktor Röbbeling Georg
Kaiser. Was an *Zweimal Oliver* den Regisseur lockte, lässt
die Aufführung erkennen: die Artistik der äusseren
Verwandlungskünste, das Milieu von Tingeltangel und
Irrenhaus, Phantastik, Varieté, Jazz. Was nicht herauskommt,
ist die geistige Struktur, das menschliche Schicksal.
Leudesdorf gibt viele Momente des Oliver ergreifend, auch
den ausbrechenden Wahnsinn. Aber nicht die Hintergründe
dieses Wahnsinns [...]

*15.4.1926, joint Uraufführung, Schauspielhaus, Düsseldorf.
Dir.: Gustav Lindemann; sets: Eduard Sturm; Fritz Reiff
(Oliver); Ehmi Bessel (Olivers Tochter); Karl Knaack
(Direktor); Lilly Kann (Olivers Frau); Hermann Greid
(Regisseur); Eleonora v. Mendelssohn (Olivia).*

406. Hans Brandt, *Aufwärts* (Düsseldorf), 30.4.1926 and
2.5.1926.

[...] Kaisers szenische Stärke bleibt der sprachliche
Beton; gerade Verbreiterungen wie *Kanzlist Krehler* und
Zweimal Oliver legen das klar. Sie sind Spielvariationen
bereits zu Ende gedachter Gedanken. Denn zur
Selbstverwandlung, zur Selbstentwicklung im Zeitchaos kommt
Kaiser nicht. Die Energie des Systems kreist nur innerhalb
des Systems! Sie ist Romantik!
Die Teilkonflikte aus *Zweimal Oliver* [...] sind alle
schon vorher zu Ende gedacht: der Fall des Artisten Oliver
im Kassierer aus *Von morgens bis mitternachts*! Seine
Doppelgängertragik in der *Koralle*! Sein logischer Fanatismus
in *Nebeneinander*! Seine irreale Einbildung im *Protagonisten*!
usw. usw. Kaiser ist jedesmal stark, wenn er ein neues
Stossmotiv erhält! Er ist schwach, wenn er ein Altes

variiert! Hier variiert er! Die faszinierende Krise seiner
originalen Stücke wird dann ersetzt durch schweifende,
gezogene Theatralik. *Zweimal Oliver* nach alledem ist
menschlich gesehen: sentimentales Bajazzomotiv! Und
technisch gesehen: der Ausweg ins Kabarett!
   Um dieser letzten Tatsache willen ist *Zweimal Oliver*
ein Theatertext für die Bedürfnisse der Zeit. Es springt
über in die Revue. Es arbeitet mit Einlagen! Es ist ein
Jonglierstück, das theatralisch gekonnt ist. Aber es
verliert sich damit auch! Es hat einen inneren Bruch
zwischen der Tatsache des Vorgangs und den illustrierenden
Einlagen. Es löscht den Vorgang menschlich aus. Das Stück
bricht im vorletzten Bilde in sich selbst zusammen. Die
Irrenhaustragik ist etwas, das nur noch als Kolportage
gespielt werden kann. Es ist menschlich gesehen die
Bajazzotragik der Sentimentalität. Auch wenn Kaisers
sophistisches Denkgerüst es nicht so sehen will. Es ist
Abfahrt nach Nirwana! Es ist Romantik als Geste! Den Reisser
menschlich spielen, heisst falsche Gefühlsbeschwerung
treiben. Den Reisser artistisch-versachlicht spielen heisst
den tragischen Fall annullieren. Aber die knappe,
versachlichte Form kann am ehesten über den Bruch
hinwegkommen. (Die Moritat vom Artisten Oliver!) Der Bruch
bleibt trotzdem.
   Um das Drama vom Artisten Oliver artistisch-referierend
oder als schreiende Moritat spielen zu lassen ist Gustav
Lindemann als Regisseur zuviel Künstler. Er baut seine
Inszenierung aus menschlichen Spannungen auf, liefert eine
stilistisch einheitliche, in den Temperamentsstärken
abgewogene, steigende Aufführung, aber auch er kommt über
den inneren Bruch, über den angehängten Irrenschluss nicht
hinweg. (Gerade hier fühlt man: Dieser Schluss ist eine
logische Lösung, ein Auslauf des gedachten Systems, der
Endakkord der Verwandlungsillusion, aber er ist menschlich,
tragisch unhaltbar. Gerade hier verspürt man: Er hat kein
ausspielbares Ende!) Gustav Lindemann komponiert den Anlauf
bis zur Explosion im Kabarettakt durch, mit verbissenen
Ansätzen im heimisch-fanatischen Zivilmilieu Olivers und
menschlicher Gelöstheit in der Atmosphäre um Olivia.
Dumpfheit steht gegen innere Helle. Der Anlauf der
Doppelgängerkomödie klärt dramaturgisch. Die Führung der
Szenen ist knapp, auf das Notwendige gestellt, ist ohne
Abschweife gegeben. Pausen verstärken, sprachliche
Erhitzungen schaffen Schwüle.
   Eduard Sturm stellt einprägsame Bühnenbilder: das
räumlich gliedernde sachliche Artisten-Zimmer! Die Kantine
mit der Wendeltreppe, durch deren gedehnten Auftritt die
situationsmässigen Spannungen verstärkend wachsen! Die
knapp-sachlichen Kulissenbühnen! Das zweifache Chambre
separée! Die nacktwandigen Irrenhausbilder! Räumlich, soweit
der Raum in den Stellungen gebraucht wird, ist Lindemanns
dramatischer Aufbau vortrefflich gestützt.
   Trotzdem setzt ein Bruch ein: Im Kabarettakt! Was im
Vorgang schon in *Nebeneinander* angebahnt wurde, wird hier

konsequent durchgeführt: Georg Kaiser gibt hier die
dramaturgische Form der Revue! Er gibt hier die Einlage als
Ausbreitung! Er gibt den virtuosen Theatertrick! Die
darstellerische Ausführung dieser Szenen kann vom Aufbau der
Szene her nur sein: Parodie oder artistische Durchführung!
Parodie als Verstärkung des menschlichen Artistenelends,
Persiflage des leeren Betriebs! Oder aber: selbständige
artistische Durchführung, Unterstreichung der Spielerei
Zweimal Oliver! Parodie als Dynamik oder Präzision als
Dynamik! Diesen Akt artistisch auszuspielen läge auf der
Linie von Tairoffs *Girofflé-Girofla*! Dazu würde gehören die
Exaktheit einer Tillergirl-Truppe! Diese Szene, verkürzt,
verschärft, parodistisch durchzuführen hätte in dem
menschlichen Aufbau des Stückes durch Lindemann gelegen! In
der Aufführung des Schauspielhauses entschied man sich weder
für das eine noch für das andere. Man gab den Akt nicht als
Spannung sondern als Folge von Einlagen. Man gab nur den
komischen Einblick hinter die Kulissen, nicht die
Steigerung, nicht die Stauung! Hilde Scheviors Tanztruppe
(aus den Schülerinnen des Schauspielhauses) setzt ihr Bestes
an die Sache, aber ihr fehlt gerade der artistische Schmiss!
Sie bleibt auf halbem Wege stehen: halb spürbare
Anstrengung, halb (unfreiwillige) Komik! Man beklatscht das
Drollige der Dressur, nicht aber den zündenden Rhythmus!
Gerade dieses Material hätte zur Parodie, zur Verkürzung
führen müssen! Statt dessen dehnte es die Spannung durch
Privateinlagen! Die Lockung komödiantisch zu werden siegte.
Die Verschleppung machte auch die leichtparodistische Musik
Hans Eberts mit. Gerade hier fiel es Fritz Reiff schwer die
menschlichen Spannungen wieder tragisch zu sammeln. (Im
Aufbau war nur diese Szene Abschweifung; die letzten Bilder
führten Lindemanns menschliche Betonung wieder durch!)
   Der innere Riss des Stückes sind, wie schon oben
gesagt, die Irrenszenen. Sie wirken wie Anhängsel, wie
unnötige Epiloge. (Von Kaisers Fortführung des Motivs aus
sind sie berechtigt: Nach der Verzweiflung des Kassieres:
der Nirwanawille des Pfandleihers! Nach dem Gastod des
Pfandleihers: das leibhaftige Nirwana des irren Oliver!)
Weil die Dialektik dieser Szenen ausgedehnt ist, wirkt ihre
Haltung im Vorgang kitschig-sentimental. Die beiden letzten
Szenen würden nur in einigen andeutenden Stichworten möglich
sein. (Darum war die Krefelder Lösung hier schon
glücklicher, die das letzte Bild kurzerhand strich — obschon
das nur ein Ausweg, keine Lösung bedeutet!) Die letzten
Szenen dürften nur Mitteilung des Tatbestandes nicht aber
ausgebaute Stimmungen sein. Lindemann spielte sie nach
seinem Aufbau folgerichtig aus! (Der Irrenakt für sich ist
eine Kabinettleistung!) Aber man geht innerlich nicht mehr
mit, weil man diesen Auslauf des Stückes nicht glaubt. Als
menschliche Wahrheit fühlt man gerade hier: Die Moritat vom
Artisten Oliver!!! Gerade hier widerlegt die Konstruktion
des Stückes die Menschlichkeit.
   Fritz Reiff ist heute der tragfähigste Schauspieler des
Schauspielhauses. [...] Wesentlich ist in dieser Aufführung:

er wird richtig geführt! Die Einschnitte, die
Tempoverschiebungen, die Wortvorstösse, das stumme Spiel: es
ist Gliederung, es ist Aufbau! Fritz Reiff hat oft stummes
Spiel. Aber gerade hierin besteht der Unterschied: es ist
frei geworden, es flutet aus, es hält zusammen, es wird
gestaltend festgehalten! Sein Oliver ist eine hervorragende
Leistung von der Gliederung, vom Aufbau, vom Ausbau her. Er
baut das Stück. [...]
  Insgesamt war der Abend trotz des Auseinanderstrebens
der schauspielerischen Individualitäten einheitlich und
vortrefflich gebaut! Von wie vielen Abenden darf man das
sonst bekennen?

407. Sch., *Volkszeitung* (Düsseldorf), 5.5.1926.

  [...] Das Stück spielt nicht nur in der Welt eines
Artisten, es ist auch glänzend artistisch gemacht. Und diese
artistische Mache ist bei aller glänzenden Milieubeobachtung
die Klippe, an der er scheitert. Es unterhält und fesselt
wie ein Film, aber es hinterlässt keinen Eindruck. Es wäre
dazu vieles zu sagen, was aus Anlass der Aufführung
Pirandellos *Heinrich IV.* gesagt wurde. Es lässt
unbefriedigt. Oliver versucht nicht das Leben zu meistern.
Es ist einfach, in der Welt der Illusion zu fliehen, wenn
man das Leben nicht meistern kann. Der Bankrott unserer
Intellektuellen tritt immer mehr zutage.
  Die Aufführung des Schauspielhauses steht unter der
Regie Gustav Lindemanns, der all die seelischen Halbzustände
des Stücks herausarbeitet und vor allem die letzten Szenen,
die eine zarte Hand verlangen, ganz in der Schwebe hält. Die
Labilität des seelischen Zustands Olivers ist in dem ganzen
Szenarium und Oliver steht mit einem Bein im wirklichen
Leben und mit dem andern im Irrsinn. Fritz Reiff spielte den
Artisten mit grossen Bewegungen und weiss seine
Doppelexistenz, sein Gleiten in die Unwirklichkeit, seine
Sehnsucht nach beruhigendem Glück, seine Verwandlungskunst
zu gestalten. [...]

408. H., *Düsseldorfer Tageblatt*, 17.4.1926.

  [...] Konstruierter Mechanismus des 'Denkspielers'
Kaiser, wie man sein Räderwerk aus *Von morgens bis
mitternachts* und der *Koralle* kennt! Man tauscht Leben. Nur
dass hier 'eine Kette privater fürchterlicher Verwicklungen'
den Denk- und Tatprozess fördert — in der Konstruiertheit
der Idee meinetwegen am Platze, aber nur zu halbem
Bühnenleben reif. Wie kommt dieser Oliver dazu, sich in die
Dame Olivia zu verlieben? Dass er es tun muss, liegt wie
gesagt, in der Idee des dramatischen Verlaufs — aber wie er
so Knall und Fall dazu kommt, ist keineswegs einzusehen. Und

diese Idee fordert auch den dramatisch stark abfallenden
Schluss mit dem Experiment an Oliver im Irrenhaus und der
Wahnvorstellung seiner Existenz als Zar von Russland, womit
ja auch die rein äusserliche Beziehung zum Anfang des
Stückes gewonnen wird.

Doch ist Kaiser ein zu gewandter Routinier der Szene,
als dass er nur diese trotz aller dramatischen Protuberanzen
etwas kühle Sonne scheinen liesse. Und so funkeln allerlei
Blinklichter theatermässiger Zutaten in ihre kalte Helle
hinein: Ballettprobe, Artistenarbeit, Gelage bei Wein und
Weib, ein halbes Varieteprogramm mit chinesischen
Balancekünstlern, Tillergirls — und schliesslich Oliver.
Schade, wie gesagt, um die Schlagkraft des Abschlusses, dass
nicht der tödliche Schuss in die Proszeniumsloge auch das
Drama endet — aber es wollte doch zu Ende gedacht sein.

Diese Zutaten wandelten sich nun unter Gustav
Lindemanns Spielleitung zum Teil zu Köstlichkeiten
technischer Regie. Für viel der Zuschauer wird der Blick
hinter die Kulissen — wenn auch nur eines Varietes —
allerlei Amüsantes gehabt haben. Der technischen
Schwierigkeiten der Erstellung des Bühnenbildes hatte
Meister Sturms kundige Hand sich glänzend zu erwehren
verstanden — aber auch die winkelige Gedrücktheit von
Olivers Logis stand gut da. [...] Die innere Regie liess
ebenso sehr auf gewissenhafte Arbeit und Hingabe schliessen.
Es wird der Spielleitung und den Künstlern ein Gutteil des
Erfolges beizumessen sein, den das Stück gestern Abend fand
— vor allem aber Fritz Reiffs Oliver. Es war eine
schauspielerische Leistung, die man gerne in das Fach
ungetrübter künstlerischer Erlebnisse legt. Und man
anerkennt in gleichem Masse die Fülle von Arbeit wie den
Reichtum des Könnens. Dieses Können berückte, schlug fast
die Zweifel tot, an denen die Wesenheit der Figur leidet,
ging in all den Zwiespältigkeiten die gemässen Wege, gab
Echtes, wo es am Platze war und verhielt das Sein um des
Scheines willen. So gönnte man es diesem aufrechten Künstler
gerne, dass er gegen die gute Tradition des Hauses an die
Rampe gerufen wurde. [...]

Die regietechnische und schauspielerische Leistung — so
dürfen wir wohl sagen — fand starken Beifall. Gustav
Lindemann dankte im Namen des Dichters.

409. Dr. Hendel, 12.4.1926, n.s., D-L-A.

Dieses Stück hat 3 Teile, oder 11 Bilder, und in ihnen
bietet es Variete-Zirkus, Bierkonzert und Irrenhaus. Zu
seinen Requisiten gehören ein Artist, eine lahmgestürzte
Artistin, ein süsses Mädel, ein Variete-Direktor, der
Menschenfleisch, süsses, junges Menschenfleisch 'kauft',
zehn Tanzgirls in roten Höschen, roten Schuhen und roten
Zylindern, ein wildgewordener Regisseur, der vor Aufregung
über verwechselte Programmnummern auf dem Bauche kriecht und

wie ein Affe auf Leitern sitzt, ein fetter Agent, der eine
Art Mädchenhandel für den sehr maskulin veranlagten Direktor
treibt, rotbefrackte Diener, die rote Teppiche aufrollen,
eine verlassene Geliebte, die einen Artisten kauft, um ihre
Enttäuschung zu täuschen, ein Freund, der aus dem Auslande
zur Geliebten zurückkehrt, eine Kokotte, die Sekt trinkt,
ein Arzt, der einen sich tot Glaubenden durch helles Licht
wieder aufweckt, ein Kreis von weissbemantelten Studenten,
die von dem Erweckten für Engel gehalten werden, ein
Erweckter (der Artist), der sich für den letzten Zar von
Russland hält — und zwischen allen diesen bunten
Unwahrscheinlichkeiten als einzige fassbare Wirklichkeit
eine Musikkapelle, die als Zwischenaktsmusik fröhliche
Militärmärsche spielt.
[...] Es wird wohl niemand rufen: Vivat, das deutsche
Drama ist gerettet! Das Stück ist die bisher skrupelloseste
Übertragung des Films auf die Bühne. Eine Widerlegung des
Kaiserschen Stücks *Kolportage* durch Kaisers echte
Kolportage. Ein Wedekind im Taschenformat. Ein Varietetrick
und ein völliges Versickern in der niederen Sphäre der
Vorstadt. Georg Kaisers Dämon heisst Geld. Ein
Unersättlicher, den die Vorstellung, um jeden Preis reich zu
sein oder für reich nach aussen gelten zu müssen, antreibt,
mit den Waffen der Verzweiflung um eine kritische
Auseinandersetzung über die Täuschung materieller Werte zu
streiten. Er sucht immer wieder die befreiende Geste der
Verachtung, findet die Türen verrammelt, gelangt nicht an
die frische Luft, kann die geistige Freiheit nicht finden,
in der die gemeinste Notwendigkeit, Geld zum Leben haben zu
müssen, den Charakter nicht mit Habgier infiziert. Der
Artist Oliver fürchtet die Masslosigkeit seiner Frau; sie
droht jede Frau zu erschiessen, die ihrem Oliver zu Geld
verhilft. Daher verbirgt Oliver das durch Sitzungen im
Boudoir der Dame Olivia reichlich verdiente Geld. Dies Motiv
soll genügen, um den Zuschauer darüber aufzuklären, warum
Oliver duldet, dass sich seine Tochter — nun aber gerade des
Geldmangels der Eltern wegen, der in diesem Augenblick doch
schon illusorisch ist — dem Direktor des Varietes verkauft.
Es soll genügen, um Olivers doppelte Existenz zu begründen.
Auf den Moment, wo es nicht mehr genügte und Kaiser aus der
Rolle fallen würde, wartete man mit lächelndem Vergnügen;
verzerrte Menschlichkeit pendelt immer wieder zurück in die
Geradheit des Naturgesetzes. Der Moment kam, und siehe, der
Artist Oliver, der mit einer Kokotte auf dem Vordergrund der
Bühne soupierte, während, von ihm durch eine Glastüre
getrennt, der Direktor mit der Tochter im Hintergrund der
Bühne die Verführung seines jüngsten Tanzgirls vorbereitete,
dieser Oliver suchte die Tochter dem Direktor wieder
'abzukaufen'. Hier stand die Logik des Lebens auf dem Kopfe.
Wenn die Tochter den Direktor liebte, liess sich Gefühl
abkaufen? Da sie ihn aber nicht liebte und doch durchaus
nicht gezwungen war, diesen fetten, haarölìgen Schuft zu
ihrem Galan zu machen, ist es nicht wahrscheinlich, dass der
Vater ganz andere und wirksamere Mittel hätte anwenden

können, um die Tochter aus den Fängen eines Wüstlings zu
befreien? In diesem Moment aber fällt dem Kaiserschen
Artisten und Vater nichts weiter ein als 'Abkaufen'. Etwas,
das noch nicht geschah, wurde dadurch anerkannt, als ob es
bereits geschehen wäre. Diese echte Kolportage war so
rührend, dass sogar die Tochter weinte ob des unbändigen
Edelmutes. Bezeichnend, dass ein Charakter, wie dieser
Artist, dann fortlief und das viele Geld liegen liess! Man
könnte ihn damit entschuldigen, dass er vielleicht bereits
verrückt war, aber dass das Drama an dieser Stelle einen
Riss hatte, diente durchaus nicht dazu, die Handlung zu
klären.

Im übrigen war es interessant zu beobachten, wie ein
grosser Teil des Publikums diese Mischung des Dramas mit
Film u[nd] Variete begeistert hinnahm. Man zeigte auf der
Bühne eine zweite Bühne von den Kulissen aus. Eine
Schalttafel leuchtete, in der Beleuchtungsanlage sass der
Feuerwehrmann, der Direktor schäkerte mit der jüngsten
Tänzerin, der Regisseur schnaubte Anweisungen, die Tanzgirls
tanzten eine Revue, Chinesen zeigten sich an Kletterstangen,
die Musikkapelle spielte Paradenmärsche. Es war das
stimmungsvollste Bierkonzert. Und siehe da, Kaiser hatte
nicht falsch auf die Instinkte spekuliert. Die
Ideenassoziationen wirkten. Jede 'Nummer' fand nicht nur
jenseits, sondern auch diesseits der Bühne ihren Beifall.

Von den neun Musen soll, wie festgestellt wurde, keine
einzige anwesend gewesen sein. Melpomene soll geäussert
haben, sie hätte gefürchtet, gar mit Bocksbier bewirtet zu
werden. Dafür sass der Geist 'Rampers' leibhaftig auf der
grossen Trommel hinter den Kulissen und begann ein neues
Kapitel über die Verelendung des deutschen Theaters. [...]

Die Regie Gustav Lindemanns machte etwas wie ein Werk
aus den Filmbildern. Es wurde äusserst sorgfältig
gesprochen, betont, gesteigert. Das Zusammenspiel wurde zur
gesellschaftlichen Konversation. Den müden, energielosen
Oliver spielte Fritz Reiff, und er sagte durch Mimik und
Gebärde, was zu sagen war, vortrefflich. [...] Die Aufnahme
des Stückes war freundlich, aber nicht überwältigend.

410. anon., *Kasseler Neueste Nachrichten*, 28.4.1926.

Mit vielen anderen Städten brachte auch das
Düsseldorfer Schauspielhaus kürzlich das neue Stück von
Kaiser *Zweimal Oliver* heraus. Warum? Vielleicht damit die
Ernsthaften sich finden konnten in der Überzeugung wie
unbedingt dieser Dichter abzulehnen ist! Wir sahen in diesem
Hause Werfel und Barlach und wissen, dass deren Werke es
sind, die — wieder hineinragend ins Kosmische — zu der
seelischen Erneuerung führen, die unser notwendiges Ziel
sein muss.

Was Kaiser gibt, ist Amerikanismus der Seele, Kino,
Nervenaffekte. Nichts wird einem erspart: Nicht der wirksame

Schuss auf der Bühne, das verführte Mädchen, der beim
Publikum so beliebte Blick hinter die Kulissen — ja sogar
ein Ballett gibt es. Ich verliess das Theater unsagbar leer,
nur ermüdet von soviel Gekünsteltheit. In einem Schaufenster
standen Maschinen, ehrliche, eiserne Maschinen, und ich
fühlte erlöst ihre klare Sachlichkeit und die Notwendigkeit
der reinen Konstruktion. Und sah dann einen Baum in reinem
organischen Gewachsensein.

Gewachsensein, innere Notwendigkeit, das ist's. Aber
Kaiser hat nur eine Idee (eine gute Idee, gewiss) und um sie
herum konstruiert er eine Handlung bei deren Gewolltheit man
friert. Ausser Oliver, dem Träger dieser Idee, stehen nicht
Menschen auf der Bühne, sondern ganz einseitige, in ihren
Eigenschaften nur auf den beabsichtigten Ausgang des Stückes
hin gezeichnete Typen. [...] Darstellung und Inszenierung
waren bewundernswert. Die Spielleitung hätte keinen besseren
Vertreter des Oliver finden können, als Fritz Reiff. Des
Künstlers stark auf Bewusstheit gestellte Eigenart kam dem
Kaiserschen Intellektualismus sehr entgegen. Und doch war
sein ergreifendster Augenblick das Erwachen im Himmel, dies
Wieder-Kindsein, befreit von der Qual des Erlebthabens.

411. -ü-., *Stadtanzeiger der Kölnischen Zeitung*, 16.4.1926.

Zweimal Oliver, das neue Werk von Georg Kaiser, ist
gestern an zwölf [sic] Bühnen uraufgeführt worden; im
Rheinland in Krefeld, Bochum und Düsseldorf, wo das
Schauspielhaus in einer vollendeten Aufführung unter Gustav
Lindemanns Spielführung dem schwierigen Werke zu einem
vollen Sieg verhalf. Das 'Stück in drei Teilen' (11 Bildern)
ist blendendes, sprühendes Theater; geraffter und strenger
noch als die andern Werke Kaisers; dazu in einer Sprache
hingesetzt, die bei aller Körnigkeit weicher, tönender als
früher wirkt und selten nur zu jenem frostigen Telegrammstil
vereist, den nur Snobbismus loben konnte. Ein altes Gesetz
der Dramaturgie, wonach in einem Drama Personen in einer
bestimmten Anzahl sich miteinander und aneinander
verwandelten, jedoch so, dass am Ende dieselben Personen im
Spiel standen, wie am Anfang, scheint bei Kaiser aufgehoben;
immer neue Menschen, immer neue Umwelt füllt die Szenen,
ohne dass die Logik des Zusammenhangs irgendwie verletzt
wär. Das Ganze hat dann freilich etwas vom Taumel des Films
... ihn nenne beseelt, wer will!

[...] Der kunstvollen äussern Fügung entspricht in
diesem Werk der innere Aufbau. Zunächst handelt es sich um
einen pathologischen Krankheitsfall, eine Zerspaltung des
Ichs, und einen daraus wachsenden Kriminalfall. Das bliebe
belanglos und bleibt es wohl auch im letzten entscheidenden
Sinn; aber Kaisers grosse Kunst ist es, wie er um diese
Angelegenheit ein Zeitbild ausbreitet, das von der
Psychiatrie bis zur Bunten Bühne und vom Salon der Dame bis
zu Olivers Wohnung in unmittelbarem Sinn modern und darum

der Wirkung sicher ist. Das Beste freilich bietet Kaiser in
den Bezirken, deretwegen ihn Diebold einen 'Denkspieler'
genannt hat: Kaiser, der Platons Dialoge die grössten Dramen
genannt hat, bleibt hierin nichts schuldig, Worte von
genialer Doppelbödigkeit tauchen immer wieder auf und die
realsten Vorgänge werden plötzlich, für kurze Augenblicke,
aus Hintergründen erhellt. Die Tragik Kaisers liegt darin,
dass solche bewegten Worte oft nicht aus den Personen
heraus, sondern über sie hinweg gesprochen werden — die
Rache des vernachlässigten Blutes am Geiste, der hier Sieger
blieb.

Die Aufführung des Düsseldorfer Schauspielhauses war
meisterhaft und musterhaft; es ist ein wahrer Segen für das
Rheinland, dass hier ein gültiges Mass für alle andern, zum
Teil doch recht regen rheinischen Bühnen gegeben wird. Vor
allem fiel mir auf, dass Lindemanns Spielleitung in
vornehmster Weise den Effekten aus dem Wege ging, die Kaiser
zuweilen allzu krass häuft. Eduard Sturms Bühnenbild
schwebte in einer sichern Mitte zwischen Phantastik und
Wirklichkeit, so auch das Spiel, das um eine Schwingung
lebensgesättigter einherging, als es Kaisers Handlungen und
Figuren bei aller scheinbaren Lebensnähe sind. Fritz Reiff
gab den Oliver stark bis auf eine Szene, in der der Ausbruch
mit trommelnden Fäusten etwas äusserlich geriet. [...]
Sprache, Bühnenbild, Musik: alles stimmte zu allem.

Einen jähen Einblick in die 'Zweimal-Oliver'-Wesenheit
des Theaters als Kultstätte und Zirkus gab es in der grossen
Szene des dritten Teils. Man sieht von hinten her auf eine
Bühne und auf den schwarz gähnenden Zuschauerraum; drei,
vier Wirklichkeiten kreuzen sich pirandellesk. Nun tritt das
Ballett auf, blühende Mädel, erst mit einem Umhang, dann
ziemlich ausgezogen; das Publikum, das hinter der Bühne, im
schwarzen Raum, anzunehmen ist (Statisten und
Bühnenarbeiter) klatscht. Und wer klatscht auch? Mitten im
Stück? eine der wohlerzogensten, literarischsten
Bühnengemeinden, die wir in Deutschland haben, die Zuschauer
des Düsseldorfer Schauspielhauses klatschten zum Ballett.
Und dafür 20 Jahre mühsame, ernste, schwerste Arbeit? Wüsste
man nicht, hier ist noch jüngst *Der Prinz von Homburg* zu
einem grossen und echten Siege geführt worden, man könnte
verzweifeln — nicht an dieser Kunst — aber an den Menschen,
die sie zu suchen scheinen.

412. M., *Düsseldorfer Nachrichten*, 16.4.1926.

[...] Die Zeitnähe nach Schauplatz und Rhythmus, Inhalt
und Betrachtungsweise hat es ihm [Kaiser] angetan, ihr geht
er nach mit dem Spürsinn des Spezialisten und dem
Finderglück des Erfolgreichen. Aber man muss es ihm lassen:
die Kunst mit scharfen, knappen Strichen ein Milieu samt
seinen Menschen zu umreissen, beherrscht er ungeachtet der
mannigfaltigen Zugeständnisse, die er seinem Publikum zu

machen gelernt hat, nach wie vor auf das glänzendste. Und lässt er sich bisweilen auch, wo er einmal eingehende Kenntnisse eines zugkräftigen Milieus erworben hat, wie hier des Varietétheaters, verführen, sie etwas breit zu servieren, im allgmeinen pflegt er doch wahrhaft virtuos die Blitzlichtaufnahme, dem Filmverfahren entsprechend, dessen er sich zum Aufbau seiner Dramen bedient.

Auch in diesem Werke, das den seltsamen Titel *Zweimal Oliver* führt und die geistige oder vielmehr pathologische Entwicklung eines Verwandlungskünstlers aufzeigt – bis zu dem Punkte, da er, der ehedem Monarchen darstellte, dem Wahne verfällt, er sei der letzte Zar von Russland. Nicht ausgeschlossen, dass Kaiser-Enthusiasten in diesem Oliver und seinem Schicksal tiefere Bedeutung werden erblicken wollen, bei einigermassen nüchterner Einstellung wird man aber schwerlich mehr in dem Stücke finden können, als was es gegenständlich, mit der spielerischen Abwandlung einer (vielleicht in jedem Menschen vorhandenen) seelischen Möglichkeit, der allzu innigen Hingabe an eine Maske bietet. Die Zuspitzung wie die Sonderbarkeit des psychologischen Falles gemahnt an Pirandello, die gesuchte Abseitigkeit des Italieners scheint Kaiser beeinflusst zu haben, soweit allerdings keineswegs, dass nicht trotzdem jede Szene dieses Artistenstücks echtester Kaiser wäre. Dafür sorgt die ganze fliehende Szenenfolge, dafür sorgt ebenso sehr die Sprache, dieses verwünschte Gemisch von naturalistischen Wendungen und papierenster Konstruktion, das gleichwohl so erregend prägnant wirkt.

Oliver also endet im Irrenhaus [...] Ist er aber wirklich irrsinnig, muss man sich fragen. Denn er proklamiert sich erst zum Zaren, nachdem er überaus vernünftig festgestellt hat, dass sonst niemand auf den Titel Anspruch erhebt. Und nicht minder klug bittet er, nicht den ersten Hauch von Glück, der ihn im Paradiese trifft, zu stören.

Aber wollte man bei Georg Kaiser mit Fragezeichen operieren, brauchte man damit nicht aufzuhören. Viel lieber, als dass er Fragen beantwortete, stellt er deren ja selber. Auch jetzt wieder durch den Mund Olivers in seiner Bajazzotragikomödie.

[...] Es geht rapide bergab mit ihm [Oliver]... Unverkennbar nimmt Kaiser in manchem den Faden wieder auf, den er einst, vor zehn Jahren, in *Von morgens bis mitternachts* schon gesponnen.

In fesselnder Veranschaulichung, leichtflüssig und doch voll Schärfe, was die verschiedenen Gesichtszüge und Situationen anbelangt, liess Gustav Lindemann das Stück vor einem ausverkauften Haus vorübergleiten. Was er zeigte, war menschliches Leben, gesehen durch ein zugleich kühles und nervös vibrierendes Temperament, grell aus dem Halbdunkel seiner Schauplätze hervorbrechend. Viel half dabei Eduard Sturms dekorativer Rahmen mit, der, praktisch innerhalb der Drehbühne auf raschen Ablauf berechnet, auf seine Weise Georg Kaisers Kolorit malte, diese Realistik mit ihrem drängenden Gegenwartsatem, unter Auslassung von allem Unwesentlichen. Prachtvoll, wie sich die elf Bilder, aus denen sich das Stück zusammensetzt, zur Kaiserschen Einheit schlossen.

Fritz Reiff gestaltete den Oliver ausserordentlich suggestiv auf seinem Leidensweg, in seiner Wandlung von dem schlichten vergrämten Unglücklichen des Anfangs zu dem wirren lauten Philosophen, der den Mammon bei sich trägt und nicht nutzen darf, und dann zu dem aus dem geistigen Geleise Geschleuderten, dem die Verabschiedung durch Olivia den letzten Stoss gegeben hat. Er hatte erschütternde Momente, erschütternd in stummer Qual und schrillem Aufschrei. Die Szenen im Irrenhaus zwar fielen gegen das Voraufgegangene ab, aber das lag nicht an ihm, sondern am Stück. Einprägsam war indes noch das Erwachen vor den Ärzten, der Glaube, im Himmel zu sein.

Lilly Kann überzeugte als Frau Olivers mit ihrem übermächtigen Gefühl, ohne auch nur im leisesten in banale Alltagseifersucht zu verfallen. Ehmi Bessel verlieh Olivers Tochter eine erschreckende Echtheit in dem Zusammenklang von Kindlichkeit und Hinneigung zum Freudenleben, auch im Schmerz über den Vater. Karl Knaack machte es ihr dabei nicht ganz leicht, den Pfad der Tugend zu verlassen. Er erinnerte in Maske und Benehmen doch stark an einen Zirkusdirektor alten Schlags. [...] Schmiss hatte die Varieté-Vorstellung, furchtbar in der Individualisierung ihrer Typen war die Gruppe der Irren: kurzum, das Stück erhielt alles, was es nur irgendwie fordern kann, und zum Schluss erscholl denn auch lebhafter Beifall. Oder galt er nicht so sehr der Darstellung als dem Stück? Er ruhte jedenfalls nicht eher, als bis — ein unerhörter Vorgang im Schauspielhaus — Fritz Reiff sich dankend verneigte.

413. Bg., 17/18.4.1926, n.s., D-L-A.

Dumont-Lindemann [...] haben nichts von ihrer Spannkraft und von ihrem Willen, ihre schon traditionell und berühmt gewordene Arbeit am Drama unbeirrt fortzusetzen, verloren. Über der Klassik wird die Moderne und damit die lebende Dichtergeneration nicht vergessen und der umfangreiche Stab von Helfern hat die nicht immer leichte Aufgabe, heute *Kabale und Liebe*, morgen den *Fröhlichen Weinberg* von Zuckmayer [...] darzustellen. Die hier kurz skizzierte Linie, die für ein Privattheater sehr viel bedeutet, wurde am Donnerstagabend dieser Woche mit einem neuen Werk von Kaiser in einer ebenso erfolgreichen wie glänzenden Uraufführung weitergezogen.

Kaiser nennt sein neuestes Werk: *Zweimal Oliver*, Stück in 3 Teilen (11 Bildern). Was geschieht in diesem Stück? Eigentlich nichts besonderes. Ein Artist wird durch die grundlose Eifersucht seiner Frau zu Grunde gerichtet, zum Wahnsinn getrieben. Das ist gewissermassen das Leitmotiv, um

das sich einige Nebenepisoden ranken, die hier ohne
besondere Bedeutung sind, denn sie sind nichts anderes als
eine Verbeugung vor dem zeitgenössichen Geschmack, der nun
einmal auf Operetten und vor allem auf Revuen abgestimmt
ist. Trotzdem ist die vielfach verschlungene, mit
Reminiszenen [sic] aller Art, mit Steigerungen zu neuen
ethischen Konsequenzen und theatralischen Wirkungen
gespickte Handlung im Ganzen sehr geschickt aufgebaut und
leidet vielleicht nur an einem Zuviel von seelischen
Komplikationen. [...] Schliesslich tötet Oliver, der infolge
der Beziehungen seiner Tochter zum Variété dort wieder
Anstellung gefunden hat, während seines Auftretens den mit
seiner Freundin Olivia im Theater befindlichen Freund, die
vermeintliche Maske, und damit, wie Oliver glaubt, sich
selbst. Auf diese doppelte Unwahrscheinlichkeit, – kein
Regisseur wird einen wildgewordenen Artisten, der mit dem
Revolver auf der Bühne herumfuchtelt, auch nur eine Minute
gewähren und schliesslich auch noch schiessen lassen – folgt
eine dritte, in dem Kaiser durch den Knall des Schusses
Oliver dem Wahn verfallen lässt, getötet zu haben und damit
selbst tot zu sein. Woher wusste z. B. Oliver, dass der
Freund Olivias bezw. sein zweites Ich wirklich tot war? Das
wird in dem medizinischen Kolleg im 10. Bild nur höchst
unvollkommen erklärt. Das folgende Bild, die Irrenhausszene
endlich fällt vollständig aus dem Rahmen und hat mit dem
Stück selbst nichts zu tun.
    Diese Geschichte, trotz aller Unwahrscheinlichkeiten
interessant und ausreichend genug, ein Werk daraus zu
machen, wird mit vieler Kunst, mit viel handwerksmässigem
Können, mit vieler Freude an der Wirklichkeit hingestellt.
Revueartig, mit einem geradezu fabelhaftem Aufwand an Tempo,
an Dichtung und Wahrheit zieht dieser echte Kaiser in 11
Bildern an dem Zuschauer vorüber, ohne jedoch in ihm ein
höheres Gefühl als eine allerdings unbedingte Anerkennung
der erprobten, routinierten und raffinierten Theaterkunst
Kaisers aufkommen zu lassen. Eine Erweiterung erhält dieses
Gefühl durch das intuitive Empfinden, dass dieser Kaiser
schon ein anderer ist als der, welcher sich an *Von morgens
bis mitternachts* und *Nebeneinander* für unseren Geschmack in
etwas zu schreierisch expressionistischer Weise versuchte.
Ist Kaiser kein Genie, so ist er sicherlich ein grosses
Talent, von dem man noch einiges erhoffen darf und zwar
hoffentlich nicht nur Stücke, sondern auch Werke.
    Die Aufführung unter der Regie von Gustav Lindemann war
schlechthin eine Glanzleistung. Das Dichterwort beherrscht,
wie stets auf dieser Bühne des guten Geschmackes, die Szene.
Daher erklärt sich wohl die auf ganz einfache Linien
gestellte Ausstattung, die trotzdem stets dem geistigen
Gehalt der Szene gerecht zu werden wusste und die von Eduard
Sturm in feinsinniger Weise besorgt wurde. Knallige
Effekthascherei vermied anzuerkennender Weise ebenfalls der
Beleuchter Hermann Gille, trotzdem gab es gelungene
Unterstützung. Von den Akteuren gefielen besonders Fritz
Reiff (Oliver), Eleonora v. Mendelssohn (Olivia), Theodor

Kigler (Diener), Karl Knaack (Direktor), August Weber
(Chefarzt) und Emmy Frank (Ballettmeisterin). Ebenso waren
die übrigen Mitwirkenden alle am Platze und spielsicher.
    Das Publikum (das Haus ausverkauft!) war von einer
unverständlichen Zurückhaltung, denn neben Kaiser hatte vor
allem die famose Darstellung uneingeschränktes Lob verdient.

414. Th. Hüpgens, n.d., n.s., D-L-A.

    [...] Das ist ungefähr die Handlung des neuesten Werkes
von Georg Kaiser, vielleicht ein Schicksal, vielleicht nur
ein Einfall, eine durchgeklügelte Idee, eine in die Länge
und Breite gesponnene Zeitungsnotiz. Das Stück fesselt durch
seine Umwelt. Wir sehen das Ballettkorps des Varietés bei
der Probe, wir sind mit Widerwillen Zeuge anderer Szenen
hinter den Kulissen, ja, Kaiser lädt die gesamte
Zuschauerschaft auf die Bühne und lässt uns einer
Varieté-Aufführung vom Darsteller aus beiwohnen. Dies alles,
weiter die Szenen mit dem Agenten, dem nervösen Regisseur,
der Kokotte, ferner das Kolleg des Professors bei den jungen
Medizinern über den Fall Oliver, schliesslich die Phantasien
der Irren im letzten Bilde geben dem Stück Spannung, eine
Spannung freilich, die vielleicht auf der Ebene des
Kolportage-Romans bleibt, wenn nicht Eduard Sturms einfache,
aber eindringliche Bühnenbilder über den Text des Verfassers
hinaus in dem Zuschauer eine Art technisches Vergnügen
erregten, das dem Stück im ganzen zugute kommt. Die Regie
Gustav Lindemanns, durchaus auf den Sinn des Stückes
eingehend, kam nun freilich diesem technischen Vergnügen so
weit entgegen, dass sie im drittletzten Bilde ein
regelrechtes Varieté stellte, mit einem Ballett, das nicht
nur imaginären Zuschauern hinter den Kulissen Vergnügen
bereitete, sondern sogar einige Zuschauer des
Schauspielhauses zu einem unangebrachten Beifall hinriss.
Denn diese Ballett-Szene gehört zwar sinngemäss zum Stück,
hält aber den Ablauf der Handlung ungebührlich auf und lenkt
von dem Schicksal Olivers ab.
    Im ganzen ist *Zweimal Oliver* ein Stück wie fünf oder
sechs oder zehn andere von Georg Kaiser, keine
Notwendigkeit, aber doch eine interessante und technisch
gekonnte Zusammenballung vieler Eindrücke und mit einigen
geistreich funkelnden Erkenntnissen gespickt, die man sich
durch den Kopf gehen lassen kann. Die Aufführung liess keine
wesentlichen Wünsche unerfüllt, bis auf Karl Knaack, der
seinen Direktor denn doch etwas allzu oberflächlich als
blosse grobe Karikatur gab. Eindrucksvoll wie immer war
Fritz Reiff als Oliver, auch Lilly Kann als Olivers Frau
vermochte Teilnahme zu wecken. Freilich lässt der Verfasser
gerade diese Rolle nachher allzu schnell verschwinden. [...]

5.9.1926, Theater in der Königgrätzer Strasse, Berlin. Dir.:

Viktor Barnowsky; sets: *César Klein; Alexander Moissi (Oliver); Hanna Ralph (Olivia); Hermine Sterler (Olivers Frau); Gülstorff (Direktor); John Gottowt (Agent).*

415. E. F., n.d., n.s., GKC.

Es ist ein schwacher Georg Kaiser. Es hätte keinen Sinn gehabt, Pirandello zu bekämpfen, wenn man für dieses ähnlich ausgetüftelte Stück schwärmen würde. Der Dichter der *Kolportage* hat stärkere Verpflichtungen. Der Abend begann erst in den technisch billigen Doppelgängerszenen zu interessieren. Die Hauptrolle spielte Alexander Moissi. Seine Beliebtheit entschied die zum Schluss freundliche Aufnahme. Auch Barnowsky wurde gerufen.

416. Emil Faktor, *Berliner Börsen-Courier*, 7.9.1926.

Ein ideenreicher Geist wie Georg Kaiser hat Anspruch auf Vollinteresse, auch wenn man sich den Eindrücken einer neuen Arbeit widersetzt. Seine restlos produktive Gesinnung fordert Respekt. Kritik muss aber auch in ihren wohlwollendsten Formen ein Hindernis bleiben für Selbsttäuschung. Als der Dichter vor zwei Jahren sein satyrisches Vollbild *Kolportage* herausbrachte, atmete man tieferfreut auf. Von ein paar in sich runden, atmosphärisch erfüllten Theaterwerken abgesehen, erschien alles vorherige Beginnen des stoffreichen Dramatikers wie eine Vorbereitung und kraftschulende Skizzensammlung zu einer szenischen Tat. Es war eine Leistung eines Gesammelten, der nun endlich zu wissen schien, welche Vorbedeutung seine Präzisionskunststücke, seine Abkürzungsformen, sein oft faszinierendes, zuweilen sprunghaftes Tempo hat. Arten, Launen und motorische Eigenschaften glitten ineiander [sic] und spiegelten entfaltete Eigenart. Die Fülle der Einzelakzente strebte, unzerschnitten durch Abbruch und zu häufigen Einsatz, den Hauptakzenten zu. Ein zu hastiger Organisator seiner sich drängenden Impressionen von dem Weltbild hatte die Grundlinien gefunden.

Idee und technische Komposition von *Zweimal Oliver* stehen unter Georg Kaisers Wert, eins wie das andere. [...]

Von dem Ipunkt des getüftelten Selbstmordes abgesehen, eine Tragödie des Verschweigens, das man versteht, aber nicht einsieht. Nebenher unglückliche Liebe, die für den Zuschauer nicht Erlebnis wird. Zwischendurch szenisches Virtuosentum mit knappen, nicht überwältigenden Eindrücken in einem Variété-Bums. Das Thema von plötzlichem Gelderwerb eines Darbenden mit dem Unheil verwirrenden Besitzes hat Kaiser in seiner Komödie *Von morgens bis mitternachts* viel zwingender erschöpft. Die Situationen im Chambre separée sind dort symbolhafter und schlagender. Der Einfall, das

[sic] sich eine an Sehnsucht leidende Olivia für den abwesenden Liebhaber ein kostümiertes Modell liefert, könnte von Ludwig Fulda sein. Auch die nachfolgende Verliebtheit. Und die Verkürzungstechnik Kaisers ist diesmal ein Zurückgleiten in von ihm selbst überholte Formen. Der Abschluss Wahnsinn, Irrenhaus, ärztliches Referat mit der Schlusspointe: 'Ich bin der letzte Zar von Russland' ist seelisch gewichtslos, ob er nun wie anderswo in zwei getrennten Bildern, oder wie in Berlin in einer dem überflüssigen Detail ausweichenden Hauptszene vorgeführt wird.

Die beifällige Stimmung der Zuhörer war aus Achtung vor dem Dichter, aus Zuneigung für Moissi, aus Schaufreude an den Bühnenbildern César Kleins und den revuehaften Variétévorgängen zusammengesetzt. Regisseur Direktor Barnowsky, der um das Gesamtwerk Georg Kaisers viel Verdienste hat, hätte an und für sich die Aufführung der neuen Arbeit nicht zu bereuen. Bis zu einem gewissen Grade war es seine Schuldigkeit. Doch gehört der Barnowsky dieses Jahres zum Reibaro-Konzern, der die Schauspielkräfte untereinander aufteilt und Möglichkeiten bester Besetzung, wenn es nicht gerade der oberste Kriegsherr ist, abgrenzt. Als Gegenargument wird man auf Moissi und Gülstorff hinweisen. [...] Olivers Gattin gibt Hermine Sterler. Es ist eine Rolle, die in den ersten Szenen das Schicksal des Helden scharf akzentuieren soll. Nachher fällt sie, was eine Lücke des Dramas ist, völlig aus. Fräulein Sterler, freier und einprägsamer als sonst, gab eben nur eine Gestalt, die nachher wegfällt. Fürs Haftenbleiben ist stärkeres Naturell nötig.

Nun der Fall Moissi. Zwischen ihm und Kaiser liegen Distanzen grundverschiedener Ausdrucksformen. Dieser braucht Zeit, jener hat Eile. Georg Kaiser dichtet eine Maske, Verwandlungsartistik, Virtuosentum der Umstellung. Moissi ist kein Fregoli. Seine auffallenden, nicht sehr verschiebbaren Kunstmittel mit all ihren Reizpunkten beschatteter, melodiöser Ruhe entbrennender Leidenschaft oder verklärter Entrücktheit machen zuweilen die Rollen verschiedener Stücke einander ähnlich. Nun sollte er in derselben Rolle bald der, bald jener sein. In einem Bilde, in welchem beide Olivers auftreten, die Kopie und der echte, hätte die Maske eines Ersatzmannes auftreten können. Sie tat es nur im stummen Spiel. Das Hintereinander der beiden spielte Moissi selber, aber ohne sprachliches Modulationsvermögen. Das Publikum sog wie Entbehrtes den Moissischen Sprachklang ein und war in Auftriebsszenen fasziniert. Ein Erfolg der Sympathie. Gülstorff, noch nicht recht im Schuss, aber zuweilen sehr drollig. Auch John Gottowt. Barnowsky hatte gute Anläufe und blieb dann doch hinter sich selber zurück.

417. v. Eschwege, n.d., n.s., GKC.

Weil es sich um eine der liebevoll-sorgsamen
Barnowsky-Aufführungen handelt, weil Moissi Oliver ist, sind
wirklich Augenblicke vorhanden, die packen — die, wie man
sagt, an die Nieren gehen.
  Nach Stunden, wenn der richtige Abstand gewonnen ist,
wird es klar, dass alles 'täuschend echt' an die Wand gemalt
wurde. Georg Kaiser sagt nicht 'Drama' oder 'Tragödie' — er
sagt: Stück in 10 Bildern. Es ist ein Stück der
Voraussetzungen und Zufälle.
  Ein schemenhafter Gentlemann hat aus nicht näher
bezeichneten Gründen seine Geliebte verlassen.
Zufälligerweise trauert sie hinter ihm her, und als sie in
einem Varieté den Verwandlungskünstler Oliver sieht, der in
einer seiner Rollen dem Entschwundenen zufällig aufs Haar
gleicht, kommt sie auf den echt Georg Kaiserschen Gedanken,
ihn als Stellvertreter, als Potemkinsches Dorf gleichsam, zu
engagieren. Nie hätte der angenommen, wenn er nicht zufällig
kein Geld besässe. Seine Nummer am Varieté zieht nämlich
zufälligerweise nicht mehr und er ist brotlos. Die
exzentrische Dame gibt ihm unwahrscheinlich viele Banknoten
dafür, wenn man bedenkt, dass er täglich nur eine Stunde
still im Sessel zu sitzen hat. Zufällig wird seine Frau,
hinkende Exartistin, von geradezu krankhafter Eifersucht
geplagt. Nebenbuhlerinnen wünscht sie postwendend zu
erschiessen. Seine neue Geldquelle kann er ihr daher
unmöglich verraten, muss weiter Geldsorgen vortäuschen. Nun
gibt es einen Oliver mit und einen ohne Geld. Munter spielt
der Zufall weiter: Eine vom Varietéballett bricht das Bein.
Zufällig hat Oliver eine zärtlich geliebte Tochter, die
zufällig sehr schön ist. Ist es ein Zufall, dass der
Direktor sie als Ersatz und so für viel Geld haben möchte?
Kann Oliver, der doch blutarm ist, abschlagen? Er muss
zusehen, wie sie als gute Tochter Ballettratte und
Direktorenliebchen wird. Und weil er zufällig ein
fürchterlicher Waschlappen ist, haut er dem Direktor weder
hinter die Ohren noch klärt er die Familie über seinen
heimlichen Reichtum auf, sondern beginnt sachte zu
verzweifeln. (Ausserdem wäre dann das Stück schon aus.)
  Zu allem Unglück verliebt er sich auch noch in seine
Auftraggeberin. Schon halb irre und das Geld verfluchend,
gesteht er ihr diese bedauerliche Tatsache, und ausgerechnet
in diesem Augenblick — nein, wie seltsam das Schicksal
manchmal spielt! — also in dem Moment kommt der verschollene
Originalfreund wieder angereist. Oliver, allmählich in
völlige Verwirrung geraten, erschiesst noch in selbiger
Nacht diesen Gentleman, der ihm gleicht wie ein Ei dem
anderen. [...]
  Ein Meisterwerk künstlicher Gerüstbaukunst. Fehlte auch
nur eine einzige kleine Strebe, so fiele die ganze
Geschichte in sich zusammen. Aber in dem, was um diesen
Eiffelturm herumdrapiert ist, in dem Menschlich-Logischen,
sind Fehler. Es sind keine zwingenden dramatischen
Notwendigkeiten vorhanden. Es hätte ebensogut auch anders
kommen können. Keinerlei seelische Elementargewalten drängen

zur Entladung. Noch mittendrin wäre eine Komödie mit 'happy end' daraus zu machen gewesen und trotzdem...
War es nur Moissi, der erschütterte? Nein. Auch Kaiser — aber nicht als Dramatiker. Er muss Phantast sein, dem das Unwirklichste wirklich erscheinen kann, das was den Normalzuschauer als unlogisch kalt lässt. Aber wie er diese Bilder bringt, wie er seine gezimmerte Handlung mit Blitzlichtern beleuchtet, das reisst mit. Woran das liegt? Mir scheint, Georg Kaiser ist ein Feuilletonist von grosser Klasse. Ein unerhörter Schilderer loser Einzelszenen, die ihn seine Phantasie erleben liess.
Grosse Augenblicke hatte Moissi da, wo er kindlich und hilflos all dem Unfassbaren gegenübersteht, wundervoll sein erstes Zusammentreffen mit Olivia. (Von Hanna Ralph mit überzeugender Schlichtheit dargestellt — was sehr schwer sein muss!) Später, in verzweifelten Momenten, ist er aufreizend weinerlich. Man möchte ihn schütteln: Mensch, reiss dich zusammen!
Gülstorff stellt einen Varietédirektor von geradezu unwahrscheinlicher Gemeinheit auf die Bretter, Gottowt einen nicht weniger widerlichen Agenten. Hermine Sterler, die vergrämte Frau Oliver, Renate Müller, die hübsche Tochter, Antonie Strassmann als freche Kollegin und die übrigen waren von jener kultiviert-überlegenen Art, die dem Hause und dem regieführenden Viktor Barnowsky eigen ist und die auch, wie mir scheint, dem Stück viel Hysterie entzogen hat. Allerhand Beifall lohnte die Beteiligten. [...]

418. anon., n.d., n.s., GKC.

[...] Es [Zweimal Oliver] ist vielleicht wirklich wieder nur ein Feuerwerk, aber es hinterlässt doch mehr als einen flüchtig blendenden Eindruck. Hier streift Kaiser durch die Grenzgebiete zwischen Schein und Wirklichkeit. Er konstruiert oft willkürlich und ärgert durch die Selbstverständlichkeit, mit der er den Zuhörern unmögliche Dinge zumutet. Aber er fesselt doch auch wieder durch die prachtvolle Gestrafftheit des Szenenaufbaues und den erregenden Impetus seiner Dialogführung. Barnowskys Spielleitung war mit Erfolg bemüht, dem Werk einen etwas unwirklichen Ton zu geben. Unterstützt wurde der Spielleiter wesentlich durch die aufwühlende Kraft Alexander Moissis, der die Figur des Oliver mit eindringlichster Schärfe bis zum erlösenden Wahnsinn emporsteigerte. Die Aufführung entlässt den Zuschauer nicht ohne wesentliches Erleben.

419. Alfred Polgar, n.d., n.s., GKC.

[...] Wenig neue, junge Erscheinungen zeigen sich auf den Bühnen Berlins, vom Fanatismus für den Beruf ist kaum

was zu spüren, es weht ein kühler Wind, und vor den Ehrgeiz
haben die Götter die Brotfrage gesetzt. Die ganze
Institution: Theater scheint brüchig und locker, wie
angefressen von den Säuren der Zeit.
  Zweimal Oliver — das ist ein neues Stück von Georg
Kaiser. Handlungsgerüst? [...] So endet Oliver, in einem
sehr schönen, gestreiften, schlicht-schicken Spitals-Pyjama
— Moissi trägt es mit der Sanftmut und Würde eines
gekränkten, grossäugigen Heiligen — im Narrenhaus. Also
eigentlich eine Pirandello-Sache. Georg Kaiser füllt sie mit
Theater-Ekrasit. Figuren von einer bis zum Gespenstischen
krassen Lebendigkeit mischen sich ins Spiel, den Klang ihrer
Seelen deckt das scharfe Geklapper ihrer Kinnladen.
Wunderlich, wie solch geistig intensiviertes Theater sich
doch wieder dem Kasperltheater nähert (um ein paar
Schraubenwindungen höher)!

[April 1928], Residenz-Theater, [Munich]. Gustav Waldau
(Oliver).

420. Dr. B., *Völkischer Beobachter*, Jg. 41, 22/23.4.1928.

  [...] Der Fall Kaiser ist ein krimineller und ein
medizinischer, wie Figura zeigt. Und das merkt man an den
Kindern seiner Thalia. Er bringt immer ein erblich stark
belastetes Produkt auf die Bretter, Vaterkomplex
überdeckend. Seine Haupthelden sind ausgewachsene
Psychopathen, Apachen des eigenen Schicksals, Doppelgänger
eines Restes eigener und fremder Anständigkeit.
  Ja, man hat's nicht leicht, aber gern. Vergleiche die
einschlägige Literatur. Stichwort kriminell: Moral insanity,
psychoanalytisch: schizophrene Monomanie,
Bewusstseinsspaltung, Doppelgängerei mit mehr oder minder
getrübtem Bewusstseinsinhalt frommer Denkungsart, die das
Leben verpanscht hat. Das ist Herrn Kaisers Tragödie [...],
das ist die Tragödie seiner sämtlichen Helden, diese armen
Teufel alle miteinand...
  Hier in unserm Fall also der doppelte Oliver. Diagnose:
schizophrene Monomanie, Therapie: keine.
  [...] Mir hat Herr Waldau leid getan. Wenn man so sah,
was dieser grosse Schauspieler sich plagte, eine
Charakterstudie aus diesem schizophrenen Oliver zu machen!
Ich, wenn ich Waldau wäre, müsste Herrn Kaiser mit
Berlichingens Gruss an den Herrn Feldhauptmann Gutentag
sagen, so oft ich ihn träfe! Überhaupt diese begabten
Schauspieler alle, Charlotte Krüger, Käte Bierkowski, Magda
Lena, dann Diehl, Henrich, Graumann, Stettner, alles
Kabinettstücke in diesem Durcheinander von
expressionistischer Verkrampfung, naturalistischer
Gallensteinkolik, Revue und Nic Charterstil — mein Beileid,
Herrschaften, das Residenz-Theater ist gerade der rechte

Platz für einen solchen italienischen Salat — aus Kaisers Konservenfabrik!

Papiermühle

26.1.1927, joint Uraufführung, Alberttheater, Dresden. Dir.: Paul Smolny.

421. Johannes Reichelt, *Das literarische Echo*, 29 (1926–27), 354.

Der problematische Theatraliker Georg Kaiser, der in seinen Werken durchweg um die dramatische Gestaltung von Zeitproblemen ringt, kommt in seinem Lustspiel *Papiermühle* ganz unbeschwert. Fast scheint es ein zurechtgestutztes Frühwerk zu sein. Aber der köstlich aufgezogene Wettlauf von Kritiker und Dichtersmann, in feine Dialogkunst gekleidet, zeigt den reiferen Georg Kaiser. Neu ist die geschlossene Handlung. Ein altes Motiv wird gewandelt und auf drei Akte gestreckt. [...]
   Der Aufbau und die Durchführung des Motivs interessieren, aber der Jongleur und Techniker Kaiser, der sonst fingerfertig über Altem und Längstüberlebtem seine glitzernden Einfälle breitet, ist hier bedenklich witzlos. Die Idee, die zu Tode gehetzt wird, ist stärker als das Lustspiel selbst. Er will das philiströse Literatentum geisseln und wird selbst literatenhaft. Nichts von dem jagenden Flimmertempo und den funkelnden Einfällen in seinen früheren Komödien. Was ihn dazu noch bewog, sein Sommererlebnis mit Courths-Mahlerscher Sentimentalität zu verbrämen, seine erschütternden Gefühlsballungen in *Nebeneinander*, *Gas* oder *Zweimal Oliver* hier zu billigem Gefühlsüberschwang zu verwässern, ist nicht klar. Das ist nicht Georg Kaisersche Kunst, die aus innerer Dynamik die Szenen gipfelt, das ist vermanschte Possenkultur, die in ihrer Zwiespältigkeit und der abgehetzten Abwandlung des Motivs die Menschen als Karikaturen und Puppen zeichnet, wobei tief-menschliche Anwandlungen stillos wirken.

422. J. R., n.d., n.s., GKC.

Der erste Akt des Lustspiels verlief, ohne dass nur einmal sich das Publikum zum Lachen bewegen liess. Aber ganz kann ja Georg Kaiser, der Jongleur und Techniker, nicht enttäuschen, und so wartete man von Akt zu Akt auf die aus innerer Dynamik heraufbeschworene Gipfelung und musste im letzten Akt vermanschte alte Possenkultur erleben, die stillos mit einer lyrischen Blüte das Publikum entliess. Die Aufführung selbst war gut. Die Regie Paul Smolnys suchte in der Herauskehrung der gegensätzlichen Typen das gezimmerte

Lustspielchen lebendig zu machen. In feiner
Charakterisierung die Hauptdarsteller. Den Publikumserfolg
sicherte das groteske Quartett von Spiessern im Gasthaus der
Papiermühle, das im Vorgefühl eines Pariser Erlebnisses
durch Francine das harmlose Lustspielchen krönte.

423. Hans Christ. Kaergel, *Die schöne Literatur*, 28 (1927),
142.

Georg Kaiser versteht jetzt sein Geschäft. Man nimmt
eine kleine winzige Idee und baut daraus mit allen
technischen Kunstfertigkeiten ein dreiaktiges Lustspiel. Man
verneigt sich vor der Dummheit des deutschen Publikums,
indem man es nach Frankreich führt und etwas von Pariser
Stimmung fabelt. Der Erfolg ist dann auf der ganzen Linie
erreicht. Lässt man dazu noch genügend Spott über Kritik und
Revolver-Journalismus aus, so ist man vollständig im
modernen Lustspiel. Dem Denkspieler Georg Kaiser wird es
natürlich leicht, mit Theaterkniffen ein Lustspiel zu
erdenken, aber dieser Ausflug in die 'Papiermühle' endet
tatsächlich beim Papier. Das hätte ebensogut von bekannten
Lustspielhandwerkern zusammengebastelt werden können. Von
Georg Kaisers Geist und Temperament war darin nichts zu
spüren. Die Aufführung im Alberttheater gab sich nicht erst
Mühe, Temperament und Stimmung zu bringen. Ohne Tempo,
behäbig, kleinbürgerlich spielte man dort das Lustspiel wie
jedes andere. Das Publikum erfreute sich an Zufallswitzen
und half mit seinem traditionellen Beifall dem Werke den
Erfolg bereiten.

424. Alfred Polgar, *Die Weltbühne*, 23 (1927), 15.2.1927,
267-68.

'Papiermühle' ist ein Ort auf der Strecke
Paris-Boulogne. Ob es den Ort wirklich gibt, oder ob ihn der
Autor erfunden hat, weiss ich nicht. Angenommen Fall eins:
so war es wohl die Bizarrerie des Namens, die Georg Kaiser
gekitzelt und sein theaterwirkendes Ingenium heiter
befruchtet hat.
[...] In der Auseinandersetzung des Dichters mit seinem
Kritiker dann – der, ein fanatischer Erfüller heiliger
Biographenpflicht, hartnäckig darauf besteht, die Unbekannte
des vergangenen Sommers ans Licht der Literaturgeschichte zu
ziehn – erreicht die Komödie ihren sozusagen geistigen
Höhepunkt. Welchem seiner Lebens- und Kunstbeschreiber (und
ob überhaupt einem) dieser heiter-giftige Ausfall Georg
Kaisers gilt, weiss ich nicht. Jedenfalls sagt er hier,
indem ihm die Galle exakt (in streng geformten Kernsätzen)
übergeht, was er von Kritikern hält. Nicht viel. Es ist
Trocken-Satire, Kondens-Bitterkeit, Ärger in Würfeln, und

schmeckt vorzüglich. Die angenehmst verwickelte
Lustspiel-Situation findet im dritten Akt ihre sehr schwache
Lösung. Da die rachsüchtigen Provinzler ihre Wissenschaft
auszuplaudern entschlossen sind, bleibt dem Dichter nichts
übrig, als dem Kritiker zu gestehn. Der, weit mehr Biograph
als Gatte, ist sofort bereit, die Dame abzutreten, wie auch
der Dichter bereit ist, sie ehelich zu übernehmen. Die vier
Kleinstädter werden durch Androhung sonstigen
Pistolenduells, vor dem der herausfordernde Kritiker noch
viel mehr Angst hat als die Geforderten, zum Widerruf
gezwungen. Sie beschwören, was sie gesehn haben nicht gesehn
zu haben.
    Ein amüsantes Stück. In seinen Absichten enger, in
seinen Hintergründen flacher, und dialogisch etwas stumpfer
als die Theaterdichtung Georg Kaisers zu sein pflegt. Die
Figuren des Dichters und der Frau sind mit einem knappsten
Existenzminimum an menschlicher Substanz bedacht. Um das
Viereck der komischen Provinzler wandelt der Witz des
Verfassers in einem bedächtigen Gleichschritt, der die
Geduld des Zuschauers auf Proben stellt. Jedem der vier
Herren, einen nach dem andern, wird der freche Brief
vorgelesen, den er der Frau geschrieben hat, jedem, einem
nach dem andern, wird mit der gleichen Drohung der Pistole
das gleiche Zusammenklappen abgenötigt. Das ergibt zweimal
je vier ermüdend ähnliche Sprachen. Den Schauspielern
liefert *Papiermühle* reichlich leere Form, die sie aus Eignem
füllen können. Die Dresdner machten von solcher Möglichkeit
bescheidnen Gebrauch.

425. Otto Distler, n.d., n.s., GKC.

    Ein Unterhaltungsstück entsprechend den Ansprüchen
unseres durchschnittlichen Publikums und der
durchschnittlichen Leistungsfähigkeit unserer Bühnen. Ein
Lustspiel für Darunterstehende; ihnen wirft Kaiser in drei
Akten hin, was ein kultivierter Mann zufällig Mitreisenden
gelegentlich erzählen kann; es ist nicht erregend, nicht
allzu witzig, gar nicht ausführlich. Papiermühle ist der
Ort, an dem die Anekdote sich begibt. [...] Auf Francine,
die Einfache und sehr Liebenswerte, stürzen sich die vier
Spiesser mit Briefen, frech und schmutzig. Diese vier Briefe
bekommt der Dichter von Francine. Wenn er sie den vier
Brüdern vorliest und an den Kopf wirft, dann ist das keine
possenhafte Szene. Kaiser hat das Leben einmal wieder an
einer Stelle ausgeschnitten, wo es weniger gemütlich und
stimmungsvoll ist. Vor dem Dichter kuschen die Kerle, aber
auf Duchut hetzen sie den Wirt. Francine sei gar nicht seine
Frau. Jetzt kommt also alles heraus, die Lösung des
Lustspiels muss geschehen. Sie geschieht auf kümmerliche
Weise. Durch ein paar ungeladene Pistolen schüchtert Ollier
alle ein. Ecce Georg Kaiser. Der Dichter Ollier schliesst am
Ende Francine als die Seine in die Arme: 'Wir machen eine

weite Reise', sagt er, 'zu ... uns'.

Glücklicherweise hat Kaiser in dem Dichter Ollier und in Francine liebenswerte Figuren geschaffen, liebenswert und glaubhaft durch ihr Verhalten. Sie machen das Lustspiel möglich, dessen übrige Figuren schwächer sind. Man wird sich nicht damit plagen, Motive für die Entstehung dieses schwachen Stückes zu finden. Aber da die deutschen Theater ja tatsächlich vor allem ein 'Bedürfnis' nach solchen Stücken haben, wie Kaiser eben eins zur Probe geliefert hat, sollen wir immer mehr danach streben, die wirkliche dramatische Dichtung an wenigen besonderen Bühnen zu konzentrieren.

Die Spielleitung des Alberttheaters hat alles getan, um ihrerseits zu unterstreichen, dass das Stück von Kaiser ist. Der dreissigmal kreuz und quer geschriebene Titel und der Plan der Bahnstrecke Boulogne-Papiermühle-Paris wurde mit dem Projektionsapparat auf die Leinwand 'geworfen'. Von weiteren provinziellen Scherzen abgesehen, war die Aufführung klar und einwandfrei. Fritz Achterberg trug das Stück mit wundervoller Leichtigkeit. [...] Das Publikum dankte seinem gehorsamen Diener.

[26.1.1927], joint Uraufführung, Krefeld. Dir.: Clemens Wrede; Rudolf Helten (Duchut); Curt Bartz (Ollier).

426. K. H., n.d., n.s., GKC, incomplete.

Unter Clemens Wredes sicherer Leitung wurde Kaisers neuestes Werk erfolgreich uraufgeführt. Es ist ein lustiges Spiel, in dem sich der Dichter mit seinem Schaffen und den Kritikern an seinen Werken in fein satirischer Weise auseinandersetzt, und zwar durch den Dichter des Stückes, Ollier, und den Schriftsteller Raymond Duchut, der mit dem Fluch der Lächerlichkeit beladen wird. *Papiermühle* ist eine Art Kaiserscher Selbstverteidigung. [...] Der neue Kaiser ist ein echter Kaiser: gekonnt und ausgeklügelt, mehr Hirn als Herz, wenn auch nicht verkannt werden darf, dass Kaiser hier eine gute Dosis innerer Anteilnahme am Geschehen aufbringt. Kaiser ist ein Meister der Technik, was er in der *Papiermühle* glänzend unter Beweis stellt. Vollendet im Aufbau und der Durchführung der Handlung, vortrefflich in der Charakterisierung der Gestalten, überraschend in der Fülle und Ausnutzung der Situationen ist *Papiermühle* ein theaterwirksames Lustspiel, das zwar das Letzte schuldig bleibt, aber doch seinen Weg machen wird. Die Abrechnung Olliers mit den Spiessern und ihrer Scheinmoral, die Auseinandersetzung mit Duchut und die Schlussszene zeigen Kaisers ganze Gestaltungskraft. Wäre in *Papiermühle* der kalte Kaiser noch mehr ein glühender Kaiser, das starke Hirn ein starkes Herz, so würde der neue Kaiser der beste sein. — Die Uraufführung hatte besten Erfolg dank der sehr guten

Darstellung [...]

[26.1.1927], joint Uraufführung, Schauspielhaus, Leipzig.
Dir.: Fritz Viehweg; Hans Böhm (Duchut); Otto Stoeckel
(Ollier); Lotte Kayser (Francine).

427. Fritz Mack, *Leipziger Neueste Nachrichten*, No. 28,
n.d., GKC.

Eine Eigentümlichkeit der neuesten Dramatik: die Flucht aus der Problematik, die augenscheinliche Abneigung gegen tragische Stoffe, der Zug zum Lustspiel. Von den Prominenten gehen immer mehr diesen Weg: nach Zuckmayer und Brecht die Hasenclever, Lernet-Holenia, Kornfeld, Zech. Auch dieses neue Lustspiel Georg Kaisers läuft in dieser Richtung. Es ist hier nicht der Ort, die Ursachen dieser auffälligen Erscheinung zu untersuchen. Selbsterkenntnis, Einsicht in die Grenzen des eigenen Könnens, auch Gefühl für die Bedeutung der inneren Distanz zum Erlebnis, weiter die Haltung des Publikums, sehr wahrscheinlich sogar wirtschaftliche Gründe, scheinen dabei nicht ganz unbeteiligt zu sein.
 Ein sublimer Einfall die Idee dieses Lustspiels: wie ein Kritiker auf der Suche nach biographischen Details aus dem Leben des erfolgreichen Dichters in der Frau, mit der dieser ein entscheidendes erotisches Erlebnis gehabt hat, sein eigenes Eheweib entdeckt.
 Aus solchem Vorwurf konnte eine echte Komödie erwachsen. Aber Georg Kaisers Zuversicht in sein Können ist so gross, dass er in einem peinlichen Masse zu schludern sich erlaubt. In der Anlage des Ganzen, in der Szenenführung erkennt man die alte, sichere Hand. Aber die Ausführung im einzelnen! Wie nachlässig sind die Nebenfiguren behandelt, wie blass, wie schemenhaft sogar die weibliche Hauptgestalt! Wie billig die äussere Komik der letzten Szenen, wo die Personen in die Karikatur, die Situationen in die Posse entarten. Schon in den beiden ersten Akten steht Zartes oft dicht neben Derbem, wechselt die Charakterkomödie in den Situationsschwank hinüber.
 Es bleibt ein Werkchen, das zwar immer noch amüsiert, das aber den tieferblickenden Beobachter verstimmt, weil er reiche Möglichkeiten ungenützt sieht, weil ein grosses Versprechen nicht eingelöst wird.
 Fritz Viehwegs Inszenierung konnte bei dem uneinheitlichen Stil des Stückchens auch keinen einheitlichen Darstellungsstil finden: sie betonte bewusst – aber vielleicht doch zu viel – die derbkomischen Partien, offenbar in der Absicht, das dünne Geschehen stärker zu beleben. So wurde die Schwanknähe des Lustspiels noch deutlicher.

Otto Stoeckels Dichter war Mittelpunkt und einsamer Gipfel der Aufführung. Selbstsicher, überlegen, mit leise ironischen Humoren, brachte er die gelegentlichen geschwollenen Tiraden beinahe wie eine Persiflage auf das romanische [sic] Pathos. Hans Böhm in der Maske eines bekannten Berliner Kritikers, der der Gestalt des Duchut in manchen Zügen offenbar Vorbild für den Dichter war, interessierte in den ersten Akten durch eine geistvolle Charakterstudie, geriet aber im letzten Akt hoffnungslos in die Karikatur. Nur Karikaturen sind schon in der Zeichnung Georg Kaisers die vier Spiesser; Schaffganz' Bertin hatte noch die klarsten Umrisse. Die passive Francine war auch in Lotte Kaysers Gestaltung ziemlich physiognomielos: wo sie Unruhe der Nerven geben sollte, brachte sie die tragischen Töne eines aufgewühlten Herzens.

Die Aufnahme gedieh, dank Viehwegs dahin zielender Regie, schliesslich noch zu einem ansehnlichen Heiterkeitserfolg.

428. pl., n.d., n.s., GKC.

Man würde Kaiser unrecht tun, ihm zu dieser winzigen Gehässigkeit, die er 'Lustspiel' nennt, Glück zu wünschen. Auf der Suche nach neuen Stoffen klaubt er die mangelhafte Idee auf, sich mit der Frau des Kritikers an dem bösen giftverspritzenden Widersacher zu rächen, verlebt mit dem fremden Weibchen vier Wochen irgendwo auf dem Lande, versieht seinen Dichter mit allen liebenswerten naturburschenhaften Eigenschaften und versucht in jenem eine Karikatur traurigster Art lebendig werden zu lassen. Solche mag es wohl geben, aber rechtfertigen sie geistigen Aufwand? Zudem stellen die Mittel, mit denen es geschieht, einen so blassen und faden Extrakt dar, dass auch ein 'Denkspieler' von Kaiserscher Prägung mit ihm nichts Rechtes anzufangen weiss. Indessen: bliebe es nur bei solch dürftigem Inhalt (der keiner ist) — auch Nichtigkeiten konnten unter der fesselnden Behandlung dieses Autors Leben und Bedeutung gewinnen! Hier aber spürt man nichts von witzigen Spiegelungen, nichts von überraschenden Spitzfindigkeiten; weder von feingeistigen Umrissen noch von blitzendem Dialog ist das mindeste zu merken: eine Feuilletonidee wird in dieser Papiermühle zu formloser Masse zerwalzt. Aus Satire wurde plumpe Absicht, aus Scherz platte Banalität. Zu viel und zu wenig — wie man will. Der Beifall war traditionell. In Leipzig geht man nicht gern 'umsonst' ins Theater.

429. Bb., *Sächsische Arbeiter-Zeitung*, 29.1.1927.

Georg Kaisers vorjähriges Bühnenstück war *Kolportage*. Es liess den völligen Bankrott dieses Literaten, der vorher

eine gewandte Sprache mit einigermassen Handlung zu
verflechten wusste, vorausahnen. Immerhin vermochte er mit
Kolportage noch einigen Skandal zu machen und das Stück auf
dem Spielplan der Theater eine Zeitlang zu halten. Mit der
Papiermühle wird es viel schneller vorbei sein.
Das Lustspiel ist Selbstbildnis und Polemik gegen alle,
die die Verflachung des Stückes 'Produktion' beanstandeten.
Er speit Gift und Galle gegen alle, die ehrlich genug waren,
ihre Meinung kundzugeben. Gewiss hat er nun einen
abstossenden Typ des Gegners geschaffen, ein Exemplar, das
zu jeder Gemeinheit um selbstsüchtiger Zwecke willen fähig
ist. Das scheint auch das Positive zu sein, dass hierbei die
Korruption, die in der gesamten bürgerlichen Literatur
vorherrschend ist, enthüllt wird. Doch ist das alles nur für
Kreise gemacht, die mit dieser 'Literatur' und ihren Interna
irgendwie Fühlung haben. Die Allgemeinheit wird durch diese
Art der Behandlung nicht interessiert. Das ganze Stück ist
nur auf ein bestimmtes Milieu zugeschnitten. Wir haben
nichts dagegen, dass sich ein Mensch auf die ihm eigene
Weise wehrt. Mit Witz und Satire hat schon mancher den
Gegner unschädlich gemacht. Dazu gehört aber eine gewisse
Konzentration. Viel weniger jene Spekulation, die aus allem
ein Geschäft machen möchte. Also ist eine
Ehebruchsgeschichte mit den Dingen unmittelbar verbunden,
das Gegenständliche für das Parkett. Der Ehebrecher ist ein
Biedermann von Edelmut und lauterster Gesinnung, dazu ein
Dichter.
In einigen Episoden ist Kaisers Talent unanfechtbar,
und zwar gelingt ihm noch immer die haarscharfe
Charakterisierung des Kleinbürgertums in seiner ganzen
Erbärmlichkeit. Diese Nebensachen entbehren tatsächlich
nicht einer drastischen Komik. Doch ist eben hier die
Darstellung nüchtern und ganz belanglos und umgeht jene
Forderungen, denen jedes Theater um seiner technischen
Höherentwicklung willen aufgreifen müsste. Das
Schauspielhaus arbeitet mit zwei, drei 'Kanonen' und legt
auf eine einheitliche Leistung des Darstellerensembles gar
keinen Wert. Mit einem bisschen Maskerade lassen sich solche
Mängel nicht vertuschen. Böhm und Stoeckel in den
Hauptrollen legten es, ganz im Sinne des Textes, auf
Kontraste an, vielleicht auch, um die snobistische Sprache
zu verdeutlichen. Als ernsthafteste Erscheinung stand
inmitten die einzige weibliche Erscheinung, die Francine der
L. Kayser.

430. anon., *Magdeburger Zeitung*, No. 48, 26 Jan.

[...] Aber weit fehlt, der glaubt, dass Diebolds
'Denkspieler' zur Abrechnung ausholt; er uzt seine
Analytiker höchstens ein bisschen durch Randbemerkungen im
Dialog. Hauptsächlich zu gutartigen Schwanksituationen nutzt
Kaiser den Anlass aus, und man würde sich der gelungenen

Stilübung des Dramatikers in dieser Gattung restlos freuen, wenn nicht die erneute Verengung des Motivkreises in seinem Schaffen eine Schwächung seiner Hellhörigkeit für das Akute, das morgen aktuell wird, verriete. Auch über diese sich lockernde Beziehung zur allgemeineren Zeitproblematik wird noch zu reden sein. Fritz Viewegs Regie ging auf grobe Wirkung aus. Der Beifall, nach dem zweiten Akt stark, liess am Schluss nach.

431. anon., *B. Z. am Mittag*, No. 26, 27 Jan.

An sich könnte das dreiaktige Lustspiel *Papiermühle* Georg Kaisers auch von einem Herrn X. geschrieben sein. Das wäre zwar minder günstig für sein Bühnenwallen, aber man hätte immerhin Anlass, einem Zeitgenossen eine ermunternde Würdigung zu widmen. Da jedoch Georg Kaiser der Verfasser ist, hat man festzustellen, dass da wieder einmal jemand unter seinen geistigen Verhältnissen produziert hat.
[...] Man sieht: ein ausgezeichneter Stoff. Doppelt fade also, dass sich Kaiser bei seiner Gestaltung in keinerlei geistige Unkosten gestürzt hat. Ein bisserl Komödie (ihre Hauptsubstanz, Monsieur Duchut [...]), ein bisserl Schwank (die vier Provinz-Roués mit strenger Parallelität des Gebarens), ein bisserl Seelen-Kantilene (Dichters Sonne im Herzen) und einiges unbewusst Bekennerische, wie Duchuts Lobpreisung behaglich-eleganten Lebens, das sind die vier nicht gerade innig-gesellten Elemente von Kaisers jüngstem Bühnenwerk.
Die Aufnahme, die die Premierengäste des Leipziger 'Schauspielhauses' der Novität bereiteten, bezeugte Wohlgefallen ohne Überschwang. Die Aufführung, von Fritz Viehweg selber mit viel Geschick inszeniert, hob – nicht zum Schaden der Wirkung – das Komische hervor und gab so dem Duchut Hans Böhms eine feste Standfläche, ohne dem Gegenspieler, dem Dichter des ungemein kultivierten Otto Stoeckel, das Feld einzuengen.

432. hgr., *Leipziger Volkszeitung*, No. 23, n.d., GKC.

[...] Papiermühle, das bedeutet endlich bei dem Dramatiker Georg Kaiser in seinem neuen Lustspiel einen zunächst unverständlichen Titel, der sich dann bald als Name der bewussten Gastwirtschaft, des Ortes der Handlung, entpuppt, sich aber weiterhin im Verlaufe der nicht gerade stürmischen Aktion als doppelsinnig enthüllt. Nämlich, meint Kaiser, der ganze moderne Literaturbetrieb ist nur so eine Art Papiermühle, in der einer ein erfolgreiches Buch macht, ein sensationelles Theaterstück, und der andere setzt sich hin und schreibt ein Buch über den Mann, der vorher Bücher geschrieben hat; um durch Makulatur über etwas, was nach

seiner eigenen Meinung auch bald Makulatur sein wird, selber
fix ein berühmter Mann zu werden. Über den erfolgreichen
Bühnenliteraten Georg Kaiser sind in den allerletzten Jahren
nicht weniger als drei ziemlich dicke Bücher erschienen, von
denen vielleicht eines brauchbar, all dreie aber überflüssig
sind. Also hat er da ganz recht. Nicht nur in Paris wird
Papier oft in Papier gewickelt und dünne Prosa mit dünnerer
Prosa zugedeckt.

Aber Kaiser, der diesmal auf den Pfaden des
französischen Gesellschaftsschwankes wandelte, hat da noch
eine Verschärfung angebracht. Der Mann, der das Buch über
die Bücher des anderen schreibt, will die Frau
ausspionieren, die jenen zu seinem letzten erfolgreichen
Drama begeistert hat, als er mit ihr in 'Papiermühle'
wohnte. Dazu nimmt er nach 'Papiermühle' seine eigene Gattin
mit und es stellt sich im Interesse einer hinreichenden
Abendfüllung für den unmässig begriffsstutzigen
Literaturschmock erst im letzten Akte heraus, dass eben
seine eigene Gattin die Inspiratrix des Dichters in
'Papiermühle' war. [...]

Dazu liesse sich denn sagen: So, bester Auto [sic], ist
das Leben denn doch auch in den allerverschmocktesten
Literaturkreisen noch nicht ganz. Dein Papier vomierender
Nachschriftsteller ist nur eine mässig konstruierte
Schwankfigur und das ganze ein ebenso mässiger Schwank:
Papier über Papier. Nicht mehr gewollt zu haben, ist für
Georg Kaiser zu wenig, für einen Theaterunterhaltungsabend
nur notdürftig genug.

Was das Problem Dichter und Kritiker angeht, so ist es
von Kaiser ja eigentlich nicht ganz nobel, den Kritiker
nicht nur zu einem geistigen Trottel, sondern auch zu einem
erotischen Un-Mann und physischen Feigling zu machen.
Darüber, dass viele Kritiker Trottel sind, reden wir gar
nicht erst — mein Gott, was sind denn die meisten Autoren?
Aber man fragt sich, wenn der Dichter ein so forscher
Liebespartner ist, warum muss der Kritiker gerade in dieser
Beziehung impotent sein? Möglicherweise gibt es viele
impotente Kritiker. Aber ich frage mich denn doch, ob das
gerade als Berufskrankheit gelten muss. Jehova hat
bekanntlich Feindschaft gesetzt zwischen dem Samen des
Weibes und den Samen der Schlange. Ich glaube nicht, dass
irgendeine Gottheit auch Feindschaft setzte zwischen den
Samen der Dichter und den Samen der Kritiker. Darum möchte
ich aus dem ganzen Problem eigentlich nicht so eine —
'Samenhandlung' gemacht wissen.

Aber Spass beiseite: Die Feindschaft besteht nur
zwischen demjenigen Literaten, der Romane und Theaterstücke
schreibt einerseits, und demjenigen, der sie kritisiert, auf
der anderen Seite. Und sie besteht zumal innerhalb dessen,
was man heute Literaturbetrieb nennt, und was in Wahrheit
nicht mehr als ein kapitalistischer Betrieb neben anderen
solchen Betrieben ist. Aber der Dichter sollte Feind des
Kritikers sein oder gar der Kritiker sich über den Dichter
erheben? Unsinn, dem Kritiker ziemt die Haltung des

verehrenden gegenüber dem wirklichen Dichter, und dem
Dichter ziemt die Haltung des dankbaren Freundes gegenüber
dem wirklichen Kritiker. Alles andere ist vergänglicher
Literaturschmus von heute.

Georg Kaiser, ein immerhin befähigter Literat, hat es
sich eben ein bisschen zu leicht gemacht. Ob man gerade den
Kritiker in einer etwas ehemaligen Maske Alfred Kerrs
spielen musste, wie es Herr Böhm tat, ist die Frage. Dass
man ihn natürlicher karikieren und nicht nur auf einen an
sich schon akustisch unwahrscheinlichen Ton spielen musste,
ist sicher. Stoeckels Dichter war ein Prachtkerl, wobei man
nur hinzufügen muss, dass die Rolle es in keiner Richtung
erlaubt, mehr als ein durchschnittlicher Prachtkerl zu sein.
Im übrigen Ensemble der Schauspielhaus-Uraufführung wurde
allerhand derbe Komik nicht mit Unrecht geliefert, da der
Dialog ohne solche Posseneinlagen sich selber nicht bis zu
Ende tragen würde.

Lotte Kayser, die vom Kritiker zum Dichter
hinüberwechselnde Ehefrau, ist so schön, dass sie beinahe
schon deswegen Talent hat. Sie hat es jedoch auch ausserdem
und fängt schon an, davon Gebrauch zu machen. Solange sie
noch ein Viertel Ziererei mit drei Vierteln natürlichen
Spieles verbindet, werden ihr alle ihre Schönheit vorwerfen.
Wenn sie es lernt, selber zu vergessen, dass sie körperlich
wohlgebildet ist, wird man allgemein ihr Talent bemerken.

433. Hans Natonek, *Neue Leipziger Zeitung*, No. 27, n.d.,
GKC.

Georg Kaiser lässt sich in dieser Komödie ganz von
seiner Virtuosität tragen. Sie ist gross, wir wissen es und
haben davon stärkere Beweise bekommen, — aber wohin wohin
trägt sie den Dichter diesmal? Weder hoch, noch tief, noch
weit. Sein Wurf ist nicht gross, nicht kühn wie sonst, und
unschwer erreicht sein Sprung das nahgesteckte Ziel.

Eine amüsante Fabel — das Anekdotische ist bei Kaiser
stets reizvoll — wird geschickt durch drei Akte gedreht.
Aber gar zu lustspielhaft glatt geht diesmal das
Rechenexempel auf. [...]

Im ersten Akt schon weiss der Zuschauer schmunzelnd,
dass die unbekannte Geliebte des Dichters, deren Existenz
der Kritiker erforschen will, niemand anders ist als die
eigene Frau an seiner Seite. Ein solches Wissen, das mit
einem abgründigen Nichtwissen des 'literaturforschenden'
Gatten verbunden ist, garantiert nach bewährtem Rezept ein
abendfüllendes Vergnügen. Francine, die Frau des Kritikers,
weiss sich keinen besseren Rat, als auf den heiklen
Schauplatz den Dichter telegraphisch zu beordern. Diese
Eingebung kommt ihr aber weiss Gott nicht aus dem eigenen
ratlosen Herzen sondern aus dem klugen Kopf des Verfassers,
der seine kleine Handlung weitertreiben muss. [...] Das
freiwillige Eingeständnis Olliers macht dem Spass, der

bereits überspitzt ist, ein Ende.

Dass schon im zweiten Akt die Komödie ins Schwankhafte hinüberspielt, ist bei weitem nicht so schlimm, als dass sie im dritten Akt konventionell lustspielhaft wird. Duchut verzichtet auf seine Frau, als er erfährt, dass just in dieser Stunde sein Schwiegervater, der Minister, demissioniert hat. Mit so billigen Mitteln – 'Das Ministerium ist gestürzt – wir lassen uns scheiden!' – hat Georg Kaiser bisher nicht gearbeitet. Würde er seinen Dialog nicht in der ihm eigenen straffen, sprachgebändigten, konstruktivistischen Form durchführen –: es wäre schwer, in diesem Stück den Georg Kaiser von einst wiederzuerkennen.

Und was war zu beweisen? Dass Hohlköpfe sich unter dem Vorwand der Literatur 'im Namen der Mitwelt' an erfolgreiche Dichter heranmachen, sich in ihrem Schatten sonnen, Intimes erschnüffeln und daraus Kapital und Sensation schlagen. Was hier mit Recht als üble Literaturreportage verhöhnt wird, steht, wenn es nach dem Tode des Dichters ausgeübt wird, als ernsthafte Literaturforschung hoch in Ehren... Bewiesen sollte ferner werden, dass das Vorbild des Dichters, das ihn zur künstlerischen Gestalt anregt, in den blöden Augen des Profanen, hier des eigenen Ehemannes, gar keine auffallenden Züge trägt.

Papiermühle – eine symbolische Wortwahl. Es wird in der Tat Papier, Literatur, Makulatur gemahlen. Ein Stück unter Schriftstellern: der Produktive und der Reproduzierende, bei dem es zum Schöpferischen nicht langt. Schon einmal, in der *Flucht nach Venedig*, schrieb Kaiser ein Literatenstück. Dort war die Ausbeutung des Erlebnisses durch das Wort tragisch, hier ist sie komödienhaft gewendet.

Die hübscheste Stelle des Stückes, die dank der Spielleitung Fritz Viehwegs und der Darstellung durch Hans Böhm besonders hübsch geriet: wie der kleine, im Grunde erbärmliche Literat – Kneifer am Schnürsenkel – sich mit dem Tempo der Zeit brüstet und, ohne sich vom Platz zu rühren, mit lächerlichen Beinen zu laufen beginnt und überschnappend ausser Atem gerät, weil er in sein Buch unbedingt das intime Liebesleben des berühmten Dichters aufnehmen will. Der entfesselte, schamlose Ehrgeiz strampelt da brutal mit den Füssen und gebärdet sich maschinell. Die Mechanik des hundertpferdekräftigen Motors wird da auf geistige Dinge angewandt. Hier ist ein komödisch wertvolles Element. Leider kommt es viel zu kurz weg. Böhms Leistung – diese kraftlose, klebrige Fistelstimme! – war weitaus die beste des Abends. Otto Stoeckel, mehr Sportsmann als Dichter, hat sich weniger als Mensch, denn als Arrangeur der Komödie zu betätigen, die er überlegen lenkt. Eine [sic] bisschen mehr Ironie täte ihm wohl. Die Abrechnung mit den Spiessern nimmt er ein wenig zu schwer. Lotte Kayser, wunderhübsch anzusehen, blieb leider farblos. Sie war allenfalls die Francine des Literaten, aber keineswegs die Francesca des Dichters. Rudolf Schaffganz: der Kleinstädter, der es mit dem Pariser Tempo hat, die übrigen Stammtischler in der 'Papiermühle' (Walden, Braunstein, Wötzel) und Balqué (Wirt) belebten das Stück

nach seiner schwankhaften Seite. Das Bühnenbild (Franz
Nitsche) war sauber und sorgfältig, der Beifall
zurückhaltend. Doch hat sich wohl niemand ernstlich
gelangweilt.

*28.5.1927, Erstaufführung, Schauspielhaus, Düsseldorf. Dir.:
Gustav Lindemann; sets: Eduard Sturm; Franz Everth (Duchut);
Peter Esser (Ollier); Eleonora von Mendelssohn (Francine);
Friedrich Rosenthal (Vautel).*

434. C. Nörrenberg, n.d., n.s., GKC.

Georg Kaisers Stück: *Papiermühle*, dessen literarischer
und theatralischer Wert hier nicht erörtert werden soll, gab
Gustav Lindemann Gelegenheit zu einem Kabinettstück der
Regiekunst: schon die Masken versetzten sofort in
französische Provinz und in heiteres Behagen; jeder der drei
Spiesser (Eugen Dumont, Ludwig Schmitz, Karl Kyser) war ein
in sich vollendeter Typ, glänzend Kurt Reiss als
Provinz-Stutzer und Paris-Anwärter; Franz Everth als
literarischer Ruhmschmarotzer, 'Cocu' und bebender Rächer
seiner Ehre, machte seine Rolle bis ins kleinste lebendig;
an Peter Esser (Ernest Ollier) entdeckte man neue,
schneidige Züge, und die mehr passive Rolle der Francine war
bei Eleonora v. Mendelssohn gut aufgehoben. Eduard Sturms
Bilder stellten eine richtige ausgedörrte, gottverlassene
Sommerfrische hin; und wenn das Stück als Ganzes und
szenenweise geradezu durchschlug, so kann das die
Spielleitung für sich selbst mindestens in der gleichen Höhe
buchen wie für den Dichter. Erfolg und Beifall waren
stürmisch.

435. Viktor M. Mai, *Düsseldorfer Nachrichten*, 30.5.1927.

Dieses Lustspiel, davon an dieser Stelle gelegentlich
auswärtiger Aufführungen, zuletzt in Krefeld, schon mehrfach
die Rede gewesen ist, wurde am Samstag gleichzeitig im
Düsseldorfer Schauspielhaus und in den Berliner
Kammerspielen zum erstenmal gegeben, dort inszeniert von
Gustav Lindemann, hier von Berthold Viertel, von dem es
heisst, dass er, unbefriedigt von der 'Provinz', wieder ganz
in Berlin sich niederlassen wolle... Es wäre bestimmt nicht
uninteressant, die zwei Aufführungen miteinander zu
vergleichen.
    Vielleicht gewannen sie beide durch die
Idealkonkurrenz, die Düsseldorfer Aufführung jedenfalls
bekundete einen Grad von Theaterkultur, von amüsantem
Schliff, von geistreicher Laune, die selbst in diesem Hause
freudig überraschen musste, wo man wertvoller, reifer

Bühnenkost zu begegnen sicherlich gewohnt ist. Was könnte aus diesem Stück, das an sich, in seiner Gestaltung von Menschen und menschlichen Gefühlen, leicht wiegt, aber entzückt durch die souveräne Überlegenheit seiner satirischen Betrachtungsweise, an Wirksamkeit, an Lebensspiegelung, an Schauspielerei noch herauszuholen sein, das nicht hier in entzückendster Vollendung herausgeholt worden wäre?

Das werte Publikum war denn auch höchlichst angetan und erbaut von der Sache und geizte wirklich nicht mit Beifall. Den bei offener Szene hätte es sich freilich besser verkniffen, er erscholl bei der Abfuhr, den sich die vier kleinstädtischen Spiesser holen, und liess doch etwas sehr auf die naive Einstellung schliessen: Ha, dem gönn ich's, der hat's verdient!

In dieser *Papiermühle* schneiden sich eigentlich zwei Komödienstoffe.

Die erste Komödie. [...] Spiesser-Komödie also.

Die zweite Komödie. Das Verhältnis zwischen dem Dichter und seinem Biographen [...]. Es gibt keinen Schutz vor dem Biographen Duchut, von Georg Kaiser recht durchsichtig nach einem bekannten Berliner Kritiker gezeichnet, der das Wort von der Kritik als Kunstwerk geprägt hat. [...]

Die Komödie des Kritikers und Biographen.

Leider ergeben beide Komödien zusammen noch keine Komödie schlechthin, noch keine Komödie der Form und der menschlichen Tiefe nach. Und schade vor allem ist es, dass die Biographen-Komödie nicht tiefere Behandlung erfuhr.

In Eduard Sturms szenischen Bildern klang das banale, kümmerliche Sommerfrischen-Motiv geradezu köstlich auf. Dieser Restaurationsgarten, diese Glasveranda, dieses Balkonzimmer hatten Sonne in Fülle, aber auch Staub und Lokomotivenrauch und Langeweile. Um hier zu weilen, musste man schon abgründig verliebt sein wie Ernest Ollier und Francine oder von seinem Thema besessen wie Raymond Duchut oder gottverlassen verblödet wie die Herren Gonon, Piveteau, Decaplain und Bertin, die von Ludwig Schmitz, Karl Kyser, Eugen Dumont und Kurt Reiss in den komischsten Nuancen verkörpert wurden und zumal überwältigend sich differenzierten in der Szene, da sie vor Duchuts zitternde Pistole gestellt wurden.

Peter Esser verlieh dem Dichter Ernest Ollier eine herzerfrischend scharmante Art, sich mit Menschen und Dingen zu beschäftigen, und Franz Everth dem Raymond Duchut eine heitere Aufgeblasenheit, wie geschaffen dazu, Georg Kaisers vertrackt grossspurige Sätze zu sprechen, während Eleonora v. Mendelssohn als Francine ganz Sensibilität und Seelenhaftigkeit war. Friedrich Rosenthal als nervös bekümmerter Wirt Vautel und C. H. Emmerich als einfältig-schlauer Kellner Maurice rundeten das Ensemble charakteristisch ab, das zum Schlusse, von anhaltendem Beifall gerufen, sich immer wieder zeigen musste.

436. H. Sch., n.d., n.s., GKC.

[...] Gänzlich aus dem Hirn springt diese kalte Sache. Um eine klare Grundidee mengt sich seltsam Kolportage und papierne Parodie. Die Hauptfigur des Kritikers ist konsequent gezeichnet, aber sie bleibt ein funktionierender Mechanismus. Die Spiesserfiguren erinnern stark an eigene Vorbilder, auch Situationen. Wie immer bei Georg Kaiser ist der Titel prägnant; das Lustspiel *Papiermühle* hat seinen wahren Namen gefunden. Viel Papierdeutsch ist in dieser Mühle gemahlen, aber der Dialog und die Zuspitzung einiger Situationen ist wiederum haarscharf und unerhört klar.
Die Regie hatte die Wahl, das Stück als Kitsch an sich aufzuziehen oder aber den Kitsch zu persiflieren. Gustav Lindemann hatte sich, wie es schien, für das Letztere entschieden. Köstlich begann das Spiel mit dem leeren Szenenbild des ersten Aktes, das schönste Illusionen südlichen Sommers heraufführte; geradezu überwältigend lockte das Gezwitscher und Gegurre der Sommervögel in ländliche Gefilde. Dann traten die Menschen auf. Mehr oder weniger passten sie sich dem vorgezeichneten Stil an, wobei Herrn Everth als Raymond Duchut das besondere Verdienst zufällt. Seine Kritikerfigur stolzierte mit Eleganz auf der schmalen Brücke, die den Kitsch mit der Persiflage fein verbindet. [...] Die Schiessertypen der Herren Schmitz, Kyser, Dumont und Reiss erschienen zu sehr dem Schwankmilieu angenähert, als dass sie sich organisch in diese abstrakte Lustspielgegend eingefügt hätten; Friedrich Rosenthals Wirt Vautel war eher am Platze. Peter Esser als Dichter Ollier pendelte zwischen einfachen [sic] und zugespitztem Gefühl; es war zum guten Schluss nicht mehr auszumachen, ob seine gelegentlichen Gefühlswandlungen echt oder unecht waren. Da nicht anzunehmen ist, dass eine derart verwischte Stillinie im Sinne der Regie gelegen hat, möchte man annehmen, dass Georg Kaisers Textbuch den Übelstand verursacht. Der Autor hat ja seit *Margarine* und *Kolportage* den Courths-Mahler-Kitsch mit so viel hingebender Liebe verspottet, dass er sich in ihm wohlzufühlen beginnt.

[May 1927], Kammerspiele, Berlin. Dir.: Berthold Viertel; sets: Artur Pohl; Otto Wallburg (Duchut); Lothar Müthel (Ollier); Grete Mosheim (Francine).

437. H. Ihering, 30.5.1927, in *Von Reinhardt bis Brecht*, (Reinbek: Rowohlt, 1967), 252-53.

Zu den leichten Stücken von Georg Kaiser *Kolportage*, *Der mutige Seefahrer* kommt jetzt die *Papiermühle*. [...]
Ein gewichtsloser Schwank. Dichter, Kritiker? Das ist nebensächlich. Die Menschen werden aus ihrer Art nicht

bewegt. Theatertradition ist alles. Wesen und Beruf? Was geschieht, könnte genauso zwischen Advokat und Staatsanwalt vor sich gehen. Es sind die ständigen Spielfiguren, wie König, Bauer und Dame, diesmal Dichter und Kritiker. Nur Bühnenkontrast. Nur Kennfarbe. Nur Signal. Es sind die ewigen Schwankrequisiten der Bühne.

Wer in diesem Lustspiel Aufschlüsse sucht, ein Problem behandelt sehen will, auf psychologische Entdeckungen 'über das Verhältnis zwischen Kritiker und Dichter' ausgeht, kommt nicht auf seine Rechnung. Da aber so viele Berufe abstrapaziert wurden, wenn im Grunde nur Masken und Typen, die alte Commedia dell'arte, die alten Harlekine gemeint waren, wäre der Ernst komisch, mit dem man es übelnähme, dass auch der Kritiker in dieses Possenschema gerät.

Wenn Georg Kaiser mit den Mittelpunktfiguren nicht auskommt, schiebt er andere ein, Spiesser, gleichfalls alte Typen, gleichfalls ewiges Schwankrequisit. Aber bewundernswert bleibt immer die Unbekümmertheit, mit der er dem Theater dient, mit der er dem Publikum Situationen hinwirft. Eine Handgelenkübung. Eine Etüde. Papiermühle ist der Schauplatz. Papier sind die Literaten, Papier Dichter und Kritiker. Papier ist das Stück. Nur dass Papier von Georg Kaiser noch immer Bühne heisst.

Man langweilt sich höchstens einmal: wenn im zweiten Akt zwischen dem Dichter und Francine dialogisch aufgeholt wird, was wir situationsmässig aus dem ersten Akt schon kennen. Der Erfolg in den Kammerspielen war überraschend. Überraschend, weil *Papiermühle* Dessert ist, eine Nachtvorstellung wie *Was Sie wollen*, ein dreiaktiger Einakter, ein gesprochenes Vaudeville. Ein artistischer Spass, nicht für feierliche Sessel, sondern für eine 'Kleinkunstbühne', die man zu beliebiger Stunde besuchen, zu beliebiger Zeit verlassen kann. Entzückendes Kabarett, delikate Kammerrevue.

Eine reizende Vorstellung. Otto Wallburg als Duchut nicht nur in unausschöpfbarer Laune, sondern meistens sogar textdeutlich, mit Aussparung und Einschnitten spielend. Überschuss und Disposition. Grete Mosheim, drollig verlegen, ohne Überstürzung. Lothar Müthel entfaltete sich in seiner ersten Szene farbig. Später schien er nervös zu werden. Er kurbelte an und fand nicht immer das Gleichgewicht, das seine letzten Rollen auszeichnete.

Einen frechen Provinzknirps mit Pariser Tick spielte Heinz Rühmann. Umwerfend wie in den *Lockvögeln*, und diesmal bestimmt ohne Zufallskomik. Jeder Satz, jede Pause, jede Bewegung sass. Eine köstliche Präzisionsleistung. Nur manchmal hat man für Sekunden das Gefühl, dass die Provinzjungen, die er darstellt, noch Reste von Provinzroutine abzustreifen haben.

Regie führte, frei von früherer Problematik, sicher, klar und schauspielerisch beschwingt, Berthold Viertel. Die Bühnenbilder waren von dem Darmstädter Theatermaler Artur Pohl. Lustig, aber noch mit kunstgewerblicher Farbenspielerei. Die Begabung könnte man erst nach anderen

Aufgaben beurteilen.

438. Arthur Eloesser, *Die Weltbühne*, 23 (1927), No. 23, 910—11.

    Aus Georg Kaisers elektrisch betriebener Papiermühle ist wiederum ein Manuskript herausgefallen. Ein Dramaturg, falls es noch Dramaturgen gibt, hebt es auf und bringt es dem Direktor: Sie lesen das in dreiviertel Stunden. Der Direktor sagt: ganz nett. Und nicht teuer. Paar bescheidene Dekorationen. Den Biographen des Dichters bekommt der beliebte Otto Wallburg. Die kleine Frau bekommt die beliebte Grete Mosheim. Den Dichter, der sie ihm abnimmt — aber das sagt er schon zu dem erfahreneren Theatersekretär — fragen Sie mal bei unsern Liebhabern rum, sie werden ja nicht alle filmen. — Nicht allen Manuskripten ging es so gut, die aus Georg Kaisers Papiermühle fielen. Manche hat der Wind verweht, und wie viele Dutzend es schon sind, das wissen nur seine dickbändigen Biographen. Merkwürdig, wie wenig der ingeniöse Veranstalter von Morgens bis Mitternacht und von andern geistesschnellen Erfindungen zu einer Marke geworden ist. Das Theater begegnet ihm immer wieder wie zufällig, es nimmt ihn einmal an, es lehnt ihn einmal ab, und das ohne Entschuldigung oder Beschämung, als ob er eine blosse Utilität wäre. Bequem ist Kaiser auch, kommt zu keiner Vorstellung, stört keine Probe, nimmt keinem Darsteller oder gar einem Regisseur den Applaus weg. Eine fast anonym gewordene Existenz, zu reiner Sachlichkeit abgeglättet, farblos und flüssig wie ein gut raffiniertes Öl, das die Maschine des Theaters in Gang hält.
    Der Direktor hat recht: ganz nett! Der Biograph, der mit seiner kleinen Frau nach Papiermühle reist, um das letzte erotische Erlebnis des von ihm ausgebeuteten Dichters auszuspüren, und der als die in schönen Versen gefeierte Francesca seine Frau feststellt, das ist Einfall, Erfindung, in drei schmalen Akten so glatt heruntergerissen, wie nur ein erfahrener französischer Schwankdichter besorgen würde, so ein haushälterischer Routinier, der nicht mehr die erste Blüte und die zweite Fülle hat. Ich habe stellenweise gelacht und bin stellenweise dankbar gewesen; denn durch fast vierzigjährigen Umgang mit dem Theater habe ich die Naivität meiner eigenen Blütejahre längst wiedergefunden. Aber ich bin inzwischen auch ein deutscher Mann geworden.
    Warum heisst der Dichter Ernest Ollier, warum heisst der Biograph Raymond Duchut, warum schwärmen die Bootier zu Papiermühle von Morgens bis Mitternacht von Paris? Mit französischen Knebelbärten und Provinzfiguren? Nur Heinz Rühmann bringt seine eigene Maske mit, sein natürliches Maulwerk von geschliffener Schnoddrigkeit, ein echtes Söhnchen von Max Adalbert. Diese dreieckige Geschichte könnte genau so gut in einem pittoresken Vorort von Berlin, besser noch in Schwabing spielen. Aber dann müsste sie eine

eigne Farbe haben. Georg Kaiser hat gespart. Ohne sie weiter
auszutuschen, gebraucht er Schablonen aus einer fertig
gelieferten Konvention, den schlanken Liebhaber von immer,
den dicken Hahnrei von immer, das süsse Frauchen von immer,
das aber mit Grete Mosheim die Knospe der Mädchenhaftigkeit
noch nicht gesprengt hat. Den Lothar Müthel macht nur der
Theaterzettel zum Dichter, den Otto Wallburg macht sein
Notizbuch nicht zum Biographen; darin könnten auch Ordres
notiert werden. Warum führt Georg Kaiser fremde Muster ein?
Ein deutscher Dichter, der in seiner ersten, seiner zweiten,
seiner dritten Periode — ich bin nicht sein Biograph — doch
aus erster Hand geliefert hat.

Ich habe schon einige Zeitgenossen bei lebendigem Leibe
biographiert und fühle mich trotzdem von dem Biographen mit
dem Notizbuch nicht getroffen. Aber auch nicht im
geringsten. Weil der Mann gar nichts vom Metier hat, das
entsetzlich sein kann, ist er nicht komisch, sondern albern.
Wenn Georg Kaiser durch seinen Schwank wirklich eine Rancüne
befriedigte, wenn er auf irgendwen oder irgendwas
zurückschiessen wollte, so hat er sehr schwach geladen. Der
Diebstahl, der einer Frau, eines Geldbeutels, eines
Biberpelzes ist ungefähr der ewigste Stoff aller Schwänke.
Aber seit wann stiehlt der Dichter? Der hier nicht nur der
unternehmendere, sondern auch der weltläufigere, dazu der
mutigere ist. Der die Sache als vordenkender Praktikus
lächelnd in Ordnung bringt gegen den betrogenen Ehemann,
gegen den Chor der blamierten Papiermühlener, die auch mal
bei der kleinen Frau naschen wollten. Des Dichters Stärke
liegt doch im Dichten, im anderswo zu Hause, im anderswie
tapfer und stark sein. Die dem Biographen abgewonnene Frau
folgt ihm, weil er der edlere ist, weil er sie mit der
tiefern Liebe wahrhaft verdient. Da habe ich nicht mehr
gelacht. Wenn nicht allein die Schlauheit siegt, wenn sich
das Pathos zu Tisch setzt, wenn sich die Tugend zu Bett
legt, dann hat die Komödie aufgehört. Wohin reisen wir?
fragt die kleine Frau. — Zu uns, sagt der grosse Dichter. Da
gehts doch ins Larmoyante, da fahren die Dichter von heute
nicht mit, Kerle wie die! Was aber die Biographen anbelangt,
so müssen wir dieses Kapitel den Vertrauenden und
Zutraulichen überlassen, die Georg Kaisers elektrisch
betriebene Papiermühle auseinander genommen und dickbändig
wieder zusammengesetzt haben.

[1927], *Erstaufführung, Schauspielhaus, Munich. Dir.:
Schweikart (also Ollier); Horwitz (Duchut).*

439. J. St-g., *Völkischer Beobachter*, Jg. 40, 13.8.1927.

Hiesse das Hotel, worin die Handlung des dreiaktigen
Lustspiels *Papiermühle* von Georg Kaiser vor sich geht,
'Schwarzer Adler', 'Zum roten Ochsen' oder ... 'Weisses

Rössel', wie der blutige Oskar sein viel gegebenes Lustspiel benannte, so würde das Stück eben einen anderen Hotelnamen tragen.

Aber eine innere Beziehung zwischen dem Titel und dem Inhalt eines Dramas, ob Tragödie, Schauspiel, Lustspiel, Schwank, soll doch bestehen, so lehrte man uns schon in der Literaturgeschichte, und Gotthold Ephraim Lessing schrieb darüber auch des langen und breiten in seiner *Hamburgischen Dramaturgie*.

Stimmt auch, denn das Kaisersche Lustspiel ist durch die unersättlichen Kiefern der anderen Papiermühle, genannt Literatur, gewälzt worden. Es ist nur verständlich durch den Begriff des Literaten, jenes anämischen, Papier fressenden und Papier ausscheidenden zweibeinigen Geschöpfes, das einerseits als Schriftsteller und anderseits als Kritikus durch die Gegenwart spukt.

Dieser Tage sah ich einen armen Kriegskrüppel in einem Gasthaus, der, weil er von dem 'Dank' des Vaterlandes in Gestalt einer Hungerrente nicht leben kann, sich als Verschlinger von Papierschlangen produzierte, worauf er diesen unverdaulichen Mageninhalt mit Wasser begoss....

Ob Georg Kaiser auch Papieresser ist? Jedenfalls sind seine Stücke nur bedrucktes Papier mit Wasserüberguss...

Worin besteht der Witz dieses Lustspiels? [...] Und schon heftet sich ein Kritikus, der gehörnte Gatte eben dieser Francine, an seine [Olliers] Fersen, um unbewusst seines Schmukkes durch eine Biographie des genialen jungen Dichters sich Unsterblichkeit zu erringen. Durch einen etwas verwickelten psychologischen Vorgang, wobei das Konversationslexikon eine verhängnisvolle Rolle spielt, landet er ein Jahr darauf just in demselben Hotel 'Papiermühle', um an Ort und Stelle nachzuspüren, wie das bedeutende Werk entstand und wer eigentlich jene Helene war, die den Dichter dazu inspirierte.

[...] Im dritten, lustigsten Akte, kommt dann der Schwindel auf: Francine lässt sich von dem Kritikus scheiden und heiratet ihren Dichter.

Wie gesagt: Papier, Papier, Papier. Unbedingt geistreich ersonnen nach dem Vorbild französischer Boulevardschwänke, geistreich konstruiert, mit pikanten Frivolitäten gewürzt, und der Schluss mit der vierfachen Forderung auf ungeladene Pistolen entschieden witzig originell. Bei flotter Darstellung auch unterhaltend. Schweikarts Regie war glänzend.

Eine köstliche Leistung als Kritikus Raymond Duchut bot Horwitz; nicht minder drollig waren alle anderen. [...]

Beifallssturm, besonders nach dem letzten Fallen der Gardine seitens der kaiserlich-synagogalen Gemeinde...

Papier, Papier, Papier...

Der Präsident (published earlier as *Der Kongress*)

28.1.1928, Uraufführung, Schauspielhaus, Frankfurt/M. Dir.: Buch; Georg Lengbach (Blanchonnet).

440. Werner Deubel, *Die schöne Literatur*, 29 (1928), 153.

Georg Kaisers Präsident ist ein Stück von verblüffender Albernheit. Wenn einem schon gar nichts mehr einfällt, so nimmt man einen uralten 'Typ' und setzt ihn in ein neues Milieu. Zum Exempel einen Advokaten, der einen vermoderten 'Internationalen Kampfbung gegen die Mädchenhändler' neubelebt, um dessen Präsident zu werden. 'Man muss Präsident sein in irgendwelcher Sache, dann liegt der Weg offen', nämlich zur politischen Laufbahn, zum Schwiegersohn aus altem Geblüt usw. Aber der Präsident hat eine Tochter, Elmire. Gestern war sie noch im Kloster, heute soll sie dem aufgezwungenen Bräutigam vorgeführt werden. Also der Präsident selbst ist der eigentliche Mädchenhändler, denkt man. Nichts dergleichen. Es kommt noch viel gröber. Ein Einbrecherpaar hat es auf das Vermögen des Präsidenten abgesehen, das sich in dessen Handkoffer (!) befindet und macht Elmiren die keusche Seele heiss mit den Greueln tatsächlich bestehenden Mädchenhandels. Sie entflieht mit den Dieben und dem Koffer, um ihrerseits mit der Bekämpfung des Mädchenhandels Ernst zu machen, nachdem sie den Schaumschlägerehrgeiz des Vaters durchschaut hat. Nach drei Akten sitzt der Präsident kleinlaut da, ohne Tochter, ohne Geld, in Erwartung seiner Frau und des altblütigen Schwiegersohnes. Komödie? Allenfalls Stoff zu einem gehirnschwachen Film. Jedenfalls die dümmste Konstruktion, die sich Kaiser bisher geleistet hat. Hier konnten auch Regie und Aufführung nichts retten. Es bleibt unverständlich, aus welchen Gründen die Frankfurter Intendanz mit den Uraufführungen dieser Spielzeit den Ruhm einer kulturell wichtigen und produktiven Bühne gefährdet, einen Ruhm, an dem gerade Intendant Weichert einen entscheidenden Anteil hatte.

441. Bernhard Diebold, *Das literarische Echo*, 30 (1927-28), 348.

Das Stück schwebt zwischen zwei Stilen: zwischen denkender Satire und ulkendem Schwank. Die Typen sind Karikatur aus dem Witzblatt. Die Handlung ist feinste Berechnung Kaiserscher Denkspielerei.

Im Zeitalter der vielen problematischen Kongresse erfindet Kaiser den problematischen Präsidenten dazu. Es gibt nämlich Kongresse, die überhaupt nur für die Eitelkeit des Präsidenten abgehalten werden. Unser Präsident ist Vorsitzender des Internationalen Kongresses gegen den Mädchenhandel. Es könnte auch etwas anderes sein. Die Hauptsache ist: man lässt sich interviewen, photographieren, durch Radio verbreiten und empfängt den Präfekten. Das ist im Grunde wichtiger als Mädchenhandel. [...]

Dieser Satire entspricht die groteske Handlung. Elmire, die Tochter des Präsidenten, ist eben der klösterlichen Erziehung entnommen worden, um noch heute am Schauplatz des Kongresses ihrem künftigen und ihr völlig unbekannten Gatten vorgestellt zu werden. Die in Liebe Unerfahrene wird nach alter Patriarchenweise der 'guten Partie' zugeführt. Elmire wird an den reichen Gaston Sillerin-Dudat verkuppelt und verkauft durch ihren wohlmeinenden Vater: den Präsidenten des Kongresses gegen den Mädchenhandel. Wer treibt da Mädchenhandel?

Elmire sträubt sich gegen den unbekannten Gaston. Hoteldiebe dringen in ihr Zimmer unter der Maske von Kongressmitgliedern. Sie klären die verschüchterte Naive über Mädchenhandel in Argentinien auf. Der Kongress des Papas wird dem Mädchen zweideutig. Die Erziehung des Klosters macht sie zur christlichen Idealistin. Die Eitelkeit des Vaters muss ausgerottet werden. Sie wird in Person mit Sennor Ravanini und Miss Brown nach Buenos Aires ziehen zum aktiven Kampf gegen die Mädchenhändler. Der gelbe Koffer mit Vaters ganzem Vermögen wird mitgenommen. Dann wird Papas Seele rein. Dem Präsidenten gegen den Mädchenhandel geht die eigene Tochter durch ins Land der Mädchenhändler. Der Herr Präsident hat in 'irgendeiner Sache' Kongress gemacht. In eigenster Sache hat er die Blamage. Es ist ein Nichtiges um das Präsidium an sich.

Die Unwahrscheinlichkeit der Mittel weist in die Posse. Um der Philosophie und Idealkonstruktion willen ist hier alles erlaubt. Der gelbe Koffer, Elmirens Vertrauensseligkeit, ihr christlicher Verrat, die grenzenlose Dummheit des Präsidenten — das alles dient einer leichtfertigen Handlung und einem glänzenden Gedanken. Die Figuren sind wie aus der französischen Boulevard-Posse: ihre Fadenscheinigkeit entschuldigt ironisch die Brutalität der Vorgänge. Das Stück amüsiert geistreich. Es ist nicht zum Lesen; es ist zum Spielen.

[n.d.], *Komödienhaus* [Berlin?]. *Dir.: Schwanneke.*

442. Emil Faktor, n.d., n.s., GKC.

Eine wirklich neue, geistige und szenische Entwicklung dokumentierende Vollarbeit Georg Kaisers wäre der

Julisituation des Komödienhauses, der Sommerverlegenheit Barnowskys und einer Regie Schwanneke nicht zur Verfügung gestanden. Man sah eine Jugendarbeit des Dichters, die nicht blinde Vorliebe für jedes geschriebene Wort, sondern die Not an Stücken und das Vertrauen zu der Zugkraft des Namens aktualisiert haben. Solche Berechnungen sind zumeist so schlau, dass man nicht recht weiss, ob sie auch klug sind.

Thematisch ist der vorgeführte, in Bearbeitungsprozessen recht hager gewordene Dreiakter ein Schwänkchen. Ein kleiner Advokat aus Paris gründet einen Weltbund gegen den Mädchenhandel, wobei ihn an dieser sozialen Frage nur die Würde des Präsidenten interessiert. Ihr zu Liebe macht er sein Barvermögen flüssig und lässt es sorglos, wie solche Schwankexistenzen nun einmal sind, im Hotelzimmer zu treuen Händen des siebzehnjährigen Töchterchens, das noch in Klosteridealen befangen ist. Von dem Thema Mädchenhandel sehr erregt, über das scheinheilige Verhältnis des Vaters zum Gegenstand seiner Fürsorge entrüstet, liefert das vor einer Verlobung zitternde Jungfräulein (eine seriöse Schwankfigur) die Handtasche mit dem Gelde einem Hochstaplerpaar aus. Die Hoteldiebe nehmen die Tasche und stossen das Mädchen, das mitfliehen wollte, ins Hotel zurück. Sie wird erst später entdeckt, als der Präsident des Weltbundes mit dem Gelde bereits auch seinen persönlichen Ruf als Vater einer Verlorenen gefährdet glaubte. Ihre Wiederkehr feiert er wie einen Triumph. Der von ihm in Kriegszustand versetzte Mädchenhandel wollte sich an dem Hauptarganisator [sic] der Idee rächen. Die blamable Geschichte wird als Attentat frisiert. Die Titelrolle schwelgt in Reklamegefühlen. Die Satire ist ein Schwänkchen.

Sie wird von Georg Kaisers Stilistik aufgepumpt. Das andere Hauptmerkmal des Dichters, sein Tempo, hat es schon schwieriger, die Situationen wiederholen sich, ob nun der Herr Präsident Interviewer empfängt, photographiert wird oder durchs Radio spricht, auf hohen Besuch wartet oder zu Audienzen rennt. Es ist immer Illustrationstechnik, die der Bewegungsdämonie Kaisers nicht bedürftig ist. Die Situationen werden künstlich nach uraltem Rezept verlängert. Die Hoteldiebe halten die Tochter des Präsidenten für seine Sekretärin, während sie selber von ihr als Adelsmenschen missverstanden werden. Es sind uralte Methoden des Szenischen, gegen die Kaisers rhythmisches Gefühl nicht aufkommt. Sprache und Inhalt leben im Verhältnis des Gegensatzes. Es wird eine unfriedsame Bindung, bei der das Schwänkchen die Oberhand behält.

Darüber würde weder ideale Besetzung noch eine mit Kaiser vertraute Winterregie hinwegkommen. Julius Falkenstein ist als Darsteller satirischer Partien ein Abreviaturkünstler. Sein Naturell wird durch textliche Unterlagen, die selber aus wenig Worten und viel Interpunktionszeichen bestehen, nicht gefördert. Bei all dem setzte sich die Figur in etlichen Erheiterungsmomenten durch. Dem Bedürfnis nach Komik kam die auch nur gestrichelte Hochstaplerfigur Simas entgegen. Der Darsteller schaffte es mit seinem fülligen Ton. Sein Spiel hat Rasse — auch bei minderen Gelegenheiten.

Hedwig Wangel spielt die ruchlose Verführung. Im Leben opfert sie ihr Dasein den Gestrauchelten, hier opfert sie sich für die Kunst des Gegenteils, zugunsten ihrer Ideale. Sie ist Schauspielerin.

Für die Siebzehnjährige setzte man Marianne Hoppe, ein neues Talent, ein. Die Darstellerin kam mit der Verpflichtung zu tragischen Tönen um die Klippe des Komischen glücklich herum. Ihre Jugend hat Geschmack.

Oktobertag

13.3.1928, Uraufführung, Kammerspiele, Hamburg. Dir.: Gustaf Gründgens (also Marrien); Hans Stiebner (Leguerche); Ellen Schwannecke (Catherine).

443. Heinz Liepmann, *Die schöne Literatur*, 29 (1928), 268-69.

Die Anekdote dieses starken und eindruckstiefen Werkes scheint der Kleistschen Novelle *Die Marquise von O...* entnommen zu sein. Sie ähnelt ihr und ist doch neuartig in der knappen Sprachformulierung des Denkspielers Georg Kaiser zu einer überraschend hochwertigen und wertbeständigen Tragödie gestaltet, die in einer, bei Kaiser ungewohnten Zartheit theaterwirksam verläuft.
[...] Die Kaisersche Sprachdynamik hat aus diesem schwierigen Thema ein ganz kurzes Schauspiel geschaffen, das in der Zartheit und Innigkeit der Entwicklung einen Höhepunkt in des Dichters Schaffen bedeutet, — die Technik ist die alte geblieben, knapp, klar, pointiert, ohne forciert zu sein. Ein grosser Erfolg! Die Darstellung unter der Regie von Gründgens betont die Knappheit und mystische Klarheit des Werkes. Die Uraufführung ergriff und riss mit.

444. Arthur Eloesser, *Die Weltbühne*, 24 (1928), No. 12, 460-62.

In Hamburg, wo ich mich selbst als Vortragender über Fragen des Theaters aufzuführen hatte, begegnete ich einer Uraufführung: *Oktobertag* in den Kammerspielen. Das literarische Theater Hamburgs liegt im Besenbinderhof, nämlich in einer Höhle, in die man rettungslos eingeschluckt wird. Übrigens nicht durch einen Förderkorb, was das richtigste wäre, sondern durch eine Treppe. Da muss mal eine Rutschbahn oder etwas ähnliches gewesen sein. Ob es an der Höhle lag, an der gewissen Untertagsstimmung, ich hatte von dem Publikum den Eindruck, dass es sich in eine dunkle Veranstaltung hineinziehen liess, auf die man gar nicht so stolz zu sein brauchte. Es ist da weniger Festlichkeit, weniger atmosphärische Spannung als bei einer berliner Premiere, vielmehr ein trockener sachlicher Ernst, wie er sich für ein literarisches Ereignis schickt. Das Berlin sich wieder mal entgehen liess, und zwar mit Unrecht. Denn Georg Kaiser gehört gar nicht mehr zur nur Literatur, er hat längst den Begriff des reinen Theaters, den Sinn für Probleme, die sich in zwei Stunden erledigen lassen und so restlos, dass ein Bodensatz von Nachdenklichkeit nicht immer übrig bleibt.

Dieser *Oktobertag* ist ausgezeichnet erfunden, Erfindung auf einer Nadelspitze, aber glänzend ausbalanciert. [...] Was tut ein Leutnant aus Langeweile? Sieht sich einen Juwelierladen an, geht in die Kirche, darauf in die Oper. Catherine besah mit ihm dieselben Ringe in dem Laden, kniete neben ihm vor demselben Hochaltar (den Namen gab die offenliegende Mütze her), sass endlich in derselben Loge. Ekstase und Unio mystica; der Leutnant wird zum Marquis von O. Woher aber das Kind? Wird von einem Schlächtergesellen geliefert, der seine Braut, die Zofe nachts besuchen wollte, und den die Haustochter in ihr Schlafzimmer zog. Kein Licht wurde gemacht. Stellen wir uns die Szene nicht zu genau vor, oder verlassen wir uns auf Catherinens jungfräuliche Unerfahrenheit, noch dazu im Zustand der Ekstase. Verlassen wir uns vor allem auf Georg Kaisers Geschicklichkeit, die fabelhaft überredet, die nächstliegenden Einwände wegredet. Der Schlächtergeselle meldet seine Ansprüche an, nicht auf das Mädchen, sondern auf eine anständige Entschädigung für seine Mühe und seine Diskretion. Sehr starke Szene zwischen dem natürlichen Vater und dem mystischen, den die Ekstase der jungen Mutter angesteckt hat. Wenn ein Liebeswunder (vgl. *Wahlverwandtschaften*) geschah, darf es keinen Schlächtergesellen geben. Also wird er vom Leutnant umgebracht, der grade umschnallt. Nicht Mord, sondern Totschlag aus der Ekstase, aber logischer gemusster Totschlag. Sehr kompliziert, sehr einfach.

Glauben wir das? Ja, wenn wir der Catherine glauben. Fräulein Schwannecke macht die Bergner nach mit schmal zusammengezogenen Schultern, mit noch leisern, selten verständlichen Hauchtönen. Wir glauben ihr dennoch und auch ihrem Partner Herrn Gründgens, obgleich er nicht das Richtige für den mystischen Bräutigam hat, auch nicht die Feinheit und Schlankheit eines Aristokraten, dem eine sehr glänzende Existenz an einem Oktobertag zerbricht. Bei völliger Schuldlosigkeit, die uns doch fast tragisch anhaucht und nicht nur für zwei Stunden: Das Leben ist merkwürdig! Was einem da nicht alles passieren kann! so zwischen zwei Zügen! Das Leben ist grausam, aber es hat auch eine schöne Grausamkeit und lauert immer noch mit Wundern. Das ernste Publikum ging mit, ging ins Wunder hinein. Die Hamburger applaudieren grundsätzlich nicht in der Pause, sondern erst am Schluss. Das geschah mit Bereitwilligkeit und Ausdauer, gegen eine Vorstellung, die man sich besser denken könnte, die der dramatischen Anekdote den Kristallschliff des Sprachlichen schuldig blieb. Die Hamburger Kammerspiele sind jedenfalls mit rühmlichen Entschluss vorangegangen. Das Deutsche Theater wird ihnen, soviel ich weiss, folgen und wahrscheinlich die ekstatischen Kräfte der Thimig für die von keinem Schlächtergesellen zu befleckende Empfängnis einsetzen. Ein Bravo für Homolkas natürlichen Vater; er wird glänzend sein. Georg Kaiser, der Dramatiker, ist eine allzu flüssige, fast flüchtige Existenz geworden; hier hat er sich wieder einmal kristallisiert. Ein einfaches, einfarbiges, durchsichtiges Stück, aber nicht ohne magische Spiegelung, ein Kunststück des Erfindergeistes, aber nicht ohne Seele.

445. A. Frankenfeld, *Berliner Tageblatt*, 16.3.1928, in Rühle, p. 869.

Mystische Mathematik mit einem Einschlag von Kolportage. [...] Kaiser [...] täuscht den Hörer durch eine zielbewusste Dialogführung über die psychologischen Unwahrscheinlichkeiten der Handlung hinweg. Der Eindruck auf das Publikum war nach dem 2. Akt noch ungewiss, aber am Schluss von durchschlagender Wucht.

446. Otto Schabbel, *Kölnische Zeitung*, 16.3.1928, in Rühle, p. 868.

Der verstandeskühlste Logiker, der technischste Konstrukteur des jüngstdeutschen Dramas — wir sehen ihn hier auf der Flucht in die Romantik. Flieht er vor sich selbst, vor seiner eigenen Mentalität, steht der *Oktobertag* auf der Linie seines inneren Entwicklungsprozesses, ist er nur eine Art Spielbluff — das bleibe dahingestellt. — Zum ersten Male begibt sich Georg Kaiser auf das Gebiet einer abseitigen Psychologie, komponiert ein Liebesstück von fast unwahrscheinlicher Irrealität. [...] Die helle Geistigkeit des Stücks, das jeglichen Gefühlsballastes entbehrt, der komprimierte Dialog, das Offenbaren hintersinnlicher Mächte bedingen eine ungewöhnlich interessierte Spannung. Das Publikum bejahte trotz des verblüffend harmlosen Schlusses. In der Aufführung bewährte sich Gustaf Gründgens als einfühlsamer Offizier, gab Ellen Schwannecke die traumwandlerische Hysterika mit feinen Tönen...

447. Pander, n.d., n.s., GKC.

Man schreibt uns: Auch dieser neue Georg Kaiser ist ein Drama des Aufbruchs, der Entscheidung.
Ein Stoff, verwandt, doch entgegengesetzt der Kleistschen Novelle *Die Marquise von O...*, ist mit glaubwürdigem Ernst in der Sphäre einer allgemeingültigen Gesellschaftlichkeit neu behandelt; in der Stosskraft starker Szenen, in der darstellerischen Ergiebigkeit den Dramatiker Kaiser bewährend, geistig aber mit noch entschiedenerem Zugriff.
Thema ist das unlösbare Geheimnis zweier Welten, von deren einer aus gesehen, und umgekehrt, die andere stets als

verzerrt, wenn nicht unmöglich, erscheinen muss. Hier aber
zwingt ein Mädchen einen jungen Leutnant, der sie nie zuvor
bewusst gesehen hat, sich zum Vater ihres Kindes zu
bekennen, zwingt ihn innerlich, auch seinerseits die
eingebildete, imaginäre Hochzeit zu bestätigen, die ihr aus
dreimaliger Begegnung, vor dem Juwelierladen
('Ringwechsel'), in der Kirche ('Trauung'), im Opernhaus
('Hochzeitsfest') unverbrüchlicher Glaube ward. Und das
Kind? Statt des Geliebten war, völlig unerkannt, ein
Schlächtergeselle bei dem gläubig-reinen Mädchen.
   Die Umstände dieses heiklen, schwer glaubbaren Falles
sind subtil, zweifelsfrei, knapp festgelegt. Dass der
Leutnant am Schluss den erpresserischen Schlächtergesellen
tötet, ist Symbolhandlung.
   Die Aufführung an den Hamburger Kammerspielen wurde von
Gustaf Gründgens inszeniert: mit voller Deutlichkeit und
Würde der gesellschaftlichen Atmosphäre einer der ersten
Familien Frankreichs, mit der doppelten Gegensätzlichkeit
dieser Sphäre zur gemeinen Geldgier der Welt des
Schlächtergesellen, sowie beider realen Kreise zum irrealen,
in dem Mädchen und Leutnant befangen sind, um ihn als höhere
und letzte Wirklichkeit durchzusetzen.
   Ellen Schwannecke spielt die Catherine zart, mit
gehauchter Miene und Gebärde, ohne Manier.
   Gustaf Gründgens zeichnet den Leutnant klar,
selbstsicher, zurückhaltend, bescheiden, dann steigernd
ergriffen und von innen durchglüht.
   Der starke Beifall blieb unbestritten.

448. P. A. Otte, n.d., n.s., GKC.

   Georg Kaiser hat aus einem an sich mageren und nicht
restlos überzeugenden Einfall, den man verstandesmässig bis
in alle Einzelheiten durchdacht und verankert, aber
gefühlsmässig nicht ganz in der Ordnung findet, ein
ausserordentlich amüsantes und reibungslos abrollendes
Publikumsstück gemacht. [...]
   In vier [sic] knappen und spannungsreichen Akten, die
immer auf demselben Schauplatz spielen, verwandelt Georg
Kaiser die seltsam traumhafte Ehe — eine 'mystische Union'
nennt er die problematische Verbindung der beiden jungen
Menschen — in eine reale Ehe, die nur durch den etwas
gewaltsamen Tod des hartnäckig um seine Abfindung kämpfenden
Schlächters getrübt wird. [...]
   Über den glänzenden, scharfen und vorwärtstreibenden
Dialogen vergisst man bald die Unwahrscheinlichkeit der
inneren Vorgänge und lässt sich einfangen von einem
theatralischen Feuerwerk, das mit phantastischer
Geschicklichkeit und unheimlicher Sicherheit vorbereitet und
abgebrannt wird.
   Von der Aufführung in Hamburg, die von Gustaf Gründgens
sehr sauber und flüssig inszeniert wurde, ist zu berichten,

dass von begeisterten Zuschauern mit lautem Beifall lange gefeiert wurde. Eindrucksvolle und ausgeglichene schauspielerische Leistungen boten Ellen Schwannecke (Catherine), Hans Stiebner (Schlächtergeselle Leguerche) und Gustaf Gründgens (Leutnant Jean-Marc Marrien).

16.8.1928, Erstaufführung, Staatliches Schauspielhaus, Dresden. Dir.: Josef Gielen; sets: Adolf Mahnke; Antonia Dietrich (Catherine); Adolf Wohlbrück (Leguerche); Felix Steinböck (Marrien); Friedrich Lindner (Coste); Stella David (Frau Jattefaux).

449. Leo Francke, n.d., n.s., GKC.

Als sich am Ende des pausenlos durchgespielten dreiaktigen Schauspiels von Georg Kaiser der Vorhang geschlossen hatte, setzte ein Beifall und ein Bravorufen ein, wie selbst an dieser Stätte nur an besonders bemerkenswerten Abenden festgestellt werden konnte. Der hauptsächlich von der Jugend ausgehende Applaus blieb unbestritten und war auch diesmal wohlverdient. [...]
   Und während er [Marrien] langsam, von unwiderstehlicher Zuneigung zu dem schönen Weib ergriffen wird, das ihm in selbstverständlicher Reinheit der Gefühle naht, lässt sich beim alten Coste der Schlächtergeselle Leguerche, Verlebter [sic] einer früheren Hausgehilfin melden, um unter vier Augen durch das Bekenntnis seiner Vaterschaft von dem entsetzten und angewiderten Coste Schweigegeld zu erpressen. Soweit ist das Stück eine geschickte Sensation, aufs höchste bühnenwirksam. Nun aber wächst es hinaus zu einem seltsam-mystisch-romantischen Fall der Psycho-Pathologie.
   [...] Die Umstände dieses schwer glaubhaften, heiklen und nicht ganz unbedenklichen Falles (Aggressivität der Frau) sind subtil, knapp, im geschliffensten Dialog festgelegt. Meisterhaft in der originellen Art, mit der ein psychologisch erfasster Gedanke bis zum Ende wirklich durchgedacht ist.
   Gielen hatte die Aufführung mit voller Deutlichkeit und würdig der gesellschaftlichen Atmosphäre einer der ersten Familien Frankreichs vorzüglich inszeniert. [...] Eine Überraschung [...] war Wohlbrücks geldgieriger, verschlagener Metzgerbursche, wohl die hervorragendste Leistung des Abends. Äusserlich schon in treffender Maske: Altmodische Melone, Gummikragen, Schemisett, rote Krawatte, karierte Jacke, fand er sich mit den Allüren eines Kavaliers, ein Vorstadt-Don-Juan, Idol aller Dienstmädchen in eine ihm bisher wohl fremde Aufgabe mit solchem Geschick, dass für ihn kein Lob zu hoch erscheint. Fabelhaft echt und nicht ohne Humor, wie der völlig mittellose, aber strebsame Kerl bei dem reichen Bourgeois für die Einrichtung eines Schlächterladens plädiert, und ihm auf zwei Blättern die

Kosten einer einfachen Ausstattung und einer besseren
Ausführung präsentiert. In seiner Auseinandersetzung mit dem
Leutnant von einem stark wirkenden Naturalismus, der aber
noch eine Steigerung in der letzten Szene erfuhr, wo er beim
Anblick der wohl auch von ihm bisher in ihrer hellen Schöne
nie geschauten Catherine in gierige Raserei gerät und sich
an die Fersen der beiden Liebenden eumenidengleich zu haften
schwört. Steinböck zeichnete den Leutnant klar,
selbstsicher, zurückhaltend, beherrscht, vornehm, dann
steigernd ergriffen und von innen durchglüht. Die schwierige
Wandlung von unberührter Schroffheit zu plötzlicher, über
das eigene Wesen hinauswachsender Ergriffenheit aller
Gedanken und Gefühle gelang ihm ausgezeichnet. Lindners
Coste, gravitätisch, rechtschaffen, sich seines Standes als
ein Mann mit einem der ersten Namen Frankreichs wohl
bewusst, von erfreulicher Noblesse gegen jedermann,
sympathisch in der Fürsorge für seine Nichte und Hausdame,
ritterlich gegen seinen Gast, und Gentlemann, wenn auch von
Ekel erfüllt, in dem Handel mit Leguerche. Antonia Dietrich
[...] fand für das traumhaft Unbeirrbare dieser fast
unwirklichen Gestalt die einzig möglich bezwingende Note:
zart und leidenschaftlich in Miene und Gebärde, herrlich
anzusehen. Stella David in einer Nebenrolle von aufopfernder
Menschlichkeit. Fantos Trachten geschmackvoll wie immer.
Warum aber der Faltenwurf an den Wänden, der die
Proportionen des Raumes nicht zum Vorteil der kleiner
erscheinenden Darsteller verschiebt?

450. Prof. Felix Reichardt, n.d. n.s., GKC.

Georg Kaiser ist unbestritten der fruchtbarste deutsche
Dramendichter der Gegenwart. [...] Bei dieser unheimlichen
Fruchtbarkeit ist es kaum zu verwundern, dass manche seiner
Werke den Eindruck der Unausgegorenheit, der
Unabgeklärtheit, der inneren Zerfahrenheit hinterlassen. Das
galt auch bis zu einem gewissen Grade von dem gestern zum
ersten Male aufgeführten jüngsten Kaiserschen Schauspiel:
Oktobertag. Verschiedene Stilarten schwirren durcheinander;
nüchternste Sachlichkeit mischt sich mit schwärmerischer
Mystik, grobe, effektbewusste Realistik mit idealistischem
Überschwang. [...] Er [Marrien] schaut zerstreut die
Trauringe im Schaufenster eines Juwelierladens an, besucht
aus Langeweile die Messe und des Abends die Oper, bemerkt
aber nicht (erste Unwahrscheinlichkeit), dass dicht neben
ihm an allen drei Orten die schöne Catherine in
schwärmerischer Verehrung jede seiner Bewegungen verfolgt.
Vor Schluss der Oper bricht er auf zum Bahnhof und streift
dabei unversehens den blossen Arm seiner Nachbarin
Catherine. In der Seele des jungen Mädchens verdichten sich
nun die kleinen Erlebnisse des Nachmittags und Abends zu dem
Wahne, sie habe einen Herzensbund mit dem schönen, jungen
Manne geschlossen. Das gleichzeitige Beschauen der

Trauringe, der gemeinsame Segen des Priesters bei der Messe, die festliche Menge und die liebkosende Berührung im Theater, — ist's nicht gewesen wie eine geistige Hochzeitsfeier mit dem Geliebten (zweite Unwahrscheinlichkeit)? In der darauf folgenden Nacht hört sie Schritte vor ihrem Schlafzimmer. Das kann niemand anders sein als der Neuvermählte. Catherine öffnet die Tür, zieht den vermeintlichen Geliebten ins dunkle Zimmer und verbringt mit ihm eine selige Nacht. Der Beglückte ist aber (dritte Unwahrscheinlichkeit) nicht der Leutnant (der nichtsahnend im Pariser Nachtzug sitzt), sondern — ein Schlächtergeselle, der auf Liebespfaden zu Juliette, der Kammerzofe wandelt. Der robuste Don Juan wird auf diese nicht gerade alltägliche Art Vater eines Kindes, das Catherine in vollster Überzeugung für ein Liebespfand des Leutnants Jean-Marc Marrien hält [...] Inzwischen hat sich aber der Leutnant regelrecht in Catherine verliebt, erklärt sich freiwillig zum Vater des Kindes (vierte Unwahrscheinlichkeit), und zerreisst den bereits von Coste für den Schlächter ausgestellten Beschwichtigungsscheck. Im Schlussakt kommt es noch zu einer brutalen Auseinandersetzung zwischen dem wirklichen und dem präsumptiven Vater des Kindes wegen des Schweigegeldes; sie endet damit, dass der Leutnant den unliebsamen Rivalen niedersticht. Gleich danach sinkt der Leutnant Jean-Marc seiner Catherine an die Brust mit dem pathetischen Rufe: 'Nun können wir leben!' (fünfte Unwahrscheinlichkeit; denn das Blut des Ermordeten und die sicherlich nicht schweigsame Zunge der Mitwisserin Juliette werden dieses Leben nicht zum Himmel auf Erden werden lassen). Vorhang.

Man muss es der (wenigstens in den ersten beiden Akten) meisterlichen Dialogführung Kaisers zugute rechnen, dass fast alle diese Unwahrscheinlichkeiten (um nicht zu sagen: Ungeheuerlichkeiten) dem Beschauer während der Spieldauer dieses *Oktobertages* kaum in voller Schärfe zum Bewusstsein kommen. Kaiser erweist sich aufs neue als ein überaus geschickter Überredungskünstler, als ein Taschenspieler mit Worten, der den klaren Blick für Realitäten magisch zu umschleiern versteht. Nur im dritten Akt häuft er wieder einmal dermassen Sensation auf Sensation, dass es immer schwerer wird, sich von Kaisers dramatischen Spiegelfechtereien verblüffen zu lassen und dem mit unechten Tiraden lockenden Rattenfänger willige Gefolgschaft zu leisten. Zum Teil — wenn auch nur in ganz geringem Masse — lag die ernüchternde Wirkung des Schlussaktes wohl auch in einem Nachlassen der schauspielerischen Überzeugungskraft, die in den vorausgegangenen Akten für die Darsteller der beiden ungleichen Liebhaber Catherinens, Felix Steinböck (Leutnant) und Adolf Wohlbrück (Schlächtergeselle) aufrichtige Bewunderung geweckt hatte. Steinböck hätte sowohl für das Erwachen seiner Liebe zu Catherine als auch für seinen Abscheu gegen den geldhungrigen (und zuletzt auch liebesgierigen) Nebenbuhler noch etwas mehr jugendlich heisse Leidenschaftlichkeit aufbringen müssen, um den

Geschehnissen wenigstens einen Schimmer von Glaubhaftigkeit
zu verleihen, und Wohlbrück schadete sich und der
Verständlichkeit der Handlung durch ein Übermass von
Stimmaufwand, das gerade zum Gegenteil von Wortdeutlichkeit
führte. Im übrigen hat sich aber der Dichter für die
glanzvolle Darstellung seines reisserischen Schauspiels
herzlichst zu bedanken. Auf welcher anderen Bühne könnte er
einen verständnisvolleren, alle Herbheiten und Derbheiten
weise mildernden Spielleiter als Josef Gielen finden? Wo
würde er je eine anmutsvoller wirkende, zarter empfindende
und die mystische Veranlagung besser herausstellende
Catherine antreffen als unsere Antonia Dietrich, wo einen
aristokratischeren, massvoller und doch eindringlicher
gestaltenden Landedelmann Coste als Friedrich Lindner, wo
eine sympathischere, mütterlich besorgtere Hausdame
Jattefaux als Stella David? Diesen erlesenen
Vermenschlichungen von dichterischen Gestalten, die vom
Autor zwar scharf gesehen, aber z. T. nur in flüchtigen
Umrissen gezeichnet worden sind, ist es jedenfalls in erster
Linie zuzuschreiben, dass Kaisers neues Schauspiel (dessen
drei Akte erfreulicherweise durch keine längere Pause
auseinandergerissen und in anderthalb Stunde
heruntergespielt wurden) in Dresden eine ausserordentlich
freundliche Aufnahme fand. Auch der Verdienste Adolf Mahnkes
um das (sich von Anfang bis zu Ende gleichbleibende)
Bühnenbild, Georg Brandts um die szenische Einrichtung, und
Leonhard Fantos um die Trachten soll als gewichtiger
Faktoren zum harmonischen Gesamteindruck der sorgfältigst
vorbereiteten Aufführung nicht vergessen werden.

451. Wilhelm Russo, n.d., n.s., GKC, incomplete.

 Nun hat die Spielzeit im Schauspielhaus wirklich
begonnen. Drei Akte, pausenlos durchgespielt, und dann ein
Beifall, der bestätigte: das Theater war wieder lebendig
geworden in diesem Stück und in dieser Aufführung. Das Stück
von Georg Kaiser. Die Aufführung von Josef Gielen. Beide
haben sie einen unbestrittenen Erfolg gehabt. Sie und mit
ihnen das Ensemble: die Dietrich, die David, Lindner,
Steinböck, Wohlbrück.
 Und dies gehört nicht einmal zum Stärksten, was Kaiser
geschrieben hat. *Gas* etwa hat weit kolossalere Masse, *Von
morgens bis mitternachts* ist viel explosiver, *Nebeneinander*
ist unvergleichlich erregender als dieses Schauspiel, das
der Dichter in einer Vorbemerkung ein Liebesstück nennt.
Trotzdem, auch *Oktobertag* ist echtester Georg Kaiser: echt
in der Knappheit der Formulierung, echt in der Virtuosität,
mit der ein höchst schwieriges und nicht leicht zugängliches
Motiv für das Theater gewonnen wird. Eher ein lyrisches
Motiv als ein dramatisches — und dennoch in die Sprache des
Dramas übersetzt. [...]

Ein Mysterium. Aber eins mit gläsernen Wänden. Auf der
Bühne können diese Wände leicht zerbrechen. Oder aber: sie
können durchleuchtet werden, so dass die innere Architektur
aufstrahlt. So war es bei Gielen. Er fasst den Ton und
verfolgt ihn, auf und ab, bis zum Ende. Erste Szene: die
Hausdame, Stella David, in einem Zimmer, das nur ein Raum
ist zwischen blaugrauen Vorhängen, diskretes Kunstgewerbe
(Mahnke – Brandt). Herein tritt, aristokratisch noch in der
verhaltenen Unruhe, Friedrich Lindner, der Herr dieses
französischen Landhauses, der Onkel des muttergewordenen
Mädchens. 'Situationen, die von solcher Peinlichkeit sind
wie diese...' – wenn Lindner das spricht, und wenn die David
repliziert: 'Sie ist die menschlichste und hat Anspruch, ihr
mit allen Kräften, die wir besitzen, zu dienen' – so ist der
Dialog bereits intoniert: der Dialog zwischen dem gekränkten
Stolz und der erbarmenden Güte. Solcher Ton verliert sich
nicht. Leutnant Marrien erscheint. Felix Steinböck. In
weinrot gefüttertem Mantel, den prachtvoll Fanto entworfen
hat. Wir kennen diese Art Mäntel; sie sind höchst
verführerisch und flattern schon auf der Szene, wenn ihr
Träger noch in der Tür ist. Doch so etwas tut nicht gut. Es
lenkt ab; vielleicht weniger den Zuschauer als den
Darsteller. Und somit doch wieder den Zuschauer. Aber
diesmal siegte in den entscheidenden Momenten – zu seiner
Ehre sei es gesagt – der Darsteller über den Mantel, die
Gestalt über das Beiwerk. Und so wurden die Stationen
deutlich und die Wandlungen: vom standesbewussten Offizier
zum zögernden Mann, der unwillkürlich aufschreckt, als er
dem Mädchen gegenübersteht. Und dann zum Liebhaber, der
ebenso brünstig an das Wunder glaubt wie die, die ihn dazu
bekehrt hat.
Diese un- und überirdische Frauengestalt ist Antonia
Dietrich. In der Tat, sie ist es. Und es fällt ihr, scheint
es, nicht einmal schwer, es zu sein. Zwischen ihr und der
Rolle gibt es keinen leeren Raum mehr. Das Erlebnis der
Mutterschaft und das Erlebnis der Liebe sind hier eins
geworden. Zu einer lächelnden Verklärung.
Aber Wohlbrück als Schlächtergeselle... Nun, die Leute
lachten und klatschten; ein solcher Schlächtergeselle mit
gewichstem Schnurrbart und ordinären Manieren – es ist eine
dankbare Rolle; warum sollten die Leute da auch nicht
lachen? Trotzdem glaube ich: das war nicht die Figur, die
dort hätte stehen müssen. Wohlbrück kann viel und vieles,
doch so etwas kann er nicht. Man sagt sich: ein Bonvivant,
der Ordinärheit markiert. Aber gerade hier müsste sie aus
der Seele und aus der Tiefe kommen. [...]

452. K. S., n.d., n.s., GKC.

[...] Von der Mystik einer eigenartigen
Liebesgeschichte erhält die dreiaktige Anekdote ihren
besonderen Reiz. Trotz allen romantischen Inhalts weiss

Georg Kaiser dank seiner theatralischen Fähigkeiten, der geschliffenen Sprache und der unsentimentalen Handlungsführung auch dies mystisch-inbrünstige Schauspiel in kühle Kammerspieltektonik zu bringen. Josef Gielen, seit seiner Inszenierung des *mutigen Seefahrers* einer der besten Kaiser-Regisseure, akzentuierte unaufdringlich die Vorgänge des Spiels; es war eine auch im Sprachlichen völlig abgerundete Aufführung. Antonia Dietrich verklärte den mystischen Liebesrausch des somnambulen Mädchens. Felix Steinböck fand Gelegenheit zu ekstatischer Verzückung. Der für die Rolle des Schlächters an sich nicht prädestinierte Adolf Wohlbrück hütete sich vor allzu grob aufgetragener Brutalität. Die Aufführung wurde den Intentionen Kaisers, der das Seelische seiner Helden am liebsten im Hintergrunde verbirgt, vollkommen gerecht.

453. -dt., n.d., n.s., GKC.

Wie in so manchem früheren Drama, mischt auch diesmal Georg Kaiser starken Realismus mit einer mystischen Phantastik. Der Zuschauer soll für möglich halten, dass ein wohlbehütetes, aristokratisches junges Mädchen in dem Wahne, eine Art seelische Hochzeit mit einem Leutnant gefeiert zu haben, in der darauffolgenden Nacht einen Schlächtergesellen in ihr Schlafzimmer lockt und mit vollster Überzeugung den (ihr obendrein nur dem Namen nach bekannten) Leutnant als den Vater eines später von ihr zur Welt gebrachten Kindes bezeichnet. Fast noch unglaubhafter als diese Voraussetzung ist — aller dialektischen Geschicklichkeit des Dichters zum Trotz — die Lösung der Konflikte, die sich aus der falschen Vaterschaftsbezichtigung ergeben. Dennoch gab's zum mindesten einen unbestrittenen Darstellungserfolg, der sich am Schluss durch ungezählte Hervorrufe der fünf Hauptdarsteller [...] und ihres geistigen Führers Josef Gielen dokumentierte. [...]

30.8.1928, Erstaufführung, Kammerspiele, Berlin. Dir.: Robert Forster-Larrinaga; Margarethe Köppke (Catherine); Mathias Wiemann (Marrien); Oskar Homolka (Leguerche); Albert Steinrück (Coste).

454. E. K., n.d., n.s., GKC.

Eine glänzende Aufführung gab dem problematischen, wenn auch mit raffinierter Technik gebauten Schauspiel Georg Kaisers bei seiner Berliner Erstaufführung einen unerwartet starken Widerhall. Albert Steinrück, Mathias Wiemann, Oskar Homolka und Margarethe Köppke bot unter der Regie Forster-Larrinagas ein ungewöhnliches fesselndes Schauspiel.

Das noch ferienfrische Publikum spendete stürmischen Beifall.

455. Erich Krafft, n.d., n.s., GKC.

[...] Also ein höchst verzwickter Zusammenhang, eine gewaltsame Konstruktion, die bei nüchterner Wiedergabe noch viel krasser und unmöglicher wirkt als auf der Bühne. Denn das ist die Virtuosität Georg Kaisers, wie er in seinem kriminalistischen Denkspiel den Stoff dreht und wendet, immer neue Spannungsmomente schafft und in einem sehr geschickten Dialog seinem Phantom den Anschein blutvollen Lebens gibt.
    Trotzdem würde das Stück in manchem lächerlich oder abstossend wirken, wenn nicht eine Aufführung wie in den Kammerspielen über die Schwächen hinwegtäuschte. Es war das Verdienst der Regie Forster-Larrinagas, dass sie alle Krassheiten dämpfte und das Ganze auf den diskreten Ton eines eleganten Gesellschaftsstückes stimmte.
    Den alten Coste gab Albert Steinrück als knorrigen Ehrenmann, der doch klug genug ist, sich auf den Boden der geschaffenen Tatsachen zu stellen. Das Gegenspiel zwischen ihm und dem zu Unrecht verdächtigten Jean-Marc Marrien Mathias Wiemanns war in dem Gegensatz der beiden Charaktere von besonderem Interesse. Sehr wirksam der Durchbruch der Liebe bei dem spröde zurückhaltenden Leutnant, gerade dann, wenn für den anderen die Angelegenheit erledigt scheint. Den Schlächtergesellen, der aus Versehen zu einer so vornehmen Vaterschaft kommt, gestaltete Oskar Homolka mit der biederen Gemeinheit, der sich duckenden Frechheit, der raffinierten Dummschlauheit des geborenen Erpressers. Die schwierige Rolle der Catherine hob Margarethe Köppke ins unwirklich Visionäre. Ihr feines unschuldiges Lächeln, aus dem die ganze Verträumtheit ihrer Liebe sprach, wirkte auch da überzeugend, wo man von ihr stärkere Akzente erwartet hätte.
    Obwohl zum Schluss die Wirkung etwas abflaut, fand die Aufführung ungewöhnlich starken Beifall. Man war in der Ferienzeit sichtlich ausgeruht und klatschte unermüdlich.

456. L. H., *Berliner Tageblatt* (Morgen-Ausgabe), 1.9.1928.

Georg Kaiser behandelt hier mit realistischen Mitteln einen überaus romantischen Fall unbefleckter Empfängnis. Ein eigenartiges, erregendes Schauspiel, unter Forster-Larrinaga ausgezeichnet dargestellt. Stürmischer Beifall für Steinrück, Homolka, Wiemann und vor allem für die bezaubernde Margarethe Köppke.

457. Leo Hirsch, *Berliner Tageblatt* (Abend-Ausgabe),

1.9.1928.

[...] Wird so ein Mord sanktioniert? Die Liebe wird heiliger. Wird so die Vaterschaft bewiesen? Die platonische, ideale Empfängnis ist für Kaiser die allein reale. Es steht hier Romantik gegen realen Schein; und das Reale bleibt Schein.

Dennoch, sehr hart im Raume stossen sich die Dinge. Der Zwiespalt zwischen der realistischen, man könnte fast sagen: materialistischen Form und dem mystischen, idealistischen Vorwurf des Spiels ist schwerer als der effektive, zündende zwischen dem romantischen Leutnant und dem dreist materialistischen Schlächter.

Kaisers eminente Spannkraft grenzt oft an eine fast kolportagehafte Spannung. Aber seine hohe, besessene Gesinnung steigert, symbolisiert, idealisiert also die theatralischen Kontraste. Der Zwiespalt bleibt am Ende ungelöst, aber er wird erhöht, erhoben, erhaben. Die Exposition, die Liebesszene im zweiten Akt sind dramatische Meisterstücke, und die fernen Paten, der Kleist der *Marquise von O...*, der Goethe der *Wahlverwandtschaften*, vielleicht in der Auffassung des Problems der Immaculata, sogar Unamuno, heben grüssend die Augen. Idee und Wirklichkeit gehen oft seltsam zart und zündend ineinander über, und es bleibt ein Spiel, ein Denkspiel, ein Wunderspiel.

Forster-Larrinagas Regie unterstreicht nur vom Hintergrund her, sie ist schlicht, klug, vor der Dichtung demütig, und schafft eine bannende Atmosphäre, stellt jeden Sprecher in einen Lichtkegel, ohne zu pathetisieren.

Wunderbar zart und dennoch ganz irdisch die Immaculata, Margarethe Köppke, erregend, voll süsser Verhaltenheit. Steinrück als Coste stark, kämpfend, tragisch. Mathias Wiemann und Oskar Homolka sind die Väter, hell, scharf, leuchtend der eine, dumpf, geschickt, sich windend, um plötzlich sich preiszugeben und aufzutrumpfen, der andere, und: ernst und gut Kitty Aschenbach. Nach jedem der unerhört pointierten Aktschlüsse stürmischer Beifall für die Spieler und den Regisseur, der Autor zeigte sich nicht.

458. anon., n.d., n.s., GKC.

Es ist eine Seltenheit in der Theatergeschichte der Hauptstadt, dass schon um die August/September-Wende der erste Sternschnuppenfall der Premieren gleich drei Sterne oder — prosaischer gesprochen — drei bedeutende Neuheiten brachte, die voraussichtlich an denselben Stätten wintern werden. Sogar eine erfolgstarke Uraufführung war darunter, aber ihr gebührt erst die zweite Stelle, während in künstlerischem und literarischem Betracht Georg Kaisers *Oktobertag* (Kammerspiele) die erste Stelle einnimmt. Das dreiaktige Schauspiel ist auswärts schon gespielt worden.

Aber man darf bei einem Bühnenwerk, das nach vorheriger Aufführung ausserhalb in Berlin herauskommt, zumal an einer Reinhardtbühne, nicht sagen 'das' Stück, denn gewöhnlich ist es ein ganz anderes. Nicht nur, dass der Verfasser selbst aus jenen Vorstellungen im Reich durch das Verhalten des Publikums, der Kritik und durch sein eigenes Urteil die Mängel und Schwächen seines Werkes erkannt und diese abzustellen gesucht hat [...], auch die feinfühlige Spielleitung und die Darstellung sind von den Wirkungen im fremden Rampenlicht noch auf vieles aufmerksam gemacht, was es zu dämpfen oder zu verstärken gilt. Jedenfalls bekenne ich, dass Kaisers *Oktobertag* am letzten Augustabend, wo seine Aufführung stattfand, für mich die Bedeutung seines besten Dramas gewann und eines der wesentlichsten Schauspiele überhaupt, die wir in den letzten Jahrzehnten erlebt haben.

Der Anfang: unverhohlene Anlehnung an Kleists *Marquise von O...* Aber Catherine glaubt, dass ihr Kind von dem Leutnant Marrien stammt. [...] So erzählt, mag manches bedenklich klingen, aber es bleibt Kaisers Verdienst, dass er durch trainierte Logik und — eine Seltenheit bei ihm — durch ebenso starke wie echte Gefühlsfaktoren alles, bis auf einige Nebensächlichkeiten im dritten Akt, glaubhaft macht. Atemlos folgte das Publikum, fasziniert auch durch eine Darstellung, die alle Mysterien dieses seltsamen Liebesspiels unter der sauberen Regie Forster-Larrinagas zu reinster Wirkung brachte, vor allem die hauchzarte Margarethe Köppke, fast körperlos, schlafwandlerisch mit himmlisch verzücktem Lächeln, Wiemann als gefühlsstarker Liebhaber; Homolka und Steinrück ohne Fehl in den anderen Hauptaufgaben. Die schweigende Ergriffenheit im Raum ging eine Weile nach Schluss in stürmisches Beifallsgewitter über.

459. Arthur Eloesser, *Vossische Zeitung*, 31.8.1928, in Rühle, 869—71.

Es soll irgendwo im Talmud stehen, dass zehntausend Engel auf einer Nadelspitze Platz haben. Warum nicht auch ein Stück. Warum nicht das Stück eines Dichters, der die Seele eines Tänzers hat oder wenigstens eines Jongleurs, dem nach einer kaum noch absehbaren Reihe von Erfolgen und Misserfolgen die Spielfreudigkeit mit den Sinnbildern des Lebens nicht verlorenging. Diesmal hat er alle Bälle in seine Hand wieder zurückbekommen. Man kann Georg Kaiser einen Taschenspieler nennen, man kann seine geschwinde Vorführung gläubig annehmen oder ungläubig ablehnen; man kann nicht leugnen, dass sein Stück oder sein Kunststück glänzend ausbalanciert ist, und ich wünschte, dass wir mehr von solchen Taschenspielern hätten, die blenden, überraschen und schliesslich noch nachdenklich machen.

[...] Wenn ich Dramaturg der Kammerspiele wäre, hätte ich Georg Kaiser, der sehr zugänglich ist, eine kleine Änderung vorgeschlagen, dass der Leutnant der wohlbehüteten Catherine, die gewiss nicht allein ausgeht, in einer anderen Stadt begegnet wäre. Sie hätte ihre Grossmutter besuchen können. Es wäre ein merkwürdiger und sehr unbrauchbarer junger Offizier, der sich nicht entsinnen kann, wo er einmal ausgestiegen ist. [...]

Leutnant Marrien zerreisst den Scheck des Onkels mit den Worten: Ich bin der Vater. Das Publikum lacht nicht, es glaubt, begreift das ekstatische Verhältnis des mystischen Brautpaares.

Georg Kaiser ist ein noch grösseres Kunststück gelungen, er steigert sich im dritten Akt noch einmal. Ein paar tüchtige Ohrfeigen von Juliette schicken den Schlächtergesellen noch einmal zurück, und zwar mit ausgezeichneten Argumenten. Er ist der Vater des Kindes und soll, für sein Schweigen, nicht einmal zu einem Schlächterladen kommen, während der Leutnant, nur gegen seinen Namen, eine Million eintauscht? Das ist ungerecht, man betrügt ihn, und die feinen Leute betrügen auch die Natur. Die Szene zwischen dem natürlichen und dem geistigen Vater des Kindes ist ausserordentlich gut geführt, ist wohl das beste Theater, das sich unser geringes Können mit grossem Wollen entschuldigende Bühne seit langem geleistet hat. Kaiser geht geradewegs auf die Katastrophe. Wenn die mystische Hochzeit bestehen soll, darf es keinen Schlächtergesellen Leguerche geben. Der Leutnant ersticht ihn.

Der Regisseur Forster-Larrinaga hat sich gewiss gesagt: Das ist eine unwahrscheinliche Sache. Also muss ich stilisieren. Der Salon der Villa Coste ist ein ebenso leerer wie vornehmer Raum und bietet an Bequemlichkeiten nichts als zwei feierliche Lehnstühle. Wenn mehr als zwei Personen auf der Bühne sind, haben sie nichts zu sitzen; sie werden auseinander gezogen und sprechen über feierliche Distanzen, als ob sie Corneille oder Racine vorzutragen hätten. Die Inszenierung war klar und energisch, aber ich habe eine Provinzaufführung in einem weniger absichtsvollen Raum gesehen und kann versichern, dass es auch ohne dieses Zeremoniell ging. Es kommt darauf an, dass man dem mystischen Liebespaar glaubt, und dann kann ruhig ein Tisch oder gar ein Sofa dastehen. Gerade in dem leeren Raum wurden einige Schnürchen der Regie sichtbar. Die talentvolle Margarethe Köppke wurde zu sehr als Somnambule bewegt; man hätte ihr möglich machen sollen, sich auch im Übersinnlichen natürlich zu bewegen. Man hätte daran denken sollen, dass man ins Übersinnliche am besten durch das Sinnliche gelangt. Dass Catherine die Nacht mit dem Schlächtergesellen ausgezeichnet überstanden hat. Margarethe Köppke war sehr seraphisch in präraffaelitischer Schlankheit, aber die richtigste Catherine wird diejenige sein, die auch das Käthchen von Heilbronn spielen müsste. Das, was uns überzeugt, was das Stück oder Kunststück sinnvoll macht,

weht von Mathias Wiemanns Leutnant aus; er braucht eine
vornehme Seele, braucht die Gehaltenheit eines aus strenger
Erziehung entlassenen jungen Menschen. Ein unschuldiger
Junge steigt irgendwo aus, steigt ebenso unschuldig in
seinen Zug und wird zum Mörder. Wird von etwas
Unerforschlichem ergriffen, das er als Schicksal auf sich
nehmen muss. Wir sind verantwortlich für das, was wir
wirken. Das ist der Sinn des Stückes, der uns über eine
höchst ingeniöse Veranstaltung hinaus noch nachdenklich
macht. Der Dichter ist da, wenn er uns Schicksalsnähe fühlen
lässt, er war in Wiemann, in seinem schweren Ernst, in
seiner ergebenen Männlichkeit. Der Dichter war auch in Oskar
Homolka [...] ein Plebejer in der Hand einer Frau, der sich
als Erpresser ungemütlich fühlt, der dann als Gegner wächst,
weil er das Naturrecht hat gegen die feinen Leute mit ihren
seelischen Schwindeleien. Es sind zwei gleichberechtigte
Gegner, die sich schliesslich gegenüberstehen; auch der
Plebejer hat sein Pathos, und Homolka ein um so besseres,
als er es keinen Augenblick aus dem Drastischen und
Drolligen entlässt. Es bleibt noch der hervorragende Onkel
Catherines von Albert Steinrück, der mir allerdings allzu
hervorragend schien. Die Ausdrücklichkeit seiner
Gemütsbewegungen hätte für einen Vater ausgereicht.
Steinrück macht das natürlich glänzend, Enttäuschung,
Erschütterung, Benommenheit bis zum Taumeln. Aber Georg
Kaiser weiss wohl genau, warum er sich mit einem Onkel statt
eines Vaters begnügte. Der feine alte Herr, der mit einem
Scheck gegen das Schicksal auftreten will, sollte zwischen
ekstatischer Verzückung und brutaler Natürlichkeit gewiss
nur die Mitte des bürgerlichen Herkommens und der Konvention
behaupten.

460. Emil Faktor, n.d., n.s., GKC.

Ein guter Anfang. Er setzt mit einem neuen, in Berlin
unbekannten Schauspiel von Georg Kaiser ein. Dieser Dichter
hat sich in all den Übergangsjahren als produktivste
Erscheinung behauptet. Sein *Oktobertag* bietet stofflich und
perspektivisch keine Überraschung. Das Werk entwickelt sich
aus Vorgängen, die Alltäglichkeit mit etwas gesuchter
Romantik mischen. Trotzdem entstehen daraus Werte. Im Anfang
des Spiels nimmt man Technik, sogar ziemlich abgebrauchte
Dramentechnik wahr. Später wird sie virtuoser und nähert
sich immer mehr dem Kaiserschen Format. Zuletzt entsteht
etwas sehr Schönes; der entbanalisierte Stoff enthüllt ein
feierliches Hauptthema. Man kann es, um ihm einen Namen zu
geben, die Hoheit der Illusion nennen.
 Der Beginn des Schauspiels hat seine Peinlichkeit. Ein
gekränkter Onkel, kapitalskräftig und hochgestellt, empört
sich, fast Sudermannfigur, über die Mutterschaft seiner
ledigen Nichte. (Sind das die Schmerzen unserer Zeit?) [...]
Auch der junge Offizier duldet keine Gegenbehauptung mehr.

Ein für den Schlächtergesellen bestimmter Scheck wird in Stücke gerissen, die Drohungen des Proleten beantwortet der Leutnant mit Hinauswurf. Der Gereizte wird bei seiner Wiederkehr stumm gemacht. Nun ist die Bahn frei — durch Mord — für das Glück eines Tages, der sich im Bewusstsein der Vereinten wie eine Ewigkeit dehnt.

Der Zuschauer schöpft während der drei knappen Aufzüge Mutmassungen, die angenehm enttäuscht werden. Die Führung der Szene legt ihm allerlei Verdachtsmomente nahe. Soll es eine Neuformung der *Marquise von O...* werden, in kahler Arithmetik? Schwebt dem Dichter ein alltägliches Erpresserdrama vor? Hat man verspätete Ibsenfrauen-Problematik mit überreizten Gefühlchen oder den posthumen Ableger der Goetheschen Wahlverwandtschaft zu erwarten? Von all dem steckt etwas drin und verliert sich.

Übrig bleibt ein Rhythmus symbolischer Vorgänge, ein Dreiklang seelischer Prozesse. Das Mädchen hat die Blicke des jungen Offiziers aufgefangen, als er vor einem Juwelierladen Ringe betrachtete. Es war ihre Verlobung. Sie kniete noch am selben Tage neben ihm in der Kirche und las in der umgestülpten Soldatenmütze seinen Namen. Es war ihre Trauung. Abends sass sie neben ihm in der Oper. Es wurde ihr Hochzeitsfest. Noch in derselben Nacht gab sie sich hin — einem anderen, wer immer es auch sein mochte, mit dem Gedanken an den Leutnant. Zufälle verschmelzen sich zu einem Zusamenhang [sic]. Das Dichterwort nennt es später eine mystische Union himmlischen Ursprungs. Es bliebe eine Phrase, wenn sie nicht durch suggestive, in ihrer Schlichtheit starke Begegnungssituationen gestützt würde.

Man hat Stücke Georg Kaisers mit reicherer Entfaltung, mit dem schärferen Aufriss von Gegenwartsproblemen gesehen. Dieses Schauspiel strebt zum Charakter der Zeitlosen. Es überwindet Stofflichkeit durch Klang.

Die Aufführung war künstlerischer Genuss. Die Spielleitung Forster-Larrinaga ging sorgsam jeder Verführung aus dem Wege, falschen Lärm zu machen. Es erleichterte den Weg zum Symbolischen. Alles Mystische bedarf, um szenische Substanz zu werden, der Eindeutigkeit. Dieser Verfeinerungsprozess wurde erreicht.

Am schwersten hatte es Steinrück. Die Figur des um die Familienehre zitternden Onkels ist mit herkömmlicher Theatralik belastet. Sein sicherer Instinkt kam ohne Preisgabe des Geschmackes hindurch. Er bot die Energie der Selbstbescheidung auf. Sehr sympathisch spielt Mathias Wiemann den Leutnant. Der junge Künstler hat sich entwickelt. Sein Spiel atmet Noblesse, seine Mittel sind zum Vollbesitz gereift. Vollblut wie immer, stellt Oskar Homolka einen fatalen Burschen hin. Er setzt Humore und Kraftakzente durch, um sein Spiel dampft Vitalität. Überzeugend als Erscheinung, im Spiel suggestiv, doch in der Sprache noch immer anfängerhaft gehemmt Margarethe Köppke. Der Ton piepst. Ihrem unverkennbaren Talente müsste geholfen werden.

Der gute Anfang der Spielzeit muss nicht abergläubisch machen. Es lässt sich noch immer eine Steigerung denken, und auch dem Neuschaffen Georg Kaisers wäre eine ausgedehntere Peripherie zu wünschen.

[Sept. 1928], Erstaufführung, Schauspielhaus, [Munich].

461. W., *Völkischer Beobachter*, Jg. 41, 26.9.1928.

Die Geschichte einer 'mystischen Union', zwischen der Kindsmutter und dem vermeintlichen Vater. Der richtige ist ein Schlächtergeselle. Der dafür noch Geld will. Und deshalb ersticht ihn der 'mystische'. Durchaus realistisch!
Uns dünkt, dass Leutnant Marrien deshalb zu 15 Jahren Zuchthaus verurteilt werden wird. Aber das führt auf das kriminelle Gebiet. Und auf dem hat Georg Kaiser schlechte Erfahrungen gemacht. Darum spricht er weder mystisch noch in der Praxis davon. Schenkt sich und uns den fehlenden vierten Akt. Er wäre wahrscheinlich auch nicht besser geworden wie die drei vorhergehenden. Reden wir also auch nicht mehr davon!
Nachwort: Ob der Leutnant nicht doch besser getan hätte, dem Schlächtergesellen den Scheck zu geben?

13.10.1928, Neues Theater, Frankfurt/M. Dir.: Arthur Hellmer; sets: Kurt Baer; Jensen (Coste).

462. Bernhard Diebold, *Frankfurter Zeitung*, 14.10.1928, in Rühle, pp. 871-73.

[...] Ein genialer Schwindel! denn letzte Konsequenz ist genial. Eine Fabelei und Tiefsinnforschung wie sie nur Georg Kaiser fertigbringt – der Denkspieler. Man schleudert mir entgegen: Pirandello! Ach Gott, Pirandello trübt nur die klaren Wässerchen mit seinem Stecken, so dass man nicht mehr auf den Grund der Handlung sieht; und Tiefsinn ahnt, wo Flachsinn spielt. Kaiser aber macht mit schärfster Diktion die Situation so sonnenklar, dass jeder Angehörige des intellektuellen Mittelstandes den Finger seines Geistes genau auf den Brennpunkt der Unmöglichkeit zu legen weiss und Au! schreit, weil's ihn brennt. Denn eben wie er den Georg Kaiser auf dem Unmöglichen ertappen will, ertappt ihn Georg Kaiser mit dem ironischen Geständnis des Unmöglichen. Seine Lebensweisheit lautet für die Dauer dieser drei Akte: alle Zufälle des Aussen dienen nur einer Notwendigkeit des Innen. Aus Zufällen formt die Seele ihre Notwendigkeit.
Das Unmögliche meiner Fabel – so könnte Kaiser sagen – beweist die Zufälligkeit des Notwendigen – oder die Notwendigkeit der Zufälle. Jedes Schicksal ist Mischung aus beidem. Machen wir's mal krass mit den Zufällen in diesem

Spiel, als wären wir der liebe Gott. Ihr werdet sehen, dass ich euch eine göttliche Notwendigkeit ableite. Denn meine *Logik* siegt über die unbegrenzten Unmöglichkeiten; geschweige über das bisschen wirkliche Wirklichkeit.

Kaiser erzählt uns ziemlich Unmögliches. Aber wie er's aufbaut; wie er's uns einbrockt; wie er's steigert; wie er's spannt! Durch künstliche *Verhinderung* der dringlichsten Begegnungen; durch raffinierte *Verstummungen* der Hauptpersonen im wichtigsten Moment — so erzeugt er eine ungestüme Lust zur Rätsellösung. Sie darf vor dieser (aller Psychologie des Wahrscheinlichen widersprechenden) Handlung sich nur *symbolisch* äussern.

Liebe macht körperblind. Auch der Leutnant unterliegt dem Mysterium der überkörperlichen Liebe. Catherinens Liebe zieht ihn in ihre Magie. Genau wie sie *realisiert* auch er die Stationen von Juwelier, Kirche und Oper in seiner Seele; glaubt schliesslich selber an die Notwendigkeit der Zufälle. Übertreibt die psychische Konsequenz bis zu dem überraschenden Bekenntnis: er, Leutnant Marrien, sei der Vater des von Leguerche gezeugten Kindes. In seiner Seele ward's gezeugt. Durch diese Zeugung ward's ihm sogar ähnlich. Dies Kind ist Zeugung überirdischer Liebe. Sein einziger Seelenfeind ist sein natürlicher Vater: der Schlächter, der nur ans Fleisch glaubt im Lieben und im Schlachten. Man ist bei Kaiser ein symbolischer Schlächter. Man ist als Leutnant ein symbolischer Vater. Was kann das Fleisch bewirken, wenn der Geist das Fleisch symbolisiert? Das Konkrete ist ins Abstrakte umgewertet. Ein zauberhafter Schwindel, den wir Dichtung oder Mystik nennen mögen. Kaiser zitiert zur Erklärung der gewissermassen unbefleckten Empfängnis die unio mystica. Vater *werden* ist nicht schwer, Vater *sein* dagegen ... ein Mysterium.

Weil aber eine ganze psychisch eingebildete Welt in ihrer 'seelischen Realität' nur dann bestehen kann, wenn sämtliche Beteiligte mit bestem Willen ihre Idealität beglaubigen, so wirkt ein ganz gemeiner Kerl wie etwa dieser Schlächter Leguerche sehr stimmungsmordend und katastrophal. Dieser Sancho Pansa fühlt sich als *wirklicher* Liebhaber und Vater; ist aber herzlich gern bereit, seine im Seelenreiche störende Realität gegen ein Schweigegeld verschwinden zu lassen. Wenn die Liebenden aus Seelenkraft den Irrtum des Körpers verleugnen, so vermag der Schlächter gegen *Geld* dieselbe Irrealisierung herzustellen. Jenem unbewussten Schwindel begegnet er mit dem bewussten. Was jenen Idee heisst — ist ihm eine lachende Lüge. Beinahe spielt er den Mephisto. Die Seele mag lange ihre Reinheit schauspielern — der Körper meldet dauernd seine anonymen Ansprüche: Die ewige kleine Tragödie: dass man den Leutnantsengel seiner Seele wünscht, und doch den Schlächter seiner Seele mit dem Leib begrüsst.

Wir haben seit Hebbels spitzfindiger Psychologie über Keuschheit und Treue nie wieder so subtile Angelegenheiten durchgedacht. Während Hebbel im Anblick Rhodopens und Mariamnens blutete, macht Kaiser lachende Experimentchen.

Lachend vermeidet er die einzig mögliche Lösung des
Konflikts: dass Catherine an der Welt stirbt — wie Rhodope
sterben musste. Wohl, es ist moderner gedacht und gelacht,
dass der empörte Leutnant schliesslich den Schlächter
umbringt. Wozu denn hat man einen Säbel? Das ist doch etwas
unbedacht, mein Georg Kaiser. Du bringst nicht nur den
Schlächter Leguerche um, sondern deine Symbolik vom ewigen
Seelenstörer Corpus. Wer auf solche Höhen moralischer
Idealität gestellt wird wie Jean-Marc, so dass er des Oheims
Coste guten Vorschlag, den irdischen Teil der Angelegenheit
mit einem Scheck an Schlächter Leguerche friedlich aus der
Welt zu schaffen, ablehnt — der muss auch über die leibliche
Existenz des Körpers Leguerche ohne Säbel siegen können.
Oder bedeutet diese Tötung gar die symbolische Abtötung der
eigenen Leiblichkeit? Dann wäre das Spiel für Datum 1928
doch zu weit getrieben. Es würde gar zu ernsthaft und wäre
dann kein Spiel mehr. Nur als Spiel ist diese
Seelen-Artistik für die Seele akzeptabel. Kaiser weiss es
genau, dass selbst bei Catherine die linke Hand nicht wissen
darf, was die rechte tut — um des Spieles willen. Aber das
Spiel ist ein Meisterstück des Denkens, ein Feuerwerk von
Einfällen, ein Bacchanal der Intellektualität.
    Allerdings gehört zu diesen Freuden die Disposition des
Publikums. Es muss klug, ironisch, humorig und dennoch tief
empfindsam sein. Nur wer die Seele jemals mit dem Geist
gewogen; nur wer den Körper jemals mit der Seele prüfte; nur
wer vom Geiste jemals sich den Zwiespalt zwischen Leib und
Seele grausam öffnen liess — nur der gelangt zum andächtigen
Gelächter über diese Komödie der Irrungen. So ein Publikum
war vielleicht möglich in der Ibsen-Hebbel-Zeit von 1900 bis
1910. Heute wirkt ein *Oktobertag* im Auditorium als
Scharlatanerie. Und faktisch steckt in jedem genialen
Schwindel die Wollust der Schauspielerei. Was darüber ist —
verschwebt sich leicht ins Luftige. Daher lässt die *Lektüre*
dieses Stückes viel tiefere Hintergründe aufdämmern als die
Konkretheit einer Aufführung, die das Unmögliche der Zufälle
zu körperlich realisiert. Die Komik lauert hinter den
Kulissen.
    Diese Marquisen-Sprache des Herrn Coste ist in ihrer
preziösen Logik mehr eine Übersetzung aus dem Dixhuitième
als redende Gegenwart. Und der Schlächter Leguerche spricht
manchmal wie junger Schiller im *Fiesko*: 'Leguerche — man
will dich wieder betölpeln...'
    Herr Jensen hielt sich in vornehmer Konversation und
regte sich gerade so viel auf, als einem Oheim und Père
noble zu gestatten ist. Gute Haltung. Ein ruhender Pol in
der Verwirrungen Flucht. Elsa Tiedemann eignet sich immer
zur Verleiblichung der 'gläsernen Frau'. Hier wirkt das
Künstliche ihrer Existenz beinahe schon un-existent. Doch
der Stil war getroffen. Weniger sicher traten die Liebhaber
auf. Nürnberger und Massarek teilten sich in die ungleichen
Väter. Hellmer als Regisseur war nicht ganz sicher; und die
kurze Tongebung entsprach auch nicht der leeren Weite des
mit einfachsten Mitteln aufgestellten Raumes von Kurt Baer:

ein Salon nicht für Menschen, ein Salon für Ideen.

Die Lederköpfe

24.11.1928, Uraufführung, Neues Theater, Frankfurt/M. Dir.: Arthur Hellmer; sets: Robert Wallmann; Elsa Tiedemann (Tochter); Theo Lingen (Stadthauptmann); Fritz Valk (Der Basileus).

463. Werner Deubel, *Die schöne Literatur*, 30 (1929), 41-42.

Kaiser verlegt sein Pazifistendrama irgendwohin ins hohe Altertum, das ihm ein unbezahlbares 'militaristisches' Symbol liefert; der Basileus hat demjenigen, der ihm die drei Jahre lang belagerte feindliche Stadt erobert, den Posten des Feldhauptmanns und seine eigene Tochter versprochen. Da geht einer hin, sticht sich ein Auge aus, schneidet sich Ohren, Nase und Lippen ab, läuft über in die Stadt, sagt: der Basileus habe ihn so verstümmelt und er wolle sich rächen, - und öffnet nachts dem Basileus die Tore. Nun wird er Feldhauptmann und zieht mit dem König in die Heimat zurück, wo bereits Meuterei drohte. Über dem verstümmelten Kopf trägt er eine Lederkappe. Die Königstochter droht, den Gesichtslosen im Brautbett zu erwürgen, wenn er nicht dem 'Militarismus' ein Ende macht. Zum Hochzeitfest will der Basileus die Meuterer ebenso verstümmeln lassen und alle zu 'Lederköpfen' machen. (Man beachte die Tiefe des Symbols: die Lederkappe als unpersönliche Uniform!) Der Feldhauptmann übernimmt selbst das Henkersamt, aber er führt, phantastisch schnell zum Pazifismus bekehrt, die Meuterer zur Rebellion. Der Basileus ersticht ihn und fällt dann selbst unter den Peitschen der Aufrührer. Die Tochter übernimmt die neue Regierung des Friedens und Aufbaus.

Wohl noch kein Theaterstück wurde so plump und gewaltsam an Literatenhaaren herbeigezogen. Keines aber ist so raffiniert verlogen. Anzuerkennen ist höchstens seine mätzchenlose Sprache. Das Altertum aber ist bloss Maskierung, raffinierte Garnierung einer modernen Ideenpropaganda, der die Antike gerade gut genug ist, um sie pazifistisch zu verfälschen. Keinerlei pazifistische Überzeugtheit machte Kaiser produktiv. Pazifismus bleibt eine blasse Rechengrösse.

Hellmer nahm die Pathetik blutig ernst und suchte aus dem lahmen Stück herauszuschlagen, was möglich war. Einige, die ihre Langeweile zugaben, pfiffen und zischten am Schluss. Andere klatschten ausgiebig.

464. M. M. Gehrke, *Die Weltbühne*, 24 (1928), No. 50, 898-99.

Einen Tag vor Georg Kaisers fünfzigstem Geburtstag hat
das Frankfurter Neue Theater *Die Lederköpfe* zur Uraufführung
gebracht, ein dreiaktiges Schauspiel, das sich mit den
Falten antiker Gewänder gürtet, um brennendste Tagesfragen
zu diskutieren. [...]

Es ist leicht, an den gradlinig konstruierten Gestalten
— dem Stadthauptmann, der in unkontrolliertem Egoismus nur
an die Verlängerung seines Greisenlebens denkt, während er
dem Basileus Trupp um Trupp ins Feld schickt; dem
Feldhauptmann, der dem blindwütenden Kriegerehrgeiz sein
Gesicht, das heisst sein persönliches Ich opfert; dem
maniakalischen, sadistisch zerstörenden Ungeheuer Basileus
endlich — es ist leicht, an ihnen den Sinn des Werkes zu
erkennen, weil die gehäuften Grausigkeiten des Werkes die
Aufnahmefähigkeit des gemarterten Zuhörers ermüden. Ihm zu
helfen hatte die Theaterleitung dem Programmheft einen
Abschnitt aus Kaisers werdendem Buch: *Sokrates wandelnd
heute* vorangesetzt. Auch hier griechische Verkleidung und
darin ein 'Chellogos', der einen Kriegsächtungspakt
durchbringt. Und dazu ein Sokrates, der den grossen Mut hat,
zu sagen, dass 'hier ein 'r' fehle', dass die Ächtung der
Kriege nichts nutze, ohne die der Krieger, denen man statt
dessen unverständlich und unverständig zujuble. Denn der
Krieger, der sich aus welchen Gründen immer zum
schändlichsten Handwerk hergibt, stellt sich ausserhalb der
menschlichen Gemeinschaft, wird zum gesichtslosen Lederkopf.

In diesem neuen Werk hat Georg Kaiser das nachgeholt,
was Hermann Kesten (in Nr. 48 der *Weltbühne*) an ihm vermisst
hatte: er ist politisch geworden, er hat sichtbar Partei
genommen. Er bekämpft den Krieg mit dessen eignen Mitteln,
mit Grausamkeit und Scheusslichkeit, er hat die Leidenschaft
einer guten Sache. Er hat sich und uns zu seinem
vielgefeierten fünfzigsten Geburtstag nichts Besseres geben
können.

465. Bernhard Diebold, *Das literarische Echo*, 31 (1928-29),
287-88.

Von Bildern schwer — auch dieser neueste Georg Kaiser.
Ein altes Motiv aus Kriegszeiten — ein neues Symbol: der
Lederkopf. Nach einer herodotischen Legende soll sich ein
Soldat im Gesicht derart verstümmelt haben, dass die
Besatzung der feindlichen Stadt in panischem Schrecken vor
solcher Entmenschung die Tore offen liess. Dem Verstümmelten
zieht Kaiser eine Lederhaube über den bestialisierten Stumpf
des Hauptes. Leder ist Tierhaut. [...] Alle Meuterer gegen
den Krieg sollen zu Lederköpfen präpariert werden. Aber der
Tochter schaudert's. Sie wird den Lederkopf nur lieben, wenn
er ihr die Rettung der Meuterer vor der grauenhaften
Operation verspricht. Lederkopf verspricht's. Inkonsequent
das eine: dass ein Lederkopf zu solcher Menschheitsrettung
noch zu haben ist. Aber ihm schaudert schliesslich vor ihm

selber. Also hindert er die weitere Schaffung von
Lederköpfen. Die Machthaber kommen um. Aber auch der
heroische Lederkopf muss mit dem Tod bezahlen. Dann
verkündet die sonst sehr schweigsame Tochter (wie einst in
Gas) den neuen Menschen mit dem Menschenkopf.
Das tönt utopisch und programmatisch nach 1918. Die Art
der Fabelkonstruktion und die spannende Aufrollung des
Geschehens ist in den ersten anderthalb Akten von stupender
Könnerschaft. Aber Kaiser konzentriert so meisterlich, dass
für den dritten Akt das Innen-Drama schon erledigt ist. Der
Akteinschnitt müsste nach vorne gelegt werden und die langen
Monologe des Basileus (erinnernd an die Suada der *Bürger von
Calais*) verlangten Striche. Man wünschte, dass Kaiser für
die vielen vollendeten Anfänge seiner Stücke einmal die
ebenso vollendeten Schlüsse nach-dichten möchte. Auch hier,
wie oft, verschwebt das Denkspiel ins Denkerische. Aber auch
diese Parabel vom Lederkopf verdient Aufführung und mehr
noch: Lektüre. Kaisers Dramen gehören zu den wenigen
modernen, die ohne Theater noch eindringlicher ins Gehirn
zielen: zur geistigen Aufreizung.

466. Ludwig Marcuse, n.d., n.s., GKC.

[...] Nachts öffnet er die feindlichen Tore: er wird
Feldhauptmann und Schwiegersohn.
Er erscheint vor der Tochter des Basileus mit einer
Lederkappe; es beginnt anscheinend das Kaiser-Drama, für das
dieser Fall nur Vorwand ist die Ehe des Mädchens mit einem,
den sie nicht sehen kann, der ihr unbekannt bleibt. Die
Führung des Schauspiels steuert unmittelbar auf die
Kernfrage: was man denn an einem Menschen hat, wenn man ihn
hat. Und wie Kaiser einst (in den *Bürger von Calais*) mit der
schärfsten Methode dramatischer Inquisition das, was die
Menschen gewöhnlich Mut nennen, folterte, bis der echte Mut
sichtbar wurde: so ist er hier, in den *Lederköpfen*, auf
gutem Wege, an einem ungewöhnlichen, aber brauchbaren Fall
die Grundkräfte der Gemeinschaft, die Mensch und Mensch
zusammenweben, blosszulegen.
Da biegt Kaiser ab. Nicht das problematische, für einen
Seeleninquisitor aufschlussreiche Verhältnis der Tochter zum
Lederkopf, sondern die Figur des Basileus rückt ins Zentrum
der Handlung. Um der Tochter den Lederkopf annehmbarer zu
machen, befiehlt [sic] der Basileus: die Truppen, die
gemeutert hatten, zu verstümmeln, wie sich der Feldhauptmann
verstümmelt hatte; und ihnen Lederkappen über das Gesicht zu
ziehen. Er dekretiert, jeder Zoll ein Symbol: ich will nur
noch Lederköpfe. Der Befehl wird nicht ausgeführt: die
Lederköpfe kommen an, schlagen die Kappe hoch und zeigen dem
Tyrannen ihre Gesichter. Der Feldhauptmann lässt sich
symbolisch erstechen: weil der Mensch in ihm geschändet
worden ist, was wieder mehr schillerisch als modern
revolutionär gedacht ist.

Der ganze Aufwand an Konstruktion: um zu verkünden, dass der Mensch nicht ein gesichtsloser Lederkopf, anonymes Kanonenfutter für Menschenschlächter ist, sondern ein Wesen mit Augen, Nase und Ohren. Ein antidespotisches Bekenntnis ohne politischen Auftrieb — nach einem Ansatz: der auf die tiefschürfendste Ausdeutung einer ewigen Situation des Lebens hindeutete. Etwa so: als ob einer alle Hilfsmittel der modernen Mathematik bereitstellte, um dann mit Hilfe einer mathematischen Formel wissenschaftlich mitzuteilen, dass jeder Mensch ein Anrecht auf ein Existenzminimum habe. In keinem Kaiserschen Werke ist die Methode so Selbstzweck wie hier. Die politische Schlusspointe dieses absolut unpolitischen Werkes wirkt wie ein Abrutsch.

Arthur Hellmer, der sich für Georg Kaiser erfreulich energisch einsetzt, hatte zwei Wege für die Aufführung: dieses Stück mehr schillerisch (von seiner Endpointe aus) oder mehr kaisersch (nach seiner Machart) zu spielen. Er entschied sich nicht: er pendelte zwischen Pathos und Mathematik. Der Architekt Robert Wallmann schuf eine strenge, wüstensandfarbige Halle. Die Krieger, Meuterer und Diener rückten wie Wigmangruppen an und ab. Das war die Mathematik. Fritz Valk aber war ein pathetisch tobender Schillertyrann; und Elsa Tiedemann, in Erscheinung und einigen leisen Worten eine gute Darstellerin der Tochter, überschritt in Leidenschaftsausbrüchen ihre Grenzen und die Grenzen ihrer Rolle. Theo Lingen schuf im Stadthauptmann eine interessante, wenn auch isolierte Nummer: einen trottlig-senilen Kadaver; er spielte sich zuerst so in den Vordergrund, dass die spätere Statistenexistenz dieser Figur um so fühlbarer wurde.

467. anon., n.d., n.s., GKC.

Das Neue Theater führte mit dem neuesten Kaiser seine diesem Dramatiker gewidmete Tradition fort, kein Publikumserfolg, aber eine 'Lesung' aus dem Brevier des 'Denkspielers', die besonders in den beiden ersten Akten straff spannend und achtunggebietend war. Zwiespalt Leib-Seele aufgezogen mit allem Kunstwerk des geübten Dramatikers und des Bühnenkenners, der Lederkopfmarschall, der Verstümmelte, Gesichtslose schliesslich im seelischen Kampf um die Liebe der Königstochter, die ihm dennoch zufiel, und schliesslich seine Reinigung von der Selbstverstümmelung durch die Befreiung der Verurteilten, die im Wirrwarr der Morde des dritten Aktes erstickt, bis schliesslich die unverletzten Gesichter der Revolutionäre unter Führung der Königstochter den Wiederaufbau des Zerstörten endgültig verkünden.

[Feb. 1929], Erstaufführung, Krefeld. Dir.: Peter A. Horn; sets: Fritz Huhnen; Fritz Junker (Der Basileus).

468. Walter Schlieper, n.d., n.s., GKC.

Diesmal stellt Georg Kaiser dem deutschen Theater die entscheidende Frage: Kampf oder Spiel? Kein Zufall, dass zwei Stücke fast gleichzeitig herausgekommen sind. *Oktobertag*: die Flucht aus der Wirklichkeit — *Die Lederköpfe*: der Kampf gegen den Stumpfsinn der Zeit. Düsseldorf und Köln bringen *Oktobertag* und überlassen es Krefeld, dem kleinen Krefeld, so zu gratulieren, wie es dem aktuellen Temperament Georg Kaisers gemäss ist.

Nichts leichter, als festzustellen, wie das 'Spiel' sich an den Zeitstoffen entzündet. Noch kürzlich brachte Krefeld mit Eulenbergs *Himmlischen Handelsmann* eine schläfrige Inszenierung. Man hielt sie für Höflichkeit: für Anpassung an den Geist des Stückes. Aber es war mehr. Den Themen von gestern fehlen die aktivierenden Elemente. Über diese Öde täuscht nur der Star hinweg (und er fehlt immer abseits der Zentralen). Wo man es sich nicht leisten kann, mit Stars zu vernebeln, sollte man sich Stücke zündenden Inhalts leisten.

Tut man das, so ist die Inszenierung der *Lederköpfe* kein Zufall. Sie war bewundernswert für das Krefelder Theater. Der Regisseur: Peter A. Horn. Spielerisch zum Beginn, anklägerisch aus der Idee.

Zwei Krawatten

5.9.1929, Uraufführung, Berliner Theater, Berlin. Dir.:
Forster-Larrinaga; sets: Stern; Hans Albers (Jean); Marlene
Dietrich (Mabel); Margarethe Köppke (Trude); Rosa Valetti
(Frau Robinson); Sammy Lewis (Stepptänzer).

469. Ernst Heilborn, *Das literarische Echo*, 32 (1929-30),
44.

Ein Schachspiel, in dem das Schicksal es sich
vorbehalten hat, mit seinen Springern einzugreifen.
[...] Konstruktiv ist *Zwei Krawatten* eins der
bestgelungenen Kaiserschen Stücke. Der Bau ist völlig
durchsichtig, hinter dem Glas laufen die Träger in eleganter
Linie. Die Zufallseingriffe sind derart eingefügt, dass sie
im Bau gleichsam Etage bilden. Auf der bewegt sich nun die
Handlung, bis sie wieder auf Treppe stösst. Die gleitet der
eine Handlungsfaden in eben dem Tempo hinan, in dem sie der
andere hinabgleitet. Nahezu in jedem Moment stehen
aufsteigende und niedergehende Handlung vor dem gleichen
Fenster.
Kaum in einem seiner vorhergehenden Stücke hat Kaiser
so vollendet Spiel geboten, wie eben hier. Das ist
einesteils durch Betonung des konstruktiven Gedankens
erzielt, andererseits durch die Zufalls-Dosierung. Das Stück
setzt derart ein, dass alle Wirklichkeitsschwere von
vornherein ausgeschaltet ist, immer neue Zufälle geben ihm
immer wieder Flügel. Dies Spiel schwebt. Es erhebt sich in
die Höhen reiner Ironie. Durch sie wird es in eben dem Masse
romantisch, in dem es kraft des konstruktiven Elements
modern ist.
Diese Kaisersche Ironie spielt mit Geld, spielt mit
Herz. Sie ironisiert beide. Aber sie tut es in der Art — und
damit rückt *Zwei Krawatten* ganz nahe an *Kolportage* heran —
dass sie im Spott dem Publikum doch eben den Leckerbissen
reicht, nach dem es verlangt. Mehr als das: der Reichtum
dieser Ironie ist — geistig — mit der Armut derer, die
diesen Reichtum anstaunen, identisch. Nicht nur die Personen
des Stücks, auch der Zuschauer wird ironisiert, aber seine
Torheit wird zugleich gepeitscht, zugleich gefüttert. Das
mag man als ein wenig faires Spiel empfinden.
Die Wirklichkeit ist aller Schwere beraubt, es gibt nur
Konstruktion, kein Wachstum. Dadurch wird ein Eindruck
höchster Eleganz erzielt, ästhetisch einem Verlangen nach
Harmonie in Fülle Genüge geleistet. Aber diese Harmonie
ermüdet. Die Wiederkehr der gleichen Szenen, die im Spiel
Trupf sein soll, wird zu Kartenkunststück. Ja, es begegnet
dem nicht naiven Zuschauer, dass er, inmitten der

Bewunderung, diese Pointen als stumpf, diesen selbstherrlichspielenden Verstand als dümmlich empfindet.
Tut er das, so beweist er damit die gesunde Reaktion der natürlichen Menschen Artistik gegenüber.

470. H. Ihering, 6.9.1929, in *Von Reinhardt bis Brecht*, II (Berlin: Aufbau, 1959), 424–27.

Mit dieser Revue knüpft der neue Direktor des Berliner Theaters, Dr. Robert Klein, an die Tradition des Hauses: die erste Meinhard-und-Bernauer-Zeit. *Einer von unsere Leut*, *Bummelstudenten* – Volksstück, Posse mit Gesang und Tanz, altes Berlin mit aktuellen Einlagen. Damals war das Berliner Theater eine Spezialität – ein 'Berliner' Theater.
Die Bühne in der Charlottenstrasse ist heute viel schwerer zu führen. Berlin ist grösser, vielfältiger, widerspruchsvoller, weltstädtischer geworden. Das eindeutig 'Berlinische' tritt langsam zurück. Attraktionen und Sensationen sind nötig, damit die Leute in das Südende der Charlottenstrasse kommen. So wurde das Publikum hineingezogen durch den Kriminalreisser *Mary Dugan* – ein Genre, das so lange forciert wurde, bis es heute schon abgenutzt ist. So wurde es jetzt gefasst durch die Revueposse Berlin-Amerika oder vielmehr *Zwei Krawatten* von Georg Kaiser.
'So wird Georg Kaiser zu einem fruchtbaren Komödiendichter, indem er – gegen das Possen- und gegen das Tränenklischee schreibt. So würde er der grösste Revuedichter Deutschlands werden' – schrieb ich nach der Premiere von *Kolportage*. Nun hat Georg Kaiser sein erstes 'Revuestück' geschrieben, aber *mit* dem Revue-, *mit* dem Tränenklischee. Georg Kaiser, der selten ins Theater geht, der sich niemals seine eigenen Stücke ansieht, Georg Kaiser hat sich mit solcher Kinderfreude auf das Schema der Routiniers geworfen, so blind und verliebt in die alte Revue gestürzt, dass seine Figuren sich sofort in die bekannten Fachgruppen einordnen. Eine Salondame und eine herzige Naive. Ein breiter Komiker und eine erste Charge. Ein Bonvivant mit Gemüt. Eine komische Alte. *Zwei Krawatten* – das ist von Georg Kaiser. Der Titel und der Einfall. Ein Kellner tauscht seinen schwarzen Berufsschlips gegen die weisse Frackkrawatte ein und ist Herr, fährt erster Klasse, hat seine Chance, macht Karriere. Er tauscht die weisse gegen die schwarze aus und ist wieder Kellner, fährt im Zwischendeck, hat Gemüt und führt die Braut heim.
Das ist schlagend, einfach, bühnensichtbar, bühnendeutlich, das gibt einen glänzenden Auftakt und glänzenden Abschluss für eine moderne Revue. Aber schon kommt das alte Volksstück. Die Krawatte genügt nicht, er gewinnt auch das grosse Tombolalos. Ironie oder Tradition? Es bleibt nicht bei den Kontrasten: eine Erbschaft von 40 Millionen für Trude, die Volksbraut, überbrückt alles. Witz

oder Konzession?

Als Mischa Spoliansky das viel schwächere Textbuch von Marcellus Schiffer vertonte: *Es liegt in der Luft*, entstand — bei allem Snobismus — doch etwas wie eine verwurzelte, zauberhaft berlinische Sache. Es war die einzige produktive gesellschaftliche Leistung der Berliner Bühnen, eine Revue aus dem Kurfürstendamm für den Kurfürstendamm. Das viel übersichtlichere, bessere Textbuch von Georg Kaiser macht nicht Berlinisches international, sondern gibt einem Allerweltgemengsel berlinischen Akzent. Diese Revue ist wirklich *Happy end* mit aller Hingabe an das Theater- und Filmgenre, in dem Lose und Erbschaften soziale und menschliche Dinge arrangieren. Georg Kaiser gibt gleich zweierlei: Er lässt den Kellner vor der amerikanischen Millionenerbin fliehen, weil er sein armes deutsches Mädel liebt, und diese Liebe wird belohnt, weil Trude Schumann vierzig Millionen erbt und zehn Millionen mehr hat als die Amerikanerin. Höhere Gerechtigkeit.

Zwei Krawatten ist technisch mit der Brillanz Georg Kaisers gemacht. Mir wäre aber lieber gewesen: der Versuch einer Berliner Revue durch alle Schichten und Stadtteile hindurch — Georg Kaiser könnte sie schreiben; und sie könnte sogar *Zwei Krawatten* heissen, wenn dieser Einfall mehrfach abgewandelt wäre. Aber gerade die kritischen, aggressiven Möglichkeiten, die auch noch in diesem Textbuch stecken, wurden durch die bezaubernde Erfolgsmusik von Mischa Spoliansky überspielt, weil sie in dem Auftrittslied der Cornedbeeffabrikantin Robinson nicht das scharfe Wort, sondern eine danebenliegende Melodie gaben.

Die Publikumswirkungen sind fabelhaft. Das Berliner Theater hat seinen grossen Erfolg. Unter der Regie von Forster-Larrinaga wird auf Gefälligkeit und Schönheit, auf Tanz, Buntheit und — Sentimentalität hingespielt. Hans Albers hatte als Kellner seine Spezialwirkungen. Früher, in den alten Berliner Possen, wurden die Rollen aufgeteilt, zwischen dem Volksjungen und dem Bonvivant, zwischen Sabo und Clewing. Albers spielt Sabo und Clewing gleich zusammen. Volksjunge und Blauauge, Schnauze und Elegant, Schnoddrigkeit und Gemüt (das manchmal so übertritt, dass Albers das Gretchen spielen könnte).

Neben Albers spielt Tiedtke mit bewährter Polterkomik, kräftig und stark einen schnaubenden Berliner Rechtsanwalt, spielt Marlene Dietrich, reizend anzusehen in einer leider nicht sehr ergiebigen Rolle die Amerikanerin, spielt Margarethe Köppke mit aufreizender Affektiertheit und gesanglicher Unzulänglichkeit die Trude, gibt Rosa Valetti, ebenfalls nicht seht dankbar bedacht, umwerfend die Cornedbeeffabrikantin.

Tanz und pantomimische Szenen: Den grössten Erfolg hatten die Einlagen, das herrliche Stepptänzerpaar Moore und Lewis, hatten die Aufmachung und die Kostüme und der Charme. Die moderne Revue fehlt noch. Es war die alte, von besseren Könnern gemacht. Ich freue mich über den Erfolg für Georg Kaiser. Aber es wäre schlimm, wenn er diese Linie verfolgen würde. Das Berliner Theater könnte mit ihm und Spoliansky auch auf moderner Grundlage das Publikumstück schaffen.

471. anon. (1), n.d., n.s., GKC.

Die Reihe der 'schuldigen' Bühnenleiter hebt gleichfalls mit dem Namen Dr. Robert Klein an. Sein von Georg Kaiser gedichtetes, von Mischa Spoliansky vertontes und von Forster-Larringa im Berliner Theater inszeniertes Revuestück *Zwei Krawatten* fällt mit der grundlegenden Fehlbesetzung: Hans Albers. Eine romantische Hauptrolle in der Hand eines virtuosen Zynikers führt zu nichts. Um das Nichts standen herum: Rettend: Rosa Valetti und der Tänzer Sammy Lewis. Hilflos: die anderen. Drei Stunden lang habe ich auf einen brillanten Einfall Kaisers vergeblich gewartet. Nur ein einziger Satz von ihm klang mir beim Verlassen des Theaters ins Ohr: 'Ich konnte nicht länger warten auf der harten Wartezimmerbank.'

472. Karl Strecker, n.d., n.s., GKC.

Georg Kaiser hat sich zu einem Revuestück *Zwei Krawatten* herabgelassen, mit dem Direktor Klein sein jetzt übernommenes Berliner Theater sehr erfolgreich eröffnete. Echt Georg Kaisersche Einfälle: dass ein Mensch aus seiner Bahn fliegt, dass ein Kellner und ein befrackter Gast ihre Krawatten und damit ihre Schicksale wechseln, werden zum Anlass für einen von Forster-Larringa schmissig aufgezogenen Revuerummel mit Kabarett, Girls, Exzentriks, farbigen Bildern, Tanz — und leider auch Sentimentalität, begleitet von einer flotten Musik Mischa Spolianskys. Der rauschende Beifall galt den Einzelleistungen der Frau Köppke, der Herren Tiedtke und Albers. Direktor Klein hat mit den Erstaufführungen seiner beiden übernommenen Bühnen gezeigt, dass er zwar keinen übertriebenen literarischen und künstlerischen Ehrgeiz hat, aber einen ungewöhnlichen Blick für das, was heute zieht.

473. Felix Hollaender, *Lebendiges Theater* (Berlin: Fischer, 1932), pp. 241-44.

Aus dem Übersegen einer ungewöhnlichen Produktion hat Georg Kaiser dies Nebenwerk geschöpft, das wir weder allzu ernst, noch allzu komisch nehmen können.
Es setzt mit schlagendem Witz, knapp und präzise ein, scheint eine äussere Handlung in eine symbolische Wahrheit umwechseln zu wollen und wird von Bild zu Bild matter.

Man denkt wieder einmal an die alte Spruchweisheit: Getretener Quark wird breit, nicht stark.

Wir wissen nicht recht, was wir mit diesem Opus anfangen — wie wir es einreihen sollen. Wollte Kaiser an seine erfolgreiche Posse *Kolportage* anknüpfen und in den Rahmen der Revue eine Parodie auf die Revue spannen?

Ja, was wollte er eigentlich? Ich habe mir den ganzen Abend den Kopf darüber zerbrochen.

Eine Parodie ist es sicher nicht geworden. Denn diese neun Bilder sind von einer bürgerlichen Simplizität, von einer Stachellosigkeit, von einer teils sentimentalen, teils kitschigen Romantik, die an das Volksstück, an die Posse des vorigen Jahrhunderts erinnern.

Oder war nach all den deutschen Jubelhymnen an eine Verspottung des Amerikanismus gedacht — sollte gegen die Heuchelei und Abstinenz der USA Attacke geritten werden? Dann war das Tempo von Anfang an um hundert Prozent zu langsam genommen.

Bleibt also nur noch übrig, dass Georg Kaiser den Weg zu einer neuen Revue weisen wollte.

Bei aller meiner herzlichen Verehrung und Bewunderung, die ich für ihn hege, müsste ich in diesem Falle sein Pfadfindertum anzweifeln, vorausgesetzt, dass ihn seine Darsteller, samt Spielleiter und Direktor nicht gründlich missverstanden und durch ihren Darstellungsstil, durch ihre Striche, beziehungsweise durch ihre Zutaten aus einer frech und fröhlich gedachten Satire ein feierliches Kirchenspiel gemacht haben.

Man glaubt den Spielleiter förmlich zu hören: Nur nicht literarisch werden, meine Herrschaften — wir wollen eine richtige sentimentale Kiste aufmachen mit einem bisschen Kolportage, einem bisschen Rührung, vielen nackten Beinen und neuen Revuetricks ... das ist es, was das Publikum heute will. Und was Charell und Haller vermögen — können wir noch alle Tage.

Ich glaube, die Rechnung stimmt nicht. Kaiser als unliterarischer Spassmacher und populärer Revueschreiber ist ein verlorener Posten. Er müsste denn seine Schärfe, seinen überlegenen Witz, seinen Radikalismus in den Dienst der politischen Satire stellen, um sein Publikum zu entzünden.

Was er hier gibt, ist zu zahm, zu belanglos für einen Dichter seines Grades — es wiegt zu leicht, reicht im Ernst und in der Komik nicht hin. Seinen Couplets fehlt die Schlagkraft — seinen Dialogen die witzige Prägung.

Dabei zeigt der Aufbau des Ganzen wieder die fest zugreifende Hand des Dramatikers, der noch in einer simpeln Handlung durch den Parallelismus der Geschehnisse den Zuschauer zu packen versteht.

[...] Kaisers Methode, durch die Gleichart der Geschehnisse zu wirken, könnte man noch durch andere Beispiele erhelen. Man könnte sagen, dass sein Liebespaar von der Kaschemme bis zum Amerikadampfer mit reichlich viel Moralin gefüttert wird — dass das im achten Bilde präsentierte 'schlechte Gewissen' in der aufsteigenden Linie der Gefühlsduselei den Höhepunkt bedeutet.

Gehen wir nicht zu sehr in die Einzelheiten — es verlohnt nicht bei einer Arbeit, für die ihr Verfasser wohl selbst nur ein ironisches Lächeln übrig hat.

Er hat auf einen Karton mit ein paar leichten Strichen die dünne Handlung hingeworfen und es den Lustigmachern des Theaters überlassen, sie mit alten und neuen Spässen zu füllen.

Der Regisseur Herr Forster-Larrinaga hat sich weniger auf die eigene Phantasie als auf bewährte Traditionen verlassen — auch er arbeitet mit dem alten Apparat der grossen Revue, den er nur verkürzt und graziöser behandelt.

Die bunte und bewegte Aufführung, geschmackvoll in Kostüm und Dekoration, nicht mit Übergewichten belastet, hat Elan und Schmiss.

Gewürzt ist sie mit einer Musik, die schmeichlerisch in die Ohren geht und durch ihr rhythmisches Können und ihre saubere, überlegene Technik imponiert, auch wenn sie nicht jene Schlagkraft aufweist, mit der uns Spoliansky in früheren Schöpfungen verwöhnt hat.

Am Schlusse grosser Beifall. — Hervorruf aller Beteiligten.

Nur Georg Kaiser, der sich niemals zeigt, fehlt diesmal auch im geistigen Sinne.

474. Prof. Dr. Oscar Bie (1), n.d., n.s., GKC.

Die *Zwei Krawatten* im Berliner Theater wurden ein Bombenerfolg. Man nennt solche Aufführungen flott. Es gab gute Darsteller, wenn auch nicht die besten. Georg Kaiser stieg ein paar Stufen hinunter und machte eine richtige Revue in neun Bildern, mit Tanz, Gesang und sogar Handlung. [...] Der zweite Herr ist der erste Kellner selbst. Er hat märchenhafte Dinge erlebt, in der Tombola eine Amerikareise gewonnen, dort beinahe eine 30fache Millionärin geheiratet. Aber was tut Gott. Seine alte Jugendliebe Trude erbt sogar 40 Millionen und hast du nicht gesehen, er kriegt sie zum Schluss. Es ergeben sich Bilder des proletarischen und des hochgesellschaftlichen Lebens, Szenen auf dem Schiff und im Bureau, Eisenbahnabteilen und Landungsbrücken. Man kann tanzen und singen, so viel man will. Tänzerpaare von Qualität werden engagiert und Parodisten. Und Spoliansky macht die Musik: nicht zu geistreich, aber passend und wirksam. In allen Gattungen des Jazz, ganze Finales, einen hübschen Song, der motivisch wird, ein leidenschaftliches Lied auf die Chance und so gute Schlager, dass die Leute zuletzt mitsingen. Dazu hat Stern ganz reizende Dekorationen geschaffen, die sich schnell wandeln. Am besten ein Spiegelsaal des grossen Hotels, in dem die Exerzitien der Personen und der Girls sich vervielfältigen. Also ein richtiger Varietérummel mit Kinohandlung, bei der man das literarische Urteil sicher ein wenig zurückstecken muss. Man

hätte von Kaiser mehr Selbstironie, mindestens mehr Humor
und Satire erwartet. Er ergibt sich bedingungslos den
Instinkten des Publikums. Die frühere Spoliansky-Revue, *Es
liegt in der Luft*, war ein hohes Kunstwerk dagegen. Das
Niveau sinkt, der Beifall wächst.

475. Bie (2), n.d., n.s., GKC, partly illegible.

Spolianskys Musik zu den *Zwei Krawatten* folgt dem Wege
Kaisers. Sie ist bei weitem nicht so geistreich und apart
wie in der Meisterrevue *Es liegt in der Luft*. Sie trifft
seltener den Geist und auch die Pointe und geht dennoch dem
gewöhnlichen Schlager niemals ordinär zu Leibe. [...] Sie
ist immer angenehm zu hören und zu behalten und verbindet
sich auch mal zu motivischen Kränzen. Die grösste
Anstrengung macht sie im ersten Finale, das mit Ausnahme
weniger Zeilen sich sehr geschickt aus Jazzformen
zusammensetzt, mit animalischen Lauten, auch mit einer
netten Orgelnachahmung des Männerchors. Das parodistische
Element tritt zurück, das malerische weist in der ersten
Schiffszene Spuren auf. In dieser Schiffszene entsteht ein
schöner Song, der von den 'Six Comedian Harmonists'
effektvoll aufgenommen wird — lyrisch intensiver als die
Vertonung des erinnerungssatten 'Einmal wollte auch ich' im
zweiten Bild, das ein bisschen zerflattert. Musikalisch am
wertvollsten ist das Couplet auf die 'Chance', das
rhythmisch originell geschnitten ist und sich
leidenschaftlich im Chor steigert, während bei dem Couplet
auf die 'Transaktion' mit dem Trommelkontinuo die rechte
Entwicklung fehlt. Im allgemeinen finde ich eine gewisse
Schwere der Auffassung, kein letztes, überlegenes Spiel mit
dem Stoff, wie es Spoliansky in *Victoria* so entzückend übte,
in melodramatischer Hinsicht in den Gewitterzuckungen des
musikalischen Dialogs. Es ist mir im ganzen zu handwerklich.
Etwas mehr mousseux hätte das Kino im Stück zu einer
phantastischen Farce des Lebens aufspritzen können. Auch die
Musik ist ein Regisseur.

*[Feb. 1930], Erstaufführung, Kammerspiele, Munich. Dir.:
Forster-Larrinaga; Therese Giehse (Frau Robinson); Kurt
Horwitz (Jean); Frau Forster-Larrinaga (Mabel).*

476. anon., *Völkischer Beobachter*, Jg. 43, 7.2.1930.

'Was wird morgen in den Zeitungen stehen?' So fragen
die Spieler am Schlusse dieser köstlichen Veralberung des
kulturlosen, nur auf Geschäft und äusseren Prunk gestellten
Amerikanismus. Insofern hat dieses heitere Stückchen von
Georg Kaiser, das da in neun Bildern abendfüllend an uns

vorüberrollt, wenigstens zum Unterschied von vielen anderen
einmal eine Tendenz.
   Das alte gute Europa mit seinem Gefühl und seiner
inneren Kultur kommt auch einmal zur Geltung gegenüber
diesem Götzen Dollar, um den sich drüben alles dreht.
   So freuen wir uns aufrichtig über die von Therese
Giehse in blendender, diamantenübersäter Form dargestellte
Fleischkönigin von Chikago, der Geschäft alles ist, freuen
uns, dass das arme Mädchen, das ohne zu wissen wie,
plötzlich zur Millionenerbin wird, bei der Versteigerung des
Bräutigams den Sieg über die schwerreiche Nichte Mabel der
Fleischkönigin davonträgt und erfassen schliesslich eine
tröstende Pointe, wenn der Held des Stückes, der Kellner
Jean, von Kurt Horwitz in all seinen Wandlungen meisterhaft
gespielt, auf der Rückfahrt im Zwischendeck als Grund für
sein Ausreissen angibt, dass er erfahren habe, dass das
geringste Gefühl doch mehr wert sei als alle Transaktionen.
   Für die Heiterkeit sorgt neben den anderen Darstellern,
unter denen wir ausser den schon Genannten die blendende
Erscheinung von Frau Forster-Larrinaga als Miss Mabel, dann
Maria Byk als ewig treue Trude und Revy als 'trockenen'
Senator nennen möchten, vor allem Walter Lantzsch als
ruppiger Rechtsanwalt Bannermann [...]
   Die Handlung des Stückes selber, für dessen Regie Herr
Forster-Larrinaga zeichnete, was an der prompten Abwicklung
der Bilder und an geschmackvollen Einzelheiten zu erkennen
war, ist ziemlich einfach. [...]
   Hübsche Tanzeinlagen der 'Krawattengirls' und des
Tänzerpaares Farrer bereichern den Abend, für den ein
dankbares Publikum lebhaft applaudiert. Manche freilich
spotten mit dem Beifall für dieses Stück ihrer selbst und
wissen es nicht...

*Dec. 1929, Erstaufführung, Schauspielhaus, Leipzig. Dir.:
Wilhelm Berthold; sets: Franz Nitsche; Rudolf Schaffganz
(Jean); Petra Heldrich (Trude); Erika van Draaz (Mabel);
Otto Stoeckel (Senator); Reinhold Balqué (Bannermann);
Gastdirigent: Dr. Hans Kainz and also starring Charly
D'Argovie (Exzentriktänzer) and the Comedian Harmonists.*

477. E. W. S., *Leipziger Hausfrau*, 1.1.1930.

[...] Dieses prickelnde Gemisch von Operettentexten,
Couplets, Witzen, Tänzen und Varietékunststückchen ist so
recht geeignet für die Zeit zwischen den Jahren, um einem
anspruchsvollen Publikum serviert zu werden. Es ist echt
'Kaiserisch'. Vom Gesichtspunkte einer höheren Dramaturgie:
Scharf pointiert, witzig, zum Teil problematisch mit
ironisierter Sentimentalität. Man langweilt sich bei Kaiser
nie, selbst wenn er Absurditäten bietet, wie letzthin seine
Hellseherei, die hier besprochen wurde. Die spielerische

Form, mit der er dabei durchaus originelle Stoffe behandelt, bedeutet immerhin eine Bühnenunterhaltung von Qualität.

Bisher trat der Kellner immer nur in Nebenrollen auf. Hier steht er im Mittelpunkte. [...] Jean, der Kellner, hat [...] eine Amerikareise gewonnen und dampft ab in das Land der Abenteuer. Hier beginnt nun die Revue und das Varieté. Man sieht den glänzenden Exzentriktänzer Charly D'Argovie und hört die ausgezeichneten komischen Gesänge der Berliner Comedian Harmonists, sieht ferner, Berliner Girls mit falschen Negern aus Pappe und geniesst den Ohrenschmaus einer Jazz-Bande unter Leitung des originellen Kapellmeisters Dr. Hans Kainz als Gast. [...] Seine Trude findet ihn [Jean] auf romantisch sentimentale Weise. Deutsche Mädchentreue, über dem Weltmeer, heuchlerischer Puritanismus, Dollarprinzessin, Berlinerische Verulkungen, das alles stützt den Szenenaufbau mit Sätzen von Kaiser'schem Gepräge. Das aufgeregte Getriebe nach der Devise: Abwechslung ergötzt, gab einen Unterhaltungsabend, dessen Länge durchaus als angenehm empfunden wurde. Musik, Tanz und Varieté als notwendige Ergänzung zu märchenhafter Unwahrscheinlichkeit wird stets einen dauernden Theatererfolg verbürgen, der ohne die bewährten Kräfte des Schauspielhauses natürlich nicht denkbar wäre.

478. Hans Natonek, *Neue Leipziger Zeitung*, No. 361, n.d., GKC.

Georg Kaisers Revue ist gerade gut genug, um den Erwachsenen als modernes Weihnachtsmärchen serviert zu werden. Serviert zu werden —: da sind wir auch schon beim Inhalt und bei der Form dieses Magazinstückes angelangt. Sein Held ist ein Kellner, der eine entfernte Ähnlichkeit mit Kaisers Bankkassier (*Von morgens bis mitternachts*) hat. Auf Garnierung und Aufmachung kommt es an; man kann den Leuten alles mögliche vorsetzen, wenn es schmackhaft serviert wird. Von diesem Rezept macht Georg Kaiser reichlich Gebrauch, indem er es gleichzeitig ironisiert.

Der Szenenaufbau und ein paar Sätze haben Kaisersches Gepräge. Wir finden hier wieder die volksstückhafte Fügung von *Nebeneinander*, das tolle Zufallsspiel der *Kolportage* und den wirbelnden Kreislauf des Kassiererstücks, aber mit 'happy end'. Auf der wilden Jagd nach der grossen Chance geht das Herz verloren. Natürlich im verdollarten Amerika. Und wird just im Augenblick der Landung in Deutschland wiedergefunden. Das Festhalten der Chance bedingt Preisgabe des Gemüts. Die Preisgabe der Chance: Sturz unter die Räder. Ein Georg Kaisersches Dilemma in billigster Konfektion. Der Kellner Jean gibt die Karriere auf und folgt dem Ruf des Herzens. Aber das Mädchen, um derentwillen er so märchenhaft handelt, ist inzwischen vierzigfache Millionenerbin geworden und verhindert, dass Jean wieder Kellner werden muss. So will es Georg Kaiser und so gefiel es seinen Auftraggebern.

Diesmal ist die Kolportage echt.

Jean, der Kellner, erhält von einem Ballgast, der vor der Polizei schleunigst verduften muss, eine weisse Krawatte im Tausch gegen die schwarze, eine Chrysantheme fürs Knopfloch, eine Ballkarte und ein Los der Tombola. Somit ist die Revue angekurbelt. Das Los ist der Haupttreffer: Luxuskabine nach Amerika. Eine Dollarprinzessin ist auch gleich zur Stelle. Jean, der in einen Gentleman verzauberte Kellner, ist Favorit. In Berlin N wartet die blonde Trude Solveig in der Kellerkneipe. Ihr Peer Gynt braust mit der andern Braut auf Sonnendeck nach Amerika. Indes sie, treu und sehnsüchtig im Zwischendeck — so ist das Leben bei Georg Kaiser — auf der verlorenen Aktenmappe eines Berliner Rechtsanwalts sitzt, der eine 40-Millionen-Erbin (in Dollars) sucht. Ahnste was? Trude ist es. Bis hierher erzähle ich's; weiter nicht. Wie Jean den Fleischbüchsen Chicagos entrinnt und das in jedem Sinn goldene Herz seiner Trude findet, das sehe man sich gefälligst selber an. Das Bilderbuch ist amüsant. (Franz Nitsche hat es lustig illustriert, gar zu glitzernd im Märchenstil, man dachte schon: nun kommt gleich der Weihnachtsbaum.)

Selbst in einer solchen bestellten Nebenarbeit, die man dem Gelenkspieler Georg Kaiser nicht ernsthaft zu verübeln braucht, zeigt sich sein Sinn fürs Konstruktive. Nur ist es hier nackt und grob gezimmert. Zweimal werden Krawatten getauscht (man muss die Chance am Halse packen), zweimal wirbelt der Zufall leichte Menschenfracht empor auf den Schaum des Lebens. Sonnendeck auf der Hin-, Zwischendeck auf der Rückfahrt. Sogar die Kolportage vollzieht sich bei Kaiser symmetrisch.

Was ihm fehlt, um eine gute Revue zu schreiben, ist: Humor. Er hat Sarkasmus, er hat die komische Verkürzung und die groteske Verstelzung der Sätze, aber alles bleibt starr, steif, unflüssig, unsingbar. Die Parodie versagt. Das naive Element des Volksstückes fehlt. Schon einmal, als Heinrich Mann, vom Berliner Theaterbetrieb verlockt, eine Revue schrieb, hat es sich gezeigt, wie schwer ein Dichter sein Gepäck loswird, und wie unerfreulich die Anstrengung ist, mit der er sich leicht zu machen versucht. Übrigens sind bei einer solchen Revue hundert Hände geschäftig, einen Brei anzurühren, und ich glaube nicht, dass Georg Kaiser mehr geliefert hat als ein Szenarium, ein paar Sätze und vor allem seinen Namen; denn schon der blosse Geruch, dass eine Revue im Entstehen ist, lockt die Chanson- und Songdichter an, und das summende, aufgeregte Getriebe, das um einen solchen fetten Revuebissen entsteht, wäre an sich schon ein Revuethema.

Unter Wilhelm Bertholds Führung hat sich die Schauspielhaustruppe in dieser nicht für sie bestimmten, ungewohnten Aufgabe recht brav gehalten. Die brillante Musik Mischa Spolianskys, das Jazz-Tempo (musikalische Leitung Hans Kainz) machten den Darstellern viel zu schaffen. (Ob man sich in solchen Fällen nicht lieber das ganze Berliner Ensemble auspumpt, nicht nur die Revue-Einlagen?) Rudolf

Schaffganz liess sich bisweilen von den Synkopen an die Wand
drücken; er trug, der verwandelte Kellner, die Chrysantheme
des Gents mit leiser Melancholie. Erika van Draaz und
Annemarie de Bruyn vertraten wirkungsvoll die dollarschwere
Grossschlächterei Chicagos; glänzend Otto Stoeckels Senator,
triefend von heuchlerischem Puritanismus. Petra Heldrich,
deutsche Mädchentreue bis übers Weltmeer, blieb matt.
Reinhold Balqué polterte lustig einen Berliner Rechtsanwalt
älteren Schwankstils. Der Klavierspieler Heinz Bootz, ein
unbekannter Mann, fiel durch (bitte, keine Atempause) sein
prachtvoll akkurates Spiel auf; eine unaufdringliche
realistische Kleinmalerei der Kümmerlichkeit. — Der
Gabentisch dieser Festtags-Aufführung konnte sich sehen
lassen: Die 'Comedian Harmonists', ein zartes, wunderbar
getöntes Farbenspiel der Kehlen entfaltend, singen
begeisternd schön. Charly D'Argovie ist als betrunkener
Stepptänzer eine fabelhafte Varieténummer, und die hübschen
Berliner Girls machen allerhand Pi-Pa-Po. Im ganzen: ein
üppig reicher Abend und ein stürmischer Erfolg, der bis
Neujahr vorhalten wird.

479. -tt-, *Arbeiterpolitik* (Leipzig), 3.1.1930, partly
illegible.

[...] Weltanschauung, Gesinnung stehen verdammt niedrig
im Kurs. Unnötiger Ballast. Deshalb fort mit ihnen! Zeige
man dem Publikum, wie schön es wäre, wenn man einmal aus dem
Dreck der Not hinaufsteigen könnte nach oben... Das ist die
Sehnsucht des Philisters, der jenseits vom grossen Kampf der
Klassen den reichen Dollaronkel oder das grosse Los
erträumt. Diesen Philister beutet Kaiser weidlich aus. Er
nimmt ihn ernst und hütet seinen Schlaf. [...] Umarmung —
Kuss — Finale: Kaiser erobert aber die Hintertreppe Berlin
W, Eingang nur für Herrschaften. Die Revue sichert den
Schauspielern einige ruhige Minuten, wenn sie den
'Revellers', dem Exzentricktänzer, den Girls oder der
Kapelle ebenso wie dem Parkett als Publikum dienen.
Ensemble, Solokünstler, Kapelle — alle machen ihre Sache
ausgezeichnet. Georg Kaiser demonstriert wieder einmal den
Verfall der bürgerlichen Kultur und zieht das bürgerliche
Theater unwiderruflich mit hinab. Auch das ist Zeittheater.
Allerdings negativ.

480. anon., *Sächsische Arbeiter-Zeitung* (Leipzig), No. 301,
n.d, GKC.

Gelegentlich der Erstaufführung von Kaisers *Hellseherei*
in Leipzig stellten wir fest, dass Georg Kaiser literarisch
endgültig tot und zu begraben sei. Bei der Erstaufführung
von *Zwei Krawatten* war es wirklich, als hätte man einen

stinkenden, ganz verwesten Leichnam ausgegraben und ihn eine Revue schreiben lassen. Die Sache ist übrigens keine Revue, sondern hat grösstenteils den Text einer Unterdurchschnittsposse mit Gesang aus der Kadelburg-Epoche und bringt die gleichen antiken, verzeichneten Lustspieltypen auf die Bühne, die der Spiesserideologie und Unwissenheit vor 30 Jahren entsprechen.

Abweichend von diesem erledigten Krempel sind es nur die 'Song'-Texte, die eine grausige und selbstgefällige Selbstbespiegelung darstellen und sinnfällig Kaisers neueste Schwenkung kennzeichnen. Daher sollen die prägnantesten hier zitiert werden:

'Es kommt nicht auf den Inhalt an' ... 'wenn man es nur servieren kann, – dann frisst die Menschheit alles! (Nein, wir protestieren dagegen, diesen Dreck fressen zu sollen!)

Gesangsintermezzo der 'Deutschen Revellers':
'Wundervoll, fabelhaft, wie der Mann Karriere macht.'

'Jetzt muss ich mit diesen Brüdern (gemeint ist die Millionärclique) ihre krummen Wege gehen ... sonst jagt man mich noch wie einen Hund davon, weil es mit dem Schwindel nicht ewig geht.'

'Man muss dem Menschen seine Chaaance lassen, denn seine Chaance ist des Menschen Gott'. (Das Wort Chance wurde in Gesang und Gebärden so fanatisiert gellend unterstrichen, dass es einem eiskalt den Rücken hinunterlief und man in diesem Schrei der über Leichen gehenden Börsenjobber, Schieber, Grossindustriellen usw. ein unverhülltes Bekenntnis der herrschenden Klasse vor sich hatte.)

'In einer gewissen Höhe hat nämlich das Kapital etwas Rührendes; es macht völlig hilflos.' (Wohl ein Selbstbekenntnis Georg Kaisers!)

Finale und Schlusschorus (oder Georg Kaisers böses Gewissen!): 'Was werden denn morgen die Zeitungen sagen?'... Ferner: 'Das wird morgen ganz ausführlich in den Zeitungen stehen.'

[...] Jedes weitere kritische Wort über Einzelheiten erübrigt sich. Diese Revue dient dem infernalischen Amüsement der Leipziger Bourgeoisie über Weichnachten und Silvester. Man verzichtet auf Kunst und lässt sich Kabarettsongs und Varieteennummern servieren. – 'Pikantes Menü' kündigte im Prolog der dauernd französisch sprechende 'Ansager' an. Es ist ja bekannt, dass Schlemmer und Lüstlinge Speisen mit 'haut gout' – zu deutsch: stinkende und verfaulte – unentbehrlich finden. Das Schauspielhaus hat ihnen das Gewünschte serviert.

Die Musik von Spoliansky: Boston, überhaupt Jazz, aber in schlechter Auflage; einige interessant-sein-wollende, Hindemith und Krenek entlehnte Stellen. Das Schauspielhaus-'Orchester', sehr unzulänglich, mit anscheinend nur einer Geige und zum Teil merkwürdig verstimmten Bläsern.

481. Dr. Egbert Delpy, *Leipziger Neueste Nachrichten*, No.

361, n.d., GKC.

Weihnachtsbescherung für Erwachsene im
Schauspielhaus... Keinen Deut von 'Es war einmal'-Stimmung.
Sondern ein einziges lärmendes, funkelndes, wirbelndes,
triumphierendes: 'So ist's!'...
Nichts von Literatur – gar nichts davon, obschon ein
Literat von vielen Graden, Georg Kaiser, seine Hand im Spiel
hat... Sondern natürlich jene beliebte Attrappe, in die sich
so bequem alles hineinstopfen lässt, was gerissene
Theaterköche an pickenden Speiseabfällen von allen Tischen
nutzbringend loswerden und verarbeiten möchten: die
sogenannte 'Revue'.
Wie gesagt, diesmal hat Georg Kaiser sie gestopft... In
einem Kellner-Prolog verrät er uns sein Rezept: 'Menu pikant
avec esprit et un petit du coeur'.. Das klingt sehr hübsch.
Und grossartig verheisst er hinterher: einen wilden Wirbel
vom Roulette des Lebens... Wenn man sich diesen Wirbel dann
näher anschaut, so ist es der eines handfesten, grellbunt
gestrichenen Theaterkarussells, das sich um die Achse eines
einzigen espritvollen Einfalles dreht. Dieser Einfall ist
der zweimalige Krawattentausch zwischen Kellner und
'Kavalier', durch den ein Handlungsknoten geschürzt und
wieder gelöst wird. Was dazwischen liegt, ist – Kolportage;
modern aufgemacht, im Tempo der Zeit hin und her gehetzt, im
innersten Kern aber altmodisch-romantisch und sentimental
bis zum Überlaufen...
[...] Natürlich hat Kaiser diese Pastete von vorgestern
(die unsere grosse Hedwig C.-M. gebacken haben könnte!)
zeitgemäss gepfeffert und gesalzen so gut er konnte. Aber
sein Vorbild Marcell Schiffer, der gezeigt hat, wie man in
der Revue kritische Zeitspiegelung in geistig und
künstlerisch überlegener Form geben kann, hat er nicht
entfernt erreicht... Wenn dennoch das Blut der Gegenwart
elektrisierend durch alle Adern seines Machwerks schäumt, so
ist das zum Teil das Verdienst brillanter Regiezutaten,
hauptsächlich aber der faszinierende Effekt von Mischa
Spolianskys blendend persönlicher, überlegen geistreicher,
erstaunlich schöpferischer Musik. Die sprühenden Rhythmen
und melodischen Charakterlinien seines Jazzorchesters,
seiner Couplets, seiner mehrstimmigen Solosätze, Chöre,
grossangelegten Finales, die das Revuestück erfreulich oft
in die spritzigere Flutbahn der Jazz-Operette steuern,
bestimmen souverän den Erfolg des Abends. In ihnen funkelt
eine musikalische Sonderbegabung, die einen
fortschrittlichen Bahnbrecher von Rang verkündet und dabei
in urmusikalischem Boden wurzelt. Wer für Witz, Drohung und
Gefühl soviel prächtige Varianten des Ausdrucks findet, der
hat Weite und Tiefe auch für die grossen Musikformen.
Zu dieser Musiksensation kam die andere der Comedian
Harmonists, einer famosen Sängergruppe, die als
Vokal-Jazzband mit köstlich geschulten Stimmen die Handlung
so witzig begleitete und interpretierte, dass Stürme des

Beifalls ihr immer neue Zugaben abzwangen. Da zudem noch ein
fabelhafter Exzentriktänzer, Charly D'Argovie, und die
bildhübsche Girl-Garnitur des Berliner Theaters als Gäste
gewonnen waren, so gab es Lustiges, Fesches und Tolles in
sprudelnder Fülle, das alle Lücken im 'Kaiserschmarrn'
glänzend zudeckte...
Das Schauspielhaus wetteiferte mit seinen Gästen an
Einfällen und Spiellaune. Das Szenische im Stil der
Bettleroper synkopierte W. Berthold mit F. Nitsches Hilfe
witzig primitiv. Schaffganz legte seinen Kellner-Kavalier
mit der ihm eigenen Verve und Eleganz hin, sang, turnte,
boxte und entwickelte Gefühl nach Noten... Als treu liebende
Trude konnte Petra Heldrich einmal wieder die stilleren
Kräfte ihres Talents erfreulich walten lassen. Glänzend
akzentuierte A. de Bruyn die Konservendosenkönigin, brillant
Stoeckel den muckerischen Senator; extravagante Linie
entfaltete Erika van Draaz. Für die konzentrierte Berliner
Schnoddrigkeit des Bannermann fand Balqué den rechten
kessen, erheiternden Ton.
Das ausverkaufte Haus schwamm in Wonne, donnerte
Beifall und rief den brillanten Orchesterleiter und
Gastdirigenten Dr. Hans Kainz mit den Darstellern immer
wieder an die Rampe.

482. hgr., *Leipziger Volkszeitung*, 27.12.1929.

Der Dichter Georg Kaiser hat eine Revue oder eine Art
Operettentext über die Klassenunterschiede geschrieben. Weil
aber Menschen, die verschiedenen Klassen angehören, sich
genau besehen doch eigentlich so wenig unterscheiden, wie
ein nackter Leichnam vom anderen, hat er ihnen der
Einfachheit halber verschiedene Krawatten umgebunden, die
schwarze des Kellners und die weisse des Kavaliers. Damit
der Witz vollkommen werde, muss einer und derselbe die *Zwei
Krawatten* abwechselnd tragen. [...] Unser Jean ist, ganz im
Sinne des alten Volksstückes mit Gesang, fast genau so
deutsch und sentimental wie seine Trude. Er hört ihre
Stimme, er eilt ihr nach [...]
Man könnte sich keine schönere Verulkung jener
mitteleuropäischen Herzenseinfalt vorstellen, die zu ihrem
ganzen Glücke immer noch das grosse Los oder eine ebensolche
Erbschaft braucht, wenn die amerikanischen Mittelparteien
nicht, teilweise um des Revuecharakters und seiner Einlagen
willen, etwas zu breit geraten wären und wenn Georg Kaiser
nicht nur in einigen Schluss-Chansons, sondern in der ganzen
Revue so scharf und witzig gewesen wäre, wie er es von Natur
ist. 'Man muss dem Menschen seine Chance lassen', oder das
sentimentale Duett, oder der Schlusskantus aller
Schauspieler auf die Presse sind viel witziger als die
vorangehenden sieben Bilder. Es ist eben immer gefährlich,
dem Geschmack des Spiessers zu weit entgegenzukommen. Man
verdirbt sich dabei leicht seinen eigenen. In den

Anfangsszenen steckt zuviel Durchschnittsoperette und erst
zuletzt wird der brave Bürger, der sich die Sache anders
vorgestellt hatte, etwas unsanft vor den Kopf gestossen.

Aber die meisten haben das gar nicht gemerkt. Sie waren
jedenfalls in der grossen Pause geradezu begeistert und
wollten alle ihre Freunde und Verwandten auch noch
hinschicken. Weil sie im Theater einmal richtiges Varieté zu
sehen bekamen, den glänzenden Excentric-Tänzer Charly
D'Argovie, die witzigen, sonst nur auf der Schallplatte
zugänglichen Gesänge der 'Comedian Harmonists' und echte
Berliner Girls mit falschen Negern aus Pappe.

Was sonst im Schauspielhause unter Bertholds Regie
geschah, dürfte zwar, von Mischa Spolianskys Musik
abgesehen, nicht so ganz das Berliner Tempo erreicht haben,
wäre also in sofern noch steigerungsfähig, wurde aber vor
recht netten Dekorationen von den Hauptdarstellern mit guter
Laune betrieben. Das grösste Verdienst hat sicher Rudolf
Schaffganz, der seinen Kellner Jean sehr exakt, sehr
wandlungsfähig und mit rühmlicher Spannkraft durchführte.
Während die Draaz den amerikanischen Typus etwas verfehlte,
traf die Heldrich die deutschen Sentimentale vortrefflich.
Es bedeutet Anerkennung für Frau de Bruyn, wenn man sagt,
dass sie die Carstens als komisches Mittelalter natürlich
nicht ersetzen kann. Für Stoeckel war nur ein etwas fader
Operettentrottel vorhanden, in dem er sich nicht ausspielen
konnte. Balqué hingegen als komischer Berliner Rechtsanwalt
durfte mit seiner Schlabberschnauze über die schwächeren
Stellen des Abends hinweghelfen, und meistens tat es auch
wirklich.

483. Dr. Herbert Füldner, *Leipziger Arbeiter-Politik*,
27.12.1929.

Kolportage! Vor Jahren sah man dieses Stück Georg
Kaisers an der gleichen Stelle und amüsierte sich über die
Könnerschaft des Verfassers, über seine messerscharfe
Verspottung pseudoliterarischer Gefühlsmelangen, sah lustig
verstohlen zu, wie er im Grunde auch sein Publikum zum
besten hielt. Man gestand dem grossen Dramentechniker gern
den überlegenen Scherz zu, im Wissen um das Echte den Glanz
des Talmi (scheinbar) ernstzunehmen.

Aber wer kennt sich mit diesem Zauberkünstler der Bühne
aus? Weiss man wirklich, ob er dichten kann oder nicht auch
in seinen ernsthaften Augenblicken nur verblüffend
manipuliert? Ist er nicht vielleicht in der Tat nur der
Blender aller, kein Dichter, sondern ein geistiger Makler,
dessen einzige Ware echte Kolportage ist?

Zwei Krawatten: ein Revuestück. Kaisers literarische
Vergangenheit lässt trotzdem Fragen nach höherer Wertung
nicht unterdrücken. 'Un petit de coeur' nennt er hier den
Schuss Ernsthaftigkeit und schiebt dem Parkett die Schuld
dafür zu, dass es auch im tollsten Sketch ein bisschen was

fürs Herz zu haben wünsche. Denkbar, dass ein Dichter diese
Konzession ganz nebenbei aber eben dichterisch bewilligt
hätte. Kaiser meint, sein Parkett sei mit Kolportage
zufrieden. Er irrt, unterschätzt Art des Wunsches und
Urteils seines Publikums. Er verdirbt sich das Tempo eines
als Revue nicht schlecht gedrechselten Stückes mit schlecht
gemachtem 'bösen Gewissen'. Hätte das einem Dichter auch in
übermütiger Laune passieren können? Kaiser zeigt sich hier
zum ersten Male sehr deutlich als reiner
Literaturkolporteur. –

Diese Revue also als solche ist flott geschrieben.
Knapp, unsentimental im allgemeinen, im leitenden Einfall
hinreichend geschickt zugespitzt, um eine Art fortlaufender
Handlung zu gewährleisten. Alles kommt natürlich darauf an,
wie das Stück herausgebracht wird. Tempo, Tempo muss man
sehen, fühlen. Amerika! Aus jedem Wort, jeder szenischen
Wendung muss es in seinem kalten Dollarrausch faszinierend
aufleuchten. Allmacht money und Zukunft Chance rasen durch
diese neun Bilder. Ihre alle Widerstände überrennenden
Kräfte muss die Aufführung deutlich machen.

Sie tat es! Der Weihnachtstreffer des Schauspielhauses
ist mathematisch genau ins Zentrum des Erfolges abgeschossen
worden. Wilhelm Berthold hat als Regisseur todsicher
gezielt. Er spart um des Tempos willen an Illusion, tut es
nicht minder, um diese Revue der Illusionslosigkeit
sinngemäss aufführen zu lassen. Modernster Bänkelsang hinter
kurzem Zwischenvorhang, über dessen unzureichender Höhe die
Kulissen auf und nieder schweben. Franz Nitsche malt die
Szene mit Sicherheit und Witz, stattet den Palast der
Büchsenfleischkönigin Robinson in Chikago mit
überwältigender Geschmacklosigkeit aus.

Die Schauspieler! Einmal im Jahr – Weihnachten –
sollen, müssen, dürfen sie singen. Die Helden des
gesprochenen Wortes aus elf Monaten schlüpfen, sich und dem
Publikum zur Freude, in das leicht tönende Gewand von
Chanson, Duett, Terzett, versuchen sich sogar im grossen
Finale des Mittelbildes. Nicht allen gelingt's gleich gut.
Geschmackvoll, dass die gesanglich Schwächeren im
Schauspielhaus sich auf gesprochene Markierung beschränken.
[...] Und die obligaten Weihnachtsüberraschungen im
Schauspielhaus? O, jede einzelne von ihnen lohnt den Besuch
dieser Aufführung. Die geschickte, einfallsreiche Musik von
Mischa Spoliansky brachte der Gastdirigent Dr. Hans Kainz
mit eisernem Rhythmus und jagendem Temperament zur
überzeugenden Wirkung, auf ein Orchester von grösster
Hingabe gestützt. Aus Berlin hatte der Weihnachtsmann die
schlanken, feschen Girls des Berliner Theaters geschickt,
die mit ihren gefälligen Evolutionen ihrer Vaterstadt die im
Stück stark verulkte Ehre retteten. Charly D'Argovie stepte
einige Male über die Szene und bewies gute akrobatische
Fähigkeiten. Höhepunkt aber und Anlass zu endlosen
Beifallsstürmen war der Gesang der Comedian Harmonists, der
'deutschen Revellers', über deren Stimmen und Vorträge kein
Wort des Lobes zuviel ist. Kein Zweifel: auch heute und

morgen und an jedem Abend werden sie diejenigen sein, die jedes Publikum besiegen.
   Weihnachten im Schauspielhaus: Amerika in Leipzig! Sicher ein eingebürgertes Amerika und nicht das echte! Wozu auch? Erlaubt ist, was gefällt. Hier ist es!

[*Dec. 1932*], *Augsburg. Dir.: Pabst.*

484. anon., *Völkischer Beobachter*, Jg. 45, 18/19.12.1932.

   Der 'Denkspieler' Georg Kaiser, der fruchtbarste und erfolgreichste Bühnendichter des Expressionismus, hat kurz 'vor Sonnenuntergang' *Zwei Krawatten* zu einer Operetten-Revue verwendet, wobei er seine Maxime: 'Das Drama schreiben ist: einen Gedanken zu Ende denken' völlig ausser acht liess. Von der Froschperspektive der *Kolportage* aus hat er vielleicht eine Glosse über die Unkultur der U.S.A. schreiben wollen, doch ist der Wille im Kitsch steckengeblieben. Hierbei war ihm Mischa Spoliansky behilflich. [...]

Hellseherei

19.10.1929, joint Uraufführung, Landestheater, Stuttgart.
Dir.: Elwenstoeck; Kurt Junker (Viktor); Marga Legal (Vera);
Max Marx (Sneederhan); Elsa Pfeiffer (Die Dame).

485. Helmut Burkert, *Die schöne Literatur*, 30 (1929), 616.

[...]
   Georg Kaiser gab mit dieser Hellseherei Hohlheit und
psychologische Armut in Fülle. Er hat zur Lösung des
psychoanalytischen Hintergrunds nichts getan. Er hat ein
paar befreundete Hände zum Applaus gebracht, aber grosses
Kopfschütteln unter den bisherigen Kaiseranhängern
hervorgerufen. Nichtssagend, geistlos und ein klein wenig
unterhaltend.

486. anon., *Darmstädter Tageblatt*, 26.10.1929.

   In Stuttgart fand im Landestheater unter grossem
Beifall die Uraufführung von Georg Kaisers *Hellseherei*
statt. Der ehemalige 'Expressionist' Kaiser zeigt sich darin
als Psychologe, glücklicherweise bleibt er dabei nicht an
der Oberfläche der heutigen Gelegenheitspsychologie haften.
Das 'Gesellschaftsspiel', wie er es nennt, stellt vier Typen
der heutigen Gesellschaft auf die Bühne, unter denen sich
ein Bild von inneren Beziehungen entwickelt, das in seiner
Wirklichkeitsnähe an den Naturalismus der 90er Jahre
erinnert; nur dass sich bei Kaiser die Beobachtung auf die
seelischen Vorgänge beschränkt und die äusseren Ereignisse
nebensächlich werden.
   Vera, eine gefühlvolle und gläubige Frau, wird von
ihrem Mann und ihrer Freundin betrogen. Diese werden von dem
Hellseher nach einer Kette sehr spannender Begleitumstände
entlarvt. Diese Komödie ist nur der Rahmen eines Bildes
heutiger Seelenzustände: eine reine, gutgläubige Frau, die,
einsam in ihrer kalten realistischen Umwelt, ein gutes
Medium abgibt; ihr Mann, ein Architekt, der unter seinem
Künstlertum seine moralische Schwäche verbirgt; die
'sachliche' Dame, die eigentlich gar nicht sachlich,
jedenfalls unwahr ist, und der Hellseher, den in dieser
Sachlichkeitwelt dieselbe prophetische Einsamkeit umgibt,
die einst den mittelalterlichen Sternkundigen vor seinen
Zeitgenossen ächtete.
   Leider hält der Schluss nicht, was die ersten beiden
Akte versprechen. Die glatte Wandlung der drei Personen und
die widerspruchslose Rechtfertigung des Hellsehers sind

billig im Verhältnis zu der vorhergehenden ausgezeichneten Schürzung des dramatischen Knotens.
In der sehr schwierigen Rolle der Vera zeichnete sich Marga Legal aus, und die 'Dame' wurde von Elsa Pfeiffer meisterhaft dargestellt. Der 'Viktor' des Kurt Junker hätte stellenweise ausgeprägter sein können, während der Hellseher, diese in ihrer Komik so ernste Figur, durch Max Marx sehr gut vertreten wurde. — Der Beifall des vollbesetzten Hauses, der anfangs, der Problematik entsprechend, etwas langsam gewesen war, entwickelte sich zu einem stürmischen und begeisterten.

487. B. H., 20 Oct., n.s., GKC.

Der *Hellseherei*, die Georg Kaiser ein Gesellschaftsspiel in drei Akten nennt, liegt ein ebenso kolportagehaft anmutender Vorgang zugrunde wie zahlreichen früheren Arbeiten des Dichters. Die seltsame Begabung einzelner Menschen, in einem überreizten Zustand ihrer Nerven über Vorgänge berichten zu können, die sie selbst gar nicht erlebt haben, wird hier als motorische Kraft für die Entwicklung der Handlung benutzt.
[...] Plötzlich, nachdem in epischer Breite zahlreiche ins kriminalistische Gebiet führende Möglichkeiten aufgenommen, aber wieder fallen gelassen worden sind, wandelt der Dichter den Begriff der Hellseherei. Der Abgrund, den teuflische Kunst für einen Augenblick zu öffnen verstand und aus dem sich das drohende Gespenst einer zerstörten Ehe erhob, schliesst sich wieder. Der Spuk verfliegt und frei von aller okkultistischen Verworrenheit erkennt die selbst hellsichtig gewordene Frau, dass sie im Begriff stand, den Mann an ihre — Freundin zu verlieren. Sie weist ihr die Tür, um den Mann, sei es auch unter Verzicht auf eine Klärung alles dessen, was vorgegangen ist, jetzt um so fester an sich zu ketten.
Georg Kaiser war es nicht um ein ernstes Drama, sondern nur um ein 'Gesellschaftsspiel' zu tun, und so liess er die Lichter einer heiteren Selbstironie und witzig pointierten Konversation um die Figuren der schicksalhaft miteinander verbundenen Menschen tanzen. Der Versuch kann nicht als völlig gelungen bezeichnet werden, woran zweifellos die Zwiespältigkeit des teils ernsten, teils humoristischen Charakters des Spieles die Schuld trägt. So kam es, dass der dritte Akt eine merkliche Abflauung der Spannung mit sich brachte und der Beifall am Schluss schwächer war als nach den ersten Akten.
Die Aufführung gab unter der Spielleitung von Elwenstoeck dem Stück das notwendige Tempo. Das Ehepaar wurde von Kurt Junker und Marga Legal, die Freundin von Elsa Pfeiffer, wirkungsvoll verkörpert, während Max Marx den Hellseher zu sehr ins Groteske hinüberspielte und dadurch die ihm vom Dichter zugeschriebene gespenstische Wirkung

wesentlich abschwächte.

Im ganzen war eine beifällige Aufnahme des Werkes zu verzeichnen, wenn die Wirkung auch stark hinter früheren Dichtungen Kaisers zurückblieb.

[19.10.1929], joint Uraufführung, Kammerspiele, Stadttheater, Lübeck. Dir.: Dr. Otto Hahn; Edith Künzel (Vera); Günther (Sneederhan); Karl Moran (Viktor); Maria Bargheer (Die Dame).

488. S., n.d., n.s., GKC.

Georg Kaiser, Deutschlands fruchtbarster und einer seiner geschicktesten Dramatiker, lässt in Lübeck uraufführen? Will unser Stadttheater mit Berlin in Wettbewerb treten? Ganz so weit sind wir noch nicht; in 9 [sic] Städten des Reichs wurde gestern abend zu gleicher Stunde hellgesehen. Auch die Kunst ist rationalisierter Massenbetrieb geworden.

Von Kunst ist freilich hier nur zu reden, sofern man das Wort im alten Sinne nimmt: gekonntes Handwerk. Nur darf man bei Kaiser nicht an den ehrbaren Schneider und Handschuhmacher denken. Gott grüss die Kunst! Sie ist dahin. Der Feinmechaniker beherrscht die Bühne. Da zurren die Drähte, da klappen die Scharniere. Eingespannt wird der Zuschauer mit den ersten 10 Worten, und wird nicht wieder losgelassen bis zum süssen Kinoende, das übrigens durch einen nicht ganz verständlichen Strich der Regie zum süsslichen wurde.

Aber wenn er den 3 Akten mit Spannung und Interesse gefolgt ist, so hat er zwar erfahren, wo der Ring steckte, der am Anfang von der lieben kleinen Frau so heftig vermisst wurde, und bei einiger Intelligenz auch, wo der Mann steckte, den dieselbe kleine Frau durchaus nicht vermissen möchte; er hat die Bekanntschaft eines neuerdings sehr aktuellen Hellsehers und einer, wo von Ehe die Rede ist, immer aktuellen schönen Freundin gemacht — lauter sehr nette, sehr interessante Leutchen. Aber er merkt auch, dass die blendende Seelentechnik des Dichters nur die Fassade bestrahlt hat, hinter der ein im Grunde gut bürgerliches Gesellschaftsstück spielt. Keine Problematik, kein irgendwie ernsthaftes Mühen um die Frage der Hellseherei — ein netter ausgefüllter Abend; das ist alles.

Denn die Moral von der Geschicht [sic], dass junge Ehefrauen vor allzu schönen Freundinnen und junge Ehemänner vor allzu hell sehenden Hellsehern auf der Hut sein müssen, die ist ja nicht gerade neu.

Aber besser ein kleiner Ford, in dem man fahren kann, als ein Raketenauto, in dem man explodiert. Besser ein adrett gemachtes Gesellschaftsstück, als ein gestammelter Seelenschrei. Georg Kaiser versteht sein Handwerk.

Und wenn die Scharniere doch nicht immer klappten, wenn
das Licht des Dialoges nicht immer strahlte, dann lag es
nicht an der Konstruktion, auch nicht an der geschickten und
gefälligen Regie des jungen Dr. Hahn; dann liegt es an der
betrübenden Tatsache, die nun nicht länger zu verheimlichen
ist: Die Hand, in der das letzte Mal die Neu-Engagements
lagen, war keine glückliche. Nicht einmal ein Stück mit 4
Personen ist mehr einwandfrei zu besetzen.

Edith Künzel, der die tragende Rolle der jungen Frau
anvertraut war, ist eine Anfängerin, bei der man noch immer
nicht weiss, ob dem Anfang je eine Fortsetzung folgen wird.
Aus holder Einfalt — wie bestrickend so etwas sein kann,
erfuhren wir vor zwei Jahren durch die kleine Zaluskowski in
Kaisers *Oktobertag* — ward diesmal sträfliche Dummheit. Und
der Gatte, Moran, ist zwar wahrhaftig kein Anfänger mehr;
aber er wird sich entscheiden müssen, noch einmal ernstlich
von Neuem anzufangen oder sich aufs Altenteil der
Heldenväter zurückzuziehen. Die paar eleganten Gesten, mit
denen er den feinen Herrn kleidet, sie sind Mode von
vorgestern, abgetragen wie ein Bratenrock aus der
Jahrhundertwende.

Sie wirken peinlich gegenüber der Treffsicherheit
Günthers, der in der leicht grotesken Rolle des Hellsehers
sein Meisterstück geleistet hat. Die Trockenheit seines
Humors, die in ganz lustigen Stücken oft ernüchtert, feiert
hier Triumphe. — Und blendend war auch wieder Maria
Bargheer, der es gelingt, in der ewig gleichen Rolle der
verführerischen Salondame doch immer neu zu sein. Und das
ist nicht wenig.

489. anon., n.d., n.s., GKC, incomplete.

[...] Stände nicht der Name Georg Kaiser auf dem
Theaterzettel, dann wäre die Erinnerung an die liebe alte
'Gartenlaube' kaum zu bannen. Aber bei Kaiser ist mit Fug zu
vermuten, dass er Menschen und Probleme etwas weniger ernst
nimmt als einst die Marlitt es getan. Er schmunzelt über die
Liebe von Vera und Viktor gewiss ebenso wie über die
Zwirnhandschuhe und den Kaisermantel des Herrn Sneederhan.
Ob er auch über die Hellseherei als solche schmunzelt, weiss
ich nicht; er ist doch wohl zu 'aufgeklärt', um nicht ein
bisschen abergläubisch zu sein; jedenfalls ist ihm nicht
wohl zumute bei seinem Spott. Er hätte, wäre er frei, eine
prachtvolle Satire auf das Zeitalter schreiben können, das
Gott durch irgendeinen Herrn Sneederhan ersetzt, aber mit
den kleinen Göttern der Gegenwart gilt es vorsichtig zu
sein: 'am Ende hängen wir doch ab von Kreaturen, die wir
machten'. Daher reicht es nur zu einer ärgerlich-ängstlichen
Armbewegung: 'Die Menschheit ist schon geplagt genug, sie
will gar keinen weiteren Einblick in menschliche Schwächen';
es langt nur zu einem dürftigen 'Gesellschaftsspiel', dessen
Unwahrscheinlichkeiten, Geschmacklosigkeiten und

Oberflächlichkeiten die Zuschauer hoffentlich nicht merken
werden, aber zu einer grossen Komödie langt es nicht.
　　Die Aufführung unter der Regie Dr. Otto Hahns litt
unter Fehlbesetzungen. Karl Moran ist kein Viktor; gewohnt,
welt- und menschenkundige Männer zu spielen, versagt er — es
ist nicht seine Schuld — vor diesem unerfahrenen Tolpatsch,
der nur als Tolpatsch begreiflich und erträglich ist. Die
Vera 'markiert' Edith Künzel, aber sie spielt sie nicht. Da
sie vor allem die Übergänge noch nicht herausbringt, wirkt
der Bruch mit der Freundin zu laut und zu überraschend [...]

*19.10.1929, joint Uraufführung, Schauspielhaus, Düsseldorf.
Dir.: Franz Everth; sets: Eduard Sturm; Luis Rainer
(Sneederhan); Charlotte Kühlmann (Vera); Fritz Valk
(Viktor); Sonja von Hadding (Die Dame).*

490. Sp., *Leipziger Neueste Nachrichten*, 24.10.1929.

　　Beschäftigung mit okkulten Fragen ist modern. Also
schrieb der immer aktuelle und geschäftstüchtige Georg
Kaiser schleunigst ein Stück: *Hellseherei*. [...] Allgemeine
Verwirrung entsteht, die sich indessen komödienhaft, obwohl
wenig überzeugend löst. — Das Problem der Hellseherei ist in
seinem Wesen kaum oberflächlich gestreift. Die Charaktere
der in die — sehr dünne und unlogisch ablaufende — Handlung
verflochtenen Menschen bleiben verschwommen. Alle sonst bei
Kaiser üblichen sensationellen und wirksamen Knalleffekte
fehlen dem — sprachlich verkrampften — Dialog.
Intellektuelle Routine hat diesmal versagt, da sogar die
Szenenstraffheit, die man bei diesem raffinierten
Theaterpraktiker gewohnt ist, in spannungsloser Breite
verläuft. Langeweile gähnt. — Franz Everths kundige Regie
tat alles, was im bühnentechnischen Sinne möglich war, um
Farbe und Leben in die Darstellung zu bringen. Doch gelang
einzig Luis Rainer als Hellseher eine fest umrissene, scharf
profilierte Gestalt. — Am Schluss gab es einigen Beifall,
gegen den (da er offenbar vor allem Rainer galt) kein
Widerspruch laut wurde.

491. Dr. A. Krüger, *Kölner Tageblatt*, 22.10.1929.

　　Das Schauspielhaus der Louise Dumont bleibt nun einmal
das aktivste Theater im Westen. Nach der hinreissenden
Aufführung der *Dreigroschenoper*, der wuchtig
zusammengeballten Vorstellung von *Die andere Seite* folgt
jetzt die Uraufführung des neuesten Werkes von Georg Kaiser.
Inmitten der tastenden Versuche und wechselvollen Strömungen
der zeitgenössischen dramatischen Kunst bleibt Kaiser der
ruhende Pol. Er rührt an den Nerv der heutigen Zustände. Bei

ihm spürt man Tempo und Rhythmus der Gegenwart. Und deshalb fesselt er immer wieder. Aber es hilft nichts. Dieses, sein neuestes Werk ist schwach. Es ist von merkwürdig starrer konventioneller Form und erhält durch sein 'Happy end' einen recht fatalen Beigeschmack. Es ist ohne dramatische Stosskraft und ohne die Grazie bittersüsser Ironie, die man so häufig bei französischen Stücken gleichen Genres findet. Schliesslich auch ohne überzeugende Argumentation in seiner positiven Einstellung zum Problem des Hellsehens. Aber doch auch hier wieder ein aktuelles Thema, das gerade in der letzten Zeit in der Kriminalpsychologie eine bemerkenswerte Rolle spielt.

Kaiser bezeichnet sein Stück vorsichtig mit 'Gesellschaftsspiel', denn wer erwartet, der Dichter würde die Mystik okkultischer Kräfte enthüllen, wird arg enttäuscht werden. Auch diejenigen, die glauben, der Dichter würde auf der Bühne eine spiritistische Sitzung demonstrieren, kommen nicht auf ihre Rechnung. Dieser Sneederhan, Hellseher aus inbrünstigem Fanatismus, der Schicksal spielt, in den komplizierten Irrungen und Wirrungen eines Ehekonfliktes, steht eigentlich nur an der Peripherie des ganzen Spiels. Kaiser vermeidet es, bis zum Kern der Dinge vorzustossen. Er bleibt lieber an der Oberfläche und parodiert dort, wo die Geschichte anfängt, ernsthaft zu werden.

[...] Vera, auf einmal selbst 'hellsehend' geworden, entdeckt plötzlich in ihrer besten Freundin ihre gefährliche Nebenbuhlerin, die sie mit ihrem Mann hintergeht. In einer dramatisch sehr wirksamen Szene reisst sie der Treulosen die Maske vom Gesicht. Sie setzt sie an die Luft, gewinnt ihren Mann zurück, und am Schlusse des dritten Aktes sinken sich die beiden Ehegatten gerührt und zärtlich in die Arme.

Dies alles ist aus kältestem Verstand heraus erklügelt, der Aufbau der drei Akte gewaltsam konstruiert. Die Personen wirken marionettenhaft. Dagegen ist die Diktion wie immer bei Kaiser auf das äusserste gestrafft und der Dialog auf die knappste Formel gebracht. Die am lebendigsten gestaltete Figur ist der Hellseher Sneederhan, dem Luis Rainer einen Zug unmittelbar wirkender Dämonie verlieh. Hinter dieser starken künstlerischen Leistung traten die übrigen Darsteller zurück. Die Regie Franz Everths gab dem Stück eine unnötige dramatische Schwere anstatt es parodistisch zu pointieren. Dieses Stück braucht Tempo und noch einmal Tempo. Ein geschmackvolles Bühnenbild hatte Eduard Sturm geschaffen.

Das Publikum verhielt sich ziemlich kühl und spendete erst am Schlusse stärkeren Beifall.

492. R. B., *Freiheit*, 21.10.1929.

Georg Kaiser nennt man unter den deutschen Dramatikern den 'Denkspieler', das soll heissen, ihn beschäftigt nur das

Denken an sich, nicht der Inhalt und das Problem, deshalb
kommt er in seinen Stücken auch mit einem Nichts von Inhalt
aus. Allerdings auch mit einem Nichts von geistigem Gehalt.
Die Bourgeoisie frisst gern diese unverbindlichen harmlosen
Sachen. Die gestrige Aufführung war ein Beweis dafür.
  Der Inhalt? Glückliche Ehe zwischen Viktor und Vera,
die durch einen verlorenen Ring gestört wird. Wieso?
  Im allgemeinen geht man da zum Fundbüro oder gibt eine
Verlustanzeige in der Zeitung auf. Nein, Vera geht zum —
Hellseher und da erfährt sie erstens, wo der Ring ist und
zweitens, was sie gar nicht wissen will, dass ihr Mann einen
Fehltritt begangen hat. Das ist das Nichts von einem Inhalt.
  Nebenher läuft aber noch die Verteidigung der
Hellseherei. Herr Sneederhan, ein sehr komischer Mann, von
Beruf Hellseher, Liebling des Autors, klärt nämlich mit
Hilfe seiner okkulten Kräfte alles auf. Nun leugnet auch die
marxistische Erfahrungswissenschaft nicht das Vorhandensein
solcher — ganz natürlicher — Kräfte, hier aber sieht alles
reichlich charlatanhaft und unglaubhaft und die handelnden
bürgerlichen Personen sehr hysterisch aus. Für Werktätige
ist die Geschichte Humbug und — 'Denkspielerei'.
  Die beiden männlichen Spieler waren ausgezeichnet,
Fritz Valk als Architekt und vor allem Rainer als Okkultist.
Charlotte Kühlmann war sehr nervös und aufgeregt, das passte
allerdings zu ihrer Rolle. Sonja von Hadding war zu
gleichförmig.

493. Dr. St., *Der Mittag*, 21.10.1929.

  Die Theaterstücke Georg Kaisers werden immer
kümmerlicher. So kümmerlich die gedankliche Tragweite der
zur Debatte gestellten 'Gesellschaftsstücke' ist, so
kümmerlich ist auch die brüchige szenische Konstruktion
dieses parodistischen 'Gesellschaftsspiels', in dem Kaiser
selbst sein scheindramatisches Strohfeuer noch mühsam zum
Brennen bringt. Nachdem Kaisers künstlerischer Leerlauf
schon lange feststand, ist jetzt aber selbst sein
handwerkliches Können fragwürdig geworden. Auf der
internationalen Ebene mit den erfolgsgewohnten
Theaterschriftstellern Verneuil, Wallace, Molnar und
Pirandello, deren geistige Haltung ebenso unernsthaft und
fundamentlos ist, gerät Kaiser, obwohl er im Laufe der Jahre
schon manchen scheinbar geistigen Ballast über Bord gehen
liess, ins Hintertreffen. Es gehört wirklich keine
Hellseherei dazu, festzustellen, dass Kaiser die blendende
Eleganz des Franzosen, die rohe Sensationslust des
Engländers, den pikant gewürzten Schmutz des Ungarn und die
mystisch verbrämte Artistik des Italieners nicht besitzt,
und sein dünner ironischer Bluff auf diese Literatur will
nicht recht verfangen. Die gedankliche Dürre seines
Trainings auf dem Gebiet würde allerdings auch ohnedies
angesichts seines trostlosen Papierdeutsch einleuchtend

erscheinen.

Der Konstellation einer Ehe gegenüber, die uns Kaiser mit Hilfe seiner 'Hellseherei' enthüllt, zeigt sich der Autor als doppelköpfiger Janus, der 'sowohl als auch' kann. Sein Stück sind eigentlich zwei Stücke über dasselbe Thema mit verschiedenem Ausgang, die einfach aneinandergereiht sind. Erst siegt das Dreieck, dann kommt die Moral!

Vera ist die Puppe im Puppenheim des Architekten Viktor, eines ästhetisierenden Egoisten. [...] Aber Vera ist auch eine Frau, und als sie einmal vom hellseherischen Apfel der Erkenntnis genossen hat, tut sie gleich eine zweite Frage nach dem Aufenthalt ihres geliebten Viktor in jener Nacht. Und siehe da, führte der Weg zum Ring an der Bedürfnisanstalt vorbei, rechts, so hört sie nun von einem Hotel und einer Frau in einem Papageienmantel. Damit schwebt das Schwert des Damokles über ihrer Ehe; denn, so folgert Vera, findet sich der Ring (an der Bedürfnisanstalt rechts), so ist auch die Geschichte mit dem Hotel, ihrem Gatten und dem Papageienmantel wahr. (Ein schicksalschwangeres Stück!) Erregt eilt Vera nach Hause in die Arme ihrer besten Freundin und hat natürlich nichts anderes zu tun, als dieser brühwarm die Geschichte von der Hellseherei und ihren furchtbaren Folgen haargenau zu erzählen. Doch schon naht in Viktor das Verhängnis in Gestalt einer Kleiderschachtel, der Veras treusorgender Gatte einen herrlichen weissen Seidenstoff entnimmt für ein neues Kostüm, zu dem sie den besagten Ring als farbigen Akzent tragen soll. Der Verlust wird offenbar, Viktor setzt alle Hebel in Bewegung, doch Vera will die Wahrheit nicht wissen, sie hat Angst davor und bittet die Freundin um Hilfe.

Nun ist gewonnenes Spiel, denn diese klärt Viktor völlig auf, ist sie doch selbst die Papageiendame, und als sie Viktor so angeblich unter der Androhung, den Bau ihres Hauses sonst aufzugeben, von der Suche nach dem Ring abgebracht hat, ist soweit alles in Ordnung und das eine Stück in der Mitte des zweiten Aktes aus. (Ein unmoralisches Stück! Pfui.) Das darf erstens nicht sein und gehört sich auch zweitens nicht für ein Gesellschaftsspiel. Also wird der ausgelaufene Handlungsmotor neu angekurbelt. Der Hellseher Sneederhan taucht in eigener Person auf. Er ist des Schwindels angeklagt. Vera soll Zeugnis für ihn ablegen. Die Wahrheit muss also doch an den Tag. Bestechung hilft nichts, da der Magier ein okkulter Fanatiker ist. Wie aber den Weg zum Ring, an der Bedürfnisanstalt rechts, finden, da Vera den Zettel zerriss? Neue Verwicklung. Umsonst, der Hellseher arbeitet mit Durchschlag! Die Katastrophe ist unvermeidlich. Veras Eheglück scheint zu zerbrechen, da bekennt die Freundin ihre geschäftliche Besprechung mit Viktor in der fraglichen Nacht, deren Wahrheit dieser selbst bestätigt. Das Kostüm kommt zur Anprobe. (Auskleideszene mit tiefer Symbolik!) Die beiden Frauen messen sich aneinander. Vera, der blinde blonde Engel, und die schwarze gewissenlose Schlange an ihrem Busen in Gestalt der Freundin. Die Entscheidung fällt. Der Satan, die personifizierte Sünde, räumt das Feld. Die Baupläne werden zerrissen. Vera ist wieder allein Puppe im Puppenheim des Architekten Viktor, eines ästhetisierenden Egoisten. Der Saphir in der altertümlichen Fassung, das Symbol der ehelichen Liebe an der Hand. Die Tugend hat gesiegt. Ein moralisches Stück! Bravo!

Diese Parodie der kitschigen Gesellschaftsstücke und ihrer Scheinproblematik wurde im Schauspielhaus einigermassen missverstanden. Georg Kaisers Stück wurde ernsthaft, nur mit leisen ironischen Dehnungen gespielt. Die Wirkung des virtuosen Komödiantentums, mit dem Luis Rainer die innerhalb des sonstigen behutsamen Stils der Aufführung isoliert stehende Rolle des von der Magier okkulter Dinge besessenen Sneederhan auszukosten wusste, war daher allein von unmittelbarster Intensität. Die Damen Charlotte Kühlmann (Vera) und Sonja von Hadding (Freundin) blieben unfrei und nur fleissig studiert, ganz abgesehen davon, dass das parodistische Element ihrer Rollen kaum erkannt war. Auch Fritz Valk als Viktor blieb eine joviale, immerhin darstellerisch ausgefüllte Lustspielfigur. Das geschmackvolle Bühnenbild entwarf Eduard Sturm.

494. H. K., *Düsseldorfer Tageblatt*, 22.10.1929.

Hellseherei ist augenblicklich aktuell. Nicht nur die Damen der sogenannten Gesellschaft, auch die Bürgersfrauen und die Dienstmädchen entwickeln in den letzten Jahren ihre Kleingläubigkeit zur Hingabe an verkappte Religionen. Man glaubt nachhaltig den Erfolgseffekten der Wahrsager und Hellseher und bucht ihre Reinfälle auf Kosten des Experiments. Und die vielen heimlichen Besuche bei Kartenlegerinnen und die öffentlichen Massenansammlungen bei den Experimental-Vorträgen der Telepathen sind allbekannte Anzeichen für ein religiöses Bedürfnis, das hier verflacht, verbilligt, verkitscht und wirtschaftlicht orientiert ist. Das okkulte Wissen oder Wissenwollen bescheidet sich auf Anfragen materieller Art, und die Beantwortung wird in Formulierungen gegeben, die vom Dunst der Unwissenheit geheimnisvoll umflossen sind. Dazu kommt das Zugeständnis an die Neuzeit, das in wissenschaftlicher Aufmachung uralte Wahrsagerscherze modernisiert. So gelingt es, von psychologischen Mitteln unterstützt, mehr oder minder okkulte Phänomene aktuell und ökonomisch nutzbar zu machen. Hellseherei ist aktuell.

Georg Kaiser weiss das. Er schrieb also ein Gesellschaftsspiel in drei Akten, das diesem Thema gewidmet ist. Er schrieb, wie schon öfters, ein Denkspiel über eine Fabel, die an sich belanglos, doch durch die Machart Kaisers Gesicht bekommen könnte. Hier ist die Fabel so, dass eine eheliche Untreue durch den Hellseher Sneederhan andeutend entlarvt, dass dieser Ehebruch als Anflug von Untreue herausgestellt und dass diese Ehe abschliessend durch

Filmversöhnungskuss repariert wird. Diese Geschichte
vollzieht sich unter Ablauf langatmiger Dialoge in dem
elegant betontem [sic] Milieu eines Architekten-Ehepaares.
Die drei Oberpointen, die auch vom Publikum begriffen
wurden, bezogen sich auf Sitzgelegenheiten,
Bedürfnis-Anstalten und eine Darstellerin im Unterrock,
dessen Reize infolge schlechter Montage peinlich wirkten.
Der Kaiser ist ein netter Mann, er hat sehr viele Stücke
geschrieben und manche umgearbeitet. Des Gedankens Blässe
und die innere Auskühlung wird diesem im Düsseldorfer
Schauspielhaus uraufgeführte Stück kein Publikum und keine
Freunde einbringen. Man wundert sich, dass ein solcher
Kaiser-Schmarren von 40 Bühnen angenommen und am letzten
Samstag an 7 Bühnen zugleich uraufgeführt wurde.
   Aufgabe der Regie wäre es gewesen, die Hohlräume der
dialogischen Konversation und die Narrenschellen der
Unwahrhaftigkeit zum Tönen zu bringen. Eduard Sturm hatte im
Bühnenbild ein wunderbar passendes Schaufenster dazu
dekoriert. Aber Franz Everth schaffte seine Schauspieler
nicht zu einer in sich geschlossenen Darstellungsform und
seine Schauspieler trieben den Willen zur Einheit immer
wieder auseinander. Ein Grund dafür war die Unzulänglichkeit
der Spieler, die Formalien des Milieus so zu beherrschen,
dass die Abgründe der Nichtigkeit sich dem Publikum auftuen.
Nichts dergleichen geschieht. Man wäre vor Langweile vom
Sessel gesunken, wenn nicht der einzige Schauspieler dieser
Darstellungsangestelltenschaft, Luis Rainer, etwas Leben in
die Bude gebracht hätte. Seine Auffassung des Hellsehers war
reichlich antiquiert, aber immerhin so anregend verzerrt,
dass man ihm das Wachbleiben verdankt. Charlotte Kühlmann,
seine Haupt-Partnerin, trägt zwar den Namen und das Äussere,
aber noch nicht die Mittel in sich, die Vera Gestalt werden
zu lassen. Ihre und Sonja von Haddings Reichweite umfassen
Anfängerleistungen. Fritz Valk tatterte sich mit einigen
netten Momenten durch diese Denkspielerei, die Georg Kaiser
verschuldet hat. Alles in allem: Da kann man doch nicht ja
sagen. Nein, da muss man kalt und herzlos sein. Ach, da gibt
es überhaupt nur: Nein.

495. Gerth Schreiner, *Volkszeitung* (Düsseldorf), 21.10.1929.

   Nach der Vorstellung sagte mir jemand: 'Ich möchte
jetzt bloss wissen, ob Kaiser die Hellseherei ernst nimmt,
oder ob er sie hat veräppeln wollen.'
   [...] Die Dame aber baut auf die Auffindung des Rings
ihre weiteren Pläne. Während Viktor den Ring abholt, gesteht
sie Vera, dass sie die Dame in dem Papagaienmantel gewesen
ist. (Wir Zuschauer wussten es längst und wundern uns, dass
Vera nicht früher darauf gekommen ist.) Aber die Sache sei
harmlos gewesen. Viktor habe an jenem Abend nur die Pläne
der zu bauenden Villa mit ihm durchgesprochen. Endlich merkt
Vera die Komödie. Nun sie die Nebenbuhlerin kennt, besiegt

sie die Heuchlerin mit rücksichtsloser Offenheit. Sie wirft sie kurz entschlossen aus dem Haus. Und Viktor ist gar nicht traurig darüber. Er schenkt Vera den Ring zum zweiten Male. Schluss mit Grossaufnahme in liebender Umarmung der Ehegatten, die sich wiedergefunden haben.

Man könnte sich die Sache leicht machen und sagen: Kaiser benutzt die grosse Mode der Hellseherei, um einem Publikum, das überall in hellen Scharen zu den Experimentierabenden der Hellseher läuft, 'mit Konversation einen Abgrund zu überbrücken', wie die Dame im ersten Akt selbst einmal sagt. (Tatsächlich ist vieles in dem Stück nur sehr aparte Konversation und dialogisiertes Feuilleton für ein mondänes Magazin.) Dann wäre das Stück weiter nichts wie angenehme Unterhaltung für Leute, die denen des Stückes sehr gleichen, also für Snobs, deren Gedanken sich einzig darum drehen, wie sie mit ihren Autos und Kostümen ästhetische Wirkungen erzielen können. (Kaiser palavert ganze Viertelstunden darüber.) Merkwürdigerweise unterhielt sich aber das Publikum sehr schlecht. Es rührte nach den einzelnen Akten keine Hand. Nur zum Schluss riefen, als das Haus sich fluchtartig leerte, einige Freunde der Schauspieler die Darsteller ein paar Mal vor den Vorhang. Sichtlich ermüdet von den endlosen Denkspielereien Kaisers lachte das Publikum nicht über die Menschen und die Handlung des Stücks, sondern nur, als es die Bedürfnisanstalt, die als wichtiger Markierungspunkt auf dem Wege zur Auffindung des Ringes immer wieder genannt wird, für den einzigen Witz des Stückes hielt.

Diese falsche Wirkung der Aufführung scheint mir von der falschen Auffassung des Stückes, die sowohl der Regisseur Franz Everth wie die Darsteller haben, herzurühren. Everth fasst die Hellseherei zu eindeutig auf. Er nimmt alles, was gesprochen wird, für bare Münze und sieht den Abgrund nicht, der durch die Konversation überbrückt werden soll. Er besetzte, im Glauben, es brauche nur Konversation gemacht zu werden, die Frauen mit zwei offenbaren Anfängerinnen, die die Worte ihres Dialogs zwar mit schulmässiger Betonung aufsagen, nicht aber das unausgesprochene Menschliche spielen können. So wirken Charlotte Kühlmann (Vera) und Sonja v. Hadding (Die Dame) nur durch ihre aparten Gesellschaftskleider, obwohl Sonja v. Hadding die Leere ihres Spiels mit apart wirken sollendem Sprechmanierismus verdecken will. Wirkungslos verpufft der erste Akt.

Hauptwirkung hat sich Everth offenbar von den beiden letzten Akten, in denen der Hellseher persönlich auftritt, versprochen. Er besetzte die Rolle deswegen mit einem Spieler von Format, Luis Rainers. Rainer fasst aber die Rolle so falsch auf, wie der Regisseur Everth das Stück. Er spielt den Sneederhan als einen verkauzten aber fanatisch an seine Kunst und Wissenschaft glaubenden Menschen, in altmodischem grauem Gehrock, wehender Lavalliere, mit eckigen Werner-Krauss-Caligari-Bewegungen. Sein Sneederhan hebt das Stück in eine phantastische E. T.

A.-Hoffmann-Atmosphäre. Und damit wird das Stück vollkommen verbogen.

Denn Hellseher pflegen heute ganz anders auszusehen. Sie reisen im Automobil mit ihren Sekretären, wohnen in den vornehmsten Hotels, beherrschen die gesellschaftlichen Manieren bis ins kleinste und benutzen sie als Mittel zum Erfolg. Sie kennen die Schwächen dieser Gesellschaft und beherrschen das grosse und kleine Einmaleins der seelischen Nöte der Frauen. Es ist hier nicht der Platz, um über Wahrheit und Dichtung der Hellseherei, Können und Bluff der Hellseherei zu schreiben. Es genügt, festzustellen, dass fünfzig Prozent aller Hellseher gerissene Artisten sind, die ihre Wissenschaft um die typischen Schwächen der Gesellschaft und die aus ihnen resultierenden seelischen Nöte zu barem Geld machen.

Nichts steht also im Wege, aus dem Kaiserschen Gesellschaftsspiel eine wirksame Gesellschaftskomödie zu machen. Die Kaisersche Charakterisierung der Personen – auch des dummen Ehemanns, der trotz aller seelischen Blähungen seine Frau so gerne mit der Dame betrügen möchte, und den Fritz Valk viel zu farblos spielt – macht dies sogar notwendig. Im Mittelpunkt dieser Gesellschaftskomödie müsste Sneederhan stehen, der kluge Psychologe, der mit diesen Dilettanten des Lebens spielt.

Es würde nebensächlich bleiben, ob die Hellseherei Wissenschaft oder Bluff ist, wenn der Hellseher so gespielt würde, dass fünfzig Prozent an ihm echt und fünfzig Prozent an ihm Gaunerei ist. Denn dann würde nicht die Hellseherei, sondern die Gesellschaftskomödie im Vordergrund stehen.

496. Walter Schlieper, *Berliner Börsen-Courier*, 22.10.1929.

Wenn Georg Kaiser das pompöseste happy end lanciert, so dürfte es sich um eine Parodie handeln. Aber die Missverständnisse sind unausrottbar.
[...] Kaisers *Hellseherei* ist eine jagende und verblüffende Kombination, ist *Kolportage*, angewandt auf ein aktuelleres Thema. Seine technische und sprachliche Virtuosität ist unvergleichlich. Seine Balance ist haarscharf. Aber von der Rolle des Hellsehers aus, von seiner versponnenen Lächerlichkeit, seiner gigantischen Ignoranz und Phraseurdialektik wäre die Parodie des Stückes aufzurollen. Everth, der Regisseur, spielt im Schauspielhaus Düsseldorf einen Triumph des Hellsehers und des happy end. Die Vera der Charlotte Kühlmann, einer neuen begabten Schauspielerin, hetzt allen Ernstes durch sämtliche Stationen der Verzweiflung. Sonja v. Hadding: stereotyp. Und Luis Rainer, der Hellseher, verhalten und ekstatisch, Schwindler und Triumphator, wird auf offener Szene beklatscht.

497. Franz Schmid, *Westdeutsche Landeszeitung* (Mönchengladbach), 22.10.1929.

[...] Das ist menschlich sehr nett und vernünftig, dramatisch ist dieser plötzliche und ganz äusserliche Schluss eine katastrophale Verlegenheit, die man einem Georg Kaiser nicht zugetraut hätte. Er hält sein Publikum ein wenig zum Narren, macht uns zwei Akte lang ein sehr gewandtes und dialektische [sic] Bimborium vor — das versteht er nach wie vor, er versteht sich auch darauf uns in dieser gespannten Erwartung zu halten und den Appetit auf Problematisches und Hintergründliches, auf einen seelischen Konflikt und seine Lösung anzuregen — um am Ende mit einem miserablen Happyend-Saltomortale auszukneifen. Das 'Denkspiel' war den Einsatz nicht wert. Es bleibt lediglich einiges Vergnügen an den Spannungen und Feinheiten des Kaiserschen Dialogs.

Er ist die dünne Wand, die dieses 'Gesellschaftsspiel' von der Langeweile trennt, auf ihn hatte denn auch mit dem richtigen Gefühl die Regie Franz Everths ihre ganze Arbeit konzentriert. Der Schliff des Wortes hatte wieder einmal Edelglanz wie das in diesem Hause Tradition ist. Mit einem schauspielerischen Kabinettstück entzückte uns Luis Rainer. Sein Hellseher war eine prachtvolle Mischung von Komik, Spuk, und Irrsinn, lächerlich und gruselig in einem, eine Figur mehr von Th. A. Hoffmann als von Georg Kaiser. Fritz Valks hielt sich getreu an den manirierten Ton abgehackter Sachlichkeit, das einzige charakteristische Merkmal, das der Dichter dieser wesenlosen Figur mitzugeben vermochte. Auf Vera liegt ein ganz ferner Abglanz von Hebbels Rhodope. Charlotte Kühlmann gab ihr, kühl und korrekt, etwas von vestalischer Würde. Sonja v. Hadding hielt die bösen Absichten der schlangengleichen Freundin im richtigen Zwielicht, das alle Möglichkeiten offen lässt.

Der Beifall galt der Darstellung.

498. Wernher Witthaus, *Kölnische Zeitung*, 22.10.1929.

Sich mit gleichgültigen Angelegenheiten immer von neuem beschäftigt zu sehen wird unerträglich, mag man auch noch so geduldig sein. Man kann also kein Mitleid mehr haben mit dieser Hellseherei. Ob es das Tempo ist, dem Georg Kaiser verfiel, oder das Rezept, bei dessen Anwendung ihm bereits der *Oktobertag* missglückte? Das Schaffen dieses Dichters lässt jedenfalls nach. Welcher Abstand zu den *Bürgern von Calais*! Welche Enttäuschung! *Hellseherei*, Gesellschaftsspiel in drei Akten. Ein schlechtes Stück! Die Uraufführung im Düsseldorfer Schauspielhaus war nicht viel besser. Über Georg Kaisers Sprache ist nichts mehr zu sagen. Ihre nüchterne Verschrobenheit ist oft genug gerügt worden. Aber das nutzte nichts. Sie quält uns auch in der *Hellseherei*,

indem sie plötzlich sich in ein Versmass vergaloppiert, um sich bald wieder in Wendungen zu versuchen, die kein Mensch ungestraft wiederholen kann. Das gezwungene, alberne Spiel, welches uns im Düsseldorfer Schauspielhaus überraschte, mag durch die schlimme Sprache des Stücks zu einem Teil entschuldigt sein. Man kann sich an solcher Konversation, die wie eine schlechte Übersetzung anmutet, nicht begeistern.
  [...] Die Zigaretten rauchende, wartende Dame gibt sich vorläufig noch als Veras Freundin. Sie ist in Wahrheit der Vampir im Papageienmantel. Das dürfen wir schon hier verraten. Denn die Person benimmt sich so dumm und unangenehm auf der Bühne, wirft so bedeutungsvolle Blicke und kann so tückisch lachen: wir begreifen nicht, dass Vera erst im dritten Akt den Zusammenhang entdeckt und die Dame beurlaubt. [...]
  Wenn auch in dieser umständlichen Geschichte zuweilen ein flüchtiger Einfall besticht, ein paar Sätze gelegentlich ein liebenswürdiges Bild beschreiben — zum Beispiel, indem Viktor für Vera ein weissseidenes Kostüm entwirft, wozu notwendig als Farbfleck und als Pointe der Handlung der Ring gehört; es versinkt dann doch alles wieder in ausgedehnter Langeweile. Oder es wird totgeschlagen von geschmacklosen Vorstellungen. Dieses Stück nun in das vollends Lächerliche und Unmögliche hinüberzuspielen, fehlten nur noch die beiden Damen, die sich auf der Bühne der Rollen Veras und der falschen Freundin anzunehmen hatten: Charlotte Kühlmann und Sonja von Hadding. Dagegen waren Fritz Valk als Viktor und besonders Luis Rainer als Hellseher den Anforderungen gewachsen. Regie Franz Everth. Das Bühnenbild von Eduard Sturm reichte aus.

499. xix., *Düsseldorfer Stadtanzeiger*, 21.10.1929, incomplete.

  [...] Und — [Vera] zeugt für Sneederhan! Wahrhaftig, das ist ein Triumph der Hellseherei!
  Und nun? Okkultismus ist Trumpf! Hellseherei, Telepathie und was weiss ich noch! Und Georg Kaiser weiss, wo aktuelle Stoffe liegen.
  Aber: nach Schema F kann man wirklich nicht produzieren. Und Kaiser ist beim Schema F angekommen. Das heisst in dramatischer Beziehung: Dünne Sterilität. Schade. Aber auch das Bedauern schafft die Tatsache nicht aus der Welt. Und nach dem *Oktobertag* hätte man Kaiser gern einen kleinen Aufstieg gewünscht! Oder ist er am Ende seiner Kraft?
  Natürlich — wie kann es auch anders sein! — hatte die Aufführung — Regisseur: Franz Everth — den Schliff, die Gediegenheit und den Glanz, der jede Darbietung des Schauspielhauses auszeichnet. Dafür bürgt der Geist des Hauses, der Ernst, mit dem dort gearbeitet wird, und die

künstlerischen Kräfte, die hier unermüdlich am Werke sind.
Aber die Steigerung dieser Gegebenheiten ins Einzigartige,
die sonst den Aufführungen das Gepräge gibt und zuletzt noch
in der 'anderen Seite' zu erschütternder Wirkung kam, fehlte
diesmal. Freilich: wo nichts Dichterisches ist, hat auch der
Regisseur sein Recht und seine Macht verloren. Zum Kuckuck,
wer will dieser *Hellseherei* Glaubwürdigkeit und nun gar
mitreissenden Schwung verleihen!?
    Von den Darstellern muss Luis Rainer zuerst und ganz
besonders erwähnt werden. Durch die Glut seiner Empfindung
und die Kraft seiner Gestaltung wurde sogar dieser
Kaisersche Sneederhan eine faszinierende Figur. Der Beifall
bei offener Szene war herzlich und durchaus verdient. Fritz
Valk zerreisst durch die Vehemenz seines Spiels, auch wenn
er ihr gewaltsam Zügel anlegen will, die phrasenhafte
Oberflächlichkeit des Viktor, der dadurch unfreiwillig
komisch wirkt. Man kann die Frage aufwerfen, ob dieser
begabte Künstler für die Viktor-Rolle geeignet ist. 'Auf den
Leib geschrieben' ist sie ihm sicher nicht! Charlotte
Kühlmann: äusserlich in Ton und Gebärde gepflegt, sonst
lässt ihre Vera kühl [...]

500. E. G., *General-Anzeiger* (Oberhausen), 29.10.1929.

    Hellseherei? Warum nicht einmal dieses in Salons und
Zirkeln okkulter Freunde beliebte Thema anpacken? Georg
Kaiser, der Dichter der Zeitfragen, greift dieses Thema auf
und beglückt die Bühne mit einem 'Gesellschaftsspiel'.
Dieses Spiel leidet an seiner Zwiespältigkeit, weder als
ernstes Drama gelten, noch in witzig pointierter
Konversation sich verlieren zu wollen.
    Als bewegende Kraft der Handlung tritt die eigenartige
Begabung einzelner Menschen auf, über Geschehnisse, an denen
sie selbst nicht teilgenommen haben, 'hellseherisch'
berichten zu können.
    [...] Die Spannung flaut im dritten Akt sichtlich ab,
und der fallende Vorhang erlöst den gelangweilten Zuschauer.
Einige packende Schilderungen überdecken nicht die Mache im
ganzen Spiel, billig Spannungseffekte zu erheischen. Die
Sprache ist verschroben, matt und wirkt wie seichte
Konversation, stellenweis wie eine schlechte Übersetzung.
    Der Name Georg Kaiser hat bisher einen besseren Klang.
Dieses Gesellschaftsspiel ist eine bittere Enttäuschung, und
der Dichter selbst hätte 'Hellseher' genug sein müssen, den
vollen Misserfolg vorauszuahnen.
    Georg Kaiser hat einmal von seinem Schaffen gesagt:
'Alles ist Durchgang'. In Richtung solcher Stücke zu
marschieren, bedeutet Ausgang, Ende. Niemals Durchgang. Auch
zu dieser Erkenntnis gehört keine 'Hellseherei'.
    Die Aufführung im Düsseldorfer Schauspielhaus rückte
den Seher Sneederhan in den Mittelpunkt der Handlung.
Darstellerisch war Luis Rainers Hellseher der Höhepunkt; der

gläubige Vertreter werdender Wissenschaft, mit seiner phantastischen Beredsamkeit und seinem magischen Heiligenschein, wurde von Rainer in seiner gespenstischen Wirkung meisterhaft wiedergegeben. Der Ehemann wurde von Fritz Valk wirkungsvoll verkörpert, während die Rollen der beiden Frauen (die Ehefrau von Charlotte Kühlmann, die Freundin von Sonja von Hadding gespielt) mit ihrem gezwungenen Spiel enttäuschten.

Mississippi

20.9.1930, joint Uraufführung, Prinzregenten-Theater, Munich. Dir.: Karl Hans Böhm; sets: Leo Pasetti; Armand Zäpfel (Kehoe); Magda Lena (Doris); Friedrich Ulmer (Stimson).

501. J. St-g., *Völkischer Beobachter*, Jg. 43, 23.9.1930.

Georg Kaiser hat ein neues Schauspiel, *Mississippi* benamst, am Schreibtisch mühsam ausgetiftelt, und unsere Bayerischen Staatsschauspiele siegten bei dem Wettrennen um die Uraufführungsehre um eine Rasenlänge. Hallelujah! Hallelujah!
Es wird nämlich in diesem Stücke, das erfreulicherweise uns nur knappe zwei Stunden langweilt, viel Hallelujah gesungen, sogar ausserordentlich viel, denn die Sekte der Brüder und Schwestern von der freiwilligen Armut haben sehr viel freie Zeit. Sie ringen dem kargen Fruchtboden nur das Allernotwendigste zum Leben ab und flicken sich nicht einmal ihre Lumpen, die ihnen um den Leib schlottern. Sie sind nämlich Todfeinde jeglicher Kultur, hassen deshalb grimmig Neuorleans, dieses Sündenbabel: Märtyrer des passiven Widerstandes gegen die Staatsgewalt, weisse Bolschewisten, Tolstoianer, Gandhisten...
Ihr Führer heisst Noel Kehoe, ein Fanatiker seiner Wahnidee. Ihm ist seine Frau durchgebrannt, was man ihr wirklich nicht verargen darf, denn mit einem Verrückten zusammenzuhausen, der nur einen Rock und ein Hemd besitzt, ist doch wahrlich kein Vergnügen. [...]
Hierauf erscheint Noel Kehoe selbst und leitartikelt über das Sündenbabel Neuorleans, über dessen bevorstehende Vernichtung durch den 'flüssigen Arm Gottes' er sich diebisch freut. Sobald nämlich eine Person länger zu sprechen hat, leitartikelt sie in schaudervollem Papierdeutsch. Vor allem der Staatskommissar Stimson, der der verrückten Sekte ganze Vorlesungen über Welt- und Volkswirtschaft, Staatsgewalt, Frömmigkeit in manchester-liberalem Geiste hält.
[...] Im dritten Akt wird gesprengt. Bühnenbild von Leo Pasetti schauerlich schön. Am Ufer des Mississippi, dessen Wässer man unheimlich gurgeln hört. Nacht. Am rabenschwarzen Himmel treibt sich weisslich-gelbes Gewölk dahin. [...] Die Rakete geht los, roter Feuerschein, man hört den grossen Krach der Sprengung. Offiziere und Soldaten sausen im Kraftwagen davon, Doris umschlingt ihren in den letzten Zügen liegenden Gatten Nr. 1, der bei dem Bums der Sprengung ausruft: Sie haben den lieben Gott in die Luft gesprengt! Lyrisch sein sollende Sterbeszene, während die Fluten des

Mississippi schon heranbrüllen. Schluss. Die vorwiegend
koschere Kaiser-Gemeinde applaudiert, aber die Masse der
Zuschauer wandert enttäuscht heim.
   Das Sektenwesen ist eine typische amerikanische
Erscheinung [...]. Mississippi soll natürlich ein Symbol
bedeuten [...] – aber eine symbolhafte Handlung muss durch
die auftretenden Personen verlebendigt werden; was jedoch
Georg Kaiser an Leutchen über die Bretter spazieren lässt,
sind alle keine Menschen, sondern Papierschemen. So hasst
Doris ihren ersten Mann und seine ganze Sekte so grimmig,
dass sie dem Staatskommissar sogar die Ursache der Weigerung
der Sektierer, den Damm durchstossen zu lassen, verrät: Sie
wollen New-Orleans mit Mann und Maus ersaufen sehen! Trägt
Noel Kehoe doch in seinem Fanatismus die Schuld an dem Tode
ihres Sohnes! Trotzdem geht sie mit ihm am Schluss
freiwillig in den Tod! Das verstehe, wer kann.
   Die Ausstattung muss ein schönes Stück Geld gekostet
haben. Die Menge Komparserie beiderlei Geschlechtes, die
Uniformen der Offiziere und Soldaten, und die Dekorationen.
So im zweiten Akte ein riesiger Schuppen mit Galerie. Armand
Zäpfel als Noel Kehoe, Magda Lena als Doris, Friedrich Ulmer
als Staatskommissar und Walter Holten als Offizier, um nur
die Hauptrollen zu nennen, bemühten sich redlich aber
vergeblich aus den leitartikelnden Papiergespenstern
Menschen zu machen. Vortrefflich wirkten auch die technische
Einrichtung und die Beleuchtung durch Robert Schleich. Das
Rauschen und Brüllen der Wogen – unheimlich echt. [...]
Vorzüglich klappte auch die Regie unter Karl Hans Böhm.
   Hallelujah! Hallelujah den genialen Köpfen, die dieses
Erzeugnis eines wüsten Gehirnkrampfes zur Aufführung
annahmen!

502. Alfred Mayerhofer, *Die schöne Literatur*, 31 (1930),
568.

   Der *Mississippi* gliedert sich in die Reihe der
Kaiserschen Dramen ein, die von der Sehnsucht nach einem
neuen, geläuterten Menschen getragen sind. [...] Sterbend
verspürt er [Kehoe] an sich die entscheidende Wandlung –
durch die herbeieilende Doris Thompson, seine frühere Frau.
Wie diese sich von mondäner Genusssucht zu sich selbst
aufopfernder Liebe gewandelt hatte, erkennt seinerseits Noel
die Vermessenheit seines Rächeramtes und läutert sich in
letzter Minute zu dem ethisch grossen Eros, der die Extreme
eines utilitaristischen Machtstrebens (Staat) und einer
weltflüchtigen Askese (Sektierergemeinschaft) überwindet. So
von der Erde scheidend, werden beide von den herantosenden
Fluten des Mississippi, 'des fliessenden Armes Gottes',
verschlungen.
   Georg Kaiser schuf mit diesem Werk ein reines
Ideendrama, in dem scharfe weltanschauliche
Auseinandersetzungen ihre synthetische Lösung finden. Mehr

gedanklich-dialektisch allerdings als bluthaft-überzeugend. Von der Wirklichkeit abstrahierte Exponenten weltbewegender Mächte führen auf der Bühne einen geistig-klaren Kampf. Sie reden in aufs äusserste zugespitzten Wendungen, ohne Gestalt von innen her zu haben. Der Einbruch des Menschlich-Natürlichen in diesen Bereich, wie er am Schluss demonstriert wird, wirkt blass, unglaubhaft, weil unnotwendig. Die Frau erscheint nicht als triebhaftes Wesen, das den anfangs höhnisch von sich gestossenen Gatten seelisch erlöst, sondern von aussen her zurechtgebogen, um das zweifellos starke Ethos des Dichters zu beleuchten. Eine peinliche Diskrepanz zwischen Gestalt und Idee, die dem Drama einen nachhaltenden Erfolg versagen wird.

503. Werner Richter, n.d., n.s., GKC.

[...] Diese familiären und privaten Dinge freilich sind für Kaisers Stück weit weniger Hauptsache, als die kollektiven Schicksale, das lebensgefährliche Duell also zwischen Zelotengemeinde und Weltstadt, zwischen zwei Daseinsformen, die quälend nebeneinander existieren, von denen entweder beide zu rechtfertigen sind oder keine; denn diese Farmer sind zwar beschränkt bis zur Widerwärtigkeit, aber der Staatskommissar, ein von naivem Prosperitätswahn strotzender Babbitt, ist es nicht weniger. Hier steckt das sehr aktuell Erregende des Themas: ist das Wüten einfältiger Religiosität oder sind die Verheerungen fesselloser Zivilisation das grössere Übel?
Der Expositionsakt, in dem Doris ihren inzwischen im Dienste frommen Hasses umgekommenen Sohn sucht, ist glänzend, wie aus Kaisers bester Zeit; hier trifft jedes Wort sein Ziel; hier blühen auch einzelne dichterische Momente. Im weiteren Verlauf allerdings wird das Stück zusehends matter, gibt es unnötige Windungen, Stauungen, Seitenwege ins nur Ungefähre. Manches, namentlich in der Auseinandersetzung zwischen Noel und Staatskommissar, ist stärker veroberflächlicht, als sich ohne Protest ertragen lässt. Aber vor der Frage: Kontur oder Detail? mit anderen Worten: Deutlichkeit oder Wirklichkeit? optierte Kaiser ja immer schon für Kontur – und vielleicht kann man von einem so spezifischen Dramatiker nichts anderes verlangen.
Die Aufführung brachte wenig Freude. Die Regie (Karl Hans Böhm) blieb steril und zäh im Provinziellen stecken. Nachgerade ist es eine Lebensfrage für die Münchener Staatsbühnen, ob es noch gelingt, ihnen wenigstens einen erstklassigen Schauspielregisseur zu verpflichten; sonst ist aller guter Wille bei Direktion und Personal umsonst. Den Noel gab Armand Zäpfel und die durch Zwischentöne ungehemmte Grellheit seiner Mittel passte gut in diese Fanatikerfigur. Mit der unergiebigen Rolle der Doris plagte sich Frau Lena, eine Schauspielerin von einer schlichten Herzhaftigkeit, die man gern öfter sähe, als sie erscheint. Wie immer freundlich

gesinnt, spendete das Staatstheaterpublikum starken Beifall.

504. Herbert Saekel, 22 Sept., n.s., GKC.

[...] Und so stirbt Kehoe schliesslich doch als Sieger. Zwar geht New Orleans nicht unter, aber er hat es doch überwunden, denn er hat ihm die Seele dieser Frau, seiner Frau, wieder entrissen. 'Wahnsinnige oder Heilige?' fragt einer über den Sterbenden hinweg. Wahnsinnige und Heilige, lautet die Antwort des dramatischen Dichters.
Ein starker Vorwurf, wie man sieht, und ein Vorwurf, dem sich wohl tiefste dichterische Wirkungen abgewinnen liessen. Dass sie sich nur selten einstellen, liegt an der intellektuellen Kühle Georg Kaisers, und an seiner Vorliebe für die Häufung effektvoller dramatischer Situationen. Über der ständigen Sorge um immer neue überraschende Spannungsmomente, um bühnenwirksame Aktschlüsse und einen Dialog von höchst gesteigerter geistiger Dynamik (der übrigens durch das gänzliche Fehlen jener krampfigen 'Eigensprache' des früheren Kaiser erfreut), bleiben ihm weder Zeit noch Raum mehr für feinere seelische Dinge und dichterische Höhenflüge. Aber dramentechnisch ist sein neues Stück wieder von einer Fertigkeit, die ihm kaum einer heute nachmacht, und namentlich der zweite Akt ist ungemein lebendig und konzentriert, während im dritten die Dinge etwas zerflattern, und der Schluss mit seinem stark betonten und ein wenig salbungsvollen Pathos dem Ganzen nicht recht gemäss ist. Ein rechter Georg Kaiser, mit all seinen Vorzügen und Mängeln — aber die Vorzüge überwiegen dieses Mal denn doch bedeutend.
Der Uraufführung am Münchner Prinzregenten-Theater kam der einzigartige technische Apparat dieser Festspielbühne sehr zustatten, vor allem im letzten Akt, für den Leo Pasetti ein ausserordentlich suggestives Bühnenbild geschaffen hatte. Der Regisseur Karl Hans Böhm bewies vor allem in den Massenszenen eine sicher führende Hand, während er die Einzeldarsteller nicht immer auf eine ganz einheitliche Linie zu bringen vermochte. Von diesen war Armand Zäpfel als Noel Kehoe ganz gross, eine tragische Gestalt zwischen Christ und Antichrist.

20.9.1930, joint Uraufführung, Schauspielhaus, Frankfurt/M. Dir.: Eugen Felber; Kurt Katsch (Kehoe); Lilly Kann (Doris).

505. R. Geck, *Das literarische Echo*, 33 (1930-31), 95-96.

[...] Kaiser konfrontiert den Gottgeist mit dem Weltgeist, das Christentum mit dem Geschäft, religiösen Kommunismus mit dem kapitalistischen System. Gruppenchefs mit Kaiserscher Dialektik geladen, vertreten ihre These; der Regierungskommissar spricht für die irdischen Güter, für die Genüsse der zauberhaften Stadt und, nach gewonnener Einsicht, dass es noch Höheres geben kann als Kinos und Orgien, für 'ein mittleres Christentum'. Der Hallelujamann, arm, abgezehrt und verbohrt, spricht für Gott und die Reinheit. In der grossen Auseinandersetzung des 2. Aktes zwischen diesen beiden hat das Stück seinen theatralischen Höhepunkt. Seinen theatralischen, denn wir vergessen nie, dass wir Gäste Georg Kaisers sind, dem Mathematiker und Strategen, der Gruppenchefs vorschickt, Weltanschauungen zu erhärten.

Nach diesem Duell zweier Mächte gleitet Kaiser, ausweglos geworden, ins Private ab und verstimmt. Die abtrünnige, längst zum Weltkind gewordene Frau, die im 1. Akt kam, den Sohn zu fordern und mit Verwünschungen fortstürmte, als sie vernahm, der Junge sei geopfert, die gleiche Frau, die der Regierung den Sabotageplan verriet, erwacht zu neuer Liebe über dem Toten, der ein finsterer und unheimlicher Romantiker der Bibel gewesen. Diese Wendung, an den Haaren herbeigezogen und durch keine frühere Szene motiviert, ist eine Gehirnmache. Das Haus liess das Stück fallen, nachdem es sich an den Dialogen des 2. Aktes kalt erhitzt. Man hatte Zwiespalt im Reich der Gotteskinder erwartet, Stimmen, die Gott die Rache lassen und die von ihrem Wahn Berauschten zur Umkehr rufen, nicht aber dieses unmögliche Heimgefunden. Und ungerührt sahen wir den Untergang der pathologisch gewordenen reinen Narren.

506. E. F., n.d., n.s., GKC.

Georg Kaisers Schauspiel *Mississippi* fand am Frankfurter Schauspielhaus eine recht geteilte Aufnahme. Während das Publikum bis zum zweiten Akt dem Stück mit grösster Anteilnahme folgte, lehnte es den zerflatternden dritten Akt vollkommen ab. In den kargen Beifall am Schluss, der nur noch beim Erscheinen der vorzüglichen Darsteller wärmer wurde, mischte sich Enttäuschung, die sich in unaufhörlichem Pfeifen Luft machte. Die Regie von Eugen Felber war recht eindringlich und straff, konnte aber auch den dritten Akt nicht retten. Eine prachtvolle Gestalt schuf Kurt Katsch als Noel Kehoe. Lilly Kann löste ihre schwierige Aufgabe als Doris Thompson recht gut.

507. Werner Deubel, *Kölnische Zeitung*, 24.9.1930.

Ein echter Georg Kaiser: Mischung aus Kino und Philosophie. Im weltanschaulichen Ansatz richtig, der Gegensatz: urchristliche Farmersekte und Neuorleans als Symbol des zivilisatorischen Wirtschaftsstaates — funkelnd in dialektischer Schärfe. Aber wie immer bei Kaiser: statt lebendiger Gestalten nur konstruierte Pseudomenschen, nur Sprecher dieser Dialektik; statt eines dramatischen Gebildes ein Mischmasch mit eben der einen Szene, um derentwillen das Stück geschrieben wurde, dem Zusammenprall der beiden Weltbilder. Die glänzende Weltanschauungsmathematik dieser Szene — die als Ersatz für echte Dramatik gelten muss und das Stück als ganzes natürlich nicht retten kann —, auch sie wurde im Frankfurter Schauspielhaus unter Felbers unzulänglicher Regie, die für Kaisers Dialektik viel zu grob war, um ihre Wirkung gebracht. Die Hauptrollen waren mit schwachen Darstellern besetzt, denen hinter dem gesprochenen oder gebrüllten Wort jede persönliche Schwingung fehlte. Die Aufnahme war frostig, der Beifall dürftig und wurde nur am Schluss in der üblichen Weise durch einen Pfeifer automatisch und ohne innere Beteiligung angeregt.

20.9.1930, joint Uraufführung, Stadttheater, Mainz. Dir.: Klitsch.

508. ch., *Der Mittag* (Düsseldorf), 22.9.1930.

Dem Stadttheater Mainz war es gelungen, sich gleichzeitig mit einer grossen Anzahl deutscher Bühnen das Uraufführungsrecht des Schauspiels *Mississippi* von Georg Kaiser zu sichern. Was Eulenberg, dem 'Romantiker', in *Industrie* vollkommen misslungen ist, gelang dem 'Denkspieler' Georg Kaiser in *Mississippi*: Wirkliche Probleme des Gegensatzes von kapitalistischem Staatswesen und christlich-kommunistischer freiwilliger Armut werden in durchaus sachlicher Auseinandersetzung gegenübergestellt. Zu einer Entscheidung kommt Kaiser allerdings nicht. Er entwickelt sich scheinbar nach seinen letzten Erfahrungen (*Lederköpfe!*) zum Mann des Kompromisses. Ganz im Sinne der Worte seines Stückes: 'Es gibt Menschen, die glauben zu viel an Gott, und es gibt Menschen, die glauben zu wenig an Gott. Der Staat aber braucht eine mittlere Frömmigkeit.'
Das Stück fand in Mainz unter der persönlichen Leitung von Intendant Klitsch besonders nach den beiden ersten Akten eine herzliche Aufnahme. Der allzu lyrische Schluss und das Fehlen einer tatsächlichen Entscheidung, die das Drama verlangt, mögen dann den Schlussbeifall etwas abgedämpft haben. Hermann Weisse [...] fiel durch leidenschaftliches und doch verhaltenes Spiel auf. Um so mehr merkte man die Schwächen seiner Partnerin Kläre Ruegg, deren Darstellung durch allzu theatralische Auffassung der Rolle enttäuschen musste. Der Gesamterfolg war aber nicht zu bestreiten.

20.9.1930, joint Uraufführung, Nationaltheater, Mannheim. Dir.: Dr. Gerhard Storz; Willy Birgel (Kehoe).

509. Fritz Droop, *Kölnische Zeitung*, 24.9.1930.

Die Aufführung von Georg Kaisers Schauspiel im Nationaltheater verdankt ihren Erfolg der überaus lebendigen Inszenierung der drei Akte durch Dr. Gerhard Storz. Die Massen der Arbeiter und Frauen waren plastisch geballt; aus ihrer Mitte wuchs blutvoll der Fanatiker Noel Willy Birgels. Sein wirkungsvoller Gegenspieler war Ernst Langheinz als Staatskommissar Stimson. Noels frühere Frau Doris erfuhr durch Elisabeth Stieler eine überzeugende Charakterzeichnung. Der Beifall war nach dem zweiten Akt sehr stark und herzlicher als am Schluss, der in Mannheim nicht recht zu befriedigen schien. Der Dank des gut besuchten Hauses galt also offenbar vor allem der Darstellung.

20.9.1930, joint Uraufführung, Hessisches Landestheater, Darmstadt. Dir.: Karl Ebert.

510. W. Michel, *Kölnische Zeitung*, 24.9.1930.

Karl Eberts breitmalende und sorgfältig-realistische Inszenierung des Schauspiels *Mississippi* war eine schöne, gehaltvolle Arbeit. Aber die Ärmlichkeit der Kaiserschen Diskussion, die Unzulänglichkeit seiner Begriffe vom Staat, die Einseitigkeit, mit der er einen pathologischen Narren als Vertreter einer 'christlich' unterbauten Staatsfeindschaft in den Mittelpunkt stellt, alles dies schnitt dem Stück die Überzeugungskraft und die klare Wirkung ab. Daher die Flauheit der Aufnahme: nach dem ersten Akt verlegenes Schweigen, nach dem zweiten starker Beifall, nach dem dritten höflicher Dank an die Darsteller.

20.9.1930, joint Uraufführung, Staatstheater, Kassel. Dir.: Jakob Geis.

511. Will Scheller, *Kölnische Zeitung*, 24.9.1930.

Unter den lebenden Dramatikern ist Georg Kaiser zweifellos derjenige, der mit einer fast unfehlbaren Bühnenwirksamkeit seines Werkes jeweilig die tiefste Berührung mit brennenden Fragen seiner Zeit verbindet. Er hat es nicht nötig, sogenanntes Zeittheater mit einer wohlfeilen Kino-Vordergründigkeit zu machen: auch wenn er wie in *Mississippi* an ein Ereignis der Gegenwart anknüpft, geschieht es nicht, um einen allzu naheliegenden Anschluss an – Reportage zu suchen, sondern um der Frage willen, die durch diese Begebenheit in eine besonders helle Beleuchtung gerückt wird. Es ist ganz einfach die Frage nach der Bedeutung der Gottesidee für die heutige Welt, die in dem Gegeneinanderspiel einer Sekte freiwillig Armer und den Vertretern der Wirtschaftsraison, die ja heute gleichbedeutend ist mit der Staatsraison, aufgeworfen wird. Georg Kaisers Dichtertum, das höher ist als alle Tendenz, fand in der Inszenierung von *Mississippi* durch Jakob Geis ohne Umweg den Zugang zum Triumph. Abgesehen von einer so überflüssigen wie langweiligen Lichtbildouvertüre war die Aufführung im Kasseler Staatstheater ein Werk schärfster Konzentration im Tempo, in der szenischen Gestaltung, im Dialog, weil der Spielleiter durchaus hinter den Dichter zurücktrat und ihm das Wort liess. Karl Randt als Kehoe, Trude Tandar als Doris, Friedrich Domin als Stimson gaben diesem Wort unvergessliche Ausdruck; so wurde aus dem Abend ein grosser Erfolg.

20.9.1930, joint Uraufführung, Wilhelmstheater, Magdeburg.

512. R., *Leipziger Neueste Nachrichten*, 24.9.1930.

Die Aufführung im Magdeburger Wilhelmstheater arbeitete mit Schärfe Ideen- und Kräftegruppierung heraus; bis auf den etwas abrupten Schluss gab es kaum eine schwache Stelle. Jede Szene war erfüllt und ausgewogen. Nicht zuletzt die guten Leistungen der Hauptdarsteller (an der Spitze die neu verpflichteten Ruth Baldor, Alfred Goerdel und Eduard Wandrey) führten das Werk zum Erfolg.

20.9.1930, joint Uraufführung, Landestheater, Karlsruhe. Dir.: F. Baumbach.

513. Pl., *Kasseler Tageblatt*, 23.9.1930.

Karlsruhe: Starke Spannung während der beiden ersten Akte. Enttäuschung am dritten. Aber dennoch eine beifällige Aufnahme. F. Baumbach führte eine straffe Regie, die alle Wirkungsmöglichkeiten nach aussen erschöpfte.

20.9.1930, joint Uraufführung, Stadttheater, Würzburg. Dir.: Keller.

514. gek., *Kasseler Tageblatt*, 23.9.1930.

Die Problematik des Werkes liess das Würzburger Publikum nicht recht aus der Zurückhaltung heraustreten. Bernhardts Noel Kehoe war der Mittelpunkt der vom Intendanten Keller sorgfältig inszenierten Aufführung. Am Schluss wurde den Darstellern freundlicher Beifall zuteil.

20.9.1930, joint Uraufführung, Deutsches Schauspielhaus, Hamburg. Dir.: Arnold Marlé; Maria Eis (Doris).

515. A. F., n.d., n.s., GKC.

Georg Kaisers Sektiererdrama *Mississippi* wuchs in der Aufführung des Deutschen Schauspielhauses Hamburg zu einem starken, laut gefeierten Erfolg. Er galt am Schlusse vielleicht nicht so sehr dem Werk, das in der mit grossartiger Leidenschaft bewegten und kristallklarer Psychologik geführten Auseinandersetzung zwischen religiös fanatischer Überzeugung und geschäftlicher Zwecksüchtigkeit im zweiten Akt dramatisch kulminierte, als der ganz hervorragenden Regieleistung Marlés. Ebenbürtig zu nennen sind Karl Wüstenhagens Noel, eine Gestalt von tief tragischer Dämonie, und Maria Eis' Frau, vielleicht anfangs ein wenig zu schneidend, zu herrisch, zu brutal, um später die schnelle Wandlung in ein liebendes Wesen von todbereiter Hingebung ganz verstehen zu können.

20.9.1930, joint Uraufführung, Landestheater, Oldenburg. Dir.: Hellmuth Götze; sets: Ernst Rufer; Paul Klinger (Kehoe); Gerda Weissmann (Doris).

516. Alfred Wien, *Oldenburger Nachrichten*, 22.9.1930.

'Es muss von neuem auf der Erde begonnen werden, um die Erde zu gewinnen.'... Wir sind dem Thema bei Georg Kaiser zu wiederholten Malen begegnet. Bereits in den *Bürgern von Calais* oder im Standardwerk des dramatischen Expressionismus *Gas*, darnach in *Hölle Weg Erde* klingt uns, wenn auch in mehrfach abgewandelter Fassung, immer wieder als das bestimmende Grundmotiv die Verkündigung des neuen Menschen auf einer neuen Erde entgegen. Ein Motiv, das ja dann für das gesamte Schaffen der jungen Nachkriegs-Generation von wesentlicher Einwirkung und Bedeutung gewesen ist.

Dabei sind für den Weg, der von der Menschheitshölle zur neuen Erde geleitet, zwei Möglichkeiten gegeben: einmal, so in *Hölle Weg Erde* oder auch in den *Bürgern von Calais*, sehen wir, dass der Pfad zum Ideal eines neuen Menschentums über die Stadien der Gewaltlosigkeit, beziehungsweise der demütigen Unterwerfung führt, wobei zuletzt der Besiegte

sich grösser erweist als der Sieger, dessen brutale Gewalt
an der weisen Gewaltlosigkeit des anderen zerbricht. Wenn
der Eroberer durch die ihm geöffneten Tore Calais in die
Stadt und in den Dom einziehen will, wird er knien an der
Leiche des ihm an Grösse des freiwilligen Opfers für andere
weit überlegenen Gegners. — Das ist der eine Weg.

Den anderen, auf dem die Gewalt der Gewalt begegnet,
suchen die Arbeiter in *Gas* zu beschreiben: Er führt durch
die Explosion der Massenverzweiflung, durch das Chaos des
Untergangs einer alten Welt und ihrer völligen Zerstörung
zum Morgenrot einer neuen Gerechtigkeit über der aus der
Vernichtung wiedererstehenden Erde.

'Zuerst das Chaos — dann das Paradies': diesen Weg
schlagen nun auch die Farmer am Mississippi ein. Die
Handlung knüpft an die wahre Begebenheit der gewaltigen
Überschwemmungskatastrophe von 1928 an. [...]

Fanatiker sind sie, vom Wahn einer überheblichen
Gottesgerechtigkeit besessene Sektierer, die in
Halleluja-Gesängen den göttlichen Zorn auf die Feinde des
Gottesreiches, wie sie es verstehen, herabflehen möchten.
Ohne das Chaos des Weltengerichts über die alte, von Gott
abgefallene Erde, so denken sie, kann das irdische Paradies
einer neuen, gottinnigen Menschheit, das sie erträumen,
nicht Wirklichkeit werden.

Im tiefsten Grunde wollen sie nicht, was göttlich,
sondern was menschlich ist: Die Armut, die sie 'freiwillig'
auf sich nahmen, indem sie die einst fruchtbaren Felder
verdorren liessen, bis das Land zur Einöde ward, ist nicht
der Ausdruck einer zur Besitzentäusserung bereiten
Demütigkeit — vielmehr Protestaktion gegen die anderen, die
mehr besitzen. Und dringt man darüber hinaus in den
innersten Kern ihrer passiv-revolutionären Bewegung zum
Umsturz ein, so ist der letzte Anstoss dazu in dem — aus
einer betrogenen, enttäuschten Liebe geborenen Hass ihres
Führers zu finden. Darin gerade zeigt sich, was sie als
göttlich begreifen, in den Bezirken eines sehr
menschlich-irdischen Verlangens nach Wiedervergeltung
gelegen.

[...] Gott verwirft die Werkzeuge, die sich vermassen,
seiner Gerechtigkeit vorzugreifen. Unrecht ist hier wie
dort, und aus dem Unrecht kann die neue göttliche Ordnung
der Dinge nicht auferstehen. Das Paradies des Dritten
Reiches auf Erden ist nicht durch Hass zu erreichen; es ist
nicht der Weg der Gewaltsamkeit, der Revolution, der durch
das Chaos des allgemeinen Untergangs hindurch zur
Neumenschlichkeit führt. Der Sieg der Gerechtigkeit hier auf
Erden wird allein und einzig aus der Kraft einer neuen
Liebe, die unter den Menschen wohnt, zu vollenden sein.
[...]

In diesem Sinne lässt Georg Kaiser die beiden Menschen,
die — Repräsentanten zweier feindlicher Welten — in Hass
einander befehdet haben, vor dem Tode in Liebe sich wieder
vereinen. Letzte Menschen einer versinkenden alten — erste
Menschen einer neu aus der Flut der Vernichtung sich

hebenden Erde, harren sie einsam auf einem Hügel, den die hereingebrochenen Wasser der grossen Sintflut umspülen, aus. Jetzt bist du Gott nah, wie du ihm niemals gewesen! — wird dem sterbenden Noel Kehoe aus dem Munde seines mit ihm sterbenden Weibes die Auferstehung verheissen. Nicht, dass man lebt, sondern wie man stirbt — darin liegt die Entscheidung. — —

So führt das jüngste Werk Georg Kaisers in eine gerade die Gegenwart tief bewegende und erregende Problematik ein. In einem der üblichen Zeittheatralik hoch überlegenen Sinne ist es in dieser Beziehung gleichwohl ein unmittelbar gegenwärtiger Spiegel der Zeit; aber über das Zeitliche ist doch auch etwas von der Horizontweite der Ewigkeitsfragen gebreitet. Der ernste Willen, der aus ihm spricht, die logische Folgerichtigkeit in der Durchführung des Gedankens, nicht zumindest die dramatisch wirksame, packende Wucht, mit der er, umgewertet in Handlung, auf der Bühne erscheint, — das alles bringt jeden kritischen Einwand, der im einzelnen etwa aufkommen könnte, zum Schweigen.

Mit ganzem Nachdruck und schönem Gelingen setzt die impulsive, lebendig gestaltende Inszenierung von Hellmuth Götze sich dafür ein. In anempfindender, starker Dynamik weiss sie die Höhepunkte herauszuheben, die leidenschaftlichen Gegensätze in der Thematik mit einander zu kontrastieren. Dies gilt besonders vom Zentrum des dritten Aktes, wo, verkörpert im Staatskommissar, die perfekte Geschäftsmoral des weltlichen Regiments auf die in religiöser Irrlehre verwurzelte Anarchie der Sektierer trifft und die Inbrunst sich in den Fanatismus steigert. Darnach ist die Phantastik des letzten Aufzugs von ergreifender Eindringlichkeit, indem hier die Härte der realen Tatsachenvorgänge aufgelöst in eine phantastisch-mythische Mystik erscheint. — In diesem Akt vermag auch die im Malerischen den zugleich plastisch haftenden Eindruck erfassende Bühnenbildkunst Ernst Rufers sich in einer Vision von in Stimmung förmlich geballter Intensität zu bewähren.

Der darstellerische Hauptakzent ist vom Dichter beinahe ausschliesslich auf die Träger der beiden Hauptrollen, Noel Kehoe und seine einstige Gattin Doris Thompson, verlegt. Wir sind in der glücklichen Lage, sie mit den neu verpflichteten Kräften Paul Klinger und Gerda Weissmann einwandfrei zu besetzen: ein Zusammenspiel, das um seiner selbst willen vom Aufeinanderprall der ersten Begegnung bis zum versöhnenden Schluss ein fesselndes, in seiner menschlichen Tragik uns tief berührendes, nachhaltiges Erlebnis bedeutet.

In sparsamer Zurückhaltung, aber glühend vor innerer Bewegung bringt Paul Klinger in den von Liebeshass und Wiedervergeltung besessenen Märtyrer einer missverstandenen Gottes-Idee eine aus starrer Dogmatik immer wieder hervorbrechende heisse Beseelung hinein. Die widerspruchsvolle Mischung einer demütigen Unduldsamkeit, eines Vernichtungswillens, der vor dem Mordanschlag nicht zurückschreckt, und eines Hasses, der seine Herkunft aus

einer enttäuschten Liebe immer wieder verrät, konnte in
dieser Wiedergabe eine Zug um Zug überzeugende Geltung
gewinnen.
[...] Das Haus war von Anfang bis Ende im Bann.
Vereinzelter Widerspruch, der sich während des ersten
Aufzugs regte, muss auf ein Missverstehen der ernsten
Absicht zurückgeführt und als fehl am Platze bezeichnet
werden. Dem Intendanten wie allen Mitwirkenden gebühren für
die Tat einer solchen Uraufführung, mit der sich das
Oldenburger Landestheater neben führende Bühnen des Reiches
stellt, Anerkennung und Dank.

517. Bü., *Oldenburger Landeszeitung*, 27.9.1930.

Wenn das Schauspiel die dramatische Form allgemein
menschlicher und weltanschaulicher Kämpfe ist, dann gehört
Georg Kaiser auf die Bühne. Kaiser sieht die uns umlauernden
Probleme, er entwickelt sie mit den logischen Mitteln des
Denkens und mit den wirksamen Mitteln der Bühne zu immer
wieder überraschenden, aber auch immer ähnlichen Lösungen.
Diese Lösungen, die alle in der gleichen Richtung liegen —
wir brauchen nur an *Gas*, *Bürger von Calais* zu denken —,
stempeln Kaiser zum Optimisten, ja zum Ethiker: er glaubt an
den 'neuen Menschen', er lehrt den Opfertod für eine Idee,
die höher steht als das einzelne Individuum. Hier in
Mississippi ist es die 'Kommunikation zweier Menschen', wie
H. F. Koenigsgarten sagt; die drohende Flut des Mississippi,
das Schicksal der gefährdeten Weltstadt New Orleans, der
Hass armseliger Farmer aus das Sünden-Babel, ihr fanatischer
Glaube an ihre Berufung durch Gott — alles dient dem Dichter
nur als Mittel, zwei Menschen, die sich verloren, einander
wieder zuzuführen.
Georg Kaiser hat dies Schauspiel 'erfunden', wie er
selbst sagt, er, der Meister der Sprache, der Kenner der
Bühne, der Beherrscher des Effektes, der Konstrukteur der
Spannung, der Zauberer, dem alle Mittel geläufig sind — und
weil es erfunden ist, leidet auch dieses Stück an
Überspitzung, an Kurzatmigkeit, am Fehlen innerer Dynamik. —
Im dritten Akt offenbart sich der statische Charakter des
Stückes vollkommen: die zwei Lager — oder Parteien oder
Weltanschauungen — stehen sich ohne Entwicklung, ohne
Läuterung, ohne innere Steigerung gegenüber wie zwei Felsen
— nur die Frau, die der Grossstadt verfallen war, wechselt
von einem zum andern hinüber. Die Spannungen, die das
Abrollen der Handlung erzielt, wachsen nicht aus organischer
Entwicklung der Charaktere, sondern aus der Situation —
wiederum am deutlichsten im dritten Akt, der darum
dramatisch zu annäherndem Leerlauf, zur Edelreportage
verurteilt ist; hier droht Effekt und filmhafte Überraschung
den Sieg der Idee zu überschwemmen.
Die Beimengung reportermässiger Elemente hat die ganz
vorzügliche Inszenierung des Intendanten deutlich

unterstrichen: Vor Beginn des Spieles projizierte er Zeitungsberichte von der Überschwemmungskatastrophe, die Landkarte, den Kopf und das Geburtsdatum des Dichters auf die weisse Wand; ebenso hat er mit der Starrheit der Gruppen- und Massenszenen, mit der Schwerblütigkeit der Darsteller vollkommen die statische Prägung des Stückes getroffen; die Szenen der knienden und singenden Schar waren in ihrer meisterhaften Komposition und bedrückenden Unerschütterlichkeit zu Gemälden geraten. Aber auch ebenso sicher hat er die Spannungen aus den Situationen herausgeholt, hat er die Effekte mit allen technischen Hilfsmitteln blitzen lassen.

Dass unter solch einfühlender und gewissenhafter Regie auch jeder einzelne Darsteller sein Bestes hergab, braucht fast nicht betont zu werden. So stellte Paul Klinger, unser neuer Held, den Führer der Schar Gottes Noel Kehoe mit aller inneren Durchdrungenheit und Tiefe dar; die schwere Gestalt, die tragende Stimme, die Ruhe der Bewegungen schufen tatsächlich einen Felsen von Glauben und Unbeirrbarkeit. [...]

In diese verbissene und zum Äussersten entschlossene Schar fällt die Doris Thompson der Gerda Weissmann wie ein zerstörender Blitz; sie gestaltete die Grossstädterin mit allem Zynismus in Stimme und Bewegung, schneidend, heftig, beleidigend. Mit gleicher überzeugender Kraft gelang ihr, nachdem sie durch ihren Verrat ihren Rachedurst 'abreagiert' hatte, die Wandlung zum innerlich haltlosen, ängstlichen Weib am Ende des zweiten und im dritten Akt.

[...] Die Bühnenbilder von Ernst Rufer trafen Stimmung und Charakter des Stückes vollkommen, so dass eine treffende Kongruenz zwischen Form und Inhalt erzielt wurde.

So hat Hellmuth Götze das jüngste Kind von Georg Kaiser in glücklicher Form unter reichem Beifall des Hauses aus der Taufe gehoben.

Die erste *Mississippi*-Aufführung sollte gestört werden. Dem vorgeschickten 'Störungstrupp' nehmen wir diesen Irrtum nicht weiter übel — jeder blamiert sich nach Massgabe seines spezifischen Wassergehaltes. Aber dem kommandierenden Generalstab empfehlen wir, seine Kenntnisse der dramatischen Literatur etwas zu ergänzen. Wir erlauben uns den Vorschlag, neben der 'schwarzen Liste' erledigter Personen auch einen 'Index' literarischer u. a. Werke zu führen. Wir können heute schon einige indexreife Sachen nennen:

Faust (Mädchenverführung und Gotteslästerung) von einem gewissen Dinarier Goethe.

Don Carlos (Blutschande) von einem gewissen Westling Schiller.

Penthesilea (Sadismus) von einem gewissen Ostling Kleist.

Hamlet, Macbeth (Morde, Blasphemie) von einem gewissen Shakespeare dunkelster Herkunft.

Nach dieser kurzen Anleitung dürfte die Fortführung der Liste selbst dem besorgten Generalstab nicht mehr allzu schwer fallen.

518. anon., *Südwestdeutscher Freiheitskämpfer*, 27.9.1930.

Nun hat Oldenburg auch seine 'Uraufführung'. Die Uraufführung selbst war technisch und szenisch ausgezeichnet. Hervorragend Herr Klinger, gut: Medenwaldt und Peters, die Weissmann stellenweise — im Affekt etwas undeutlich. Miserabel Braun mit seinem total missglückten Versuch, sprachlich zu charakterisieren. Sehr gut die starre und accentrierte Geschlossenheit der Komparserie. Gute Masken. — Das ist in ein paar Stichworten unsere Ansicht über die Aufführung. Nun aber zum Stück selbst: — nicht Fleisch, nicht Fisch. Materialismus und Idealismus prallen aufeinander, ohne dass Kaiser die Kraft findet, sich für den einen oder den anderen zu entscheiden. Seine Kompromisslerei nach rechts und links passt uns nicht. Wir wollen Kampf gegen den hypertrophierten Materialismus, wie er in den Vertretern von New-Orleans gezeigt wird. Wenn schon 'Weltanschauung', dann — eine starke, die mitreisst und dem Zuhörer Kraft und Überzeugung vermittelt. Keine halbe Sache, kein Stück, in dem der Träger der sittlichen Idee letzten Endes doch der Dumme ist.

Alles in allem: mit viel Aufwand wenig erreicht. Ein Berg kreist, und eine Maus wird geboren. Die Sensation des Stückes — seine Aktualität — verpufft völlig: Was interessiert uns und was interessiert uns heute New Orleans? Wir haben Tausende von New Orleans in Deutschland. Wir haben Millionen von leidenden idealistischen Arbeitern in Deutschland. Was ist uns New Orleans? Noch dazu, wenn Herr Georg Kaiser, die Geissel seiner Gesellschaftskritik so verführerisch ausgleichend auf Gerechte und Ungerechte niedersausen lässt.

Wir brauchen starke Stücke: Wenn schon Kleist, dann nicht, wie bei uns, die langweilige *Penthesilea*, sondern *Prinz Friedrich von Homburg*. Wenn schon modern, dann Illges: *Die Laterne*, Kolbenheyer: *Heroische Leidenschaften*, aber bitte keinen lahmen Kaiser, den man ja ohnehin nur gegeben hat, um — höchstes Glück jeder 'künstlerisch-fortschrittlichen' Intendanz eine — — 'Uraufführung' buchen zu können.

Man muss in einem modernen Schauspiel und ganz besonders in einem 'Georg Kaiser' — eine ganze Portion ausgelaugter Rindsknochen knabbern, ehe man an die wenigen mageren Fleischfetzen kommt. — Alles in allem: ein elender Schmarren, dies *Mississippi*! — Wenn einige übereifrige junge Zuschauer diese trübe Wahrheit noch nicht wussten und Entrüstung äusserten, wo schweigende Verachtung am Platze gewesen wäre, so geschah das nicht mit unserer Zustimmung.

519. S., *Hamburger Fremdenblatt*, 23.9.1930.

Nationalsozialistische Besucher versuchten in sinnloser Weise die Aufführung des Oldenburger Landestheaters durch Pfeifen und Zwischenrufe zu stören. Am Schluss der Szene wurden sie durch lebhaften Beifall fast des ganzen Hauses übertönt, weitere Versuche dann jedoch mit aller Energie durch persönliches Eingreifen des Intendanten vereitelt, der bereits am Morgen vor der Aufführung über die Absichten der Nationalsozialisten ins Bild gesetzt war. Ein Ruhestörer verliess nach der Drohung mit der Hinausweisung durch die Schutzpolizei das Theater, nachdem ihn seine Parteigenossen durch Heilrufe verabschiedet hatten. Die nationalsozialistische Aufputschung gegenüber dem Theater scheint mit unreifen Elementen durchgeführt werden zu sollen; es ist daher erfreulich, dass gleich beim ersten Fall der Versuch im Keime erstickt worden ist.

Die Regie des Intendanten Götze holte aus dem Ensemble alles heraus, um eine eindringliche und wirkungsvolle Aufführung zustande zu bringen. Vielleicht ist noch ein schnelleres Tempo in dem am schwächsten gebliebenen ersten Akt notwendig. [...] Die übrigen Rollen waren in guten Händen; die Massenszenen wurden in einem Rhythmus durchgeführt, der das fanatisierte und selbstgewollte Elend der Sektierer gut charakterisierte. [...]

Supplementary documentation (newspaper reports).

520. nn., *Nachrichten für Stadt und Land*, 24.9.1930.

Wir haben zwar im vergangenen Winter bereits einige neuartige Überraschungen in unserem Theater erlebt, ich erinnere nur an das Orchesterkonzert, in dem uns die modernste Musik mit Schlüsseln gepfiffen und auf die gewiss nicht zu diesem Zwecke angebrachten Eisenstangen getrommelt vorgeführt wurde. Aber wenn gar im Publikum Leute verteilt werden, die dann plötzlich anfangen mitzuspielen und zu den doch ernst gemeinten Ausführungen der Schauspieler auf der Bühne 'Pfui' zu rufen, wie wir es am Sonnabend in der Uraufführung von Kaisers *Mississippi* erleben mussten, das heisst doch geradezu den Volksversammlungston ins Theater tragen. Und dann die Fortsetzung dieser Komödie in der Pause, wo einer der Zwischenrufer nach einem kurzen Dialog hinausgewiesen wurde und mit einem Heilruf (ausgerechnet!) verschwand, wobei sogar ein anscheinend echter Schutzmann als Statist mitwirkte, da wird doch die Reklame für Georg Kaiser und die Verhöhnung durch unsere zweitstärkste Reichstagspartei etwas zu weit getrieben! In der grossen Pause konnte man dann auf den Tempelstufen vor dem Eingang des Musentempels einen der markantesten Köpfe des demnächst zusammentretenden Reichstags im Kreise seiner Getreuen bemerken, wobei Aussprüche wie: 'Verherrlichung des Kommunismus und Verhöhnung der Religion' vernehmbar wurden.

Im weiteren Verlauf der Vorstellung ergab sich jedoch eher
eine Verherrlichung der Religion, durch welche die Farmer am
Mississippi die Kraft zu ihrer freiwilligen Entbehrung
erlangen. Auch wird die Kritik, die sie aus religiösen
Gründen an den bestehenden sozialen Zuständen üben, gerade
durch die Ausführungen des Staatskommissars noch
gerechtfertigt. Aber leider sind die armen Farmer in ihrer
intellektuellen Entwicklung und in der Kenntnis der modernen
Kultur nicht weit genug, um ihre Ideale in einer
berechtigten Weise durchzuführen. So kommen sie zu einem
naiven Kommunismus, der nur zerstören kann und dessen
Absurdität vom Dichter mit genügender Deutlichkeit
gekennzeichnet wird. Dass dies auch im Publikum verstanden
wurde, zeigte ein Ausspruch, der nach Schluss der
Vorstellung im Ausgang fiel: 'Die haben sich aber schön
blamiert!' Jedenfalls scheint daraus hervorzugehen, dass das
anständige Publikum nicht geneigt ist, sich im Theater eine
'Diktatur der Dummheit' auf die Dauer gefallen zu lassen.

521. anon., *Hamburger Echo*, 23.9.1930.

Nazi-Spektakel im Oldenburger Landestheater. Bei der
Uraufführung von Georg Kaisers *Mississippi* im Landestheater
Oldenburg versuchten nationalsozialistische Besucher, die
Aufführung durch Pfeifen und Zwischenrufe bei offener Szene
zu stören, um auf diese Weise gegen die Tendenz des Stückes
zu protestieren. Am Schlusse der Szene wurden sie durch
lebhaften Beifall fast des ganzen Hauses übertönt und der
Intendant drohte den Zwischenrufern mit der Ausweisung durch
Schutzpolizei und verwies einen Ruhestörer aus dem Theater,
den seine Gesinnungsgenossen mit Zwischenrufen
verabschiedeten. Die Aufführung konnte dann zu Ende geführt
werden.

522. anon., *Elbinger Zeitung*, 24.9.1930.

Störung einer Theateraufführung durch
Nationalsozialisten. Bei der Uraufführung von Georg Kaisers
Mississippi im Landestheater zu Oldenburg, die gleichzeitig
mit der Uraufführung in Hamburg stattfand, versuchten
nationalsozialistische Besucher, die Aufführung durch
Pfeifen und Zwischenrufe bei offener Szene zu stören [...]
Das neue Werk Georg Kaisers, dessen 'Tendenz' den
Nationalsozialisten in Oldenburg nicht genehm war, ist von
der Kritik gerade der massgebenden Hamburger Rechtsblätter
eingehend und begeistert gewürdigt worden.

523. rg., *Gothaer Abendblatt*, 22.9.1930.

Bei der Oldenburger Uraufführung von Kaisers
Mississippi kam es zu einem ergötzlichen Zwischenfall: In
nationalsozialistischen Kreisen munkelte man am Tag vor der
Vorstellung, dass in diesem Stück — man denke! — die Rede
von Blutschande sei. Wie man auf diese mehr als kuriose Idee
gekommen ist, war umsoweniger festzustellen, als in dem
ganzen Stück nirgends davon die Rede ist, und nicht einmal
ein Geschwisterpaar auftritt, wie ein Blick auf den Zettel
die Nazis gelehrt hätte. Vielleicht aber glaubte man, da die
handelnden Personen sich als Mitglieder einer Sekte mit
'Bruder' und 'Schwester' anreden, man müsse dieser rein im
christlichen Sinne gebrauchten Anrede unerlaubte
geschlechtliche Beziehungen zugrunde legen. Jedenfalls
fühlten die Nazis sich zu Hütern von Zucht und Sitte
berufen, und so marschierte zu Beginn der Vorstellung ein
Stosstrupp auf die Gallerie. Als es während des ersten Aktes
wider Erwarten nichts zu beanstanden gab, sah man sich nach
anderen 'anstössigen' Stellen um [sic] fand sie. Wo immer
vom lieben Gott ein bischen [sic] herabsetzend gesprochen
wurde, begleitete man die Worte mit schrillen Pfiffen und
kräftigen Pfuirufen. — Dem Unfug wurde in der Pause
erfreulicherweise durch das schnelle und tatkräftige
Eingreifen des Intendanten und des diensthabenden
Polizeioffiziers ein Ende bereitet, indem sie die Ruhestörer
an die Luft setzten. Die Vorstellung konnte dann ungehindert
ihren Fortgang nehmen.

524. anon., *Frankfurter Zeitung*, 23.9.1930.

Bei der Erstaufführung von Georg Kaisers *Mississippi* im
Oldenburgischen Landestheater kam es am Samstag abend zu
einem wüsten Theaterskandal. Eine grosse Anzahl von
Besuchern, offensichtlich Nationalsozialisten, unterbrach
die Aufführung durch Pfeifen und Zwischenrufe bei offener
Szene, während das übrige Publikum am Aktschluss durch
besonders lebhaftes Applaudieren die Missfallenskundgebungen
zu übertönen suchte. Ein Zwischenrufer verliess nach der
Drohung mit Hinausweisung durch die Schutzpolizei das
Theater, nachdem ihn seine Gesinnungsgenossen durch
Heil-Rufe verabschiedet hatten. Die Aufführung konnte dann
ohne weitere Störungen zu Ende geführt werden.

525. anon., *Volksblatt*, 25.9.1930.

Das Landestheater will sein Hausrecht wahren. Die
Intendantur teilt mit: Publikum und Künstler haben ein Recht
auf Schutz gegen planmässige Störungsversuche der
Vorstellungen durch beauftragte Mitglieder irgendwelcher
Gruppen und Parteien. Die Intendanz erklärt, dass sie mit
allen zu Gebote stehenden Mitteln den ungestörten Verlauf

aller Vorstellungen sichern wird. Das Publikum wird gebeten, diese Bestrebungen zu unterstützen. Das Recht der Theaterbesucher, am Schluss einer Vorstellung Beifall oder Nichtgefallen kundzutun, wird durch diese notwendigen Massnahmen nicht beschränkt.

526. anon., *Oldenburger Landeszeitung*, 27.9.1930.

In der Uraufführung von Kaisers *Mississippi* war gegen Ende des ersten Aktes von Nationalsozialisten bei offener Szene ein schwacher und völlig unsinniger Störungsversuch unternommen worden. Da der Intendanz bereits vor der Aufführung von derartigen Versuchen Mitteilung gemacht war, konnte man sofort energisch durchgreifen und weitere Störungen verhindern. Da in der Bevölkerung über die Pläne der Nationalsozialisten, die nach der Aufführung auch noch einige Schauspieler angepöbelt haben sollen, Unruhe entstanden ist, sah sich die Intendanz veranlasst, öffentlich bekanntzugeben, dass sie mit allen ihr zu Gebote stehenden Mitteln den ungestörten Verlauf aller Vorstellungen sichern wird. Sie weist im übrigen darauf hin, dass das Recht der Theaterbesucher, am Schluss einer Vorstellung Beifall oder Nichtgefallen kundzugeben, durch die notwendig gewordenen Massnahmen nicht beschränkt wird.

20.9.1930, joint Uraufführung, Schauspielhaus, Düsseldorf. Dir.: Gustav Lindemann; sets: Eduard Sturm; Franz Everth (Kehoe); Hans Mierendorff (Stimson); Fritz Valk (Nathan); Cornelie Gebühr (Doris); Peter Esser (General).

527. anon., *Freiheit* (Düsseldorf), 23.9.1930.

Vor einigen Jahren kam eine Meldung aus USA., der Mississippi sei aus seinen Ufern getreten, angeschwollen durch grosse Wolkenbrüche, und drohe die ganze Mississippi-Niederung mitsamt der grossen Stadt New Orleans am Busen von Mexiko zu vernichten. Es gab noch einen Ausweg: Sprengung der Dämme, Überflutung des flachen Landes und damit gleichzeitig: Vernichtung Tausender von Farmerexistenzen, die sowieso ein schweres Leben hatten, denn ihre Preise wurden von den Städten diktiert. Die Farmer weigerten sich, ihr Land zu verlassen, sie bewaffneten sich und es kam zu Guerillakämpfen mit den Regierungstruppen, die schliesslich gewaltsam den Widerstand brachen und die Sprengungen durchsetzten.
    Aus diesen Tatsachen macht Georg Kaiser sehr geschickt drei bühnenwirksame Akte, indem er, sehr richtig, die politischen Untergründe des Konfliktes betonte und hervorhob. Die Lage der amerikanischen Farmer ist schon seit

Jahren eine kritische, sie befinden sich etwa auf dem Niveau unserer Kleinbauern und stellen eine wichtige Reservearmee der amerikanischen Revolution dar. Ihre landwirtschaftlichen Produkte werden infolge des Überangebotes von den Städten unterbezahlt, die Zwischengewinne der Grosshändler sind erheblich, und langsam werden aus den selbständigen Farmern abhängige Landarbeiter auf den Riesenfarmen amerikanischer Getreidegesellschaften. Diese Mississippi-Katastrophe kam ihnen gerade recht, um Abrechnung zu halten. Mochten die Städte versaufen, so [sic] wollten ihr Land nicht verlassen, sie erkannten plötzlich ihren Wert. Leider begnügt sich Kaiser mit diesem Tatbestand nicht. Vielleicht erschien ihm die Rebellion der Mississippi-Farmer noch zu wenig begründet, und deshalb bemühte er in seinem Stück, leider, Gott. Eine gottesfürchtige sektiererische Landgemeinde hat eine grosse Bruderschaft geschlossen, produziert auf ihren Äckern gerade soviel, um notdürftig leben zu können und nicht in die Stadt abliefern zu müssen. Die Überschwemmungskatastrophe erscheint ihnen als ein Gottesgericht gegen New Orleans, und die von unchristlichen Idealen erfüllten Kleinbauern sen [sic] dem Regierungskommissar, der sie von der Notwendigkeit der Räumung überzeugen soll, ein hartes Nein! entgegen. Dieses Nein wird aber nicht mit Waffen verstärkt (wie es sich tatsächlich abgespielt hat! Hier fälscht Georg Kaiser bewusst), sondern in einer Non-Cooperation Gandhischer Art: Widerstandsloses Ausharren! An dieser Stelle sagt der puritanische Regierungskommissar den besten Satz des ganzen Stückes: 'Die einen haben gar keinen Gott, die anderen haben zuviel Gott, der Staat legt Wert auf eine mittlere Frömmigkeit!' Er hätte aber noch hinzufügen können (was Georg Kaiser leider nicht hinzufügt), dass die ohne Gott viel gefährlicher sind, weil sie mit den Waffen und Mitteln der Herrschenden Widerstand entgegensetzen und auf einem Sechstel der Erde schon gesiegt haben. Das widerstandslose Ausharren aber kann der herrschenden Klasse nur recht sein, Gandhis Versagen ist der beste Beweis dafür. Auch die Farmer vom Mississippi, so wie Georg Kaiser sie schildert, werden einfach von den bewaffneten Tommys deportiert. Hoffentlich haben sie die Lehren daraus gezogen, dass der Kampf auf diesem Wege nicht zum Ziele führt. Negerarbeiter, Farmer und weisses Industrieproletariat unter Führung der amerikanischen Workers-Party werden sich einmal gemeinsam ihr Land erobern. Sie sind schon auf dem Marsche.

    Es war, unter Lindemanns Regie, eine ausgezeichnete packende Aufführung, die bis zum Schluss in Spannung hielt. Leider sprachen einige der Farmer zu sehr Salonsprache. Für ihren verworrenen mystischen Quatsch ist allerdings nur Georg Kaiser verantwortlich zu machen. Es gab stürmischen Beifall.

528. Gerth Schreiner, *Volkszeitung* (Düsseldorf), 22.9.1930.

[...] Noel Kehoe wird erschossen. Auf den Sterbenden wirft sich Doris Thompson. Die Fluten des Mississippi gurgeln durch den gesprengten Deich. 'Jetzt liebe ich dich – ich habe dich nur gehasst, weil du gross warst und ich klein war,' schreit Doris in den Aufruhr der Elemente und dem Sterbenden in die Ohren. Wie ein echter klassischer Held bekennt Noel, dass er sterben muss, weil er in frevelhaftem Übermut sich vermass, Gottes Arm lenken zu wollen. Aber er sei glücklich. Denn nun erkenne er den wahren Sinn von Phils Tod: sein geliebtes Weib ihm wieder in die Arme zu führen. Grossaufnahme: eng umschlungen sterben die nach jahrelanger Trennung Wiedervereinten.

Kaisers Stück ist typisch für die Situation der bürgerlichen Dichtung: der letzte Funke revolutionären Tatwillens erstickt in der Asche ausgebrannter Ideen. Während das Weltproletariat mit den Waffen eines neuen Ethos und eines scharfen Verstands für eine bessere Zukunft streitet, während das indische Bürgertum einen heroischen Kampf der Gewaltlosigkeit und No-Cooperation gegen die englische Kolonialherrschaft führt, flüchtet der Dichter Kaiser zu amerikanischen Sektierern, weil so ein Kampf mit frommen Liedern und alten Ideen romantischer ist. Harmoniummusik und Choräle verfehlen auf der Bühne nie ihre Wirkung. Und da Kaiser auf der Flucht nach Amerika keinen Ausweg aus der Wirrnis unserer Zeit findet, kehrt er reumütig zur klassischen Ideenwelt zurück. Denn auch der Räuber Karl Moor hat schon ähnliche Gedanken gehabt wie der sterbende Noel Kehoe. Er zog aus, sein Jahrhundert in die Schranken zu fordern, um zu erkennen, dass zwei Kerle wie er, das ganze sittliche Weltall über den Haufen werfen würden. Eines freilich hat der 'Denkspieler' Kaiser gelernt, und zwar vom Film: dass man alte Idee am besten in sentimentalen Kitsch einpackt. Kann man aber wirklich über das rührselige Familiendrama die Ideenarmut dieses Stücks vergessen?

Was besagt angesichts dieses Gesamtbefunds die Tatsache, dass das Schauspiel theatertechnisch sehr effektvoll gemacht, dass manche Analyse sehr präzis und der Dialog sehr geschliffen ist?

Gustav Lindemanns meisterhafte Regie überwältigt beinahe die Hauptschwierigkeit des Stücks: den religiösen Fanatismus der Sektierer durch Berufsschauspieler glaubhaft zu machen. Wenn es ihm auch nicht ganz gelingt, so bleibt doch die Regie der Massenszenen das beste der Inszenierung.

Franz Everth ist Noel Kehoe: bei allem bäuerlich-grüblerischem Fanatismus ein gebrochener Mann, der sein Eheunglück mit grossen Taten abreagieren will. Manchmal wächst diese Gestalt ins Visionäre. Aber solche Gestalten kennen wir doch nicht erst seit Schönherrs *Glaube und Heimat*. Cornelie Gebühr ist nicht die Gegenspielerin, die sie der Dichtung nach sein müsste. Man glaubt ihr weder ihre Verachtung der Sektierer noch ihre grosse Liebe zu Noel Kehoe. Diese Doris Thompson lebt nicht aus sich, sondern von der Gnade des Regisseurs. Hans Mierendorff ist ein

glänzender Sprecher der Kaiserschen Aphorismen zu dem Yankeetum. Fritz Valks einarmiger Neger Nathan wächst über das Stück hinaus. Das einfältige revolutionäre Christentum dieses ehemaligen Sklaven erschüttert.
    Das ausverkaufte Haus rief zum Schluss die Darsteller und den Regisseur, der im Namen des Dichters für die freundliche Aufnahme des Stückes dankte.

529. anon., *Die Volksbühne*, No. 7, Oct. 1930.

    Das Schauspielhaus zeigte sich bei Beginn der neuen Spielzeit, die die fünfundzwanzigste seines Bestehens ist, in einem neuen Gewande: die Holztäfelung des Saales, die ganz durchgeführt ist, schwingt reizvoll in der Rundung der ursprünglichen Architektur von den Seitenwänden zur Bühne vor, die sie in ernster Profilierung rahmt. In diesem ernsten, fast monumentalen Bühnenrahmen wirkt sich die erste Uraufführung dieser Spielzeit ganz gewichtig aus. Gewichtig will gewiss dieser Georg Kaiser gewertet sein. Erheblicher als bei den Stücken, die Georg Kaiser in den letzten Jahren geschaffen hat, hat dieses Ansätze zum Grandiosen.
    [...] In einer hinreissenden Dialektik werden zwei schlagend durchgeführte Akte lebendig. Jetzt aber wird eingeengt, was eines der stärksten Stücke, was wirkliches, grosses Zeittheater hätte werden können. Auf dem Hintergrunde eines grossen Gruppenschicksales spielt sich stark hervortretend ein Einzelschicksal ab so —, dass der Dichter nicht entscheidend zu sozialer Konsequenz vordringt, nicht vordringen kann, aber — auch wohl nicht will. [...] So triumphiert die Liebe, sie triumphiert — im Tode. Der Staat ist gerettet, aber auch die Idee der Bruderschaft der freiwilligen Armut ist in der Welt. Vieles, was in diesem Schauspiel ausgesprochen wird, ist hochaktuell und an unsere Zeit gebunden...
    Die schlechthin meisterhafte Regie von Gustav Lindemann stellte sich durchaus auf die Seite der 'Brüder der niedersten Not'. Im ganzen wie im einzelnen war es wieder eine Glanzleistung des Schauspielhauses, vor allem überzeugend differenziert und gesteigert in der Charakterisierung der gegensätzlichen Welten, in der Gliederung der Massenszenen geradezu hinreissend — bei den individuell durchgeformten Farmergruppen wirkte der gesamte Kunstkörper des Schauspielhauses mit —, in den Einzeldarstellern, insbesondere in dem Hauptdarsteller des Abends (Noel Kehoe durch Franz Everth) ganz bedeutsam, alle Schauspieler ergriffen, fast besessen von der Aufgabe, die der tiefere Gehalt des Stückes schreibt.

530. Dr. K. L., *Königsberger Hartungsche Zeitung*, 23.9.1930.

Die von Gustav Lindemann geleitete Uraufführung im
Düsseldorfer Schauspielhaus erzielte dank der überaus
hingebenden Arbeit an dem eigenartigen Werk, durch die die
Gegensätze der miteinander ringenden Welten aufs
eindrucksvollste in Erscheinung traten, einen grossen
Erfolg, der sich in immer sich wiederholenden Beifallstürmen
[sic] offenbarte. Jeder Repräsentant verkörperte klar seine
Kreise und Motive: Hans Mierendorff als Staatskommissar die
Staatsgewalt, Cornelie Gebühr als Doris Thompson die Frau
mit der zertretenen Liebe im Herzen, die die Rachgier
hinreisst, Peter Esser als General das Militär, dem nur der
Befehl heilig ist. Mit besonderer Liebe waren die Apostel
der neuen Lehre herausgearbeitet. Unheimlich suggestiv
wirkte Franz Everth als Führer Noel Kehoe. Ihm ist in erster
Linie neben dem Spielleiter der grosse Erfolg zu danken.
Ausgezeichnet ergänzten ihn August Weber als Matthew Isham,
Friedrich Schwark als Oliver Flynn und Fritz Valk als Neger
Nathan. Die Farmergruppen, die vom gesamten Kunstkörper des
Schauspielhauses dargestellt wurden, waren überaus lebendig;
meisterhaft in Ausdruck und Bewegung gestalteten sie in der
Hallenszene des zweiten Aktes einen Höhepunkt. — Das Stück
als solches sagt viel Altes in neuer Form; es ist ein echter
Kaiser in der Zuspitzung der Gedanken, in der Schärfe des
Angriffs, in der geschickten Technik.
    Wieder einmal zeigt das Schauspielhaus
Dumont-Lindemann, dass es in der deutschen Schauspielkunst
führend ist.

531. -ns., *Volksfreund* (Aachen), 22.9.1930.

    Obwohl Georg Kaiser in einem Gespräch mit Kasack (im
Berliner Rundfunk) erklärt hat, er schreibe keine Stücke mit
dem Hinblick auf die spätere Aufführung und es sei nur
Zufall, dass seine 'dialogischen Dichtungen' mit den
Forderungen des Theaters übereinstimmen, bringt die
literarisch interessierte Öffentlichkeit, die im übrigen gut
daran tut, solchen Autoren-Äusserungen nicht ohne weiteres
zu trauen, einer Kaiser-Premiere immer wieder die
allergrösste Aufmerksamkeit entgegen. Das war im vorigen
Jahr bei der Uraufführung der *Hellseherei* der Fall, das
konnte man ebenso Samstag abend feststellen, wo im Parkett
zahlreiche Theaterleute: Autoren, Regisseure und
Schauspieler gespannt die Vorgänge auf der Bühne verfolgten.
    Über den Sinn des neuen Schauspiels heisst es im
Programm: '1928 bedrohte der Mississippi New-Orleans. Die
tatsächlichen Vorgänge veranlassten die Erfindung dieses
Schauspiels' — Wer jedoch daraus schliesst, dass es sich
hier um eine blosse Reportage etwa im Stil der
Dreifus-Affäre, handle, irrt, denn es geht — wenn auch im
Rahmen 'tatsächlicher Vorgänge' — um nichts weniger als eine
höchst eindringliche Diskussion über die Daseinsberechtigung
oder Negierung unserer heutigen Wirtschaftsform. Georg

Kaiser, der in letzter Zeit seine geniale Dialogtechnik vielfach an recht nebensächlichen Stoffen erprobte, hat diesmal wieder mit kühnem Graff [sic] ein — Problem angepackt. Rein äusserlich kennzeichnet sich das übrigens auch schon durch die grundlegend veränderte Sprachkomposition, die mit dem etwas manirierten 'Telegrammstil' mancher früheren Stücke nur noch die einprägsame Deutlichkeit und unbedingte Klarheit gemein hat.

Irgendwo am Mississippi, in der Nähe von New-Orleans, hat der Farmer Noel Kehoe eine Art Sekte gegründet. Ihre Mitglieder sind 'Brüder' und 'Schwestern'; ihr Ziel, stark im Religiösen verwurzelt, ist eine gerechtere Verteilung des Besitzes. Ein Ziel also, nach dem wir schliesslich alle streben und das deshalb auch als Idee eines Bühnenwerks ausserordentliche Gültigkeit besitzt.

[...] Auf *Mississippi* übertragen: der Damm wird so gesprengt, dass New-Orleans unversehrt bleibt.

Hätte Kaiser es bei diesem Ausgang gelassen, hätte er Noel und seine Anhänger zu Märtyrern ihrer Idee werden lassen ohne irgendwelchen Lichtblick —: die Idee hätte darunter nicht gelitten. Denn der Gute ist stets auf der Seite des Schwächeren, und wer von uns wollte leugnen, dass eine gerechtere Verteilung des Besitzes nottue! Noel sieht schon das richtige Ziel, er vergreift sich nur in den Mitteln, geht falsche Wege; wir aber hoffen (zwei Akte lang), dass doch einmal ein anderer die richtigen finden wird. Doch dann kommt der letzte Akt und mit ihm das — sentimentale Ende. Was der Prophet für die Allgemeinheit nicht hat erreichen können, gelingt ihm bei der abtrünnigen Frau: während schon die Wellen Farmersland überfluten, erzählt sie ihm in wohlgesetzter Rede, dass sie (weshalb auf einmal??) an ihn glaubt. Wahrscheinlich werden sie trotz dieses netten Familienidylls absaufen, man muss es annehmen; doch wenn sie, wider Erwarten, gerettet sein sollten, so leben sie noch heute und werden in infinitum schönreden...

Georg Kaiser hat sich mit diesem 3. Akt um den grösseren Erfolg und uns um die (ethische) Stimmung gebracht. Trotzdem bleibt freilich anzuerkennen, dass sein Stück zu ernstem Nachdenken Anlass gibt, darüber hinaus in den beiden ersten Akten von ausserordentlicher Theaterwirkung ist. Gustav Lindemann, der die Regie führte, bot — mit Einzelspiel und Massenszenen — einen einprägsamen Abend, Eduard Sturm mit Betsaal und Schuppen ein Bühnenbild, das der Leitung des Ordners gleich kam. Hervorragend Franz Everth als Bruder Noel: sturer Bauer und lohender Fanatiker zugleich; das schwelt drohend unter der Oberfläche, wenn er dem Staatskommissar die Stirn bietet, der in Hans Mierendorff eine im besten Sinne naturalistische Verkörperung fand. Noels ehemalige Frau, jetzige Missis Thompson, wirkt durch ihren Umfall am Schluss etwas unglaubhaft, immerhin wurde Cornelie Gebühr mit ihrer Rolle nicht schlecht fertig.

Stück und Aufführung fanden guten Beifall [...]

[Nov. 1930], Erstaufführung, Volksbühne, Berlin. Dir.: Hans
Hinrich; sets: Edward Suhr; Gerda Müller (Doris); Hans
Peppler (Kehoe); Leonhard Steckel (Stimson).

532. Norbert Falk, *B. Z. am Mittag*, 15.11.1930.

    Georg Kaisers Stück, auf allen grossen Bühnen des
Reichs schon gespielt, hat gestern in Berlin seine
Feuerprobe bestanden; der durch dilektisch [sic] scharf
gespitzte Antithesen, durch die Kraft der Führung packende
zweite Akt entschied einen sehr starken Erfolg, den beim
Erlahmen der dichterischen Kraft im letzten Akt, eine
ausgezeichnete Darstellung, eine wirkungssichere Regie (Hans
Hinrich) festhielten. Ein paar alberne Pfiffe wurden im
Applaussturm erstickt.
    [...] Nüchterne Staatsraison und fanatische
Gottgläubigkeit stürmen gegeneinander los, der Staat siegt,
ob aber die höhere Idee der Besiegten lebendig bleibt,
darauf gibt Kaiser keine Antwort. Nachdem er ein Feuer
angezündet und hochgeblasen hat, lässt er es jäh verlöschen.
Nur im privaten Schicksal der einzigen weiblichen Person des
Dramas wird eine Gesinnungswandlung erweckt, aber sie bleibt
ungestaltete Phrase, theaterhaft hohl.
    [...] Wenn die Soldaten den Befehl des Staates
ausführen und die Sektierer auseinandertreiben, ist nach der
mit schneidender Schärfe geführten Auseinandersetzung der
Höhepunkt dramatischer Wirkung erreicht. Es ist einer der
besten Akte, die Kaiser jemals geschrieben hat.
    Wenn dann die Tragödie Noels gestaltet werden soll, die
Tragödie des von seiner Idee besessenen Schwärmers, des
idealen Kämpfers für Boden und menschliche Freiheit gegen
korrumpierende Zivilisation, da müssten die intellektuellen
Kräfte Kaisers von einem visionären Dichtertum abgelöst
werden: dieses Dichtertum ist dem ausgezeichneten Kopf
Kaiser versagt.
    Noel will den Soldaten erschiessen, der die Sprengung
des Dammes herbeiführen soll. Wenn er die Flinte hebt,
streckt ihn schon der Schuss eines andern Soldaten nieder.
Und zur theatralischen Schlussapothese [sic] eilt Doris
herbei, Doris, die Noels Anschlag verraten hatte, nun
getrieben vom Gewissen, geschüttelt von Reue, in
neuerwachter Liebe hinsinkend zu Noel, um mit ihm in den
heranbrausenden Fluten zu sterben.
    Verspäteter Ibsen, unechter Theatertod. Ein Ausgang
ohne die Kraft inneren Zwanges, eine pathetische Lüge.
    Ein starker Darsteller wie Peppler, dessen gemütvoller
Klarheit so starkes inneres Besessensein nicht ohne weiteres
geglaubt wird, zwingt durch die Kraft seiner Gestaltung zum
Glauben an eine innere Mission.
    Gerda Müllers prächtiges Temperament, so lange auf
Berliner Bühnen vermisst, gibt der Doris des ersten Teils,
der Doris des Spottes, des rationalistischen Angriffs, der

weltstädtischen Ungläubigkeit, Flamme, Bewegung, Offensive —
für die Doris des falschen Tons vermag auch sie nicht
echteren Klang zu finden.
  Als Verkörperung des Businestums im Staatsbetrieb,
machtbewusst und gerissen steht Steckel zwischen den
hallulujah-berauschten Sektierern. Diese Masse ist von
Hinrich erstaunlich lebendig und vielfältig in Erscheinung
und Gesichtern gestaltet.
  In wenigen Tagen die zweite starke Leistung der
Volksbühne. Es müsste alles geschehen, um von diesem
grossartigen Theater jede Gefahr abzuwenden.

533. Emil Faktor, *Berliner Börsen-Courier*, 15.11.1930.

  Wie fast immer bei Georg Kaiser steht man auch in
seinem neuen Schauspiel einem erdachten, von
Wirklichkeitselementen abstrahierten Menschenbereich
gegenüber. In seinem Theaterwerk dominiert die Idee, und die
Beziehung zur Welt steckt in Formeln, in spirituellen
Leitungsdrähten. Die Gefahren der Sprödigkeit und
vorherrschender Intellektualität überwindet Kaisers
brillante Technik, sein rhythmisches Gefühl für Situationen,
seine Formulierungskunst. Die Interessantheit seiner
Probleme erfüllt den Raum. Man kann sich ihr nicht
entziehen.
  [...] Der Mississippi ist der fliessende Arm Gottes. Er
soll die lärmende Gottlosigkeit dem verdienten Untergange
zuführen. Das ist die Idee des Stückes.
  Georg Kaiser führt sie dialektisch ein und setzt sie in
szenisch starke Vorgänge um. Sie beginnen mit der
Auseinandersetzung des Führers der Hallelujahbeter Noel
Kehoe mit seiner ehemaligen Gattin Doris [...] Eine soeben
erschienene Zeitung meldet den Entschluss der Regierung, den
Mississippidamm gerade an der Stelle zu sprengen, wo Noel
und seine Gefolgschaft hausen. Die Sektierer sind zum
Widerstand entschlossen und singen Hallelujah. Die Idee
steigert sich.
  Die Stunde der Gefahr entsendet einen Staatskommissar,
der die versammelte Bevölkerung des zur Überflutung
bestimmten Landstriches in einer Schleune aufsucht, um mit
ihr zu verhandeln. Noel und die Seinen haben sich eine
Schweigetaktik zurechtgelegt. Sie nennen sich nicht mehr
Brüder, sie verbergen ihr Hauptmotiv, sie verweigern die
Abwanderung, sie verschmähen hohe Entschädigungssummen. Sie
machen den Staatskommissar durch den Hinweis auf ihre
unverdrängbaren Recht machtlos. Die Idee des Stückes erhält
in diesem Momente ihre schärfste Zuspitzung. Sie steigert
sich bis zum Widersinn.
  [...] Die Frömmler werden abtransportiert. Dass Noel
mit zwei Gefährten dabei entwischte, bemerkte Frau Doris.
Sie berichtet es dem Kommissar aus zwei sich wirrenden
Motiven: Angst um New-Orleans, solange Noel noch seine Hand

im Spiele hat, Angst um Noel selber, den sie trotz
Wiederverheiratung, trotz Abscheu vor seinem Pietismus,
trotz des Schmerzes um den geopferten Sohn zu lieben
scheint.

Ohne diese Doppelung wäre das Schauspiel zwingender.
Die Idee versackt in einem konventionalisierten
Gefühlsdrama. Noel will den Militärposten, der mit der
Sprengung des Dammes betraut ist, niederschiessen und wird
selbst von einer Kugel getroffen. Die Ausreisserin Doris
bleibt zurück, um sich mit ihm überfluten zu lassen. Kaisers
grosse Formulierungskunst findet auch für diesen, von der
Idee des Stückes abgleitenden Vorgang schöne Worte. Die Idee
des Dramas setzte ein generelles Schicksal der Staatsgewalt
gegenüber. Sie mündet in einem, den geistigen Umfang
verkleinernden Trauerspiel von alter Liebe.

Jedenfalls hat man in Georg Kaisers neuem Schauspiel
den Gewinn zweier interessanter, von Geist und Bewegung
durchpulster Aufzüge, in welche Fragen nach dem Sinn der
Welt hineinschwingen. Kaisers dramatisches Können kulminiert
in dem Scheunenbilde, wo sich alleräusserste Gegensätze in
Brennpunkten treffen. Links und rechts die Dramatik der
Schweigsamkeit, mit der die Dramatik des Wortes um Resultate
ringt. Wie vortrefflich der Ausspruch des Kommissars, der
vom Staate sagt, dass er nur eine mittlere Frömmigkeit
brauchen könnte. Da die Ausläufer der Idee auch im
Schlussakte zurkulieren, erzwingt sich das Schauspiel trotz
aller Abschwächungen einen durchgreifenden Gesamterfolg.

Die Inszenierung des Werkes war sehr gelungen. Für sie
sprach die Spannung des Publikums, das sich durch Intellekt
und Symbolik nicht belastet fühlte. Das von Hans Hinrich
geleitete Spiel sorgte für grosse Klarheit. Weniger
befriedigend waren die Bühnenbilder Edward Suhrs. Besonders
das Schlussbild der Mississippilandschaft hätte filmisch
verstärkt werden können. Es war unklar gegliedert.

In der Rolle der Doris kehrte Gerda Müller aus der
freiwilligen Verbannung zurück. Es war eine Freude, sie
wiederzusehen. Sie formte die etwas widerspruchsvolle
Gestalt in straffen Linien. Sie führte eine erquickend
lebhafte, mit der Monotonie der Frömmigkeit kontrastierende
Sprache. Sie gab die Illusion egoistischer Kälte und fand
sich auch mit dem verschwimmenden Gegenteil zurecht. Gutes
Theater spielte als Noel auch Hans Peppler, aber nicht so
einheitlich. Er sprach manches zu pathetisch und verpresste
dabei Kaisers Dialektik. Allerbestes Theater spielt Leonhard
Steckel. Er gibt den Staatskommissar mit einem blendenden
Überschuss an Naturell. Die Rolle reicht für seine Einfälle
und seine Bewegungsfreude kaum aus. Hier wächst ein Können
auf, dem die gestellten Aufgaben zu knapp sind.

Alle übrigen Darsteller sind vortrefflich
eingegliedert. Man sieht musterhafte Massenszenen. Die
erdachte Welt wird sehr lebendig. Die Volksbühne erwarb sich
mit dieser sehenswerten Aufführung ein Verdienst.

534. Fritz Engel, *Berliner Tageblatt*, 15.11.1930.

Den wilden Matrosen von Cattaro folgt nun gezähmter die theatermässig wirksame, aber minder bekennerische Tragödie Georg Kaisers. Ein Zeitstück, das wertvoller ist als die Gattung sonst, wird abgelöst von einem Drama, in dem Weltanschauungsgegensätze vertieft sein möchten. Wie stets bei Kaiser, weiss doch niemand, woran der glaubt, kommt es nicht zu klarer Entscheidung. Weil er selbst keinen festen Punkt hat, um von da aus die Welt in ihrer Gegensätzlichkeit zu sehen, weil er von keinem einheitlichen Ethos beherrscht ist, weil ihn mehr die Lust am Gestalten treibt als eine Überzeugung, die ihn zwangsweise zur Gestaltung drängen könnte, bleibt er ausserhalb seines Werkes, und seine Kühle geht auf uns über. Wir sehen starkes Theater, in einer Wendung auch schlechtes, und wissen zuletzt nichts mehr, als was wir auch sonst bereits gewusst haben: dass es heute wie immerdar zwei Sorten von Menschen gibt, die einen, die ihr Glück in der Entsagung, und die anderen, die es im Genuss suchen. Gotteskinder und Weltkinder, Schwärmer und Tatsachenmenschen, Heilige und Krämer. Oder, um es soziologisch auszudrücken, Antikapitalisten und Kapitalisten, Gegner des heutigen Gesellschaftsstatus und wiederum seine amtlichen und privaten Stützen. Die Heiligen sind freilich seltener als die Krämer, und wenn Kaiser seine entbehrungssüchtigen Edelkommunisten mit Hallelujagesang auf der Bühne des Berliner Volkes vorführen lässt, dann spürt man durchaus, dass diese Stadt und dieses Publikum die Entsagung als Dummheit und die Frommheit als Frömmelei empfinden und ablehnen. Ganz deutlich, dass die Opposition hier einsetzte, auf berlinisch: det is ja Falle! Der Beifall derer, die den Abend rein als starke Unterhaltung genossen, war dann freilich viel energischer.
Der Hintergrund der Handlung ist, wie stets bei Kaiser, mit einer gewissen Grossartigkeit gewählt. [...] Die ganze Gemeinde wird verhaftet. Nur gerade Kehoe und zwei andere Führer werden übersehen, sie können flüchten. Das ist schlechtes Theater, das durfte dem szenensicheren Georg Kaiser nicht unterlaufen. Aber nur so geht das Stück weiter. Der Damm soll jetzt an der dichtgemachten Stelle gesprengt werden. Kehoe will den Soldaten, der die Schnur entzündet, erschiessen, er wird selbst angeschossen. Noch darf er nicht sterben. Noch muss er bereuen, dass er sich zum 'Richter und Rächer' erhoben. Noch muss er sich mit Doris auseinandersetzen. Doris war seine Frau, ehe sie lebenshungrig der Sektenklausur entfloh, Doris ist die Mutter seines Sohnes Phil, den er opferfroh, aber nicht begnadigt wie einst Abraham, als Geisel Gottes in den Fluten hat untergehen sehen, Doris ist seine Feindin. Sie denunziert, dass er die Stadt vernichten wolle, sie hilft ihn suchen, nachdem man vergessen hat, ihn einzusperren. Ja, aber Doris wäre nicht Doris und Georg Kaiser wäre nicht Georg Kaiser, wenn sie ihren Kehoe nicht doch noch liebte,

wenn sie sich nicht jetzt, da der Damm gesprengt ist und die tödlichen Wasser heranrauschen, neben ihm bettete, auf dass sie gemeinsam stürben. Grosses Finale, starkes Theater. Wir wollen nicht behaupten, dass es neues sei. Es ist allerältestes. Aber präzise Formung, präzise Bühnenfiguren; der beste der Staatskommissar mit seiner Geschmeidigkeit. Er sagt die hübschen Worte: 'Der Staat braucht eine mittlere Frömmigkeit.'

Es wird auch mit allen Wirkungen gespielt. Darsteller, Szene, Bühnenmechanerie mit Donnerhall der Elemente sind in vollem Alarmzustand. Der Regisseur Hans Hinrich gleitet in den Expressionismus zurück. Den Staatskommissar lässt er ganz entfesselt losschmettern. Man kann sich auch denken, dass dieser Beamte in der Erregung ringsumher den eigentlich amerikanischen Typus kühler Bestimmtheit und unerschütterlicher Ruhe darstellen soll. Aber die Auffassung zugegeben, strömt von Leonhard Steckel eine Glut her, der man sich nicht entziehen kann. Dann kann Hans Peppler als Kehoe seine grosse und vielfältige Kraft diesmal von der heroischen Seite her entfalten, und Gerda Müller, unvergessen, deshalb freudig wiedergewonnen, ist als Doris in grosser Form. Man spürt, wie fein sie differenzieren, abschattieren, sich mässigen und dann zu hoher Bühnenwirkung aufschliessen kann.

535. Felix Hollaender, *Lebendiges Theater*, pp. 301-04.

Der Berichterstatter, der gegen Mitternacht die folgenden Sätze formuliert, stellt zunächst ordnungsgemäss fest, dass am Schlusse das Publikum der Volksbühne, von einem bravourösen Pfeifer abgesehen, mit stürmischem Beifall über Georg Kaisers Drama quittierte.

Zugleich nützt der Kritiker die Gelegenheit, um sich erneut zu der Geistigkeit dieses Dichters, zu der Reinheit seiner Gesinnung zu bekennen, die nichts von Kompromissen weiss — und revolutionärer ist als sämtliche Programm- und Tendenzstücke jüngster Provenienz.

Dabei nimmt er sich die Freiheit, alle Einwände vorwegzunehmen, die im Falle Kaiser an der Tagesordnung sind. Er weiss, dass es in der Gletscherwelt dieses Poeten keine Zentralheizung, oder sage ich korrekter, keine schmelzende Sonne gibt — dass in seine kristallklare Durchsichtigkeit, in seine stählerne Härte mit ihren unbarmherzigen Folgerungen sich nicht der Strom des Gefühls ergiesst. Und ebensowenig kommt bei ihm auf seine Rechnung, wer das Spiel sexueller Begierden und den Kampf der Geschlechter erwartet.

Auch in seinem neuen Drama *Mississippi* ist von alledem nicht die Rede. Aber in der Schärfe der Auseinandersetzung, in der Modernität und Gradlinigkeit der Problemstellung steht es wiederum auf einsamer Höhe, ungeachtet der kühlen menschlichen Luft, die durch diese drei Akte weht, und trotz

der Flucht vor psychologischer Vertiefung und theatralischen Spannungen.
[...] Das Drama, das mit einem Brio einsetzt, zu einem Forte sich steigert und mit einem Largo endet, ist vollkommen auf den Dialog zwischen wirtschaftlichen und religiösen Anschauungen gestellt. Zu seinem Schaden verzichtet es auf menschliche Gestaltung, indem es die Gegenwartsfragen in einen zu grell beleuchteten Vordergrund rückt und gleichzeitig die Träger der Ideen allzusehr in eine dünne, abstrakte Luftsphäre zieht.
Es ist Absicht des Autors, mehr die Gerippe der Menschen als die Menschen selbst vorzuführen und in dieser strengen Diskussion sich auf den reinen Intellekt zu stützen. Sein Kunstfehler: dass er das Schauspiel im letzten Akt verfallen lässt und, rein dichterisch genommen, nicht mehr die zwingende Kraft der vorangegangenen Szenen aufbringt.
Dennoch spürte das Publikum der Volksbühne instinktiv, dass in diesem Werke ein Gehirn arbeitete, das mit grossartiger Folgerichtigkeit und mit einer in die Zukunft weisenden Energie letzte Erkenntnisse zu formen wusste.

536. Felix Hollaender, *8 Uhr Abendblatt*, 15.11.1930, incomplete.

[...] Der begabte Spielleiter Hans Hinrich weilt noch zu sehr an der Oberfläche der Dinge. Das Bildliche und Maskenhafte spürt er auf, ohne den Rhythmus des Stückes zu finden, ohne in das seelische Bewusstsein dieser in Fanatismus erstarrten Menschen zu dringen. Auch der Name des Stückes hätte ihm innerhalb seiner Inszenierungskunst stärkere Anregungen geben können. Die gefährliche Musik des angeschwellten Stromes wurde nicht vernehmbar. Ausgezeichnet die Bühnenbilder von Edward Suhr.

537. anon., n.d., n.s., GKC.

Georg Kaisers *Mississippi* ist nun endlich auch in Berlin gelandet, und zwar in der Volksbühne, wo es bei geringem Widerspruch einen recht guten Erfolg zu verzeichnen hatte. Die Aufführung leitete Hinrich mit grosser Lebendigkeit, die Hauptdarsteller waren Peppler in der Rolle des Sektierers [...], Steckel in der Rolle des Staatskommissars [...] und die wieder aufgetauchte Gerda Müller in der Rolle der Frau, die erst den Sektierer um der Lockungen der Grossstadt willen verlässt, aber dann einen sentimentalen Operntod mit ihm stirbt. Alles Geistige des Stoffes, das bei Kaiser immer problematisch bleibt, ging in der starken Bühnenwirkung unter, die besonders im zweiten Akt durchschlug.

538. -St.-, n.d., n.s., GKC.

Auf Cattaro antwortet die Volksbühne mit Hallelujah, auf die Matrosenrevolte von Friedrich Wolf mit 'Näher mein Gott zu dir' von Georg Kaiser. Berlins schönste Bühne glich am gestrigen Abend einer Kathedrale. Unter Harmoniumklängen Zwiegespräche mit dem Allmächtigen. Und die Kirchenbesucher sassen schweigend, die Kritiker hochachtungsvollst vor dem Autor Georg Kaiser.

In *Mississippi* verbündet sich eine fanatisch-religiöse Farmersekte mit dem Hochwasser, um eine sündige Stadt, New-Orleans, zu vernichten. Die unwahrscheinliche Handlung eines Dammbruchs, der noch einmal aufgehalten wird von den Farmern. [...]

Georg Kaiser hat die Katastrophe aus dem Jahre 1928 am Mississippi in ein mystisches, übersinnliches, lächerliches Dunkel getaucht. Man bleibt bei seiner Handlung nicht nur kalt, sondern wird ablehnend bei dem Hallelujah-Geschrei vor Gewehren und Sprengpatronen.

Aber auch das Erstaunen und Verwundern vor der reaktionären Leitung der Volksbühne, die uns jetzt mit 'Zeitstücken' vom Mississippi kommt, hat man ja längst verlernt.

Die Schauspieler gaben sich redlich Mühe. Am schlimmsten war Hans Peppler als Sektenführer Noel Kehoe dran. Gerda Müller als seine Frau wirkte beinahe komisch. Am besten vielleicht noch Leonhard Steckel als Staatskommissar Stimson, im letzten Moment zu den Farmern geschickt, um sie freiwillig zur Räumung des Gebietes zu veranlassen.

Am Schluss der Aufführung gab es unter Führung von Herrn Breuer den Beifall der Kleinbürger. Von der Galerie ertönten Pfiffe, leider viel zu spärlich.

König Hahnrei

5.5.1931, Uraufführung, Staatliches Schauspielhaus, Berlin.
Dir.: Jürgen Fehling; sets: Rochus Gliese; Heinrich George
(Marke); Lothar Müthel (Tristan); Hilde Körber (Isolde).

539. H. Ihering, 6.5.1931, in *Von Reinhardt bis Brecht*, III
(Berlin: Aufbau, 1961), 158-60.

    Kein Satz hat in den letzten Jahren beim Theater mehr
Unheil angerichtet, als die überall verbreitete These: Es
gibt keine deutschen Stücke, nur gute Schauspieler und gute
Regisseure. Diese immer wieder unterstrichene Behauptung
züchtete den Grössenwahn der Stars und den Machtdünkel der
Regisseure. Diese bequeme Aussage erschwerte die
dramaturgische Regie und den planmässigen Aufbau eines
deutschen Spielplans.
    Im Falle *König Hahnrei* haben wir ein Schulbeispiel. Es
handelt sich um ein — vor dem Kriege geschriebenes —
Frühwerk von Georg Kaiser, das nur noch literar-historisches
Interesse hat. Man erkennt, wie 1913 der geistige Boden
schon erschüttert war. Die alten Zeichen, die alten Symbole,
die alten Figuren waren fragwürdig geworden. Georg Kaiser
schreibt einen König Marke mit Psychoanalyse. Freud ist in
diesen Tagen 75 Jahre alt geworden. Hier ist die frühe
Einwirkung auf das Drama spürbar. Marke verdrängt seine
Eifersucht auf Tristan in die Eifersucht auf Isoldes
sechsjährigen Bruder. Er nistet sich ein in die Liebe
zwischen Tristan und Isolde. Er zerrüttet diese Liebe, indem
er scheinbar mit seinem Willen arrangiert, was längst
geschehen, längst vollzogen ist.
    Aber Georg Kaiser kann schon hier, in seinen Anfängen,
mit psychoanalytischen Monologen nicht auskommen. Er beginnt
schon hier den Weg des antithetischen, des objektivierenden
Dramatikers. Er will einen Kampf ausfechten lassen zwischen
Vorstellung und Wirklichkeit, zwischen Einbildung und
Anschauung, zwischen Wahn und Sehen. Das Thema verschiebt
sich in jeder Szene. Aber die Form passt sich diesem Wechsel
nicht an. Alte Symbole und neue Zeichensetzung,
psychoanalytische Monologtechnik und geistige Antithetik,
Anschauung und Abstraktion durchkreuzen sich, verheddern
sich und geraten an die Grenze der Parodie. Eine
Anfängerarbeit, lehrreich für Fachleute, ohne allgemeines
Interesse.
    Wenn aber ein Theater diese Vorstudie aufführt, so muss
es das herausarbeiten, was auf Georg Kaiser hindeutet: den
Beginn einer geistigen Auseinandersetzung, die Vorform der
Ideenbühne. Sonst ist die Aufführung sinnlos. Jürgen Fehling
deutet Kaiser in seinen äussersten Gegenspieler um, in Ernst

Barlach. Kaiser ist leicht, Barlach schwer. Kaiser ist
schnell, Barlach langsam. Kaiser ist abstrakt, Barlach ist
anschaulich. Kaisers Stücke sind konstruktiv, Barlachs
figural. Kaiser formuliert, Barlach gestaltet. Kaiser ist
ironisch, Barlach ist religiös. Kaisers Schauplatz ist das
Gehirn, Barlachs die Landschaft.

So richtig und so künstlerisch, so treffend und so
bedeutend die Aufführung des *Blauen Boll* war, so irreführend
ist die Vorstellung des *König Hahnrei*. (Dass der *Blaue Boll*
ein reifes Kunstwerk und *König Hahnrei* eine Studie ist, tut
hier nichts zur Sache.) Fehling lässt Georg Kaiser umziehen,
aus seiner Gedankenwelt nach Mecklenburg, aus der
symbolischen Vorzeit in die Wende des 20. Jahrhunderts. Er
lässt von Rochus Gliese wunderbare Dämmerstuben und Mauern
und Landschaften bauen, nur dass sie mit dem Stück nichts zu
tun haben. Er lässt die vier Barone als Krautjunker
auftreten, Marke im Strohhut unter der Akazie sitzen und
später Tristan und Isolde mit dem Revolver erschiessen.

Aber das alles ist noch nicht das Schlimmste. Das
Schlimmste ist, dass auf diese Weise die Sprache Kaisers um
jede geistige Führung und Klarheit gebracht wird. Beispiel:
Marke fragt einen Gelehrten, ob schon ein sechsjähriges Kind
sinnliche Anschauungen haben könne. Der Gelehrte antwortet,
er solle sich spielende Kinder *ansehen*. Marke: 'So leicht,
sehen. So einfach ist es. Ein Fenster?' Bei Fehling wird nun
dieses Frage-und-Antwort-Spiel eine schummrige
Spökenkiekerszene beim Lampenlicht, der Gelehrte und Marke
blättern in Zeitungen.

Falsche Gewichtsverteilungen, falsche Dramaturgie. Als
Einzelfall gleichgültig. Verheerend in den Folgen. Auf diese
Weise würden die Möglichkeiten einer geistigen Dramatik
zugunsten nebelhafter Stimmungsszenerie vernichtet. Die
Schauspieler? Heinrich George setzt sich ein. Von welchen
Schauspielern seiner Erfolge kann das noch behauptet werden?
Aber George wurde durch die Anlage der Vorstellung zu einem
Brabbeln und naturalistischen Seufzen verführt. Er spielte
einen altgewordenen blauen Boll, keine geistig
experimentierende, keine geistig neugierige Kaiser-Figur.
Der ausserordentliche Schauspieler ging in die Irre. Müthel
als Tristan und Hilde Körber als Isolde waren fast stumme
pantomimische Figuren (als solche vortrefflich). Ferner:
Minetti, Werner, Donath, Hart.

Es gibt deutsche Stücke. Es muss eine Dramaturgie
geben, sie vorzubereiten. Jede Aufführung darf nur noch
unter dem Gesichtspunkt der Dramaturgie gewertet werden.
Andere Massstäbe können wir uns nicht mehr leisten.

540. Kurt Pinthus, *8 Uhr Abendblatt*, 6.5.1931.

Das tastende, in mehrfacher Bedeutung sehr gemischte
Jugendwerk Georg Kaisers, 1910 geschrieben, verwirrt und
verwirrend in Thematik wie im Ausdruck, eine neue, für

damals sehr neuartige Formulierung des
Tristan-Isolde-Marke-Stoffes versuchend, wirkte durch eine
grossartigfalsche Inszenierung Jürgen Fehlings noch
verwirrter und verwirrender.
    Kaiser, damals befangen in den Wirkungen der
Neuromantik Maeterlincks und Eulenbergs, doch schon gepackt
von psychoanalytischer Vertiefungssucht und bereits ein
bisschen gekitzelt, Ironie ins Tragische (hier gegen Wagner)
zu sprenkeln, lässt nicht Tristan und Isolde die Helden des
Dramas sein, sondern König Marke, — so sehr, dass das ganze
Stück eigentlich ein seelenblosslegender Monolog des
Hahnrei-Königs ist. Alle anderen Figuren sind stumm oder
fast stumm; nichtssagend im doppelten Sinn des Worts.
    Marke wird hier durch demütigen Genuss seines
Hahnreitums zum Sieger. Es ist, als ob er nach Laotses
Ausspruch handelte: 'Das Allerschwächste wird das
Allerstärkste besiegen'. Seine Schwäche lastet so auf der
Stärke des Liebespaares, dass die Liebenden in
Liebesschwund, Jammer und Tod getrieben werden. Marke weiss,
dass ihn das Paar betrügt, dass man, ihm zur Täuschung, die
Magd Brangäne ins Bett gelegt hat, er weiss, dass sein
ganzes Land weiss, wie sehr er Hahnrei ist. Aber er
verleugnet und verdeckt vor aller Welt sein Hahnreitum,
während er es insgeheim fördert durch stetige Verkuppelung
des Paares. Er geniesst, indem er leidet, er lebt sozusagen
als blutsaugerischer Voyeur in gütig-gieriger Luft.
    Weiter: da er Isolden nie besessen hat und Tristan sie
in den Augen der Welt nicht besessen haben darf, so ist sie
für ihn jungfräulich-rein. Mehr noch: er kompliziert sein
eigenes Problem, indem er nicht auf Tristan eifersüchtig
ist, sondern auf Isoldens sechsjährigen Bruder.
    So erschöpft sich das Stück und Georg Kaiser seine
schon hier spürbare Dichtungskraft in einer derartig
vielfältig gebrochenen Psychologie, dass das Stück zerbricht
... und oft ans Lächerliche streift, was nicht nur die
Kritik, sondern auch das oft kichernde Publikum feststellt.
    Kaisers Drama, in einem teils lyrischen, teils
travestierenden, teils analytischen, teils heroischen Stil,
als Kostümstück geschrieben, wäre heute nur spielbar
entweder als literarhistorisches Anschauungsstück über die
zwischen den Stilen irrende Dramatik von 1910, oder mittels
stärkerer Herausarbeitung jener Ironie, die Stoff und
Menschen vernichtet.
    Fehling aber, verleitet durch die moderne Psychologie,
die morbiden Charaktere der Romanze, spielt es in
norddeutscher Gegenwart, so wie heute Kaisers Gegenpol:
Barlach zu spielen ist. König Marke von Cornwall ist, in
Schifferbart und behäbiger Fülle, der Schulze eines
niederdeutschen Dorfsprengels, Tristan ein grünlicher
Schulamtskandidat, Isolde eine Magd in Sonntagstüll, die
Barone des Hofs eine bäuerliche Stammtischrunde. Marke sitzt
im Heidehof und liest auf schwarzem Ledersofa die Zeitung
unter einer Petroleumlampe, deren grüner Schirm mit
annoncenbedrucktem Zeitungspapier beklebt ist; statt im

romantischen Rosengarten spielt eine Szene in einem
Gewächshaus mit Dampfheizung, wo der König unter
breitrandigem Strohhut mit der Gartenschere hantiert; die
dramatisch-lebhafteste Szene geht, statt auf dem Schlosshof,
auf einem blechbeschlagenen Dach zwischen Brandmauern und
Schornsteinen vor sich; und statt mit dem Speer erlegt Marke
Tristan und Isolden mit dem Revolver.
    Jürgen Fehling aus Lübeck, verliebt in seine Heimat,
die ihm viel Kraft gab, sonst unter den Regisseuren der
treueste Diener seiner Herren Dichter, hat diesmal nicht
nur, gegen seine Gewohnheit, wild gestrichen und verändert,
– er deckt die Schwächen des Stücks, die mittels des Kostüms
einigermassen hätten verdeckt werden können, durch die
heutige Kleidung krass auf, und, indem er das Stück in die
Gegenwart versetzt, entrückt er es uns in unfassbare Ferne.
Es ist uns heute so fern, wie die heutige scharfe und
nüchterne Dramentechnik Kaisers diesem romantischen
Jugendwerk.
    Was allerdings Fehling in jener falschen Art gearbeitet
hat, ist als Arbeit wie alles, was Fehling in den letzten
Jahren zeigte, grossartig durch sorglichst getönte und
gegliederte Ausarbeitung, Durcharbeitung der Aufführung. Mit
der gleichen Leidenschaft wie Fehling versenkte sich
Heinrich George, als Marke, in das Stück, um wie der
Regisseur darin zu versinken. Nicht nur in der Quantität der
Rolle, sondern mehr noch in der Qualität des Spiels gab er
eine Riesenleistung: gemischt aus masochistischer Güte und
sadistischer Bösartigkeit. Seine zage, röchelnde, stockende
Stimme wächst, als er das Liebespaar ausgelaugt, ausgesaugt
hat, zum wilden Racheschrei. Eine ungeheure Menschenstudie,
die aber ebensowenig einheitlich sein kann wie die Figur des
Stückes.
    Als blasse Schatten Tristan und Isoldens, die nur im 1.
und 12. Bild ein paar Sätze sprechen, gehen Müthel und Hilde
Körber durchs Stück: Opfer des Dichter und des Königs Marke,
opferten sie sich entsagungsvoll für eine verlorene Sache,
die erst am Schluss, aus Achtung vor der verfehlten Bemühung
des Dramatikers und des Regisseurs und der erfolgreicheren
des Protagonisten Beifall fand.

541. P. W., *B. Z. am Mittag*, No. 104, n.d., GKC.

    Dieses Schauspiel Kaisers aus seinen Anfängen ist nicht
Travestie wie seine funkelnde *Jüdische Witwe*, die in Berlin
ein noch nicht gesühntes Missgeschick gehabt hat. Der *König
Hahnrei* ist seelische Umdeutung. Aber er ist in aller
Wachheit seines Dichters romantisch, mit Melot dem Zwerg und
Kabbala, ist Gobelin.
    Die Umdeutung: dass den greisen, verratenen Ehemann
Isoldes in seiner Einsamkeit schaudert. Dass die Vision der
Zuchtlosigkeit ihn quält, dass er in wahnwitzigen
Angstträumen Gewissheit begehrt. Dass er sehen will, um sich

zu erlösen oder noch tiefer zu zerrütten. Dass er, von
seinen Vasallen gegen die beiden gehetzt, ihre Schuld
fortleugnet, lächerlich in seiner Ohnmacht. Dass er mordet,
nachdem er um die Nähe seines Weibes und des Ehebrechers
gebettelt hat. Tristan und Isolde haben sich geliebt. Seine
Duldung verwüstet ihre Liebe. Sie fallen einander erst im
Sterben wieder zu. Der Schluss: Markes 'frohes, seliges
Alter'.

Georg Kaiser, traurig, ironisch, illusionslos, pflegt
sich draussen in Grünheide um die Inszenierungen seiner
Werke nicht sehr zu kümmern. Fehling hat die Regie. Ist
Kaiser auch nur gefragt worden?

George, König Marke, betritt, um eine Mauer von Rochus
Gliese herumstampfend, die Bühne, graubärtig, mit kahlem
Hinterkopf, und lässt sich unter einem Akazienbaum nieder.
Bei Kaiser: 'ein schneehäuptiger König, dem der Bart in zwei
Strömen auf sein weites, buntstreifiges Gewand rinnt'. Bei
Fehling ein alter Herr, der einen ramponierten Smoking trägt
(in der hellen Tagessonne, der Gute). Dazu einen Panama, den
er lüftet, um sich unter der Akazie zu verschnaufen. Er
klettert asthmatisch ins Geäst. Belauscht einen strohblonden
mageren Pfarrkandidaten in schwarzem Jackett, mit schwarzem
Schlips, und eine Bürgersfrau, Frisur von 1880, weisses
Kleid bis zum Boden: Müthel und Hilde Körber, Tristan und
Isolde. Vier Vasallen schleichen plump heran und zischeln.
Gesprochen wird von einer Burg, einem König, einer Königin.
Aber die Vasallen sehen aus wie pommersche Inspektoren.

George liegt allein in einer von zwei
Muschelbettstellen, bei brennender Petroleumlampe, unter
roter Steppdecke, verschüttet seinen Nachtwein (oder seinen
Köhm), kriecht in Hemd und schlotternden Unterhosen heraus,
legt sich wieder; Isolde kommt, löscht die Lampe im
Zwielicht der Dämmerung. König Marke setzt im Röhricht das
Paar (Isolde hat einen Sonnenschirm) ins Boot, nachdem er
den 'Ruderknecht' weggesandt hat, einen Bauern mit Wollwams
und Schirmkappe. Die pommerschen Inspektoren trappeln über
den Steg, ein ganzer Landbund. Eine Wand, Jalousien, im
Halbdunkel Segment eines Hauses. König Marke auf schwarzem
Lederkanapee und ein Gelehrter mit Zylinder, giftiger
Katasterbeamter aus Anklam. *Blauer Boll*, meinetwegen
Barlach. Aber in dieser Ostseegegend, in der nur eine
protestantische Backsteinkirche, von dürrem Strandhafer
umraschelt, stehen könnte, ist noch ein Rest von Kaisers
Dom, nämlich ein Beichtstuhl. Und George betet und beichtet
einem katholischen Priester.

Das Gericht, vor dem die Vasallen klagen: eine Stube
oder ein Saal mit schiefer Fläche. König Marke gruppiert
sich und das Paar auf dem Lederkanapee, zur Seite Isoldes,
auch sie in langem weissem Kleid und sehr norddeutsch,
Brangäne, die Stütze, die 'Dirne'. Die Inspektoren zeigen
die rote Bettdecke mit dem Mehl drauf: die Reminiszenz aus
der naiven Sage wird zu grimmig ernster Parodie. (Schatten
schwanken und verfinstern die Personen.) Neuer Besuch des
Katasterbeamten; er und König Marke lesen bei der Lampe

pommersche Zeitungen. George geht mit Isolde in das
Rosenhaus, das ein Treibhaus mit Dampfheizung ist. Marke
drängt die Fliehende bis zum Wasserhahn. Zwischendurch hat
er den Steuermann, den Augenzeugen der Überfahrt (Wagner, I.
Akt), zornig behandelt; der Steuermann ist zuständig nach
Stettin (oder auch Spandau).

Und alles duzt sich noch in diesem ostelbischen
Cornwall.

Hörner rufen zur Jagd: die Inspektoren trappeln durch
ein Tor mit einem (vorfehlingschen) Türmchen und haben
Tannenzweige an den agrarischen Mützen. Winter vor der
Mauer; der schwertlose Tristan und Isolde (Plüschjäckchen
mit Pelzbesatz) werden von Marke getötet. Nicht mit dem
Eisen. Er knallt sie mit dem Revolver über den Haufen. Aber:
'Das wird durch die Welt hinklingen – Tristan und Isolde'.

Fehling hat Geist und ist ein vielfacher Könner. Dieses
Experiment, das Figuren unterschlägt, stillos
herumwirtschaftet, das Wort der Dichtung übernimmt und
dennoch durch das Bild verzerrt, vergewaltigt, ist die
erschreckende Geburt der Geistlosigkeit. Weil es stumpfe,
unschöpferische Kopie einer Idee ist, die andere irgendwann
hatten. Ein Ende damit! Das Staatstheater ist zu gefährdet,
als dass derlei noch hinginge.

Deprimierend wie die Regie ist das Schauspielerische
selbst: Müthel aus Not völlig starr, Frau Körber passiv und
klein. Einzig der König Boll Georges ist doch immerhin ein
Mensch. Wäre nicht er in seiner gebundenen Kraft, es gäbe
ein unabsehbares Fiasko.

542. Paul Fechter, n.d., n.s., GKC, incomplete.

Das Staatstheater kämpft unter seinem neuen Intendanten
Herrn Legal, einen guten Kampf um die Wiedergewinnung des
fluchtartig in Massen entlaufenen Publikums. Der Zuschauer
sieht diesem Ringen mit aller Sympathie zu, die er nur
aufzubringen vermag – aber er fragt sich zugleich: Hat es
einen Sinn, zu diesem Zweck verschollene Literatur
auszugraben, die schon zu Zeiten ihrer Geburt tot war und
keinen Menschen interessierte? Hat es einen Sinn, solche
toten Dinge feierlich ernsthaft zu zelebrieren, wenn
allenfalls noch eine respektlose Parodie voll Ulk und Witz
am Platz wäre?

Es hat sicher keinen Sinn. Das Schauspiel *König Hahnrei*
stammt aus dem Jahre 1913, also aus einer Zeit Georg
Kaisers, da er noch vor den Anfängen seiner Besonderheit war
und in den finstersten Tiefen der Literatur herumarbeitete.
Es ist typischer Einfall eines literarischen Menschen – und
typische literarische Behandlung ebenfalls. Die ganze
Blutlosigkeit der blossen schriftstellerischen
Handwerksarbeit ist darin – und die Asthmatik eines nur aus
den Worten lebenden Menschen. Ein Mensch ohne jede Fähigkeit
des Beteiligtseins hat diese zwölf Bilder gemacht – ein

armer Umkonstrukteur, der altes, normal geformtes Sagengut einige Male umkrempelte, um den psychologischen Dreh und die Literaturperspektive für die (antizipierte) Kritik im voraus zu liefern. Ohne dass ein Schein von Leben die billige Umkehrung der Betrachtung zu rechtfertigen vermöchte.
[...] In dieser Perspektive liegen natürlich Möglichkeiten — für einen Dichter, obwohl die dramatische Gestaltung der Tristangeschichte vom Standpunkt Markes aus allerhand Haken der Peinlichkeit hat. Es ist nicht beglückend, diese Tragödie unmittelbar in den Worten und Reden des Greises zu erleben. Gerade das aber scheint Georg Kaiser gereizt zu haben: sein Stück ist ein einziger Riesenmonolog, in dem da und dort kümmerliche Stichworte der andern eingestreut sind. [...] Marke redet dauernd von sich und seinem Pech — und das hält auf die Länge kein Publikum aus. Der lächerliche Hahnrei ist vielleicht so lange erträgbar — der tragische wird peinlich, wenn er sein Schicksal nicht in Schweigen zu tragen, sondern in Reden abzureagieren und daneben die Liebe des jungen Paares als Zuschauer mitzuleben versucht. Das hält keine Tragik aus; da wird die Gestalt jetzt unsympathisch komisch und es bleibt der Aufführung, wenn anders man nicht auf sie verzichten will, nur die Möglichkeit, den alten Herrn grotesk zu nehmen und resolut lächerlich zu machen.
Dieses tat Herr Fehling nicht — und das war der Grundfehler der Inszenierung. Er nahm nicht Ralph Arthur Roberts mit seinem Monokel für den König Marke, sondern den dicken Herrn George — also dass Isolde geradezu einen anschaulichen Entschuldigungsgrund bekam. Er hetzte die Geschichte nicht möglichst aufgeregt herunter, sondern nahm sie in breitestem Bayreuther Tempo, was wieder nicht geht. Das einzige, was er zu ihrer Belebung tat, war, dass er sie in den Kostümen und der Umwelt in die Bürgerzeit des 19. Jahrhunderts übertrug. Marke und die Ritter trugen eine Art Kattunsmoking, am Muschelbett des Königs brannte eine Petroleumlampe, Isolde übte ferne Czernysche Etüden und zuletzt erschiesst der König das liebende Paar mit einem Revolver. Das ist ja ganz nett, aber es trägt nicht über einen Abend und ebensowenig trägt eine noch so reizvolle Bildregie im einzelnen solch eine in sich tote Sache. Fehling hatte ausgezeichnet gearbeitet: ein Bild wie die Gerichtssitzung mit den Rittern war in der unwirklichen Lichtführung dem gespenstisch verschwebenden Nebel und in der Führung der Gruppen und Gestalten herrlich, bester bewegter Munch von einer dichterischen Kraft wie sie Georg Kaiser nie besessen hat. Aber diese Arbeit war fehl am Platz und so blieb sie ohne Wirkung und selbst dies sicherste Premierenpublikum geriet in Trallstimmung. Lasst die Toten ihre Toten begraben — das gilt auch für Komödien und Theater.
Marke war Herr George. Sieht man von der Fehlbesetzung ab — man dachte dauernd sehnsüchtig an Roberts — so war er so gut wie er nur sein konnte, ein unsympathisch würdeloser Greis, der sein Schicksal genau so zerredet wie den Anteil

des Zuschauers. Man wäre sicher für Tristan und Isolde
gewesen, wenn auf der Szene mehr als Träger ihrer Namen
gestanden hätten. Man bedauerte so wohl Herrn Müthel wie
Frau Körber, die beide zwölf Bilder als Statisten schlechten
Benehmens und Gewissens herumstehen mussten [...]

543. og., n.d., n.s., GKC.

[...] Man hatte dieses merkwürdige, formal fraglos sehr
begabte Werk, etwas modernisiert, hat es in das Kostüm der
allerletzen Vergangenheit gesteckt, lässt König Marke
Tristan und Isolde mit dem Revolver erschiessen, anstatt
sie, wie der Dichter es will, vom Speer durchbohren zu
lassen und trotz alledem ist dieses Stück für die heutige
Bühne ohne Frage eine hoffnungslose Angelegenheit.
Infolgedessen konnte auch eine ausgezeichnete Aufführung
einen durchschlagenden äusseren Erfolg des Abend [sic] nicht
erreichen. Heinrich George bot als König Marke eine
prachtvolle Leistung, Tristan und Isolde zwei ungemein
passive, fast pantomimische Gestalten, werden von Lothar
Müthel und Hilde Körber vortrefflich verkörpert, ganz
ausgezeichnet als Führer der Tristangegner, Bernhard
Minetti, kristallklar in der Sprachführung, präzise und doch
leidenschaftslos in der Darstellung. [...] Das Bühnenbild
von Rochus Gliese im Farbton und in seiner Erfindung
trefflich geglückt, war für dieses Stück zu schwer, die
Regie Jürgen Fehlings breit und eindringlich wie alles, was
Fehling macht, in diesem Falle aber zu sehr auf Barlach, zu
wenig auf Kaiser gestimmt. Schon nach den ersten Bildern
begann der Kampf zwischen Applaudierenden auf der einen
Seite, Lachern und Zischern auf der anderen. Zu einem
ernsthaften Theaterskandal aber kam es nicht, weil auch die,
die opponierten, sich offenbar von der hervorragenden
Darstellung, insbesondere von der Leistung Heinrich Georges
gefangen nehmen liessen. Im ganzen genommen hatte dieser
Abend musealen Theaters vor allem literaturhistorischen
Wert. Er zeigt an einem hierfür typischen Werk die Anfänge
eines Dichters, der heute ohne Frage zu den besten, zu den
originellsten gehört.

544. Kn., n.d., n.s., GKC.

Georg Kaisers Schauspiel *König Hahnrei* hat bei seiner
gestrigen Erstaufführung keinen Erfolg gehabt. Der Beifall
galt dem Regisseur Fehling, der es verstand, aus den
knappen, kargen Brocken der Kaiserschen Prosa eine
unheimliche, drückende, schwermütige, spukhafte Bühnenwelt
erstehen zu lassen. Geholfen hat ihm dabei der Bühnenmaler
Rochus Gliese, der eine merkwürdig romantisch-realistische,
schweifende Art hat; geholfen haben dem erstaunlichen

Fehling vor allem die Schauspieler, die er zugleich wieder zusammenzwingt wie heute sehr, sehr wenige deutsche Regisseure. Was wahr ist, muss auch gesagt werden. Zu nennen: George, Minetti, Hart, Hilde Körber, auch Müthel.
So – und damit wären wir für heute fertig. Denn die metaphysisch verschwommene, mit Symbolik und Afterpsychologie überladene Bearbeitung der Geschichte von Tristan und Isolde gehört zu den Arbeiten Kaisers, die noch am auffälligsten seine Verworrenheit, seine Sterilität, sein Artistentum enthüllten. Stammte dies dürre, immer hart die Komik streifende Stück von einem gewissen August Müller – so wäre es nie zu Ende gespielt, ach, nicht einmal zur Aufführung angenommen worden.

545. anon., n.d., n.s., GKC.

Ist Georg Kaiser irgendwie damit gedient, dass man die Zuschauer mittels eintöniger, grau in grau gefärbter Darstellung eines seiner bühnenschwächsten Frühwerke drei Stunden lang ödet? Oder was veranlasst das Staatstheater sonst zu der feierlichen Aufführung seines fast zwanzig Jahre alten *Königs Hahnrei*? Man hat es, ausser einer Aufführung um 1919, meines Wissens auf der Bühne kaum gesehen, dies groteske Spiel, das die alten überlieferten Liebesgeschichten verstandesmässig mit den Instrumenten Freudscher Psychoanalyse zergliedern soll. Es besteht eigentlich nur aus einem andauernden Selbstgespräch des alten Königs Marke, aus der Sage von Tristan und Isolde als Urbild der Hahnreie bekannt. Das Liebespaar selbst und die auftretenden Höflinge sind nicht viel mehr als stumme Schatten, die über die Szene huschen, den König immer wieder aufreizen und ihm die Augen öffnen, so dass sich seine selbstquälerischen Monologe aus immer wechselnden Anlässen wiederholen. Zwölf Bilder lang sieht man einen Greis, der sich nicht zu helfen weiss, angstvoll herumtrippeln, stöhnend vor Begierde, vor Schreck und Zorn, dann wieder weich und nachsichtig, selbstbetrügerisch die Augen vor der Schande schliessend, um endlich in massloser Wut aufzubrausen – unerlöst auch noch nach dem gewaltsamen Tode der sich nicht mehr Liebenden. Diese Quälerei wäre unerträglich gewesen, wenn nicht Heinrich George mit der schweren tiefen Kunst, in der ihm kein Gegenwärtiger gleich kommt, den Gehörnten erschütternd glaubhaft gemacht hätte. Jürgen Fehling hatte das undankbare Amt der Spielleitung übernommen. Selbst sein grosses Können scheiterte an der Aufgabe, immerfort Schemen um einen greisen Fettwanst herumgeistern zu lassen. Das Gespenstige dieser Figuren wurde obendrein durch eine seltsame Smokingtracht stark beeinträchtigt. Mitunter stand der Ernst einer Szene arg auf der Kippe. Schliesslich gab es einen Achtungserfolg für Heinrich George, der mehr als Achtung verdient hatte.

Der Silbersee

18.2.1933, joint Uraufführung, Altes Theater, Leipzig. Dir.: Detlef Sierck; sets: Caspar Neher; Erhard Siedel (Olim); Alexander Golling (Severin); Lina Carstens (Frau von Luber).

546. H. Ih., n.d., n.s., GKC.

Im Leipziger Alten Theater wurde Georg Kaisers Wintermärchen *Der Silbersee* mit widerspruchslosem, stürmischen [sic] Beifall aufgenommen. Georg Kaiser selbst war, nach seiner Gewohnheit, nicht zur Premiere erschienen. Für den Beifall dankten der Komponist Kurt Weill, der Regisseur Detlef Sierck, der Generalmusikdirektor Gustav Brecher und die Schauspieler.
   Das Stück ist eine anregende und seltsame (manchmal störende) Mischung aus Märchen, geistigem Lustspiel und Wagneroper. Eine Mischung aus allen Elementen Brechts, Kaisers und Weills.
   Die Aufführung war, besonders im Komödienteil, ausgezeichnet [...]

547. Herbert Ihering, n.d., n.s., GKC.

   Von der Volksbühne geplant, vom Deutschen Theater angenommen — kommt Georg Kaisers Wintermärchen *Der Silbersee* natürlich nicht in Berlin, sondern gleichzeitig in Leipzig, Magdeburg und Erfurt heraus. Wieder einmal zeigt man im Reich mehr Charakter, als in der Hauptstadt. Mehr Mut, aber auch mehr Solidität der Arbeit und der Organisation.
   Georg Kaisers neues Werk ist schwer zu erzählen. Severin, ein Arbeitsloser, raubt bei einem Ladeneinbruch eine Ananas. Ein Landjäger schiesst ihn ber der Verfolgung an. Er wird von Zweifeln gequält. Nur eine Ananas? Habe ich recht getan, zu schiessen? Das Märchen beginnt. Der Landjäger gewinnt ein Los und ein Schloss. Er nimmt Severin, den angeschossenen Arbeitslosen bei sich auf. Der Landjäger heisst 'Olim'. Olim ist das lateinische Wort für 'Einst'. Dieses Einst quält Severin. Er will Rache. Er will das Einst nicht vergessen. Aber beide finden sich zum Schluss, wollen ins Wasser gehen — und schreiten über den Silbersee, der im Frühling vor ihren Füssen fest wird und friert. [...]
   Man sieht, dass das Geschehen kein wirkliches, sondern ein geistiges ist. Darum ist Georg Kaisers Schauspiel literaturgeschichtlich besonders interessant. Seit Goethes Tod, genauer gesagt seit den beiden Faustdramen Goethes, seit *Faust I* und *Faust II* hat sich die Entwicklung des

deutschen Dramas gespalten. Auf der einen Seite bildete sich das naturnahe, milieustarke, mystisch-poetische Drama heraus, das sich auf den ersten Faustteil zurückführen lässt und in seinen starken Erzeugnissen bis Gerhart Hauptmann und Ernst Barlach geht (in seinen schwachen bis zur rührseligen Schollendramatik). Es ist das Drama der starken Einzelschicksale — das Drama der individualistischen Revolte gegen die Grenzen des Geistes und des Milieus, das Drama der grossen Gefühle und grossen Erlebnisse. Auf der anderen Seite steht das geistige, summierende, antithetische Drama, das sich vom zweiten Faustteil herleitet und zweifellos heute auf Brecht und Georg Kaiser eingewirkt hat. Ich weiss nicht, ob diese Verbindungen einmal bewusst aufgezeigt sind. Sie sind aber nicht zu leugnen. Interessant ist dabei, wie Georg Kaiser geistige Dramatik immer vom geringsten Einzelfall ausgeht. Hier vom Diebstahl einer Ananas. Kann dieser Fall gleichnishaft ausgeweitet werden? Ja. Genügen 'Denkspiele' oder gar 'Wortspiele' (wie 'Olim')? Nein. Hier liegt das Problem Georg Kaisers. Nicht bei der Frage, ob er dichterische Wärme oder ein Herz hat. Sondern dort, wo er an Stelle der Idee oft den Klang, an Stelle des Gedankens das Wortspiel, an Stelle des Dichterischen das poetische Bild setzt ('Der Silbersee').

So zeigt dieser Dramatiker, der in bewundernswerter Einsamkeit und Entfernung vom Betrieb seinen Weg gegangen ist, den Punkt auf, an dem sich alle Formen des geistigen Dramas heute schneiden: vom Thesenstück bis zum Spielstück, vom sozialen Mitleidstück bis zur grossen Oper. Denn gerade dieser 'kühle' Dramatiker hat Verwandtschaft mit Richard Wagner. Man braucht dabei nicht nur an die *Bürger von Calais* zu denken. Wie Richard Wagners Rauschdramatik starke Bewusstseinswurzeln hat, starken politischen Wirkungswillen, so geht Kaisers Verstandesdramatik sehr leicht in romantischen Mystizismus über. Der Weg über den 'Silbersee': 'Wie die Stunden der Nacht doch verrinnen in den Anbruch der Helligkeit' — das ist nicht weit von Wagners Erlöserdramatik entfernt.

Georg Kaiser hat hier seine mathematische Form aufgelockert, um der Musik von Kurt Weill Raum zu geben. In der Leipziger Aufführung waren die Anfangsbilder regiemässig sehr geschickt zusammengezogen, so dass die Musik dramaturgisch ohne erdrückende Vorherrschaft eingeordnet wurde. Die Verbindung zwischen der Musik und dem Schauspiel ist da am stärksten, wo das Werk im Spielerischen bleibt, wo es lustspielmässig ist, und am schwächsten, wo es, wie am Schluss, opernhaft wird. Das spricht für den Charakter der Musik als Schauspielmusik. Georg Kaiser sollte wieder ein Lustspiel schreiben. Für das Lustspiel werden alle seine Eigenschaften zu Vorzügen: die Wortspiele, die Schnelligkeit des Denkens, die Gelenkigkeit des Dialogs. Es ist erstaunlich, dass die Aufführung am Leipziger Alten Theater eben die Komödienelemente betonte. Um so erstaunlicher, als sonst gerade bei Georg-Kaiser-Aufführungen und besonders im Reich noch expressionistische Stilelemente mitgeschleppt werden. Die Leichtigkeit der Vorstellung unter der Regie von Detlef Sierck war bezaubernd. Wichtig war der Entschluss, den Olim einem Komiker zu geben. Erhard Siedel entwickelte ein Stilgefühl und einen komischen Takt, der ebenso für ihn wie für seinen Regisseur spricht. Lina Carstens kam ihm als böse Frau von Luber gleich. Auch Ernst Sattler, Wilhelm Engst (als dicker Landjäger) waren vortrefflich. Gretl Berndt allerdings [...] erinnerte wieder etwas an ihre Operettenvergangenheit. (Wahrscheinlich, weil sie singen musste.)

Alexander Golling spielte den Severin, dem in Magdeburg Ernst Busch zum Erfolg verhalf. Golling kann nicht singen. Aber er hat eine Ausdrucksfähigkeit, die manchmal unheimlich ist. Er muss auf die Form der Sprache achten — die Kraft seines Ausdrucks ist ausserordentlich. Ein wertvoller und wichtiger Schauspieler.

Es war ein grosser Erfolg ohne Widerspruch, für den alle von Weill, Brecher, dem Dirigenten, Detlef Sierck, dem Regisseur, bis zu den Schauspielern sich bedanken konnten. Es gibt noch Theater in Deutschland. Theater und Theaterpublikum.

548. Georg Witkowski, *Das literarische Echo*, 35 (1932-33), 398-99.

[...] Wie das Gerüst der Handlung, so ist die dramatische Aussenarchitektur, die Innenausstattung mit grossen, edlen Prophetenworten von Brüderlichkeit, Güte, Zukunftsglauben Stil von 1920. Und seltsam stehen daneben die Zutaten der Songs von Anno *Dreigroschenoper* und *Zwei Krawatten*. Indessen dürfte man sich solches Formgemisch wohl gefallen lassen, würde es geeint durch das, was schliesslich das A und O jedes Kunstwerks bedeutet, die Gestaltung der Menschen und ihrer Umwelt, ein Dichtertum, das Märchen noch so wunderbar wahrzumachen vermag. Aber weder der liebende Büsser noch der bekehrte Hasser leben so relativ wirklich, wie früher Kaiser Gebilde seines Hirns leben zu lassen vermochte; kaum je fliegt ihrem Antlitz etwas von Röte an.

Kaiser hat gemeint, die Märchengestalten wandelten gleichsam in einem Schattenreich. Die jüngste Theorie des Märchens (von André Jolles) scheint dieser Auffassung recht zu geben. Zwei Eigenschaften schreibt sie dem Märchen zu: es gibt, von Ereignis zu Ereignis springend, ein ganzes Geschehen, das sich erst zuletzt in einer bestimmten Weise zusammenschliesst; und es ist zweitens nicht mehr bestrebt, dieses Geschehen so darzustellen, dass es uns den Eindruck eines tatsächlichen Geschehens macht, sondern es arbeitet unausgesetzt mit dem Wunderbaren. Und doch gibt es hier eine der Wirklichkeitsluft analoge Atmosphäre, von der Menschen und Dinge genährt werden müssen, die allein den Glauben an sie schafft. Nämlich, dass hier das Wunderbare zum Selbstverständlichen wird. Und daran mangelt es in dem

'Wintermärchen' Kaisers. Das grosse Los des Landjägers, der gefrorene Silbersee sind nur von aussen gesehene märchenhafte Ereignisse, in eine ganz andre, aus Realität und Zeitgefühlen gemischte Welt hineinprojiziert, wie Bilder der Zauberlaterne in einem nicht genügend verdunkelten Raum. Daher die blassen Farben, denen auch alle Verstärkungen durch Aufgebot von erlesenen Bühnenkünsten und Musik nicht die erwünschte Leuchtkraft gewähren können.

549. anon., *Magdeburgische Zeitung*, 21.2.1933.

Die Leipziger Uraufführung von Kaisers *Silbersee* zeigte eine ganz ausserordentliche, stark zusammenfassende Regieleistung Direktor Detlef Siercks. Sierck spielte kein 'Wintermärchen' Heine'scher Provenienz; er milderte die scharfe Aggressivität des Stückes, merzte die allzu politisch pointierten Songs aus, und betonte das Tief-Menschliche dieses Symbol-Spiels. Wenn das gedanklich-überladene, geistig verschnörkelte Werk doch einigermassen klar und geschlossen herauskam, so ist das im wesentlichen Siercks Verdienst.... Bühnenbild Caspar Neher.

550. og., *Theater-Tageblatt* (Berlin), 21.2.1933, incomplete.

Als vor nunmehr drei Jahren der Intendant Jessner durch die *Harten Bandagen* zu Fall gekommen war, brachte der Regisseur Jessner Görings *Südpolexpedition* heraus. Damals sagte man: Wie merkwürdig spielt doch manchmal das Schicksal! Hätte Jessner erst den Göring herausgebracht, dann hätten ihn auch die *Harten Bandagen* nicht zu Fall bringen können.
Die Direktion Beer-Martin hat im Deutschen Theater, um ausgiebiger Zeit zu haben, den *Silbersee* zu probieren, zwischen *Harmonie* und *Silbersee* Hays *Sigismund* eingeschoben, den sie bekanntlich *Gott, Kaiser, Bauer* nannte. Die künstlich entfachten Proteste gegen dieses Stück haben der Direktion Beer-Martin wirtschaftlich das Genick gebrochen. Wie damals im Falle Jessner kann man heute sagen: Hätte die Direktion Beer-Martin vor Weihnachten diesen *Silbersee* herausgebracht, sie würde heute zur Freude vieler noch existieren und wahrscheinlich auf lange Zeit hinaus Spielplansorgen nicht haben.
[...] Sie gehen zu dem Silbersee, der auch im Winter nicht zufriert, und wollen dort den Tod suchen. In dem Augenblick aber, in dem sie das Ufer des Sees erreichen, friert zum ersten Male der Silbersee zu. 'Wer weiter muss, den trägt der Silbersee.' Das ist die Sentenz dieses Wintermärchens, das Georg Kaiser in sechzehn Bildern skurril, wie vieles von Kaiser, vorbeiziehen lässt.

Die stärkste Stütze findet Kaiser in der Musik von Kurt
Weill, die grossartig in ihrer Konzeption ist, deren
Durchführung man in ihrer Instrumentation als genial
bezeichnen möchte und deren Interpretation durch Gustav
Brecher einfach meisterhaft, einfach und meisterhaft war.
Der spontane Jubel nach dem Vorspiel zum dritten Akt, der
unter allen Umständen eine Wiederholung dieses Musikstückes
erzwingen zu wollen schien, beweist am schlagendsten, wo der
Haupterfolg des Abends zu suchen ist.

Auf der Bühne ging es musikalisch leider nicht
annähernd so grossartig zu wie in dem Orchester, das das
Leipziger Sinfonieorchester gestellt hat. Abgesehen von Lina
Carstens, die schon oft als Sängerin im Schauspiel ihr
Können unter Beweis zu stellen gewusst hatte, und die hier
gesanglich wie darstellerisch die rundeste und bedeutendste
Leistung des Abends bot, war niemand da, der auch nur
annähernd über die Möglichkeiten verfügt, die wir beim
Sänger im Schauspiel voraussetzen müssen. In das Schauspiel
gehören keine verhinderten Tenöre. Der Gesang im Schauspiel
bedarf vor allem prägnanter Sprecher, die im Rhythmus der
Musik zu pointieren verstehen. Diese Fähigkeit besitzen
weder Erhard Siedel noch Alexander Golling noch Gretl Berndt
im erforderlichen Ausmass. Während aber Siedel wenigstens
schauspielerisch eine Reihe von recht beachtlichen Momenten
aufzuweisen hatte und durch die feine Kultur seiner Komik
sehr zu fesseln verstand, fehlen Alexander Golling und Gretl
Berndt eigentlich alle künstlerischen Voraussetzungen, die
für die Durchführung der Rolle des Severin und der Fennimore
notwendig sind. Mit äusserlichem Theaterspiel kann man
Figuren von Kaiser und Weill (man darf auch den Namen des
Komponisten, der auch geistiger Mitarbeiter am Werk ist, in
diesem Zusammenhang nennen) nicht überzeugend auf die Bühne
stellen. Überzeugen können diese Figuren nur, wenn sie aus
dem Innersten heraus gestaltet werden. Und dies liegt
augenscheinlich ausserhalb der künstlerischen Möglichkeiten
von Alexander Golling und Gretl Berndt.

Wenn trotzdem der Gesamteindruck des Abends durchaus
günstig ist, so liegt das nicht zum geringen Teil an dem
Können des Regisseurs Detlef Sierck, der durch eine
Bühnenausstattung unterstützt wurde, für die Caspar Neher
verantwortlich zeichnete. Diese in ihrer wesentlichen Anlage
vielleicht nicht immer zweckmässige Ausstattung brachte eine
Reihe wirklich schöner Bilder [...]

18.2.1933, joint Uraufführung, Stadttheater, Erfurt. Dir.: Hermann Pfeiffer.

551. h., n.d., n.s., GKC.

Georg Kaisers *Silbersee* errang bei der Erfurter
Uraufführung, die gleichzeitig mit Magdeburg und Leipzig

stattfand, einen freundlichen Achtungserfolg. Der heimliche Sinn wurde trotz der ausgezeichneten Aufführung nicht deutlich. Der Beifall galt im wesentlichen der Darstellung und Regie. Unter Hermann Pfeiffers Spielleitung erreichte das Ensemble des Erfurter Stadttheaters eine sehr beachtliche Leistung. Zu nennen sind die Herren Arpel, Johannes und Frau Krieg.

18.2.1933, joint Uraufführung, Stadttheater, Magdeburg. Dir.: Hellmuth Götze; sets: Ernst Rufer; Ernst Busch (Severin); Eduard Wandrey (Olim); musical director: Georg Winkler.

552. R. (1), n.d., n.s., GKC.

Die Aufführung in Magdeburg, vom Intendanten Götze selbst mit starkem persönlichem Einsatz inszeniert, hatte ihren entscheidenden Aktivposten in dem Berliner Schauspieler Ernst Busch, der in der Rolle des Severin gastierte. Von seinen Szenen ging eine Kraft aus, die auf das Publikum, selbst auf das widerstrebende (Bühnenvolksbund) übergriff. Neben Busch Ruth Baldor und Elisabeth Lennartz, Günther von Sohlern und Eduard Wandrey in den wichtigsten Rollen. Präzise Bühnenbilder (Rufer), die musikalische Leitung Georg Winklers wirkten mit der Darstellung zusammen zu einem zwar fast unbestrittenen, wenn auch nicht durchschlagenden Erfolg für das konstruktive Werk.
    Zu Zwischenfällen, die befürchtet wurden, kam es nicht.

553. R. (2), *Magdeburgische Zeitung*, 20.2.1933.

[...] Dies Geschehen ist denkbar. Es steht zwar der Welt des Räuberfilms und der Moritat näher als der des ernsthaften Dramas. Aber schliesslich beruht der Unterschied zwischen Kitsch und Kunst nicht auf dem Stofflichen, sondern auf der Gestaltung. Was hat Kaiser aus dieser — sei es ersonnenen, sei es lebenswahren — Handlung gemacht? Wofür war sie ihm Vorwand? Das sind die Fragen, die uns interessieren.
    Dass der Autor des *geretteten Alkibiades* und der *Bürger von Calais*, von *Gas* und von *Mississippi* — er steht jetzt im 55. Lebensjahr und soll von materieller Not nicht sehr bedrängt sein —, dass dieser dialektische Dramatiker ein Revolutionsdrama schreiben würde, war ebensowenig zu erwarten wie eine rührselige Romanze. Aber ein 'Wintermärchen'?
    Das Wintermärchen sieht so aus: die Figuren, die bei Kaiser ja immer nur 'Sendboten' sind für das, was der

dramatische Dichter der Welt sagen, was er sie mit einem: 'gesetzt den Fall...' lehren, denken lehren will, sind rein konstruktive Gebilde, sie gehen auf den Stelzen der Allegorie, haben nicht Fleisch und Blut, sondern nur 'Bedeutung'. Allein die Tatsache, dass diese Bedeutung aktuell und auf das gegenwärtige Leben gemünzt ist, dass sie irgendwie jeden Menschen von heute, wenn auch mit sehr verschiedener Wirkung, interessieren muss, das gibt diesen Stelzenfiguren den Anschein der Lebendigkeit. Sie tragen gleichsam, wie die Figuren auf allegorischen Darstellungen, Zettel im Munde, auf denen ihr Inhalt steht. Diese Zettel, das sind die 'Songs', die aus dem Sprechen, wie in der Oper die Arie aus dem Rezitativ, bedeutungsvoll sich herausheben als ein gespannter, mit primitiven rhythmischen und Intervall-Wirkungen arbeitender Sprechgesang, der aber in solcher Häufung und besonders wenn die Formen, wie bei Kurt Weill, zusehends abgegriffen und flach werden, auf die Dauer eine langweilende und das Gehör peinigende Wirkung hat, statt zu reizen und zu erregen, wie es die Absicht ist.

Die 'Inhalte' aber, die auf den Songzetteln stehen, sind zum Teil sozialkritische Glossen, zum andern Moritatenparolen. Nicht ein Gedanke, der überraschend oder gar neu wäre. Für die Hungernden gibt es nur die eine Weisheit: 'schnalle deinen Gürtel enger um ein Loch...'; die gutherzigen Ladenmädchen wissen nur eines ganz sicher: 'wie mit den Menschen ist es mit der Preisgestaltung, mehr als der innere Wert gilt oft die äussere Haltung.' Die Hungernden drohen: 'es wird nicht vergessen, es wird nicht vergeben!' Der Kapitalist preist 'Zins und Zinseszins'. Drohnenhafte Nutzniesser des Kapitalismus loben sich ihr 'Schlaraffenland'. Der einzige Trost aber, der den Betrogenen und Entrechteten, dem ehemaligen Landjäger Olim und seinem Feind-Freund Severin, von ihrer Helferin mit auf den Weg in das Winterelend gegeben werden kann, ist die nebelhaft mystische Verheissung: 'wer weiter muss, den trägt der Silbersee'. Plötzlich nach lauter durchsichtiger Einmaleinslehrhaftigkeit ein undurchdringliches, unklares, vernebelndes Symbol am Ende der Song-Stationen: 'Silbersee'. Nirwana oder Utopia, Pessimismus oder Optimismus, das ist hier die Frage. Ohne Lösung und ohne Entscheidung bleibt der Partner einer Gesetzt-den-Fall-Dramatik, der Zuschauer, am Schluss der Geprellte. Es geht ihm wie den Herren 'Olim' (=Einstmals) und 'Severin' (=der Ernste) mit ihrem Schloss, das plötzlich im Monde steht. Das Lehrstück entpuppt sich als Leerstück.

Als ein Wert bleibt, dass es jeden, der guten Willens ist, zum Nachdenken anregen kann, dass es durch manche scharfe und schneidende ja mitleidlose Formulierung die einmal angeregte Nachdenklichkeit vertieft. Und selbstverständlich zeigt sich in manchen Szenen — (z. B. im Laden und auf der Brücke, in der Erkennungsszene im Schloss und der Szene im Keller) die scharfe und präzise dramatische Formkraft Kaisers sozusagen aus der Klaue des Löwen. Da ist eine äussere, dynamische Spannung allein durch die Kunst schärfster Dialektik erreicht, so dass man es bedauern muss, dass diese Kunst nicht in den Dienst einer verpflichtenderen Aufgabe gestellt wurde.

Kurt Weills Musik, die der Wirkung nach in den Songs gipfelt, deren Aggressivität sie unterstreicht und sozusagen an die Rampe vorträgt, hat musikalische Werte aber doch mehr in den instrumentalen Zwischen- und Vorspielen, die oft mit verblüffender Sicherheit Stimmungen vorbereiten und andeuten, die dann nicht annähernd so stark szenisch verwirklicht werden. Sie ist wie immer bei Weill mit leichter, oft auch leichtfertiger Hand instrumentiert, das Orchester musiziert sehr durchsichtig und mit einprägsamen Rhythmen; irgendetwas Tiefes, über die Nerven hinaus bis zum Herzen Dringendes hat diese Musik jedoch nicht auszusagen. Sie sitzt an dem dürren Körper des Schauspiels wie ein zu grosser Rock, in dem die Hände verschwinden. Man weiss nicht recht, hört man eine Oper mit zu viel Sprechdialog oder ein Schauspiel mit zu viel Musik.

Für die Aufführung setzte sich Intendant Götze mit seiner ganzen Inszenierungskunst und mit den besten Kräften des Ensembles in der Überzeugung ein, dass es sich wirklich um ein lohnendes Kunstwerk handelt. Wir teilen diese Überzeugung nicht, respektieren aber die Aufführungsleistung. Als Regisseur unterstrich Götze gelegentlich zu stark, so wenn er die Chorwiederholung des 'Leben-um-Leben'-Songs aus der Anonymität herausriss und durch nicht gerade sympathisch kostümierte Choristen an der Rampe singen liess. Überhaupt griff die Aufführung mehr als notwendig in den Zuschauerraum über, wodurch der Auffassung, als handle es sich um ein politisches Tendenzstück, Vorschub geleistet wurde. Einige sehr gute, freilich meist weit über ihren Zweck hinaus in Einzelheiten ausgeführte Bühnenbilder von Ernst Rufer prägten sich ein. Ebenso Georg Winklers schwungvolle und elastische musikalische Führung. Allen darstellerischen Leistungen voran aber der 'Severin' Ernst Buschs, dessen Schärfe in der Behandlung von Sprache und Sprechgesang und in der ganzen Umreissung der Figur mit deren Mängeln versöhnen konnte. Eine vorbildliche Leistung. Daneben Eduard Wandrey als 'Olim' wohl etwas verschwommen, aber doch überzeugend. Ihm wie fast allen anderen Spielern machte die Beherrschung der Songtechnik einige Schwierigkeit. Ruth Baldor und Günther v. Sohlern zeichneten die sehr abschreckend gesehenen Typen von Hyänen des Lebens-Schlachtfeldes. Ihr ausgezeichnet vorgetragenes Duett-Couplet, wohl die kritischste Passage der Aufführung, konnte aber doch nur bei völligem Missverstehen der Situation Widerspruch erregen, handelt es sich dabei doch um eine Theaterbösewichtszene, wie sie im Buche steht. [...]

Der Abend, der mit einer starken, auch äusseren Spannung begann, verlor durch viele ermüdende Längen vor allem gegen Schluss zusehends jede erregende Kraft, so dass schliesslich nur ein dünner Kreis von Sympathisierenden den üblichen Premierenerfolg wohl mehr für die Aufführung als für das Werk durchsezten konnte.

554. Dr. Günter Schab, *Magdeburger Generalanzeiger*,
21.2.1933.

Anfangs ist, am Sonnabend im Stadttheater, etwas dicke
Luft. Ein paar gereizte Gespräche, politisch eingefärbt,
erinnern mich an Theaterabende, an Aufführungen von
Lehrstücken bei denen mitten drin der Krawall losging. Doch
es passiert nichts. Wohl spüre ich in meiner Umgebung
während des 1. Aktes und auch später einige Fröstigkeit. Ein
kleines, betont höhnisches Gelächter flackert auf. Ein paar
Leute verlassen sogar während der Pause das Theater. Im
Ganzen ... keine Überraschungen. Weder aus dem
Zuschauerraum, noch von der Bühne her. Der Beifall ... gilt
... offensichtlich der gut vorbereiteten Aufführung.
[...] Das ist ein kurioses Märchen. Es soll dadurch in
Gegenwartsnähe gerückt werden, dass an entscheidenden
Punkten der Handlung über Dinge, die uns alle beschäftigen,
Lieder erklingen: Kabarettlieder, Songs. Vom Hunger ist die
Rede (besser: die Singe), vom Gegensatz zwischen Reichtum
und Armut, von Zins und Zinseszins, von Rache und
Vergeltung. Dies und das lässt sich hören, obwohl es nicht
sehr neu ist. Überhaupt sind die ersten beiden Akte mitunter
recht erträglich. Wohl reicht die Schärfe von Georg Kaisers
Witz lange nicht immer hin, um uns das Schicksal der beiden
Sonderlinge nahe genug zu bringen. Doch die verblüffende
Technik des Bühnenpraktikers und überhaupt seine früher oft
gerühmte Kraft, dem Zuschauer etwas zum Nachdenken zu geben,
schaffen schon etliche Spannung und etliches Vergnügen.
Zumal die Musik von Kurt Weill immer gerade dann mildernd,
verschärfend oder verwischend, je nach Bedarf einsetzt, wenn
das Wort allein nicht genug Überzeugungskraft hat.
Bis zum 2. Akt bleibt das Bühnengeschehen auch
einigermassen verständlich. Nachher, wenn Olim und Severin
den Palast verlassen, um einer höchst merkwürdigen Zukunft
entgegenzugehen, beginnt eine lyrische Philosophie von
leicht komischer und manchmal peinlicher Düsterkeit. Der
Silbersee, ein wirkliches Gewässer an dem die Räuber des 1.
Aktes ihre Hütten gebaut haben und zugleich ein symbolisches
Gewässer, dem allerlei geheime Kräfte zugeschrieben werden,
beginnt uns mächtig zu langweilen. Zumal absolut nicht
einzusehen ist, warum er im Frühling bei warmem Sonnenschein
plötzlich zugefroren sein soll.
'Wer weiter muss, den trägt der Silbersee'..., warum,
weshalb, weswegen und wer, wohin weiter muss, bleibt dunkel.
Aber es klingt schön, wenn nachher der Chor diese Weisheit
von sich gibt. So schliesst ein durchaus wirkliches Stück
(Märchen?) durchaus unwirklich (Märchen!). Versteht der
schlichte Hörer schon nicht immer, warum die leicht selisch
angeknacksten Herren Olim und Severin mit ihren
ungewöhnlichen Schicksalen ihm vorgeführt werden, – dass sie
sich nachher noch in Figuren eines Mysterienspiels
verwandeln, kapiert er überhaupt nicht mehr.

Damit ist die Frage nach dem Sinn des Ganzen gestellt und — nicht beantwortet. Die Antwort hätte der Dichter geben müssen, so klar, dass man sie hier wiederholen könnte. Er, Georg Kaiser, entlässt uns ungetröstet.
    Nicht einmal Kurt Weills Musik vermag viel zu retten. Obwohl sie mit unbezweifelbarer Routine geschrieben ist, obwohl sie in einigen musikalischen Formulierungen an die Schlagkraft der Songs aus der *Dreigroschenoper* erinnert, erreicht sie doch nie deren Sicherheit und Popularität. Ihr verhältnismässig stärkster Wert liegt in der Illustrierung, in den Vorspielen, Nachspielen und Zwischenspielen. Übrigens fällt auf, dass Weill besonders gegen Ende hin die Härten seiner Harmonik mildernd, geradezu in romantische Gefilde gerät.
    Diese Musik bringt Georg Winkler als Dirigent sehr beschwingt und frisch. Er liefert damit dem Regisseur Hellmuth Götze wichtige Stimmungsmomente... [Götze] lässt die vielen Szenen, die trotz der Drehbühne nicht schnell genug verwandelt werden, scharf und, soweit möglich, einprägsam herunterspielen. Ab und zu flammt Licht im Zuschauerraum auf, wenn ein Song sich direkt ans Publikum wendet. Man hat den Eindruck, es handele sich um ein politisches Stück — da wurde diese Methode früher angewandt — aber es ist gar keine Politik dabei. Ernst Rufer hat mit Lichtbild und allen Schikanen Schloss, Delikatessladen ('Silbersee') und was dazugehört teilweise recht lebendig festgehalten und ausgestattet.
    Von den Darstellern vergisst man am wenigsten den Berliner Gast Ernst Busch, dessen Severin in schneidender Schärfe gesprochen, gestaltet und gesungen, grossen Eindruck machte (er beherrscht auch den Songstil ziemlich vollkommen, der den Kollegen sonst einige Mühe macht). Sein schwächerer Partner, Eduard Wandrey, der den Olim verkörpert, macht dennoch das kaum Glaubhafte nach bestem Vermögen plausibel...
    Es ist im Ganzen eine sicher studierte Vorstellung, die viel für das Werk tut.
    Über mangelnde Sorgfalt der Uraufführung in seiner Vaterstadt darf sich also der Dichter Georg Kaiser nicht beklagen.

Supplementary documentation.

555. anon., *Magdeburgische Zeitung*, 22.2.1933.

    Zur Aufführung von Georg Kaisers *Silbersee* im Magdeburger Stadttheater geben die unterzeichneten Verbände und Organisationen folgende Erklärung heraus:
    "Die durch die Zusammenschliessung der nationalen Kräfte des deutschen Volkes geschaffene Situation erfordert wie auf allen Gebieten auch die klare Stellungnahme in

Fragen des kulturellen Lebens. Neben der politischen und wirtschaftlichen Umgestaltung des öffentlichen Lebens ist die aufrechte und entschlossene Vertretung der nationalen Belange auch auf dem Gebiete der Literatur, der Musik, der bildenden Kunst und des Theaters vonnöten.

Mit Entrüstung und schärfstem Protest wendet sich daher die deutsche Öffentlichkeit Magdeburgs gegen die im Magdeburger Stadttheater eingerissene Entwürdigung der Kunst zu einseitiger, undeutscher Propaganda bolschewistischer Theorien. Durch die Aufführung des Volksstückes von Georg Kaiser und Kurt Weill ist der nationalen Bevölkerung ein Schlag ins Gesicht versetzt worden. Mit schamloser Aufdringlichkeit predigt dieses Stück den Gedanken des Klassenhasses und birgt in sich ungezählte offene und versteckte Aufforderungen zum Klassenkampf und zur Gewalttätigkeit.

Das Magdeburger Stadttheater, das in schwerer Zeit durch die Steuergroschen der gesamten Bevölkerung gehalten, den kulturellen und nationalen Aufstieg des deutschen Volkes unterstützen soll, ist durch die Hand des Intendanten Götze zu einem Instrument gänzlich unkünstlerischer Bolschewisierungsversuche geworden.

Das durch die unterzeichneten Verbände und Organisationen vertretene Publikum der Magdeburger städtischen Bühnen fordert daher im Namen zahlloser, auch nicht durch sie erfasster deutscher Volksgenossen die sofortige Absetzung des Stückes *Der Silbersee* vom Spielplan und verlangt, dass die für die Aufnahme des Stückes verantwortlichen Persönlichkeiten zur strengen Rechenschaft gezogen werden."

Nationalsozialistische Deutsche Arbeiterpartei, Kreisleitung Magdeburg. — Frauenschaft der NSDAP., Kreis Magdeburg. Kampfbund für Deutsche Kultur, Landesleitung Sachsen-Anhalt. — Stahlhelm, Bund der Frontsoldaten, Gründergau Magdeburg, Graf v. Alvensleben, Landesführer. — Deutschnationale Volkspartei, Kreisverein Magdeburg. — Landbund der Provinz Sachsen, Reg.-Bez. Magdeburg. — Nationalverband Deutscher Offiziere, Ortsgruppe Magdeburg. — Kampfbund des gewerblichen Mittelstandes. — "Bund Königin Luise".

Wir haben in unserer unseren Lesern bekannten Kritik den Versuch gemacht, der Idee und dem künstlerischen Wert des Stückes, sowie vor allem der Aufführungsleistung gerecht zu werden. Wir sind dabei in bezug auf das Stück zu einer im ganzen ablehnenden Stellungnahme gekommen, ohne dass wir die zweifellos vorhandenen künstlerischen Werte und die ethische Idee in Abrede stellen wollten. Da es in dieser Beziehung, wie der Aufruf der oben angeführten Verbände und Organisationen zeigt, geteilte Meinungen gibt, geben wir, um unseren Lesern ein Bild der Situation zu vermitteln, hier einige Auszüge aus Kritiken wieder, die in Zeitungen erschienen sind, denen man gewiss die nationale Gesinnung und das aufrechte Eintreten für die Erhaltung und Stärkung der deutschen nationalen Kultur nicht absprechen kann.

Der *Tag* (deutschnational: Hugenberg) schreibt über die Leipziger Uraufführung:
"Georg Kaiser hat diesmal den kühnen Bogen seiner Bühnendichtungen, die durch alle Gattungen hindurchführen, hoch hinaufgeschwungen in den Bezirk des ethischen Märchens."
Als Resumé der Inhaltsangabe fasst die Zeitung zusammen:
"Antipole: Hass und Liebe. Es siegt die Liebe. Zwischen beiden ist aber die Vertreterin des Materialismus erschienen und der Gier, Olims Haushälterin, Frau von Luber, die ihm das Schloss abgelistet hat. Nichts bleibt den beiden Männern als die Flucht in den Silbersee, in den Tod. Doch ihnen, die nicht mehr hassen, die Rache und Furcht überwunden haben, die lieben ohne alle niedrigen Begleiterscheinungen, bietet der Silbersee einen Weg. Der See, der noch nie vereist war, aus warmen Quellen gespeist, friert zu. Sie wandern hinüber, einer besseren Welt der Ausgeglichenheit und der höheren Menschen zu. – Auch dieses Werk Kaisers ist eine Denkkonstruktion, in der die Menschen Typen sind, ohne eigentlich individuelle Züge, aber es ist eine ethisch verklärte Konstruktion, getaucht in eine klare und kalte Poesie, über die nur zeitweilig etwas wie Passion, Passion der Erkenntnis, aufflammt... Der Beifall, der schon während der Aufführung zuweilen spontan eingesetzt hatte, nahm zum Schluss stürmische Formen an. Sierck und seine Schauspieler zeigten sich bis zum Fallen des eisernen Vorhangs."
In der nationalistischen *Berliner Börsenzeitung* schreibt Franz Köppen:
"Dass er (Kaiser) für das neue Werk den märchenhaft klingenden Titel *Der Silbersee* wählte und es ausdrücklich als 'ein Wintermärchen' bezeichnet, konnte im voraus nicht befremden, denn sind etwa der Kassierer in *Von morgens bis mitternachts* oder der Pfandleiher in *Nebeneinander* nicht märchenhafte Gestalten? Beiden ist gemeinsam, dass sie zunächst in ihrer natürlichen, sozialen Verwurzelung gezeigt und dann durch märchenhafte Erlebnisse gejagt werden. Von dieser Art, Schicksale ins Unalltägliche, ja Unwirkliche hineinzutreiben, zu romantisieren, ist das neue Werk eine abermalige Variante, und somit in der Vision wie in der Führung echtester Kaiser. Will man hier von einem Schema sprechen, so geht die Übereinstimmung so weit, dass sogar der Ausgangspunkt der gleiche ist. Auch hier erfolgt die Ableitung aus der Prosa des nüchternen Alltags."
Franz Köppen, der als verantwortlicher Feuilletonredakteur der *Börsenzeitung* gewiss den Standpunkt der Redaktion und nicht den irgendeines Aussenseiters vertritt, kommt nach einer sehr ausführlichen und positiven Analyse des Inhaltes zu der gleichen Schlussfolgerung wie der Kritiker im *Tag*:
"Nachdem aber der guten Fee das Befreiungswerk gelungen und Olim und Severin zueinander können, hat sich der grosse ethische Umwandlungsprozess vollzogen: auch Severin erkennt, dass er nicht mitzuhassen, sondern mitzulieben da ist...

Eine solche Erkenntnis muss in dieser Welt des Kampfes als Wunder gelten, und da sie das ist, ist es nicht weiter wunderbar, dass ihr zuliebe und unter dem Eindruck ihrer Einzigartigkeit auch die Natur ein Wunder tut: indem die beiden das Schloss verlassen, das nun Wohnsitz des bösen Prinzips, der Niedertracht und satten und verlogenen Alltäglichkeit wird, wie es sich in jener Wirtschafterin verkörpert, und gemeinsam ihre Strasse ziehen, gibt es für sie kein Hindernis mehr ... wer weiter muss, wer fortschreitet zur Vollendung der Menschheit in Versöhnung und Brüderlichkeit, den trägt auch das scheinbar trügerische Element... Den starken, einheitlichen, unbestrittenen Erfolg, den das Werk bei der Uraufführung im Leipziger Alten Theater vor der mit vielen Theaterleuten und Pressevertretern aus dem Reiche durchsetzten Hörerschaft errungen hat, verdankt es — das unterliegt keinem Zweifel — zum wesentlichsten Teil der musikalischen Illustrierung Kurt Weills... Wie immer man sich zur Problematik des Kaiserschen 'Märchens' stellen mag — der Schlagkraft von Weills Musik und der Intensität dieser Leipziger Aufführung konnte sich niemand entziehen."

Der Korrespondent der *Berliner Nachtausgabe* (deutschnational: Hugenberg) findet es "bezeichnend, dass die Provinz zum wiederholten Male Berliner Theaterleitern ein neues Werk vorführt". Es stellt fest:

"Die Bezeichnung und die Durchführung des Werkes als 'Wintermärchen' und mehr noch das Endthema beweisen, dass er (Kaiser) eine zeitlose Tendenz in einer zeitlosen literarischen Form zur ethischen Forderung erheben will."

Auch Rolf Brandt erkennt in ähnlicher Weise in seiner Kritik im *Berliner Lokal-Anzeiger* (deutschnational: Hugenberg) die gute Absicht Georg Kaisers an, wenn er schreibt:

"Was Georg Kaiser vorgeschwebt hat, ist wahrscheinlich die Aussöhnung zwischen reich und arm, die Erlösung durch die Liebe. Der Hass stirbt und der gemeinsame Weg bleibt. Aber das kann man nur ahnen."

Daran schliesst sich eine unserer eigenen Stellungnahme sich annähernde sachlich-kritische Ablehnung des Werkes an, die aber immerhin über die Musik Kurt Weills, deren Abhängigkeit von der *Dreigroschenoper* festgestellt wird, noch auszusagen weiss:

"Wie immer bei Weill scharfer Rhythmus, am stärksten und am wirkungsvollsten gleich am Anfang der Chor hinter der Bühne, der die Stimmen des beunruhigten Gewissens meistert. Eine wirkungsvolle, übrigens technisch auch ganz hervorragend herausgebrachte Szene."

In einer ausführlichen und im ganzen sehr positiven Besprechung durch Fritz Mack in den *Leipziger Neuesten Nachrichten* (national) wird festgestellt:

"Im Parkett und den Rängen das literarische Publikum Leipzigs. Es ist charakteristisch für die gegenwärtige Situation des Theaters in der Reichshauptstadt, dass zum zweiten Male binnen kurzer Zeit die deutschen Bühnenleiter

nach Leipzig kommen müssen, wenn sie ein neues wesentliches Bühnenwerk kennenlernen wollen."
   Nach einer sehr verständnisvollen Analyse des Werkes, dem die "bösartige Aggressivität und aufpeitschende Tendenz" der *Dreigroschenoper* abgesprochen wird, das als ein "Zeitstück mit sozialem Ethos" und als ein "Tendenzstück mit einem ins allgemein Menschliche gerichteten Ethos" erkannt wird, schreibt Fritz Mack:
   "Man sieht, das Stück und sein Dichter haben viele Gesichter. Der 'Denkspieler' Kaiser zeigt hier (mehr als in früheren Werken) sein Herz, das den Armen und Beladenen dieser Erde gehört... Der ethische Grundgedanke des Werkes bezwingt das Gemüt; gegen die tendenziösen Seitensprünge setzt es sich zur Wehr. Hier und dort aber erstrebt Kaiser seine Wirkungen mit künstlerischen Mitteln, hier mit stärkeren, dort mit schwächeren... Wenn trotz der manchmal auseinanderstrebenden künstlerischen Elemente dieser besonders am Schluss wieder dichterisch eindringlichen Predigt gegen den Hass eine gewisse einheitliche Wirkung erzielt wurde, so ist das neben der Musik Kurt Weills vor allem dem Regisseur Detlef Sierck zu danken. Er war um Märchen- und Legendenstimmung bemüht, unterstrich die ethischen Züge des Werkes, knappte Entbehrliches und milderte tendenziöse Schärfen."
   Wie man aus den angeführten Zitaten ersieht, sieht man im nationalen Lager vielfach auch positive Seiten, es ergibt sich die Möglichkeit, dass die ungewöhnlich scharfe Ablehnung des Stückes in einem Teil der Magdeburger Öffentlichkeit auf gewissen, durch die Inszenierung Götzes geförderten Missverständnissen in bezug auf die ethische Tendenz des Werkes beruht. Wir haben auf die betreffenden Fehler der Aufführung bereits hingewiesen und wir glauben, dass durch eine Ausmerzung dieser Fehler einem vorurteilslosen Verständnis des Werkes doch noch der Weg geebnet werden könnte. Die Frage freilich, ob das Stück im ganzen als Kunstwerk wertvoll genug ist, um nun noch längere Zeit im Spielplan des Theaters zu stehen, wird die Intendanz nach den vorliegenden Ergebnissen sich unschwer selbst beantworten können.

556. anon., *Magdeburger Generalanzeiger*, 22.2.1933.

.... Wir hatten, wie sich unsere Leser erinnern, einige kritische Einwände gegen das Werk, hoben aber auch das Positive sorgfältig abwägend hervor. Jetzt haben einige politische Verbände und Parteien, darunter die NSDAP, Kreisleitung Magdeburg, der Stahlhelm, Bund der Frontsoldaten und die deutschnationale Volkspartei, Kreisverein Magdeburg, scharfen Protest gegen das Stück eingelegt. Dazu erklärt der Intendant Götze:
   "Die von mehreren politischen Verbänden und Organisationen veröffentlichte Erklärung anlässlich der

Uraufführung des Schauspiels *Der Silbersee* im Magdeburger Stadttheater enthält den Vorwurf, dass im Magdeburger Stadttheater eine Entwürdigung der Kunst zu einseitiger, undeutscher Propaganda bolschewistischer Theorien stattgefunden habe, und dass das Stadttheater zu einem Instrument gänzlich unkünstlerischer Bolschewisierungsversuche geworden sei. Diesen Vorwurf muss ich mit Entschiedenheit zurückweisen, da das genannte Bühnenwerk von Georg Kaiser nicht zum Klassenkampf, sondern im Gegenteil zur Überwindung des Klassenhasses und der Gewalttätigkeit auffordert, und ich das Werk um seines ethischen Grundgedankens willen, der der Versöhnung der sozialen Gegensätze dienen soll, auf den Spielplan angesetzt habe. Dieser ethische Grundgedanke ist in zahlreichen Presseberichten über Georg Kaisers *Silbersee* anerkannt worden.

Dass im Magdeburger Stadttheater unkünstlerische Bolschewisierungsversuche unter meiner Leitung Raum gewonnen hätten, ist eine Behauptung, für die nicht das leiseste Beweismittel zu erbringen ist. Der Spielplan der Städtischen Bühnen ist vor Beginn der Spielzeit in seiner Gesamtheit der Öffentlichkeit übergeben und bisher mit nur geringen Abweichungen zur Ausführung gebracht worden. Werke problematischen Charakters sind in diesem Spielplan nur in verschwindendem Umfange vorhanden, während die Werke der Klassiker und vor allem die in diesem Jahre ganz in den Vordergrund gestellten Opern Richard Wagners den Spielplan beherrschten.

.... Die Unterstellung, der Spielplan des Magdeburger Stadttheaters sei von mir undeutsch und unkünstlerisch gestaltet worden, kann ich daher mit reinstem Gewissen zurückweisen." gez.: Hellmuth Götze.

In der letzten Sitzung des Theater- und Orch.Ausschusses machte Intendant Götze den Vorschlag, das Schauspiel *Der Silbersee* von Georg Kaiser aus dem Anrechtsspiel des Stadttheaters herauszunehmen und das Werk in offenen Vorstellungen für das interessierte Publikum zu geben. Daneben werden geschlossene Vorstellungen für die interessierten Besucherorganisationen stattfinden. Der Theaterausschuss stimmte dem Vorschlag des Intendanten zu. Infolge dieses Beschlusses wird die für Donnerstag, den 23. Februar angekündigte Anrechtsvorstellung *Der Silbersee* ausfallen und dafür ein anderes Werk gegeben werden....

Da die Leipziger Uraufführung des *Silbersee* ... eine überwiegend günstige Beurteilung in der darüber vorliegenden Presse erfahren hat, sind einige Mitglieder des Theaterausschusses zusammen mit dem OB, dem Theaterdezernenten und dem Intendanten am Dienstag abend im Anschluss an die Sitzung des Theater- und Orch.Ausschusses nach Leipzig gefahren, um sich die dortige Aufführung anzusehen.

557. anon., *Magdeburgische Zeitung*, 22.2.1933.

Die oben wiedergegebene Stellungnahme des Theater- und Orchesterausschusses begrüssen wir, da durch sie dem Publikum, soweit es an der Sache objektiv interessiert ist, die Gelegenheit nicht genommen wird, sich selbst und aus eigenem Erleben ein Urteil zu bilden. Anderseits entzieht sie die Anrechtsinhaber dem Zwang, etwa gegen ihren Willen ein Stück ansehen zu müssen, das ihnen durch die vorangegangene scharfe politische Debatte in der Öffentlichkeit von vornherein verleidet sein könnte. Kollektivurteile in Sachen des Theaters sind selten geeignet zu klären, können vielmehr allzu leicht verworrene Situationen schaffen, die weder den Interessen des Theaters noch der Öffentlichkeit dienen. Vielleicht trägt die Entscheidung des Theaterausschusses dazu bei, die Diskussion in ruhigere Bahnen zu lenken.

558. anon., *Magdeburgische Zeitung*, 25.2.1933.

Die Leitung des Stadttheaters hat sich im Einverständnis mit dem Theaterausschuss entschlossen, den heftig umstrittenen *Silbersee* nur mehr in geschlossenen Vorstellungen der Theaterorganisationen zu geben. Damit ist eine weitere durchaus erwünschte Klärung der Meinungen in der Öffentlichkeit abgeschnitten, da nur ein Teil des Publikums die Möglichkeit hat, sich über das Stück selbst ein Urteil zu bilden. Ohne eine solche für alle Beteiligten unerlässliche Urteilsbildung, ist eine öffentliche Diskussion nicht nur wertlos, es besteht vielmehr die Gefahr, dass ohne diese Möglichkeit der Kontrolle ein Kampf organisierter Meinungen entbrennt. Aus dem Streit der Meinungen würde dann eine reine Machtfrage, wie ja schon heute aus dem *Silbersee* als Anlass ein Kampf um das Theater entbrannt ist, der längst auf das politische Gebiet übergegriffen hat. Das sind offenbar auch die Gründe, die die Theaterleitung bestimmt haben, einem Kampf auszuweichen, in dem das Theater wegen der Andersartigkeit seiner Waffen machtlos ist. Es wäre im Interesse des Theaters dringend zu wünschen, dass der scharfe Konflikt möglichst bald beigelegt wird. Damit wäre der Weg frei für eine Auseinandersetzung auf der Ebene des Theaters selbst. Denn ganz unabhängig von dem aktuellen Anlass wird sich auch das Theater über die Aufgaben klar werden müssen, die ihm, seiner Bedeutung als Kulturtheater entsprechend, in der geistigen Situation unserer Zeit gestellt sind.

559. anon., n.d., n.s., GKC.

Wie wir in der letzten Nummer unseres Blattes meldeten, haben die Städtischen Bühnen in Magdeburg in der Angelegenheit des *Silbersee* auf Grund der Protestkundgebung

einiger politischer Stellen auf weitere
Abonnementsvorstellungen des *Silbersse* verzichtet. Es
sollten in Zukunft nur völlig freie und völlig geschlossene
Vorstellungen stattfinden. Ohne dass man es zu einer
weiteren Aufführung kommen liess und ist man nun den
Opponenten einen bedeutenden Schritt entgegengekommen.
  Das Stadttheater Magdeburg wird fortab den *Silbersee*
nur noch in geschlossenen Vorstellungen ohne jeden offenen
Kartenverkauf geben.
  Dieses Zurückweichen vor der Strasse erscheint uns
äuerst [sic] bedenklich. Es stellt vor allem der
Theaterleitung im allgemeinen ein äusserst ungünstiges
Zeugnis aus. In heutiger Zeit muss man von einem
Theaterleiter verlangen, dass er einigermassen die
Konsequenzen dessen voraussieht, was er unternimmt. Er muss
die lokalen Verhältnisse soweit kennen, dass er weiss, ob er
ein Stück riskieren darf und wie er es riskieren darf. Ein
fraglos wertvolles Werk aber herauszubringen, um es dann
wieder kampflos aufzugeben, ist eine Diskreditierung des
Stückes und eine Diskreditierung seiner selbst.
  Worin der Unterschied zwischen der angefochtenen
Magdeburger und der erfolgreichen Leipziger Inszenierung
gelegen haben mag, ist von uns bereits in der letzten Nummer
unseres Blattes erörtert worden. Der Verlag Bloch Erben
stellt übrigens, wie wir soeben erfahren, eine neue
Bühnenfassung auf Grund der Leipziger Inszenierung her.
Erfreulicherweise ist für diese Bühnenfassung bereits
allseitiges grosses Interesse vorhanden.
  So ist zu hoffen, dass die schlechten Erfahrungen in
Magdeburg, die vor allem auf offenbar taktische Fehler der
dortigen Theaterleitung zurückzuführen sind, nicht dauernd
dem Erfolg des Stückes Abbruch tun.

560. "Auszug aus dem Verwaltungsbericht der Städtischen
Bühnen Magdeburg – Spielzeit 1932–33", n.d., GKC.

[...] In der zweiten Hälfte der Spielzeit 1932–33 und
nach der Machtergreifung des Staates durch den
Nationalsozialismus hielt es die damalige Intendanz für
richtig, im Wilhelm-Theater ein das Judentum
verherrlichendes Stück *Die Braut von Torotzko*
herauszubringen und krönte diese 'Kultur-Politik' mit der
Uraufführung des kommunistischen Tendenz-Stückes *Der
Silbersee*. Dieser rief einen Entrüstungssturm in der noch
deutsch denkenden Bevölkerung hervor und führte
schliesslich, da die Theaterleitung nicht von ihrer Richtung
abgehen wollte, zum Theater-Boykott durch die nationalen
Verbände. In wirtschaftlicher Hinsicht wirkte sich dies für
das Theater katastrophal aus, obwohl *Der Silbersee* wieder
abgesetzt und daraufhin der Boykott aufgehoben wurde. Das
Vertrauen des Publikums zum Theater war erloschen.

Nach den Reichstags- und Kommunalwahlen im März sah sich daher der neue, unter nationalsozialistischer Führung stehende Magistrat veranlasst, die Theaterleitung, bestehend aus dem Intendanten Götze, Generalmusikdirektor Beck und Verwaltungsdirektor Werckshagen sofort zu beurlauben und beauftragte zunächst kommissarisch als Intendanten Dr. Fritz Landsittel vom Stadttheater Stettin, als Leiter des Städtischen Orchesters Dr. Walter Rabl und mit der Führung der Verwaltungsgeschäfte den Magistratsdiätar Schulze. [...]

561. Adalbert Bornhagen, n.d. [post-1945], n.s., GKC.

Magdeburg. 19. Februar 1933. Mittags noch hatte die SA gedroht: wird *Der Silbersee* nicht abgesetzt, werden die beiden Hauptdarsteller mit Gewalt entführt. Elisabeth Lennartz und Ernst Busch aus Berlin wechselten das Hotel. Mehr nicht. Abends wurde gespielt. Ähnlich unterirdisch grollte der geistige Terror auch in Leipzig. Nach der Doppel-Uraufführung Magdeburg-Leipzig versank *Der Silbersee* mit seiner Verbrüderungsidee im braunen Meer des Hasses. [...]

D. Premieres in Exile: 1933—45

Adrienne Ambrossat

5.2.1935, Uraufführung, Theater in der Josefstadt, Vienna. Dir.: Otto Preminger; Ernst Deutsch (Paul); Paula Wessely (Adrienne); Dagny Servaes (Helene).

562. René Kraus, *Neues Wiener Journal*, 6.2.1935.

Was einem alles passieren kann, wenn man mit dem Schmuck der besten Freundin auf den Ball geht, erzählt Herr Georg Kaiser in *Adrienne Ambrossat*, einem 'Frauenschicksal' in drei Akten, das gestern im Theater in der Josefstadt zur Uraufführung gelangte. Ein Frauenschicksal? Das Schicksal eines Perlenhalsbandes sollte das Stück rechtmässig heissen.
[...] Man erinnert sich dieser klassischen französischen Novelle. Herr Georg Kaiser erinnert sich ganz bestimmt. Seine Adrienne Ambrossat ist zwar nicht Gattin eines kleinen Beamten, sondern die Frau eines Kaufmanns, und ihr Eheproblem ist mit der Juwelenverwechslung verquickt — aber sonst ist der Unterschied des Einfalls nicht allzu gross. Auch Adrienne Ambrossat geht mit einem geborgten Perlenkollier auf den Ball. Sie geht freilich hin, weil dieses Fest für ihren karrieregierigen Gatten, den Mann, an den sie gebunden ist, geschäftliches Interesse hat. Eine kleine Verwicklung auf dem Ball bringt es mit sich, dass sie einen anderen kennenlernt. Dieser andere, ein dämonischer Amerikaner, bemerkt das Ehepaar Ambrossat in einer Kussszene. Der Gatte verschwindet aufs Stichwort. Der andere weist Madame galanterweise darauf hin, dass sie sich eben habe die Schulter blutig küssen lassen, eine Feststellung, die er zum Anlass nimmt, auch seinerseits sein Glück zu versuchen. Es geht halt auch auf der Bühne nichts über den wahren Takt in allen Lebenslagen.
Madame aber versucht tugendhaft zu bleiben. Sie flüchtet vor dem Zudringlichen. Verstrickt sich teils in die Blumendekoration des Ballsaales und teils in schwere Schuld. Im Gestrauch der Dekoration verfängt sich nämlich das geliehene Halsband. Es fällt in den 'Abfluss', ein Lieblingsrequisit von Georg Kaisers Komödie, das auch im weiteren Verlauf der Begebenheiten mit Vorliebe zitiert wird.

Wie soll die Arme nun ihrer Freundin den Schmuck ersetzen? Keine Sorge, Amerikaner — zumindest jene Amerikaner, die sich auf unseren Komödienbühnen herumtreiben — sind grosszügig. Der Fremde ist bereit, Madame das verlorene Perlenhalsband sofort zu ersetzen. Ihm ist kein Preis zu teuer, wenn die Frau nur den ihren zahlt.

Adrienne Ambrossat zahlt in der Sandwichpause. Im zweiten Akt gibt sie das Perlenhalsband zurück. Da erklärt die Freundin, dass es eine billige Nachahmung war, für deren Wiederbeschaffung Adrienne ihr Frauenopfer brachte. Das Opfer soll aber jetzt erst seinen Sinn bekommen. Der Herr Gemahl hat sich in verhängnisvolle geschäftliche Spekulationen eingelassen. Um sich das Geld zu seiner Rettung zu beschaffen, leiht die ewig opferbereite Adrienne sich noch einmal die Perlen aus, verkauft sie einem Juwelier und erzählt ihrer Freundin, sie hätte die Imitation verloren. Kostet fünfzig Francs, nicht wahr?

Nein, wenn die Sache sich mit fünfzig Francs erledigen liesse, könnte das Publikum schon nach dem sechsten oder siebenten Bild nachtmahlen gehen. Davon ist aber leider keine Rede. Die Freundin hat sich nämlich geirrt, als sie zum zweitenmal der armen Adrienne das Kollier anvertraute: diesmal ist es das echte gewesen, das nun verloren ging, das heisst, das Adrienne verkauft hat. Ja, wenn die guten alten Verwechslungseffekte nicht wären...!

Adrienne kommt vor Gericht. Um vor ihrem Mann den Ehebruch nicht eingestehen zu müssen, nimmt sie den Diebstahl auf sich. Sie wird verurteilt. Der Gatte, ein Gemütsmensch, lässt sich scheiden. Letzte Wendung: Der dämonische Amerikaner hat eigentlich ein butterweiches Herz, schriftlich bittet er von der anderen Seite des grossen Teiches Adrienne um ihre Hand. Weil aber auch Paul, der vielgeliebte Gatte, vor der Gefängnistür steht, aus der Adrienne nach Verbüssung ihrer Strafe hinaus ins Freie tritt, geht sie doch wieder lieber mit diesem.

Die Handlung ist, wie man sieht, reichlich konstruiert und das Motto, unter dem sie vom ersten bis zum letzten Augenblick steht, ist das altvertraute Wörtchen: Ausgerechnet!... Vollends unerträglich wird die Sache aber durch einen verkrampften, gespreizten Dialog, der vor fünfzehn Jahren vielleicht als interessant gelten mochte, der aber heute nur noch albern wirkt. Eine Schneiderin beispielsweise wird 'die schneidernde Person' genannt und in diesem Ton geht es zweieinhalb Stunden weiter. Nun sollen die Verdienste, die Georg Kaiser sich vor fünfzehn Jahren um das deutsche Drama erworben hat, gewiss nicht geschmälert werden. Aber die bedauerliche Feststellung kann nicht unterdrückt werden, dass die wahre Dankbarkeit für diese Verdienste darin bestünde, die Erinnerung an sie nicht durch die Aufführung eines geradezu peinlichen Spätlings zu trüben. Zumindest hätten aber von einer sorgfältigeren dramaturgischen Bearbeitung, als sie dem verunglückten Stück in der Josefstadt zuteil wurde, die ewigen Wiederholungen und Erklärungen von Dingen, die der Zuschauer ohnehin schon

ein paarmal gehört hat, gestrichen werden müssen.
Wahrscheinlich erklärt sich die Aufführung hauptsächlich aus dem Wunsche, eine grosse Rolle für die Wessely zu finden. Dabei hat diese unvergleichliche Künstlerin wiederum nur Gelegenheit gehabt, zu beweisen, dass sie gar keine Rolle braucht: dass es genug und übergenug ist, wenn sie sich selbst spielt. Ihr Gefühlsreichtum, der alle Modulationen von der verhaltenen Innerlichkeit bis zum erschütternden Ausbruch meistert, hat nicht seinesgleichen auf der zeitgenössischen Bühne. Ihre Leidensfähigkeit und ihr Glückshunger, ihre Keuschheit und ihre Sehnsucht, ihre dunkel umwitterte Tragik und die Fröhlichkeit ihres Herzens, die in einigen — viel zu seltenen — Augenblicken hervorleuchtet, das alles ist nicht mehr Spiel: es ist Schicksal. Die Wessely steht einsam auf ragender Höhe.

Gar in der gestrigen Vorstellung, die rund um sie Theaterei war. Herr Ernst Deutsch, ein Schauspieler mit sehr schätzenswerten ursprünglichen Mitteln, hat in der Rolle des Gatten leider nicht einen einzigen echten Ton mehr, nicht eine einzige ungekünstelte Bewegung, er ist eine in ständiger Grossaufnahme wandelnde Maske. Es ist keine Frage, dass Herr Deutsch einmal wieder einen Regisseur brauchen würde, dem es gegeben ist, den Schauspieler zu seinen eigenen Möglichkeiten zurückzuführen. Herrn Direktor Preminger, der die Spielleitung des Abends besorgte, eignet diese seltene Gabe offenbar nicht. Alle Achtung vor seiner oft bewährten Kunst der Maschinenregie — aber die Schauspieler, die er gestern zu führen gehabt hätte, sind Puppen geblieben, lebendige Requisiten, chargierende Episodisten und ganze lange Passagen, wie etwa die unendliche Gerichtsszene, liefen leer. Höchste Anerkennung für Frau Servaes und die Herren Neugebauer, Hübner und Daghofer, die selbst an diesem Abend ihr eigenes Profil zu wahren vermochten!

Die Wessely hat ihren vollverdienten persönlichen Triumph gefeiert. Dem Rest der Vorstellung und dem Stück gegenüber verhielt sich das Premierenpublikum liebenswürdig wie immer. Das Publikum weiterer Aufführungen wird, fürchte ich, ausbleiben.

563. Moriz Scheyer, *Neues Wiener Tagblatt*, 7.2.1935.

[...] Das Stück Georg Kaisers spielt in Paris um das Jahr 1900, also vor der sogenannten 'Emanzipation'. Aber was diese Adrienne Ambrossat für einen Mann tut, das täten auch heute und allerorten unzählige andre Frauen, ohne sich zu besinnen, still, ohne Klage und ohne Empörung, aus der Urgewalt eines Gefühls heraus.

Adrienne Ambrossat möchte ihrem überaus ambitionierten Mann helfen. [...]

Dass Georg Kaiser die Fäden bisher mit viel Fertigkeit knüpft und verwirrt — das ist nicht das Entscheidende. Das treffen Stückeschreiber, die keine Dichter vom Range Georg Kaisers sind, ebenso gut, wenn nicht besser. Noch weniger entscheidend, dass er in den letzten drei Bildern alle Konflikte zu einem melodramatisch rührseligen und wohlgefälligen Ende führt: die Wahrheit kommt an den Tag, der gänzlich verarmte Herr Ambrossat holt seine Adrienne aus dem Gefängnis ab, und neues Leben blüht aus dem Ruin.

Entscheidend ist, dass Kaiser jenseits aller geometrischen Konstruktion der Situationen und der oft bis zur Monotonie überkomplizierten Geschehnisse etwas Tröstliches und Befreiendes wie einen leisen Duft aufschweben lässt: den Glauben an die Frau; das Bewusstsein, dass in unserm Dasein Liebe den Sinn des Lebens bedeutet.

Nicht zuletzt entscheidend endlich, dass Georg Kaiser uns eine Gestaltung Paula Wesselys vermittelt, eine Erschütterung, die man nicht so bald vergisst. Der Wessely ist es gegeben, jedes noch so oberflächliche Wort, jeden noch so banalen Effekt zu vertiefen und zugleich in eine Sphäre leuchtender Reinheit zu erhöhen. Oder ein Blick von ihr, eine Bewegung, ein Schritt, ein Schweigen; es ist dann zuweilen, als würde eine plötzliche Helle für eine Sekunde lang die schwärzeste Nacht zum Tage machen und über die Weite einer Seele das warme Licht der Mittagssonne ausbreiten. Die Wessely bietet der Adrienne Ambrossat unendlich viel, aber die Figur bietet auch der Wessely vieles, und es wäre unbillig, das zu unterschätzen.

Nicht sehr ergiebig ist die Rolle, die Adriennes Freundin spielt, diese in ihre Moral und in ihren Reichtum bequem hingegossene Madame Duffin: Dagny Servaes verkörpert nicht nur eine wunderschöne Frau aus der verwöhnten Pariser Grossbourgeoisie, sie weiss auch alle sozialen Vorurteile des Milieus, den Hochmut, den Gelddünkel, die Tugendheuchelei mit vollendeter Kunst zu nuancieren. Den Ambrossat gibt Herr Ernst Deutsch mit überzeugendem Schwung und mit einer verhaltenen Intensität, die diesmal nirgends ins Theatralische gerät. [...] Die ganze, von Herrn Direktor Doktor Otto Ludwig Preminger routiniert geleitete Aufführung hat ein glänzendes Niveau.

Voll Esprit bis in die letzte Einzelheit sind die von Strnad geschaffenen Interieurs aus der Pariser Epoche um 1900; in ihrem diskreten Altmodischsein von einem intimen, zärtlichen, förmlich musikalischen Reiz.

Immer wieder rief man nach der Wessely. Aber zugleich war es auch ein Ruf nach jener Liebe, die einzig inmitten der Schimären des Lebens die Zauberkraft hat, Einsamkeit gleich einem erdrückenden Fels von unsrer Brust zu lösen. Ein Ruf der Dankbarkeit für die Gefährtin und Mutter in jeder wahren Frau, die rein bleibt, mag sie auch durch Schmutz und Schimpf und Hölle geschritten sein wie die kleine Adrienne Ambrossat.

Das Los des Ossian Balvesen

26.11.1936, Uraufführung, Burgtheater, Vienna. Dir.: Röbbeling; Ewald Balser (Balvesen); Otto Tressler (Glynn); Maria Kramer (Svea); Ulrich Bettac (Sven).

564. Rudolf Lothar, *Neues Wiener Journal*, 27.11.1936.

[...] Das Stück wimmelt von Symbolen und Allegorien, und so ekstatisch es sich gibt, so hinreissend seine Dialektik sein möchte, es wird wohl wenige Zuschauer davon überzeugen, dass Ossian recht daran tut, das Los zu zerreissen. Gibt es denn keine wohltätigen Anstalten, keine Winterhilfe, keine Spitäler und keine Armen und Bedürftigen? Muss Ossian das Geld vernichten, nur weil er sich selbst zum Hass gegen das Geld aufgeputscht hat? Der heldische Kämpfer um sein eigenes Ich krönt seinen Sieg mit einer grenzenlosen Dummheit.
    Es ist sehr schwer, Kaisers auf Stelzen gehende, geschraubte Sprache, die sich absichtlich von jeder Natürlichkeit entfernt, so zu sprechen, dass die Figuren menschlich erscheinen und nicht im Papierdeutsch der Worte versinken. Röbbelings Regie brachte dieses Kunststück fertig. Sie gab allen Schauspielern weit mehr Leben als der Dichter. Allerdings wurde der Regisseur trefflich unterstützt von einer ganz wundervollen Darstellung. Balser gab dem verzückten Spiesser, der aus einem Michael Kohlhaas zum fanatischen Ichsucher wird, menschliches Gepräge und eine starke Innerlichkeit, die allerdings nur in Balsers Herzen, nicht in Kaisers Worten steckt. [...] Siebert als Lotterieagent, Wawra als Postdirektor und Mayerhofer als das Faktotum Glynns schufen lebendige Typen. [...] Das Stück hatte freundlichen Erfolg und Hans Wengraf konnte wiederholt für den Dichter danken.

565. Felix Salten, *Neue Freie Presse*, 27.11.1936.

Der Kleinbürger und sein Verhältnis zum grossen Reichtum hat den Dramatiker Georg Kaiser wiederholt beschäftigt. In dieser Figur, die gleichsam vor der Tür des üppigen Lebens steht, überschneiden und kreuzen sich viele soziale Probleme, viele seelische Konflikte. Diese Figur kann wunschloser Zuschauer sein oder sehnsüchtig, freiheitsdurstig und hungrig nach Genüssen. Zündstoffe sind in solchen Menschen angesammelt und die Gefahr irgendeiner Katastrophe ist beträchtlich nahe. Das Theatertemperament Georg Kaisers verstand es bisher immer, aus dem

Zusammentreffen des kleinen Mannes mit der grossen Welt Funken zu schlagen und Brände zu entfachen. So hoch wie mit dem Drama *Von morgens bis mitternachts* liess Kaiser selten die Flamme emporlodern. Da war die Gestalt des armseligen Bankkassiers ein meisterhafter Griff. [...]

Ganz anders kommt diesmal Georg Kaiser mit der Komödie *Das Los des Ossian Balvesen*. Brachte er früher Ekrasit, so brennt er heute ein harmlos prasselndes Feuerwerk ab, sprachen einst seine Menschen ätzendes Vitriol, reden sie heute sanfte Mandelmilch. Aber sie sind Menschen trotz alledem, keine Theaterpuppen. Der Postbeamte Ossian Balvesen ist eine gut gezeichnete, glaubhafte Gestalt, ein kleiner Spiesser, selbstgefällig, eitel, in den eigenen Klugschwatz verliebt. Ihn erregt zwar der Haupttreffer, der ihm zufällt, der ihm beinahe entgeht und dessen er dennoch habhaft wird. Er braust auf mit dem Sturm seines ganzen Rechtsgefühles, aber das ist nur ein Gefühlchen ohne wirkliche Zündkraft. Das Amtsjubiläum, das er feiern darf, die Ehrungen, die ihm bevorstehen, mindern seinen Wunsch nach Reichtum sehr herab. Ausserdem weigert sich der Bräutigam von Balvesens Tochter, einfacher Steuermann eines Küstendampfers, das Mädchen zu heiraten, wenn es ihm eine grosse Mitgift zubringt. Durch den Liebesschmerz der Tochter soll der Entschluss des Vaters, der das Haupttrefferlos zerreisst, gestützt, untermauert, plausibel gemacht werden. Allein, damit ist nur wenig geholfen. Einen Menschen, der auf eine Million verzichtet und lieber ein kleiner Beamter bleibt, hat man von jeher kaum begriffen und begreift ihn heute noch schwerer als sonst. Die Moral, die der gute Balvesen verkündet, dass einzig in der Arbeit, einzig im mühsam und redlich Erworbenen reines Glück liege, diese Moral ist schön, ist tröstlich, ist sogar wahr, doch sie schmeckt ein wenig stark nach dem Lesebuch, sie erinnert allzu primitiv an das primitive Lied: 'Was frag ich viel nach Geld und Gut, wenn ich zufrieden bin...'

566. Ernst Decsey, *Neues Wiener Tagblatt*, 27.11.1936.

In dem Stück fehlt eine Figur mit gesundem Hausverstand, die zu dem Helden spräche: 'Ossian, seien Sie kein Trottel! Nehmen Sie die Million, Sie werden sich an das Geld gewöhnen. Auch Ihre Frau, Ihre Tochter und Ihr künftiger Schwiegersohn, der Steuermann, alle werden sich daran gewöhnen. Und erst recht Ihr Vorgesetzter im Postamt, denn an nichts gewöhnt man sich so rasch, wie an das Reichsein, und gerade, wenn Sie nicht auf den Postenansteh'n, kein armer Schlucker mehr sind, wird man Sie zum Direktor ernennen. Nehmen Sie den Treffer, den Sie mit Ihrem Los gemacht haben, zerreissen Sie um Gottes willen das Los nicht, kurz, seien Sie kein Georg Kaiserscher Querkopf!'

Solche Rede hätte allerdings nicht gefruchtet, denn Georg Kaiser will eben Querköpfe zeigen, Leute, die es anders machen als alle andern Leute. Er will eine närrische Bescheidenheit, eine fanatische Selbstgenügsamkeit als Wesenszüge zeigen, gerade im Druck der Zeit von heute, als Charaktermöglichkeiten in der wirtschaftlichen Daumenpresse der Gegenwart.

'Fabula docet'. Vierundzwanzig Jahre hat der Schalterbeamte Ossian Balvesen auf ein Los eingezahlt; im fünfundzwanzigsten Jahr gibt er es der Aussichtslosigkeit halber zurück, der Start des Glücks dauert allzu lang. Der Losagent verkauft das Los weiter, und nun macht es, gezogen, den Hauptgewinn: eine Million! Ossian, ausser sich, will sein Los zurück und kämpft als nordischer Michael Kohlhaas monomanisch um sein 'Recht'. Wer vierundzwanzig Jahre eingezahlt hat, dem gehört das Los von Rechts wegen, nicht wahr? Und nicht dem, der es nur ein Jahr besass. Niemand würde diese Logik glauben, aber Ossian findet einen Narren, der sie ihm glaubt, das ist der neue Eigentümer des Loses, der Holzbildhauer Glynn, auch ein Original.

Glynn liebt die Puppen, die er schnitzt, die Könige, Teufel, Jungfrauen und Poizisten: Glynn findet darin sein Glück. Was begänne er mit einer Million? Da haben Sie sie! Zwar hat er das Los verräumt — in der Werkstatt des Genies herrscht genialische Unordnung —, aber er bestätigt schriftlich seinen Verzicht: gegen Ersatz der letzten Jahresrate gehört die Million dem 'rechtmässigen' Gewinner Ossian Balvesen. Und wer an der Güte und Anständigkeit unsrer Zeitgenossen je gezweifelt hat, wird seinen Glauben an den zwei Menschen aufrichten, die uns pathologisch verzerrt erscheinen, aber im Grunde die eigentlich gesund und natürlich Denkenden sind.

Nebenbei ist Glynn eine der poesievollsten und humorigsten Figuren, die ein Dichter ersinnen kann. Ein Rechner, ein Geizkragen mit einem Zahlengehirn, wenn es sich um Bäume und Puppen handelt, ist er der Künstler schlechthin, grosszügig und unkrämerisch. Er verzichtet nur auf den einen Anspruch nicht, etwas zu leisten. [...] Und der arme Rechner, der einen billigen Tabak raucht, erklärt, er käme sich lächerlich vor als puppenschnitzender Millionär. Er will von Geld nichts wissen, er will reich bleiben....

Der Postbeamte Ossian aber hängt noch ganz naiv am Gewinn. Er hat eine Tochter zu verheiraten, er braucht die Million, er saugt sich fest am Becher des Glückes, er ist trunken vom Gift des Geldes. Doch wie? Sein künftiger Schwiegersohn, der Steuermann, erklärt, kein reiches Mädchen heiraten zu können und entpuppt sich als der dritte Feind des Mammons und das dritte Original des aus Originalen bestehenden Stückes. Und da kommt der grosse Umbruch. Ossian erkennt: die Macht des Geldes macht den Menschen bisweilen arm.

Kaiser nennt seine Dichtung eine Komödie, und der Titel ist es wohl, der im Publikum eine Lachbereitschaft erzeugt, die sich auch an innerlich tragischen Stellen entlädt. Es kommt im dritten Akt zur Lampenszene, einen der rührendsten

Augenblicke, die es auf dem modernen Theater gibt. Ossian Balvesen soll das Jubiläum seines fünfundzwanzigsten Dienstjahres feiern, sein Kollege, der Postbeamte Eklund, klopft auf den Busch, was er sich wohl wünsche? Da einigen sich beide auf eine neue Hängelampe, fünf Lichter oben, drei unten, überdacht von einem roten Seidenschirm.... Und diese Lampe ist die Sonne des Glückes, die über dem engen Dasein, dem bescheidenen Horizont des Postbeamten aufgeht. Wie der Künstler seine Puppen, der Steuermann den Küstendampfer, so liebt der Beamte diese Lampe der Zufriedenheit, und es scheint, ihr Licht könne Tränen im Auge des Zuschauers hervorbringen. Wer lachte noch des lächerlichen Mannes?

Rührend auch, und nicht flach komisch im Lustspielsinn ist der Fanatismus, mit dem der Schalterbeamte einem Rechenfehler nachgeht. Es fehlen ihm sechs Kronen. 'Was? Ersetzen? Seine Niederlage eingestehen?' Ob es sechs Groschen oder sechstausend Taler sind, die Abrechnung muss stimmen, der Beamte Sieger bleiben im Königreich der Pflicht. Aus diesem Rechenfehler allein wird man die hohe Qualität des Stückes berechnen können, die herzbewegte und geistvolle Dramatik, die man vom Dichter des *Oktobertag* und der *Bürger von Calais* erwarten durfte. Schon einmal hat Georg Kaiser das Geldproblem in seiner furiosen Gewalt entfesselt — im Drama *Von morgens bis mitternachts* —, hier liegt ein Gegenstück vor, worin Kaiser seine Behauptung wahr macht: 'ein Drama schreiben heisst, einen Gedanken zu Ende denken.' Schade nur, dass dem Dichter ein dramaturgischer Rechenfehler unterlief: das ist der äusserlich ziemlich überflüssige vierte Akt mit den hintereinander auftretenden Frauen, die zu einem Leerlauf der Mühle Anlass geben.

Der Schluss geht wieder hoch. Eine gemütliche Jubelfeier im Postamt. 'Die Ehre Gottes in der Natur', gesungen vom Postbeamtenquartett. Ansprache des Postdirektors. Ankündigung seiner bevorstehenden Pensionierung mit gleichzeitiger Designierung Ossians zum künftigen Postdirektor. Grosse Rührung. Eröffnung der Schalter, Aufnahme des Dienstes. Alles ist hier gerührt, alles geht mit und versteht, dass die Sprache eines Dichters den Dingen banalster Bürgerlichkeit höchstes Niveau geben kann. Aber niemand von allen, die mitgehen und gerührt sind, versteht, warum der gute Ossian das erst verlorne, jetzt wiedergefundene Los zerreisst. Das verzeiht ihm niemand. 'In diesen Zeiten!' Er ist doch der unverbesserliche Georg Kaisersche Dickkopf.

Das Spiel, von Direktor Röbbeling sehenswert inszeniert, wirkt suggestiv. Die Aufführung entwickelt die besten Gaben der Schauspieler und machte den Abend zum grossen Premierenabend, interessant schon deshalb, weil das Theater zu Debatten Anlass gab, zum Streit um Ossian, der, das Los zerreissend, sein Los bestimmte. Ewald Balser, als Ossian in seinem Element, gestaltet einen Typ, den man ihm fast glaubt. [...] Er spielt nie auf Effekt, immer die innere Dramatik der Gestalt mit tragischem Unterton, er spielt Redlichkeit, Herzensgüte und Pflichtgefühl: die heroische Sechskronengenauigkeit einer Beamtennatur. Vielleicht spielt er in dem Stück ein ergreifendes Stück seiner selbst.

Seinem Gegenspieler Glynn gibt Herr Tressler die schöne Einfachheit und selbstverständliche Noblesse des künstlerischen Menschen. Von einigen komödischen Gewohnheiten abgesehen, ist hier ein Prachtexemplar profiliert, der innerlich Andächtige, äusserlich Nachlässige, der Freund der grossen Natur, den es zu Wald und Bäumen zieht, stärker als zu Menschen und Kultur, ein König im Palast der Armut. [...]

Was nie und nirgends sich begeben, das allein veraltet nie. Die Komödie spielt in einer nordländischen Provinzstadt, könnte jedoch überall spielen und nirgendwo.... Niemand zwischen Hammerfest und Rio zerrisse heut' ein Los mit dem Hauptgewinn, jeder tippt sich vielmehr an die Stirn: dieser Ossian ist wohl nicht ganz richtig? Ossian bedeutet eine Konstruktion? Wie man nicht ist, vielleicht sein sollte? Das gibt den Streitpunkt. Frau Balvesen, die einmal ihr Inneres öffnet, deutet einen Weg zum Verständnis des Unverständlichen an. Sie liebte ihren Mann mit dem roten Bart, der ihm wie ein Purpurmantel um den Rand des Gesichtes hing. 'Wie war er gross! Wie war er froh!' Seit er die Million in Aussicht hat, ist er kein Sieger mehr. Er hat das Strahlende verloren. Er ist ein Sklave seiner Sorgen, ein Schattenkind, weiss nicht, welche Villa er kaufen, was er überhaupt kaufen soll. Das Geld nahm ihm sein Glück, sein Bestes, sein Ich. Geld macht nicht reich, mitunter macht es arm.

Der Soldat Tanaka

2.11.1940, Uraufführung, Schauspielhaus, Zürich. Dir.: Franz Schnyder; sets: Robert Furrer; Karl Paryla (Tanaka); Grete Heger (Yoshiko).

567. Bernhard Diebold, *Die Tat*, 5/6.11.1940.

Von Georg Kaiser [...] wird *Der Soldat Tanaka* uraufgeführt. Die Szene spielt in Ostasien. Das Problem spielt überall.
Das Buch [...] müsste auch von denen gelesen werden, die im 'Schauspielhaus' zugegen waren. Diese Wort-Stenogramme sind ja nur knappe Zeichen für ganze Gedankenreihen. Im Nach-Denken des Geschauten liegt das Glück der Vertiefung — wenigstens für den, der einer dritten seelischen Dimension bedarf. Wie immer, so auch hier: Kaiser stellt sich eine Denkaufgabe in drei Akten. Der erste zeigt die eine Seite. Der zweite die andere Seite. Der dritte bringt die tragische Synthese. Durchsichtig wie ein Glashaus steht die dramatische Konstruktion. Aber im Innern des geistigen Laboratoriums wird am lebendigen Menschen Vivisektion getrieben. Der Körper wird vom wissenden Messer des Operateurs geöffnet, und wir sehen — von einer quälenden Spannungstechnik des Fragens und Nichtantwortens hingehalten — endlich ein blutendes, zuckendes Herz.
[...] Dritter Akt: Die Gerichtsverhandlung. Der Soldat Tanaka schweigt. Nur selten entringt ihm der Vorsitzende ein Wort. Für uns Wissende im Zuschauerraum ist das Schweigen Tanakas über die Schande seines Hauses beredter als tausend 'dramatische' Worte. Es ist ein Meisterwerk: die schweigende Hauptperson im sophistischen Fragespiel des Richters. [...]
Paryla war Tanaka. Er spielte kein Individuum, sondern Einen aus der Masse, kaum seelisch unterschieden von den Mitsoldaten; ohne Intellekt, fast schon ein Animal. In seinem Lachen und Räuspern lag ebenso viel Ausdruck wie in seiner Rede. Und sein Schweigen — dies tragisch geladene Nicht-Antworten der Kaiserschen Technik — war noch erfüllter als seine Rede und sein Ton. Die Mimik herrschte und sagte alles. Zwischen Schauspieler und Rolle gab es keine Spieldistanz mehr. Wir erlebten wirklich den grausamen 'Versuch am Menschen'. Neben seiner Rolle kommt keine zweite mehr auf. Wie oft bei Molière spielt das ganze übrige Ensemble nur noch auf den Helden hin, und wird zum Marionettenspiel. [...] Die Regie war sich der scharfen Dialektik Kaisers kaum bewusst. Schon die allzu vielen Sprechpausen zerdehnten die Stimmung. Auch im Bühnenbild, sehr geschmackvoll aus asiatischen Farbstichen herausgefüllt, trat Realistisches zu stark vor das

Symbolische. Des Kaisers Bild enthielt kein Geheimnis. Der Akt des Freudenhauses betonte zu wenig die gewollte Schematik der Vorgänge und die tragische Ironie. Die Diktion des Gerichtsaktes entbehrte der inneren Rhythmik. Der Stil des 'Denkspiels' war nicht getroffen... Aber das Publikum gab anhaltenden Beifall von sich, zumal unter Parylas unwiderstehlicher Suggestion.

Die Aufführung eines Georg-Kaiser-Dramas ist ein kaum völlig lösbares Regieproblem. Denn seine Sprache ist kühl, knapp, klar bis zur definitorischen Schärfe und widerstrebt deshalb sehr oft dem impulsiven Ausdruck. Diese Sprache schwindelt nicht. Sie ist gläsern und durchsichtig. Sie verführt nicht mit Gefühlsappellen. Sie bleibt unlyrisch mit tiefster Absicht. Sie redet philosophisch und zugleich dramatisch wie selten eine. Das Problem von Hunger und Geld ist nicht knapper definierbar: 'Der Reis wächst manchmal nicht – der Zins wächst immer.' [...]

Wer von der Dichtung nach der heute modischen Auffassung nur lyrisch betonten Ausdruck von Gefühl erwartet und dem Poeten das Denken verbietet – der lehnt den Dichter Georg Kaiser ab. Die schlichteste Konsequenz erforderte dann von solchen Kritikern auch die Ablehnung von Molière, Homer und der halben Faust-Dichtung. Auch Goethes *Iphigenie* galt einmal für marmarglatt [sic] und marmorkalt, trotzdem sie sein Dichter in einer überkritischen Anwandlung sogar 'verteufelt human' fand. Das Humane ist nicht nur Herz, sondern auch Geist. Nicht nur im animalischen Leibe oder in der Pflanze drängt das Leben, sondern auch im Kristall, in dessen kühlem Prisma die sieben Farben glühenden Lichtes leuchten.

Kein Wort ist bei Kaiser zu viel. Und doch ist alles Wort. Kein Dichter steht der Optik des Films ferner als er. Das Publikum erlebt zunächst ein Hörspiel, nicht ein Schauspiel. Es soll mitfühlen, was Tanaka an Leid erlebt – aber soll auch mitdenken: warum er es erleben muss. Georg Kaiser behauptet: 'Das Drama schreiben, ist: einen Gedanken zu Ende denken.' Das Resultat der Rechnung steht bei dieser Methode oft auf die weisse Wand der Ewigkeit geschrieben – ist oft nur noch im Denken wirklich. Darum habe ich – schon seit seinen Anfängen – Georg Kaiser einen 'Denkspieler' genannt.

568. anon. *Allgemeiner Anzeiger vom Zürichsee*, 5.11.1940.

Der Magdeburger Schriftsteller Georg Kaiser, der noch vor zehn Jahren zu den erfolgreichsten und meistgespielten Dramatikern Deutschlands zählte, lebt heute irgendwo in der Emigration. Seine Werke sind in der Schweiz nie besonders populär gewesen, und sie werden es auch nie sein. Trotzdem war es verdienstvoll vom Zürcher Schauspielhaus, Kaisers neuestes Werk *Der Soldat Tanaka* zur Uraufführung gebracht zu haben (2. November 1940), ein ergreifendes, erschütterndes

Schauspiel vom traurigen Los der chinesischen Reisbauern.
Mit unerbittlicher Logik zeigt Kaiser die Konsequenz der
sozialen Struktur. Er ist auch in diesem Stück der
überzeugende dramatische Gestalter geblieben, der um den
Erfolg eines Bühnenwerkes weiss, der die Spannungen
geschickt aufbaut und effektvoll zur Lösung bringt. — Die
erste Aufführung im Zürcher Schauspielhaus — von Franz
Schnyder verständnisvoll geleitet — hielt sich auf
erfreulicher Höhe. Paryla verkörperte die Titelrolle mit dem
ganzen Einsatz seiner überzeugenden und hinreissenden
Begabung. [...] Das zahlreich erschienene Premierenpublikum
folgte der Uraufführung mit gespannter Anteilnahme und
dankte den Darstellern und der Regie mit herzlichem Beifall.

569. -nn., *Neue Zürcher Nachrichten*, 5.11.1940.

Georg Kaiser war in den Jahren 1920 bis 1930 einer der
erfolgreichsten deutschen Dramatiker. In steiler Erfolgkurve
eroberte er sich die Bühnen des In- und Auslandes; die
Uraufführungen jagten sich; aber auch die Themen seiner
Werke fuhren blitzartig da- und dorthin und verwandelten
sich in der Hand dieses virtuosen Könners in ebenso viele
effektvoll kalkulierte, soziale, politische, historische
Dramen aller Gattungen. [...] Dann wurde es plötzlich still
um Georg Kaiser. Die neuen Herren Deutschlands vermochten
den dramatischen 'Denkspielen' keinen Geschmack abzugewinnen
und belegten sie mit dem Bannstrahl für unerwünschtes
Kunstschaffen.

Jetzt, nach zehn Jahren Stille und nachdem Kaiser ein
schweres Schicksal durchlitt, brachte das Zürcher
Schauspielhaus aus den zehn in der Vereinsamung entstandenen
Werken das Drama *Der Soldat Tanaka* zur Uraufführung. Es
schildert das Schicksal eines chinesischen Soldaten und
Reisbauernsohnes. In drei knappen Akten entwickelt der
Dichter in einer unerbittlichen Folgerichtigkeit ein
menschliches Schicksal, um ganz zum Schluss die
beklemmend-sachliche Schilderung in eine flammende Anklage
münden zu lassen. [...]

So spricht Tanaka die Anklage gegen einen
übersteigerten Militarismus, der die Zusammenhänge zwischen
Soldat und Volk gelöst hat. Dann fällt das gnadenlose Urteil
und Trommelwirbel geleiten ihn zur Exekution.

Die schonungslose Unerbittlichkeit des dramatischen
Geschehens, die Kaiser auch diesem neuen Werk zugrunde legt,
die von keinem Hoffnungsstrahl erhellte Bitternis dieser
Schicksale lässt dieses Werk nicht zu einer freudigen
Theaterangelegenheit werden; so stark empfindet man auch die
sachliche Wirkung dieser hier nun ganz einfach und klar
gewordenen Sprache Kaisers, dass selbst dem gewagten zweiten
Akt die leidige Schwüle, die solchen Szenen sonst anhaften
kann, genommen wird. Noch immer liegt die Stärke dieses
Dichters in der lückenlosen Geschlossenheit seines

dramatischen Baues; doch scheint uns, ein Neues sei zur technischen Meisterschaft und zur unerbittlichen Geradlinigkeit seiner früheren Werke hinzugetreten: das Mitleid mit der gequälten Kreatur, der freilich dieser Dichter keinen Tröster zu schenken vermag, um einen Strahl der Gnade und der Hoffnung ins gemarterte Herz zu senden.

Franz Schnyder war dieser Uraufführung ein die Stimmungen und dramatischen Steigerungen scharf prägender Spielleiter; hervorragend, ohne Überspitzung des fremdartigen Schauplatzes, führte er die zeremoniellen Szenen des ersten Aktes in der Reisbauernhütte und dessen Gespräche, die lauernd den tückischen Hintergrund des Familienfestes umspielen. Stark gedämpft der zweite Akt, bis das tödliche Ende über ihm hereinbricht, und mit Hammerschlägen gemeisselt der dritte. Robert Furrer fand für die szenische Umkleidung originelle Lösungen, wobei ihm das erste Bild mit der armseligen Strohmattenhütte besonders gut gelang.

Die Bühne beherrscht Karl Paryla als Soldat Tanaka, eine in sich völlig geschlossene Leistung von grosser Prägnanz. Diese von einem finstern Schicksal gejagte Gestalt wird vom Darsteller warm durchblutet, sodass sein ungeheures Leid nicht nur von kalter Zwangsläufigkeit fiebert, sondern ins Herz krampft. So weiss Paryla aus dem Schweigen in der Gerichtssitzung eine erschütternde Szene zu gestalten, um dann mit gewaltigem Ausbruch zu enden. Neben dieser beinahe monologischen Rolle gibt es nur noch Episoden [...].

Das Publikum reagierte ausserordentlich stark auf die sowohl im Dramatischen wie im Schauspielerischen so schwer wuchtende Aufführung.

570. -tt. *Volksrecht* (Zürich), 9.11.1940.

Die Zürcher Kritiker müssen ein neues Mal die Neuyorker Kollegen, die auf jeden Fall eine psychologisch-vertieftere und dramaturgisch kernigere Uraufführung von Georg Kaisers Drama vom Soldaten Tanaka erleben werden, beneiden. Der Neid erstreckt sich auch darauf, dass die amerikanischen Zeitungen noch über den uneingeschränkten Raum verfügen, so dass sie aussprechen können, was gesagt werden muss. Die Zürcher Referenten bitten aber auch, ohne Ausnahme, alle ihre Leser, wenn irgend möglich Kaisers *Soldat Tanaka* auch zu lesen, weil sie dann eine eigene, von ihrer Phantasie belebte und Gedankenassoziationen bereicherte Aufführung erleben werden. Kaisers *Tanaka* ist ein Gesinnungsstück erster Ordnung, ein Drama, das seine Geburtszeit überleben und für alle ernsthaften Dramatiker und Kritiker wegweisend sein wird. Der Textband des Dreiakters, der kristallklar geschliffen und von absoluter Logik ist und auf dessen eminente sozialrevolutionäre menschliche These wir in Nr. 259 bereits hingewiesen haben, ist im Verlag Oprecht [...] erschienen und durch die Genossenschaftsbuchhandlung zu beziehen. Auf die Lektüre dürfen wir auch deshalb hinweisen, weil die Szeneriedisposition vom Dichter in einer suggestiven und formklaren Sprache, die hohen Genuss bereitet, geschrieben ist.

Die Aufführung im Zürcher Schauspielhaus, die, obwohl sie dem Werk des genialen Dichters, der eine einmalige Erscheinung der Moderne ist, nicht gerecht wurde, einen tiefen Eindruck hinterliess, verstärkte unsere Ansicht, dass dieses Schauspiel vom Schicksal der Reisbauernfamilie Tanaka ein ausgesprochenes Drama der Opfer-Tat ist. [...]

Georg Kaiser ist eisern konsequent und unerschrocken dialektisch-logisch, wie kein zweiter Dramatiker unserer Zeitenwende, der Moderne. Das Wunder dieses Dramas ist daher die Schlichtheit und Klarheit der Exposition und der Sprache.

Mit den einfachsten Mitteln, mit Vereinfachung, Konzentrierung, Kürzung und Abrundung schildert er wie die Ökonomie des Kapitalismus auf dem Fundament des Zinses aufgebaut ist. Überall funkeln Gedanken, leuchten Erkenntnisse, werden Dichterschönheiten sichtbar. Wir nennen nur ein Beispiel aus dem 1. Akt: Als der Grossvater Tanaka von viel, viel Reis träumte, hatte er keinen Mund um zu essen, als er den Mund wieder hatte, war der Reis weg....

Das zweite Beispiel stammt aus dem grandiosen 3. Akt, der ein Drama für sich ist. In einer explosiven, aber keineswegs schwärmerischen Rede, in einer Anklage, die an die Hammerschläge der grössten Redner der Umbruch-, Reformations- und Revolutionszeiten, an die Sprache Thomas Münzers und Robespierres erinnert, prägt Kaisers Soldat Tanaka den Elementarsatz: 'Der Reis wächst manchmal nicht — der Zins wächst immer.' In diesem lapidaren Satz ist die ganze Bedeutung des Zinsproblems von Moses bis Roosevelt, von gestern, heute und morgen, inklusive der Probleme der Inflation der Gegenwart, illustriert. Das ist der Satz, der Auskunft gibt über die Dynamik der dramatischen Dichtung Georg Kaisers, der Georg Büchners Pamphlet *Friede den Hütten — Krieg den Palästen!* nicht vergessen hat. Die Dynamik führt zur Tribunalrede Tanakas, in der er, statt um Gnade für sein Leben zu bitten, ausruft: 'Der Kaiser soll mich um Entschuldigung bitten.' Tanaka hat nämlich alles zu Ende gedacht und ist dabei zum logischen Schluss gekommen, dass der Kaiser an allem die Schuld trägt, weil er das Geld für die Regimenter, die überall im Land stehen, aus den Taschen des Volkes nimmt, so dass es wegen des Zinses und des Machtapparates darben und hungern muss. Wenn ihn der Kaiser, bei der Parade, vor allem Volk, um Entschuldigung bittet, dann will ihm Tanaka verzeihen, ihm seine Schuld vergeben.

Solches aber können die Statthalter des Kaisers nicht zulassen, denn das wäre der Anfang vom Ende des kaiserlichen Systems. [...]

Georg Kaiser hat viel, sehr viel gemildert. Alle müssen ihm dankbar sein. Am meisten die Schuldigen. Die von heute. Er gibt ihnen eine Chance: geht hin und entschuldigt euch vor den Millionen Tanakas, die überall im Felde stehen — und

alles wird anders —; der Friede wird möglich. Es wird aber
nicht so kommen. Noch viele Tanakas werden standrechtlich
erschossen werden, bis es so weit sein wird. Aber wenn der
Tag anbricht, wird das Volk auch an seine Dichter, zu denen
auch Georg Kaiser gehört, denken und ihnen huldigen.

571. Kissel, *Tages-Anzeiger für Stadt und Kanton Zürich*,
5.11.1940.

[...] Freilich, der Erfolg, der ihm [Kaiser] nun
beschieden war, wiegt vielleicht doch schwerer als aller
Ruhm, den er früher an sich heftete, denn nach den
Erfahrungen der letzten Jahre wissen wir zu gut, dass hier
weder sein künstlerisches Vermögen, weder der schimmernde
Glanz seiner faszinierenden Diktion, noch die grossartige
Kraft seiner dramatischen Gestaltung genügt hätten, diesen
Erfolg zu beschwören, den jubelnden Beifall auszulösen, der
sich am Abend der Premiere von Akt zu Akt steigerte. Nicht
der 'Denkspieler' Georg Kaiser fand diesen Widerhall,
sondern der Dichter, nicht die beispiellose Kunst, mit der
er seine Geschichte vom Soldaten Tanaka erzählte, entflammte
die Herzen, sondern die beispielgebende Kraft des Gedankens
und der Forderung zur Wahrheit und zur Freiheit brannte sich
in die Seelen.
[...] Schweigend lässt er [Tanaka] die Untersuchung des
Militärgerichts über sich ergehen, gerade weil die Richter,
die über ihn urteilen müssen, gerecht und verständnisvoll
sein wollen, braucht er lange, bis er seine Berufung
begreift. Denn er ist eben nicht mehr der armselige Dulder,
dem Gnade widerfahren kann, wenn er nur den Kaiser, das
göttliche Symbol seiner Welt, demütig um Verzeihung bittet.
Er ist dazu berufen, den Schrei aller Enterbten der Welt,
dieser bösen Welt, auszustossen, er ist der Soldat Tanaka,
der an der Spitze der geplagten Menschheit marschiert, und
es ist der Schrei nach Freiheit und die Erkenntnis der
Wahrheit, als er am Ende seines Weges, ehe man ihn zum
Sterben führt, ausruft: 'Nein, der Kaiser soll mich um
Verzeihung bitten!'
Wollte man die künstlerischen Probleme auch nur
streifen, die Georg Kaiser hier löste, würde es an Raum
fehlen, die Aufführung zu würdigen, die das Schauspielhaus
dem Stück bereitete. Es war trotz aller Erfahrungen, die man
mit Kaiser machte, doch eine Überraschung, wie er nach der
schlichten Exposition des ersten Aktes bereits im zweiten
Akt einen äusseren dramatischen Höhepunkt herbeiführte, nach
dem es keine Steigerung mehr zu geben schien, um dann, nach
einer unheimlich spannenden Fermate zum Beginn des dritten
Aktes vor dem Militärgericht erst die letzte, innere
Anspannung herbeizuführen und auszulösen. Und trotz allen
Erfahrungen, die wir am Schauspielhaus machen konnten, war
auch diese Inszenierung überraschend und bis ins letzte
Detail gelungen. Franz Schnyders Regie hatte es verstanden,

die Geschehnisse im Fluss zu halten, logisch wie eine
Bilderzählung Frans Masereels; Robert Furrers japanische
Bühnenbilder, nicht exotisch, sondern denkbar einfach, trotz
der starken Farbe und der tiefen Plastik nie aufdringlich,
trugen das Ihre dazu bei, die allgemeine Gültigkeit der
Geschehnisse ins Bewusstsein zu rücken, und die Darstellung
durch das Ensemble wurde ohne Zweifel dem strengsten
Massstab gerecht. Karl Paryla erlag diesmal als Soldat
Tanaka nicht der Gefahr, die hier und da diesen glänzenden
Könner verführt, er zähmte sein Temperament, um uns durch
ein so verinnerlichtes, aus der Seele geborenes Spiel zu
beglücken, so dass man ihn vorbehaltlos bejahen musste. Es
war die reifste Leistung, die er uns bisher bot, wundervoll
zu Grete Hegers stumm-gefügigem Gehorsam kontrastiert, mit
dem sie dem Mädchen Yoshiko alle billige Erbitterung nahm,
um die Grösse ihres Opfers um so einprägsamer zu betonen,
meisterlich auf die Gestalten der Welt der Reisbauern
abgestimmt, deren stummes Leid in ihm seinen Rufer fand.
[...]
    Von Tanaka fiel die Uniform und der nackte Mensch stand
da, scheinbar nur verloren vor der Macht, die das letzte
Wort hatte: 'Wachen, das Urteil wird vollstreckt!' [...]

572. anon. *Blätter der Emigration* (Johannesburg), Jan. 1941.

   Der Soldat Tanaka, Georg Kaisers neues Schauspiel,
hatte in Zürich starken Erfolg, wurde aber auf Vorstellungen
der Japanischen Regierung abgesetzt.

Die Spieldose

12.10.1943, Uraufführung, Stadttheater, Basle. Dir.: Robert Trösch; Friedl Wald (Noelle); Hermann Gallinger (Pierre); Ulrich Marti (Paul).

573. Gg., *Basler Nachrichten*, 13.10.1943.

[...] *Die Spieldose* ist das Stück eines Mannes, der mit allem Ernst in der heutigen, nach zehn Jahren so grundsätzlich und völlig umgekrempelten Welt nach den Ursachen unseres europäischen moralischen Zusammenbruchs sucht und sie gestaltend zu überwinden strebt. Man spürt dieser Auseinandersetzung das persönliche Format des Autors und den konstruktiven Willen an. Aber zugleich zeigt sich, dass der Repräsentant dramatischen Schaffens der zwanziger Jahre nicht über seinen eigenen Schatten springen kann, dass diese Auseinandersetzung im wesentlichen keine Lösung weiss, weil sie sich der Sehweise dieser durchdringenden Augen entzieht. Das Stück ist dadurch beileibe nicht uninteressant. Im Gegenteil. Es ist ein im besten Sinne aktuelles Stück, sehr literarisch, vielleicht manchmal sogar etwas papieren knisternd, aber in der Bemühung hochachtungswürdig, im dramaturgischen Handwerk glänzend gemacht, spannend — unter einer erfahreneren und besser bindenden und zusammenfassenden Regie wäre es sogar atemberaubend spannend gewesen.

Es ist wirklich zu bedauern, dass es bei diesem Stück bei dieser einen Aufführung bleiben soll. Der Aufführungsort ist natürlich ein sehr hemmendes Moment. Wir sind in der unglückseligen Lage, in der ganzen Stadt keinen Raum zu haben, wo man Theater spielen kann, ganz besonders, wenn es sich um Kammerspiele handelt. Der Saal in der Mustermesse ist nun einmal atmosphärelos, und das Publikum legt passive Resistenz durch schwachen Besuch an den Tag. Beides ist für unsere Schauspieler alles andere als befeuernd. Man kann sich fragen, warum soll man Kammerspiele ansetzen, wenn der Spielraum dazu fehlt und wenn es schon mit dem Besuch der regulären Vorstellungen harzt? Aber es wäre in diesem Fall ausgesprochen schade gewesen, auf die Aufführung zu verzichten. Ob sie nicht vielleicht doch im Haus am Steinenberg möglich gewesen wäre? Oder hätte das Stück dort zu dünn gewirkt, überhaupt nicht bis zum dritten Rang hinaufgetragen? Es ist unter allen Umständen zu bedauern, dass bei Gelegenheit einer solchen Aufführung unsere Jugendtheater-Gemeinde durch Abwesenheit glänzt, bei einer einmaligen Darbietung verpasst, ihrer am Diskussionsabend gestellten Forderung nach aktueller Nahrung Ausdruck zu geben. Oder ist eine geschlossene Vorstellung für die

Jugendtheater-Gemeinde geplant? Das Stück wäre ihrer Diskussion wert.

Die vier Menschen des Stückes sind keine Gestalten im gewöhnlichen Sinne. Sie sind Exponenten eines abstrakten Spiels von Kräften. Ihre Sprache ist deshalb, bei unzweifelhaften dichterischen Schönheiten, literarisch, reflektiert, sie sprechen die seelischen Vorgänge in der eigenen Brust selber und ohne Bilder aus, sie sind ihre eigenen Analytiker und konsequente Figuren, sie haben dabei kaum Zeit, mitfühlend zu sein. Der Sinn ihrer Worte ist bis in letzte Einzelheiten doppelbodig, wie sie selbst nicht nur sich selbst bedeuten. Die geistige Struktur des Stückes erinnert sehr stark an Jünger, an seine *Marmorklippen*, an sein *Abenteuerliches Herz*. Etwas von derselben sensiblen Herzlosigkeit, von derselben durchdringenden Gescheitheit und bedeutungsvollen Sinnbildüberladenheit, die man unerklärlicherweise horizontlos empfindet, ist in Georg Kaisers Stück. Es ist derselbe geistige Generation, ob hier oder dort.

Der Vater ist nicht der Vater, sondern das Herkommen, die Frau ist nicht die Frau, sondern die zeugende Erde, der Sohn ist nicht der Sohn, sondern die Katastrophe, das Chaos, und der Bürgermeister ist nicht der Bürgermeister, sondern die alte Ordnung, die, weil sie ihren Sinn für völlig veränderte Verhältnisse verloren hat, jedesmal, wenn sie in Funktion tritt, Unheil bringt. Dann gibt es noch die Klippen, es sind die zu inneren Entscheidungen treibenden Seelenaugenblicke, die Momente auf des Messers Schneide, die zu Unwiderruflichem führen. Es sind die Klippen über dem Meer der Zeit, dessen Brausen man vernehmen oder überhören kann, in das man abstürzen kann, als hätte man nie gelebt. Und die Spieldose? Sie ist der Mechanismus, dem die Menschen blind vertraut haben, von dem sie glaubten, dass er sie ihrer Anstrengungen enthebe, dass er sie gegen alle Eventualitäten sichere.

Und was geschieht nun? Der Mechanismus versagt, an den man geglaubt hat, und die Katastrophe kommt. Vater und Braut des Sohnes in einem bretonischen Örtchen erfahren dessen Tod an der Front, trotz Maginotlinie. Nachdem die Frau, das heisst die Erde, in diesem Sohn ihr Ziel verloren hat, verbindet sie sich mit dem Vater und hat mit ihm einen neuen Sohn. Aber der Frontkämpfer ist gar nicht tot, er kommt zurück: gedächtnislos. Der Gedächtnislose muss das Herkommen umbringen: der Sohn erschlägt den Vater in dem Augenblick, wo er sich seiner Gedächtnislosigkeit bewusst wird. Und er will die Erde wiedergewinnen. Aber sie entzieht sich ihm. Er ist ihrer nicht würdig, nachdem er das Herkommen erschlagen hat; er muss durch den Tod sühnen, er muss einsehen, dass es mit der Gewalt ohne Besinnung nicht geht. Der Sohn des Vaters und der Erde ist vielleicht ein würdiger Nachfahre, einer, der 'der Erde würdig ist'.

Das Stück vergibt schöne Rollen, die Entfaltungsmöglichkeiten bieten. Hätte die Regie (Robert Trösch) nicht Unsicherheiten in der Führung bestehen lassen,

vielleicht mangels einer ganzen Anschauung von der
Konzeption des Stückes, wäre das Gesicht jeder Figur in
einem bindenden Zuspiel noch mehr zur Geltung gekommen. Das
Paar der Frau und des Vaters hatte durch Friedl Wald und
Hermann Gallinger Spannung, Spannung und Dichte. Die Anlage
ihrer Gestaltung war von einem Anfang zu einem Ende gedacht.
Friedl Wald vermochte dieser an sich abstrakten Figur das
Schwellende und Blühende, das Unmittelbare und Lebensvolle
zu geben, das ihren Symbolgehalt eindrücklich zur Geltung
brachte. Ihr sprachliches Können, auch in der Anlage ihrer
Satzperioden ist eine Wohltat. Hermann Gallinger hatte wie
immer besonders dichte Momente (die Frage: woran? woran
glaubst du?), ohne sie immer gleichmässig durchzuführen.
Problematisch war Ulrich Marti als Sohn. Durch
Übertreibungen nahm er seiner Gestalt, namentlich in der
allerdings auch sehr schweren Wandlung, die Glaubwürdigkeit.
Auch diesmal war er während ganzer Satzperioden, zum
Beispiel gerade während des entscheidenden Geständnisses,
nur sehr schwer verständlich. Arth. Fischer-Streitmann gab
seinem Bürgermeister Resignation, bemitleidenswerte
Erschöpfung und wirkte in seiner periodischen Wiederkehr
suggestiv.

574. Kl., *National-Zeitung* (Basle), 14.10.1943.

Unser Stadttheater ist für seine Kammerspielabende in
die Mustermesse zurückgekehrt. Zwar ist aus dem Blauen
inzwischen ein Gelber Saal geworden, nur sein Bühnchen ist
noch nicht gewachsen; es ist für das Berufstheater nach wie
vor von beengender Primitivität. Die Vorteile, die im
letzten Winter die geräumige Küchlin-Bühne unserm Schauspiel
bot, sie muss man hier vermissen; immerhin vermittelt der
Raum an sich eine ansprechendere, intimere Stimmung als sie
dort herrschte. Also das, was für Kammerspielabende wichtige
Voraussetzung ist. Es liegt nun an der Leitung, durch die
Wahl der Stücke das Bestmögliche aus der gegebenen
unbefriedigenden Situation zu ziehen, bis unserm Schauspiel
einmal die eigene kleine Bühne, deren es zur richtigen
Entfaltung bedarf, zur Verfügung stehen wird. Dass eine
solche Wahl möglich ist, zeigte der gestrige erste
Kammerspielabend. Georg Kaisers neues Schauspiel fusst ganz
auf der Voraussetzung einer literarischen Bühne. Es zieht
seine Wirkung nicht aus einer bühnenmässigen
Spielentfaltung, sondern völlig aus der geistigen Intensität
des Dialogs. Nur wenn eine solche erreicht wird, kann das
Werk seine Aufgabe erfüllen.

Unsere Leser sind mit Sinn und Inhalt des neuen Dramas
schon vertraut gemacht worden. Es geht um das Thema, das
schon nach dem letzten Weltkrieg verschiedentlich dramatisch
gestaltet wurde: um die Heimkehr des Totgeglaubten aus dem
Kriege, der seine Braut als die Frau eines andern vorfindet.
Dass dieser Andere sein Vater ist, führt zu einer

Konstellation, die für den bohrenden Willen Kaisers zur Auseinandersetzung mit den Mächten der Zeit und der Gesellschaft kennzeichnend ist. Dass dieser Heimkehrer sein Gedächtnis verloren hat und es durch den melancholischen Singsang einer Spieldose wieder findet, steigert die gedankliche Verhaftung des Themas bis in jene letzten Konsequenzen hinaus, aus denen der Vatermord und die Sühne im freiwilligen Opfertod folgen. Nicht alle diese Konsequenzen sind mit der gleichen psychologischen Überzeugungskraft gestaltet; so wird vor allem die des feigen Mordes nur aus ihrer symbolhaften Bedeutung im Generationenkampf heraus annehmbar. Diese Abstraktion des 'Denkspielers' Kaiser kann sich aber auch in eine packende aktuelle Sinndeutung hineinwenden, wie er sie dadurch erreicht, dass er die freiwillige Sühne des Sohnes mit den grauenhaften Geiselmorden unserer Zeit in Zusammenhang bringt. Der Einzelne sühnt mit seinem Opfer die Schuld seiner Zeit. Mit diesem Gedanken findet der Dichter einen Schluss für sein Werk, der als Lichtblick aus dem Düster der menschlichen Katastrophe leuchtet.

Immer aber hält das Werk uns in starker innerer Spannung, die ebenso aus der glänzend geführten Steigerung der Handlung, wie aus einer Dichtersprache fliesst, die gesammelte Kraft und sinnvolle Eindrücklichkeit vereint. Beide Elemente, die lebendig deutende Darstellung und die sprachliche Gestaltung, stellen an Leiter und Spieler hohe Anforderungen. Sie sind in unserer Aufführung ungleich verwirklicht worden. Die Regie Robert Tröschs strebte nach jener Intensität des Spiels, von der oben als Voraussetzung die Rede war; er hat über diesem Streben da und dort die Einheitlichkeit von Sinndeutung und Ausdruck vernachlässigt, Übersteigerungen auf der einen, Unsicherheiten auf der andern Seite waren die Folge.

Eine Leistung von schöner Ausgeglichenheit und ruhiger sprachlicher Führung bot Hermann Gallinger als Vater Pierre. Seine Fügung in die Schicksalsschläge wie seine Hingabe an das neue Glück waren getragen von jener Ruhe, aus welcher die beharrende Einstellung zum Leben, das Vertrauen auf die Dauer im Wechsel fliessen. Die Diesseitigkeit dieser bäuerlichen Erscheinung war nach der egoistischen wie nach der herzlichen Seite hin gut gewahrt. Auch Friedl Wald gestaltete die Noelle, die junge Frau, die ihrer Aufgabe bewusste Mutter, zu einer menschlich echten Erscheinung. Die Warmblütigkeit ihres Wesens gab der symbolhaften Bedeutung dieser Gestalt, der Wahrerin der Herzenskräfte, lebendige Prägung. Der Wechsel von der weichen Hingabe zur entschlossenen Verteidigerin der Mutterschaft wirkte wahr und überzeugend. Wohl etwas zu eindeutig auf den Ton des müden, resignierenden Lebenswanderers stellte Arthur Fischer-Streitmann die Schicksalsgestalt des Bürgermeisters. Das Unerbittliche dieser Figur, welche die Verbindung zwischen den einzelnen Lebensphasen im Spiel festhält, hätte einen stärkeren Akzent wohl vertragen.

Die Hauptrolle des Stückes, die des heimkehrenden Soldaten Paul, lag in der Hand Ulrich Martis. Er hat bei aller grossen Hingabe ihre Möglichkeiten nicht ganz auszuschöpfen vermocht. Liess schon die Ahnungslosigkeit des Knechtes das naturhaft Dumpfe dieser Unglücksgestalt etwas vermissen, so litt seine grosse Szene, die Rückkehr ins Bewusstsein durch den Klang der Spieldose, unter einer Übersteigerung im Ausdruckhaften, die nicht nur die Glaubwürdigkeit der Wandlung, sondern auch die sprachliche Deutlichkeit merklich beeinträchtigte. Auch die späteren Begegnungen mit Noelle gaben kein volles Bild der chaotischen Aufgerührtheit in dieser Menschenbrust.

Ein nicht sehr zahlreiches, aber intensiv beteiligtes Publikum folgte der Aufführung. Der Wille unserer Schauspielleitung, uns in den Kammerspielen mit interessanten, neuen Werken unserer zeitgenössischen Dramatik bekannt zu machen, verdient alle Anerkennung, die sich hoffentlich im Verlaufe des vorgesehenen Zyklus noch bedeutend steigern wird.

575. wf., *Arbeiter-Zeitung* (Basle), 16.10.1943.

Wedekind — Sternheim — Kaiser. Das sind die drei Dramatiker, die noch im ersten Weltkrieg, vor allem aber in der Nachkriegszeit in Deutschland die Bühnen beherrschten. Um 1920 herum galt Georg Kaiser als der grösste Bühnenautor, der mit seinen mehreren Dutzend Dramen die Kritiker wie ein grosses Publikum beschäftigte und als wegweisend betrachtet wurde. — Seit Jahren haben wir kein Stück mehr von Kaiser gesehen, weder ein altes noch ein neues. Nun wurde in einem ersten Kammerspielabend in der Mustermesse letzten Dienstag ein Schauspiel aufgeführt, das in der Zeit vom Ausbruch des neuen Weltkrieges bis in die heutigen Tage hinein spielt. Also ein aktuelles Stück? Nein.

Der Autor der *Bürger von Calais*, der beiden *Gas* und der *Koralle* hat mit seiner eigenen Definition die Bezeichnung Denkspieler bewirkt. Ihn haben wir im neuesten Stück *Die Spieldose* vor uns, mit dem wir uns beim Anhören geradezu um 20 Jahre zurückversetzt fühlen, in jene Zeit eben, da Georg Kaiser mit seinen Komödien, Schauspielen und Revuen aktuell wirkte.

Kaiser stellt sich seine Figuren auf, wie der Spieler auf dem Schachbrett. 'An Figuren schiesst der Gedanke zu grösster Möglichkeit auf.' Die Gestalten bleiben mathematische Grössen, mit denen er seine Rechnungen anstellt. [...] Kaiser ist berühmt für seinen Dialog, der knapp und präzis eine Situation erklärt. Diesen Vorzug finden wir auch in seinem neuesten Werk.

[...] Wenn wir trotz der vielen in die Verhältnisse dieser drei Figuren hineinspielenden Ereignisse von höchster Aktualität das Gefühl hatten, ein Heimkehrerdrama der letzten Nachkriegszeit vor uns zu haben, so darum, weil die

Maginotlinie, die Défaite, Not und Hunger, Sabotage und
Geiselerschiessungen dem Autor nur Anlass sind, seinem
Kalkül eine neue, interessante Wendung zu geben, ohne das
Geschehen menschlich zu vertiefen, es zu verbreitern nach
der soziologischen Seite hin. Es bleibt Denkspiel. Ganz
Kaiser. Seine starre Form, seine Kälte töten die Menschen,
die, nur Figuren, durch rechnerische Spitzfindigkeit wohl zu
Monstren werden, nicht aber erschüttern. Sie lassen einem
kalt. Gewiss: 'Jeder Fall ist besonders', aber es ist ja
nicht der Fall, der uns interessiert. Wir fragen nach dem
Menschen. Und den finden wir nicht.
    Die Natur des Stückes bringt es mit sich, dass die
Spieler einem nicht packen. Sie sollen Denksportaufgaben
vorsetzen. Immerhin haben die vier Schauspieler unseres
Ensembles, die die undankbare Aufgabe übernommen hatten, für
eine einzige Vorstellung das Stück einzustudieren, den Ton
und die Stimmung von Kaisers Spiel gut getroffen. Robert
Trösch war Spielleiter und liess die Szenen der fünf Akte
sich möglichst einfach und knapp entwickeln. In diesem Stil
war besonders Hermann Gallinger als Vater zuhause. In der
Noelle der Friedl Wald konnte man eher einen Gegensatz
zwischen Kaisers kalt amoralischer Schamlosigkeit und dem
Versuch zu gefühlsbetontem Verhalten und Ausbrechen
erkennen, während es bei Ulrich Marti, der sein Spiel auf
innerem Erleben aufzubauen suchte, zu einem Stilbruch kam.
[...]
    Die nicht zahlreich erschienenen Zuschauer quittierten
mit starkem Beifall die Arbeit unserer Bühnenkünstler, die
sich für grosse Blumenspenden bedanken konnten. Seiner
früheren Gewohnheit, an keine Premieren eigener Stücke zu
gehen, ist Georg Kaiser, der als 65-Jähriger nun am
Zürichsee wohnt, treu geblieben, so dass man vergeblich nach
dem Autor Umschau hielt.
    So ist eine frühere Institution wieder aufgenommen
worden, die vor einigen Jahren aufgegeben worden war, da sie
nicht rentierte. Die kleine Besucherzahl dieses ersten
Abends wird nicht dazu angetan sein, für das Kammerspiel in
diesem Jahr grosse Hoffnungen zu erwecken. Wir glauben aber
nicht, dass kein Interesse für solche Veranstaltungen da
wäre. Vielmehr mangelt es an den äussern Mitteln, um solche
Abende erfolgreich zu machen. Es kein geeigneter Raum
da. [...] Leider hat der vom blauen zum gelben umgestrichene
Saal der Mustermesse nicht an Atmosphäre gewonnen und die
Bühne, obwohl nach vorne etwas vergrössert, ist ein
Küngelistall geblieben, in dem sich die Schauspieler an den,
wenn auch nur spärlichen Dekorationen stossen. [...]

Zweimal Amphitryon

29.4.1944, Uraufführung, Schauspielhaus, Zürich. Dir.: Leopold Lindtberg; sets: Teo Otto; Margarethe Fries (Alkmene); Lukas Ammann (Amphitryon); Wolfgang Langhoff (Zeus); Therese Giehse (Amme).

576. Bernhard Diebold, *Die Tat*, 2.5.[1944].

[...] Im letzten halben Jahr — hier in der Schweiz — entsprangen seiner [Kaisers] ingeniösen Spielkunst allein drei Dramen aus hellenischem Stoffkreis: *Pygmalion, Bellerophon* und *Zweimal Amphitryon*. Es waltet hier aber nicht die seit Shaw bis Giraudoux beliebte geistreiche Parodie der alten Mythen, sondern eine neue Sinngebung und Vertiefung des Themas. Als Beweis für diesen Ernst mag schon erkannt werden: dass Kaiser die sonst allein geübte Prosa im Drama hier mit dem Vers vertauschte — dass er die gläsernen Kurz-Sätze seines früheren geheimnisreichen und sarkastischen Sprachtons aufgab, um in herrlichen Rhythmen den an sich banalen Vorgang der Amphitryon-Affäre in hohes Symbolgeschehen umzusetzen.

Was die Sage von dem Frauenverführer Zeus erzählt — wie er verwandelt als Schwan oder als Stier die Schönsten des Landes betörte und sich in solcher Metamorphose vor Junos Eifersucht zu tarnen suchte — das spricht nicht gerade für die stolzeste Würde des Göttervaters — am allerwenigsten, als er sich der treuen Alkmene von Theben nicht mittels eines phantasiereicheren Zaubers zu bemächtigen vermochte als durch die Verwandlung in die genaue Gestalt des Gatten der zu Verführenden: Amphitryon. Dieser frivole Streich des olympischen Don Juans wurde denn auch von den Dramatikern seit Plautin bis Molière und Giraudoux nur als Komödie behandelt: weil Vater Zeus hier nun einmal nicht ernstzunehmen war. Georg Kaiser aber gelingt das Kunstwerk — um nicht zu sagen 'Kunststück' —, den tiefsten Ernst in die burleske Form zu giessen und die empörende Peinlichkeit der Täuschung auszumerzen.

Denn der Getäuschte ist nicht mehr ein braver und verliebter Gatte, sondern ein kriegswütiger General, der von der Hochzeit mit Alkmene schlicht und schlank davonläuft in den Krieg gegen Pharsala, der durchaus nicht so heftig gedrängt hätte. Aber da war eben die neue Rüstung! [...]

Das hört der Gott, erbarmt sich der Entrechteten [Alkmene] — und er erscheint ihr nun als Ziegenhirt mit den geliebten Zügen ihres Amphitryon. Kein Räuber ist er mehr, sondern ein Tröster und Spender der Liebe. Kein Ehebrecher — wo die Ehe nicht einmal vollzogen war — sondern ein Rächer verschmähter Liebe — und ein Richter des Ehefrevlers

Amphitryon. Und so erscheint er als sein 'besseres Ich'.

Aber auch selber spaltet der Gott sein Wesen in 'zweimal Zeus' — da er von diesem reinen Wesen in seiner kühlen Göttlichkeit menschlich erwärmt wird — ein Liebender in der Gestalt des Menschen. Die Fleischwerdung des Gottes in Amphitryons Gestalt sowie die Zeugung des neuen Menschen Herakles wird für Alkmene zum mystischen Ereignis: denn im Wachbewusstsein muss sie wohl ihr Kind als Spross eines zur Liebe verwandelten Mensch-Amphitryons erkennen. Aber im Traumzustand der nächtlichen Vermählung erlebte sie den stellvertretenden Gott. Und diese auch 'zweimalige' Alkmene — als Bewusste und als Unterbewusste — wird zum Symbol des immer wieder erlebten Wunders: dass jeder Geliebte sich in den Armen der Geliebten zum Gott verwandelt — und dass an jeder Lebenszeugung wahrhaft Liebender das Göttliche beteiligt ist.

Neben dieser Innenhandlung im Geheimnisreich der Seelen spielt nun die äussere Aktion des Dramas draussen in der Welt — wo man die zwei Amphitryons noch lange nicht als Doppelgänger eruiert hat. Den Mensch-Amphitryon sehen die Feldherren im Kampf, im Zelt — und sie wissen, dass er als Kundschafter in Feindesland auszog, um schon den nächsten Krieg vorzubereiten; und zwar in der Maskierung — eines Ziegenhirts! Ach, er missbraucht das Kleid des Friedens —, das gleiche, in dem nun Zeus Alkmenen beglückt. Ziegenfell und Rüstung werden gegeneinander ausgespielt als Symbole von Hass und Liebe, von Krieg und Frieden. Der Mensch-Amphitryon redet nur vom Kampf in der Rüstung — der Gott-Amphitryon spricht nur von der Liebe in der Tracht idyllischen Naturdaseins.

Aussage steht gegen Aussage. In unerhörten Steigerungen führt Kaiser sein Drama zur Lösung — vom Zusammenprall der Hauptleute mit den regierenden Greisen bis zur Zeugenaussage der zwischen Wirklichkeit und Traum sich fühlenden Alkmene — und bis zur leiblichen Gegenüberstellung der beiden Amphitryons: als Mensch und Gott. Und wenn in der Schlussapotheose Zeus zum bekennerischen Pazifisten wird, so will das zwar zu seinen üblichen Emblemen von Donner und Blitz nicht ohne weiteres passen — denn hier spricht Georg Kaiser ganz persönlich als Zeitgenosse eines grauenhaften Krieges. Aber das Schwert ist ja in des Richters Hand ein anderes Zeichen als in der Faust des männermordenden Schlachtenhelden. Und Amphitryon, der Mensch, muss im Symbolgewand des Hirten der Natur wieder den Frieden und die Liebe lernen.

Die Aufführung eines so doppelsichtigen Gedichtes, das im sichtbaren Spiel nur das *Gleichnis* durchaus unsichtbarer Seelenvorgänge verkörpert, ist ein Problem für die Regie. Wenn auch ein feiner Kopf wie Lindtbergs sich gewiss der Zwei-Deutigkeit dieser Symbolik bewusst war, so kam — selbst mit Teo Ottos szenischer Hilfe — doch nicht jenes Zwielicht in die Atmosphäre, in dem die Gestalten wie im Dämmerzustand 'erscheinen' müssten. Und auch der Redeton blieb sich zu wirklich im Alltag unserer Welt — zu rezitativisch al secco

– wie Operntext ohne Musik, die schliesslich doch im Sinn der Jamben mitschwingt. Und wenn Alkmene sich des Gottes Liebe in Margarethe Fries' reiner Erscheinung und vornehmer Tongebung würdig erwies, so wirkte sie doch nur im Tagbild ihres Bewusstseins, verlor sich aber nicht in die Traumgestalt ihrer Nächte.

Für die Doppelgänger hatten Ammann als Mensch und Langhoff als Gott sich wohl um ihre Maske sorgfältig bemüht – aber sie markierten doch nur zwei Fehlbesetzungen, für die die Musen dieser bewährten und interessanten Spieler nicht verantwortlich zu machen sind. Denn Langhoff ist zu wenig Liebhaber und Ammann zu wenig Soldat – und alle beide strahlen weder aus Gestalt noch Stimme das sagenhafte Fluidum. Und die Greise und Hauptleute verfallen nicht dem Wahn und dem Entsetzen über die doppelte Sicht in die zerspaltene Welt. Dafür erkannte man um so deutlicher die stilistische Spaltung etwa beim Auftritt des mit starrer antiker Maske angetanen Sängers, der sich nicht als Rhapsode, sondern als realistischer Sprecher gab.

Wurde also die Stimmung 'zwischen Schein und Sein' nur selten empfunden, so ist der symbolische Einfall Lindtbergs hoch zu rühmen: dass Amphitryon im zweiten Aktschluss durch das sich öffnende Zelt nicht 'hügelab' in die Weite schreitet, sondern direkt in den Palast von Theben, um in der Seele seines göttlichen Doppelgängers sein besseres Ich zu suchen. Auch im Abschied Amphitryons von Alkmene kam das Spiel zu seiner Tiefe. Wir wollen uns über diese Bemühung des Schauspielhauses trotz allem Einwand freuen, weil ein Dichtwerk hohen Ranges dem Publikum ins Bewusstsein gespielt wurde – und manch einer, der begeistert klatschte, vielleicht jetzt auch zur Lektüre Kaiserscher Dramatik greift. Denn erst in der Verinnerlichung des Lesers erhellen sich ganz die Visionen des Denk-Dichters.

577. B., *Zürichsee-Zeitung* (Stäfa), 2.5.1944.

[...] Diesmal greift er [Kaiser] wieder einmal in die klassizistischen Saiten und kommt uns mit einem regelrechten Fünfakter, in fünffüssigen Jamben und formschöner Sprache geschrieben, mit einem Ernst der klassischen Haltung und Linienführung [...] Es sei nicht verhehlt, dass dieser an sich sympathische Ausklang mit dem programmatischen Ausblick auf das Zeitgeschehen unserer Tage nicht durchaus überzeugend berührt – viel eher können wir uns mit der Tatsache abfinden, dass der in allen Dramenstilen gewandte Georg Kaiser nach oft gezeigtem, pathetischem Realismus mit einem Versstück überrascht, dessen dichterische Qualitäten nicht zu verkennen sind; eine gewisse Langatmigkeit der Handlungsführung, die unmittelbaren Wirkungen hinderlich ist, darf allerdings auch nicht verschwiegen werden.

Diese Uraufführung mit vorbildlicher Stilsicherheit vorbereitet zu haben ist das Verdienst von Leopold

Lindtberg, dem in Teo Otto ein gleichermassen einfühlender
Schöpfer der stimmungsechten Bühnenbilder zur Seite stand.
Wolfgang Langhoff als lyrisch gestimmter Zeus und Lukas
Ammanns herb und männlich zupackender Amphitryon verwalteten
ihre gegensätzlichen Aufgaben mit bestem Erfolg und reifem
Können. Margarethe Fries spielt die zwischen den beiden
Amphitryonen hold verwirrte Alkmene mit feinen Zügen; ihre
edle Gestalt und Haltung ergeben zudem Bilder von echter
Schönheit. Neben diesen drei Zentralfiguren treten alle
anderen Rollenträger stark zurück; doch werden auch die
kleineren und kleinsten Aufgaben mit Verantwortung betreut —
wir nennen Therese Giehse als Amme [...] Die trefflich
abgestimmte Musik von Paul Burkhard gibt einigen
mythisch-zauberhaften Momenten die zutreffenden Akzente. —
Der Gesamteindruck dieses Abends ist trotz umsichtiger
Führung des Zusammenspiels und der Einzelgestalt recht
zwiespältig. Warum? Nach der Formulierung des Dichters Georg
Kaiser ist 'einen Gedanken zu Ende denken' der richtige Weg,
ein Drama zu schreiben — nun, er hat sich oft genug als
grosser Könner erwiesen in der Kunst dieses
'Zu-Ende-Denkens' — diesmal will uns scheinen, hat ihn die
unerlässliche Kraft des seelischen Mitschaffens nicht
befeuert.

578. Bg., *Volksrecht*, 6.5.[1944].

[...] War die Verwandlung des Göttervaters in Schwan,
Stier und Wolke ursprünglich die List, um das Misstrauen der
geliebten Frauen und Heras Eifersucht zu zerstreuen und um
so ungestörter vom Nektar der Erdenliebe zu kosten, so hat
Georg Kaiser in frappantem Gegensatz zu Plautus frühem
Vorbild und zu Molières Ehebruchskomödie eine Drehung der
Fragestellung um rund hundertachtzig Grad vorgenommen, bei
der es nun weit weniger um die erotischen Abenteuer des
Zeus, als um die eigentliche Schicksalsfrage eines
Menschenlebens geht, die im Konflikt und in der freien Wahl
zwischen Ruhm oder Liebe liegt. Der Dichter Kaiser stellt
die Unvereinbarkeit der beiden Prinzipien mit der letzten
Hellsichtigkeit dar, wenn er seinen Amphitryon in der
Hochzeitsnacht, statt nach der begehrenswerten Alkmene, zur
kalten Feldherrnrüstung greifen lässt, deren Fluch ihn immer
weiter von den Quellen des blühenden Lebens in die
Zerstörung der Kriege und in tödliche Wüsteneien treibt.
Meisterhaft, wie Kaisers dramatische Begabung im ersten Akt
die lyrischen Register zieht, um die Herrlichkeiten der
Liebe in ihrem Gegensatz zu den rohen und asketischen
Übungen des Soldatentums in hellstem Licht zu feiern;
Leopold Lindtbergs Regie aber weiss diesen Reichtum der
Instrumentierung mit sicherstem Stilempfinden zu
interpretieren, wenn er den Anfang des Geschehens
spielerisch auflockert, dass man zuweilen glaubt, in einen
hymnischen Zyklus geraten zu sein, während die Fortführung

im Kommandozelt vor Pharsala in Regie und Bühnenbild (Teo Otto) Kompositionen schafft, die in ihrer Geschlossenheit und Herbe an etruskische Friese erinnern. In keinem zweiten Drama sind uns Georg Kaisers Genie, seine logizistische Fechtkunst, seine expressiven und expressionistischen Folgerungen und Kausalitäten so unerbittlich und darum auch so wahr und notwendig erschienen wie in diesem Zweikampf zwischen Ruhm und Liebe, in den wahrhaftig Mal um Mal ein Gott eingreifen müsste, um den Vorrang des Naturgewollten und Schöpferischen vor allen geistfernen Vermessenheiten einmal für immer darzulegen.

Was uns bei dieser neuen Kaiserschen Aufführung besonders begeistert und einnimmt, ist die Gabe des geborenen Dramatikers — dem wir bis heute gegen 60 Bühnenstücke verdanken! — das Allgemeingültige so fassbar, so stimmungsgeladen und so figürlich packend zu machen, dass man oft meint, dem Ringen verschiedener Sternkreise beizuwohnen. Dabei ist Kaisers Sprache in diesem Präzisionswerk der Logik und der Intuition lebendiger und poetischer denn je, und zwar so über alle Massen verdichtet und kristallklar, dass man wohl erst nach erfolgter Lektüre in den vollen Genuss aller seiner Kostbarkeiten gelangen dürfte. Nicht überzusehen sei der visionäre Glanz, der über dem ganzen Geschehen liegt; denn die Handlung verdankt im Grunde thematisch ihren Ursprung Alkmenes Traum, ihren Amphitryon nicht als Krieger, sondern als liebenden Menschen zu erleben, und wäre es in der Gestalt eines armseligen Ziegenhirten...

Die Aufführung kommt dem Charakter von Georg Kaisers Stück sehr nahe. Besonders glaubhaft wurde dabei das Spiel auf verschiedenen Ebenen der Empfindung ausgedrückt, am herrlichsten in der schwebenden Darstellung von Margarethe Fries' Alkmene und dem städtetilgenden menschenfeindlichen Amphitryon Lukas Ammanns, während Wolfgang Langhoffs Zeus den Absichten des Dichters im Finale des Richtspruchs am nächsten kam. Eine erfreuliche und eindrucksvolle Premiere, die rege Anteilnahme verdient...

579. wti., *N. Z. Z.*, 1.5.[1944].

[...] Wie Kleist, geht es auch dem jüngsten Ausleger der Amphitryon-Fabel, Georg Kaiser, um eine Vertiefung des Vorwurfs. Kaiser ist noch konsequenter als Kleist. Er merzt die derbe, lustspielmässige Note, die dem Stoff bis dahin anhaftete, gänzlich aus. Die drastische Parallelhandlung des Dienerpaars Sosias-Charis ist verschwunden, kein Hermes begleitet mehr Zeus auf die Welt, um in der Gestalt von Amphitryons Diener Sosias sich der Gunst der Dienerin Charis zu erfreuen. Es bleibt nur noch Alkmene zwischen den beiden Amphitryon — dem Gott und dem Menschen. [...]

Der Theaterbesucher wird zum kundigen Thebaner. Er weiss am Schluss von Kaisers Schauspiel deutlich Bescheid:

hauptsächlichstes Anliegen war es dem neuen Bearbeiter des alten Stoffes, am Beispiel Amphitryons die Zwiespältigkeit menschlichen Wesens und Tuns aufzuzeigen, für die Missachtung des Göttlichen durch das Tierische zu Strafe und Sühne aufzurufen. Befreit von allen Lustspielzügen ist *Zweimal Amphitryon* zum Kriegsführerdrama geworden, mit deutlichsten Beziehungen zu Erscheinungen und Geschehnissen unserer Zeit. — Mit bewunderswerter [sic] Folgerichtigkeit hat der 'Denkspieler' Georg Kaiser diese Umdeutung vollzogen. In fünf knappen Akten, die das Spiel aus kunstvoll begonnener Doppelgründigkeit immer mehr an die deutliche Lösung heranführen, wird das Schicksal Amphitryons, der den Kräften der Zerstörung mit List und Gewalt diente, beleuchtet. Mit List, Trug und Gewalt. Sind aber List und Trug nicht auch die Mittel, deren sich der selbstherrliche olympische Richter bedient, wenn er in der gestohlenen Gestalt eines anderen Alkmene zu prüfen unternimmt? Hier ist der wunde Punkt des Fabelstoffes, den Kaiser trotz bemerkenswert feinfühliger Auslegung des Zeus-Alkmene-Motivs so wenig wie Kleist für moderne Menschen hat befriedigend behandeln können.

Zudem: wo ist der Künstler, der uns das Mysterium des Gottes in menschlicher Gestalt überzeugend zu vermitteln vermöchte? Plautus und auch noch Molière stellten dem Schauspieler das Ausweichgleis des allerdings üblen Spasses. Wo die Truggestalt des Zeus aber ernsthaft in Erscheinung tritt, hat der Bühneninterpret einen schweren Stand. In unserer der Ehre einer Georg Kaiser-Uraufführung sich durchaus würdig erweisenden Inszenierung von *Zweimal Amphitryon* ist Wolfgang Langhoff diese heikle Aufgabe überbunden. Er bewältigt sie mit der ihm eigenen Sauberkeit des sprachlichen und gestalterischen Ausdrucks sehr sympathisch, bis an die Grenze dessen, was ihm, wie auch dem Autor, zu geben nicht möglich ist. Schön zum ansehen und schön in den Aufbrüchen des liebenden Herzens ist Margarethe Fries als hoheitsvolle Alkmene. In der äussern Erscheinung seinem göttlichen Konkurrenten recht nahe gebracht, stellt der vielseitige Lukas Ammann einen Amphitryon dar, der durch Gewandtheit, Temperament und bemerkenswerte Beherrschung der Dialektik Kaisers erfreut. Der Statur nach darf er als feldherrliches Leichtgewicht gelten. [...] Leopold Lindtberg sorgt sehr fein für die dynamischen und tonlichen Abstufungen in der Wiedergabe von Kaisers Jamben und erweist sich in der Einzelregie wie in der Präsentierung der von Akt zu Akt sich kraftvoll steigernden Ensembleszenen als ausgezeichnet disponierender Spielführer. Teo Otto, der Unermüdliche, hat ihm aus Elementen der Stufenbühne Szenenbilder von knapper, schlagkräftiger Wirkung gebaut, die den Agierenden beste Reliefwirkung verleihen. — Das dem Spiel mit gespannter Aufmerksamkeit folgende Publikum zeigte sich von Akt zu Akt beifallsfreudiger und spendete am Schluss langanhaltenden, starken Applaus.

580. -nn., *Neue Zürcher Nachrichten*, 3.5.[1944].

[...] Nun hat das Zürcher Schauspielhaus einem neuen Kaiser-Drama zum Bühnenleben verholfen und, vielleicht durch Zufall, gerade jenes Werk erwählt, dessen Eigenart am wenigsten die alte Löwenklaue verrät. [...] Amphitryon ist so zwar nicht zum Stammvater des Herkules, wohl aber zum Ausgangspunkt einer Reihe von Amphitryondramen und -komödien geworden, deren berühmteste Autoren Plautus, Kleist, Molière und Giraudoux sind.

Kaiser ging nicht in der Richtung jener Autoren, die den ungewollten Ehebruch Alkmenens zu einem Dreiecksspiel in antiker Verbrämung ausmünzten. Sein gläsern-klares Versdrama unterfängt sich, edles klassisches Mass dramatischer Form mit neuem vertieftem Inhalt zu füllen; der ausserordentlichen Einfühlungsgabe des Dichters gelingt dieses Kunststück hervorragend.

[...] Hinter der Spielfabel weiten sich aber auch die Abgründe der Seele und die Ausblicke in eine Welt, wo wieder Liebe an die Stelle des Hasses tritt, wo das Gespaltene menschlicher Unvernunft sich wieder zur aufbauenden Liebe zusammenfindet.

So tief zielte Georg Kaiser. Und doch gelang ihm kaum jener Durchbruch zur lebendigen Schaubarmachung dieser hochgemuten Geistesbrücke, gelang ihm vor allem nicht (was bei seiner in vielen Werken schon bewiesenen profunden Bühnenkenntnis vielleicht am meisten verwundert) die Übersetzung der gedankentiefen Anlage in blutvolle Theaterströme, die uns mitgerissen und emporgehoben hätten. Wohl fliesst sein Vers in bald verträumten, bald rauschenden und blendenden Perioden dahin, doch das Spiel hat als ganzes etwas Schablonenmässiges, fast rechnerisch Ausgeklügeltes, packt uns wohl zeitweise in Einzelheiten und trefflichen Formulierungen, kaum aber je im hingerissenen Gefühl. Es weht ein kühles Lüftchen um diese Wiedergeburt einer klassischen Dichtung, die etwas verloren zwischen hellenischer Heiterkeit und antiker Tragik steht.

Wir glauben kaum, dass die Schuld dafür der Aufführung unter Lindtbergs Regieführung angekreidet werden darf. Das Problem dieses Doppelgängerdramas lässt dadurch, dass sich die beiden Amphitryon-Darsteller (falls sie sich nicht als Doppelrolle vom selben Darsteller spielen lassen) kaum je wie im Spiegelbild gleichen können, immer einen ungelösten und auch für den Sittenkodex peinlichen Rest zurück. Lindtberg spielte diesen Kaiser sicher sehr werkgetreu, mit gedämpften Tönen, mit Lukas Ammann als kriegerischem Amphitryon and Langhoff als Zeus, beide wie Margarethe Fries als Alkmene an der vollen Entfaltung ihrer Mittel gehindert, da der Bau dieses Dramas mehr Kopftöne als Schläge des Herzens zuliess. Auch Ottos Bühnenbilder, einfach und ohne Farben, verliessen diese Richtung eines strengen Ebenmasses nicht.

So sass das Publikum etwas kühl in der Geisteswelt
dieses 'Denkspielers' Georg Kaiser und sehnte sich nach den
Atemstössen eines heissern Bühnenspiels. Wir sind überzeugt,
dass Georg Kaiser auch dafür ein geeignetes Werk in
Bereitschaft hält.

581. H. W., *St. Galler Tagblatt*, 10.5.1944.

[...] Georg Kaiser, einer der grössten lebenden
Dramatiker, hat sich nun dieses reizvollen Themas in einer
aktuell zu nennenden Art bemächtigt. Die Lichter eines
fünfaktigen Jambendramas ruhen nicht auf der seelischen
Verwirrung der schönen Alkmene, sie belächeln nicht die
nicht sehr einfallsreiche List des Göttervaters, sich in der
Gestalt des eigenen Gemahls bei Alkmene einzuschleichen,
sondern sie machen die Mythe um Amphitryon zu einem
Kriegführerdrama, das zeigt, wie verhasst den Göttern der
männermordende heuchlerische Krieg ist. Der höchste Gott
straft den Kriegsfanatiker Amphitryon in seiner eigenen
Gestalt. [...]
Kaisers Drama, an Listen und Verwechslungen alten
griechischen Dramenschöpfungen ähnlich, hat gedanklich und
dramatisch keinen leichten Stand. Sein Zeus geht mit Lug und
Trug und List gegen die kriegerischen Ambitionen des
Amphitryon vor. Sind aber Lug und Trug Mittel, um den
männermordenden Krieg aus der Welt zu bannen? fragen wir
uns. Ergriffen hat lediglich das Schlussbild des sprachlich
sehr gepflegten Fünfakters. Die Worte, die der
abschiednehmende Gott zu seiner königlichen Geliebten
spricht, sind von grosser dichterischer Schönheit. Die vier
anderen Akte erinnerten aber in ihrer kühlen, virtuosen
Handhabung der Sprache und in einer gewissen Armut der
Handlung an jene unzähligen Klassikeraufführungen, die sich
heute nur noch auf den Schülerbühnen der Gymnasien zu halten
vermögen. Trotz der hervorragenden schauspielerischen
Wiedergabe im Zürcher Schauspielhaus war man von dem
neuesten Werk Kaisers gefühlsmässig nicht sehr gefesselt.
Doch hat es in hohem Grade interessiert.

Das Floss der Medusa

24.2.1945, Uraufführung, Stadttheater, Basle. Dir.: Robert Pirk; sets: H. Siegrist; Armand Ferralli (Allan); Judith Burckhardt (Ann).

582. kw., *National-Zeitung* (Basle), 27.2.1945.

Wenn man es als eine der wesentlichen Aufgaben des Theaters betrachtet, Zeitspiegel und moralische Anstalt zugleich zu sein, so wird Georg Kaiser dieser Forderung mit seinem Stück *Das Floss der Medusa*, das am letzten Samstagnachmittag am Basler Stadttheater seine Uraufführung erlebte, auf eigene Weise gerecht. [...] Auch in seiner neuesten Schöpfung ist, trotz des gesteigerten Realismus, seine ursprüngliche Anlage und Haltung erkennbar, und das Problem, das er aufgreift, stellt nur eine Variation seines Grunderlebnisses dar, das seine früheren Stücke charakterisiert: der Gegensatz einer gefühllosen, erstarrenden Zivilisation zu einem lebendigen, sich frei und weit entwickelndem [sic] Menschentum. Der mechanisierte Krieg bedeutet ihm geradezu die Ausgeburt und logische Konsequenz einer sich immer mehr nach primitiv-animalischen Prinzipien ausrichtenden menschlichen Denkweise, welche durch die Vermischung von Vermaterialisierungstendenzen mit der Pflege einer raffiniert getarnten, hochgezüchteten Pseudokultur, die Kinder ihrer eigenen Anhänger in den Schoss der dunklen Erde verbannt.

Kinder sind es, über denen sich unter dem Krachen der Explosionen und dem Aufblitzen der Geschütze der Vorhang hebt und deren Schicksal der Dichter in einem Geschehen, das sich über sechs Tage hinzieht, mit grausamer Sachlichkeit enthüllt. Was hilft ihnen da das Rettungsboot, wenn ihre jugendlichen Seelen bereits von der trostlosen, geistigen Pest, die unter den Erwachsenen wütet, und deren Erreger man in der rücksichtslosen Hemmungslosigkeit der heutigen Menschen deutlich erkennt, angesteckt sind, und wenn ein überlieferter Aberglaube eine Krise heraufbeschwört, an der sich die Geister sceiden müssen. Es ist das Mädchen Ann, das die Fackel der Unruhe in die Zwangsgemeinschaft der unglücklichen dreizehn Kinder wirft und eine Diskussion über den christlichen Glauben und die Kirche heraufbeschwört, die in der Schärfe der Auseinandersetzung unter Erwachsenen ihresgleichen sucht. An diesem jungen, fanatisierten weiblichen Geschöpf entzündet sich das Herz des halbwüchsigen Allan, der Ann vor ihrer eigenen unerbittlichen Grausamkeit rettet, und das Los, das ihr selbst den Hungertod bestimmt, mit den übriggebliebenen leeren Zetteln ins Meer wirft. Die symbolische Heirat der

zwei Kinder ist mehr als eine blosse Nachahmung der
Erwachsenen, und die List, den ahnungslosen Partner ins Zelt
am Bootsende zu locken, damit sich die andern des
unerwünschten Dreizehnten auf gewaltsame Weise entledigen
können, ist die List eines erfahrenen gefühlkalten,
berechnenden Weibes. Ihr ist die Masse der Kinder hörig
geworden; aber ihr Wille und ihre Gesinnung zerbrechen an
der unbeugsamen Haltung des in der Tiefe seines fühlenden
Herzens aufgewühlten Allan, der sich opfert und sich lieber
von den Kugeln der feindlichen Maschinengewehre durchlöchern
lässt, als dass er seine Menschenwürde verraten würde.

In stärkster dialektischer Spannung behandelt Kaiser
seinen Stoff wie ein klar umrissenes mathematisches Problem.
Die Linien, die er in den einzelnen Bildern scheinbar
beziehungslos verfolgt und wieder fallen lässt, schneiden
sich mit unheimlicher Präzision in einem festgelegten Punkt,
und Worte, die zunächst in den leeren Raum gesprochen
werden, gewinnen ihre unmittelbare Bedeutung in der scharfen
Zuspitzung des Dialogs im Höhepunkt des dramatischen
Geschehens, das sich in den ersten zwei Bildern nur
schleppend entwickelt. Erst dann ist ein starker innerer
Rhythmus, der seine Kraft mehr aus dem Thema und der Idee
als aus den Gestalten schöpft, spürbar. Die Charakteristik
seiner Figuren wird seinen Gedankengängen konsequent
untergeordnet, an Nuancierung ist dem Autor offensichtlich
nicht gelegen, und er bewährt sich in dieser Beziehung als
terrible simplificateur. Was sich bei diesen Kindern
scheinbar so klar und selbstverständlich aus dem Gefühl in
Worte kleidet, liegt unbestreitbar in allen seinen
Möglichkeiten wie ein Bazillus eingekapselt in ihnen. Er
treibt die Keime in kürzester Zeitspanne künstlich in die
Höhe, übernimmt die Zeitraffertechnik des Films und
ignoriert das organische, innere Wachstum des Kindes. Damit
wird keineswegs etwa der Eindruck der Frühreife erweckt,
sondern die Einsicht erkannt, dass der Erwachsene durch
Kindermund spricht, selbst wenn man den Krieg als
entfesselnde Kraft in Rechnung stellt.

Mit einer Sprache, deren epigrammatische Prägnanz oft
überspitzt wird und fast in formelhafter Manier erstarrt, um
dann wieder in geballten Sätzen Wesentliches auszusagen,
lässt der Dichter sein eigenes Erlebnis der kriegserfüllten
Gegenwart in sein Werk fliessen. Eindrücklich zeigt er die
Gefahr, die unserer wahren Kultur droht, wenn jene Elite,
die ihr innerlich verbunden sein sollte, leichtsinnig und
frevelhaft preisgibt, was den Menschen adelt. Noch ist er
darüber nicht völlig verzweifelt; denn noch glaubt er, dass
sich unter der heranwachsenden Generation Menschen wie Allan
finden und sich schliesslich freiwillig opfern, um als
einzelne den Sieg über die Brutalität und die Herrschaft der
primitivsten Instinkte zu erringen. Dass Kaiser ihn dadurch
in Parallele zu Christus setzt, ist keine Blasphemie; wenn
er aber so weit geht, den toten Knaben im letzten Bild in
Kreuzesform quer übers Boot liegen zu lassen, huldigt er
einem persönlichen Geschmack, der auf Ablehnung stossen

muss, besonders bei allen jenen, denen sein
leidenschaftliches Anliegen durch das Stück selbst klar
geworden ist. Dieses gipfelt in der unausgesprochenen
Verpflichtung der verantwortlichen Nachkriegsgeneration,
sich aufzuraffen und den Willen aufzubringen, aus dem
bestehenden Chaos heraus neue Kräfte zu aktivieren und durch
die Besinnung auf den positiveren Sinn unseres Daseins, den
kommenden Geschlechtern neue, wirklich echte Lebensimpulse
zu vermitteln.
 Diese ernste und strenge Forderung aus der trostlosen
Atmosphäre des Dramas wirksam werden zu lassen, stellt den
Regisseur vor eine anspruchsvolle Aufgabe, die durch den
Umstand, dass die Rollen mit Kindern besetzt werden müssen,
noch kompliziert wird. Robert Pirk hat sie im Rahmen der
gegebenen Möglichkeiten künstlerisch eindrücklich
verwirklicht und das grosse Risiko eines Experimentes auf
sich genommen. Die Jugendlichen werden straff als Kollektiv
zusammengehalten, aus dem nur die beiden Hauptgestalten Ann
und Allan darstellerisch herauswachsen können. Die Leistung
der jugendlichen Heldin (Judith Burckhardt) gelangt da zu
stärkster Wirkung, wo sie im Eifer des Spiels jede
Theatralik und Manier vergisst und mit dem ihrem Alter
eigenen, naiven Fanatismus und Angriffslust ihren Standpunkt
vertritt. Dann gelingt es ihr auch in ihre Bewegung jene
entspannte Gelöstheit zu legen, die ein Gegengewicht zu der
schwer befrachteten Sprache des Dichters bildet. Ihr
ebenbürtig hat sich Allan (Armand Ferralli) in seine Rolle
eingelebt und die Gestalt des schwärmerischen, explosiven
Jünglings glaubhaft zu machen vermocht. Die Wortkargheit der
andern wird durch den nicht zum Reden zu bewegenden und vom
Schicksal gezeichneten Knaben Füchslein noch unterstrichen;
um so grössere Bedeutung erlangt die Geste und die Bewegung
der gesamten Kinderschar. Die Fähigkeit, die Kinder, die
noch nie auf einer Bühne gestanden haben, so diszipliniert
zu schulen und zu erreichen, dass praktisch kein einziges
Wort durch sprachliche Unsauberkeit verloren geht, bedeutet
eine Leistung für sich.
 Der Bühnenbildner H. Siegrist hat mit bescheidenen
Mitteln die Stimmung der Meer- und Weltverlorenheit zu
voller Wirkung gebracht und die Intentionen des Dichters mit
zaubervollem Farbenspiel verdeutlicht. So floss alles, Bild,
Sprache, Bewegung, zu einer Einheit zusammen, dass das Stück
seinen Eindruck auf das Publikum nicht verfehlte und eine
Wiederholung der Aufführung in einer Abendvorstellung
angezeigt wäre.

583. Gg., *Basler Nachrichten*, 26.2.1945.

 Es war eine Uraufführung gewissermassen aus der Welt.
Auch wenn man in Betracht zieht, dass eine letzten Endes
echolose Aufführung dieses Stückes sowohl diesem selbst als
auch seinem Autor Georg Kaiser schicksalsverwandt ist, dass

es gleichsam zu ihm gehört, dass es an einem Samstagnachmittag uraufgeführt wird, wo viele Besucher zu kommen gehindert waren, die zu einer Abendvorstellung gekommen wären, so ist es doch bemühend und eigentlich nicht erklärlich, dass die Gefolgschaft ausblieb, auf die es eigentlich angekommen wäre, die Gefolgschaft, die nach 'dem Neuen' ruft, nach dem Neuen neugierig zu sein vorgibt, nach dem kühnen Experiment, und die es tragen muss, wenn es gemacht wird. Wo bleibt auch in so einem Fall die Jugendtheatergemeinde?

Das Floss der Medusa und seine Aufführung war so ein kühnes Experiment, und das Publikum, das nicht da war, ist dabei ähnlich durchgefallen wie bei der Zürcher Aufführung der *Fliegen* Jean Paul Sartres, und man weiss nicht, ob es tröstlich ist, dass wir darin von unserer Zeit gezeichnet sind, über die wir nicht hinaus können.

Denn es ist doch wohl zunächst einmal völlig gleichgültig, ob dieses Experiment Brüche aufweist, nachdem es ja gerade deshalb ein Experiment ist, weil es unbegangene Wege einschlägt, auf denen Sicherheit nicht verbürgt ist. Gewiss ist Kaisers Stück von einer so kristallisierten, fast schon anorganischen Luzidität, dass es sich durch sich selbst gleichsam in den luftleeren Raum aussetzt. Es ist so ausgesetzt wie das Boot der dreizehn Kinder auf dem offenen Weltmeer, das sein alleiniger Schauplatz ist und die Gleichnishaftigkeit der Welt auf seinen verlorenen Punkt sammelt. Die Sprache, die dem gedanklichen Gerüst Gewand gibt, ist wie dieses selbst von durchsichtiger Schwerelosigkeit, von äusserster Sparsamkeit, von kalligraphischer Dürre im Dienste der dramatischen Konzeption und Verdichtung. Zugleich ist gerade deshalb jedes Wort mit einer den Wortkörper fast sprengenden Bedeutungsschwere belastet, weil in jedem gleichsam dazu ausgeholt wird, die Welt einzukreisen. Dies schliesst eine Rückbezüglichkeit jeder Wortbedeutung, jeder Handlung, jeder Geste, jedes bewegten Gegenstandes ein, die im Vordergründigen, tatsächlich Sichtbaren zu einer farblosen Handlungslosigkeit führt. Denn die leisesten Konstellationsveränderungen im Vordergründigen bewirken in der Projektion auf die dahinter liegende Ebene des Doppelsinns riesige Ausschläge, die das ganze durch sie erzitternde gedankliche Gerüst durchlaufen. Die eigentliche Handlung spielt sich auf dieser Projektionsebene ab, und da ist sie von einer atembeklemmenden Spannung, die durch eine ausserordentliche dramatische Disziplin gemeistert und einem Kulminationspunkt zugelenkt wird.

Was geschieht auf diesem Boot, auf dem dreizehn dem Schiffsuntergang entgangene Kinder unter völliger Voraussetzungslosigkeit das Leben neu anfangen und ordnen, nachdem sie losgelöst sind von allen Bindungen und von der Welt der Erwachsenen, die die jetzige Wirrnis verschuldet haben? Die menschliche Gesellschaft beginnt sich von neuem zu konstituieren. Die Kinder glauben bloss, dass sie dem Menschsein, der 'condition humaine' entronnen sind und,

herausgelöst aus der Verstrickung in die Schuld, von vorne
anfangen können. In Wirklichkeit haben sie mit sich selber
die vom Menschsein unzertrennlichen Kräfte in das Boot
mitgebracht mitsamt der inneren Situation ihrer Zeit. Die
Erdkräfte, die chthonischen aus dem Reich der Mütter, regen
sich zuerst: Ann, die die Flasche mit der nährenden Milch
gerettet hat. Dann erwacht die geistige, die schöpferische,
ordnende, gestaltende Welt zum Bewusstsein: Allan, der von
der Milch trinkt und Ann vom ersten Augenblick liebt, Allan,
der immer wieder das Mittel erfindet und das Tätige
anspornt, um aus scheinbar auswegloser Situation
herauszukommen. Auf sein Geheiss rudern die Kinder, um
vielleicht einem kreuzenden Schiff zu begegnen, hängen sie
einen Wimpel aus, als es vor Erschöpfung mit dem Rudern
nicht mehr geht, trommeln sie, als der Nebel die Sicht
nimmt, um sich bemerkbar zu machen. Er leitet sie, weil er
an die Macht der Idee glaubt, weil er das Gute verkörpert,
die Selbstlosigkeit, die Nächstenliebe.

Nachdem sich die Gesellschaft von Zwölfen als
Gesamtheit zur Kenntnis genommen hat, entdeckt sie den
Dreizehnten: Füchslein, rothaarig und sommersprossig, der
Ausgestossene, der Unmündige, 'einer der Geringsten' würde
ihn die Bibel nennen. Er ist zum vornherein der
Benachteiligte, der Unrecht hat, weil er nachher zu einer
Gesamtheit dazu kam, die sich als vollständig erachtete.
Aber in seine Hand ist das Licht gegeben; er besitzt eine
Taschenlampe. Vom ersten Augenblick an ist Ann seine
Feindin, Ann, der blinde Selbsterhaltungsinstinkt, die Macht
der Materie. Sie verweigert ihm die Milch, und sie entdeckt,
dass nun der Dreizehnte in der Gesellschaft ist und durch
ihn die Schuld, der Verrat am Menschen. Sie weiss nicht (wie
sollte sie), dass sie selber dieser Dreizehnte ist: das Los,
das denjenigen bestimmen soll, der zur Erhaltung der anderen
aus der Gesellschaft der Essenden und Trinkenden
ausgeschlossen werden soll, trifft sie. Nur Allan sieht es,
weil ihr Los zu Boden fällt. Da er sie liebt, reisst er
allen die Lose aus der Hand, bevor sie geöffnet werden, und
wirft sie ins Meer, um Ann zu retten. Die Erde, die bösen
dunklen Mächte, Kain, müssen im Boot, müssen im Boot
bleiben. Ja, Allan verbindet sich auf Tod und Leben mit Ann,
erheiratet sie. Das höhere Selbst des Menschen, sein Wesen
ist in Liebe entbrannt für die Materie, die ihn im
Wirklichen bindet, die ihn aber zugleich ihrem Ungeist, der
formalistischen Erstarrung unterwirft. Denn Ann denkt rein
formalistisch, und unter Wahrung eines christlich
scheinenden Formalismus bringt sie die Gefolgschaft der
Kinder hinter sich, um mit dem Anschein der Rechtmässigkeit
den Tod Füchsleins hinter dem Rücken Allans zu bewirken. Es
ist die Tötung sogenannt 'lebensunwerten' Lebens im Namen
der Menschheit.

Und die Umstände, die Tat-Sachen geben Ann recht. Alle
Anstrengungen Allans zur Rettung schlagen fehl, während am
Morgen nach der Nacht, in der Füchslein über Bord geworfen
wurde, ein rettendes Flugzeug das treibende Schiff entdeckt.

Denn es wurde inzwischen die Flaschenpost aufgegriffen, die die Kinder mit der Mitteilung der Hochzeit und allen dreizehn Namen ausgesetzt hatten. Es könnte also nach dem Dreizehnten gefragt werden, wenn jetzt nur zwölf die rettend vom Himmel herniedergelassene Strickleiter erklettern. Aber die Welt ist dumm und stur. Auch sie nimmt nur die vordergründigen Tat-Sachen auf. Sie schreibt in den Zeitungen vom 'jüngsten Ehepaar der Welt' und glaubt, Füchslein sei ein Hund gewesen. Die Kinder entgehen der Rechenschaft. Allan nimmt die Schuld auf sich. Allan geht unter. Er bleibt im Boot, und mit der Lampe Füchsleins, die ihm die Kinder entwendeten, macht er sich einem feindlichen Flugzeug bemerkbar, dessen Bordwaffe ihn erschiesst.

Schon der skizzenhafte Versuch einer Analyse dieses von tieftraurigem Pessimismus geschauten Stückes macht augenscheinlich, mit welchen Schwierigkeiten eine bühnenmässige Verwirklichung zu kämpfen hat (wenn ihr auch zugleich unerhörte dramatische Effekte zugespielt sind). Es ist fast nicht möglich, den im Stück selbst liegenden Bruch zu überwinden, dass diese Kinder zwar Kinder, aber doch keine Kinder sind. Ihre Sprache ist gewissermassen niemandes Sprache, eine absolute Sprache, die Sprache eines äusserst subtil strukturierten gedanklichen Exerzitiums. Man wird zunächst diese Sprache aus dem Munde von Kindern als quälend unproportioniert, als 'unnatürlich' empfinden, um so mehr, als die Kinder aus dem Bedürfnis nach Verständlichkeit und Nachdrücklichkeit jedes Wort überbetont genau abschickten. Es kann aber sein, dass gerade die kindlichen Darsteller selber dem Regisseur Robert Pirk diese Darstellungsform aufgedrängt haben, weil sie nicht vom Können, sondern ganz vom Sein, vom Gefühl her spielen und deshalb nach dieser Form einer Stilisierung. Es ist sogar möglich, dass das Stück seinen Doppelsinn anders überhaupt nicht enthüllt hätte, als eben in dieser Brechung von echter Unechtheit und unechter Echtheit. Es wurde menschlich fassbar, gewann den farbigen Reiz der Lebensspielarten durch die Mischung, die die Kinder aus sich selbst bildeten, von einfachem Sein bis zu den ersten, besonders in den Hauptdarstellern weit gehenden Ansätzen der bewussten Spiegelung. Bei dieser Art der Darstellung hing sehr viel ab von der Wahl der Darsteller. Sie war sehr glücklich und traf sowohl in dem hellen Reiz des jungen Mädchens für Ann (Judith Burckhardt) als auch für die träumerische Bestimmtheit Allans (Armand Ferralli) das Höchstmögliche, fand im kleinen Träger der stummen Rolle Füchsleins einen Darsteller von ergreifender unwissender Dichte durch sich selbst. Alle Kinder und besonders der Regisseur Pirk (Bühnenbild H. Siegrist) leisteten eine enorme Arbeit mit voller Hingebung ihrer Kräfte, um der Verwirklichung des Stücks sein Gesicht zu geben.

584. wf., *Arbeiter-Zeitung* (Basle), 28.2.1945, incomplete.

Wenn das Theater einen Beitrag an die Flüchtlingshilfe
leisten will, muss es dafür einen Abend opfern und etwas
aufführen, bei dem man mit ausverkauftem Haus rechnen kann.
Intensive Propaganda dürfte nicht fehlen. Nun hat man einen
Samstagnachmittag gewählt, dazu ein problematisches Stück,
das herauszubringen man grosse Bedenken hatte. Und der
Besuch war so, wie unter diesen Umständen zu erwarten:
Miserabel. [...]

585. K. G. Kahler and Hans Ehinger, *Basler Jahrbuch 1946*, p. 271.

Unter dem Patronat und der finanziellen Verantwortung
eines Komitees zugunsten der Flüchtlingshilfe, dem der
unterdessen verstorbene Pfarrer Rudolf Schwarz angehörte,
brachte im Februar unter der Leitung von Robert Pirk
dreizehn Basler Schülerinnen und Schüler im Alter von 10 bis
17 Jahren das nur für Kinderrollen geschriebene aktuelle
Flüchtlingsschauspiel *Das Floss der Medusa* des im Juni 1945
in Ascona in der Emigration verstorbenen hervorragenden
deutschen Dramatikers Georg Kaiser zur Uraufführung als
Gäste des Stadttheaters, an einem Samstagnachmittag und dann
auch als einmalige Abendaufführung. Die in ihrer
kindlich-frischen Art sehr anerkennenswerte Vorstellung
wurde auch im Schauspielhaus Zürich von den Basler Kindern
gezeigt. Bei uns in Basel stiess sie leider auf kein grosses
Interesse, trotzdem sich die Schulsynode tatkräftig dafür
einsetzte.

Langs
Germanistische
Lehrbuch
Sammlung

Band
40

Wolfgang Paulsen

Deutsche Literatur des Expressionismus

Paulsen, Wolfgang
DEUTSCHE LITERATUR DES EXPRESSIONISMUS

Germanistische Lehrbuchsammlung, Abteilung II – Literatur/Reihe A – Literaturgeschichte. Bd. 40

234 S. br. sFr. 47.90

Paulsens Lehrbuch über die «Deutsche Literatur des Expressionismus» behandelt primär die eigentliche Blütezeit der expressionistischen Bewegung, die zeitlich etwa das zweite Jahrzehnt unseres Jahrhunderts umfasst. Darüberhinaus wird auch die vorausgehende Übergangszeit — der sogenannte Frühexpressionismus — eingehend beleuchtet, was gleichermassen auch für seine Ausklänge im Spätexpressionismus gilt.

Im ersten Teil dieser Publikation werden die wesentlichen Gesichtspunkte der Geschichte der Expressionismus-Kritik herausgearbeitet und der Funktion der expressionistischen Bewegung im historischen Zusammenhang der deutschen Literaturtradition sowie ihrer Stellung im gesellschaftlichen und kulturellen Gefüge der Zeit nachgefragt.

Der zweite Teil — der eigentliche Hauptteil — fasst die expressionistische Literatur selbst ins Auge, und zwar — nach einem ersten, allgemein gehaltenen entwicklungsgeschichtlichen Überblick, der die verschiedenen expressionistischen Zirkel und ihre Publikationsorgane voneinander abhebt — in drei an den Gattungen der Lyrik, des Dramas und der Erzählprosa orientierenden Kapiteln. Diese Kapitel sind so angelegt, dass die jeweiligen Hauptvertreter mit ihrem Werk im Vordergrund stehen, die Masse der Nebenfiguren und blossen Mitläufer dagegen in gedrängten Übersichten zusammengefasst ist.

Ein besonderes Kapitel ist dem Aktivismus, ein weiteres dem Dadaismus in seiner Zürcher und Berliner Phase gewidmet, während ein abschliessender Ausblick die Hauptlinien der Wirkungsgeschichte dieser zum grossen Teil parallel laufenden Bewegungen bis in die Gegenwart und über die deutschen Sprachgrenzen hinaus verfolgt. Eine Auswahlbibliographie und ein Register beschliessen dieses Lehrbuch.

Verlag Peter Lang   Bern - Frankfurt/M. - New York